노화, 영성, 종교

노화, 영성, 종교

Melvin A. Kimble, Susan H. McFadden,
James W. Ellor, James J. Seeber 편저
노인사목연구위원회 · 김열중 · 이순주 옮김

小花

Aging, Spirituality, and Religion

노년학과 종교의 탐구에서 선구자이시며, 이 새로운 분야의 탐구를 형성하신 Paul S. Maves 박사님과 "Brewer 개요"에서 처음으로 노화, 영성, 종교에 대한 안내서를 이해하도록 영감을 불러일으키시고 용기를 북돋아 주신 Earl D. C. Brewer 박사님을 기리며, 이 책을 바칩니다.

차례

발간사

고령사회에서 "노인들에게 어떤 서비스를 제공할 것인가"가 이 책의 화두입니다.

이런 발상으로 종교와 사회과학의 전문가들이 함께 통합적인 견해를 밝히고 있습니다. 노인 건강, 노인사목, 노인의 지역 자원봉사활동 그리고 노화에 관한 신학적 · 사회과학적 관점을 체계적으로 기술하고 있습니다.

이 책을 처음 접하였을 때, 노인사목을 7년간 담당한 사목자로서 참으로 부러웠고 부끄러웠습니다. 과연 한국 사회와 교회는 "노인들에게 어떤 서비스를 제공할 것인가"에 대한 진정성 있는 질문이나 논의를 하고 있을까요? 사람이 중심이 되고 인간의 존엄성을 존중하는 성숙한 모습이 부족한 것이 우리의 솔직한 현실입니다. 노인에 대한 인식과 노인에 대한 배려의 내용에도 변화가 필요합니다. 노인들을 다양한 욕구(인간의 영적인 욕구까지도 포함한)를 지닌 주체로 바라보고 이에 대한 창의적인 응답을 준비해야 합니다. 한국 교회는 새로운 시각과 입장으로 노인사목을 실천해야 합니다.

한국 사회는 2011년 현재 1인, 2인 가구 수가 전체 대비 50%가 넘는데 이 중 30% 이상이 독거노인 혹은 노인 부부 가구입니다. 2050년에는 노년 인구가 50%에 이를 것으로 예상됩니다. 한국 교회의 현실은 이보다 더 급박합니다. 교회 신자 가운데 다수가 노인들이고 앞으로 그 비중은 더욱 확대될 것입니다. 이에 반해 노인에 대한 종교적 · 사회적 배려는 미약합니다.

이러한 위기의식에서 본 저서의 번역과 출간을 하게 되었습니다. 이 책이 토대가 되어 한국 사회와 교회에서 '노인에 대한 배려'를 주제로 한 많은 논의와 실천이 이루어지길 바랍니다. 그리하여 고유한 우리의 노인 신학, 영성 그리고 사목이 더욱더 발전하고 노인의 인권과 복지가 향상되기를 희망합니다.

2011. 7

천주교 서울대교구 사목국 노인사목부

담당사제 이성원(베드로)

추천사

노화 과정과 노인은 고령사회에서 중요한 관심 영역이 아닐 수 없다. 이를 이해하기 위해서는 의학과 생물학, 사회과학 등 여러 분야의 학문 영역에서 복합적이고 다면적인 노력이 필요하다.

그동안 고령화 사회에서 노인에 관한 많은 연구가 이루어져 왔지만 정작 노인의 삶에서 종교에 관한 이해는 상당히 부족하다. 최근 여러 경험적 연구에서 보여 주듯이 노화 과정에서 노인들이 실제 경험하는 삶은 과학적으로 이해되고 있는 것보다 훨씬 더 복잡하다. 특히, 종교적 믿음과 행동은 노인의 삶에 많은 강력한 영향력을 미치고 있다.

이 책은 '노인'과 '종교'라는 다소 무거운 주제를 다루고 있지만 그 내용은 색다르다. 노화 과정과 노인의 삶에 관한 폭넓은 시야와 접근을 통해 기존 학문분야 간의 인위적인 장벽을 제거하려 노력한다. 자연과학자들과 사회과학자들에서 신학자, 성직자 등에 이르는 폭넓은 분야의 다양한 목소리를 담고 있다.

그럼으로써 사회과학자들이나 자연과학자들로부터 무시되거나 과소평가되어 온 노년의 종교적, 영성적 측면으로 관심을 돌리고 있다. 노년기에 나타나는 종교적, 영성적 통찰력에 관한 논문은 기존 과학에 대한 대담한 도전으로까지 비쳐진다. 여기서는 서구사회 중심의 과학만능주의와 물질만능주의와 다소 멀어져 보이는 동양적 정신세계가 묻어난다.

이 책은 노년을 연구하는 학자들에게 귀중한 자료가 될 뿐 아니라 사회과학이나 신학의 생소한 전문용어를 가능한 한 피함으로써 독자들에게 다가선다. 노화라는 피할 수 없고 되돌리기도 어려운 엄연한 사실을 탐구하는 젊은이들에게 신선한 통찰력을 제공할 것으로 본다. 노인들에게는 삶에 대한 근본적 의미를 찾고 활기찬 노후 생활을 돕고 유지하는 데에도 적지 않은 도움이 될 것으로 확신한다.

2011. 7.

한국보건복지정보개발원장, 전 보건복지부 차관

이봉화

책머리에

이 책은 정말로 가장 딱 맞은 시기에 세상에 나오게 되었다. 우리는 한 세기의 끝 그리고 천년의 끝 무렵에 접어들고 있다. 우리는 수많은 방식으로 변화하는 사회 속을—우리 가운데 얼마나 많은 사람들이 고령에 도달할 것인가를 포함하여—헤쳐 나가기 위하여 우리가 얻을 수 있는 최상의 지침이 필요하다. 백세를 넘기는 사람들이 이제는 드문 것이 아니다.

세기말 기념으로서 이 책은 획기적이다. 왜냐하면 영성, 종교, 노화에 대한 문제를 다룬 이 책을 수많은 전문가들이 집필하였기 때문이다. 과거에는 이처럼 한 책의 여러 장에서 신학자, 개업의, 특수사목, 사회사업가, 사회과학자, 의사 등이 모두가 하나의 공통목표를 지향한 적은 없었다. 그러한 전문가들은 보통 먼 이웃이었다.

왜 편집자들은 이 책을 만들었는가? 지도층에서는 우리 사회에서 이미 나이혁명이 일어나고 있다는 것을 명백히 인식하였다. 훨씬 더 많은 노인들이 있다는 사실은 우리들의 제도 및 일하고 서비스를 제공하는 방식을 변화시키고 있다. 예를 들면 예전에 종교나 교육에서는 가르침의 '조기접종'은 평생 지속된다는 모형이 있었다. 이러한 모형이 과연 개인들이 사건이나 관계성에 의해 도전을 받으면서 삶의 의미를 찾는 노화되고 변화하는 사회에서 계속 유효하겠는가? 삶이 100세까지 연장되는 사람들이나 중년에 신체적 · 사회적 · 심리적 · 영성적 장애를 겪는 사람들 모두에게 우리의 제도가 어떻게 창의적으로 응답할 수 있을까?

젊음을 우선시 하는 사회에서 성숙된 균형의 사회로 이전되면서 새로운 서비스, 개념, 경력 등이 개발되어 수백만 노인들의 다양한 욕구와 필요에 부응해야 할 것이다. 종교기관에 있는 사람을 포함한 많은 전문가들은 그들의 연구에서 현대적 연구결과를 만들어 내는 데 소홀했으며, 연구자들은 노화의 종교적 · 영성적 체험을 연구함에 있어서 협력하기를 꺼렸다. 이제 우리는 그러한 협력을 이 책에서 이루어 냈으며, 앞으로도 그러하리라 생각한다.

분명히 사회과학자나 행동과학자는 그들이 장년 및 노년의 종교적 영성적 관심사를 연구하지 않았기 때문에 성인 삶의 중대한 측면이 무시되었다는 점을 인식하고 있다. 종교 공동체에서도 지난 50년간 노화에 관하여 축적된 지식을 적극적으로 포용하지 않았다. 이 책이 전환점이 되어, 우리가 늙어가면서 삶에 대하여 무엇을 생각하고 행동할 것인가 그리고 어떻게 다양한 제도가 우리와 미래 세대의 노인들에게 더 좋은 서비스를 제공할 것인가에 깊이 영향을 미칠 것으로 나는 생각한다.

이 책은 복합적인 주제에 대한 최종적인 답이 아니다. 다만 우리 사회의 서비스와 평안을 위한 협력의 장을 설치하는 강력한 발의인 것은 확실하다. 이는 우리가 나이 드는 것에 대한 낡은 지식과 생각을 개비할 필요가 있다는 사실을 확립할 것이다. 미래에는 종교적 공동체와 과학적 공동체 모두가 우리가 아는 것이나 모르는 것에 대하여 좀 더 협력적이어야 하고 덜 경쟁적이어야 한다.

어떠한 책도 완전한 것은 없다. 이 책은 나의 마음을 설레게 하여 잉크도 마르기 전에 다음 개정판에 대하여 생각하게 만든다. 우리가 다음 천년에 노인 인구에게 어떻게 서비스를 제공할 것인가에 주의를 기울이다 보면 우리의 이해에서 차이가 있는 부분이 나타날 것으로 예상된다. 나는 이 책을 계기로 연구와 학문 공동체들 사이의 소통에서 좀 더 많은 돌파구가 나타나기를 기대한다. 우리가 아는 것, 또 알 필요가 있는 것은 학자뿐만 아니라 교회 생활, 사목 활동, 연수를 담당하는 사람들에게도 공유되어야 한다.

이 책이 더욱 희망찬 미래의 전조가 되기를 고대하면서!

James E. Birren

편집자 서문

이 편람은 릴리 기금Lilly Endowment의 지원이 없었다면 시작도 못했을 것이다. 릴리 기금에서는 종교, 영성, 노화에 대한 다양한 목소리를 함께 모으는 것이 중요함을 인식하였다. 이 책의 출판 지원을 비롯하여 1992년 10월 미네소타 주 세인트폴의 루터신학교에서 개최된 학술회의를 후원하였다.

이 회의에서 각 장의 저자들은 그들의 연구 결과를 발표하였고, 이 책에 반영된 다양한 학문 분야를 대표하는 사람들로부터 개선의견을 받았다. 각 분야의 저명한 저자들은 사회과학 이론에 관한 논문을 신학자들 앞에서 읽는 것이나 노화에 관한 신학 논문을 심리학자나 사회학자에게 발표하는 것을 별로 내켜 하지 않았다. 그러한 교류는 전문가 환경에서는 좀처럼 일어나지 않지만, 연구를 발표하는 측이나 듣고 응답하는 측에서 모두가 자신의 영역이나 상대의 학문 분야에 대한 신선한 통찰력을 얻었다. 세인트폴의 학술회의에서 얻었던 것과 유사한 관심과 흥분을 이 편람의 독자들도 경험하기를 편집자들은 희망한다. 노년의 영성과 종교에 관한 연구는 복잡한 과업이기는 하나, 탐구를 수행하는 노년학자나 연구자뿐만 아니라 자신의 희망과 용기의 원천이 확인되는 노인들에게도 큰 보답이 있을 것을 약속한다. 노년에 나타나는 종교적 및 영성적 주제에 대한 통찰력은 노화라는 절박한 상황에도 불구하고 그 의미와 목적을 인식하고 어떻게 유지하는지, 모형을 탐구하는 젊은이들에게도 도움이 될 것이다.

이 책이 발간되기까지는 많은 사람들의 노력이 있었다. 편집자들은 특히 Earl Brewer, Barbara Payne, James Birren 세 사람에게 감사를 드리고자 한다. 약 10년 전쯤 '대학노년학협회'의 어느 회의에서 Earl Brewer는 노화에 대한 편람을 집어 보이면서, 왜 종교와 영성의 문제를 다루는 것이 없는지 물었다. 그 회의에 참석하였던 Barbara Payne이 응답하여 계속 저자들과 출판인들에게 노인들의 삶에서 종교와 영성의 역할에 좀 더 관심을 기울일 것을 촉구하였다. 그녀는 연이어 그들의 교과서에서는 왜 이러한 주제들을 언급하지 않는가 물었다. 그들이 정보에 접근하는 것이 부족함을 주장하는 것은 권위 있고 다중학문적인 자원을 표현할 종합적인 편람의 필요성을 암시하는 것이었다. 노년학의 다른 측면을 보충할 자원들이 수년에 걸쳐 만들어졌고, 그 많은 부분은 James Birren의 덕분이었다. 편집자들이 종교, 영성, 노화의 문제를 다룰 편람의 가능성을 논의하기 시작했을 때부터 그는 변함없는 지원, 격려, 영감의 원천이었다. Birren의 친절함과 프로젝트에 대한 열정뿐 아니라 편집자 경험 또한 매우 귀중한 것이었다.

릴리 기금의 지원으로 루터신학교의 조교들이 이 프로젝트에 참가할 수 있었다. Kathryn Werner, Lisa Simonsen, Mary Lewis, Kevin Clark, Anessa Arvin Jorgenson, Julie Clark, Paula Lund, Melanie Wallschaleger 등이 귀중한 도움을 주었다. 끝으로 릴리 기금의 James Wind는 편집자들에게 지도와 격려를 아끼지 않았다. 이 과업에 대한 그의 믿음에 대하여 깊이 감사드린다.

서론: 대화를 시작하면서

20세기 후반, 장수하는 사람의 수가 일찍이 상상할 수 없을 정도로 폭발적으로 늘어나 잘 살고 있는 인구학적 혁명을 우리는 목격하고 있다. 이러한 극적인 인구학적 변화는 생의학과학에서부터 인문학에 이르기까지 여러 학문 분야의 학자들이 노화를 연구하도록 재촉하였다. 이상적으로는 노년에 대한 이질적 학문 분야 속에서 그 연구의 접점인 노년학이 노인과 노화 과정을 이해하려는 복합적이며 다면적인 노력을 강조하고 있다. 그러나 실제로는 노년학은 노화 문제에 대하여 과학적인 정의와 해답에 더 초점을 맞추었고, 노인의 인간적 이해에는 소홀했다. 노화 과정에서 그들이 실제 살아온 체험은 '문제점'이라고 짚어본 것보다는 훨씬 더 복잡한 것이다. 게다가 얼마 전까지만 해도 노년학자들은 영성적 갈망과 종교적 믿음 및 실천이 많은 노인들이 노년에 통과하는 경로를 형성하는 방식에 대하여 이해하지 못하였다.

그러나 이러한 상황은 급변하고 있다. 더 많은 노년학의 전문가—한편으로는 실천가이며 한편으로는 학문적 환경에서의 연구자—들이 노년의 의미와 그 의미에 대한 잠재적 위협에 노인들이 대응하는 방법에 대한 질문에 기꺼이 응하고자 한다.

또한 갤럽조사 등 전국적 설문조사의 정보를 보면, 현재의 동시대집단에 속한 노인의 높은 비율이 교회에 정기적으로 다니며, 매일 개인적 예배를 드리고, 종교적인 대처 전략을 사용한다는 것을 알 수 있다. 종교적 믿음과 행동은 많은 노인들의 삶에서 조직화된 강력한 영향력을 발휘한다. 노화의 주관적 경험을 형성하는 변수를 조사해 보고, 어떤 노년학자들은 영성적 경험과 종교적 참여의 효과는 반드시 연구에서나 임상에서 모두 인정되어야 한다고 결론짓는다.

한편으로는 노년학자들이 영성과 종교의 문제를 노화하는 인간의 연구 안에 접목시키는 것에 관심을 점차 더 보임에 따라, 종교적 측면에서 연구하는 사람들은 노인들의 특수한 요구와 환경에 관심을 가지기 시작하였다. 사목, 상담, 프로그램 개발, 예배, 공동체 봉사 등의 영역은 모두가 노인들의 요구와 재능에 민감한 사람들에게 주의를 요하는 것들이다. 종교적 연구자—교구 성직자에서부터 교단총회 지도자에 이르기까지—들은 지금까지 인생의 전반부에만 관심이 있었으나, 이제는 노인사목의 커다란 잠재력에 눈을 뜨고 있다.

지금까지 노년의 종교와 영성에 관심이 있는 노년학자들에게는 노화에 관심 있는 종교계의 사람들과 통찰한 바와 문제점들을 주고받을 기회가 거의 없었다. 이러한 집단들은 분명히 서로에게서 배울 수 있다. 현대의 학문 분야는 너무나 많은 인위적 장벽을 세웠다는 신념에서, 이 책의 편집자들은 폭넓은 학문 분야의 사람들을 포함하는 대화를 시작하는, 위험한 심지어 대담한 도전을 하는 것이다.

최근에는 영성, 종교, 노화 등에 관한 수많은 책이 출판되고 있다. 그러나 문제는 이러한 저술들이 종종 소수의 특정 독자층을 대상으로 하기 때문에 이러한 주제의 큰 그림을 얻기가 극히 어렵다는 데 있다. 이 편람은 이처럼 요구되는 폭넓은 시야를 보여 주기 위해 다양한 자원을 광범위하게 이용하고 다양한 독자에게 호소하려고 노력하는 것은 필수적이다.

이 책은 6개의 편으로 나누어진다. 장의 구성에서 편집자들은 노화하는 인간으로부터 출발하는 것이 필수적이라고 믿는다. 따라서 제1편에서는 노인의 생활공간과 그들의 영성 및 종교 경험을 다룬다. 이 부분에서 핵심적인 질문들은 다음을 포함한다. 인생 여정의 끝에 서 있는 우리는 누구인가? 우리는 자신을, 타인을, 세계를 그리고 노년에 고통과 상실 속에서 마주치는 '궁극적 타자'를 어떻게 경험하는가? 우리는 노년에도 삶이 의미가 있다는 확신을 어떻게 유지할 수 있을 것인가?

제2, 3, 4편에서는 노인들은 종종 이러한 질문에 대한 답변을 신앙 공동체에서 찾으려고 한다는 사실에 주의를 기울인다. 이들 공동체는 성직자의 활동을 통하여(제2편), 조직적 예배와 교육을 통하여(제3편), 더 큰 사회에 대한 봉사를 통하여(제4편) 노인을 보살핀다. 이 책의 중심 부분에서는 다음의 핵심적 질문을 던진다. 우리는 어떻게 서로 돌볼 수 있겠는가? 우리는 어떻게 삶의 여정을 함께 축하할 수 있겠는가? 우리는 노년의 의미와 목적을 발견하기 위하여 어떻게 함께 일할 수 있는가?

제5, 6편에서는 실천적인 것에서 이론적인 것으로 옮겨 간다. 이 부분에서는 앞부분에서 제기한 질문들을 이해하는 몇 가지 방법을 제공한다. 신학자들과 사회과학자들로부터 다음과 같은 질문에 대한 관점을 교차하여 제공한다. 개인과 신앙 공동체의 관계를 어떻게 이해해야 하는가? 어떤 근본원리의 암시가 노년에 우리를 움직이는가? 우리가 노화와 그 의미에 대하여 질문하는 방법이 어떻게 해답을 찾은 것을 방해해 왔는가?

이 편람 속에는 의사, 신학자, 심리학자, 사회복지가, 성직자, 특수사목, 사회학자 등에 의하여 집필된 장들이 몇 장 사이에 두고 함께 있다. 이러한 학문 분야의 대표들은 보통 같은 책 안에서 만나지 않는다. 그럼에도 불구하고 종교와 영성의 문제는 노년학의 거의 모든 분야—가장 이론적인 곳에서부터 가장 실천적인 곳까지—에서 일어났기 때문에, 여러 학문 분야의 사람들이 함께 모여 이처럼 중대한 관심사를 다루는 것이 적절한 것이다.

이러한 대화에 참석한 사람은 편집자들이나 저자들만으로 국한되는 것이 아니라, 이 책의 독자들이 가장 중요하다. 되도록 우리는 신학이나 사회과학의 전문용어를 피하려고 노력하였다. 특히 독자들이 자신의 전문 분야 이외의 주제를 탐색해 볼 것을 특별히 권장 한다. 예를 들면 사회과학도라면 신학에 대한 장들을 읽어서 노화에 접근하는 다양한 신학적 방법론의 유사점과 차이점을 이해하기를 제안해 볼 수 있겠다. 미국 종교들의 다양한 신학적 기반들이 중요하다. 종교를 총칭으로 취급할 때는 아주 중요한 정보가 상실되고 만다. 마찬가지로, 우리는 신학자나 성직자가 사회과학 이론과 연구에 관한 장들을 읽어서 정보를 축적하는 방법뿐만 아니라 노화 과정과 노인을 연구하는 사회학적 및 심리학적 이론기반을 이해하기 시작할 수 있기를 권장한다. 이 책에서 시작된 종교, 영성, 노화에 관한 대화는 노년학자들이나 종교계나 학계 실천가 등에게 그리고 이 문제를 수년간 연구한 사람이나 지금 막 이 방대한 흥미로운 질문—삶을 의미로 물들이고 싶은 영성적 동기나 그런 의미를 형성하는 다양한 종교적 체험 믿음 실천 등에 대하여 묵상할 때 떠오르는 질문—들을 탐구하기 시작한 사람에게나 모두 열려 있다. 이 장들을 집필한 많은 저자들은 그 분야의 선구자들이었다. 이 책을 읽는 학생들은 자신들의 통찰력을 넓히고, 새로운 질문을 던지고, 노년 생활의 근본적 의미에 대한 더 큰 이해로 인도하는 길잡이를 발견하게 되기를 희망한다.

Susan H. McFadden

제1편

종교, 영성, 노화되는 인간

제1편: 들어가며

종교, 영성 그리고 노화되는 개인에 대한 연구의 주된 동력은, 노년학에서 과학적 전문화의 비중이 커지며 노화에 대한 전체론적인 모형을 유지하려는 노력이 위협받는다는 관심에 기인한다. Harold Koenig는 이 문제를 제1장에서 건강과 노화에 대한 생물심리사회학적-영성적 모형을 제시함으로써 직접 대면한다. 그는 노인에 영향을 미치는 다수의 정신적 육체적 질병을 검토한 후, 종교는 노인들에게 증상을 완화하는 혹은 예방적인 효과가 있음을 입증한다. Koenig가 상세히 기술하고, 다음 장들의 저자들이 인용한 것은, 노년학의 중요한 발전을 나타낸다. 그의 과학적 연구는 인간 체험의 종교적 영성적 차원이 물질적 차원과 어떻게 상호작용 하는가를 보여 준다. 그러나 그는 사람들이 종교나 영성에서 찾는 희망과 힘 그리고 용기 등에 대하여 과학이 항상 모든 대답을 가질 수 없다는 점을 인식한다.

비록 Koenig의 연구가 노년학자들에 의하여 높이 평가되더라도, 종교와 영성과 평안의 관계에 대한 많은 연구는 변수를 정의하고 측정하는 문제에 의하여 결점을 지니고 있다. 이 연구에 대하여 Jeffrey Levin과 Sheldon Tobin은 비판을 가하고, 이의 연구자와 이 연구를 실천으로 적용하고자 하는 이들에게 많은 비판적인 질문을 던진다. 그들은 연구자들에게 노인들에게 종교적 믿음이 실제로 무엇을 의미하는가를 탐구해야—이 과업에는 정확한 설문을 만들려면 사회과학자들이 폭넓게 다양한 종교를 이해할 것이 요구되는—한다고 촉구한다. 제6편에서는 Levin과 Tobin이 학문 분야 간 대화가 노년의 심리적 평안을 이해하는 데 크게 기여할 것이라고 믿었던 종류의 대화가 시작된다.

Koenig는 종교가 정신 및 육체 건강에 관련된 것을 입증했고, Levin과 Tobin은 이러한 관계의 연구를 비판적으로 검토하였다. 제3장에서는 종교가 어떻게 그리고 왜 노인들에게 그들 삶의 긴급사태에 대처할 수 있도록 해 주는가에 대한 심리학적 관점을 제공한다. Kenneth Pargament, Kimberly Van Haitsma, David Ensing 등은 노년에서의 대처coping의 모습을 제시하는데, 이는 단순하게 대처를 문제 해결과 긍정적 감성의 증진으로 보는 통상적 관점보다 훨씬 풍부한 것이다. 사람은 자신의 삶의 중요성을 보전하고 변화시키기 위하여 대처한다. 따라서 대처는 의미를 찾는 근본적 인간 욕구에 대한 반응인 것이다. 그러나 Levin과 Tobin처럼 Pargament 연구팀도 종교가 사람의 대처 능력에 미치는 영향에 대한 과도한 일반화를 경계했다. 특정의 종교적 성향에서는 실제로 대처 노력을 좌절시킬 수 있으며, 노인들 모두가 어려운 시기에 힘의 원천을 얻으려고 종교에 의지하는 않고, 어떤 문제는 종교적 응답보다는 다른 방법이 더 적절한 경우도 있다.

제1~4장에서는 종교, 영성 그리고 노화되는 인간에 대한 연구 과정을 보여 주며, 새로운 질문과 이에 답변하는 새로운 방법에 주목함으로써 이러한 지식의 추구가 성숙 과정에 있음을 암시한다. 이러한 쟁점과 방법에 관해서는 다음 장들에서 검토된다.

제4장에서 Robert Atchley는 사람들이 세계와 관계하며 주관적 경험을 인식하는 오랜 패턴을 유지하면서 그들의 변화되는 삶의 환경에 어떻게 적응하는가를 일반적으로 설명하려고 한발 더 나아갔다. 이 장에서는 종교적 관습이나 믿음은 그리 강조되지 않았으며, 삶을 하나로 묶어주는 내면의 영성적 연속성에 더 관심이 주어졌다.

Atchley의 연속성 이론은 제5장에서 사람들이 생애를 통하여 영혼을 육성하고 의미를 구성하는 방법에 대한 Linda Vogel의 발달론적 접근법을 보완해 준다. Vogel도 Levin과 Tobin처럼 노인의 다른 생활환경을 인식하는 것이 중요함을 주장하였다. 유능 노인은 삶에서 의미를 확보하는 방법이 허약 노인과는 다르다고 주장했다. Vogel 또한 성의 사회적 해석이 사람의 영성 경험에 어떻게 영향을 미치는지 관심을 기울인다.

Harry Moody는 제6장에서 Vogel을 한편으로 비판하면서 또 한편으로는 지지한다. 그는 그녀가 기술한 심리적 발달에 관한 연구의 대부분을 비판하면서, 인간 발달의 최고 단계는 자아 통합성이 아니라 아마 자아 초월성일 것이라고 주장하였다. 대조적으로 그는 신비주의의 실천에서 경험되는 초월을 통하여 영혼의 육성이 가능하다고 묘사한다. 더 나아가, Moody는 노인들이 삶의 어려움에 대처할 때 항상 서구적인 합리주의적 접근법을 채택하는 것은 아니라고 주장하면서 제1-3장의 저자들을 비판한다. 아마도 다른 경로가 노인들로 하여금 노년의 신비와 그 모든 특별한 재능을 수용할 수도 있으며 전문지식이나 인지적 통찰력에서 나오는 지혜의 과정이 실패할 때 노인이 신비주의자의 기묘한 지혜를 발견할지도 모른다는 것이다.

Moody처럼 Fredda Blanchard-Fields와 Lisa Norris는 지혜에 대한 심리학적 접근법은 인지를 지나치게 강조하고 감성에 대한 인식을 소홀히 함으로써 제약을 받는다고 믿는다(제7장). 지혜를 전문가 지식 시스템으로 보는 최근 연구문헌을 검토한 후,

그들은 생각과 느낌이 어떻게 노년에 재결합하여 양자의 상호작용으로 노년의 지혜 기반을 형성하는가를 논의한다. 노인들은 감성적 이해를 수용하는 복잡성을 탁월하게 가지고 있으며, 모든 삶의 도전에 이성적 답변을 할 필요가 없으며, 영성이 만개하는 전체적이며 통합적인 자의식 속으로 내면의 여행을 할 수 있다. 지혜에 대한 견해에 감성을 포함시키는 것을 옹호함으로써 Blanchard-Fields와 Norris는 이성적, 남성적, 문제 해결적인 지혜의 모형에서 벗어나 인간 영성의 표현으로 지혜를 보는 전체론적 관점으로 선회한다.

마지막으로 제8장은 제1편과 제2편의 징검다리이다. David Maldonado는 종교, 영성, 노화하는 인간에 대한 연구에서 사회역사적 맥락을 반드시 고려해야 함을 일깨운다. 그는 아메리카 원주민, 흑인, 히스패닉 등의 삶의 환경과 노년에서의 종교와 영성의 경험에서 동일성을 기술한다. 그는 소수민족과 소수인종 노인들의 현재 동시대 집단의 삶은 사회경제적인 박해를 견디던 시절인 민권운동 시대 이전에 형성된 것이라고 주장한다. 그들이 젊은 시절에는 종교가 인종주의 사회에서 대처하는 하나의 수단이 되었으며, 그러한 박해의 유산과 싸우면서 노년의 희망을 계속 주고 있다. Maldonado는 텍사스 샌안토니오에 살고 있는 히스패닉 노인들의 사례에서 그들의 종교적 참여와 예배가 나이 들면서 더욱 중요해진다는 것을 보여 주었다.

제1편에서는 종교와 영성의 의미를 이해하려는 계속되는 노력을 보여 준다. 이러한 용어들은 조작적으로 정의되기에는 그에 대한 저항이 극심하기 때문에, 엄격한 실증분석을 하려는 사람에게는 너무나 도전적인 연구가 된다. 사회과학자는 검토되는 것이 무엇인지를 구별하는 것조차 어렵기 때문에, 노인의 삶에서 종교와 영성의 역할을 무시해 왔다. 분명히 이러한 상황은 바뀌고 있다. 여기 각 장에서 인용된 것처럼 여러 연구자들이 많은 노인들의 삶에서 본질적 요소의 탐구에 도전하기 시작하였다.

제1장 노년 생활에서의 종교와 건강

Harold G. Koenig

1. 서

너희가 늙어가도 나는 한결같다.
너희가 백발이 되어도 나는 너희를 지고 간다.
내가 만들었으니 내가 안고 간다.
내가 지고 가고, 내가 구해 낸다. (이사야예언서 46,4)

'성공적 노화aging'란 무엇일까? 그 정의를 한 번 해 본다면 다음과 같지 않을까. 즉, 성공적 노화란 만족과 충만을 느끼는 것, 사랑받고 사랑하는 것, 희망과 미래에 대한 감각을 가지는 것 그리고 생명의 희열을 느끼는 것, 존재하는 매순간의 의미와 목적을 찾는 것, 생의 마지막 순간까지 자신의 목적을 자유롭게 추구하는 것 등이라고. 이상인가? 그렇다. 어쩌면 달성 가능한 이상일 것이다. 적어도 추구할 만한 목표는 되지 않겠는가? 물론 확실히 그렇다. 여기에서 성공적 노화라고 기술된 특성의 많은 부분은 '심리학적 건강'에 대해서도 기술하고 있다. 성공적 노화에서 결코 무시할 수 없는 또 다른 측면은 '신체 건강'이다. 즉, 육체적 활력을 유지하면서, 자기 자신과 그가 사랑하는 이들을 충분히 돌볼 수 있는 역량이 있어야 한다는 것이다. 이러한 관점에서 건강 행위는—균형적 식단, 음주 절제, 금연, 신속한 적시의료 등—중요한 역할을 하게 된다.

그러나 노후의 실제여건에서는 종종 성공적 노화를 어렵게 하는 수많은 장애 요인이 나타나게 된다. 즉, 건강상의 문제와 스스로를 돌보는 능력이 줄어감에 따라 노인들이 스스로의 힘으로 다룰 수 있는 바깥세상은 더욱 좁아질 것이다. 수입은 감소하고, 진료비는 증가하며, 가족의 질병이 늘어나는 등 '외부적 스트레스'가 증가하는 한편, 가정과 사회에서의 역할 박탈에 따른 자존심의 손상에서 오는 '내부적 스트레스'와 결합하게 될 것이다. 가족의 죽음이나 이주—고도의 모바일 사회이므로—등으로 사랑하는 이들을 떠나보내는 것은 노인층의 사회적 네트워크에 부정적 영향을 미친다. 이는 특히 스트레스를 해소하는 데에 누군가의 완충역할에 크게 의지하고 있는 노인의 경우에는 실로 엄청난 충격이 된다.

성공적 노화의 달성 그리고 노년 시기의 정신적 육체적 건강 유지는 결코 쉽지 않은 과제임이 분명한 것이다. 특히 건강, 재정, 사회적 자원 등이 제한된 사람들에게는 더더욱 그러하다. 그러나 한 가지 자원만은 모두가 똑같이, 다른 자원의 유무와 관계없이, 활용할 수 있는 것이 있다. 그것이 바로 '종교'라는 자원이다. 역사의 기록, 모든 문화에서 보면 인간이 절망의 문제나 통제력의 상실에 대응한 것은 역시 종교였다. 종교는 과학이 해결할 수 없는 그 무엇을 제공할 수 있다. 종교는 사람들이 자신의 상황을 초월할 수 있도록 해 주며, 과학이 아무것도 제공해 줄 수 없는 상황에서도 희망을 줄 수 있다.

1) 생물심리사회적-영적 모형Biopsychosocial-Spiritual Model

생물심리사회적 모형에서는 시스템 접근 방식을 사용하여 인간과 사회의 모든 측면, 즉 생물학적, 심리학적, 대인관계적인 측면 등을 통합하여 연구하고자 한다. 그러나 많은 미국 노인들의 삶에서 종교가 가지는 압도적인 중대성과 종교에 바라는 수요를 볼 때, 생물심리사회적 모형은 영적인 것을 배제할 수 없으며, 아직 완벽하다고 말할 수 없다. 이에 따라 생물심리사회적-영적 모형의 필요성이 제기된 것이다. 이러한 모형은 쉽게 말하자면 인간에게는 영적 차원이 있다고 기술하는 것이다. 영적 차원은 생물학적 심리학적 그리고 대인관계적인 차원들과 구별되지만, 이들 차원에게 중대한 영향을 끼치고, 역으로 영향을 받기도 한다. 인간의 다른 차원들의 역할이 끝나는 지점에서 영적 차원은 시작한다. 현실상황이 아무런 빛도 남아 있지 않다고 말할 때, 종교는 바로 그 희미한 불빛을 준다. 현실적 증거들이 이제 미래는 없다고 말할 때, 종교는 미래를 제시한다. 세상의 모든 것들이 무의미하게 느껴질 때, 종교는 목적과 방향을 제시해 준다. 그리고 우리 주변의 아무것도 우리를 위안해 줄 수 없을 때, 종교는 위안을 준다.

2) 이성과 계시Reason versus Revelation

다음에서는 종교가 노인의 신체적, 정신적 건강에 미칠 수 있는 수많은 영향에 대하여 기술하고자 한다. 이 논의는 가능한 한 과거 수십 년 동안 수행되어 온 면밀하고 체계적인 연구에 근거한 것이다. 하지만 주의해야 할 사항이 있다. 연구는 많은 새로운 정보를 밝혀내고 있지만, 그럴수록 모르는 것이 더 많아진다는 점이다. 아마도 종래의 과학적 연구 방법으로는 알 수 없을 수도 있다. 과학이라는 수단에는 명백히 한계가 있다. 특히 인간 행동의 매우 복잡한 심리사회적인 면을 다룰 때, 그 방법이 상대적으로 정교하지 못하며 일반적인 경향만을 확인하는 데 그치기 때문이다.

더구나 과학적 지식이란 지식의 한 유형일 뿐이며, 이는 논리, 추론, 이성적인 이해를 통해 획득되는 것에 불과하다. 물론 실제로 세상과 인간 행동의 대부분은 이러한 방법으로 배울 수 있는 것이 사실이다. 하지만 '이것이 지식 습득의 유일한 방법'이라는 주장에는 수많은 반론이 있다. 진실을 알게 되는 데에는 다른 방법들이 있다고 주장하면서. 사람의 이해력을 오로지 논리적이고 추론 가능한 것으로만 제한하는 것은 현명하지 못하고, 아마도 약간은 자기도취적인 것이다.

사실 세상의 위대한 종교들은 서양식의 과학적 추론과는 전혀 다른 직관, 통찰, 계시 등의 경로를 통해 습득된 지식에 기반을 두고 있다. 종교에는 상당히 많은 부분이 이성적이고 논리적이지만, 또한 세속적 기준으로만 볼 때 어리석어 보일 수도 있는 수많은 측면이 존재한다. 바오로 성인은 "현세적인 인간은 하느님의 영에게서 오는 것을 받아들이지 않습니다. 그러한 사람에게는 그것이 어리석음이기 때문입니다(1코린 2,14)"라고 말하기도 했다. 비록 종교적인 진리들이 과학의 도구에 의하여 증명되거나 부정될 수 없기는 하지만, 종교가 인간의 정신적, 신체적 건강에 끼치는 영향이 체계적으로 연구될 수는 있다. 이것이 바로 여기에서 기술되는 많은 연구들의 목표이다.

3) 종교의 정의

이 장에서 사용되는 종교라는 용어는 주로 유대교와 그리스도교 전통 즉, 신을 창조와는 별개로 보되 인류의 창조와 미래에 무한한 관심을 가진다는 일신론적 관점에 바탕을 두고 있다. 이러한 관점은 우선적으로 성경에 그리고 어느 정도는 교회와 랍비의 전통에 바탕을 두고 있다. 왜냐하면 미국 노년층의 대부분은 유대인과 그리스도인의 관점을 갖고 있기 때문에 건강에 대한 종교적 영향을 고려함에 있어서 적절한 관점이라고 할 수 있을 것이다.

정통파 또는 보수적 유대인 노인들에게 종교의 개념은, 신은 곧 구원자라는 것이다. 이집트에서 고통 받는 유대인 노예들을 구하고, 그들을 위해 사막을 안내하고, 약속한 땅으로 그들을 인도한 것과 같은 기적적인 일을 행한 구원자인 것이다. 전통적 그리스도교 노인들에게는 종교의 개념은 신이 인간이 되기 위해 자신을 낮추고 인간들이 경험하는 고통을 견뎌냈으며, 신이 창조하신 인간들을 사랑하였기 때문에 그들의 죄를 위하여 기꺼이 처벌받고 십자가에서 돌아가셨다는 것이다. 하지만 시편 91편에서는 그리스도인과 유대인 모두에게 비슷하게 적용되는 점을 볼 수 있다.

> 주님께 아뢰어라. "나의 피신처, 나의 산성이신 나의 하느님, 나 그분을 신뢰하네."
> 그분께서 새잡이의 그물에서 위험한 흑사병에서 너를 구하여 주시리라.
> 당신 깃으로 너를 덮으시어 네가 그분 날개 밑으로 피신하리라. 그분의 진실은 큰 방패와 갑옷이라네.
> 너는 무서워하지 않으리라, 밤의 공포도 낮에 날아드는 화살도 어둠 속에 돌아다니는 흑사병도 한낮에 창궐하는 괴질도.
> 네 곁에서 천 명이, 네 오른쪽에서 만 명이 쓰러져도 너에게는 닥쳐오지 않으리라.
> (시편 91,2-7)

이와 같은 종교적 인식과 시각적 심상imagery들은 정신 및 신체의 건강에 어떤 영향을 미칠까? 이것들이 과연 노후에 겪게 되는 혼란스러운 사회적, 신체적인 변화를 극복하도록 노인들에게 동기를 부여하고 격려할 수 있을까? 이것들이 없었더라면 고통스러웠을 상황에서 안락함과 평화를 가져다 줄 수 있을까? 다른 한편으로는 몇몇 사람이 주장하는 것처럼 억압, 부인, 환상이라는 방식으로 적극적 문제 해결 방식을 대체시킴으로써 상황에 대처하는 과정을 방해하지는 않을까? 그리하여 좌절감, 낙담, 우울함, 두려움, 불안정 그리고 질병을 완화시키기보다는 결국 악화시키지는 않을까?(Freud, 1927; Rokeach, 1960; Ellis, 1980)

2. 종교 활동의 보급

지난 50년 동안의 갤럽여론조사에 의하면, 노후 생활에서 정신 건강과의 관계가 무엇이든 종교적 인식과 행동은 매우 흔한 것이었다(Koenig 외, 1988e). 60세 이상 사람들의 약 3/4은 종교가 매우 중요하다고 하며, 미국의 남동 지역에서는 거의 90%가 그렇게 답한다(*Princeton Religion Research Center*, 1982; Koenig 외, 1991e). 적어도 절반 이상의 미국 노인들은 만성적 질병 혹은 보다 더 심각한 어려움에도 불구하고 교회나 유대교당에 매주 1회 이상 출석한다. 노인들의 1/3 내지 1/2은 적어도 매주 수차례 개인적 (식사기도 이외의) 기도를 한다. 50세 이상 사람들의 25% 정도는 성경을 매일 읽는데, 50세 미만에 비하여 2배 정도이다. 사실 미국에서 50세 이상의 60%는 성경을 문자 그대로의 기록 혹은 영감으로 쓰인 기록인가의 여부에 관계없이 잘못된 내용은 없다고 믿는다(Princeton Religion Research Center, 1990). 미국 노인들, 특히 교회에 출석할 수 없을 정도로 장애를 가진 사람들의 40% 이상이 종교방송을 한 주에 수차례 시청한다(Princeton Religion Research Center, 1982). 그렇다면 믿음의 전파와 활동을 고려한다면 종교는 이 나라에서 노인들의 삶에 무한한 영향을 미치고 있음이 명백하다.

3. 종교와 정신 건강

> 그러나 성령의 열매는 사랑, 기쁨, 평화, 인내, 호의, 선의, 성실, 온유, 절제입니다. 이런 것들을 막는 법은 없습니다. (갈라 5,22)

종교가 과연 노인들이 잘 대처하며 살아가도록 도움이 되는가? 그 대답은 어떻게 질문하느냐에 따라 다를 것이다. 만약 미국 노인들에게 단도직입적으로 묻는다면, 약 90%는 동의할 것이다(Americana Healthcare Corporation, 1980~81). 하지만 그처럼 높은 응답비율에는 아마도 다소의 응답 편향성이 작용하였을 것이다. 즉, 그 같은 단답형 질문에 대한 '적절한' 반응으로 높은 수치가 나온 것이다. 그러나 종교가 삶에 어떤 도움이 되는지 알아낼 수 있는 가장 신뢰성 있고, 편향성이 적고, 덜 민감한 방법은 개방형의 질문을 던지는 것이다. 예를 들면 "당신이 노후를 잘 보낼 수 있도록 하는 것은 무엇인가?" 또는 "무엇이 당신을 계속 앞으로 나아가게 하는가?" 등의 질문을 던진 후 응답자들의 자발적 답변을 기록하여 그 대답들의 성격이 종교적인지 아닌지를 구분한다. 그 결과는 흥미로웠다. '듀크대 종단면적 분석Duke Longitudinal Studies'이라는 100명의 중산층 백인 노인들을 조사한 연구에서 참가자의 45%가 종교가 그들의 인생에서 가장 힘든 시기에 한 번 혹은 그 이상 도움을 주었다고 자발적으로 응답하였다(Koenig 외, 1988a). 성별로는 여성의 2/3가 종교적인 응답을, 남자들은 오직 1/3 정도가 종교적 응답을 했다. 버지니아주 어느 의료기관에 입원중인 39명의 70세 이상 남성을 대상으로 한 연구에서는, 노년의 삶에 어떻게 대처하는지를 묻는 개방형 질문에 24%가 자발적인 종교적 응답을 하였다(Koenig 외, 1992a). 마지막으로 조지아주 아테네시의 저소득노인 대상 연구에서 흑인 51%와 백인 28%는 그러한 개방형 질문에 종교적인 응답을 하였다(Rosen, 1982).

종교적으로 대처한다는 응답들은 통상적으로 기도, 성경 읽기, 주님에 대한 신뢰, 신에 대한 믿음, 예수 그리스도, 교회 참석, 목사나 교회의 다른 사람들에게서 받는 지원이다. 개인적 신앙(기도하기, 성경 읽기)과 종교적인 인식(주님을 신뢰하거나 신에 대한 믿음)이 조직적인 종교활동보다 더 많았다. 독자는 위에 인용된 세 가지 연구 모두가 미국의 남부 성서벨트Bible Belt[1]에서 행해진 것임을 인식해야 한다. 종교적인 응답 비율과 유형 둘 다 서부와 북동부에서 서로 다를지 모른다. 이 지역에서의 종교적인 응답 비율은 미국의 다른 지역들보다 아마 약 25% 정도 더 높을 것이다(Princeton Religion Research Center, 1987). 어쨌든 상당 비율의 미국 노인들에게 지역과 상관없이 종교는 그들의 전반적인 대처 방법이고, 이것은 아마도 여성, 흑인 그리고 보수적인 그리스도인들에게는 더욱 그럴 것이다.

지난 몇 년간 이와 관련한 주제로서, 사회적 지원이 지니는 노년기 스트레스 완화를 위한 보호적 역할에 대해 많은 관심이 있었다(Arling, 1987; George 외, 1989; Haug, Breslau, and Folmar, 1989; Revicki and Mitchell, 1990). 반면 노인들에게 이러한 사회적 지원이 어디서 오는 것인지에 중점을 두는 연구는 거의 없었다. 노인들이 다른 자발적 사회 활동보다는 교회 그룹에 더 많이 참여한다는 사실을 본다면, 많은 사회적 지원이

1) 성서벨트Bible Belt란 보수적인 개신교 복음주의 전통이 강한 지역을 말하며, 버지니아에서 플로리다에 이르는 지역(플로리다, 앨라배마, 테네시, 켄터키, 캐롤라이나, 조지아, 버지니아, 웨스트버지니아 등)과 함께 텍사스, 오클라호마, 일리노이 일부, 메릴랜드 등을 말함.

교회 관련 활동으로부터 발생한다는 것은 전혀 놀라운 사실이 아니다(Cutler, 1976). 사실 노인전문병원에 다니는 노인들에 대한 저자의 연구에서는 환자들의 가까운 친구들 중 반 이상이 모두 교회 모임에 속한 것으로 나타났다(Koenig 외, 1988d).

1) 주관적 평안well-being

많은 노인들이 종교가 그들로 하여금 노후의 삶을 대처할 수 있도록 도와준다고 하는데, 이것은 과연 사실일까? 이에 대한 객관적인 해답을 구하기 위해서는 신앙생활을 하는 노인의 삶과 비신앙인인 노인들의 삶을 비교 평가해 보면 될 것이다. 그러나 이것이 말처럼 쉬운 것은 아니다. 생활고를 겪는 노인들은 평안을 얻기 위해 종종 종교에 의지한다. 따라서 이는 스트레스를 해결하기 위해 증가된 종교 활동이 마치 반대로 갑자기 늘어난 종교 활동으로 인해 받는 스트레스로 잘못 해석될 수도 있다. 스트레스는 사람들에게 종교에 대한 강한 동기를 갖게 할 수 있다. 그러므로 만약 노인들의 평안과 신앙심 사이에 상관관계가 없거나 심지어 역관계가 있다고 하더라도 그것은 예상 못할 바도 아니다. 예를 들어 아파서 병원을 찾은 노인과 그렇지 않고 집에 있는 노인의 건강을 비교한다고 하자. 우리는 병원을 찾은 노인들이 아픈 경우가 집에서 설문조사 받는 노인들보다 더 많다는 것을 알 것이다. 그렇다고 이러한 관찰을 근거로 해서 병원을 찾는 것이 발병 원인이라고 결론을 내린다면 얼마나 어리석은가. 마찬가지 상황이 종교와 평안well-being의 경우에도 나타날 수 있을 것이다.

노후의 평안이나 생활만족과 신앙심과의 관계에 대한 많은 연구에서 양자 사이에는 긍정적 상관관계가 있다는 점이 밝혀진 것은 놀랄 만한 일이다. 횡단면적[2] 연구(Beckman and Houser, 1982; Guy, 1982; Hunsberger, 1985; Koenig 외, 1988b)와 종단면적 연구(Blazer and Palmore, 1976)에서도 적극적으로 종교적 활동을 하는 노인들이 평안과 생활만족도가 높다고 밝히고 있다. 이러한 긍정적인 영향은 심지어 건강, 사회적 지원 그리고 재정 상태 등의 변수를 고정한 상태에서도 같은 결과를 유지했다. 평안과 종교의 상관관계는 비조직적 종교 활동(기도, 성경 읽기와 같은)에서 가장 약하게 나타났다. 이러한 비조직적 종교 활동이란 스트레스로 종교에 의지하는 노인들이 손

2) 실제 표본은 시간과 공간의 2차원에 분포한다고 할 때, 횡단면적cross-sectional 연구는 고정된 한 시점에서 공간적으로 구성된 표본을 조사하는 것이며, 종단면적longitudinal 연구는 공간이 고정된 표본의 시간적 경과를 추적 조사하여 시계열적 성격을 지니고 있음.

쉽게 선택하는 유형이기도 하다. 다른 한편으로 종교적 헌신과 교회 출석의 빈도는 평안과 가장 강한 상관관계를 갖는다. 특히 이러한 상관관계는 75세 이상 여성에게서 가장 강하게 나타났다(Koenig 외, 1988).

비록 몇몇 연구에서는 종교변수와 평안이나 삶의 만족 사이에는 상관관계가 없다거나 혹은 낮다는 연구(Barron, 1961; Toseland and Rasch, 1979-80; Markides, Levin, and Ray, 1987)가 있었던 반면, 노인에게서 종교변수와 이러한 정신 건강변수 사이에 유의미한 부정적 상관관계가 있다고 주장한 연구는 없다는 것이 주목할 만하다.

2) 우울증

최근의 많은 연구들은 종교와 노인 우울증의 관계에 초점을 맞추어 왔다. 일반 사회에서 살고 있는 노인들의 25% 이상이 우울증후군을 가지고 있고, 병원에 입원한 노인 환자 중에서는 40% 이상이었다(Blazer, Hughes, and George, 1987; Koenig 외, 1988c, 1991). 많은 횡단면적, 종단면적 연구에서는 노인들의 우울증과 종교변수 간에는 역관계가 있음을 보고하였다. 이러한 결과는 앞에서 고찰한 평안과 생활만족도를 연구한 결과와 일치한다.

Pressman 연구팀(1990)은 시카고의 병원에서 엉덩이골절로 회복중인 30명의 노인 여성에게서 우울증(Geriatric Depression Scale로 측정)과 퇴원시의 종교 활동은 역관계($r=\triangle 0.61$, $p<0.01$)가 있고, 이 관계는 질병의 심각성을 치료한 후에도 유의하게 나타났다고 보고하였다. 그들이 측정한 종교적인 변화 세 가지 중에서, “신을 건강과 평안함의 원천으로 생각하는 것”은 자신의 질병을 인정할 때($r=\triangle 0.39$)와 질병을 치료하고 퇴원할 때($r=\triangle 0.52$), 두 가지 경우 모두에서 역관계가 있었다. 육체적인 회복(도보거리로 측정) 또한 종교변수와 유의한 관련성($r=0.45$, $p<0.05$)이 있었다. 이러한 결과는 질병의 심각성을 통제한 후에도 유의하게 유지된다는 것을 발견하였다. 이처럼 종교적인 여자 노인들은 비종교적인 동료 환자들보다 더 빨리 회복하고 덜 우울해 하였다.

Morse와 Wisocki(1987)은 센터 참가자인 156명의 노인을 대상으로 SCL-90과 Mood Adjective Checklist를 사용하여 우울증을 검사하였다. 종교지수가 높은 노인들은 종교지수가 낮은 참가자들보다 우울해 하는 확률이 유의수준 이상으로 낮다는 결과가 나타났다. 이 결과는 만성질환의 대부분을 통제한 상황에서도 변하지 않았다. 또한 연구자들은 신앙과 불안 간의 역관계도 발견하였다. 하지만 만성질환을 통제한 이후에는 이러한 상관관계는 사라졌다. Nelson(1990)은 텍사스의 오스틴에서 실시한 데이케어 프로그램에 참가한 68명 노인들을 대상으로 종교적 태도(내재적이냐/외재적이냐), 우울증(Geriatric Depression Scale 측정) 그리고 자존감(Rosenberg Scale 측정)의 관계를 검사하였다. 그녀도 역시 내재적 신앙심과 우울증(r=△0.23, $p<0.05$)뿐만 아니라 낮은 자존감(r=△0.38) 사이에도 유의수준의 역관계를 발견하였다. 교회 참석은 우울증(r=△0.08)이나 낮은 자존감(r=△0.17)과 유의하지 않은 역의 상관관계가 있었다. 그러나 참가자의 88%가 한 주에 두세 번 교회에 출석하고 있기 때문에 표본에 오류가 있을지도 모른다.

주목할 만한 연구는 예일대학의 Idler와 Kasl(1992)이 종교적인 참여와 건강 상태(무력함, 우울증 그리고 죽음의 위험을 포함) 간의 관계에 대해 3년 이상 조사한 것이다. 대상자 2,812명의 노인들은 코네티컷주 뉴 헤이븐시의 Yale Health and Aging Project에 등록한 사람들이었다. 이 노인들 중 1,000명 이상이 1982년과 1989년 사이에 사망하였으므로 대상 노인들은 병이 심했으며 무력한 상태였다고 할 수 있다. 이런 무력함에도 불구하고 41%는 적어도 매주 교회에 출석하였고, 38%는 자신들을 신앙심이 깊다고 생각하였다. 이 노인들 중 다수가 천주교인(53%)과 유대교인(14%)이기 때문에 대부분 그리스도교인들로 구성되었다고 보고된 다른 연구와는 차이가 있다. 연구자들은 최근에 무력해진 노인 남자들을 대상으로 한 연구에서 무력함을 이겨내는 공개적인 신앙(예배 참석, 알고 있는 교회 신자의 수) 부분과 (CES-D를 사용한) 우울증을 이겨내는 개인적 신앙(자기 평가적 신앙, 종교로부터 얻는 힘과 편안함)으로부터의 유의수준의 보호적 효과를 발견하였다. 또한 장기입원 환자를 대상으로 실시한 연구에서 횡단면적, 종단면적 분석 모두의 결과에서 종교를 통한 대처 방안과 우울증 간의 역관계가 발견되었다.

비록 독자들은 저널에서 '부정적인' 발견을 발표할 것 같지 않다고 느끼더라도(예: 상관관계 없음을 보고한 연구), 최근 연구를 살펴보면 유대교－그리스도교의 종교적 전통에 기초한 믿음과 활동은 아마도 노년의 우울증을 완화시킬 것이라는 점을 시사한다.

3) 자살

자살의 비극은 우울증의 상태 중에서도 확실하게 치료가 가능한 상황에서 자주 발생한다는 것이다. 약 100년 전 1897년 Durkheim은 자살 비율은 사회적으로 고립된 사람들에게서 가장 높고, 사회 내의 어떤 그룹에 속한 사람들에게는 그 비율이 가장 낮다고 보고하였다(Spaulding and Simpson, 1951). 교회처럼 공통적인 정체성과 전통을 함께 공유한 그룹에서는 특히 비율이 낮았다고 한다. 몇몇의 연구는 노인들의 종교적인 믿음과 자살 간의 관계에 대해 조사하였는데 그 연구들 중 몇몇은 주목할 만하다. Nelson(1997)은 만성적인 병으로 장기 입원한 환자 58명에게서 간접적으로 생명의 위협이 되는 행동—약물 치료법의 거부, 정맥주사의 제거, 자해적 행동—등을 포함한 조사를 하였는데, 그는 종교적인 믿음의 강도와 수행은 이러한 행동들에 반하여 이루어진다는 것을 발견했다. 우울증으로 입원한 70세 이상 남자들을 대상으로 실시한 최근 연구에서는, 331명 중에서 심각한 우울 증상을 가지고 있는 44명의 환자들 가운데 46%가 자살 충동을 경험한 일이 있다고 했다. 이들 중 대부분의 경우가 종교적인 믿음이 그들의 충동을 억제하는 데 큰 도움을 주었다고 응답했다. 종교는 자살을 강하게 제지할 수 있으며, 자살을 강력히 금하는 전통을 배운 사람들(그리스도교, 유대교, 이슬람교)에게는 특히 긍정적으로 작용한다.

4) 불안 증상

> 하느님께서는 우리에게 비겁함의 영을 주신 것이 아니라, 힘과 사랑과 절제의 영을 주셨습니다. (2티모 1,7)

우울증 환자들이 패배감, 무력감, 포기감 같은 증상들을 경험할 때, 불안 증상을 보이는 환자(개인의 성격적인 특성 상 타인에 비해 불안 증상이 다소 심한 사람의 경우)들은 일반적으로 기본적인 생활 속의 기능을 수행할 수 있는 충분한 에너지를 갖고 있으며 질병으로 인해 무능력하게 되지는 않는다. 물론 공포장애나 강박신경증 환자들은 그들의 병으로 인해 매우 무능력해질 수 있지만, 경미한 증상을 가진 환자들은 보편적으로 양호하다. 사실 어느 정도의 불안은 최적 수준의 동기 부여와 역할 수행을 위해서 필요하다.

그렇다면 노년의 삶에서 종교와 불안 증상의 관계는 어떠할까? North Carolina의 Piedmont 지역에서 실시된 '국립정신의료원(NIMH)의 ECA'[3] 연구 제2차 조사에서 노인 1,299명을 대상으로 6개월 혹은 평생 나타나는 불안 증상과 장애의 발병률에 대해

3) NIMH(National Institute of Mental Health)의 ECA(Epidemiologic Catchment Area) 연구는 복수 지역의 대규모 표본 약 20,000명에 대하여 실시된 정신의학 관련 조사임.

조사하여(Koenig 외, 1993), 상세한 정보를 수집하였다. 조사에는 종교에 관한 5개의 질문들—교회 출석, 개인적인 종교 활동(기도와 성경 읽기), 종교방송 시청하기, 종교의 중요성, 신앙을 통한 재탄생—이 포함되었다. 연구 분석에 특별한 요인(예: 개인별 건강 상태)에 대해 통제를 가하지 않은 상태의 분석 결과를 보면, 종교방송을 시청하는 노인들 중에서 불안 증상을 갖고 있는 사람들이 교회에 참석하는 이들보다 좀 더 보편적으로 많다는 것으로 나타났다. 또한 원칙주의자이거나 보수적 교파 소속 노인들 중에는 불안 증상을 갖고 있는 이들이 더 많은 것으로 조사됐다. 종교가 아예 없는 노인들은 놀랍게도 상당히 낮은 수준의 불안을 갖고 있었다. 그러나 사회 인구통계학적 요인과 건강 요인을 통제하면 이러한 차이는 모두 사라졌다. 명백히 심한 불안 증상을 갖고 있는 사람들—여자 노인, 사회 경제적으로 낮은 그룹, 낮은 교육수준, 만성질환자—은 근본주의자 보수교파 사람들처럼 개인적인 종교 활동(기도, 성경 읽기, 종교방송 시청)을 더 많이 하였다.

이 연구가 뜻하는 바는 무엇일까? 사람들에게 종교에 대해 동기부여를 하기 위해서는 어느 정도의 불안은 필요하다고 할 수 있다. 불안 증상이 없다면 사람들은 안주하게 된다. 그렇게 되면 사람들은 공적이든 사적이든 종교 활동에 참여하기가 더욱 힘들어지게 된다. 이것은 정신 치료에도 동일하게 적용된다. 정신 치료의 효과적인 방법에는 환자들로 하여금 그들의 문제를 풀어가도록 하는 어느 정도의 불안이 필요하다. 이것이 없다면 그들은 치료를 포기하고 다시 사회나 그 밖의 여러 상황에 적응하지 못하는 생활 패턴으로 돌아가게 된다. 종교가 평안함을 제공하고 불안 증상을 완화시켜 주는 역할을 하는 것은 틀림없다. 하지만 어느 정도의 불안 증상이 지속적인 종교 활동을 위해 필요한 이상, 종교가 완전한 불안 증상의 치유를 가져오지는 않는다.

위의 연구 결과로 설명 가능한 또 하나의 이론은 이른바 'Homan 명제'이다. 이 이론에 따르면 종교는 믿음의 초기에는 불안 증상을 증가시키고, 후에 불안을 감소시킨다(그러므로 횡단적 연구에서는 초기의 증가와 후기의 감소로 전체적인 균형이 잡히는 경향을 갖게 된다). 종교는 개인에게 죄를 짓는 잘못, 지은 죄가 미치는 잠재적인 영향 혹은 스스로의 나약함을 지적함으로써 처음에는 불안과 죄책감을 증가시키지만, 나중에는 새로이 규정된 라이프스타일과 태도에 순응함으로써 불안이 경감된다. 이 이론은 실증적으로 뒷받침되고 있다(Leming, 1979-80). 그리고 어느 정도는 신학적이고 성서적인 교리들과 일치한다. 예로서 C. S. Lewis(1943)의 글을 인용해 본다.

> 내가 행하는 모든 것은 사람들에게 진실을 직시하라는 것이다—그리스도교에서 요구하는 문제들을 이해하기 위해서. 그리고 그것들은 매우 무서운 사실들이다. 나는 더 마음에 드는 무엇인가를 말하기를 바란다. 그러나 나는 내가 사실이라고 생각하는 것을 말해야만 한다. 물론 나는 그리스도교가 오래 유지되고 있고, 말할 수 없을 정도로 편안한 것이라는 것에 매우 동의한다. 그것은 편안함에서 시작되지 않는다. 그것은 내가 서술해 왔던 낙담에서 시작되고, 그 낙담을 우선적으로 극복하지 않고 편안함을 가지려고 노력하는 것은 전혀 소용없는 일이다(39쪽).

5) 죽음에 대한 불안

정신의학 분야의 전문가들은 모든 불안은 단 하나의 근원인 죽음에 대한 공포로부터 비롯된다고 믿는다. 프로이드는 강렬한 죽음의 공포에 시달렸으며, 복잡한 숫자 계산으로 자신의 사망일을 예측하는 등 미신적인 열망과 관념이 그를 뒤흔들었다. 사람은 나이가 들면서 친구들과 사랑하는 사람들을 잃음으로써 결국은 점점 더 죽음에 노출된다는 것을 느낀다. 이에 따라 죽음에 대해 더 자주 생각하게 되고, 이것은 스트레스의 상당한 원인이 될 수 있다. 청년이나 중년이라면 죽음을 피할 수 없다는 것을 부정하거나 죽음에 대한 생각을 통제하는 것이 쉽겠지만, 시간이 지나면서 몸이 늙고 병들거나 혹은 그로 인한 죽음의 위협을 느낄 때 죽음에 대한 생각을 통제하는 힘이 약해진다. 그리고 노인으로서 삶의 종말에 직면할 때, 종교는 엄청난 위안이 될 수 있다. 왜 아니겠는가? 죽음과 동시에 생의 모든 경험이나 기억들이 끝나 버린다는 과학적인 증거는 없다(증명할 수도 없다). 그렇기 때문에 종교가 주는 사후세계에 대한 믿음은 지구상에 없는 영원한 평화와 희망의 구원을 갖게 한다. 의학자 또는 정신전문가들은 종교를 믿는 간단한 방법 외에 대안으로 제시할 수 있는 것이 거의 없다. 이를테면 바오로 성인이 제시한 다음의 믿음을 생각해 보자.

> 죽은 이들의 부활도 이와 같습니다. 썩어 없어질 것으로 묻히지만 썩지 않는 것으로 되살아납니다. 비천한 것으로 묻히지만 영광스러운 것으로 되살아납니다. 약한 것으로 묻히지만 강한 것으로 되살아납니다. 물질적인 몸이 있으면 영적인 몸도 있습니다. (1코린 15,42-44)

따라서 종교를 가진 노인은 평정심을 잃지 않고 죽음을 맞이할 것이며, 어쩌면 홍분된 기대까지 가지면서 죽음을 맞이할지도 모른다. 그들은 아마 사랑하는 누군가—아마도 배우자 또는 부모—와 재회하기를 기대할 것이며, 종교적인 견해가 이것을 허용한다. 몇몇은 아마도 그들이 그들의 삶을 통하여 섬겨왔던 신을 직접적으로 보고 경험하고, 결국에는 이 세상에 있는 동안 그들이 인내한 고통들에 대해 약속된 보상을 받기를 갈망할 것이다. 한편으로 이 순간은 아마 독실한 노인들에게조차 두려운 시간일 것이다. 몇몇 종교적인 사람들은 여전히 알려지지 않은 장벽을 넘어가는 것을 두려워하고, 사랑하는 사람들을 남겨두고 떠난다는 것을 두려워하며, 그들이 사는 동안 하고자 했던 모든 것을 이루지 못했음을 안타까워하고, 심지어 실제로 혹은 상상된 죄들 때문에 다른 편에서 징벌이 기다리고 있다는 것조차 두려워한다. 그러므로 독실한 신앙인들조차도 여러 가지 혼합된 감정을 느낄 것이다.

많은 연구들은 종교적인 믿음과 태도가 죽음에 대한 감정에 긍정적인 영향을 끼친다고 보고하고 있다(Wolff, 1959; Feifel and Nagy, 1981; Koenig, 1988). 반면 죽음에 대한 불안한 감정과 종교는 서로 관계가 없다는 보고부터 상당한 관계가 있다는 보고까지 각양각색의 연구 결과들이 나타나고 있다. 몇몇 연구자들은 그것이 믿음의 내용—종교적이든 무종교적이든—에 의한 것이 아니라 믿음에 대해 확실성을 갖고 있기 때문이라고 주장한다(Hinton, 1967; Smith 외, 1983-84). 이 관점에 따르면 믿음이 깊은 신앙인만큼 열렬한 무신론자도 잘 살아갈 수 있을 것이다. 이 가설에 의하면 결국 죽음에 대한 불안감은 믿음이 일관되지 않는 사람들에게서 가장 높게 나타난다는 설명이 된다.

6) 알코올 남용

대략 노인 10명 중 1명이 술을 남용하고 있다. 노인 알코올 중독자는 두 종류로 분류되고 있다(Gaitz and Baer, 1971). 하나는 성인 초기에 지나친 음주를 시작하여 긴 역사를 가진 경우를 말한다. 이들은 보통 공공연하게 술을 마시고 사회복지기관에 잘 알려져 있으며, 젊은 음주자들과 유사한 성격 특성을 갖고 있다. 다른 유형의 알코올 중독자는 매우 늦게, 보통 50세 이후 음주를 시작한 경우이다. 종종 노화와 관련된 부정적인 생애사건들—사랑하는 이를 잃음, 건강 악화, 재정적 궁핍—에 대한 반응으로 일어난다. 늦게 알코올 중독자가 된 사람들은 공공장소에서는 거의 마시지 않고, 대부분 홀로 집에서 마신다. 종종 우울증 같은 정신병들이 함께 나타나기도 한다(Schonfled and Dupree, 1990).

알코올 중독자의 10%만이 알코올중독자방지조합Alcoholics Anonymous(AA)에 참여하기 전에 그들 스스로 술을 끊었다. 이들 사례 중 약 30%는 종교적 경험이 직접적으로 작용한 결과이다(Lamere, 1953). 몇몇 사례에 따르면 AA의 성공은 기본적으로 영적 측면의 결과였다(Wilson, 1968). 입원한 사람들의 종교적인 경험들에 관한 연구에서 약 1/3은 일생 동안 몇 차례 종교를 긍정적으로 생각하는 감정의 변화가 있었다고 보고하였다. 그 그룹의 10% 이상은 중독적인 흡연 또는 과음을 중단하는 변화가 있었다(Koenig, 1994). 노인병원의 노인 외래환자들에 대한 초기 연구에서는 음주하는 남자들 중에는 내재적 신앙심이 상당히 낮았다(Koenig 외, 1988d). 마찬가지로 모든 연령의 성인들을 대상으로 한 연구들에서는 보편적으로 종교성과 알코올 남용 간의 큰 부정적인 관계가 완화되는 것으로 나타났다(Cahalan, Cisin, and Crossley, 1969; Parfrey, 1976). 종교는 인생의 문제들을 극복하는 수단으로 이용되는 음주의 대안이 될 수 있다.

하버드대학 정신과 의사 George Vailllant(1982)는 33년 동안 도시에 사는 알코올 문제를 가진 110명의 사람들을 추적하여 조사하였다. 그는 20%가 3년 이상 금주하였고, 47%는 적어도 1년 동안 금주하였고, 33%가 알코올을 남용하는 더 안 좋은 방향으로 가고 있었다고 보고했다. 3년 이상 금주한 사람들 중 19%에서 첫째 요인은 종교적 연관성의 증가로 보고되었고, 38%는 AA가 첫째 요인이었다는 것을 보고하였다. 이 연구 결과에 대한 해석으로 Vaillant는 다음과 같이 기술하였다.

> …종교적인 연계의 증가가 비자발적인 습관들의 변화에 주된 도움이 되었음을 인정하는 것은 중요하다. 최근에야 비로소 Frank, Bean, Mack과 같은 연구자들이 이 과정의 본질을 설명하기 시작하였다. 알코올 중독자들과 다른 불치의 중독자들은 좌절감, 죄스러움, 무력함을 느낀다. 변함없이 그들은 사기 저하로 고통을 겪는다. 치료를 위해서는 자존감과 희망을 줄 새롭고 강력한 원천을 찾아야 한다. 마찬가지로 중요한 점은 종교적으로 연계됨으로써 반동 형성—개인이 한때 소중히 여기고 사랑했던 것을 갑자기 거절하거나 싫어하고 그 반대가 되기도 하는—이라는 방어기제의 전개가 용이해진다는 사실이다. 반동 형성은 금주에 필수적이며 간혹 정반대로 지시하는 '더 강한 힘'에 이르려는 일련의 욕망을 포기함으로써 안정된다(132쪽).

4. 종교와 신체 건강

노후의 삶에서 종교적 태도나 행동이 신체 건강과 긍정적으로 연관된다는 증거는 그것이 정신적 건강에 미치는 긍정적 증거보다 적다. 그럼에도 불구하고 상당수의 연구들은 그 연관성을 보여 주고 있다. 어쨌든 이 관계를 조사할 때는, 상당수의 요인들이 반드시 고려되어야 한다.

첫째, 정신 건강과 마찬가지로 종교 요인은 신체 건강과 정적 방식이 아닌 동적 방식으로 상호작용한다는 점이다. 신체 건강과 종교 요인 둘 다 시간의 경과에 따라 변동할 것이다. Wheaton(1985)의 '억제인자suppressor' 가설에 따르면, 건강 악화 같은 부정적 생애사건에서 오는 스트레스는 기도나 성경 읽기 같은 종교적 활동들을 증가시킨다(Krause and Van Tran, 1989). 그러면 그러한 종교적 활동은 부정적 생애사건의 스트레스를 줄이고, 아마도 신경내분비 작용 또는 면역학적 메커니즘들을 통하여 신체적인 질병들까지도 낫게 할 수 있을 것이다. 이 과정은 순간적인 것이 아니라 시간이 걸리게 되므로, 종교적 행동의 건강 향상 효과를 실제로 찾기는 어려울 것이다. 왜냐하면 장기간 나타나는 건강 향상 효과는 급성질병과 종교 활동 사이의 단기적 관계에 가려져서 파악되기 힘들기 때문이다. 그래서 종단면적(시계열) 자료가 없다면 아마도 양자의 상관관계가 없거나 긍정적이라는 결과가 도출될 것이다. 이러한 관찰 자료에 입각하여 종교가 건강과는 무관하다거나 건강을 악화시킨다는 결론을 도출한다면 이는 부정확할 것이다.

한편으로 신체 건강과 종교를 긍정적 상관관계로 오인시키는 요인이 있는데, 이는 교회 출석과 기능 상태의 변수들 사이의 상호작용이다(Levin and Markides, 1986). 많은 연구 가운데 가장 유명한 Comstock와 Partridge(1972)에서는 사망률과 교회 출석 사이에 강한 역상관관계가 있음을 발견하였다. 그러나 그들이 간과한 점이 있는데, 이는 아프거나 불구가 되거나 죽을 위험이 높은 사람은 교회 출석이 "육체적으로 불가능하다"는 점이다. 이러한 불구 상태disability status 변수를 통제하지 않은 상태에서는 교회 출석과 생존율 간의 잘못된 상관관계를 만들어 낼 가능성이 크다. 즉, 교회 출석과 건강의 관계에 신체적 불구라는 변수가 미치는 혼동 효과confounding effect[4]에

4) 통계학에서 혼동변수confounding variable에 따른 효과를 의미하며, 종속변수를 설명하는 원인이 되어야 하는 독립변수와의 관계에 영향을 주는 제3의 외생변수가 존재함을 의미함. 즉, 통계 모형 내에서의 외생변수로 존재하면서 독립변수와 종속변수 양측에 영향을 줄 수 있는 변수를 말함. 이를 통제하지 않을 경우에는 가설을 부적절하게 기각하는 오류가 발생할 수 있음.

대하여는 다른 논문에서 꼼꼼히 논의되었다(Levin and Vanderpool, 1987). 따라서 유념할 점은 노후에 종교와 건강의 상관관계를 연구함에 있어서 교회 출석 이외의 신앙심 지표를 포함하는 것이 중요하다는 것이다. 예를 들면 Allport and Ross(1967)처럼 내재적 신앙심 같은 변수를 포함시키거나, 만일 교회 출석 변수를 포함시킨다면 연구자들은 신체적 장애로 인한 변수도 감안해야 한다는 점이다.

1) 고혈압과 심장질환

다수의 연구들은 혈압과 종교변수 사이의 역상관관계를 찾아냈다. 가장 흔한 연구 방식은 교회 출석과의 관계였다(Scotch, 1963; Walsh, 1980; Graham 외, 1978; Nuckolls 외, 1972; Berkman and Syme, 1979). Scotch(1963)는 도시로 이사한 남아공의 줄루족 여성들의 혈압이 크게 상승하였으나, 종교 활동을 한 사람들은 그러한 혈압 상승이 없었다는 것을 밝혀냈다. Walsh(1980)는 19개국 이민자들을 연구하여, 교회 출석 빈도가 높은 사람들은 혈압이 낮았음을 발견하였다. 이러한 연구를 통해 교회 출석이 이주 등으로 인한 높은 수준의 스트레스를 완충시키는 안정 요인이었던 것으로 보인다.

또한 교회 출석 이외에 태도변수까지 측정할 경우에도 종교인들에게서 혈압이 더 낮게 측정되었다는 두 개의 연구가 있다(Koenig 외, 1988d; Larson외, 1989). 흥미로운 것은 이 두 연구 결과 모두 노인의 경우에서 도출되었다는 점이다. 노인병 환자들을 대상으로 한 연구에서는 고혈압군의 사람들은 정상혈압군의 사람보다 신앙 수준이 더 낮은 것으로 나타났다. 특별한 심장혈관질환이 발견되지 않은 공동거주 노인들을 대상으로 한 연구에서, Larson 연구팀은 종교를 중요하게 여기는 노인들의 혈압이 종교를 전혀 혹은 상대적으로 중요하지 않게 생각하는 노인들보다 낮다는 것을 발견했다. 이러한 결론은 사회 경제변수, 흡연 또는 신체치수 등의 요인들을 통제한 후에도 변치 않았다. 이와는 상반되게 Levin과 Markides(1985) 연구에서는 멕시코계 미국인 노인 203명 중에서 스스로 신앙심이 높다고 생각하는 사람들(43%)이 스스로 신앙심이 낮다고 생각하는 사람들(30%)보다 고혈압 발병률이 더 높았다고 하였다. 이 연구에서는 "높은 행동규범에 따라야 한다는 압박감에서 죄의식이 발생하여 갈등을 고조시키기 때문에 혈압을 상승시키는 원인이 된다"는 가설을 설정하였다.

하버드의 Benson 연구팀(1977)은 명상적 기도는 혈압을 감소시킨다고 보고하였으며, 이는 교감신경계 활동의 감소에 그 원인이 있을 것으로 추론하였다. 마찬가지로 Timio(1985)의 흥미로운 연구에서는 수도원에 있는 수녀 집단에서는 혈압이 사실상 거의 변하지 않는다는 사실을 20여 년의 추적조사를 통하여 발견하였는데, 이에 비하여 다른 공동거주 여성들은 같은 기간에 혈압이 점차 상승하였다. 이러한 차이에는 여러 가지 요인이 있겠지만, 수녀들의 명상적 기도와 홀로 가진 고요한 시간이 긴 연유도 포함된다고 할 수 있다. 연구에서는 남녀 모두 분노와 불안 요인은 장기적으로는 혈압 상승을 가져온다고 하였다(Markovitz, 1991). 장기적으로 관찰해 보면, 대인갈등으로 인한 감정을 억누르거나 주변 환경의 변화로 인한 높은 스트레스를 경험한 사람들은 고혈압을 앓을 가능성이 높다.

많은 종교 공동체들은 구성원 사이의 대인관계 규칙이 잘 정립되어 있고, 긍정적인 관계들을 강조하기 때문에 구성원들은 그 안에서 스트레스와 불안과 갈등을 덜 경험하며, 결과적으로 혈압이 더 낮을 것이다. 같은 맥락으로 Kaplan(1976)은 종교가 심장혈관 시스템에 미치는 영향을 조사한 논문을 검토한 후에, 희망을 유지하고 우울, 공포, 불안 등의 수위를 조절하는 심리적 메커니즘이 보호 효과를 주기 때문이라고 결론지었다.

듀크대학 교수이며, 〈믿을 만한 심장 *The Trusting Heart*〉의 저자인 Redford Williams(1989)의 최근 연구에서는 심장마비 발생률을 높이는 주범으로 지목되는 A형 성격의 구성 요소가 밝혀졌다. 특히 A형 성격—즉, 지나치게 몰두하고, 항상 시간에 쫓기며, 참을성이 없는—소유자 중에서도 "분노 수준이 높은" 사람은, 분노 수준이 낮은 A형 성격 소유자—역시 활동적이고, 경쟁적이며, 생산적이지만—보다 훨씬 높은 심장질환을 앓을 위험이 높다. 그는 교회에 출석하는 사람들은 분노 수준이 더 낮고, 대인관계가 더 좋아서 심장혈관 질병에 대한 보호를 받게 된다고 설명하였다. 아직 알려지지는 않았지만, 어떤 종교적 태도와 행위들은 분노감을 예방하거나 내보내거나, 승화시킴으로써 결과적으로 생리학적인 나쁜 영향을 없애는 데 도움을 줄 수도 있다. 그러나 아직 이 가설을 뒷받침하는 자료들이 축적된 것 같지는 않다.

2) 암

내재적 신앙심과 암 사이의 관계에 대한 두 개의 연구가 있었으나, 둘 다 어떤 유의적인 관계를 발견하지는 못했다(Acklin 외, 1983; Koenig 외, 1988d). 여러 종교적 표본집단에서 낮은 암 발생률이 나타났지만, 이것은 주로 식이요법과 위생수칙에 기인한 것으로 나타났다(Mayberry, 1982; Gardner and Lyon, 1982). Dwyer 연구팀(1990)은 종교적 몰입과 종파적 유대가 소화기암, 호흡기암 등 모든 종양질환의 사망률에 유의 수준의 영향을 준다고 보고하였다. 이는 암 사망률에 영향을 준다고 알려진 인구통계적, 환경적, 지역적 요인들을 통제하고 분석한 결과이다. 이미 알려진 바와 같이, 암 진단 직후 위안을 얻기 위해 종교를 찾는 환자들을 연구할 때처럼, 신앙심과 암 사이의 역상관관계가 오인될 수도 있다. 실제로 1,000명 이상의 입원 퇴역군인 대상 연구에서는, 암 판정 환자의 종교적 대처가 다른 질병 판정 환자보다 특별히 더 높은 것도 없었다(Koenig, 1994).

3) 노인성 인지장애

인지장애와 종교 요인의 관계를 연구한 두 개의 사례가 있다. 한 연구에서는 내재적 신앙심은 치매환자에게서 비치매환자보다 오히려 더 높게 나타났다. 하지만 이 경우 표본수(n=7)가 너무 작았다(Koenig 외, 1988d). 다른 연구에서는 인지적 손상과 종교적인 대응 사이에 역상관관계가 있는 것으로 나타났다. 다시 말하면 치매 초기 단계이거나 정신착란 상태의 환자에게는 종교적 대처 방법을 적게 채택하는 것으로 보인다(Koenig, 1994). 여기에서는 두 가지 설명이 가능할 것이다. 첫째, 종교적 대처—신뢰나 믿음과 같은 종교적 인지에 크게 의존해야 하기 때문에—에서는 어느 정도의 정신적 준비태세가 완전하게 기능해야 한다는 것이다. 따라서 인지장애를 가진 사람은 종교적 대처 전략—특히 인지적 기반을 둔—을 사용하는 것이 더 어려울 것이다.

둘째 설명은 소위 '혼동 효과'의 탓이다. 우울과 인지 기능 간에 부정적인 상관관계가 있고, 우울과 종교적인 대처 방법 간에도 부정적인 상관관계가 있기 때문에, 그 복합결과로 보면 종교적인 대처 방법과 인지 기능 간에 긍정적인 상관을 예측할 수 있다. 즉, 종교적으로 대처하는 사람들은 덜 우울하므로 그들의 인지장애 역시 적을 것이다. 그러나 이러한 논리는 확실하지 않은 추측일 뿐이며, 실제로 종교와 인지장애 사이의 관계는 충분히 밝혀진 바가 없다. 알츠하이머나 정신병을 심하게 앓고 있는 이들에게 종교적인 믿음과 행위를 활용하는 대처 방법을 주기 위해서는 좀 더 심층적인 연구가 필요하다.

정신이상의 경우 감성기억emotional memories—종종 노인의 종교적 경험에 연결되기도 하는데—은 가장 늦게까지 유지된다. 예를 들면 저자의 진료를 받은 90대 남성 정신병자는 그 자신 혹은 자신의 가족들에 관해 아무것도 떠올릴 수 없었으나, 자신의 구원 경험에 대해서는 기억했다. 그는 그것을 단지 최소한의 자극만으로도 놀라울 정도로 세세하게 묘사하곤 했다. Marty Richards(1990)는 '인지장애인의 영적 요구'에 대한 아름다운 글을 썼다. 그녀는 많은 치매노인들은 신앙적 의식과 상징에 반응할 능력이 있으며, 영적 요구를 충족시키기 위한 소통에는 지적 능력이 필요 없는 의사소통을 사용할 수 있다는 점에 주목하였다. 종종 종교적 소품, 시, 옷, 유물 또는 사진들을 공유함으로써 치매노인들에게 그 의미를 전달하고 수용하게끔 연결할 수 있다. 어린 시절에 배운 친근한 성경 구절, 기도, 찬송가들도 가끔 인지할 수 있다.

대처 방법이라는 관점에서 본다면, 중증 치매환자들은 종종 초기 환자보다 더 운이 좋을 수도 있다. 왜냐하면 중증환자는 자신의 상태에 대한 인식이 상실됨에 따라 종종 탈우울증lifting of depression을 경험할 수 있기 때문이다. 그러나 초기 환자에게는 그들의 상실감을 표현할 기회가 주어져야 하고, 마음껏 슬퍼할 수 있는 기회를 갖게 하고, 감정들을 흘려보내는 작업을 해야 한다(Ellor 외, 1987; Richards, 1990). 그리고 가족 구성원들 역시 스스로 슬퍼하는 과정을 거쳐야 하기 때문에 가족들에게도 위로와 지지가 필요하다.

4) 장수

앞에서 언급한 바와 같이 장수와 교회 출석 사이의 관계를 연구한 많은 경우 '혼동효과'를 겪었다. 신체 건강이 아주 안 좋은 사람은 교회에 갈 수 없을 정도의 신체적인 무능력 상태라는 사실 때문이었다. 그러나 모든 연구에서 종교변수로서 교회 출석지표를 사용하고 있지는 않다. 미국 남서부의 85세 이상 노인 302명을 대상으로 한 연구에서 Hogstel과 Kashka(1989)는 노인들이 장수하는 원인을 무엇이라고 생각하는지에 대하여 개방형 질문을 하였다. 가장 흔한 응답 순서는 다음과 같다. (1) 활동('열심히 일하기, 운동하기, 신체적 정신적인 활동 유지하기'), (2) 신에 대한 강한 믿음과 '그리스도적 생활', (3) 자신과 타인에 대한 긍정적인 태도.

마찬가지로 Zuckerman 연구팀(1984)은 코네티컷 뉴 헤이븐에 거주하는 노인 400명을 연구하여, 사망률과 신앙심 사이의 역관계를 발견하였다. 종교변수는 교회 출석, 신앙심 자기평가, 종교에서 얻는 힘 등을 기준으로 하여 측정하였다. 흥미로운 것은 대상자들이 가장 많은 답변을 보인 강력한 생존지표로는 '종교에서 얻는 힘'이었는데, 이 변수는 기능 상태functional status로부터 영향을 거의 받지 않는 것이다. 이러한 결과들을 재확인하기 위한 시도로 종교적 대처 방법의 이용자(97명)와 비이용자(165명)를 14개월 이상 추적하였지만 두 그룹 사이에 사망률의 유의적인 차이는 없었다(Koenig, 1995).

5. 결론

‘성공적 노화’는 모든 사람들이 직면하는 도전이다. 이를 달성하기 위해서는 극복해야만 하는 매우 실질적인 심리적, 신체적인 건강장애들이 있지만 가치 있는 목표이다. 종교는 이를 실현하는 열쇠가 될 수 있다. 지난 5년간, 정신 건강과 유대 그리스도 전통에 기반을 둔 종교적 태도와 행동 사이에는 강한 유대가 있음을 뒷받침하는 증거들이 축적되었다. 횡단면적, 종단면적인 연구들 모두에서 종교적인 노인들이 신체적인 질병과 같은 부정적인 생애사건에 직면했을 때 우울해지는 경우가 적은 것으로 나타났다. 이와 마찬가지로 건강이나 사회 경제적 자원의 감소에도 불구하고 많은 종교적인 노인들은 삶에 대한 만족과 평안을 계속 유지하는 것으로 나타났다. 신체건강과 종교변수 사이의 상관관계는 심리적 건강과 종교변수 사이의 상관관계보다 약하다. 그럼에도 불구하고 몇몇 연구들은 종교적인 행동과 태도들이 어느 정도 간접적이나마—다이어트, 위생적 습관, 강화된 사회 지원, 심리적 스트레스 감소를 통한—고혈압, 심장혈관질환 그리고 아마도 어떤 유형의 암을 막아 줄 수도 있다는 점을 보여 준다. 종교관이 실제로 삶에 햇수를 얼마나 더할 수 있을지의 여부는 확인되지 않았지만, 종교관이 남은 햇수에 진정한 삶을 불어넣을 수 있다는 점은 점점 더 확실해지고 있다.

제2장 종교와 심리적 평안

Jeffrey S. Levin
Sheldon S. Tobin

종교가 노인들의 평안well-being을 증가시키는가? 대부분의 연구들은 긍정적 관계를 보여 주기는 하지만, 노인들의 신앙심과 심리적 평안의 연관관계는 대부분 교회 참여빈도 같은 단순한 측정치를 근거로 하고 있다. 그런데 건강이 나빠지면서 교회 참여가 제한되어 평안감이 감소된다면, 이러한 연관관계는 종교가 평안이라는 유익한 효과를 반드시 가져온다고 말할 수 있는지 확실치 않게 된다. 오히려 나쁜 건강이 평안감을 줄어들게 하고 오히려 교회 참여 같은 대중 활동도 제약할 수 있을 것이다. 역으로 건강이 안 좋아 평안감이 낮아진 아픈 노인들이 교회 참석 대신 개인예배 의식으로 대체한다고 생각해 본다면, 역설적 상황이 발생하게 된다. 즉, 개인적 신앙심을 더 많이 표현할수록 평안감이 더욱 낮다는 것을 의미하는 것으로 보일 수 있다.

이러한 역설적 상황에 대한 해명과 위에서 언급한 시나리오의 대규모 분석 등이 최근 연구들의 초점을 이루고 있다. 이 장에서는 노인의 심리적 평안과 관련된 개념적, 방법론적 그리고 이론적 쟁점들이 구체적으로 논의될 것이다. 제1절에서는 심리적 평안의 개념에 대하여 유사한 것들과 비교하고 그 차원을 기술함으로써 이를 정의할 것이며, 심리적 평안 개념의 주요 결정 요인, 즉 건강, 사회 경제적 상태, 나이, 종족 등에 대한 연구 결과를 검토할 것이다. 제2절에서는 노년학gerontology[5]의 종교적 연구 상황에 대하여 기술하면서, 최근 연구 성과와 과거 연구의 한계점에 중점을 둘 것이며 앞으로의 연구 과제를 제안할 것이다. 제3절에서는 종교가 노인의 평안에 대하여 가지는 의미에 대한 심리적 및 철학적 관점을 제시하고자 한다.

1. 노인의 심리적 평안

1) 심리적 평안의 정의

이 장에서는 종교가 심리적 평안에 미치는 영향을 중심으로 다룬다. 여기서 심리적 평안이란 '주관적 평안'으로 알려진 좀 더 폭넓은 구성 개념construct[6]의 한 요소이며, '주관적 평안'이란 자존감, 사기, 심리적 평안, 기타 관련된 구성 개념에 대하여 개인적으로 평가한 것을 의미한다. 심리적 평안은 몇 가지 측정 가능한 차원을 포함하는 것으로 믿어지고 있으며, 노인들의 주관적 평안의 평가를 위한 선택 요소를 구성하고 있다. 이에 반하여, '객관적 평안'이란 사회 경제적 상태, 기능 역량, 건강 상태 등 관찰 가능한 조건을 의미하는데, 종종 임상적, 기능적, 주관적 차원 등으로 차별화되기도 한다(Whitelaw and Liang, 1991). 또한 객관적 평안이나 주관적 평안 모두가 보다 폭넓은 '삶의 질'이라는 구성 개념의 일부분이기도 하며, 이 '삶의 질'이라는 용어는 임상병리학 혹은 사회지표 연구에서 더 일반적으로 사용된다.

노인들의 심리적 평안에 관해서는 그간 수많은 현장조사, 측정수단, 연구 및 학술 저서를 보면 측정하고자 하는 척도와 차원scales and dimensions이 유사하기도 하지만 아직도 이러한 구성 개념에 관한 용어나 차원에 관한 불일치도 존재한다. 많은 통상적 측정수단들에서 일관성 있는 요인 구조factor structure를 찾아보기는 힘들다(George, 1981). 실제로, 한 권위 있는 연구자는 "각양각색의 애매모호하고 제대로 차별화되지 못한 개념들"이 넘쳐나는 '개념 체계의 전반적 혼돈'을 관찰했다(Alwin, 1988, 120쪽). 또한 "심리적 측정은 무엇이든 삶의 질을 나타내는 것으로 여기는 경향이 있다"고 지

5) 노년학gerontology은 노화aging의 사회적, 심리적, 생물학적 측면을 연구하는 학문을 말하며, 노인병을 연구하는 의학인 노인병학geriatrics과는 구분됨.

6) 구성 개념construct은 과학적 이론이나 설명을 위하여 조작적으로 만들어 낸 개념을 말함. 직접 측정할 수는 없으나 측정할 수 있는 현상을 유발한다고 가정함. 의식, 욕구, 지각, 자아, 동기 따위의 개념.

적했다(Fava, 1990, 74쪽). 더 나아가서는 심리적 평안에 통상적으로 구분되는 차원들—예를 들면 긍정감성positive affect, 부정감성negative affect, 행복, 기대한 인생 목표와 실현된 목표의 완전일치, 삶의 만족, 심신증후군 [7] 등—이 반드시 각각 별개로 구별되지 않고, 오히려 개념적으로 상당히 중첩됨을 시사해 준다.

아직도 노인에 대한 조사에서 종종 주관적 평안을 평가하는데, 이때는 전형적으로 심리적 평안의 다차원 척도multidimensional scale 방식이 사용되거나 혹은 이를 구성하는 구성 개념 중의 하나—보통 삶의 만족—를 골라서 측정한다(Kane and Kane, 1981). 가장 보편적으로 사용되는 측정도구는 '감성균형 척도Affect Balance Scale, ABS' 방식이다(Bradburn, 1969). 이는 긍정감성과 부정감성의 두 가지 차원의 자기평가로 구성되어 있다. 즉, 삶의 만족도가 높아질수록 심리적 평안 수준이 높아진다고 평가되는데, 이는 긍정감성이 높고 부정감성이 낮을 때 이처럼 추론되는 것이다.

아주 간단한 1차원 측정이나 ABS 같은 2차원 측정의 경우에는 더 중요한 다른 요인들이 설명되지 않은 채 남겨진다는 우려가 있었기 때문에 다른 다차원적 측정 방식이 개발되었다. 이 가운데 몇 가지는 연구진 사이에서 인기를 끌어 일반화되었다. 즉, '생활만족지수Life Satisfaction Index, LSI'와 이의 변형지표인 LSIA, LSIB, LSIZ 등은 기대한 인생 목표와 실현된 인생 목표의 일치성congruence이라는 차원을 추가하였다(Neugarten, Havighurst, and Tobin, 1961). 또한 양로원에 거주하는 사람들에 대한 조정을 위하여 '필라델피아 노인병 센터PGC' 사기 척도 방식이 창안되었다(Lawton, 1972, 1975). 비록 다른 관점에서 발전된 척도들이라도 이들 상호간 그리고 ABS와의 사이에는 초점이 서로 비슷하였다. 예를 들면 LSI에서는 열정과 분위기 차원은 각각 ABS에서의 긍정감성과 부정감성이라는 차원과 대략 비유될 수 있다. 따라서 이들 척도들이 종종 높은 상관관계가 있으며 다른 변수와도 유사한 연계성이 있는 것이 놀랄 일이 아닌 것이다(Stock 외, 1986). 실제로 이러한 방법론을 구조적으로 통합하고자 하였으며, 여러 가지 척도들을 통합하여 하나의 통합다차원모델single multidimensional model로 만들고자 하였다. 예를 들면 ABS와 LSI를 통합하여 4차원, 즉 일치성, 행복, 긍정감성, 부정감성 등으로 구성된 척도를 도출하였다(Liang, 1985).

최근에는 심리적 평안을 측정하는 다양한 척도가 추가적으로 개발되었으며, 그 구성 요인들이 확인되기도 하였다. 여기에는 OARS(Older American Resources and

7) 심신증후군psychosomatic symptoms이란 증후군의 원인이 신체에 있는 것이 아니라 마음에서 비롯된다는 것임. 즉, 통증은 실제 있는데, 그 원인이 해부학적인 것이 아니라는 의미임. 그러나 증상 자체가 상상적인 것이거나 과장된 것은 아닌 그러한 증후군을 의미함.

Services)[8] 방식인 '정신 건강 측정도구'(Liang 외, 1989a), '전염병연구센터Center for Epidemiologic Studies의 우울 척도'(Liang 외, 1989b), '일반 평안 척도General Well-Being (GWB)'(Levin, 1994) 방식, 'Langner 22항목 정신질환지수'(Johnson and Meile, 1981) 방식 등도 포함된다. 이러한 측정도구들은 전형적으로 신체적 및 심신증후학[9]의 측정치뿐만 아니라 감성 요소affective components[10]—긍정감성과 부정감성—를 포함한다. 그럼에도 불구하고 심리적 평안에 대한 최종적인 척도는 곧 나올 것 같지도 않거니와 설혹 그런 척도가 개발된다 하더라도 이는 결코 바람직하지 않을 수 있다. 왜냐하면 그러한 지수들은 개발된 목적(진단, 욕구 파악, 사회조사 등), 적용 시점(현재, 지난주, 지난달, 지난해, 지금까지 모두 등), 적용 집단(모든 성인, 중년과 노년, 초고령 등) 등만 보더라도 서로 크게 다르기 때문이다.

2) 심리적 평안의 결정 요인

심리적 평안을 측정하는 많은 척도들이 구조적으로 유사하거나 중첩된다는 점에 비추어 볼 때, 심리적 평안에 대한 유의적 결정 요인에 대한 저술에 어느 정도의 일관성이 있으며 상호연관성을 보인다는 것은 별로 놀랍지 않다. 아직 예측인자로서 특출하게 돌출되는 예측변수가 있다는 결정적인 공통 인식이 있는 것은 아님에도 불구하고 그래도 최근 다양한 집단과 환경 설정 하에서 수행된 수많은 연구 결과로서 몇 가지 변수들은 심리적 평안의 지표로서 강력하고 유의수준의 연관관계가 있는 것으로 밝혀졌다. 이러한 예측인자predictors에는 건강, 사회 경제적 지위, 나이, 종족ethnicity 등이 포함된다.

우선 심리적 평안의 가장 강력한 예측인자로는 통상 '건강 상태'의 측정치를 들 수 있다(Okun 외, 1984). 경로 분석을 통해 보면 건강 측정치가 평안에 미치는 영향은 강력하고 유의수준을 넘으며 또한 직접적인데, 이는 전반적 건강에 대한 행동지표나 신

8) 듀크대학 Duke Center for the Study of Aging and Human Development에서 개발한 분석 모형.

9) 증후학symptomatology이란 정상에서의 일탈이라는 차원에서 질병을 보는, 정상인이 아닌 환자에서 관찰되는 상태, 즉 증후를 학문적으로 연구한다는 의미임. 물리적 관찰치는 같더라도 정상인에게서 관찰되는 것은 그저 신호에 불과하나, 환자에게서 관찰되는 것은 증후symptom로 구별된다고 볼 수 있음.

10) 행동과학에서 어떤 대상이나 현상에 대하여 인간이 가지는 태도를 결정짓는 세 가지 요소 (즉, 인지적/감성적/행동적 cognitive/affective/conative) 가운데 하나를 말함. 감성 요소는 인간이 가지는 감정적인 반응(이 상표가 좋은가 나쁜가? 등)에 관련됨.

체기능지표 또는 좀 더 주관적인 자기평가 등 어떤 것을 사용해도 마찬가지이다(Markides and Martin, 1979; Chatters, 1988b). 흥미로운 사실은, 기존의 37개 연구 결과에 대한 제2차 자료 분석 결과에서는 건강에 대한 자기평가가, 오히려 보다 더 '객관적'이라고 할 수 있는 의사의 건강 측정치보다도 평안에는 더 일관된 영향력이 있다는 점이 밝혀진 것이다(George and Landerman, 1984). 이처럼 건강지표의 강력하고 예측력 있는 영향력은 비교적 잘 인정받고 있으며, 수많은 논평에서 평안의 결정 요인으로서 주목받고 있다(Larson, 1978; Diener, 1984; McNeil 외, 1986).

건강 상태 다음으로 일관성 있는 지표는 '사회 경제적 상태'이다. 소득과 평안 사이의 연계성의 증거는 '압도적'이라고 했음에도 불구하고(Diener, 1984), 소득이 평안에 미치는 영향력은 꼭 엄청나다고는 할 수 없다. 이는 사회 경제적 지표로는 편차의 설명력이 무시해도 좋을 정도로 미미하다는 점에서 그렇다(Larson, 1978). 또한 소득이 평안에 미치는 대부분의 영향은 건강 수단을 거쳐 간접적으로 이루어지는 것으로 보인다(Markides and Martin, 1979). 그리고 소득이 평안에 미치는 영향력은 가난한 계층에서 건강이 나쁘기 때문에 가장 현저하게 나타난다(Larson, 1978).

'나이' 또한 심리적 평안의 수준과 일관성 있는 연관관계를 보이는데, 다만 아직까지의 연구에서는 완전히 확실한 것은 아니다. 초기의 연구에서는 젊은 사람들이 나이 든 사람들보다 더 행복하다는 역관계가 나타났다(Diener, 1984). 그러나 후기의 연구에서는 정반대의 결과이거나 상관관계가 전혀 없다고 나타났다(McNeil 외, 1986). 최근의 연구들에서는 평안이 나이가 들어감에 따라 감소하는 것은 분명하긴 하지만, 이는 아마도 건강 상태의 나이 관련 저하 요소의 함수로서 그러하다는 점을 보여 준다. 또한 횡단면분석에서의 이러한 연구 결과는 동시대집단 효과cohort effect[11] 같은 여러 혼동 요인 때문에 부분적으로는 비논리적일 수도 있다(Larson, 1978).

또 다른 가능성은 심리적 평안을 측정하기 위해 선택된 방법에 따라 나이가 차별적으로 다르게 연관될 수 있다는 점이다(McNeil 외, 1986). 측정도구의 일부 중첩에도 불구하고, 통상 사용되는 척도들에서는 각 개인이 평안감에 대하여 가장 중요하다는 것을 동일하게 반영하지는 않는다. 예를 들면 두 사람이 LSIA 평가 방식에 따른 측정에서 비슷하게 높은 수준의 평안감을 보인다 하더라도, 그 이유는 아주 다를 수 있다.

---

11) 동시대집단 효과cohort effect에서의 집단이란 특별히 (베이비붐세대, 1960년생 세대 등) 특정 기간 내에서 공통된 특성이나 경험을 공유하는 사람들의 집합을 의미하며, 이러한 집단이 전체 모집단과 비교하여 별도의 특성을 보유할 경우에는 특정 목적의 연구 결과가 왜곡될 수 있다는 것임.

즉, 한 사람은 일치성은 낮지만 상대적으로 더 행복할 수 있고—즉, 높은 긍정감성과 낮은 부정감성을 보인 경우—반면 다른 사람은 일치성은 높지만 상대적으로 덜 행복할 수도 있다. 비슷한 추론으로 특정인은 어떤 척도나 차원이 사용되느냐에 따라 평안의 정도가 높게 혹은 낮게 평가될 수 있다. 예를 들면 OARS 방식의 심신증후학의 차원을 사용하면 낮게 나오며, PGC 방식의 노화 조정 차원을 적용하면 높게 나온다. 왜냐하면 이런 저런 구성 개념—증후군, 조정, 사기, 행복, 우울감성 등 포함—에서는 다양한 방식으로 나이가 연관될 수 있으므로, 결국 나이가 평안에 미치는 효과는 전체적으로 평안 측정치의 개념적 특성들의 함수일 것이다.

심리적 평안의 또 다른 일관성 있는 결정 요인은 '종족'이다. 발표된 연구 결과들은 백인보다 흑인의 평안 수준이 낮은 것을 지속적으로 찾아냈다(Larson, 1978; Diener, 1984). 그러나 건강 상태, 사회 경제적 상태, 나이 등이 평안과 가지는 상관관계는 백인이나 흑인이나 마찬가지로 나타난다(Chatters와 Jackson, 1989). 불행하게도 소수민족 모집단의 이질성들이 가끔 무시되며, 의미 있는 차별적 요소들이 그저 '흑인', '백인', '히스패닉' 등으로 딱지 붙여 분류 처리되어 버리는 경우가 종종 있다.

마지막으로 이러한 네 가지 심리적 평안의 주 결정 요인 외에도 특히 노인들의 평안을 측정하는 몇 가지 구성 개념들이 발견되었다. 이 가운데에는 은퇴, 미망인 상태 및 다양한 사회적 접촉이나 상호작용의 지표 등이 있다. 그리고 영향이 있는 것으로 발표된 심리적 구성 개념에는 사회적 지원, 생애사건, 사별, 대처, 자긍심 등이 있다.

2. 신앙심religiosity과 평안

이러한 일관성 있는 예측지표를 찾아냈음에도 불구하고, 심리적 평안에서의 편차에 대하여는 만족스럽게 설명된 것이 거의 없다. 아마도 이러한 결과는 연구 전통에서의 유물론적 편견이 작용한 것인지 모른다. 즉, 전통적인 연구는 인간의 행복이나 삶의 만족이 그저 생리변수(예: 나이), 신체적 기능 역량(예: 건강 상태), 사회적 차별에 대한 대용지표(예: 민족성), 금융자원(예: 사회 경제적 지위) 등의 조합으로부터 도출되는 것이었다. 추가적인 심리 사회적 요소를 고려하는 것은 바람직한 것이기는 하나 이들 구성 개념은 주로 개인의 접점 영역과 사회 영역에 초점을 맞추고 있으며 내면세계에 대한 고려는 거의 없다. 성격, 세계관, 의미, 가치관 그리고 종교 등 본질적인 문제가 개인의 평안에 중요하게 연관될 수 있다는 점은 경험주의적 노년학자들이 별로 고려하지 않았으며 고려했다 해도 아주 경시했다. 이는 아마도 그러한 요인들을 측정하는 것이 건강, 수입, 나이 등을 측정하는 것보다 훨씬 많은 난관에 봉착할 것이라는 선입견이 작용한 것 아닌가 생각한다. 최근 발간된 인도의 요가철학을 신봉하는 떠돌이에 대한 민족학 연구에서는 간결하게 이 점을 다음과 같이 강조하고 있다.

> 이 나라 사람들과 이야기하면서, 나는 여기서 수행한 삶의 만족 관련 변수에 대한 많은 연구가 부적절하다는 분명한 생각이 들었다. 어떤 기준에서 보면 이들은 사회적으로 유리된 사람들로서 그들이 점유한 역할도 굉장히 줄어들었다. 그들의 경제수준은 빈곤 수준 이하로 되고, 건강 상태는 그저 그런 정도이거나 아주 나쁜 상태일 것이다. 그들은 가족의 지원도 받지 못했으며 친구도 없었다. 삶의 만족에 대한 여러 가지 부정적인 상관관계(서구 응답자들에 대한 연구 결과에서 도출)에도 불구하고, 이들은 아마 삶의 만족에 대한 어떠한 측정 척도에서도 최고점에 달했을 것이다(Thomas, 1991, 225쪽).

그러나 심리적 평안의 구성 개념에 관심을 갖는 노년학자 등 연구자들은 그 결정요인의 연구를 시작함에 있어서 최근까지도 전형적으로는 종교 영역은 고려하지 않았을 것이다. 이는 1970년대 및 그 이전에 발표된, 앞서 소개된 구성 개념과 관련된 검토논문(Larson, 1978)이나 실증 연구(Markides and Martin, 1979) 등에서 볼 수 있다. 이는 특정한 논문이나 연구에 대해 비판하려는 것은 결코 아니다. 실제로 종교 같은 특정 구성 개념이 연구 결과에서 핵심적이라고 밝혀질 때까지는, 연구에 그러한 측정지표를 포함하는 것 자체가 정당화되기는 쉽지 않을 수 있다. 그래서 현재의 연구로서는 "의미 있는 관계가 있다"고 결론내릴 수 없다는 것이다. 따라서 암묵적 가정—이를테면 종교는 평안과는 연관성이 없다는—이 계속 사용되면서 보강될 것이다. 이 점은 특히, 건강과 평안을 연구하는 데 병리학이나 생의학에서의 암묵적인 유물론적 편견에 따라 적정한 독립변수를 선정하고 종교적 측정치 등 다른 변수는 배제하는 경우라면 더욱 그러하다(Levine and Vanderpool, 1987; Levine 외, 발간예정논문).

최근 이러한 상황이 바뀌기 시작했다. 넓은 의미에서 종교와 관련된 사항이 노인의 평안에 중요한 결정인자라는 연관성이 점점 받아들여지고 있다. 이는 다양한 종교지표가 현재 평안 측정치와 연결되고 있다는 많은 실증 연구가 축적됨에 따른 것이다. 이는 평안과 관련된 문헌에 대한 최근의 평론에서 반영되고 있으며, 이제는 통상 독립 영역으로 종교적인 연구 결과가 모아지고 있다(Diener, 1984; McNeil 외, 1986) 소수민족 모집단인 미국의 흑인계(Taylor 연구), 멕시코계(Markides 연구) 등에서 노화와 종교의 상관관계에 대한 관심이 증가하고, 1950년대 및 60년대 종교적 노년학에 대한 Moberg의 실증 연구가 재발견되고 평가됨에 따라(Levine and Vanderpool, 1991), 종교는 이제 건강, 평안 및 노인들의 전반적인 적응에 대한 예측 모형에서 더욱더 핵심 요소로 받아들여지고 있다.

이처럼 노화와 평안의 관계에서 점점 더 종교의 역할을 수용하는 것은 여러 곳에서 종교 항목이 늘어나는 것으로 알 수 있다(Markdes, 1987; Palmore, 1987). 즉, 〈노화백과사전*The Encyclopedia of Aging*〉에 종교 항목 수록(Maddox, 1987), 최근 〈종교노년학저널*Journal of Religious Gerontology*〉 창간 그리고 주요 노년학 저서에서 종교와 관련된 별도의 장 설정(Moberg, 1990; Kart, 1987) 등에서 알 수 있다. 또한 '미국노화협회American Society on Aging'에서 주관한 '종교와 노화 포럼'이 실재하고 있으며 관련 서적들—예를 들면 *Religion, Health, and Aging: A Review and Theoretical Integration*(Koenig 외, 1988b), *Religion and Aging: An Annotated Bibliography* (Fecher, 1982), *Religion in Aging and Health: Theoretical Foundations and Methodological Frontiers*(Levin, 1994) 등—의 출판에서도 알 수 있다. 아직 〈노년학 및 노인병학 연감*Annual Review of Gerontology and Geriatrics*〉, 〈노화 및 사회과학 편람*Handbook of Aging and Social Sciences*〉, 〈심리학 및 노화 편람*Handbook of Psychology and Aging*〉 등에 별도의 종교에 관한 장이 설정되지는 않았지만, '미국노년학회'의 공식적인 잡지들—*The Gerontologist* 및 *The Journals of Gerontology*—에 실린 종교와 평안에 관한 경험적 연구가 증가하고 있는 것은 이 분야의 연구가 성숙 단계에 있다는 점과 종교가 노인의 평안에 중요 요소로 계속 수용되고 있다는 점을 시사한다.

이 중에서 특히 중요하고 고무적인 발전은 듀크대학의 쾨니히 연구팀(Koenig 외, 1988b), 텍사스대학의 엘리슨 연구팀(Ellison, 1991; Ellison and Gay, 1990; Ellison 외, 1989) 그리고 국립노화연구소National Institute on Aging (NIA)[12]의 기금 지원에 의한 Levin, Ainlay, Idler 연구팀 등에서 새로 진행되는 연구이다. 이들 연구와 그 밖의 여러 프로그램의 노력으로 지난 수년간 긍정적인 결과가 축적되었다. 또한 이 결과로 일관성 있는 수많은 발견과 경향을 확인하게 되었으며, 이로써 노년의 평안에 종교가

---

12) 국립노화연구소는 1974년 설립된 국립보건원National Institute of Health(NIH) 산하의 27개 기관의 하나. 노화 현상을 광범위하게 이해하고 역동적 삶을 확충하도록 노화 및 노인에 대한 다양한 연구, 연수, 건강정보 및 노화 프로그램 지도 등을 목적으로 함. 알츠하이머 연구의 제1차 연방기관이기도 함.

어떻게 영향을 미치는가에 대한 어느 정도 초기적인 의견 일치가 도출되기에 이르렀다.

지난 수년간 종교, 노화, 평안 사이의 연관성을 보여 주는 긍정적인 발견이 축적됨에 따라, 이러한 결과를 요약 정리한 특별평론이 저술되기에 이르렀으며(Levin, 1989; Koenig, 1990; Witter 외, 1985) 계량심리학적인(psychometric)[13] 주요 이슈(Payne, 1982)와 개념적 그리고 이론적인 이슈(Tobin, 1991; Capps, 1985) 등의 밑그림이 그려졌다. 종교를 건강지표와 평안 측정치와 연계시킨 노년학 연구저서에 대한 한 논평에서, Levin(1989)은 실증 연구로서 검증되었던 몇 가지 경향을 주목하였다. 첫째는 조직적인, 즉 공식적 종교 참여—교회 참석, 교회 활동의 참여—의 측정치는 평안에 긍정적 상관관계를 가지며, 이러한 관계는 복수 요인을 포함하는 척도를 사용하거나 개별 항목을 적용해도 마찬가지이고 이러한 긍정적 상관관계는 나이 증가에 따라 감소하지 않는 것으로 나타난다. 둘째, 그러한 측정치는 건강 상태 지표와 긍정적 상관관계를 보이며, 특히 노년 연구에서 흔히 사용하는 건강 전반에 대한 주관적 자기평가—예를 들면 "당신 건강을 전반적으로 평가하면 다음 중에서 해당하는 것은 무엇입니까? 매우 좋다, 좋다, 그저 그렇다, 나쁘다" 설문 방식—는 특히 그러하다. 셋째, 비조직적, 즉 사적인 종교 참여—개인기도, 성경 읽기, 종교방송 듣기 등—는 다소 인위적이기 때문에 어쩌면 건강과 평안에 역의 상관관계를 가질 수 있다. 이와 유사한 결론은 다른 논평에서도 도출되었다(Koenig, 1990; Witter 외, 1985).

이러한 연구 결과들은 그 일관성에도 불구하고, 몇몇 이유 때문에 절대적인 결론은 아니다(Levin, 1989). 그 이유로는 (1) 연구에서 사용되는 평안 측정치의 이질성, (2) 지나치게 횡단면적 분석 정보에 의존하고 패널 자료panel data[14]의 사용이 매우 적은 점, (3) 종교 분야 비전문가가 종교지표를 개념화하고 조작하는 문제점, (4) 연구목록을 결정하고 검증 가능한 모형을 구체화하는 명시적이며 중범위적mid-range[15] 이론 관점의 결여가 있다.

첫째, 평안의 수많은 지표들은 종교의 유익 효과를 밝히려는 연구에서 결과 측정

---

13) 계량심리학Psychometrics이란 교육적 혹은 심리적 측정의 이론과 기법에 관한 학문이며, 여기에는 주로 지식, 능력, 태도, 개성 등의 측정을 포함함. 주로 설문지 작성, 시험, 개성 측정 등의 구조화와 측정치의 검증 등이 주요 과제임.

14) 패널분석Panel Analysis은 시계열 분석과 횡단면적 분석을 동시에 수행하는 회귀분석 방법의 하나이다. 특히 패널분석에서 다루는 패널 자료는 횡단면적 데이터 정보뿐만 아니라 시계열 데이터 정보를 보유하고 있어 시계열 분석 내지 횡단면적 분석만으로 파악할 수 없는 추가적 정보를 얻을 수 있어 선호된다.

15) 중범위이론에 대하여는 제40장 2절 참조

치에 사용되어 왔다. 이러한 평안의 개념화와 측정에서의 이질성 때문에 실증 연구에서의 어떠한 의견일치의 형성에 두 가지 상반된 영향을 미친다. 즉, 한편으로는 연구문헌에서 사용된 단항목 측정치, 다항목지표, 다차원 척도 등의 다양성은 종교 참여와 평안이 긍정적으로 강한 연관성이 있다는 점을 보여 주는 것으로 보인다. 즉, 사용된 특정한 지표에 따라 달라지지 않는다는 의미이기 때문이다. 이 분야에서 발표된 연구를 골라서 조사한 바에 따르면, 놀랄 만큼 다양한 척도들이 사용되고 있음을 알 수 있다. 여기에는 ABS, CES-D, GWB, LSIA, LSIZ, Langner, Zung 우울 척도, Beck 우울목록, 표출불안 척도, 노인우울 척도*Geriatric Depression Sacle*, MMPI, Cavan 조정 척도, Cantril 사다리 척도, Gurin 증후군 체크리스트, 심리불안 척도, Flanagan 생활 만족질문지, Diener 삶 만족 척도, DSM-III 진단표, 종합사회조사*General Social Survey*, 미국인 삶의 질 연구*Quality of American Life Study* 등이 포함된다.

다른 한편으로 이러한 척도들은 폭넓게 분산되어 있다. 단어 표현이나 차원 구성뿐만 아니라 개념적 초점도 그렇다. 앞서 기술한 바와 같이, 평안이란 종종 다양한 감정적, 인지적, 긍정적, 부정적 차원이나 요소 등으로 이루어진 모호한 초월적 구성 개념meta-construct이다. 또한 심리불안이나 정신병 진단까지도 척도들에 추가되기 때문에 '확실한 공통 영역'을 찾는 것이 극히 어려워진다. 따라서 비정형의 일반적인 평안과 관련된 종교의 긍정적 결과가 일관적으로 나타나는 정도는 실제보다 더할 것이다. 이 같은 다양하고 의미 있는 연구 결과에서 얻은 것은 매우 고무적이기는 하나, 단지 시사적일 뿐이며 유익한 종교 효과가 존재한다는 결론이 되지는 못한다.

둘째, 현존하는 많은 연구들이 횡단면적 분석을 근거로 하고 있다. 발표된 대부분 연구들은 임상학적인 혹은 심리학적인 목적으로 손쉽게 얻은 작위적인nonrandom 표본에 근거를 두고 있다. 한시적인 인과 기준을 추론하거나 최소한 평가라도 하려면 다중파적인multiwave 패널 자료가 필요하다는 점은 잘 알려져 있으며 더 논할 필요는 없다. 종교와 평안(특히 노년층의)에 관한 연구에서 더욱 중요한 것으로 소위 대리 효과proxy effect를 다루어야 할 필요성이 있다는 점이다. 이 효과는 종교 참여와 평안과의 관계가 기능적 건강이나 불구에 의하여 혼동을 일으킬 수 있다는 것을 의미한다. 대리 효과는 처음 정의된 것이 약 10년 전이며(Comstock and Tonascia, 1977; Steinitz, 1980), 그 후에도 노년학자들에 의해 계속 관찰되었고 Levin 연구팀(Levin and Vanderpool, 1989)에서 발표한 일련의 논문에서 고찰되었으며, 아래와 같이 이 효과의 특성을 정리하였다.

… 노인을 대상으로 하는 종교 참여의 빈도는 종교 그 자체의 영향을 나타내주는 지표가 아니라 불구, 즉 기능적 건강의 대리변수가 될 수 있다. 바꿔 말하자면 건강과 종교 참여 사이의 상관관계는 실제로는 건강과 기능적 건강 (자리에서 일어나 종교행사에 갈 수 있는 것) 사이의 상관관계를 나타낼 수 있다는 것이다. 교회 참석 활동과 건강 사이의 관련성은 긍정적 방향으로 매우 높은 유의수준을 나타낸다(Levin and Vanderpool, 1987).

노인들은 조직적인, 즉 공식적인 종교 참여의 감소를 보완하고자 그들의 비조직적, 즉 개인적 종교 참여를 늘릴 수 있다(Mindel and Vaughn, 1978). 만일 그렇다면 개인적 종교 행위가 낮은 평안과 전형적으로 상관관계를 나타내는 것에는 기능적 건강이라는 요인이 엮일 수 있을 것이다. 즉, 어떤 분석자는 이를 종교가 불안을 야기하는 것으로 표현하기보다는, 건강치 못한 노인들이 자신의 의사에 반하여 조직적인 종교로부터 멀어지도록 강요되는 점을 보완하기 위하여 내면화되는 것으로 해석할 수 있다. 이러한 문제는 종교, 건강, 평안의 상호관계가 시간을 두고 거듭 조사되는 다중파의 패널 자료를 사용함으로써 완전히 해결될 수 있을 것이다.

셋째, 종교적 요인이 신체적 및 심리적 건강 결과에 미치는 영향에 대한 많은 연구에서는 신앙심을 측정하는 방식에서 아주 근본적인 개념 및 조작상의 문제들로 고생하고 있다(Levin and Vanderpool, 1987). 대부분의 경우에는, '종교'란 무정형의 단일 구성 개념으로 보기만 하고, 연구 결과를 가져오는 구체적 요인이 종교적인 태도, 경험, 특정 교리, 행동(공식적인지 사적인지) 중의 어디에 있는지 하는 이론적 용어 정의에 주의를 기울이지 않고 취급된다. 거의 언제나 단일 항목이 사용되거나 몇몇 관련 없는 다중 항목에서 산출한 종합점수가 사용된다. 만일 이러한 항목들—즉, 공식적 종교 행위(예: 종교 참여) 변수, 주관적 진술이나 태도(예: 종교에 대한 자기 평가) 변수, 종교 생활의 도구적 결과(예: 정신력과 위안의 자원으로서의 종교) 변수 등—처럼 다양한 종교적 구성 개념에 속하는 것들을 묶어서 '종교성religiousness'이라는 명칭을 붙인다고 한다면(Zukerman 외, 1984), 그 결과는 개념상 뒤죽박죽이 되어버려서(Gorsuch, 1984) 성립하지 않는 계량심리학적 가정—내용의 유효성, 의미 있는 계량화, 전반적 적합성, 평행 척도, 완전한 신뢰성 등—들을 만들게 된다.

종교성이란 광범위하게 정의하면, 단일 개념이 아니라 오히려 초월적 구성 개념이다. 종교성, 즉 '종교'라는 단어를 포함하거나 관련된 모든 것을 마치 신앙심이라 불리는 단순 지표로 다루는 것이 가장 흔한 오류이며(Talcott Parsons, 1961), 이는 마치 사회적 지원, 사회적 기술, 사회복지 이용 등의 항목들을 몽땅 모아서 '사회성' 척도라고 부르는 것과 다를 바 없다. 다행스럽게도 지난 30년간 종교사회학과 종교심리학의 많은 연구를 통하여 신앙생활의 영역을 다루는 신뢰할 수 있고 유효한 다차원 측정도구가 개발되었고 검증되었다. 중요한 점은 그러한 측정치의 요인 구조를 확인한 것이었으며, 이로써 종교적 행위와 주관적인 종교적 감정이나 태도를 차별화하게 되었다.

노년학 내에서, 공식적인 조직적 종교 행위와 사적인 비조직적 종교 행위의 구분(Mindel and Vaughan, 1978) 및 일반적인 종교 행위와 주관적인 신앙심의 구분(Ainlay and Smith, 1984)은 종교가 미치는 다양한 심리사회적 결과에 대한 실증 연구의 유용한 틀로서 받아들여지게 되었다(Krause and Van Tran, 1989). 이러한 삼각 구조는, Pattison(1988)이 서술한 바와 같이 사람을 서술하기 위한 세 가지 주요한 개념적 접근법과 일치하는 것으로 보인다. '조직적' 종교 지표는 행위적인 관점에서 공식적 일반 현상을 측정하며, '비조직적' 종교 지표는 경험론적 관점에서 사적인 특수 현상을 측정하며, '주관적' 종교 지표는 심리역학적psychodynamic[16] 관점에서 사적인 일반 현상을 측정한다. 이러한 관점들의 어느 한 가지만으로는 종교성에 대한 충실한 파악이 불충분하며, 함께 사용해야만 종교성의 폭을 헤아릴 수 있다.

종교적 차원을 구분함에 있어서 가장 중요한 것은 종교성의 특정 요소가 특정 결과에만 관련되겠는가 하는 가능성에 있으며, 즉 주어진 결과에 대한 종교 효과의 핵심이나 방향성은 그것이 조직적/비조직적/주관적 중에서 어떤 측면의 종교성에 초점을 두느냐에 따라 달라진다(Koenig 등, 1988). 이것은 특히 평안에 관한 경우에 해당된다(Witter 등, 1985). 예를 들면 미국의 흑인 연구(Levin 등, 1989)에서 조직적 종교성은 건강과 평안에 관련이 있는 것으로 나타났으며, 비조직적 종교성은 건강 악화와는 관련이 있으나 평안과는 관련이 없으며, 주관적 종교성은 평안에는 관련이 있으나 건강과는 관련이 없는 것으로 나타났다.

넷째, 이 분야에서 프로그램대로 수행하는 연구자를 제외하고는, 대부분의 종교와 평안에 관한 실증 연구에는 이론적 공백이 있는 듯하다. 즉, 많은 연구들이 성격상 매우 경험론적이어서, 이들은 잘 정립된 이론적 모델을 표현하고 검증하는 데 실패하고 있다. 종종 이처럼 이론 근거의 부족함이 드러나는데, 그런 연구들은 이 분야에서의 발표된 연구가 부족했다고—실은 잘못된 가정인데—믿기 때문에 순수한 탐험적인 연

16) 심리역학psychodynamics은 인간 행위의 근저에 있는 심리 요인을 체계적으로 연구하는 것이며 특히 프로이드 이론 등의 영향을 받아 의식적 및 무의식 동기화의 상호작용에 의한 것으로 파악하고자 함.

구로서 정당화되고 인정되기조차 한다. 여러 논평에서 나타난 것처럼 이제 수십 개의 출판된 연구 결과로 인해 종교와 평안에 관해 어느 정도 일관성이 생겨났다. 따라서 이 분야 연구 발전의 현 단계에서는 이론적으로 정립된 연구 모형을 기반으로 하는 야심 찬 가설 검증 연구가 가장 적합할 것이다. 몇 가지 유용한 이론 모형들은 이미 검증, 제안되었는데, 여기에는 사회적 스트레스 또는 완충 모형(Koenig 외 1988b; William 외 1991), 사회 네트워크 또는 사회 통합 관점(Anson 외 1991; Ellison 외 1989), 다차원이탈접근법[17](Mindel and Vaughn, 1978), 혼동 효과 또는 간접 효과[18] 모형(Levin 외, 출판 중), 건강에 관련된 태도와 실행 그리고 종교에 의해 야기된 질병 행위에 초점을 둔 절충 모형(Jarvis and Northcott, 1987; Schiller and Levin, 1988) 등이 있다.

3. 노인의 평안을 위한 종교의 중요성

이 장 초반부에서 우리는 심리적 평안에 대한 개념적 접근법의 다양성 여부가 종교성 지표와 평안지표 사이의 관계에 어떻게 영향을 줄 수 있는지 논의를 제기했다. 예를 들어 만일 종교적 참여가 특정 문화집단의 구성원들에게 관습상 필요하고 보편적이며 평안감에 꼭 필요한 경우라면, 종교성과 평안 사이의 관계는 밝혀지지 않을 것이다. 더 직설적으로 말하자면, 연구 대상인 그 문화집단의 모든 혹은 대부분 구성원들이 자신과 신은 사적인 관계를 맺고 있다고 강하게 가치를 두고 믿는다면, 내적인 종교적 구성 개념에 대한 측정치의 분산은 미미하게 나타날 것이다. 따라서 이는 필연적으로 그러한 구성 개념과 평안과의 중대한 관련성을 밝혀낼 가능성을 저하시킬 것이다. 방정식의 다른 면을 살펴보자. 만일 어느 집단에서 평안을 신과의 조화로운 관계라고 정의한다면, 그러한 관계에서의 가변성을 점검하기 위한 항목들이 포함되지 않는다면 평안을 측정하는 전형적인 변수는 부적절한 것일 수도 있다.

의미를 이해하기 위한 필요성을 명시해야 한다는 또 다른 이유는 초기고령층younger-old과 후기고령층older-old의 대비에서 확연해진다. 최근 전국 조사 자료(Gallup and Castelli, 1989)에 의하면, 미국인 3명 중 약 2명이 내세의 삶을 믿는다고 한

17) 노인들의 종교 행위를 연구하면서 이탈disengagement 개념을 사용하는 것임. 노인들은 공식적인 종교생활에서 점차 이탈disengagement을 보이는 것 같으나, 비공식적인 개인적 종교 활동까지 포함하면 오히려 연계engagement가 높아진다고 볼 수 있음.

18) 간접 효과indirect-effects의 의미는 건강 상태라는 중간변수가 종교변수가 평안에 미치는 영향을 중개한다고 보는 것임.

다. 같은 비율의 사람들이 80~90세까지 사는 것은 신의 축복으로 생각한다고 한다. 이러한 내세 신앙 같은 종교적 믿음은 일생 동안 가질 수 있으며, 특히 생의 마지막이 다가오는 고령층에는 더욱 중요해질 수 있다. 노년층에서의 이러한 믿음과 느낌은 그들의 심리적 평안을 젊은 시절에 느꼈던 정점을 능가할 정도로 높여줄 수 있다. 젊은 시절에는 천국이 있다는 믿음은 다른 즉각적인 효과가 있는 종교적 표현—이를테면 교회 집단이나 단체에 참여하는—보다 행복에 미치는 영향이 적을 수 있다. '궁극적인' 형태의 종교적 표현이 고령층에 군림한다는 사실은 바로 종교가 평안에 미치는 효과가 초기고령층보다 후기고령층에게서 더 크다는 연구 결과를 설명해 주는 이유가 될 수 있다.

아이러니하게도 이런 유형의 믿음—심지어 일반신앙도—이 존재하는지 그리고 그 범위 정도에 대해서는 다른 행위적 또는 태도적인 구성 개념의 측정에 비하여 상대적으로 실증 연구에서 계량측정이 이루어지지 않았다. 최근의 기술적 연구에서는 널리 퍼져 있는 몇 가지 종교적 믿음에 대하여 조사하였는데, 응답자의 3/4 이상이 "건강은 신이 주신 축복이며 선물이다"(Bearon and Koenig, 1990)라고 동의하였다. 불행하게도 이처럼 흥미롭고 훨씬 필요한 연구는 주류가 아니라 예외였다.

후기고령층에서 장수와 건강한 생명은 신성한 축복이며, 내세에서 사별로 헤어졌던 사랑하는 사람과 다시 만날 것이라는 믿음의 의미를 보다 잘 알기 위해서는, 후기고령층 심리의 규범적 프로파일이 간략하게 재검토되어야 할 것이다(상세 내용은 Tobin, 1991 참조). 이는 규범심리학이므로 다음의 프로파일이 반드시 보편적이지는 않지만 대표적이라는 것을 염두에 두어야 한다.

생의 마지막이 다가오고 노령에 따라 엄습하는 것들이 자아의식을 갉아먹기 때문에 자신을 '노쇠'하다고 인식하기 시작한다. 이러한 사람들의 적응과업은 그들의 자아를 보전하는 것이다. 이러한 과업을 이루기 위해 필수적인 것은 일상사를 스스로 통제한다는 지각perception을 유지하는 능력이다. 비록 그러한 지각이 실제로 통제를 명확하게 파악하는 것이 아니라 다소 부풀려진 오지각misperception일지라도. 결국 과거와 현재를 연결하고 과거에 대하여 생생한 기억을 경험하는 것은 자아의 확인과 지속성을 의미하는 것이다. 연속성과 통제에 대한 이러한 믿음은 전체감sense of wholeness을 제공하는데, 그 전체성을 Erikson[19](1982)은 자신의 80대에 이를 완전성integrality이라고 했다. 삶의 기대목표와 성취목표의 일치에 대한 확신은 평안감을 가장 잘 지

19) Erik Erikson(1902~1994). 독일에서 덴마크계 부모의 자녀로 출생한 미국의 발달심리학자. 프로이드의 영향을 많이 받아 Neo-Freudian으로 분류되기도 함.

속시켜 준다. 또한 평안감은 자기 자신이 더 나이 먹으며 살아남는 데 특별한 존재라고 지각하는 데에서도 달성되고 유지된다. 이런 특별한 생존이 신이 주신 개인적 은총이라는 종교적 신념이 수반된다면 더욱 증강된다. 결국, 죽음을 만족스럽게 받아들이는 것은 천상재회라는 종교적 믿음에 의하여 용이하게 되는데, 이는 걱정거리가 죽음 자체—무존재nonbeing—에 대한 집착이나 공포로부터 죽음 과정dying, 즉 불구가 되거나, 견디기 힘든 통증, 불가역적인 혼동, 혼자 맞는 죽음 등으로 옮겨가기 때문이다.

후기 고령층의 규범적 노화에 대한 이러한 기술은, 총체적 악화가 자아를 엄청나게 압박하기 전까지는 이 집단의 평안을 이해하는 데 매우 중요한 시사점을 갖는다. 이러한 시사점은 적절한 주요 개념적 과제에서 나오는데, 아직 실증 연구에서는 제시되지도 않았고 명확해지지도 않았다. 몇 가지 예를 들면 이러한 점을 조명하는 데 도움이 될 것이다. 첫째, 고령층 개인에게는 삶의 기대목표와 성취목표의 일치congruence가 긍정감성, 즉 행복의 측정치보다는 삶의 만족도에서 더 반영될 것이다. 둘째, 분위기mood는 사별이나 장애와 같은 상실에는 유해한 영향을 받을 것이나, 이것이 전반적인 평안에 미치는 영향은 일치를 높임으로써 극복될 수 있다. 셋째, 열정zest은 즐길 수 있는 활동의 양으로 측정하는 것보다는 즐거운 활동에 참여한—아주 적을지라도—것으로 측정할 때 높게 나올 것이다. 적절하게도 이러한 규범적 모습에서 알 수 있는 것은 후기 고령층의 평안을 더욱 적절하게 설명해 줄 수 있는 그간 경시되었던 다른 차원이 있을 수 있다는 점이다. 여기에는 지금까지 존재했던 자신의 모습대로 아직까지 살아 있다는 특별함, 일상생활을 통제함으로써 생기는 삶의 만족 그리고 침착하게 종말이 다가옴을 받아들이는 것 등에 대한 자기 평가가 포함될 것이다. 심리적 평안을 측정해 줄 수 있는 이런 가능한 지표들은 나이에 따라 달라지는 특성이 있기 때문에—일치의 측정도 마찬가지지만—특정한 집단에 대하여 맞춤형으로 사용되어야 한다.

평안을 개념화함에 있어서 이러한 특수성은 최근 뉴델리와 런던의 노인 남성에 대한 한 연구(Thomas와 Chambers, 1989)에서 보이듯이 중요하다. 이 남성들은 평안의 핵심에 있어서 결정적인 차이가 있었다. 영국인들의 핵심 주제는 무능, 즉 쓸모없게 되고 의존적이 되는 것에 대한 두려움이었다. 인도인들은 세 가지 상호 관련된 주제, 즉 가족의 중요함, 현저한 종교적 신념, 현재 생활의 만족함 등이었다. 두 표본 사이에 상당한 개념적 상이함이 있으며, 인도 남성의 '차원 요소'에 있는 실제적 내용을 고려해 보면, 종교성과 평안의 관계가 영국인들보다 인도인에게서 훨씬 더 크게 나타난 점은 놀랄 일이 아니다. 심리적 평안의 평가에서 나이 특성과 문화 특성에 따라 달라지는 도구들을 연구 대상에 적절하도록 더 많은 주의를 기울일 수 있다면, 이러한 구성개념과 종교성과의 관계는 현재 밝혀진 것보다 더 잘 드러날 것이며 더 의미가 있을 것이다.

역설적으로 심리적 평안을 측정하기 위해 나이 특성적 측정도구를 맞춤식으로 만드는 것은 사회과학의 실증 연구에서 현재 기대되는 엄격함을 제약할 수 있다. 집단 사이의 비교를 하자면, 표준화된 측정도구가 꼭 필수적인 것은 아니더라도 적극 권장되는데, 이는 논리적 실증주의 규칙에 따르는 것이다. 만약 연구 중인 구성 개념의 개념적 성격이 집단별로 큰 차이가 있다면—평안의 경우처럼—다른 구성 개념에 대비되는 반응양식뿐만 아니라 이 구성 개념의 수준을 측정하는 새로운 전략을 생각해 보는 것이 현명할 것이다. 나아가 노인들이 현저하게 공유하는 믿음과 가치에 보다 적절한 종교 측정도구를 개발하고 이를 활용할 필요성이 있으며, 노화와 평안에서의 종교 요인에 대한 연구에는 접근해야 할 미개척 영역이 많이 있다.

제3장 종교와 대처

Kenneth I. Pargament
Kimberly S. Van Haitsma
David S. Ensing

나의 믿음이 처음으로 정말 시험을 받은 것은 1975년 나의 아들이 죽었을 때였다. 그 이전에는 모든 것은 이론에 지나지 않았다(Cobble, 1985, 140쪽).

가장 힘든 시기에 가끔 종교는 그 진정한 모습을 드러낸다. 아마 그래서 주인공이 가장 힘든 시험에 처하게 되는 드라마에는 세계적 종교들의 중심 메시지가 밑바닥에 깔려 있는 것이리라. 예를 들면 고타마 싯다르타가 받은 유혹, 사랑하는 아들을 바치라는 신의 요구에 대한 아브라함의 응답, 십자가에서의 예수 그리스도의 고통 등에서처럼…. 그래서 수많은 위대한 종교 드라마에서는 인생 후반기의 배우들이 연기하는 것은 아닐까. 인생 후반기는 결정적인 시기로서, 최고조의 성숙기에 달한 사람은 최고의 도전 상황에 직면하는 시기이다. 사람들이 종교의 이론적인 추상성에서 실제 상황에서 나타나는 종교의 구체성으로 옮겨가게 되는 시기가 바로 이 시기이다.

종교적 묘사는 이미 역사적으로 죽은 이야기가 아니라, 오히려 오늘날 노인들이 당면하고 있는 역경을 잘 포착하고 있다. 성서에 등장하는 인물들처럼 노인들은 배우자와의 사별, 사회적 지위의 상실, 불공정, 교우관계의 변화 그리고 자신의 죽음에 직면하는 등의 경험을 한다. 고통스럽지만, 이 결정적 순간들은 인간의 성격, 믿음 그리고 인생의 마지막 변화에 대처하는 과정으로 통하는 창을 확실하게 열어 준다. 제3장에서는 노년기 사람들이 가장 어려운 시험에 접했을 때 종교가 어떻게 작용하게 되는가를 심리학적으로 고찰할 것이다.

종교가 노인을 위한 대처의 한 방식으로 묘사될 때는, 세 가지 복합적인 과정—종교, 대처, 노화—에 연결된다는 점을 인식하는 것이 매우 중요하다. 이미 각각의 과정에 대한 학문적 저술은 많이 있다. 이 장에서 이러한 각 과정을 완전히 다룰 수는 없지만 이 세 가지가 어떻게 연결되는지는 탐구할 수 있다. 이 논의는 종교, 대처, 노화에 대한 기본 가정을 살펴봄으로써 시작하고자 한다.

1. 몇 가지 기본 가정

1) 사람들은 중요한 것을 얻기 위해 부정적 사건에 대처한다.

통상 대처라는 개념은 무엇에 대한 반작용 과정, 즉 인생에서 만나게 되는 위기에 대한 반사운동을 연상시킨다. 사람들이 상황에 반작용하는 것 말고는 다른 선택의 여지가 없는 경우가 있다는 것도 사실이다. 질병, 사고, 죽음 같은 사건들은 엄청난 힘을 가진 것으로 사람이 반응하지 않을 수 없는 것들이다. 그러나 반작용적 성격은 대처의 일부분에 불과하다. 대처는 또한 미래로 나가는 것이다. 사람들은 그들에게 중요한 어떤 것을 얻기 위해서 부정적인 사건에 대처한다. 얻고자 하는 중요한 것은 물질적, 육체적, 심리적, 사회적 또는 영적인 것일 수 있으며 좋은 것일 수도 있고 나쁜 것일 수도 있다. 그러나 무엇이 중요하든 간에, 대처한다는 것은 부정적인 인생사건에 직면하여 중요함의 가치를 보존, 유지, 변화시키는 것이다. 이러한 점에서 대처에는 이중적 성격이 내포되어 작용과 반작용을 함께 포함한다. 대처란 스트레스 상황에서 그 중요성을 탐색하는 것이다.

2) 인생의 결정적 사건은 마음속의 중요성에 따라 해석된다.

삶의 스트레스에 대한 연구에서는 사건 그 자체는 신체적, 심리적 적응에 대한 강력한 예측 요인이 되지 못한다고 한다(Rabkin and Streuning, 1976). 또한 Richard

Lazarus와 Susan Folkman(1984)은 사건의 충격은 사건이 평가되는 방법에 의하여 상당 부분 결정된다는 점을 강조하고 있다. 사건은 중요성이라는 척도에 따라서 측정된다. 같은 만성기침이라도 이를 감기의 후유증으로 보는 사람과 폐암의 징조로 보는 사람에게 아주 다른 의미를 가진다. 성경은 같은 메시지를 전하고 있다.

> 아 죽음아, 자기 재산으로 편히 사는 인간에게,
> 아무 걱정도 없고 만사가 잘 풀리며
> 아직 음식을 즐길 기력이 남아 있는 사람에게
> 너를 기억하는 것이 얼마나 괴로운 일인가!
> 아 죽음아, 너의 판결이
> 궁핍하고 기력이 쇠잔하며
> 나이를 많이 먹고 만사에 걱정 많은 인간에게,
> 반항적이고 참을성을 잃은 자에게 얼마나 좋은가! (집회 41,1-2)

사건은 나이가 들면서 변해 가는 중요성이라는 배경을 바탕으로 평가된다. Neugarten(1979)이 주지했듯이, 사람들은 내가 어떻게 하고 있는가를 묻지 않고 "내가 나이에 걸맞게 하고 있는가"를 묻는다(888쪽).

3) 사람들은 빈손으로 대처하지는 않는다.

스트레스에 관한 초기의 저술들은 위기와 정신 충격에 시달리는 사람들에 대하여 상당히 암울한 모습을 보여 주었다. 대처라는 개념은 더 희망적인 관점을 제공한다. 이는 사람들이 인생에서 가장 심각한 도전에 직면하더라도 근거를 상실하지는 않는다는 것을 시사한다. 사람들은 이러한 상황을 해석하고 대응하는 방식을 결정짓는 '자원과 부담의 지휘 체계orienting system'를 가동하여 대처하게 된다. '자원과 부담'이란—일반적으로 도움이 되든 안 되든—믿음, 관습, 관계, 감정(자존심, 낙관론과 비관론 등), 문제 해결 기술, 사회적 지원 그리고 종교성 등을 가리킨다. 거듭된 연구에서 이러한 '자원과 부담의 지휘 체계' 특성이 스트레스 상황에서의 결과에 중요한 의미를 함축한다는 것을 보여 준다(Gass, 1987; Rosik, 1989).

지휘 체계는 정적이지 않으며 또한 시간에 따라 변한다. 많은 노인들이 대처 과정에서 직면하는 문제점은 그들에게 새로운 부담은 쌓이는데 이전의 자원은 잃어가면서 위기와 싸워야 한다는 데 있다. 그러나 전체 그림을 보면 꼭 절망적이지만은 않다. 다행스럽게도 자원은 고갈되기도 하지만 새로 축적되기도 한다. 나이가 들면서 생기는 경험은 그러한 자원이 될 수 있다. Norris와 Murrell(1988)은 켄터키에서 심각한 홍수를 만난 노인들 가운데, 이전에 홍수를 경험했던 사람들은 스트레스 영향에 대한 "예방접종을 받은" 것처럼 보이는 것을 발견했다. 경험이 없었던 노인들은 재난에서 더 심하게 영향을 받았다. 종교성 자체도 평생 키워지고 유지될 수 있는 하나의 자원이다.

4) 구체적 상황에서 종교가 인생에 들어온다.

심리학자들 사이에서 통상 종교란 안정적인 기질적[20] 현상, 즉 일생 동안 길러진 신념, 관습, 감정 등의 체계로서 점차 진화하는 것으로 보았다. 종교성의 중심 개념이며 널리 사용되는 척도들은 경향성orientation을 다루는데, 개별 상황은 다루지 않는 '일반화된 종교적 접근법'을 사용한다(Spilka 외, 1985). 종교의 경향성을 연구하는 자체에는 잘못이 없다. 문제는 종교적 기질에 초점을 과도하게 맞추면서 구체적 상황에서 종교가 실제 작동하는 방식은 매우 간과해 왔다는 점에 있다. 종교는 '기질적 현상'일 뿐 아니라 '상황적 현상'이기도 하다. 대처 과정에서 개인은 그의 일반 지휘 체계(종교적이거나 비종교적인)를 적용하여 '구체적 대처 행동'으로 전환한다. 대처에 대한 연구 문헌에서 종교는 방어 전략으로, 스트레스를 피하거나 부정하는 방법으로, 정서 중심의 대처 방식으로 또는 2차적 통제수단 등으로 간략하게 언급되어 왔다. 종교는 이 모든 것에 해당될 수도 있지만 또한 대처에 관련하여 다른 구체적 형태를 취할 수도 있다. 그리고 사건의 결과에 가장 중요한 의미를 갖는 것은 바로 이러한 '구체적 대처 행동'이다.

'종교와 대처에 관한 프로젝트'에서 연구자들은 신교와 구교의 주류파 신자 수백 명을 대상으로 과거에 경험한 가장 심각한 부정적 사건에 이들이 어떻게 대처했는지를 조사했다(Pargament 외, 1990a; Pargament 외, 1992). 참여자들은 종교적 경향성, 구체 상황별로 종교적 또는 비종교적 대처 그리고 부정적 사건의 결과 등에 대한 측정치에 응답하였다. 여기서 주목할 만한 두 가지가 발견되었다.

---

20) 기질이란 개인의 정신적 습관, 행동적 경향 등을 포괄하는 의미임.

첫째, 종교적 경향성은 특히 구체적 상황에서의 대처 행위와 관련되었다. 예를 들면 내재적인intrinsic 종교적 경향성은 종교를 통한 자기개발보다는 사건을 성장의 기회 또는 정신적 대처 노력 또는 신과 가까워지고자 하는 욕구 또는 문제 해결 수단으로 평가하는 것과 관련되었다. 게다가 내재 성향은 적극적인 문제 해결과 피하지 않는 대처 방식과 연결되었다. 외재적인extrinsic 경향성은 좀 더 방어적인 대처 방식과 연결된다. 이러한 경향성의 평가에서는 사건이 개인에게 미치는 위협과 개인이 이를 다룰 수 없는 무능력을 강조한다. 내재 성향과 대비되어, 외재 성향은 사건을 성장의 기회로 평가하는 데에 부정적으로 연결되었다. 이러한 경향성에 따른 대처 전략은 신에게 기적을 빌고, 선행을 하며, 비종교적인 문제는 회피하며, 긍정성에 초점을 맞출 것을 강조한다. 외재적인 성향이 더 강한 사람들은 종교를 통한 대처에서 다른 목적, 즉 자기개발을 기대하고 정서적 및 행위적 억제를 기대했다.

둘째, '구체 상황별 종교적 대처 활동'은 부정적인 인생 사건의 결과를 예측함에 있어서 '일반적인 종교적 경향성'보다 더 강력했다. 이들은 또한 비종교적 대처 활동의 효과를 넘어서는 결과치의 예측에서 유일한 변인으로 작용하였다. 따라서 구체 상황별 대처 활동은 종교적 경향성과 결과 사이의 관계를 매개하는 것으로 보였다. 다시 말해 일반적인 것을 구체 상황과 연결하는 매개 역할을 하였다. 이러한 연구 결과는, 특수한 삶에 처했을 때 종교가 모습을 드러내는 수많은 구체적 방식의 중요함을 강조하고 있다.

5) 사람들은 중요성을 최대화하는 방법으로 대처하려고 한다.

사람들이 재난에 대처하는 수많은 그리고 가끔 알쏭달쏭한 방법들—종교적인 혹은 비종교적인 방법들—을 우리가 어떻게 이해할 수 있을까? 예를 들면 양로원에 살면서 양로원의 사회적 활동에 참여하기를 거부하고 하루 종일 흔들의자에 앉아 시간을 보내는 사람을 어떻게 이해할 것인가? 각 개인의 중요성과 대처에 대한 정의가 남에게 투사되는 한, 그림이 분명해 보이지 않는다. 그러나 여기에서 사람이 다양한 방법으로 다양한 결과를 추구한다는 가정을 하게 되면 그림이 좀 더 분명해진다. 그 요양원 거주자는 흔들의자에서 그녀의 시간을 회상으로 보내고 있을지도 모른다. 사회적 활동들은 그녀의 대처에는 그저 방해가 될 뿐이다. 아래의 시 구절에서 보이는 것처럼 말이다(Maclay, 1990).

신이여, 저를 작업 치료사occupational therapist로부터 보호하여 주시옵소서.
그녀는 선의를 가지고 있지만, 저는 시간이 나질 않아 바구니를 짤 수 없어요.
저는 샘과 제가 딸기를 따러 갔던
7월의 하루를 다시 살고 싶습니다(42쪽).

모든 사람들은 대처를 통해 개인적인 중요성을 최대화하고자 한다. 이는 취할 수 있는 가장 강력한 선택 중에서 대처 방식을 택함으로써 이루어진다(Pargament 외, 1991a). 사람들이 이렇게 서로 다른 방식으로 대처한다는 것은 가능한 선택과 개인적 동기가 다양하다는 것을 반영한다.

대처 과정이 걷잡을 수 없이 복잡해지지 않도록 하기 위해서, 대처의 두 가지 기능적 메커니즘—보존conservation과 변형transformation—으로 구분해 볼 수 있다. 종교는 부분적으로 보존과 변형의 두 기능을 모두 갖고 있다. 대처에서의 첫째이며 가장 강력한 경향은 중요성을 보존하는 것, 즉 위협받았거나 손상된 가장 중요한 가치를 유지시키는 것이다. 만성통증에 시달리던 한 여인은 성서 시편에서 같은 고통 받는 이의 영적 경험에서 위안을 받으려 한다. 최근에 퇴직을 하여 목적을 잃은 남자는 자신의 자존감과 정체성을 유지하기 위해 교회로 마음을 돌린다. 어떤 사람은 병든 남편이 오랫동안 사는 기적을 신에게 기도한다.

그러나 중요성을 보존하려는 노력이 실패하거나 더 이상 만족스럽지 않을 때에는, 중요성을 최대화하는 유일한 방법은 아마 중요성을 변형시키는 것이다. 종교는 여기에도 관련되어 있다. 종교적인 의식, 관계 및 경험은 개인이 사랑하는 상대를 포기하는 데 도움을 줄 수 있다. 이는 교통사고로 아내를 잃은 모르몬교 노인의 말에 나타나 있다. "저는 아내가 죽었다는 것을 알았습니다. 그녀의 팔목에는 큰 자상이 있었는데 피가 흐르지 않았습니다. 맥박도 잡히지 않았습니다. 그리고 저는 그녀의 이마에 손을 얹어서 그녀를 되돌려올 수 있다고—이는 모르몬교의 치유법—느꼈습니다. 그런데 '그녀를 식물인간으로 돌려받고 싶으냐? 그녀는 괜찮아. 떠나보내라'라는 목소리가 들렸습니다"(Pargament 외, 1990b). 종교는 개인이 중요성의 새로운 원천, 즉 인생의 새로운 사명을 찾도록 도와준다.

6) 종교는 단순히 대처 방법의 하나에 그치는 것이 아니다.

종교를 단순히 대처의 한 방법, 즉 스트레스를 해결하는 도구로만 본다는 것은 좀 위험스럽다. 이러한 관점은 세 가지 점에서 잘못되었다. 첫째, 종교란 스트레스가 많은 어려운 시기에만 찾게 되는 현상에 불과한 것이 아니라 그 이상의 것이다. 성스러운 것과 관계된 방법으로 중요성을 추구하는 것과 같이(Pargament, 1992), 종교는 모든 범위의 인생 경험과 관련된다—부정적 경험뿐만 아니라 긍정적 경험까지도—. 우리가 종교와 대처에 초점을 맞출 때 명심해야 할 것은 이것은 종교생활의 한 부분집합에 불과하다는 것이다.

둘째, 종교는 대처를 위한 도구에 불과한 것은 아니다. 종교는 삶의 중점인 '목적'과도 관련이 있으며, 그 목적을 얻기 위한 '수단'에 그치는 것이 아니다. 종교는 중요성을 정의함에 있어서도 긴밀히 관여한다. 세계의 종교들은 삶의 궁극적인 목표에 대한 비전을 규정하고 있다. 대부분의 믿음에서 가장 중요한 목표는 영적인 것, 즉 신과 가까워지는 것이다. 대부분의 믿음은 영적인 것을 좁은 의미로 정의하지 않는다. 영성화 과정을 통하여 많은 중요한 목적들—의미, 위안, 친밀함의 추구를 비롯하여 자기 자신과 더 나은 세상의 추구까지를 포함하는—은 성스러운 지위를 부여받게 된다.

셋째, 종교는 대처를 형성하기도 하지만 한편으로는 대처에 의하여 형성되기도 한다(Pargament, 1990). 스트레스를 받을 때 이를 인내하기 위하여 종교를 끌어들이면, 이때 종교 또한 그 힘의 소용돌이에 휘말리게 된다. 즉, 종교 또한 변화되는 것이다.

종교를 단순히 대처의 한 방법이 아니라고 강조한다고 해서 종교를 '이용'하는 것이 잘못되었다고 하는 것은 아니다. 아마도 문헌에서 이보다 더 폄하된 생각은 없을 것이다(Allport, 1950). 종교의 도구화는 나쁜 종교와 동의어로 보이기도 한다. 우리는 어쩌면 급진적일지 모르나 다른 견해—즉, 모든 사람은 이렇든 저렇든 자신의 종교를 '이용'한다—를 가지고 있다(Pargament, 1992). 종교의 도구화에 대한 비판을 좀 더 자세히 들여다본다면 비판을 받는 것은 도구화 자체에 있는 것이 아니라, 어떤 종류의 도구화인가에 있다는 것을 알 수 있다. 특히, 종교를 영적이 아닌 또는 이에 반하는 목적을 얻기 위해 이용할 때—이를테면 목사가 자신의 부를 축적하기 위한 설교— 그러하다. 그러나 종교는 좀 더 좋은 방식으로 사용될 수 있다. Thibault 연구팀(1991)은 양로원 노인들의 영적인 욕구를 평가하기 위해 도구적 접근법을 쓰고 있다. 연구자들은 양로원이 그곳 노인들의 영적인 여정을 어떻게 도울 수 있는지에 의문을 던진다. 물론 신앙을 이용하여 회중을 속이는 목사와 노인들의 영적 요구를 들어주기 위해 매일 예배를 드리는 양로원은 많은 차이가 있지만 이는 단지 관점일 뿐이다. 중요한 문제는, 누가 종교를 이용하고 누가 이용하지 않느냐가 아니라 어떻게 종교가 이용되는가 하는 것이다.

2. 나이가 들면서 대처에 종교를 더 많이 활용하는가

노인들이 인생 역경에 대처하는 데 종교가 영향을 끼친다는 것은 분명하다(Cain, 1988; Conway, 1985-86; Fry, 1990; Koenig 외, 1988; Manfredi and Pickett, 1987; Rosen, 1982). 예를 들면 Koenig 연구팀(1988)은 55~80세 성인 100명을 면담하여 그들이 인생 최악의 사건들을 처리하는 데 사용한 대처 전략에 대한 자발적 보고를 얻었다. 그 결과에서는 종교에 의지한다고 응답한 비율이 가장 많이 언급되어, 다른 응답—가족이나 친구의 지원을 찾거나 전문가의 도움을 얻거나 그냥 사건을 받아들인다—보다 높았다. Rosen(1988)은 65세 이상 표본에서 40%가 인생의 문제에 대하여 종교적 대처를 하고 있다는 자발적 보고를 했다고 한다. 종교적 대처의 비율은 다른 어떤 대처 방식보다 높았다. Conway(1985~86)는 의료 문제가 있는 65명의 흑인과 백인 여성들에게 그들의 어려움에 대처하는 방법을 체크리스트로 답해 줄 것을 요청했다. 기도한다는 답이 91%로 정보를 찾거나, 휴식을 취하거나, 처방된 약을 먹거나, 의사에게 가는 것보다 높았다.

이러한 연구문헌은 노인들이 어려움을 다루는 데 종교가 중요한 부분이라는 것을 나타내지만, 노인들이 젊은이보다 종교적 대처를 더 많이 사용한다는 것을 의미하지는 않는다. 종교적인 대처 전략은 모든 연령의 사람들에게 다 중요할 수 있다. 많은 연구들이 나이와 종교성의 일반지표가 지닌 관계를 조사하였지만(Ainlay and Smith, 1984; Markides 외, 1987), 불행히도 나이와 '종교적 대처'의 관계에 초점을 둔 연구는 몇 개밖에 안 되었다. 55명의 노인들에 대한 연구에서는, 힘든 인생사건에 대응하여 영적인 지원을 찾는 것과 나이는 관련성이 없었다(Meeks 외, 1989). 물론 표본에서의 나이와 범위가 제약되어 충분치 못한 결과가 나왔을 수도 있다. 그러나 '종교와 대처에 관한 프로젝트'에서도 과거의 가장 어려웠던 인생사건을 대처함에 있어서 나이와 종교성의 정도 사이에는 상관관계가 없다고 밝혀졌다(Pargament 외, 1991a).

이와 반대로 몇몇 횡단면적 분석 연구에서는 나이와 종교적 대처 사이에 연관이 있다는 일부 증거가 나타났다. 전국의 성인 표본에서 Gurin, Veroff, Feld(1960)는 노인이 젊은 성인보다 걱정을 해결하는 데 기도를 더 자주 이용하는 것을 발견했다. McCrae(1984)는 요인분석을 통하여 24~91세 성인들이 어려운 인생사건을 처리하는 28가지 대처 전략을 찾아냈다. 이 전략들 중에서 신앙의 사용만이 나이와 상관관계가 있었다. 그러나 Gurin 연구팀이나 McCrae의 연구 결과는 나이에 따라 종교적 대처가 증가한다는 것보다는 아마 동시대집단 효과 때문일 수도 있다.

그러나 나이에 따라 달라지는 것은 종교적 대처의 '수량'이라기보다는 아마도 종교적 대처의 '종류'일 것이다. 노인들은 그들만의 독특한 방법으로 종교적 대처를 할 수도 있다. '종교와 대처에 관한 프로젝트'는 이러한 발상이 옳다는 점을 뒷받침하고 있다. 나이는 위기에 대처하는 종교적 전략의 다양성과 연관이 있다. 나이가 들수록 대처하는 데에 영성을 바탕으로 하는 (예: 문제를 다룰 다른 방법을 찾기 위해 종교에 의존) 방법을 사용하거나, 선행, 성직자나 교인들의 도움을 구하거나, 종교를 통하여 자신의 문제를 피하려 (예: 기도를 하거나 성경을 읽음으로써 문제에 대한 생각을 하지 않는다) 하는 경우가 더 많아진다. 나이가 들수록 신이나 교회에 불만을 토로하거나 자신들의 부정적인 사건에 대처하는 방법으로 신에게 불평하는 경우가 적어진다. 동시대 집단 효과가 이러한 나이와 상관관계를 가지는 차이점을 설명해 줄 수 있다. 앞으로 더 많은 연구—특히 종단면적 분석—가 사람들이 자신의 노년기에 구체적 형태의 종교적 대처를 더 많이 사용하는지 여부를 알기 위해 정말 필요하다.

3. 노인들의 대처에 종교가 얼마나 도움이 되는가

노인들이 종교적으로 대처하는 데에 따른 효과에 대한 연구는 극히 드물다. 대부분의 연구는 세 가지 종류의 사건—질병, 가까운 가족이나 친구의 죽음, 자신의 예견된 죽음—을 노인들이 다루는 데 있어서 종교의 역할에 초점을 두었다.

1) 종교와 질병에 대한 대처

노인들이 질병에 대처하는 데 종교의 역할을 조사한 실증분석은 몇 개 안 된다. Morris(1982)는 루르드 성지순례에 참여한 24명의 아픈 남녀 노인들을 연구했다. 순례를 마친 후에 걱정과 우울증의 정도가 상당히 줄었으며, 이 줄어든 수준은 1년 동안 지속되었다는 것을 알아냈다. 의료적 문제가 있는 흑인과 백인 노인들에 대한 Conway의 연구(1985~86)에서, 응답자의 55%가 자신들의 신체적 걱정거리를 다루는 데 신의 도움을 받았다고 보고했다. 암 환자의 배우자 162명을 연구한 Clarke(1989)는 질병이 삶의 의미를 위협하는 것에 대한 대처에서 종교적 요인이 도움이 되는 정도를 조사하였다. 교회 참석이나 종교성 자기평가 같은 일반적 종교변수는, 그 사건에서 의미를 찾아 다루는 배우자의 능력과 의료에 대한 만족도 같은 결과에 상당한 예측력을 보였다. 사실 그러한 결과에 대하여 종교적 변수는 일반적인 사회적 지원의 정도보다 더 강력한 예측인자로 나타났다.

2) 사랑하는 사람의 죽음에 대한 대처

남편의 죽음에 대처하는 방법에서 종교의 역할이 많이 연구 조사되었다. 100명의 노년기 미망인들에 대한 연구에서 Gass(1987)는 애도의식을 행하는 것이나 더 강한 종교적 믿음을 갖는 것은 배우자 사후에 신체적 및 심리적 기능장애에 각각 역의 상관관계가 있음을 발견했다. 비슷한 결과가 Vachon 연구팀(1982)에서도 나타났는데, 이 연구는 몇 개 안 되는 종단면적 분석 중의 하나였다. 좀 젊은 미망인들 (평균 연령 52세) 표본에서 사별한 지 한 달 후 측정된 '인지된 종교의 무용성' 지표는 2년 후 나타나는 심리적 고통이 더 높다는 것을 예측했다. Hansson(1986)은 개인이 하느님과의 관계에서 느끼는 만족도를 변수로 하여 배우자 상실에 대한 적응도의 예측인자로서 조사하였다. 이 변수는 75세 이상 미망인들에게는 더 잘 적응하도록 하는 관련성이 있었으나, 75세 미만 미망인들에게는 그렇지 않았다. McGloshen과 O'Bryant(1986)는 60~89세 226명의 미망인을 남편의 사별 후에 면접하였는데, 예배 참여 빈도가 긍정적 감성의 예측인자로서 가장 강력하다는 것을 발견했다. 이러한 연구는 일반적으로 배우자의 죽음에 대처하는 데 종교의 긍정적인 역할을 나타내지만, 한편으로는 이러한 연구 결과의 강도와 일관성에 대한 의문이 제기되었다(Stroebe and Stroebe, 1987).

3) 자신의 예견된 죽음에 대한 대처

노인들에게는 죽음의 문제가 곧 닥칠 것처럼 보이기 때문에, 그들이 죽음에 대하여 더 큰 불안을 가지고 있다고 가정할 수 있으나 일반적으로는 그렇지 않아 보인다. 실제로는 노인은 젊은이보다 죽음에 대한 공포를 적게 나타낸다(Thorson and Powell, 1990).

무엇으로 이런 결과를 설명할 것인가? 아마도 종교적 신념과 실천은 노인들(이들은 더욱 종교적이다)에게 죽음과 관련된 염려에 성공적으로 대처하는 방법을 제공하는 것 같다. Koenig(1988)는 이러한 가능성을 노인들의 종교성과 죽음이 주는 불안에 관한 문헌을 검토하면서 언급하였다. 그 결과가 좀 모호하지만, 대부분의 연구들은 종교적 믿음과 실천이 죽음에 대한 불안을 완화시켜 준다는 가설을 뒷받침한다. 예를 들면 Fry(1990)는 198명의 외출을 못하는 노인들에게 죽음과 관련된 근심과 이에 대처하는 데 어떤 전략을 사용하는지 면접조사를 했다. Jeffers 연구팀(1961)은 60세 이상 154명의 면접조사에서 다른 변수 중에는 사후세계에 대한 믿음과 자주 성경을 읽는 것이 죽음에 대한 공포를 덜 느끼게 하는 것과 연관성이 있었다. 여자 노인 152명과 남자 노인 58명을 연구한 Swenson(1961)은 죽음에 대한 좀 더 긍정적인 태도, 종교 활동과 MMPI 종교성 척도 간에 유의적 수준의 관계가 있다는 것을 발견했다.

모든 연구들이 비슷한 결과를 보여 주고 있지는 않다. 예를 들면 백인 남자 노인 표본(Thorson and Powell, 1989), 노인 정신병 환자 표본(Christ, 1961) 등에서는 종교성 측정치와 죽음에 대한 공포 사이에 별다른 관계가 발견되지 않았다. Kurlychek(1976)은 비교적 작은 (여자 30명, 남자 10명) 표본에서 내세에 대한 믿음이 죽음에 대한 공포의 4차원—자신의 죽음에 대한 공포, 타인의 죽음에 대한 공포, 자신의 죽어가는 과정에 대한 공포, 타인의 죽어가는 과정에 대한 공포—에 어떻게 연관되는지 조사하였다. 내세에 대한 믿음은 다른 사람들의 죽음에 대한 공포에만 관계가 있었으며 그 관계는 긍정적이었다.

연구의 모순된 결과들이 나타나는 것은 일부 표본의 차이에서 기인한 것일 수 있다. 죽음에 대한 공포와 종교성은 모두 통상 남자보다는 여자에게 더 높게 나타난다(Thorson and powell, 1990). 종교적인 대처는 남자 노인보다는 여자 노인에게 죽음과 관계된 근심을 완화시켜 주는 것 같다. 예를 들면 Koenig(1988)는 어려운 시기에 종교적 믿음을 실행하고 기도를 했던 노인은 죽음에 대한 공포를 덜 느끼는 경향이 있다는 것을 발견하였다. 그러나 이 자료를 성과 나이로 계층화해 볼 때에는 이러한 패턴은 여자 계층과 고령(75~94세) 계층에게만 적용된다.

4) 결론

종교가 노인들의 대처에 얼마나 도움을 줄까? 많은 증거들이 종교적 헌신, 믿음, 실천은 힘든 시기의 사람들을 도울 수 있음을 보여 준다. 그러나 이 분야의 연구는 아직 초기 단계에 불과하며 종교 참여와 부정적 사건의 결과 간에는 일반적인 관계가 있는 듯이 보인다. 즉, (1) 대처에 대한 종교적 접근은 어떤 부류의 노인들에게는 다른 부류보다 더 도움이 될 수 있다. (2) 대처에 대한 종교적 접근은 어떤 문제에서는 노인들에게 더 도움이 될 수 있다. (3) 어떤 종교적 대처는 다른 대처보다 노인들에게 더 도움이 될 수 있다. 아마 다음 단계의 이 분야 연구는 종교와 대처에 대한 일반적인 연구를 넘어서, 특정한 사람들이 특정한 문제를 특정한 방법으로 대처하는 것에 대한 세밀한 분석이 있어야 할 것이다.

여러 종교적 대처 유형 간의 구분이 특히 중요하다. 종교성의 자아평가, 교회 참여의 평균빈도, 종교적 헌신은 종교가 삶의 대처 방식이 되는 것을 충분히 설명할 수 없다. 따라서 의미가 있는 결과를 가지고도 우리는 종교적 헌신이나 실천에 있어서 차이를 가져오는 것이 무엇인지를 추측할 수밖에 없다. "종교와 대처에 대한 프로젝트"에서 종교적으로 대처하는 구체 상황의 척도를 정의하고 측정하는 데 있어서 약간의 진전이 이루어졌다(Pargament 외, 1990a). 주류 사회 성인 그리스도교인의 표본에서 부정적 사건에 대한 긍정적인 결과가 나온 것은 특정한 종류의 종교적 대처와 관련되었다. 즉, 하느님은 어려움에 처한 사람을 공정하게 그리고 사랑으로 대하셨고 앞으로도 그러할 것이라는 믿음, 대처에 있어서 하느님은 후원자라는 경험, 종교적 실천(기도, 교회 참석, 선행, 성직자나 신자로부터 지원 등 포함) 같은 종류를 말한다. 또한 사람들이 대처에서 무엇을 찾고자 했는지도 중요하다. 영적이고 개인적인 지원을 추구함은 좋은 결과와 관련되었으며, 그 외의 중요한 목적을 찾는 경우에는 그렇지 않았다. 이러한 유형의 연구는 결정적인 인생사건에 있어서의 종교적 작용을 구체적으로 드러내기 시작한다.

그런데 여기에서 비록 어려운 시기에 종교가 노인들에게 도움이 될 수 있다고 해서 반드시 종교가 보통 시기보다는 특별한 시기에 더 도움이 된다는 것을 의미하는 것은 아님을 말해둘 필요가 있다. 많은 사람들은 평상시에도 위기에서와 마찬가지로 그들의 신앙에서 힘과 도움을 얻을 수 있다. 소수의 연구만이 이러한 복합적 문제, 즉 노인들의 스트레스 정도에 따른 종교의 상대적 효과성을 다루었다(Idler, 1987; Krause and Van Tran, 1989; Siegel and Kuykendall, 1990; Simons and West, 1985). 그 결과는 일치하지 않았다. 예를 들면 Krause and Van Tran(1989)은 흑인 노인들의 종교성은, 연구하기 한 달 전 경험한 불리한 인생사건의 수치와는 관계없이 통제와 자존의 감정과 관련이 있다는 것을 밝혔다. 한편 Siegel and Kuykendall(1990)은 종교가 평상시보다는 어려운 시기에 더 많은 영향을 미친다고 보고했다. 더 구체적으로 말하면 신자가 배우자와 사별할 경우 비신자보다 덜 우울해진다는 것을 밝혔다. 아직 결혼생활을 하는 사람에게는 종교 참여가 우울과 연관성이 없었다.

이러한 연구에서의 불일치는 연구 모형과 측정의 문제를 반영하는 것일 수 있다. 그러나 이는 또한 기본적인 종교적 현실의 정확한 반영일 수도 있다. 즉, 종교는 사람이 다르면 작용하는 방식도 다르다는 것이다. 어떤 사람에게 종교는 '스트레스 완충제' 역할로서 스트레스가 증가할수록 더 효과적이 될 수 있으며, 다른 사람에게는 '고통 억제제' 역할로서 스트레스의 강도와는 관계없이 똑같이 도움을 줄 수도 있다. 또 다른 사람들에게 종교는 '스트레스 진압제' 역할로서 종교 참여를 증가시키고 이에 따라 개인의 대처 역량을 강화시킬 수 있다(Ensing, 1991; Krause and Van Tran, 1989). 그리고 또 다른 가능성은 종교가 어려운 시기, 또는 어렵지 않은 시기에 따라 다른 방법으로 도움이 될 수 있다는 점이다. 환경의 변화는 사람들이 신앙에서 구하는 것도 변화시킨다. 이러한 것들은 대처에서 종교의 역할을 조사하는 데 매우 매력적인 질문이기는 하지만 아직도 답은 나오지 않고 있다.

4. 노인들의 대처에 종교가 무엇을 제공해야 하나

노인의 대처에 종교가 도움이 되거나 해가 되게 하는 것이 무엇인지에 대해서 실증 연구로 규명하지는 못했지만, 그래도 이론적인 추측은 해 볼 수 있다. 여기서는 노화에 대응한 다음의 네 가지 대처에서 종교의 개입을 조사하고자 한다. (1) 자기 자신을 유지하고 통합하기 위한 대처, (2) 변화하는 환경을 지배하기 위한 대처, (3) 인생의 유한성을 이해하기 위한 대처, (4) 친밀함을 얻기 위한 대처.

1) 자기 자신을 유지하고 통합하기 위한 대처

아마 노인의 당면과제는 자신의 내부 및 외부로부터의 공격에 대면하여 자아의 통합성integrity을 이루는 데 있을 것이다(Erikson, 1950). 종교적 신념은 과거의 삶과 현재의 삶 사이의 통합성과 연속성의 인식을 갖는 데 기여할 수 있다. 자신의 다른—육체적 및 사회적—측면은 육체적 질병이나 사별 같은 사회적 사건 등으로 인하여 종종 방해를 받는 반면, 종교적 신념은 노인의 삶을 한결같게 해 주는 보다 안정적인 틀을 제공한다. 이 주제는 성경의 구절에 나타난다. "내 말을 들어라… 모태에서부터 업혀 다니고 태중에서부터 안겨 다닌 자들아. 너희가 늙어가도 나는 한결같다. 너희가 백발이 되어도 내가 안고 간다…"(이사 46, 3-4).

조직적인 신앙생활, 봉사, 종교예식 등에 참여하는 것은 또한 삶의 전환기에도 개인적으로 연속되는 느낌을 줄 수 있다. 현재 노인들의 상당수는 개인적 정체성이 교회와 밀접하게 연결된 시절인 제2차 세계대전 이전 태생이다(Hammond, 1988). 교회나 유대교회당에 소속된다는 것은 '집합적 표현'으로 대부분 비자발적이며 의문의 여지없이 이루어진 것이지만, 개인이 어떤 존재이거나 어떤 존재가 아니라는 것—이를테면 나는 유대인이지 그리스도인이 아니다—을 정의하는 것이었다. 조직적인 신앙생활에 참여하는 것은 이러한 정체성의 느낌을 유지하게 한다. 더구나 직업이나 가족 등 역할이 없어진 노인들에게 이를 통해 계속적인 사회적 역할—신앙인, 집사, 장로, 혹은 하느님 자녀 등—을 제공한다(Clements, 1990). 일부 사회에서는 노화 자체가 성사sacrament가 될 수 있다. 외부 역할과 참여가 없어진 채, "노인은 이제 사회가 늘 믿어 왔던 것의 상징으로 서게 되며, 그리스도인이라는 것이 직업이나 성취나 자격증으로 입증되는 것이 아니다." 오직 신앙으로만 입증되는 것이다(Whitehead and Whitehead, 1979, 1989).

2) 변화하는 환경을 지배하기 위한 대처

노년기에는 건강 악화로 인해 실제로 돈과 가족을 잃게 되고 외부의 도움에 의존할 수밖에 없다. 노인들의 환경 극복을 증진시키는 개입intervention 사례를 연구한 것은 무척 많으나, 종교의 역할은 별로 언급되지 않았다. 그러나 노인들이 하느님과의 관계를 통하여 힘을 얻을 수 있다고 보여 주는 일부 연구 결과가 있다. 흑인 노인들 가운데서 높은 수준의 주관적 종교성은 개인적 통제감의 상승과 상관관계가 있었다(Krause and Van Tran, 1989). Pargament 연구팀(1988)은 개인의 문제를 해결하는 데 하느님과 협력한다고 하는 신자들에게서는 더 높은 자기통제와 자존감이 인지되며, 위험통제는 낮게 인지된다는 것을 발견하였다. 자신의 문제를 수동적으로 하느님에게 미룬다고 보고한 사람들은 심리 사회적 능력이 더 낮았다. 그러므로 하느님과 적극적으로 제휴하는 것이 영적 관계를 수동적으로 미루는 것보다 교회 신자들에게는 더 긍정적인 징조이다. 그러나 Pargament 연구팀에서 사용된 표본에는 전적으로 노인만 포함된 것은 아니었다.

건강, 재정, 삶의 환경 등의 악화에 직면해서는 젊은 시절에나 적용할 수 있는 적극적인 대처 유형은 이제는 오히려 비생산적일 수 있다. 노인들에게서는 맡기는 대처 유형이 더 도움이 될 수 있다. 하느님에게 미루어 버리는 것은 "통제력을 포기함으로써 통제력을 얻는" 기회를 제공할 수 있다(Baugh, 1988). 변화시킬 수 없는 사건에 대하여 분노하거나 그 존재를 부정하는 것에는 엄청난 에너지가 필요하고, 이렇게 소모되는 모든 에너지는 헛된 것일 수 있다. 가망이 없는 상황이라면 더 논리적인 선택은 포기하는 것이리라. 그러나 하느님에게 맡겨 버리는 것은 더 넓은 맥락에서 인간을 무력하게 한다. 즉, 우주에 작용하는 더 큰 자애로운 힘이 있다는 것이다. 하느님의 의지에 맡김으로써 사람들은 자신의 무력함을 인정하지만, 자신의 한계와 연약함을 인식함으로써 더 쉽게 평안해진다. 역설적으로 하느님에게 맡겨 버림은 자신과 자신의 세계를 지배하는 길이 될 수 있다. 이러한 점이 바로 Nelson(1977)이 보호 시설에 입소한 노인 표본에서 간접적으로 생명을 위협하는 행동—약 복용 거절, 링거 뽑기 등—이 거의 없는 것과 종교적 헌신 사이에 상관관계가 있는 이유일 것이다. 신앙을 통하여 이 환자들은 자신이 처한 한계를 초월할 수 있는 것일지도 모른다.

종교적 집회 또한 노인들이 우월함을 추구하는 자원의 역할을 할 수 있다. 많은 기관들이 노인들을 지지하고 지원한다. 예를 들면 연합감리교의 "노화선언문*Statement of Aging*"에서는 교인들에게 노인들의 '개인적 정체성과 존엄의 느낌'을 인정하고 그들의 '경험, 지혜, 기술'을 이끌어낼 것을 요청한다(Letzig, 1986, 2). '셰퍼드센터Shepherd Center'는 신자 중심의 노인센터로 이러한 철학을 실천에 옮긴다. 각 센터는 "숨겨진 재능이나 전문지식의 개발을 자극하고 격려하며 지원하고, 센터를 촉매제로 보며, 참가자들을 통제력을 유지하고 책임을 지는 동반자로서 취급한다"(Koenig, 1986, 74쪽).

3) 삶의 유한성을 이해하기 위한 대처

"인류를 그토록 억누르던 가장 큰 억압이… 심리 치료 중에서 가장 훌륭한 이것(종교)으로 인하여… 완전히 없어졌다"(Hall, 1915, 561쪽). 종교는 죽음의 공포에 대한 가장 생산적인 답으로 자주 인용되어 왔다. 그리고 앞서 언급했듯이, 종교성이 죽음의 불안에 대처하는 데 도움이 된다는 증거가 있다. 종교에서 무엇이 죽음과 관련된 공포를 감소시키는지는 분명하지 않다. 내세에 대한 믿음은 죽음을 지상에서의 노고에 대한 보상의 순간으로 새롭게 자리매김하도록 하는 데 도움이 될 수 있지만(Koenig, 1988), 이러한 믿음이 죽음에 대한 불안을 감소시키는 것과 항상 상관관계가 있는 것은 아니다(Berman, 1974; Thorson and Powell, 1990). 그러나 종교는 다른 방법으로 도움이 될 수도 있다. 종교는 죽음을 포함한 모든 경험이 하느님 계획의 일부분이라고 상기시킴으로써 인간이 의미를 찾는 것을 도와줄 수 있다. 종교는 유한한 육체적 자아 밖의 힘에 그 정체성의 원천이 있기 때문에, 개인의 죽음이 결코 가치 있는 모든 것의 죽음을 의미하는 것은 아님을 시사한다. 이는 또한 공동체, 사랑하는 사람들이나 자신과의 화해 메커니즘을 제공해 줌으로써 죽음을 더 쉽게 받아들이게 해 주기도 한다(Tobin 외, 1986).

죽음이 삶의 종말이라는 것 이상으로 사람들은 죽음의 과정을 두려워한다

(Thorson and Powell, 1990). 이는 특히 노인들이 죽음에 대한 질문을 받았을 때, 죽음의 고통과 홀로 죽는 것에 대한 두려움을 이야기하는 노인이 많다는 점에서도 사실임이 틀림없다(Tobin 외, 1986). 그러나 여기서도 종교가 도움이 될 수 있다. 종교적 관점에서 볼 때 개인은 고통에서 큰 의미를 얻을 수도 있다. Pollner(1989)는 신성과의 상호작용이 사람들로 하여금 "사소하고 고통스럽고 불쾌한 활동들이 전능한 신성 앞에서는 의미가 있다고 느끼는 데 도움이 된다"(93쪽)라고 말한다. 종교적 틀에서 고통은 "죄악의 종결을 위해 구원하고 구제를 베푸는 활동"으로 해석될 수도 있다(Conwell, 1986, 46쪽). 이러한 맥락에서 Glicksman(1990)은 백인 개신교도들은 고통이란 하느님께서 하시는 인격의 도덕적 시험—인내, 평온, 금욕으로 통과해야 하는—으로 인식해야 한다고 말한다. 결국 죽음의 고통에 대한 공포는 죽음을 하느님에 대한 최후의 순종적 행동으로 이해함으로써 완화될 수 있다.

혼자 죽음을 맞이하는 공포는 어디에나 계시는 하느님을 경험함으로써 경감되기도 한다. 하느님은 결코 사라지지 않는 지원적 관계—친구와 가족 하나씩 다 떠난 후에도 남아 있는 친구—를 베푼다(Brooke, 1987). 성경의 많은 구절들은 하느님은 죽어가는 사람들에게 위안을 주는 존재로 묘사한다. 예를 들면 시편 23장에는 "제가 비록 어둠의 골짜기를 간다 하여도 재앙을 두려워하지 않으리니 당신께서 저와 함께 계시기 때문입니다"라고 한다. 게다가 기도서들은 도움을 주고 위안을 주는 하느님과의 관계를 찬양하는 찬송으로 가득 차 있다. 예를 들면 "저와 함께하소서", "예수님은 우리의 친구" 등. 성직자의 방문이나 교인들의 방문도 죽음을 눈앞에 둔 사람들에게 정서적인 도움과 위안이 되기도 한다. Sheehan 연구팀(1988)이 200개가 넘는 교회 등을 조사해 보니, 대부분의 교회에는 노인 방문 프로그램이 있었다—집에만 있는 노인(84%), 양로원 노인(80%) 그리고 입원 노인(70%) 등.

4) 친밀함을 얻기 위한 대처

친밀함은 사회적 지원 네트워크가 시간이 지남에 따라 사라지면서 점점 귀중한 자산이 된다. 이러한 변화 가운데서도 친밀감은 종교 공동체를 통하여, 하느님과 가까워짐을 통하여 그리고 특정한 종교적 신념을 통하여 유지될 수 있다. 교회 공동체는 규칙적인 인간 접촉, 정서적 위안과 비공식적 사회복지사업 등으로 '대리 가정'의 역할을 할 수 있다(Steinitz, 1981). Johnson과 Mullins(1989)는 교회나 집회에의 참여는 노인이 외로움을 덜 느끼는 것과 관련이 있다고 했다. 하느님은 모든 사람들에게 잠재적 부모의 모습으로서 친밀감의 중요한 원천이 될 수 있다. 이러한 견해는 삶의 마지막 날까지 하느님에게 보살핌과 의존을 구하는 노인들에게 특히 도움이 될 수 있다. 마지막으로 특정한 종교적 신념은 노인들이 늘어나는 소외감을 스스로 넘어서도록 촉구할 수 있다. 다른 것을 찾고 자신을 초월하는 것은 거의 모든 종교적 전통에서 찬양하는 미덕이다. 믿음과 소망으로 자기중심에서 벗어나, "노인들은 '상처를 입었으나 치유할 수 있는 사람'이 될 수 있는데, 노인들의 고통과 죽음이라는 개인적 경험이 다른 이들을 치유하는 동정심과 통찰력으로 드러나기 때문이다"라고 말한다(Bianchi, 1987, 185쪽).

5. 종교가 대처 방식이 되지 못할 때

지금까지는 대처 과정에서 종교가 어떻게 도움을 주는가를 살펴봤다. 여기에 초점을 맞춘 것은 연구논문에서 종교가 종종 받았던 비판적인 관심에 대비되는 것이다. 그러나 종교가 대처에 도움이 되기도 하지만 해가 되는 것도 사실이다. 효과적인 혹은 비효과적인 종교적 대처라고 판단하는 유일한 열쇠는 없다. 오히려 종교가 문제의 일부인지 해결책의 일부인지를 결정하려면, 대처 과정을 전체로서 그리고 또 그 과정 안의 요소들을 통합하여 보아야 한다. 이 분야의 이론과 연구는 아직 초보 단계이지만, 종교와 대처에 대한 세 가지 잠재적 문제를 제시하고 있다(Pargament, 1992).

1) 잘못된 방향

사람은 각자 중요한 목적을 성취하기 위해 대처하지만, 모든 목적이 똑같지는 않다. William James(1902)는 그의 저술에서 "어떤 이념이 그 자신의 에너지의 중심이 되느냐에 따라서 인간에게 엄청난 차이를 가져온다"(193쪽)라고 했다. 어떤 목적은 다른 목적보다 더 좋을 수도 있다. 그러나 가치 있는 목표를 정의하는 것은 어려우며, 노인 신자들에게는 더욱 어려울 수도 있다.

목표가 타인들에 의해 개인에게 강요될 때 한 가지 문제가 발생한다. 이런 맥락에서, O'Connor와 Vallerand(1989)는 신앙생활을 하는 이유를 설명하지 못하는 프랑스계 캐나다 노인들이나 타율적 외생적 동기—이를테면 "당연한 것으로 생각되기 때문에" 종교에 참여하는—를 가진 사람들에게서는 생활만족도, 자존감, 삶의 의미 등이 낮은 수준을 보였으며 우울증은 높다는 것을 밝혔다. Heinrich Zimmer는 개인적으로 정의한 종교의 중요성을 다음과 같이 강력히 주장했다. "참된 자식이 되려면, 형언할 수 없는 씨앗을 상상하고, 수태하고, 자신의 성분으로 만들어져, 우리의 피로 양육되어야 한다… 우리가 신을 빌려올 수는 없다"(Havens, 1968, 139쪽).

중요한 가치들 사이에서의 불균형은 대처에서 또 다른 위험한 방향을 나타낸다. 살아가는 데 가치 있는 목표가 많지만 하나의 목적이 배타적으로 선점해 버리면 문제가 발생한다(Pargament, 1992). 하느님을 찾는 것조차도 다른 개인적 혹은 사회적 가치에 의하여 균형을 잃을 때에는 자신이나 다른 사람들에게 파괴적일 수 있다. 16세기 신비주의자인 '십자가의 성 요한St. John of the Cross'에게는 성스러운 것과 세속적인 것은 양립이 불가능한 가치였다. 하느님은 회심함으로써만 경험되는 것이었다. 즉, "가장 쉬운 일을 하지 말고 가장 어려운 일을 하라. 가장 맛있는 것이 아니라 가장 맛없는 것을 먹어라. 가장 하고 싶은 것이 아니라 가장 하기 싫은 것을 하라"(James, 1902, 299). 역사 속에는 자신들의 종교적인 열정으로 다른 이들의 삶과 존엄성을 밟아버린 인물들이 많이 있다. 다른 종류의 가치에 의하여 절제되지 못한 채, 종교적이거나 비종교적인 열정은 개인을 잘못된 방향으로 끌고 갈 수도 있다.

2) 잘못된 길

사람들이 자신의 목적지로 가는 길을 잘못 선택할 때 또 다른 문제들이 일어난다. 예를 들면 사람들이 일반적으로 비난하는 종교에 대한 피상적 접근을 본다면, 개인이 찾아낼 수 있는 개인적 또는 사회적인 이득을 추구하는 그 자체에 문제가 있는 것이 아니라, 오히려 이러한 목표의 추구를 교회 등의 제도—다른 좀 더 영적인 목적을 염두에 두고 계획된 시스템인—를 통하여 이루려는 데 문제가 있는 것이다. 간단히 말하자면 영적인 목적과는 동떨어져 있는 개인적 및 사회적 목적에 관심이 있는 개인이 교회를 선택하는 것은 잘못된 길이라는 점이다(Pargament, 1992). 그러기에 외면적 종교성에서 교회를 택한 경우 적응이 더 부진한 것은 당연하다(Donahue, 1985; Payne 외, 1991). 이러한 조사 결과는 노인에게도 마찬가지로 나타난다(Rosik, 1989).

어떤 경우에는 개인의 종교 시스템이 중대한 생애사건에서 발생하는 새로운 요구를 다루기에는 종합성과 유연성이 떨어지기 때문에 그가 잘못된 길을 선택한 것일 수도 있다. 많은 저자들—William James(1902)로부터 Harold Kushner(1981)에 이르기까지—이 종교적 신앙 시스템은 인간을 도울 수 있는데, 이는 인간세계가 어느 정도 예측 가능하고 자애로운 상황 하에서 그렇다는 것이다. 그러나 위기가 몰아칠 때에는 그와 같은 신앙 시스템은 그런 위기를 효과적인 방법으로 흡수하고 처리할 능력이 없을 수 있다. 어느 경우는 개인이 전혀 이해하지 못할 수 있고, 다른 경우에는 단순하지만 역기능적인 해결책에 뛰어들 수도 있다(예: 하느님이 이 질병을 벌로 보내셨음에 분명하다. 내가 죄를 짓지 않았더라면 하느님이 내 배우자를 데려가지 않았을 거야). Conwill(1986)은 수술 후 고통 받고 있는 73세 남성의 경우를 기술한다. 의사는 그에게 다시 자신의 생활로 돌아가라고 용기를 주지만, 그는 이를 거부했다. 그는 완고하고 구속적인 종교적 신앙 시스템으로 무장하여, "모든 것은 성서에서 말하듯이 이루어집니다. 이 모든 전쟁과 끔찍한 일들을 볼 때, 세상은 곧 종말이 옵니다. 왜 노력을 합니까? 여기서 살아야 할 목적이 무엇이 있겠습니까?"(Conwill, 49쪽)라며 거절한다. 수동성과 체념이 항상 상황에 부적절한 것은 아니지만 이 경우에는 잘못된 길을 나타낸다.

3) 흐름에 반하는 경우

대처는 보다 더 큰 사회적 힘이라는 흐름 속에서 일어나며, 그 힘은 개인을 위기에서 도와줄 수도 있고, 오히려 사태를 악화시키기도 한다. 이러한 점은 종교 세계에서도 마찬가지이다. 때로 사람들은 멀리 있고 접근이 불가능한 하느님의 영상과 씨름하는 자신을 발견할 수도 있다. "인간의 이해를 넘어서는 초월적 존재"이신 하느님은 신자에게 "전례가 없는 내적인 고독감"을 남겨 줄 수 있다(Weber, 1958, 103-4쪽). 또는 사람들은 '엄하고 심판을 내리는 하느님'의 모습과 씨름할 수도 있다. 노인들에게는 화를 내는 하느님이라는 견해가 뒤섞여 자신을 낮추는 저자세의 인생관을 갖게 할 수 있는데, 이러한 인생관에서는 고통을 죄에 대한 벌이라고 해석한다(Butler, 1963).

노인들은 자신들이 현재의 사회적 종교적 힘에 반하여 허우적대고 있는 자신들의 모습을 알게 될 수도 있다. 역사를 통해서 보면, 종교문화는 노인을 격하시키는 것으로 알려져 왔다(Bianchi, 1987). 그러나 일부 종교 기관이 노인을 경시하는 것은 어제 오늘의 일이 아니다. Bianchi는 종교 시스템은 종종 저도 모르게 노화에 거스르는 문화적 고정관념에 따라 움직이며, 노인을 그들 조직의 변방으로 밀어낸다고 주장한다. "노인은 과거에 충분히 사회에 봉사했고, 이제는 사회적 헌신에서 은퇴하여 여생을 사적으로 보낼 자격이 있다는 일반적인 태도를 종교기관들이 확증해 보여 주는 것 같다"(Bianchi, 1987, 161쪽).

일부 종교 모임은 노인에게 손길을 뻗지 못하거나 또는 그렇게 할 자원이 부족할 수 있다. Cluff와 Cluff(1983)는 세계교회주의에 기초한 사회적 프로그램에 반대하고 그 대신 사람들을 교회로 끌어오려는 교구의 노력에 집중함으로써, 교회들은 공동체에 봉사하는 사회적 책임을 버렸다고 주장한다. Pieper(1981)는 노인들이 분명히 더 많은 교회 참여에 관심이 있으나 교회는 그들의 참여에 장벽을 치고 있음을 느낀다는 것을 알아냈다. 예를 들면 교회 활동들은 자주 예배 전후에 짜여 있어서 쉽게 피로해지는 노인들에게는 너무 긴 시간이 된다. 비슷하게도 Sheehan 연구팀(1988)은 일반적으로 교회는 방문 프로그램을 빼면 다른 노인 관련 활동이나 관심사에 관여하지 않고 있다는 것을 알아냈다. 따라서 노년기에, 많은 사람들은 강력한 흐름—종교적 힘을 포함—에 거슬러 움직이는 자신을 발견하게 될 수도 있다.

6. 결론

사람들이 가장 가혹한 삶의 상황에서도 무력하지 않다는 것은 심리학에서 거의 당연한 말이다. 사람들이 어떻게 상황을 헤아리고 다루는가—어떻게 대처하는가—는 그들의 평안에 아주 중요한 의미를 가진다. 이 장에서는, 종교가 종종 노인들에게 이러한 대처 과정의 핵심이라는 것을 보여 주었다. 즉 대처, 종교, 노화의 세 가지 과정을 연결하기 시작하는 개념적 틀을 제시하였다. 그러나 이는 겨우 시작에 불과하다.

이 영역에 대한 연구는 이제 막 시작되고 있다. 초기의 연구 결과들은 종교 참여가 노인의 대처에서 중요한 역할을 할 수 있다는 것을 보여 준다. 그렇다 하더라도 한 가지 중요한 문제가 남아 있다. 즉, 종교에서 그 무엇이 대처하는 데 차이를 주는가? 여기서 우리는 종교가 대처하는 데 도움이 되거나 방해가 되는 몇 가지 점을 생각해 보았으나, 이러한 점은 더 많은 검증이 필요하다. 종교를 '멀리서' 연구하는 것으로는 이 일에 충분치 않을 것이다. 사람들이 신분, 죽음, 질병, 외로움 등의 변화를 붙잡고 애쓸 때, 종교의 핵심작용에 좀 더 다가가는 것이 중요하다. 더 이상 연구자들은 종교성의 일반론적이며 기질적인 개념과 측정에 의존할 수 없으며, 그 대신 우리는 종교가 특정 상황에서 살아 움직이는 방식을 보는 새로운 방법론이 필요하다. 이것이 아마 종교와 대처의 심리학에서 가장 큰 도전일 것이고 이 방향으로 기대되는 연구가 시작되었다. 대처 과정에서 종교의 작용을 더 명확히 이해함으로써, 우리는 노년기의 중요성을 용이하게 추구할 수 있는 더 나은 입지를 확보하게 될 것이다.

제4장 영적 자아의 연속성

Robert C. Atchley

노화의 연속성 이론(Atchley, 1989)은 역설을 설명하기 위해 창안되었다. 한편으로 노화는 가끔 어느 정도의 신체적 및 정신적 상실을 초래하며, 심각한 수준의 사회적 손실—특히 배우자나 친구의 죽음에서—을 초래한다. 이러한 손실은 노인 차별적인 사회와 문화에서 일어난다. '사회적 범주로서의' 노인은 제외된—고용주나 사회로부터 채용되지도, 원하지도, 필요하지도, 인정받지도 않는—존재이다. 전통 사회에서 노인이 효과적으로 수행했던 역할은 현대 사회에서 상실되었다. 현대 사회는 과학기술적 합리성과 모든 분야에 걸친 전문화—사목 활동도 포함하여—에 매몰되어 버렸다(Cole, 1992). 노인은 자신들에게 가장 좋은 것이 무엇인지도 모른다고 가정하곤 하기 때문에 복지 프로그램도 보살핌 위주이다. 그럼에도 불구하고 이러한 모든 부정적 현상에 대부분의 노인은 압도되지 않는다. 그들 대부분은 삶의 만족도가 높으며, 강한 자아 개념과 높은 자존감을 보인다. 사생활에서는, 배우자와 친구로 이루어진 친밀한 사회집단 속에서 살아가면서 노인들은 사회가 그들을 부정적으로 평가하는 것을 무색하게 해 버리는 조용한 존엄성을 보여 준다. 어떻게 이런 일이 가능할까?

연속성 이론이 처음 등장한 것은 노인들이 어떻게 은퇴에 대처하는가와 은퇴가 정체성과 자아에 어떠한 영향을 미치는가에 대한 연구에서 비롯된다. 1960년대 대부분의 노년학자들은 직업윤리에 충성을 다하는 사회에서 은퇴한다는 것은 그 사람의 자아 개념에는 격변일 것이라고 가정했다. 그러나 이 가정은 새로운 연구—노인은 그의 직업적 정체성과 직업적 성취에 대한 기억을 은퇴 생활로까지 연장시킨다는 것을 입증한—의 도전을 받았다(Atchley, 1971). 은퇴 생활에 있어서 노인의 정체성은 과거의 자아와 강력한 연속성을 지니고 있었다. 은퇴 한참 후에도 그들은 과거 그가 직업과 관련하여 이룩한 업적에서 여전히 만족을 얻고 있었으며, 이러한 만족은 교사나 교수에서 그러한 것처럼 전화회사 사원들에게서도 마찬가지였다. 이러한 관찰은 노인들이 만들어 가지고 있는 해석 과정—과거를 사용해서 현재의 삶의 만족을 지탱하는—에 대한 첫째 단서가 되었다. 뒤이은 미망인에 대한 연구에서는, 누구에게나 가장 힘든 변화인 미망인 생활에 잘 적응케 하는 중요한 요소로서 '사회적 지원의 연속성'이 등장했다(Atchley 외, 1979). 미망인들은 그들의 교류와 활동에서 오랜 친구들로 구성된 소집단에 크게 의존하였다. 또한 은퇴로 얻게 된 여가시간에 어떻게 대처하는가를 연구한 바에 따르면, 생산 및 여가 활동에서의 연속성이 바로 대부분의 은퇴자에게 필요한 구조를 제공해 준다는 것이 밝혀졌다(Atchley, 1993). 노인들이 자신의 생활에 대해 기술한 내용을 보면, 그들은 중대한 변화가 일어났음을 일단 인정하였으나, 이러한 변화를 숙고하고 이를 자신의 인생 역사 속에 알맞게 집어넣음으로써 이러한 변화를 뛰어넘고 변화에 스며들 수 있는 연속성의 중요한 요소들을 찾아냈다. 그들은 인생에서의 사건들을 해석하였으며 어떤 때는 그들의 과거를 재해석함으로써 '연속성'의 이미지를 적극적으로 구성하였다. 삶의 경험을 하나로 통합하는 이러한 과정은 일반적으로 강력한 자아감과 지금까지 삶의 만족감을 만들어 낸다. 이는 또한 미래에 대한 긍정적 관점을 가지게 하는 것과 관련되었다.

여기에 사용된 것처럼 연속성의 개념이란 개인의 과거, 현재, 미래가 서로 연결된 것으로 보는 것을 의미한다. 이는 '진화론적' 이론으로 인간의 성격과 자아의 의식적이고 연속적이며 의도적인 발전과 유지 그리고 이들을 지탱하는 외부의 사회적 여건에 관한 것이다. 연속성 이론에서는 사람들이 삶의 내적 및 외적 틀에 자신을 투자한다고 추정하며 또한 이러한 상당히 강력한 틀을 가진 사람은 위기를 경험하지 않고 상당한 양의 진화론적 변화를 수용하게 해 준다고 주장한다. 변화는 연속성이라는 주제와 관련하여 헤아려지고 평가된다.

진화론적 변화가 진보 혹은 성장을 함축하는지 여부는 각 개인의 목표에 달려 있다. 단순히 적응력을 유지하고자 한다면, 계속 변화하는 환경에 대응하는 진화만 필요할 뿐, 성장을 목표로 상정할 필요는 없다. 이와는 달리 사람들은 나이가 들면서 성장하고 이해를 심화시키고자 하는데, 이 경우에는 진화가 성장을 목표로 하게 된다.

연속성 이론의 중심논지는 노화에 적응함에 있어서 노인들은 지금까지 오랫동안 가져왔던 생활과 대처의 방식—자신들을 독특한 존재로서의 정체성을 주는 것—을 보존하고 유지하려고 한다는 것이다. 그들은 자신에게 익숙한 생각과 대처 전략을 역시 익숙한 환경, 활동, 사회관계에서 사용하려는 경향이 있다. 이때에 적응은 인물, 배경, 줄거리의 연속성을 유지하는 방식으로 일어난다. 현재의 변화는 지금까지의 과거사와 앞으로 예상되는 미래사와 통합되도록 설계되고 재정의되는 것이다.

사람들은 발전하고자 하는 방향으로 목표를 정한다. 연속성 이론에 따르면 사람들은 각각 자신이 희망하는 자아를 적극 추구하며, 두려워하는 자아는 적극 피하려 한다고 가정한다(Markus and Nurius, 1986). 사람들은 자신들의 미래를 적극적으로 추론하며, 과거에 자신들에게 작용했던 것이 무엇인가 그리고 미래에 자리매김하고자 하는 곳은 어디인가 하는 개념들에 입각하여 자신의 선택을 구체화할 것이다(Kelly, 1995). 사람들은 나이가 들면서 삶의 경험에 의하여 어떤 포부가 자신들에게 현실적인지 알게 되는 경향이 있다. 그러므로 노후에 기대하는 자아, 이상적인 자아는 더욱 현실적으로 되려는 경향이 있으며, 이상과 현실 사이의 괴리가 젊을 때보다 더 적어지기 때문에 자존감은 더 높아지는 경향이 있다(Atchley, 1991a). 따라서 구체적인 변화는 정체성의 연속과 방향성의 진화라는 개념이 포함되는 맥락 안에서 발생하게 되는 것이다.

내면적 연속성은 사고와 기억의 구조가 지속성을 가진다는 것이다. 내면의 구조는 개성의 핵심 요소인 가치, 신념, 지식, 세계관, 인생철학, 도덕적 틀 등에 의해 이루어진다. 또한 개인이 세상과 어떻게 상호작용 하느냐와 관련되는 선호도, 잠재력, 대처기술, 능력 등도 포함된다. 여기에 존재론적 신념, 종교적 신념, 가치, 규범, 종교적 경험에 대한 기억, 종교적 세계관 그리고 종교와 영성이 자아와 정체성에서 차지하는 위치 등이 포함된다. 영적인 생각, 정체성, 기술 등도 또한 대처에 중요한 부분이다. 신앙, 묵상, 기도, 신에 대한 믿음 등은 모두 대처기제에 중요할 수 있다(제3장 참조).

종교나 영성이 인생 경로에서 어떻게 사고와 행동에 통합되는지를 이해하기 위해서는, 먼저 사람들이 자아 인식과 생활 방식 선택을 조직화하기 위하여 어떻게 과거부터 현재까지 사용하는 주제들에 자신을 맞추어 가는지를 알아야 한다. 만약 그 주제가 영적인 정체성과 종교적 행동이었던 사람이라면, 그것에 계속 초점을 맞추기를 기대할 것이다. 그와는 달리 과거에 종교와 영성이 주제가 아니었다면 그는 앞으로도 그렇게 되는 것을 기대하지 않을 것이다.

진화의 방향은 영성과 종교 행위의 성장을 위한 개인의 목표에 달려 있다. 만약 그 목표가 영성을 깊게 하는 것이라면, 이는 영적인 감각을 유지하는 것이 목표일 때와는 그 의미가 아주 다르다. 마찬가지로 종교 활동을 증가시키려는 것은 종교 참여의 기존 수준을 유지한다는 것과는 매우 다르다.

종교와 영성이 개인의 일신상에서 차지하는 위치를 아는 것 역시 구체적인 변화가 개인에게 어떻게 영향을 미칠 것인지를 이해하는 데 중요한 단서가 될 수 있다. 예를 들어 노인이 거처를 옮기는 경우를 보자. 만약 그가 주로 내면의 영성을 중요시하고 종교 참여를 덜 중요시한다면, 그가 이사함으로써 받는 영향은 특정한 종교집회에 참여하는 것을 강조하는 다른 사람보다는 훨씬 문제가 적을 것이다. 아마 이 두 사람이 경험하는 격변의 정도도 상당히 다를 것이다.

일반적으로 사람들은 종교 활동의 연속성이 영적 자아의 연속성보다 이사나 신체 장애 같은 변화에 훨씬 더 취약하다고 생각할 것이다. 많은 연구자들이 밝혀낸 것처럼(Neugarten, 1977), 만약 사람들이 노후 생활의 의미를 내적으로 돌린다면, 나이가 들면서 종교 활동보다는 내면의 영성에 더 투자하려 하는 일반적 경향이 있을 것이라고 예상할 수 있다. 그렇다고 해서 전체적으로 볼 때의 이러한 일반적 기대가 특정 개인에게 그대로 적용된다고 할 수는 없다. 실제로 각 개인에게서 나타나는 것—연속성 이론에 따르면—은 그 개인이 연속성에 대해 내부적으로 갖고 있는 개념의 성격에 달려 있다.

연속성에 대한 욕구는 사람들로 하여금 오래 된 가치를 새로운 방식으로 표현하는 길을 찾도록 이끈다. 영적 정체성의 연속성은 자신의 정체성이 중년기에 세속적인 면에 빠져 있었다는 것을 발견한 사람들에게는 아주 중요한 목표가 될 수 있다. 영적 믿음, 자아, 행위 등은 삶에 의미를 주는 아주 강력한 경로가 되며, 이는 나이 들면서 더욱 강력한 목표가 된다(Erikson 등, 1986). 영적 자아—특히 그것이 인지적이라기보다 경험적이라면—는 고령에 종종 수반하는 허약함과 무력함에 의해 덜 위협받을 수도 있다. 이것은 영적 자아의 연속성에 대한 부가적인 동기motive이다.

외적인 연속성이란 지리적 위치, 대외적 관계, 활동 등이 시간의 경과위에 존재하는 것을 의미한다. 이런 요소들이 발전하면, 사람들은 이 요소들의 물리적 및 사회적 환경에 대한 정신적 지도map를 창조하는 것이다. 이러한 지도는 대처에서의 중요한 자원으로 쓰이며, 대부분의 사람들은 이런 자원을 보존하고자 한다. 외적인 관계는 동료의식, 사회적 지원, 소속감이 원천인데 이는 모든 사람이 지닌 욕구이다. 활동은 자신의 역량을 경험하고 타인에게 공헌하며 존경을 얻을 수 있는 기회를 제공한다. 성인기에는 만족을 주는 활동과 그렇지 않은 활동을 구별할 줄 안다. 성인들은 통상 가장 많은 만족을 주는 행동 방식을 지키고 싶어 한다. 그리고 사회적 변화가 일정하다고 가정할 때에 그들은 이러한 행동 방식을 진화할 수 있는 방법으로써 인지해야 한다. 또한 사람들은 타인에게 보이는 자아의 연속성을 유지하기 위해서 타인으로부터 압박감을 겪게 된다.

종교단체와 종교 활동에의 참여는 많은 사람들에게는 외적 연속성의 중요한 영역이다. 예배의 외적인 면—의식, 음악, 종교적 상징—은 모두 만족스러운 연속성을 줄 수 있다. 이러한 반복은 위안과 안전감을 만들어 낸다. 종교생활에서 위안과 안전이라는 측면은 노인들에게 더더욱 보편적인 일이다. 노인들이 새 공동체로 이사하는 경우, 이미 친숙해진 의식을 행하는 교회에 나가는 것은 외적 연속성의 중요한 원천이 된다.

내적 연속성은 사람들이 의미를 추구하기 위해 앞으로 나갈 수 있도록 해 주는 튼튼한 기반을 제공한다. 경제발달의 결과로서 중년 이후가 되면 대부분의 사람들은 의식주와 같은 기초적인 욕구를 충족시키는 일상적인 기반이 잘 수립되어 있다. 또한 육아나 직업에 대한 외적인 책임에서 자유롭게 된다. 이러한 변화는 노인들을 해방시켜, 의미 추구에 더 많은 시간을 바칠 수 있도록 해 준다.

많은 노인들이 살고 있는, 단순하면서 가정과 흡사한 생활 방식은 그 안에서 영성을 경험할 수 있는 더 많은 여지를 만들 수 있다. 단순한 생활 방식은 위대한 존재이신 하느님을 만나기 위한 처방으로 오랫동안 여겨져 왔으며, 노인들 사이에 알려지지 않은 예증들이 많이 있다. 그러나 노인들은 여간해선 영성에 대해 얘기를 하거나 남에게 설명하거나 개종하려고 하지 않는다. 연속성 이론에서는 노년에 영성을 경험하는 것은 아무에게나 일어나는 확률사건이 아니라 오히려 여러 해 동안 걸친 탐색과 명상 그리고 영적 개발 등에 따른 진화론적 결과물이라고 예측한다(Atchley, 1991b).

물론 연속성 이론이 종교적 개종의 경험—특히 여생을 지탱해 나갈 자아를 근본적으로 재구조화하는 경험—을 설명하려고 고안된 것은 아니다. 이러한 점을 이해하기 위해서 다른 종류의 이론이 필요할 것이고 이는 매우 중요하다. 연속성 이론이란 자신의 경험을 적극적으로 해석함으로써 적응해 나가고 또한 발전적 방향을 향한 지속적 목표를 가진 사람들에게 관계되는 것이다. 여기에는 다른 유형의 동인, 원동력, 과정 등도 있다.

또한 근본적 변화에 직면한 상황에서 연속성을 보존하려고 노력하는 것은 오히려 때에 따라서는 그릇된 적응일maladaptive 수 있음을 인정하는 것도 중요하다. 예를 들면 어떤 사람이 수년간 교회 재정담당자였다면 그가 그 역할과 직책이 계속되기를 바라는 것은 이해할 수 있는 동기가 된다. 그러나 만일 그 사람이 뇌졸중으로 더 이상 기초적인 계산을 할 수 없는 상황에서, 연속성을 보존하려는 것은 올바른 적응이 아니다. 불행하게도 대부분의 경우에서 연속성이 더 이상 가능하지 않다는 분명한 선은 없다. 그러므로 노인들에게 노인 자신 또는 타인, 나아가 조직에 해가 된다는 명확한 증거가 있을 때까지 연속성에 대한 선택권을 행사하도록 허용하는 것이 가장 합리적인 행동지침으로 보인다.

연속성 이론은 종교와 영성—뭐라 정의되었든 간에—이 어떻게 인간생활의 진화에 맞추어 들어가는지를 고찰할 수 있는 실행 가능한 틀을 제공한다. 이 이론은 개인이 발전시켜 왔고 유지하기를 원하는 적응 패턴을 진단하고 이해하는 데 도움이 된다. 연속성 이론이 노후 생활에서 발전의 결과가 무엇인지 결정적으로 말해 주지는 않는다. 그것은 각 개인의 발전 목표에 달려 있기 때문이다. 대신 연속성 이론에서는 발전 과정이 특정 개인을 어디로 이끌어 왔는지를 '찾는 데' 사용될 수 있는 일련의 진단적 개념과 관점을 제공한다. 연속성 이론은 개인에게 중요하고 의미를 주며 나아가 변화에 적응하기 위한 자원적 역할을 하는 상징과 주제를 찾는 데 도움이 될 수 있다. 또한 언제 연속성에 대한 충동이 그릇된 적응이 되는지에 대한 통찰력을 제공한다. 연속성 이론의 목표는 각 개인의 고유성을 이해하는 것이고 그러한 점 때문에 감정이입이나 조력을 지원하기도 한다. 연속성 이론—연속적인 성인 발전에 대한 진화론으로서—은 지식을 창출하고 체계화하며 경험을 해석하고 타인들과 소통하며, 타인을 돕는 데 효과적인 틀이 될 수 있다.

제5장 노후 생활에서의 영적 발달

Linda J. Vogel

길이 아무리 멀다 해도,
언제나 여행은 이미 끝나 있었네,
그대는 매 순간들을 얼마나 필요했던가.
그 길에서 지나쳐 간 것들을 배우기 위해서는.

Dag Hammerskjöld(1964, 81쪽).

인간 발달은 놀라운 과정이며 많은 연구가 진행되었다. 중년을 거쳐 노년으로 가면서 사람들이 어떤 방식으로 변하고 성장하는지를 기술하는 데에 긍정적인 용어와 부정적인 용어 둘 다 사용된다. 오늘날 늙어간다는 것이 무엇을 의미하는지에 대한 인식을 서로 얘기하고자 할 때에는 지혜나 성숙이라는 용어는 노쇠나 절망이라는 용어와 상반되어 마주칠 것이다.

노화에 관한 이전의 문헌들을 살펴보면 영적 발달은 일반적으로 다루어지지 않았음을 알 수 있다. 초기 문헌들은 자아실현self-actualization(Maslow, 1970)과 자기인식self-realization(Allport, 1950)에 관해 다루고 있으며, 종교의 심리적 · 사회적 측면이나 제도화된 종교에의 참여 또는 사망 과정에 초점을 맞추는 경향이 있었다.

1970년부터는 영성과 노화에 관해 더 광범위하고 총체적으로 다룬 일단의 문헌들이 나타나기 시작하는데, 이것이 제5장의 핵심 주제이다. 이 장에서는 노인들이 신앙—즉, 자신과 이웃과 신에 대한 사랑—속에서 성장하는 다양한 방식을 철저하게 조사하기 위하여 몇 가지 각도에서 조사된 다양한 주제에 초점을 맞출 것이다. 신앙은 믿음과 행동을 수반한 신뢰와 충성심을 반영한다. 사람들이 삶을 살아가는 방식을 형성하고 또 그 방식에 의해 형성되기도 하는 것이 인간적 보편성universal이다. 문헌에서는 “우리의 존재 속에는 심리학과 신학이 뒤얽혀”(Fitzgibbons, 1987, 133) 있다고 한다. 이러한 ‘뒤얽힘intertwining’은 인생 주기의 다른 시점에 따라 서로 다른 형태들을 취하게 된다. 이러한 이유 때문에 “종교적 발달은 생애 심리학에서 도덕, 성격, 자아발달과 함께 중심적 위치를 차지할 수 있다”(Benson, 1991, 9).

이 장에서는 노인들이 의미를 만드는 방식과 영혼을 살찌우는 방식을 살펴볼 것이다. 의미를 만든다는 것은 “정보가 흥미로운지, 즐거운지 또는 위험하고 고통스러운지, 접근 또는 회피할 것인지 등에 따라서 인간이 정보를 선택하고, 분류하고, 걸러내고, 결합하는 과정”을 의미한다(Ashbrook, 1989, 19-20). Jones는 ‘영적 성장soul-nourishing’을 개인이 “계속 범위가 넓어져 가는 가운데—처음에는 전체whole 안에서, 나중에는 하느님 안에서—진정한 자아”를 찾아가는 과정으로 본다. 이러한 과정은 평생에 걸친 것으로, 사람들이 자신의 세계를 확장하고 포괄적 전체성을 향하여 나아갈 수 있게 되었을 때 달성될 수 있는 ‘타인과의 연대’를 목표로 하는 것이다(1985, 186-88쪽). 의미 만들기와 영적 성장은 ‘심리 사회적 발달론’ 및 ‘구조적 발달론’의 관점에서 고찰할 것이다. 이를 위해 먼저 확신적 지식을 이해하는 과정을 살펴본다(Loder, 1989). 또한 영적 발달에 대해 주로 남성 중심적 관점이던 것과는 상반된 여성들의 소리를 들어볼 것이며, 최근에 등장한 남성의 영성에 관한 문헌을 살펴볼 것이다. 아울러 신앙심을 기르는 데 있어서 의미를 만들고 영혼을 살찌운다는 것이 무엇을 의미하는지에 초점을 두고 살펴보도록 한다.

사람들이 인생 주기의 마지막인 제3기에 접어들면, 인간 발달을 이해하는 데에 시간적 나이는 유용한 지표가 되지 못하므로 이 장에서는 영성과 ‘전체성wholeness’의 이슈들을 ‘유능한 노인able old’, ‘허약한 노인frail old’과 연관하여 다룰 것이다.

노년의 영적 발달에 관한 연구는 모든 사람들이 전체성을 향해 성장할 수 있는 잠재력이 있음을 보여 준다. 전체성이란 사람들이 자신, 타인, 창조 그리고 초월자 등과의 관계에서 진리를 알고 그 진리의 삶을 살아가고자 함에 있어서 그러한 약속과 연관성을 북돋우는 방식으로 사람이 마음을 정하는 것—"나는 믿는다"는 라틴어 'Credo'[21]의 번역—과 관계된다. 전체성은 생성적인generative 사랑에 이르게 하며, 신앙에 대한 개방성이 증가하게 된다. 즉, 개인을 전환시키고 전환되어 가는 수단인 믿음의 전통에 관한 이야기, 의식, 상징 등의 힘에 더 개방된다는 것을 의미한다(McFadden, 1985).

1. 발달이론과 영성

삶의 시기phases, 계절seasons, 단계stages 등은 인생 여정에 초점을 두고 연구할 때 심리 사회적 심리학자들이 사용하는 용어이다. Erikson(1950), Peck(1968), Levinson(1978) 등은 생물학적 특성, 성격, 환경 그리고 사회적 요인들 사이의 관련성을 지적하였는데, 이러한 요인들은 인간이 평생 동안 경험하는 발달 과업들에 대한 분석이 가능한 방식으로 서로 교차되어 있다. 이들의 연구가 [그림 5-1]에 비교되어 있는데, 중년이 되면서부터 성인들은 자신들과 세계를 보는 새로운 방식을 받아들여야만 한다는 점을 보여 준다. 자기 자신을 사회에 기여하고 관계하는 하나의 구성원으로 생각하는 것과 지혜는 육체적인 힘이나 아름다움보다 더 중요해진다. 지혜를 지적 능력으로 보기보다는, 좋은 선택을 하도록 하고 과거의 행동과 사고방식을 타파하기 위해 자신의 상상력을 사용하도록 하는 것과 더 관련짓는다. 의미 만들기를 위하여 대안을 생각해 내고 시도할 수 있다는 것은 그가 정체stagnation를 벗어나 생성성generativity[22]을 통하여 노년기의 통합성으로 나아갈 수 있음을 의미한다.

이러한 심리 사회적 발달론자들은 서양 선진국에 사는 성인들이 생애주기를 거치면서 발전시킬 수 있는 처방이 아닌 방법들에 대해 묘사하고 있다. Knowles(1980, 29-33)가 성숙maturing이란 평생의 과정이며, 육욕적인 자아정체성으로부터 완성된 자아정체성으로 그리고 이기심에서 이타심으로의 이동을 포함한다는 한 주장은 노년 생활에서의 성숙과 영적 전체성과의 상당한 관계를 시사해 준다.

---

21) Credo는 통상 영어로는 "I believe"로 번역됨. 영어 'creed'의 어원이며, 또한 사도신경Apostels' Creed에서 사용된 것처럼 종교적 믿음을 의미함.

22) 생성성generativity이란 어떤 시스템의 외부로부터의 입력이 없이 스스로 내용을 만들어 내는 것을 의미함. 특히 Erikson은 사회심리학적으로 다음 세대를 확립하고 인도해 주는 것을 의미하였으며, 이를 위하여 공동체를 보살핀다는 개념이 나타날 수 있음. 이의 반대 개념으로는 정체stagnation를 제시하였음.

Daniel Levinson의 시기eras

Erik Erikson의 심리사회적 단계

Robert Peck의 확장된 범주categories

중년기

생성성generativity vs. 정체stagnation

지혜에 가치 두기 vs. 육체적 힘에 가치 두기

인간관계에서의 사회화 vs. 성별화

감정이입에서의 유연성 vs. 빈약함

정신적인 유연성 vs. 경직성

노년기

통합성integrity vs. 절망despair

자아 차별화 vs. 일 역할에 몰두

신체 초월 vs. 신체에 몰두

자아 초월 vs. 자아에 몰두

[그림 5-1]

James Fowler의 실증적이고 이론적인 작업에서는 이러한 영적 성숙 과정이 신앙 발달의 단계 모형stage model을 통해 묘사될 수 있음을 시사한다. 이러한 단계들은 "획득하는 지위나 실현되는 단계가 아니라", 오히려 "존재하고 움직이는 방식, 순례하는 방식"이라고 묘사한다(Fowler, 1984, 74). Fowler의 설명에 의하면, 신앙 발달은 사람들이 어떻게 알고, 평가하며, 다짐하는지 이해하는 방법을 제공하고 또한 그들이 의미를 발견하고 그 의미에 의하여 자기를 알아가는 과정을 보여 준다(1991, 17). 그것은 또한 영혼이 성장하는 방법으로 어떻게 노인들과 유용한 관계를 맺으며 여정을 어떻게 함께하는가에 대한 단서를 제공한다.

Fowler는 신앙이란 종교적 믿음 체계들의 상대성을 초월하는 보편적인 인간 속성이라고 묘사한다. 그것은 "우리가 삶의 의미를 발견하도록 하는 동적이고 정형화된 절차"이다(Fowler, 1981, 3쪽). 종교적 믿음beliefs은 구분되고 지적으로 성장할 수 있기 때문에, 전인whole person을 파악할 필요는 없다. 반면, 신앙faith은 "의지의 중심을 어디에 맞추는가"(3쪽)의 측면을 내포하는데, 이는 의미와 목표를 공유하는 배경을 상대로 타인과의 관계에서 자신을 어떻게 보는가를 나타낸다(4쪽).

Fowler의 "구조적 발달이론"에 의하면 신앙은 전체 인격의 발달에 맞추어 단계적으로[23] 발달한다. Kohlberg와 Erikson과 마찬가지로, Fowler는 개인이 어느 한 단계에 고착되어 다음 단계로의 이행이 불가능하거나 이행할 의지가 없게 될 수도 있음을 이론화했다.

노인의 영적 발달을 고찰하는 데에 가장 적절한 단계들은 3~5단계이다. 1~2단계는 어린 시절에 나타나며, 6단계의 '보편적 신앙Universalizing Faith'은 매우 소수의 천부적 자질을 타고난 개인들에게서만 발현된다. Fowler가 '통합적-인습적 신앙Synthetic-Conventional Faith'이라고 명명한 3단계는 전형적으로 청년기에 발달하는데, 많은 사람들은 이때 균형점을 찾아 영구히 머무른다(1981, 172). 3단계는 공동체의 신앙 체계를 무비판적으로 반영하기 때문에 인습적인 세계관이다. 그리고 각 구성 요소들을 분석하고 이해하는 데에는 미치지 못한다는 점에서 통합적이다. 4단계 '개별적-성찰적 신앙Individuative-Reflexive Faith'은 젊은이가 특정한 이념적 충성심을 인식함과 함께 자기 정체성의 느낌을 얻을 때에 나타날 수 있다. 이 단계에 있는 사람들은 모호성, 복잡성 그리고 Fowler가 명명한 무의식으로부터의 '무정부적이고 혼란스러운 내부 목소리' 등은 제대로 인식할 능력이 없는 것으로 보인다.

대부분의 어른들이 신앙의 여정에서 결코 3단계와 4단계 이상을 넘어서지 못하지만, 일부의 어른들은 5단계인 '결합적 신앙Conjunctive Faith'으로 진입한다. 이러한 사람들은 자신들의 뜻을 세상에 강요하지 않고, 오히려 해석에 있어서의 새로운 범주와 새로운 가능성에 대하여 개방된 상태가 된다. Fowler는 이전에는 무시했거나 거부했던 개념에 대해 개방적 태도에 이르기 위해서는 자신들의 과거를 "새로 되찾아 고치는"(1981, 197쪽) 경험을 할 필요가 있다고 주장한다. 그리고 자신들을 '더 깊은 자아'에게 개방할 필요가 있다. 그래야만 "자신들이 상대적이고, 부분적이며, 초월적 실체에 대하여 어쩔 수 없이 곡해한다는 것을 인정함과 동시에 자신이나 자신이 속한 집단의 가장 강력한 의미를 이해하고 그 속에 존재할 수 있는 능력"을 얻을 수 있다(198쪽).

상위 단계의 신앙 발달에 대한 Fowler의 시스템적 묘사에는 이전의 학자들이 얘기한 '종교적 성숙'이라는 일반적 범주에 속하는 특성들을 많이 내포하고 있다. 학자들은 종교적으로 성숙한 사람이라면 아동기의 종교적 목표와 완숙기의 초월적 경험

---

23) 1단계: 직관적-투영적 신앙Intuitive-Projective Faith 2~7세, 자의식이 생겨나는 단계. 2단계: 신화적-문자적 신앙Mythical-Literal Faith 지어낸 얘기와 현실을 구별하는 단계. 3단계: 통합적-인습적 신앙Synthetic-Conventional Faith 자기정체성이 확립되고 다른 사람의 인정에 의존하는 단계. 4단계: 개별적-성찰적 신앙Individuative-Reflexive Faith 독립된 인격체로서 자유롭고 비판적 시각을 가지는 단계. 5단계: 결합적 신앙Conjunctive Faith 자신의 관점 이외의 타인의 관점에도 개방적인 단계. 6단계: 보편적 신앙Universalizing Faith 성인의 경지.

간의 차이를 비판적으로 인지하는 수준에 도달해야 한다고 주장하였다. 또한 Fowler의 5단계와 6단계에 관한 묘사는 오늘날 심리학자들이 주장하는 지혜wisdom의 특성과 수많은 점에서 유사하다(제7장 참조).

이 후의 연구에서 Fowler는 개인들이 신앙 단계를 옮겨갈 때 소우주microcosm에서 경험하는 것처럼 대우주macrocosm에서도 문화적 패러다임의 대전환paradigm shift[24]이 있을 수 있음을 시사한다. 패러다임 대전환의 특성—개인적이든 문화적이든—은 다음과 같다. (1) 비정상의 인식—현재 우리들 기준의 틀과 사고방식, 행동 방식을 사용해서는 이해되지도 설명되지도 않는 경험이나 사건들, (2) 무시하거나 설명해서 해결될 수 없으면서 대응을 요구하는 위기 상황, (3) 사람들이 최선을 다해 대응할 때의 전환기—때로는 과거의 기술을 사용하기도 하고, 때로는 새로운 관점이나 생각과 행동 방식을 시도함, (4) 새로운 패러다임이 자아 속에 융화되는 연결과 재통합의 시간(Fowler, 1991, 19-21쪽). 이와 같은 새로운 패러다임은 어른들이 포괄성과 유연성 쪽으로 이동하면서 자유롭게 그들의 관점을 넓힐 수 있도록 하며, 신앙 전통의 이야기와 가치들을 새로운 방식으로 내면화할 수 있도록 한다(Fowler, 1984, 138-41쪽).

2. 변화transformation를 통한 성장

인간 발달을 이해하는 또 다른 방식은 Loder(1989)에 의하여 제안되었다. 그는 앎knowing의 여러 방식에 초점을 맞추어 과학적인 앎, 미적인 앎, 치유적인 앎, 전환적인 앎 사이의 유사성과 차이점을 연구하였다. 전환적인 앎과 관련하여, Loder는 사람들이 "단계를 초월하고, 구속된 발달을 되살리고, 억눌린 구조를 복원하는" 방식으로 변화를 경험한다고 믿는다. Loder는 더 나아가서 개인이 "단계를 뛰어넘어 도약할 수도 있으며, 소위 정상 순서를 구성하는—이에 국한되지는 않고—상상적 발달 기반을 구축할 수도 있다"(141쪽)고 말한다.

새로운 인식과 행동 방식을 가져온 전환적 사건의 예를 유대교와 그리스도교의 경전에서 찾아본다면, 유대인을 구타하는 이집트인을 살해하는 모세의 행동(탈출 2장), 예수께서 빵을 쪼개어 나누어 줄 때 비로소 그분을 알아보았던 엠마오로 가는 두 제자

24) Thomas Kuhn이 그의 저서 *The Structure of Scientific Revolutions*(1962)에서 처음 사용한 용어임. 천동설에서 지동설로 바뀌는 것과 같이, 어떤 한 시대의 사람들의 견해나 사고를 근본적으로 규정하고 있는 사회 전체가 공유하는 인식 체계가 혁명적으로 크게 바뀌는 것을 말함.

들의 경험(루카 24장) 그리고 다마스쿠스로 가는 노상에서 바오로의 회심(사도 9장) 등이 포함된다. 변화의 순간은 예기치 못했던 때와 장소에서 발생하며, 신앙심이 깊은 사람들은 이것을 언제 어디서나 하느님의 뜻을 불어넣는 성령의 행위라고 이해한다.

경험과 신앙을 이해하는 방식들이 삶의 도전적 과제에 대처하는 데 더 이상 적절치 못할 때, 사람들은 상반되거나 새로운 자료를 받아들이기 위해 그들의 세계관을 확장하는 데 개방적이 될 수 있다. 이렇게 하려면 새로운 이미지의 발견이 필요하게 되고, 심지어 삶과 신앙을 이해하는 새로운 방식과 비유를 찾기 위한 다른 언어가 요구될 수도 있다(McFague, 1982).

자신의 비전과 가정들을 경험하고 검토해 보기 위하여 타인의 세계를 방문하고자 하는 노인들에게는 위험이 따른다(Daloz, 1986, 228쪽). 때로는 이것이 자신의 비전을 좀 더 명확하게 보는 데 도움이 되기도 하고, 때로는 타인을 통해서 비전이 바뀌고 변화되는 결과를 낳기도 한다. 그러나 급격히 변화하는 현대에서 과거의 인식과 행동방식에 무비판적, 무의식적으로 매달리는 것이 대안이기도 하다. 이는 마치 "물고기가 헤엄치는 물 같은" 현상이 영구히 고착되는 것이며, "너무나 질서정연한 우리 환경의 일부로 인식되어 그 존재조차도 인식하지 못할 것이며, 그 지배력은 말할 필요도 없다"(Evans 외, 1987, 268쪽).

Loder는 '전환의 논리'를 Fowler가 설명한 '패러다임의 대전환'과 공통점이 많은 방식으로 묘사한다. 변화의 순간은 '맥락 안의 갈등conflict-in-context'에서 비롯된다. 과거 방식대로의 인지와 사고는 사람들이 일치를 다시 얻는 데 적절한 도움이 되지 못한다. 이렇게 되면 그들은 갈등적 상황에서 탈출할 수 있는 방법을 찾기 위해 '정밀검사를 위한 중간 과정interlude'으로 들어간다. 이 순간 그들은 '직관력으로 느끼는 통찰'에 놀라면서 변화된 맥락transformed context을 찾게 되며, 이에 의하여 갈등을 해결하고 완전성을 유지할 수 있게 된다. 갈등 해결에 집중되었던 에너지는 이제 자유롭게 풀리게 되고, 사람들은 원래 갈등의 맥락에서 얻은 새로운 깨달음 "아하!"를 시험할 수 있는 방식으로 '해방과 틀의 재조정release and repatterning'을 경험하게 된다. 마지막 단계로 '해석과 검증'의 시기가 있는데, 이것은 새로운 인지 및 행동의 방식이 실제로 딜레마를 개인적이고 대중적으로 인정되는 방식으로 해결하는지 확인하는 단계이다(Loder, 1989, 35-44쪽).

Fox가 지적했듯이, 패러다임 대전환은 재교육을 필요로 한다. 이는 타인들과 관계를 갖는 새로운 방식과 역할을 사람들이 배워야 하기 때문이다. 여기에는 항상 부정과 저항이 수반되기 때문에, '관용, 용기, 희생'(1988, 80-81쪽)이 요구되는 것이다.

영적 발달은 앎의 인지적, 감정적, 의지적 방식들을 구체화시킨다. 이러한 발달은 신앙 공동체 안에서의 교육과 예배를 통해서 그리고 어려움에 처한 사람들을 향한 도움의 손길을 내밀게 됨으로써 길러진다(Vogel, 1984). 영적 발달은 절대자를 향해 열어두고자 하는 '의미 만들기'와 '영적 성장'의 과정을 통해 달성된다.

절대자를 향해 열린 의미 만들기에 참여하고 영혼을 성장시키고자 하는 신앙인들은 자신의 신앙 공동체 속에서 다른 사람들과 함께할 가능성이 있다. 그렇게 함으로써, "참된 앎 속에서는 다른 사람, 다른 피조물, 다른 사물들과의 신앙적 관계를 구성하는 공동체 내의 공동 참여자가 된다. 그리고 앎은 분리되어 있던 존재들을 재결합시키는데 이때의 주된 결속력은 논리가 아니라 사랑이다"(Palmer, 1983). 진실은 믿음이나 신조 이상의 것으로서 관계적이며 전개되는 것이다. 이러한 앎은 "사랑으로부터 솟아나오며 아는 주체와 알게 된 객체를 동정심 속—즉 경외로운 책임감과 변화의 기쁨으로 이루어진 결속력으로—에 묶는 방식으로 우리를 삶의 연결망 속에 연루시킨다. 즉, 우리에게 개입involvement을 요구하고, 상호성, 책임감을 갖도록 요구한다(9쪽).

확신적 앎을 통해 얻은 변화는 노인이 전체성wholeness을 향해 발달해 나갈 수 있는 하나의 방법이다. 스스로 자신이 품었던 가정들에 의문을 던져 보는 과정과 세상을 다른 방식으로 바라보는 가능성을 받아들임으로써 삶을 더욱 깊고 충만하게 이해하고 경험할 수 있게 될 것이다.

3. 여성의 관점에서 본 영적 발달

Gilligan(1982)과 Belenky 외(1986) 등은 성인기에 대하여 특히 일반적으로 제시된 것들은 정확히 여성들을 반영한 것은 아니라고 주장한다. 인간의 생애주기에서의 애착, 관계, 상호 의존성 등이 분리, 자율, 개체화 등과 똑같은 가치를 인정받지 못하는 한 인간 발달의 이해는 왜곡되었고 완전할 수 없다. Miller(1985)는 Perry(1968)와 Gilligan의 견해를 따라 '상호 의존성의 성숙'을 지향—여기에서 연결성이 중요해지며 참된 인간이 무엇인지에 대한 비위계적 이미지를 탐구—함으로써 관련성의 가치를 탐구하는 것이 유익할 수 있다고 주장했다.

권력과 학습의 장소에서 목소리를 내지 못했던 사람들과 여성들이 말하기 시작하면서, 인간과 문화의 발달에서 숨겨진 교육hidden curriculum과 무교육null curriculum의 역할이 뼈아프게 분명해졌다(Harris, 1989b). '숨겨진 교육'이란 의식하지 못하는 중에 사람들이 받아들인 강력한 잠재적 가치와 금기들을 의미한다. 이는 사람들이 의식하지 못하는 가운데 현상 유지를 영속화시킨다. '무교육'은 교육 부재라는 점에서 인간 형성에 영향을 준다. 인격 형성에 있어서 사람은 교육받은 것과 마찬가지로 전혀 교육받지 못한 것의 영향도 받게 된다.

특히 여성 노인의 경우 그들이 교화되어inculturated[25] 받아들였던 기본적인 가정assumption은 여성과 연계된 것은 낮게 평가하는 반면 백인 남성 기반의 독립성과 권력은 높이 평가하는 세계관에서 비롯된 것이다. 만일 그러한 기본 가정에 의문을 제기하게 되면, 가족 체제와 모든 사회 체제가 또한 의문에 빠지게 된다. 사물을 보고 이해하는 새로운 방식이 발달하면, 여성뿐 아니라 남성에게도 영향을 끼치는 것이다.

신의 형상으로 만들어진 인간에게 공동체를 창조하라고 초대하신 신과의 동반관계partnership를 인간의 소명으로 여기는 경우에는, 인간에게 성장하고 발전하고 초월한다는 것이 과연 어떤 의미인가를 이해함에 있어서도 새로운 의미를 가지게 된다. 즉, 이제는 "어느 누구도 남other, 이방인outsider, 타인the not me, 추방자dispossessed가 아니다. 오히려 내the me가 너이며, 우리the we는 우리들us이며, 남이 나 자신이다"라는 것을 깨닫는 자유가 있는 것이다(Harris, 1989b, 130쪽).

이런 접근 방법을 택하면, 인간 발달은 더 이상 개체적 방식으로만 볼 수 없게 된다. 인간들은 더 이상 단순하게 단계별로 분류될 수 없다. 모든 인간들이 삶의 무대 위에서 춤추는 사람들이며, 각자는 춤의 아름다움과 창의성에 하나씩 보태는 것이라고 볼 수 있다.

Maria Harris(1988)는 여성의 발달이란 다양한 스텝으로 이루어진 춤으로 이해될 수 있고, 경험될 수 있는 것이라고 주장하였다. 그것은 위계적hierarchical인 것이 아니라, 삶의 무도장을 나선형으로 움직인다. 여성들은 자신이 누구인지를 알아가고 자신만의 방식으로 존재하고 변화하는 위험을 무릅쓰면서 그렇게 움직이는 것이다. Harris는 교육과 학습을 "침묵에서 회상으로, 애도 의식으로, 예술 기교로 그리고 출산으로" 옮겨가는 춤으로 보고 탐구한다(Harris, 1988, 1989a). 이러한 삶의 춤 스텝들은 특히 여성 노인들이나 소외되어 왔던 사람들에게 해방감을 가져다주고 전체성으로 이끌어 줄 수 있다. 이것은 늙고 소외된 사람들이 영적으로 성장할 수 있는 하나의

---

25) 교화inculturation란 그리스도 교회의 가르침을 비그리스도 문화에 제시하는 방식이 상황에 맞춰 적응되고, 비그리스도 문화가 교회의 가르침이 진화하도록 영향을 미치는 것을 의미함. '토착화'라고 번역될 수도 있음. 예수께서 제자들에게 "너희는 온 세상에 가서 모든 피조물에게 복음을 전하라"(마르 15,15)라는 것처럼 그리스도교와 다른 문화의 공존 상태, 즉 타 문화의 관계에서 비롯되는 개념임.

큰 길이 되는 것이다.

4. 남성의 영성에 대한 최근의 발전

아마도 최근에 주목받는 여성의 영성 연구에 대한 반응과 남성들이 영적으로 성장할 필요성을 느끼기 시작한 이유 때문에, 남성의 영적 발달에 초점을 맞춘 새로운 연구들이 나오고 있다(Culbertson, 1992; Nelson, 1988). 한 조사기관의 연구 자료에서는 "남성과 여성 간의 상이한 삶의 양식에 관해 중요한 의문을 제기하였다. 즉, 중년기를 통과하는 남성의 행보에서는 그 관심이 영적인 것이나 유대감으로부터 자아의 영역을 벗어난 정력, 열정, 헌신 쪽으로 돌려질 수 있다는 것을 시사한다"(Benson, 1991, 7쪽).

Culbertson은 전체성과 구원을 제공하는 상호 의존에 남성의 참여가 필요함을 지적하고 있다. 그는 유대교와 그리스도교 경전을 새로운 눈으로 읽어 보면 남자들—여자들도—은 다음과 같은 것을 발견하게 된다고 말한다.

> 다윗과 그의 자녀들과의 '관계'를 특징지었던 냉담한 속임수와 치명적 경쟁, 아브라함과 이스마엘의 '관계'의 전형이었던 감정적 침묵과 신경쇠약, 사울이 결국 자기 아들의 행복과 헌신에 대한 희망을 파괴해 버린 고발적인 불신 등(166쪽).

더 나아가 Culbertson은 남성들은 반드시 "신의 완전한 모습을 더욱 진실로 닮고자 하는, 변화하는 남성들의 영적 공동체 안에서, 춤추고 웃으며 자신의 아버지와 아들에게 기대는 법"(167쪽)을 배워야 한다고 주장한다.

Maitland(1987)는 신에 대한 믿음이 지적인 동의 그 이상이고자 한다면, 그 믿음이 삶의 경험과 연결되어야 한다는 것을 분명히 하고 있다(83쪽). James B. Nelson(1988)은 이러한 이해에 기초하여 전체론적 방식으로 영성을 정의하면, "자신에게 궁극적으로 참되고 가치 있는 것과 연결되는 방식과 양식"(21쪽)이라고 주장한다. 유대교와 그리스도교 경전의 많은 부분들과 달리 '이원론dualism'이 뚜렷해졌는데, "근본적으로 남성들은 영혼과 정신으로 파악하면서, 여성들은 육체와 물질—더 낮게—로 파악하는" 것이다(22쪽). 그리스도교적 영성은 이제 이러한 이중적 접근을 타파하고 성별sexuality을 아우르는 방식으로 영성을 구체화해야 할 중대한 요구에 직면하고 있다. Nelson은 이러한 새로운 패러다임을 창조하고, 참여함으로써 인간은 더 전인적이 되고, 따라서 '더 잘 사랑하는 사람'이 더 좋은 '신의 친구, 우리 세계의 친구, 우리 자신의 친구'가 될 수 있다고 믿는다(132쪽).

영성을 탐구하기 위해서는 날로 증가하고 있는 남성 그리고 여성의 영성에 대한 연구문헌을 조사해야 한다. 이러한 연구문헌들은 20세기의 종교단체와 문화 속에서 사회적으로 사귀어 온 많은 남녀 노인들에게 해방의 말씀을 제공해 준다.

5. 의미 만들기와 영적 성장

영적 성장에 초점을 두는 것(Vogel, 1991)은, 인생의 최종산물이 아닌 과정을 강조하는 방법을 의미한다. 아래에서는 노인들이 삶과 죽음을 이해하고 신과 자신 그리고 이웃과의 사랑 속에서 성장할 수 있도록 하는 방식으로 어떻게 노인들이 발달하고 학습하고 생각하고 느끼는가를 이해하는 데에 초점을 맞출 것이다.

적어도 Horace Bushnell이 〈그리스도적 육성*Christian Nurture*, 1988〉을 쓴 시점 이후로는 연속성과 불연속성, 육성과 개종, 발달과 변화에 관한 주제를 둘러싼 끊임없는 논쟁이 있어 왔다. 어느 측면에서도 진실은 있는 법이다. 사람들은 기술되고 이해될 수 있는 예측이 가능한 방식으로 발달한다. 또한 사람들은 강력하고 예측이 불가능한 방식으로 변화되기도 한다. Fowler가 주장하듯이, "소명을 향한 변화에는 발달만이 아니라 개종까지도 요구된다"(Fowler, 1984, 140쪽).

종종 영적 발달은 노년의 건강과 역할 변화의 문제와도 어쩔 수 없이 연관되기 때문에, 유능한 노인able-old과 허약한 노인frail-old의 특별한 환경에 주의를 기울이는 것은 매우 중요하다.

1) 영적 성장과 유능한 노인

은퇴를 겪거나 갑자기 배우자를 잃은 사람들은 종종 '꺾인 꽃'처럼 느껴질 것이다(Boyle, 1983, 19쪽). 이는 중요한 역할에서 면제되고, 세상과 타인의 복지에 기여하고 성장할 기회와 도전이 되는 새로운 역할을 다시 받는 시점이기도 하다. 가톨릭연합신학교Union Theological Seminary의 총장 역임 후 은퇴한 John Bennett이 말한 바와 같이, 은퇴 이후의 시간이 "사회에 기여할 책임에서 벗어난 너무 긴 휴가가 되어서는 안 된다"(Bennett, 1982, 143쪽). 노인들은 개인, 가족, 공동체 그리고 사회적인 삶에 기여할 수 있고 기여해야 하며, "어쩔 수 없는 은퇴가 무관심이나 자기만족이 될 필요는 없다"(Bennett, 1981, 145쪽).

Maves는 노년에 풍요로운 삶을 얻고자 하는 사람을 위한 '직무기술서'를 제시한 바 있다. 그는 노인들이 삶을 단순화할 필요가 있다고 믿었다. 이것은 소비 중심 사회에서 반문화적 행동이지만, 해방을 가져다 줄 수 있는 것이기도 하다. 마지못해 이렇게 하는 것은, 더 이상 있지 말아야 할 곳에 볼모로 잡히는 것일 수 있다. 또한 노인들은 신에 의해 창조되고 사랑받는 사람들이라는 것을 인정할 필요가 있다. 노년기는 "우리의 시스템을 해치고, 우리의 통합성을 약화시키고, 다른 사람에게서 우리를 소외시키는 등의 쓰라린 기억들을 치유하는" 시간이다. "풀리지 않은 갈등, 끝나지 않은 고민거리, 남겨진 분노 등의 쓰레기더미"에서 진실로 해방될 수 있다. 나아가 노인들이 "우리의 건강을 위한 좋은 관리자이며… 다른 사람에게 다가가며… 존재의 이유를 찾아… 영원함 속에 우리의 삶을 바라보는" 사람들이 되기를 기대한다(1986, 137-41쪽).

그리스도교인들의 경우에는, 유능한 노인이 되어 가면서 다른 사람들이 그들의 세례서약—신생아일 때 부모가 대신 서약했든 안 했든, 스스로 서약을 할 수 있을 때 신앙인으로서 서약했든 안 했든—을 이해하고 재확인하도록 돕는 일은, 아직 세상에서 물러날 시간이 아니라는 것을 의미한다(Becker, 1986). 노년의 소명은 살아 있는 하느님을 향한 충직한 사도직discipleship 속에서 계속 성장하는 것이다. 이때는 더 나은 세상을 만드는 방식으로 신앙을 "정말 실행하고 또 제대로 말하는 데" 초점을 두는 시기가 될 수 있다. 이때는 신앙의 이슈와 의문점을 탐구하는 시기이다. 어떤 질문을 해도 한계를 벗어난 것으로 보지 않으며, "질문 속으로 들어가 산다"는 것은 누군가의 대답을 듣기보다 더 도움이 되는 것임을 경험하게 되는 시기이기도 하다. 이때는 신, 자신, 이웃을 사랑하는 것이 무엇인가에 대한 이해를 증진시키기 위한 자신의 헌신을 다시 새롭게 하는 시기이다.

또한 이때는 가족사와 전통을 공유하며, "세대 간을 통합시키는" 책임을 맡게 되는 시기이다. 한 젊은 청년이 베트남으로부터 미국 중서부의 작은 마을로 돌아왔을 때 발생한 끔직한 가족 갈등의 이야기가 있다. 그의 장발과 한쪽 귀걸이는 가족 논쟁의 초점이 되었다. 결국 그 청년이 홀로된 할머니와 함께 근처의 농장으로 이사했다. 놀랍게도 청년과 할머니는 잘 지냈다. 청년의 여동생이 집안의 모든 것이 안정되고 그와 할머니 모두 행복한 것으로 보여 놀랐을 때, 청년은 "나는 귀걸이를 하고 할머니는 파랑 머리로 물들이는 것을 서로 받아들였어!"라고 말했다. 할머니는 부모도 자식도 할 수 없었던 방식으로 세대 간 유대를 만들 수 있었던 것이다.

유능한 노인은 가족과 신앙 공동체의 가장 훌륭한 자원 중의 하나이다. 여기에는 인생 경험이 풍부하고, 신앙 공동체를 대표하여 종교집회나 세상에서 의미 있는 성직에 종사할 수 있는 사람들이 있다. 사람들이 신앙 속에서 성장하는 방법 중 하나는 "행동이 믿음 속으로 들어가는act their way into believing" 것이다. 봉사할 기회—각자의 재능과 신앙 공동체 및 세상의 필요를 진지하게 생각하는—란 신앙생활에 이르는 길이 될 수 있다. 돌보고 공유하는 길을 찾고자 하는 사람들은, Sarah Patton Boyle이 했던 것처럼 "소속감은 한 사람의 귀를 다른 사람의 가슴에 두게 한다"(1983, 164쪽)는 것을 발견할 것이다.

Fowler가 관찰한 것처럼, 노인들은 소명에 대한 증인이며 보증인이 될 수 있다. "일에 파묻힌 삶을 정당화하는 부담에서 벗어나고, 과도한 자아실현이 요구하는 자아몰입의 순환고리에서 해방되면서, 노인들은 새로운 모험을 하고 새로운 역할과 과업을 시작할 수 있는 내적 자유를 얻게 된다"(1984, 146-47쪽). 남녀 노인들은 그들과 함께 인생을 여행하는 젊은이를 위한 조언자와 이야기꾼이 되어 줄 수 있는, 힘을 주는 방법으로 신앙을 키울 수 있다.

2) 영적 성장과 허약한 노인

희망의 해방이란 "과거의 축적을 단순히 추정한 것" 훨씬 그 이상의 것이어야만 한다. 그것은 "과거에서 와서 미래로 가는 것이 아니라, 미래에서 와서 현재로 들어오는 것이다. 그것은 과거의 실수, 허위, 놓친 기회, 용기 부족, 죄 등이 축적된 것을 초월하는 희망을 제공해 주는 것이다"(Becker, 1986, 93-94쪽). 이것은 '그림의 떡' 같은 도피주의가 아니고, 오히려 믿음의 하느님이 약속하신 것—즉, 성령이 내려와 인간의 약한 것을 강하게 해 줄 것이며 어떠한 것도 하느님의 자녀를 하느님의 사랑으로부터 떼어 놓지 못할 것이다—을 주장하는 것이다.

노년기 인생의 허약함은 삶의 의미 그리고 고통의 목적에 대한 논쟁을 일으킬 수 있다. Becker는 Mrs. Raum이라는 허약한 여자 노인에게서 이러한 생각을 찾아내 공유한다.

> 때때로 나는 신이 왜 나를 데려가지 않는지 이해할 수 없다. 나는 병원에 입원과 퇴원을 계속 반복하고 있다. 나는 내 심장이 더 나아지지 않을 것이라는 것을 안다. 나의 딸과 그 가족은 나를 위해 거의 모든 것을 해야만 한다. 나는 단지 의자에 앉아서 시간

이 흐르는 것을 보기만 할 뿐이다. 나는 더 이상 책을 읽을 수 없을 정도로 눈도 나빠졌다. 나는 때때로 신이 왜 나를 데려가는 데 오래도록 기다리시는지 궁금하다. 왜 내가 계속 고통 받아야 하는지 이해하기 어렵다. 나는 나를 데려가라고 신에게 기도한다. 나는 수년간 고통을 받았고, 내가 이 세상에 더 머무를 이유도 없다. 나는 좋은 삶을 가졌었다. 신이 나를 데려가 주시기만 한다면(1986, 96쪽).

그리스도 교인들이 예수님 속에서 알고 있는 하느님은 사람들이 부르짖는 소리—"왜 신은?", "왜 나를?", "왜 지금?", "왜 이런 식으로?", "왜요? 하느님 도대체 왜지요?"—에 대하여 응답하신다. 그 어떤 고통일지라도 하느님의 사랑은 항상 현존한다는 확약으로 응답하신다. 고통이 신에 의한 벌이라는 것을 암시하는 것이나, 고통 속에서 신이 지속적으로 보살펴 준다는 복음을 선포하지 못하는 것은 사람에게 상처를 주는 것이다. 그들은 창조/구원/영생의 하느님으로부터 우리 모두에게 주신 인정, 동정, 희망의 복음을 절실하게 필요로 하고 있다.

종교적인 희망은 하느님의 약속에 그리고 자신이 속한 신앙 공동체에 근거를 두고 있다. Carrigan은 "희망을 지닌 사람들은 자신을 초월한 더 넓은 실재에 존재한다. 외로운 사람은 희망의 공동체에서 떨어져 나와 그저 바랄 뿐이다. 왜냐하면 희망은 혼자서는 경험할 수 없기 때문이다. 공동체야말로 희망을 지속시키고 희망의 도구가 되며, 인류는 항상 '함께함'을 희망했다. 반면 고립은 절망에 보탬이 될 뿐이다"(1976, 43쪽). 신앙 공동체의 유대 안에서는 허약 노인도 희망과 궁극적 의미를 깨닫는 잠재력을 갖게 된다. 신앙 공동체는 허약함의 한계에도 불구하고 영적으로 계속 성장할 수 있도록 하기 위하여 노인들의 특별한 요구에 응답할 수 있는 준비를 해야만 한다(제16, 24장 참조).

의미 만들기와 영적 성장의 과정은 노인들의 삶이 적극적이고 독립적이 되도록 하는 데에만 국한된 것은 아니다. 영적 전체성은 모든 사람에게 가용한 것이다. 비록 허약한 사람은 신앙에 관심 있는 사람들의 특별한 관심을 받을 필요가 있음에도 불구하고.

오늘날의 노인들은 다양한 종교, 민족, 인종적 배경을 지니고 있다. 그들은 영성에 대해 다양한 접근을 보여 준다. 그럼에도 불구하고 이 장에서 주장하는 것은 개개인의 차이가 있다 하더라도, 모든 사람들은 그들의 삶에서 의미 있는 세상을 만들고 전체성을 발견하는 방법을 찾는 것이 필요하다는 것이다. 그러한 발달은 여러 형태로 일어날 것이다. 어쨌든 희망적인 메시지는 영성이 노년기에도 계속해서 발전한다는 것이다.

제6장 신비주의

Harry R. Moody

노화에 있어서 그리고 노년기 종교의 역할에 있어서 신비주의mysticism가 왜 중요성을 가지는가? 이러한 질문에는 '신비주의자'의 눈으로 본 일인칭적 설명보다는, 80대이며 한때 요양원에서 생활했던 Florida Scott-Maxwell이 남긴 일기장 〈나의 남은 날을 세면서 *The Measure of My Days*〉의 생생한 구절이 오히려 더 좋은 답변이 될 것이다. 그녀는 노인들에 대하여 그리고 노인이 경험하는 특별한 부담감과 가능성에 대해 쓰고 있다.

> 우리 노인들이 지니고 있는 또 다른 비밀은 외적으로는 생기가 없고 만신창이로 보이지만, 내적으로는 말로 표현할 수 없을 정도의 열정적인 삶으로 불타오르고 있다는 것이다. 침묵 속에서 우리는 조용히 뜨거운 반란을 조용하게 외친다. "나는 나의 삶을 살아왔다, 그렇지 않은가? 나에게서 뭘 더 기대한다는 것인가?" 우리는 감수할 수 있는 선 너머까지 왔다. 이곳은 우리가 도착하기 전까지는 존재한다고 생각하지도 못했던 곳이다.
>
> 이곳은 격렬한 에너지의 장소이다. 에너지란 말보다는 열정passion이 아마도 더 적

> 절한 단어일 수 있다. 왜냐하면 이러한 생생한 생명이 사용될 수 없다는 슬픈 사실 때문이다. 만약 내가 이것을 행동으로 바꾸려 노력한다면 나는 곧 소진될 것이다. 이것은 열정의 삶으로 받아들여야만 하며, 아마 이는 내가 이전에 결코 살아 보지 못했던 삶이며, 내가 앞으로 살게 될 것이라고 스스로 상상도 못했던 삶일 것이다. 이것은 무엇인가 그와는 다른 그 이상의 것으로 느껴진다. 이것은 규범과 목표와는 다른 건너편으로 느껴진다. 이것은 그저 삶일 뿐이며, 즉 자연스러운 삶이며, 이것은 우리가 나이 들었을 때 우리에 대한 보상과 되돌림reward and undoing으로서 가지게 되는 것이다.
>
> 이 중 일부는 좋고 나쁨을 넘어서는 것이다. 왜냐하면 이것은 때때로—비록 드물게 기대하지 않은 상태에서 오지만—마치 모든 것이 해결되는 것 같은 충만한 명쾌함 때문이다. 이것은 내용이 없으며, 우리를 확대시키고, 우리의 육체로부터 유래하는 것이 아니며 그리고 사라져 버린다. 이것은 행동 밖에 놓여 있는 어느 단계의 의식이며, 젊었을 때는 너무 바빠서 경험할 수 없었다(1979, 32-33쪽).

이 글은 신비적 경험에 대한 주목할 만한 여러 특징들을 보여 준다. 즉, 발견의 경이감("그곳에 도착하기 이전까지는 존재한다고 생각하지 못했던 곳"), '존재'를 위해 '행동'을 초월하는 특별한 에너지, 특히 반대되는 것이 해결되는 의식의 명쾌함 등이다. 여기서 흥미로운 것은 젊은이들은 너무 바빠서 신비스러운 경험을 가능하게 하는 고요함과 내적 성찰을 배양하기 어렵기 때문에, 이러한 조건은 노년기를 위해 남겨둔 노년의 특별한 선물로 서술한 점이다.

신비주의는 다양한 형태를 갖지만, 나이의 차이를 넘어서 공통적으로 보여 주는 핵심적 의미는 Florida Scott-Maxwell이 노년기의 특별한 이해를 통해 발견했던 것과 유사하다. 즉, 삶의 표면적 경험으로부터 지금까지 알지 못했던 더 깊은 실재deeper reality를 향하여 분리되는 것, 자아와 세상 사이의 경계를 없애는 것, 모든 것에 의미를 부여하는 강한 확신감과 실존적 안도감existential security 등과 유사하다. 신비주의에 대한 연구를 통해 노년기 영적 발달에 대한 실마리를 찾을 수 있을까? 신비적 경험이 과연 삶의 마지막 단계에서 종교가 하는 깊은 역할을 조명할 수 있을까? 이러한 질문은 신비주의가 과거에 무엇을 의미했으며, 신비주의가 노년기에 무엇을 의미할 수 있는지를 더 면밀히 조사할 것을 요구한다.

1. 신비주의란 무엇인가

신비주의는 정의하기 어려운 용어이다. 이것은 종종 오해나 다양한 해석을 낳을 수 있는 모호한 용어이다. 예를 들면 1900년 이전에, 이미 Dean W. R. Inge는 '신비주의'에 대해 25개의 서로 다른 정의를 구별하였으며(1899), 그 수는 비교종교학에서 나오는 자료를 포함하면서 계속 확대되고 있다.

신비주의에 대한 고전적 정의는 William James(1901/1958)에 의해 〈종교 경험의 다양성*The Varieties of Religious Experience*〉에서 이루어졌다. James는 신비적 경험의 네 가지 특성을 지적하고 있다. (1) 형언 불가능(신비적 직관이 개인적이며 말로 표현할 수 없는 특징), (2) 순수지성noetic quality(지식을 통합하는 뚜렷한 느낌을 전달함), (3) 수동성(종종 준비된 고행이나 명상의 자발적 힘을 초월하는 은총으로 이해됨), (4) 일시성transiency(신비적 상태의 간헐성과 비영구성).

James의 정의에서는 신앙이나 믿음의 전통을 참조한 것이 아니라는 점을 유념할 필요가 있다. 실제로 이는 R. M. Bucke(1931)가 묘사한 '우주적 의식'을 명시적으로 포함한다. 우주적 의식은 자연과 하나가 되는 일치감으로 오늘날의 생태학적 의식과 매우 유사하며 한편으로는 명상, 점성학, 고단계 의식 등에 관심을 두는 '뉴 에이지' 신비주의와 매우 유사하다. 오늘날 뉴 에이지 감수성의 많은 부분은 초자연의 범주와 겹쳐지는데, 즉 초능력이나 불가사의한 지식을 얻으려고 노력한다. 지식과 힘의 증진은 진정한 신비주의가 자아를 극복하고자 한다는 점에서는 정반대로 작용한다.

제6장에서 '신비주의'라는 용어는 전통적 종교에서 발견되는 여러 형태의 경험과 교리로 제한된다. 전통적 종교에서의 경험과 교리는 그 신자로 하여금 경험적 지식—William James의 정의에서 규정된 신비적 경험의 특징을 포함—을 통하여 신앙의 진리를 "알게 되는" 지점까지 종교를 심화시키는 경향이 있다. 이 장에서 관심의 초점은 유대교, 그리스도교, 이슬람교, 힌두교, 불교, 도교와 같은 세계 주요 종교의 전통과 관련하여 인식되는 신비적 경험이다. 신비주의는 그리스도교 전통에서 낯선 것이 아니며, 성 아우구스티노, 성 프란치스코, 성녀 데레사와 같은 역사적 인물들이 신앙적으로 새롭게 태어나는 데 핵심적으로 작용했다는 점을 인식하는 것이 중요하다. 그러나 신비주의는 그리스도교 전통 이상의 것을 가리키며, 신앙의 초교파적인 특징을 강조한다. 사실 신비주의는 종교적 경험의 경향이며, 여기에서는 상이한 신앙의 전통이 유사한 용어로 자기 자신을 표현하는 것이고 또한 종종 공통의 토대를 발견한다. 바로 이러한 보편적 신비주의의 핵심이 이 장에서의 초점이 될 것이다.

신비주의는 세계의 모든 종교들 사이에 공통되거나 반복되는 특성을 공유한다. 이러한 점에서 Aldous Huxley(1945)나 Alan Watts(1953)와 같은 해석자들은 신비주의를 '영속적 철학perennial philosophy'이라고 묘사하였다. 이러한 관점에서 신비주의는 단일하고 독특한 형태의 경험으로 나타나며, 이는 Bucke가 '우주적 의식'이라고 한 말이 의미하는 것처럼 당연히 세계에 걸쳐 같은 것이다. 이와는 확연히 구별되는 견해를 유대교 신비주의 학자인 Gershem Scholem(1941/1961)이 표명하였다. Scholem에 의하면, 관념적인 신비주의라는 것은 없으며 유대교 신비주의, 그리스도교 신비주의, 힌두교 신비주의 사이에는 기껏해야 가족 같은 유사성이 있을 뿐이라는 것이다. 예를 들면 R. C. Zaehner와 같은 다른 연구자들은 그리스도교 신비주의와 다른 다양한 신비주의적 종교 사이의 결정적인 차이점을 강조한다.

서로 다른 종교에서 신비주의의 형태와 태도에 대한 결정적인 차이점이 있을 뿐 아니라, 각각의 전통 안에서도 심오한 차이점이 있다는 것을 기억하는 것이 중요하다. 이러한 다양성은 일반화가 고려될 때마다 기억되어야 한다. 제6장에서 채택된 틀은 세속적인 종교를 넘어선 '초월적인 일치unity'의 개념이다. 이러한 관점에 의하면, 신비주의적 경험은 동일한 실재reality를 지향하지만, 성취의 수준이 다르고 표현의 형태가 다르기 때문에 경험에 주어진 해석에서 나오는 서로 다른 '진리들이' 포함된다. 신비주의와 비교종교학의 학문 영역은 광범위하며 여기에서 자세하게 고려할 필요는 없다. 근대 미국의 관점에서 그리스도교 신비주의는 신비주의와 노년기 영성을 이해하는 데 유용한 관점을 제공하기 때문에, 그리스도교 신비주의가 이러한 연구의 출발점을 제공한다.

1) 그리스도교 신비주의의 주류

의식의 신비주의적 상태들—일부러 복수로 표현함—은 수피교Sufism[26]나 티베트 불교와 같은 신비주의적 전통에서 인식되는 수준들이나 단계들의 다양성을 포괄한다. 서구의 그리스도교 전통에서도 신비주의적 경험의 단계들이 인식되기는 하지만,

26) 수피교는 이슬람교의 신비주의적 분파. 수피즘은 전통적인 교리학습이나 율법이 아니라 현실적인 방법을 통해 신과 합일되는 것을 최상의 가치로 여김. 수피즘의 초기 수도승들은 금욕과 청빈을 상징하는 하얀 양모(아랍어로 수프)로 짠 옷을 입었기 때문에 수피라 불림. 수피즘은 이슬람의 전통적 율법은 존중하되, 일체의 형식은 배격함. 신도의 내적 각성과 코란의 신비주의적 해석을 강조하며, 금욕, 청빈, 명상 등을 중요하게 여기며, 또한 정신적인 깨달음을 얻기 위해서는 지성보다 체험이 중요하다고 여김.

덜 명백하게 분류되고 덜 상세하게 서술되었다. 적어도 중세 이후에는 그리스도교에서 정화의 길purgative way, 내적 교화의 길illuminative way, 일치의 길unitive way 사이에 구분이 있었다. 마지막 두 단계는 신비적 경험의 장소였다. 즉, (1) 내적 교화의 경험, 즉 '마음의 눈eye of the heart'을 통해 직접적 지식을 의식으로 주입시키는 것과 (2) 신비주의자들과 그 추종자들에 의해 다양한 방법으로 해석되는 신성한 존재the Divine와 연합을 이루는 궁극적인 상태이다.

'신비주의'라는 용어는 그리스어 '미스테리온', 즉 신비라는 언어에 기원이 있으며, '교부Fathers of the Church'에 의해 사용되었다. '미스테리온'은 비밀인 것을 뜻하므로, 이러한 의미에서 성경의 숨겨진 차원—즉, 그리스도교 성사sacraments의 깊은 의미—아니면 그리스도를 통한 하느님의 지식을 가리킬 수도 있다. 초기 교부들은 하느님의 말씀을 해석함에 있어서 성경의 '신비로운' 또는 숨겨진 의미를 지식적으로 접근하기보다는 기도와 사랑으로 깨닫는 것으로 이해했다.

교부들의 신비주의는 성서 해석과 신비주의 신학에 밀접하게 연결된다. 초기에 중요한 영향을 준 사람은 '아레오파고스의 가짜 디오니시우스Dionysius the Pseudo-Areopagite'[27]이며 동방교회나 서방교회에서 권위를 인정받았으며, 그의 저서는 신비주의 신학의 교부학적patristic 유산을 전달하는 데 도움이 되었다. 디오니시우스는 신비의 성서적 및 성사적인 측면을 인계받았으나 궁극적인 신비ultimate mystery는 사랑 속에서 하느님께 영혼을 맡기는 것으로 규정하였는데, 이는 언제나 그리스도교 영성의 특징이다. 디오니시우스는 정화purification, 내적 교화illumination, 일치unification라는 삼중의 구분을 채택하였는데, 이는 그리스의 신비주의 종교로까지 거슬러 올라가는 것이었다.

디오니시우스는 동방정교Eastern Orthodox에서 St. Gregory Palamas[28]와 결합하여 영향력이 상승되었지만, 서방교회에서는 그만한 영향력을 갖지는 못했다. 서방의 신비주의 전통은 주관적 및 개인적 차원으로 가는 경향이 있으며, 이는 현대에서 강조되는 경향이다. 신비주의의 이와 같은 주관적 혹은 자서전적인 측면은 St. Augustine에게서 기원을 찾을 수 있지만, St. Augustine의 고백 장르는 중세에는 거의 모방하는 사람이 없었다. 그러나 개별적인 경험의 강렬함을 강조한 점은 '클레르보의 성 베르나

27) 신약 사도행전(17장 34절)에서 아레오파고스 의회 의원으로 언급된 바오로 제자의 이름. 익명의 신학자이자 철학자가 500년경 집필한 저서에 이 이름을 붙여 디오니시우스의 위서(僞書)라 하는데, 이는 그리스도교에 신플라톤주의를 도입하는 큰 원천이 되어 서구 사상에 커다란 영향을 주었음.

28) 그리스 동방 정교회의 신비주의 신학자(1296~1359)

르St. Bernard of Clairvaux'[29]와 '성 빅토르의 리차드Richard of St. Victor'[30]와 같은 중세의 인물들에게서 명백하게 나타난다.

중세 말기로 접어들어, 자기성찰inwardness과 경건주의pietism의 경향은 Meister Eckhart[31] 이후 세대의 Tauler[32]와 Suso[33]와 같은 라인 지방의 신비주의자들과 함께 나타났다. 후기 중세는 줄리안Julian of Norwich, 메크틸드Mechtilde of Magdeburg[34] 그리고 카타리나Catherine of Siena[35]와 같은 인물들에게서 보이는 것처럼 감성적 신비주의와 연결되는 환영을 보는 경험으로 또한 유명하다. 이러한 논조는 '데보티오모데르나'[36] 같은 신앙쇄신운동이나, 〈그리스도를 본받아*Imitation of Christ*〉[37] 저서에서도 볼 수 있다. 의식의 상태로서의 신비주의에 대한 현대적인 접근은 Jean de Gerson[38]이 15세기에 신비주의 신학을 "하느님과 결합되는 사랑을 통해 하느님을 경험하는 지식"이라고 서술했던 중세기에서도 명백하게 나타나고 있다(Connolly, 1928).

르네상스와 반종교개혁Counter-Reformation 이후, 주관성을 지향하는 이러한 경향이 강조되었다. 스페인 신비주의들, 특히 '아빌라의 성녀 데레사St. Teresa of Avila'[39]는 신비적 경험의 심리적 측면을 더욱 강조하였다. 성녀 데레사는 기도의 수준을 묵상기도, 침묵기도, 하느님과 일치를 이루는 기도로 구별하였다. 그녀와 동시대인이었던 '십자가의 성요한St. John of the Cross'[40]은 신학적인 이해의 관점에서 해석하여 〈영혼의 어두운 밤*Dark Night of the Soul*〉을 기술한 것으로 유명하다. 스페인 신비주의의 이러한 심리적인 경향은 신비주의에 대한 현대적 접근을 미리 보여 주고 있다.

전통적인 개신교protestantism의 어떤 분파들은 신비주의에 대해 의심스럽게 보는데, 이는 일신론monotheism에 대한 그들의 관점이 하느님을 '완전한 남utterly Other'으로 보기 때문이다. Karl Barth[41] 같은 신정통주의 작가가 한 예이다. 하느님과 영혼의

---

29) 1090~1153, 프랑스의 수도사, 신비사상가, 클레르보에 수도원을 창설함.
30) ?~1173, 프랑스의 신비주의 신학자.
31) 1260~1327, 도미니크파의 신학자. 중세 독일의 신비주의 사상가.
32) 1300~1361, 도미니크파의 중심. 토마스 아퀴나스에 기초하여 실천적 윤리적인 신비사상을 전개함.
33) ?~1365, 도미니크파의 신학자, 에크하르트의 수제자였음.
34) 1210~1285, 시토수도회의 수녀.
35) 1347~1380, 이탈리아의 수녀, 신비주의자.
36) 현대적 신심devotio moderna이라는 의미로, 유럽의 중세 말기에 일어났던 신앙 쇄신 운동.
37) 1390~1440년에 쓰인 그리스도교 경건 서적. 저자로 추정되는 인물은 토머스 아 켐피스.
38) 1363~1429, 프랑스 신학자 · 신비주의자.
39) 1515~1582, 스페인 수녀. 수도회를 개혁하였고, 신비신학의 대가요, 기도의 스승으로 평가됨.
40) 1542~1591, 사제학자이며 신비주의자.
41) 1886~1968, 스위스 개신교 신학자.

일치에 대한 모든 개념은 의심받는다. 그렇다고 해서 신비주의적 전통이 개신교에서 알려지지 않은 것은 전혀 아니며, 그 예가 퀘이커교이다(Frementle, 1964). 오늘날 신비주의에 대한 개신교의 가장 큰 공헌은, 모든 종교적 진실과 구원에 대한 기준으로 개인의 의식이나 본성을 우선시 한다는 것이다. 신비주의가 주관적인 경험이나 자아를 우선시함을 호소하기 때문에, 세속적인 문화에서 전통적인 종교에 대해 거의 동감을 갖지 못하는 사람들이라도 신비주의에는 매혹될 수 있다.

20세기에, William James[42]의 주도하에 의식 상태로서의 신비주의에 대하여 심리학적인 강조가 나타났다. 현대의 사고방식에서 개별적인 경험은 모든 종교적 진실을 검증하고 확인하는 수단이 된다. 모든 개념들이 실증적으로 확인되어야 하는 과학적 세계에서 신비주의는 그의 주장이 어쩌면 경험으로 확인되기 때문에 정당화되는 것이다. 그러한 의식 상태들이 서로 다른 문화와 종교에 걸쳐서 광범위하게 인식될 수 있다는 사실은 신비주의에 대한 인식론적 주장에 무게를 실어 준다. 비록 철학자들은 이러한 주장들이 무엇인가에 대해 여전히 논쟁하지만(Katz, 1978).

2) 비교 종교학적 관점

신비적 경험 그 자체는 시간적 나이와 연관되지는 않지만, 노화와 인생 경로에 대한 개념에는 신비주의의 영향이 포함된다. 비록 중세에는 삶의 단계가 영적인 의미에서 주제와 관련되었음에도 불구하고 그리스도교는 노령에 대해서는 상대적으로 거의 언급할 것이 없다(Sears, 1986). 다른 종교들은 생애의 마지막 단계에 대해 더 명확한 관점을 가지고 있다. 예를 들면 힌두교의 경우, 노년기의 발달은 신비주의적 종교에 의해 영감을 받은 이상들과 명백하게 연관된다. 힌두교 관점에서, 노화는 인간 활동의 더 높은 단계의 연속, 즉 '다르샤나darshanas'—Erik Erikson의 '인간의 8단계'와 유사—로 생각된다(Kakar, 1986). 서구 심리학과는 달리, 우파니샤드Upanishads[43] 이후에는 이러한 인생 단계의 궁극적 목표는 개인적 완성이 아니라 브라만Brahman이라는 절대적 존재의 근원에 대해 인식하는 것이다(Hume, 1949). 힌두교의 교리와 전통은 지금까지의 집착—신성하든 불경스럽든—이 버려지는 인생 단계까지는, 덜 종교적인

42) 1842~1910, 미국의 심리학자이며 철학자.

43) upa(옆에, 가까이)와 nisad(앉는다)라는 단어의 합성어로서, 고대인도의 철학서. 스승이 제자에게 비밀스런 가르침을 전수하는 것을 의미함. 우파니샤드는 단일한 책이 아니라, '우파니샤드'라는 명칭이 붙은 200여 종 이상의 성전에 대한 총칭이며, 선지자들이 신으로부터 영감을 받아 적었다고 전해지는 내용이다.

목적—의례, 윤리, 헌신 등—을 위한 일시적인 역할로 인정한다.

생애의 힌두교적 해석은 삶의 더 높은 단계로 연속되는 존재의 인지적 구조를 보여 주는 '지도'를 그린다. 활동activity이나 이탈disengagement의 상대적 가치는 각각 자기의 자리가 있지만, 결국에는 서로 상반되는 것들은 신비적 관점에서 일치된다. 삶의 마지막 단계에서는 명상, 즉 '신비적 흡수'가 최고가 된다. 힌두교 모형에서는 영적 구도자가 삶의 말년에는 사회로부터 떠나지만, 결국 다른 변형된 형태로 되돌아온다. 되돌아온 신비주의자는 "세상 속에 있지만 세상의 것이 아닌" 것—이슬람 신비주의자들이 만들어 낸 용어로—을 추구한다. 힌두교와 달리 이슬람교는 데르비시dervish[44]나 수피교의 추종자가 되는 초기의 순간—어느 나이에 발생하건—에 신비로운 삶으로 입문하는 것으로 인정한다. 이슬람 신학자이며 신비주의자인 알가잘리al-Ghazali[45]의 삶은, 세상을 포기한 후 다시 돌아가는 리듬을 보여 주는데, 여기에서는 이러한 순환은 노년기가 아닌 중년기에 나타났다(Watt, 1953).

노년학의 몇몇 실증적 연구에서는 노년기의 신비주의에 대한 동양과 서양의 접근법 사이에 유사점과 차이점을 설명하고 있다. 예를 들면 Eugene Thomas 연구팀(Thomas, 1991; Thomas 외, 1991)은 동년배 사람들로부터 '영적으로 진보된' 것으로 묘사된 힌두교와 그리스도교 노인들의 다문화 표본에서 자료를 수집했다. 자료는 인도 퐁디셰리와 영국 버밍햄의 노인들을 표본 집단으로 설정하고 면담 조사를 통하여 수집되었으며, 그 조사 결과로 여러 가지가 밝혀졌다. 인간 발달에 대한 선형적 단계이론들과는 대조적으로, Thomas 연구팀—William James가 그랬던 것처럼—은 노인 응답자들 사이에 다양한 신비적 경험과 영적 경로가 있다는 것을 발견했다. 반면 연구자들은 가장 높은 영적 단계에 있는 응답자들 사이에는 주목할 만한 질적인 유사성이 있다는 점도 발견했다. 그러한 유사성은 세상의 다양한 신앙 전통들 사이에는 더 깊은 일치가 있음을 보여 주는 '영속적 철학perennial philosophy', 즉 신비주의의 주장을 뒷받침한다.

심리학과 종교 모두에는, 인간 발달의 가장 높은 단계를 어떻게 규정할 것인가에 대한 상이한 관점들이 있다. 서양의 관점을 예로 들면, Eric Erikson(1963)은 인간 발

44) 이슬람 신비주의 종파인 수피교의 탁발 수도승. 데르비시의 주된 의식은 신비한 체험을 얻기 위해 알라 기도문을 되풀이하여 암송하는 지크르(dhikr 念神)임. 수피 결사집단 의식은 데르비시들이 기도문을 암송하고 빙글빙글 돌면서 춤추는 육체적 수련을 통하여 최면 상태와 황홀경에 빠지는 것에 중점을 둠.

45) 1058~1111. 페르시아 출생의 이슬람 신학자, 법학자, 철학자, 심리학자이며 신비주의자. 모하메드 이후 가장 위대한 무슬림으로 칭할 정도로 이슬람의 발전에 끼친 영향이 크다고 평가됨.

달의 최고 단계로 '자아 통합ego integration', 즉 자아에 대한 완전한 통합 인식을 성취하는 것으로 기술한다. Jung(1971)은 전형적 자아archetypal Self—세상의 위대한 종교들의 전형적인 형상화에서 발견되는 전체성과 일치의 패러다임—를 향해 개체적 자아individual self가 닮아가는 것을 심리적 성장의 긍정적 경향으로 묘사했다.

그러나 신비주의와 현대 심리학의 언어가 서로 쉽게 조화될 수 있다고 누가 결론 내릴 수 있겠는가? 결론은 시기상조이다. 적어도 표면적으로 신비주의 전통의 언어와 심상의 많은 부분은 이상적 자아를 향한 발달이라는 서구적 개념에 도전하는 것으로 보인다(Chinen, 1989). 노년기 영성이란 자아를 통합하는—예전에 기억된 자아의 전체성과 체화incorporation를 목표로—과업이라고 생각할 수 있는가? 아니면 자아초월을 위하여 개인의 역사를 포기하는 문제란 말인가? 이러한 대비는 노화에 대한 연속성 이론과 불연속성 이론 사이의 대조를 연상시킨다. 자기를 소멸시키는 개념—수피교의 '자아 멸각fana', 불교의 '열반nirvana'—은 가장 급진적인 불연속성을 말하는 것으로 보인다.

인간 발달의 최고 단계가 자아 통합으로 가장 잘 설명되는지 혹은 자아 초월로 가장 잘 설명되는지 하는 문제는, 생애주기 발달이론가들과 비교종교학 연구자들 사이의 논쟁으로 여전히 남아 있다. 자아 통합에 대한 현대 심리학의 목표는, 서양의 전통에서 표현되는 구원이나 하느님과의 일치에 관한 개념의 세속적인 견해라고 이해될 수 있다. 반면 자아 초월은 동양의 여러 전통에서 표현되는 '무아無我, no-self' 개념과 상응하는 것으로 보인다(Loy, 1988).

"동양은 동양이고 서양은 서양이다"라는 말로 요약되는, 우리에게 아주 익숙한 지리적 이원론dualism이 있다. 그러나 정반대라는 점이 너무 강조되어서는 안 된다. 이슬람교는 '인격적' 신이 인간 이미지를 초월하는 것으로 묘사되는 서방 종교의 고전적인 예인 반면(Moody, 1990), 대중적인 힌두교(예: 크리슈나 숭배)는 경건적인 신비주의의 강한 흐름을 포함하고 있다. 그리스도교 전통에서는, Meister Eckhart 같은 주요 인물이 베단타 힌두교Vedantic Hinduism[46]나 선불교Zen Buddihism[47]의 '무아'적인 이상에 가까운 언어로서 말하고 있다(Suzuki, 1971). 여기에서는 Eckhart의 '무심detachment(Gelassenheit)'에 대한 개념이 근본적이다. 즉, "고요하고 순결한 사람은 오

46) 인도의 베단타 철학은 범신론적 관념론적 일원론으로서 바라문 사상의 주류를 이룸.

47) 선종은 교종과 대비되는 불교의 한 종파. 선禪은 산스크리트어에서 유래하며 침잠沈潛의 의미를 가짐. 520년 인도에서 달마가 당나라로 건너가 전파한 것이 직접적인 시초임. 인간의 내면에 본래 부처를 지니고 있다고 믿으며 수행을 통해 본래 부처를 발견하여 열반에 이르기 위해 정진하는 것을 가장 큰 목적으로 함. 즉, 견성성불見性成佛.

직 한 가지, 무심이 필요하다. … 무심의 마음은 어떤 욕망도 없고, 구원받아야 할 그 무엇도 가지지 않는다. 그래서 기도라는 것도 전혀 없다. 유일하게 하느님과 일치되는 기도만이 있을 뿐이다"(Eckhart, 1924, 341쪽). 이러한 무심의 상태는 삶의 마지막 단계에서 볼 수 있는 특유의 '늘그막의 자유'와 연관될 수 있다(Rosenmayr, 1983).

이런 식으로 틀이 잡힌 무심의 이상은 '이탈disengagement'이라는 노년학적 개념을 모든 사회학적 범주의 위로 밀어 올리면서, 이탈의 개념에 삶 자체의 최우선적인 영적 목표라는 긍정적 내용을 넣어 버렸다. 여기에서 신비주의가 노년학의 발상에 도전해서 재구성하도록 하는 데 어떻게 도움이 되는지—이탈이론에 대한 예전의 논쟁[48]에서처럼—알 수 있을 것이다. 신비주의 전통은 이탈의 미덕에 관한 예상치 못한 다른 관점을 줄 수 있다. 이탈에 대해 새롭게 확인한다는 것은 이탈을 사회적 역할의 포기나 황량한 고독으로 보지 않는다는 것을 의미한다. Whitehead는 종교를 "인간이 고독의 시간을 어떻게 보내나"로 정의했다(1960). 역설적인 것은 바로 이러한 고독 속에서 신비주의자는 모든 피조물과 통합을 경험한다는 점이다.

이와 같은 정서는 20세기 힌두교 스승인 Ramana Maharshi에게서도 발견되며, 그는 베단타Vetanda[49]의 지혜를 다음과 같이 표현한다. "은퇴는 자기 본성Self 속에 거주하는 것을 의미한다. 그 이상 아무것도 아니다. 이것은 하나의 환경으로부터 떠나고 다른 환경으로 얽혀 들어가는 것을 의미하는 것도 아니며, 현실세계를 떠나 정신세계로 가는 것을 의미하는 것도 아니다"(Ramana Maharshi, 1955, 299쪽).

3) 신비주의에 대한 현대적 접근

William James 이후의 현대적 사고에서 신비주의를 심리학적 관점에서 접근하려는 경향이 종종 있다. 여기에서 Ramana Maharshi의 주장은 모든 심리학적 방법과 이상의 한계를 상기시키고 있다. 인간 발달이 반드시 지적 발달과 일치하는 것은 아니며, Claus Riegel(1976)이나 인지발달 심리학자들이 추구했던 것처럼 변증법적인 발달로 재구성되는 것도 아니다. 신비주의는 '정신mind'의 확장을 뜻하는 것이 아니라, 오히려 익숙한 정신이나 자아라고 간주되는 모든 것을 극복하는 것을 뜻한다. 이렇게 본다면, 노년의 영적 성장의 목표는 '노년기의 학습'과 관련이 없으며, 여행 연구 성찰

48) 이에 대하여는 제10장 제3절(역주 100) 내용 참조.

49) 브라만교 성전인 베다 중의 마지막 부분을 가리킴. 현재 200여 종이 전해지는데, 그중 중요한 10여 종은 우파니샤드로 불리며, BC 600~AD 300년경 성립된 것임.

또는 심리 치료 등을 통해 정신을 넓히는 것과도 관련이 없다. 이러한 모든 활동들은 '정신세계'에 관련되거나 포함되는 새로운 방법을 대표할 수는 있다. Ramana Maharshi의 '반주지주의적인' 태도는 인지 발달의 이상—정교한 지적 작용의 관점에서 '성장'을 묘사한—을 묵시적으로 비판한 것이다. 반대로 Maharshi의 '은퇴' 개념은 지적 능력에 대한 선불교의 회의주의와 공통점이 있으며(Suzuki, 1971), Hildegard of Bingen[50]으로부터 Teihard de Chardin[51]에 이르기까지 전통적 그리스도교 신비주의에서 하느님의 사랑Divine Love을 우선시하는 것과 공통점이 있다.

신비주의와 노년기의 영적 발달이 '지혜'의 결실을 나타내는 것이라는 생각을 어떻게 봐야 할까? 노년기의 신비주의가 인지적 내용이나 주장이 없는 단순한 '느낌'에 불과한가? 대답은 사람들이 지혜의 본질적 내용에 대해 어떻게 생각하느냐에 달려 있다. 지혜란 세속적인 판단력(영민함)의 문제인가, 아니면 사물의 본성을 뚫어보는 형이상학적 통찰력인가? Paul Baltes 연구팀(1990)에 의한 최근의 연구에서 설명되었듯이, 과정적 지혜process wisdom는 성인의 판단에서 인지적 과정을 정교하게 하는 것을 나타낸다. 오늘날 심리학자들은 이러한 지혜를 '전문가 시스템'—중요하고 정통성 있는 연구 집단—이라는 관점에서 묘사하고 있다. 그러나 과정적 지혜는 신비주의자가 강조하는 '기이한 지혜crazy wisdom'에는 미치지 못한다. Erikson의 심리학이나 아리스토텔레스의 인식론처럼, Baltes의 인지적 연구는 인간주의 문화의 최고봉을 이루기는 하나, 이러한 모형을 통해 이해되는 인지적 발달이 지식을 깨달아 가는 신비주의적 앎의 방법과 같은 것은 아니다.

여러 관점에서, 신비주의에서의 앎은 기존의 합리성이라는 주도적 방식을 뒤집으려 하는 방식에 매달려 있다. '합리적 영혼rational spirit'은 과학을 통해서건 종교적 교리를 통해서건, 예측성과 통제를 지향하는 경향이 있다. 대조적으로 '신비적 영혼'은 통제를 추구하는 자아를 해체시키는 경향이 있다. 이러한 반대성은 유대교, 그리스도교, 이슬람의 전통에서 주기적으로 나타났던 신비주의자들과 기존의 정통파들 사이의 갈등을 설명해 준다. St. Thomas나 al-Ghazali가 그랬던 것처럼, 때때로 신비주의는 정통파의 합리성과 화해를 이루기도 하지만, 그럼에도 불구하고 신비주의자들의 방법은 따로 남아 있다. "성령The Spirit은 마음대로 분다"(요한 3,8). 신비주의는 알려진 것과 모르는 것 사이의 급진적인 불연속성—예를 들면 Eckhart의 '알 수 없는 하느님Unknowable Godhead'이나, 선불교의 '깨달음'을 통해 경험되는 형언할 수 없는 '본질

---

50) 1098~1179, 독일의 대수녀원장, 신비주의자.
51) 1881~1955, 프랑스의 사제, 지질학자.

suchness' 등—을 주장하기 때문에 '반전통'으로 여겨지게 된다.

그러나 사람들은 이러한 신비주의적인 반전통을 노화와 생애주기의 분석틀 속으로 통합시키고, 신비주의적 방법을 계속되는 삶의 이야기의 한 부분으로 만드는 방법을 찾는다. 노년기 신비주의에 대한 일반적인 접근은 자서전의 형태인데, 여기서는 신비적 탐구가 영적 여행의 한 부분이 된다. 오늘날 회상과 인생 회고 life-review[52)]에 대한 관심이 증가하고 있다. 어떤 연구자들은 양심과 회개에 대한 고찰을 통한 '영적 인생 회고'까지 말한다. 인생 회고라는 개념은 개신교적 영성으로 기원을 거슬러 올라가야 하며, 인생 회고의 영적 의미가 노화에 중요하다는 것은 명백하다. 인생 회고는 Robert Butler(1960)에 의해 순수한 동태심리학적 의미에서 처음으로 제안되었고, 대부분 심리학의 분야에 국한되었기 때문에, 인생 회고에 대한 종교적 기원을 이해하거나 인식한 연구자들은 거의 없었다.

오늘날 인생 회고가 갖는 힘을 제대로 이해하기 위해서는 반드시 그것이 미치는 은밀한 종교적 힘과 그것이 영적 자서전에 뿌리내린 역사적 근원을 이해해야만 한다. 처음부터 자서전의 문학적 장르는 분명하게 개신교적 개념이며, 〈천로역정*Pilgrim's Progress*〉[53)]에 나타났던 양심에 대한 성찰 부분이 바로 이것이다. 자서전은 중국, 힌두, 이슬람과 같은 거대 문명에서는 사례가 별로 없다. 중세 서구에서도 St. Augustine의 〈고백*Confession*〉을[54)] 제대로 모방한 자서전은 없었다. 오늘날 인생 회고가 유행하는 것은 삶의 마지막 단계에서 의미를 발견하려는 욕구에 따른 것이며, 그 의미는 오늘날에는 종교적으로보다는 심리학적으로 정의된 것이다. 심리학과 종교의 두 요소는 〈아직도 가야 할 길*The Road Less Traveled*〉[55)]과 같은 유명한 책에서처럼 성공적으로 통합될 수 있을 것이다.

---

52) 인생 회고life review는 주로 죽음에 임박한 상황에 처한 사람이 살아온 인생의 전체를 빠르면서도 매우 상세하게 되돌아보는 경험을 말함.

53) 영국의 종교작가 John Bunyan(1628~1688)의 비유적 소설. 제1부는 1678년, 제2부는 1684년에 출판됨. 작자의 꿈 이야기 형식으로 되어 있다. 제1부는 주인공 크리스천이 처자를 버리고 등에 무거운 짐(죄)을 지고, 손에는 한 권의 책(성서)을 들고 고향인 '멸망의 도시'를 떠난다. 도중에 여러 인물들을 만나며, '낙담의 늪' '죽음의 계곡' '허영의 거리'를 지나, 천신만고 끝에 '하늘의 도시'에 당도하는 여정을 그렸다. 제2부에서는 그의 처자가 그의 뒤를 좇아가는 여정을 그렸다. 이 작품은 간결한 언어를 구사하여 신앙과 인간 관찰을 묘사하여 영국 근대문학의 선구로 인정되며 한국에는 1895년 번역소설로 처음 소개되었다.

54) 로마로 귀화된 베르베르인 주교이자 철학자 St. Augustine(354~430)이 40세 때 지은 자서전. 아우구스티누스가 신앙이 없이 방탕했던 시기에서 마니교에 빠졌다가 그리스도교 신앙을 갖기까지의 참회 생활을 중심으로 엮음. 비록 자서전이나 신학 체계가 매우 탁월한 작품으로, 자신에 대한 기록 10권과 성서에 대한 해석 3권 등 총 13권으로 구성됨.

55) 미국의 정신분석학자인 Scott Peck(1936~2005)이 1978년 저술.

그러나 '심리학적 신비주의'의 이러한 부상이 과연 종합적으로 볼 때 긍정적인 것일까? 종교가 심리적 자립을 위한 수단으로 변질되는 위험에 빠진 문화에서는 신비주의가 이상한 위치에 처해 있다. 긍정적 측면에서는 신비주의가 세속적 사고방식을 종교적 개념으로 끌어올 수 있는 하나의 방법이다. 그러나 현재의 심리학은 자기 방식으로만 종교와 신비주의를 받아들이는 경향이 있으며, 이는 통상적으로 결국 치료 행위로 귀결되며, 그러한 치료 행위에서는 정상적인 인생행로에 대한 가정—형이상학은 물론이고—을 그저 당연한 것으로 본다. 젊은이나 노인이나 실제 적용에서 신비적 경로를 돌아보려면 모든 가설과 위안에 대해 질문하게 된다. 이것은 자아에 대한 재확인이 아니라, 근본적 재검토를 의미한다.

예를 들면 노년기 신비주의의 심리학을 고려할 때는 부정적 정서—이를테면 과거에 대한 죄의식과 후회, 죽음의 공포, 자아 인식을 지탱해 주는 인지 기능의 상실 등—의 역할을 제대로 인식하는 것은 중요하다. Nouwen(1986)은 외로움loneliness의 현상에 초점을 맞추었다. 외로움은 보통 결핍으로 생각되기도 하지만, 오히려 고독solitude과 어떤 연관이 있고 노후의 영적 성장의 바탕으로도 인식될 수 있었다. 미국 문화에서 위험한 점은, 노년학에서 그런 것처럼, 신비주의도 역시 너무 일방적으로 '행복의 추구', '삶의 만족' 등과 동일시될 수 있다는 점이다. 그러나 이러한 접근법은 신비주의의 중심 전통에 상반되는 것이다. 전통적 접근에서는 무엇보다도 신적 실재 그 자체—"제 뜻이 아니라 아버지의 뜻이 이루어지게 하소서"(루카 22,42)—를 위하여 환상이나 위안 따위를 벗겨버려야 하는 것이다.

신비주의 전통은 공허함, 외로움, 수동성, 자아의 상실 등—일반적으로 부정적으로 생각되는 특성들—은 피하고자 하는 상태로 보는 것이 타당하다는 점을 인정한다. 심리학적 관점에서 이러한 경험은 매우 병적이거나 결함으로 받아들여진다. 그러나 신비주의 전통에서는 밝거나 즐거운 경험을 축하하기 이전에 '영혼의 어두운 밤'이 필요하다고 주장한다. 전통적인 용어로 말하자면 정화의 길이 깨달음 혹은 통합의 길에 반드시 선행한다는 것이다.

여기에서 중요한 관점은 외로움이나 포기 같이 '부정적'으로 보이는 심리적 상태도 노년기 발달의 목표나 의미에 대한 신비주의적 개념에 비추어 볼 때는 다른 의미를 갖는다는 것이다. 발달적인 관점에서 보면, '십자가의 성 요한'이 말하는 '영혼의 어두운 밤'은 '초월로 가는 과도기적인 회귀'의 단계에 상응할 것이다. 신비주의가 노년기 발달에 대해 가장 크게 공헌한 것은 '은퇴'나 '이탈' 같은 개념에 긍정적인 의미를 부여하여—현 시대에 너무나 만연된 '행위 그 자체 목적을 위한 우상 숭배'를 비판하여—이들을 되살리도록 도운 것이었다.

노년기 신비주의에 대한 연구는 심리이론이 종교 현상에 관련될 수 있는 사례이며, 심리학과 종교가 노년기 발달을 연구함에 있어서 적대적 방법이 아닌 보완적인 방법이 될 수 있다. 예를 들면 프로이드가 종교를 현실에 직면할 능력이 없는 미숙한 정신이 가지는 '환각'이라고 폄하하는 것을 극복해야 할 충분한 필요성이 있다. 다행히 현대의 정신의학은 영적 관심사에 대해 매우 개방적이다. '초개인적 심리학transpersonal psychology'[56]과 Maslow(1971)에 의해 창시되고 Washburn(1988, 1990)과 Wilbur(1986) 등 학자들에 의해 다양하게 발달된 '인간주의 심리학'[57]이 크게 기여하였다. 예를 들면 Washburn은 '영혼의 어두운 밤'은 초자아trans-ego 상태로 이동하기 위한 필수적인 단계라고 보았다. 물론, 더 정통적인 종교적 관점을 가진 연구자들은 다른 관점을 취할 수 있다. 이들은 그들 자신의 교리와 상징을 맞추면서 이러한 의식의 상태를 해석할 것이다. 그러나 여기서 중요한 점은 노년기 영성에 대해서는 심리학과 종교 사이의 진솔한 대화가 가능하며 고무되는 것으로 보인다는 점이다. 신비주의라는 주제는 이러한 논의의 중심적 위치를 차지할 것이다.

신비주의자들은 항상 경험이 바로 인간 실존의 의미를 들여다보는 최고의 통찰력이라고 이해해 왔다. Viktor Frankl처럼 노년기 삶의 의미에 대해 관심을 가진 사람들—신비주의 전통에 의한 해석에 동의하든지 동의하지 않든지 간에—은 신비주의적 경험을 고려해야만 한다. 마찬가지로 대부분의 신비주의자들은 의식을 기술할 때 생각과 느낌의 통합으로서의 지혜를 지향해 가는 방식을 택하며, 지혜는 '생애발달심리학[58]에서 여전히 흥미롭게 떠오르는 주요 주제이다.

마지막으로 오늘날 미국의 '뉴 에이지New Age'[59] 개념과 '은사적 그리스도교

---

56) 인간의 초개인적 경험을 연구의 대상으로 하는 심리학. 인간의 실존에는 불안이나 절망이 따르기 때문에 인간은 행복한 상태라고 볼 수 없으며 이를 극복하기 위해서는 인간이 자기를 계속 초월시켜 나가야 한다고 보며, 초개인적 상태를 최상의 심리적 건강 상태로 봄.

57) 인간주의 심리학은 행동주의 심리학이나 정신분석학의 결정론에 반대하여, 인간 행동의 원동력을 자아실현 욕구라고 보아, 인간 스스로 창조적으로 변화해 가는 데 연구의 중점을 둠.

58) 생애발달심리학lifespan development psychology은 생애접근법lifespan approach이라고도 함. 인간의 주요 발달은 청년기 이전까지의 전반기에서만 이루어지는 것이 아니라, 그 이후 성인기 및 노년기를 거치면서도 많은 주요 변화들이 진행되기 때문에 인간의 발달을 연구하는 발달심리학에서는 성인기 및 노년기를 포함한 생애 전체 기간에 발달이 이루어진다는 관점에서 연구를 진행해야 한다고 봄.

59) 20세기 말엽 기존의 사회, 문화, 종교에서 더 이상 가치를 발견하지 못하여 영적 공허를 느낀 사람들이 이를 탈피하려는 움직임으로 전개한 운동. 인간 의식을 확장시켜 신비적인 것에 도달하는 것이 주된 관심이며, 여러 종교에서 나타나는 다양한 요소와 과학, 심리 기술, 정신분석 등을 혼합시킴. 뉴 에이지의 어원은 점성학에서 현대는 새로운 세대New Age로서 물병자

Charismatic Christianity'[60]의 인기는 앞으로 전통적 신비주의가 현대와 미래의 종교적 경향과 관련하여 어떻게 이해될 수 있는가에 대한 물음을 불러일으킬 것이다.

2. 노화에서 신비주의의 유효성

신비주의와 노화를 진지하게 다루고자 한다면 노년이 갖는 온갖 의미를 광범위하게 재평가해야 할 것이다. 사람들은 노년기를 이전의 역할, 애착, 기쁨이 사라져 버리는 '자연적 수도원'과 같은 것으로 생각할 수도 있다. 수도승적 관점에서 본다면 고립은 '외로움'이 아니며 '이탈'은 세상에 대한 자비심의 부족이 아니다. 이는 Thomas Merton[61]의 이력이 말해 준다. 이러한 방법으로 노화를 생각하는 것은 요즘 흔히 볼 수 있는 노년의 화려한 재인식—오늘날 노년학자들이 '초기 고령층'의 상태를 힘, 성생활, 호기심, 기부하는 역할 등으로 가득한 일종의 '확장된 중년'으로 재구성—과는 매우 다른 것이다. 신비주의적 전통은 인생 후반에 대하여 이와는 매우 다른 언어와 이상을 제시하는 것이다.

신비주의 전통은 삶의 마지막 단계에 대한 규범적 이상형—목적과 의미의 인식—의 기반을 제공한다. 그러나 노년기 의미에 대한 신비적 접근을 현대 사회에 적용하는 데 부딪히는 어려움이 과소평가되어서는 안 된다. 포스트모던 문화에서 의미의 기반을 회복하는 것은 쉽지 않다. 왜냐하면 신비주의는 방식은 다르지만 과학과 종교 모두에게 도전하기 때문이다. 사실 이미 보았듯이 신비주의는 교회의 권위에도 반대하고 또한 신앙faith을 순수한 인지 요소인 '믿음belief'으로 격하시키려는 경향에도 반대하는 반전통주의로서는 최선이라고 생각된다. 주류 신학에서 서양의 합리주의 전통에 대항하는 반전통으로 신비주의의 형태가 오랫동안 존재해 왔다. 신비주의는 실

리 시대, 즉 아쿠아리우스Aquarius 시대가 시작되었다는 데서 온 것임. 기본 노선은 '모든 것은 하나'라는 일원론monism으로 여기서 범신론을 끌어내 신은 만물 안에 존재하고 만물은 신이라고 봄. 사상적 배경인 신지학神智學, theosophy이 있음. 뉴 에이지 음악은 심리치료, 스트레스 해소, 명상음악 등으로 사용되고 있으며, 서적들도 발간됨.

60) 현대 사회에서도 BC 1세기 초기 그리스도교에서의 신앙과 같이 기적, 예언, 방언 등 고린도전서 12-14장의 성령의 은사를 경험할 수 있다고 믿는 신앙. 여기에는 오순절교회Pentecostals, 은사갱생운동Neocharismatics, 은사운동Charismatic Movement 등이 포함됨. 2000년 이에 소속된 신자의 수는 은사운동 1억 7천 6백만 명, 은사갱생운동 2억 9천 5백만 명, 오순절교회 6천 6백만 명으로 추산된다고 함.

61) 1915~1968. 영성신학의 대가, 트라피스트 수도사.

재의 이론을 포함할 뿐 아니라 존재를 초월하고자 하는 실천도 포함한다. 이러한 실천은 개인적 황홀뿐만 아니라 자아 초월을 위해 요구되는 강한 의지의 도덕적 규율에도 연결된다. 바로 이 점에서 과거의 전통이 결정적 지침이 되는 것이다. 오늘날 영적 구도자들은 신비주의의 반전통적 측면은 수용하는 경향이 있는 반면, 진짜 신비주의적인 모든 경로에서 요구되는 독특한 도덕적 준비는 간과하고 있다.

이 문화 속의 세속적 마음을 가진 사람이 볼 때, 신비주의는 다른 측면에서도 여전히 체제 전복적인 반전통을 의미한다. 이러한 문명에서는, 엘리트 지식집단은 대개 종교나 사후세계를 믿지 않고, 그들은 개인적 혹은 사회적 미래—가장 대표적으로는 진보progress라는 이상—를 믿는다(Lasch, 1991). 개인적 수준에서는 진보의 개념이 종종 일종의 '성공적인 노화' 개념으로 치환되며, 이는 본질적으로 노년의 '현대화'를 의미하고 전통적인 명상적 이상들을 거부하는 것을 의미한다(de Beauvoir, 1972).

현대적 삶이란 성격상 목적론적이며[62] 목적의식이 분명하고 항상 미래 지향적이다. 그러나 신비주의는 '성공적인 노화', '생산적인 노년' 등 현대 사회의 이상과는 대비되는 위치에 있다. 신비주의적 이상은 사람들의 '삶의 여정'을 아주 다른 방법으로 다시 상상하도록 돕는다. 신비주의에서는 노년을 청년이나 중년의 이미지를 기반으로 재구축하는 것이 아니라 오히려 삶의 마지막 단계를 위해 준비된 특별 선물을 깨닫는 방법을 제공한다. Florida Scott-Maxwell이 이야기한 것처럼 "마지막 몇 년이 가장 중요하다"(1979, 33쪽). 그것이 중요하다는 이유는 "행동 밖에 존재하는 어느 정도의 의식, 젊을 때는 너무 바빠서 경험할 수 없었던 것", 즉 신비적 경험에서 찾을 수 있다.

우선 신비주의를 진지하게 받아들이는 것은 세상에 대하여 그리고 '실재reality'가 궁극적으로 무엇으로 이루어졌는가에 대하여 개인이 알거나 믿는 모든 것에 대한 급진적 재고찰을 의미한다. 신비주의는 세상에 대한 근본적인 '인지적' 주장을 포함한다. 사실상 신비주의자들은 "이제는 내가 안다"라고 말한다. 신비주의를 진지하게 받아들이는 것은, 최소한 현상학적[63] 의미에서는, 신비주의가 하나의 순수지성 인식

62) 목적론teleology이란 인간의 의식적인 행동뿐만 아니라, 세계 안에서 일어나는 모든 사건과 자연의 현상도 목적에 비추어 보는 것임. 이성적인 인간 행위는 그 행위를 목적에 비추어 이해할 수 있으며, 모든 것이 인간의 효용을 위해 이루어졌다고 함. 책상이 나무로 만들어졌다는 것은 기계론적 설명이고, 책을 읽기 위해 만들어졌다는 것은 목적론적 설명인데, 이는 '인간 중심적' 사고방식을 기초로 한 것임.

63) 현상학phenomenology이란 "사상(事象). 그 자체로"라는 표현처럼 의식에 나타난 것(현상)을 사변적 구성을 떠나서 충실히 포착하고, 그 본질을 직관에 의해 파악, 기술하고자 함. 본체의 본질을 연구하는 본체학과는 대비됨.

noetic[64] 과정임을 인정하는 것이다. 즉, 신비주의자들은 자기 스스로 우리가 무엇인가를 알게 되었다면, 그것은 세상에 관한 그 무엇보다도 중요한 것이라고 믿는다. 신비적 경험은 감상적 문제가 아니며, 프로이드의 '대양적 느낌oceanic feeling'[65]도 아니며, 오히려 일치되는 것이며 긍정적인 '대상관계object relation'[66]를 갖는 것(Winnicott, 1986), 즉 타인과 평화의 관계를 갖는 것이다. 신비주의를 진지하게 받아들이는 것은 심리학적인 환원주의reductionism[67]와는 매우 다른 것인데, 환원주의는 신비주의의 순수지성 인식이라는 주장을 붕괴시켜 심리학적 설명으로 격하시켜 버린다.

물론 신비주의를 진지하게 받아들이는 것이 누구에게나 설득력이 있거나 이해할 수 있는 것이 아닐 수도 있다. 신비주의적 경험에 직접적으로 접근하지 못한 사람들은 자기 개인적 삶의 심오한 순간들—첫 아이의 탄생, 부모의 죽음, 해돋이 무렵 산의 정상에 서 있거나 음악을 들으며 보통의 자아가 잊히거나 초월되는 순간 등—을 유추해서 그 경험의 깊이에 접근할 수 있을 뿐이다. 이러한 것들은 정확하게는 Abraham Maslow(1971)가 자기실현을 정의할 때 지칭한 것처럼 '절정경험peak experiences'이다. 흥미롭게도, Maslow는 자기실현이 젊은 사람보다 노인에게서 더 일반적이라고 믿었는데, 아마도 그는 이 점에서는 맞을 것이다. 이 질문에 대한 탐구는 종교와 노년을 연구하는 사람들로부터 주의를 끌 만한 가치가 있다. 이 질문을 파고들어 가게 되면, 신비주의에 대한 관심이 노년 생활에서 영적 성장이 무엇을 의미하는가에 대해 생각하는 새로운 방법을 열어 줄 수도 있을 것이다.

아주 나이 든 사람들, 예를 들어 100세가 넘은 고령자들은 왜 그들이 그렇게 오랫동안 사는지 때때로 놀라워하고 궁금해 한다. 그렇게 오랫동안 산다는 것이 무엇을 의미하나? 고통으로 괴로워하는 다른 노인들도 이 물음을 신앙에 대한 도전으로서 경험한다. 즉, 신은 왜 나를 살아 있게 하시는가? Scott Maxwell(1979, 32쪽)의 말을 빌리자면, "나는 나의 삶을 살아왔다, 그렇지 않은가? 나에게서 뭘 더 기대한다는 것인가?"

---

64) Noesis, 즉 순수지성의 인식작용이란 직관적 사고를 의미하며, 사물을 즉각적으로 감지하고 지각한다는 의미에서의 이해력을 의미함.

65) 프로이드는 생애 초기 아기가 엄마 뱃속에서 나와 경험하는 외부 세계와의 관계에서 안락하지 못하고 고통 받는 경험을 가리킴.

66) 대상이란 세상의 타인 혹은 자신 속에 내면화된 타인의 영상을 의미함. 대상과의 관계는 주로 어릴 적의 부양자primary care giver에 의하여 형성되며, 성장 과정의 경험을 통하여 변화될 수 있으나, 생애를 통하여 강력한 영향력을 행사하기도 함.

67) 환원주의는 복잡한 현상의 본질을 이해하기 위해서는 이를 각 부분의 상호작용으로 환원시켜야 한다거나 복잡한 시스템은 그저 개별 구성 요소의 집합에 불과하다는 관점을 기본으로 하고 있음.

등이다. 노년의 상태에 대한 신비주의의 대답은 "왜 살아 있나?"에 대한 직접적인 대답이라기보다는, 철학자 Wittgenstein이 〈논리철학논고*Tractatus Logico-Philosophicus*〉의 결론적인 다음 구절에서 제시했던 것처럼 오히려 그 질문을 초월하는 방법을 제공하는 것이다.

> '영원의 관점에서sub specie aeterni' 세상을 본다는 것은 전체－제한된 전체－로서 세상을 본다는 것이다. 세상을 제한된 전체로서 느낀다는 것, 이것이 바로 신비주의적인 것이다. 해답이 말로 표현될 수 없을 때, 질문도 말로 표현될 수 없다. 삶의 문제 해결은 문제를 사라지게 함으로써 이루어진다. 실제로 말로 표현할 수 없는 것들이 있다. 이 문제들은 "스스로 밝혀진다." 이러한 것이 신비주의적인 것이다(1947, 149-51쪽).

"삶의 문제를 해결하는 것은 문제를 사라지게 함으로써 이루어진다." 전통적인 신비주의자들은 이에 동의할 것이다. 사람이란 말로 표현될 수 있는 것 이상을 알고 있다.

당면 문제는 신비주의적 경험의 침묵 때문에 더 이상 탐구하거나 이해를 공유하는 것이 불가능하다는 것이다. 그러면 신비주의－삶의 후반기이든 다른 시기이든－는 그저 개인적 선택일 뿐인가? 즉, 사회적 요구로부터 개인적으로 물러나 버린 것인가? 신비주의적 삶이 노인이나 사회의 다른 사람에게 이익이나 가치를 주는가? 모든 신앙의 신비주의적 전통으로서는 더 큰 이익을 준다고 주장할 것이다. 묵상의 드러나지 않는 효과는 개개의 신비주의자에게뿐 아니라 사회 전체에도 가치가 있다. 묵상으로부터 오는 불가해한 은혜는 세상에는 나타나지 않지만, 그 이름이 오직 하느님에게만 알려진다고 하는 40명의 의로운 유대교 신자 이야기를 떠올리게 한다. 그러나 그 이야기는 40명의 의로운 신자가 더 이상 존재하지 않는다면 세상이 멸망할 것이라고 말하고 있다.

이와 같은 정서는 그리스도교의 묵상 전통에서도 마찬가지이다. 그리스 아토스산에 있는 고대 수도원처럼, 트라피스트 수도회 예배에서의 수도자가 하는 일은 세속적인 인류에 명백한 '이득'은 없더라도 오로지 끊임없이 기도하고 하느님을 기억하는 데 있다. 몇 명 안 되더라도 이러한 묵상하는 영혼이 존재한다는 것은 인체에 비타민과 같은 작용을 하는 것처럼 생각될 수 있다. 작은 요소가 일상생활에서는 별로 인식되지 않지만 전체 유기체를 건강하게 만드는 것이다.

그렇다면 묵상 기도가 '생산적인 노화'의 한 형태가 되는 것이 가능한가? 생산성,

즉 더 넓은 공동체에 도움이 된다는 것의 의미는 우리가 아는 것보다 더 심오하고 신비로울지 모른다. 마치 인간 자아도 우리가 아는 것보다 더 심오하고 신비로운 것처럼. 사람들이 삶의 마지막 단계가 줄 수 있는 것을 찾고자 노력할 때, 신비주의는 바로 이 깊은 삶의 차원이 회복되는 것을 도와줄 수 있다.

이 장에서는 신비주의가 영적 삶을 최고점까지 심화시키고 강화시킨다고 주장하고 있다. 결국 신비주의는 성스러운 삶이나 완벽한 신앙과 분리될 수 없다. 즉, "너희는 마음을 다하고 목숨을 다하고 힘을 다하여 주 너희 하느님을 사랑해야 한다"(신명 6,5)는 것이다. 이것은 불교의 '열반nirvana', 이슬람에서 말하는 신에의 '절대순종Islam' 그리고 복음서에서 예수의 명령 "하늘의 너희 아버지께서 완전하신 것처럼 너희도 완전한 사람이 되어야 한다"(마태 5,48) 등으로 상징화되는 완벽함의 정점이다.

인간 차원에서는 은총의 이러한 완벽성이나 가시적 현상은 미덕의 충만함에서 보인다. 구체적으로는 성자의 삶에서 볼 수 있는 사랑과 동정심이다. 그렇다면 실현된 신비주의란 의식의 특정 상태에 의하여 인식되는 것이 아니라 오히려 겸손함과 자기 소멸—결국 신비주의자가 추구하는 궁극의 목적—로 인식되는 것이다. 실제로 이러한 사람들의 주요 특징은 조용함, 내향성, 타인에 대한 공감과 친절, 무엇보다도 감사하는 마음 등이다. William Blake가 말한 것처럼, "감사함은 천국 그 자체이다." 그러나 세상의 신비주의자들이 항상 주장하는 것처럼, 이러한 상태를 성취하는 것은 쉬운 일이 아니다. 결국 이것은 성취하는 것이 아니라 은혜로운 선물이다. T. S. Eliot의 문구에서 이는 "(무엇으로도 값을 지불할 수 없는) 완벽한 단순함의 상태"이다(1952, 1450쪽). 복음서의 말씀에서, 이것은 또한 노인들뿐 아니라 모든 연령의 사람들에게 '필요한 유일한 것(루가 10,42)'이다.

제7장 지혜의 발달

Fredda Blanchard-Fields

Lisa Norris

최근 건강과 전체성을 향한 개인의 내적인 여정과 자기 개발에 대해 대중문학의 관심이 증대되고 있다(Keen, 1991; Murdock, 1990). 그 결과, 자아 성장의 과정이 어렵기는 하나 만족할 만하다는 것을 확인해 주는 많은 책이 나왔다. "알아볼 만한 안내표시나 안내자도 없어서 극히 고통스럽고… 외부 세계로부터 확인된 것도 거의 없다는 점에서 이 과정은 어렵다"(Murdock, 1990). 특히 사회적 확인의 결여는 이 과정을 병리학적으로 규정하고 성장과 연관된 고통을 일종의 '질병'으로 특징지으려는 정신병리학계의 경향에서 명백히 나타난다. 예를 들어 미국정신의학협회(1987)의 '정신장애분류체계(DSM III-R)' 매뉴얼에 나타나 있는 '정체성 혼란identity disorder'이라고 묘사한 것은 삶의 의미를 탐구하는 것이라고 묘사한 것, 즉 불확실성, 고통스러운 자의식, 고독 등의 속에서 전체성을 향한 내적 여행과 거의 동일하다(예를 들면 Keen, 1991).

자기 개발의 문제들에 관한 이러한 관심은, 심리학이라는 과학의 한 분야에서 성인 발달에 대한 수많은 현대이론의 초점이 되었다. 특히 지혜 분야에 대한 관심이 점점 높아지고 있다. 대중작가들과 마찬가지로 몇몇 이론가들은 지혜의 발달을 분리된 자아를 통합하는 과정과 연관된 것으로 또는 더 나아가 이의 수단으로까지 고찰하였다(Chinene, 1989; Jung, 1933; Kramer, 1990; Lavouvie-Vief, 1990). 그러나 그들은 이것이 중년이나 노년기 성인에게 흔히 나타나는 것이 아니라는 점에도 주목하였다. 그 이유를 고찰하기 전에, 먼저 우리는 지혜와 이에 대한 실증적 연구 결과를 개념화하기 위한 심리학자들의 시도들을 선별적으로 논의할 것이다. 다음으로는 지혜의 개념화 중에서 특정한 것에 집중할 것이다. 즉, '내부로의 여정'과 관련된 정서emotion와 인지cognition 사이의 균형 그리고 사람들이 자아통합의 과정에서 겪는 어려움에 집중할 것이다. 이 경우 그 주제와 관련된 과학적인 심리학 저술과 최근의 대중문학을 함께 검토할 것이다. 마지막으로 지혜와 영성에 관한 이슈는 통합된 성인과 지혜의 결정적 구성 요소로서 다루어질 것이다.

1. 지혜의 개념화

비록 지혜라는 개념이 고대적이긴 하지만—지혜는 기원전 3000년경에 쓰인 이집트 상형문자 문서에 기록됨(Birren and Fisher, 1990 참조)—심리학이 과학적 학문 분야로 스스로를 정의하기 시작하기까지 오랫동안 소홀히 다루어졌다. 지혜, 철학, 신학 사이에 오래 지속된 연관성과 이의 '심리주의적mentalistic' 특성은 20세기 중반 심리학의 주류였던 행동주의 학파에 의하여 과학적 탐구와는 양립할 수 없는 것으로 간주되었다. 그러나 최근 성인 인지에서의 노화의 긍정적 측면에 대한 연구가 관심을 끌면서 규정하기 힘든 이 개념이 근래에 부활을 만끽하고 있다.

이러한 부활기의 가장 초기 논문 중 하나가 Clayton(1975)의 시도였는데 이는 지혜의 개념을 조작 가능하도록 하려는 것이었다. 그녀는 지혜를 사고방식을 기술하는 하나의 구성 개념으로 보며, 또한 지혜를 대인관계의 영역 속에 놓는다(Clayton, 1982). 따라서 지혜는 인간 본성과 관련된 현실세계의 어려운 문제들—즉 사회적, 대인적, 개인의 내적 문제 등—에 직면했을 때, 타협책을 만들고 수용하는 능력을 포함하는 것이다. Clayton은 지혜를 사회적 상황에서 마주치는 역설, 변화, 모순 등을 다루는 능력이라고 기술함으로써 지혜의 개념을 지성intelligence과 구별하였으며, 지혜는 불확실성 하에서 사회의 문제들을 해결하는 데 초점을 둔다고 주장한다.

이와 유사하게 Meacham(1983, 1990)은 지혜를 사실이나 능력의 축적으로 보지 않고, 오히려 지혜를 지식에 대한 태도, 이러한 지식이 적용되는 방식 그리고 이 지식의 진실성과 한계를 평가하는 능력으로 간주한다. 이러한 경우에 현자는 정보를 축적하면서 동시에 지식에 있어서 본인의 한계를 의식하고 있다. 앎과 알지 못함 사이의 불균형에서 두 가지의 극단적 상황이 일어날 수 있다. 첫째, 자신이 가진 지식에 대한 과도한 확신은 폐쇄적 마음가짐, 완고함, 호기심 부족 등을 일으킬 수 있다. 둘째, 자신의 지식에 대한 극도의 불안, 예를 들면 의심은 행동에 있어서 조심스럽고 불확실한 느낌으로 빠지게 할 수 있다. 현자는 '앎'과 '의심' 사이에서 균형을 이루며 실제 정보의 양은 부차적일 뿐이다.

더 나아가 Meacham(1990)은 모든 사람들이 처음에는 현명한데, 나이가 들어가며 대부분의 사람은 지혜를 잃는다고 주장한다. 사람들은 지식, 성공 그리고 권력을 쌓아가면서 앎과 의심 사이의 균형으로부터 점차 멀어지기 쉽다. 나이와 비례하여 권력, 정보 등이 쌓이는 과정을 통하여 혹은 열린 마음을 위축시키고 고정관념과 불관용을 조장하는 지적 풍토에 빠지면서, 사람은 앎에 대한 과신을 가질 수 있다. 이와는 반대로 급격한 문화적, 기술적 변화나 큰 비극적 사건이 자신감을 뒤흔들어 극단적 의심으로 몰아갈 수 있다. Meacham은 지원적인, 즉 자유롭게 의혹과 불확실성을 표현할 수 있는 대인관계가 지혜의 유지에 필요하다고 단언한다. 따라서 지혜의 목적은 개인이 정보를 축적해 감에 따라 새로운 불확실성, 의혹 그리고 질문을 생각해 내는 것이며, 지혜는 지원적이며 판단 유보적인 환경 속에서 자라난다. Meacham(1983)은 현자가 앎의 한계에 대한 보다 큰 통찰력을 갖게 된다면, 질문하는 데도 능숙할 것이라고 생각한다. 이러한 불확실성, 의혹, 질문을 구성하는 능력, 즉 당면한 문제들을 뛰어넘는 것은 Arlin(1990)의 지혜의 개념화에서도 폭넓게 논의된다.

Arlin(1990)과 Meacham(1983)은 현자 안에서 문제의 전개를 강조한 반면, Kitchener와 Brenner(1990)의 '사색적 판단Reflective Judgment' 모형은 인생의 불확실한 문제에 직면했을 때 훌륭한 판단과 결정을 내릴 수 있는 능력을 지혜라고 정의한다. 이 경우에 현자는 인간의 앎의 한계를 인식할 뿐만 아니라 상당한 양의 정보(이를테면 전문지식)를 소유한다. 사색적 판단 모형에서는 무엇을 알 수 있고 무엇을 알 수 없는지 또 어떻게 알게 되는지, 안다는 것을 어떻게 확신하는지에 대한 가정에 관한 인지작용의 7단계 발달을 개괄하였다. 초기(1~3) 단계의 사람들은 실질적인 불확실성의 존재를 부정하기 때문에 지혜의 이해와는 관련이 없다. 제7단계의 사람들이 지혜 발달에서 가장 뛰어난 단계인 이유는, 앎의 불확실성을 인정할 뿐 아니라 전반적인 지식의 불확실성을 인정하고 다양한 관점들을 고려하고 종합하기 때문이다. 현자는 자신의 판단이 최종해답이 되지 않을 수도 있다는 사실을 이해하며, 현재 가능한 해결책 중에서 최선을 선택해야 한다는 것을 알고 있다. 다른 말로 한다면 옳고 그름이 절대적이지 않아 하나의 관점에서 실행하기가 불가능한 상황, 즉 관점이 다양한 상황에서도 현자는 휘말리지 않는다. 대신 현자는 상대주의 범위 내에서 선택해야 할 필요성을 익힌다(Perry, 1970).

Kitchener와 Brenner(1990)는 다양한 나이와 교육수준의 사람들에게 네 개의 문제 상황과 관련된 '사색적 판단 면접'을 실시하였다. 나이가 많고 교육수준이 높은 참가자들이 높은 점수를 기록하였다. 게다가 제7단계에 있는 성인들 가운데 30세 이하는 거의 찾아볼 수 없었으며, 이는 지혜와 관련된 반응은 성인기 후반부에 발생한다는 사실을 시사한다.

일반적으로 지혜에 관한 과거의 연구는 지혜를 구성하는 것이 무엇인지에 대한 이론적 고찰을 산발적으로 시도하였으며(예: Clayton, 1982; Meacham, 1990), 실증적 연구는 얼마 되지 않았고 그것도 대체로 의견이 모아지는 지혜의 구성 요소들—이를테면 문제의 발견, 사색적 판단 등—에 관한 연구에 그쳤다. 특별히 지혜를 연구하기 위한 프로그램을 개발하려는 몇 안 되는 체계적 시도들 가운데 하나가 Baltes 연구팀의 연구에서 나타나는데, 이들은 지혜에 대한 포괄적 모형을 개발하였다(Baltes and Smith, 1990; Baltes 외, 1984; Staudinger 외, 1992). 그들의 모형에는 앞서 논의된 많은 구성 요소들을 포함시키면서 삶의 기본적 화용론pragmatics[68]에서의 개인적 지식 시스템의 전문성과 활용을 강조하였다. 또한 그들은 지혜란 본질적으로 다차원적이며 분명치 않은 대인적 문제의 해결에서 실행된다고 지적한다.

이러한 틀 안에서 지혜와 관련된 5개 기준이 제시되었다. (1) 삶의 기본적 화용론에 대한 풍부한 사실적 지식, (2) 삶의 기본적 화용론에 대한 풍부한 절차적 지식(예: 의사결정과 행동 계획을 위한 전략), (3) 삶의 다양한 맥락에 관한 지식(예: 육아 시기, 여성의 역할 변화, 재정 상황 등), (4) 가치, 목적, 우선순위 등에서의 문화적 개인적 차이에 관한 지식, (5) 그리고 삶의 불확실성을 다룰 수 있는 인식과 전략이다(Baltes and Smith, 1990).

지혜와 관련된 이러한 기준들을 평가하는 수많은 실증 연구에서, Baltes 연구팀은 인생 설계 및 인생 회고의 문제에 대한 성인의 '지혜로운' 반응은 나이에 따라 달라지지 않았다는 사실을 발견하였다(Smith and Baltes, 1990; Baltes 외, 1990). 그들은 지혜와 관련된 지식은 개인적이고 구체적인 인생 경험을 더 잘 반영할 수도 있다고 결론

68) 화용론pragmatics이란 구체적 맥락 속에서의 언어 사용을 의미함. 의사소통에서는 말하는 사람과 듣는 사람의 관계, 말하는 사람의 의도 등에 따라 문장의 의미 해석이 달라질 수 있음.

지었다. 그러나 노년 및 중년의 성인들은 보다 폭넓은 '불확실성에 대한 인식'을 보여 주었다(Baltes 외, 1990).

지금까지 검토한 연구에 따라서 보면 지혜는 대인적 · 사회적 영역에서 가장 분명하게 드러나며, 또 지혜에는 삶의 다양한 상황에서의 불확실성에 대한 인식, 현명한 판단을 내리거나 유익한 조언을 할 수 있는 능력 그리고 사고하는 데 상대주의적 관점을 취할 수 있는 능력 등이 포함된다. 이러한 지혜의 특징들을 실증적 틀로 환언해 보면 지식knowledge, 앎knowing, 지식에 대한 의문doubting knowledge 등으로 초점이 맞추어진다. 그러나 많은 연구자들이 주목하듯이 지혜는 다차원적이다. 따라서 지혜가 지식의 한 측면이 아니라 지식이 지혜의 한 측면에 불과하다는 사실을 인식하는 것이 아주 중요하다.

이러한 '전문가' 지식 시스템[69] 접근법은 지혜에 관한 초기 연구에서 결실을 보고 있다. 현재의 원칙, 방법론, 인지심리학의 기술 등—특히 '전문가 시스템의 지식' 연구—을 고려한다면, 가장 쉽게 실증적으로 조작될 수 있는 것은 바로 지혜의 구성 요소이다. 심리학의 초창기 시절에는 자연과학에서 이미 확립되어 있던 기술들을 차용함으로써 정통성을 갖춘 과학적 학문 분야로 인정받기 위해 노력하였다. 마찬가지로 지혜도 심리학이라는 과학 안에서 정통성을 부여받았는데, 이는 지혜를 지식 시스템의 틀 속에서 조작하는 방법—즉, 기존에 확립되어 있던 과학적 접근 방법을 활용—에 의한 것이었다. 비록 많은 실증 연구들이 이러한 접근 방법으로 이루어지고 있지만, 인간의 상태에 대한 후천적으로 얻어진 지식인 지혜의 한계는 아직 검증되지 않고 있다. 이제는 이론적으로뿐만 아니라 실험적으로도, 지혜 중에서 지식 요소에만 집중했던 한계를 벗어나야 할 때이다. 다른 측면들도 더 면밀한 관심을 받을 만하다.

위에서 살펴본 이론가들은 대인적 관계의 영역에서 지혜의 중요성 (예: Baltes and Smith, 1990; Clayton and Birren, 1980; Clayton, 1982; Meacham, 1990) 그리고 지혜의 맥락 안에서는 사람의 정서를 이해하는 것이 중요하다는 점(Baltes and Smith, 1990)에 주목한다. 비록 몇몇 견해는 감정이입 식으로 정서가 지혜에 포함된다고 주장하지만, 그들은 지혜 안에서 정서가 담당하는 역할을 제대로 설명하거나 입증하지 못한다. 다

---

69) 전문가 시스템expert system이란 통상적으로 특정 분야에 대한 전문지식을 정리하고 컴퓨터 등에 집중하여 기억시킴으로써, 일반인도 이 전문지식을 이용할 수 있도록 시스템으로 구축되어 축적된 강력한 지식기관. 주요한 구성 요소로는 (1) 사용자 인터페이스User Interface: 시스템과 사용자 사이의 접촉면 환경, (2) 추론기관Inference Engine: 지식 기반을 검색해서 문제 해결에 이용되는 방법을 담고 있는 소프트웨어, (3) 지식 기반Knowledge Base: 특정 애플리케이션에 관련되어 있는 사실이나 데이터.

음 부분에서는 인지와 정서의 인터페이스를 지혜의 개념화 및 이와 관련된 실증 연구 속으로 반영시키려는 최근의 주장에 대해 논의할 것이다.

2. 정서와 인지의 통합

지식의 한계나 불확실성에 대한 의식은 지혜에서 중요한 한 측면으로 제안되어 왔다. 연구자들은 현자가 문제 맥락에서의 불확실성을 인지하고 이를 효과적으로 관리하거나(Baltes and Smith, 1990), 알지 못함을 인정하는 감수성을 갖고 있음(Meacham, 1983, 1990)을 증명하고 있다. '불확실성의 관리'란 사건의 발생을 추정하는 능력, 불확실한 결정이 가져올 수 있는 성공이나 실패의 위험에 관해 조언하는 능력, 알 수 있는 것은 개인이 이미 알고 있는 것을 능가하기 때문에 지식은 대립적 견해의 종합을 통해 구축되어야 함을 깨닫는 능력 등으로 묘사되어 왔다. 즉, 과거의 연구는 불확실성 하에서 이루어진 의사결정의 결과물에 초점을 두었다. 그러한 성공적 결과물에는 대인적 상황에 내재하는 주관성을 고려한 객관적 판단이 포함된다. 초점은 가장 중요하게 인식되는 인지적 과정에서의 다양한 관점을 종합하는 데 있다. 이러한 연구자들은 정서적 과정이 지혜와 관련이 없다고 주장하지는 않음에도 불구하고, 그들은 지혜로운 판단의 토대로서 감성을 연구하지도 않는다. 이는 마치 법정의 판사가 재판에 관련된 사람에게 공감을 가짐에도 불구하고, 감정에 좌우되지 않는 '객관적' 판결을 내려야만 하는 것과 비슷하다.

몇몇 인지심리학자는 이론적으로나 실험적으로나 정서가 인지에서 분리될 수 있는지 공개적으로 의문을 제기하고, 정서가 실험 상황이나 일상생활에서 인지에 중요한 영향을 미친다고 주장한다(Lazarus, 1984; Zajonc, 1984; Buck, 1985). 지혜에 관한 심리학적 연구에서 정서와 인지의 인터페이스가 매우 중요하다는 사실은 최근에야 드러났다(Blanchard-Fields외, 1987; Kramer, 1990; Labouvie-Vief, 1990). 감성은 지혜에서 결정적인 역할을 하는 것으로 간주되는데, 이는 왜냐하면 감성은 생각과 느낌에서의 주관적 편향을 인식하는 데 도움을 주어 이 둘 사이의 인위적인 양극성이 초월될 수 있기 때문이다. 다시 말해서 불확실성에도 불구하고 정서적 규율emotional regulation이 지혜의 중심에 있는 것으로 보인다.

이러한 정서적 규율은 앞서 묘사한 '불확실성의 관리'와는 비록 관련이 있기는 하지만 엄연히 다르다. 여기에서 개인이 정서와 인지 사이의 균형 상태를 이루고, 동시에 이 둘을 포용할 수 있다. 따라서 정서는 '합리적' 결정을 내리기 위해서 제외되거나 억제되지 않는다. 오히려 분석적 과정과 정서적 경험 이 둘의 중요도는 의사결정, 판단, 조언, 문제 해결, 삶의 의미와 목적의 추구 등에 있어서 동일하다.

지혜에 관한 이러한 통합적 관점은 Gisela Labouvie-Vief(1990)의 이론적이며 실증적인 연구에서 명쾌하게 소개되었다. 그녀는 자기규율 및 정서적 규율 모두 성인기와 노년기까지 계속하여 발달한다는 주장에서 생애발달적인 관점을 취한다. 특히 그녀의 연구팀은 정서적 이해에서의 발달상의 복잡성이 나이 차이와 관련성이 있는지를 시험하였다(Labouvie-Vief 외, 1989a; Labouvie-Vief 외, 1989b). Labouvie-Vief(1990)는 사춘기 이후의 인지적 발달의 확장선상에서, 문맥에 민감하고 개인적이며 유기체적인 시스템들(예: 감성/정서)과 안정적이고 추상적이며 비개인적 시스템들(예: 인지 혹은 '이성적' 자아) 사이에 분리가 나타나며, 이는 성인 시절까지 계속된다고 주장한다. 유년기 사회화 과정을 거치면 '정서적 자아'가 '이성적 자아'에 위계적으로 종속되는 결과를 가져온다. 달리 말하면 정서적 '비합리적인' 것보다는 이성적 · 객관적인 것이 우리 사회에서 더 "타당하고 수용적이라는" 것이다. 나아가서 그녀는 성숙한 성인이 갖게 되는 최대의 성취물인 지혜는 이러한 시스템들의 통합—개인이 이 시스템들을 위계적으로 조직하지 않고 평행적으로 똑같이 중요하게 경험할 때—이라고 주장한다. 예를 들면 사람은 좀 더 성숙하고 유연한 대처를 함에 있어서 구체적인 감각과 느낌이 논리적, 이성적, 추상적 생각에 종속되는 것이 아니라 상호작용한다는 사실을 깨닫게 된다.

후반 성인기에서 정서와 인지가 재통합된다는 것은, 발달이란 원형체 조직global organization의 상태로부터 분화[70]로 진행되며 이는 결국 위계적 통합의 상태로 진화한다는 개체발생적인[71] 관점을 반영하는 이론의 틀에 딱 들어맞는다(Werner, 1957). 이처럼 발달은 두 개의 대립하는 과정, 즉 분화와 통합의 변증법적 종합의 특징으로 규정된다. 이러한 과정의 실례는 생물학에서 나타난다. 자궁 내의 세포 발달은 분화되지 않고 기능하지 않는, 즉 전체성globality 상태인 세포들의 과잉공급에서 시작된

---

70) 분화differentiation란 세포가 분열 증식하여 성장하면서 세포, 조직 등이 각각에게 주어진 일을 수행하기 위하여 형태나 기능이 변해 가는 것을 말함. 즉, 미분화 상태의 세포가 근세포, 신경세포 등으로 특화하는 것을 말함. 이에 비하여 분열division은 단순히 동일한 세포의 개체수가 늘어나는 것을 의미함.

71) 개체발생ontogeny은 수정란이 난할, 세포분화, 조직분화, 형태 형성 운동 등에 의해 성체와 같은 형태를 가진 개체로 성장하는 것을 말함. 이와 대비하여 계통발생phylogeny은 진화론적으로 종이 변화하는 것을 가리킴.

다. 발달이 진행되면서 선택적 도태 과정이 일어난다. 잉여 세포들이 제거되는 한편, 어떤 세포들은 분화하기 시작한다. 그러나 세포분화로 과정이 끝나는 것은 아니다. 유기체가 효과적으로 기능하기 위해서는 이 분화된 세포들은 기능 시스템으로 통합되어야 하며, 그리하여 위계적 통합이 발생하는 것이다.

이와 유사하게 감성 시스템과 인지 시스템은 유년기 사회화의 결과에 따라서 분화 과정을 겪는다. 정서적 자아를 분리하고 평가 절하하는 이 과정은 초기 발달에 있어서 중요하며, 개인이 경험을 안정적이며 신뢰성 있는 방식으로 범주화할—분화할— 수 있도록 해 준다(Labouvie-Vief, 1990). 이후의 성년기에는 이러한 시스템들을 통합해야 할 절박성이 더 나타날 것임을 보여 주는 증거가 있다(Blanchard-Fields, 1986; Labouvie-Vief, 1990; Neugarten, 1968; Pascual-Leon, 1990). 아마도 이 시기의 발달 과정에서 사람은 이러한 인터페이스에 대한 준비가 되어야 한다. 왜냐하면 이 장의 첫 부분에서 말했듯이, 그것은 자아에 대한 이야기와 자신의 정서를 직면해야 하는 고통스러운 여정을 포함할 수 있기 때문이다. 아마도 이는 발달과업이나 이정표라는 관점에서 재구성될 수 있는데, 이는 중년이나 노년기에는 사람이 좀 더 내면을 향해 성찰하고 삶의 의미에 직면하려는 경향이 있기 때문이다(Erikson, 1978b; Neugarten, 1968). 그렇다고 해서 유년기나 사춘기에는 분화와 통합 사이의 상호작용이나 정서와 인지 사이의 상호작용이 없음을 의미하지는 않는다는 점도 주목해야 한다. 인생사는 지속적인 상호작용으로 특징된다. 이는 오히려 성인기에나 유년기에나 인지와 정서의 상호작용에 대한 '의식적' 인식과 '무의식적' 인식 사이의 차이일 수도 있다.

젊은이는 성숙해 가면서, 균형이 잡히지 않은 해석을 근거로 한 불확실성이나 위기의 해결은 더 큰 위기를 초래한다는 사실을 깨닫는다. 만일 어떤 상황에 대한 정서적 반응이 억제된다면, 유감스럽게도 그 정서적 반응은 새로운 그러나 유사한 위기로 재등장하는 길을 찾게 된다. 성인으로서 이러한 위기에 직면해야 하는 긴박한 시점에 이르게 되면, 이는 통합 과정, 즉 의식에서의 성장—그 결과로 인생 후반부의 특징이라 할 수 있는 실재에 대한 조화롭고 균형적인 해석에 이르는—으로 안내할 수 있을 것이다. 예를 들어 결혼 실패에 대한 분노나 버림받음에 대한 공포를 억누르는 이혼 여성은 성공적인 경력을 쌓아 올리는 데 자신의 에너지를 쏟아 붓는다. 그러나 5년, 10년 혹은 15년 후, 새로운 관계의 기회가 왔을 때 버림받음의 공포가 다시 떠오르는 상황이 올 수 있으며, 이는 억압되었던 그러나 화급한 문제를 해결할 수 있는 새로운 기회를 주는 것이다.

이때가 바로 개인이 사회적으로 강요되었던 정서와 인식의 양극화를 인식하고, 자아의 의식적 통합을 통하여 이를 초월할 수 있는 시점이다. 불확실성을 해소하는 것은 더 이상 일차적인 동기부여로 생각되지 않는다. 대신, 불확실성에 대한 내성이 증가하고, 삶의 의미와 목적을 더 깊이 추구하게 된다. 역설적이고 모순적인 현실의 본성을 인식하게 되면, 이러한 인식은 불확실성을 포용하는 데 필요한 초월성을 가능하게 한다. 의식의 확장을 통한 스스로 찾아가는 탐구야말로 성인 발달의 연구에서의 현행 사조와 영성 및 '내부로의 여정'에 관한 현행 저술 사이의 인터페이스를 제공하는 것이다. 이를 이해하기 위해서는, 발달적 여정에 관해 실증적 연구자들이 제기한 질문을 조사하고 이러한 질문에 답하는 연구 시도들을 검토해 볼 필요가 있다.

성인 발달과 노화의 관점을 지닌 실증적 연구자들에 의해 정의된 바와 같은 정서와 인지 간의 인터페이스의 본질은 무엇인가? 이 분야에서 대부분의 연구는 일상생활에서 기능상의 중요성을 갖는 수많은 영역들—일상의 문제 해결, 사회적 판단, 스트레스 대처, 일상의 의사결정 등을 포함하여—에 초점을 두어 왔다.

최근의 연구에서 Blanchard-Fields는 청소년, 청년, 중년 그리고 노인들이 어떤 연속사건event sequences을 일으키는 원인이 무엇인가에 대하여 질적으로 다른 방법으로 검토했다(1994; Blanchard-Fields and Norris, 1994). 이 사례의 참가자들에게는 성취 상황뿐만 아니라 대인적 딜레마를 보여 주는 연속사건이 제시되었다. 사건 딜레마는 그 정도가 다양했는데, 그 상황을 야기하는 요인들이 때론 명시되었고 때론 모호하기도 하였다. 각 연속사건을 읽은 후에 참가자들은 그 결과에 대해 주인공이 책임이 있는지, 다른 상황 요인들이 책임이 있는지 또는 주인공과 상황 요인 모두가 책임이 있는지의 정도를 등급을 매겨 평가하도록 하였다. 후속 연구(Blanchard-Fields and Norris, 1994)에서는 등급 평가에 추가하여 참가자들에게 각 등급평가를 추론한 이유를 수필 형식으로 쓰도록 했다. 두 연구 모두에서 청소년은 다양한 관점들을 조정하는 능력—특히 감정상 괴롭고 모호한 사회적 딜레마에서—이 중년 및 노인과 비교하면 일관되게 낮다는 것을 보여 준다.

다른 연구자들도 역시 성인기에 인지적인 그리고 감성적인 영역을 넘나드는 추론에서의 통합성과 일관성이 나타난다고 하였다. 이들 연구는 인지와 감성의 조정이, 성인 발달이 더 진전되느냐 마느냐의 결정적 요소임을 시사해 준다. 예를 들어 Kramer, Goldston, Kahlbaugh(1989)는 높은 정서적 집중력을 가진 노인들은 좀 더 성숙한 변증법적인 사고를 보여 준다고 밝혔다. 본 필자의 연구(Blanchard-Fields and Irion, 1988)와 Labouvie-Vief 연구팀(1989a, 1989b)의 연구 모두가, 정서적 규율 그리고 감성적 경험에 대한 개방성의 수준이 높을수록 대처기제와 사회 인지적 추론이 더 성숙되는 상관관계가 있음을 증명하고 있다. Lawton과 Albert(1990) 또한 나이든 성인이 더 효율적으로 자신의 정서를 규율한다고 증명했다. 이들은 나이가 들어감에 따라 개인이 일상사를 인지하고 구성하는 방식에서 질적인 변화가 있으며, 감성적 반응을 규율하는 능력이 증가한다고 주장한다.

다른 연구에서 Blanchard-Fields와 Camp(1990)는 정서적 특징과 일상 문제 해결의 서로 다른 유형들 사이의 관계를 평가했다. 참가자들에게는 소비자 문제(예: 물품 반환), 가정 관리 문제, 가족이나 친구 문제 등을 나타내는 24개 문항이 제시되었다. 이들은 각 상황에서 어떤 문제 해결 전략—(1) 계획적 문제 해결(매우 도구적이며 상황을 직면), (2) 인지적 분석(인지적으로 상황을 평가), (3) 수동적 의존(상황을 받아들이고 바꾸려 하지 않음), (4) 도피(상황으로부터 자신을 적극적으로 분리) 등—을 사용하는지 그 정도를 평가했다. 그 결과를 보면 정서적 성격이 약한 문제들은(예: 소비자 상황) 그 문제 해결 유형에서 나이에 따른 차이가 없는 반면, 정서적 성격이 강한 문제들은 노년층에서 그 편차가 증가하였다. 노년층에서는 정서적 성격이 강한 문제(예: 가족 및 대인관계 문제)의 경우 통제할 수 없는 상황에 닥치면 언제 '피해야' 할지, 언제 '수동적으로' 받아들일지 또는 언제 더 도구적 방식을 사용해야 할지 알고 있었다. 청장년층에서는 모든 문제들에 대해 문제 중심적인, 즉 인지적 분석을 더 선택했다.

효과적 문제 해결에 대한 과거의 개념화는 직접적이고 계획적인 문제 해결을 선택 전략으로 장려해 왔다는 것이 흥미롭다. 또 이것은 인지적이며 분석적이고 도구적인 기능 양식이 매우 합리적이고 적절하다는 사회 통념상의 가치와 일맥상통한다. 이러한 관점에서 보면, Blanchard-Fields와 Camp(1990)의 연구 결과는 노년층이 수동적 의존 그리고 도피와 같은 "덜 효과적인" 전략을 고수한다는 것을 증명하는 것으로 해석될 수 있다. 그러나 인지적 전략과 정서적 전략이 똑같이 중요하다는 관점에서 보면, 나이든 성인들이 각 전략이 어떤 맥락에서 가장 효과적인지를 아는 '지혜'뿐 아니라 더 광범위한 문제 해결의 전략 목록을 가지고 있는 것으로 보일 수 있다.

후자의 해석은 Blanchard-Fields와 Irion(1988)이 실행한 연구에 의하여 더욱 뒷받침된다. 개인적 스트레스 상황에 대한 책임성을 평가하는 연구에서 노년층은 자신들이 스트레스의 원인에 책임이 있는 것으로 평가한 반면, 청장년층은 자신들이 스트레스의 결과에 책임이 있는 것으로 평가하였다. 게다가 청장년층은 스트레스의 결과에 대해 스스로를 책망했고 이에 따라 스트레스 사건을 대처함에 있어서 회피하거나 적대적이었다. 노년층은 스트레스의 근원이 자신에 있는 것으로 인식하는 경향이 있었고, 이는 그들이 의식적으로 상황을 심사숙고하고 재평가하도록 했다. 노년층은 '도구적 통제의 배제', 자기성찰, 수용 등을 통하여 상황에 대한 통제를 성취할 가능성이 더 높았다.

Labouvie-Vief 연구팀은 또한 (a) 정서적 규율과 (b) 정서적 이해와 대처의 관계라는 관점에서 이러한 발달적 진행의 증거를 찾아냈다. 청년기에 자기 조절의 언어는 외부 세계에 대한 의식적 통제—이를테면 힘 있는 외부적 권위를 확인할 필요성—에 초점을 두고 있는 반면, 노년층은 외부의 표상과 내면의 표현을 통합하는 '더 풍부한 자기규율의 언어'를 보여 준다(Labouvie-Vief 외, 1989a). 게다가 노년층은 복잡한 정서적 이해의 수준이 높아지는 것으로 나타난다. 또한 정서적 이해가 커질수록 더욱 성숙하고 효과적인 대처 전략을 기대할 수 있게 된다(Labouvie-Vief 외, 1989b).

정서와 인지 간의 인터페이스에 대한 이러한 실증 연구에서 얻는 교훈은 무엇인가? 그들은 특별한 효과적 기능에서 그리고 일반적인 지혜에서 모두 정서적 규율이 결정적 역할을 한다고 주장한다. '균형 잡힌' 사람은 (a) 감성적 경험에는 판단과 확신을 배제한 채 개방적이며, (b) 개인적인 정서 반응에 대해 사려 깊은 이해를 보이며, (c) 사회적으로 규정된 외부 규율에 의존하기보다는 지침을 찾기 위해 내면을 들여다볼 줄 안다. 또한 '지혜로운' 성인 및 그 효과적 기능을 이해하기 위해서는 정서와 인지 간의 동태적 상호작용에 관한 더 많은 연구가 필요하다고 주장한다.

일상의 문제 해결과 대처에 관한 이러한 연구는 이제 막 개인이 문제에 포함된 자신과 타인의 정서를 표현하고 고려하는 방법을 증명하기 시작했을 뿐이다. 개인의 정서적 '이해'를 평가하기 위해 정서적 과업을 단순하게 조작하는 것을 뛰어넘어, 정서와 인지 간의 인터페이스에 대한 실험적이며 과정 중심적인 연구로 변화해야 할 필요가 있다. 달리 말하면 지혜라는 맥락 속에서 정서에 대한 개인의 현상학적 경험을 조사할 연구가 더 필요한 것이다.

성인 발달에서 이러한 문제에 더 초점을 맞춘 문헌은 성인기의 성격 변화이다. 광범위한 이 연구에 너무 상세히 들어가지 않으면서, 최근의 인기 있는 글들과 직접 관련된 몇몇 적절한 연구의 관점과 결과에 대하여 검토하고자 한다.

3. 성인기의 성격 변화와 내면으로의 여행

많은 이론가들은 성인기의 자아 발달을 대처나 문제 해결과 같은 효과적 기능의 발달로 보는 것보다는 성격 변화(예: 의식과 인식의 성장)의 함수에 초점을 맞추었다

(Erikson, 1978; Jung, 1933; Loevinger, 1976). Orwoll과 Perlmutter(1990)는 지혜의 성격 요소가 Erikson과 Jung 같은 이론 등에서 예시된다고 생각한다. Erikson은 노년기에 지혜와 관련된 성격이 성장하는 것을 덕목virtue—삶을 살아온 자체로 받아들이고, 신체적 쇠퇴와 죽음에 긍정적으로 적응하고, 지도력을 포기하고 미래에 넘겨주는—과 연관된다고 보았다(Orwoll and Perlmutter, 1990). Jung은 지혜와 관련된 성장이란 점점 더 깊어지는 자아적 측면—즉, 개인의 무의식에 도달하고 자아의 어두운 면을 통합하며, 내면/외부 현실, 선/악, 남/여 등 상반되는 힘의 균형을 잡는 것—에 직면하는 것으로 보았다(Orwoll and Perlmutter, 1990). Orwoll과 Perlmutter은 성격 발달이 진전되면 개인들은 무방비적인 개방된 방식으로 감성을 경험하고 자기의식을 증진시키게 된다고 결론지었다. 앞에서 논의되었듯이 이러한 자기 통찰력은 감성적 명료함과 인지적 복합성의 통합에 의해 촉진된다.

최근의 연구는 성격 요인들과 지혜 관련 반응들 사이의 관계를 탐구해 왔다. 예를 들어 Maciel 등(1991)은, 지혜—앞서 Baltes 등의 연구에서 보고한 반응들의 관점에서 정의된—는 생애에 걸쳐서 도전적 경험에 대한 개방성과 관련된다는 것을 발견했다. 유사하게 Kramer 등(1989)은 노년기 발달의 중요한 과업이 감성적 경험에 대하여 어느 정도의 개방성을 유지하도록 하는 것이라고 지적하고 있으며, 이를 위해서는 미숙한 방어기제의 제거가 필요하다.

이처럼 감성에 대한 노년기의 개방성을 강조하는 것과는 대조적으로 어떤 연구에서는 노년기에 발생하는 수량적 상실이나 감소—이를테면 감성적 강도의 감소 또는 정서적 자원의 축소—를 보고하고 있다(Diener, Sandvik, and Larsen, 1985). 그러나 이러한 감성에 대한 결손이나 보상적 관점은 이러한 변화의 보편성—다른 개인들에도 적용되는 것인지 그리고 동일 개인이라도 평생 동안 정서가 질적 및 수용적으로 변화하는 맥락과 방법이 다르더라도 적용되는 것인지—문제를 간과하고 있다. 겉으로는 감성적 강도나 정서적 자원의 감소로 나타나는 것이 오히려 효과적인 자아규율일 수도 있고, 이는 특정한 상황에서 격렬한 정서적 반응의 가능성을 배제하는 것은 아니다. 따라서 나이 들며 나타나는 내면으로의 전환—몸 안의 유기체적 근본으로 돌아가고 사회적으로 인정받으려는 욕구는 버리는—이 사회로부터의 정서적 분리라고 오해될 수도 있다. 오히려 이는 자신의 정서적 자아에 대한 높아진 감수성과 강도를 의미할 수 있다. 이러한 성장의 유형은 개인이 "얼마나 많은" 관계들에 관여하는지에 따라 평가될 수 없고 또한 감성적 강도에 대한 포괄적 성격 척도에 의해 평가될 수 없으며, 자아에 대한 관계에서 그가 얻은 자질과 정직함을 통해 평가될 수 있을 것이다.

여성과 남성의 발달에 대한 최근의 많은 대중적 글들이 통합적이며 전인적인 자아를 향한 '내면으로의 여행'을 논의하고 있다. 이 여행이 주는 '현명한' 교훈은 대부분의 글에 공통적인데, 이는 "순간을 살아감"으로써 인생의 거대한 양극성을 해결하는 것이 중요하다는 점이다. 이는 June Singer(1989)에 의해 다음과 같이 멋지게 표현되었다.

> 현자가 일찍이 남성적 원리의 목표는 완전perfection이고 여성적 원리의 목표는 완성completion이라고 말했다. 만일 당신이 완전하다면 당신은 완성적일 수 없다. 왜냐하면 당신 본성의 모든 불완전을 없애야 하기 때문이다. 만일 당신이 완성적이라면, 당신은 완전할 수 없다. 왜냐하면 완성적이라는 것은 당신이 선과 악, 옳음과 그름, 희망과 절망을 담고 있다는 것을 의미하기 때문이다. 그래서 아마도 완전보다는 덜한 것에 그리고 완성보다는 덜한 것에 만족하는 것이 최선일 것이다. 아마도 우리는 인생이 다가오는 그대로 더욱 기꺼이 수용할 필요가 있는가 보다(32쪽).

이러한 양극성들은 불완전 속에서도 더욱 완전해질 수 있다는 가능성을 받아들임으로써 해결될 수 있다. 그러나 "삶을 오는 그대로 수용하는 것"이 이야기의 전부는 아니다. 그것이 주는 의미는 순간을 받아들이는 것을 넘어서, 그 순간의 전체적인 경험—기쁨과 고통 모두—을 포용하는 것으로 나아가야 한다는 것이다. Murdock(1990)은 이것을 유념하는mindful 고통과 회복이라고 부른다. 고통을 남의 탓으로 하는 대신에, 사람들은 고통과 함께하면서 자연스럽게 치유될 수 있다. 아픔과 함께한다는 것, 즉, 어떠한 감정이라도 다 느끼는 것은 고통을 뚫고 지나가도록 허용하고 또 그 과정이 중단되지 않도록 한다. 이런 방법으로 사람은 전체성을 가진 전인이 될 수 있다(Murdock, 1990). 그리하여 우리는 이 장에서, 고통에 빠지는 것을 더 큰 성장과 전체성을 위한 '긍정적 분해'라는 의미로 재구성함으로써 완전한 순환을 이루게 된다.

지혜로서의 전체성이나 일치는 Hermann Hesse가 쓴 고전적인 소설 〈싯다르타〉에서 그대로 나타난다(1951). 삶의 의미를 가르친 싯다르타의 스승은 그의 임무를 끝내고 싯다르타에게서 떠난다. 싯다르타의 상처가 치유되고 고통이 그의 존재로부터 흘러나오는 그 순간 그의 자아는 일치하게 된다. Hesse는 다음과 같이 쓰고 있다.

> 그 시간부터 싯다르타는 자신의 운명에 대항하여 싸우는 것을 중지했다. 더 이상 욕망의 갈등에 직면하지 않고 구원을 얻었으며, 자신을 사건의 흐름과 삶의 흐름에 조

화시키고 동정과 연민으로 가득 찼으며, 자신을 흐름에 맡기고 모든 것에 일치된 그의 얼굴에는 지식의 평온함이 빛났다(136쪽).

그러나 '지식' 습득의 이러한 역설은 싯다르타의 평생 친구인 고빈다[72]가 싯다르타에게 그가 얻은 삶의 지식을 알려달라고 간청할 때 밝혀진다. 싯다르타는 다음과 같이 대답한다.

> 그래, 나는 여기저기에 생각과 지식을 가지고 있었어. 때때로 한 시간 동안 또는 하루 종일, 어떤 사람이 자신의 마음에서 인생을 느끼는 것처럼 나는 지식을 깨달아. 나는 많은 생각들을 가지고 있지만, 내가 그대에게 그것들에 대해 말하는 것은 어렵다네. 하지만 고빈다여, 나에게 감명을 준 생각이 하나 있네. 지혜는 전해질 수 없다는 것이네. 현자가 전하려고 애쓰는 지혜는 그들에게는 항상 어리석게 들리네. 지식knowledge은 전해질 수 있지만, 지혜wisdom는 그럴 수 없어. 그것을 발견하고 그것을 실행하고 그것에 의해 강해지고 그것을 통해 경이로운 것을 행할 수 있지만, 그것을 전달하고 가르치는 것은 할 수 없다네(142쪽).

다시 논하자면 순간을 살아가는 것, 판단 없이 자신을 내주는 것, 내면의 비판을 그만두는 것 등을 통해서 지혜는 얻어질 것이다. 이는 다음과 같은 싯다르타의 선언에 나타난다. "모든 것은 필연적이며, 모든 것은 단지 나의 동의, 나의 찬성, 나의 사랑에 찬 이해 등을 필요로 할 뿐이다. 그러면 모든 것은 나와 함께 잘 지내고 아무것도 나를 해칠 수 없다"(144쪽).

싯다르타가 주는 지혜의 교훈은 '존재함being'의 방식으로 배우는 것이다. 지혜는 전수 받을 수 없으며, 그것은 과정이기 때문에 완전하게 성취될 수가 없다. 성숙함seasoning이 발생하는 것은 존재의 경험적 양식을 통하는 것이지, 사회의 '현명한 한 사람'의 가르침에 의해서가 아니다. 교훈은 지식과 방향을 전하는 사람에 의하여 어느 정도 가르쳐질 수 있다. 이로 인해 자아 확인을 권하는 수많은 책들이 나오게 되었는데, 그중에는 여성운동 및 남성운동 그리고 상호 의존 등에 관한 책들이 포함되었다. 그러나 그러한 책들과 이에 연관된 가르침과 치료법들은 내면으로의 여행을 고무

---

72) 고빈다Govinda는 인도 브라만교 학자. 생애에 관해 별로 알려진 것이 없음. 당대 제일가는 대철학자로 숭앙받던 샹카라(788~820)는 그의 저작 가운데서 고빈다에게 사사받았다는 사실을 밝히고 있음.

하는 역할을 할 뿐이지 그 여행을 완성시키지는 않는다. 오히려 외부의 스승이나 안내자는 의존성을 조장할 위험이 있다. 이러한 경우 개인은 자아 성장을 위해 '스승'에게 의존한다. 오히려 자아 성장에 대한 책임은 개인 내부에서 나와야 하며, 이는 또한 인생 후반기의 주요 과업으로 볼 수 있다. 이 점은 인지적 및 정서적 이해에 대한 실증적 연구에서 나타났듯이 노년기에는 외부 규율에서 내부 규율로 이동한다고 하는 것에서도 입증된다.

이러한 내면으로의 여행, 즉 내부 규율과 지혜로의 이동은 많이 읽히는 글들에서 나타나는 중요한 요소이지만 아직도 지혜(즉, 영성)에 대한 과학적 탐구는 부족하다. 영적 성장은 자아 발달, 지혜의 성장, 내면으로의 여행 등과 서로 얽혀 있는 것이다.

4. 끝나지 않는 결론—영적 성장과 지혜

이 장 전체에 걸쳐 논의된 지혜에 대한 각 영역으로부터 일관된 주제가 나타난다—개인이 삶의 의미를 추구하는 것, 즉 전체성을 갖춘 전인이 되기 위해서 삶에서 의미와 목적을 찾고자 하는 것이다. 발달심리학 문헌에서는 존재에 관한 문제들에 직면하기 위해서는 반드시 정서적 자아를 되찾아서 정서와 인지 모두가 문제 해결과 일상생활에서 유효해야 함을 보여 준다. 이와 같은 의견은 철학이나 종교 문헌에서도 나타난다. 그러나 지혜 발달의 영적 본질은 과학적인 심리학 문헌에서 거의 주목을 받지 못했다(Kramer, 1990). 일반적으로 심리학자들은 영성이라는 개념을 받아들이기를 주저한다. 그 이유의 일부는 영성이란 발달중인, 정서적이며 인지적인 자아를 나타낼 뿐만 아니라 초개인적인 자아까지도 나타내기 때문일 것이다.

심리학자들이 영성의 초개인적 요소를 연구하는 데 주저하는 것과는 상관없이, 이미 공통적 기반이 두 가지 문헌—즉, 친교intimacy 문제에 대한 대인관계 영역 그리고 일상적 체험에서 의미와 목적의 발견—에 존재하고 있다. 두 문헌 모두가 자아 속으로의 여행, 즉 개인의 영적 의식을 인도하고 육성하는 것을 논의한다. 정서적 자아가 인생 초반에는 무의식적이고 수동적 역할, 즉 외부 규율에 따라 수행하다가 인생 후반에는 자아성찰과 자각을 통해서 정서적 각성, 즉 내부 규율에 따라 발달해 가는 움직임이 '영적 길spiritual pathway'이다. 따라서 지혜와 성인 발달이라는 주제로 이 장에 설명된 과정은 본질적으로 '영적 과정'이다. 성인의 발달적이며 영적인 방향성들은 사람들이 전인이 되려는, 즉 단편적인 자아를 균형적이며 조화로운 존재로 변형해 가는 과정에서 애쓰는 것과 일치한다.

종교의 역할은 이러한 발달 과정을 이끌고 육성하며, 궁극적으로 인간의 의식을 자아 지향적인 영적 의식으로 변화시키는 것이다. 그러나 일부의 종교계 인사들은 조직화된 종교가 또 다른 사회적으로 규정된 외부 규율의 권위가 될 위험이 있다고 주장한다. 아마 내면으로의 여행에서는 조직화된 종교의 권위보다는 자아에 더 많이 의존해야 할 것이다. 이것이 오히려 세계적인 종교의 본래 목적에 더 부합한다. 예를 들어, Matthew Fox(1990)는 '영적 길'이란 모든 것에 내재한 신성의 의식을 깨우는 것이며, 영적 빈곤은 자기 자신의 신성과 분리된 결과라고 단언한다. 또한 그는 사람들이 마약, 술, 텔레비전, 쇼핑, 종교, 일 등에 중독이 되어 내면의 자아와 만나지 못하는 것을 개탄한다. Fox는 모든 사람 안에 있는 신비적 본성이나 신성한 요소에 대해 깨달을 필요가 있음을 말한다. 이는 성인 발달 학자 및 지혜 연구자들이 성인 발달과 노화의 성격을 규정하는 데에서 그대로 되풀이된다.

건강한 성인과 영적 발달의 이러한 원형prototype에서 반복적으로 나타나는 공통적 문제는 꽤 많은 사람들에게서 이러한 성질이 반드시 나타나는 것은 아니라는 점이다. 이 장의 앞부분에서 언급되었듯이, 대다수의 중년과 노인들은 반드시 지혜와 연관된 반응을 보이는 것도 아니며, 정서와 인지의 통합 또는 여성성과 남성성의 통합을 명확하게 드러내지도 않는다는 것이 일관된 연구 결과이다. 대중작가들은 성인기의 개인 발달 및 영적인 발달을 부정하는, 그리하여 많은 사람들이 자신의 진정한 자아와 조화를 이루지 못하고 자아와 분리된 채로 있는, 이 사회의 기저에 깔린 경향을 안타까워한다. 많은 사람들은 그리하여 사회적으로 부과된 확실성을 수단으로 세상에 적응하는 것이다. 그들이 이렇게 하는 것은 그렇게 사회화되었기 때문이다.

사회화는, "남자는 곧 그의 일이다" 같은 오랜 격언에 나타난 것처럼, 사람들에게 남성적이고 도구적이고, 대리적인 기능 양식에 가치를 두도록 가르친다. 이러한 생산 중심적인 사회는 삶의 과정을 포용하는 측면은 무시하고 개인을 그의 성취에 의해 평가한다. 그러나 이러한 관점은 변화하고 있다. Keen(1991)이 제시했듯이 오늘날 과잉개발사회에서는 산업화를 막 시작하려는 저개발 국가들과 대비되면서 많은 사람들에게 그들이 살아가는 가치와 비전에 대해 깊이 생각하기를 장려하고 있다. "우리는 거대한 혼란과 창조성의 시대에 들어섰다. 그리고 지나가는 시대의 가치를 보존하기 위한 노력에 '정상적' 대다수는 점점 반동적이 되고, 영웅의 길은 희망찬 미래의 길을 찾는 사람들로 붐빈다"(Keen, 1991, 126쪽). 이는 특히 최근 Gloria Steinem의 〈내부로부터의 혁명*Revolution from Within*〉에서 밝히고 있다. 여성운동의 충실한 지도자인 그녀는 남성과 여성 모두에게 적용되는 '남성적인'(도구적이며 공격적인) 양식의 적응 기능을 옹호하는 것을 뛰어넘어 이제는 모든 사람들이 용기를 내서 자기 계몽 속으로 여행하도록 촉구한다. 달리 말하면 우리는 여성적 자아, 즉 정서적 자아를 되찾을 필요가 있는 것이다.

그리고 지혜를 연구하고 개념화하려고 시도하는 심리학자들을 위한 몇 가지 교훈이 있다. 첫째, 심리학자들은 많은 지혜를 드러내는 스타일적인 차이를 간과할 수 있기 때문에 노인의 기능 감소를 해석함에 있어서 조심할 필요가 있다. 노인에게서 위축(예: 정서적 강도의 약화)으로 보이는 것이 실제로는 자신의 정서적 자아에 대한 감수성이 증대된 것일 수도 있음을 상기해야 하며, 노인에게서 문제의 수동적 수용으로 보이는 것이 그가 수동성(도구성에 반대되는 것)이 언제 더 효과적인지를 이해하고 있을 수도 있다는 점을 상기해야 한다.

둘째, 철학자들과 심리학자들은 지혜의 중요한 요소로서 불확실성에 대한 자각과 포용을 명시하고 있다. 과학적인 심리학은 지혜의 이런 철학적인 요소들을 연구로 옮기고 있다. 이제는 비실증적 본성을 가진 작가들로부터 교훈을 얻으면서 감성적 요소들을 포용할 때인 것 같다. Rainer Maria Rilke(Mitchell 번역, 1984)가 말한 것처럼, 이제는 아마 "의문과 함께 살아가는live the questions"[73] 시기인지도 모른다. 이러한 면에서, 지혜는 불확실성과 함께 살아가는 것이고 불확실성을 환영하는 것이다.

---

73) Rainer Maria Rilke 〈젊은 시인에게 보낸 편지*Letters To A Young Poet*〉에서 쓴 글임. 의문이 있는 그대로 참으면서 이 세상을 살다 보면 그 답은 저절로 알게 될 것이라는 의미임.
"You are so young, so before all beginning, and I want to beg you, as much as I can, dear sir, to be patient toward all that is unsolved in your heart and to try to love the questions themselves like locked rooms and like books that are written in a very foreign tongue. Do not now seek the answers, which cannot be given you because you would not be able to live them. And the point is, to live everything. Live the questions now. Perhaps you will then gradually, without noticing it, live along some distant day into the answer."

제8장 종교와 유색인종

David Maldonado

미국에서 신앙과 종교기관은 유색인종과 소수민족 노인의 삶에서 매우 중요한 역할을 해 왔다. 그들의 문화유산과 사회역사적인 경험의 결과로서 종교적인 신앙, 관습, 공동체는 그들의 생존에 중심적 역할을 하였다. 현 세대의 소수민족 노인들 특히 흑인African Americans과 중남미 히스패닉 노인들에게는 사적 차원이나 공적 차원에서도 종교가 큰 비중을 차지한다. 이들에게 신앙생활과 교회 활동은 그들의 평안을 위협하는 역사적 도전에 대처하는 데 도움이 되었으며, 현재 노인층이 겪는 여러 도전에 대처하는 데도 중요한 역할을 하는 것으로 보고되고 있다.

제8장에서는 아메리카 원주민(인디언)[74], 흑인 그리고 히스패닉 노인들의 삶에서 종교가 중요한 영향을 끼친 그들의 역사적, 문화적인 요소를 점검하면서 시작하고자 한다. 이 책의 11장과 20장에서는 흑인의 경험을 주로 다루고 있으므로, 여기서는 히스패닉 노인들의 삶에 초점을 맞추기로 한다.

74) 이하에서는 아메리카 원주민Native Americans을 인디언으로 지칭함.

소수민족Racial and Ethnic Minority 노인에 대한 정의

이 장에서는 '소수민족'이란 아프리카계, 히스패닉, 인디언 그리고 아시아계의 사람들을 포함한 '유색'인종을 의미한다. 이는 유럽 계통의 소위 '백인' 사회와 구별하기 위해서이다. 실제로, 유색인종인 소수민족은 대다수를 이루는 백인 민족들과 민족적 문화적으로 차이가 있기 때문이다. 그러나 단지 민족적 차이만이 이들 소수민족의 종교적 믿음 또는 신앙생활을 이해하는 데 기본이 되는 것은 아니라는, 즉 민족 그 자체가 종교적 관습을 결정하지 않는다는 점을 주목해야 한다. 그럼에도 불구하고, 인종적 요인은 미국 내 다양한 인종들의 맥락, 사회적 지위, 체험 등을 형성하는 데 매우 중요한 영향을 끼쳤다. 그리고 이러한 사회적인 체험은 종교의 역할과 의미를 이해하는 데 중요하다.

'소수인종racial minority'에 대한 언급은 그들 인구집단의 역사적 경험에서 인종적 요소의 특별한 의미에 관심을 둔다는 뜻이다. 이것은 그들이 흑인(니그로), 아시아인, 히스패닉 또는 메스티소[75] 등으로 백인(코카시안)과는 다르게 인식되고 취급되었기 때문이다. 인종 문제는 사회적 구조와 그 발전 과정 전반에 걸쳐서 비백인으로 분류된 사람들에 대한 차별대우를 하는 데 핵심적인 역할을 하였다. 흑인, 히스패닉, 아시아계 또는 인디언에 속한다 함은 비백인으로 간주되어 주류 사회의 일원이 되지 못함을 뜻하는 것이었다.

'소수'란 용어는 미국인의 대다수를 차지하는 유럽계 미국인, 즉 백인과의 관계에서 이들 인구집단이 가지는 수적 지위를 가리킬 때 사용되는 용어이다. 일반적으로 유색인종은 수적으로 소수였다. 그러나 일부 도시지역에는 이들이 대다수를 차지하는 지역도 있다는 것을 기억해야 할 것이다. 그럼에도 불구하고 전반적으로는 그들은 항상 수적으로 소수였다.

또한 '소수'라는 용어는 역사적으로 그들의 문화적 차이에 따라 차별되었음을 상기시키는 의미도 있다. 흑인, 아시아, 인디언 그리고 히스패닉 문화는 대다수를 차지하는 유럽계 미국인의 문화와는 크게 다르다. 지배적이고 정상으로 간주되었던 백인 문화와 비교할 때에 이들의 문화는 소수계문화로 구분된 것이다. 그러므로 '소수'라는 용어는 역사적 문화적 관계를 인식하는 것이다.

---

75) 메스티소Mestizo는 스페인 사람과 북미 원주민의 피가 섞인 라틴 아메리카 사람을 지칭함.

1. 민권운동 시대[76] 이전의 공통된 경험

각 소수민족 집단은 자신의 고유한 역사를 가지고 있음에도 불구하고, 그들은 유사한 사회적 역사적 체험을 통하여 미국에 등장하였다. 특히 이들 소수 유색인종 집단이 공통적으로 체험한 것은 이 사회에서의 피지배와 불이익을 처음부터 경험한 것이다. 예를 들자면, 흑인들이 미국에 들어온 배경은 노예제도에 의한 것이었다. 인디언들은 정부에 의하여 지정 거주지로 몰리거나 전멸될 때까지 끝임 없는 공격과 탄압의 대상이 되었다. 서남쪽 지역의 멕시코와 푸에르토리코 사람들은 전쟁 또는 전쟁의 위협으로 인하여 미국의 일부가 된 경우이다. 또한 아시아계 이민족은 노동 인구로서 들여온 경우이다.

현 세대의 소수민족 노인들은 이처럼 노예제도, 점령 또는 강압적인 노동 조건 속에서 사회경제적 및 정치적 투쟁이 지속되던 시기에 태어나거나 이민을 온 세대이다. 이들 노인 세대는 사회적 지위와 조건이 오랜 곤궁함속에 뿌리 내린 어려운 가정과 공동체에서 태어났다. 미국에서 태어났거나 이민을 온 세대이거나, 문화적 및 인종적으로 구분되는 인구집단으로서 백인이 다수로 지배하는 백인사회에서 비백인이라는 공통된 경험을 공유한다. 이는 특히 민권운동 이전의 시대에 두드러졌다. 미국 역사상 이 시기에는 인종적 소외와 차별이 수많은 사회적 공공적 구조 속에서 공개적으로 이루어졌고 또 용인되었다. 유색인종 사람들은 다음과 같은 중요한 체험을 겪었다. (1) 인종에 기반을 둔 태도와 대우, (2) 문화적인 편견, (3) 인종과 민족성에 따른 격리 등. 이러한 요인들은 그들의 사회적 지위, 이동성, 자원에 대한 접근성 등에 영향을 미쳤다.

좀 더 구체적으로는, 민권운동 이전 시대란 현재 노인 세대인 소수민족 사람들에게는 인종적으로 격리된 거주지역과 이웃에서 자라난 시기를 의미한다. 그들에게 인종적 격리는 삶의 실제 상황이었던 것이다. 흑인이 모여서 사는 빈민가인 게토ghetto, 히스패닉 사람들의 거주지인 바리오스barrios, 차이나타운, 인디언 보호구역 등이 그들의 고향인 셈이다. 격리된 이웃 공동체란 곧 형편없는 주거환경 그리고 위생 시설 및 기타 공공 서비스의 열악함을 의미하는 것이다(Maldonado, 1989).

소수민족 노인들이 다니던 격리된 지역의 학교에서조차도 그들의 문화적 역사적

---

76) 민권운동 시대Civil Rights Era는 통상 제2차 세계대전 이후 흑인 민권운동을 가리키며, 특히 1968년 민권운동 지도자였던 마틴 루터 킹 목사의 암살은 가장 상징적 사건으로 기록되었으며, 현재 미국의 국가기념일로 지정되어 있음.

뿌리를 확인해 주기보다는 오히려 이를 외면하고 따돌리면서, 현 세대의 소수민족 동시대집단에게는 경쟁적인 경제제도에 적응하도록 제대로 준비시켜 주지 않았다. 그 결과 많은 학생들이 조기 퇴학을 하여 취업에 참여할 준비를 제대로 하지 못했고 기술과 경제적으로 하급 직종에 해당하는 직업을 선택할 수밖에 없었다. 제한적인 교육기반 때문에, 현 세대의 소수민족 노인들이 가질 수 있었던 직종은 가사 노동, 농장 인부, 공장 노동자 등으로 제한되었다. 이러한 일자리에서는 건강보험이나 퇴직연금 같은 보장제도의 혜택을 받을 수 없었다.

제한적인 고용 기회는 경제적 소외를 의미하며 경제적 자원에 대한 제한을 의미하는 것이었다. 이들이 취득한 소득의 대부분은 대가족의 생계를 위하여 지출되었으나 이것이 그들에게는 가장 큰 유일한 기쁨이었다. 민권운동 이전 시대의 결과물인 이들 세대는 몸은 상하고 호주머니는 빈털터리인 상태로 노년기로 접어들었다.

민권운동 이전 시대의 경험에서 의문점으로 제기되는 것은 그들이 긍지와 정신적 건강을 유지하는 한편 어렵고 도발적인 생활여건에서 생존하기 위하여 활용할 수 있었던 기술과 자원에 관한 것이다. 이 시기를 연구하는 학자들은 신앙과 소수민족을 위한 교회가 바로 그러한 자원 중의 일부였다고 한다.

1) 세 개 소수민족 집단의 종교적 뿌리

(1) 인디언

서로 다른 집단 간의 상호 교류가 오히려 다양한 종교에 대한 적응력을 길러낸 예를 아메리칸 인디언의 수많은 부족사회에서 찾아볼 수가 있다. 이들은 여러 형태의 종교적 관습과 토속 신앙을 지니고 있었는데, 물론 이는 유대교 혹은 그리스도교 신앙에서 볼 수 없는 다양한 아메리칸 원주민들의 세계관과 경험을 바탕으로 한 것이었다. 백인들이 점령을 시도하던 시기에 이와 같은 종교관은 그들의 생활과 문화에 깊게 뿌리박고 있었다(Hultkrantz, 1987). 영국계 백인들의 침략은 그리스도교 신앙의 힘이 들어오는 것, 특히 백인 선교사들을 통한 그리스도교 신앙의 전파와 인디언들의 개종을 의미하는 것이었다.

이러한 그리스도교로의 종교화를 거친 인디언 민족에게서 특이한 결과가 발견되었는데, 이는 부족별로 매우 다양한 종교적 관습이다. 예를 들어 그리스도교 신학과 전례를 전적으로 받아들인 곳이 있는가 하면, 토속 신앙을 계속 유지하는 곳 그리고 그리스도교 신앙과 토속 신앙을 혼합한 곳도 있었다.

전통적으로 인디언들은 영적이나 종교적으로 매우 수준 높은 민족이었다. 특히 노인들은 문화적 및 종교적으로 매우 특별한 지위를 차지하여 부속 또는 집단의 명예, 존경, 리더십 등에서 중요한 위치를 차지하였다. 나이든 사람들은 지혜로우며 과거 역사와 현재를 이어 주는 사람으로 여겨졌다(Arden and Wall, 1990). 실제로 공동체 안에서 노인층의 역할과 지위는 종교적 전통과 관습에 깊은 관계가 있다. 현재 세대의 인디언 노인은 이와 같은 종교적 및 문화적 바탕에서 자란 세대이며, 지금도 정부가 지정한 보호구역에서 살고 있다. 종교적 힘은 젊은 시절 그들이 삶을 개척해 나가고 세계관과 희망을 키워 가는 데 중요한 역할을 하였다.

(2) 흑인

흑인들의 종교는 아프리카의 전통과 신세계에서의 노예 생활에서 흘러온 것으로 이해해야 한다는 의견이다. 예를 들어 미국 땅에 강제로 끌려온 흑인들은 공동체와 혈족 관계, 영적인 정신력과 자연과의 일치, 조상 숭배 및 경로 사상에 대한 가치관이 뿌리 깊다(Carter, 1982). 이와 같은 흑인 종교의 뿌리를 이해하는 데는 종교적 제도나 관습과 같은 형식 자체에 얽매이기보다는, 오히려 전체적인 부족 생활과 경험을 포괄하는 넓은 관점에서 이해되어야 한다.

노예제도 또한 흑인사회의 종교적 표현과 경험이 형성되는 데 중요한 맥락으로 작용하였다. 비인간적이고 강압적인 노예제도 하에서 부족이 살아남기 위해서는 무엇인가 대처해야 할 필요성이 있었다. 이러한 맥락에서 종교—그것이 비록 백인 주인들에 의해 강요된 종교라 해도—는 중요한 대처방안이 되었다. 흑인영가[77] 같은 종교적 표현에서는 주로 노예 상태 그리고 자유에 대한 욕구와 희망이 나타난다. 노예제도 하에서 겪는 지속적인 죽음의 위협과 감금의 강요는 자유와 해방을 흑인영가의 공통된 주제로 만들었다. 이와 같이 자유롭게 되고 싶은 심리적 욕구는 종교적 용어에서도 명백히 드러나며, 이들이 대처하고 생존하는 데 신앙이 얼마나 중요한 역할을 했는지 나타낸다(Frazier, 1974).

흑인 교회가 흑인 공동체의 중심적 기관으로 등장한 것은 이들 안에 차지하는 종교의 중요성을 입증하는 것이다. 흑인 교회는 흑인 공동체 안에서 아마 가족 다음으로 중요한 사회적 기관일 것이다. 교회는 흑인 공동체로 하여금 억압적 환경에 대처

77) 흑인영가Negro spirituals는 미국에서 노예 생활을 하는 아프리카 흑인들에 의하여 만들어진 종교적 노래를 말함. 노예제도는 17세기 초반 영국 식민지에서 시작되었으며, 남북전쟁 후인 1865년 미국헌법 개정으로 노예제가 폐지됨.

하는 데 기여했을 뿐 아니라, 여러 가지 사회적으로 필요한 것을 제공해 주었다. 흑인 교회는 종교적 영적 힘의 중요한 원천이 되었을 뿐 아니라, 공동체와 사회생활의 핵심적인 중심으로서 기능을 수행하였다(Taylor and Chatters, 1986a, 1986b, 1991). 인권운동시대에서의 교회의 역할을 보면 흑인 공동체에서 교회가 중심적 역할을 하고 있음을 확실히 알 수 있다.

(3) 히스패닉

히스패닉의 종교적 전통은 스페인의 중남미 원주민 인디언에 대한 침략으로 거슬러 올라간다. 스페인 침략으로 인디언 종교는, 비록 최근의 연구에서 종교적 혼합의 흔적이 발견되었다는 보고가 있기는 하지만, 스페인 가톨릭에 의해 완전 점령되었다(Carrasco, 1990). 스페인의 인디언 침략은 신정神政주의 사회와 문화에 대한 침략으로, 동일한 종교적 동기로 움직이는 인구집단에 의하여 자행되었다. 그 결과는 강력한 종교기반을 나타내는 문화를 지닌 히스패닉 인구의 등장이었다. 이들이 가톨릭교회와 강한 동질성을 지니게 된 것은 역사적인 현실이다. 그러나 개신교의 증가도 주목할 만하다(Maldonado, 1991).

현 세대의 히스패닉 노인은 비백인들에 대한 차별과 소외가 공개적으로 이루어지던 시대에 자라났다. 인종적, 민족적 차이 때문에 이들은 큰 대가를 치러야만 했다. 즉, 양질의 교육을 받을 기회가 없었기 때문에 직업이 비숙련 및 반숙련직에 한정되었던 고용 역사에서 알 수 있듯이 고용과 출세의 기회가 제한적이었다. 많은 사람들이 임시직이나 농업 또는 가사 노동에 종사하였다. 이러한 직종이 임금, 건강보험, 연금 등의 면에서 변변치 못했을 것이라는 것은 이미 상상이 가고도 남는다. 그들은 사회, 경제, 정치적인 전반에 걸쳐 이러한 소외를 겪었다. 처음부터 사회의 핵심기관에 참여할 기회에서 배제되었고, 지금도 그 배제의 대가를 치르고 있는 것이다(Maldonado, 1989).

그들의 이러한 지위와 처우가 인종과 민족이라는 구성에서 비롯된 것이기는 하지만, 히스패닉들은 문제의 본질이 반드시 문화에만 있다고 생각하지는 않았다. 실제로 민족적 뿌리와 문화적 유산은 그들에게 중요한 민족성을 알려주고 삶의 상황을 다룰 중요한 자원을 제공했던 것이다. 그들의 문화 속에서 이러한 히스패닉 노인 세대는 힘, 의미, 지지의 중요한 원천을 종교적 신앙과 교회 속에서 찾았던 것이다. 그들의 삶과 공동체에서 교회는 아마 가족 다음으로 가장 중요한 사회적 기관이었을 것이다. 그리고 그들의 신앙은 지지와 대처의 자원 가운데에서 가장 중요한 원천이었다.

2) 히스패닉 노인들의 삶에서의 종교

히스패닉 노인들의 삶에서 중요한 종교적 요소에 대한 연구는 그간 소홀했으며, 아주 최근에야 도입되었다. Markides와 Martin(1983)의 이 주제에 대한 연구는 주목할 만하며, '전국히스패닉노화협의회(NHCOA)'[78]의 연구는 미국 내 네 개 지역을 대상으로 하고 종교적 측면을 포함시켰다(Gallego, 1988).

히스패닉 노인들의 삶에서 종교의 역할에 대한 정보가 부족하기 때문에, 이 논의에서는 San Antonio에 거주하는 178명의 노인 히스패닉(주로 멕시코계)을 대상으로 최근 실시된 면접조사로부터 수집된 비공개 자료에 주로 근거하여 이루어질 것이다.[79] 이 표본은 대상자들이 현저하게 가난하고, 교육이 제한적이며, 여성 중심으로 구성되는 등 국내의 통상적인 히스패닉 노인층의 모습과 유사하다(Andrews, 1989). 또한 면접 조사한 107명의 여성 가운데 56%는 미망인이었다. 이 자료는 Markides와 Martin(1983) 보고서 그리고 Gallego(1988) 보고서와 함께 히스패닉 노인들의 공식적 종교 참여뿐 아니라 개인적 종교의식의 모습을 보여 준다.

(1) 종교적 소속

가톨릭교회가 히스패닉 사회의 발달 과정에 미친 중요한 역할을 고려할 때, 실증분석에서 절대다수가 그리스도교이며 그들 가운데 85~89%가 로마가톨릭 신자라고 해도 그리 놀랄 일이 아니다(Andrews, 1989; Gallego, 1988; Lacayo, 1980; Markides and Martin, 1983). 그러나 보고서에서는 이들의 9~13%가 개신교 소속이라고 하며, 이러한 현상은 현재 미국과 중남미 국가에서도 일어나고 있는 일이다.

San Antonio 지역에서 실행한 면접에서는 조금 색다른 모습이 발견되었다. 74%의 히스패닉이 스스로를 가톨릭 신자라는 정체성을 밝혔으나, 24%는 개신교에도 다니고 있다고 응답하였다. 놀라운 사실은 178명의 대상자 가운데 22%가 어느 특정 교회에도 소속되어 있지 않다고 응답하였다는 점이다.

---

78) NHOCA(National Hispanic Council on Aging)는 1980년 사회학자 Daniel Gallegos 등에 의하여 설립된 히스패닉 노인문제를 전문적으로 다루는 비영리 민간단체임. http://www.nhcoa.org/

79) [저자 각주] 이 연구의 상세한 보고서는 저자로부터 얻을 수 있음.

(2) 공식적인 종교생활

히스패닉 노인 대부분은 주말 교회 참여율이 매우 높았다. San Antonio 지역에서 설문조사에 응답한 3/4이 매주 1회 교회 활동에 참여하고 있다고 대답하였다. 실제로 80%가 설문조사가 이루어진 주일에 이와 같은 행사에 참여하였다. 전체적으로 여성의 참여도가 높은 반면 거의 참여하지 않는다는 응답은 남성(10%) 쪽이 더 높았다.

예배 참여는 이들 히스패닉 노인층의 주된 공식적 종교 활동이다. 기도 모임과 연령층 그룹 활동은 2차적인 활동이다. San Antonio 설문 대상자 가운데 대부분이 교회 학습보다는 기도 모임을 선호한다고 대답하였다. 이는 노년에는 영적 성장을 위한 프로그램이 지식 전달의 교육적 프로그램보다 더 필요함을 반영하는 것이다. 여기서 재미있는 변수는 남성과 여성의 차이점이다. 여성 응답자는 기도 모임의 참석(46%)이 학습 모임의 참석(23%)의 두 배에 달하는 반면, 이와는 대조적으로 남성은 학습 모임의 참석(54%)이 기도 모임의 참석(39%)보다 더 높았다.

앞에서는 히스패닉 노인층의 높은 교회 활동 참여를 보여 주었다. 그들에게 이전과 현재의 교회 참여도에 대한 조사를 실행한 결과 43%는 이전보다 나이 들어서 더 많이 참여하게 되었다고 응답하였다. 남성의 경우 지속적 참여의 정도("거의 동일하게 참여: 37%")가 여성(24%)보다 높았으며, 여성의 경우에는 적극적 참여도(35%) 면에서 남성(28%)보다 약간 높은 수준을 보였다. 이러한 점은 히스패닉 노인들이 스스로를 노년에 종교적 경험에서 적극적이라고 인식한다는 것을 보여 주는데, 실제로 전체의 1/3은 더욱 열심이며, 특히 이 가운데 여성의 경우 42%가 더욱 열심인 것으로 드러났다.

공식적 종교 참여가 그러한 활동에 접근하면서 겪는 많은 장애물 때문에 노인의 종교성을 나타내는 좋은 지표는 아니라는 점은 이미 잘 알려져 있다. 공식적 예배나 다른 종교 활동에 장애가 되는 것이 무엇이냐는 질문에 대하여는, 히스패닉 노인 대다수인 59%—특히 여성은 68%—가 건강이 가장 큰 문제라고 응답하였다. 둘째 장애물로는 교통 문제를 꼽았다. 이는 특히 여성의 문제로 29%가 교통수단이 부족해서 공식적 종교 활동에 참여하지 못한다고 답했다.

(3) 종교성

종교성에 대한 자기이해는 신자들이 자신의 종교생활을 어떻게 바라보는지 알 수 있는 통찰력을 줄 것이다. 한 개인은 자신의 종교성을 평가할 때에 개인적 측면과 공식적 측면에서 평가할 수도 있겠고, 어느 한편만을 평가할 수도 있을 것이다. 중요한 것은 신자 개인이 어떻게 자신의 신앙생활을 전체적으로 평가하느냐 하는 점이다. Markides and Martin(1983)의 보고에 따르면 연구 대상의 대부분이 자신은 신앙심이 있다고 대답하였다('독실'+'열심'=52%,'약간'=38%). 그리고 여성에서는 '독실'이라고 응답한 비율이 절대다수를 차지하여, 응답자 가운데 8%만이 '별로 없거나 또는 전혀 없는'으로 응답하였다. 이와 비슷한 Gallego의 연구에 따르면 5%는 '비신앙적', 35%는 '열심' 그리고 43%만이 '보통'이라고 대답하였다. San Antonio에서 면접한 사람들 가운데 63%가 매우 높은(독실+열심). 신앙심을 느끼고 있다고 응답하였으며, 특히 '독실'이라고 응답한 사람 가운데 대부분은 여성이었다. 신앙심이 전혀 없는 사람은 3%였으며, 남성의 비율이 여성보다 높았다(남성 7%, 여성 1%). 결론적으로 대부분의 히스패닉 노인은 스스로 신앙생활을 하고 있다고 평가하고 있으며, 특히 여성들이 종교적 신앙생활에 대하여 높은 수준의 자아 인식을 하고 있음을 알 수 있었다.

종교와 노화에 대한 문헌에서는 사람들이 나이가 들어감에 따라서 신앙심이 깊어지는 것인지, 또는 노인들의 높은 신앙심이 동시대집단cohort 현상 인지에 대한 끊임없는 논쟁이 이어져 왔다. 면접에서 밝혀진 사실은 히스패닉 노인 집단이 젊었을 때보다 나이가 들어가면서 하느님과 더 가까워지는 관계를 체험한다는 강한 인식을 가지고 있다는 점이다. 또한 현재의 신앙심이 이전보다 한층 깊어졌는지에 대한 질문에 대하여는, 51%가 그렇다고 대답하였다. 〈표 8-1〉에서와 보는 바와 같이, 남성에 비하

〈표 8-1〉 현재 삶이 전보다 하느님과 가깝고 신앙심이 깊어졌나

	남성	여성	총계
하느님과 가까워졌다			
매우 가깝게 느껴진다(현재)	46%	67%	59%
이전보다는 지금이 가깝다	26%	15%	20%
이전과 똑같다	23%	12%	17%
지금은 그다지 가깝지 않다	3%	2%	2%
이전보다 멀리 느껴진다	1%	3%	2%
전혀 가까이 느껴 본 적이 없다	1%	0%	1%
신앙심이 깊어졌다			
지금 가장 깊다	37%	60%	51%
이전보다 더 깊어졌다	21%	16%	18%
이전과 똑같다	34%	17%	24%
이전보다 약해졌다	7%	5%	6%
이전보다 훨씬 약해졌다	1%	2%	2%

여 훨씬 많은 여성이 젊은 시절보다 나이가 들면서 하느님과 더욱 가까워지고 신앙도 강해지는 것을 느낀다고 답하였다.

(4) 개인적인 종교생활

신앙에 대한 자기이해와 더불어 중요한 것은 개인적인 종교생활이다. 물론 이런 활동이 더 넓게 기도 모임 또는 조직적인 성경 읽기 등을 통해 신자들 사이의 네트워크와 조화를 통해서도 이룰 수도 있겠지만, 여기서 말하는 개인적인 종교생활이란 개인의 영적 수련의 일부로서 취하는 행동을 의미한다. 히스패닉 노인들에 가장 흔한 영적 수련 방법은 기도이다. Markides and Martin(1983)은 많은 멕시코계 미국인들이 매일 기도를 하며(82%), 전혀 또는 거의 안 한다는 대답은 2%에 불과했다. San Antonio에 사는 여성 92%와 남성 77%가 하루에 한 번 이상 기도하는 것으로 나타났다. 불과 6%의 응답자만이 거의 기도를 안 한다고 대답하였다. 두 번째로 영적 성장을 위한 수단으로 이용되는 것이 묵상meditation이다. 대다수의 남성, 여성 모두 매일 묵상한다고 보고는 되나, 묵상에 대해 어떻게 정의하는지는 확실하지 않다. 성경 읽기는 그들이 매일 하는 종교생활의 일부분에 포함되지 않았다. 1/3 미만이 개인적으로 성경을 읽고 있는 것으로 나타났다.

San Antonio에서 면접한 노인들은 종교적 언론매체를 얼마나 이용하고 있는가 하는 질문에 10% 미만이 종교 TV를 매일 보고 있는 것으로 조사되었으며 70%는 가끔씩 본다고 했다. 이 모집단은 연간 소득이 4,788달러 미만인 사람이 43%에 달하는데, 이 가운데 남성 13%와 여성 22%가 종교 언론매체에 헌금한다는 것은 주목할 만 한 사실이다. 한편 이들 기부자들이 본당에 내는 헌금이 얼마인지, 또는 총 수입의 몇 %를 내고 있는지는 알려지지 않았다.

(5) 대처 방식으로서의 신앙과 종교생활

이 책의 다른 부분에서는 노인들이 육체적, 정신적 어려움을 겪을 때 종교에 의탁한다는 관찰 결과를 언급하고 있다. San Antonio에서 연구 대상이 된 히스패닉 노인들의 경우도 다르지 않았다. 많은 노인들이(82%) 시련을 대처하는 데 신앙의 힘이 컸음을 지적하였고, 특히 기도가 가장 선호하는 대처 방법이었다. 남성 76%와 여성 96%가 스트레스를 받거나 슬픔을 느낄 때에 기도에 의존한다고 대답하였다.

2. 결론

이 장에서는 주로 히스패닉 노인 인구를 중심으로 다루었으나, 주목해야 할 사실은 인디언, 흑인, 히스패닉 노인들 모두가 종교적으로 신앙심이 깊은 전통을 지니고 있다는 점이다. 가톨릭이나 개신교 또는 토속 신앙과 그리스도교 신앙을 접목시킨 경우라 할지라도, 이들은 확고한 종교적 정체성과 종교적 자기이해를 보여 준다. 공식적 및 개인적인 종교 활동에서도 매우 활발한 신앙생활을 보여 주었다. 연구 자료에서 적어도 히스패닉 그룹은 노령화에 따라 신앙이 그들의 생활에서 더욱 더 중요한 힘이 되는 것을 보여 주는데, 이는 아마도 넓은 세상에서 소외된 그들의 사회적 지위 때문일 것이다. 이 문제에 대한 히스패닉과 다른 소수민족에 대한 연구가 향후 계속 이루어져야 할 것으로 판단된다.

종교와 공식적 및 개인적 종교생활을 포함한 신앙생활은 소수민족 노인층의 생활에서 힘이 되어 주고 용기를 북돋아 주었으며 정체성을 갖는 데 중요한 역할을 하였다(Maldonado, 1990). 그들의 역사와 사회적 경험에 대한 간략한 검토에서는 그들의 힘겨운 여행을 보여 주며, 그 여행에서 신앙과 교회가 중요한 역할을 했음을 보여 준다. 현 세대의 소수민족 노인은 그들이 겪은 역사적 도전을 나타내며, 또한 어려움을 극복하고 삶을 이어가 노년에 이르기까지 힘이 되어 준 신앙의 힘을 나타내고 있다.

제2편

고령화 사회에서의 사목

제2편: 들어가며

사목 행위Pastoral care[80]는 신앙 공동체의 맥락 속에서 일어난다. 제2편의 장들에서 보여 주는 것처럼 사목 행위는 사회 문화적 맥락 속에 깊이 자리매김한 것으로 이해되어야만 하는데, 이는 노화 과정에는 빈약한 의미를 부여할 뿐이다.

불행하게도 신학교에서도 노인사목에 관해서는 거의 가르치지 않기 때문에 노령화되는 사람들의 사회적 소외를 방조하고 있다. 제9장에서 Melvin Kimble은 고령화 사회에 대응하는 노인사목에 대한 연구의 진전이 늦고, 신학교 교과 과정에서의 반영은 더욱 늦다고 지적한다. 그는 전인적 인간whole person의 모형—제1장에서 Koenig가 제시한 것과 다르지 않은—을 채택하고, 어떻게 '노화의 양면성'—긍정적 및 부정적 특성—이 많은 노인들에게 의미를 찾는 데 고비를 겪게 하는지 보여 준다. Kimble은 성직자에게는 노인을 돌보아야 할 의무가 있을 뿐만 아니라, 노화에 거의 신경을 쓰지 않는 사회를 향하여 선지자적 목소리를 내야 한다고 주장한다. 성직자가 사목 활동을 통하여 기여하는 것 중의 하나는 노인들을 격려하여 그들의 의견을 말하게—그들 자신의 이익을 위하면서 사회 전체를 위하기도 하는—하는 것이다. 더 나아가 성직자는 사목 행위가 병원이나 가정을 방문하는 것에 그치는 것이 아니라는 점을 이해할 필요가 있다. 노인 사목에는 노인들이 신앙 공동체와 함께 긴 인생여행의 의미를 분명히 표현할 수 있도록 종교의식을 개발하는 것도 포함되어야 한다.

노인사목이 넓은 공동체로부터 고립되어 이루어질 수 없다는 주제를 이어 받아, James Ellor와 Maire Bracki는 성직자가 공동체 단체들에 관한 실질적 정보를 어떻게 필요로 하는지를 보여 준다(제10장). 성직자는 이러한 단체들과 협력하여야만 한다. 왜냐하면 노인들은 사목적인 상담에서 다루는 영적 결핍도 있지만 또한 다양한 사적 및 공적 단체들이 제공하는 식사 배달, 가사 지원, 교통 제공 등도 필요하기 때문이

80) 사목 행위Pastoral Care란 성직자가 교회나 교인들을 위하여 제공하는 집회 지도, 가정 방문, 상담 등의 행위를 말함, Spiritual Care라고도 함. 또한 넓은 의미의 교회 공동체 내에서 서로 도와주는 행위를 포함하여 지칭할 수도 있음.

다. 어떻게 성직자가 노인 개개인이 무엇이 필요한지 알 수 있는가? Ellor와 Barcki는 성직자들이 그 필요성을 파악하는 방법을 이해해야만, 노인에게 응답할 때 그를 특정 욕구가 있는 개인으로서 상대할 수 있다고 주장한다. 노인에게는 사회적, 심리적, 육체적 욕구뿐 아니라 영적, 종교적 욕구 등이 있기 때문에, 그저 미소와 기도와 날씨얘기면 충분할 그런 총칭적generic 노인으로서 대하면 안 된다는 것이다.

더욱이 성직자는 노인의 생활환경이 무척 다르다는 점을 이해할 필요가 있다. 특히 인종적 다양성을 다룰 때, 성직자는 개인의 욕구뿐 아니라 그 사회에서 노화 과정을 형성하는 방식을 잘 처리해야 한다. Anne Wimberly와 Edward Wimberly는 이 문제를 흑인 사목과 관련하여 다루었다(제11장). 그들은 모든 노인들에게 적용 가능한 사목 과정에 대한 통찰력을 제공하는데, 특히 흑인 노인들의 특별한 욕구를 찾아내는데 관심을 기울였다. Maldonado(제8장)처럼 Wimberly도 어떻게 인종주의와 경제적 불이익이 공모하여 흑인 노인들을 어려운 상황으로 내몰았는지를 보여 주며, 반면에 교회의 지원과 가족의 유대가 이 그룹의 노인사목에 특별한 기회를 만들어 주는 자원을 제공한다는 것도 보여 준다.

Ellor와 Bracki가 지적한 것처럼, 사목 종사자들은 노인 일상생활의 변덕스러움을 다루게 된다. 예를 들면 목회자는 특별한 도움이 필요하다고 생각되는 노인의 변호사, 신탁관리자, 자녀 등으로부터 전화를 받는다. 법률적 문제에 대하여는 목회자로서 특히 별 도움을 줄 준비가 안 된다고 느낀다. Lori Stiegel과 Nancy Coleman은 제12장에서 목회자가 마주치는 다양한 주제에 대한 실용적 정보를 제공한다. 이 장에서 제기되는 법률 문제—건강 관련 의사결정부터 주택 문제까지—는 모두 사목 종사자들은 그의 일이 다방면의 사회와 융합되는 것으로 파악해야 한다는 주장을 뒷받침한다.

Stephen Sapp은 노인사목을 하면서 성직자가 마주치는 수많은 윤리적 진퇴양난을 다루면서, 건강 관련 의사결정과 준비라는 주제가 걱정거리가 되었다(제13장). Sapp은 유대교와 그리스도교에서는 전통적으로 노화를 어떻게 이해했는가를 살펴봄으로써 이야기를 시작한다. Sapp은 성서에 근거한 주장에서 노인과 관련된 현대의 윤리적 우려를 검토한다. 그는 논의를 통하여, 앞서 Moody(제6장)와 Vogel(제5장)에 의하여 조용히 반향을 불러일으켰으며, 또한 뒤에서 직접 신학이론으로 논의될 주제를 제기한다. 즉, 노년의 문제는 사회적으로 강요된 존재와 행함의 이분법dichotomy에 대한 인간 성찰의 문제를 제기한다. 그러나 노인이라는 '존재being'가 본질적 가치를 구성한다는 인식이 노년은 수동적이라는 이미지를 만들어서는 안 된다. Sapp은 사회의 노인에 대한 의무뿐만 아니라 노인의 사회에 대한 의무에 대해 수많은 성서적 관련 사항을 인용한다. 마지막으로, 사목 행위의 다양해지는 차원에 대한 Kimble의 관심에 맞장구치며, Sapp은 성직자는 노인에 대한 윤리적 처우에 있어서 옹호자가 되어야 한다고 주장한다.

제9장 사목 행위

Melvin A. Kimble

1. 서

65세 이상 인구의 수와 비율의 급속한 증가에 따른 노년학적인 혁명은 사목의 영역과 본질에 대한 새로운 성찰의 기회를 제공하였다. 신앙 공동체 안에서 노년층은 불균형적으로 높은(20~40%) 비율을 차지하고 있고, 성직자들의 사목 활동은 절반 이상이 바로 이들과 직접 연결된다(Moberg, 1980, 286쪽). 성직자들은 노년층 사람들이 더 길어진 삶 속에서 계속하여 의미와 목적을 갖고 자신의 소명을 다 살아갈 수 있도록 도와야 할 책임이 있다.

사목의 활력을 유지하고 노인사목이 진정 적절한가의 여부는 노인들의 특수한 삶에 대한 지속적인 접근성과 참여 그리고 교회에 기반을 둔 사목의 기능에 달려 있다. 사목의 주요 특징인 보살핌nurturing과 인도shepherding 활동은 신앙 공동체의 배경 역할을 한다. Clinebell은 "… 그 어떤 직업적 봉사도 해를 거듭하며 이어지는 우정보다 더 나을 수 없다"고 했다(1966, 51쪽). 동시대집단의 노인들이 조직화된 신앙생활에 지속적으로 참여하는 것은 사목 직책을 의미 있게 수행하기 위한 기반이며 출발점이 된다.

제9장에서는 노인을 위한 사목 활동의 몇 가지 방법에 대해 논의하고자 한다. 여기에는 노인사목과 관련된 문헌들을 간단히 살펴보는 것이 포함된다. 전인적 인간을 포함한 노화의 다차원적 모형과 노화의 양면적 본질이 검토될 것이다. 사목 및 평신도사목mutual ministry의 한 모형으로서 인생 회고 방법을 논의하고, 이어서 노화와 위기적 의미를 논의할 것이다. 또한 고통 받는 이와 죽어가는 이를 위한 목회를 보는 관점을 사목의 본질적 기능으로 제시할 것이다. 끝으로 본 장은 노인사목의 추가적인 세 영역을 살펴보는 것으로 마무리할 것이다. 그 첫 번째 영역은 노년학적인 성gender의 문제이고, 두 번째 영역은 대리가정 모형인데, 이는 다양한 삶의 형태와 구조를 가진 신자들을 위한 목회를 포함한다. 세 번째 영역은 권익옹호로서의 사목이다.

2. 사목 행위에 관한 문헌

사목 행위에 관한 최근 연구문헌을 살펴보면, 놀랍게도 노년기 사목의 의미를 연구한 사목 신학자가 거의 없었다. 1949년 Paul Maves와 Lennart Cedarleaf가 〈노인과 교회*Older People and the Church*〉라는 책을 내기 전까지는 노인사목의 필요성을 기술하는 글이 거의 없었다. 1950년대에는 종교적 위원회와 기구들에서 팸플릿 형식으로 많은 글을 내놓았는데, 이들은 노인과 관계된 교회적인 문제를 소개했고, 여기에는 사목 직책에 주는 의미를 담고 있었다(Gray and Moberg, 1962, 119쪽). 1954년 Paul Maves는 노인과 교회에 초점을 맞추어 학술지 〈목회심리학*Pastoral Psychology*〉[81] 에 논문을 편집하였는데, 이는 노년에 대한 사목적인 차원을 깊이 인식한 글이었다. 또한 1962년 Robert Gray와 David Moberg는 〈교회와 노인*The Church and the Older Person*〉이란 책을 통해 노년 사목에 관한 정보와 통찰을 제시하였다.

〈목회심리학〉 1976년 겨울호에서 Seward Hiltner는 도발적인 추론으로 유망한 논문들을 편집하였으며, 나중에 이 모음집을 〈노화의 신학을 향하여*Toward a Theology of Aging*〉라는 제목으로 발간하였다. William Clements의 1979년 〈노인에 대한 배려와 상담*Care and Counseling of the Aging*〉 그리고 1981년 〈노인사목*Ministry*

81) 1950년 창간된 학술잡지. 주제는 개인, 가정, 소집단, 공동체에서의 인간을 보살피는 데 관련된 사목적인 이슈를 다룸. 편집인은 Lewis R. Rambo, Ph. D., San Francisco Theological Seminary.

with the Aging〉을 편집하여, 사목에 관한 대화를 더욱 확대하였다. 1980년대에도 계속해서 사목에 대한 주제를 직간접적—대부분은 직접적—으로 다루는 책들이 나왔다. 예를 들면 Bianchi(1984)의 〈영적 여행으로서의 노화*Aging as a Spiritual Journey*〉, Maves(1986)의 〈노년기의 신앙*Faith for the Older Years*〉, Becker(1986)의 〈노인사목*Ministry with Older Persons*〉 등이 있다. Lyon(1985)의 〈노화의 실천신학을 향하여*Toward a Practical Theology of Aging*〉는 노인사목을 신학적 측면에서 탐구한 도발적인 내용을 싣고 있다. 개별적인 논문들이 학술지 혹은 사목 모음집에 더욱 자주 실리기 시작했으며(Lapsley, 1985; Buxbaum, 1987; Kimble, 1987), 이는 노인사목을 위한 연구에 많은 사목적인 통찰을 제공하였다. 1988년 '미국은퇴자협회American Association of Retired Persons(AARP)'의 '종교간연락사무소Interreligious Liaison Office'는 논문 모음집을 편찬하였다(Powers, 1988). 이 모음집에서는 신학 교육의 중심인 8가지 원칙에 따른 노화에 대한 관점을 반영하였으며, Spangler의 사목 관련 논문과 Kimble의 목회신학 관련 논문이 포함되었다. James Seeber(1990)가 편집한 〈노년의 영적 성숙*Spiritual Maturity in the Later Years*〉은 1987년 클레몬트신학교에서 개최되었던 회의의 자료들을 담고 있는데, 매우 풍부한 사목적 통찰력을 제시하고 있다. Thomas Robb(1991)의 저서 〈성장: 노년을 위한 사목적인 보살핌*Growing up: Pastoral Nurture for the Later Years*〉은 사목 직책을 위한 여러 가지 유익한 제안을 담고 있다.

비록 완전하지는 않지만, 연구문헌에 관한 간략한 검토에 따르면 특별히 노화와 노년층을 다룬 사목 신학자와 목회자를 알 수 있다. 잡지 〈종교노년학 저널*Journal of Religious Gerontology*〉은 현재 노인 목회의 많은 측면을 소개하고 있으며, 그러한 측면은 노화의 사목적인 차원을 나타내고 있다.

그러나 대부분의 신학교 교과 과정에서 노인사목 강좌를 제공하고 있지 않다. 신학 교육에서는 노화와 노년기에 대한 이해와 기술을 성직 후보자들에게 제공해야 할 책임을 아직도 진지하게 생각해야만 한다. Thomas Cook(1980)은 '전국초교파노화연맹(NICA)'[82]에서 GIST(Gerontology in Seminary Training) 프로그램을 요약하였는데, 이는 노년학을 신학교 교과 과정에 좀 더 전면적으로 도입하고자 하는 것이었다. Cook은 GIST 프로젝트를 좋은 시작이라고 인용하면서 종교 분야에 대하여 "신학 교과 과정 안에 노년학을 포함하고 강화하며 지속적으로 보완해 가야 한다"고 촉구하였

82) 전국초교파노화연맹National Interfaith Coalition on Aging은 1971년 '백악관 노화학술회의'에 참석하기 위한 초교파적 의견의 도출을 위하여 결성되었으며, 1991년 해체되고 모든 자료는 Marquette University로 이관되었음. 중심인물은 Thomas Cook 등.

다(279쪽). Barbara Payne과 Earl Brewer(1989)는 GITE(Gerontology in Theological Education) 프로젝트를 1986년 정부기구인 노인청(AoA)[83]의 보조금으로 수행하였다. 그 내용은 조지아주 Atlanta 지역의 신학교 교육에 노화에 관련된 내용을 도입하는 데 초점을 두는 것이었다. 그들의 보고서에는 '신학교협의회(ATS)'에 의해 공인된 미국의 153개 신학교에 보낸 설문지에 대한 응답을 포함하고 있는데, 이에 따르면 노화 관련 과정의 부족이 확연히 드러난다. 피할 수 없는 결론은 신학교 교과 과정이 신학생들에게 창의적이고 책임지는 노인사목 직책을 준비시키지 못하고 있다는 것이다. 고령화 사회의 흐름 속에서 사목 활동이 계속 증가해야 함에도 불구하고 이러한 빈틈이 여전히 존재한다.

3. 새로운 비유의 필요

노인사목에서 성직자는 노화를 질병이나 퇴보로 보는 의학적 비유가 만연함에 마주치게 된다. 분명히 노인사목에서는 생의학적 패러다임 그 이상의 것이 요구된다. 노화는 삶의 모든 기본적 질문들을 건드리고 존재의 모든 영역에 영향을 준다. 그것은 여러 학문 분야의 학제적interdisciplinary 접근을 필요로 하는 다차원적인 실재이다. 노년학 사업에 있는 많은 사람들이 노년학의 틀이 더 넓혀져서 노년과 그의 의미를 완전히 탐구하는 것을 허용하고 장려할 필요가 있음을 인식하고 있다. 자연과학은 여러 관점에서 노년학을 돕고 있지만 충분하지 않다. 자연과학은 너무 배타적이고 협소하며 노화의 생물학적 측면만 보는 단차원적이다.

만일 노년의 현상학적 구조와 노화의 심오한 다차원적 이슈를 이해하고 대응하고자 한다면, 의학과 행동과학의 통찰이 종교와 신학을 포함한 인문과학과의 대화 속으로 들어와야만 한다. 이러한 움직임이 막 일어나기 시작했다.

예를 들어 1992년 노스웨스턴루터신학교Luther Northwestern Theological Seminary에서 개최된 '종교, 영성, 노화Religion, Spirituality, and Aging'에 대한 회의에서 의학, 심리학, 사회학, 역사학, 간호학, 특수사목chaplaincy[84], 신학 등을 대표하는 학자와 연구

83) 노인청Administration on Aging은 미국 보건성Dept. of Health and Human Services 산하의 기구이며 각종 법령에서 규정한 노인 관련 업무를 수행함.

84) 특수사목Chaplaincy은 군목, 원목 등으로도 불림. 종교조직이 아닌 수도 공동체, 병원, 군대, 학교, 외교관, 교도소, 회사 등 특수한 단체나 모임에서 사제가 사목직을 수행하는 것을 말함.

자 그리고 전문직 등이 함께 모여 서로 이러한 대화를 증진하고자 하였다.

인류학적 일치unity를 유지하는 가운데, 인간의 풍요롭고 다양한 다차원성을 인식하는 그러한 차원적 존재론[85]이 필요하다(Frankl, 1967b). 노화나 노인에 대한 모든 연구에서는 반드시 그 노인이 전체성을 가진 전인적 사람whole person이라는 이해를 바탕으로 해야 한다. 이러한 전체성은 인간의 성장 및 발달의 영적, 심리적, 정신적, 정서적, 사회적 차원들의 조합이다. 인간 존재를 정의함에 있어서는 개인의 육체적 측면만이 아니라 사회적, 영적 측면도 함께 인정되고 평가되어야 한다(Davidson, 1991). 노화 과정에 대한 부분적 접근은 노인에 대하여 환원주의적[86]이고 제한적이며 1차원적 모습을 그려내는 데 그치는 결과를 가져온다.

노화와 노화 과정에 대한 현상학적 접근을 사용하는 한편 노화의 생의학적 및 사회적 조건에 초점을 맞추고 실증주의적 접근에 제한되는 실증 연구 모형을 뛰어넘는 패러다임이 필요하다. 노년학에서의 이런 접근법은 해석학[87]과 기호학[88]에서 쓰이는 방법의 도움을 받아 그 결실을 맺을 것이다. 인간의 노화 경험에 대하여 해석하고 의미를 부여하는 수단으로서 해석학이 필요하다.

James Birren은 노년학에서 여러 학문 분야에 걸쳐 있는 지식의 섬들을 통합하고 연결하기 위하여 새로운 비유metaphors를 도입함으로써, 노년학자들에게 학문별 경계를 넘어설 것을 요구한 선구자이다. 그는 다음과 같이 말한다.

> 비유는 학문들 간의 '잃어버린 연결고리missing links'를 창조하는 수단이다. 비유는 "아무도 살지 않는 땅에서", 즉 전통적 학문의 경계를 넘어서나 공통 관심 영역 안에서 작용한다. 비유가 가진 통합적 역할의 가능성이 보이는 분야의 예로는 노화에서의 영성을 들 수 있다. 전통적으로 이 분야는 신학, 철학, 문학, 문화사의 분야였다. 그러나

---

85) 차원적 존재론dimensional ontology은 Victor Frankl이 인간존재를 구성하는 신체, 심리, 정신이라는 세 차원 중 정신적 차원을 중시하는 것임. 그의 제1법칙은 본래의 차원보다 낮은 차원에 투영된 현상들은 서로 일치하지 않는다는 것이며, 제2법칙은 낮은 차원에 투영된 서로 다른 현상들은 서로 같게 보일 수도 있다는 것임.

86) 환원주의reductionism는 복잡한 현상의 본질을 이해하기 위해서는 이를 각 부분의 상호작용으로 환원시켜야 한다거나 복잡한 시스템은 그저 개별 구성 요소의 집합에 불과하다는 관점.

87) 해석학hermeneutics은 해석이론에 대한 연구임. 성경해석학 등 전통적 해석학은 문학, 종교, 법 등 분야의 기록된 원문text을 해석하는 학문. 현대 해석학은 기록된 원문뿐만 아니라 해석하는 과정에 있는 모든 것들을 포함함. 이는 의사소통의 언어적 혹은 비언어적 형식들을 포함할 뿐만 아니라 전제, 전이해, 언어와 의미를 다루는 철학 그리고 기호학과 같은 의사소통에 영향을 주는 중요한 관점도 포함함.

88) 기호학semiology은 사람들이 사용하는 기호를 지배하는 법칙과 기호 사이의 관계를 규명하고, 기호를 통해 의미를 생산하고 해석하며 공유하는 행위와 그 정신적인 과정을 연구하는 학문.

노년학에서 '인간의' 발달과 노화를 주요주제로 다루는 한, 특히 지혜와 의미에 관한 문제일 때 과학과 실천의 분야에 중대한 우려가 있다. 이러한 주제의 논의에는 신학적 철학적 논쟁뿐만 아니라 사회 문화적 심리학적 논쟁이 포함된다. 이러한 관점들은 예를 들면 건강 분야에서 노화의 생물학적 비유와 통합이 필요하다. 더 나아가, 전술한 모든 내용들은 노인 생활의 질이나, 노화에서의 윤리적 개입 등에 함축적 의미를 가진다. 왜냐하면 다른 사람이나 집단에 관여할 때에는 가능한 최상의 지식기반을 전제로 해야 하기 때문이다. 비유를 추구하는 것은, 미궁labyrinth과 같은 학문적 방향성과 주제들을 빠져 나와, 노화에 대한 종합적 이해를 향해서 나갈 수 있도록 하는 '아리아드네의 실'[89] 같은 것이 되어 줄 수 있을 것이다(Birren, 1991).

전인적인 인간에 대한 이러한 전체론적인[90] 이해로 무장함으로써, 노인사목에서 노화를 생물학주의적인[91] 이해 또는 영적 이해의 한 쪽에 치우치는 진퇴양난의 위험을 피하며, 제대로 인도사목shepherding ministry을 수행해 나갈 수 있을 것이다. 사목에서는 노년기 등 생애주기에서 실제 일어나는 개인의 경험에 치유를 줄 수 있는 고유한 방법론의 탐구가 필요하다. 그리하여 사목은 노인에 대한 종합학문적인 실천에 있어서 필수불가결한 협력자로서의 역할을 확립해야 한다.

4. 노화의 양면적 본성

노화의 양면적 본성은 노년학의 문헌들에서 많이 나타난다(Atchlery, 1983; Butler and Gleason, 1985). 예를 들면 부정적이고 염세적인 시각은 질병과 소외, 가난, 쇠약 등에 초점을 맞추고 노화를 패배와 상실의 최종 단계로 이해하는 연구가들이 강조한

89) 아리아드네Ariadne는 그리스신화에 나오는 크레타의 왕 미노스의 딸. 미궁labyrinth에 사는 괴물 미노타우로스는 해마다 아테네의 소년, 소녀 7명씩을 제물로 받았는데, 이에 아테네의 영웅 테세우스가 미노타우로스를 없애려고 제물로 거짓 꾸미고 크레타에 왔음. 테세우스를 보고 사랑에 빠진 아리아드네는 그의 몸에 실을 묶어주어, 미노타우로스를 없앤 테세우스가 그 실을 따라 무사히 미궁에서 빠져나왔다 함.

90) 전체론holism(또는 wholism)이란 주어진 한 시스템의 전체적 특성은 그의 구성 요소만으로는 모두 설명될 수 없다는, 즉 "전체란 부분의 합 그 이상의 것이다"를 기본원칙으로 하여 생명현상의 전체성을 강조함. 통상적으로 환원주의reductionism는 전체론의 반대적 성격.

91) 생물학주의biologism란 생물학적 입장에서 사회를 생물유기체로 보고 설명하는 이론이며, 생물학 결정론biological determinism이라고도 함.

다. 의학의 언어는 "노화는 질병, 쇠약, 악화"이라는 그림으로 건강과 노화의 비유를 고착시킨다(Davidson, 1991, 177쪽). 이러한 비유와 패러다임은 인간의 축소 및 감량이라는 직물로 이론과 결론을 짜내는 방식으로 노화의 패턴을 묘사하는 것이다. 이렇게 "노년은 끔찍한 것"으로 보는 이론가들은(Robb, 1991) 노화를 '사회적 문제'로 그리고 노인을 가정과 사회의 자원을 갉아먹는다고 묘사하는 늙은 색깔을 칙칙한 벽걸이직물에 집어넣는 것이다.

반대로 다른 비유에서는 "노년은 아름답지 않은가!"라는 관점을 강조하는데, 이런 유형의 연구자는 노화를 장밋빛 그림으로 그리고 노년을 비현실적으로 긍정적으로 그린다. 그들은 노인을 높은 만족감을 갖고 건강하고 안락한 삶을 누리는 사람들로 묘사한다.

분명 양쪽 모두 적합하고 정확한 것이 아니다. 왜냐하면 노화는 대단히 복잡한 과정이기 때문에 그렇게 단순하고 범주적으로 다룰 수 없기 때문이다. 분명히 노화는 긍정적인 측면을 가질 수도 있지만, 부정적인 면들도 있다. 예를 들면 많은 노인들은 건강, 재산, 역할, 지위, 주도권, 친구 등의 부정적 상실을 기록할 수 있다. 하지만 이것이 전체 그림은 아니다. 노화를 완전하게 경험하는 것은 상실이 아니며, 축소나 가치 감소도 아니다. 나이 먹으며 쌓인 인간의 기록은 긴 인생의 열매를 보여 주는 개성과 감수성의 성장, 영혼의 성숙을 입증하는 것이다. 삶의 마지막 단계에 대하여 극단적으로 긍정적이거나 부정적으로 설명하는 것은 충분하지 않다.

1) Erikson의 발달 단계 이론

Erikson의 연구는 노화의 양면적 본성을 설명하는 데 많은 도움을 준다. 그는 중년의 심리사회적 갈등을 '생성성generativity 대 정체stagnation'로, 노년의 갈등은 '통합성integration 대 절망감despair'으로 설명하였다(1959, 1982). 이러한 갈등을 해결하기 위한 많은 시도들은 인생 경로가 아주 복잡하고 다면적임을 확인시켜 준다.

발달의 마지막 8단계에서 사람들은 "시간과 공간적인 상실만이 아니라… 자율권의 약화, 주도권의 상실, 친밀감의 상실, 생성성의 무시 그리고 미래 정체성의 상실과 과거 정체성의 제한 등"을 호소한다(Capps, 1987, 65-66쪽). 지혜는 어른의 덕목 중 하나로 모든 약화와 상실 가운데서도 자신의 삶을 통합적으로 볼 수 있게 해 준다. Capps는 다음과 같이 통찰력 있게 관찰하였다.

우울증은 삶이 통합되어 있지 못함을 드러낸다. 왜냐하면 우울증 환자들은 대부분 자신이 생소하게 느껴지고, 불가피한 상실도 자기 멸시의 근거로 삼는다. 하지만 지혜의 힘을 가진 노인들은 상실에도 불구하고 계속 삶의 전체성에 대한 살아 있는 전형적 예가 됨으로써, 젊은이들에게 세대 간—일부 차이도 있으나—에 공유하는 삶의 길에 확신을 심어 준다. 지혜와 우울 사이의 변증법에 대한 성서적 예는 욥Job인데, 이 사람은 오늘날 고통의 동의어로 이해된다. 욥의 이야기는 삶의 전체성이란 조용한 은퇴를 찾는 문제가 아니라, 우울로 인한 극심한 위협에 맞서는 데 필요한 힘을 찾는 것에 있다는 것을 알려준다. 그리고 삶의 전체성이란, 인간 문제를 전체적으로 보는 지혜가 있다는 것이며, 마음의 활력을 유지하는 것, 책임 있는 포기를 할 줄 아는 것을 의미한다(Capps, 1987, 113, 115쪽).

2) 노년기는 '되어 감becoming'의 동태적 과정[92)]

노화가 대부분의 사람들에게 긍정적인 경험이기는 하나, 각 개인별로 예측할 수 없고 독특한 것임을 유념하는 것이 중요하다. 항상 각자의 건강과 삶의 질을 결정하는 변수들은 많다. 하지만 유일성과 다양성을 가진 인간의 삶은 개인적 발달과 성장의 기회를 마지막까지 갖게 되는 특징이 있다. 많은 노인이 겪는 어려움 중의 하나는 현재에 몰입하지 못하는 것이다. 우리는 "과거를 후회하고 미래를 염려하느라 '신성한 현재'를 반쯤 사용하고 반쯤 즐기고 흘려보낸다." 이것을 Whitehead[93)]는 '인간적 스타일'이라고 했다(McLeish, 1983, 37). 각 사람의 인생사는 고유한 사건과 경험들을 담고 있으며, 그것들은 훌륭하고 경이롭게 개성화된 노인을 탄생시킨다.

나이 먹으면서 생기는 다양한 신체적, 심리적, 사회적 변화에도 불구하고, 사람들은 후천적으로 얻은 기술로써 놀랄 만큼 효율적으로 기능을 담당한다. 연구가들은 사람들은 나이 들면서 자신들의 경험을 체계화하는 패턴의 저장고를 개발한다는 것을 보여 주었다(Kalish, 1982; Kastenbaum, 1979). 이것으로 사람들은 자신의 경험과 위기를 평가하고 그것에 어떻게 대응하면 좋을지 판단할 수 있게 된다. 삶의 슬픔과 고통

---

92) 과정철학process philosophy(또는 ontology of becoming)에서 차용한 개념. 전통 서양철학이 존재, 영속성, 제일성을 강조하는 데 반하여, 과정철학은 자연세계와 인간 영역 모두를 포괄하는 실재는 본질적으로 역사적 성격을 띠며, 과거에서 나와 (과거를 간직한 채) 새로운 미래로 나아간다고 주장함.

93) Alfred North Whitehead(1861~1947) 영국 출생의 수학자, 철학자. 과정철학process philosophy을 주장하였음.

을 경험했기 때문에 사람들은 어떻게 슬퍼하고 적응하고 보상하고 재기하는지를 알게 되었다. 그들은 진정한 '생존자들'이다. 게다가 그들 생애에서 하느님의 현존과 사랑에 대한 오랜 체험은 불확실한 미래를 향해 갈 때 믿음과 희망을 준다. 이 모든 것을 종합하면, 노화의 '양면적' 속성이 제기하는 것은 노화의 부정적 및 긍정적 측면을 창조적 긴장 속에 유지하는 변증법적 힘을 자각하라는 것이고, 또 이 능력을 평생에 걸친 "과정 중in process"에 유지하라는 것이다.

5. 노화와 의미의 위기

언젠가 Albert Camus가 주장했다. "딱 한 가지 정말 중요한 문제가 있다. 이는 인생은 살 만한 가치가 있는지 없는지를 판단하는 것이다"(1955, 3쪽). 사목은 의미의 위기를 다루어야 한다. 이러한 기본적이고 근본적인 '문제'는 나이 들면서 더욱 절박하게 드러난다. 다음과 같은 질문들이 생겨난다. "늙는 것이 평생을 걸고 얻을 가치가 있나?", "노년에서의 삶의 의미는 무엇인가?", "내가 평생 되어 온 것의 의미가 삶의 마지막까지도 유지될 것인가?" 이러한 질문에 응답하기 위해서는 의학적 패러다임 그 이상의 것이 요구된다. 왜냐하면 그러한 모형은 삶의 의미를 우리에게 보여 줄 힘이 없기 때문이다(Kimble, 1990a).

노화의 위기는 의미의 위기임을 보여 주는 증거들이 점차 늘고 있다(Moody and Cole, 1986). 의료기술의 진보로 인해 인간의 수명은 놀랄 만큼 연장되었지만, 이와 함께 "영적 불안감 … 삶의 의미와 목적에 대한 혼란 등이 … 특히 노년기에" 수반되고 있다(Cole, 1984, 329쪽). 오늘날 많은 사람들은 삶의 수단은 갖고 있지만, 삶의 의미는 갖고 있지 않다. Ross Snyder는 이에 동의하고, 덧붙여서 말한다.

> 의미의 형성은 인간 존재의 가장 핵심적 활동이다. 삶의 역동성과 품위는 의미의 공급에 달려 있다. 특별히 인생 후반부에는 의미의 형성은 노인에 대한 복지의 문제가 아니라, 하나의 중요한 사목이다. 오늘날 그 중요한 길은 계속 신선하게 인간적인 모습으로 남아 있어야 한다(Snyder, 1983).

노인들의 높은 자살률은 삶의 마지막 단계에서 경험하게 되는 이 명백한 '실존적 공허'(Frankl, 1967)에 대하여 충격적인 설명이 된다. 자살은, 상실과 변화가 혼란스럽게 또는 너무 강하게 일어날 때, 삶이 더 이상 의미가 없게 된 경우의 노인들에게는 해결책이 되는 것이다. 이러한 내적 공허가 절망과 우울의 중요한 원인으로 보인다. 어느 연구에서는 우울증에 빠진 사람들을 효과적으로 돕기 위해서는 "그 답은 노인이라는 사실 자체가 노인들에게 살 만한 가치 있는 뭔가를 제공해야 한다는 점이다"(Miller, 1979, 19쪽)라고 강조했다.

Elaine Lamshaw는 다음과 같이 말한다.

> 자신의 경험에 의미를 주고자 하는 인간의 욕구는 보편적이고 근본적인 것이다. 삶과 죽음, 사랑과 악, 인간과 우주의 기원과 운명 등의 커다란 질문들에 직면하게 되면, 우리는 그에 대한 응답을 논리적 공식으로만 정확히 밝힐 수가 없다. 이에 대한 우리의 믿음을 담아 둘 상징적 표현에 눈을 돌리게 되는데, 이는 우리의 경험 속에 선goodness을 넣어주고 의미를 만들어 내는 전통을 형성한다. 의미와 일관성이 위협받는 상황 속에서는 의례적인 표현과 상징적인 세계관의 필요성이 더욱 강화된다(Lamshaw, 1987, 25쪽).

노화에 대한 두려움이 만연하게 된 것은 인생의 흘러감에 긍정적인 의미를 표시하고 부여하는 상징과 적절한 의례가 이토록 결핍되었기 때문이다. 나이가 들고 죽는 자연 과정을 인정하고 맞이하는 것을 도와주는 초월적 상징이 부족할 때, 사람들은 최신 의학적 메시아나 기술에서 미친 듯이 구원을 찾고자 한다. 사람들이 더 길어진 삶을 살아감에 따라, 현재 의미의 위기는 의미를 유지시켜 줄 적절한 상징을 요구하고 있다. 신앙 공동체는 사목뿐만 아니라 전례 속에 그러한 초월적 상징을 도입해야 할 책임이 있다. Kathlen Fischer는 "늙어가는 우리에게 전례는 통합성integrity으로 가는 길 중의 하나라고" 하였다(Fischer, 1985, 50쪽).

약화된 상징 시스템에서는 용서받지 못할 죄, 하느님과의 서약과 관계 그리고 믿음의 가정이라는 표현을 망각한 고립과 소외, 고통 받는 이를 멸시하기만 하고 의미가 없는 고통 등에 대한 각종 표현을 만들어 낸다. 예를 들어 유대교와 그리스도교 전통에 따른 치유와 구원의 상징을 활용하고 책임지는 창의적인 사목 활동에서는 죄, 고통, 죽음 등에 대한 이해를 구체화한다. 고통에 대한 의미를 설명해 줄 상징들을 도입하는 것은 피할 수 없는 고통을 부정하는 것이 아니라, 오히려 그것을 초월하게 한다.

노인사목이 노인의 삶으로 효과적으로 들어가는 것은 어떤 멋진 기술이나 프로그램으로 이루어지는 것이 아니라, 하느님의 은총에 뿌리를 둔 의미의 원천을 직관적으로 이해하고 소통하는 데에서 이루어진다. 구원적인 상징들은 신앙의 방식이나 실존적 질서의 공식에 있어서 의미의 풍요로운 원천인 것이다.

책임지는 보살핌의 노인사목이 되려면 노화 경험의 차원과 윤곽을 탐구해야 한다. 또한 노화 과정의 내적, 외적 역학관계를 살펴야 한다. 그 목적은 개인의 고유한 노화 경험, 즉 생의 끝자락으로 가는 특징인 좁아져 가는 행동반경, 폭포처럼 쏟아지는 변화와 상실을 조사하는 것이다. 노인사목에서는 하느님의 사랑이 개인의 삶과 아주 가슴 아프게 만나는 상황이면서 동시에 삶의 궁극적 의미가 드러나는 상황을 다루게 된다. James Birren은 종교의 첫째 목적은 개인과 사회에 대하여 의미 제공자의 역할을 하는 것이라고 했다(Birren, 1984). 노인사목에서 신앙 공동체는 각 인생 단계별로 개인의 가치를 확인해 주는 확인자 그리고 개인 및 사회에 의미를 주는 의미 제공자의 역할을 수행하는 특별한 기회를 갖게 된다. 노화에서 겪게 될 쇠잔에 계속해서 싸우고 대처하기 위해 노인들은 의미를 느낄 필요가 있다. 신자들의 계약 공동체로서 신앙 공동체는 하느님의 지속적인 사랑을 선언하는 삶의 궁극적 의미의 원천이며 중심이다. 종종 몰가치 또는 비인간화 방식으로 삶의 가치를 측정하는 사회에서, 원기를 회복시키는 힘을 가진 이러한 메시지는 어떤 단계의 사람도 운명과 목적을 직면하게 만든다. 신앙 공동체는 사목을 통하여 삶의 의미를 선포하는 역할을 하는 것이다.

6. 인생 회고 Life-review

'인생 회고'는 삶의 마지막 단계의 발달 과업 중 하나로 보이며, 긍정적 기능을 한다. 노인들은 자신의 인생 이야기를 누군가와 절실히 나누고 싶어 한다. 노화의 발달 과제 중 하나는 과거를 되찾는 과거 검사 기능을 유지하는 것이다. 개인의 경험은 언제나 세월 속에 자리하고 있다. 기억은 시간이 지나갔음을 의미한다. 망각의 두려움과 기억의 욕구는 삶의 마지막 단계의 특징이다. 기억은 자신의 정체성을 고수하게 하고 정체성을 새로운 방식으로 다듬고 해석하는 것을 가능하게 한다. 사람들이 기억을 단지 소유하고 있는 것이 아니라, 그들 자신이 바로 기억이다. 기억을 통해서 관계들이 이루어질 수 있고 우리 삶의 양식과 형태를 발견할 수 있다. 인생 회고는 우리 삶에서 의미가 갖는 윤곽과 쪽 그림을 주며, 죽음을 포함한 다음 단계를 용이하게 한다. 다시 말해 인생 회고는 노인들이 자신의 이야기—그가 누구이며 어디에 있었는지—를 말하도록 도와준다. Fankl은 다음과 같이 말한다.

> 그 어떤 것도, 그 누구도 우리가 과거 속에 안전하게 담아두고 보관해 둔 것을 빼앗을 수 없다. 과거 속에서는 아무것도 되돌릴 수 없이 사라지는 것은 없으며, 모든 것은 영구히 저장된다. 통상 사람들은 추수하고 남은 황량한 들판만 쳐다보고, 자신이 인생에서 수확해 놓은 추수 창고의 그득함, 즉 임무는 완수했고, 일도 마쳤으며, 사랑도 하고 고통도 용감하게 겪어냈음은 보지 않는다(Frankl, 1978, 38-39쪽).

'인생 회고'는 모든 문화의 사람들이 취하는 정상적인 행동이다. 왜냐하면 역사 구술을 통한 회상은 과거를 되돌아보고 세월을 통해 얻은 문화적 지혜를 주기 때문이다. Robert Butler는 1963년에 한 세미나 논문에서 인생 회고 형태의 회상법을 노인의 자아통합을 위한 치료법으로 소개하였다. Butler는 인생 회고가 정도의 차이는 있지만 모든 노인이 공유하는 보편적 체험이라고 하였다. Butler는 그 과정을 이렇게 말하였다.

> 과거를 되새길 때, 자아는 이를 바라보고, 관찰하고, 심사숙고한다. 과거의 경험과 그 의미를 재고하는 과정이 나타나며, 종종 수정되고 확장된 이해가 수반된다. 이러한 과거의 재구성은 그의 인생에 새롭고 중대한 의미를 주면서 좀 더 타당한 그림을 제공한다. 또한 이는 그의 죽음을 준비하게 할 수도 있다(1963, 68쪽).

인생 회고는 높은 수준의 기능을 유지하고, 정신적으로 더욱 깨어 있게 하고, 정체성을 더 잘 느끼게 하고, 대처기제를 더욱 강화하는 것을 도와준다는 것이 입증되었다(Burnside, 1984). 인생 회고에 관해 주의해야 할 점이 있다. 다른 사람에게 인생 회고를 시행하는 사람에게는 적절한 훈련이 필요하며, 참여하는 사람에 대한 주의 깊은 관찰도 필요하다. 예를 들면 억압된 감정이 깊은 사람은 이 과정에 참여하지 말고, 적절한 전문가의 상담을 받는 것이 좋다(Birren and Deutchman, 1991, 98-100쪽; Coleman, 1986, 153-158쪽; Shute, 1986, 57-58쪽). 인생 회고는 노인에게 중요한 적응기제로서 그 내용, 기능, 과정을 더 잘 이해할 수 있도록 하기 위하여 앞으로 좀 더 연구할 필요가 있다(Thornton and Brotchie, 1987, 102쪽; Haight, 1989).

노인사목에서 인생 회고가 지닌 의미는 많고도 확실하다. 기억은 사람들의 삶 속에서 하느님의 현존을 드러낸다. 신앙이란 시간 속의 여행에 존재하는 하느님의 현존과 사랑을 되새기는 것이다. 인생 회고의 역동성을 이해하는 능숙한 사목자는 노인들의 기억—신의 은총을 그들에게 중재하는 기억—속에서 사건들을 다시 꺼내도록 도와줄 수 있다. 더 나아가 성직자들은 신의 용서라는 치유의 말씀을 전달하는 능력을 통해서 노인들을 계속해서 괴롭히고 있는 오래된 죄와 실패에서 오는 절망감을 다룰 수 있다. Butler가 상기시켜 주듯이, 정서적이고 영적인 선택권은 죽을 때까지 열려 있기 때문에 화해와 치유가 이루어질 가능성이 있는 것이다.

인생 회고는 한 사람이 '살았던 세상'의 이해를 추구하는 현상학적 접근이다. 사목상담에 있어서 인생 회고는 가끔 환원주의적으로 되기도 하는 분석에만 골몰하는 위기 개입[94]으로부터의 전환을 의미한다. 인생 회고에서는 각자 삶의 이야기를 공유할 때 반응적 듣기responsive listening가 요구된다. 인생 회고는 시간을 거슬러 가는 감상적인 여행 이상의 것으로서 그의 인생의 의미를 찾아내는 데 도움을 준다. 즉, 기뻤던 사건과 슬펐던 사건이 자신의 삶 속에서 무엇을 의미했는지 돌아보도록 자극을 준다. 그것은 개인과 삶의 만남뿐만 아니라 개인과 신과의 만남까지 연대기로 기록하는 것이다.

Evelyn과 James Whitehead는 더 나아가 평신도사목에서 인생 회고를 사용할 수 있는 가능성을 제시한다.

> 강력한 자기 인식은 신앙인 공동체의 선물이 될 수 있을 뿐 아니라 자아 통합의 힘이기도 한다. 이러한 기억의 회복, 즉 과거의 성찰은 종교적으로는 '회상anamnesis'으로 이해될 수도 있다. … 모든 종교의 신앙인들은 자신의 과거 안에서 활동하시는 하느님에 대한 기억으로써 힘을 얻고 현재화된다. 회상은 과거 사건들의 은총을 회복하고, 현재 삶의 여러 부분들을 통합하는 데 기여한다.
>
> 신앙 공동체 예를 들어 가족, 교구, 기도모임, 수도원 등은 공동체 노인들의 인생 회고를 도와줄 수 있고 경험을 함께 나눌 수 있고 그 종교적 의미를 나타내는 경우, 그 공동체는 믿음을 증거함으로써 스스로 활기를 띨 수 있다. 우리와 함께 믿고 우리보다 앞서 믿은 사람들 각자의 과거는 바로 우리 공동체의 '신앙 자산'이다. 이는 우리들 안에 구체적으로는 오늘날의 세상에 하느님의 역사하심과 섭리의 기록이다 (Whitehead and Whitehead, 1979, 186쪽).

인생 회고를 잘 활용하면 사목자가 노인들과 대화할 때 "그들이 지금까지 살아왔던" 것이 가치 있는 존재 방식이었다는 것을 확인해 줌으로써 풍요롭게 해 줄 수 있다

---

94) 위기개입crisis intervention이란 개인이 정신적 위기 상황에서 정상 상태로 돌아오도록 도와주며, 부정적인 심리적 외상trauma을 예방하거나 경감시키기 위한 비상적인 심리요법을 말함.

(Frankl, 1978). 회상을 사목의 도구로 사용하면 사람들에게 삶의 의미와 연속성을 깨닫도록 도와줄 수 있다. 삶의 양식은 기억된 것에 부여된 의미에 의하여 형성된다.

7. 고통 받는 이와 죽어 가는 이들을 위한 사목

고통과 죽음은 인간의 조건이며, 피할 수 없다. 고통은 삶의 각 단계마다 있는 보편적인 주제이다. 유대교와 그리스도교에서는 고통과 죽음이 그 나름의 의미가 있을 수 있다고 확신한다.

불치병을 앓고 있는 사람이 윤리적으로나 영적으로 결코 열등한 것이 아니다. 삶이 얼마 남지 않아 괴로워도 인간으로서의 가치와 존엄성은 여전히 유지할 수 있다. 오히려 피할 수 없는 고통으로부터 긍정적인 의미를 만들 수 있고 심지어는 고통당하는 이를 고귀하게도 한다. 예를 들면 불치의 백혈병을 앓는 사람의 증언을 들어보면, 자신의 "이러한 은총 가득한 시간"에 대하여 말한다. 교황의 사도적 서한 〈인간 고통의 그리스도교적 의미에 관하여*On the Christian Meaning of Human Suffering*〉에서는 "몸이 심하게 아프고 완전히 움직일 수 없게 되고 삶의 모든 능력을 잃게 될 때, 더 큰 내적 성숙과 영적 위대함이 분명히 드러나게 된다…"라고 하였다(교황 John Paul 2세, 1984). 고통 받는 이를 위한 사목에서 성직자가 받아들이도록 종종 요구되는 것이 고통 속에서 신앙으로 이겨내는 바로 이러한 도전인 것이다. 아마도 인간의 고통과 그 의미에 대한 가장 숭고하고 심오한 교훈은 삶의 마지막 시기의 허약함과 한계를 위하여 남겨둔 것일지도 모른다.

성사와 준성사를 포함하는 전례와 의례들은 사람들을 도와서 몸, 마음, 영혼 등의 치유를 경험할 수 있도록 한다. 치유에 사용되는 준성사로는 기도, 성유 바르기, 안수, 고해 등이 있다. 지원, 용기, 현실적 희망 등을 주는 사목이 고통 중에 있는 이들에게 주는 적절하고 효과적인 방식의 사목이다.

여러 종교의 경전들은 삶과 죽음의 의미에 대해서 그리고 사랑과 치유의 신비에 대해서 이야기하고 있다. 신앙에서 전해지는 치유와 구원의 상징들을 활용하는 책임 있고 건설적인 사목자는 하느님의 지속적 사랑 고백 안에서 고통을 이해한다.

자신의 죽음을 대면하는 것은 노년의 마지막 발달과업이다. 점점 더 활동 영역이 좁아지면서, 노화는 사람들에게 죽을 운명에 처한 피조물임을 상기시킨다. 사실 시간 속에서 산다는 것은 죽음을 향해 산다는 것이다. 마지막 도전으로 노인들은 자신의 죽어감과 죽음에 직면한다. 신앙적인 사목은 노인들이 죽음을 피조물의 자연적 본성의 한 부분으로 보도록 돕는 것이다.

죽어감과 죽음은 주로 노인들의 일로 여겨진다. 매일 사망하는 사람의 거의 3/4이 65세 이상이다. 늙는 것과 죽음을 동일시하는 것은 주의해야 하겠지만, 오늘날 대부분의 죽음은 노년기에 일어난다. 성장의 마지막 단계로서 노인들은 자신의 죽어감과 죽음에 직면하게 되는 것이다(Kimble, 1990b, 70-81쪽).

사목에서 중요한 한 가지 기술은 병약한 노인들이 영적으로 죽음을 준비하도록 돕는 것이다. 어둡고 병적인 중세의 '죽음의 기술De arte moriendi'로 돌아가는 것을 옹호하는 것은 아니지만, 성직자는 죽음에 대한 자신의 감정과 두려움을 잘 성찰하고 죽어 가는 이와 그 가족들을 잘 보살필 수 있게 자신을 준비할 필요가 있다.

노인과 그 가족들에 대한 사목은 종종 수많은 임종 질문들—오늘날 건강관리에서 도입된—에 좀 더 깊이 관여하는 것을 의미하기도 한다. 수명이 길어진 많은 사람들이 자신을 돌보기 어려운 상황에 처함에 따라 수많은 어려운 질문들이 한꺼번에 몰려오는 것을 경험하게 된다. 삶의 질에 관한 그리고 삶의 과소평가나 과대평가의 위험성 등에 관한 복잡한 윤리적 질문들이 혼란스러운 차원으로 나타난다. 생명유지기술의 사용, 의료비의 경제적 측면, 자원 배분, 다른 중요한 미결사항이나 절차적 문제 등에 관한 질문들은 그들이 종종 직면하는 질문의 일부에 불과하다(Sapp, 본서 제13장). 노인사목은 어렵고 당황스러운 결정에 직면하는 노인들과 그 가족들에게 개입해야 하는 도전적 역할을 갖고 있다. 사려 깊고 책임 있는 사목은 삶의 끝이 삶의 의미를 파괴적으로 부정하지 않도록 도와줄 수 있다.

8. 추가적인 사목 기회

1) 노인 성별 문제와 사목

여성은 더 오래 산다. 현재 '고령화되는 미국'에서 여성은 남성보다 더 오랜 기간을 문화적으로 '노인이면서 연장자'로 지내게 된다. 예를 들어 백인 여성은 평균수명이 가장 길어서 78.6세이고, 흑인 여성은 73.5세이다. 백인 남자는 71.8세이고 흑인 남성은 64.8세이다(Taeuber, 1992). 남성보다 거의 7년 이상을 더 사는 노인 여성은 노인 차별ageism과 성차별sexism의 이중적 도전을 감당해 내야 한다. 더욱이 유색 여성은 인종차별racism까지 겪으며 노령기에는 가난 속에서 살 가능성이 백인 여성보다 3배나 더 크다. 여성은 통계조사에서 독신가구, 저임금, 가난, 질병의 위험, 죽음, 시설 입소 등의 비율이 월등하게 높다(Markson, 1983). 남편을 잃고 홀로 살기 시작하는 평균나이는 56세이기 때문에, 대부분의 이들에게 가난은 항상 눈앞에 놓인 문제이다.

신앙 공동체의 구성원으로서 평생 남자보다 더 높은 참여를 보이는 여성의 압도적 참여 때문에 성직자들은 노인 여성의 인구 구성이나 이슈 그리고 이것이 적절하고 새로운 사목에 대해 의미하는 바를 잘 알고 있어야 한다(Kimble, 1985).

노인 여성들은 동질성을 갖춘 집단은 아니다. 통계 자료를 통해 모든 노인 여성을 소외되고 희생된 사람들로 일반화하는 위험성이 있기는 하나, 남성이든 여성이든 노화의 경험이 다 같은 것은 아니다. 노인들에 특징적인 것이 하나 있다고 한다면 그것은 이질성이다. 그러나 현대 사회에서 노인 여성들의 높은 취약성은 부인할 수 없이 높으며, 이는 현재의 사회 문화 경제 시스템 속에서 비극적으로 뿌리가 깊다. 삶과 고통의 의미, 자아의 정의와 가치, 성 역할과 가정 역할, 보살핌을 주고받는 자세 등에 대한 질문들이 노인 여성들이나 그들을 사목하는 이들에게 가장 도전적인 문제들이다.

2) 대리가정 모델로서의 사목

최근 '미국하원 노화대책특별위원회' 95) 1980년도 보고에서 노인 문제와 관련해서는 신앙 공동체가 자원봉사 부문에서는 가장 탁월한 역할을 하고 있으며, 연방정부와 관계기관들이 더 많은 격려와 지원을 해서 노인들을 보살피는 데 중심적 역할을 맡도록 하는 것이 좋다고 하였다. 신앙 공동체는 공식적 혹은 비공식적인 대리가정 조직 모델을 활용하고, 다양한 교육적 상담과 사회적 지원 프로그램을 제공하며, 전문가들은 물론 노인도 참여하는 다양한 연령층의 자원봉사자들을 섞어서 함께 활동한다. 이러한 특성들은 증가하는 노인 인구의 요구에 응하는 데 탁월하고 필수적인 조직적 강점이 된다.

사목과 보살피는 공동체의 신학적 및 성서적 자원들은 하느님의 전체 가족이 모이는 지역 신자들 속에서 가시화된다. 여기에서는 나이에 관계없이 각자의 내재적 가치와 존엄성이 확인되고 존중된다(Kimble, 1981). 이러한 지원적 분위기 속에서 건설적

---

95) United States House of Representatives Select Committee on Aging. 1974년 설립이 의결되었으며 1975년부터 1992년까지 활동한 특별위원회. 노인 관련 조사, 청문회를 중심으로 활동하였으며 많은 보고서를 작성하여 노인 관련 제도 개선을 가져오는 데 기여하였음.

인 사목자는 모든 연령층의 모든 것, 즉 강점과 약점, 기쁨과 슬픔, 재능과 한계점을 공유할 수 있도록 격려한다. 이러한 성직 속에서 신앙 공동체는 하느님의 가정으로서 신자들이 이웃사랑의 맥이 되고 사목에 참여하는 오랜 전통을 따르는 것이다(Laporte, 1981).

3) 권익옹호로서의 사목 행위

신앙 공동체는 젊은이와 늙은이를 위한 정의로운 사회의 비전을 제시할 것을 요청받는다. 만일 노인들의 특별한 이슈와 필요를 다루고자 한다면, 정의와 인권에 대한 관심을 촉구하고 평등, 권력, 자율, 존엄 등의 이슈에 초점을 맞추는 사목의 예언적 측면이 요구된다.

노인들은 자신들을 위해 나서고 그들과 함께 필요한 변화—적정한 수입, 주거, 음식, 건강관리 등을 보장하기 위한—를 추구할 사람이 필요하다. 나이에 따라 격리된 사회에서는, 신앙 공동체가 노인들, 특히 가난한 노인, 신체장애 혹은 발달장애를 지닌 노인, 소수민족 노인, 거동이 불편한 노인, 소외된 노인 등에게 편익을 보장해 줄 정책과 프로그램을 유지하도록 옹호하는 역할을 해야 한다. 법률적 지원, 권리를 보호하고 안전을 보장하는 법의 집행, 독립적 삶을 유지시키는 지원적 서비스, 연령차별적 고용이나 퇴직을 없애는 입법, 품격을 보장하는 요양원 규제 등은 노인사목에서 다룰 필요가 있는 여러 분야 중의 일부에 불과하다. 만일 신앙 공동체가 노인을 위한 옹호자가 되려면, 적절한 입법조치를 위해 지방이나 전국에서 노력해야 하며 그리고 노인의 평안을 위한 핵심적인 프로그램과 서비스를 얻어내기 위해서 싸우는 장면에서는 보초로서의 역할을 해야 한다. 만일 성직자가 노인들이 우리 사회에 기여한 것을 확인해 주고, 그들에게도 사회의 재화와 서비스에 대하여 공평하게 접근하도록 도우려면, 수동성이나 무관심 그리고 절망감에 기초한 접근법은 피해야 한다.

9. 결론

사목의 과업은 회피적이 아니라 삶을 모든 성장과 충만 그리고 부족함과 유한성을 가지고 직면하는 종합적인 관점을 제시하는 것이다. 성직자는 사목 활동의 도구가 되어, 생애주기 각 시기의 중요 사건마다 "궁극적인 문제의 차원에서 부딪히는 것을 도와줄 수 있는 기회"에 참여해야 한다(Tilich, 1984, 126쪽). 노인사목은 노년기를 포함한 생애 모든 단계에서 은총과 의미의 체험을 확장하고 풍요롭게 해 주는 전체성의 추구 속에서 신앙적 안내자 그리고 지원적 자원이 되어야 하는 도전과제를 던져주고 있다.

제10장 진단, 의뢰, 네트워킹

James W. Ellor
Marie A. Bracki

1. 서

성직자들이 노인과 그 가족이 겪는 문제에 적절하게 대처하기 위해서는 연수가 필요하다는 사실은 문헌들에 잘 나와 있다. 노인과 그 가족이 부딪히는 문제는 종류가 많아지고 또한 더욱 복잡해지고 있다. 이런 문제들에 도움을 줄 수 있는 서비스도 상응하는 비율로 늘고 있다. 성직자들은 노인 신자들이 겪는 많은 문제들에 대해 듣고 또 거기에 관여하게 된다. 이런 문제 가운데 어떤 것은 공동체 신자들의 상호협조를 요청함으로써 다룰 수 있는 반면에 그리 쉽게 다룰 수 없는 문제들도 있다.

돕는 과정이란 대부분의 성직자들이 자신들의 신학과 인간에 대한 개인적 관심에 비추어 맡을 수 있는 당연한 역할의 일부이다. 그러나 진단assessment과 의뢰referral[96]의 과정을 정식으로 연수를 받은 성직자는 거의 없다. 노인이 원하는 것이 복잡해지고 고령인구가 증가하는 상황에서, 지금은 그 어느 때보다도 성직자들에게 이 분야에

96) 의뢰referral란 사람을 전문적인 도움을 받을 곳으로 보내는 것을 의미함.

서의 숙련된 자질이 필요할 때다. 특히 노인들에게는 가정 밖에서 도움을 구하는 첫 대상이 성직자임을 보여 주는 연구 결과에 비추어 볼 때, 이러한 연수의 부족은 중대한 문제로 떠오른다.

또한 많은 노인 문제들이 속성상 세대 간에 걸쳐 있으므로 도움 요청을 노인 당사자가 아니라, 상담 같은 도움이 가능함을 알고 있는 자녀나 젊은이들이 할 가능성도 있다. '근로자지원제도(EAPs)'[97]를 통한 '원거리' 의뢰, 관리의료managed care[98], 그 밖에 다른 관련 자원들이 증가할 것으로 예상할 수 있다. 베이비붐 세대들이 나이 들어감에 따라 그들도 도움을 요청해 올 것이고, 그들 자신뿐 아니라 자신들의 부모를 위해서 그들이 무엇을 기대하는지가 분명해질 것이다. 이 글에서는 노인 문제의 진단과 의뢰에서 성직자들의 역할을 논하려 한다. 그리고 진단과 의뢰에 대한 몇몇 구체적 문제점을 다루고, 마지막으로 여기에 관련된 윤리적 문제들을 짚어 보고, 공동상담의 가치에 관해 몇 가지 제안을 할 것이다.

2. 진단과 의뢰에서 성직자의 역할

노인 지원의 원천 중에서 성직자가 핵심적 역할을 할 때가 종종 있다. Veroff 연구팀(1981)이 실시한 연구에 의하면, 어떤 문제가 생겼을 때 가정 밖에서 찾는 곳, 심지어는 가족 주치의나 사회복지사보다도 먼저 찾는 게 성직자일 경우가 가장 많다고 한다. 이러한 양상은 물론 의료적인 문제보다 비의료적 문제에서 더 많이 일어난다. Pruyser(1976)는 사람들이 성직자를 찾는 이유를 세 가지 들고 있다. 첫째는 성직자들이 도움을 준 역사적 전통 때문이다. 둘째는 성직자들이 도움 주는 패턴에는 정서적이고 영적인 치유뿐 아니라 육체적 치유에 대한 염려까지도 포함되기 때문이다. 셋째로 사람들은 교회 안팎 모두에서 성직자를 잘 알고 있기 때문에 그들을 찾아온다. 그렇다면 사람들은 정서적 도움을 받기 위해, 혹은 자신들을 괴롭히는 종교적인 문제에 조언을 구하기 위해 성직자를 찾는 것이다. 한 연구에 따르면 "사목상담센터를 찾는 사람들의 1/5은 그곳을 선택한 이유로 종교적인 이유를 꼽았다"고 한다

97) 근로자지원제도Employee Assistance Programs(EAPs)는 고용주가 근로자 복지를 위하여 근로자의 근로성과, 건강, 평안 등을 저해하는 개인적 문제를 해결할 수 있도록 제공하는 프로그램. 통상적으로 근로자와 그 가족에 대한 건강보험, 진단, 단기적 상담, 의뢰 등이 포함됨.
98) 관리의료managed care란 어떤 집단의 의료를 의사 집단에게 도급을 주는 건강관리 방식.

(Posavac and Hartung, 1977).

성직자는 정신 건강의 광범위한 네트워크에서 중요한 역할을 한다. 성직자가 가정 밖에서 가장 먼저 만나는 전문가라고 한다면, 그들은 정신 건강 서비스의 연속선상의 최전방에 서 있는 셈이다. 그렇지만 이러한 상담은 바쁜 성직자 생활의 과업 중에서 하나일 뿐이다. 캐나다 브리티시컬럼비아 주에서 실시한 성직자에 관한 연구에서는 성직자들이 일주일에 평균 7시간을 상담에 할애하는 것으로 조사되었다(Wright, 1984). 성직자들이 일주일에 40시간을 일한다고 가정하면, 그중 17.5%가 상담역인 것이다. 물론 실제적 비율은 신자들의 본성, 가족의 도움 가능성, 그 밖에 지원 원천 등에 따라서 달라질 수 있다. 그렇지만 성직자의 역할은 강론부터 교육까지 상담시간 외에 하는 수많은 다른 임무도 포함한다. 성직자의 역할이 독특한 점은 단순히 상담에 그치는 것이 아니라, 그들이 돕는 사람들의 삶에서 다양한 면에 관여하는 경우가 많다는 것이다.

성직자는 여러 다양한 방법으로 사람들에게 상담을 해 주고 도움을 주는 일을 수행한다. 어떤 성직자들은 전문적인 훈련을 받고 그 일을 하기도 하지만, 대부분의 성직자는 도움이 필요한 사람과 만났기 때문에, 즉 친척이 문제가 생겼을 때 가족이 대하는 것처럼 관여하게 된 것이다. 때로 성직자들은 어떤 문제에 전문적인 도움을 줄 수 있느냐 없느냐에 상관없이, 오로지 그 순간에 유일하게 도움을 구할 수 있는 사람이라는 이유 때문에 관여를 하게 된다.

3. 진단 과정—의학적 진찰이 아님

성직자들이 도대체 왜 진단assessment에 관여해야 하는가? 가장 간단한 답은, 그 사람과 그들이 처한 상황에 대해 더 많이 알수록 더욱 적절하고 효율적으로 도움을 줄 수 있기 때문이다. 사람들은 늘 진단에 참여하지만, 보통은 무엇을 어떻게 해야 하는가 하는 구체적 방향 제시는 거의 없다. 성직자가 도움이 필요한 사람과 관계한다는 것은 진단을 내린다는 것을 의미하는데, 때로는 개인이 어떤 도움이 필요하다고 기술하는지 잘 들어야 하는 경청의 문제이기도 하다. 그 사람이 요청한 것이 의사에게 차로 데려가 달라는 것일 때는, 랍비나 사제나 목사는 교구 주민에게 연락해서 그 사람을 도와 달라고 중개하는 역할을 하게 된다. 때로는 문제가 이보다 더욱 복잡할 수도 있다. 정신적 문제가 보다 심각하기도 하고, 건강 문제가 복잡할 수 있다. 이런 경우 성직자는 상황을 잘 진단할 필요가 있다. 이런 상황에서의 진단은 어떻게 근심거리나 지원 요청을 다루어야 하는지에 초점을 맞추어야 한다.

무엇을 진단할 것인가는 다음번으로 부딪히는 논리적 질문이다. 위에서 언급했듯이 종종 정신 건강 문제가 성직자의 관심을 끈다. 가끔 정신병이나 심한 우울증처럼 금방 알 수 있는 문제도 있다. 더 많은 경우에는 문제가 한층 미묘해서, 그 사람의 생활, 행동, 신체 건강 등 다방면을 넓게 조사해 보아야 한다. 또한 실제로는 질병이 그 사람의 정신 건강이나 전체적인 육체적 평안에 영향을 미치고 있음에도 불구하고, 눈에 잘 뜨이지 않을 수도 있다.

성직자의 진단 과정은 성직자로서 익숙한 전문가적 관점이라는 패러다임으로부터 나와야 한다. 사회과학에서는 사회복지사, 심리학자, 상담가 등이 비슷한 방법으로 문제에 접근한다. 정신 건강 전문가들은 임상적 진단을 강조한다. 임상적 진단에서는 환자가 보여 주는 다양한 문제나 걱정거리에 대한 탐구가 포함된다. 임상의clinician는 환자와 더불어 이러한 과정을 거쳐서 환자에게 무엇이 필요하며, 앞으로의 상담계획이나 미결된 의뢰를 어떻게 처리할 것인지 결론을 이끌어낸다. 정신 건강 임상의는 한 가지 모델에서 시작하지는 않지만, 환자와 작업하는 데 있어서는 비슷한 도구를 가지고 시작한다. 심리학자는 이러한 진단 과정에 정식 실험을 추가할 수 있다. 이런 객관적 측정은 임상의가 임상적 판단을 내릴 때 구체적인 정보로 도움이 될 수도 있다.

성직자의 경우에는 어느 한 가지 접근법을 사용한다고 연구보고서에서 확인되는 바가 없다. 어떤 성직자들은 전적으로 임상 진단에 의존하고, 어떤 성직자들은 진단 과정에 실험을 포함시키기도 한다. 두 가지 변수 때문에 성직자가 치료사와는 구별된다. 첫째, 성직자들은 초자연적 존재와 연관을 맺는다는 점이다. 사람들이 말하기를 두 종류의 치료사가 기적을 일으키는 능력을 추구한다고 하는데, 정신과 의사들은 알약으로 그렇게 하고 성직자들은 하느님과의 관계를 통해 그렇게 한다는 것이다. 환자나 본당 신자는 자신이 성직자 덕분에 어느 정도로 하느님과 깊은 관계를 맺고 있다고 생각하는지에 관계없이, 성직자가 상담 과정에서 하느님의 뜻을 간구하고 반영해 주기를 원할 것이다. 둘째 변수는 영적인 면을 부각시키는 것이다. Alfred Adler나 실존주의적 심리학자들의 주장처럼 전체론적인holistic 진단에서는 인간은 신체적, 사회적, 감정적 요소로 이루어졌다고 본다. 이러한 개념에서 중요한 점은 이 요소들이 한 개인 안에서 인위적으로 분리될 수 없다는 것이다. 그러므로 한 개인이 지닌 다양한 모습들이 서로 연결되어 독자적이고 통합적인 존재로서의 인간 본연의 모습이 드러난다.

Granger Westberg는 'holism' 단어에 'w' 철자를 추가할 것을 제안하였는데, 이는 사람의 영적 측면을 더한다는[99] 의미이다. 대부분의 성직자는 이러한 철자 추가에 흔쾌히 동의할 것이다. 전인whole person의 영적 측면에 노력을 투입하고, 이 측면에 대하여 권위 있게 말할 수 있는 능력은 성직자와 신도 또는 환자 사이의 독특한 관계를 의미한다.

일단의 정신 건강 전문가들 사이에서 성직자가 차지하는 독특한 위치는 성직자가 진단에서 전문가들과 다른 식으로 접근할 수 있는 잠재력을 시사한다. Hunt 등(1990)은 "단어 '진단'은 '현재 상태'와 어떤 구체적 표준 혹은 기준들 사이의 비교가 이루어짐을 의미한다"라고 지적했다(1990, 13쪽). 진단을 위해 인간 본성에 대한 관점을 정립함에 있어서, 성직자는 심리학의 전통적 패러다임 가운데 어느 측면이 인간 본성의 이해를 돕는가는 물론 어떤 신학적 원리가 사람들의 신앙 표현에 내재되어 있는가 하는 점을 반드시 물어보아야 한다. 심리학의 영역에서는 인간 본성을 어떻게 바라보고 환자들에게 어떻게 다가갈 것인가는 그에 따르는 패러다임에 따라 정의된다. 이 패러다임은 어떤 종류의 질문을 할지, 나아가 진단이라는 문맥을 고려하여 어떻게 질문할 것인지도 지정한다. 성직자는 그러한 패러다임에 개인적 혹은 교파적인 선호도를 반영하는 신학적 입장을 반영하여 수정한다.

진단에 대한 연구보고서를 검토해 보면, 영적인 요인에 대한 수많은 관점과 견해가 나타난다. 어떤 성직자들에게는 영성이 중요하지만, 자신들이 상담을 이해하는 데 영성을 잘 끼어 맞추지는 못한다. 어떤 성직자들은 영적인 면을 가장 우선시한다. 사실, 많은 정신 건강 전문가들이 불평하는 것 중의 하나는 일부 성직자들이 오직 영적인 면만을 논하고 인간의 다른 면은 무시하려 든다는 것이다.

중요한 것은 어떤 진단이든 환자의 인간적 본성에 대한 특별한 관점에 근거해서 내려질 수밖에 없다는 사실이다. 행동주의적 패러다임을 활용하는 사람은 행동이 학습의 산물이라고 보기 때문에, 진단에서 다루어야 할 것은 문제 행동의 선행사건과 결과인 것이다. 심리분석 치료사에게는 개인의 문제는 무의식적인 갈등에 근거를 두고 있으므로, 진단을 내리려면 무의식을 꿰뚫어 보기 위해 갈등을 찾아내는 과정이 수반되어야 한다. 절충적인 전문가는 문제에 대한 정보를 개인이 인식하는 데서 이끌어내려 하고, 그 상황에 적합한 무슨 방법으로든 그 문제를 해결하려 할 것이다. 노년학 분야는 하나의 패러다임을 발전시키기보다는 오히려 현존하는 패러다임이나 노화

---

99) holism, wholism 모두 전체론을 의미함. 전체성을 갖춘 전인whole person을 강조하는 것임. 전체성이란 나눌 수 없는 완전체를 의미하며, 특히 영적 측면이 포함됨을 강조함.

과정에 대한 추가적인 정보를 갖고 있는 학자들의 견해를 강화시키려 하고 있다.

1) 종교적 차원의 중요성

아마도 성직자들이 도움을 구하러 오는 사람들에게 종교가 갖는 의미를 이해하는 데에는 가장 편안하게 느낄 것이다. 하지만 겉보기에 단순한 이 개념이 실제는 보기보다도 복잡하다. 종교란 교회의 전례에 참례하는 것인가? 사회적 행사에 참석하는 것인가? 혹은 하느님과 자신의 관계에 대해 이야기하는 것인가? 연구문헌에서는 이 주제가 다차원적인 성격을 지니고 있음을 밝히면서, 필요하다면 다수의 영역을 보다 잘 조정하기 위해서는 개인적인 차이를 이해하는 것이 유용하다는 것을 보여 주었다.

노인들에게서 종교의 역할을 이해하는 게 필요함은 여러 문헌에 잘 나와 있다. Moberg(1986)는 이렇게 말했다.

> 1982년 조사에 응한 65세 이상 고령자의 95%가 기도를 한다고 응답했다. 그리고 5분의 4 이상이 종교적 믿음이 자신들의 삶에 가장 큰 영향을 미쳤다고 응답했다. … 전체 성인의 41%가 매주 교회에 가는 데 비하여, 노인들은 건강상 문제나 이동이 훨씬 불편함에도 불구하고 49%나 되는 높은 참석률을 보이고 있다(13쪽).

1987년 갤럽조사(Princeton R. R. C., 1987)에서는 나이 든 노인층이 종교 신자가 되거나 성경 및 기도 모임에 참석하는 일이 더 많다는 사실을 알아냈다. 65세 이상의 67%는 종교가 자신들의 삶에서 매우 중요하다고 느꼈다. 그 밖의 수많은 조사를 통해서 현재의 노년층에게 종교는 상대적으로 중요함을 알 수 있다. 이런 연구에서 사람들이 나이가 들면서 점점 더 신앙적으로 변하는 것 같지는 '않으며', 오히려 사회 전체적으로 볼 때 종교적 성향이 약해진다는 점을 주목하고 있다. 따라서 미래의 노인들은 지금보다 덜 종교적일지도 모른다.

사회학적 관점은 종교에 접근하는 여러 방법 중 하나인데, 이는 무엇보다도 다양한 하위문화에서 종교가 갖는 역할을 다루고, 교회 참석이나 일반적 참여에서 남녀가 어떻게 다른지를 보여 준다(Birren and Schaie, 1990; Kane and Kane, 1981). Palmore (1980)는 교회가 다른 어느 곳보다도 고령자가 많이 속하는 단체라는 점에서 노인들을 도울 수 있는 독특한 위치에 있다고 말했다. 그는 이런 현상이 노인들이 보다 종교적인 시대에 자라났으며 종교를 자신들 삶의 일부로 간직하고 있는 데 기인한다고 보았다. 따라서 이런 동시대집단의 사람들은 정신 건강 전문가들보다 사목자와 더 이야기하고 싶어 한다는 것이다. 만일 종교가 중요하다면, 종교가 개인의 삶에 어떤 영향을 미치는지 논리적으로 이해하는 것이 조사와 연구에도 중요할 것이다. 역사적으로 이것은 3가지 주된 구성 요소—즉, 신앙심, 영적 평안, 영성—를 사용해서 다루어져 왔다.

(1) 신앙심

Babara Payne(1982)은 1976년 이전까지 써 오던 종교적 변수의 방법론적 이용에 대하여 세 가지—① 구조적 참여, ② 신앙심, 개인화된 신앙 행위 포함, ③ 종교적 활동과 실천 및 개인적 적응—범주로 나누어 설명했다(344쪽). 그 시대에는 대부분의 연구가 두 가지 핵심적 질문에 집중되었다. "사람들은 나이가 들면서 더 종교적으로 변하는가?" 그리고 "이런 종교적 변수는 무엇과 상관관계가 있는가?"

심리학과 종교학의 선구자인 E. D. Starbuck(1911)은 "하느님에 대한 신앙과 믿음은 세월이 가면 그 중요성이 커진다"고 결론지었다. 이 연구는 종교적 관습의 변화가 '노화 효과'인가 아니면 '동시대집단 효과'인가의 토론을 촉발시켰다. Orbach(1961)와 Carvan 등(1949)이 수행한 최근의 연구에서도 이와 비슷한 결론에 도달했다. 1922년 G. Stanley Hall은 사람들은 나이가 들면서 더 종교적으로 변하지는 않는다고 결론을 내렸다. 이 특별한 주제는 듀크대학의 종단면적 연구에서도 다루어졌다. Blazer와 Palmore(1976)는 종교적 성향과 만족도는 17세 이후에는 의미 있는 변화를 보이지 않는다는 결론을 얻었다. 1976년 이후에는 이에 대한 조사가 거의 없었다.

둘째 주제는 종교적 변수의 상관관계이다. 연구가 이루어진 변수들에는 호전성(Alston 등, 1972), 이탈이론(Cook, 1971), 죽음에 대한 공포(Feifel, 1974), 종교적 관습(Lazerwitz, 1961) 등이다. Payne(1982)은 "1948~76년 사이에 종교와 노화에 대한 연구에서 사용된 방식은 … '이탈이론' 그리고 이의 상대역인 '활동이론'[100]에 집중되었다"고 지적하였다(343쪽).

종교성에 바탕을 둔 이러한 연구에는 두 가지 근본적인 문제가 있다. 첫째는 정의의 문제다. '종교성'이라는 용어가 이러한 연구에서 채택하는 접근법에 일반적으로 사용된다. 그러나 종종 그 용어 자체가 정의되지 않는 경우가 있다. 많은 연구문헌에서

---

100) 이탈이론disengagement theory은 노인이 조기은퇴를 해서 여유 있는 생활로 이행하는 것이 행복하다는 견해. 반면 활동이론activity theory은 일생 동안 일을 하면서 활동하는 것이 행복하다는 견해.

는 종교와 관련된 어떤 종류의 행동이나 감정을 가리키는 데에 '종교religion', '종교적인religious', '종교성religiosity'이라는 용어들이 혼용되고 있다.

종교적 변수를 연구하는 사람들은 사회과학자들, 그중에서도 주로 사회학자들이다. 현상을 연구하는 사회과학자로서는 계량화가 가능한 대상, 즉 행위를 반영하는 정의를 가지고 있어야만 한다. 어떤 관찰이 객관성을 띠려면 다른 연구자들에 의해서도 확인될 수 있어야만 한다는 것을 종교에 대한 과학적 연구가 보여 주었다. 그래서 "당신은 종교 전례에 참례하는가?" "당신은 얼마나 자주 기도하는가?" 같은 질문들이 통상적으로 종교의 지표가 되었다. 대부분의 성직자나 철학자들은 이런 종교적 요소들이 종교 활동을 반영하기는 해도 신앙을 알아내지는 못한다는 점에 주목한다. 믿음이나 신앙에 좀 더 가까이 접근하는 질문은 아마 "당신은 얼마나 깊이 …을 믿는가?"라는 질문일 것이다. 불행하게도 이런 질문들은 철학적 연속성을 거스르는 질문이다. 왜냐하면 어떤 집단의 사람들에게 하느님에 대한 정의를 물어보지 않은 채, 그저 "당신은 하느님을 얼마나 깊이 믿는가?"라고 묻는 것은 별로 쓸모가 있는 것은 아니다.

앞서 첫 번째 문제에 의해 제기되는 두 번째 문제는 종교를 정의하고 이해하는 것은 개인의 전문가적 성향에 따라 다르다는 것이다. 철학자나 신학자라면 관찰이 가능한 주요 변수에 초점을 맞출 경우에는 신앙의 내적이고 형이상학적인 영향을 파악하지 못한다고 할 것이다. 한편 사회과학자들은 사람의 행동은 그 사람의 믿음을 반영한다고 말할 것이다. 다시 말하지만 실행 가능한 정의를 제시하지 못한다면 그 연구 결과를 활용할 능력이 약화된다. 종교성을 진단하는 것은 중요하지만, 그것만으로는 미국 노년층의 삶에서 종교를 이해하기에 턱없이 부족하다.

(2) 영적 평안

영적 평안은 1960년대의 '생활만족지수'를 본뜬 것으로 영적 영역을 진단하는 연구에서 가치 있는 디딤돌 역할을 했다. 특히 Moberg와 Brusek(1978), Moberg(1984)의 연구에서는 영적 건강을 측정하는 척도를 개발하기 위해 노력했는데, 그것을 독자적 수단으로 혹은 다른 수단에 넣어서 사용했다. 이러한 개념은 또한 1970~80년대 초 전체론적인 철학을 활용하는 프로그램 개발에 유용한 패러다임을 제공했다.

'전국초교파노화연맹(1975)'에서는 "영적 평안이란 전체성을 키우고 찬양하는 관계, 즉 하느님, 자기 자신, 사회, 환경과의 관계에서 삶을 확인하는 것"이라고 제안하였다. 이런 정의는 Moberg가 개발한 개념 요소들을 포함하고 있지만, 이 정의 자체는 측정수단을 개발하는 데에는 보탬이 되지 않는다.

Moberg(1971)는 수평적 요소와 수직적 요소로 영적 평안을 개념화했다. Ellison(1983)은 "수직적 차원은 하느님과의 관계에서 평안의 느낌을 나타내고, 수평적 차원은 종교와 특별한 관계가 없이 삶의 목적과 삶의 만족도를 나타낸다"고 말하였다(331쪽).

(3) 영성

영성을 정의하고 측정하려는 시도가 많이 있었다. Paloutzian과 Ellison(1982)은 종교적 평안의 척도와 실존적 평안의 척도를 구성하였다. 이 척도는 개발된 이래로 수많은 연구자들과 임상의들에 의해 사용되었다(Ellison and Smith, 1991). Gleason(1990)은 영성이 문자 그대로 해석하는 직해주의literalism와 상징주의를 연결한 연속선 내에 존재한다고 주장하였다. Gleason은 성직자가 본당 신자들에게 더욱 뜻 깊게 응답할 수 있으려면 신자들의 관점이 어디에 있는지 이해할 필요가 있다고 지적하였다. Elkins 등(1988)은 "정신적 고통으로 괴로워하는 환자들을 치료하기 위한 비종교적 접근법"을 개발했다(16쪽). Fitchett와 Burck(1990)는 다차원적인 모델을 사용해서 영성을 이해하려고 했다. 이는 심리학자나 사회학자가 아닌, 성직자가 개발한 도구로 유일한 것이다. 하지만 이는 복잡한 신학적 패러다임을 채택하였으며, 사회심리학적 진단에는 적용할 수 없었다.

그 밖의 도구로는 Trent 연구팀(1991)이 개발한 '현대영성일람표Contemporary Spirituality Inventory(CSI)'가 있다. 이 일람표에서는 일련의 질문을 요인 분석하여 영성을 정의한다. 종교적이거나 정신적인 행동이나 종교성은 여기에 포함되지 않는 것으로 보인다. McFadden과 Falck는 영적 통합성을 측정하기 위한 도구를 개발했다. SPIN은 최근에 개발된 도구로, 원래 Thibault 연구팀(1991)이 개념화한 이론적 모델을 기반으로 하고 있으며, 전체론적인 접근법을 사용해서 영적 차원을 이해하고자 하는 것이다. 이런 전체론적인 이해에서 중요한 것은 다양한 차원이 존재한다는 사실이 아니라, 이런 차원들이 어떻게 결합하느냐 하는 것이다. 전체론의 이론가들은 다양한 차원이 서로 분리될 수 없다는 데에 의견을 같이한다. 그러나 우리가 그 차원들을 개별적인 것으로 생각한다면 우리는 차원들을 분리해서 취급할 수 있다. 영적 평안은 개인의 삶에서 영적인 것이 통합적 요소라는 개념을 추가하였다. 이와 같이 영적인 것은 여러 차원들 가운데 하나가 아니라, 통합적 차원이다. SPIN 개발자들은 한 인간이 지닌 어떤 한 차원이 통합적 기능을 수행할 수 있는 잠재력을 지니고 있다고 본다. 여기에는 영성의 다양한 하위 차원들도 포함된다. SPIN에는 3가지—인지적, 감성적,

행위적인—하위 차원이 있다. 이런 차원들은 Glock에게서 찾아볼 수 있는 것이나 영적 평안을 다룬 저자들의 논문에 포함된 개념이 의미하는 것과 다르지 않다. 그러나 SPIN에서는 통합적 차원이 어떤 한 차원의 일부가 아니라, 개인이 지닌 생명력으로 나타난다.

영적 진단은 성직자들만이 하는 일도 아니고, 연구 대상인 또 다른 인간적 속성으로 별도로 보아야만 하는 것도 아니다. 최근의 연구 보고서는 영적 평안이 개인적 적응력을 높이고, 신체 건강을 증진시키며, 삶의 질을 향상시킬 수 있음을 확인해 주고 있다(Bracki 외, 1990년). 이런 영적 욕구에 대한 진단을 통해 임상의, 성직자, 훈련 받은 자원봉사자들은 그들이 간여하는 의뢰인집단을 위하여 계획과 중재를 하는 데 중요한 정보를 얻을 수 있다. 이는 영성의 폭 넓은 개념이 사용될 때 특히 확연해진다. 교회에 출석한 횟수나 특정 교리나 체제를 신봉하는 것만으로는, 인간은 충족되지 못한 영적 욕구를 다루는 데 유용한 충분한 정보를 얻을 수 없다. 예를 들어 자연의 아름다움을 관조하는 것은 영성의 표현으로 생각할 수도 있는 한편 힘들던 이전 시절에 대한 위안으로 이용될 수도 있다. 만약에 어느 대상자가 이럴 기회가 거의 없다고 판단된다면, 그 사람에게 가능한 다른 방법을 쓸 수도 있을 것이다. 한 가지 수단만으로 모든 욕구와 믿음을 알아낼 수는 없지만, 그것은 좀 더 신중하고 초점이 있는 논의를 하기 위한 초석 역할은 할 수 있다.

영성을 이해하고 임상 및 연구 활동에 기여하고자 하는 노력은 지난 몇 년 동안에 한층 나아졌다. 우리는 너무 편협한 접근법인 종교성의 테두리를 분명 뛰어넘었다. 그러나 종교성은 영성의 한 면이기 때문에 완전히 버려서는 안 되며 신앙의 보다 깊은 의미와 인간이 지닌 영적인 면이 탐구되어야 한다.

성직자들이 처음 진단할 때는 그 환자의 삶에서 종교가 갖는 역할에 대한, 물론 그 역할에만 한정되는 것은 아닌 검토가 포함될 수도 있지만, 이때에는 영성의 더 넓은 영역을 고찰해 보아야 한다. 이것은 도움을 청하러 온 사람을 이해하기 위해 종합적으로 접근하는 데에 아주 중요한 부분이 될 수 있다는 것이 바로 이 논문 저자들의 입장이다. 특히 노인들에게는 이러한 변수가 온갖 상담에 도움이 되는 강점과 대처기제를 알아내는 데에 결정적일 수도 있다.

2) 진료 의뢰

성직자들은 육체적 혹은 정신적 문제를 진단하는 데는 전문가가 아니더라도, 어떤 문제가 있다고 확실히 알아차릴 수 있다. 바로 이때 문제를 명확히 하기 위해 환자를 다른 전문가에게 의뢰하는 것이 더 나은 방법이다. 건강이나 정신 건강의 모든 분야에서는, 환자에 대한 정보가 더 많이 필요하거나 환자가 치료에 반응이 없을 때 다른 전문가에게 그 환자를 의뢰할 것을 권장한다. 이러한 원칙은 여러 윤리강령에 나타난다. 성직자는 이런 관행을 염두에 두고, 환자나 신자의 최선의 이익을 위하여 다른 분야의 서비스 제공자들과 협력 관계를 형성하는 데 주도적 역할을 해야 한다.

일단 진단이 완료되면, 성직자나 치료사로서는 그에게 필요한 모든 서비스를 제공할 수 없다는 것이 분명해질 수 있다. 그런 상황에서는 반드시 진료 의뢰가 필요하다. 진료 의뢰란 환자나 신자에게 다른 선택권—의뢰를 청하는 성직자나 상담센터에서 할 수 있는 이상의 서비스를 제공하는—을 주는 것이라 할 수 있다. 어떤 때는 자신의 주치의를 찾아가 보도록 권유하는 것처럼 간단한 경우도 있고, 어떤 때는 다양한 서비스가 연계된 훨씬 복잡한 경우도 있다.

Wright의 연구(1984)에 의하면, 성직자가 가장 많이 의뢰하는 전문가는 사회복지사 혹은 의사이다. 이어서 Wright는 성직자와 공동체 기관 사이의 의뢰관계에서는 보통 성직자에서 기관으로 일방통행이라는 점에 주목했다. 다루어야 할 욕구의 범위는 성직자가 알고 있는 서비스나 의뢰처의 범위에 반영되어야 한다. 첫째 단계에서는 공동체 내에 의뢰 자원으로 누가 있는지 확립해야 한다. 노년층과 일할 때 가장 먼저 찾아야 할 중요한 곳은 그 지역의 노인기관이다. 1973년 개정 '미국노인법Older Americans Act'[101]에서는 지역노인기관을 설립하여, 노년층에게 필요한 정보와 의뢰 서비스를 제공하고 노인에게 필요한 서비스를 조정하도록 하였다. 1973년 이후에 활동 임무가 약간 수정되기는 했지만, 이 기관들은 지금까지도 노인에게 정보 제공을 책임지는 중추적 역할을 하고 있다. 50개 주 전역에서 지역노인기관을 설치 운영하고 있다.

의뢰 자원을 확보할 사람은 지역노인기관이나 공동체 내의 다른 주요 의뢰 자원을 방문하는 것이 유익할 것이다. 교구 신도들의 욕구에 응답할 수 있는 사람들을 직접 접촉함으로써 도움이 필요할 때 좀 더 친밀하게 응대를 하게끔 여건을 조성할 수 있다. 식사 서비스, 교통 지원에서 재가 서비스, 레크리에이션 서비스까지 등 폭넓은 공동체가 제공하는 서비스를 활용할 수 있다. 노년학에서는 정신 건강과 사회복지의 전문가도 양성되고 있다. 어떤 기관에서는 일반인이나 전문가를 위한 상담과 훈련을 제

101) 미국노인법Older Americans Act는 1965년 제정되었으며, 노인에 대한 종합적 서비스를 제공하기 위한 최초의 연방법. 연방 차원의 노인청Administration on Aging, 주 차원의 노인국Unit on Aging, 각 지역별로 지역노인기관Area Agency on Aging을 두도록 하고 있음.

공하기도 한다.

일단 의뢰 자원이 확보되면, 그 정보를 계속 추적할 수 있는 시스템이 필요하다. 이를 위해 회전 색인카드나 컴퓨터 자료목록 등 다양한 방법이 사용될 수 있다. 어떠한 의뢰 프로그램에서도 가장 중요한 점은 최신 정보로 계속 유지시키는 것이다. 여기에는 제공 서비스의 종류, 자격 기준, 서비스에 대한 요금 지불 방법까지 포함될 것이다. 정보를 상세하게 얻을수록, 상세한 최신 정보를 유지할 수 있다. 종교기관에서는 지역노인기관이나 주 정부의 노인국 같은 주요 의뢰 자원을 간단하게 파일에 정리해 두는 것이 종합적인 의뢰 시스템 내의 모든 상세 자료를 유지하는 것보다 훨씬 실용적일 수 있다.

일단 성직자나 치료사가 의뢰 자원을 정하고 나면, 다음 단계는 의뢰의 실행이다. 대개는 신자나 환자가 그 의뢰처와 직접 대화하도록 도와주는 것이 가장 좋다. 하지만 그 과정에서 개인이 도움을 필요로 한다면, 정보교환을 위한 신상정보의 공개가 이루어질 수도 있다. 의뢰를 하는 사람은 의뢰를 하게 되는 상황 및 문제에 대한 정보뿐 아니라 환자나 신자의 기본정보(나이, 성별, 결혼 때로는 소득 및 재산 정보)도 알아야 할 필요가 있다. 보호자, 친척, 제3자 등이 이 결정에 개입하게 되는 경우에는 그가 정보 제공에 동의해야 할 필요가 있고, 의뢰 과정에 참여해야 한다.

비밀보장에 관한 법적, 윤리적 규정들이 세심하게 준수되어야 한다. 주에 따라 다르긴 하지만 보통은 누구에게 어떤 종류의 정보를 전달할 수 있는지를 규제하는 법률이 있다. 예를 들면 환자가 퇴원할 때에는 환자의 승인이 있으면 광범위한 기록을 가정의료기관으로 송부할 수 있다. 그러나 환자가 승인한다 하더라도 많은 병원에서는 이와 같은 정보를 성직자에게는 송부할 수 없다.

Tobin 연구팀(1985)은 성직자와 의뢰처 사이에 상호존중이 확립되어 있을 때 다른 분야의 전문가들 사이에 생길 수 있는 불신의 문제가 해소될 수 있다고 주장한다. 성직자는 환자가 전인적 인격체로서 포괄적인 방법으로 보살펴야 할 필요성을 보여 줌으로써 솔선할 수 있다. 그렇게 함으로써 상호협력적인 상담 과정이 확립될 수 있다. 이런 맥락에서 다양한 전문가들은 전문지식을 공유하여 포괄적이고 철저한 공동 치료 계획을 개발할 수 있다.

개인에 대한 전체론적인 대응을 하고자 한다면, 종교적 및 영적인 욕구에 대비하는 방안들이 치료 계획에 포함되어야 한다. 전통적인 영성 치료법이 그 사람에게 잘 맞을 수도 있고 전혀 그렇지 않을 수도 있다. 성직자들은 신자들이 무엇을 믿어야 할지보다는 개인으로서 무엇을 필요로 할지에 기초해서 사람들을 돕게 될 것이다.

4. 요약

대체로 성직자들은 노인들이 도움을 필요로 할 때 가장 먼저 응답하는 사람들이다. 이때 성직자는 직접 응대하거나 의뢰를 할 수 있어야 한다. 이를 위해서는 신중하고 전인적인 진단을 통해 충분한 정보를 얻음으로써 그 사람을 어떻게 도와야 할지 혹은 어떻게 적절한 의뢰를 할지 결정할 수 있어야 한다.

성직자가 효과적으로 진단을 할 수 있는 핵심 요인의 하나는 종교와 영성의 영역이다. 이 영역은 사람을 전인적으로 이해할 수 있는 중요 부분으로 그 사람의 강점과 대처기제를 밝혀내기 위해 필요한 정보를 충분히 제공해야 한다. 또한 성직자는 다른 분야의 전문가들까지 포함하는 종합적인 치료 접근법을 제공하기 위해서 솔선하여 다른 치료사들과의 상호협력적인 자문관계를 형성할 수 있다.

제11장 흑인에 대한 노인사목

Anne Streaty Wimberly
Edward P. Wimberly

흑인 노인은 역경을 극복한 생존자이며 효과적으로 인생을 대처한 사람들로 자주 거론되고 있다. 이와 같은 견해는 사람이 노년까지 산다는 자체만으로도 개인적 대처에 성공한 것으로 평가받을 수 있기 때문이다(Chatters and Taylor, 1989). 인생의 노년에 접어든 흑인들의 대처기술, 도덕적 힘, 영적 힘을 부정할 사람은 아무도 없을 것이다. 그럼에도 불구하고 이들도 종종 인생이 바뀌는 단계마다 도움이 필요하며, 남에게 도움을 청한다. 인생의 단계나 스트레스를 유발하는 문제와 연관된 현안에 직면할 때에는 그들을 지지해 주고 도와줄 수 있는 지원책을 찾는다. 이러한 면에서 신앙 공동체는 매우 중요한 역할을 하였다.

교회의 협조적인 네트워크와 영적 및 종교적인 기능은 흑인 노인들이 이에 대처하는데 있어서 활용한 핵심 요소이다(Chatters and Taylor, 1989, 212쪽; Taylor, 1986, 635쪽). 흑인 노인층에게 필요한 지원을 해 주는 사목과 보살핌nurture은 교회 사명 중의 일부이다. 제11장의 목적은 흑인 노인층에 대한 교회 응답의 일부로서 사목과 보살핌이 어떻게 작동하는지 보여 주고자 하는 것이다. 여기서는 세 가지 사항에 특별히 관심을 기울이고자 한다. (1) 사목과 보살핌의 의미, (2) 사목과 보살핌에서 다루는 흑인 노인들의 생애 단계에서의 과업과 문제, (3) 사목과 보살핌에의 접근법.

1. 사목과 보살핌의 의미

흑인 노인들에 대한 사목과 보살핌은 흑인 사목 전반에 걸친 이해에 부합하는 방식으로 구성된다. 특히 사목과 보살핌은 자신들이 하느님과 의미 있게 연결되어 있다는 것을 이해하는 이웃들을 돌보는 '아가페적인' 사랑과 관련된 응답이다. 이는 신앙 공동체 내에서 찾을 수 있는 자원에 대하여 흑인 노인들의 욕구가 있을 경우에 대한 직접적인 응답인 것이다. 또한 이것들은 교회 밖에서 찾을 수 있는 필요한 자원에 대한 중재자 역할도 한다. 사목과 보살핌은 복잡하게 얽혀 있다. 그러나 이 둘은 구별되며 각자의 고유한 초점이 있다. '보살핌'은 도움care이 일어날 수 있는 도움의 환경을 창출해 내는 것을 지칭하며, 또한 노인을 위한 교육과 옹호의 주도적 역할을 지칭하기도 한다. '사목'은 인생의 전환점이나 위기 상황에 처한 사람에 대한 다른 사람의 실제적이고 직접적인 도움의 응답을 가리킨다.

흑인 노인에 대한 효과적인 사목과 보살핌이란 그들이 처한 독특한 사회 문화적 맥락 내에서 그들이 특별히 필요한 것에 대한 응답인 것이다. 이 점을 강조하는 것은 사목과 보살핌을 분석할 맥락 모형contextual model이나 고유 모형indigenous model이 필요하다는 것을 의미한다. 물질적 지원, 정보, 정서적 지원 등 다양한 방식의 지원 가운데에서 개인이 선호하는 것에 응답하는 형식의 모델이 필요하다.

흑인 사목을 위한 고유 모형은 현재 미국에서 이루어지고 있는 대부분의 상담 및 도움을 뒷받침하는 모형과는 필연적으로 다르다는 점을 인식하는 것이 매우 중요하다. 즉, 고유 모형의 주된 초점을 현재의 모형들에서 종종 나타나는 개별화된 공식적인 치료적 환경에 두는 것이 아니다(E. Wimberly, 1990, 98쪽). 공동체 내의 인간관계와 치유 실체로서의 교회는 규범적 틀을 제공하며, 이 안에서 흑인 노인들에 대한 세심한 보살핌과 지원을 제공하게 된다. 이러한 틀 안에서 노인들이 직면하는 어려움을 나눌 수 있고, 이러한 틀을 통해서 문제의 원천을 찾아내고 이를 다루는 방법을 모색한다. 더 나아가 흑인 노인들이 일상생활 속의 사회적 역할과 활동이 줄 수 있는 범위를 넘어서는 지속적이며 초월적인 삶의 기반을 확인할 수 있도록 도와주는 데 또한 초점을 두어야 한다.

요약하자면 사목과 보살핌을 위한 고유 모형은 도움과 보살핌에 대하여 공동체적이며 전체론적인 지향성을 강조하는 세계관, 즉 최고의 의미체제를 포괄하여야 한다. 여기에는 개인주의적 지향성에 대비되는 집단적 지향성이 들어가며 또한 시각적인 문서적 지향성과는 판이한 인식에서의, 말하고 듣는 측면을 강조한다. 모델의 중심에는 필수적인 지원 네트워크, 필요한 자원, 이야기 말하기와 이야기 듣기의 접근법 등이 있다(E. Wimberly, 1990, 97쪽). 또한 도움과 보살핌의 모형은 흑인 노인의 문화적 맥락의 강점을 바탕으로 세워져야 한다.

1) 이웃돕기와 자원의 중요성

흑인 노인에 대한 사목과 보살핌은 이웃돕기를 실천하는 네트워크에 의한 '아가페적인' 사랑의 응답이다(E. Wimberly, 1983, 4쪽). 이러한 이웃돕기 네트워크란 성직자, 신앙 공동체, 가족, 친척 등을 포함하는 것으로 이해된다. 흑인 노인에 대한 사목과 보살핌에서, 이 사람들이 하느님의 아가페적인 사랑을 반영하는 공동체적 네트워크를 구성한다.

노인들이 인생 문제—고통스럽고, 귀찮고, 예상 못한 일—에 대응하도록 도움을 주는 것을 목표로 이웃돕기 네트워크를 통하여 자원을 동원한다. 또한 이 네트워크는 어려운 인생 문제 속에서도 삶의 의미를 지속할 수 있는 기반을 찾도록 도와주는 것도 목표로 한다.

흑인들의 교회와 그 경험 안에서 볼 때, 자원resources이란 노인들이 의지할 수 있는 문화적, 영적, 정서적, 사회적, 대인적인 지원을 의미하는 것이다. 이러한 자원에 대한 연구가 추가로 이루어져야 할 것이다.

(1) 문화적 자원

문화적 자원은 오랫동안 흑인들의 세계관 속에서 구현되어 왔다. 세계관이란 특정 공동체에게 전체적인 삶을 알려주는 최고의 의미체제이다. 세계관은 노인들이 지속적인 세계관을 위하여 만들어 낸 이야기를 제공한다. 이야기에 나오는 인물은 현재와 과거의 문화적 남녀 영웅들인데, 특히 큰 역경을 이겨낸 인물이 등장한다. 가족과 친지들과 관련된 훈육적인 이야기들도 있다. 세계관은 또한 노인들이 삶의 의미를 만들기 위해서 끌어낸 가치를 제시한다. 이러한 가치가 지향하는 내용으로는 (1) 각 개인은 유일한 존재로서 내재적 가치가 있음, (2) 하느님과 타인과의 관계에서 성장과 발전의 잠재력이 내재해 있음, (3) 공동체 내에서 돌보고 지원하는 관계가 선행됨,

(4) 공동체를 통하여 개인의 삶을 세우시는 하느님의 권능 등이 포함된다(E. Wimberly, 1982, 32쪽; Lincoln and Mamiya, 1990, 2-7쪽).

흑인 노인들은 세계관의 이야기와 그 가치를 다음 세대에 전해야 하는 중요한 의무로 인식하고 있으며, 그렇게 할 수 있는 기회를 지향하고 있다. 노인들이 세계관을 전수하는 장소에 대하여 다음과 같이 묘사되어 있다.

> 그러나 흑인 교회를 구체적으로 보면, 교회에는 과거의 신앙생활을 뒷받침하는 세계관이 있고, 이 세계관은 노인의 전통에 의하여 우리 세대로 전해진다. 이러한 전통에는 노예로서의 신앙과 해방된 노예로서의 신앙을 확인하는 기록 혹은 구전들이 포함되어 있다(Wimberly and Wimberly, 1986, 14쪽).

세계관의 후견인으로서 노인들은 이웃돕기 전통과 그 전통을 뒷받침하는 가치를 후대에 전수하였다. 그리고 사목에 있어서는 노인들이 도우미이면서 도움의 수혜자가 된다.

(2) 영적 자원

영적 자원은 기도, 성경 읽기와 공부, 신앙 공동체의 전례 참여, 기타 교회 활동에 참여 등을 통한 보살핌의 형태를 띤다. 이러한 자원은 대처의 중요한 수단이며 또한 노인들이 신앙을 깊게 하는 데 필요한 태도, 가치, 기술 등을 형성하고 재확인하는 방법이다(Chatters and Taylor, 1989; Taylor, 1986, 636쪽). 이러한 자원을 통하여, 그들은 하느님의 영원한 사랑과 용서 그리고 내면생활의 활기와 만나는 문을 열게 된다. 또한 중대한 결정을 내릴 때 안내자 역할이 되는 규범적 틀과 만나도록 해 준다.

(3) 정서적, 사회적, 대인적 자원

정서적, 사회적, 대인적 자원은 사람들이 감성적 및 영적인 평안을 유지하도록 도와주는 관계로서 실천 가능한 형태로 나타난다. 이런 형태의 관계는 성직자나 지원단체들이 도움, 위로, 지원을 지속적으로 표현하는 것으로 입증된다. 여기에는 노인과 그 가족이 지도와 도움을 요청하는 데 대하여 성직자가 조직적으로 대응하는 것도 또한 포함된다. 이러한 도움관계를 통하여, 사람들은 나이가 들어가며 여러 도전에 직면하는 속에서도 전체성의 느낌을 유지할 수가 있다.

2. 흑인 노인들의 생애 단계별 인생 과제와 인생 문제

흑인 노인들이 구체적으로 단계별 인생 과제와 인생 문제를 다루는 데에 사목과 보살핌의 도움이 필요하다. 여기서 '인생 과제life tasks'란 용어는 인생의 한 단계에서 다음 단계로 나아가는 과정에서 생기는 여러 도전을 긍정적으로 해결하기 위하여 취하는 행동을 지칭하는 말이다.

'인생 문제Life issues'란 용어는 대처를 위한 자원과 전략이 필요한 흑인 노인이 지닌 상황적 욕구, 필요, 문제, 걱정거리 등을 지칭한다. 인생 문제는 개인의 평안을 위협할 잠재력이 있다. 즉, 이러한 인생 문제가 해결되지 못하고 지나갈 경우에는 인생 과제의 좋은 결과는 기대하기 힘들게 된다. 이와 같이 인생 과제와 인생 문제는 연관성이 있다. 이웃돕기 네트워크는 흑인 노인들이 직면한 인생 과제와 인생 문제의 양 측면을 인식해야만 한다. 이 두 문제를 다루는 데 도움이 되는 자원들이 동원되어야만 한다. 여기서는 흑인 노인들에게 가장 중요한 인생 과제와 인생 문제를 설명하고자 한다.

1) 흑인 노인의 인생 과제와 인생 문제

Eric Erikson의 생애주기이론life cycle theory은 각 인생 단계와 관련된 과제에 초점을 맞춤으로써 사목과 보살핌에 큰 영향을 미쳤다(제7장 참조). Erikson의 발달이론은 여러 문화를 초월하여 적용될 수 있겠으나, 흑인 노인이 직면하는 과제를 이해하는 데에 유용한 출발점을 제시한다. 즉, 그의 개념적 틀은 구체적인 과제와 문제를 문맥적으로 바라보기 위한 단계를 설정함에 있어서 유용하다(Erikson, 1985).

Erikson은 자아통합성ego-integrity의 느낌이 발달하는 것은 개인의 생애주기 초기에 발달된 강한 정체성에 따른 것이라고 주장하였다. 그러나 정체성에 대한 우려는 초기 단계에만 국한되는 것은 아니다. 가치 있는 정체성을 확인해 나가는 것은 인생 전반에 걸쳐서 지속되며, 노년기에도 중심과제로 고려되어야 한다(Gordon 외, 1976, 323쪽; Bianchi, 1982, 137-38쪽, 178-79쪽). 이는 특히 미국 내 소수민족으로서의 경험에 의하여 그리고 그런 지위에 관련된 혹은 관련 없는 상실과 폄하에 의하여 깊은 영향을 받은 자화상을 가진 흑인 노인에게 적용되는 것이다(Bianche, 1982, 137쪽).

자아 통합성뿐만 아니라, 생성성generativity도 흑인 노인들이 직면하는 인생 과제이다. Erikson에 따르면 생성성의 과제에는 다음 세대를 위한 보살핌을 발전시키고 유지하는 것이 내포된다고 한다(Erikson, 1985, 266-68쪽). 이러한 능력을 개발하지 못하는 것을 정체stagnation라고 하였다.

흑인들은 이웃의 복지를 위하여 기여해야 하며 또한 이웃으로부터 도움을 요청받을 필요가 있다. 생성성이란 과제를 완수하기 위해서는 종종 특별한 도움과 지원이 필요한 이슈로 나타날 수 있다. 예를 들면 노인들은 종종 자신보다 어린 식구들을 보살필 때 나타나는 부정적인 결과에 대하여 그 느낌을 표현하는 것이 어렵다는 것을 알게 된다. 결과적으로 그들의 개인적 욕구는 채워지지 않을 수 있다. 또한 자신에게 그동안 큰 의미가 있었던 신앙 공동체에서의 활동과 책임을 포기하는 것이 참 어렵다고 생각한다. 그 이유는 존경받는 역할을 포기하는 것을 생성성의 욕구와 상호 지원에의 접근성을 포기하는 것으로 경험하기 때문이다. 그러므로 생성성 역할의 장점과 단점을 찾아낼 수 있는 환경을 조성하도록 주의를 기울여야만 한다.

흑인 노인에 대한 사목과 보살핌nurture을 담당하는 사람들은 노인들의 자아 통합성, 가치 있는 정체성 확립, 생성성 발달에 영향을 주는 진정한 현실적인 준거기준을 고려해야 한다. 그 핵심적 준거기준은 넓은 사회에서 겪은 과거와 현재의 삶의 체험이며 또한 흑인 문화의 다양한 무대 안에서 과거와 현재의 체험도 포함된다. 이러한 준거기준을 이해하고 있으면 사람들이 인생 과제와 인생 문제를 전체론적이며 긍정적으로 다루도록 도와줄 사목과 보살핌의 실행계획을 세우는 데 도움이 될 것이다(Moseley, 1991, 59; Chatters, 1988, 246-47쪽).

2) 준거기준으로서의 넓은 사회

노년기의 인생 과제는 넓은 사회 안에서 겪은 흑인 노인이라는 소수민족의 지위를 떼어 놓고는 생각할 수 없다. 실로 이러한 체험을 준거기준으로 사용하는 것은 필수적인데, 이는 사람들이 자신의 체험에 대한 느낌을 노년기까지 지니기 때문이다. 그들은 낙인찍힌 지위에서 강요된 정체성의 상처나 한계가 지속적으로 주는 영향에 직면해야 한다. 이로 인해 수많은 흑인들이 위기를 겪었으며, 의미와 통합성을 지니고 살면서 자기 안에서 가치 있는 정체성을 확인할 수 있는 능력이 저지되었다.

흑인 노인들의 인생 과제와 인생 문제가 구체적인 맥락에서 다루어질 수 있으려면, 사목과 보살핌을 시행해야 하는 데 이는 그들이 겪은 보다 넓은 사회를 준거기준으로 고려해야만 비로소 가능하다.

3) 구체적 맥락 속에서의 인생 과제와 인생 문제

여기서는 인생 과제와 인생 문제가 구체적인 맥락 속에서 무엇을 의미하는지, 다음과 같은 사례 분석을 통하여 보여 주고자 한다.

> R부인은 76세이다. 그녀는 어릴 때의 체험을 이야기하기 시작하였다. 흑인을 위한 공립학교에 다녔다고 한다. 교과서는 시대에 뒤떨어진 낡은 것으로 길 건너 백인 학교 학생의 이름이 적혀 있는 헌 책을 사용했다. 학업을 마치려고 죽도록 애썼던 기억이 났다. 그러나 9학년을 마치자 학교를 그만둘 수밖에 없다고 느꼈다. 왜냐하면 그녀가 일해서 가난한 집안 살림에 보태야 할 형편이었기 때문이다.
>
> 그녀가 유일하게 선택할 수 있는 일거리는 가정부였으며, 사회보장이나 다른 혜택도 없었다. 그 당시에는 사회보장의 중요성에 대해서 몰랐지만 지금은 그 필요성을 알고 있다.
>
> 결혼 후에도 그녀는 가끔씩 가정부 일을 했다. 건물 관리 일을 하는 남편의 수입에 보탬이 되고 자녀들을 위해서도 부수입이 필요했기 때문이다. 남편이 수년 전 사망하여 수입은 더욱 줄어들었지만 그녀는 남들이 알까봐 그런 내색을 하지 못한다. 왜냐하면 불평을 해 봤자 아무에게도 도움이 되지 않는다고 생각하기 때문이다. 그러나 그녀는 가끔 포기하고 싶어진다고 말한다. 저임금의 힘든 노동을 했던 지난 시절을 회상하면, 현재 처한 상황에서는 더더욱 자신이 우울해진다고 한다. 한편 그 일을 계속할 수도 있었지만 최근에 건강이 나빠져서 그 일마저도 더 이상 못하게 되었다고 한다.
>
> 그녀는 당시 상황이 달랐다면 좋았을 것이라고 말했다. 하지만 그 당시에는 '우리 같은 사람들'에게는 달리 선택의 여지가 없었고, 그나마 가장 좋은 것을 고를 수밖에 없었다. 그녀에게 가장 후회스러운 것은 고등학교를 졸업하지 못한 아쉬움이다. 학업을 마친 친구들조차 아직도 자기와 똑같은 가정부 일자리밖에 얻지 못했다는 말을 하면서도 못내 아쉬워했다.

R부인의 이야기는 넓은 사회 안에서 흑인으로서의 젊은 시절 체험에서 비롯된 자아 통합성에 대한 공격을 잘 보여 준다. 그녀의 표현 가운데 '포기', '우울한' 기억들, 끝내 마치지 못한 일에 대한 '후회' 등을 언급한 것은, 자아 통합성을 이룰 수 있을까 하는 의문을 가진 위기가 있었음을 강하게 보여 주는 것이다.

다른 남녀 흑인 노인의 이야기도 R부인의 이야기와 비슷하다. 그러나 인생에 대한 만족을 묻는 질문에 이들은 가끔 만족한다고 대답한다. 그들이 공개하는 이야기를 자세히 들어보면, 그들은 체념하여 그들이 처한 상황을 받아들인 것을 알 수 있다. 이러한 체념이 '삶의 만족'으로 해석된 것이다. 다른 노인들은 아주 열악한 기회와 자원으로도 자신들이 무엇인가를 했다는 것을 축하한다. 그 축하는 스스로의 삶에 만족으로 평가한 것이라고 바꾸어 해석된다.

물론 흑인 노인 가운데에는 고학력이나 좋은 직업을 성취한 사람들도 있다. 그러나 많은 사람은 이들의 성취를 향한 여정은 혼자서 자아의식에 도전한 투쟁이었다고 말한다. 따라서 감정과 실망을 찾아내는 한 방법으로서 그들의 이야기를 듣는 것은 중요하다.

맥락적인 관점에서 볼 때, 가치 있는 정체성을 확인하는 것과 자아 통합성의 느낌을 얻는 것은 상호 연관된 과제이다. 두 과제는 모두 자신이 처한 소수민족이라는 지위와 이에 따른 체험에도 불구하고 자신의 인생을 긍정적 가치로 보는 사람들과 관련이 있다. 또한 이러한 과제들은 노인들이 과거의 체험이나 그들이 할 수 있었던 것 혹은 할 수 없었던 것 등에 대한 느낌을 파악하도록 해 준다. 게다가 사람들은 넓은 사회 안에서 과거 또는 현재의 지위와 관련된 현재 또는 미래의 결과에 대처하는 방안을 생각해 낼 수 있어야 한다. 바로 이 점에서 구체적인 인생 문제는 인생 과제의 완수와 연결되는 것이다.

많은 흑인 노인들은 사회적 지위로 인하여 겪는 재정적, 건강보험, 주택 문제 등의 영향에 대응할 필요가 있다. 수많은 흑인들과 마찬가지로 R부인도 그녀의 직업 경력과 관련된 물질적 평안의 문제에 직면했다. 이 때문에 퇴직할 나이가 지났는데도 계속 노동을 해야만 했다. 종종 사목과 보살핌에서는 노인들의 물질적 욕구에 부응하고, 열악한 물질적 욕구를 채워줄 체제와 서비스에 대한 지원을 요청받는다.

또 하나의 관점은 넓은 사회에서 흑인 노인의 열악한 지위에서 발생하는 인생 문제와 인생 과제의 상관관계에 관한 것이다. 젊음을 지향하는 넓은 사회 안에는 고정관념상 노인에 대해서 나쁜 이미지가 있다. 이런 이미지는 흑인 노인에게는 인생 문제가 되는데, 그 문제의 정도는 그들이 흑인이라는 점과 노인이라는 점에서 이중의 위험으로 느껴진다. 흑인 할머니는 흑인, 노인 그리고 여성이라는 삼중의 위험이 있다고 말한다. 생활 필수조건의 제약은 이러한 위험들과 연관되며 또한 평안을 방해한다. 소득과 경제적 평안에 대한 지표에서 흑인 노인층은 지속적으로 특히 어려운 집단에 속해 왔다. 그리고 건강 악화와 불량한 주거는 소득과 경제적 열위와 깊은 연관성이 있다(Manuel, 1988, 44-46쪽). 그들을 돌보아야 하는 이유가 바로 이러한 조건들 때문인 것이다.

생활 필수조건의 열악함이 흑인 노인에게는 가장 큰 걱정거리이기 때문에, Bianchi의 주장처럼 그들 스스로 늙는다는 것에 대한 부정적인 고정관념부터 버려야 한다는 주장은 누누이 강조되어야 한다(Bianchi, 1982, 178쪽). 사목과 보살핌이 필요한 것은 노인이라는 부정적인 이미지 때문이 아니다. 사실 흑인 노인들은 평생을 경제적, 사회적 열위에서 고생을 반복하며 생활했기 때문 지배 계층의 사람들보다 이른 나이부터 늙었다고 생각하는 경향이 있다(Bengtson, 1979, 25쪽). 많은 사람들은 늙는다는 것을 사회적으로는 자연스러운 삶의 귀결로 받아들인다. 늙는다는 것이 반드시 강제로 퇴직하고 실직하는 것을 의미하는 것은 아니다. 사실 많은 사람에게서 이 문제는 불연속적인 직장 경력에 따른 소득의 부족을 보충하려고 일을 더해야 할 필요성과 관련이 있다(Gibson, 1988, 315-19쪽). 이 문제는 일자리가 없어서 혹은 건강 등의 이유로 직장을 구할 수 없을 때 더욱 심각해진다.

여기서의 핵심은, 흑인 노인의 넓은 사회에서 겪은 과거와 현재의 경험이 그들이 직면한 구체적 맥락 속에서의 과제와 문제를 이해하는 데 중요하다는 점이다. 사목과 보살핌을 담당하는 사람들은 흑인 노인들의 인생 과제와 인생 문제 해결을 도와주려고 할 때 이러한 준거기준을 고려할 필요가 있다.

4) 준거기준으로서 흑인 문화

흑인 노인들이 절망 대신 자아 통합성을 이루고 가치 있는 정체성을 확인하며, 생성성을 발달시키는 등의 과제들은 넓은 사회에서의 체험뿐만 아니라 흑인 문화 안에서의 체험에 의하여 알 수 있다. 이러한 체험 중에서도 특히 가족 관계와 종교적 환경과 종교적 지향성에서 비롯된 경험들이 중심이 된다.

(1) 가족 관계

평생 동안 흑인 노인들은 가족 단위에 대한 신뢰도가 아주 강한 문화적 기풍에서 살아왔다. 이러한 문화적 기풍 속에서 가족이란 그들에게 인생 최고의 만족감을 주는 원천으로 인식되었다(Staples, 1991a, 29쪽). 혈족blood kin과 혈연이 아닌 가상친족 fictive kin을 포함하는 친족kinfolk으로 구성되어, 가족은 상호 지원 네트워크로서 작용한다. 가족은 그들에게 사회적인 그리고 심리적인 안식처의 기능을 한다.

가족 지향적 가치를 강조하는 것은 공동체 안에 거주하는 흑인 노인의 비중이 높은 것과 연관성이 있다. 정부의 통계에 의하면 흑인 노인의 3%만 공동시설에서 생활하고 있는데, 이는 백인 노인의 5%와 비교된다. 대부분 배우자를 잃고 보살핌이 필요한 85세 이상 고령층은 12%만이 양로시설에서 생활하고 있는데, 같은 고령층 백인은 23%가 양로시설에서 생활하고 있다(*US Department of Health and Human Services*, 1990, 195쪽).

흑인 노인들의 통상적인 주거 여건은 여러 연령층의 아이들이 있는 다세대 가정이다. 이러한 가정은 종종 경제적 결합체로서 비용을 분담하고, 노인들도 직접 자신의 자녀 혹은 손자들을 돌보아야 한다(*US Department of Health and Human Services*, 1990, 195, 213쪽; Flaherty 외, 1991, 193쪽; George, 1988, 113, 118쪽; Chatters, 1988, 244-45쪽). 다음 사례는 다세대 가정에서의 노인의 역할을 설명한 내용이다.

> M부인은 70세의 미망인으로 대도시 속의 저소득층이 사는 작은 방갈로에서 살고 있다. 그녀는 4살 때부터 키워 온, 지금은 9살이 된 손녀와 함께 살고 있다. M부인의 31살 먹은 딸이 그 아이의 엄마이다. M부인과 딸은 딸의 이혼에 따른 여건 악화와 직장의 자주 바뀌는 출퇴근 시간 때문에 손녀는 할머니와 함께 사는 것이 좋겠다고 결론을 내렸다.
>
> M부인은 적은 소득에 의지하여 살고 있다. 이 소득에다 가끔씩 딸에게서 받는 적은 돈과 다른 자녀에게서 받는 돈을 합하지만, 사정은 아주 어렵다고 그녀는 말한다. 그녀는 "골고루 나눠 가질 것도 별로 없고, 시간도 많지 않지요. 하지만 불평하고 싶지는 않아요"라고 말했다. 어떤 때는 힘들어서 더 이상 못하겠다고 생각할 때도 있었다고 말한다. 그러나 지금까지 살아서 손녀를 키워 줄 수 있어 기쁘고 손녀는 그녀의 기쁨이요, 친구라고 덧붙였다.

다세대 가정은 노인들에게 생성성의 욕구를 달성하고 상부상조를 수행하는 중요한 길을 제공한다. 흑인 노인은 다른 사람의 복지에 기여하고 싶어 하며 자신이 필요한 사람이 되고 싶어 한다. 그러나 이것은 그들이 다세대 가정에 사느냐 아니면 다른 주거 여건에서 사느냐에 따라 달라진다. 여건이 가능한 한 그들은 '세대 간의 수호자'라는 연장자로서의 역사적인 역할을 완수하는 것이다(Flaherty외, 1991, 193쪽). 많은 노인들의 경우, 이와 같은 생성성의 역할은 가치 있는 정체성을 확인하고 노년기 삶의 의미에 필수적인 자아 통합성에 이르는 데 기여한다.

사목과 보살핌에 종사하는 사람들은 흑인 노인의 생성성의 욕구를 이해하고 격려하며 확인해 주어야만 한다. 동시에 흑인 노인들은 매우 현실적인 가정 혹은 개인 관련 문제, 즉 해결되지 않을 경우 위기 가능성이 있는 것들을 가지고 있음을 이해해야만 한다. 이러한 문제에는 재정, 건강, 혼인 및 가족 관련 문제, 주거 여건의 변화 또는 변화의 필요성, 질병, 사랑하는 사람의 죽음, 슬픔, 외로움 등이 있다. 사목과 보살핌에서 특히 중요한 점은 노인들이 이러한 문제를 다룰 때 언제든지 도움, 인도, 보호의 손길이 보장되어야 한다는 인식이다.

여기서 흑인 노인들은 다양한 집단이라는 점을 추가해야 한다. 다세대 가족의 환경뿐만 아니라 단일세대 가족, 독거노인, 보호기관 환경 또는 확장되고 추가된 형태의 가정 등도 있다. 많은 흑인 노인층이 가난한 생활을 하고 있지만 사회적 및 경제적으로 다방면에 고루 분포되어 있으며, 교육적으로도 다양한 배경을 지니고 있다. 사목과 보살핌을 담당하는 사람들은 이와 같은 다양성을 인식하고 그들의 욕구와 문제에서의 차이점에 관심을 기울여야 한다.

(2) 자원으로서의 교회

또한 교회도 가족 네트워크와 함께 흑인 노인들의 인생 과제와 인생 문제에 응답하는 자원이다. 교회는 흑인 노인들에게 의미 있는 세계관을 제공하여 그들이 의미 있는 인생철학을 확립할 수 있도록 도와줌으로써 자아 통합감이 발달하도록 도와준다. 신앙 공동체인 교회는 흑인 노인이 신과 또 다른 사람과 의미 있는 관계를 맺게 함으로써 자신의 정체성을 확인하는 기회를 제공한다. 또한 교회는 다음 세대의 성장과 발달에 기여할 수 있는 여건을 제공한다. 교회는 노인에게는 확장된 가족 같은 것으로 존재함으로써 가족과 같은 방식으로 작동한다(Chatters, 1988, 245쪽). 교회의 이러한 역할은 앞서 소개된 M부인의 추가적인 사례로 다음과 같이 나타난다.

> M부인은 손녀를 데리고 성당에 매주 참석한다. 한때 그녀는 주중 성경 공부에도 참석하였다. 그러나 성경 공부가 저녁시간으로 변경되자 이를 포기했지만 성체 분배 봉사는 여전히 하고 있다. 성당에는 평생 친구들이 있고, 성당은 그녀에게 도움이 되며 잘 대해 주는 느낌을 갖는다고 말한다. 성당 생활이 없었다면 어떻게 살았을지 모른다고 말한다.
>
> M부인은 자신의 삶을 되돌아보며 정리해 보면, 매우 힘은 들었지만 주님께서 자신의 기도를 들어주셨고 여기까지 이끌어 주셨다고 한다. 또한 "지금하고 있는 일들

을 영원히 할 수 있으리라고 생각하지는 않지만, 주님께서 허락하시는 날까지 계속 할 것"이라고 말했다.

교회에서의 사목과 보살핌에서 특히 중요한 점은 흑인 교회가 흑인 노인들에게 그들이 인정할 만한 종교적 세계관을 제시한다는 인식이다. M부인과 마찬가지로 많은 사람들이 기도와 성경 공부가 인생 문제를 다룰 때에 핵심 수단이었다고 생각한다. 게다가 교회는 종종 노인들, 그들의 가족들, 공동체 기관들 사이의 연결 기능을 하기도 한다. 마지막으로 교회 내에서는 노인들이 자신의 이야기를 할 기회 그리고 그러한 이야기를 주의 깊게 들어주는 기회가 필요하다.

(3) 교회와 가족의 연계

가족과 교회는 흑인 노인들이 인생 회고를 하는 무대이다. 가족과 교회가 의미 있는 방법으로 이 과정에 참여하려면, 남을 도울 때 노인들의 인생 이야기를 귀담아 듣도록 하고 그 이야기 속에서 노인들이 벌이는 투쟁을 지지하려는 의지를 보여 주어야만 한다. 이렇게 함으로써 노인들은 자아 통합성을 얻고 가치 있는 정체성을 확인하는 도움을 받을 수 있다.

흑인 교회와 가족 네트워크가 흑인 노인들로 하여금 인생 과제와 인생 문제를 다루는 중요한 무대가 되었지만, 이러한 지원적 네트워크와 기능이 미래에도 당연히 그럴 것으로는 볼 수 없다. 기술사회에서는 지원적 네트워크가 근절될 수도 있다는 증거가 늘어나고 있다. 따라서 노인사목에서는 흑인 노인들을 보살필 지원 네트워크 내의 사람들을 육성하는 데 좀 더 의도적으로 노력해야 한다. 이는 교회와 가족이 파트너로서 일할 때 가장 잘 될 수 있다.

3. 사목과 보살핌을 위해 자원을 동원하는 방법

흑인 노인사목의 주된 목적은 문화적 자원과 사회 종교적 지원 네트워크의 자원을 인생 문제와 인생 과제에 집중하기 위한 것이다. 이러한 자원들은 흑인 노인들의 상처를 치유하고 버팀목이 되어 주고 인도해 주도록 도와야 한다. 중요한 것은 과거와 현재의 체험과 연계된 심리 사회적 및 영적 상처를 치유하는 것이다. 또한 가능한 한 최대로 건강과 전체성을 유지하는 데 초점을 두어야 한다. 그리고 되도록이면 오랫동안 노인들이 일상생활에서 제대로 결정을 내릴 수 있도록 지도하는 데 관심을 두어야 한다.

사목은 노인들이 삶의 위기, 문제, 사건 등을 겪었을 때 자아 통합감을 찾도록 도와줄 수 있는 자원 동원을 목표로 한다. 여기에는 노인들이 사랑하는 사람을 잃은 가운데서도 가치의 인식을 되찾도록 도와주는 것도 포함된다. 또한 그들이 직면한 어려운 상황과 위기에도 불구하고 스스로를 각별히 소중한 존재로 인식하도록 도와주는 것을 의미한다. 종종 종교적인 지원 체제가 특히 중요한 경우도 있는데 왜냐하면 이는 인생 상황에 대한 초월적 관점을 주는, 즉 희망을 제공하기 때문이다.

흑인 교회와 가족 안에 있는 노인들이 필요한 구체적인 자원들에는 다음 사항들이 포함된다. (1) 하느님 앞에서 자신이 소중한 존재임을 확인시키는 문화적 및 종교적 세계관, (2) 인생의 의미를 알려주고 좋은 결정을 내릴 수 있도록 도와주는 기도, 성경 읽기, 기타 교육적 지원의 활용, (3) 공동체 안에서 생성성의 활동, 이야기하기, 듣기 등 전체성을 만들어 내는 참여, (4) 인생 회고를 도와주는 보살핌의 분위기 유지, (5) 갈등, 변화, 위기 등이 닥쳤을 때의 지원 시스템 확보.

1) 보살핌으로 기초생필품 보장

보살핌은 신자 공동체가 지원 네트워크에서 자신의 역할을 준비하는 데 중요하다. 이러한 과제의 일부로서 교회는 노인들의 생활에서 지원 체제가 하는 역할을 이해하도록 사람들을 교육해야 한다. 또한 이들은 노인 등의 욕구에 대응할 수 있도록 교육 훈련을 받아야 하므로 이를 위한 세미나 혹은 연수회가 중요하다.

보살핌의 또 다른 목적은 협조단체의 사람들이 이야기하기와 듣기를 통한 인생 회고가 일어날 수 있는 환경을 조성해 가도록 도와주는 것이다. 이야기를 들어 주는 사람이 있을 때, 이야기하기를 통한 인생 회고는 치유 효과가 있다(A. Wimberly, 1981, 67-69쪽; 본서 제9장 참조). 시간을 내어 돌보는 차원에서 인생 회고를 하도록 격려하는 환경을 조성하는 것이 중요하다. 인생 회고는 매우 사적인 일이기 때문에 이를 받아들이는 분위기가 조성되어야 하며, 신자들과 가족들은 이런 분위기가 조성되도록 애쓸 필요가 있다.

보살핌에는 훈련과 교육적 역할 이외에도 노인들의 경제적 욕구, 주거, 건강관리 등과 관련하여 그들을 대변하는 역할도 해야 한다(제9장 참조). 사목과 보살핌을 담당하는 성직자들은 노인을 위한 다양한 프로그램과 혜택을 알고 또한 정보에 접근, 의뢰하는 방법을 숙지한 상태에서 기능을 수행해야 하며 또한 노인과 관련된 법률에 대해 알고 있어야 노인을 대변할 수가 있다. 나아가 이러한 성직자는 노인들의 평안을 위협하는 편견에 관하여 교회나 사회가 인식하도록 도와주는 의식 제고의 중대한 역할을 할 수 있다.

2) 사목 개입 전략

사목의 틀 안에서는 성직자가 그 중심적 역할을 한다. 여기서는 노인들이 인생 문제와 남의 도움이 필요한 인생사건에서 발생하는 위기에 대응하도록 도와주는 구체적인 전략을 논하고자 한다. 성직자가 수행하는 핵심적인 역할은 다음과 같다. (1) 노인들이 무엇이 필요한지 알기 위해 방문하고 꾸준한 접촉을 유지함, (2) 위기에 처한 사람이 위기를 다시 살펴보고 궁극적인 해결 방안을 찾도록 보살핌, (3) 위기에 처한 사람이 느끼는 것을 수용함, (4) 노인들이 직면하는 과제를 완수하도록 지원함, (5) 인생 과제와 인생 문제를 다루는 사람을 지원하는 도움 네트워크를 동원하여 지원함.

노인들이 표출하는 감정에 관심을 집중하는 동시에 중요한 점은 노인들이 자신의 위기를 해결하기 위하여 취할 수 있는 구체적인 행동과 행위를 미리 인지하고 있어야 한다는 것이다. 또한 위기 해결을 도와줄 수 있는 자원으로는 지원 네트워크, 노인의 가족, 확장된 가족, 교회, 지역기구 등이 어딘가에 있을 것이다. 도우미의 역할은 지원 네트워크를 동원하여 그 자원을 위기에 집중시키도록 하는 것이다. 그 목적은 이러한 과정을 통하여 노인들이 자아 통합성과 가치의 인식을 유지하도록 돕는 것이다. 도우미는 지원 네트워크 어딘가에 치유, 유지, 인도를 위한 자원이 있다는 것을 인식하고 있어야 한다. 이러한 자원들이 도움을 필요로 하는 노인에게 제공될 수 있을 때에 흑인 노인을 위한 사목은 이루어지는 것이다.

4. 요약

이 장에서는 흑인 노인에 대한 보살핌과 사목의 차원이 제시되었다. 특히 흑인 노인을 돌보기 위하여 흑인 교회와 가정에 자연발생적으로 이미 존재하고 있는 지원 네트워크를 활용하는 것이 강조되었다. 이러한 지원 시스템을 활용하는 것은 고유 모형 접근법이 된다.

제12장 법적 및 재정적 문제

Lori A. Stiegel
Nancy Coleman

1. 서

노인들이 겪는 법적 문제는 종교적 혹은 영적 문제와 엮여 있을 수 있다. 이 문제들은 개인의 영적 평안에 영향을 줄 수 있으며, 종교적 전례나 활동의 참여를 방해할 수도 있다. 그리고 법률과 연관된 문제에 도움을 주기 위한 강론, 교회 주최 강연회, 사회복지 프로그램 등이 있다. 어떤 이들은 의료유언living will이나 의료위임장health-care power of attorney [102]에 서명하기 전에 신앙 문제를 토론하길 원하기도 하고 또 어떤 이들은 차량 서비스를 불법적으로 거부당해서 전례에 참여하지 못하기도 한다. 신자가 아파트에서 퇴거명령을 받거나 집을 압류당하여 교회로부터 멀리

102) 의료유언living will은 본인이 의사결정을 할 수 없는 중병 상태에 이를 경우 생명유지장치의 사용 등에 관한 유언임. 의료위임장health-care power of attorney은 본인이 의사결정을 할 수 없는 중병 상태에 도달할 경우 의료처리에 대한 결정을 위임할 사람을 지정하여 모든 의료 관련 의사결정의 권한을 부여하는 것임. 유사한 용어로 advance health care directive, advance directives 등도 사용됨.

떨어진 곳으로 이사를 가야 할 수도 있다. 병에 걸린 배우자가 메디케이드Madicaid103) 로부터 요양원 치료비 지급을 받으려면 이혼을 하는 수밖에 없다고 생각하는 부부도 있을 수 있고, 이전의 결혼생활에서 생긴 자녀들의 양육비에 대한 근심 때문에 재혼을 주저하는 사람들도 있을 수 있다. 교회는 정부의 혜택을 얻거나, 의료 문제 의사결정에 관한 교육 프로그램을 개최하고자 할 수도 있다. 종교단체인 사회복지기관에서는 고객 가운데 자신의 수입을 관리하거나 또는 독립적으로 살아가는 데 필요한 서비스를 얻는 데 문제가 있는 사람을 만나게 될 수도 있다.

성직자, 직원, 평신도 봉사자들은 법적 문제가 있는 노인 신자나 공동체 구성원을 돕기 위하여 법률가나 법무사처럼 행동할 필요는 없다. 그들은 단지 신자가 법적인 곤란에 처할 '가능성'을 인지하고, 그를 적절한 곳에서 도움을 받을 수 있도록 의뢰해 줄 수 있으면 된다. 또한 그들은 21세기 이 시대에 노인과 그 가족들이 겪는 법에 관련된 문제들이 무엇인지를 잘 알아야 하며, 그러한 문제들이 교회에서 사목의 일부로서 노인과 그 가족에게 제공하는 강론, 교육 프로그램, 봉사 프로그램 등을 통해 다루어지도록 하여야 한다. 이 장에서는 법적 문제들과 이들을 해결하는 교육 및 지원을 제공하는 데 이용할 수 있는 자원들을 간략히 논의함으로써 성직자, 직원, 평신도 봉사자 등을 교육하고자 한다.

2. 후견인제와 그 대안

1) 후견인제guardianship

이 절에서는 '후견인제'라는 용어를 총칭으로 사용할 것이다. 공식 용어들은 다양하다. 법원에서 선임된 대리 결정권을 가진 사람을 보호자conservator, 관재인committee, 후견인curator, 수탁자fiduciary 등으로 부르기도 한다.

후견인제는 법원이 한 사람—'후견인'—을 선임하여 스스로 개인적 및 재정적 의사결정을 할 수 없는 다른 사람—'피후견인' 또는 '무능력자'—을 위하여 행위를 하도록 하는 법률적 관계이다.

후견인제가 필요할 때가 있지만, 이는 마지막 수단으로 사용되어야 한다. 후견인을

103) 메디케이드는 미국에서 1965년 사회보장법Social Security Act에 의하여 도입된 저소득층을 위한 의료보장제도.

임명하면 피후견인에게서 중요한 법적 권리와 개인의 주권을 박탈하여 그를 법적 미성년의 상태로 격하시킬 수 있다. 후견인제는 정서적으로, 심리적으로, 재정적으로 혹독한 대가를 치를 수 있는 구조이다. 후견인에 대한 법원의 감독이 종종 소홀하며, 이에 따라 가끔 피후견인에 대한 후견인이나 다른 사람에 의한 학대와 무시가 발생할 수 있다.

교회는 후견인제 프로그램을 지원하고 그런 일이 일어나지 않도록 하는 계획을 강구할 수 있다. 또한 신자들이 자발적으로 후견인으로 봉사하거나 후견인이나 법정의 감시자로 활동할 수도 있다.

2) 후견인제의 대안

후견인제는 그보다 제약이 덜한 법적 수단이나 사회복지 프로그램을 먼저 시도해 본 후에 그것이 부적절하다고 판명되면 비로소 사용되어야 한다.

'지속적 위임장'(DPA)[104]은 법적 능력이 있는 본인principal이 다른 사람을 대리인agent/attorney-in-fact으로 자기를 대신하여 권한을 행사하도록 하는 것이다. 일반적으로 DPA는 본인을 위한 후견인이 선임될 때까지 효력을 갖는 것으로, 무능력자가 될 때를 대비하면서 후견인제를 피하기 위해 사용된다.

'신탁제도'란 어떤 사람이 위탁자[105]로서 자기의 돈이나 재산을 신탁trust에 양도하고, 그 신탁을 '수탁자trustee'가 신탁계약에 따라 위탁자나 다른 '수익자beneficiaries'에게 이익이 돌아가게끔 운용하도록 허용하는 것이다. 위탁자의 의도, 수익자의 필요, 재산의 크기 등에 따라서 다양한 종류의 신탁이 만들어질 수 있다. 신탁은 위탁자가 무능력해질 경우에 재산을 운용하기 위한 방법으로 쓰일 수도 있다.

부동산이나 은행계좌를 '공동소유'하는 것도 무능력자의 돈이나 재산을 관리할 수 있게 하는 한 방법이며, 이렇게 하면 후견인이 선임될 사유를 사전에 방지할 수 있다.

일부 주에서는 사람들이 법원에 자신들의 재산을 관리할 후견인을 선임해 달라고 요청하는 '자발적 후견인제'를 허용하고 있다. 이러한 법은 자신이 무능력해질 것을 예상하고 있거나 걱정하는 사람들이 그렇게 되기 전에 미리 법원 감독 하의 재산관리를 계획할 수 있도록 해 준다.

---

104) 지속적 위임장Durable Power of Attorney은 특수 형태의 위임장으로서 그 효력기간이 오랜 동안 지속되며, 그 효력은 본인이 무능력자가 된 후에 발생하며, 대리인은 통상 가족 중에서 지명되고 대리가 허용되는 범위를 제한할 수 있는 특징이 있음.

105) 위탁자에 해당하는 용어로 grantor, settlor, creator, trustor 등을 사용함.

'의료위임장(HCPA)'은 '본인'이 무능력자가 되었을 때 '대리인agent, proxy'이 자기 대신 의료에 관한 결정을 하도록 허용하는 제도이다. 의료위임장은 불치병 환자의 생명연장 문제뿐만 아니라, 일상적인 의료 문제까지도 다룰 수도 있다. 의료위임장에는 본인이 원하는 의료 행위의 종류와 정도에 대해 대리인에게 지침을 포함시킬 수 있다. 의료위임장은 본인을 대리하여 의료 문제를 결정할 후견인의 선임 필요성을 부인할 수 있다.

'의료유언living will'은 어떤 사람이 불치병에 걸리거나 죽음에 임박하거나, 자신의 의료 결정을 내리거나 의사표시를 할 수 없을 때 자신에게 어떤 처치를 해달라고 미리 지침을 주는 것이다. 일반적으로는, 관련 법률에서는 의료유언에서 지시할 수 있는 범위를 '생명 유지 또는 생명 연장' 장치를 사용하거나 제거하거나 보류할 수 있는 결정으로 제한된다. 의료유언은, 무능력해지거나 죽음이 임박하게 되었을 때 후견인이 선임되어 자신의 의료 문제를 결정할 필요가 없도록 할 수 있다.

'일일금전관리제daily money management(DMM)'는 자신의 재정 문제를 관리해 줄 사람이 필요한 노인이나 장애인을 위하여 마련된 다양한 서비스를 말한다. 여기에는 수표 입금, 수표 발행, 잔고 조회, 고지서 납부, 보험 청구서 작성 및 발송, 세무 업무, 투자 자문, 공공복지혜택 신청 및 자문 등이 포함된다. 일일금전관리는 재정 문제를 관리하기 위해 후견인이 선임되는 것을 막을 수 있다.

'대리수취인representative payee'은 정신적, 신체적 장애로 자신들이 직접 할 수 없는 것으로 간주되는 사람들을 위해 대신 정부의 수당을 수취하고 관리하며 지불하는 권한을 부여받은 사람 혹은 기관이다. 대리수취인은 특정한 정부 자금에만 그 권한이 한정되어 있으므로 그 수당 외에 다른 수입이 거의 없는 사람들에게 대안이 될 수 있다.

일반적으로 "의료 및 가족 동의에 관한 법령"에서는 어떤 성인이 장애나 질병이나 상해로 인하여 의료 문제에 대한 결정을 스스로 내릴 수 없거나 의사소통을 할 수 없을 때, 그 사람을 대신하여 특정한 사람이나 특정한 부류의 사람이 의료 문제 결정을 하도록 허가한다. 법령에는 무능력자 성인을 대신해서 결정할 수 있도록 허가된 사람들의 순위를 정하고 있는데, 최우선적으로 결정권을 가진 사람이 가능하지 않을 때 그 다음 순위의 사람이 대신한다. 보통은 배우자나 부모 혹은 자식 등 가까운 가족이 최우선 순위이다. 일부 법령에서는 친구나 그 밖의 다른 사람도 순위목록에 포함시킨다. 어떤 법률은 대리결정권자가 결정할 수 있는 의료 문제의 유형을 제한하기도 하고, 어떤 법은 아무런 제한도 두지 않는다. 가족 동의에 관한 법령은 법정이 후견인을 선임하는 절차 없이 대리결정권자를 제때에 지명토록 허용하기 때문에 후견인제에 대한 대안이 될 수 있다.

'제한적 후견인제limited guardianship'에서는 피후견인이 혼자서 처리할 수 없는 일들에 대해서만 판사가 후견인에게 권한을 준다. 따라서 피후견인은 약간의 권리와 자율권을 지닐 수 있다. 제한적 후견인제는 다른 대안보다는 더 구속적이지만 완전한 후견인제보다는 덜 구속적이다.

종교단체나 교회들은 후견인제의 대안에 관련된 교육이나 서비스에 얼마든지 참여할 수 있다. 예를 들면 의료유언이나 의료위임장 같은 주제들은 강론이나 강의에서 다루기에 적합하며, 대리수취인이나 금전관리 프로그램은 종단에서 세운 사회복지기구에서 운영하는 경우가 종종 있다. 또한 대리인을 할 만한 가족이나 친구가 없는 노인을 위해 성직자나 신자가 지속적 위임장 또는 의료위임장의 대리인으로서 봉사할 수도 있다.

3. 메디케어Medicare

메디케어란 연방 의료보험으로서 그 대상은 (1) 65세 이상으로 사회보장, 철도연금, 공무원연금 등에서 아직 받지 않더라도 퇴직연금의 수급자격이 있는 사람 또는 (2) 65세 이하라도 사회보장이나 철도연금에서 24개월 이상 장애연금을 받은 사람이다. 말기 신장질환 환자들은 석 달의 유예기간이 지나면 메디케어의 혜택을 받을 수 있다. 일부 배우자가 없는 장애인들도 1년의 유예기간 후에 받을 수 있다. 퇴직연금을 받지 못하는 65세 이상의 사람들은 매월 추가보험료를 지불하면 메디케어에 등록할 수 있다.

메디케어는 두 파트로 나누어진다. 파트 A는 병원, 전문요양원, 가정보건, 호스피스 등의 비용을 보장해 주며 파트 B는 의사, 치료사, 구급차, 진단 서비스, 보철, 영구의료장치 등의 비용을 보장해 준다. 보상 한도와 개인 부담금, 공제 금액은 각 서비스마다 다르다.

꽤 많은 중요한 의료 서비스가 메디케어에서 보장받지 못한다. 여기에는 통상적인 건강 검진, 시력 검사, 안경, 치과 진료(입원을 요하지 않는), 약품(병원이나 요양원, 호스피스에서 치료의 일환으로 투약한 것 제외) 등이 포함된다.

1) 입원 치료

메디케어 파트 A는 '질병 1회'당 90일의 병원 서비스를 보장해 준다. 질병 1회란 병원이나 전문요양기관에 입원하는 날에서 시작하며, 병원이나 요양원에서 퇴원한 상태로 연속해서 60일이 지나면 끝나는 것으로 본다. 그리고 피보험자는 이 90일 한도의 보장을 보완하여 쓸 수 있는 평생한도lifetime reserve 60일을 가진다. 피보험자는 입원과 관련하여 다음과 같이 일정 금액을 부담하여야 한다. (1) 질병 1회당 공제액deductible, (2) 61일을 초과하여 90일까지 입원할 경우, 1일당 본인 부담금copayment, (3) 평생한도 일수를 사용할 경우, 1일당 본인 부담금. 공제액과 본인 부담금은 해마다 바뀐다. 입원 치료에는 병실, 식사, 일상적 간호, 병원 처방약, 의료 기구와 장비, 레지던트와 인턴의 진료, 입원환자에 대한 물리치료 등을 포함하여 보장한다.

2) 요양원 치료

메디케어 파트 A는 '질병 1회'당 100일간의 요양원 입원을 보장해 준다. 자격요건을 갖추려면, 피보험자는 요양원에 입원하기 전 3일 동안 병원에 입원해 있어야만 한다. 요양원에 20일 이상 있을 때에는 본인 부담금을 한 번 지불해야 한다. 본인 부담금은 통상 요양원의 하루 진료비 정도이다. 요양원은 메디케어 지급금(본인 부담금을 포함하여)을 총지불금으로 인정해야 한다. 보장되는 서비스의 종류는 대개 병원의 경우와 비슷하다.

3) 가정의료 서비스Home Health Services

여기에 대해서는 이 장의 뒷부분에서 다룰 것이다.

4) 호스피스 서비스

메디케어 파트 A는 시한부 삶을 선고받고 다른 메디케어 서비스보다는 호스피스 서비스를 받고 싶다는 서면 통지를 한 사람에게는 210일까지 호스피스 비용을 보장해 준다. 피보험자는 약물에 대해 5%의 본인 부담금을 처방건당 최고 5달러까지 지불하며, 고통 완화 치료비의 5%를 입원환자의 공제액에 상당하는 금액을 한도로 부담한다. 호스피스는 법률에서 정해진 상한액 범위 내에서 모든 의료 서비스에 대해 보장받는다. 호스피스 서비스에는 전문적 간호, 의사의 진료, 의료복지 서비스, 가정 방문 진료, 가사 도우미, 물리 치료와 언어 치료, 의료 장비와 기구, 상담, 단기 입원 치료(고통 완화 치료 포함)가 포함된다.

5) 의사의 진료

메디케어 파트 B는 "합당하며 반드시 필요한" 의사의 진료 서비스를 보장해 준다. 피보험자는 75달러의 연간 공제액을 부담하며, 대부분의 진료에 20%의 본인 부담금을 부담한다. 메디케어에서 지급하는 '허용 진료비'가 의사의 청구금액보다 적을 때가 많기 때문에, 피보험자는 실제로 본인 부담금보다 더 많은 비용을 지불해야 한다. 이런 문제를 해소하기 위해서 의회는 "할당을 인정하는"—이는 메디케어의 허용 진료비를 총진료비로 인정하고 80%를 메디케어에서 지급받고 환자에게는 20%만 청구하는—"메디케어 참여 의료진"이라는 범주를 만들었다. 비참여 의사들도 개별적으로 "할당을 인정할" 수는 있다.

최근에 수정된 메디케어 관련법은 비참여 의사가 메디케어 B 파트의 피보험자에게 '한도액' 이상으로 청구하는 것을 금하고 있다. 의사가 청구한 진료비가 한도액을 초과하는지 궁금할 때는 지역별 메디케어 파트 B 보험회사나 법률가나 변호인에게 물어보아야 한다.

6) 기타 서비스

메디케어 파트 B는 또한 다음을 보장해 준다. 외래환자 병원 진료, 농촌 보건소 진료, 물리치료와 직업병 치료, 언어 치료, 외래 환자의 재활 서비스, 보철기구와 내구성 의료 장비, 엑스레이와 기타 진단 실험, 구급차, 일부 예방접종 등.

7) 민영 의료관리조직Health Maintenance Organizations(HMOs)[106]

HMOs가 규정들을 충족하여 프로그램에 참여할 자격을 얻으면, 메디케어는

106) HMOs는 미국의 민영의료보장의 한 종류이며, 의료보장을 위한 구조를 설정하고 이에 가맹하는 병원과 의사 등과는 계약을 체결하여 HMOs에서 정한 기준과 제약조건을 준수하여 의

HMOs에 피보험자의 치료비를 지불한다. 메디케어에서 인정하는 HMOs는 종종 메디케어에서 보상하지 않는 서비스—예를 들어 안과나 치과 치료, 정기검진 등—를 보상해 줄 때가 있어서 피보험자들에게 매력적으로 생각된다. 하지만 그 대신에 피보험자들이 마음대로 의사나 병원을 선택할 수 없다는 상당히 중요한 제약이 따른다.

8) 청원 절차

메디케어 파트 A와 B에서는 보장의 범위와 수준에 관한 결정에 이의를 제기할 때 각기 다른 서류를 제출하게 되어 있고 그 절차도 꽤 복잡하다. 성직자나 평신도 봉사자들은 대부분의 만족스럽지 못한 결정에는 이의를 제기할 수 있으며 이때 필요한 청원 절차에 정통한 변호사나 대변인들이 있다는 사실을 알고 있어야 한다. 청원 시한이 있는 경우가 많아서 빨리 의뢰하는 것이 아주 중요하다. 교회에서는 메디케어 변호 프로그램을 만들어서 훈련받은 봉사자들이 사람들에게 메디케어 혜택을 받게 하고, 보장액이 올바른지 평가하며 잘못된 판결에는 이의를 제기하는 데 도움을 줄 수 있다.

9) 메디갭 보험과 메디케어 적격 가입자

메디케어의 공제액과 본인 부담금은 의료보장이 필요한 노년층에게 부담이 될 수 있다. 이런 공제액과 본인 부담금을 보상해 주는 메디갭Medigap 보험증권이 사설 보험회사에서 판매되는데, 많은 노인들이 이들 메디갭 증권 외판원들에게 속아서 이용을 당하고 있다. 이런 문제를 없애기 위해 소비자에게 다양한 메디갭 보험증권의 혜택을 알려 주는 새로운 시스템이 개발되었다.

저소득의 고령자는 '메디케어 적격가입자(QMB)' 프로그램의 혜택을 받을 수 있다. QMB법은 각 주 정부의 메디케이드 프로그램이 메디케이드에 가입할 만큼 가난하지 않더라도 나이가 많거나 장애를 가진 저소득층 사람들을 위해 메디케어의 보험료, 공제액, 본인 부담금 등을 지급할 것을 요구한다. 소득과 자산의 기준은 해마다 달라진다.

료 서비스를 제공하도록 하는 것임. 정부의 면허를 취득해야 하며, 정부에서 요구하는 의료보장상품을 제공하도록 규제를 받음. HMOs 수혜자는 의료기관을 선택하는 제한을 감수하는 대신 비교적 저렴한 병원비를 부담할 수 있음.

4. 메디케이드Medicaid

주정부와 연방정부의 법령과 조례로 감독을 받는 메디케이드 프로그램은 엄격한 소득과 자산 기준을 충족하는 저소득 노년층을 위해 의료보장 서비스를 제공하는 비용을 지불한다. 대부분의 주에서 메디케이드는 '추가보장소득Supplemental Security Income(SSI)' 자격 조건과 연계되어 있는데, 이는 65세 이상이거나 시각장애나 다른 장애를 가진 장애인이면서 저소득자만 그 혜택을 받을 수 있다는 의미이다. 12개 주에서는 더욱 엄격한 기준을 적용한다. 하지만 특이한 조건 때문에 SSI에는 가입하지 못하지만 법에 의해 메디케이드 혜택은 받을 수 있는 사람들이 있다. 또한 연방법에서 정한 요건을 충족하는 11가지 선택적 범주에 드는 사람들도 메디케이드 의료보장을 받을 수 있다. 가입 기준은 아주 복잡해서 SSI 자격이 없다 하더라도 소득이 낮고 자산이 없는 노인이라면 누구나 메디케이드에 신청해 보는 것이 바람직하다.

주정부는 메디케이드 수혜자에게 최소한의 서비스를 제공해야 한다. 여기에는 입원 치료와 통원 치료, 21세 이상자에게 전문요양원 서비스, 엑스레이와 기타 검사, 조기 검진과 정기 검진, 진단, 21세 이하인 사람의 치료, 가족계획 서비스와 피임 기구, 의사의 진료와 일부 치과 진료, 조산원 서비스 등이 포함된다. 주 정부는 메디케이드 법령에서 정한 그 밖의 12가지 다른 서비스를 제공할 수 있다.

많은 노령자에게는 메디케이드에서 요양원 비용을 부담해 주는 것이 아주 중요하다. 주 정부는 소득이 SSI 기준의 300%까지 되는 사람들을 위해 메디케이드 보장을 제공해 줄 수 있다. 소득 상한액은 주마다 다르다. 대부분의 주는 융통성 있는 프로그램으로 특정한 항목에 대해 소득을 낮추어 줌으로써 상한액 아래로 떨어뜨리는 것을 허용해 준다. 부부 중 한쪽이 요양원 치료가 필요해서 부부 사이에 소득과 재산을 분할하는 것은 물론, 메디케이드 혜택을 받기 위해서 재산을 이전하는 것을 다양한 법률로 규제하고 있다.

보장을 거부당하거나 정지당할 경우에는 메디케이드 프로그램에서도 메디케어와 마찬가지로 행정적 및 법적 재심의 권리를 부여한다. 메디케이드 프로그램이 복잡하기 때문에 법률가나 변호인의 도움을 받는 것이 중요하다.

5. 의료보장의 이용

메디케어나 메디케이드에 가입 자격이 없는 노인들은 종종 의료 혜택을 받거나 의료비를 지불하기 어려울 수 있다. 이런 문제를 완화하도록, 주 정부나 연방 정부에서는 여러 가지 법령이나 프로그램을 만들어 놓았다. "COBRA 건강보험 지속법"은 직장을 잃거나 이혼하거나 배우자가 사망하여 직장의료보험을 상실하게 되는 사람들이 상실 사유에 따라 18~36개월짜리 건강보험에 단체보험 요율로 가입할 수 있는 자격을 부여해 준다. 이러한 전환 기간이 끝나면 개인보험 요율로 각자 보험에 가입하여야 한다. 힐-버튼법Hill-Burton Act으로 알려진 연방법은 연방건축기금을 받은 의료시설들이 25년간 매년 일정 금액을 저소득층에 대한 무료진료에 사용하도록 규정하고 있다. 이런 시설들 중 많은 곳이 무료진료 의무 기한이 끝나가고 있지만, 긴급 상황에서는 환자의 지불 능력에 상관없이 응급처치를 해야 하는 의무는 그 후로도 계속 지게 된다. '반덤핑' 연방법에서는 힐-버튼 기금을 받지 않은 병원이라 해도 지불 능력이 없는 사람에게 응급처치를 해 주도록 정하고 있다. 일부 주에서는 달리 보험 가입이 어려운 발병 가능성이 높은 사람들을 위해서 건강보험풀[107]을 마련해 놓고 있지만 가입비가 비싸다. 보험이 없거나 갚아야 할 의료비가 많은 저소득 노인은 법률가나 변호인을 찾아가서 다른 보장이나 지불 방안이 있는지 혹은 의료보험자가 청구서를 어떻게 처리할지 조언을 얻도록 해야 한다.

6. 고령자를 위한 재택 간호

장기간 간호가 필요한 고령자가 반드시 요양원 같은 시설에 들어가야 하는 것은 아니다. 몸이 약한 노인들이 지역사회 안에서 적절한 간호를 받을 수 있게 하는 프로그램들이 많이 있다.

1) 메디케어 재택의료Medicare Home Health 프로그램

이 프로그램은 메디케어에 가입자격이 있는 사람 중에 다음과 같은 이들에게 제공

107) 보험풀insurance pool이란 위험이 높은 특정 목적의 보험에 대하여 보험업자들의 공동계산을 통하여 위험 평균화와 융합을 목적으로 운영하는 것임.

된다. (1) 집에 갇혀 있거나 병원도 아니고 전문적인 간호나 재활 서비스를 받을 수 없는 곳에 갇혀 있는 사람, (2) 간헐적으로 간호나 물리치료 서비스가 필요한 사람, (3) 두 달마다 검토하는 치료 계획에 따라 재택간호가 필요하다고 의사가 판단하는 사람. 이 프로그램은 전문적 간호, 재택 의료 서비스, 물리 치료, 언어 치료, 직업병 치료, 의료 기구, 의료 복지 서비스 등을 제공한다. 메디케어는 이런 서비스가 (1) 합당하고 필수적이며, (2) 일상적 관리 수발이 아니며, (3) 임시적이거나 간헐적일 때 이에 대한 비용을 보장한다.

메디케어 재택의료 서비스의 가입자격과 보장은 광범위하고 복잡한 원칙과 규정에 따라 운용되고 있다. 이 프로그램에 가입하지 못하거나 보장을 받지 못할 때는 메디케어 청원 절차를 통해서 이의 제기를 할 수 있다. 이때는 법률가나 변호인에게 복잡한 절차에 대한 자문을 구하는 것이 좋다.

2) 메디케이드 재택간호Medicaid Home Care 프로그램

이 프로그램은 각 주에서 메디케이드로 전문 간호 서비스의 자격요건을 갖춘 수혜자들에게 가능하다. 연방법에서는 주 정부가 다음과 같은 서비스를 보장하는 메디케이드 프로그램에 참여토록 정하고 있다. 간병인(메디케어와 달리 '전문적' 간호가 아니어도 됨), 가정 의료 지원 서비스, 의료품, 의료 장비나 기구 · 물리 치료, 언어 치료, 직업병 치료 등에 대한 보장은 선택사항이지만 대부분의 주에서는 이를 제공한다. 메디케이드 재택의료 서비스의 제공 대상은 다음과 같다. (1) 집에서 나가지 못하거나 병원이나 요양원이 아닌 시설에 있는 사람, (2) 임시적이거나 간헐적으로 간호가 필요한 사람, (3) 정기적으로 검토되는 처방안에 따라 그런 간호가 필요하다고 의사가 판단한 사람이다. 일부 주에는 가사도우미, 개인 간병, 성인 주간 보호, 고통 완화 치료 등 부가적 서비스를 제공하는 '면제waiver 프로그램'이 있다.

메디케이드 재택간호 프로그램은 연방 정부와 주 정부의 여러 법령과 조례, 규정에 따라 운용되고 있다. 모든 주는 자신의 의료비 지원이 거부되거나 즉시에 처리되지 않거나 종료된 사람들을 위한 청원절차를 마련해야 한다. 메디케어와 마찬가지로 청원절차가 매우 까다롭기 때문에 법률가나 변호인의 도움을 받는 것이 좋다.

3) 미국노인법Older Americans Act 프로그램

미국노인법(OAA)에서는 가정 배달 서비스를 제공한다. 보통 이런 서비스에는 식사 배달, 가사 서비스, 성인 주간 보호, 고통 완화 서비스 등이 포함된다. OAA 프로그램은 60세 이상 사람들에게 해당된다. OAA 프로그램의 가입 기준에는 소득 상한선은 없지만 경제적 사회적으로 도움이 가장 많이 필요한 사람들을 목표로 삼는다. OAA 서비스가 거부되거나 종료되어도 이에 대한 청원절차는 없다.

4) 재향군인 프로그램

재향군인부Dept. of Veterans Affairs에서는 자체의 외래의료 프로그램을 통해서 일부 재택의료를 보장해 주며, "집에서 꼼짝 못하거나", "곁에서 보살필 사람이 필요한" 재향군인이나 사망한 재향군인의 배우자를 위한 재택간호를 추가적으로 보장해 준다. 재향군인 프로그램은 복잡한 법령과 조례, 규정으로 정하고 있다. 이 프로그램은 서비스를 거부하거나 종료하는 판결을 심사할 수 있는 조치를 제공한다. 적절한 혜택을 받으려면 이 제도를 잘 알고 있는 법률가나 변호인의 도움을 받는 것이 중요하다.

7. 장기치료

메디케어나 메디케이드에서 요양원 치료를 보장해 주는 기준은 앞서 논한 바 있다. 재향군인부에서도 일정 기준이 충족되면 재향군인이나 그 자녀들에게 요양원 치료를 제공한다. 추가로 장기치료 민영보험이 요양원 치료비를 부담하는 또 하나의 방법으로 개발되고 있다. 이런 보험은 복잡하고 값이 비싸다. 많은 지원기관들이 장기치료 보험을 구입하는 데 대한 정보 자료를 만들어 놓고 있다.

노인들은 요양원에 들어가거나 질 좋은 간호를 받는 것과 연관하여 생기는 많은 문제점들을 경험할 것이다. 여기에는 메디케이드 수혜자나 다른 저소득층 사람들이 입원하려 할 때 받는 차별, 가족이나 친구들이 요양원 거주자와 접촉할 때 따르는 제약, 원하지 않는데도 거주자를 다른 시설로 옮기는 일, 거주자 소유물의 도난이나 분실, 개인적 용품이나 간호에 대한 불법 청구, 부적절한 간호나 처치 등이 포함된다. 수많은 연방법이나 주 정부 법에서 이러한 문제들을 다루고 있으며, 연방 및 주 정부의 감독관들이 이런 문제를 조사하고 해결해야 한다. 또한 각 주에는 요양원 거주자들을 지원하기 위한 장기치료 옴부즈맨 제도가 있다. 공익 변호사들도 요양원 거주자들의 법적 문제에 종종 관심을 가지며, 점점 더 많은 개인 변호사가 이 문제에 개입하고 있다.

간호기숙사나 생활지원시설과 같이 보다 낮은 단계의 장기치료시설들에서도 비슷한 문제들이 일어난다. 그러나 이런 시설들에는 정부의 감시나 법적 제약이 더 소홀하다.

8. 사회보장

사회보장Social Security은 일종의 사회보험 프로그램이며, 자격요건은 소득이나 자산보다는 근로 경력과 법적 신분에 근거하고 있다. 은퇴하거나 장애가 생긴 근로자 본인과 그의 자녀 및 미망인은, 그 근로자가 요건에 맞는 기간만큼 사회보장이 적용되는 사업장에서 일을 했다면 그 혜택을 받을 수 있다. 수혜 정도는 근로자가 받은 평균 임금을 기준으로 산정한다.

근로자는 사회보장 급여를 받는 동안에도 계속해서 일하고 소득을 얻을 수 있지만, 그 급여는 소득의 정도에 따라 감액하여 지급된다. '소득 심사'는 매년 달라지는데, 그 심사를 줄이거나 아예 없애려는 시도가 계속되고 있다.

사회보장에서 결정한 내용을 심사하려면 복잡한 행정적, 법적 과정을 거쳐야 한다. 종종 심사를 받는 두 가지 주요 부분은 장애에 따른 자격 부여 결정과 보장급여의 과다지급이다. 이런 문제들 때문에 법률가나 변호인의 조력이 필요하며, 통계를 보면 외부 조력을 통해 이런 문제에 대처한 사람들이 더 높은 성공률을 보였다.

9. 추가보장소득Supplemental Security Income(SSI)

SSI는 65세 이상, 시각장애인, 장애인 등에 해당되면서 극빈자인 사람에게 최저수준의 소득(여전히 빈곤선[108]보다는 낮지만)을 제공하기 위해 고안된 '자산조사

108) 미국에서의 빈곤선poverty line은 빈곤임계치poverty threshold 혹은 빈곤기준치poverty guidelines로 측정됨. 인구의 13~17% 정도가 해당된다고 함. 2008년 미국 보건부에서 행정 목적으로 발표하는 빈곤기준치는 대부분의 주에서 1인 가족 $10,830이며 4인 가족 $22,050으로 발표하였음.

means-tested' 프로그램이다. 소득 수준은 매년 달라진다. 무엇을 소득과 자산으로 계산할 것인가를 정한 규칙은 매우 복잡하다. SSI에서 1달러라도 받은 사람이면 메디케이드 혜택을 받을 수 있기 때문에 SSI는 매우 유익할 수 있다. 그럼에도 불구하고 많은 노인들이 SSI를 신청하지 않으려 하는데, 이는 그것을 생활보조금으로 생각하거나 그 '시스템'을 혼동하거나 겁내기 때문이다.

사회보장에서와 마찬가지로 SSI에서 흔한 문제는 가입자격 심사 그리고 소득, 자산, 장애 등에 대한 판정이나 근로의욕, 과다지급 등에 관련된 것들이다. SSI에 대한 행정적, 사법적 심사 절차는 사회보장의 경우와 비슷하다. SSI 법규가 복잡하고 계속해서 바뀌기 때문에 SSI의 판결에 이의제기를 하는 사람은 법적 대리인을 세우는 것이 꼭 필요하다.

10. 주거 문제

집세를 내지 못해서 쫓겨나거나 집이 차압당하게 된 노인들은 변호사에게 사건을 의뢰하는 게 당연하지만, 법적 구제가 필요한지 분명치 않은 주거 문제들도 있다.

점점 더 많은 노인들이 독립적 생활 능력이 없다는 이유로 임대아파트에서 쫓겨날 위험에 처해 있다. 주택공정거래법은 어떤 임대를 하려는 임대인도 누구에게나 거주지에서 살 동등한 기회를 주려고 "규정, 방침, 운영, 서비스에서 합당한 편의를 제공"해야 한다고 수정되었다. 합당한 편의의 예로는 애완동물이 금지된 건물에서 시각장애인의 인도견을 추가비용 없이 허용하는 것을 들 수 있다. 무엇이 합당한 편의인가는 각 경우마다 다르므로, 성직자와 봉사자는 노인이 곧 쫓겨날 것 같은 상황이라도 법률가나 변호인의 도움을 얻어 해결될 수 있다는 점을 인식해야 한다.

수입이 한정된 노인들은 집값이 오르고 세율이 높아지면서 재산세를 내지 못하는 경우가 종종 있다. 그래서 주 정부나 지방 정부는 이런 문제를 완화하기 위해 세금유예나 세금공제 프로그램을 두고 있다. 세금유예 프로그램은 일정한 요건을 갖춘 사람의 경우 이사하거나 집을 팔거나 사망할 때까지 재산세 납부를 연기시켜 주는 것이다. 일반적으로 유예된 재산세는 집에 대한 선취특권으로 취급되어, 재산이 매매나 유언으로 다른 사람에게 이전될 때 지불의무가 발생한다. 세금 공제 프로그램이란 주택 가격 중에서 비과세 금액을 정해서 실제 내야 할 세금을 낮춰 주는 것이다. 모든 주택 소유주들에게 세금 공제를 해 주는 지방 정부가 있는가 하면, 고령자와 같은 특정한 계층에만 공제를 해 주는 지방 정부도 있다.

수입이 한정된 노년층은 재산세뿐만 아니라 다른 서비스에 대한 지불도 하지 못하는 경우가 많다. 이럴 때 노인들은 역모기지109) 방식을 통하여 주택 가치만큼을 현금이 발생하는 원천으로 바꿀 수 있다. 역모기지를 통해 대부받은 돈은 집이 팔렸을 때 생긴 수익으로 갚거나 본인이 사망한 후 처분된 재산으로 갚는다. 역모기지가 가능한 지역이 점점 많아지는 추세지만 모기지 대출업체가 역모기지에 전혀 참여하지 않는 지역도 아직 많다. 역모기지 제도는 매우 복잡하고 정부에서 받을 수 있는 혜택에 영향을 미치거나 사망 후 재산 분배 계획에 영향을 미칠 수 있다. 역모기지를 생각한다면 변호사의 도움을 받을 필요가 있다. 노인들 사이에 가장 흔한 문제가 바로 이런 주택 문제이다. 그러므로 여기에 성직자의 상담과 의뢰 그리고 교육 프로그램이 필요하다.

11. 미국장애인법Americans with Disabilities Act

신체 및 정신적 장애를 가진 사람들은 어느 나이에서든 자신의 장애 때문에 고용주, 주 정부, 지방 정부, 공공 서비스, 각종 시설 등에서 차별을 받는 일이 종종 있다. 1992년 1월 26일에 발효된 개정 미국장애인법Americans with Disabilities Act(ADA)은 주 정부나 지방 정부의 각종 프로그램, 민간 고용주, 공공시설 및 프로그램, 민간이 운영하는 공공시설 및 서비스, 공공 서비스, 통신 중계 서비스 등에서 장애를 이유로 차별하는 것을 금지한다. ADA는 건물, 활동, 직업, 공공 서비스와 대부분의 민간 서비스 등에 장애인이 접근할 수 있도록 의무화했다.

종교단체나 종교단체가 운영하는 기관에는 ADA에서 제외되기는 하나, 사목에 종사하는 사람들은 ADA로 장애인이 받을 수 있는 법적 보호에 대해 잘 알고 있어야 한다. 이런 주제는 교육 프로그램에서 다루기에 매우 적합하다. 자신이 차별의 희생자라고 생각하는 장애인 신자가 있다면, 장애인 법을 전문으로 하는 변호사에게 의뢰하도록 한다.

---

109) 역모기지reverse mortgage, home equity conversion란 주택 소유자가 주택 가치home equity를 담보로 제공하고 차입하는 계약이며, 그 차입의 원리금이 주택 가치에 따른 신용한도액에 이를 때까지는 매월 일정액(세금 면제)을 받는 형태임.

12. 노인을 위한 법률 지원

노인을 위한 법률 네트워크는 노인들에게 법적 문제가 생기지 않도록 예방하거나 그들이 법적 문제에 대처하도록 돕는 여러 기관들로 구성되어 있다. 이러한 기관들은 본질상 법적인 문제를 가진 노인을 의뢰할 수 있는 곳이며 또한 교회나 단체에서 노인을 위한 법적 프로그램을 계획할 때 도와줄 수 있는 곳이다. 지역노인기관이나 주 노인국에서도 지역 공동체에 서비스를 제공하는 법률기관을 찾도록 도와줄 수 있다.

연방 노인법에 의거하여 기금을 받는 법률 지원 프로젝트는 60세 이상의 노인들이 무료로 법적인 도움을 받을 수 있도록 해 준다. 여기에는 재정적인 자격요건은 없지만, 사회적이나 경제적으로 매우 절실하게 도움이 필요한 사람들만 지원하도록 되어 있다. 제공하는 서비스나 취급하는 문제의 유형은 각 프로그램이 받는 기금, 참여하는 인력, 사건 우선순위 등에 따라 달라진다.

법률구조공단(LSC)[110]의 법률 지원 프로그램은 재정적으로 자격요건을 갖춘 사람으로서 그 프로그램의 우선순위 영역에 해당되는 문제를 가진 경우 나이에 제한 없이 무료로 지원해 준다.

애리조나, 워싱턴 DC, 플로리다, 메인, 미시간, 뉴멕시코, 오하이오, 펜실베이니아, 텍사스 등지에 있는 '법률 핫라인'은 수신자 부담 전화를 개설하여 무료로 법률자문을 해 주거나 할인된 비용의 법률 프로그램이나 변호사를 소개시켜 주고 있다.

법률 지원 프로그램이나 변호사협회에서 운영하는 무료 변호인단이 재정적인 자격요건을 갖추고 우선 영역에 해당되는 사건이라면 나이에 상관없이 무료변호를 해준다.

법학대학원의 임상 프로그램에서도 학생들이 변호사의 감독 하에 적격 의뢰인에게 무료로 법률 상담을 하도록 하고 있다.

주 및 지방의 변호사협회는 낮은 수임료로 사건을 맡는 사설 변호사 명단을 알려준다. 주 및 지방의 변호사협회에서 지원하는 변호사 의뢰 서비스는 특정 문제를 다루는 사설 변호인단을 운영하고 있다. 사건 의뢰에는 수수료를 청구할 수 있지만 처음 해 주는 자문은 무료이다.

---

110) LSC(Legal Services Corporation)은 1974년 설립된 비영리기관으로서 공평한 정의의 실현을 촉진하기 위하여 저소득층에 대한 법률 구조사업을 시행. 조성된 기금의 95%를 136개 비영리 독립적 법률 지원legal aid 프로그램과 전국 900개의 사무소에 지원하고 있음. http://www.lsc.gov/

최근에는 노인법을 다루는 사설 변호사가 급증하고 있다. '노인법변호사협회(NAELA)'[111]에서는 노인법 전문 변호사 중 엄선된 명단이 들어 있는 소책자를 배포한다.

주 및 지방의 변호사협회 소속 노인법위원회와 분과에서는 관련 자료와 교육, 변호를 제공한다.

주 정부에서 법률 서비스 개발 담당자는 주 정부의 노인국을 통하여 노인을 위한 법률 지원 프로그램에 기술적인 도움을 제공하고 개발하고, 교육한다.

'미국변호사협회(ABA)'의 '노인법률문제위원회'와 같은 전국적인 법조단체에서는 지방의 법조단체에 대하여 연수, 자료, 기술적 지원, 의뢰처 등을 제공한다.

111) NAELA(National Association of Elder Law Attorneys)는 1987년 설립된 협회로서 노인법 관련 판사, 교수, 학생 등 회원에 대한 교육 목적의 평생교육, 출판 등을 수행함. http://www.naela.org/

제13장 윤리적 관점

Stephen Sapp

이 장에서는 윤리와 노화의 관계에 대해서 다루고자 한다. 대부분의 사람들은 '노화'라는 단어가 무엇을 뜻하는지 직관적으로 이해하지만, '윤리'라는 용어의 정의는 그다지 명쾌하지도 않고 보편적으로 동의된 것도 아니다. 이 장의 목적을 고려하여, 윤리란 무엇이 옳고 그르며, 좋고 나쁘고, 덕이 있고 사악한 것인지를 체계적으로 분석하는 것 그리고 그러한 옳음과 그름, 선과 악, 덕과 악덕에 대한 판단에 근거를 둔 구체적인 결정, 행동, 정책을 체계적으로 분석하는 것으로 정의될 것이다. 때로는 첫 번째 것만 '윤리'라고 부르고 두 번째 것은 '도덕'으로 정의하기도 하나, 이 장에서 일반적으로 다루는 데에는 굳이 그런 구별이 필요하지 않다. 윤리가 반드시 신학적인 믿음에 뿌리를 두고 있는 것은 아님에도 불구하고, 이 장에서의 윤리적 분석은 종교적 가치라는 관점에서 이루어질 것이다.

노화와 윤리의 관계는 미국의 종교학 분야에서는 아직 진지하게 다루어지지 않은 비교적 새로운 영역이지만, 인문학에서는 완전히 새로운 분야는 아니다. 가령 중국의 전통종교에서 노인을 존경하고 심지어 숭상하며 그에 합당한 대우를 한다는 것은 잘 알려져 있다. 또한 나중에 짧게 언급하겠지만, 미국의 주류 종교인 유대교나 그리스도교의 기본교리에서는 이 주제를 아주 분명하게 다루고 있다.

그렇다면 왜 이제 와서 이런 관심사가 미국 사회에서 중요하게 떠올랐을까? 이 책에서 여기저기 보고한 인구통계학적 사실이 가장 분명한 답이다. 수명이 계속 길어져 노인의 수가 점점 늘어남에 따라 문제가 떠오르면서, 근래 젊음 지향적인 미국 문화에서 오랫동안 무시되었던 문제를 더욱 촉진시키는 것이다. 21세기 중반이면 미국 시민의 4분의 1이 '노인'이 될 시점에서는, 그러한 상황의 윤리적 의미를 심각하게 생각하지 않을 수 없을 것이다. 많은 교회에서 신자들의 평균 연령이 60세가 넘고 앞으로 더욱 고령화될 것이라는 사실도 우연한 일이 아니다.

노화와 관련해서 생기는 윤리적 문제는 크게 두 가지 범주로 나누어 볼 수 있다. 하나는 자기 자신이 나이 들어가는 데서 비롯되는 것이고, 다른 하나는 나이 들어가는 다른 사람에 대한 자신의 책임과 관련된 것이다. 두 가지 범주는 겹칠 수 있다. 왜냐하면 모든 도식화는 과도한 단순화가 있게 마련이고 실제 생활에서는 너무나 단순 명확한 것도 구분하려고 하기 때문이다. 그럼에도 불구하고 이러한 접근법은 복잡한 주제를 정돈하는 데 도움이 될 수 있다.

이 두 영역을 다루기에 앞서 종교기관과 종교 지도자들에게 이 주제가 얼마나 중요한지를 적절히 보여 주는 한 단어가 있다. 이 장에서 앞으로 밝혀지겠지만, 인간의 노화란 그 본질에 있어 '종교적' 문제라는 것이다. 그러므로 필연적으로 거기에 대한 적절한 대응도 '종교적' 문제이다. 이런 이유 때문에 조지 클레망소의 말을 빌리자면, "노화란 너무 중요해서 노년학 학자에게만 맡겨놓을 수 없다"는 것이다. 유대교와 그리스도교의 전통에서 종교 지도자의 역할은 단지 사람들에게 '듣고 싶어 하는' 것을 말하는 것이 아니라, 그들이 '들어야 할 필요가 있는' 것을 듣게 하는 것이며, 또한 그들이 생각해야만 하는 것들을 그들의 특수한 신앙이라는 가치 체계 안에서 생각하도록 하는 것이다. 그러므로 노화 문제에 있어서, 이 나라의 교회에서는 다른 중대한 사회 문제에서 이제껏 취해 온 수동적인reactive 태도가 아닌 선제적인proactive 자세로 나서는 게 필요하다. 노령화되는 인구에 의해 제기된 많은 윤리적 문제들은 단지 사목적인 관심사가 아니라, 종교기관의 예언적 사명에서 중심적 측면이 되어야 한다. 나아가 성직자는 이들 기관에서 '선봉point person'일 뿐만 아니라, 만일 노화의 윤리적 문제가 종종 무시되거나 노인의 참된 복지에 해로운 가치적 관점에서 다룬다면 더 넓은 사회에서 상당한 영향력을 행사할 기회를 가진다. 이 장에서는 종교 지도자들이 자신들의 교회 안에서나 밖에서 이러한 주제를 다룰 때 어떤 방향을 취할 수 있는지를 제시하고자 한다.

1. 자신의 노화에서 비롯되는 윤리적 문제들

T. S. Eliot이 강의를 하는 중에 한 학생이 이렇게 물었다. "교수님이 토의하신 문제에 대해 우리는 무엇을 해야 하나요?" Eliot은 그 학생에게 질문이 잘못되었다고 답했다. "우리는 살면서 두 가지 종류의 문제에 접한다. 한 종류는 '우리는 이에 무엇을 해야 하나?'라고 묻는 것이며, 다른 하나는 이와 완전히 다른 질문으로 '우리는 이에 어떻게 처신해야 하나?'라고 묻는 것이다." 노화는 분명히 "이에 어떻게 처신해야 하나"를 물어야 하는 문제이며 정당한 윤리적인 문제임이 분명하다. 그리고 노화에 대해 적절하게 처신하려 한다면 우리는 그것이 의학적, 기술적, 정치적, 기타의 다른 방법으로 해결해야 할 문제가 아니라는 점을 인정해야만 한다. 즉, 우리가 거기에 대해 "할 수 있는" 일이란 실제로 아무것도 없다는 것이다.

바로 자신의 노화와 관련되면 노화 자체의 속성에서뿐 아니라 타인에 대해 적절하게 처신해야 하는 근본적 의미를 지니기 때문에 심각한 문제가 된다. 사실 거의 틀림없이 윤리와 노화에 관한 모든 문제의 배경에는 자신의 노화, 즉 자신의 죽음을 피할 수 없다는 사실을 이해해야 하며 또한 늙는다는 피할 수 없는 과정이 각자에게 무엇을 의미하며 그러므로 어떻게 처신해야 할지를 결정할 필요성이 깔려 있다. 비록 이것이 매우 어려운 일임을 인정하지만, 이런 첫째 단계가 없이는 노화나 노인에 대한 자신의 태도나 행동이 결코 하느님께서 인간을 위해 세우신 기본 계획을 이해하고 받아들이고 있음을 진정으로 반영하지 못한다.

표면적으로는 이 문제가 윤리적 문제라기보다 영적이며 발달적인 문제로 보일 수 있다. 노화에 대하여 공공적인 정책 문제와 구별된 개인적인 관심사로서 다룬 가장 최근의 연구들도 노령화의 윤리적 문제가 아니라 영적 측면에 초점을 맞춘 것이 많다(Bianchi, 1982; Nouwen and Gaffney, 1974; Turnage and Turnage, 1984). 실제로 윤리와 노화에 대한 연구보고서가 사회윤리, 즉 미국 인구의 고령화로 제기되는 공공정책 문제를 집중적으로 다루고 있다는 것은 놀랄 일이 못된다(Binstoca and Post, 1991; Callahan, 1987, 1991; Moody, 1992; Sapp, 1992). 그러나 자신이 늙어간다는 사실과 그 의미를 다루지 못하게 되면, 자신뿐 아니라 자신이 관계하는 사람들에게까지 중대한 파문을 일으키게 된다. 인간은 사회적 동물이며, 아주 '개인적'으로 보이는 결정이나 행동을 할 때조차 다른 이들에게 미칠 영향을 고려해야 한다.

위에서 말했듯이 노화에 대한 기본적인 시각인 늙는다는 것의 의미가 무엇이며 그에 대한 적절한 접근법은 무엇인지를 이해하는 것은 우리 사회에서 종종 생각하는 것처럼 의학적이고 과학적인 문제가 아니라는 점에 주목하는 것이 중요하다. 비록 노화를 초래하는 기본적 과정은 분명 의학적이고 과학적이긴 해도 말이다. 늙는다는 것이 개개인에게 무슨 의미를 갖는지 노화에 대한 태도를 묻는 것은 철학적/신학적인 질문이다. 즉, '가치'에 대한 질문이며 따라서 윤리에 대한 질문인 것이다. 현대 의학은 인간 유기체의 노화를 초래하는 생물학적 과정을 점점 잘 설명할 수 있게 되었지만, 노화가 자기 자신에게 또한 다른 이들에게 무엇을 뜻하며 어떻게 대응해야 하는가 하는 문제는 어떠한 과학적 설명으로도 불가능하며, 인간 삶 자체의 의미와 목적에 대해 근본적으로 이해하는 것과 직결된다.

서양의 종교적 전통에서 삶과 죽음의 의미에 대한 지침은 수많은 원천에서 비롯되지만, 궁극적으로는 미국 문화를 형성한 주요 종교, 유대교 및 그리스도교에 그 믿음과 가르침의 기반을 둔 성경, 즉 그들이 특별히 권위를 인정한 글들의 모음에 두고 있다. 자신의 노화를 이해하고 그 의미를 찾으려 애쓸 때, 성경은 이런 종교적 전통에 젖은 사람들에게 훌륭한 출발점이 될 수 있다. 그리고 노화의 의미에 대하여 풍부한 자료인 성경을 잘 해석해야 하는 일은 확실하게 종교기관이나 종교 지도자의 역할이다.

구약에서 온 몇 가지 개념이 이 주제에 접근하는 데 도움이 된다(노화에 관련된 성서적 자료의 전문은 Sapp, 1987 참조). 여기에는 인류를 위해 하느님이 계획하신 일의 일부로서 노화가 불가피하다는 솔직한 인식이 포함되는데, 이는 구약의 각 권에서 거의 다 찾아볼 수 있다(창세 3,19; 1열왕 2,2; 이사 40,6-7; 시편 39,4; 코헬 3,1-2). 또한 나이 들면서 여러 가지 잃어가는 것들에 대한 인식도 들어 있다(창세 27,1; 1열왕 1,1-4; 2사무 19,35; 코헬 12,1-8). 비록 불완전하지만 나이 들면서 많은 것을 잃는 것에 대한 반대급부는 지혜가 늘어난다는 것이다(신명 32,7; 욥기 12,12; 32,6-7). 또한 '노인elder'이라는 단어는 특별히 공동체를 이끌어가기에 적합한 사람을 칭할 때 사용된다.

이런 히브리 유산 위에 세워진 그리스도교 전통에는, 자신의 노화에 대한 적절한 대처의 지침을 주는 몇 가지 내용이 더 나온다. 예를 들어 바오로의 서간에서 사도들은 신자의 '몸soma'이라는 용어를 하느님과의 친교를 나누기 위해 하느님에 의해 창조된 전인whole person이라는 의미로 이해하는 것을 분명하게 표현하였으며, 이는 '육sarx', 즉 자신이 하느님께 속해 있음을 깨닫지 못한 채 혼자 힘으로 살아가려는 사람과 대조되는 것이다. 이러한 견해는 육체적 외모, 명민함, 강인함 등과 같이 보통 젊은이에게서 볼 수 있는 외면적 특성으로 사람의 가치를 평가하는 이 문화의 공감을 뛰어넘어 새로운 출발점을 제공할 수 있다. 자기 자신의 재능이나 힘, 능력이 아니라 하느님의 구원의 은총에 의지한다(로마 3,24 참조)는 그리스도교적 사상의 핵심은, 나이가 들면서 대부분의 미국인들이 겪는 의존도가 높아지는 문제에 대해 시사하는 바가 크다. "코린토 신자들에게 보낸 첫 번째 서간" 1장 18-31절에서 바오로의 가르침인 하느님은 전혀 다른 기준으로 인간의 가치를 판단하신다는 자신의 노화를 대하는 개인의 태도와 직접 연관성이 있다. 하느님이 가치를 두시는 것은 '세상 기준'으로 중요한 자질들이 아니라 오히려 세상에서 깔보는 자질들이다.

성직자들이 신자들과 소통할 때 필요한 몇 가지 중요한 윤리적 의미들도 바로 이런 종교적 관점에서 나온다. 이런 생각을 공유하는 사람들은 자신이 나이 들어가면서 다른 사람에 더 의존한다는 것을 더 쉽게 인정하며 따라서 자신이 "혼자서 할 수" 없을수록 필요한 도움을 더 잘 받아들인다. 그들은 인간의 가치는 그가 무엇을 하는가에서 나오는 것이 아니고 그가 무엇을 가졌는가에서 나오는 것은 더더욱 아니며, 그가 어떤 사람인가에서 나오는 것이라는 사실에 더 큰 공감을 가졌을 것이다. 이런 점을 알고 나면, 육체적으로 그리고 공동체에서의 역할이나 지위 축소 등 노화에 수반하는 어떤 변화는 더 잘 받아들일 수 있게 해 준다. 또 하나의 결과는 나이가 들면서 어쩔 수 없이 빼앗기는 것들에 대한 욕심을 기꺼이 버리는 것이다. 그래서 사회에서는 가치를 부여하지만 현실적으로는 이룰 수 없는, 여러 측면에서 "젊음을 유지하려는" 욕심이 점점 줄어들게 된다. 이와 관련하여 특히 교훈적인 것은, 그릇은 원래 만들어진 목적을 모두 이루고 나면 원래 의도한 것보다 더 많이 담으려 해 봤자 얻을 게 없는 것처럼, 사람도 "천수를 다하고" 죽음에 이른다는 성서적 이미지이다. 그러한 태도는 "한껏 사는 데good old age"(창세 25,8) 크게 기여할 수 있으며, 적당한 시기를 넘겨 생명을 연장하려고 지나친 그러나 결국 헛된 애를 쓰지 않고 다가오는 죽음을 받아들이도록 도와줄 수 있다.

'노인에 대한' 책임은 다음 장에서 이야기하겠지만, '노인의' 책임을 짧게나마 언급하지 않고는 자신의 노화에서 생기는 윤리적 문제에 대한 검토를 마무리할 수 없다. 콜로라도 주지사였던 Richard Lamm은 수년 전에 젊은이들에게 다양한 자원이 활용될 기회를 주기 위해서 노인들이 "길을 비켜 주어야" 할 의무가 있다고 말을 해서, 상당한 논쟁을 불러일으킨 적이 있다. Lamm의 제안은 충분한 논의가 필요해서 이 짧은 지면에서는 다룰 수는 없지만, 여기에서는 전통적인 유대교나 그리스도교의 윤리로는 그 제안을 쉽사리 받아들일 수 없다는 정도는 말할 수 있다. 실제로 노인들은 모든 신자가 지는 책임에서 면제되지 않는 반면, 그 나이에 걸맞은 다른 책임을 지게 된다. 예를 들면 신약이나 구약이나 모두 사회의 지도자로서의 '노인elder'—오래 살면서 얻은 지혜도 부분적 이유이지만—을 강조하고 있으며 신약에서는 미망인을 보살피라는 특별한 책임을 추가하고 있다.

책임의 정확한 성격은 노인이 처한 상황에 따라 다르겠지만, 유대교나 그리스도교의 전통에서는 그저 나이가 많다고 해서 다른 개인이나 공동체에 지는 책임이 덜어지는 것은 아니다(아래의 "이성적 자살" 참조). 예를 들어 삶의 막바지에 각종 어려움을 겪을 수밖에 없다면, 노인이 스스로를 돌볼 수 없을 때 대신 책임을 떠안는 사람의 부담을 덜어 주기 위해 자신의 노화에 대비할 윤리적 의무가 있다는 주장도 제기될 수 있다. 그런 의무를 이행하려면, 본인의 희망을 확실히 알 수 있도록 하기 위한 의료유언이나 의료대리인 지정과 같은 사전지시서advance directive를 집행해야 하며, 재정 능력이 닿는 범위에서 본인이 원하는 수준의 간호를 받을 수 있는 재정 계획을 세워 놓아야 한다. 이때 주의 깊게 살펴볼 윤리적 문제가 있는데, 그것은 메디케이드 자격요건을 갖추기 위하여 성인 자녀나 타인에게 자신의 재산을 이전시켜서 자신의 말년에 대한 재정적 부담을 주 정부로 넘기는 것이다. 개인적인 차원에서는 자녀로 하여금 자신을 요양원에 절대 보내지 않겠다거나 다른 '마지막 부탁'을 들어주도록 약속하게 함으로써, 남은 젊은 가족들에게 부당한 짐을 지게 하는 것이 과연 윤리적인지 생각해 보아야 한다. 이러한 것에 대하여 신자들에게 문제제기를 하고 그것들을 더 깊이 연구하기 위한 자료를 제공하고 안내하는 사람으로는 역시 성직자로서의 위치가 가장 적절하다.

노인에 대한 책임과 관련하여 발생하는 윤리적 문제점을 살펴보기에 앞서 두 가지 더 생각해 볼 문제가 있는데, 이는 이 장에서 주요 부분들을 연결하는 다리의 역할을 할 것이다. 노화에 대한 개인 태도의 발달에는 노화에 대한 그 '사회의 태도'(노인에 관련된 구체적 책임과는 다름), 즉 많은 이는 결단력이라고 주장하지만 이것이 가장 큰 영향력을 미친다. 바로 사회가 그 구성원들에게 늙어가는 것과 늙은 것의 의미에 대하여, 공식적 혹은 더 중요한 비공식적 경로를 통해 무엇을 가르치는가 하는 것이다. 현대 미국 사회가 노인들을 얼마나 평가절하하며, 젊음을 인생의 유일한 가치 있는 시기로 보고 거기에 얼마나 집착하는가에 대하여 최근 몇 년간 많은 글이 쓰였다(Butler, 1975; Rosow, 1985). 그런 관점이 적어도 막강한 베이비붐 세대가 나이 들어가면서 상당한 반론에 부딪히고 사그라지기 시작하였음에도 불구하고, Daniel Callahan(1990)이 노화의 '공적인 의미'라고 말한 이 핵심적인 질문은 여전히 남아 적절하게 다루어져야 한다. 미국은 이미 노인인 사람을 위해서 그리고 아직 노인이 아닌 사람을 위해서는 더더욱, 그들이 고령의 의미를 살리고 가치 있는 역할을 재발견토록 함으로써 인간 존재로서 불가피한 측면에 준비할 수 있도록 도와주는 역할을 잘 수행해야 한다. 그런 노력이 없이는 앞서 말한 "한껏 사는good old age" 것에 수억의 미국 국민들이 도달할 수 없을 것이다. 이런 점에서 성직자는 신자들이 자신의 노화를 더 건강하게 이해하도록 도와주는 사목적 역할과 함께 예언자적 소명, 즉 사회가 노인들의 경륜과 지혜를 헛되이 버리지 않고 활용할 수 있는 길을 찾기 위해 노력하도록 요구하는 역할을 할 수 있다.

이제 자기 자신의 노화에 대한 윤리적 의미를 생각함에 있어서 마지막 쟁점을 제기한다. 현대 미국에서 노인들이 겪는 역할과 지위의 축소 그리고 '천수'를 훌쩍 넘겨 생명을 연장시키는 현대 의학기술의 남용까지 더해져서, 점점 더 많은 수의 노인들이 소위 '이성적 혹은 선제적 자살'로 자신의 생을 마감하는 길을 택하고 있다. 다른 사람이 무엇 때문에 고통을 받는지는 아무도 알 수 없는 일이지만 이런 종류의 많은 사건은 감당할 수 없는 고통이 아니라 어떤 공허함 때문에 발생하는 것으로 보인다. 즉, 자신의 삶에서 모든 의미를 잃어버렸다는 느낌과 '이성적' 자기 명령의 마지막 행위를 결행하고 싶은 욕망 때문이다. 이런 태도는 서양 종교의 관점에서는 수용되지 않는다. 왜냐하면 이는 성서적 가치—하느님의 모습으로 창조된 존재로서의 가치, 공동체의 중요성, 모든 고통의 불합리성이나 자율과 같은 세속적 가치를 위하여 타인에게 지는 자신의 의무 등—를 뒤엎기 때문이다. 노화에 대해 보다 긍정적인 '공적인 의미'를 부여하고 수많은 노인들이 고립과 고독으로 인한 고통을 이겨내도록 더욱 노력하며, 나이와 상관없이 모든 인간은 가치가 있다는 종교의 관점을 보다 분명하고 효과적으로 보여 준다면, 삶을 유지하는 데에 아무런 의미도 찾지 못하는 노인들이 말년의 삶에서 더 희망적인 모습을 발견할 수 있을 것이다.

2. 노인에 대한 책임에서 비롯되는 윤리적 문제들

노인에 대한 책임에서 생겨나는 윤리적 문제는 두 가지 범주로 나누어 생각해 볼 수 있다. 하나는 주로 개인에게 주어진 의무이고, 다른 하나는 당연히 사회 전체에 속해 보이는 의무이다. 개인이 지는 의무는 한둘이 아니라 더 광범위하겠지만 한 가지 핵심 문제, 즉 노부모에 대하여 성인 자녀가 지는 일반적 부양 및 특별한 개인적 보호의 의무로 집약된다. 분명히 이는 노년에 생활보장을 심각하게 걱정하는 노인에게, 특히 생활비는 오르고 공적 지원에 문제가 생길 것으로 예상되는 상황에 직면해서는 상당히 중요한 문제임에 틀림없다. 노인 부모를 보살피는 일은 젊은 가족들에게도 어려움을 준다. 부모를 모시는 데 드는 비용에 자신의 자녀에게 들어가는 비용까지 겹쳐지면 이른바 '샌드위치 세대' 중후군 세대에게는 자신의 인생 목표를 위한 안간힘과 개인적 시간에 대한 욕구만큼이나 그 어려움은 심각할 수 있다. 그렇지만 노부모를 제대로 보살피지 못한다면, 성인 자녀들은 부모에게 필요한 바를 충족시키지 못한다는 사실에 부담을 가질 뿐만 아니라, 자신의 자녀에게는 그들이 늙었을 때 기대할 수 있는 보살핌의 모범을 제대로 보이지 못하는 결과를 낳는다. 성직자는 이에 대해 신자들을 교육시키고 그들의 특수한 신앙 전통 안에서 힘들지만 어떤 결정을 내려야 하는지 지도함으로써 상당히 중요한 역할을 할 수 있다. 게다가 많은 교회에서는 자신들의 존재 가치를 찾아서 무엇인가 뜻있는 일을 하고자 절실히 원하는 노인 가운데서 선발한 자원봉사자들을 활용하여 창의적인 일시적 위탁 및 주간보호 프로그램을 통하여 공동체가 부담하는 노인 부양의 짐을 얼마간 덜 수도 있다.

노부모를 보살피는 문제가 많은 이들의 미래에 대한 전망을 밝게 하지 않는 것은 분명하지만, 유대교나 그리스도교의 전통이 그런 보살핌care을 결코 의무사항으로 보지 않았다고 주장하기는 어렵다. 이 의무는 무엇보다도 구약의 십계명 중 다섯 번째인 "아버지와 어머니를 공경하라"(탈출 20,12; 신명 5,16)는 계명에 근거하는데, 이 계명은 원래 평생 부모를 존경하고 공경할 뿐 아니라 부모가 늙으면 물질적으로 봉양해야 한다는 것으로 이해되었다(이 문제를 유대교의 관점에서 세밀히 다룬 자료로는 Blidstein, 1975 참조). 나아가 예수님이 코르반Corban[112]을 두고 바리사이파 사람들과 벌인 논쟁에서도 그런 견해를 볼 수 있는데(마르 7,1-23) 그 논쟁에서 예수님은 하느님께 예물을 바친다 하더라도 자신의 부모를 물질적으로 소홀하게 봉양해서는 안 된다고 분명히 말씀하셨다. 또한 십자가에서 돌아가실 때 당신의 어머니를 보살핀 것에서도 찾아볼 수 있다(요한 19,26-27). 또한 "티모테오에게 보낸 첫 번째 서간" 5장 3-16절에는 과부를 돌보는 것과 관련한 지침이 분명하게 담겨 있는데, 그 책임은 자식, 손자, 심지어 다른 친척들이 우선적으로 지도록 하였다.

정확히 어떤 성격의 부양이 필요하고 어떤 방식으로 제공할지는, 노인과 그 가족들이 처한 특유한 상황에 따라서 다르며, 특정한 부양 방법을 선택하는 동기도 잘 고려해야 한다. 가령 어떤 상황에서는 다른 사람이 부모님을 보살피게 하고 재정적 지

112) 코르반corban은 하느님께 바치는 예물. 이 말로 맹세한 경우에는 결코 다른 목적으로 사용될 수 없으므로 사람들은 자기 재산을 하느님께 바치는 경건을 가장하여 자기들의 연로한 부모를 부양할 책임을 회피하였으며, 예수는 이러한 사실이 자녀는 부모를 공경해야 한다고 가르치는 계명에 전적으로 반대되고 있음을 선언한 것임.

원을 하는 것이 스스로 모시려고 하는 것보다 모두에게 더 만족스러운 방법이 될 수 있다. 그리고 어떤 방식을 선택하든 그 동기는 진정 부모를 위하는 자기희생적인 것이어야 한다. 설령 성인 자녀가 정당한 이유로 봉양을 못하는 상황일지라도 그러한 무능력 때문에 어떠한 도움도 드리지 않아도 되는 것이 아니라 최소한 애정의 표현이나 정서적 지지라도 해야 할 것이다.

노화에 대한 윤리적 관점을 고찰함에 있어서 우리가 생각할 마지막 문제는 노인들에 대한 사회의 책임이다. 이는 분명히 공공정책 부문에서 최우선적이며, 우리 사회에서 점점 늘어나는 취약한 노인들과 이들이 사회에 주는 부담의 급증으로 인하여 의심할 여지없이 오늘날 가장 관심을 끄는 주제이다. 복잡한 윤리적 문제로는 노년의 소득 보장, 여성 노인과 소수민족, 특히 소위 '다중적인 위험' 집단으로 전락한 사람들에 대한 불공정한 대우, 일자리나 은퇴와 여가에 연관된 관행 그리고 이 모든 문제와 분리할 수 없는 의료보장의 비용과 가용성에 대한 문제 등이 있다.

여기에서 상당한 관심을 모으는 것은 '세대 간 형평성 운동'으로 촉발된 논쟁이다(Marmor 등, 1990). 이 운동의 주축을 이루었던 사람들이 노년과 관련한 수많은 윤리적 난제들을 쟁점화하는 일에 목소리를 높였기 때문에 더 상세히 살펴볼 가치가 있다(Longman, 1987). 세대 간 형평성을 지지하는 사람들의 주장 가운데 하나는 우리 사회의 미래인 이 나라의 많은 어린이가 비참한 상태에 처한 것은 노인들에게 주는 혜택 때문이라는 것이다. 그들은 불공정하고 과도한 세대 간 이전지출이 노인층—많은 노인은 은퇴자들을 위해 과중한 세금을 내는 젊은 노동자나 어린이보다 훨씬 잘 산다—에 이루어지고 있는 현재의 노화 정책은 세대 간 불평등을 초래하고 있으며, 이를 고치려면 재산평가 없이 연금자격을 주지 않도록 하고 노년의 소득보장에 대한 사적인 책임을 늘려가야 한다고 주장한다.

세대 간 형평성을 옹호하는 사람들이 제기하는 현재의 노화 정책에 대한 비판의 근저에는 삶의 어디에나 정부가 개입하는 것에 대한 반감이 깔려 있다. 실제로 그 운동은 '모든' 연령대에 혜택을 주려는 정부의 시책을 공격하기 위한 수단으로서 세대 간 형평성이라는 문제에 매달리는 듯이 보인다. 이미 널리 지지를 받고 있고 많은 부분에서 그 목적을 달성한 거의 유일한 공공 정책인 '사회보장제도'를 해체시키기보다는, 보다 가치 있는 목표를 설정하여 노인을 '사회보장제도' 이전의 빈곤한 상태로 되돌리지 않으면서도 아동의 상황을 향상시키려는 모델로 활용토록 촉구하는 것일 수도 있다. 이 나라 아동들의 비참함을 규탄하고 세대 간 형평성을 주장하는 사람들이 이를 개선하기 위한 구체적 정책 제안조차 하지 못하는 것은 흥미로운 일이다. 간단히 말해서, 그들이 주장하는 진짜 문제는 나이에 관한 것이 아니라 모든 연령대에서의 빈부격차가 수반되는 일반적인 자원분배의 불평등으로 나이와는 무관한 문제로 보인다. 이는 성경이라는 뿌리 깊은 윤리적 전통에서 확고하게 다루어지는 문제이다. 토라Torah[113]에서 분명히 밝히고 있는 가난한 이들에 대한 배려를 비롯하여 정의를 외치는 예언자적 소명을 요구하는 내용과 도움이 필요한 이들에 대한 예수님 혹은 초대교회의 배려에서 정점을 이루는 바와 같이, 유대교와 그리스도교의 전통은 이 점에 대해서 대부분의 다른 종교에서는 찾아볼 수 없을 정도로 찬성하고 있다.

노인에 대한 사회의 책임과 관련된 또 다른 중요한 윤리 문제는 의료보장에 대한 결정인데, 많은 어린이와 젊은이들이 적절한 보살핌을 받지 못해 고통 받는 반면 미국 인구의 약 12%를 이루는 65세 이상 노인이 매년 의료복지 비용의 3분의 1을 쓴다는 사실만으로도 중요하게 보인다. Daniel Callahan(1987, 1991)이나 Norman Daniels (1988) 같은 저명한 논객들이 제안한 의료보장 자원의 분배—노인 옹호론자는 '배급'이 적절한 용어라고 주장—는 나이를 기준으로 삼는 심각한 윤리적 문제를 불러일으킨다. 예를 들면 Daniels는 '신중한 생애 계산prudential lifespan account'이라고 이름 붙인 방법을 제안했다. 이는 의료보장 자원이 한정되어 있을 경우 비록 동등하지는 않을지라도 특정 연령대에서 요구하는 특수한 필요성을 감안해서 그 재원을 활용하도록 신중히 생각해야 한다는 것을 의미한다. 그러면 나이가 서로 다른 사람들이 한 시점에서는 서로 다른 혜택을 받겠지만, 평생을 놓고 보면 모두가 공평한 대우를 받는 셈이라는 것이다.

Daniel Callahan이 그 주제에 대해 쓴 최근의 논문은 대단한 반향을 불러일으켰는데, 그의 입장을 좀 더 자세히 들여다보면 이 주제에 대한 좀 더 많은 시사점을 찾아볼 수 있다. 그의 널리 주목받은, 그리고 아마도 부당하게 비판받은 저서 〈한도 설정: 고령화 사회에서의 의료 목표*Setting Limits: Medical Goals in an Aging Society*, 1987〉에서 Callahan은 '자연수명'에 이미 도달한 사람에게는 제한하고, '생명의 가능성'을 비록 이루지는 못하더라도 가망 있는 사람에게 허용하는 의료보장을 제안했다. Callahan에 대한 비판은 두 가지에 초점이 맞춰진다. 첫째, 그는 대부분 사람들의 자연적인 평균 수명으로 '70대 후반~80대 초반'을 들었는데, 많은 비평가들은 시간적 나이로는 한 인간의 삶이 다한 것을 예측할 수 없다는 반론을 제기했다. 둘째, 그는 이런 개념을 다음과 같은 정부의 세 가지 책임을 통해 이행할 것을 제안했다. 즉, 사람들이 자

113) 토라는 구약성서 중 모세 5경으로 불리는 최초의 5권의 책인 창세기, 탈출기, 레위기, 민수기, 신명기를 말함. 유대교의 종교 경전으로 법률적 윤리적 근본을 이루고 있음.

연수명까지 살도록 지원하되 그 이상 사는 것은 지원하지 않는 의무, 생명 연장 기술을 자연수명까지만 재정적으로 지원할 의무, 자연수명이 지난 후에는 생명연장이 아닌 일시적 진료만 제공하는 것이다(137-38쪽). 비판자들에게 이것은 나이에 바탕을 둔 배급제와 전혀 다를 바 없지만, Callahan은 이것을 합리적으로 설명하려고 애쓴다. 그러므로 Callahan의 제안이나 그와 비슷한 다른 사람들의 제안에 대해 수많은 반응이 뒤를 이은 것은 놀랄 일이 아니다(Binstock and Post, 1991). 그리고 의심의 여지없이 이 주제는 앞으로도 중요한 논쟁거리가 될 것이다. 미국의 종교기관은 이런 문제를 탐구할 이상적인 무대를 제공하며, 성직자들은 본인은 물론 신자들에게 이런 중대한 문제를 교육할 필요가 있다.

이제 결론을 말할 차례다. 이 글은 비록 유대교나 그리스도교의 종교적 배경을 지닌 사람들을 염두에 두고 쓰였으나, 이런 중요한 주제를 완전히 이해하려면 점차 커지고 있는 다른 종교의 중요성에 대해서도 관심을 두는 것이 필요하다. 유대교나 그리스도교가 이 나라의 윤리적 가치를 형성하는 틀을 제공했음은 부인할 수 없다. 또한 이 문화의 윤리적 기조를 형성하는 데 가장 많은 영향을 미친 사람들은 이 종교 가운데 하나를 열심히 지키며 사는 사람들이거나 그들의 세계관에 영향을 받은 사람들이다. 그럼에도 불구하고 다른 종교를 믿는 사람들이 최근에 부쩍 늘어나고 있고 앞으로도 계속 그럴 것이므로, 노년학 분야의 연구가들이나 종사자들은 이런 변화를 심각하게 받아들여야 한다. 가령 이슬람교도들은 미국 내에 6백만 명이 있으며 곧 유대교를 제치고 나라에서 두 번째로 큰 종교가 될 것이다. 앞서 말했듯이 종교적 관점에서 보면 노화는 무엇보다도 가치의 문제이며, 그런 가치를 다루는 것이 바로 종교이다. 그러므로 종교와 노화 사이의 결정적인 관계에 정말로 관심이 있는 사람들은 이슬람을 비롯해 힌두교, 불교, 중국의 토속 신앙 같은 다른 신앙을 잘 아는 것 그리고 특히 그런 신앙에서 요구하는 행동, 즉 바로 윤리에 대해 잘 아는 것이 더욱 중요하게 될 것이다(Clements, 1989; Nakasone, 1990; Tilak, 1989 참조).

제3편

고령화 사회에서의 교회 사목

제3편: 들어가며

제3편에서 독자들은 제1편 평안well-being에 관련하여 이미 제기된 문제점에 대하여 더 깊이 생각할 수 있게 될 것이다. 제14~19장에서는 신앙 공동체 안에서 노인들의 평안을 잘 보살필 수 있는 방안에 대하여 초점을 맞추고자 한다. 또한 여기에서는 신앙 공동체가 노인들에 어떻게 응답하느냐에 따라서 신앙 공동체 자체의 평안이 결정된다는 것을 보여 준다.

W. Andrew Achenbaum은 종교적 의식 또는 의례가 의도적으로 노화의 이미지를 포함시키는 한, 노인의 사회적 소외는 막을 수 있다는 점에 주목한다(제14장). 그러나 Achenbaum이 미국의 종교 관습을 조사해 보니, 젊은이가 지나온 발자취를 찬양하는 것은 많으나 노인의 경험과 직접적으로 관련된 의례는 거의 없다는 것을 발견했다. 이 장은 제2편에서 제기된 배경적 관심에 중요한 보충 역할을 하는데, 이는 젊음 지향적인 현재의 종교 관습의 역사적 원천에 대한 통찰력을 주기 때문이다. 나아가 노화에 대한 관심을 높이는 의미 있는 새로운 의례를 종교의식에 포함시킬 수 있을 것이라고 주장한다. 그는 젊은이가 앞으로 가야 할 여행에 전조를 보여 주는 의례에는 노인들이 기여할 것이 많다는 점을 관찰한다. 제13장에서 Sapp이 다루었던 사회적 과제인 세대 간 갈등은 아마 종교기관들이 인생 전체를 찬양하는 의례를 개발하는 데 지도력을 발휘한다면 개선될 수 있을 것이다.

Achenbaum은 종교가 제도적인 노인 차별을 특별히 막아주지는 못한다는 것을 충분히 보여 주었다. 종교는 의례에서 노화를 존중해 주는 것뿐만 아니라, 교육사목에서 노화가 진행되는 것을 인지하는 데도 실패했다. 제15장에서 Henry Simmons는 노화에 대한 종교적 교과 과정이 부족한 것은 종교 교육에 대한 생각을 결정짓는 관계적 힘에서 비롯된다고 주장한다. 너무 오랫동안 교육은 젊은이의 영역으로 간주되어 왔다. 그러나 젊은 시절 배운 교훈은 이제는 노화의 종교적 및 영적 의미를 구하는 노인에게 더 이상 충분한 자원이 되지 못할 수 있다. 따라서 Simmons는 신앙 공동체는 노인들을 위한 교육 과정의 자료 선정에 새로운 접근법이 필요하다고 주장한다.

그는 종교 교육의 변화를 이끌어 갈 한 방법으로 예술의 비유를 선택한다. 또한 그는 노인들과의 여러 가지 상호작용에 응용될 수 있는 가치 있는 통찰력을 제시한다.

신앙 공동체는 노인의 영적 욕구를 교육사목을 통하여 충족시켜 주어야 할 뿐만 아니라, 신앙 공동체 생활의 핵심인 예배 경험에 반드시 신앙 공동체의 노인을 포함해야만 한다. Dosia Carlson은 각기 다른 종교적 전통에서 노인에게 예배의 의미가 무엇인지를 살펴보았다(제16장). 그녀는 예배 종류, 예배의 다양한 설정, 예배 지도자가 가끔 특별히 관심을 기울여야 하는 노인의 욕구 등에 대하여 기술하였다. Achenbaum과 마찬가지로 Carlson은 여러 세대가 참여하는 종교적 의식을 요구하였다. 그녀는 노화 과정에 의미를 되살리기 위하여 교회가 만들어야 하는 수많은 축하 및 기념 의례를 제안하였다.

노화의 사회적 의미가 희석되는 것은 제3편의 각 장에서 숨은 의미subtext로 작용하여, 저자들이 종교기관들에게 이 사회에서 노인 차별에 맞서 싸울 창의적인 방법을 찾아낼 것을 요구하도록 한다. 남녀평등주의feminism 관점에서 Martha Klein Larsen은 제17장에서 성차별sexism과 마찬가지로 노인 차별은 권력과 권위에 대한 뿌리 깊은 가부장적 가정에서 기인하는 것이라고 직접적으로 주장함으로써 노인 차별의 문제를 다루었다. 그녀는 여성의 가치와 중요한 역할을 그들 가운데서 확인하기 위해서는, 여성의 노화에 관한 문화적 메시지를 교회가 부언해 줄 것을 요구한다. 종교기관들은 여성 노인에게 학습, 봉사, 영적 성장 등의 기회를 더 많이 제공해야 하며, 이렇게 함으로써 종교기관들은 과거에 나이와 여성에 대한 문화적 고정관념을 강화하는 데 참여하였던 점을 스스로 비판해야 한다. Larsen은 탈출기의 비유를 들어서 신앙 공동체가 모든 사람이 나이 및 성별에 관계없이 전면적으로 참여하는 약속된 장소로의 여행을 강력히 권고한다. 그녀는 전례의식에 하느님의 여성적 이미지 그리고 노인 차별과 성차별을 부정할 것을 모두에게 권고하는 교육 과정을 포함시키라고 요청하였다.

예배, 설교, 교육 등은 신앙 공동체가 노화의 의미를 신자에게 전하는 방법들 가운데 세 가지 예에 불과할 뿐이다. 교회 생활에 동료의식과 서비스도 포함하는 것이다. James Seeber는 전국의 교회에서 지원하는 많은 프로그램을 조사하여 이를 제18장에서 설명하고 있다. 여기에서 Seeber는 지역 교회에서 어떻게 신도와 비신도를 포함한 노인 문제를 다루고 있는지 상세하게 보여 준다. 그는 교회 자체가 노화되고 있기 때문에 교회는 노인사목에 대하여 좀 더 의도적이어야 한다고 강조한다. 과거 교회의 관심을 끌었던 청년 중심의 프로그램들은 이제는 대부분의 신도들에게 적절하지 않다. 달리 말하자면 교회는 변화에 문을 활짝 열어야 한다는 것이다.

제19장에서는 주제가 좀 바뀌어서, James Ellor가 교구 재활성화의 문제를 다룬다. 제3편의 다른 저자들처럼 그도 어떻게 신앙 공동체가 종종 문화적으로 만연된 노인 차별적인 고정관념을 받아들이는지를 주목하였다. 예를 들면 많은 사람들은 노인들이 모든 변화를 반대하고, 완고하며, "그들이 항상 해왔던 것을" 완강히 고집한다고 잘못된 결론을 내린다는 것이다. 이러한 태도를 받아들이는 신앙 공동체는 안정과 변화 사이의 긴장에서 발견되는 창조적 잠재력을 이해하는 노인들의 지혜로부터 흘러나오는 상당한 에너지를 스스로 포기하는 것이다. 노인 차별적인 또 다른 태도에서 교회 지도자는 노인들이 득세하는 것은 교회의 종말을 알리는 것이라고 결론내린다. 이러한 교회 지도층은 공동체를 소생시키는 유일한 방법은 프로그램을 젊은이 지향으로 하는 것이라고 가정할 것이다. Ellor는 그러한 재활성화를 편협하게 개념화하는 것을 반박하며, 오히려 교회가 노인을 공동체 생활의 모든 측면에 포함시킴으로써 어떻게 활성화될 수 있는지를 강조한다.

각 장에서는 교회가 노인들이 그들 가운데 있음을 인정할 때 교회의 사목이 더 활성화되고 더 의미 있게 되며, 그들의 소명에 더 충실하게 된다고 주장한다. 즉, 교회의 평안은 노인의 평안을 어떻게 다룰 것이냐에 달려 있다는 것이다. 불행하게도 노인들은 평생을 함께해 온 교회에서 거절당하는 것이 두렵기 때문에 그들의 종교적 및 영적인 욕구가 받아들여지지 않는 상황에서 자기 목소리를 굳이 내려고 하지 않을 것이다. 또한 노인들도 노인 차별적인 태도로부터 안전한 것이 아니며, 신앙 공동체는 모든 에너지를 젊은이에게 바쳐야 한다는 믿음의 희생물이 종종 되곤 한다. 이러한 태도를 극복하도록 노력하는 것이 신앙 공동체에 참여한 사람들에게 필요하며, 그리하여 젊은이나 노인이나 모두가 그들의 예배와 학습, 동료애와 봉사 속에서 신앙적 및 영적인 성장을 경험할 수 있도록 해야 한다.

第14장 유대교와 그리스도교의 연령별 의례

W. A. Achenbaum

하늘 아래 모든 것에는 시기가 있고
모든 일에는 때가 있다.
태어날 때가 있고, 죽을 때가 있으며
심을 때가 있고, 심긴 것을 뽑을 때가 있다. (코헬 3,1-2)

그분께서는 또 한 사람에게서 온 인류를 만드시어 온 땅 위에 살게 하시고, 일정한 절기와 거주지의 경계를 정하셨습니다. 이는 사람들이 하느님을 찾게 하려는 것입니다. 더듬거리다가 그분을 찾아낼 수도 있습니다. 사실 그분께서는 우리 각자에게서 멀리 떨어져 계시지 않습니다. "우리는 그분 안에서 살고 움직이며 존재합니다." (사도 17,26-28)

성경에서의 시간은 3차원(Green, 1987 개념을 수정)으로 작용한다. 첫째, 그 핵심에는 신성함, 즉 신의 영원한 왕국이 있다. 사도행전의 구절이 밝히듯이, 인간사에 대한 신의 개입은 신기원적 만남에서뿐 아니라 단 하루의 조우에서도 나타난다. 또한 인간은 연속적 성장 단계마다 다양한 방법으로 신을 알게 된다. 다양한 나이의 그룹들은 신의 계시적 성령에 각기 다르게 반응하는데, 요엘서는 "너희 아들딸들은 예언을 하고, 노인들은 꿈을 꾸며, 젊은이들은 환시를 보리라(요엘 3,1)"고 말한다.

인간의 시간은 이와 대비되어 다르게 측정된다. 아이들은 어느 날 태어나 생물학적 시간biological time에 맞춰 성장하며, 보통 120세 이전에 사망한다. 국가는 그 자신의 리듬에 따라 흥하고 망한다. Jame Birren은 "시간은 신의 메신저로서 공간, 물질, 에너지 그리고 마음을 통과한다"고 표현하고 있다(Birren and Cunningham, 1985, 153쪽). Birren은 종종 노화와 영성에 대한 글을 썼으나, 이 글에서는 생물학적 메커니즘의 속도로 변화하는 것, 인지 과정에서의 향상과 감퇴 그리고 사회적 상호작용의 다양성과 변이, 즉 두 번째 시간 차원에서 작동하는 현상들이 중요하다는 것을 설명하였다. 신의 메신저로서의 시간은 차후에 다루어진다(Achenbaum, 1991, 83-102쪽).

신과 인간은 또한 세 번째 차원인 제도적 시간institutional time 속에서 만난다. 즉, 빵(성체)을 줄 때에, 교회의 예배시간, 기쁨과 싸움 혹은 두려움 가운데서 희미하게 느껴지는 신의 발현 순간에 만난다. Peter L. Burger는 그의 저서 〈신성한 천막*The Sacred Canopy*〉에서 유익한 이론적 관점을 제시하고 있다. 그는 전례의식은 개인들로 하여금 아직 펼쳐지지 않은 그들 삶의 더 넓은 목적을 파악하도록 도와주며 또한 더 넓은 맥락에서 영적인 여정을 볼 수 있도록 도와준다고 가정한다. "사회적 전례의식은 개인적 사건을 전형적인 경우로 변화시킨다. … 그의 조상들이 그랬던 것처럼 그리고 그의 뒤를 이어 그의 자녀가 그럴 것처럼 한 개인은 태어나고, 살고, 고통당하고 결국은 죽는다"(1967, 54쪽). 역설적이지만 사적인 성찬 전례는 의례를 통해 참석자들이 더 큰 신앙 공동체와의 연계를 인정함으로써 더욱 심오해진다.

이 글은 시간의 성역 속의 이러한 명상적이며 제도적인 세 번째 차원에 구축된 계약적인 유대bond를 다룬다. 즉 유대교와 그리스도교 전통 안에서 신과 인간이 만나는 공통 영역을 그러한 연령별 의식rites에 초점을 맞추고 있다. 전례rituals의 중요성에 더 많은 관심을 두게 되면 노인의 소외 문제를 균형 잡아줄 수 있을지 모른다(Simmons, 1990 참조). 그러나 의식과 전례만이 인간의 삶을 종교적 무대로 돌려놓는 익숙한 전환점 역할을 하는 유일한 제도는 아니다.

유대교와 그리스도교의 교회들은 서로 다른 연령대의 교인들이 교회의 네트워크를 통하여 친교를 나누고 태어나서 죽을 때까지 인간 존재의 피할 수 없는 우여곡절을 다루는 조직과 절차를 확립하였다. "이스라엘은 신이 드러내신 법에 의하여 그의 제도를 합법화하였다"고 Berger는 상술한다. "합법화 과정에서 종교가 역사적으로 중요한 역할을 보여 준 것은 오로지 종교만이 우주의 준거 틀에 의하여 인간 현상을 '정확히 찾아내는' 역량을 지녔다는 측면에서 설명된다"(Berger, 1967, 35쪽). 정부의 정책이나 민간 그룹들이 말하는 프로그램 선언문에서 밝힌 목표와는 달리, 종교적 복지제도들은 그 사명을 선언함에 있어 계약적인 유대를 강조한다.

> 제도들은 이러한 인간적, 역사적 우연들 위에 마법처럼 존재한다. 제도들은 피할 수 없게 되는데, 이는 인간뿐 아니라 신에 의해서도 인정되기 때문이다. 제도들이 단지 우주를 이루는 구조의 발현으로 이해되는 순간, 그것들의 경험적 빈약함마저도 강력한 안정성으로 변화한다. 제도들은 개인의 죽음이나 전체적 집단의 쇠락을 초월한다. 왜냐하면 제도들은 인간의 역사가 하나의 에피소드에 불과해지는 신성한 시간 속에 지금 그 근거를 두고 있기 때문이다. 어떤 의미로 제도들은 불멸의 것이 된다(Berger, 1976, 37쪽).

연령별 전례와 조직은 그 자체의 시간적 역학이 있다. 그것들은 이어지는 세대에 걸쳐 변화하는 인간 욕구와 열망에 응답하여 조정된다. 이와 마찬가지로 그것들의 지속성이야말로 인간 노화의 근본적인 연속성을 재확인해 준다.

이 책의 범위를 고려해 보면, 미국에서 연령별 전례와 제도의 '현대적' 예들이 초점이 되어야 할 것이다. 몇 가지 사례에서는 지금은 이미 폐기된 고대의 관습들이 인용되어 교회 노인 신도들의 영적 및 사회적 욕구를 충족시켜 주기 위한 오랜 관습의 부활을 촉구할 것이다. 현대판 '바보제'[114]를 노인을 위해 여는 것이 바람직하지는 않겠지만, 중세의 '소년 주교Boy Bishop'나 '가짜 왕Mock King'이 그랬던 것처럼 우리는 세속 사회에 만연하는 연령차별의 전제에 도전하는 축제를 통하여 "최소한 어쩌다 한 번이라도 완전히 다른 종류의 세계를 상상할"지도 모른다(Berger,1969, 3쪽). 이 설문조사에서 미국의 종교관행이 노후의 삶에는 눈을 감고 있는 것이 드러난 점은 건설적 행동을 위한 근거를 제공한다. 겉보기에 진부해 보이는 의식과 제도들이 본질적 목적에 현재의 요구를 반영해 줄 수만 있다면, 우리의 고령화 사회에서 활기가 넘치는 전통이 탄생할 수도 있을 것이다.

---

114) 바보제feast of fools는 중세 후기 11~15세기 유럽에서 미사에 대한 풍자로 대중적 인기를 얻었던 행사로서 로마의 농신제Saturnalia 정신을 계승한 것으로 평가됨. 교회나 사회의 최고 위층을 비방 풍자하는 Abbot of Unreason, Boy Bishop, Pope of Fools, Lord of Misrule 등 배역이 등장함.

1. 유대교와 그리스도교의 연령별 전례

유대교 교회는 비록 미국 보수주의, 정통파, 개혁파 사이의 차이점이 있음에도 불구하고, 인간 삶의 단계를 구별하는 데는 미국 그리스도교보다 좀 더 정교한 의식과 전례를 유지하고 있다. "모든 일에는 때와 심판이 있다 하여도 인간의 불행이 그를 무겁게 짓누른다"(코헬 8,6)라고 코헬렛(전도서)의 스승[115]이 의견을 밝힌다. 스승은 코헬렛 12장 1-8절에서 삶의 여정에 대한 비유적 해석을 제공한다. 이와는 대비되어, 바오로는 그리스도 교인들은 나이와 상관없이 성숙해야 함을 열망하고 있음을 강조하고 있다. "형제 여러분, 생각하는 데는 어린아이가 되지 마십시오. 악에는 아이가 되고 생각하는 데는 어른이 되십시오"(1코린 14,20). 그는 "우리가 모두 하느님의 아드님에 대한 믿음과 지식에서 일치를 이루고 성숙한 사람이 되며 그리스도의 충만한 경지에 다다르는"(에페 4,13) 때가 오기를 학수고대 하였다. 미국의 그리스도 교인들은 유대교인들보다 아직도 연령별 차이와 그에 맞는 전례를 경시한다(제28장 Christiansen, 제29장 Van Tatenhove 및 Achenbaum, 1985 참조).

1) 저희의 날수를 세도록number our days[116]

거의 예외 없이 아이들의 탄생은 즐거운 일이다. 유대인들에게도 그것은 신앙 공동체 내에서 축하의 순간이다. 즉, "너희는 들어올 때에도 복을 받는다"(신명 28,6). 오늘날 관찰되는 것들은 수세기 동안 다른 지역에서 전수된 관습을 반영하는 것이며, 반드시 엇비슷하거나 보완적일 필요는 없다. 예를 들어 팔레스타인 관습에 따라서 신생아의 친척들은 이스라엘에 나무을 심곤 한다. 미국의 유대인 여아는 태어난 후 첫 안식일Sabbath에 유대교회당에서 이름을 짓는다. 미국에서 남아의 이름은 관습에 차이는 있지만 보통 할례 때 짓는다. 성서에는 신과 아이의 관계를 기원하는 무수한 이름들이나 신이 창조한 동물들(요나–비둘기, 라헬–암양, 데보라–벌)이 등장한다(창세 4,25 및 창세 30,24). 동유럽 유대인의 후손들은 최근 사망한 부계 친척들의 이름을 따서 짓는다. 그리고 정통파 유대교에서는 맏아들을 구속[117]하는 관습을 아직도 준수

115) 코헬렛의 저자는 다윗왕의 아들, 예루살렘의 임금인 솔로몬. Teacher, Preacher, King으로 칭함.
116) 이 구절은 시편 90장 12절 "저희의 날수를 셀 줄 알도록 가르치소서. 저희가 슬기로운 마음을 얻으리이다"에서 따온 것임.
117) 여기에서의 구속redeem이란 유대교에서 첫째 자연분만 남아를 하느님께 바치거나 은화 5냥을 대신 바치는 종교적 의례이며, 일반적으로 구속이란 예수님이 죄인에 대한 율법의 요구를

하고 있다. 성서(탈출 13,12-13; 민수 18,14-16)를 준수하여 아버지는 종교 지도자에게 돈을 건네주며 이후에 그것을 돌려주거나 기부하게 된다. 이런 의식은 제왕절개 아기들에게는 적용하지 않는다(Birnbaum, 1979, 18, 49쪽; 브리태니커백과 1985, 22장 445쪽; Schauss, 1950, 12-13, 21, 27쪽; Donin, 1972, 271-79쪽).

유대인은 오랜 시대에 걸쳐 할례를 신과의 계약으로 또 공동체 결속의 표징으로 여겨왔다(창세 17장). 이런 이유로 고대의 축복기도와 도구들이 나왔다. 그러나 할례는 배타적인 예배 의식이 아니며, 현대 문명에 약간 양보한 것도 있다. 할례에서 포피를 절단하는 모할림mohalim[118]은 이제는 면허를 받아야 하며, 많은 그리스도 교인에게는 이미 수십 년 전부터이지만, 일부 유대인 남아들은 탄생 후 8일을 기다리지 않고 퇴원 전에 할례를 받는다(Shauss, 1950, 3-14, 18, 79-81쪽; Birnbaum, 1979, 103쪽). 초기에 있던 유대인 신생아를 위한 또 다른 의식으로는 아이의 요람에 건포도와 동전을 넣거나 아이가 젖을 뗄 쯤 아기 몸무게만큼의 금을 자선단체나 축제에 기부하였다.

미국 내의 거의 모든 유대교회는 젊은이를 위한 특별한 종교 훈련을 제공하고 있다. 유대인 부모들은 항상 신에 대한 경외감, 사랑, 두려움을 주입할 것을 요구받아 왔다. "너희는 집에 앉아 있을 때나 길을 갈 때나, 누워 있을 때나 일어나 있을 때나, 이 말을 너희 자녀에게 거듭 들려주고 일러 주어라"(신명 6,7 및 잠언 4,1-3). 보통 6세(가끔 5세)에 소년들은 초등학교(간혹 사립학원)에 입학하여 성경을 배우고 랍비가 성경을 어떻게 해석하는지 배운다. 소녀들은 아직도 '정통파' 학교에서는 분리되어 교육받으나, 히브리어나 신앙의 근본을 배제하고 가르치는 것은 아니다. 이런 교육의 주요 목적은 아이들에게 바르미츠바Bar Mitzvah와 바트미츠바Bat Mitzvah[119]를 준비시키는 데 있다. 그러나 그 목표가 성취되면 교육 프로그램의 출석률이 급격히 감소한다. 고등학생의 3% 미만이 종교 교육 프로그램에 등록할 뿐이다(Birnbaum, 1979, 223-26쪽; Schauss, 1950, 97쪽).

지불하고 속박에서 해방시킨다는 뜻과는 다소 다름. 이의 성서적 근거로는 "너희는 태를 맨 먼저 열고 나온 것을 모두 주님께 바쳐야 한다. 너희 가축이 처음 낳은 것으로 수컷은 모두 주님의 것이다"(탈출 13,12) 등이 있음.

118) 유대교에서 할례를 행하는 사람을 말함. 원래는 아이의 아버지가 칼로 행하는 시술이었으나, 대리인으로서 전문기술을 갖춘 의사나 성직자가 행하도록 위임하는 것이며, 모할림은 의학적 및 종교적 훈련을 받아야 함.

119) Bar or Bat Mitzvah란 '계명의 자녀Son or Daughter of the Commandments'라는 의미로 일종의 성년 의례이며, 유대교에서 남자 13세, 여자 12세가 되면 자신의 행위에서 율법이나 의례에 대하여 직접 책임을 지고 성인의 특권을 누리는 것이며, 이때까지는 부모가 책임을 지도록 하고 있음.

13세에 미국의 유대교 소년들은 토라 기도문을 암송할 것을 요구받는다. 1963년 이스라엘의 최고 랍비가 12세 소녀들도 종교적 성숙에 도달하는 기쁨을 누려야 한다고 선언한 이후, 예배에 참석할 기회가 많아졌다. 바르/바트 미츠바, 직역하면 '계명의 자녀'는 신앙 공동체의 기준으로는 성인이 된 것이다. 그러므로 그들은 신의 의지를 준수하고 완수하는 책임을 지게 된다. 성년의 나이, 전례의 준비, 기념식 등은 시대에 따라 변화했다. 19세기에 유럽의 개혁파 유대교는 예전의 의식에서 눈에 띄는 특징이었던 '트필린과 탈리'[120]를 착용하는 것의 대안으로 엄숙한 졸업의식rite of confirmation[121]을 제도화했다. 졸업의식은 1847년 뉴욕시의 '임마뉴엘 사원'에서 최초로 도입되었으며, 이는 그 후 개혁파 교회의 일부로 자리를 잡았다(Brinbaum, 1979, 94-95쪽; Schauss, 1950, 112-21쪽). 오늘날 미국의 유대 공동체에서는 졸업의식과 바르 미츠바의 중요성에 무게를 두고 있다. 직계 가족과 교회 신자들뿐 아니라 먼 친척과 그리스도교인 친구들까지 전례에 참석한다. 이 축제행사는 그 풍성함과 돈 씀씀이 그리고 따뜻한 느낌 등의 측면에서는 결혼식에 맞먹는다.

유대교의 가족 중심주의 때문에 결혼은 성인 유대인의 삶에서 가장 중요한 의식으로 간주된다. 고대에는 유대인들이 결혼 서약을 읽을 때와 결혼반지를 줄 때 사이에 1년 기간을 두었다. 오늘날에는 의식의 두 부분이 같이 이루어진다. 결혼 '적령기'에 대한 생각들은 계속 바뀌어 왔다. 개신교나 가톨릭의 경우와 마찬가지로 오늘날 유대교 남녀들의 결혼은 과거 수십 년 전보다도 늦다(Schauss, 1950, 143,148,179쪽; Birnbaum, 1979, 94쪽). 결혼 시기에는 부모의 요구나 임신보다는 개인의 욕구, 교육 계획, 이교도와의 결혼에 대한 우려, 이혼에 대한 태도, 동료들의 압력 등이 더 많은 영향을 미친다. 예식 자체는 차치하고라도 유대교 관습에 따른 결혼이란 치안판사에게 가서 결혼하는 것과는 전혀 다르다. 남편과 부인 사이의 서약은 신과 인간의 계약과 같은 맥락에서 이루어지는 것이다. 가족과 친구들에 둘러싸여, 예루살렘의 회복만이 모두에게 진정한 기쁨을 가져다줄 수 있다는 것을 상기하면서, 결혼 의식은 사랑을 확인하는 두 사람 그 이상의 것을 포함하는 것이다. 공동체 자체는 새로운 부부에 의하여 그리고 이에 수반되는 세대의 지속성에 대한 기대감에 의하여 더욱 강력해진다.

120) 트필린tefillin은 유대교인이 주중 아침 기도에 착용하는 사각형 가죽 육면체이며 속에는 토라의 구절이 적힌 양피지가 들어 있음. 이것을 착용하는 것은 하느님이 이스라엘 백성을 이집트에서 구원하신 것을 기억하는 표징을 상징함. 탈리tallis는 유대교인 남자가 기도할 때 어깨에 걸치는 숄임.

121) 졸업의식confirmation은 대개 16~18세 때 유대교의 종교 고등교육을 마친다는 의미이며, 젊은이로서 평생 유대교에 대한 신앙과 유대인의 정체성을 확인하는 의미를 부여하는 의식.

인생의 중대한 시기에 전환점을 표하고자 유대교에서 만든 어떤 의식과 의무는 시간적 나이에만 달려 있는 것은 아니다. 어린아이들을 기르고 가르치는 것은 전형적으로 18~60세 남녀의 몫이다. 집안일이나 교회 일도 마찬가지로 하며, 나이보다는 개인의 서약과 의무를 반영한다. 모세의 율법은 아들을 낳은 산모의 몸은 1주일(딸은 2주) 후까지는 의례상으로 깨끗하지 않다고 선언하고 있다. 하시디즘Hasidism[122] 유대교 교회는 아직도 미국에서 이 정화예식을 행하고 있다(Schauss, 1950, 18, 50쪽). 마찬가지로, 랍비 자격시험을 통과하려면 수년이 걸리는데, 젊은 학자들은 때때로 동료 랍비들에 의해 '연장자'의 의미를 지닌 자켄Zaken이라고 불린다(Herr, 1963, 2: 346; Ben-Sasson, 1971, 2: 346-48).

명예가 부여되는 연장자 덕분에 그리고 유대인들이 노년의 품위 유지에 신경 쓰는 덕분에, 수세기 동안 유대교는 노후의 삶에서 느끼는 욕구에 동참하는 연령별 의례를 발달시켜 왔다(Philipson, 1901, 1: 231). 에세네파[123]의 어떤 그룹들은 노인 공경을 목표로 하며, 탈무드에서는 책임 있는 유대인이라면 병자를 방문하는 횟수에 제한이 없음을 밝히고 있다. 만성적 질환을 앓거나 임종에 이른 사람의 욕구에 대응하기 위해서는, 16세기 이후 많은 교회들이 '체브로 카디쇼Chevro Kadisho'[124]—원래는 두 가지 회원 자격이 있으며 노령자와 권위자를 정회원으로 인정하는 장례 상조회—에 의존한다(Schuss, 1950, 256-59쪽; Birnbaum, 1979, 93쪽). 묘지로부터의 잉여수입은 고아 돌보기 같은 자선사업에 이용된다. 현대 미국의 장례 관습은 다양하지만, 유대교 노인들은 유대교회가 장례를 시행하는 방식이 합당하다고 생각하는 경향이 뚜렷하다.

요약하자면 유대교는 유일신과 인간이 만나는 범위를 극적으로 보이게 하려는 일치된 노력을 기울이고 있다. 연령별 전례가 유대교 사원이나 교회에서 많이 일어나지는 않는다. 유월절passover[125] 식사에서 첫 질문을 제기하는 것은 가장 어린 사람이며, 가족의 연장자들은 상석에 앉는다. "저희의 날수를 셀 줄 알도록 가르치소서. 저

---

122) 하시디즘Hasidic Judaism은 18세기 동유럽에서 성립된 유대교 일파로 율법적 유대교와는 달리 유대교적 신비주의를 대중화하여 영성과 행복을 증진함을 신앙의 근본이라고 주장함.

123) 에세네파Essenes는 BC 2세기~AD 1세기 팔레스타인 지역에서 있었던 고대 유대교 종파로서 수도승적인 금욕을 하였다고 함. 신약성서에는 기록이 없으나, 1947년 쿨란동굴 등에서 발견된 사해문서Dead Sea Scrolls에서 에세네파에 관한 기록이 발견되면서 새로이 조명되고 있음.

124) 체브로 카디쇼Chevro Kadisho는 유대인 교인들이 율법에 맞추어 매장되기 위한 장례 상조회 성격의 단체임. 시신에 대한 경의와 매장되기 전의 정화 과정이 특징임.

125) 유월절Passover에서 유월(逾越)이란 "그냥 넘어가다"라는 뜻으로 유대교 축제일임. 이스라엘 백성이 이집트를 탈출하기 전날 밤, 하느님 야훼는 이집트인의 각 가정의 장남을 죽였는데, 이스라엘 백성의 집에는 어린 양의 피를 문설주에 바르게 하여 그 표지가 있는 집 앞은 그냥 지나쳤다는 데서 유래함.

희가 슬기로운 마음을 얻으리이다(시편 90,12)"라며 시편 작가 다윗이 간청한다. 유대교도에게는 신과의 계약 관계를 재확인하는 것은 모든 나이에 걸쳐서 그리고 모든 시대에 걸쳐서 이스라엘 자손들의 특권이자 책임인 것이다.

2) "성숙한 사람이 되며 그리스도의 충만한 경지에 다다르게" [126)]

표준개역 성경(RSV) 에베소 4장 13절은 인간 발달에 대한 그리스도교적 사고에서는 나이가 상관없다는 것을 보여 준다. 나이와 상관없이 모두가 그리스도를 따르도록 초대되었다. 수세기 동안에 걸쳐서 그리스도교 전례는 나이와 준비 상태가 저마다 다른 사람들의 요구에 맞추도록 재해석되고 수정되어 왔다. 아이들이 참여할 수 있도록 보장되었으며, 최후의 시간에도 죄인에 대한 용서도 거부되지 않는다.

유대교에서는 태어나는 순간부터 유대교인일 수는 있지만, 그리스도교 교회의 일원이 되기 위한 표징은 오직 세례 의식을 통해 부여된다. 학자들은 그리스도 교인으로 인정되기 위해서는 '거듭남born again'[127)]이 꼭 필요한 것인지에 대해 수세기 동안 의견이 엇갈렸다. '터툴리안Tertullian'[128)]이 유아 세례를 반대한 것은 이러한 관습이 오래전부터 계속되어 왔다는 것을 시사한다. 최근 로마가톨릭의 세례에 대한 견해는 초기 교회의 견해와는 의식적으로 거리를 두면서 또한 개신교와도 구별하고 있다. 교회는 세례를 받기 전에 사망한 유아는 지옥으로 넘겨진다고 주장하는 펠라기우스[129)]나 아우구스티누스[130)]의 가르침을 더 이상 글자 그대로 따르지는 않는다. 사목적인 긴급성이 있을 때는 죽음에 가까운 유아에게 지체 없이 세례를 베풀 수도 있겠지만, 수태의 순간부터 은총은 모두에게 주어진 것이다. 교회 개혁에서도 루터교와 개신교는 유아세례에 대한 가톨릭의 태도를 대체로 수용했다. 이에 비하여, 재침례파Anabaptist[131)]에서는 어른에 대한 세례를 주장하며, 사람들이 뒤따라올 모든 것들을

---

126) 에페소서 4장 13절 "그리하여 우리가 모두 하느님의 아드님에 대한 믿음과 지식에서 일치를 이루고 성숙한 사람이 되며 그리스도의 충만한 경지에 다다르게 됩니다."

127) 거듭남born again(born anew)에 대한 성서 내용은 요한복음 3장 참조.

128) 160-220 추정. 베르베르인 그리스도교 작가로 많은 저술을 남겼으며, 삼위일체라는 용어를 처음 사용한 것으로 인정되는 등 라틴어 그리스도교의 아버지라 불릴 만큼 초기 그리스도교의 문헌을 집대성한 이론가.

129) 영국 출신으로 추정되는 수도승 Pelagius(354-420 추정).

130) St. Augustine of Hippo(354-430). 관련 역주 54 참조.

131) 재침례파Anabaptism는 유아세례, 결혼반지, 정부 참여 등 전통적인 그리스도교 관습을 반대하는 교파이며 애미시Amish, 후터파Hutterites 등이 이를 계승.

이해할 정도로 성숙해질 때 자발적으로 그리스도 교인이 되어야 함을 확신한다. 영국 성공회Episcopal Church에서는 비록 사람들이 앵글로 가톨릭의 전례에 맞춰서 세례를 받을 필요는 없다 하더라도 세례를 받은 사람만이 영성체holy communion[132)]를 받을 자격이 있다. 세례와 같은 성사sacraments[133)]는 "궁극적으로는 신과 예수와의 관계를 형성하지만, 즉각적으로는 교회와의 관계를 형성한다"(McBrien, 1981, 738, 746-47, 1154-55쪽; 브리태니커백과, 1985, 1: 877; 영국성공회, 1977, 299-315쪽). 관습은 미국 그리스도교회별로 매우 다양하다. 침례교나 사도교회Disciples of Christ[134)]에서는 성인에 대한 세례 의식을 거행한다. 몇몇 근본주의 종파들도 역시 성인을 위한 세례를 따로 베풀며, 물에 완전히 담그는 세례를 선택한다.

견진confirmation 예식은 세례의 역사와 맞물려 있는데, 제2차 세계대전 이후에는 그 관습이 그리스도교 종파별로 더 다양해지고 있다. 로마가톨릭과 영국 성공회에서는 주교가 견진 성사를 집전한다. 예전에도 견진은 7세 이전에는 거의 주지 않았으며, 현재는 12~15세에 주로 준다. 그러나 대부분 로마가톨릭 어린이들은 첫 영성체first communion를 2~3학년 때 받는다. 교회에서의 완전한 교인의 자격을 의미하는 전례 성사는 아이들과 때로는 그들의 부모에게도 특별한 교리수업을 통해서 주어진다. 20세기 초 영국 성공회에서는 견진이 약 13세에 주어지고, 그 1주일쯤 후 첫 영성체가 행해졌다. 〈기도서*Book of Common Prayer*〉'[135)] 에서는 "세례 서약을 받고 확인하는 형식을 갖추는" 견진 의식에 대한 지침을 준다(성공회, 1977, 412쪽). 로마가톨릭이나 영국 성공회와는 달리, 루터교는 비록 그들이 신앙을 공개적으로 고백하는 것이 그리스도 교인으로서의 성숙에 중요한 한걸음인 것은 인정하지만, 견진을 성사로 인정하지는 않는다. 다른 개신교에서는 '견진'이라는 용어를 사용할 때, 그것이 특별한 의식을 지칭하는 것이 아니라 단지 세례가 있었다는 것을 의미할 뿐이다. 동방정교에서는 일반적으로 세례, 견진, 영성체를 한 의식에서 함께 거행한다.

유대교 의례와는 달리 그리스도교에서의 입문initiation 의식과 성사는 인간 발달의 자연적인 경로를 따르지는 않는다. 입문 의식에서는 개인의 나이를 인정하지만 중요

132) Eucharist라고도 하며, 가톨릭에서는 영성체 또는 성체성사, 개신교에서는 성찬식이라 함.

133) 가톨릭에서는 '성사', 개신교에서는 '성례전'이라 쓰며, 세례(洗禮)·견진(堅振)·성체(聖體)·고해(告解)·병자(病者)·신품(神品)·혼인(婚姻) 성사 등이 대표적임. 준성사sacramental와는 구별됨.

134) 사도교회는 1809년 세워진 개신교 종파.

135) 영국 성공회에서 발간하는 기도서의 명칭이며 첫 기도서는 1549년 발간됨. 라틴어가 아닌 영어로 예배를 볼 수 있도록 필요한 각종 기도와 전례를 종합하여 발간함.

시하지는 않는다. 청소년이나 노인들에게는 그들 대신 남이 했던 약속을 이젠 그들 자신이 갱신할renew 준비와 의지가 갖추어지면 갱신하도록 권장하고 있다. 그러나 '성숙함'을 강조한다고 해서, 그리스도교가 유대교보다 성인 교육을 더 강조한다는 의미는 아니다. 제2차 바티칸공의회Vatican II[136] 이전에는 로마가톨릭에서 "성인 종교 교육은 예외적인 것이었으며, 청년에 대한 종교 교육이 정상이었다"(MacBrien, 1981, 747쪽). 사실 지난 20여년 간 어떤 극적인 혁신은 없었다. 개신교에 대한 '탐구' 학습은 있었지만, 청년 프로그램에 비하면 성인 종교 프로그램은 성의가 없는 것이었다.

'성숙'을 강조하면서도 그리스도교 교회가 성인을 위한 특별한 의례와 의식을 갖지 않고 있다는 점을 주목하는 것은 단지 이러한 아이러니를 약간 강조하는 것에 불과하다. 성직자는 오늘날 미국에서 결혼의 절반 이상을 집전하지만, 결혼 예식에는 종교적 전통만큼이나 미국의 대중문화도 함께 반영하고 있다. 교회는 회개하는 사람의 화해, 병자 돌보기, 임종자 돌보기 등을 다루는 교구 사무실을 가지고 있다. 이러한 사무실에서 서비스를 제공받는 많은 사람이 노인이라는 점에서, 어려운 이를 돌봄으로써 그리스도교 교회가 의례적으로는 노인을 배려하고 있다고 말할 수 있을 것이다.

노인들은 그리스도교 공동체에서 오랫동안 지도력과 명예의 지위를 지키고 있다. '프레스비테로스*presbyteros*'라는 그리스어는 집사와 주교 사이에 있는 권위를 가진 자리를 의미한다. '장로들elders'은 오늘날 많은 개신교 종파나 그리스도교 분파에서 중요한 역할을 가지고 있다. 마찬가지로 로마가톨릭 및 성공회의 주교와 고위 성직자들은 성숙된 이들 중에서 선출되며, 대부분은 사망할 때까지 또는 은퇴할 때까지 봉직한다. 모르몬교[137]에서는 20세에도 장로가 된다. 명예와 책임감이 있는 것으로 여겨지기만 하면, 소년들도 12세에 집사가 될 수 있으며, 20세 이전에 목사가 될 수 있다. 고위직 성직자는 나이가 많은 경향이 있는데, 20세기 모든 모르몬교 의장들과 고문들은 80세를 넘겨 집무하였다(Arrington and Bitton, 1979; 브리태니커백과, 1985, 4: 420, 9: 678). 감리교Methodist[138]는 임명된 성직자를 장로elders로 칭한다. 루터교는 집사와

---

136) 제2차 바티칸공의회Second Ecumenical Council of the Vatican는 1962~65년 지속되어, 가톨릭과 동방교회의 분열에 대한 역사적인 유감을 표시하고, 교회 전체를 위한 '헌장' 4개, 교회 내의 특정 집단을 위한 특정 주제들에 대한 '교령' 3개, 선언 3개의 결실을 보았으며, 현대 가톨릭 역사의 분수령이 되었다고 인식되고 있음.

137) 영문 명칭은 The Church of Jesus Christ of Latter-day Saints(예수그리스도 후기 성도교회). 1830년 미국에서 Joseph Smith에 의해 창립됨.

138) 1729년 영국에서 시작된 그리스도교 교파. John Wesley와 그의 동생 Charles Wesley 그리고 George Whitfield 등 대학생 그룹을 중심으로 종교적 의무를 다하는 데 규칙적이면서도 조직

장로라는 용어를 혼용한다. 대부분의 장로는 남성이지만 여성들도 중요한 역할을 한다. 여성 장로eldresses들은 1830~1880년대 전성기와 20세기 쇠퇴기에 이르기까지 셰이커Shaker[139] 공동체를 관리했다. Mary Baker Eddy는 크리스천 사이언스 교회[140]를 오랫동안 이끌었다.

노인 여성들은 역사적으로는 교회 문제에서 오늘날의 여성들보다 훨씬 더 중요한 역할을 해 왔다. 출처를 밝히지 않았지만 필자는 "티모테오에게 보낸 첫 번째 서간" 5장 3-16절을[141] 여성 노인들의 가난을 경감시킬 '급진적인' 새로운 방법이라고 노년학 연구자들과 정책 입안자들에게 제시한 적이 있다. 필자는 이 내용에 나오는 연령별 및 필요별 테스트, 여성이 기여할 수 있도록 권한이 부여되어야 한다는 주장, 그들의 선행으로 얻어지는 긍정적 이익 등의 합리성을 강조했다. 초기의 교회들은 '과부에 대한 지침'을 사용하였는데, 후일 여성 노인들의 수가 너무 많아져서 교회의 책임을 여자 집사나 수녀들에게 다시 나누어주게 되었다(Thurston, 1989). 필자가 아는 한 이 사라진 전통을 되살리려고 노력한 그리스도교 단체는 없었다.

2. 연령별 종교 제도

대도시의 전화번호부를 넘겨보거나 큰 공동체의 동네를 운전해 둘러본 사람이라면 교회들이 미국의 교육과 사회복지에 얼마나 기여했는지에 대해 감명 받을 것이다. 공립학교에 다니지 않는 아이들은 교구 학교, 크리스천 아카데미, 유대교 학교 yeshiva, 예배당 부속 예비학교 등에 다닌다. 많은 병원들에는 성자의 이름이나 개신교 종파명이 붙어 있다. 유대인 후원자들은 지역 양로원에 최신 설비를 꼭 갖추도록 해 준다. 대체로 마을의 가장 오래된 고아원은 지역 교회나 연합종파의 공동 투자에 의하여 설립되었다. 이것은 우연이 아니다. 젊은이를 교육하고 병자와 손길이 필요한

적으로 행동하여 메소디스트Methodist(격식주의자)라는 별명으로 불렸으며, 그들은 성경 및 신학 연구 등에 힘쓰고, 빈민과 병자, 감옥의 죄수들의 전도에 힘썼음.

139) 셰이커Shaker는 교인이 공동체 안에서 함께 생활하면서 검소한 생활을 하는 공동체주의적인 개신교 종파. 원래는 1747년 영국에서 Ann Lee에 의하여 조직되었으며, 미국에 전파됨.

140) 1879년 미국 보스턴에서 Mary Baker Eddy에 의하여 처음 설립되었으며 Church of Christ, Scientist라고 표기함. 그녀의 저서 Science and Health with Key to the Scriptures에 근본원리를 두고 있음. 병이나 역경은 마음속에 있는 것이며 영적 훈련으로 치료될 수 있다고 믿어 의학적 진료를 거부함.

141) 동 성서 내용은 '과부들에 대한 지침'을 담고 있음.

사람들을 돌보는 책임은 유대교와 그리스도교의 전통에 깊이 새겨 있는 것이다. 이러한 의무를 완수하기 위하여 종교단체가 선택하는 방법은 오랜 기간 제도 형성에 커다란 영향을 미쳤다. 유럽인들은 그들의 다양한 생각과 제도를 신대륙에 이식해 놓았던 것이다.

따라서 미국의 종교단체들이 손길이 필요한 아이들을 돌보았던 것은 공공부문이 늑장부려서 그런 것이 아니라, 그것이 그들의 제도적 사명에 따른 역사적 역할이었기 때문이었다. 교회단체들은 4세기 초기부터 고아원을 설립했다. 중세에는 수도원이 이러한 기능을 담당하였다. 몇몇 시 정부는 1400년 후반에 보살핌을 맡았다. 현대 유럽의 초기 시절 로마가톨릭 교회는 개신교 교회와 함께 고아나 버린 아이를 돌보고 책임을 졌다. 1600년대 August Hermann Francke는 고아원을 중등학교 교육과 연계하였다. 그의 계획은 영국에서 채택되었으며, 그 후엔 북미에서도 그대로 채택되었다(브리태니커백과 1985, 16: 306; Pullan, 1989, 7, 23쪽).

'우르술라수도회Ursulines'[142]는 1727년 뉴올리언tm에 어린이 수용시설을 세워 인디언의 습격으로 부모를 잃은 아이들을 돌보았다. 대각성운동Great Awakening의 유명한 전도사인 George Whitfield[143] 목사는 1740년에 Savannah시에서 고아원을 시작하였다. 50년 후, Charleston시에서는 어린이를 위한 공공기관을 설립하였다. 이제 각 주정부에서 제도 확립에 더 많은 책임을 맡게 됨에 따라, 종교단체들은 전략적 개입을 선택하였다. Charles Loring Brace[144] 목사는 1853년 '아동원조협회Children's Aid Society'를 세워 부랑아들을 뉴욕의 타락된 곳으로부터 서부의 가정으로 이동시켰다. 아일랜드나 독일 젊은이들의 개종을 방지하기 위해 가톨릭교회는 도시의 쉼터를 세웠다. 그 후 종교단체들은 장애아동을 위한 자원도 제공했다(Trattner, 1984, 113-18쪽).

1) 교육

처음부터 계속 교회 지도자들이 고아에 대한 책임을 맡았던 것처럼, Justin Martyr, Tertullian, St. Augustine 같은 성직자들은 서구 사회에 초등 및 중등 교육 시스템의

---

142) 우르술라수도회는 1535년 이탈리아에서 Angela de Merici에 의하여 설립되었으며, 이 단체의 수호성인이 Saint Ursula이었음. 이후 프랑스 북미 등에서 활동을 넓혔으며 특히 환자나 가난한 자를 돌보고 여성의 교육을 지원하는 것을 주요 목적으로 활동함.

143) George Whitfiled(1714~1770). 영국 출신 목사이며 감리교 창설 멤버 중 하나.

144) Charles Loring Brace(1826~1890). 박애주의자로서 Orphan Trains 운동으로 고아들을 농촌가정에 입양시키고, 아동원조협회Children's Aid Society 설립 등의 활동으로 유명함.

기반을 놓았는데, 이들 학교는 오늘날까지도 존속하고 있다. 초기에는 학교들이 아직 성체를 받을 준비가 안 된 이들에게 그리스도교 신앙의 원칙과 윤리를 가르치도록 하였다. 중세 초기에는 주교들이 미래의 성직자를 양성하는 학교를 시작했다. 종교개혁과 가톨릭개혁[145]으로 혁신의 물결이 몰려왔으며, 독일인인 Luther, Franke, Melachthon 그리고 개신교 진영에서는 모라비아교도[146] 그리고 가톨릭 진영에서는 예수회 등이 개혁의 선봉에 섰다. 18세기 들어서서 북미가 안정되어감에 따라, 비로소 공립 교육에 대한 주정부의 통제를 지지하는 움직임이 일어났다.

북미 식민지에 설립된 교육 시스템들은 다양한 유럽적 배경을 보여 준다(여기 제시된 초등교육의 역사에 대하여는 Cremin, 1970-88 참조; 유럽적인 관점에 대하여는 Anglican Board of Social Responsibility Social Policy Committee, 1986 참조). 때때로 투자가들은 자기 돈으로 시설을 마련한다. 대서양 연안의 엘리트들은 땅과 인격을 유산으로 남겼다. 예수회에서는 선교기금, 수업료 지원, 유산 증여 등 스스로의 힘으로 17세기 Maryland에 학교를 지원하였다. 식민지 시대 사원 두 곳도 학교를 운영하였다. 대부분의 식민지 시대 학교들이 '공공' 또는 '무료'라고 지정되었으나, 실제로 모두에게 접근 가능한 공립 초등교육으로 가는 길은 순탄하지 않았다. 비록 독단적 신앙은 드물긴 했지만 경건함이 모든 교과 과정에 구석구석 배어 있었다. 비록 교회가 관리하지 않는다 해도, 종교적 영향력은 전반적으로 명백했다.

초등 및 중등학교에 등록된 5~19세 미국인의 비율은 1840년에서 1870년 사이에 38%에서 61%로 상승했다. 이 기간에 주정부는 '공립'학교를 관리하는 일차적 책임을 지게 되었다. 종교적 훈련을 직간접적으로 교과 과정에 암시하는 정도까지는 관행적으로 옹호되었는데, 이는 미국의 젊은이를 자유주의적, 민주적, 자본주의적, 개신교적 공화국의 덕목으로 사회화하려는 거대한 노력의 일부로서 그렇게 한 것이었다. '미국주의'를 강조하는 것은 많은 종교단체의 정체성과 가치를 위협하였다. 이에 따라 1801년 뉴욕에 '성 피터 성당'이 최초의 교구 학교를 개교한 이래 30여 년간 로마가톨릭 당국은 뉴욕 주지사, 의원, 주요 도시의 시장들을 상대로 정치적 투쟁을 벌였다. 미국 로마가톨릭의 1-3차 평의회(1852~84) 기간 동안 선포된 문서에 따라 모든 교구는 학교를 세우도록 하였다. 주교에 의해 면제되지 않는 한, 모든 가톨릭 부모들은 아이들을 교구 학교에 보내야 했다. 이런 움직임은 물론 로마가톨릭에만 있었던

145) 가톨릭개혁Counter Reformation은 종교개혁에 대응한 16~17세기 가톨릭 내부의 자기개혁 운동.

146) 모라비아교Moravians는 14세기 말 보헤미아(현대의 체코)의 John Huss에 의하여 창시됨.

것은 아니다. 1847~70년에 '장로교(구파)'[147]는 그들만의 교구 학교를 세우려고 하였다.

장로교가 공립학교에 다니는 학생들을 주중에 유치하는 데는 실패하였지만, 개신교 종파들은 주일학교운동을 성공적으로 시작하였다. 1780년 영국에서는 평민에게 성경을 읽고 공부하는 것을 가르치는 교실이 처음 개설되었다. 1791년에는 어린이와 그리 나이가 많지는 않은 노인의 종교 교육 욕구에 관여하는 범종파적 기구로서 '필라델피아 주일학교연합'이 창립되었다. 프로그램이 양적, 질적으로 성장하면서, 이를 위한 교사 훈련 프로그램과 교육 자료들도 발전하였다. 남북전쟁 이전에는 성직자와 공동체 지도자가 연합하여 공회당lyceum[148]—정신수련 주민총회—운동을 육성하였다. 1874년 감리교 주교인 John Vincent와 박애주의자 Lewis Miller는 뉴욕주 북부에서 '주일학교 교사연합'을 위한 제1차 '하계문화학교Chautauqua'[149]를 개최하였다. 이 하계문화학교는 종교와 오락을 결합하는 교육사업의 원형으로 자리매김 되었다(Bode, 1968; Morrison, 1974; Ahlstrom, 1972; 브리태니커백과 1985, 11: 393-93). 1921년 설립된 '국제종교교육위원회'는 1950년 '전국교회위원회'와 합병되었다.

대부분의 그리스도교 교육사업의 선교정신에도 불구하고 어떤 집단들은 무시되었다. 공립학교에 가더라도 당시 2등 시민으로 대우받던 흑인 아이들에게 그리스도교인들은 더 손길을 내밀어야 했는데 그렇지 못했다. 1910년 남부에는 흑인을 위한 고등학교가 단지 30개밖에 없었다. 흑인 교회는 그들이 할 수 있는 만큼 교육에 기여했다. 몇몇 북쪽 교회들이 교사를 훈련하는 자금을 지원하였지만, 대부분의 종교기관들은 다른 것을 우선시하였다. '남쪽 침례교회'는 냉담하거나 적대적이기까지 했다(Ahlstrom, 1972, 710, 720쪽).

오늘날 종교기관들은 미국에서 그 역할이 축소되었으나 여전히 중요한 역할을 담당하고 있다. 20세기에는 대략 미국 청소년의 90%가량이 공립학교에 등록되어 있다. '하시디즘', '애미시', '근본주의 종파' 등은 자신의 자녀를 스스로 가르친다. 가톨릭은 1920년대에는 약 5,000개의 교구 학교를 지원했다. 이제는 교구가 시스템을 유지하

147) 장로교는 1837년 구파-신파 논쟁으로 분리되었으며 남북전쟁(1861-5)을 거치면서 남장로파와 북장로파로 나뉨. 구파-신파의 구분은 1870년 논쟁이 종식되어 없어졌음.

148) 공회당lyceum은 일종의 교육기관으로 분류되며, 그 어원은 BC 3~4세기 고대 그리스의 아리스토텔레스나 소요학파 등이 학습 및 회합 장소로 활용하던 공회당에 있음.

149) 전체 공동체의 성인 교육을 위한 여름캠프로 농촌 지역에서 개최되었으며, 최초 개최된 뉴욕주의 셔토쿼호수Chautauqua Lake의 이름을 따서 운동의 명칭이 정해짐. 공회당 운동을 승계한 것으로 간주되기도 함.

기 어렵지만, 여전히 3백만 명의 자녀들이 등록하고 있다. 1700년대에 교회가 처음 설립한, 남녀고등학생을 따로 뽑는 사립학교는 아직도 공립학교의 중요한 대안이 되고 있다(Dolan, 1985, 242-50쪽).

미국의 고등교육에도 종교적 뿌리가 있다. 청교도는 하버드대학(1636)과 예일대학(1701)을 세웠다. 성공회는 윌리엄앤매리대학(1693)을 설립했고 펜실베이니아대학(1754)과 콜롬비아대학(1758)을 튼튼한 발판 위에 올려놓았다. 신도 20만 이하였던 가톨릭은 1830년까지 14개 대학을 유지했다. '남감리대학', '동침례대학', '중부루터대학' 등 19세기에 설립된 학교들의 이름에는 종파적 기원이 담겨 있다. 1948년 설립된 '브랜다이스대학'은 곧 중요한 연구 중심 대학이 되었고 '오럴로버츠대학' 같은 몇몇 종교기관들은 종파 중심으로 운영하였기 때문에 번성하기도 하였으나, 대부분의 학교들은 종교적 문호를 개방하였으며, 공립 및 사립대학과 유사한 교과 과정을 제공하고 있다.

2) 복지

교회는 오랫동안 병자와 가난한 사람들을 돌보는 것에 우선순위를 두었다. 고아원처럼 빈민구호소의 역사도 14세기까지 거슬러 올라간다. 중세 시대에 수도승과 수녀들은 병원을 세웠다. 퀘이커[150], 침례교, 감리교, 루터교 등은 유럽과 미국에서 복지제도 구축의 선두주자가 되었다. 이러한 종교적 영향은 앙리 뒤낭Henry Dunant이 1859년에 적십자를 설립하도록 박차를 가했다. 노인을 위한 수용시설은 적어도 천년 이상 존재하고 있다(LeFevre and Lefevre, 1981, 28쪽; Rothman, 1971; 브리태니커백과 1985, 16: 305; Gold and Kaufmann, 1970, 264쪽).

1935년 사회보장법이 제정되기 이전에 미국 종교단체들은 노인들에 대한 제도적 책임의 대부분을 다른 어떤 집단보다 더 많이 담당했다. 19세기의 제1분기에 동부 해안지방의 개신교 단체들은 '가난한 미망인과 미혼여성' 그리고 '남성'을 위한 시설을 짓기 시작했으며, 간혹 중산층의 피고용인들도 받아들였다. 흑인 수녀회인 '성가정수녀회'[151]는 1842년 뉴올리언스에 최초의 가톨릭 노인의 집을 열었다. '가난한 이들의

150) 퀘이커Quakers는 1647년 영국인 조지 폭스가 창시하였고 1650년대 이후 미국에서 적극적으로 포교함. 그들은 '안으로부터의 빛'을 믿고, 인디언과의 우호, 흑인노예무역과 노예제도의 반대, 전쟁 반대, 양심적 징병 거부, 십일조 반대 등을 신조로 하고 있음.

151) The Sisters of the Holy Family는 1837년 루이지애나주 뉴올리언스에 설립된 흑인 수녀회이며, 그 사명은 가난한 청소년을 위한 학교, 양로원, 퇴직센터 등을 운영하는 것이었음.

작은 자매회'[152]는 30년 만에 단독으로 13개의 시설을 운영하였다. 뉴욕에 있는 '히브리 노인과 병자의 집'과 같은 유대교 기관은 종합적이고 공동체 기반인 프로그램 운영으로 아직도 명성을 얻고 있다(Dorff, 1987, 14-20쪽; Reuben, 1987, 117-22쪽). 금세기에 들어서면서 노인 보호를 위한 기금의 2/3는 교회와 유대교회당의 기부금이 차지하고 있다. 1929년 미국에서 운영되는 1,200개의 자선시설은 개신교, 가톨릭, 유대교 등에 의해 설립된 것이다(Gold and Kaufmann, 1970, 271-72쪽; Achenbaum, 1985, 108쪽; Haber, 1983).

그 이후로 다양한 공립 및 사립 비종교기관들이 노인집단의 경제적, 의료적, 사회적 욕구 등을 다루기 시작했으나 여전히 종교단체들은 이러한 '노화 사업'에서 핵심적인 역할을 한다. 심지어는 작은 흑인 교회들도 힘없는 흑인 노인들에게 재택간호를 지원하고 있다(Caldwell, 제20장 참조). 제2차 세계대전 이후에 점차 이런 활동들은 종파 혹은 종파연합 본부에서 맡게 되었다. '가톨릭자선연맹The National Conference of Catholic Charities'은 여러 도시에서 노인을 보살피는 사례 연구를 지원하였다. '연방교회위원회Federal Council of Churches'는 조사를 후원하고 이를 〈노인과 교회*Older People and the Church*〉라는 책자로 출판하였다(Maves, 1949, 715-20쪽). '백악관 노화학술회의White House Conferences on Aging'는 공동의 노력을 촉구하였다. '전국초교파노화연맹National Interfaith Coalition on Aging'은 1972년 설립되자마자 곧바로 100여 개 이상 되는 개신교, 가톨릭, 유대교 단체들의 우산 역할을 했다(Cook, 1977). 이 연맹은 1991년 '전국노화위원회The National Council on the Aging'와 제휴함으로써 봉사의 사명을 촉진하게 되었다. '미국노화협회American Society on Aging'는 1988년 영성과 사목의 모델을 공유하기 위해 '종교와 노화 포럼'을 만들었다(Seeber, 1990a, 195쪽).

종교 부문에서의 세대 간 교류를 촉진하려는 최근의 노력 가운데는 자신들의 인생 전기에 일어난 사건을 증언하려는 몇몇 미국 노인들의 요구가 있었다. 1980년 미국 상원은 '미국홀로코스트기념위원회'를 설립하여 "희생자들의 영원히 살아 있는 기념 박물관"을 감독하도록 했다. 1993년 문을 연 이 박물관은 유대교나 그리스도교 전통을 왜곡하고 저버린 사람들에 의하여 자행되고 용인된 공포를 모든 연령대의 사람들이 잊지 않도록 하기 위해 지어졌다. 이와 함께 생존자들의 증언은 신이 인간에게 하신 약속에 의해 드러나고 길러진 영성의 미덕을 재확인한다.

---

152) Little Sisters of the Poor는 19세기 프랑스 르네에서 성녀 장 주강St. Jeanne Jugan에 의하여 설립된 수녀회이며, 가난한 노인을 보살피는 것을 사명으로 함.

3. 노령화 사회를 위한 전례의식과 제도의 재창조

이 조사에서는 연령별 전례의식과 제도가 유대교나 그리스도교 노인들보다는 젊은이를 위하여 만들어진 것이 더 많음을 보여 준다. 이런 패턴은 세계 종교 모두에 일반적인 것은 아니다. 이와 대비되어 힌두교에서는 이상적인 인생 경로를 4단계로 나누고 각각은 뚜렷이 구분되는 일련의 특권, 금기, 의무를 가지고 있다(Zimmer, 1964, 155쪽). 게다가 소녀와 여성들은 유사 연령대의 남성들보다 신앙 공동체의 전례적 및 제도적 삶에 충분히 참여할 기회가 적은 것으로 보인다. 성차별은 피할 수 없는 것이 아니다. 최근 학자들이 현대적인 명령에 응답하려 노력함에 따라, 학자들은 유대교와 그리스도교 전통에 따른 방식으로 여성들의 목소리와 요구를 회복하는 데 상당한 관심을 나타내고 있다(Achenbaum, 근간 서적). 최근 Miriam Therese Winter[153]의 3부작 〈여성의 언어*Woman Word*〉, 〈여성의 지혜*Woman Wisdom*〉, 〈여성의 증언*Woman Witness*〉 등은 구약 및 신약 성서에 나타난 여성의 위치라는 성구들을 모아 놓았다.

교회에서 노인이 다시 힘을 내 일어날 수 있도록 하기 위해서는 연령별 의례와 종교제도를 더 많이 활용해야 한다. 최근 조사에 의하면 노인들은 적어도 젊은이 못지않게 믿음이 강하고 출석도 규칙적임을 보여 준다(Moberg, 1990; Gallup, 1984). 공개적인 방법으로 연장자임을 인정하는 것이 청년층과 노년층 모두에게 경험이야말로 지혜로 가는 길에서 중요한 안내자라는 관점을 강화시킨다. 할례, 영성체, 결혼 등의 의식이 모든 연령층을 한데 모으는 것처럼, 세대 간 상호 보완성complementarity 또한 재활이나 문맹 퇴치 프로그램에서 촉진될 수도 있다. 복지에 대해 연방정부의 지원이 없어진 때에는 교회는 그들이 현재 가지고 있는 자원으로 할 수 있는 것 그 이상의 것을 해야만 한다. '노인'에게는 그들의 재능이 자라나는 세대가 자신의 재능을 찾도록 도와주는 데에 사용될 수 있도록 힘을 부여해야 한다. T. S. Eliot가 언급한 것처럼 노년의 전통을 재창조하려고 의식적으로 노력함으로써 사람들이 나이 들면서 지혜를 찾고자 하는 데 도움을 줄 수 있다.

인간의 호기심은 과거와 미래를 탐색하고
그 차원에 집착한다.
그러나 무시간과 시간의 교차점을 파악하는 것은,

153) Miriam Therese Winter(1938~)는 미국 출신의 로마가톨릭 의료봉사 수녀이며, 신학자, 작곡가.

성자의 일이다. 아니, 일이라 하기보다는,
주고 그리고 받는 어떤 것,
사랑, 열정, 무아, 자기포기 안에서 일생이 끝날 때.
우리들 대부분에게는 방관의 순간이 있을 뿐,
시간 안과 밖에 있는 순간,
머리 식히기에 알맞고, 한줄기의 햇살 속에서 사라진
보이지 않는 야생 백리향 혹은 겨울의 번개,
폭포 또는 깊이 들리는 음악
전혀 들리지 않지만, 그대가 음악이네
그 음악이 계속되는 동안은, 이들은 다만 암시와 추측일 뿐,
추측에 뒤이은 암시 그리고 그 나머지는
기도, 준수, 절제, 사색과 행동이다.

T. S. Eliot, "The Dry Salvages" (1952, 136쪽)

의미 있게 후반의 삶으로 넘어가는 방법을 제시하는 사람이 바로 노인들 자신이라는 사실은 그리 놀라운 것은 아니다.

예를 들어 1922년 12세의 Judith Kaplan은 '재건파 유대교회'[154]의 첫 바트미츠바가 되었다. 그로부터 70년 후에는 Betty Friedan을 포함한 70명의 저명한 여성들이 Judith Kaplan Eisenstein이 다시 바트미츠바를 기념하는 것을 지켜보았는데, 그녀는 다시 미츠바를 기념한 것이 "그녀 자신보다 훨씬 커다란 그 무언가에 대해 말하는 것"으로 보였다(*New York Times* 1992, A16쪽). 그리스도교 교회는 이런 종류의 인식을 장려한다. 교회는 공식적으로 75, 80, 90세 생일을 맞은 교인들에게 경의를 표한다. 성직자들의 서품 또는 취임 25, 50주년에는 고위 종교 관리자에게 경의를 표하는 파티가 거행된다. 몇몇 사례들을 보면 다른 기념행사들도 일생을 통한 신앙의 지속성을 확인하도록 만들어진 것임을 알 수 있다. 예를 들어 위스콘신 가톨릭 교구는 결혼 40년, 50년을 맞이한 부부를 위해 매년 팟럭파티[155]를 연다.

최근 수년간 성직자와 평신도들은 노화의 뚜렷한 특징에 관심을 기울이게 하는 전

---

154) 재건파Reconstructionism는 유대교 내의 개혁운동으로 랍비 Mordecai Kaplan(1881~1983), 그의 사위 Ian Eisenstein, 딸 Judith Kaplan Eisenstein에 의하여 1920~1940년대 주도됨. 양성평등 그리고 여성의 성직자 인정 등 개혁적 변화를 보임.

155) potluck party는 각자 음식을 조금씩 가져 와서 나누어 먹는 사교모임.

례와 관습을 발전시켜 왔다. 인구통계표는 종종 이런 '전통 만들기'를 추진하는 일차적 엔진이다. 과거에는 75세 이상 생존한 사람이 드물었으나, 현재 미국 대부분의 종교단체의 교인들의 중간 나이가 45세에 근접하거나 상회한다. 성직자는 노화되어 가는 신자들 속에서 더욱 늘어가는 노인을 상대로 사목해야 한다. 그러므로 동방정교의 신혼부부들이 그들의 첫 번째 집을 축복받는 것처럼, 더 많은 영적인 지도자들은 은퇴 공동체의 집과 양로원 방을 강복해 달라는 요청을 받는다.

더욱 혁신적인 것은 자아 정체성의 변화를 '공식적으로' 인식하도록 요구하는 것이다. William Clements[156]는 종교적 배경 안에서 조부모의 지위 인정에 좀 더 주의를 기울이라고 주장한다(1990, 60-65쪽). 이보다 더 어려운 일은 예전의 역할을 벗어놓는 것이 삶의 유한성에 대한 자연적이며 신학에 근거한 응답이라고 과감히 인정하는 길을 찾는 것이다. 집을 파는 것, 재산을 자녀에 넘기는 것, 은퇴하는 것 등은 젊은이들의 학교 졸업, 결혼, 기타의 사건 (종종 사회적, 종교적으로 축하받는) 등에 못지않게 중요하다. Henry Simmons[157]는 교회에서 "상실에 대한 의식rite for losses을 고안할" 필요가 있다고 주장한다. 그러한 의식은 "공동의 지혜, 즉 공유하고 육성해야 할 희망의 작은 징표를 위하여 함께 노력할 만한 동기가 있는 맥락 속에서 우리 사회가 과연 무엇을 증가하는 소외marginalization로 보는가를 공표하는 것이다"(Simmon, 1990, 163쪽).

몇몇 사람은 반대를 하겠지만, 연령에 기반을 둔 종교적 '전통'을 찾아내려는 것은 모순이다. 전통이라는 것은 변화하는 환경에 맞추어 고쳐질 수 있지만, 전통이 '새롭게' 창조될 수는 없다. 전례는 하느님의 사랑에 마음을 열려는 인간의 열망으로부터 영감을 얻어야 하며, 전례는 예배 행위 속에서 사회학적 절차가 아니라 '사회적 사건'을 상징화하는 것이다. 원칙적으로는 이러한 '보수적' 입장이 장점은 있지만 두 가지 주의할 점이 있다. 첫째는 유대인 학살 같은 터무니없는 비극이나 제2차 바티칸공의회 같은 엄청난 승리에 대한 응답으로, 유대교나 그리스도교의 전통에는 '기도, 준수, 절제, 사색, 행동' 등의 변화를 급진적으로 실행한 풍부한 선례가 있다. 21세기에 들어서 미국의 고령화는 신앙 공동체의 교인들에게 자신들의 관습을 다시 생각하게 할 것이다. 둘째, 고대의 전례와 풍습에 접목하는 변형을 통해 새로운 전례의식과 관습을 만들어 냄으로써 옛 사람의 재능을 좀 더 효과적으로 활용할 수 있다.

---

156) William Clements(1917~)는 미국의 사업가, 정치가(공화당, 텍사스 주지사 2회 역임).

157) 미국의 의학자, 의료행정가이며 1990년 의료보장과 관련된 병원, 사업가, 노조, 종교단체, 보험사 등의 연대를 추구하는 비영리단체인 'National Coalition on Health Care' 설립을 주도함.

나이에 맞는 감성을 전례나 영적 모임에 맞추는 방법을 생각해 내는 것은 그리 어려운 일은 아니다. 우리 가족을 예로 들면, 대부모의 책임은 세대에서 다음 세대로 이어진다. 내 큰딸의 대부였던 81세의 페루인 원로 무지카Mujica 씨가 돌아가시자 엘리아스 4세Elias IV가 나의 아내와 나를 도와서 우리 아이가 확실하게 신앙 속에서 자라도록 도와주는 역할을 이어받았다. 세례나 견진에는 증인 숫자에 제한이 없기 때문에, '이방인'으로 취급받는 교회의 노인을 이러한 행사에서 증인의 역할로 봉사하도록 하여 신앙 공동체의 역할을 강조하는 것이 합당할 수 있다. 의외로, 인지 능력이 죽어버린 사람이라도 과거의 익숙했던 신호에는 응답할 수도 있다. 그러므로 알츠하이머 관련 조직에서 일하는 사람들은 노인들이, 찬송가인 "저 낡은 나무 십자가"에 인기곡인 "금발 속의 은발"[158]과 마찬가지로 즉각적인 반응을 보이며, 다른 기억은 상실되었는데도 주기도문은 암송한다고 보고한다(Ricahrds and Seicol, 1991, 30-31쪽).

예부터 전해 오는 전례를 통하여 노인의 지혜를 찾고 활용하는 것에 더하여, 고령화 사회의 욕구를 충족시킬 성서적 관습을 부활시키는 것도 합당해 보인다. 사도행전 6장 1-6절을 살펴보면, 초기의 예수 복음 전파 운동에서 장로들은 복지 활동을 담당하고 있었음을 알 수 있다. '식사배달Meals on Wheels'[159] 운동의 일환으로 1972년 설립된 '셰퍼드센터Shepherd Center'는 자원봉사 그리고 개인적으로 성숙할 수 있는 기회를 준 대표적인 사례로 진화하였으며, '노인 친구들Senior Friends'이나 '묵상 공동체' 등도 마찬가지이다(Ellor, 1990, 108쪽).

Eliot은 "이것들은 단지 힌트와 추측일 뿐이다"라고 말할 것이다. 엄청나게 다양한 유산으로부터 다른 선례를 확실히 발굴해 낼 수 있을 것이다. 연령별 의례와 제도가 적절해 보인다면, 종교 지도자들은 "기본에 충실한 것", 즉 봉사하며 인생의 모든 단계에서 하느님의 존재를 찬양하는 근본적 소명을 강조하는 것을 선택해야 한다. 결국 이것이 제도라는 차원 위에서 시간이 반복되는 이유이다. 왜냐하면 처음부터 핵심을 잡지 못한 사람들에게도 미래의 성숙이라는 희망이 남아 있는 것이다. 삶을 존중하고, 하느님과 자기 자신 그리고 이웃을 사랑할 권능을 주는 계명에는 노인은 물론 모든 사람이 그 대상이 된다. 연령별 전례와 제도에 대한 생각은 그것이 시작되는 곳에

158) "Silver Threads among the Gold"는 1873년 나온 발라드곡으로 작사 Eben Rexford, 작곡 Hart Danks. 미국에서 19세기 말~20세기 초 엄청나게 인기를 끌었으며, 금발이 은발로 바뀌는 모습을 보며 항상 변치 않는 평생의 사랑을 노래함.

159) 식사배달Meals on Wheels 운동은 거동이 불편하여 스스로 음식을 구입하거나 준비할 수 없는 노인 등에게 식사를 만들어 배달하는 운동. 주로 아직 운전할 수 있는 노인 자원봉사자가 하고 있음.

서 끝난다. 유대교와 그리스도교의 종교단체는 다른 세속의 단체들보다 노인 차별이 덜하지만, 그들 나름의 전통을 통해서 노인들의 요구를 더욱 잘 충족시킬 수 있을 것이다.

제15장 종교 교육

Henry C. Simmons

1. 서

전체 인구에 비하여 지역 교회의 노인 수가 지나치게 많음에 따라, 노인을 위한 종교 교육의 사안은 명백해 보인다. (1) 다루어야 할 노인의 발달 과제가 있다(예: Erikson, 1963; Havighurst, 1972). (2) 신앙인들의 경우에는 공동체의 성경 해석을 포함한 종교 공동체의 지혜로 이러한 과제를 비춰 봐야 한다. 어떤 저자는 솔직하게 "성경의 메시지는 문자 그대로 보면 한 가지겠지만, 삶의 변화하는 각 단계에서 해석하고 적용하면 다르다. 이것을 깨닫지 못하면 실망과 실패로 인생을 마치게 되는 위험을 떠안게 된다"고 말한다(Dobbins, 1959, 36쪽). 이러한 인간 과제와 예배 공동체를 잘 짝짓는 것이 종교 교육의 책임이다. 그러한 체계적 종교 교육은 주로 공식적 종교 교육 프로그램과 지도 교재에 달려 있다. 교육자들의 노력을 지원하는 교재가 없이는, 아무리 양심적인 교육자들이라 할지라도 노인을 위한 종교 교육 프로그램을 유지하기가 매우 어려울 것이다.

교회에는 많은 노인들이 있기 때문에, 사람들은 자원resources의 조사와 분석이 이 장의 주요 과제가 될 것이라고 예상할 것이다. 그러나 그렇지 않다. 1876년부터 1992년까지의 '종교와 노화' 분야 연구문헌을 최근 종합적으로 조사한 바에 따르면, 노인들이나 노인들을 가르치는 교육자들을 위한 종교 교육 자원이 확실히 부족했음을 보여준다(Simmons and Pierce, 1992, 34-42쪽). 책 20권, 논문 9개, 학위논문 3개 등 총 32개의 연구 중에서 3개만이 직접적으로 풍요로움과 자각을 위한 노인의 종교 교육, 즉 성직자 훈련, 은퇴 계획, 죽음 준비 등 문제나 과업 중심의 프로그램과 차별되는 교육을 다루고 있다.

지도 교재, 즉 명시적인 교육 과정의 자원은 흔치 않다. Reichert and Reichert(1976)의 책에서는 노인들이 인생 경험을 신앙적 견지에서 이해할 필요가 있다고 가정하고, 영성 훈련과 성사들에 대한 5개 단원을 제시했다. Johnson(1981)은 명백한 종교적 내용으로 12개 단원—몇 개는 인생변화 단계를 지향—을 계획하였다. '성공회 노화협회Episcopal Society on Aging'에서 1985년 펴낸 〈긍정적 노화*Affirmative Aging*〉에는 영적 문제와 인생 문제 영역에 10개의 단원이 있다. Mulhall과 Rowe(1988)는 노화에 있어서의 인간 문제를 6개의 토론 주제로 제시하였다.

노인을 위한 충분한 종교 교육 자원이 없다는 것과 지도 교재를 위한 요구가 확실하다는 것이 우리의 두 가지 출발점이다. 이 장의 첫째 부분에서는 종교 교육 자원이 부족한 현상이 일어나게 된 사회적 맥락을 분석할 것이다. 사회적 맥락과 교육 과정은 서로 얽혀 있다는 것과 자원의 결여는 교육적 문제라는 것을 논할 것이다. 둘째 부분에서는 교육 과정에 대한 미학적 접근은 다른 분야의 교재를 창의적으로 지도 교재로 채택하는 기준이 될 수 있음을 제안한다. 나이를 예술로 보는 것은 즉각적인 경험을 증진시키며 개인과 사회를 종교적으로 변화시키기 위한 사회적 비평에 토대가 된다.

2. 사회적 맥락

노인의 종교 교육을 위한 지도 교재의 결여는 사회적 맥락에서 일어난다. 1790년경 이미 미국에서는 백인 노인에 대한 사회적 인식이 크게 변화했다. 즉, 인간적 이상은 성숙이나 고령이 아닌 '젊음'이 되었다. D. H. Fischer는 이러한 변화의 단순하지만 중요한 미학적 사례로 복장을 지적하였다. "약 1790년부터 현재까지 패션 산업은 노인을 다시 젊게 보이게 하는 다양한 방법을 끊임없이 시도하였다"(1978, 87쪽). 1865년에서 1914년 사이에 노령은 쓸모없다는 식으로 노인에 대한 인식에 중대한 전환점이 있었다. 그의 저서 〈신대륙에서의 노인*Old Age in the New Land*〉에서 Achenbaum은 몇 가지 중요한 것을 지적하였다(1978, 39-54쪽). (1) 의학적 관점에서는 이제 고령을 불치의 병리학적 장애의 시기 그리고 약함과 노쇠의 시기로 보았다. (2) 이전의 가정, 즉 고령까지 살아남아 있다는 것이 신의 사랑의 징표라거나 인간에 내재된 선함과 지혜를 증명하는 것이라는 가정은 줄기차게 도전을 받았다. 노인이 정신적이든 기질적이든 몸이 안 좋은 것은 능력이 쇠퇴하기 때문이다. (3) 대규모 사업과 합리적인 관료주의가 발달하는 새로운 사회에서는 젊은이의 역할이 필요하다는 믿음이 증가하면서, "나이든 노동자의 효용성은 전례 없이 평가절하 되었다"(Achenbaum, 1978, 50쪽). 젊은이는 진화의 과정을 대표하고, 노인은 적자생존에 필요한 능력이 부족한 상징이 되었다. 노인들은 의기소침한 존재였다. (4) 더욱 자유방임주의로 변모한 경제철학에서는 노인은 가난하고 젊은 노동자에게 의존한다는 것을 사실상 확신하였다. (5) 건강과 위생의 향상 그리고 이에 따라 노인을 제외한 모든 이들의 사망률 감소로 인해 죽음은 더욱 노년층에만 상관되었다. 죽음은 불가피하고 성공적인 진보의 일부가 아니고, 따라서 노인도 진보의 일부가 아니었다. 노인은 새로운 것을 방해하는 사회적 부적합자일 뿐이었다.

1975년에 Robert Butler는 널리 칭송받은 책을 썼는데, 그 제목은 〈왜 살아남았느냐고? 미국에서 늙는다는 것*Why Survive? Being Old in America*〉으로, 반세기 동안에 거의 변화가 없었다는 것을 의미했다. Butler는 미국에서 노인이 된다는 것은 가난하게 되고, 불충분한 연금에 의존하고, 변두리 주거의 희생자가 되는 것이고, 소외되고 외로워지는 것이며, 차별의 희생자가 되는 것이라고 주장하였다. 몇 년 뒤에 Laura Katz Olson은 다음과 같이 주장하였다.

> 노인이라는 불리한 계층의 상황은 시장 상황, 계급 상황 그리고 인종차별과 성차별적인 제도에서 파생되는데, 이는 정도의 차이는 있지만 전 생애에 걸쳐서 노동자와 가족에게 부정적인 영향을 미친다. 그러한 힘은 노년기에 더욱더 억압적인 상황을 낳는다(1982, ix쪽).

이러한 관점에 대해 확실히 대비되는 저서로 1989년 Dychtwald and Flower의 〈나이의 물결: 미국 고령화의 도전과 기회*Age Wave: the Challenges and Opportunities of an Aging America*〉가 있다. 이 책은 당시 23세인 Dychtwald를 초대하여 노인을 위한

인간 잠재력 프로그램을 쓰도록 하면서 나왔으며 그 분야의 기원이 되었다. 이 책은 노화에 대한 새로운 관점을 결집시키는 계기와 상징이 되었다. 오늘날 많은 사람들은 이 관점을 옹호한다. 즉, 고령은 이제 새로운 약속의 시기이고, 미국을 성숙한 시장으로 다시 디자인하는 시기이다. 고령에 대한 이러한 긍정적 인상이 널리 퍼졌고 노인 차별을 반대하는 사람들에 의하여 적극적으로 옹호되고 있다.

노인을 위한 종교 교육을 어떻게 볼 것인가 하는 것은 주로 노인에 대한 우리들의 시각에 달려 있을 것이다. 지난 10년 동안 세상은 많은 점에서 노인에게 좋은 방향으로 변화하였다. 그러나 노인들의 세계를 정말 잘 이해하려면, 이전의 부정적 태도가 아직도 노인에 대한 우리들의 인식을 형성하는 강력한 사회적 힘이라는 점과 그렇기 때문에 현재도 노인이 되는 사람들을 위한 공식적인 지도 교재가 없는 이유 중의 하나라는 점을 깨달아야 한다. 이러한 주장은 단순한 관찰에 근거하는데, 약하고 가난한 노인만이 아니라 대부분의 노인에 대하여 아직도 부정적인 고정관념으로 보고 있다. Wear와 Nixon이 서술한 바와 같이 "특정 연령 이후에 사람들은 의존적이 되고 지적으로 뒤지고 성적 매력이 없어지고 지나치게 조심하게 되는, 정말 '재미없어' 진다고 인식되었다"(1991, 118쪽). 이러한 주장은 또한 고정관념이 인간에 대한 현재의 이해에 내재하는 문화적으로 뿌리내린 관념이라는 확신에 근거를 두고 있다.

1) 부정적 관점에서 긍정적 관점을 분할

노화에 대한 긍정적 관점(예: '나이의 물결')과 부정적 관점 간의 차이는 매우 크다. 긍정적 관점은 모든 부정적 관점들을 쪼개서 버리고 고령에 대한 사랑스럽고 풍요로우며 "에어브러시로 예쁘게 한" 그림을 제시한다. 고령에 대한 부정적 관점에서 긍정적 관점을 분할한 것이 노인과 노인을 위한 종교 교육 자원의 발달에 미치는 영향이 중립적인 것은 아니다. 노화에 관한 부정적 관점에서 긍정적 관점이 분할된 것에 대한 여러 가지 설명 중에서, 두 가지는 본 연구와 밀접히 관련된다.

(1) 노화에 대한 '계몽적' 관점

노인의 종교 교육을 이해하기 위해서는 노화에 대한 이해가 진화된 과정을 고려할 필요가 있다. 지난 10년간 노인에 대한 부정적 고정관념이나 편견을 없애려고 엄청난 선의의 노력을 해 왔다. 역사적으로 이러한 앞선 노력들이 있었기에 오늘날의 노력이 더욱 이해되는 것이다.

지난 세기 동안에, 육체적 및 영적 문제들에 대한 완벽주의 그리고 개인 의지의 힘에 대한 신념에 의하여 추진되었으며, 빅토리아 시대의 도덕주의는 노화를 통제하기 위하여 경험을 이분화하거나 합리적 해석을 하고자 했다. 그들은 노화에 있어서 모호함이나 잠재성을 인정하기보다는 고령을 한편에서는 악, 쇠퇴, 의존 등으로, 다른 한편에서는 선, 자립, 건강 등으로 분할해서 보았다(Cole, 1986, 123쪽).

이러한 '계몽적' 관점은 오늘날에도 변형된 형태로 세력을 대부분 유지하고 있다. 오늘날의 노인에 대한 대중적 이미지—건강하고, 성적으로 활발하고, 바쁘고, 생산적이고, 자립심 있는—는 종래의 부정적 고정관념에 반대될 것이다. 그러나 그것은 나이가 들어가면서 생기는 상실, 아주 다루기 힘든 우여곡절을 효과적으로 무시하고, 늙고 병들고 가난한 사람들을 공적으로 지원할 필요성을 숨기는 것이다. 노화에 대한 긍정적 실체에서 부정적 면을 분할하는 것은 종교 교육에 직접적인 영향을 미친다. 만일 노인이 건강하고, 성적으로 활발하고, 바쁘고, 생산적이고, 자립심 있는 이미지라면, 그들의 요구에 맞춘 지도 교재는 이 일방적인 이미지로 인해 심각한 영향을 받을 것이다. 비록 많은 노인이 매우 긍정적으로 묘사되는 삶을 살고 갑작스런 또는 때이른 죽음을 막는다고 해서 노인들이 나이로 인한 상실을 경험하지 않고 삶을 마칠 수는 없을 것이다.

(2) 공정한 세상에 대한 믿음

노화의 긍정적 실체에서 부정적 면을 분할하는 일이 힘을 유지하기 위해서는 사회적 또는 심리사회적 요구를 충족시켜 주어야 한다. 이러한 분할의 저변에 깔린 역동성에 대한 충격적인 분석을 Melvin Lerner의 수상작 〈공정한 세상에 대한 믿음: 근본적 착각*The Belief in a Just World: A Fundamental Delusion*〉에서 찾아볼 수 있다. Lerner에게 있어서 공정한 세상이란 사람들이 합당한 처우를 받는 곳이다. "사람들은 공정한 세상에서 사는 것을 원하고 또 믿어야만 한다. 그래야만 미래에 대하여 신뢰, 희망, 확신을 가지고 매일을 살아갈 수 있다"(Lerner, 1980, 14쪽). 아주 간략히 말하자면 이러한 믿음이나 근본적 착각은 우리로 하여금 가혹한 현실을 상대할 수 있도록 해 주는데, 왜냐하면 우리가 세상은 공정하고 사람들은 합당한 처우를 받아야만 한다는 것을 인정하기 때문이다. 만일 세상이 공정하다면 그리고 만일 사람들이 합당한 것을 얻는다면, 덜 가지고 있고 더 고통스러운 사람들은 자신들의 운명에 대하여 어떻게든 책임을 져야만 한다. 소수계층 사람들, 이를테면 복지수당으로 사는 사람, 정신병자, 여성,

병든 노인 등은 못나고 보통사람과는 다르다고 평가된다. 즉, "심각하게 잠재적으로 위험하고, 열등하고, 바람직하지 않고… 그러므로 그들은 덜 받고, 실제로 때로는 벌을 받아 마땅하다"(Lerner, 1980, 16쪽).

공정한 세상에서라면 나이로 인한 상실로 고통 받는 사람들이 고통 받는 것은 마땅한 것이다. 따라서 그들을 어둠 속으로 던져버리는 것이 부적절한 것은 아니다. 이는 경제적으로나 사회적으로도 적절하다. 이러한 분석에서는 노화의 긍정적 실체에서 부정적 면을 분할하는 것이 종교 교육에 또 다른 직접적 영향을 미친다. 즉, 만약 현재 건강한 노인 역시 '잠재적으로는' 건강치 않고 가난하고 힘없고 의존적일 것이라는 인상을 준다면, 이러한 개연적인 상실을 다루는 안내 역할을 할 교재가 없는 것이 더욱 정당화될 수 있다.

2) 교육 과정의 틀로서의 사회적 맥락

교육 과정의 사회적 맥락에 대한 이 분석이 비록 선택적이며 간략하다 해도, 사회적 맥락과 교육 과정이 서로 뗄 수 없이 얽혀 있다는 것은 확실하다. 노인을 위한 공식적인 지도 교재의 결여는 가치중립적인 소홀이 아니다. 오히려 종교계가 노화의 복합적 실체—손실의 개연성과 이익의 가능성—에 해로운 노화의 관점을 "사들였다 bought into"는 것을 심오하고 불안한 방식으로 가리키는 것이다(여기서 '사들이다'는 글자 그대로의 의미이다. 미국에서 교파별 지도 교재의 생산은 수백만 달러의 사업이다). 예배 공동체는 노인 종교 교육을 위해 무엇이 적절한 교재인지 지정할 책임을 져야 한다. 비록 노화와 죽음의 문제가 모든 사람들에게 공통적이지만, 노화를 거쳐 죽을 때까지 사는 방법은 특정한 사회적 맥락에 의해서 확정된다. 이 맥락이란 노인을 평가절하하고, 노화에 관한 긍정적 관점에서 부정적 관점을 분할하는 것이다. 또한 건강하지 않고, 성적으로 활발하지 않고, 바쁘지 않고, 생산적이지 않고, 자립심 없는 노인들의 운명을 '공정'하다고, 그들이 합당한 처우를 받는 것이라고 보는 그러한 맥락이다.

이러한 것들이 교육적 문제이다. "비평적 교육 과정 탐구"라는 성장 분야는 "바탕에 깔린 인간의 이해관계와 이데올로기에 직접 도전함을 추구한다. … 이는 사회적 정의에 대한 약속에 근거한다"(Sirotnik, 1991, 245쪽). 근본적인 질문은 반복해서 물어볼 필요가 있다. 우리는 지금 무엇을 하고 있는가? 어째서 이 길로 오게 됐나? 그렇게 하면 누가 이익을 보고, 누가 이익을 보지 못하나? 교육 과정 자료에 대한 논의에서는 이러한 질문들과 그 질문들이 나오는 사회적 맥락을 잘 이해하고 있어야 한다.

이러한 문제들은 예배 공동체에 의해 종교적 언어로 거론될 수 있으며, 거론되어야만 한다. 신은 누구인가? 인간이란 무엇을 의미하는가? 인간은 무슨 부름을 받았나? 어떻게 신앙 공동체가 더욱 인간적인 세계를 만드는가?

3. "만일 나이가 예술이라면": 교재의 채택

경험 있는 교육자들은 거의 모든 것이 의도적으로 또는 '유사시에' 교재로 사용될 수 있다는 것을 안다. 실질적으로 고객과 청중 중심적이며 위에서 말한 사회적 맥락을 다룬 교재를 어떻게 찾아내서 주문해야 하나?(Marsh, 1991, 272쪽). 어떤 종류의 교재와 접근법이 사회적 비평, 즉각적인 경험의 증진, 개인과 사회의 종교적 변화 등을 위한 근거를 제공할 수 있을까? 이러한 논점들을 정리하고 판단의 근거를 찾아내기 위해서 교육 과정에 적용할 때 미학, 즉 예술을 이해하려는 연구의 힘을 빌리고자 한다. 이 연구를 이끌어 가기 위해 예술과 미학의 핵심적 특징에 대하여 아주 간단히 살펴본다.

1) 예술, 변화 그리고 신앙인

사회적 맥락에 대해 분석해 보면, "그 핵심은 비어 있고(Gilkey, 1984, 188)" 인간을 기술적 목적의 수단으로 다루는 문화임을 보여 준다. 이러한 기술문화에서는 예술도 무엇을 판매하려는 광고를 만들기 위하여 기술적으로 사용된다. 그러나 예술은 다른 한편 거대한 창조력을 가질 수 있다. "예술은 뒤에 숨겨진 그리고 일상 속에 있는 진리를 드러내고, 현실로 들어가는 새로운 통로를 내고, 우리를 그 통로로 밀어 넣는다"(Gilkey, 1984, 188쪽). 어떤 예술은 인간의 비인간화, 삶의 공허함, 고통과 소외 등에 격분한다. 그러한 격분은 사회적 비평의 출발점이 될 수 있다.

좀 더 개인적 혹은 공동체적 수준에서는, 예술이 "즉각적인 경험을 … 내재적 가치를 가진 사건으로 다시 만들어, 그 자체로서 또는 그것이 스스로 일어남으로써 즉각적이며 경험적인 '의미'를 창조할 수 있다"(Gilkey, 1984, 188쪽). 경험이 그 자체로 '존재'할 때, 즉 즉각적이며 경험적이고 기존의 문화의 일부가 아닌 의미로서 존재할 때, 변화가 존재하는 것이다.

예술이나 종교 모두 삶을 변화시키는 힘을 가지고 있다. 왜냐하면 둘 다 신화적이고 상징적인 것을 다루기 때문이다. "상징은 이러한 미지의 인간 경험의 본질을 포착하고, 더 탐구해야 할 것이 있음을 시사해 준다"(Slusser, 1979, 206쪽). 설혹 종교 공동체가 종종 만연하는 기술문화를 '사실상' 지지한다 해도, 종교적 상징 속에는 항상 잠재적으로 현상타파적인 그 무언가가 있다. 변화에 대한 저항은 대단하다. 문화의 무게는 거대하다. 그러나 변화는 내부로부터 나올 수 있다. "아직 낡은 것의 지배를 받는 사람들은 … '내부의 신화 창조자'인 정신의 심오한 창조적 측면과는 화해하지 못하고 있다"(212쪽). 그러나 변화는 일어나게 되어 있고, 그 변화야말로 종교 교육 '그리고' 예술의 목표이다.

2) 미학적 탐구: "만일 나이가 예술이라면…"

노화의 문제는 극도로 복잡하고, 그 복잡함은 단순히 기술적인 것이 아니다. 기술적이며 상상력이 빈약한 언어로 포착할 수 없는 것이 바로 인간생활 그 자체의 복잡성이다. 인간생활의 구체성을 더 잘 이해하고 기술 일변도인 사회의 힘을 깨뜨리고 개인적 경험을 확립하고, 의미를 형성하고 변하기 위하여 우리는 예술의 관점에 의지한다.

이것들은 고상한 목적처럼 들리는데 실제로도 그렇다. 그러나 그것들이 평범한 인간생활의 절대적 일상성everydayness에서 분리된 것은 아니다. 노인에 대한 사람들의 반응은 미학적 반응이다. 우리가 확립하려는 것은 노인들을 기술문화의 기준으로 판단해서는 안 된다는 것이다. 그들, 즉 남녀 노인들 자체가 변할 수 있는 예술품이다. 그들이 어떤 기능으로 취급되는 것을 거절할 때 예술이며, 종종 우리를 즐겁지 못하게 할 수 있겠지만 그들은 즉각적이며 신체적인 예술이다. 그리고 그들은 늙어가면서 그들 자신과 더욱더 같아질 때 자기 자신의 의미를 만드는 자가 된다.

미학적 탐구에 대하여 저술한 Elizabeth Vallance는 다음과 같이 말한다.

> 실제로 미학적 응답은 응답의 순간을, 즉 우리의 환경을 평가하는 정상적인 실제 방식에서 벗어나 잠깐 틈을 준다. 이는 새로운 방법으로 사물을 봄으로써 감동받거나 즐겁게 될 기회를 준다. …매일의 경험을 '묶어서' 생각하면서… 이미지나 감정이나 소리를 분리하여 미학적 응답에 접근할 수 있도록 임시로 순간적인 틀을 그것의 부분들 주위에 놓아, 우리는 기억할 만한 순간의 이야기를 창조하고, 이 이야기는 암묵적으로 우리의 미래를 형성한다(1991, 159쪽).

미학적 응답은 안일 속으로 뚫고 들어가, 새로운 방법으로 세상을 본다. 이는 매일의 경험을 '묶어서' 생각하고 새로운 전체성을 보며 문화적으로 승인된 일상절차를 교란시킨다.

미학적 접근은 교재를 선정하고 구성하고 사용하기 위한 지침을 제공한다. 예술과 마찬가지로 노인 종교 교육을 위한 지도 교재도 인간이 구성한 제품이며, 의사소통의 수단이다. 만일 교재가 종교적 과제에 적합하다면, 교재는 배우는 사람이 접근할 수 있도록 지식을 변화시킨다. 그리고 문제 해결의 과정을 만들고 청중과의 만남에서 의미를 만든다. 교재는 청중의 경험을 분류하여 묶어 주거나 영역을 부여한다. 강력한 반응을 불러일으킬 수도 있다. 교재는 전통과 변화의 종교적 역사 안에 위치할 수 있으며, 자주 비판과 평가의 대상이 된다.

노인을 위한 예술과 노인 종교 교육의 비교는, 실제 현장을 다른 이미지들보다 더 높이 평가하는 것이다. 노인들의 생활과 실체의 복잡성을 인식하여, 어떤 저자들은 그들의 주제를 다룰 때 미학적 응답을 유발하는 교재로 접근했는데, 이는 미래의 응답을 형성하려는 희망 때문이다(참고: Nouwen and Gaffney, 1974; Folliet, 1983; Fine, 1987; Kugelmass, 1986; Miller, 1990; Pierskalla, 1992). 이러한 연구들이나 종교 교육에 대한 이 접근법의 특징은, 생활의 예술을 포함해서 예술이 인간의 구축물로서 탐구와 변화에 열려 있다는 것이다. 이 저자들은 청중과 상호작용하는 문제 해결의 과정을 만든다. 그들의 연구는 청중으로 하여금 새로운 시각으로 일상의 경험을 새로운 눈으로 보도록 분류하여 묶어 주거나 영역을 부여한다. 모든 예술처럼 그들의 교재는 오직 역사적 맥락에서만 의미를 지닌다. 결국 그들은 강력한 반작용, 비평, 평가 등을 불러일으킨다. 왜냐하면 그들의 최종 목표는 변화이기 때문이다.

이 모든 것이 바로 노인 교재로 사용될 수 있는 최상의 것을 묘사하는 것이다. 이 주장 속에서 독자는 "어떻게 … 하는" 식의 좀 더 기술적인 자료는 가치나 호소력의 한계가 있다는 판단을 관찰할 것이다. 앞서 분석한 대로 작동중인 사회적 힘이 주어져 있다면, 사회적 사실의 압도적인 관성을 바꾸는 데 필요한 충격을 줄 수 있는 것은 변화의 비전밖에 없다.

마음속에 이런 유연한 기준을 가지고, 이제 우리는 노인 교육을 위한 주요 교재로 만들 수 있는 재료가 있는 네 가지 영역인 권한 이양, 예배와 전례, 개인의 영적 생활, 회상 등을 살펴보기로 한다. 각각의 영역이 선택된 것은 미학적 기준으로 이해함에 있어서의 개방성 때문이다. 각각은 "나이가 예술이라면… "이라는 테마를 마음속에 담고 접근해야 한다.

(1) 권한 이양empowerment

Maitland가 최근 저술한 〈반대 문화로서의 노화: 노년의 소명*Aging as Counterculture: A Vocation for the Later Years* (1991)〉에서 권한 이양된 노화라는 비전을 설명하였다. 여기서는 더 이상 사회적 가치를 무비판적으로 수용할 수 없는 사람들을 도와주는 데 있어서 '집단'의 기능에 대하여 알아본다.

노인과 교회에 관한 개척자적 연구에서 Paul Maves는 그 '집단'을 권한과 창조성이 태어나는 곳이라고 주목하였다.

> 인간은 사회적일 수밖에 없으며, 그들 자신을 집단 속에서 의미 있도록 연계할 필요성이 있다. 거기에는 다른 방법으로는 이룰 수 없는 만족스러운 것들, 즉 동료의식, 공동의 약속, 소속감, 참여 경험 등이 있다. 또한 거기에는 다른 방법으로는 가질 수 없는 집단의 상호작용 속에 창조적 요소가 존재한다(Maves and Cedarleaf, 1949, 156쪽).

권한 이양의 수단으로서 집단에 초점을 맞추어 보면, 교재란 그저 인쇄물이나 전자매체인 것이 아니라 시간 위에서 인간이 만드는 상호작용이 될 수 있다는 점을 강조하게 된다. 교육 과정은 함께 살고 예술적으로 살고 기억되고 재구축될 것이다. 비록 여기에서 언급되지 않더라도 소설, 연극, 시 등도 역시 인간 영혼의 상호작용을 위한 매우 소중한 자원이다. Maves와 Maggie Kuhn 등 동료들의 연구를 보면, 권력이 나오는 곳은 바로 그 집단 자체이다. Simmons(1993a)의 저서 〈공적 및 사적 세계의 발견*Discovering the Public/Private World: A Research Note*〉에서는 개인생활을 사회적 상황과 만나는 지점에서 이해하는 방법이 제시되었다. 이 방법은 연령별 종교 교육에 근거한 연구에는 특별한 가치가 있을 것이다. Maxwell Jones는 그의 책 〈늙는다는 것: 궁극적 자유*Growing Old: The Ultimate Freedom*〉에서 다음과 같이 서술한다.

> 우리는 동기가 부여된 사람들 간의 집단 상호작용이 사회적 변화의 전조로서 중요하다는 것을 강조했다. 회상컨대 그러한 상황 설정에서 해방된 에너지가 어떻게 내게 특별한 매력을 가지며 나의 자각을 예리하게 하여, 나의 일상 수준을 훨씬 넘어서 생각하고 상호작용하게 하는지를 나는 이제는 깨닫는다(1988, 58쪽).

집단이 권력이 나오는 곳인 한, 어떤 경우 실제 일어난 변화를 알아차리고 기록하는 것은 참여자/관찰자(혹은 교육자)가 된다. 이렇게 서로 다르면서 각 방식별로 아주 강력한 사례로서 Barbara Myerhoff(1978b)의 〈우리의 남아 있는 날*Number Our Days*〉, Natalie Rosel(1986)의 〈함께 늙어가는 것: 노인들의 이웃 공동체*Growing Old Together: Neighborhood Communality among the Elderly*〉 그리고 Susan Perlstein(1984)의 〈기억의 무대: 살아 있는 역사는 노인이 연기한다*A Stage for Memory: Living History Plays by Older Adults*〉 등 세 가지를 들 수 있다.

집단에서 일어나는 변화는 아주 개인적인 것일 수 있는데, 이것은 또한 공동체가 문화적 규범의 통제로부터 벗어나 변하는 데 기여할 수 있다. 이러한 변화는 노후의 압박을 개인적으로 경험하기 전에 동년배 고찰peer reflection의 기술을 배움으로써 촉진될 수 있다. "아직 '확장된 중년기를' 사는 사람들은 고유한 자아를 개발하기보다는 규범을 잘 지키는 편이 보상을 받는다. 과제는 이 집단을 일종의 준비 과정에 참여시키는 것이다"(Simmons, 1989, 51쪽). 문화적 규범의 힘에서 벗어나는 변화는, 문화의 압박—천천히 그러나 확실히 노인을 소외된 보잘것없는 비존재nonentity의 지위로 강등시키는—으로 고통을 받는 타인과의 연대가 발달하면 일어날 수 있다. 이 집단이 함께 일하면서, 새로운 질서가 가능하다는 것 그리고 개인적 및 집단적 주도력agency이 진짜 변화로 이끌 것이라는 새로운 인식이 발달될 수 있다. 이와 함께 노인들은 반드시 고령의 본질과 가치에 대한 집단적인 반대 판단counter-judgement을 해야만 한다(Simmons, 1988). 이것이 권한 이양이다. 일상의 경험은 "범주로 묶어"진다. 약속되었던 어색하고 힘든 변화가 시작되는 것이다.

(2) 예배와 의례

어떤 작가가 은퇴한 두 친구들에 대하여 글을 썼는데, 한 명은 의사소통이 거의 불가능한 심한 청각장애인이었다. 그 작가는 전에는 그들 둘이서 함께 무슨 재미라도 찾을 수 있을까 의아했는데, 이제는 이해하기 시작하였다.

> 두 친구는 정기적으로 서로를 방문하였고, 파이프 담배를 피우고 와인을 마시고 서로 말이 없는 채로 시간을 같이 보냈다.… 단지 상대가 존재한다는 것만으로도 우정이 표현될 수 있었으며 … 그들이 함께 있는 곳에 하느님도 함께하셨다(Folliet, 1983, 150쪽).

저자가 새로운 눈으로 봄에 따라, 우리는 이러한 몇 개 안 되는 이미지 속에서 일상의 경험을 "범주로 묶어서" 본다.

의례의 역동성은 다음 요인들을 포함한다.

> 의례는 불가피하게 질서, 지속성, 예측 가능성 등의 기본적 메시지를 수반한다. … 의례는 항상 참여자들을 서로 연결시키고 종종 그 이상으로 뛰어넘어 현존하지 않을 수도 있는 더 넓은 집단과도 연결시킨다. … 종교적 전례는 더 나아가, 인류를 자연의 힘이나 하느님의 목적에 연결하고, 대우주macrocosm의 방식으로 소우주microcosm를 들여다본다(Myerhoff, 1984, 306쪽).

이러한 추상적 이미지들은 매우 인간적인 현실—두 노인, 한 청각장애인, 날마다 나란히 앉아 있음, 담배 피우기, 와인 마시기 등—을 지칭한다. 이러한 분석은 의례에 의하여 두 노인이 서로에게, 더 넓은 집합체에 그리고 신에게 연결된다는 것을 나타낸다. 어떤 수준에서는, 예배와 의례를 교육 과정의 자료로 사용해서 일상적인 것에 주의력을 날카롭게 하고 대우주로 소우주를 들여다보는 신비한 독해를 명명하는 것이 바로 종교 교육의 과제이다.

습관화된 사건들은 세속적일 수도 있다. 생일, 사회보장연금 수표의 도착, 동창회(Troll, 1988 참조), 가족의 정든 집을 포기, 보청기 끼기, 시니어센터에 한 번 이상 다녀오기 등(Myerhoff, 1978a, 1978b, 1984; Robb, 1991; Simmons, 1990 참조). 부정적인 사건을 의례로 만드는 것은 '사회적으로' 용납되지 않지만, 이것들을 의례로 만들어야 할 현실적 필요성은 있다. Myerhoff는 다음과 같이 지적한다. "이것은 명백하게 부정적이고 고통스러운 사건들이지만, 한편으로는 사건들을 수용하고 보살펴주는 타인들에 의하여 그 사건들을 명확하게 공개적으로 인정받는 것이야말로 사건과 연관된 모두에게 관계와 정체성을 재규정하는 분명하고 치유적인 결과를 가져온다(1984, 312쪽). 여기에서 리더십을 갖는 것이 종교 공동체의 기능일 것이다. 신자에게는 이러한 사건들이 노화를 위한 교육 과정이 될 수 있다. 이러한 사건들 속에서 명명되고 축하되고 의례로 만들어지면서 각 개인은 소외된 순간이 아니라 보편적 인간성에의 연결을 발견하는 것이다. 의례라는 예술은 우리가 일상적 경험을 새로운 시각으로 보도록 해준다.

명시적으로 노인을 참여시키는 전례나 대중적 예배는 드물다(Carlson, 제16장, Friedman, 제25장 참조). 은퇴는 큰 사건일 것이며, 죽음은 확실히 그렇다. 은퇴와 죽음 사이의 25~30년 인간 삶에는 "각자가 의례, 예식, 상징 등의 도움 없이 측량하고 항해해야 할 문화적 불모지로 남아 있는 천차만별의 우주가 놓여 있다"(Myerhoff, 1984,

312쪽). 종교 공동체에서 노인들의 삶, 경험, 도전, 과제, 성과 등을 대중적 예배생활에 활용하는 것이 흔한 일은 아니다. 실제 방식의 예배와 전례는 그 집단의 진짜 교육 과정의 신호가 되며, 이 분야에서의 변화는 아마도 강력한 변환 효과를 가져올 것이다.

(3) 개인적인 영적 생활

이러한 관점들이 주어진 것을 고려하면, '개인적인' 영적 생활이란 개념은 확실히 긴장의 순간에 서게 된다. 의미의 개별화에는 강력한 사회적 힘이 작용하고, 그래서 '개인적인' 영적 생활은 순전히 개별적일 것이다. 그러나 지원집단에 소속되어 있고, 생활 경험이 의례화되어 있고, 공동 예배에 참여하는 그러한 개인이라면 신자들의 동료의식 속에서 개인과 대중이 함께 만나고 서로를 보살펴 주는 곳을 찾을 수 있을 것이다. 종교 교육 과정은 반드시 대중적 측면을 지니게 되며, "개인적인 영적 생활"은 이러한 대중적 차원이 유지되는 정도까지만 노인 교육 과정의 일부이다. 이는 기도의 강한 개인적인 차원들을 배제하지는 않지만, 신이 단지 개인적인 사실이나 구성 개념이 되도록 허용하는 것은 아니다.

"개인적인 영적 생활"이라는 제목 아래 Simmons와 Pierce(1992)가 130개 항목을 고찰하였는데 명상, 독실한 생활, 영적 발달과 성장, 영적 평안 등 몇 가지로 분류하였다. 주의할 점은 다음에 잘 나타나 있다.

> 독실한 노년이 되기 위한 지침서는 무척 많다. 경건문서[160]는 특히 우리 가운데 있는 노인에 의한 그리고 노인에 대한 그리스도 신앙 공동체의 응답 가운데에서도 중요한 일부라는 점은 확실하다. 지침서의 질은 다양하다. … 이 중에서 최상은 매우 훌륭하지만, 최상이나 적절한 것을 가려내는 데는 상당한 주의가 요구된다(Simmons, 1993b, 151-52쪽).

이 분야에서는 개인적 및 종파적 선호도, 개인적 및 집단적 요구, 시의 적절성, 절판 여부 등이 교육 과정의 교재로 사용할지 결정할 때 중요한 요인이 된다. 그리고 미학으로부터 개발된 기준은 교육 과정에 대한 이러한 접근법의 특성을 확립하는 데에

160) 경건문서devout literature란 그리스도교 경건주의 신앙을 강조하는 문서를 말함. 가톨릭에서는 성 아우구스티누스의 "고백", 성 프란체스코의 "작은 꽃" 등이 대표적이며, 개신교에서는 루터의 "탁상담화", 웨슬리의 "그리스도의 완전" 등이 대표적임.

도움이 된다. 적어도 누적적으로는 이 분야에서 우리가 선택한 것은 모든 기준을 반영하되 어떤 기준이라도 거스르거나 위반하면 안 된다.

다음 사례들은 이런 선택의 원리를 확실하게 한다. Chinen(1989)은, 분석이 일부 보강된 동화를 사용하여 노년기 생활에서 변화의 문제를 다룬다. 동화는 일상의 경험을 "범주로 묶고" 영역을 확보해 주므로, 일상을 새로운 시각으로 볼 수 있게 된다. 주인공은 변화를 통해서만 성공할 수 있으며, 독자는 진짜 인생이란 평상시와 다른 바로 이런 것이라는 유혹적 주장에 저항하려고 애쓸 것이 분명하다. Simmons (1992)의 저서 〈신비의 발걸음*In Footsteps of the Mystics*〉에서 영적 생활의 표현은 예술과 마찬가지로 인간의 해석임을 명백히 밝히고 있다. 독자들은 기도와 묵상 속에서 네 가지 '방법' 중 자신이 좋아하는 방식을 찾아내고, 자신의 개인적인 일생 여정의 이야기를 다시 말하도록 하고, 신과 특별히 밀접한 관계를 가진 이슬람교, 유대교, 그리스도교, 미국 인디언 사람들과 간단한 발췌문을 통한 대화에 참여하도록 초대된다. Kathleen Fischer(1985)는 그녀의 독자들과 상호작용을 통해 문제 해결의 과정을 창출하는 방법으로 노인의 영적 생활을 다루었다. Fischer는 신앙이 영성을 통하여 어떻게 노년기 생활을 변화시킬 수 있는지 다음과 같이 보여 준다.

> 우리들의 의문, 희망, 공포, 사랑의 궁극적인 기반은 다음과 같다. 은퇴에 창의적으로 대처하고 가족을 양육한 후 삶의 목적을 찾으려는 노력, 배우자의 상실이나 오래 살던 집에서 이사 나가는 것에 대한 몸부림, 자기가치에 대한 의구심과 새 친구를 만들어야 하는 두려움, 새로운 재능과 더 깊어진 평화 그리고 더 넓어진 영역의 사랑을 탐구하는 것(1985, 9쪽).

Coupland(1985)는 그녀의 독자들과 상호작용을 통해 구체적인 문제 해결의 과정, 즉 노년에 기도생활을 시작하거나 쇄신하려는 교구민들의 특별한 관심을 다루었다.

이와 같은 몇 사례들은 교육 과정에 대한 미학적 접근으로부터 개발된 기준이 어떻게 노인 교육 과정에 사용될 교재를 선정하는 지침을 제공해 주는지를 시사한다.

(4) 회상

널리 알려진 Erikson의 생애주기 발달의 중요 시기의 도식에서, 마지막 단계는 '자아통합성Ego-integrity' 대 '절망감Despair'이다. 자아통합성이란 "자신이 아닌 인간 자아에 대한 자기애를 넘어선 사랑post narcissistic love이며 … 자신의 유일한 생활주기를 필연적인 것으로 받아들이는 것"(Erikson, 1963, 268쪽)이라는 특징을 가진다. Erikson의 도식에 익숙한 대부분의 사람들은 이러한 표현이 그의 관점을 잘 나타낸다고 인정할 것이다. 이것은 널리 알려진 의미의 사유화를 달리 시사하는 것이다. Erikson은 그의 자아 통합성을 완전하게 이해하도록 다음과 같이 계속 말한다. "그래서 자기의 문화나 문명에 의하여 발달된 통합성의 유형은 '정신 유산'이 된다. … 이러한 최종적 통합 속에서는 죽음도 그 아픈 상처가 없어진다"(Erikson, 1963, 268쪽).

회상은 문화적인 '정신 유산'이 현존할 때만 대중적 교육 과정의 한 구성 요소로 기능할 수 있다. 그러나 오늘날에는 그러한 문화적인 틀은 더 넓은 문화 속에서는 대부분 사라져 버렸다. 하지만 신앙 공동체의 맥락 속에는 아직도 문화적 틀이 현존하며, 함부로 추정할 수는 없겠지만 심지어 강력할 수도 있다. "개인책임주의privatism의 파산은 노년기에는 너무나 명백하다. 그러나 그 점 때문에 개인들 혼자서는 절망에서 자신을 구하는 의미를 생각해 낼 수 없다"(Moody, 1986, 13쪽).

만약 의미가 개인보다 더 큰 현실에 뿌리를 두게 된다면, 회상과 인생 회고는 교육 과정에 유용한 요소가 될 것이며, 앞서 말한 미학적 기준을 충족하게 될 것이다. 만일 인간의 삶이 예술이라면, 그런 삶을 역사 속에 있는 듯 이야기하는 것도 또한 변화예술—"암묵적으로 미래의 반응을 정하는 잊지 못할 순간들의 이야기를 창조하는 것처럼"(Vallance, 1991, 159쪽)—의 작품일 수 있다. Simmons과 Pierce(1992)의 〈주해 참고목록*Annotated Bibliography*〉에서는 기억 유형의 발견이나 기억의 이해에 초점을 맞춘 35개의 항목을 수집했다.

> 기억들은 이 모든 글들의 열쇠이며, 기억을 역동적으로 이해하여 그 사람의 현재 속으로 재해석하고 재통합할 수 있도록 해 준다. 이야기하기, 일기 쓰기, 언어 치료, 구조적 인생 회고 과정, 자기묘사 등 다양한 접근 방법이 나타났다(Simmons and Pierce, 1992, xxviii).

이런 자료들을 선정하고 사용하는 것은 상세히 설명된 기준에 의하여 다루어져야 하는데, 불행하게도 노인들은 세대 간 교육 행사의 맥락에서 "예전에는 어땠는지를 젊은이에게 말해 달라는" 요청을 너무 자주 받는다. 회상을 이처럼 무비판적으로 사용하는 것은 긍정적 결과를 가져올 것 같지 않다.

4. 결어

이 장의 처음 부분에서는 고령에 대한 사회적 맥락과 그 맥락이 노인 종교 교육에 미치는 함축적 의미를 고찰하였다. 사회적 맥락은 인간 존재를 규정하는데, 이는 교육과 종교 모두의 문제이다. 고령과 노후 생활의 특별한 과제에 대한 신앙 공동체의 무관심으로 인간이 치를 대가인 실망과 실패에 대하여 사람들은 궁금할 수 있다. "성경의 메시지는, 변화하는 인생의 각 단계에 따라 해석과 적용이 다르다. 이것을 깨닫지 못한다면 실망과 실패로 가는 길에서 인생이 끝나는 위험을 무릅쓰는 것이다"(Dobbins, 1959, 36쪽). 이 장의 두 번째 부분에서는 교육 과정의 교재로 교육자와 노인들이 자료를 개작할 때의 몇 가지 기준을 제시하였다. 예술과 미학적 교육 과정으로부터 도출한 이러한 기준들은 현재의 자료들을 조직하고 평가하는 출발점이 되며 이는 매우 시급한 과제이다.

제16장 예배, 전통 그리고 환경

Dosia Carlson

1. 예배란 무엇인가

1) 서언

초월적 감각이 가득 찬 유서 깊은 의례에 참여하는 것, 좋아하는 찬송가를 부르는 것, 전통적 기도를 함께하는 것, 성서를 통하여 하느님의 인도를 구하는 것 등, 이 모든 것들이 예배를 향한 통로가 될 수 있다. 이 장에서는 예배의 기본적인 개념들을 소개하고, 이어서 단체 및 개인 예배에서 성인들이 그들의 신앙을 키우고 유지하도록 도움으로써 제기되는 기본적 요구, 도전, 기회 등에 대하여 논의한다.

2) 기본적 이해

많은 노인들의 경우, 그들의 영적 평안은 예배에 참여하는 것과 관련된다. John McGee는 예배는 "궁극적 관심사의 축하의식"이라고 말한다(1967, 461쪽). 종교적 의례와 예배에서 신비로운 것과 초월적인 것을 이처럼 인식하고 경험하는 것이야말로 바로 삶을 의미 있고 중요하게 만드는 것이다. 예배는 하느님의 현존을 찾고 이해하는 것이다. 예배는 신성한 현존과 자기이해 양자를 연결해 주는 가교이다(Carlson and Seicol, 1990, 65쪽). 예배란 한 개인이 하느님을 알고 또 하느님 안에서의 삶을 알고자 하면서 그의 자아를 표현하는 것이다. 예배는 공동적이면서 동시에 개인적이며, 개인과 공동체를 포괄한다.

Fischer(1987, 69쪽)에 의하면 경이는 예배의 토대이다. 어린이들에게서 자주 보이는 이러한 경외와 신비의 특성은 평생을 통하여 영적 개방성에 계속 양분을 공급할 수 있다. 감각이 나이와 함께 다소 무디어질지라도 건강한 호기심은 삶에 대한 열정을 더해 주며 예배 경험에서 중요한 구성 요소인 경이감이 계속 살아 있도록 해 줄 수 있다.

흔히 주요 설계자이자 지도자인 성직자를 포함한 예배자들은 예배가 단순히 누구나 하는 어떤 것이라고 가정한다. 그러나 Macquarrie(1972, 15쪽)는 그의 책 〈영성의 길*Paths in Spirituality*〉에서 예배가 실제로 하느님이 이미 행하셨고 아직도 행하고 계신 것에 대한 인간의 응답이라고 말한다. Macquarrie에 의하면, 하느님은 인간 존재 안에 하느님을 예배하고 신성을 닮아 성장하고자 하는 욕망을 심어 놓으셨다. "우리에게서 작용하는 성령은 우리로 하여금 성스러운 존재Holy Being의 신비를 예배하고 하느님의 은총을 구하도록 한다."

3) 유대교와 그리스도교의 예배 방식

점점 다극화되는 사회에서는 신앙의 다양한 표현에 대한 한층 깊은 민감성이 요구된다. 북미에서 이슬람교, 불교, 힌두교 종교단체들이 꾸준히 증가하지만 그러한 종교들의 예배관습은 여기서 논하지 않을 것이며, 주로 유대교와 그리스도교에 중점을 두고 논할 것이다. 성서적 전통의 공동 기반을 공유하는 이들 각각의 믿음 공동체 내에서조차 예배에서 하느님의 현존을 표현하고 또 경험하는 방식에는 차이가 있다.

독실한 유대교 신자에게는 삶 전체가 예배이다. 유대인의 신앙생활에서 중심은 하느님을 창조주이며 생명의 주님으로 인정하는 것이다. 유대교 사원 혹은 교회에서 노인 예배자들은 전통적인 예배 유형을 따름으로써 안전감을 발견할 수 있다. 그리하여 그들은 모든 예배에는 적어도 세 가지 기본적인 요소, 곧 '셰마shema'[161]로 알려진 신

161) 셰마Shema 또는 Shema Yisrael는 글자로는 'Hear Israel'의 뜻이며, 유대교인이 매일 아침저녁으로 하는 기도에서 읽히는 성서 부분으로 유대교 신앙의 핵심임. 신명기 6장 4절의 첫 구

앙에 대한 확신, '기도tefillah'의 시간 그리고 이스라엘에 선물과 과제로 주어진 '율법Torah'으로부터의 가르침 등이 포함될 것을 기대한다. 유대교 내에서도 신자들이 정통파, 보수파 혹은 개혁파 전통을 따르는지에 따라서 상당한 차이가 있다.

어떤 유대인들, 특히 '하시디즘' 영성을 가진 사람들은 일어나서 잠 잘 때까지 일상의 모든 행위를 기도와 함께한다. 기도문, 정화 의례, 일상적 작업, 식사 등 모두는 신앙의 기능이 되며 하느님을 찬양하는 기회가 된다(Buxbaum, 1990, 8쪽).

그리스도교 역사 2,000년 동안 많은 주요 예배의 유형들이 존속되어 왔다. 교황 비오 10세와 비오 12세는 예배를 하느님의 영광으로 그리고 인간 존재의 성화 및 교화라고 말씀하셨다(Willimon, 1983, 42쪽). 이러한 목표를 지원하는 주요 수단은 말씀과 성사를 통하는 것으로, 모여든 사람들이 시간적으로나 공간적으로나 영원한 예배 속에 사는 것이다. 신약에 깊은 뿌리를 내린, 세례와 '최후의 만찬Lord's Supper'은 전 세계 그리스도교도에 필수적인 것으로 지속되고 있다. 예를 들어 성체성사Eucharist 참여는 많은 신교도뿐만 아니라 모든 가톨릭 신자들에게 핵심적이며 성사를 받지 못한 것은 진짜 고통을 일으킬 수 있다.

많은 개신교 예배 전통에서는 선포proclamation에 대한 뚜렷한 강조와 성서 중심의 설교가 있다. 그 모든 다양한 형태와 표현 속에 그리고 인종적, 문화적 공동체에 공통적으로 하느님을 찬미하고 찬양하는 것이 여전히 가장 중요하다.

4) 단체 및 개인 예배의 경험

대부분의 예배는 유대 안식일shabbat 예배나 가톨릭 미사mass와 같이 신자 공동체의 회합을 뜻한다. 특정의 전통에 따라 대개는 경배, 신앙고백, 감사, 기원, 봉헌 등을 조합하여 구성된다. 유대교와 그리스도교 신앙의 표현이 성서에 근거해 있기 때문에 대부분의 예배 시간에 성서 읽기가 들어 있다. 기도를 통해 하느님에게 말하는 것 또한 예배의 기본적 구성 요소이다. 찬송가를 부르는 것은 예배의 또 다른 결합적인 요소이다. 교회 혹은 회당 예배에 참석할 수 없는 노쇠한 노인들은 찬송가 부르기가 특히 그립다고 자주 말한다.

동일한 신앙 약속을 공유한 사람들이 예배에 함께 모이는 것은 강인함과 지지의 감정을 증진시킬 수 있다. 남녀노소 함께 모여 기도, 찬송, 신앙고백을 함으로써 유대

절 "이스라엘아 들으라 우리 하나님 여호와는 오직 하나인 여호와시니."

감이 발달하여 영적 평안은 물론 총체적 평안까지 고양시킬 수 있다. 일시적 혹은 영구 장애로 사람들이 단체 예배에 참여하지 못하면 그들은 심한 상실감을 느낄 것이다. 성직자는 그들의 감정에 관심을 기울여 그러한 상실을 보상할 수 있도록 돕는 방법을 찾아야 한다.

노인들은 단체 예배에 적극적으로 참여할 수 있든 없든 간에 항상 개인 예배에 참여할 가능성이 있다. 모든 종교 집단에서 발견되는 이러한 종교적인 접근법은 많은 사람들에게는 종교적 경험의 필수적인 부분이다. 만약 개인의 기도 생활을 평생 함양하였다면 이러한 습관은 노년에도 계속 왕성할 것이다.

기도 생활이 내향적으로 자기중심적 욕망에만 초점이 맞추어질 가능성이 있을 수 있으나, 기도 전체적으로는 더 넓은 세계의 요구에 대한 자비로운 관심을 포함하고 있다. 기도는 삶의 많은 차원과 책임 있는 상호관계성을 키울 수 있다. 이러한 연계성을 육성하면 노인이 통합성 속에서 성장하는 것을 도울 수 있다. 노화에 대한 영적 지침을 개발하면서, Missinne(1990, 85쪽)는 기도의 가치뿐 아니라 독서, 명상, 예술적 창조의 가치 그리고 자연 및 타인의 아름다움을 향유할 것도 함께 강조한다.

2. 예배 환경

1) 유대교 회당과 그리스도교 교회

물론 노인들이 조직화된 종교와는 말년에 처음 만나는 경우도 있겠지만 아마도 대부분은 그 이전에 이미 교회 활동에 참여하였고 긴 참여의 역사를 가진 경우가 더 많을 것이다. 바로 이러한 유래로 종종 예배의 소중한 기억이 축적되는 것을 포함한 수년간의 신앙 경력을 나타내 준다. 예배의 경험은 일평생의 의례와 기억을 바탕으로 구축되어야 한다. Holmes(1981, 92쪽)가 주장한 것처럼, "예배에는 축적된 기억들이 필요하다." 믿음 공동체는 "… 늙어가는 사람들을 위해 '발명'할 수 있는 것이 아니다. 이는 일평생 안에서 세워져야 하는 것이다."

창의적으로 회상하는 것을 격려해 주면, 대부분의 노인들은 개인 및 가족의 역사에서 좋았던 순간을 예배를 중심으로 기억한다. 즉, 할례, 세례 및 유아 봉헌, 바르미츠바, 첫 영성체, 결혼, 장례식 또는 추도식 등. 노인들은 젊은 세대들에게 자신의 기억을 암송함으로써, 궁극적 의미와 가치의 종교적 상징을 전달하는 것을 도울 수 있다. Carlsen(1991, 130쪽)은 교회 내에서 세대 간 상호작용을 위한 이러한 필요성을 강조한다. 그녀는 의미 만들기의 관점을 찾는 맥락에서 이러한 필요성의 틀을 잡았다. 그녀가 예배를 의미의 표현으로 다루고 있지 않음에도 불구하고 예배는 젊은이와 노인들에게 그러한 역할을 종종 한다.

촛불, 조각상, 제의, 예배 중의 자세와 몸짓, 전례 음악 등이 모두 결합되어 이 특별한 환경 밖에서는 복제될 수 없는 분위기를 만들어 낸다. 이것은 그들 마음대로 예배 환경을 골라서 갈 수 없는 쇠약한 노인들에게 중요한 의미를 가진다.

2) 가정환경에서의 개인 예배

뜻이 같은 신자 집단과 함께하는 공동 예배는 강인함과 희망을 키울 수 있다. 다른 한편으로, 개인적 예배는 집단 경험에 대해 건강한 균형의 역할을 한다. '예배devotion'의 라틴어 어원은 '맹세vow'이다. 틀림없이 모든 예배의 기본은 하느님께 응답하기 위한 개인적인 의도나 맹세이다. White(1980)의 흥미로운 관찰에 따르면, 개인적 예배에 혼자 참여하는 개인은 자신의 속도와 내용을 결정할 수 있다. 이 점은 집단예배에서는 규정된 구조와 전례를 사용하는 것과 대비된다.

어떤 노인들은 개인적인 예배 경험에 주로 의존할 것이다. 따라서 주기적으로 예배 자료를 배포하는 교회는 하나의 중요한 성직을 수행하는 것이다. 집에 틀어박힌 남녀에게 그런 자료들을 우송하는 것보다는 교회 신자가 직접 전달하는 것이 훨씬 더 좋다. 이러한 직접적인 사회적 접촉은 노인들이 여전히 다른 예배자들과 접촉하고 있으며 신앙 공동체의 일부라는 것을 확인시켜 준다.

일부 개신교 교파와 로마가톨릭에서는 성체성직eucharistic minister[162]의 활용이 늘고 있다. 예를 들면 Champlin(1984)의 〈무한한 사랑의 중요한 성무: 성체성직 편람*An Important Office of Immense Love: A Handbook for Eucharistic Ministers*〉에서는 로마가톨릭에서 이 성직의 중요성과 미사에 참석할 수 없는 신자들에게 성체를 전달하는 방법을 도움이 되도록 상세하게 개략하고 있다.

집에만 있는 사람들과 활동이 가능한 사람들 간의 강한 유대를 지속시키는 또 다

---

162) 성체특별성직extraordinary minister of Holy Communion: 로마가톨릭에서는 성체를 다루는 것은 사제만 할 수 있음. 인가받은 신도가 사제를 도와서 성체와 성혈을 분배하는 역할을 담당하며, 축성된 성체를 예배에 참석하지 못하는 노약자나 환자 등 인근 지역의 신도에게 분배해 주기도 함.

른 방법은 고리기도prayer chains를 발달시키는 것이다. 약속된 시간에 다른 사람들과 기도에 참여하도록 함으로써, 각 참가자는 기도 주제를 중심으로 모여든 사람들이 보이지 않는 유대로 연결되었음을 안다. 고리전화telephone chains는 염려의 느낌을 소통하고 개인의 기도 생활을 풍요롭게 할 수 있다.

3) 다른 보호기관 환경에서의 예배

은퇴 공동체에서 살기를 선택하는 은퇴자들이 점점 늘어남에 따라 이런 이들을 위한 의미 있는 예배 개발에 도전할 필요가 생겼다. 이러한 환경에서는 세대 간 예배의 장점을 육성하는 것이 다소 어려울 것이다. 단지 안내를 돕기 위해 청년성가대나 아이들을 데려오는 것은 하나의 상징적 접근에 불과하다. 어떤 은퇴 공동체는 초등학교에서 학습지도를 하거나 스카우트 단원들을 도와주는 것같이 아이들을 포함한 선교 프로젝트를 선택해 왔다. 그러나 이러한 활동들이 세대 간 예배에 있는 가치들을 대체할 수는 없다.

다른 한편으로, 많은 은퇴 시설들은 집단예배로써 고양되는 진실한 단결의 느낌을 발달시킨다. 그러한 환경에는 특수사목 사제가 거주하지 않음에도 불구하고 은퇴한 성직자가 자원해서 이러한 예배의 기회를 발달시킬 수도 있다.

Thibault 등(1991, 38쪽)은 양로원 거주자들에게 “당신의 영적 요구에 관해 직원들이 알기를 원하는 것이 무엇입니까?”라는 질문을 하였다. 가장 큰 소망은 그들 자신의 종파로 특히 일요일에는 예배전례를 할 기회를 원하는 것이었다. 이러한 연구 결과는 사람들이 그들에게 가장 익숙한 언어와 환경에서 예배하도록 돕는 것이 중요하다는 것을 의미한다.

가장 단순한 형태의 예배를 위한 또 다른 환경은 응급병원에서의 환자 옆이 될 수 있다. 심각한 병, 외과 수술, 정신적 충격, 임박한 죽음 등의 시기에는 성직자와 그들의 인가된 대리인들은 옆에 있기만 해도 희망을 줄 수 있다. 믿음의 기도, 성사의 집행, 안심의 말 등 모두가 노인들의 내적 전체성에 공헌할 수 있다.

4) 기타 환경에서의 예배

신앙의 이름으로 노인들이 모인 곳이 어디일지라도, 그곳에는 감사를 나누고 지도를 구하며, 창조주의 현존을 인정할 수 있는 기회가 있을 것이다. 예배자들이 그들의 생활 속에서 신성을 깨닫기 위해서는 항상 고상한 대성당이나 정교한 사원이 필요한 것은 아니다. 창의적인 예배는 캠프나 피정 심지어는 동료 집단에 의해 계획된 여행에서도 얼마든지 드릴 수 있다.

진보된 기술도 예배의 영역에 새로운 가능성을 제기한다. 집에 틀어박혀 있는 노인들에게는 텔레비전이나 라디오를 거쳐 집으로 방송되는 주간 프로그램이 교회 공동체를 대체할 수 있다. 마찬가지로 많은 교회들은 예배를 녹음한 테이프를 노인들에게 제공하기도 하며, 주일 예배나 특별 예배를 비디오로 녹화하기도 한다. 이러한 혁신들은 이에 따른 장점과 단점 모두를 진지하게 저울질하여 심각하게 고려하여야 한다.

3. 기념행사와 의식을 통한 예배

1) 노인에게 주는 의미

앞에서 드러난 것처럼 단체 예배이든 개인 예배이든 예배는 다양한 분위기와 기회를 포함할 수 있다. 참회에서 환희까지, 고해에서 찬양까지 그리고 예배자들이 하느님과 연결하는 많은 방식에는 만화경같이 변화무쌍한 정서가 포함된다.

가족적인 혹은 제도적인 기념일 같은 역사적 사건뿐만 아니라 종교적 축제는 우리를 과거와 연결시킨다. Hulme(1986, 86쪽)에 의하면, 이러한 추억의 시간들은 현재 순간 속에서 영원한 차원에 대한 인식을 강화시켜 미래에 대한 우리의 희망이 강건해진다. 노인들에게는 무엇인가 이벤트가 있을 것이라는 기대만 해도 무미건조하게 지나갈 날들에 의미가 더해질 수 있다.

달력을 보며 기대감을 가지는 것에 더하여, 기념행사는 가족의 결속을 강화하고 종교적 전통을 심화하도록 도울 수 있다. 이처럼 신성한 결혼 의식은 수년간 떨어져 살던 가족들을 함께 모이게 한다. 조부모, 증조부모 그리고 다른 나이든 친척들은 그러한 행사들을 위해 준비하는 행위에서조차 많은 정신적, 정서적 자극을 발견한다.

2) 기념행사와 의식의 범주

Millgram(1979, 297쪽)은 유대교 안식일과 축일을 위한 가정 예배의 두 가지 중요한 행위를 기술하면서, 첫째로 '키두시Kiddush'[163]를 다루었다. 이는 안식일 가족식사 직전에 한 잔의 포도주를 두고 암송되는 의례이다. 둘째는 하느님이 거룩한 것과 속된 것의 사이에 구분을 만드셨다는 것을 선언하는 '하브달라Havdalah'[164]이다. 이것은 안식일이나 축일의 마지막에 표명된다.

어떤 종교적 신념을 가진 사람들이라도 식사 때마다 감사의 기도를 드림으로써 하느님의 현존을 축하할 것이다. 묵주기도rosary 암송 같은 매일 준수하는 평생의 패턴은 가족 구성원이나 전문 도우미도 존중하여야 한다. 굳건히 확립된 관행을 지속하는 것은 노인들에게 안정성과 영속성의 느낌을 줄 것이다.

예배라는 맥락에서 감사를 드릴 때 삶에서의 중요한 전환점은 고양된 의미를 갖는다. 예를 들어 어떤 노부부들은 50주년 같은 특별한 결혼기념일을 선택하여 결혼서약을 갱신하는 시간으로 선택한다. 한 가족이 처음 집에 들어가 살 때 가정 봉헌dedication은 의례적인 것일 수 있다. 이를 자연스럽게 변형한 것이 거주자들이 이사해 나갈 때 가정 축복benediction을 가지는 것이다. 이것은 거주자들이 여러 해 동안 한 지역에서 살다가 은퇴 시설로 옮겨갈 때 특히 인상적이다.

은퇴는 그 사실 자체만으로도 기념행사를 가질 이유가 될 수 있다. 어떤 교회는 이것을 대중적 예배 속에 포함시킨다. Simmons(1990, 163쪽)는 은퇴하는 사람들이 사회에 무엇을 공헌해야 하는가를 강조하는 방식으로 신앙 공동체가 공식적으로 은퇴를 의례화해야 한다고 주장한다. 노인들의 삶 속에 있는 독특한 경험과 과도기적 순간을 의례화할 필요성이 있다.

인생 행로의 종착점이 죽음이라는 것은 의심할 바 없다. 죽어가는 사람과 그 가족을 돕고 강하게 하려는 의식과 의례가 창의적이며 의미 있게 도입되어야 한다. 어떤 상황에서는, 죽어가는 사람들이 자신의 추도 예배에 무엇이 포함되어야 할지 의견을 말할 수 있을 것이다. 어떤 경우라도 죽음에 따른 장례식이나 다른 예배 경험은 고인의 삶을 기억할 뿐 아니라 신앙의 차원을 표명할 자연스러운 기회를 제공한다.

제도적 환경에서 보면, 종종 직원들은 그들이 돌보던 사람들과 깊이 관계된다. 그리하여 간호 혹은 조리 부서의 종사자들은 회상의 서비스를 공유하는 것에서 은혜를 받는다. 특수사목 성직자들은 직원들의 영적 요구에 각별한 관심을 주는 것이 좋다.

---

163) 키두시kiddush는 제7일, 즉 안식일이나 축제일을 거룩하게 하는 하나의 행위로서 주로 하느님의 천지창조, 안식일 제정, 하느님과 이스라엘 민족의 관계 등을 주요 내용을 하고 있음. 안식일이나 축일의 전야 및 당일 아침 기도문이 있음.

164) 하브달라havdalah의 문자적 의미는 구분separation이며, 일몰이 가까워 오면 안식일이나 축일을 마감하는 기도문이 암송되고, 촛불이 켜는 등의 의식을 거행함.

앞에서 언급한 것처럼 축일을 계속 기념하는 것은 계속성과 근원성의 감각에 기여한다. 자체 역법이 완비된 유대교 달력은 신자들에게 계절의 변화를 기념하는 신앙적인 방식을 제공한다. 매년 가을에 '쇼파shofar'라는 뿔나팔을 불어 새해의 시작을 알리는 것처럼 다른 축제들도 역사적 사건과 달의 경과를 기념한다(Knobel, 1983, 5쪽). 마찬가지로 그리스도교 달력의 리듬과 주기는 창의적이고 의미 있는 예배를 위한 풍부한 기회를 알려 준다.

3) 예술의 역할

여러 시대를 거쳐 예술은 다양한 형식과 표현으로 "신성의 아름다움에 봉사하도록" 요구되었다. 음악, 조각, 그림, 건축 등 모두가 예배의 경험에 많은 기여를 해 왔다. Collins가 주장한 것처럼, "예술은 의례의 행위와 용어 위에 한층 더 덮인 장식 같은 것이 아니었다. 예술은 바로 전례를 구성하는 표현적 형식의 핵심이다"(1983, 13쪽). 음악, 시각 예술, 춤, 드라마, 혹은 예배를 고양시키는 다른 예술적 표현 등 어떠한 영역에서든지, 노인들은 그들의 재능을 기여할 수 있을 것이다.

4. 노인 예배자들에 대한 적응

노년기에 접어들면서, 남녀 노인들은 예배에 참여하는 데 영향을 미치는 육체적 변화들을 경험할 것이다. 시력, 청력, 보행 등이 감퇴하는 변화는 종종 적절한 조명, 큰 활자의 예배 자료들, 적절한 음향 시스템, 표지판, 건축 장벽의 제거 등으로 보완될 수 있다. 노화로 인한 상실 및 무능력과 관련된 기술이 혁신되어 노인들이 육체적 변화에 대응하고 보완할 수 있도록 해 주기도 한다.

인지력이 손상된 노인들은 특별한 요구가 발생한다. 알츠하이머병을 가진 노인들이라도 신앙의 상징과 의례에 반응할 수 있다. Elaine Ramshaw는 그녀의 책 〈전례와 사목*Ritual and Pastoral Care*〉에서 인지력이 손상된 사람들과 함께 의례를 할 때의 영향을 다음과 같이 보여 준다.

> 전례ritual는 감성적 경험일 뿐만 아니라 인지적 경험이다. 의례에는 여러 수준별로 우리의 생각과 느낌이 모두 포함된다. 장기적 기억 혹은 추상적인 개념적 사고

같은 인지 능력이 발달하지 못했거나 손상된 사람들은 의례를 다소 다르게 이해할 것이다. 그러한 인지적 손상은 여러 가지 상태—정신 지체, 노망, 뇌 질환 및 뇌 손상 등—를 수반할 수 있다(1987, 77-78쪽). 인지적 손상이 있는 대부분의 사람들은 여전히 의례에 참여하고 의미를 발견할 수 있으며, 실제로 많은 사람들은 인지적으로 '정상'인 대부분의 사람들이 하는 것—감성적인 그리고 실체적이며 상징적인 차원을 통하여—보다 의례를 더 강렬하게 경험한다.

현실에 심하게 혼란스러워 하는 사람들도 그들에게 친숙한 의례, 음악, 기도 그리고 평생의 전례적 상징에는 놀라울 정도로 잘 반응할 수도 있다(Richards, 1990, 63쪽).

모든 사람들에게 동일한 의미를 주는 예배의 경험은 하나도 없다. 개인차를 인정하는 것이 중요하다는 점은 사람들이 개인 예배나 집단 예배에 참여할 때 선택할 수 있도록 해 주어야 한다는 것과 분명히 관련된다. 교회나 유대교 회당 지도자들은 신앙의 전통에 기초하여 전체성을 가진 전인에게 호소하는 예배에 모든 나이의 사람들이 계속 참여하도록 함으로써, 영적 성장과 의미를 기르도록 해야 하는 과제를 안고 있다.

제17장 노화에 관한 여성학적 관점

Martha Klein Larsen

신앙 공동체는 여성 노인에게 적절한, 노화에 관한 문제들을 다룰 필요가 있다. 왜냐하면 신앙 공동체의 대다수가 50세 이상의 여성이기 때문이다. 이 장에서는 여성 노인의 사목으로 고심하고 있는 신앙 공동체에 도움이 되도록 교파와 관련 없이 초교파적 시각에서 서술할 것이다. 만일 그리스도교만을 대상으로 한다면 이 '여성 신학'에 다른 주제들을 포함해야 할 것이고, 저자의 종교인 루터교 공동체만 다루고자 한다면 이 역시 다르게 보일 것이다.

여성에게 노화가 지니는 의미와 씨름하게 되면, 노화라는 요인과 아름다움에 관한 사회적 해석이 여성에게는 아주 어린 시절부터 영향을 미쳐왔음이 분명해진다. 따라서 노화에 관한 주제를 다루는 것은 우리 사회의 모든 여성들에게 실로 시의적절한 주제를 다루는 것이다. 여성이 연령 차별주의의 비판의 중심에 설 때, 우리는 전에는 간과되었던 노화의 측면에 주의를 기울이기 시작한다는 것을 의미한다.

1. 노인 차별과 성별 이원론: 여성주의의 도전

남자들에게는 늙는 것이 덜 심한 상처가 된다. 왜냐하면 청년들에게 나이가 들면 남성이나 여성이나 모두 수세적이 된다고 선전할 뿐만 아니라, 여성에게 특히 심하게 적용되는 노화에 대한 이중 잣대가 존재하기 때문이다. 사회는 남편들의 간통을 묵인하는 것처럼 남성의 노화에 관해서도 더 관용적이다. 남성은 여성에게는 허용되지 않는 몇 가지 방법으로 불리한 대가를 치르지 않고 늙는 것이 '용인'된다(Sontag, 146쪽).

노인 차별은 남성보다 여성에게 근본적으로 훨씬 더 파괴적이다. 노인 차별의 근원은 서구 문화의 성별 이원론에 있으며, 이러한 이원론은 플라톤이 현실을 정신과 육체로 구분한 것까지 거슬러 올라간다. 육체는 악의 근원이며 변화하고 썩는 것이다. 육체적인 감각과 정서는 정신에 의해 지배되어야 한다. 정신과 의식은 영원불멸이며 신과 같은 것이고, 세속이나 육체와는 이질적인 것이다. 육체보다 정신이 우위에 있는 위계질서가 여성보다 남성이 우위에 있는 위계질서로 복제되었으며, 남성적인 것은 정신과 동일시되고 여성적인 것은 육체와 동등한 것으로 여겨진다(Ruether, 1993, 24쪽).

Rosemary Radford Ruether는 모든 이원론의 원천이 이러한 '위계적인' 성별 이원론에 있다고 본다(Ruether, 1975, 3쪽). 그러므로 서구 문화는 인종차별(유색인 위에 백인), 군국주의(약자 위에 강자), 생태학적 위기(창조 위에 인간), 성차별(여성 위의 남성), 노인 차별(노인 위에 젊은이) 등의 특징을 가지게 된다. 각각의 이원론에서는 '더 강한' 요소는 남성적인 것과 동일시되며, '덜 강한 것'은 여성적이고 수동적이며, 약한 측면과 동일시된다. 여성 노인은 단순한 성차별이 아니라 노인 차별 맥락 속의 성차별이라는 이중의 굴레 속에 있다.

성별 이원론은 서구 역사의 가장 큰 특징이며, 현대 여성운동으로부터 도전받고 있다. 가부장제는 성별 이원론과 다른 형태의 억압을 영속시키는 권력, 즉 서구 문화에서는 주로 백인 남성 체제이다. 여성주의자들은 가부장제를 서로 다르게 정의하지만 대부분은 이러한 체제가 권력을 가진 자들에게 이익을 주고 여성, 경제적 빈곤층, 유색인종 등의 특정 집단에게는 불이익을 받거나 복종하도록 한다는 점에는 본질적으로 동의한다.

여성주의자들의 분석은 여성 및 다른 피압박 집단을 지속적으로 억압하는 미묘하고 교활한 방법을 알아내려고 애쓴다. 노인 차별은 그 방법 중의 하나이다. 여성주의는 상호성과 비위계적 관계의 특징을 갖는 새로운 인간성의 비전을 제공하고자 하며 이러한 노선에 따라 사회를 변화시키기 위한 전략을 제안한다. 여성주의 신학은 종교적 신앙 체계가 가부장적 권력 형태에 기여하고 합법화한 방법을 분석하는 데 초점을 맞추고 있다. 세속의 여성주의자들과 마찬가지로, 여성주의 신학자들도 여성과 다른 집단을 종속시켜 온 남성적 권력 체계를 비판한다. 좀 더 공정하고 평등한 사회를 만들기 위한 전략에 대하여는 여성 신학자들의 의견이 크게 다르다. 몇몇은 종교적 제도와 '전통'신학을 수정, 개혁해야 한다고 주장하고, 몇몇은 교회와 회당을 떠나는 분리주의separatism만이 실행 가능한 대안이라고 주장한다. 다른 학자들은 두 가지 대안의 절충을 모색하며 유색인종, 여성, 빈곤층, 동성연애자 등처럼 목소리를 내지 못했던 사람들을 대화에 초대하는 방식을 취하고자 한다.

가부장제에 대한 도전과 비판은 모든 여성주의자들의 중심 사상이며, Ruether는 다음과 같이 썼다.

> 우리는 낡은 인간성에 항의하는 것 그 이상의 것을 해야 한다. 이제는 우리가 새로운 인간성humanity으로 살기 시작해야 한다. 우리는 반드시 말과 행동의 가부장제로부터 인간성을 해방시켜서 새로운 말, 새로운 기도, 새로운 상징, 새로운 찬양으로 신앙 공동체를 구현해야 한다. 이것은 우리가 가부장제로부터 탈출을 시작하면서 우리를 지원하는 결집된 공동체를 형성하는 것이 필요하다는 것을 뜻한다(Ruether, 1986, 5쪽).

노인 차별의 문제와 이로 인한 여성에 대한 부정적인 영향은 가부장제에 대한 비판과는 분리될 수 없다. 노인 차별의 기원을 성별 이원론에 두는 것처럼 노년은 약함, 의존성, 수동성, 상처받기 쉬움 등으로 특징지어지는 여성적인 사회적 해석과 동일시되기 때문에 노화에 대한 상식적 관념에 도전하는 신학이라면 반드시 성별 이원론의 문제를 함께 다루어야만 한다.

2. 노화에 대한 사회적 해석

노인 차별의 근원이 성별 이원론에 있음을 인식하는 것에 더하여, 노인 차별을 다루고자 하는 첫 출발은 노인 차별에 대한 사회적 해석의 본질을 밝히는 것이다. 어떤 이념이든 그 속에는 그것이 '자연스럽다'고 생각하게끔 만드는 경향이 있다. 노화와 이에 관련된 생물학적 과정의 해석은 현재 몇몇 사회과학자들에 의하여 그것이 사회적으로 해석된 것이라는 도전을 받고 있다.

> 몇몇 생물학자들은 인간의 수명이 전에 추정되었던 90~110세보다 더 길어져서 조만간 120~130세에 달할 것이라고 주장하였다. 아마도 이런 수명의 증가와 이에 따른 신체적으로 활발한 기간의 증가는 나이를 사회적으로 해석하는 문제를 조사하는 것이 아주 시의적절하고 중요한 것으로 만들었다(Turner, 16쪽).

여성주의 철학자 Alison M. Jagger는 생물학적 결정론에 대하여 경고하였는데, 이는 특정 형태의 사회조직을 공격하거나 정당화하는 일 인간의 불만족을 진단하거나 또는 사회 변화의 한계를 설정하는 데 이용되어 왔기 때문이다. 그러한 이론은 숙명론을 부추기고, 사람들에게는 사회가 불변의 인간 성향에 적응하거나 불가피한 현존의 사회를 받아들여야 한다고 제안한다. 노화에 관한 많은 생각은 생물학적 결정론에 근거를 두고 있다.

노화에 관한 관점들은 사회적으로 해석된 것이다. 만일 이러한 관점들이 여성에게 불리하게 작용한다면, 노화를 어떻게 재해석해야 삶의 질을 더 높여 주겠는가? 여성주의적인 비평은 다른 이론과 마찬가지로 가치중립적이 아니다. 여성주의 이론/신학은 여성을 위한 것이다. 그러나 통합적이며 보편적인 체제는 배타적이며, 종종 다른 관점이 존재하는 현실을 부정한다. 우리는 계급 지향적이 아니며 인종 편견적이지 않으며, 여성 경험의 다양성을 고려해 주는 재해석을 찾아낼 수 있을까? 다음에 제시되는 신학적 고찰들은 이러한 방향으로의 시작을 시도한다. 우선 40대에 가까운 중산층 백인 여성으로서 저자인 Ruether는 노화, 인종, 계층 등 현실에 대한 지식에 한계가 있다는 맥락을 인정하는 것에서 출발한다. 그럼에도 불구하고, 다음 내용의 어떤 부분은 대부분의 여성에게 적용된다. 왜냐하면 그들도 지배계층의 여성 취급에 내재하는 성차별을 극복하기 위한 투쟁을 어느 정도 공유하고 있기 때문이다. Ruether가 관찰한 바에 의하면,

> 우리는 최종적이며 결정적인 여성주의 신학은 없다고 말해야만 하며, 또한 최종적인 합synthesis, 즉 모든 인류의 경험을 포함하고, 성차별인 것을 비판하며, 모든 역사적 전통에서 사용 가능한 것을 끄집어내는 여성주의 신학은 없다고 말해야만 한다. 그러므로 이 책은 일반적 여성주의 신학이 아닌, '하나의' 여성주의 신학에 대해 설명하고 있는 것이다(Ruether, 1983, 20).

이처럼 노화에 대한 '하나의' 여성주의 신학을 향한 출발이 이루어지는 것이다.

신앙 공동체는 노화에 대한 사회적 해석에 여성의 전면적 인간성을 옹호하는 방법으로 적극적으로 참여해야 할 필요가 있다. 만일 공동체가 노화에 허우적거리는 모든 나이의 여성에게 활력을 주는 자원이 되고자 한다면, 이 과제는 필수적인 것이다. 신앙 공동체는 노화의 해석에, 즉 우리 사회에서 육체적으로 매력적인 것이란 무엇인가에 대하여 새로운 것을 제시하려고 노력해야 한다. Susan Sontag은 다음과 같이 관찰했다.

> 여성이 남성보다 노화를 더 고통스럽게 겪는 이유는 단순히 여성이 남성보다 외모에 더 신경을 쓰기 때문만은 아니다. 남성 또한 그들의 외모에 대하여 신경을 쓰고 더 매력적으로 보이기를 원하지만, 남성의 주 관심사는 겉으로 드러나는 것보다는 주로 존재와 일에 관한 것이다. 남성의 매력에 관한 기준은 관대하며, 그들은 대부분의 사람들이 보통 삶을 통하여 가능한 것, 즉 '자연스러운' 것에 따른다. 여성의 외모에 대한 기준은 자연을 거스르며, 거기에 근접하려면 상당한 시간과 노력이 필요하다. 여성은 아름다워지도록 노력해야만 한다. 최소한 그들은 추하지 않기 위하여 사회적인 중압감에 시달린다 . … 남성에게는 좋은 외모가 자존감을 유지하기 위한 심리적 필수요건이 아니라 보너스일 뿐이다(Sontag, 1979, 472-73쪽).

노화의 개념을 재해석하기 위해서는 아름다움과 외모에 대한 개념이 재해석되어야만 한다. 이러한 목표는 얼굴 처짐이나 복부성형수술을 경험한 여성 노인에서부터 엄마의 뾰족한 하이힐을 신고 바비 인형처럼 보이고 싶어 하는 어린이에 이르기까지 모든 여성의 전면적 인간성에 기여할 것이다.

이 목표가 신앙 공동체에 적합한가? 교회에는 사회적으로 해석된 이상적 여성과 비교하여 부정적인 자신의 신체 이미지 때문에 고통 받는 여성이 많다. 이런 문제는 경제적으로 어려운 여성에게는 매우 절박하지 않을 수도 있다. Sontag이 지적한 바에 의하면 '미용과의 전쟁'을 오래 그리고 집요하게 하려면 상당한 여가시간과 돈이 필요하다(Sontag, 1979, 466쪽). 그럼에도 불구하고 이런 강압적인 힘은 우리 사회에 작용하고 있으며, 많은 여성들은 체중이나 이상적인 외모에 스스로 속박되어 있음을 느낀다. 여성은 나이가 들어도 이러한 강박관념은 감소되지 않는 것으로 보인다. 사회는 여성 노인을 회색 머리, 처진 가슴, 이중 턱, 주름, 눈가의 잔주름 등을 특징으로 내세워 부정적인 고정관념을 형성한다.

'속박bondage'이란 단어는 여성이 정신과 육체의 이원론, 즉 부정적인 신체 이미지 그리고 노화와 포괄적으로 연결되는 이원론을 내면화하는 정도를 설명하기에 좋은 말이다. Susan Bordo는 식욕부진을 육체/정신의 이원론이라는 내면화된 형이상학과 비교하였다. 육체는 자아로부터 분리된 실체로서 정신에 의하여 통제되어야 할 이방인, 감옥, 적이 된다. 식욕부진 환자는 육체란 사람이 통제해야 할 대상이며, 육체의 유혹과 방해로부터 지적인 독립을 성취해야 한다고 말한다. 식욕부진 환자의 궁극적인 목표는 굶주림과 욕망의 경험을 멈추는 것이다(Bordo, 1993, 145-46쪽). 이는 마치 두 개의 자아, 높은 영성, 높은 지성, 강한 의지의 남성적 측면과 주체 못하는 식욕, 불순함, 타락, 게걸스러운 갈구의 여성적 측면이 서로 전쟁을 하는 것과 같다(Bordo, 1993, 155쪽). Bordo는 식욕부진증의 정신병리학은 비정상이거나 일탈이 아니며, 많은 것을 잘못된 것이라고 규정짓는 우리 문화의 특징적 표현이라고 믿었다. 실제로 몇몇 여성주의자는 "식욕부진증은 여성다움의 문화적 해석에서 요구하는 조건에 취약한—다소의 정도 차이만 있을 뿐—오늘날의 모든 여성이 처한 연속선상의 한 극단"임을 주장한다(Bordo, 1993, 47쪽). 여성이 나이가 든 후에는 사회의 이원적 관념—추함/아름다움, 젊음/늙음, 비만/날씬—을 초월하기 위한 투쟁은 어려운 일이며, 해가 거듭될수록 악화된다. 이것은 사람의 본질적 자아에서 분리된 육체를 내면화한 결과이다. 마치 식욕부진증 환자가 몸이 말을 듣지 않으면서 몸에서의 갈구와 욕구와 계속 전쟁을 치르는 것처럼, 나이 들어가는 여성은 자신의 육체와 그리고 육체의 피할 수 없는 노화 과정을 상대로 전쟁을 치르는 것처럼 느낄 것이다. 이는 "시간을 거스르는 경주"이며, 몸이 노년기로 자연스럽게 이동하는 것을 막으려는 공격법을 전략적으로 계획하는 시간으로 느낄 것이다.

만일 여성들이 아름다움과 노화에 대한 문화적 개념을 내면화하고, 남성적으로 정의된 정체성에 부합하도록 여성다움을 문화적으로 해석하는 데 참여하는 것이라면, 어떻게 여성들이 자신들이 신/여신God/ess[165]의 형상으로 창조된 것으로 인정하는 과정을 신앙 공동체와 함께 시작할 수 있겠는가? 이것이 핵심적으로 무슨 의미가 있는지는 특정 신앙 공동체의 맥락에 따라서 달라진다. 살기 위해 싸워야 하는 저소득

---

165) [저자 각주] 저자는 Rosemary Radford Ruether의 용어 'God/ess'를 사용함으로써, 하나의 인간 형상을 글자 그대로, 즉 한 예를 들자면 신을 남성으로 받아들이는 것은 맹신적이라는 점을 지적하고자 한다. 신을 남성 언어로 표현하면 틀림없이 그 영광스러운 자리를 잃을 것이다. Ruether는 "신/여신의 형상에는 분명 여성의 역할과 경험이 포함될 것이다. … 그리고 남성과 여성의 역할에서 남성의 지배와 여성의 복종을 정당화하는 고정관념적인 방법을 승인하지도 않았을 것이다"라고 기술한다. 〈성차별과 하느님 말씀*Sexism and God-Talk*〉 69쪽 참조.

층 근로 여성의 욕구는 부유한 백인 미망인의 욕구와 다를 것이다. 그럼에도 불구하고 둘 다 지배이념의 성차별을 경험했기 때문에 아마도 여성의 출발점은 역사적으로 백인 남성의 전유물이었던 자주성, 자기통제, 독립성, 훈련, 신체 단련 등 인간성의 측면에서 시작해야 할 것이다. 이 과제는 유색인종 여성에게는 더 쉽다. 왜냐하면 그들이 처한 환경에서 정서적으로나 경제적으로 생존하기 위해서는 강인함과 자립성이 요구되었기 때문이다. 생존하기 위해서 이 여성들은 종종 지배계층으로부터 '비여성적', 즉 남성적이라고 간주될 특성을 어쩔 수 없이 드러내기도 했다.

정체성을 본질적으로 창출해 낸 그 맥락에서 완전히 결별하는 것이 가능한가에 대하여 여성주의자들 중 더러는 의문을 제기한다. Bordo는 여성의 육체를 투쟁의 장소로 보았으며, "거기에서 우리는 온순함과 성의 정상화를 위해서가 아니라 성의 지배에 저항하기 위하여 매일 훈련해야 한다"(Bordo, 1993, 184쪽). Ruether에게는 성차별이 없는 사회가 되기 전에는 이 과제가 완수된 것이 아니다.

> 여성은 어떤 존재여야 하는가? 자아와 타인, 사고와 느낌, 활동성과 수용성 등의 양극성polarities을 남성 지배의 전통에서 벗어나서 어떻게 상징화할 것인가? 이러한 것들에 대하여 우리는 성차별 없는 사회가 만들어져서 여성이 자신의 잠재력을 다른 사람만을 위한 것이 아니라 자신을 위하여 개발할 수 있는 권리를 가진 온전한 인격적 개인으로 인식될 때까지는 알 수가 없다(Ruether, 1975, 159쪽).

이제까지 지배계급에서 여성스럽지 못하다고 좌절당하던 이러한 인간의 특성을 확인하는 것은 사회의 노인 차별을 변화시키는 데 도움이 될 것이다. 여성은 그들에게 계속 '소녀처럼' 무능하고 무력하고 수동적이고 비경쟁적일 것을 지시하였던 그 체제에 도전을 시작한다. 여성은 그들 자신의 인간성을 확인할 것이며, Sontag이 말한 것처럼 성인이 될 것이다.

> 여성은 그저 얌전한 것이 아니라 지혜로워지기를 갈망한다. 그저 도움이 되는 것이 아니라 능력을 갖고 싶어 하며, 그저 우아한 것이 아니라 강해지고 싶어 하고, 그저 남성과 아이들에게 연결된 것이 아니라 자신을 위한 야망을 갈망한다. 그들은 사회의 노화에 대한 이중 잣대에 기인하는 관습을 적극적으로 항의하고 불복종하면서, 당황하지 않고 자연스럽게 나이 들어갈 수 있다.… 여성은 그들의 얼굴이 그들이 살아온 생을 보여 줄 수 있도록 해야 한다. 여성은 진실을 말해야 한다(Sontag, 1979, 478쪽).

노년기의 성gender에 관하여 연구하는 몇몇 노년학자는 노년기에 역할이 역전되는 것에 주목했다. 여성은 더 자율적이 되고, 남편에 대하여는 덜 순종적이며 덜 의존적이 되며, 결혼 관계에서도 지배적인 역할을 하게 되는 것으로 보인다. 여성은 약한 남성을 돌보는 사람이 된다. 그러나 우리는 그러한 연구가 노부부의 인종적인 차이를 적절히 설명하고 있는지 의문을 가질 필요가 있다. 예를 들면 흑인 여성이 오랜 역사 속에서 혼자서 강인하고 자율적으로 미국 흑인 가족을 이끌어온 것을 어떻게 설명할 수 있는가? 이런 가정에서 역할 반전이 어디에 있는가? 양친 부모가 있는 흑인가정의 경우 여성의 남성에 대한 의존도와 복종이 백인 중산층 핵가족의 그것과 같겠는가? 아니면 이러한 권력 관계 및 성역할 관계가 지배적 남성과 역동적—순종적이 아닌—여성과의 관계라고 특징지을 수 있는가?

노년기 부부에서 인종적 차이뿐만 아니라, 실제로 역할의 역전이 일어나고 있는지 아니면 충실한 부인이 보살핌과 양육의 과제를 부당하게 떠맡아 계속하는 것인지를 우리는 분석할 필요가 있다. 가정과 사회에서 실질적으로 여성의 파워가 증가했는가? 남편에 비하여 여성의 지위가 질적으로 변했는가? 사회적 위계질서에서 남성의 위치가 갑자기 변했는가? Sandra Bartky는 여성에 대해, 또 여성이 남성을 정서적으로 보살피는가에 대해 일반적 질문을 던졌다(Bartky, 1990). 노인에 관하여도 유사한 분석을 적용할 수 있다. 노년에는 남성의 우위적 지위가 포기되고, 그의 남성적 특권이 소멸되는가? 취약함이나 연약함이 반드시 남성의 특권이 상실되고 여성의 지위가 상승하기 시작하는 서곡은 아니다. 노년기에 역할의 역전이 실제로 남녀 양성 간에 일어나는 것인지 아니면 기존 성차별적 기대의 연장에 불과한 것인지를 연구할 때 이러한 요인들이 고려되어야 한다.

3. 탈출과 신앙 공동체

여성의 완전한 인간성을 확인하는 과제를 시작하려는 여성들—그리고 이를 지지하는 남성들—이 치러야 할 대가는 매우 클 수 있다. 여성이 가부장제로부터 탈출하려면 어느 나이를 막론하고 가정 내에서, 사회적 및 직업적 관계와 관련하여 큰 위험에 처할 수 있다. 현실적으로 물질적 손실과 정서적 갈등도 나타난다. 여성이 개인적으로 이러한 여정에 올라 헤쳐 나가려면 세심한 지원이 필요하다.

첫 단계에서는 아름다움과 노화에 대한 가부장적 개념, 노년기의 권력관계, 여성이 완전한 인간이 되는 것을 방해하는 억압적 영향력 등에 도전하는 것이 필요하다. 이에 상응하는 재해석의 과정을 시작하기 위해서 신앙 공동체는 여성과 함께 이 목적을 달성하기 위한 형식과 구조를 결정할 수 있다. 어떤 경우에는 여성들이 억제되지 않고 안전하게 문제를 탐구하는 데 필수적인 공간과 자유를 허용하기 위하여 남성의 참여를 배제시킬 필요가 있다. 여성 집단들은, 여성이 스스로를 광적이거나 부적응이거나 호르몬의 불균형이거나 남의 허물만 보거나 배은망덕한 존재가 아니라고 인식하는 맥락에서 자신들의 느낌을 재정의하고 탐구할 수 있는 기회를 줄 수 있다(MacKinnon, 1989, 100쪽). 이러한 탐구를 촉진하려는 의도로 조직된 여성 집단들은 여성들에게 그들의 느낌과 상황을 행동으로 바꿀 수 있다는 확신을 주는 쪽으로 상황을 보여 줄 수 있다(MacKinnon, 1989, 101쪽).

그러한 집단의 맥락에서 여성에게 이루어지는 권한 이양은 가부장제로부터 탈출할 수 있는 필수적인 단계이다. 그러한 권한 이양은 신의 일이다. Rita Nakashoma Brock은 "그리스도교의 완전한 치유센터"인 공동체에는 예수님이 현존하신다고 이야기한다(Brock, 1988, 52쪽). 이러한 공동체 속에서 개인은 그들의 고통과 상처를 상호 취약함이라는 안전한 맥락 속에서 공유한다. 이러한 공유 가운데 고통과 상처로부터 치유를 간절히 바라는 마음이 "마음에서 마음으로" 타인과의 친밀한 유대를 통하여 발생한다. Brock은 이러한 치유를 인간 존재의 신성한 차원과 인간끼리의 사랑의 힘erotic power이 현존하여 드러내는 것이라고 부른다(Brock, 1988, 45-52쪽). 신앙 공동체 맥락에서의 여성 집단은 신/여신의 현존을 구현하고 나타내 보이는 권력 이양과 치유의 자원이 될 수 있다. 여성 집단은 권력 이양의 자원일 뿐만 아니라, 여성이 완전하게 인간이 되고 새로운 정체정과 자기결정을 시작할 수 있는 인간성의 새로운 비전이 시작되는 자원이기도 하다. 이러한 과정에서 남성의 역할은 개별 공동체에서 조정될 필요가 있다. 식사를 통한 비공식 모임, 성인 포럼, 성과 노화에 관한 위원회의 구성 등이 가능하다.

위의 과정에는 다인종적 및 다층적 정체성이 필수적이다. 이는 많은 신앙 공동체에게는 더욱 어려운 과제이다. 만일 여성들이 "남성 지배적 사회에서 여성에게 강요된 전형적인 여성적 태도와 사고양식을"(Jaggar, 1988, 383쪽) 극복하기 위해 현실의 재개념화를 통해 성공적으로 투쟁하려 한다면, 다인종적 및 다층적 대화가 필수적이다. 권력관계는 나이, 계층, 성, 인종 등을 뛰어넘어 변화될 필요가 있다.

현실에 대한 여성의 인식은 남성 지배적 이념과 남성 지배적 일상생활의 구조에 의하여 왜곡되어 있다(Jaggar, 1988; Bartky, 1990). 이러한 딜레마에 효과적으로 투쟁하는 한 방법은 상호 대화를 통한 것이다. 모든 여성이 가부장제 탈출에 관여하는 것은 아니다. 여성이 자신의 완전한 인간성을 실현하는 한편, 신/여신의 뜻과는 달리 여성과 타인을 억압하는 권력제도를 개혁하도록 노력하도록 신앙 공동체는 여성에게 가부장제에서 벗어날 것을 예언적으로 주장할 수 있다. 신앙 공동체는 늙어 가는 모든 여성과 남성을 위한 자원이 될 수 있다.

위의 과정에는 다양한 인종과 계층적 배경을 가진 여성들이 참여해야 할 뿐만 아니라, 그런 집단은 의도적으로 여러 세대로 구성되는 것이 필수적이다. 80년대에는 사회적 노화 과정에 미치는 인종적 영향에 대한 관심이 급속히 증가하였다. 그러나 이 분야에는 서로 다른 인종적 맥락에서 노화에 성별적 영향은 어떤지에 관한 추가적인 연구가 필요하다(Barresi, 1990, 24쪽). 그러므로 여성의 완전한 인간성을 무엇으로 재해석해야 하는가의 과제에는 모든 여성이 관여해야 함은 필수적이다.

Alison Jaggar는 여성과 남성은 서로 상대의 '원문text'을 배우는 것이 필요할 것이라고 지적했다. 남성은 여성의 원문을 배우고, 백인 여성은 유색인종 여성의 원문을 배울 필요가 있다. 모든 사람은 노인에 관한 원문을 배울 필요가 있다. 집단적 대화의 전제 조건에는 세상을 바라보는 대안적 방법을 이해하고 익숙해지려는 약속, 겸손, 의지 등이 포함된다(Jaggar, 1988, 386-387쪽). 신앙 공동체의 지도자들은 공유하지 못했던 경험들을 진지하게 생각함으로써 열정적인 경청자로서 교회의 모범이 되어야 한다.

신앙 공동체가 어떻게 여성의 노화에 도움을 줄 수 있을까? 이 공동체들이 위에서 기술된 과정에서 격려의 원천이 될 수 있을 것인가? 여성에게 지도자의 역할을 주지 않는 공동체는 여성이 유능하고 지혜로우며 강하다는 것을 확인할 수 있는 가능성이 매우 낮다. 가부장제로부터 탈출하려는 신앙 공동체는 형식 위주가 아니라 실제로 여성을 지도자 지위에 두고 인정해야만 하며, 하느님의 교리를 개혁하여 강력하고 통제적인 남성만을 반영하는 것이 아니라 인간의 모든 경험을 포함시켜야만 한다. 후자의 해석은 역사적으로 인간이란 무엇인가를 정의하였으며, 남성의 권력을 정당화하였다.

마찬가지로 가부장적 모습의 '남성적' 신학만을 반영하는 전례를 사용하고 예배하는 신앙 공동체는, 여성성을 폄하하지 않는 방법으로 신의 여성적 형상에서 정체성을 찾을 필요가 있는 여성들에게 긍정적이지 못하다. 구약과 신약에는 출산의 고통(이사 42,14), 모든 피조물을 낳는 자궁(욥기 38,8-29), 젖먹이는 어머니(민수 11,12-13) 등에서 신의 여성적 이미지가 포함된다. 또한 "베드로의 첫째 서간" 2장 2-3절에서 우리는 젖을 먹는 새로 태어난 그리스도교인의 이미지를 발견할 수 있다.

갓난아이처럼 영적이고 순수한 젖을 갈망하십시오. 그러면 그것으로 자라나 구원을 얻을 것입니다. 주님께서 얼마나 인자하신지 여러분은 이미 맛보았습니다(1베드 2,2-3).

Virginia Ramey Mollenkot(1990), Phyllis Trible(1978), Brian Wren(1989)과 같은 신학자들은 성서적인 신의 형상을 여성적인 용어로 묘사하며 연구해 왔다. 그러한 전례적인 맥락에서의 신의 형상화는 삶의 경험과 역할이 무시되고 폄하되어 왔던 여성들에게 생명을 줄 수 있다. 구약과 신약에는 자식 없이 지낸 강인한 여성의 예로 초대제자들의 공동체의 모델이 된 미망인이자 여성 예언가인 안나Anna[166]가 포함되며(Thurston, 1989), 미리암, 데보라, 훌다와 같은 다른 중요한 지도자나 룻의 시어머니 나오미에 대한 충성심과 사랑에 관한 성서적인 설명은 독신여성이나 미망인에게 좋은 본보기가 된다. 이러한 성서적인 자원은 여성이 신앙 공동체의 맥락에서 나이 들어 갈 때 중요한 영향을 미친다.

신의 여성적 형상화와 같은 전례적인 변화와 더불어 전통에 관한 민감도, 특정 교회의 역사, 참여한 특정 여성들의 지식 등이 이와 관련해서 사목적으로 어떻게 진행될지를 결정한다. 변화는 누구에게는 자유를 주지만, 다른 사람에게는 두려움을 줄 수 있다. 모든 여성과 남성의 요구 그리고 그들의 세대 간 문제를 해결하는 일은 반드시 생기를 불어넣고 상호 도전적인 긴장 속에서 신앙적으로 이루어져야 한다.

가부장제로부터 탈출하려는 신앙 공동체는 이 과정에서 남성과 여성을 강화시키고, 성숙시키며, 권한을 주는 새로운 종교 의례가 필요할 것이다. 이러한 의례에는 Ruether의 '여성-교회Women-Church'에 포함된 소녀를 위한 사춘기 의식, 출산 준비 전례, 동성애 혹은 이성애 서약 축하식, 폐경 전례 등 생애주기의 사건들이 통합될 필요가 있다(Ruether, 1986). 이러한 전례는 의례적 사건이며, 그 가운데에서 신앙 공동체는 친교의 맥락에서 신성의 현존이 변화하는 것을 경험하게 된다. 이것들은 의식을 고양시키고 변화시키는, 즉 이는 남성과 여성의 완전한 인간성이라는 공동 비전이 역사적 현실을 뚫고나갈 결정적 계기와 움직임의 수단이 될 수 있다. 모든 나이의 여성

166) 안나Anna the Prophetess에 관한 내용은 누가복음 2장 36-38절. "또한 파누엘의 딸로서 아셀 지파의 혈통을 이어받은 안나라는 나이 많은 여자 예언자가 있었다. 그는 결혼하여 남편과 일곱 해를 같이 살다가 과부가 되어 여든 네 살이 되도록 성전을 떠나지 않고 밤낮없이 단식과 기도로써 하느님을 섬겨 왔다. 이 여자는 예식이 진행되고 있을 때에 바로 그 자리에 왔다가 하느님께 감사를 드리고 예루살렘이 구원될 날을 기다리던 모든 사람에게 이 아기의 이야기를 하였다."

은 노화로 고생한다. "나이 들면서 경험하게 되는 특별한 고통, 혼란, 잘못된 믿음 등은 여성의 취약성을 무엇보다도 잘 증명한다"(Sontag, 1979, 477쪽). 여성 노인에게는 미의 개념이 변화된 새로운 맥락이 필요한데, 미에는 회색 머리카락, 운동성이나 에너지 수준의 변화, 노화에 따른 얼굴선, 체중의 증가나 감소 등이 포함된다. 모든 연령층의 여성은 그들의 신/여신의 무조건적인 은총을 구현하는 신앙 공동체를 필요로 한다. 여성들은 사랑받고 인정받고 기억되고 아름답다는 것을 그들과 소통하는 모든 여성이 인정하는 방식으로 듣고 싶어 한다. 아마도 그러면 여성들은 나이가 들어도 그들이 정말 소중하다는 것을 믿기 시작할 것이다. 이렇게 된다면 탈출이 거의 완성되어 가고 있다는 것을 의미한다.

제18장 교회 모델

James J. Seeber

1. 서

교회가 노인 신자들 특유의 요구를 충족시키기 위해서 전형적으로 행하는 것은 무엇인가? 이 장은 미국 전역의 교회에서 발달한 아주 다양한 노인사목에 대해 기술한다. '미국노화협회American Society on Aging'의 "종교 영성 노화 포럼"과 '전국초교파노화연맹National Interfaith Coalition on Aging'에서 수행했던 조사에서 60개 이상의 교회가 뛰어난 노인사목을 하고 있다고 확인되었다. 추가적으로 몇몇 남동부 교회에 대한 정보가 리치먼드에 있는 '유니온신학교Union Seminary' 그리스도교 교육학과의 전직 교수인 Al Dimmock 박사의 연구로부터 나왔으며, 또한 저자가 캘리포니아 몇몇 교회에 대하여 '캘리포니아침례대학California Baptist College'에서 강의한 종교와 노화에 대한 내용이 있다.

1) 맥락The Context

노인들을 위한 교회 프로그램은 미국인의 종교적 생활이라는 더 큰 맥락에서 생각하는 것이 중요하다. 교회는 항상 외부와 내부 두 환경에서 움직인다. 외부 환경은 교회가 위치하고 있는 직접적인 사회적 및 물리적 공동체를 말한다. 또한 종교 집단과 정체성이 같은 더 큰 종파적 공동체와 범종파적 공동체도 포함한다. 내부 환경은 지역 교회의 자기형상과 관습을 말한다. 이들 모두는 교회가 어떤 유형의 사목을 강조할지를 선택하는 데 영향을 준다. 핵심적인 내외 환경의 요인들은 [그림 18-1](Tobin 외, 1986에서 인용)에 나타나 있다. 바깥쪽에 있는 원은 교회 프로그램의 발달에 영향을 미치는 구체적인 외적 요소들을 보여 준다. 안쪽의 상자는 교회를 형성하는 내적 요인들을 가리킨다. 아마도 가장 영향력 있는 외적 요소들은 '욕구의 인지'와 모델에 대한 '인식'인 반면, 중요한 내적 요인들은 '성직자의 관심'과 교회 내에서 느껴지는 '요구'일 것이다.

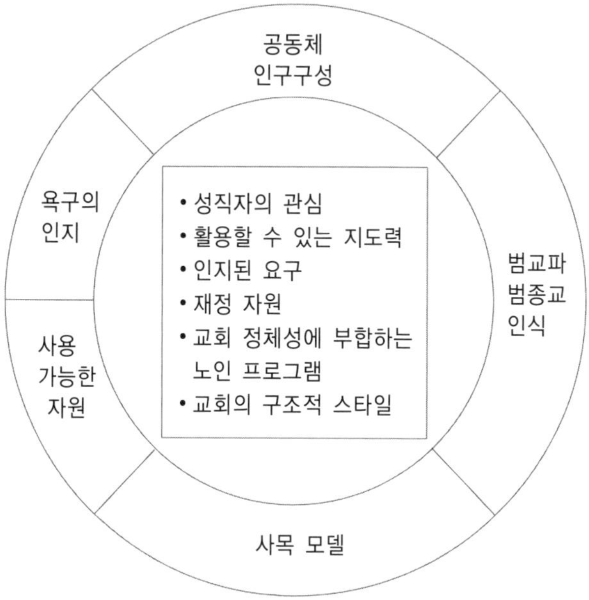

[그림 18-1] 교회의 환경

많은 교회에서 노인사목의 필요성은 1970년대부터 인정되기 시작하였다. 이는 1965년에 통과된 "미국노인법"을 통해서 지난 10년간 발달된 공공 노화정책을 뒤따른 것이었다. 그 이전에는 스스로를 돌볼 수 없는 노인들은 가족이 돌보거나 양로원에 있었다. 1970년대 중반 이후부터는 교회가 어떻게 노인들을 효과적으로 보살필 수 있을까 하는 관심이 증가하게 되었다. 실제로 대부분의 교회에서는 신자의 15~50%(혹은 그 이상)가 65세가 넘는 사람들로 구성된다.

2) 다양성

노년학자들은 오늘날 미국 노인들에게서 발견되는 삶의 다양성에 대해 자주 언급한다. 교육, 소득, 건강, 관심사, 능력, 태도 등 아주 다양하다. 지금까지 노인 인구가 이렇게 다양했던 적은 없다. 실제로 많은 학자들이 노인 인구의 몇몇 부분집합 subsets을 연구하여 일반적 서술이 보다 정확해지도록 돕고자 하였다. Neugarten은 초기고령층young-old과 후기고령층old-old으로 나누어 보았다. 논의 목적을 위해 기능적으로 나누어 '활동적 노인', '과도기 노인', '허약한 노인' 집단으로 묶었다. 최근 Clements(1992)는 부분집합을 초기 고령층(60-75), 고령층(75-99), 초고령층(100세 이상)—초고령층에 대한 지식은 극히 개략적임—으로 좀 더 세분할 것을 제안하였다. 시간적 나이가 가장 좋은 분류 방식일 수는 없지만, Clements의 분류는 미국 사회에서 현상적으로 100세 인구가 증가 추세에 있다는 것을 인정하는 것이다. 1980년에 12,000명에서, 1990년에는 24,000명 이상으로 증가하고, 세기가 바뀌면서 108,000명으로 팽창될 것이고, 베이비붐 세대가 100세가 되는 2055년에는 대략 1,000,000명으로 늘어날 것이다. 이들 장수 노인들이 사회에 계속적으로 기여하는 것이 뚜렷한 한편, 이들에 대한 지원 서비스의 필요도 뚜렷할 것이다.

3) 성공적 프로그램의 요소

전국적으로 13개 로마가톨릭 교구diocese에 속한 적극적인 노인사목이 있는 900개 이상의 본당parish 자료들을 분석하면서, Fahey와 Lewis(Lewis, 1989, 29-31쪽)는 일단의 조직과 태도 요인들이 성공적인 교회 프로그램의 열쇠라고 결론 내렸다. 이 요인들은 다음과 같다.

a. 의도성: 종합적인 프로그램의 계획 및 개발이 추구되었던 곳에서는 항상 허약한 노인들을 위한 특별 봉사가 포함되었다. 의도를 가지고 계획하면, 교회가 새

프로그램을 지속적으로 운영하는 데 도움이 된다.

b. 뿌리내림: 대부분의 경우 최초의 관심에 뒤이어 그 프로그램을 상시적인 프로그램으로 또는 교회 내에 있는 정규적인 위원회, 평의회, 이사회 등과 연계시켰다. 이것은 노인사복을 본당 내의 집단에 연결시켜 지도력과 자금을 받을 수 있는 위치에 놓이게 될 것이다.

c. 요구 평가: 교회나 지역사회에서 요구하는 것의 유형과 범위를 알면, 개발될 프로그램을 정당화하고 지시하는 데 도움이 된다.

d. 기록: 그 프로그램을 정당화하고 지원하기 위한 정보는 항상 유익하다.

e. 확실한 리더십: 자원봉사자가 하느냐 직원이 하느냐의 문제보다 더 중요한 것은 확실한 사람이 담당하느냐는 것이며, 집단에서 프로그램이 진행되도록 하고 감독한다면 더욱 좋다.

f. 노년학 연수: 양질이며 지속성 있는 리더십이 되려면 노년학의 지식에 대한 좋은 연수가 필요하다.

g. 재정 및 자원봉사 지원: 프로그램의 힘은 적절한 인력과 자금에 수반되는 것이며, 이는 프로그램에 대한 교회의 지원에까지 거슬러 올라간다.

h. 지역사회 봉사 연대: 사회봉사 네트워크와 연결된 본당이 거의 없는데, 연결된 기관에는 프로그램에 혜택이 있었다. Huber(제19장)는 다른 종파들도 서비스기관들과의 연계가 놀라울 정도로 부족하다고 밝혔다.

i. 이웃연대/초교파성: 지리적으로 묶는 본당 개념은 수많은 지역협동 프로그램에 기여했다. 세계교회주의ecumenical—가톨릭교회 함께하는—또는 초교파적인 프로그램이 많다는 사실은 어떤 요구가 인식된다면 함께 일할 준비가 되어 있다는 점을 시사해 준다.

Lewis(1989)는 가톨릭교회들을 연구하면서 대부분의 교회가 다수의 노인사목(평균 3개)을 수행한다는 것을 발견했다. 우수하다고 선정된 교회들을 조사한 결과를 보면 그들의 프로그램 유형들 역시 다양하며, 세 개의 범주, 즉 신앙적 사목, 친교 및 교육 사목, 사회봉사 사목으로 구분되었다.

2. 신앙적 사목

1) 정규 예배와 봉사를 통한 영적 보호

교회는 특별 예배 또는 관련 활동들과 같은 정규 사목을 통하여 노인 신자들의 영적 요구에 부응하고 있는가? David Oliver는 노인 신자들을 위하여 이미 시행하고 있는 것들을 경시하거나 폄하하지 말 것을 주장했다(Oliver, 1986, 2쪽). 많은 교회에서 모든 수준의 주요 지도와 참여를 은퇴한 사람들이 맡는 것은 흔한 일이다. 사람들이 사회적 경력에서 물러나면, 교회에서 자원봉사 역할을 맡으려고 적극적으로 노력한다. 노인들은 수탁자, 합창단원, 안내인, 단체 간부, 프로그램 교사 그리고 경우에 따라서 성직 봉사자로 활동한다. 일하는 여성의 비율이 1990년대에도 계속 증가함에 따라, 교회는 지도적 역할에 알맞은 활동적인 노인들을 맞게 될 것이다. Gray와 Moberg(1977) 연구팀은 '노인 사목'의 중요한 일부로서 "노인에 의하고 노인과 함께 하는by and with" 사목을 오랫동안 주목해 왔다.

노인 인구 밀도가 높은 공동체의 교회 중에는 신자가 주로 노인층인 곳들이 있다. 이를 사목의 기회로 삼게 되면, 종종 그러한 교회들은 번성한다. 그러나 이것을 "교회가 죽어가는" 경고라고 보게 되면, 대부분 그러한 교회 생활은 어려움을 겪는다(제18장 참조). 정통적인 '이웃사목'이라면 중서부 북부upper midwest[167]의 일부 도심 지역이나 넓은 농촌 지역에 있는 퇴직자 전용주택이나 은퇴 공동체에 인접한 곳에서 주로 노인들을 대상으로 사목에 봉사할 것이다. 이러한 환경에서 젊은 인구의 취향에 압도적으로 맞추어 사목한다는 것은 '비정상'이며, 교회의 목적에 대해서도 의문을 불러일으킬 것이다.

캘리포니아 롱비치에 있는 오래된 한 침례교회에서는 목사가 사임하자 몇몇 젊은 가족들이 교회에 나오지 않고, 그로 인한 불쾌한 분열로 고통에 직면했다. 교회에서는 교회 내의 노인 중심의 힘을 이해하고 노인사목을 주목적으로 삼아 세대 간 호소를 기반으로 교회를 세운 목사를 초빙하였다. 노인을 주요 대상으로 하는 새로운 버스사목을 시행하였으며, 추모기금을 활용하여 새 교회 버스가 구입되어 헌정되었다. 전하는 바에 의하면, 교회 참여는 꾸준히 증진되었다.

167) 통상 시카고를 중심으로 하는 지역을 중서부midwest라고 칭하여, upper midwest는 이중 북부지역에 있는 미네소타, 위스콘신, 미시간, 일리노이, 인디애나 주를 가리킴. 중서부는 종교적으로는 로마가톨릭, 남침례교, 루터교(미네소타) 순이며 유대교와 이슬람교는 1% 미만임.

앞서 언급한 침례교회를 포함하여, 많은 교회가 종종 예배봉사에서 노인 신자들이 중요한 기여자라는 것을 인식하고 있다. '노인' 교육모임, '노인' 합창단, '노인' 성서연구회들은 많은 곳에서 공통적이다. Atlanta에 있는 한 침례교회는 노년에 하나님에게 봉사하는 봉헌을 갱신한다는 의미에서 분기별로 노인을 위한 특별 제단초청altar call[168]을 하고 있다.

일정한 범위의 건축 및 기술적 지원으로 이러한 노인들의 참석을 더욱 더 원활하게 할 수 있다. 장애인을 위해서 계단 대신 경사로, 넓은 출입구, 넓은 화장실 등은 교회가 더 큰 사회를 위해서 모델이 될 수 있다. 품질 좋은 음향장비와 보청기, 글자가 크게 인쇄된 자료들, 모든 장소의 밝은 조명은 이제 흔한 것이 되었다. 연합감리교United Methodist[169]가 포함된 일부 종파에서는 노인과 장애인이 받아들이도록 개조하는 교회에 '접근' 장려 보조금을 제공한다.

미국에서 교회의 잠재적인 노인사목 영역 중에서 가장 중요한 것은 비신자에게 봉사하는 것이며, 이를 통상 복음전파evangelism[170]라고 한다. 노인들은 봉사에 대하여 중대한 도전을 하고자 한다. 왜냐하면 종종 그들이 짧은 시간 동안 중대한 변화를 경험하였고, 따라서 실제 이러한 변화 속에서 그들이 의미를 발견하도록 도울 수 있는 영적 자원이 필요하기 때문이다. 전통적으로 종교는 삶의 수많은 변화에 직면해서는 정체성과 의미를 제공하고, 삶의 불확실성이나 상실에 직면해서는 위로와 위안을 준다는 것을 사회과학은 보여 준다. 이동주택 단지, 노인 공공보조주택, 원룸주택, 노인공동생활주택[171] 등에 사는 많은 노인들은 기능적으로 교회로부터 유리되어 있다. 이들은 낯선 공동체로 재배치되었고 경제적 상황이 변화했으며, 건강이 제약되고 다른 문제들이 있기 때문에 종교단체의 서비스를 받지 못하고 있다. 그러나 이들은 결핍된 사람들이며, 돌봄의 공동체가 이들을 도울 수 있다(제19장 참조).

일부 종교단체들은 이러한 딱한 사람들을 도우려고 애써 왔다. 캘리포니아 Rialto

---

168) 제단초청altar call은 보통 복음주의 교회에서 행해지는 예배 방식. 새로운 영적 서약을 하고자 하는 신자를 교회당 앞 제단으로 나오도록 초대하여 대중 앞에서 지난 잘못과 새로운 믿음을 고백하게 됨. 이러한 예로 유명한 경우로 빌리 그래함 목사 등이 있음.

169) 감리교의 일파로서 1968년 Methodist Church와 Evangelical United Brethren Church의 연합으로 텍사스주 댈러스에서 설립되었음.

170) 복음전파Evangelism는 신앙 없는 사람에게 특정 믿음을 전하는 것을 말함. 이에 비해 복음주의Evangelicalism는 성서에 밝혀져 있는 예수 그리스도의 '복음'을 중시하는 입장을 말함.

171) 노인공동생활주택은 식사와 주거 등 기본적 서비스가 제공되며, 통상 'board and care'는 규모가 작고 'retirement home'은 규모가 크지만 감독당국의 규제는 약하거나 별로 없음. 이와 달리 양로원nursing home은 간호사 등의 기본적 의료 서비스가 제공되며 철저한 감독을 받음.

에 있는 한 침례교회는 공공 이동주택 단지에 사는 사람 중에서 그리스도교 교훈을 배우고 나누고 싶어 하는 사람을 위해 가정 성서모임을 시작했다. 그 단체는 집집마다 방문하지 '않으며' 교회에 등록하지 않는다는 합의 하에서 시작되었다. 그 단체는 노인들이 병환이나 배우자의 죽음을 견뎌내도록 지원하고 새로운 거주자들이 서로 알고 지내도록 도왔으며 그리고 많은 가정에 사랑과 의미를 가져왔다. 종교단체에 의한 많은 활동에서와 마찬가지로 "무엇을 했느냐가 아니라 어떻게 했느냐가 중요한" 것이다. 영적 자원들은 모두에게 필요한 것이며, 특히 노년에 그러하다. 위스콘신 주 Fond du Lac에 있는 한 수녀는 그 도시의 노인주택 프로젝트에서 성서모임단체를 이끈다. 그 수업은 그 성당에 있는 '영적 노화' 프로그램 중 일부이다.

2) 입원 및 재가homebound 노인 방문

아마도 모든 종파의 크고 작은 교회의 가장 활발한 노인사목은 거동이 불편한 노인들을 방문하는 것이다. 성직자와 평신도에 의한 병원 방문에 모든 연령층의 환자 특히 노인 환자들이 감사하고 있다. 노인들은 새로 마주친 건강 문제가 그들의 삶을 심각하게 제한할지도 모른다는 점을 두려워할 것이다. 그러한 두려운 염려 속에서, 친근한 얼굴을 보는 것은 반가운 치료제가 아니겠는가!

방문하기에 상당히 먼 일부 농촌 지역에서는 초교파적인 합동 병원 방문이 행해진다. 아이오와 남서부 농촌 지역에서는, 13개 교회에서 온 가톨릭과 개신교 성직자들이 서로 다른 날에 다른 사람이 군청 소재지county seat[172] 병원을 방문하도록 계획표를 만들어 실행하고 있다. 많은 입원 환자들은 병원에 있는 동안 날마다 지역 성직자 중 한 사람의 방문을 받았다고 말했다.

가정 방문 역시 중요하다. 시카고 지역에서 재가 노인에 대한 사목을 포함하여 조사한 바에 따르면, 상당히 많은 노인들이 특히 날씨가 추울 때는 몸져눕지 않았음에도 불구하고 집에만 머물고 연중 대부분을 집에 갇혀 지낸다고 한다. 이런 노인들이 날씨 좋은 날에 종종 교회나 좋아하는 사교클럽에 참석할 수도 있겠지만, 이상적인 조건 하에서나 겨우 그렇다. 시카고 지역 연구에서 노인 인구의 8%로 추정되는 재가 노인은 네 집단으로 나뉜다. 1) 질병, 낙상 등으로 인한 일시적 재가 노인, 2) 서비스

172) 미국의 행정 체계가 연방-주-카운티 순으로 구성되어 있으며, 카운티는 기본 성격이 자치구이며, 위치에 따라 차이가 많음. 카운티 산하에 대도시가 있을 수도 있음. 여기서는 농촌 지역이므로 군청으로 번역함. 법원 및 행정기관이 소재하는 곳이 county seat.

결여로 바깥출입을 못하는 사람으로 사회 원조 서비스를 받으면 옥외 활동이 가능하나 여기에 접근할 수단, 자금, 친숙함이 결여된 노인, 3) 만성적으로 아파 몸져누운 재가 노인, 4) 바깥출입을 못하는 사람의 보호자로 고립되어 있는 노인 보호자(Tobin, Ellor, and Anderson-Ray, 1986, 76-78쪽). 이러한 8%의 재가 노인과 4-5%에 달하는 양로원에 있는 노인을 합해서 집에만 틀어박혀 있는 사람은 노인의 12%인 360만 명으로 추정된다.

이러한 프로그램은 파트타임제인 '방문 사목자ministers of visitation'에 의하여 또는 종종 은퇴한 성직자나 훈련받은 평신도에 의하여 운영될 수 있다. 많은 종파에서 노소를 막론하고 교구민들에게까지 전파된 방문 프로그램이 바로 '스테판 사목Stephen Ministry'173) 프로그램인데, 여기에서는 평신도 방문자가 위로와 보살핌을 제공하도록 훈련받는다. 정기적인 감독 아래, 스테판 사목자들은 다양한 영적 및 사회적 서비스를 제공한다.

다양한 기술적 지원 역시 활용된다. 일부 교회는 재가 노인들을 연결하기 위하여 지역 케이블 TV나 지역 라디오 방송으로 그들의 예배를 방송한다. 일부 교회는 안식일 교중 예배를 녹음 혹은 녹화하여 그 테이프를 원하는 재가 노인들에게 보낸다. 캔자스의 작은 군청 소재지의 은퇴한 교장은 자기 교회를 위하여 재가 노인들에게 녹음테이프, 주보, 찬송가 등을 배포하는 일을 매주 4~5일 정도 하고 있다. 그리하여 매주 방문 봉사 그리고 예배 봉사를 함께 서로 나눌 수 있었다. '노인의 친구들'에서 수행하는 일종의 노인사목을 통하여 심지어는 '성서연구여행' 책자도 재가 노인들에게 보내졌다. 집단의 핵심인사들은 바깥출입을 못하는 노인의 집마다 각각 모임을 가졌다(Ellor, 1990, 108-9쪽). 이를 통하여 재가 노인들에게도 방문, 영성 치료, 우정 등이 확대될 수 있었다.

이러한 환경에 처한 모든 곳에서 정기 방문과 영성체의 성사적인 및 상징적인 결속이 가장 주목할 만한 가치가 있는 것으로 보였다. 캔자스 작은 도시에서 5년 동안 바깥출입을 못한 어느 할머니는 오랫동안 아팠지만 그녀가 전에 다녔던 장로교회에서 분기별로 영성체 할 때마다 장로님들이 그녀의 집에 성체를 가져왔다는 것을 매우 자랑스러워했다. 많은 양로원 사목에서 영성체 서비스는 모두가 기쁘게 받아들였다. 치매 노인과 함께 예배하는 것을 기록한 사람은 그런 노인들도 종종 영성체 같은 전

173) Rev. Kenneth C, Haugk 목사에 의하여 미주리 주 센트루이스 St. Stephen's Lutheran Church에서 1975년 설립된 평신도 사목의 상담 및 부양 프로그램. 최근 100개 종파 9,000개 교회에서 활동하고 있음.

례에 적절하게 또는 적극적으로 반응한다는 것을 관찰하였다. 이것은 노인들과 함께 하는 예배에서는 종교적 상징이 지속적인 가치를 가진다는 것을 시사한다(예배와 노화에 대한 논의 참조: Achenbaum, 14장; Carlson, 16장; Friedman, 24장).

3) 양로원 사목

널리 퍼진 교회 프로그램의 하나는 양로원 거주자들에 대한 사목이다. 전형적이라고는 하지만 이런 프로그램들은 종종 최소한의 열정으로 그리고 최소한의 연수를 받고 수행된다. 그럼에도 이러한 경험들은 교회의 사목 행위 혹은 사회 사목의 풍요로운 부분이 "될 수도" 있다.

전형적으로 양로원 사목에는 때때로의 방문 그리고 예배 서비스의 인도, '지원' 상자 및 읽을거리 제공, 성서연구반 혹은 다른 나눔단체를 인도, 양로원 재소자에게 영성체 전달 등이 포함된다. 효과적인 양로원 방문을 위한 실무 안내서로는 1979년 Patricia Murphy 수녀가 쓴 〈시간과 사랑으로 하는 치료*Healing with Time and Love*〉 등이 있다.

경우에 따라 전문적인 특수사목자가 여러 양로원을 전일제로 봉사하면서 필요한 것을 계속 제공하기도 한다. 그러한 프로그램 중 하나가 캘리포니아 San Mateo County에 있는 30개의 요양병원 거주자들에게 봉사한다. 이 프로그램은 그 지역의 장로교회에 의해 지원받으며 성직자나 평신도가 이끄는 다양한 영성 치료, 교육, 친교 프로그램 등을 제공한다. 또 다른 범종파적 사목은 Los Angeles 지역의 한 개신교 특수사목 성직자가 이끈다. Edward Schulz 목사는 25년 이상 전문 도우미를 고용하여 수천 명의 노인들에게 꼭 필요한 요구들을 충족시키면서, 교회가 운영하지 않는 20여 개의 양로원에서 주중 예배 및 영성 치료를 제공하여 왔다. Schulz 박사는 어떤 장소에도 가지고 가서 예배가 가능하도록 이동식 제단/음향 시스템을 개발했다. 그의 교파를 초월한 폭넓은 사목에는 가톨릭과 개신교 지도자도 포함되었다. 위스콘신 주 Wausau에서는, 12개 루터교회가 협동하여 6개의 양로원에 있는 약 700여 명의 노인들에게 영성 치료를 제공하였다. 그 프로그램은 전일제 특수사목 성직자가 이끌었으며, 자원봉사자들의 활발한 스테판 사목으로 확대되었다(Schwanke, 1986, 57-64쪽). Tucson에서는, '가톨릭 공동체 서비스'를 통해 수녀 한 사람이 17개의 비종교계열 양로원에 정기적으로 종교 서비스와 영성 치료를 제공하였다. 일리노이 주 Belleville에서는 가톨릭 교구의 후원 아래 두 명의 사제와 70명 이상의 자원봉사자들이 13개 양로원 거주자들에게 종교적 서비스와 다양한 영적 및 개인적 보살핌을 제공한다. Chicago의 한 가톨릭 성당은 양로원 거주자들을 위해 연 2회 병자성사를 제공하기도 한다(Retirement Research Foundation, 1989, 6쪽).

미국 전역의 많은 지역사회에서 동네 교회들은 지역 내 양로원 하나와 반드시 '결연'하여 지속적으로 어느 정도의 영적 보호를 제공한다. 그러한 사목은 보살핌을 받는 노인들에게는 꼭 필요한 것이므로 그 교회의 생활과 사명에 세심하게 연관시켜서 설령 현재 지도자들이 떠난다 하더라도 반드시 지속되도록 해야 한다. 그러한 사목은 노인들에 대한 영적 보호를 제공하는 훈련된 지도력 부족으로 어려움을 겪기도 한다.

양로원에서의 영적 보호에 대한 일반적인 접근 방법에서는 참가자들의 생활 형편과 종교적 및 문화적 배경에 민감해야 한다. 예배 스타일에서 약간의 다양성은 적절하겠으나, 끝없는 다양성은 아무도 만족시킬 수 없다. 많은 곳에서 '초교파적' 예배에 개신교, 가톨릭, 유대교 신자가 참석한다. 이는 종교적 자원의 범위가 넓어지는 이점이 있으나 종파적 메시지는 피해야 할 책임이 따른다. 예배 또는 다른 형태의 영적 보호가 예배자의 종교 배경과 관심에 연결되는 빈도가 높아질수록 그것은 모두에게 더욱더 가치 있게 된다. 전례liturgy는 '사람들의 일'을 의미하며, 양로원에서조차 개인들이 예배 볼 때 기여할 일들—찬송가를 건네는 것, 이야기를 공유하는 것, 친숙한 옛 찬송가를 부르는 것—이 있다. 환경과 사람에 적합한 종교 의례를 개발하는 것은 영적 보호의 중요한 부분이 될 수 있다(Friedman, 제24장 참조).

양로원에서 추도회는 종종 부실하게 다루어지거나 경시된다. 어떤 양로원은 음울한 분위기가 될 수 있다고 하여 추도회를 허용하지 않는다. 거주자들은 대개 다른 거주자의 죽음을 의식하며, 직원들도 분명히 의식하고 있다. 영적으로 고양시키는 추도회는 사람들이 상실감을 표현하고 비통함을 놓아 버릴 수 있게 해 준다. 음울한 분위기는 긍정적인 영적 보호의 결과가 아니라 그것을 부정한 결과인 것이다. Phoenix의 한 유대교 양로원은 매주 한 번 추도회를 엄수하는데, 한 명이든 여러 명이든 그 주에 죽은 모든 이를 기억할 것이다.

4) 교회에서의 장례식 및 추도회

숙련된 성직자라는 생각이 들 경우가 임종 시 위로와 애도로 지원해 줄 때이다. 드문 예외가 있긴 하나 성직자들은 우리 사회에서 장례식이나 추도회를 집전하도록 요청받고 있으며, 심지어는 성직자가 알지 못하는 사람이나 교회에 알고 있는 연계가 없는 가족을 위해서도 그러하다. 불행하게도 아주 일부의 성직자만이 한 번이라도 유족 사목의 훈련을 받았으며, 그중에서도 소수만이 애도 상담에 대한 구체적인 기법을 훈련받았다. 이것은 요리법을 알지 못하는 사람이 식당의 요리사로 고용되는 것에 비유할 수 있다.

애도의 원인이 죽음이든 아니면 실직, 결혼 파탄, 만성적 신체장애 등 다른 중대한 상실이든, 모든 교회는 앞으로 돌보아야 할 수많은 애도의 경우가 생길 것이다. 사목과 상담으로 국제적으로 알려진 Howard Clinebell은 "우리 사회는 슬픔이라는 전염병을 경험하고 있는데, 우리는 그것을 잘 모르며," 또한 그것에 대해 우리가 무엇을 해야 할지도 모른다고 말했다.

사실상 모든 교회는 상실이나 사망 때에는 응답해 줄 것을 요청받고 있다. 많은 교회는 장례식이나 추도회 지원을 제공해 주는 위원회를 두어, 참석자에게 식사나 음료 제공, 식후 화환 처리, 교회 명의의 위로 서한 발송 등을 하고 있다. 장례식이나 추도회는 노인사목이다. 왜냐하면 오늘날 실제로 죽는 이의 75%가 65세 이상이기 때문이다. 80대나 90대의 노인들에게는 살아남은 형제자매와 친구뿐 아니라 자식까지도 역시 노인이다.

5) 호스피스: 새로운 방향

죽음의 과정을 더 인간적이고 개별적인 방식으로 대처하도록 개인과 그 가족들을 돕는 새로운 프로그램이 호스피스이다. 이 프로그램은 전용 주거시설에서나 집에서 시행될 수 있는데, 병원에서 죽음을 맞이하는 것의 대안이다. 미국 전역에서 호스피스 프로그램들은 수적으로 폭발하고 있다. 미국에서 1974년까지는 시작되지도 않았었는데 현재 1,000개 이상의 프로그램이 있다. 몇 개 예외를 빼고는 대부분의 호스피스는 교구 성직자나 교회의 지도부에서 생긴 것이 아니라, 주로 의학계에서부터 시작되었다. 이러한 추세는 임종과 유족에 대한 사목을 위해 훨씬 더 좋은 교육을 할 필요성이 확실히 모든 종파를 초월하여 존재함을 시사해 준다.

3. 친교 및 교육 사목

조사 대상이 되었던 많은 교회들은 여러 중요한 노인 활동을 열거하였는데, 이들은 교육적 친교 형성 프로그램이라고 표현하는 것이 적절하였다. 그 집단들의 현재 관심의 초점이 주일학교에서처럼 종교이든, 아니면 교회 내의 특별한 노인 단체나 '셰퍼드센터'처럼 교육과 다양한 사회봉사를 목적으로 하든 간에 반복적으로 강조되는 공통적 요소는 노인 사이의 친교 형성이다. 교회 내의 상설 교육단체는 교중 예배 바로 다음으로 노인들이 가장 많이 참석한다. 그러한 단체에는 '종교 학교', 여성 단체 혹은 남성 단체, 성서모임 또는 이와 유사한 단체들이 포함된다. 많은 교회에서 그런 환경은 신자들 사이에서 가장 친밀한 친교를 경험하는 곳이다. 교회 내 많은 단체들은 "노화 진행중"을 경험하였다(Ellor, 제19장 참조). 이러한 추세의 전형은 캘리포니아의 어느 연합감리교 교회에서 'Twigbenders'라 불렸던 활발한 노인교실이다. 이 교실은 1949년 결성되었는데, 당시 교실에 참여하는 필요조건은 가정에 미취학 자녀가 있어야 했다. 그 교실은 상당 기간 큰 교회의 핵심 지도 단체 역할을 하였으나, 이제는 대부분 은퇴한 조부모들로 구성되어 있다. 교실의 회원들은 서로를 '확장된 가족'으로 알고 지내며 수업과 그 활동들을 통하여 영적 보호를 공유하여 왔다.

노화의 인구통계를 보면 왜 이들 단체가 중요한지를 시사해 준다. 은퇴 후에는 많은 사람들의 직업상 연계는 실질적으로는 차단되고 공동체에서의 지위 또한 변할 수밖에 없다. 또한 많은 사람들—특히 여성들—은 미망인이 되는 고독감을 경험한다. 교회는 다른 사람과 오랜 교제를 통하여 의미 있는 유대를 지속할 수 있는 손쉬운 기회를 제공한다. 그러니 조사 대상이 되었던 교회 중의 절반 이상이 우정과 친교가 가장 중요한 경험이며 모이는 첫째 목적이라는 조직을 가지고 있다는 점이 이상하지 않다. 많은 학자들이, 종교와 종교적 유대는 노년기의 사회적 지원관계가 존립하는 데 공통적임을 밝혀냈다(Freed, 1990, 36-56쪽; Hatch 외, 1991, 144-70쪽; Huber, 1985; Lubben외, 1992, 미간행 연구; Sotomayer and Curiel, 1988; Steinitz, 1981). 그러한 지원은 노년기에 개인의 평안과 필요시의 도움을 받는 데에 기여한다. 찾아낸 프로그램들은 다음과 같은 세 개의 범주, 즉 친교, 교육, 실질적 이웃돕기로 나눌 수 있다.

1) 친교

통상적으로 이 분야의 프로그램들에는 함께 식사하기, 레크리에이션 활동, 쇼핑과 오락을 위한 여행, 명절 카드, 선물, 추모, 다양한 세대 간 활동 그리고 공식 또는 비공식적 방문 등이 포함된다.

이 다양한 프로그램의 한 예를 캘리포니아 Barstow에 있는 제일침례교회의 '미완성Not Done Yet 클럽'에서 볼 수 있다. 최근 은퇴한 공립학교 교사가 이 단체의 전일제 관리자이다. 이 클럽의 목적은 즐겁게 친교하며, 교회의 교육 목적을 위하여 비회원에게 봉사하는 것이다. 세 개의 노인 주일학교 단체가 있으며, 교인이 아닌 회원도 많이 참석하는 NDY클럽 모임을 매월 가진다. 다양한 활동을 통하여 회원들이 서로 적극적으로 참여하도록 만들어서 교회와 공동체에 쓸모 있다는 느낌을 갖게 하려고 노력한다.

친교는 또한 한 교회 안에서 댄스나 운동 교실과 같은 전문화된 노인 프로그램으로 이루어진다. 조지아 Dunwoody의 'All Saints 성당'에서는 창의적이고 재미있는 여행 프로그램이 '은빛성인Silver Saints' 회원들의 큰 관심을 불러일으켰다. Atlanta 근처 'Christ the King 대성당'의 한 수녀는 노인 교구민과 특히 허약한 노인들에 대한 영성사목뿐만 아니라 점심, 방문, 생일카드, 실용 봉사 등으로 친교시간을 다채롭게 꾸몄다.

2) 교육

노인사목에는 교육 프로그램들이 풍부하다. 지역사회의 레크리에이션 혹은 성인 교육기관들을 통한 정보 제공 목적의 수업뿐만 아니라 예술과 공예 수업 등이 노인 신자들에게 제공된다. 지역사회기관과 교회의 협동 사례로는 캘리포니아 Concord에 있는 제일장로교회의 'Concord 성인 활동센터'를 들 수 있다. 대화와 토론은 물론 모든 종류의 수업이 일주일에 한 번 열린다. 친교뿐만 아니라 평생학습에 전념하여 발전시켜 왔다. 이와 유사한 주일 과정이 캘리포니아 Oakland에 있는 Fruitvale 장로교회의 노인센터에 있는데, 프랑스어 수업 등의 교육 과정과 따뜻한 식사를 아주 적은 수수료를 받고 제공한다.

몇몇 교회는 다면적 프로그램을 가진 것으로 확인되었다. 그러한 프로그램들은 큰 교회나 여러 단체의 후원으로 설립되는 경향이 있는 반면, 작은 교회의 프로그램은 큰 교회처럼 가시적이지는 않더라도 여러 방법으로 노인들에게 다가갈 수 있다. 조지아 주 East Point에 있는 어느 연합감리교회는 수송, 주기적인 브런치, 정기적 방문 등을 제공하는데, 한편으로는 교회 노인들을 지역사회 노인 단체에도 참가시키면서 교회의 프로그램과 활동에 참여시킨다. Chicago에 있는 제4장로교회, 오리건 Salem에 있는 Calvary 침례교회, 캘리포니아 Burlingame에 있는 제1장로교회 등은 모두 노인을 돕는 직접적인 봉사뿐만 아니라 친교 활동과 봉사에 관한 정보를 결합한 프로그램들을 가지고 있다. Chicago에서는 의료와 건강에 관한 정보 제공 프로그램이 중심인 반면, Burlingame에서는 7개 부분으로 이루어진 프로그램으로 재가 노인들과 양로원 거주자들을 돌보며, 활동력이 있는 교회 노인들에게는 주중 친교 프로그램을 운용한다.

교육적 친교 형성의 한 모델은 노인사목의 '셰퍼드센터' 개념이다. 셰퍼드센터는 1972년 Kansas City에 있는 중앙연합감리교회에서 '식사 배달 운동'으로 시작되어, 1980년에는 4,000명에게 19개의 서비스를 제공할 정도로 성장하였다(Cole, 1981, 250-65쪽). 설립 목사인 Elbert Cole 박사는 이제 1,000개 이상의 다른 교회나 교회단체들이 미국과 해외에 셰퍼드센터를 설립하는 것을 돕고 있다. 셰퍼드센터를 성공시킨 요인들은 지도력을 노인들에게 부여하였고 프로그램을 공동체에 초점을 맞추면서 신앙 공동체, 즉 교회가 중심이 되도록 하였으며, 자체자금으로 지원되고 협동적이며, 중복이 되지 않고 본질적으로 서비스 제공이 이루어진다는 것 등이다(Akins, 1989, 13쪽).

상호부조단체support groups[174)]의 거대한 네트워크에서 저소득층 사람들에게도 서비스가 제공되도록 하고 있지만, 셰퍼드센터는 중산층 사람들 사이에 가장 성공적이다. 조지아 Decatur에 있는 '비옥한 삶 서비스Life Enrichment Services'는 46개 교회와 수많은 지역사회 단체가 지원하고 있다. 이는 다면적 서비스 프로그램을 통하여 그 지역사회에 있는 노인들이 필요로 하는 것을 제공한다. 'Mack Love 노인센터'에는 강좌가 개설되었고, 지원 단체가 형성되었으며, 다양한 재가 서비스가 제공된다. 이 프로그램의 장점은 여러 교회 및 지역사회와의 협동을 통하여 노인들이 스스로뿐 아니라 다른 사람들을 도울 수 있다는 것이다.

3) 실질적 이웃돕기

단체들이 노인들의 요구를 인식함에 따라 노인사목의 친교 형성 기능의 일부로서 이웃돕기가 발달한다. 셰퍼드센터의 경우, 처음부터 제도화되는 것을 막은 목적은 수선, 가사 보조, 교통 봉사 등과 같은 다양한 가정 서비스가 활성화되도록 해서 실질적

174) 상호부조단체support group는 회원 상호간에 다양한 도움을 주고받는 단체를 말함. 역사적으로는 16세기까지 거슬러 올라가는 프리메이슨Freemasonry 같은 친목조직도 이와 유사한 성격임. 회원 사이의 정보 교환, 경험 공유, 정서적 지원, 사회적 주의환기 및 옹호 등 다양한 형태의 지원을 하고 있음.

서비스가 제공되도록 한 것이다. 많은 교회에서 이러한 실질적 도움은 친교 형성 경험에서 자라난 우정으로부터 발전한 것으로 보인다. 재가 노인에 대한 방문이나 전화를 나누다 보면 종종 실질적 서비스 제공까지 이어지므로, 이는 사회 지원 서비스를 위한 요구를 알게 해 주는 중요한 가교로 보인다.

4. 사회봉사 사목

교회가 어려운 집단에게 사회적 봉사를 제공한 것은 오랜 역사를 지니는데, 과부와 고아를 위한 책임을 충분히 이해했던 성서 시대까지 거슬러 올라간다. 지난 50년간 복지국가로의 발전 이후, 종교단체는 공공적 경로로는 지원할 수 없는 단기적 원조나 간극을 메우는 서비스를 제공하는 것에 자신의 역할이 있다고 생각하는 경향이 나타났다. 수많은 예에서 보듯이 교회는 노인을 포함한 어려운 사람들을 위한 새로운 형태의 서비스를 제공하는 혁신자였다. 최근의 예로는 성인 주간보호센터의 발달을 들 수 있다. 교회는 그러한 서비스를 최초로 제공한 집단에 속한다(Negstad and Arnholt, 1987, 27쪽).

다양한 사회적 서비스들이 노인사목에서 뛰어났다고 손꼽히던 교회들에 의해 제공되었다. 이들은 일반 원조 및 사례 관리, 자원봉사 도우미, 후원 단체 그리고 의료 서비스로 나누어 볼 수 있다.

1) 일반 원조 및 사례 관리

일정한 범위의 일반적인 원조는 이미 확인되었고, 아마도 언급되지 않은 다른 종류의 원조도 제공되고 있을 것이다. 필요한 것을 알기 위한 방문이나 전화 도우미 등 이미 위에서 언급한 친교형성과 관련된 이웃돕기부터 시작하여, 다양한 공식 및 비공식 과정을 통하여 공동체에서 제공하는 서비스에 관한 정보를 알리는 것까지, 노인들은 사회 서비스와 연결되어 있다. 조지아 주 Rowsell에 있는 '성 앤드류교회'는 노인 인구 지역에 있는 젊은 교회이다. 노인 거주자들이 도움을 필요로 하는 것을 알게 되어 정보 핫라인을 설치하였는데, 이것은 많은 사람에게 축복이 되었다. 시카고에 있는 '성제임스성당'은 여러 교회들의 컨소시엄을 통하여 정보나 의뢰 그리고 변호 지원을 제공할 뿐만 아니라, 두 명의 수녀가 개인적인 자금운용 및 이사나 장례 주선 등의 지원을 제공한다(*Retirement Research Foundation*, 1989, 6쪽). 이러한 전향적인 서비스는 몇 년 전만 하더라도 흔하지 않았지만, 이제는 대인 서비스 체제가 더 강조되고 복잡해짐에 따라 점점 보편화되고 있다. 어떤 교구에서는 음식이나 집세에 대한 직접 재정 지원을 하기도 하며, 어떤 교구에서는 앞서 언급했듯이 자금관리를 위한 강좌나 안내를 제공한다. 심지어 노인을 위한 새로운 종합적 사회복지제도인 사례관리case management[175]를 제공하기도 한다. 사우스캐롤라이나 Charleston에 있는 '성마태루터교회'는 '후견인 프로그램'을 조직하여, 노인 신자가 청구서 내는 것을 도와주고 또한 다양한 레크리에이션과 친교 활동을 제공하였다. 조지아 Decatur에 있는 성토마스모어 가톨릭교구 및 플로리다 North Miami에 있는 두 개의 가톨릭 교구는 노인 환자나 교구민들에게 사례 관리 서비스를 제공하는데, 후자의 두 교구는 지역 양로원을 운영하고 있다. 이들 교구에서는 면허를 갖춘 사회복지사 또는 사회복지사의 감독 하에 있는 자원봉사자가 노인과 함께 일하면서, 어떤 서비스가 필요한지를 진단하고 이에 따라서 공동체의 사회봉사 체제에서 그러한 서비스를 확보하는 것을 돕는다. 플로리다에 있는 교구들은 주로 히스패닉 집단을 위해 봉사하는데, 사례관리뿐 아니라 재택 서비스와 재정 안내를 제공한다.

North Miami 프로그램은 '가톨릭 공동체 봉사'와 함께, 집안 수선에서부터 성인주간보호에 이르는 서비스를 만들어 "노인과 그의 중년 자녀의 노화 문제를 다루는 성서적 모델의 성찰 프로그램"(출처: 비공개 내부 자료)을 창안해 냈다. 플로리다의 또 다른 프로그램인 루터교 사목의 '자원봉사후견인제Volunteer Guardianship Program'는 노인들이 마지막으로 의탁하는 후견인을 활용할 수 있는 서비스이다. 미리 엄선된 자원봉사자들은 연고 없는 사람들을 원조한다. 그들은 무연고 노인들이 필요로 하는 것들을 확인하고 장기간 도움을 주기 위하여 최소 격주로 노인들을 방문하고 있다. 유급직원이 자원봉사자들과 그들의 직무를 감독한다(Keyster, 1986, 41-46쪽).

2) 자원봉사 도우미

1983년 'Robert Wood Johnson 재단'의 보조금으로 17개 주에서 25개 프로젝트가

175) 사례 관리case management란 의료사례의 경우에서처럼 한 당사자를 대리하여 서비스들을 조정하는 것을 말함. 주로 의료 관련 분야에서 발달된 개념이며, 그 정의는 다음과 같음. "A collaborative process of assessment, planning, facilitation and advocacy for options and services to meet an individual's health needs through communication and available resources to promote quality cost-effective outcomes."

만들어졌으며, 재택 서비스와 원조를 도울 자원봉사자를 투입하여 도움이 필요한 노인들의 생활에 1단계 개입을 제공하였다. 이러한 '초교파 자원봉사자 프로그램 Interfaith Volunteer Caregiver Programs'들은 노인들이 독립생활을 할 때의 문제점에 대해 연구하면서 확인된 필요성에 근거하여 설립되었다(Sherwood and Bernstein, 1985-1986, 55-67쪽). 현재도 25개 프로젝트 모두가 여전히 운영되고 있으며, 3년간의 보조금이 끝난 후 2년간 재정적으로 생존하고 있다. 1987년 '초교파자원봉사자전국연맹 National Federation of Interfaith Volunteer Caregivers'이 설립되어 IVCPs와 다른 프로젝트들을 원조하고 있다. 전국연맹은 1989~1992년 사이에 72개의 새로운 IVCPs 설립을 포함하여, 1992년에는 거의 200여 개의 조직으로 성장했다. 현재 1,200개가 넘는 교회들이 이들 프로젝트 중의 하나에 활발하게 참가하고 있다.

이 프로젝트 중에서 Robert Wood Johnson 재단의 보조를 '받지 않은' 뛰어난 사례가 애리조나 Phoenix에 있는 'D.O.A.R.센터'[176]이다. 그 프로그램은 '지복교회 Church of the Beatitudes'에서 '어른 친구들'라는 노인 단체가 1978년 형성되면서 시작되었다. 1984년 초교파 자원봉사자 프로그램이 시작되었는데, 현재는 Phoenix 지역에 있는 75개 교회에서 1,900명의 봉사자가 있는 프로그램으로 성장하였다. 나중에 그 도시에 있는 10개의 후원 단체를 포함하는 봉사자를 위한 지원과 정보 제공 프로그램인 '세대들Generations'이 설립되었다. '지복교회'에 있는 'Flinn 학습자원 센터'는 노인이나 교회 지도자들을 위하여 도서관, 워크숍 그리고 세미나를 제공한다.

3) 상호부조단체

교회는 노인들을 위한 다양한 상호부조단체를 주최하거나 후원한다. 주요 문제들에는 슬픔, 약물 남용, 독거, 다른 노인을 위한 부양 등이 포함된다. 그러한 후원제도는 유익하다. 노인을 위한 성인 주간보호 혹은 임시위탁 등 좀 더 구체적인 서비스는 다른 단체에서 제공된다. 예를 들면 캘리포니아 Walnut Creek에 있는 '은총의 장로교회Grace Presbyterian Church'의 'Valley Center'는 몇 개의 공공기관과 교회가 지원하고 있다. 이 센터는 허약하고 장애가 있는 환자에 대한 주간보호를 제공하는데, 주 1회 캠퍼스에서의 레크리에이션과 교육 프로그램이 포함된다. 알츠하이머와 관련된

---

176) D.O.A.R.(Developing Older Adult Resources)은 지복교회에서 설립한 단체. 관련 웹사이트 http://centerdoar.org/ 또는 http://www.duetaz.org/

장애를 가진 사람들을 위한 '임시보호센터Respite Center'는 매주 3일간 이용이 가능하다. 후자의 프로그램은 가족과 도우미들을 위한 교육과 후원 단체들을 포함하고 있는데 그러한 노력들은 늙어가는 친척들을 돌보는 가족들에게는 더없이 귀중한 도움이 된다. 재택 임시보호는 위스콘신 Racine에 있는 '성찬의 루터교회Holy Communion Lutheran Church'를 통하여 제공되는데, 이로써 매주 몇 시간은 도우미들이 쉴 수 있다. 가족들에게는 또한 워크숍, 후원 단체 그리고 다른 정보가 제공된다.

4) 의료 서비스

오늘날 1,000명 이상의 교구 소속 간호사들이 전국적으로 많은 종파의 교회를 통해 건강 교육과 의료 서비스를 제공한다. 그러한 서비스에는 건강정보 박람회, 운동 및 영양 강좌와 함께 혈압검사, 상담, 가정방문, 의뢰referrals 등의 진료 서비스가 포함된다. 이러한 유형의 프로그램들은 Djupe와 Westberg(제22장)에 의해 요약되어 있다.

5. 노인사목의 장애 요인과 미래 잠재력

많은 노인 신자가 있는 교회에서 노인사목의 성장에 방해가 되는 것은 무엇인가? 가장 중요한 장애가 자금의 부족에 있는 것은 아니다. 오히려 널리 뿌리내린 노인 차별 때문에 교회 지도자들이 이러한 프로그램의 필요성이나 가치를 알아차리지 못하는 데에 있다. 첫째, 많은 노인 신자들은 교회 내에서 "드러나지 않는다." 시카고의 재가 노인 연구에서 드러나듯이 그들은 잘 빠지지 않는다. 실제 많은 노인들은 조용히 참석하는 정기 출석자이다. 세월이 흘러도 전에 보던 모습에서 그다지 변하지 않는 듯 보이는 노인들의 요구들을 놓치기가 상대적으로 쉽다. 둘째, 기회를 살리는 것이 프로그램 발달에 주요한 열쇠이다. Huber(제19장)와 Lewis(1989, 31쪽)의 기록에 의하면, 봉사 공공기관과의 연계가 부족해서 교회가 모든 것을 혼자하거나 아니면 아예 아무것도 하지 않는 경우가 종종 있다. 셋째, 교회 구성원의 다수가 노인임을 알았을 때 이에 대한 즉흥적 대응으로 젊은 가족들을 모집하려고 노력하는 것에서, 우리는 노인 차별의 한 단면을 볼 수 있다. 오직 젊은 가족들만을 '내일의 교회'로 보는 것은 '오늘의 교회'의 일부인 노인들을 간과하는 것이다. 오히려 젊은 사람들과 노인들 모두에게 봉사하는 세대 간 프로그램들을 발달시키는 것이 훨씬 더 나은 대응일 것이다. 넷째, 노인사목이 종종 새로운 형태의 사목이며 시간과 예산이 필요하기 때문에, '이집트복귀Back to Egypt'위원회, 즉 "우리는 전에 이렇게 한 적이 없기" 때문에 프로그램이 전혀 필요 없다고 보는 집단이 생길지도 모른다. 슬프게도, 때로는 주저하는 자들이 바로 노인들 자신인데, 이들은 현재대로 만족스러운 생활 방식에 젖어 왜 무엇이 더 필요한지를 알지 못하는 것이다.

노인사목에 희망이 있다고 보는 많은 이유들도 있다. 첫째, 미국의 노령화에 대한 인식이 교실에서부터 대중매체나 소비자 운동에 이르기까지 널리 퍼지게 되었기 때문에 노령화하는 교회도 보조를 맞추지 않을 수 없을 것이다. 둘째, 종교적 단체들이 단체를 지역사회의 복지 부문에 연계하는 것을 돕는 자료를 발간하고 있다는 점이다. 그러한 예가 〈교회와 노인복지의 연계*Linking Your Congregation with Services for Older People*〉이다(Stensen, 1992). 이 책은 지역사회의 노화 복지를 설명하면서 교회가 이들로부터 무엇을 기대할 수 있는가를 기술한다. 셋째, 자원봉사자로서 청년과 상대적으로 젊은 사람들이 감소한다는 것은 교회 핵심의 일부이며 자원봉사자로서의 시간, 자원 그리고 기술을 가진 노인들에게 프로그램이 의지해야 함을 의미한다. 넷째, 교회가 노화되는 인구 집단에 어떻게 봉사할 수 있는가를 심각하게 묻기 시작하면서 노인사목에 고무적인 수많은 모델이 증가하고 있다. 그러한 선택들에 대한 인식은 노인사목에 대한 관심을 높인다. 이 장과 이 책도 그러한 선택들을 제고하려는 노력의 일환이다.

6. 요약

노인을 위한 교회 프로그램은 미국의 종교계에서 성장하는 부분이다. 노령화되는 인구에 대한 공통의 일반적 이해가 부족하기 때문에 프로그램 형태가 아주 다양하다. 그러나 모든 종파의 전통에 공통적인 동정심과 관심의 신학들은 어려움에 처한 노인들에게 봉사하는 것이 바람직하다는 점을 인정한다.

Seeber의 설문조사에서 나타난 대부분의 교회 프로그램들을 분류하면, (1) '영성 사목': 정규적 교회 환경에서 종교 의례를 노인들과 공유하거나, 사목과 봉사를 고립된 집단들까지 확대함, (2) '친교 및 교육 사목': 교회 혹은 지역사회에 있는 사람들 사이의 우정과 의미 있는 접촉을 만들기 위해 다양한 활동을 제공하며 이로써 종교 집단의 기본 기능인 의미와 정체성의 제공이 이루어짐, (3) '사회봉사 사목': 사회적 지원 관계의 집합체를 획기적으로 성숙시키고 실제 사회봉사가 전달되도록 함.

현재 신앙 공동체가 노인에게 봉사하고 있는 것을 경시해서는 안 된다. 그러나 미국에는 노인들 특히 취약한 노인들이 빠르게 증가하고 있으므로, 의미 있는 사목에 참여하고자 하는 수천 교회의 숨겨진 잠재력을 무시해서는 안 된다.

사회적 요구 및 정치 경제 문화의 모든 지표를 보면, 노인들의 합리적인 삶의 질이 보장되도록 돕기 위해서는 미국의 자원봉사 영역이 꼭 필요하다는 점을 시사한다. 교회는 이미 노인들의 삶의 한 부분이며, 오늘날 노인들이 필요로 하는 많은 프로그램과 봉사를 지원할 잠재력을 가지고 있다.

제19장 본당 재활성화의 요소

James W. Ellor

교회도 다른 집단이나 조직과 마찬가지로 생애주기를 거친다. 교회도 시작이 있고 성숙기가 있으며 그리고 다시 살아나리라는 희망을 가진 채 쇠퇴하기도 한다. 종교 집단이 스스로를 이해할 수 있는 능력을 보여 주는 진단 지표로서 생애주기 모델은 유용하다. 불행하게도 인간의 생애주기와 나란히 적용하면 논의 과정에서 노화에 관한 신화가 포함될 수 있다. 본당 재활성화나 거듭나기에 관한 문헌을 조사해 보면 노인에 대하여 직접적으로 주목한 것은 거의 없다. 그러나 재활성화에 종종 인용되는 제도적 생애주기나 변화에 관한 연구에는, '늙음'은 재활성화의 적이라는 개념이 뿌리 박혀 있다. 이는 노인은 변화에 저항하며 종종 거듭나기에 방해가 된다는 것을 시사한다.

이 장에서는 본당 재활성화와 관련된 변화 개념을 노년학 문헌의 관점에서 검토한다. 저자는 노인이 변화의 전문가임을 발견한다. 그러나 인생에서 상실이 변화의 가장 중요한 원천일 때는 변화는 열정적으로 받아들여지지 않는다. 저자는 본당의 활성화를 위한 대안적 접근으로서 시스템이론, 평가, 계획 등을 활용하는 계획된 변화를 제안한다. 이 접근에서는 본당의 역사나 요구뿐만 아니라 지역사회의 인구 변동을 반영한다.

1. 서

교회가 노인이 중심이 되는 집단으로 변모되었을 때, 종종 교회는 죽어가고 있다고 생각할 수 있다. 교회의 젊은 신자들도 노인 스스로도 교회의 활력은 젊은 가족이 늘어나는 것에 달렸다고 믿는 것으로 보인다. 교회의 노쇠는 다양한 요소에 기인할 것이다. 때때로 교회는 지역사회 전체의 일반적 노화를 반영하면서 노쇠해 간다. 과도기에 처한 지역사회에서는 때때로 교회가 젊은 가족들이 하듯 그 지역을 떠날 능력이 없어서 남아 있는 노인들로 구성되기도 한다. 다른 경우에는 노인층이 많지 않은 지역에서 종교적 전통의 유물로 남기도 한다. 여러 가지 이유로 교회는 시간이 흐르면 쇠퇴한다. 교회 시스템의 재활성화에 대한 전통적인 접근법에서는 '늙음'을 적으로 여긴다. 낡은 건물, 구식 예배, 나이 많은 성직자들 그리고 종종 늙은 신자들이 마치 문제의 원인인 것처럼 취급된다. 이 장에서 저자는 본당 활성화를 노년학 분야의 의견제시라는 관점에서 고찰할 것이다. 노화하는 교회의 요구라는 측면에서 변화이론에 관한 논의는, 교회의 강력한 힘을 토대로 세울 수 있는 재활성화의 전체론적 방법을 논의함으로써 결론을 맺고자 한다.

2. 문제의 정의

다양한 집단과 학술센터를 통해 교회의 성장을 돕고자 하는 사람들의 연구가 발전되어 왔다. 가장 오래된 단체는 복음 전파evangelism에 참여한 단체들이다. 복음화, 즉 선교사들이 진리를 모르는 사람들에게 복음을 전하는 활동은, 교회가 이러한 봉사를 지향하고 지역사회 주민들이 새로운 진리를 들으려고 열려 있는 한에서는 본당 재활성화에 효과적인 방법이 될 수 있다. 활발한 복음 전파 프로그램을 가진 교회는 성장한다. 왜냐하면 그들은 밖으로 뻗어나갈 것이고 또한 그러한 활동은 교회 내의 단결을 촉진하는 데 필요한 열정을 만들 것이기 때문이다. 본당 활성화에 관한 문헌의 저자는 어떤 본당들은 새로운 신자를 확보하기 위해 필요한 조직이나 열정을 모을 수 없다는 것에 주목하였다. 이러한 경우에는 다른 접근이 필수적이다.

지역 교회를 재활성화하기 위한 많은 접근법이 개발되어 왔다. 몇몇은 교회 내의 교육 프로그램을 채택하고, 몇몇은 성직자들을 새로운 방향으로 발전시키도록 하며, 몇몇은 교회의 이사회와 위원회를 변화시키는 방법을 강구해 왔다. Worley는 다양한 접근법에서의 차이는 "교육 자원의 내용과 구조나 계획에" 반영되어 있다고 주장한다 (1978, 7쪽).

가장 보편적인 세 가지 접근법은 '복음 전파'(그리스도교 교회의 용어), '본당 활성화', '본당 거듭나기' 등이다. 이 세 가지 개념은 누가 변화의 대상인가에 따라 구조적으로 상이하다.

1) 복음 전파와 봉사

복음 전파의 전통적인 개념은 특정 교회의 메시지나 신학적 입장을 알지 못하는 '비신자'에 초점을 두었다. 복음 전파를 채택한 교회는 통상적으로 인근 지역사회 내의 주민들에게 전도하기 위해 개인이나 단체를 파견한다. 복음 전파는 수천 년 동안 선교사들이 사용해 왔던 근본적인 기법이다.

2) 본당 재활성화

본당 재활성화는 교회의 요소들을 변화시킴으로써 교회의 성장을 촉진하고자 모색한다. 여기에는 사제, 평신도 지도자, 종교 교육 프로그램 또는 이들의 혼용 등이

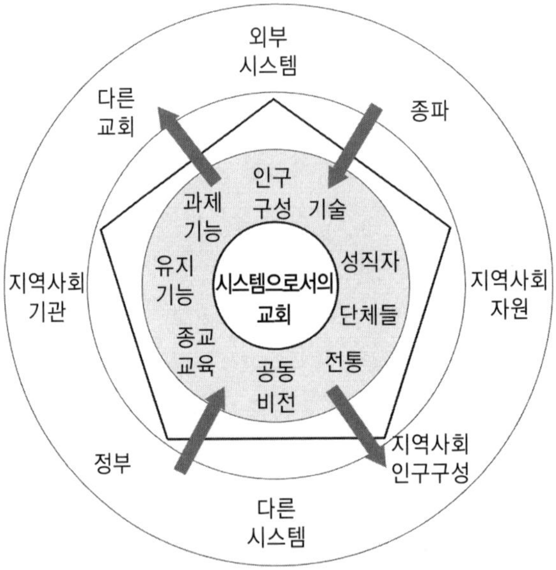

[그림 19-1] 시스템으로서의 교회

포함된다. 이러한 접근법의 중요한 구조적 요소는 교회에 초점을 맞추며, 그들이 거주하는 더 큰 지역사회의 맥락에 초점을 맞춘다는 점이다. 본당 재활성화에서는 교회를 구성하는 시스템의 모든 요소의 본질을 고려한다. 이것은 특히 Worley의 전체론적 접근에서 그러하다(1978, 17).

3) 본당 거듭나기

본당 거듭나기의 개념은 최근 로마가톨릭교회가 실시한 전국적 프로그램의 핵심이었다. 본당 거듭나기의 핵심은 교회이다. 이 접근법에서는 교회의 생활을 거듭나게 하기 위하여 소집단 활동, 종교 자료에 관한 연구, 대안적인 예배 형식 등을 시도한다.

3. 조직의 변화

조직의 생애주기 개념은 본당 재활성화의 어떤 측면에 유용한 비유를 제공한다. 분명히 조직에는 시작이 있으며 끝도 있다. 교회는 이것을 경험하며 또한 집단으로서 원숙함을 경험할 수도 있다. 이러한 사실은 집단역학 및 조직 행동 연구문헌에 언급되어 있다. 불행하게도 인간 생애주기와 나란히 적용하면, 잘못된 해석이 나올 수 있다. Wagner(1979, 41쪽)는 "노년이란 이 장에서 그것을 정의하기에 따라서 곧바로 자연적 죽음으로 귀결될 수 있다"고 언급했다. 만일 인간 생애주기의 비유를 따른다면, 이러한 논리적 결론에 이를 수 있다. Wagner는 더 나아가 "교회에서 노인 신자의 비율은 교회의 나이와는 관련이 없다"고 주장한다(1979, 43쪽). 그는 교회 내의 노인에 대하여 언급하며 '노년기 질병'과 다수의 노인 인구가 있음을 구분함으로써 이 문제를 다룬다. 노년학자들은 노화는 "병이 아니다!"라고 하며, 오히려 정상적인 삶의 일부라고 지적한다.

Adizes(1988)는 회사의 '노화' 과정을 재정의한 중요한 개념을 교회에 적용할 것을 제안한다. 그는 '젊음'의 의미는 조직이 비교적 쉽게 변화할 수 있다는 것—통제 수준이 낮으므로 무엇을 할지는 예측하기 어렵지만—을 뜻한다고 밝혔다. '늙음'은 여기서는 통제될 수 있는 행동을 뜻하며, "그 조직은 유연하지 못하고 변화 성향이 거의 없다"(2쪽)고 했다. 이러한 정의에 의하면 성장의 문제는 '유연성flexibility'이냐 (젊은 조직일수록 더 유연) 아니면 '통제성controllability'이냐 (성숙한 조직은 훨씬 안정적이고 통제 가능) 하는 문제이다. '젊은이'인가 '늙은이'인가의 문제가 아닌 것이다. Adizes는 조직을 위한 최적 상황은 유연성과 통제성이 상호간 긴장 상태에 있는 것이라고 주장한다. 게다가 그는 조직은 꼭 '노년기'가 될 필요는 없으며 또한 '노년기'에 있다 해도 조직은 되돌리거나 재활성화될 수 있다고 주장한다. 조직에 있어서 '죽음'은 피할 수 없는 것이 아니다.

본당 재활성화 과정에서 직면하는 첫째 문제는 조직이 현재 어떤 단계에 있는지, 즉 조직이 유연성이 중심이 되는 조직인지 아니면 통제성이 중심이 되는 조직인지에 달려 있다. 이러한 용어를 사용하다면 노화에 대한 부정적인 고정관념은 교회의 의사결정에 영향을 덜 미칠 것이다. 어떤 지역사회에서는 인구 분포의 특성상 교회에 나갈 수 있는 인구의 대다수가 노인이다. 그러한 경우에는 노인층을 참여시키는 방법으로 교회가 더욱더 활성화될 수 있다. Tillapaugh(1982)가 지적했듯이 지역사회 안에서 교회의 봉사를 용이하게 하는 프로그램은 성장을 촉진한다. 만일 '성숙한' 교회라는 개념을 노인들의 교회를 지칭하는 것과 분리할 수 있다면, 더 많은 노인들을 교회에 참여시킴으로써 교회는 재활성화될 수 있다고 예상할 수 있을 것이다.

거듭나기의 접근법이 교회 내에서든 아니면 새로운 메시지를 듣고자 하는 교회 밖의 사람들 사이에서든 혹은 교회 안팎의 다양한 시스템의 조합이든 간에 노인은 반드시 포함될 것이다. 노인은 시스템의 한 부분이며 자기 교회의 구성원인데, 이들에게는 복음을 전파하려는 다른 종교집단의 신자들이 종종 접근하기도 한다.

교회가 위치한 지역사회의 생태학적인 특징은 교회에 중요한 영향을 끼친다. 주변 지역사회의 나이 구성은 도시, 교외, 시골 등을 불문하고 어느 정도는 교회의 구성과 상관관계를 가진다. 만약에 오래된 지역사회에 위치한 교회라면 노인 구성원이 더 많을 것이다. 노령화된 지역사회에는 통상 두 가지 유형이 있는데, 계획적으로 노인들로 구성되도록 한 경우와 한 지역에서 오래 살면서 노인이 많아진 경우가 있다.

미국 특히 플로리다, 애리조나처럼 은퇴 인구가 많은 주에는 '선시티Sun City'와 같은 지역사회가 노인 은퇴를 위한 장소로 조성되었다. 몇몇 경우는 원래 은퇴를 위해 계획되었으며, 다른 경우에는 많은 노인 인구의 유입이 발생한 것이다. 양쪽 경우 모두 그러한 지역사회의 교회에서는 인구 구조상 노인이 가장 큰 집단이다.

훨씬 더 많은 경우에는, 지역사회가 은퇴를 위해 계획된 것이 아니라 젊었을 때 이사를 와서 계속 살았기 때문에 노인이 지역사회의 다수가 되었다. 이러한 현상을 '붙박이 노화aging in place'라고 말하며, 이 개념은 이사하지 않고 같은 지역에서 계속 살고 있는 사람들에게 적용된다. 지역사회 전체나 일부가 이러한 현상을 겪을 때, 교회는 또다시 노인이 지배적 유권자라는 사실에 직면하게 된다. 이러한 현상은 다양한 유형의 환경에서 발생한다. 젊은이들이 떠나간 시골 지역에는 노인들만이 남게 되고, 젊은이들이 교외로 떠난 도심 지역이나 중소도시에는 노인만 그들의 고향 지역사회에 남게 되어 발생한다.

셋째 시나리오는 노인을 이동성이 없는 집단으로 보는 것이다. 지역사회가 민족적 혹은 인종적 과도기에 처하게 되면, 출신 민족이 서로 다른 젊은이들과 노인이 거주하게 된다. 이러한 상황에서 만일 두 집단이 다른 유형의 교회에서 예배를 드리게 되면 교회에 영향을 미친다. 이 경우에 한 교회가 성장하는 동안 다른 한 교회는 신자가 줄어들 것이다.

물론 다른 시나리오도 있을 수 있고, 교회 구성에 영향을 미치는 현상이 전혀 다르지만 위 세 가지가 가장 흔히 볼 수 있는 경우이다. 어떤 경우에는 노인들이 지역사회 변화라는 역동성의 희생자이다. 다른 경우에는 노인은 이러한 역동성의 근원이 될 수도 있다.

그러나 변화이론에 의하면 변화는 스트레스가 많다. 노인 인구가 압도적으로 높은 지역사회는 환영받지 못하는 인구 구조 변화를 반영한다. 변화란 본당의 재활성화에서는 중요한 관심사이다. 교회가 활성화되기 위해서는 어떻게든 변해야만 한다. 바람직한 변화라 할지라도 어느 정도의 스트레스가 수반될 것이다.

변화는 복합적인 과정이다. 개인의 경우에 변화는 종종 상실이라는 결과를 초래할 수 있다. 노인에게는 모든 변화에 상실이 따르는 것은 아니지만, 통상의 변화는 대부분 어떤 유형이든 상실을 수반한다. 특히 75세 이상의 노인들은 종종 건강상의 변화, 소득의 감소, 여행 기동력의 감소 등을 겪게 된다. 많은 노인들은 친구들이 가족 근처나 따뜻한 곳으로 이주하거나 사망함에 따라 그들의 사회적 영역이 줄어드는 것을 경험하게 된다. 이러한 변화 유형에서 핵심 주제는 노인이 변화를 통제할 수 없다고 느낄 것이라는 점이다. 상실로 이끄는 변화의 유형은 예기치 못하거나 막을 수 없는 그런 것들이다.

어떤 노인에게는 변치 않고 유지할 수 있는 인생의 유일한 측면이 그들의 신앙이다. 다양한 종교적 전통에서는 신뢰성의 개념과 신의 불변성은 중요한 주제이다. 변치 않는다는 것은 교회가 아니라 바로 신이라는 것에 주목하는 것이 중요하다. 개인이 자신의 인생에서 통제할 수 없다고 느끼는 변화의 시기에, 신앙의 형태가 변치 않기를 바라는 것이다.

Payne(1990, 31-34쪽)은 중년 후반에 새로운 도시에서 새로운 삶을 시작한 'Patty'의 예를 들어 설명하고 있다. 그녀는 교회들이 심지어 그녀와 같은 교파의 교회조차도 형식이나 신앙 면에서 그녀의 과거 경험과는 다르게 변하고 있으며, 교회는 그녀 자신이나 그녀의 과거 전문적 이력은 보지도 않은 채 '노인네'로만 바라보고 있다는 것을 알게 되었다. 많은 변화와 소외감으로 인한 환멸은 그녀를 불안하게 만들었고, 그녀가 사람들과 의미 있는 소통을 하는 사회적 유대를 발견하고 결국 '새로운' Patty로서 교회에 다시 합류할 때까지 그 불안은 계속되었다.

불행하게도 변화가 전혀 없을 수는 없다. 제도란 변화하게 마련이고 새로운 환경을 반영하고 성장과 발전을 허용하는 혁신적인 방향으로 움직일 필요도 있다. 이럴 때 노인들은 그들의 통제 하에 있는 변화만 통제하고자 하는 욕구 때문에 변화 일반을 지지하기보다는 방해하고 있는 자신들을 발견할지도 모른다. 이로 인해 노인들은 변화에 반대한다는 이미지를 교회 내에 심어 주거나 성장과 거듭나기의 적으로 낙인 찍히게 된다.

많은 노인들이 변화를 반대하는 이유의 일부는 교회와 결부된 추억에 기인할 수도 있다. Wind and Lewis(1991)는 교회가 추억의 장소라는 관점에 관해 논의하였다. James M. Gustafson(1961, 73쪽)은 "공통적인 기억은 공통적인 삶을 가능하게 한다"라고 언급했다. Wind and Lewis는 추억을 공유하는 것은 개인들을 모이게 하고 "이해와 지각을 공유한" 집단으로 그들을 묶어 준다고 하였다(1991, 16쪽). 오래된 교회에서 과거의 추억을 계속 갖고 있는 이들이 노인들이라는 사실은 놀라운 일이 아니다. 예를 들어 교회의 새로운 신자가 '로즈를 기념하는 창Rose Memorial Window'을 들여다볼 수는 있다. 그러나 Rose 가족이 과거에 어떻게 교회에 창문을 기증하게 되었는지를 알고 있는 사람들은 그 교회의 노인 신자일 것이다. 다른 봉사조직과 마찬가지로 교회는 역설적 상황에서 존재하는데, 한편으로는 집단을 계속 규정짓는 기억의 중요성을 인정하면서 다른 한편으로는 "과거의 구속에서 벗어나는 자유와 현재와 미래의 새로운 가능성에 대한 개방성을 지향하는 전형적인 미국적 성향"을 나타내고자 한다(Wind and Lewis, 1991, 15쪽).

거듭날 필요가 있을 때 이러한 역설에 관심이 집중된다. 한편으로 어떤 노인들은 교회에 대한 추억에 집착하고, 다른 모든 것이 변하는 속도대로 교회가 변하게끔 내버려두지 않으려고 할 수 있다. 바로 이 노인들이 다른 한편으로는 교회가 그대로 남아서 계속 자신들의 추억의 장소가 되기를 바랄지도 모른다. 성직자들은 종종 이러한 추억을 보존하는 한편 성장도 촉진하는, 상반된 감정들 사이에 끼어 있는 느낌을 토로한다. 때로는 이것이 노인과 젊은 신자 간의 대립을 초래하거나 때로는 노인 신자들의 소외를 초래하기도 한다.

4. 본당 거듭나기/변화의 과정

1) A단계

거듭나기의 각 유형마다 다른 접근법이 있지만, 대부분의 경우 첫 단계는 접근법을 개발하기 위한 위원회를 구성하는 것이다. 교회에서 지도력을 갖는 다른 위원회와 마찬가지로 이 위원회는 신자들의 존경을 받고 교회의 신자 구성을 반영하는 사람들로 구성되어야 한다. 이 단체에게 교회에 적합한 재활성화 방안을 연구하고 제안하기 위한 권한을 이양해 주어야 한다. Worley(1978)는 이 단체가 발전함에 따라 채택될 재활성화 과정에 관해서뿐 아니라 교회의 역동적 본질에 관하여 의견수렴이 필요하다는 점을 강조했다. 그는 이러한 의견수렴을 기획을 위한 '공동의 비전'이라고 불렀다. 이 기획 단체의 각 구성원은 동일한 변화의 비전을 가질 필요가 있다.

2) B단계

B단계는 교회와 지역사회를 평가하는 것이다. 이는 그들이 지금까지 누구였으며(조직의 기억), 누구라고 믿고 있는지(조직의 신화), 어떤 사람이 되고자 하는 것인지(조직의 비전)를 이해하기 위한 것이다. 이 평가에는 교회가 자신과 지역사회를 위해서 무엇을 할 수 있고 할 수 없는지에 관한 현실적인 관점뿐만 아니라 교회의 강점과 약점이 모두 포함되어야 한다. 이 평가는 교회에 영향을 주는 모든 다양한 시스템에 대한 조사를 포함해야 한다.

3) C단계

C단계는 개발되어 교회에서 실행할 수 있는 계획이다. 교육 과정을 통하여 교회 전체를 위한 공동의 비전이 개발되고 교회는 재활성화 과정에 착수할 준비를 갖추게 된다. 어떤 계획은 직접 성직자의 역할이 포함될 수도 있고, 몇몇은 신앙 교육 프로그램 혹은 지역사회 발전 프로그램의 개발이 포함되기도 한다.

한 가지 버려야 할 신화는 주로 노인으로 구성된 교회는 성장할 수 없다는 신화이다. 오래된 교회에 관한 수많은 예를 문헌에서 찾아볼 수 있다(Tilberg, 1984, 57쪽). 오래된 교회가 성장하기 위해서는 몇 가지 사항이 다루어져야 한다. 교회는 전통적으로 성장 목표가 되어 온, 어린애가 있는 젊은 가족이 지금보다 늘 수 없다는 점을 염두에 두어야 한다. 오래된 지역사회에서 가용한 사람들은 젊은 가족이 아니라 노인들이다. 교회의 성장은 다른 노인들을 끌어들임으로써 가능하고 성장과 재활성화의 목적은 교회의 주요 목표를 다루는 것이다. 일반적으로 종교단체에서는 그 목적이 신앙 공동체의 한 부분이 되기를 원하는 사람들에게 접근하는 것이다.

본당 거듭나기에 연령적 제한을 둘 필요는 없다. 그런데 교회의 노인 신자들은 심지어 다른 노인들에게 전도하는 것을 희생해서라도 더 많은 젊은이들을 영입할 것을 가장 맹렬히 주장한다. 이런 현상은 과거의 교회에 대한 노인들의 기억으로부터 나온다. 재활성화된 교회란 교회에 어린이가 있는 가족들이 많았을 시절의 모습과 같아야 한다고 너무들 자주 가정한다. 종종 그것은 인구학적으로 다른 시기의 교회를 반영하는 것이었다. 많은 경우 노인들은 기억 속에 교회가 '활기찬 집단'이었던 과거의 모습에 대한 '스냅사진'을 가지고 있으며, 그 모습을 다시 찍고 싶어 한다. 그러므로 변화를 여는 열쇠는 인구 분포가 변하면 비전도 변해야 한다는 사실을 인정하는 데 있다.

4) D단계

D단계는 노인 신자들의 걱정거리를 알아내고 이를 다루는 것이다. 종종 노인들은 그들의 방식이 굳어져 있다고 인식되곤 한다. "완고한 보수주의이냐 아니면 유연성이 있는 진보주의이냐 하는 것은 나이의 함수가 아니라, 성격 구조와 사회 환경의 함수이다"(Marves, 1981, 15쪽). 실제로 많은 노인들은 변화를 다루는 데 전문가이다. 역사적으로 보면 고령에 이른 사람들은 많은 변화를 성공적으로 견디어 냈다. 그러므로 변화를 원하는 교회라면 옛 방법은 항상 나쁘거나 옳지 못하고 새로운 방법은 항상 좋고 긍정적인 것으로 인식하지 않도록 주의해야 한다. 예를 들면 새로운 전례 절차나 프로그램 혹은 새로운 성가를 도입할 때, 그러한 변화를 소개하는 방식은 이를 수용하는 데 결정적인 역할을 한다. 반대는 예상치 못했던 변화나 너무 간단히 설명되거나 정당화되는 변화로부터 발생한다. 지난주까지는 교회에서 어떤 것을 옛 방법으로 하고 다음 주에는 새로운 방법으로 한다고 치자. 옛 전례 절차가 오랫동안 지켜져 왔을수록 새로운 절차로 바꾸면 그 상실감은 더욱더 커지는 법이다.

본당 거듭나기에는 교회 차원의 평가 과정과 개발되어야 할 잠재적 사목의 비전을 만드는 과정이 포함된다. 이는 새로운 형태의 사목과 과거의 프로그램을 인식하고 조화를 이룸으로써 실행된다. 이런 변화는 나이와 상관이 없다. 이는 교회 내의 모든 구성원을 포함할 수 있다.

Butler(1961)는 노인을 상담하는 데 상당히 중요한 회상 치료기법의 개념을 도입했다. 이 개념은 또한 교회에 변화를 촉진하는 접근법을 제공한다. 회상 혹은 인생 회고의 개념은 과거가 현재와 긴장을 유지하는 한 과거를 기억하는 것은 치료적 가치가 있을 수 있다는 점을 시사해 준다. 예를 들어 새로운 성가집의 사용과 같은 교회에서의 변화를 이루는 작업에서 회상기법을 사용하고자 한다면 단체장, 성직자, 다른 조력자 등은 교회의 모든 신자들—규모가 커서 모두 참석하기 힘들다면 적어도 핵심인 사들을—의 모임을 소집하는 것부터 시작해야 한다. 이 모임의 목적은 두 가지이다. 첫째는 오래된 성가집의 중요성을 기억하는 것이다. 교회 신자들에게 오래된 성가집의 의미는 무엇인가? 이 성가집과 관련된 첫 번째 경험은 무엇이었나? 이는 사람, 행사 또는 다른 중요한 기억들과 관련이 있는가? 이 행사에서 공유되는 모든 기억들을 기록하는 것이 도움이 된다. 이렇게 기억함으로써 교회는 이러한 사건을 기억하는 사람들과 함께하며, 기억 속에서 그들을 존경하는 것이다. 어떤 옛 성가집은 돌아가신 분의 이름으로 헌정되어 그분들의 기억이 옛 성가집을 통하여 살아 있는 경우 이런 과도기의 일부 문제가 될 수 있다. 이 경우에는 새로운 성가집을 그분들의 이름으로 헌정함으로써 교회 내에서 그들의 기억이 유지되도록 하는 것이 도움이 될 수 있다.

때로는 공유하고 있는 기억을 이끌어내기 위한 상징적인 방법을 찾는 것이 도움이 될 수도 있다. 이는 그러한 추억을 기록해 두거나 특별한 기념 장소에 문서를 보관하거나 또는 기억될 단체의 역사에 남을 사진을 찍거나, 그것을 전시할 장소를 찾는 등의 방법으로 할 수 있다. 어떤 경우에든, 그 목적은 그들의 의미를 존경하기 위하여 기념비적 상징을 만들고 또 그 의미를 새로운 기념비에 부여하는 것이다. 기억을 회피하기보다는 존중함으로써 교회는 노인이 이제 쓸모없는 존재라는 메시지를 전달하지 않으면서 새로운 성가집으로 옮겨갈 수 있다. 또 다른 상징적인 행위는 헌 성가집을 잘 사용할 수 있는 그리 넉넉하지 못한 교회에 기증하는 것이다.

이러한 과정은 두 종파의 합병으로 한 구역 안에 위치한 두 교회가 각각 생존하려는 사례에서 극적으로 설명되고 있다. 힘에 부친 두 개의 종파가 하나로 연합하는 것은 논리적으로 타당하다. 그러나 각 교회는 문화적 독창성을 지닌 풍부한 유산을 가지고 있었다. 어느 건물을 팔 것인지 최종적으로 결정할 때, 그들은 그 재산이 건물 그 이상의 가치가 있다는 것을 깨달았다. 건물을 허물 예정이었으므로 그들은 그 안에 있는 소중한 물건 몇 개를 가져도 된다는 허가를 얻었다. 교회는 각 교회 건물에 대한 스크랩북을 만들기 시작했다. 여기에는 오래된 건물 사진과 교인들이 모두 포함되었다. 그들은 각각의 교회를 위하여 두 조각의 퀼트를 만들었다.

두 교회가 합병이 된 교회에서의 시무를 기념하는 날 두 교회의 교인들은 함께 옛 교회로 걸어갔다. 원하는 신자들은 망치와 스크루드라이버를 가지고 오라는 지시를 받았다. 신자들과 가족에게 소중하게 여겨지는 물건은 어떤 것이라도 뜯어 오도록 했다. 그것들은 새로운 교회로 옮겨졌다. 전기 소켓, 그림, 전기 코드 등 별 이상한 물건들이 많이 모였다. 그 물건들은 두 교회가 이를 어떻게 전시할 것인가에 관해 제안된 아이디어에 따라 새 교회에 전시되었다. 교회 지도자들은 적절한 도구와 기술적인 전문성을 동원하여 새 건물에 각각의 물건들을 들여놓기 시작했다. 이 과제가 끝나자 두 개의 퀼트를 꿰매 붙여서 성소에 잘 보이도록 놓았다. 옛 교회 건물의 소중한 기억들이 새로운 물건들로 가려지지 않도록 주의를 기울였다.

일단 어느 단체가 어떻게 변화를 일으킬지를 결정하면 일반적으로 어떤 형태로든 봉사가 필요하다. 어떤 교회에서는 그것은 노인을 위한 단체나 사교 프로그램의 계발을 뜻하고 다른 교회에서는 지역사회 노인들에게 전교하는 것을 뜻하기도 한다. 이 과정에서 모든 노인들이 이미 교회의 신자라는 근거 없는 믿음과 마주칠 수도 있다. Tobin 등(1986)은 거주자의 60%가 65세 이상인 한 지역사회에서 노인센터나 클럽에 다니는 노인들의 대략 30%가 지역 교회의 신자가 아닌 것을 발견했다. 이러한 비신자들에 관하여 제기되는 중요한 질문은 그들이 사실상 영적인 사람들인지의 여부와 만약에 그렇다면 아직 요청을 받지는 않았지만 지역 교회에 참여할 의향이 있는지의 여부이다. 많은 경우에 그들은 사실—이제는 신자 등록은 없지만—멀리 떨어진 교회의 신자였거나 심지어는 해체된 교회의 신자였다.

이러한 그룹에 전교하는 것은 그들의 말을 듣고 새로운 교회를 권하는 과정이다. 이러한 경우에 종종 쓰이는 복음 전파라는 개념은 전도자가 노인에게 뭔가 새로운 신학이론이나 개념을 제시한다는 것을 연상시킨다. 많은 노인들에게는 이제까지 들어보지 못한 것은 거의 없다. 더욱 생산적인 접근 방법은 노인들이 소속되었던 교회로부터 왜 무소속으로 되었는지에 관하여 그들에게서 직접 경청하는 것이다. 어떤 경우에는 성직자들과 의견의 불일치가 있었고 또 다른 경우에는 가장 절실할 때에 응답을 받지 못했기 때문일 수도 있다. 이유야 어떻든 들어주고 치유해 주어야 한다. 그러한 치유는 잘못한 교회를 비난함으로써가 아니라 고통을 인정해 줌으로써 가능하다. 결국 새로운 교회로의 초대는 노인에게 새로운 선택을 제공하는 것이다.

재활성화를 위한 수많은 접근법이 연구문헌에 소개되어 있다. 어떤 방법이 선택되든 간에 '성장 = 변화'이다(Schaller, 1984). 변화가 노인에게 새로운 것은 아니지만 자신의 인생에서 어쩔 수 없이 경험했던 모든 변화에 비추어 지속과 영원을 추구했던 바로 그 제도에서 새로운 변화에 직면해야만 한다면, 그때 노인들은 변화에 반대할지도 모른다. 노인들의 말씀을 경청하고 가치 있는 옛 과정이나 물건을 존중하고, 그렇게 해서 초월적 상징을 만들면 노인들은 변화 과정에서 동참할 것이다. 성장은 오래된 교회나 지역사회에서도 가능하다. 교회가 제공하려는 것을 함께 전하고 함께 나누려는 비전이 있는 곳에서 그러한 성장은 가장 잘 일어날 것이다.

제4편

고령화 사회에서의 지역사회 봉사

제4편: 들어가며

유대교나 그리스도교 양자의 신앙 전통에서 중심적인 것은 남을 보살피는 윤리이다. 제2편의 사목 행위 그리고 제3편의 교회 생활에서는 종교기관들이 신자나 지지자를 보살피는 방법에 그 중점을 두었다. 제4편의 여러 장에서는 보살핌의 윤리는 그저 교회 안에서만 멈춰서는 안 된다는 것을 보여 주고자 한다. 오히려 유대교나 그리스도교 신자들은 정치적 제도가 서비스에 관한 의사결정에 크게 영향을 주는, 더 넓은 지역사회의 사람들에 대한 보살핌을 요청받고 있다.

모든 사람들에게 정의를 베풀라는 명령의 역사적 뿌리를 탐색하면서, Lynn Huber는 다양한 신앙 공동체에서 노인에게 제공되어 왔던 서비스의 유형 연구로부터 시작한다(제20장). 비록 보살핌의 윤리는 모두 인정하지만 그 서비스에 대한 접근법은 신앙 공동체마다 크게 다르다. Huber는 교회가 취하는 봉사 프로그램의 종류에 영향을 미치는 많은 변수에 주목하였다. 기관의 크기, 인종과 계층, 교파적 차이점 등이 결합되어 독특한 노인사목을 촉발한다. Huber는 사회적 행동의 유형과 적정성에 대한 논란이 어떻게 발생했는지 지적하였다. 그녀는 종교단체별로 정치 영역과의 관계에 대한 믿음에 커다란 차이가 있음을 주목한다. 종종 양측 사이의 긴장이 있기도 하지만 협력에서 오는 수많은 혜택이 있으며 특히 정치제도에서 노인의 요구를 충족시킬 자원과 의지가 부족한 시대에는 더욱 그렇다고 Huber는 주장한다. 그녀는 또한 초교파적 연맹에서 발생하는 긍정적 결과를 기술하며, 그러한 협력을 위한 몇 가지 잠재적 모형에 대한 정보를 제공한다. 종교와 세속의 기관 사이에든, 종교 조직체 자신들 사이에든 동반자 관계는 오늘날 수많은 노인 문제에 창의적인 해법을 제공할 수 있다.

흑인 교회는 흑인 사회에서의 중요성 때문에 이러한 종류의 창의적인 해법을 제공한 오랜 역사를 가지고 있다. Cleopatra Caldwell, Linda Chatters, Andrew Billingsley, Robert Taylor 등은 근년에 흑인 교회가 노인들의 요구에 부응하여 수행한 역할에 관한 가치 있는 많은 정보를 제공했다. 제21장에서는 구제 활동 가운데 이러한 교회들이 흑인 가정에 제공한 서비스의 종류를 기술한다. '흑인교회가족사업'에서 수집된 정보를 상세하게 발표한 것을 보면 흑인 교회가 노인들의 문제에 깊이 참여하고 있음을 보여 준다.

모든 인종의 노인들이 당면하는 가장 중요한 요구 가운데 하나는 의료이다. 수년간 Anne Djupe와 Granger Westberg는 신앙 공동체가 노인들의 육체적, 정신적, 영적 건강의 염려에 대하여 관심을 갖도록 촉구하였다(제22장). 그들은 세 가지 교회 기반의 보건 프로그램을 기술하였고 그렇게 함으로써 전인적 사목에는 반드시 영성뿐만 아니라 육체에 대한 보살핌도 포함되어야 한다고 주장하였다. 의료보장에 대한 정치적 불확실성이 있는 시기에는 종교기관이 치유에 소명이 있음을 재천명하는 것이 필요하다. 교회에 기반을 둔 의료기관의 연계를 강화하여, 교회는 전인을 지지하는 의료와 평안의 비전을 수립하는 데 지도력을 발휘할 수 있다.

의료 문제 외에도 노인들에게 닥치는 또 다른 어려운 문제에는 주거가 있다. 제21장에서 Caldwell 연구팀은 흑인 교회에서의 가장 흔한 노인 봉사는 가사 지원 서비스였음을 보여 주었다. 노인들은 그들의 자율을 가치 있게 생각하며, 가능한 한 오랫동안 집에 머무르고 싶어 한다. 그러나 언젠가 독립적인 생활이 불가능해질 때에는 대안을 구해야 한다. 공적인 자원은 제한되어 있는데다 더욱 중요하게는 타인을 돌보아야 하는 소명 때문에 교회가 노인들을 위한 주거를 제공하는 사업을 직접 영위하는 경우이다. 제23장에서 Ellen Netting이 살펴본 것처럼 종교단체에는 온갖 종류의 주거를 제공하는 오랜 전통이 있다. 그녀는 종교 조직이 후원하는 여러 종류의 주거에 대한 정보를 인용하며, 이러한 사목을 하고자 소명을 느끼는 교회들을 위한 실용적 조건을 제시한다.

오랫동안 신앙 공동체는 은퇴 주거 단지, 상시 보호 은퇴 공동체, 영세민 임대주택, 양로원 등을 그저 도구적으로 지원하였다. 21세기의 노인이 원하는 바를 내다보면서, 제24장에서 Jane Thibault는 다른 모형이 필요하다고 믿는다. 교회는 안전하고 적정한 가격으로 지원을 받을 수 있는 주거에 주의를 기울일 뿐만 아니라, 영적 성장을 고무하는 생활 여건을 창안해야만 한다. 그녀는 노년학에서 확인된바 노년 생활에는 노인들을 위한 새로운 유형의 생활환경이 요구된다고 주장한다. 교회에는 이미 영적 발전을 위해 다양한 수준의 참여가 있으나, Thibault에 따르면 어느 것도 노인이 영적 성장을 추구할 수 있는 묵상 공동체를 설립하는 충분한 수준까지는 못 된다. 물질주의 문화에 좌절한 현대의 중년층에서 나타나는 의미에 대한 열망을 고려할 때, Thibault의 모형은 의도적으로 영적 가치에 참여함으로써 풍요로워진 노년의 비전을 제공한다.

수많은 노인 신앙인들은 교회에서 영성 공동체를 만들 때까지 살 수 없을 것이다. 그들은 양로원의 관습과 방침이 육체가 죽기 훨씬 전에 영을 죽이는 상황에서 양로원 생활을 보낸다. 이러한 사람들에게 Dayle Friedman은 희망을 준다. 장기보호치료시설이 거주자들이 매일 마주치는 영적 도전들, 즉 공허하고 짐스러운 시간, 의미 없는 일상의 반복, 양로원 바깥의 익숙했던 세상에서 고립됨으로써 오는 단절 등을 해결하도록 어떻게 바뀔 수 있는가를 제25장에서 보여 준다. 종교는 양로원 거주자들에게 시간을 되돌려줄 수 있다고 Friedman은 말한다. 장기보호시설에서 육성될 종교적 관습은 일별, 주별, 월별, 연별로 구성된다. 이것은 모든 노인에게 자신의 본질적 가치를 확인하도록 함으로써 의미를 회복시킨다. 이것은 과거로 돌아가고 미래로 투사함으로써 시간 속에서 연결된다. Friedman은 어떻게 하면 교회가 장기보호시설과 함께 노력해서 노인의 영적 삶을 증진시키는 의미 있는 사목을 제공할 수 있는가를 보여 준다.

고령화 사회에서 신앙 공동체에 도전하는 다른 종류의 사목은 남녀 동성애자들이 노화 과정을 경험하는 방식에 대한 인식에서 촉발된다. 그들의 정체성에 대한 핵심 부분은 오랫동안 금기시되어 왔기 때문에 동성애자 노인들은 소외되고 더욱이 교회 생활의 참석은 적극적으로 배제되었을 것이다. 그 결과 이들 중 많은 사람들은 종교 기관과는 접촉이 거의 없는 자체의 공동체를 형성한다. 그러나 제26장에서 Gary Whitford와 Jean Quam은 나이나 성적 성향과 관계없이 인간적 가치를 확인해 주는 동성애 공동체와 교회 사이의 가교를 만들 수 있는 기회가 많이 있음에 주목한다. 노인사목에 참여하고 있는 신앙 공동체는 그들의 봉사 형식을 성적 성향에 근거하여 무심코 혹은 고의적으로 배제하지는 않는지 검토할 필요가 있다.

교회가 따뜻한 음식, 주거, 의료, 방문 사목, 기타 제4편에 서술된 다른 종류의 서비스를 제공하든 그렇지 않든 간에 교회는 보살핌의 윤리를 실현하기 위한 방법을 찾고 있다. 이들 신앙인 조직들은 수세기 동안 실천해 오면서, 더 넓은 세상에게 종교는 개인의 평안을 제고하는 데 그치는 것이 아니라 개인에게 타인의 평안을 키우도록 권능을 주었음을 보여 주고 있다.

제20장 지역사회에서의 교회

Lynn W. Huber

모든 베이비붐 세대들이 노인의 범주에 들게 되는 2030년이 되면, 미국인들 5명 중 1명 이상은 65세가 넘는다. 교회—이는 교회뿐 아니라 사찰과 유대교회당 등을 포함하는 사회학적 의미의 용어—는 교회와 지역사회에서 어떻게 노인들의 욕구에 대처할 것인가? 노인을 위하여 다른 조직들과 어떻게 일할 것인가?

이 장에서는 (1) 지역 교회에서 노인사목의 역사적 기원을 간략히 검토하고, (2) 노인과 일하려는 의지와 역량에 영향을 주는 교회별 차별성을 서술하고, (3) 교회 간의 관계 및 교회와 공공기관의 관계를 점검하고 그들의 협력적인 태도에 장애가 되는 요인과 연관된 개념적 문제들을 검토하고자 한다.

1. 역사적 개괄

유대교의 초기 예언적 흐름에서는 빈민, 고아, 과부, 이방인 등을 보호할 책임을 하느님에 대한 종교적 의무로 선언하였다. Maves(1981), Kemp(1960) 그리고 '미국유대교협의회Synagogue Council of America'(1975)는 빈민을 위해 십일조를 내고, 이삭 줍는 사람들을 위해 들판에 곡식알을 남겨두며, 그 밖의 의무적 자선을 행하는 이웃 사랑이라는 히브리 성서적 주제를 강조하였다. 실제로 히브리어에서 '자선'이라는 단어에는 '정의'라는 의미도 있으며 두 개념은 분리되지 않는다.

초기 그리스도교는 도움이 필요한 사람들을 위해 일할 목적으로 부제deacon직을 특별히 만들었다(사도 6장).[177] 중세의 교회 특히 수도원 공동체는 이러한 후대hospitality의 전통을 종교적 의무로서 그리고 은총을 이루는 수단으로서 확장하였다. 중세 유대교회도 "병자와 집 없는 자들을 위한 쉼터"를 만들었다(Synagogue Council of America, 1975) 이러한 관례들은 널리 퍼졌지만 잘 조직화되지는 않았다. 18세기가 되어서야 그런 대로 잘 조직된 접근법이 나타났으며, 공식화된 여러 사회복지 활동의 발달로 이어졌다.

19세기 유대교의 박애주의자와 그리스도교의 '사회복음Social Gospel'[178] 옹호자들은 억압받는 사람들을 위한 정의를 위해 종교적 관심을 이끌어 냈고, 20세기에는 이전에는 비교할 수 없을 만큼 국내외에서 각 종파 및 계파의 선교운동이 번성하고 있다. Moberg(1962, 151쪽)는 "1903년에 전국 자선기관의 1/3은 교회 관련 기관"이라고 보고했다(Synagogue Council of America, 1975).

미국 교회는 지역사회에서 여러 기능을 하고 있다. 18세기와 19세기에 교회는 만남의 장소, 교육 시설, 정치적 모임장소, 사회적 센터 등 '마을의 중심village center' 역할을 했다. 대체적으로 교회는 지역사회에 기반을 둔 이웃 지원 시설의 역할을 하는 것이 당연시되었으며 종종 의료, 사회, 오락, 교육 등의 서비스 그리고 심지어 도로 같은 기반 구조를 제공하기도 했다(Felton, 1920).

대부분의 이러한 지역사회 기능은 세속적 제도로 이전되었으나 아직도 일부는 교회에 의해 수행되고 있다. 이러한 기능은 시골의 교회, 이웃이 띄엄띄엄 널리 분산된 지역의 교회, 인종적으로 동일한 교회, 저소득 노동 계층의 교회 등에서 주로 볼 수 있다. 미국 흑인 교회는 역사적으로 신자들에게 중대한 사회적 지원이 되어 왔다(제11장 참조). 최근 수만 명이 다니는 거대 교회 현상은 '종합쇼핑센터' 같은 사회적 및 교육적 비옥화의 중심으로서 교회의 역할을 새롭게 하고 있다.

177) 사도행전 6장 1-7절에서는 과부 등에게 배급을 주는 봉사직의 수행을 위하여 스테파노 등 일곱 봉사자를 뽑고 사도들은 기도와 말씀 봉사에만 전념한다는 내용이 나옴.

178) 사회복음Social Gospel은 19세기 말~20세기 초 그리스도교 윤리를 사회정의, 불평등, 술, 범죄, 인종 갈등, 빈민가, 아동 노동 등 사회문제에 적용하고자 했던 개신교 진보주의 운동.

노인을 위한 사회적 봉사에 더 집중해서 본다면, 우리는 1965년 "미국노인법"이 통과되기 이전까지는 노인을 위한 프로그램에서 교회의 역할이 중요했다는 점에 주목한다. 공공원조와 사회보장을 제외하면 여러 지역사회에서 교회가 지원하는 '황금기Golden Age' 프로그램은 유일하게 조직화된 노인 서비스였다. 미국노인법이 통과됨에 따라, 여러 가지 여가 서비스 등이 세속적 후원과 재정으로 발달하였는데, 작은 지역사회에서는 그러한 서비스를 교회가 계속 주관하고 지원하였다(United Presbytarian Church, 1967; Bachman, 1955-56; Cayton and Nishi, 1955; Moberg, 1972; Synagogue Council of America, 1975).

현재 사회 서비스에서 전반적으로 민간 주도가 강조되고 또 정부의 자금 지원이 감소되면서, 노인을 위한 교회 지원 프로그램에 대한 수요가 되살아난다 하더라도 그리 놀랄 일이 아니다.

2. 노인에 대한 서비스 제공자로서의 지역 교회

1) 서비스의 유형

교회를 통해 노인들에게 제공되는 서비스는 다양하다. 몇몇 연구에서는 교회에 의해 제공되는 서비스 목록을 만들고 범주화하려 시도했다. 이러한 프로젝트의 첫 번째는 '전국초교파노화연맹'에 의하여 완성되었다. 이 연구는 교회에 대한 전국 조사자료를 분석하여 이용 가능한 프로그램과 서비스의 목록을 가장 빨리 제공하였다. Tobin 등(1986)은 한 대도시 지역에서 여섯 개의 지역사회를 3년간 연구하였다. 연구자들은 여섯 개 지역사회의 모든 성직자들을 면담하였다. 연구는 지역 교회에서 제공되는 서비스가 네 가지로 구분될 수 있다는 결론을 내렸다. (1) '종교적 프로그램', 즉 교회 신자의 영적 관심사를 직접 다루는 서비스, (2) '사목 프로그램'으로 교구민들의 1 대 1 혹은 소집단 요구를 다루는 것, (3) '교회 주최 프로그램'으로 교회는 공간만 제공하고 운영은 외부 기관에서 하는 경우, (4) '서비스 제공자 프로그램'으로 지역 교회의 후원으로 제공되는 혹은 지역 교파의 사회 서비스기관과 공동으로 제공되는 공식적인 사회적 서비스를 전달하는 경우이다. 최근 로마가톨릭의 전국 본당을 대상으로 연구한 Mary Ann Lewis(1989)의 경우에는 4개의 범주를 적용하였다. (1) '본당 생활과 관련된 프로그램'으로 영성체, 신앙 상담, 기도 등, (2) '사회봉사 및 여가봉사'로서 빙고게임, 여가 활동, 재가 노인이나 요양원 방문 등, (3) '비상시 및 정서적 지원'으로 상담, 사별시의 지원, 비상 음식 등, (4) '노인의 일상생활 지원'으로 음식 준비, 물건 사기, 청소 등이다. Lewis 박사는 마지막 범주는 그녀가 사용한 표본에서는 거의 제공되지 않는다고 지적하고 있다.

이 두 개의 연구는 독특하다. 왜냐하면 그들은 교회 제공 프로그램의 형태에 대한 체계적인 연구로부터 관찰을 시작하였기 때문이다. Tobin 등(1986)에 의한 첫 번째 연구는 저자들에 의해 연구된 지역사회에서 발견된 프로그램의 유용한 구조를 제공한다. 이 구조에서 독특한 점은 '교회 주최'의 범주에 있다. 이는 개념적으로 프로그램 후원auspices과 프로그램 내용content을 혼합하고 있다. 그러나 이렇게 함으로써 비공식적인 교회 기반 프로그램에서 외부 후원의 공식적인 서비스 제공으로 이동함을 밝혀내고 있다. Lewis(1989)가 제안한 구조는 그녀가 검토한 교회에서 발견된 프로그램 유형을 검토하는 또 다른 방법을 제시한다.

'미국셰퍼드센터'[179] 창시자인, Elbert Cole(1991)은 개념적으로 유용한 구조를 제안한다. 이 구조는 그러한 서비스들을 다음과 같이 네 가지 범주로 나누고 있다.

① 삶의 유지life maintenance

생존 욕구를 충족시키기 위한 것으로 음식 배달, 잡무 처리, 일상의 가사 지원, 비상시의 식량 · 의류 · 재정 원조, 교통 지원, 정보, 의뢰referral 등이 있다. 삶의 유지는 적어도 사회 서비스기관의 영역에 못지않게 교회의 영역이며 어떤 때는 교회에서 더 잘 관리하기도 한다. 만일 서비스를 달리 이용할 수 없다면 교회는 어떻게든 서비스를 이용할 수 있도록 해야만 한다. 만일 그러한 서비스가 가능한 상황이라면 적절하게 의뢰할 수 있도록 그 서비스에 대해 잘 알고 있어야 한다.

② 삶의 비옥화life enrichment

교육 및 여가 욕구를 충족시키기 위한 것으로 평생교육, 친교 행사, 여행 등이 있다. 이러한 서비스는 수많은 시니어센터나 세속 기관에서 제공되지만 교회에서도 자주 제공된다.

---

179) 미국셰퍼드센터Sherperd Center of America는 노년의 삶에 목적과 의미를 제공하고자 하는 지역사회 기반의 초교파적 네트워크를 지향하는 자원봉사자 조직이다. 노인들의 지혜와 체험 기술을 지역사회의 공동선을 위하여 활용하는 것을 사명으로 하고 있음. 참고 웹사이트 http://www.shepherdcenters.org/

③ 삶의 재해석 life reconstruction

사별이나 질병과 같은 인생의 과도기를 다루는 데 도움을 주기 위한 것으로 상호부조단체, 동료 상담 등이 있다. 이러한 기능은 가족, 친지, 교회, 사회기관, 개인 치료사 등과 공유된다. 인생 과도기의 가장 큰 스트레스는 종종 의미에 대한 질문, 즉 경험을 이해하려는 노력으로부터 온다. 이러한 일은 분명히 교회에 적절한 것이지만, 많은 교회는 이러한 문제를 다룰 구조나 유능한 인력을 갖추고 있지 못하다.

④ 삶의 초월성 life transcendence

신학적 및 영적 문제를 다루는 데 도움을 주기 위한 것으로 예배, 학습 등을 통하여 이루어진다. 이것은 명백하게 교회의 기능이며, 실제로 이것이 교회의 주요 과제, 때로는 하나뿐인 적절한 과제로 인식되고 있다.

이에 대한 상호보완적인 관점이 Ellor와 Coates(1985-86)에 의해 제시되었는데, 이들은 교회가 하는 옹호 노력의 세 가지 수준을 제시한다. (1) 개인별 욕구를 충족시키는 수준, (2) 지역사회에 있는 모든 노인의 욕구를 충족시키는 수준, (3) 주 및 연방 입법을 통해 모든 노인의 욕구를 충족시키는 수준이다.

모든 노인의 욕구를 다루는 세 번째 수준은 전략적 계획 그 이상의 것을 포함한다. 즉, 이것은 교회가 정치적 문제에 관여하는 것이 교회의 특권 또는 책무인가 하는 철학적 질문을 제기할 수 있다. 낙태에 대한 논란에서 보듯이 현재 신앙 공동체에서 이 문제에 대해 무척 다양한 의견이 있다. 정치적 문제에 교회가 간여하는 데 어떤 태도를 취하는가에 따라서 교회—전국 교회조직도 마찬가지로—가 노인들을 위한 서비스에 접근하는 방법을 결정하는 데 영향을 줄 것이다.

다섯 가지 '성직자의 유형'이 미국 중서부 교외 지역 40개의 대표적인 교회를 연구한 Steinitz(1980)에 의해 기술되었다. (1) 영적/복음 전파 유형, (2) 신학적/지성적 유형, (3) 사회 운동가 유형, (4) 교회 중심적/관료적 유형, (5) 교회 중심적/가족적 유형이다. 이러한 성직자 유형은 교회가 신앙 체험, 교육, 사회 운동 중 무엇을 강조할 것인가 그리고 교회가 노인들에게 직접 서비스를 제공하려는 의지가 어느 정도인가 또한 교회가 제공할 가능성이 높은 서비스의 유형이 무엇인가 등과 상관관계를 갖는다(〈표 20-1〉 참조).

사회 운동가 유형은 대부분 정치적 참여를 적절한 교회 관련 활동으로 볼 가능성이 높으며, 교회 중심적인 유형은 그런 입장을 취할 가능성이 가장 적다. 복음 전파형의 교회를 설득해서 좀 더 사회 운동가 입장을 취하도록 하려는 것이 '도덕적 다수

Moral Majority'[180]의 목표였다. 우리가 이러한 논쟁의 종결을 가까운 미래에 볼 수 있을 것 같지는 않다.

〈표 20-1〉 성직자 유형과 교회의 노인 사회 서비스와의 관련성(Steinitz, 1980)

성직자 유형	강조점	주력 교파 및 교회크기	노인 신자에 대한 사회 서비스 제공과의 관련성
영적/ 복음 전파	개인의 종교적 경험	보수적 개신교 주로 중소규모	공식적으로 조직된 서비스가 거의 없음. 교회 내 우정과 종교적 의무에 따라 만들어진 비공식적인 사회 지원 네트워크에 의존함. 영적 비옥화 및 교구민 사이의 우정을 위한 많은 기회 제공.
신학적/ 지성적	지식과 이해의 축적, 많은 교육적 기회를 포함	주류 유대교 일부 개신교 일부 가톨릭 주로 중규모	노인들이 지성적 계몽과 영적 비옥화를 위해 교회로 돌아올 것을 기대함. 그렇지 않으면 노인들은 대부분의 사회적 서비스를 지역사회의 기관에서 찾을 것임.
사회 운동가	사회 정의를 추구	진보적 유대교 진보적 개신교 중규모	세상의 다른 사람들은 교회의 노인 신자보다 열악하다는 인식. 주요 서비스로는 시간제 자원봉사 노동 기회, 교회 밖의 사회적 서비스 제공을 통한 친교.
교회 중심적/ 관료적	교회 신자의 욕구와 관심에 대해 강조	가톨릭 주류 개신교 대규모 및 중규모	노인 신자들에게 공식적으로 조직된 사회적 서비스를 제공하는 것에 높은 가치를 둠.
교회 중심적/ 가족적	교회 신자의 욕구와 관심에 대해 강조	주류 개신교 소규모	노인 신자들에게 사회적 서비스를 제공하는 것에 높은 가치를 둠. 대부분의 서비스는 확장된 가족처럼 비공식적으로 조직됨.

(1) 공식화된 서비스는 독립되려는 성향

교회 기반의 서비스가 공식화되면 세속화되거나 적어도 특정 교회의 후원관계에서 분리되는 경향이 있다. Andron(1982)은 12개 지역사회에서 유대교 교회와 '유대인 연맹Jewish Federation'[181] 사이의 관계를 연구하였는데, "몇몇의 눈에 띄는 예외를 제외하고는, 유대교 교회와 연맹 구성 단체 사이에는 프로그램과 관련된 접촉은 실질적

180) 도덕적 다수Moral Majority는 미국에서 Jerry Falwell에 의하여 1979년 설립되었으며, 1989년 해산된 복음전파주의 그리스도교 지향적 정치압력단체. 당시의 도덕적 타락에 항의하여 그리스도교 보수 우파의 목소리를 대변하는 단체로 단기간에 성장하였으나, 레이건 대통령의 보수우파 8년 집권 중에는 그 필요성이 감소하여 해산됨.

181) 유대인연맹Jewish Federation은 다양한 유대인 사회기관, 자원봉사 프로그램, 교육단체 등의 연맹. 주로 연맹 차원에서 연 1회 자금을 모집하여 산하 단체에 교부하여 활동토록 하고 있어 유대인 지역사회에 영향력을 발휘함.

으로 거의 존재하지 않았다"는 것을 발견했다(205쪽; Synagogue Council of America, 1975; Netting, 1987; Ellor and Tobin, 1990). 이는 운영의 효율성을 이끌어 낼 수 있는 반면, 서비스 수혜자에게서 그들 교회와의 강화된 유대—그러한 유대가 절실히 필요할 때에는—에서 얻을 수 있는 혜택을 빼앗아 버린다.

(2) 세대 간 접근법

교회는 우리 사회에서 지속적으로 세대 간 성격을 지닌 유일한 기관이다. 학교, 직장, 때때로 거주 지역까지도 연령별 분리 경향이 있다. 모든 연령대 사람들의 삶의 질은 세대 간의 접촉을 통해 증진된다. 특히 교회는 삶의 가치와 의미를 직면하려는 사람들을 돕기 위해 존재하기 때문에 이러한 접촉이 필요하다. 자기 삶에서 하느님이 계신 곳과 교회 이야기를 공유하는 노인은 젊은 성인과 아이들에게 모델이 될 수 있고, 그 이야기를 누군가에게 전함으로써 자신의 인생도 비옥하게 할 수 있다.

노인들은 전체 교회를 비옥하게 가꾸는 서비스를 주고 또 받을 수 있다. 최근에 많은 가족들은 이혼이나 지리적 이유로 떨어져 살고 있어 교회는 서로의 사회적 및 정서적 욕구를 충족시켜 주는 "인공적인 확장된 가족"의 장소가 될 수 있다. 게다가 세대 간 프로그램을 만들면, 프로그램이 없었을 경우 다른 연령대의 사람들 사이에 서로를 부정적으로 단정 짓는 것도 줄일 수 있을 것이다. 세대 간 프로그램을 위한 독창적인 자원이 이용될 수 있으며, 항상 더 개발되고 있다(Presbyterian Publishing House, 1987 참조).

2) 노인사목에 영향을 주는 교회별 차이점

교회가 어떤 서비스를 제공하는가를 결정하는 데 몇 가지 요인들이 포함된다. 교회의 크기, 성직자/평신도 지도부의 지원 정도, 교파 소속 등이 중요한 요인이다. 이러한 변수들을 간단히 논의할 것이다.

(1) 교회의 크기

교회의 크기는 노인을 포함한 교회 내의 특정 집단에게 서비스가 가능한지 여부와 관련된다. 교회가 클수록 더 폭넓고 다양한 서비스가 제공되기 쉽다. 또한 교회가 클수록 전문적으로 훈련받은 직원들을 가용하기가 쉽다. 큰 교회에는 노인 전용 프로그램이 없다 하더라도, 거의 항상 사목 전문가들이 있어서 그들이 결국은 '사실상' 노인들과 일하게 된다.

규모가 작은 교회에서는 노인에게 더 높은 관심을 가질 수 있는 반면, 노인을 대상으로 일하는 데 쓸 수 있는 수입과 훈련과 직원들의 할당 시간은 더 적은 듯하다(Steinitz, 1981; Ellor and Coates, 1985-86). 작은 교회는 공식적인 사회적 서비스를 제공할 가능성은 더 낮은데, 그래도 노인이나 다른 신자들의 요구에는 즉석 사안별 방식으로 도울 것이다. 이용 가능한 서비스들도 나이 집단별로 특화되기보다는 세대 간 구분 없이 제공된다.

어느 북동부 주에 있는 212개의 교회와 유대교회에 대한 연구에서 Sheehan 등(1988)은 "교회의 크기는 성직자가 노인을 위해 사회 서비스기관에 의뢰할 가능성과 정(+)의 상관관계가 있다"는 것을 발견했다. 큰 교회와 유대교회일수록 "노인을 위한 지역사회 프로그램의 장소"가 될 가능성이 높다.

(2) 성직자 및 평신도 지도부의 지원 정도

노인을 위한 성공적 프로그램에서 중요한 요인은 교회의 성직자와 평신도 지도부의 적극적인 지원과 협력이다(Haber, 1984). 이는 교회의 모든 집회 프로그램에서도 마찬가지이다. 성직자에게서 '최소한' 요구되는 것은 '선의의 방관benign neglect', 즉 일이 진행되는 것을 광고하고, 승인하고, 공개적으로 인식하는 것이다. 평신도에게 '최소한' 요구되는 것은 노력을 지속할 소수의 관심 있는 핵심 집단이다.

(3) 사회 계층, 종파적, 인종적 차이점

노인의 개인적 네트워크에서 교회가 차지하는 위치에 관한 연구에서, 크기만 비슷하고 그 외에는 매우 다른 세 개의 교회를 들어 노인 신자에게 제공하는 지원 정도를 상호 비교하였다(Huber, 1985). 이 연구에서 얻은 답은 교회와 함께 일하고 교회를 사회봉사와 연계하기 위한 차별적 접근법에 이용될 수 있다.

첫째는 교인이 중산층 및 상위 중산층이며, 대부분 백인인 성공회교회로서 지역사회의 사회봉사 네트워크와 포괄적인 연계를 가지고 있다. 둘째는 흑인 침례교회인데 교회 내에는 항상 많은 비공식적 지원이 있다(제11장 참조). 셋째는 매우 전통적이며, 폴란드인 중심의 노동 계급이 많은 로마가톨릭교회인데, 조직 외부의 사회봉사 네트워크와는 거의 연계가 없다.

이들 교회에서는 서로 다른 교회의 중요한 강점이 발견됐다. 성공회교회들은 신자들에게 사회봉사와 여기에 어떻게 참여하는지를 쉽게 교육할 수 있다. 또한 이러한 인구집단은 지역사회에 제공할 경험과 기술이 풍부하며, 교회 안팎의 자원봉사자 수요에 충당할 노인들을 모집하는 역할에 활용될 수 있다.

이러한 교회는 셰퍼드센터나 초교파적인 자원봉사자 도우미 프로그램과 같은 초교파 프로그램을 발전시킬 수 있는 지도력을 이끌어 낼 수 있다.

> 흑인 침례교회와 같은 교회들은 이미 대규모의 비공식적 지원을 하고 있다. 그들 자체의 역량을 초과하는 요구가 있을 때에는 신자들을 위한 연계와 변호 서비스를 제공할 수 있는 좋은 위치에 있다. 이 기능은 사회봉사 시스템과 직업적으로 연결되어 있는 교회의 젊은 지도자들의 능력을 활용함으로써 잘 수행될 수 있을 것이다 (Huber, 1987, 70쪽).

상호부조를 적절한 교회 관련 활동이라고 전통적으로 정의하지 않은 교회의 경우에는, 이를 지역사회 활동에 끌어들이기 위해서 교회의 근본적인 가치 변화를 성직자가 제안하고 평신도가 동의해야 한다.

Wilson과 Netting은 흑인 교회와 백인 교회 사이의 차이에 대한 연구에서, Huber 연구의 자료에서 뒷받침되는 두 가지 미래 연구를 위한 가설을 개발하였다(1988, 59쪽). 이 가설들은 다음과 같다. (1) 흑인 노인은 공식적인 사회봉사기관보다는 교회를 통한 서비스를 더 기꺼이 받아들이는 경향이 있다. (2) 백인 노인보다 흑인 노인에게 교회는 비공식 지원의 중요한 자원이 될 빈도가 높다.

그러나 흑인 성직자와 백인 성직자 모두 자신들이 교인들을 위한 효과적인 의뢰referral 대리인으로 생각하고 있었다. 이것은 Huber의 연구에서 나타나는 성직자들의 생각과 같지만, 이러한 관점을 평신도는 가지고 있지 않았다. 사회적 서비스를 사용한 124개 사례 중에서 3개만이 교회에서 주선된 것이었다. 따라서 많은 연구에서 교회가 의뢰 역할을 한다는 것을 보여 주기는 하였으나, 이러한 응답의 대부분은 성직자로부터 나온 것이어서 실제로 연계 서비스가 필요한 신자들에게 일어났는지를 확신할 수는 없다. 이것은 더 많은 연구가 필요한 주제이다.

3. 교회를 포함하는 조직 상호간의 노력

여기서는 (1) 교회와 기관 간의 협력에 대한 태도적인 장애, (2) 이것을 다루는 이론적 모형, (3) 협력 모형으로서 성공 사례 등을 검토하고자 한다.

1) 교회와 기관 간의 협력에서 태도적 장애와 이를 극복하려는 노력

사회복지사와 교회 직원들은 종종 서로의 비생산적인 태도 때문에 어려움을 겪는다. 실로 우리는 두 개의 문화를 다루고 있다. 두 문화는 각기 상대로부터 종종 전혀 다른 언어로 표현되어 가용한 자원이나 공유하는 가치 등을 제대로 인식하지 못할 수도 있고 상대 시스템과 어떻게 협상할지 모를 수도 있다. 교회도 사회봉사기관도 지뢰밭 같은 영역에 위치하고 있어 규칙들을 모르면 어떤 것도 하기 어렵다(Ellor, 1983). 그 결과 정보, 위탁, 서비스 전달 등의 이상적 체계에는 훨씬 못 미치게 된다.

한 사례를 보자. 의뢰인의 자기결정이 매주 중요하다고 보는 사회복지사의 가치 때문에 복지사가 종교 조직과 협력하는 것을 꺼리게 된다. 왜냐하면 종교를 논의하게 되면 필경 의뢰인의 자유로운 선택을 방해할 것이라는 잘못된 가정 때문이다. 오히려 이와 반대로 의뢰인의 인생 문제를 믿음과 연결하도록 도와주는 것이 실제로 자기결정을 증진시키는 수단이 될 수 있다. 이렇게 되기 위해서는 여러 전문가들의 태도에 변화가 필요하다.

문제의 또 다른 부분은 교회와 정부의 분리에 대한 헌법상의 명령을 오해하는 데에서 나온다. 헌법[182]에서는 주 정부가 종교를 설립하는 것을 '그리고' 종교의 자유로운 포교에 간섭하는 것을 모두 금지하고 있다. 그러나 이러한 제한이 준수된다고 공무원과 교회 직원 사이의 상호 협력을 금지하는 것은 아니다.

교회의 입장에서는 세속 세계로 나아가는 것을 주저할 수 있다. 신자들이 잘 받아들일지, 종교적 가치가 어떻게 존중되고 지지를 받을지 확신할 수 없기 때문이다. 사회적 서비스가 종교 전통에 뿌리를 두고 있지만, 사회적 서비스가 세속화되면 과학과 종교 사이의 갈등을 과장하는 경향이 있고 사회적 서비스가 과학에 충실하려고 하면 종교와는 단절된다고 느끼는 경향이 있다. 극단적인 경우의 예로서 '프로이드'적인 배경을 가진 사회복지 전문가라면 종교를 역기능적 방어기제로 볼 수 있는 반면, 신앙에 충실한 전통주의자는 마찬가지로 "신을 믿지 않는" 치료사나 사회복지사의 인격을 크게 의심한다(Marty, 1980).

종교와 사회의 봉사 서비스 시스템 상호간의 연계가 부족하지만, 흥미로운 몇몇

182) 1791년 비준 수정헌법 제1조 관련 조문: Congress shall make no law respecting an establishment of religion, or prohibiting the free exercise thereof…

예외가 있다. 그중 하나는 CRANECE, 즉 '시골노화네트워크에서의 교회: 교육 및 협력Church in Rural Aging Networks: Education and Collaborative Efforts 프로젝트'인데, 여기에 '웨스트버지니아대학 노년학센터'를 통해 '노인청' 자금이 지원되었다. CRANECE 프로젝트는 대학, 주 차원의 교회위원회, 주 차원의 지역 노인기구 그리고 여러 교파 및 사회의 봉사기관들 사이에 협력하려고 노력함으로써 이러한 기관들이 노인의 욕구 충족을 보다 용이하게 하려는 것이다.

웨스트버지니아 전역에서 지역별 워크숍이 개최되어 사회 및 교회의 복지전문 인력을 함께 훈련시켰다. 그 결과 몇 가지 협력적 프로젝트가 도출되었다. (1) 가용자원 목록의 개발, (2) 지역별 세미나의 제공, (3) "노인을 위한 종합쇼핑센터 서비스를 제공하는 새로운 조직"의 창립, (4) "지역사회에 기반을 둔 제도적 보살핌의 대안" 개발.

노인과 함께 그리고 노인의 이익을 위하는 협력적 접근법에서 진정한 진보가 있으려면, 이러한 주요 세 영역—교육, 사회적 서비스, 교회—사이의 좀 더 확대된 협력은 필수적인 것으로 보인다.

이러한 예로는 Elbert Cole 박사에 의해 1990년 Kansas City에서 시작된 흥미롭고 새로운 지역적 노력이 있었는데, 이는 '교회자원센터Congregation Resource Center(CRC)'였다. CRC는 사회복지와 교회 시스템을 연결하고, 서비스를 조직화하고, 지역 교회에서 서비스 전달을 지속하도록 고안되었다. 이는 Kansas City 인근 지역의 10개 카운티에 있는 1,300개의 교회와 연결되었다. CRC는 교회 프로그램을 위한 자료 창고 및 훈련을 제공하며, 교회 간호 프로그램이나 주 정부의 보호를 받는 노인에 대한 광범위한 친교 방문 등을 지원한다.

2) 교회는 노인 프로그램에 더 많이 개입해야 하나

우리는 인구 구조 변화와 경제적 변화에 직면하고 있다. 한편으로는 노인들의 수가 급격히 증가하고, 다른 한편으로는 그들의 욕구를 충족시키기 위한 자원이 감소하면서 생기는 일이다. 비록 바람직하다고 하더라도 종교 쪽에서 도움이 필요한 수많은 노인을 도울 수 있는 자원을 갖게 되는 상황은 전혀 있을 것 같지 않다. 특히 필요한 서비스가 비용이 드는 경우, 예를 들면 소득, 주택, 의료 보호 등에는 더욱 그러하다. 그러나 교회는 "노인 수의 증가와 공공 지원의 감소 사이에서 필연적으로 발생하는 공백을 이어주는" 중요한 자원이다.

(1) 이론적 고찰

이러한 관점의 기반은 Berger와 Neuhaus(1977)에 의해 세워졌으며, 이들은 교회를 수많은 '중개 구조' 중 하나로 논의하고 있다. 중개 구조란 한편으로는 비공식적인 친밀한 방법으로 개인과 접촉하며, 다른 한편으로는 전체 사회적 질서가 구성하는 더 큰 구조들과 접촉하는 조직을 말한다.

Marjorie Cantor(1991)는 노인을 위한 사회 지원 시스템을 설명한다. 개인과 공식 시스템의 중간에는 '중개 지원 요소'에서 나오는 준quasi공식적 '제3의' 지원이 있다. 공식적 사회 서비스나 정부기관에 의해 혹은 가족, 친구, 이웃에 의해 제공되는 보살핌은 이러한 제3의 지원 요소를 통하여 중개되는 반면, 적절한 역할 구분을 다룰 이론적 자료의 대부분에서는 이러한 요소들에 대한 관심이 빠져 있다.

제1차 집단primary group[183]과 관료 집단은 서로 다르지만 상호 보완적인 역할을 수행한다. Litwak와 Szelenyi(1969)는 각 시스템에 가장 적합한 과제에 주목하였다. 핵가족 구성원은 장기적 약속과 거리상 근접성을 요구하되 전문성은 그다지 필요로 하지 않는 반복적 과업을 다룰 수 있다. 확장된 가족들은 장기적 약속을 요하나 거리상 근접성은 그다지 필요하지 않는 과업을 도울 수 있다. 친구는 많은 시간과 노력을 요하는 일에 정서적 지지를 제공할 수 있다. 이웃은 비상 상황에서 그리고 단기적 약속이 필요한 일에서 도울 수 있다. 공식 기관은 전문성, 자본 투자, 병참 지원에 필요하다.

교회가 지원 제공자로서 중요할 수 있음에도 Litwak와 Szelenyi가 이러한 자원을 언급조차 하지 않았다는 점은 흥미롭다. 그러나 많은 경우에 교회는 이러한 기능의 어떤 것도 해낼 수 있다. 종교적 형태와 노인 참여에 대한 연구에서, Payne(1988)는 "말년에 도움을 필요로 할 때 교회로부터 지원받는 것을 가족으로부터 지원받는 것 다음으로 선호"한다는 것을 발견했다. 교회는 중개기관으로서 특별한 역할을 한다. 교회는 자신을 차별화시키는 몇 가지 특징들을 가지고 있다. 첫째, 교회는 인간을 이익이나 다른 조직적 목표보다 상위에 놓는 명백한 가치 기반을 가지고 있다. 따라서 노인 등 도움이 필요한 사람들의 이익을 위해 교회를 참여시키려 한다면, 이 새로운 가치를 교회가 확신하도록 노력하는 것보다는 교회 자신의 가치 기반에 호소할 수 있

183) 제1차 집단이란 그 구성원이 가깝고 개인적이며 장기적인 관계를 맺는 사회적 소집단을 의미함. 가족, 소꿉친구 등 자신의 선택이 아니라 자연스레 속하게 되며 사랑, 보살핌, 증오, 걱정거리, 지원 등 내적인 것을 교환하고 개인적 정체성을 발달시키는 데 중요한 역할을 함. 제2차 집단은 기능을 수행하기 위한 집단으로 자신이 선택해 속하게 되며 단기적 관계가 많음.

다(Wood, 1981; Wilson and Netting, 1988).

둘째, 교회는 그 조직 구조의 형태와 내용에 대해 외부 규정에서 자유롭다는 점이 독특하다. 교회는 교파마다 나타나는 구조의 유형과 크기가 다 다르다. 교파별 지침이나 더 비공식적인 지역별 규범이 있다 하더라도, 다양성의 여지가 매우 크다. 그래서 개별 교회는 목표를 달성하기 위한 임시 조직을 개발하는 데 자유롭다.

셋째, 교회는 개방된 영역을 가진 조직이다. 많은 사회봉사기관이나 대부분의 관료 조직과는 달리, 교회는 계속 새로운 신자들이 들어오고 그들이 참여하는 수준도 다양하게 개방되어 있다.

로마가톨릭교회는 인근 지역 단위에서 사회봉사 전달 시스템을 발달시키는 데 진전이 있었다. 교구가 인근 지역 단위로 규정된 사실 때문에 좀 더 쉬웠다. Joseph과 Conrad(1980)는 기본적 서비스를 제공하는 프로그램으로 "접근 서비스; 개인, 집단, 가족 상담; 자원봉사 활동 그리고 식사 배달, 전화 네트워크, 자립 프로그램, 가정방문 … 집안일 봉사와 주택수리 등의 서비스를 통한 노인과의 작업" 등을 서술하고 있다.

(2) 협력적 노력의 이익

목표와 가치가 상호 중첩되기 때문에 교회와 사회기관은 협력적 노력을 통해 여러 가지 면에서 이익을 얻을 수 있다. 더욱 중요한 것은 이들의 봉사 대상자에게 이익이 된다는 점이다. 이러한 이익은 다음과 같다(Tobin 외, 1986, 144-45쪽; Biegel and Naparstek, 1981; S. L. Hendrickson, 1986).

1. 공간, 자원봉사자, 전문성, 재정 등 자원의 공유 및 확대.
2. 접근하기 어려운 사람들에게 접근 가능. 사회적 또는 건강상 문제로 낙인찍힌 사람들에게 서비스를 제공할 수 있는 보다 접근적인 환경을 교회가 제공할 수 있음.
3. 서비스의 공백 부분을 찾아냄.
4. 정보 공지와 의뢰referral를 용이하게 함.
5. 서비스의 조정(예를 들면 의료와 종교 서비스 둘 다 필요한 환자에게 호스피스를 제공하는 경우).
6. 다양한 의사소통이 가능한 경로를 통해 지역사회의 동의를 얻어 낼 수 있음.
7. 전문적인 훈련을 제공하여 잠재적인 자원봉사자의 기술 향상.
8. 불필요한 중복 서비스의 감소(어떤 사례에서는 서비스의 중복은 바람직한 경우도

있다. 예를 들면 특정 인종/종교적 양로원에서는 식사나 다른 문화적 요소가 지속될 수 있다).

9. 인근에 위치한 거점을 활용한 서비스 접근성의 증가.
10. 기관과 교회에 속한 직원들의 고립감 감소.

그러므로 노인들의 욕구를 효과적으로 충족시키고자 한다면 교회와 사회 서비스 부문 사이의 효과적인 연결이 매우 중요하다.

3) 기관 간의 협력을 위한 모형

교회와 사회 서비스 부문 사이의 관계의 성격은 크게 다를 수 있다. Tobin 등(1986)은 둘 이상 조직들 사이의 협력적인 노력을 점검하는 종합적 구조를 다음과 같이 제시한다.

- 소통Communication: 둘 이상 조직들 사이의 구두, 서면, 또는 다른 형태의 의사소통. 집단 사이에 정보를 공유하는 것으로 제한됨. 자문이 포함됨.
- 협력Cooperation: 둘 이상의 분리된 조직들이 독립된 프로그램을 계획하고 실행하며, 비슷하지만 상충되지 않는 목표를 향해 일함. 조직들은 정보를 공유하지만, 정보에 입각한 행동은 독립적임. 조직들은 상호간 홍보하며, 서비스의 불필요한 중복을 피하려고 노력함.
- 조정Coordination: 둘 이상의 분리된 조직들이 분리된 프로그램들을 계획하고 실행함에 있어서 함께 일함. 프로그램들이 순조롭게 상호작용하도록 하며 충돌, 낭비 또는 불필요한 중복을 피하고자 노력함. 조직들 간에는 정보를 공유하고 상호간 홍보하며, 상호간 의뢰를 함.
- 합작Collaboration: 둘 이상의 분리된 조직들이 단일한 프로그램이나 서비스를 제공하기 위해 함께 일함. 각 조직은 각 독자성을 유지하지만, 자원을 함께 공유함.
- 연합Confederation: 둘 이상의 조직들은 프로그램이나 서비스를 제공하기 위해 합쳐짐. 참여 후에는 어떠한 조직도 분리된 독자성이나 분리된 자원을 유지하지 않음(149쪽).

Steinitz(1980)는 그녀가 연구한 지역사회의 교회에서 발견되는 네 가지 유형의 연계—"간헐적인 교회-기관의 합동 프로그램, 기관에 의한 교회 공간의 사용, 정보와 의뢰를 위한 접촉 그리고 노인봉사기관에 의한 교회와의 접촉 등(136쪽)"—를 기술하였다. 이 모든 것은 위에서 기술한 범주에 잘 들어맞는다.

우리는 교회-교회 그리고 교회-기관 사이의 협동적 활동에서 Tobin(1986)의 범주에 해당하는 많은 사례를 찾기를 기대하고 있다. 비록 마지막 범주인 '연합'의 사례가 Nashville에서 발견되기는 하지만 제외한다. Nashville 사례는 세 개의 독자적인 교파간 교회 서비스가 행정 및 홍보의 효율성을 위해서 합병되었고, 이를 통해 더 많은 서비스를 만들어 냈으며 전체 대도시 지역으로 서비스를 확대시켰다.

4) 후원에 따른 서비스 범주

서비스는 후원을 기준으로 범주를 나눌 수 있다. 후원에 의한 분류는 다음과 같다.

Ⅰ. 교파적 활동
교회에서 후원하는 서비스
교단 총회에서 후원하는 서비스
교파적으로 후원하는 독립된 사회 서비스

Ⅱ. 초교파적인 모형
노인 전용 서비스
- 셰퍼드센터
- 초교파적인 자원봉사 부양 서비스
- 초교파적인 연합
- 기타
일반적인 사회 서비스기관
교회 분리 조직의 협의회
임시 기초 단위 조직

Ⅲ. 사회적 서비스 활동(민간 및 정부)
지역노인기관Area Agency on Aging

노인위원회Council on Aging

노인 보살핌에 대한 발의Elder-care Initiative

IV. 민간의 전국 기관들

미국은퇴자협회The American Association of Retired Persons(AARP)

전국초교파노화연맹National Interfaith Coalition on Aging(NICA)

미국노인협회American Society on Aging(ASA)

(1) 교파적 활동

지금까지 노인을 위한 교파적 노력에 대한 연구는 단 하나뿐이다(Lewis, 1989). 그러나 '전국초교파노화연맹'(1991년부터 국립노화위원회의 회원)이나 '종교 영성 노화 포럼'(미국노회협회 주관) 같은 조직에서는 이 분야에서 무엇이 진행되고 있는가에 대한 정보를 공유하기 위해 노력해 왔다.

장로교회는 노인사목을 담당하는 전일제 직원을 두는 몇 안 되는 전국적 교파 중 하나인데, '노인 도우미Older Adult Enabler' 네트워크를 개발하여, 도우미들이 노인사목을 촉진하기 위해서 교단 총회나 교회들을 통하여 일한다.

로마가톨릭교회는 임시보호 프로그램을 개발하는 데에서 전국적으로 모범을 보였다. 신자들을 모아서 훈련시킨 후 허약한 노인들을 임시 부양하도록 파견함으로써 주 부양자가 일시적인 휴식을 가질 수 있도록 하였다.

앞에서 본 것처럼 수많은 교파들이 노인에게 제공하는 독자적인 사회 서비스 프로그램을 가지고 있다. 이러한 노력의 주요 선두주자들은 로마가톨릭, 루터교, 유대교들이다. 장로교, 침례교, 성공회는 은퇴 시설을 발달시키는 데에 앞장섰다.

교단 총회가 무엇을 하려는지 또 할 수 있는지는 매우 다양하다. 노인사목을 위한 특별 목적을 가진 신탁기금의 도움으로, 성공회 테네시교구는 교구 내의 모든 교회에 '긍정적 노화 옹호자Affirmative Aging Advocates'를 모집하고 훈련시켜서 교회 차원에서 교육과 여러 프로그램을 수행하도록 하였다. 게다가 이는 소속 교회들이 초교파 및 사회적 서비스와 연결되는 것을 용이하게 한다. 이른바 '긍정적 노화' 프로그램은 노인들이 적어도 사목의 수혜를 받는 만큼의 봉사자 역할도 한다는 가정에 기반하고 있다. 이 프로그램은 노인이 교회와 지역사회에서 긍정적인 영향력을 갖도록 노인에게 권한 이양을 하려고 노력한다.

(2) 초교파적 모형

교파를 초월한 협동의 더 흥미로운 예들 중에는 '셰퍼드센터' 운동과 '초교파자원봉사자전국연맹National Federation of Interfaith Volunteer Caregivers' 그리고 이들의 지역별 계열 조직이 있다. 전자는 캔자스시티의 지역운동으로 시작된 다목적 조직이었으며, 후자는 자원봉사자들을 지원하기 위해 Robert Wood Johnson 재단에 의해 자금이 지원되는 단일 기능 네트워크이다. 각각에 대하여 좀 더 상세히 설명하고자 한다.

셰퍼드센터 운동은 Elbert Cole 박사에 의해 1972년에 캔자스시티에서 시작되었으며, 전국적으로 확대되었다. 현재 200,000명 이상이 참여하는 96개의 센터가 있다. 셰퍼드센터는 "지역사회에 사는 노인의 삶의 질을 증진시키기 위한 서비스 프로그램을 개발하고 제공하기 위해 노인들에게 권한 이양을 하도록" 고안된 비영리법인이다. 이는 명확하게 지정된 가까운 곳에 기반을 두고 그 지역에서 봉사하며 모든 교회들이 여기에 참석하도록 청한다.

셰퍼드센터는 이미 존재하는 서비스와는 중복되지 않지만, 기존의 서비스와 함께 일하면서 서비스 공백을 메우려고 한다. 회원들이 스스로 우선순위를 결정하고 프로그램은 근무하려는 자원봉사자가 있을 때만 실행된다. 대부분은 교육 프로그램을 가지고 있다. 식사 배달, 집안일 봉사, 그 외 생활 유지 프로그램들이 많이 있다. 각 센터는 각자의 우선순위를 결정하고 프로그램을 결정한다.

셰퍼드센터에는 유급직원이 대체로 한 명 정도일 뿐 거의 없다. 이들은 서비스를 연구, 계획, 개발, 전달하는 것을 전적으로 회원들에게 의존한다. 그래서 이는 실질적으로 "노인에 의한, 노인과 함께하는, 노인을 위한" 서비스이다. 셰퍼드센터는 비용을 줄이고 프로그램의 초교파적 성격을 유지하기 위해 회원 교회들의 기존 공간을 사용한다. '미국셰퍼드센터' 전국 조직은 새로운 센터를 설립하는 데 관심을 가진 사람들에게 기술적인 원조와 훈련을 제공한다.

'초교파자원봉사자전국연맹(NFIVC)'은 25개의 지역에 초교파자원봉사자Interfaith Volunteer Caregiving(IVC) 조직을 설립하기 위한 Robert Wood Johnson 재단의 보조금에서 비롯되었다. NFIVC는 이들 조직과 다른 초교파 프로그램과의 연계를 개발하여, 회원 조직들에게 기술적 원조와 정보교환소의 기능을 제공하고 추가적인 센터의 개발을 촉진하고자 하였다. 현재 미국에 200개 이상의 IVC들이 있다. 구조와 프로그램에서 매우 다양하지만, 이들 모두는 초교파적인 지역사회의 서비스를 통하여 허약한 노인들과 이들의 부양자들을 돕고 지지하기 위해 노력한다.

최근 혁신적인 프로그램으로 코네티컷 New Haven에서 New Haven 광역 IVC와 예일대 간호대학의 연합 노력이 켈로그재단의 보조금으로 시작되었다. 'BEST(Better Elder Services Today)'라고 불리는 이 IVC는 지역사회에서 의료 전달 시스템을 개선시키기 위한 의욕적인 목표를 갖고 있다. "이 프로그램은 자연 부양자, 자원봉사 도우미, 전문 도우미들을 지역사회 노인들과 함께하도록 함으로써 … 허약한 노인들이 지역사회 생활을 할 수 있도록 한 점에서 특별하다"(NFIVC 연차보고서, 1992).

Robert Wood Johnson 재단은 전국에서 6개 지역을 선정하고 자금을 지원하여 소위 '서비스신용은행service credit banking'—Time Dollar[184], Credits for Caring, Samaritans' Cooperative Bank 등—을 시험하였다. 이러한 프로젝트는 노인 자원봉사자를 모집하여, 다른 노인들이 가능한 한 오랫동안 자기 집에 거주할 있도록 도와준다.

선정 지역 중 하나인 미주리 St. Louis에 있는 '그레이스힐 이웃 서비스Grace Hill Neighborhood Services'는 초교파 조직 한 곳, 두 개의 종교계 병원 그리고 로마가톨릭에서부터 침례교까지의 수많은 개별 교회로부터 후원을 받는다. 마이애미의 어느 초교파 연합은 복수 후원자 모델을 개발하고 있다.

자원봉사자를 모집하는 데 어려움 중 하나는 교회들과 도움의 잠재적인 수혜자들 사이의 노력을 조정하는 것인데, NIVFC에 접촉하면 지역사회의 공식적 그리고 비공식적 부양 부문들을 접촉 연결하면서 실행 가능한 중재를 제공받을 수도 있다. 이것은 또한 봉사에 관심이 있는 사람들이 훗날 자신의 요구를 충족할 자원이 충분치 못할 때를 미리 준비할 수 있게 한다.

신앙 공동체를 위해 특별히 계획된 것은 아니지만, 이 모델은 교회와 초교파 집단에 의해 사용될 수 있다. Ellor와 Coates의 유형 분류를 사용한다면, 이는 협력 혹은 합작 프로그램으로 쉽게 운영될 수 있다.

(3) 세대 간의 노력

희소한 공공자원의 분배를 둘러싼 세대 간 갈등이 점점 더 우려되고 있는 반면, 세대 간 프로그램을 통하여 노인과 어린이 모두가 혜택을 본다는 인식이 증가하고 있다.

---

184) 일명 Time Banking, Time Credit이라고도 하며, 서비스 교환의 기준(통화)으로 '시간'을 사용하는 대안 교환경제 시스템. Time Bank 혹은 Service Exchange 역할은 지역사회가 맡게 되며, 통화의 단위는 한 시간 가치의 노동으로 설정됨. 실제 시장경제에서는 저평가되는 어린이 돌보기, 노인 돌보기, 이웃자원봉사 등을 촉진하는 방법으로 활용될 수 있음. 이런 일을 해서 Time을 벌고 저축하고 나중에 Time을 지출해서 서비스를 받음. 20여 개 국가에서 실행 중이며, 영국 100여개, 미국 50여 개가 등록되어 활동.

결과적으로 세대 간 활동을 증진시키기 위한 수많은 집단과 연맹들이 형성되고 있다.

아마 이 중 가장 중요한 것은 100개 이상의 전국 조직을 가지고 있는 '세대연합 Generation United'일 것이다. 선두주자들 중에는 '미국은퇴자협회', '미국아동복지연합 Child Welfare League of America', '아동보호기금', '전국노화위원회' 등이 있다. 세대연합에 의해 후원받는 프로그램 중 하나가 뉴욕시의 '웨스트엔드 세대혼합주거West End Intergenerational Residence'[185]이며, 이는 "노인 및 모자가정 등이 혼합되어 사회 프로그램, 여가 프로그램, 조부모 프로그램 등을 통하여 상부상조하는 임시 주거를 제공한다"(세대연합 연차보고서, 1992).

(4) 사회적 서비스 활동

1965년 미국노인법 통과 이후, 지역노인기관Area Agencies on Aging(AAAs)은 노인을 위한 서비스의 전체적인 계획을 책임지게 되었다. 지역노인기관이 받는 후원은 다양하며, 일부는 공공 자금을 받고 나머지는 민간 자원을 통해 받는다. 이들의 관할 구역도 카운티보다 작은 단위부터 지역 및 주 단위까지 다양하다. 또한 프로그램을 운영할지, 감독할지, 프로그램을 단지 조정할지 등에서도 다양하다. 어떤 기관은 자금조달을 관리하지만, 그렇지 않은 곳도 있다. 마찬가지로 종교 부문과의 협력에서도 그 정도가 다양하다.

부시 대통령 시절 노인청 장관 Joyce Berry는 소위 '노인 보호Eldercare'운동의 시동을 걸었다. 이러한 노력은 노인 수의 증가—특히 85세 이상인 '초고령층' 증가—와 노인복지 등 모든 사회복지정책에 대한 재원 조성의 감소를 포함하는 많은 상황 변화에 기인한 것이다. 이 운동은 노인 문제를 다룸에 있어서 사회복지 이외의 부문을 포함시키려 시도한다. 그래서 기업 및 산업, 민간 비영리부문, 신앙 공동체, 시민 조직, 정부가 함께 동반자 관계를 구축하고자 시도하고 있다.

노인 보호운동의 세 가지 목표는 (1) 새로운 참가자를 포함시켜 자원을 확대시키며, (2) 인구통계 및 허약한 노인의 요구에 대한 공공의 인식을 증가시키며, (3) 지역적 요구를 찾아내고 충족하기 위한 연맹을 설립하여 지역 차원에 중점을 두도록 하는 것이다.

예를 들면 '테네시 노인 보호단 자문위원회'는 함께 모여 지역기구들이 지역사회

185) 이는 1989년 설립된 7세 미만 아이를 데리고 있는 18~24세의 여성 및 55세 이상의 저소득 독거노인으로 정상적 독립생활이 가능한 사람을 위한 노숙자 주거시설임. 숙소는 맨해튼 내에 위치함. 483 West End Avenue, New York. 참고 웹사이트 www.intergenerational.org

회원들을 모으고 준비시켜서 이 운동에 참여하도록 돕는 계획을 세웠다. 주 노인국의 직원 및 지역노인기관의 지도자, 노인사목을 책임지는 지역 교회와 관할 교회 직원 그리고 노화 네트워크에 대한 지식이 있는 여러 사람들을 활용하여, 4개의 각기 다른 지역을 선정하여 시험작업을 시작했다. 노인청은 이 작업에 자금을 지원하여 인력 충원과 훈련을 제공했다. 초기의 결과는 주에서 노인복지 서비스를 개선할 새로운 동반자 관계를 위해서는 긍정적으로 보인다.

(5) 민간 전국 조직

미국은퇴자협회의 '종교간연락사무소Interreligious Liaison Office(IRLO)'는 노인 문제를 지역, 주, 전국 단위의 신앙 공동체에 필요한 기술적 원조, 회의, 발간물, 자원봉사 상담 등을 제공할 책임을 지고 있다. 또한 IRLO는 종교 네트워크와 노화 네트워크 속에서 일하면서 둘 사이의 공백을 연결하려 한다.

'전국초교파노화연맹'은 1971년 '백악관 노화학술회의' 이후 노인들의 영적 욕구를 다루고 종교적 조직과 노화 네트워크를 연결시키기 위해 설립되었다. 1991년 이후에 전국초교파노화연맹은 노화국립위원회의 회원이 되었으며, 교회, 교파 조직체, 지방 및 지역의 초교파연맹에 대하여 조사하고 자원을 공급하는 데 참여하고 있다.

미국노인협회의 '종교 영성 노화 포럼(FRSA)'은 노인을 위해 일하는 전문직들의 욕구를 충족시키기 위해 개발되었다. 회원으로는 사회복지, 의료, 종교 전문가들이 있다. FRSA은 종교, 노화, 영성의 문제에 대한 교육 프로그램, 협의회, 간행물의 자원이 되고 있다.

4. 요약과 결론

지난 10년은 사회복지와 노화에 대한 새로운 시대였다. 이제 더 이상 거의 무제한의 가용자금은 없으며, 정부 프로그램만으로 대부분 노인들의 기본욕구를 충족시키는 것도 생각할 수 없다. 오히려 한편에는 엄청나게 불어나는 노인들을 마주하고, 다른 한편으로는 이들의 욕구를 충족시키기 위한 자원의 고갈에 직면하고 있다. 이 격차가 확대되는 것이 큰 도전이다. 교회, 학계, 정부, 기업, 시민 부문 등 모두가 영향을 받으며, 이는 이후 40년 동안 더 심각해질 것이다. 모두가 함께 혁신적인 방법으로 새롭게 일할 것이 요구된다.

이 장에서 우리는 이러한 협력에 있어서의 이론적 및 실천적인 연계와 장애를 연구하였으며, 이러한 문제를 일정한 범위의 후원 하에서 다루고자 하는 다양한 노력을 검토하였다.

이렇듯 동반자 관계에서 일하는 교회의 잠재력이 과장되거나 과소평가되어서는 안 된다. 교회가 미래에 노인의 욕구를 대부분 충족시킬 수 있는 주력 자원이 될 수는 없다. 그러나 다른 부문과의 협력을 통해, 교회는 이 부문들을 연결하고 노인 삶의 질을 개선하는 데 중요한 역할을 하는 경우가 과거에도 때때로 있었고 향후에도 있을 것이다.

모든 그러한 노력에 있어서 우리는 노인 인구의 다양성에 주목해야 한다. '노인 보호Eldercare'정책 같은 프로그램의 관심은 주로 약하고 보호가 필요한 인구계층인 노인을 향한 것이지만, 한편으로 대부분의 노인은 실질적으로 사회 문제 해결에 도움을 줄 수 있는 활동적인 자원봉사자들이다. 노인청에서 수행한 연구에서는 노인 인구의 41%(1,550만 명)는 현재 자원봉사를 하고 있으며, 또 다른 1,410만 명의 자원봉사 잠재인력이 있음을 발견했다.

교회는 의미와 목적이라는 문제를 다룰 책임이 있는 우리 사회의 제도 중 하나이다. 현재의 그리고 잠재적인 노인 네트워크의 구성원들은 이 문제를 지엽적으로 다룰 수도 있지만, 교회는 이를 정면으로 마주해야 한다. 교회가 노인을 모집하는 매개체로 봉사하고 이들을 '소명의식vocations'에 연결시켜 봉사의 기회를 제공하는 그러한 부르심이야말로 지역사회 조직에서 교회의 가장 중요한 기능이 되는 것은 당연하다. 이러한 연결을 할 수 있도록 돕는 도전적 과제가 우리 모두 앞에 있다.

제21장 교회 기반 흑인 노인 지원 프로그램
—교회 및 성직자의 특성

Cleopatra Howard Caldwell
Linda M. Chatters
Andrew Billingsley
Robert Joseph Taylor

1. 서

미국 흑인의 삶에서 종교와 교회가 차지하는 중요성 때문에 많은 연구자들은 흑인 교회가 다양한 구성집단인 노인, 어린이, 청년 등에 사회봉사 및 공중보건 프로그램의 제공을 촉진하는 조직 기반을 갖출 수 있을 것이라고 주장한다. 흑인 교회라는 맥락에서 의료 및 사회복지 프로그램을 개발하고 효과적으로 실행하는 데 있어서 몇 가지 기본적 문제점—즉, 흑인의 종교적 참여의 성격, 조직상 특성, 흑인 교회의 운영에 영향을 주는 요인들, 교회와 흑인 지역사회와의 관계 및 더 넓은 사회제도와의 관계 등—에 대한 질문을 숙고할 필요가 있다. 이 장에서는 이러한 주제에 적절한 문헌을 검토하고, 교회에 기반을 둔 노인 지원 프로그램에서 문제점을 탐색하고자 한다. 또한 '흑인 교회가족사업Black Church Family Project'의 정보를 활용하여 북부 지역 흑인 교회의 표본에서 나타나는 문제들을 찾아내고자 한다.

흑인 노인의 종교적 참여 그리고 종교 기반의 지원망을 결정하는 요인과 특성에 대하여 현재까지 연구된 내용을 먼저 살펴보고 이어서 흑인 교회가 흑인 지역사회에서 광범위하게 수행하는 역할과 흑인 노인과의 구체적 관계를 검토한다. '흑인 교회 가족사업'을 기술함으로써 연구를 위한 기반이 되는 개념적 모형을 도입하고, 사용하게 될 방법론이나 흑인 교회 표본의 특성 그리고 주요 변수를 논의하고자 한다. 이어서 일반적인 교회 기반의 봉사 프로그램이 노인 지원 프로그램의 유형에 대한 설명과 함께 제시된다. 다음으로 교회 및 성직자의 특성에 따라 노인 프로그램이 있는 교회와 없는 교회가 구별된다. 마지막으로 결론 부분에서는 이런 연구 결과를 폭넓게 논의하고, 노인 지원 프로그램을 운영하는 교회와 성직자의 개략적 특성을 제시하고자 한다.

1) 흑인 노인들의 종교 참여

흑인 노인의 종교 참여에 대한 일반적 윤곽을 살펴보면, 종교와 종교기관이 그들의 삶에서 중요한 역할을 하고 있다는 것을 보여 준다. '흑인에 대한 전국조사National Survey of Black Americans(NSBA)' 자료를 기반으로 한 연구는 흑인 노인의 광범위한 종교 참여도를 뒷받침한다(Chatters and Taylor, 1989; Taylor, 1988a, 1988b). 젊은이들과 비교해 보면, 흑인 노인들은 교회에 연계되고 예배에 참석하고 신자가 될 확률이 높았다. 또한 노인들은 비조직적인 종교 행위인 종교 자료 읽기, 종교방송 시청, 기도, 기도 요청 등에 더 자주 참여하며, 주관적으로 종교와 높은 관련도를 나타냈다. 종합해 보면 이런 증거들은 종교가 흑인 노인의 삶에서 중요한 위치를 차지하고 있다는 것을 시사한다.

흑인 노인들의 교파 소속에 대한 분석에 따르면, 이들의 반 이상이 침례교였으며(54.7%), 감리교(13.6%), 로마가톨릭(5.7%) 순이고 나머지는 25개의 다른 종교 분파에 고루 분포되어 있다(Taylor, 1993). 종교 참여와 관련하여 흑인 노인의 3.4%만이 18세 이후 결혼이나 장례식은 예외로 하고 교회 예배에 참석하지 않았다고 응답했다. 흑인 노인의 50% 정도는 최소 매주 1회는 교회 예배에 참석하며, 10명 중 8명은 한 달에 2~3번 참석한다고 응답했다. 4명 중 3명(77.6%)은 교회 신자이며, 거의 반(43.9%)은 매일 성경을 읽는다. 3분의 1(33.8%)은 종교방송을 보고, 10명 중 9명(93.6%)은 거의 매일 기도한다(Taylor, 1993). 이러한 종교 행위의 인구학적 상관관계에서는 성별, 나이, 결혼 상태, 도시 거주, 건강 면에서 유의성이 있는 차이를 보였다. 가장 큰 차이 중 하나는 성별이었는데, 여성 노인은 남성 노인보다 종교 참여도가 훨씬 높았다. 결혼 상태와 관련해서는 이혼이나 미망인의 경우 기혼자들보다 종교 참여가 약한 것으로 나타났다(Taylor, 1986a; Taylor and Chatters, 1991). 또한 나이와 기도의 횟수는 정(+)의 상관관계였다.

흑인 노인의 비조직적인 종교 참여에 대한 Taylor와 Chatters(1991)의 연구에서 인구학적 요인과 건강 장애가 비조직적인 종교 참여 정도를 결정한다는 것을 발견했다. 건강 장애는 종교 프로그램의 시청 횟수에 정(+)의 상관관계일 뿐이며 기도, 종교 자료 읽기, 기도 간청 등의 다른 변수와는 그다지 상관관계가 없는 것으로 나타났다. NSBA 표본을 이용한 다른 연구(Taylor, 1986a)와 이러한 결과를 함께 보면, 비조직적 종교 활동이 조직적 종교 활동을 대체하기보다는 건강 문제가 있는 사람들은 두 가지 행위 모두에 참여한다는 것을 보여 준다. 건강 문제가 있는 사람들의 교회 출석은 건강한 사람들과 비슷함에도 불구하고, 이들의 높은 시청률은 종교방송으로 공식적 활동을 대체하기보다는 보완하기 위하여 활용한다는 것을 보여 준다.

2) 종교 기반 사회적 네트워크의 결정 요인과 특성

일반적으로 교회 신자들이 흑인 지원의 중요한 자원이라고 인정은 하지만, 놀랍게도 이 문제에 관해서는 체계적 관심과 정밀조사가 거의 없었다. 최근의 연구에서 신자들이 흑인 노인 및 성인을 위해 수행하는 비공식적 사회적 지원의 역할을 분석하였다(Taylor and Chatters, 1986, 1988). 연구의 중점은 교회 기반 지원 네트워크의 사회 구조적 결정 요인과 사회적 지원의 제공에서 이들의 기능적 역할에 둔다. Taylor와 Chatters는 교회 신자들이 다양한 형태의 사회적 지원을 제공한다는 것을 발견하였다. 공적인 약속으로서 교회 참여의 빈도는 원조의 수급과 수량의 중대한 지표가 된다. 다른 원조에 대한 조사에서는 흑인 노인들이 가족, 친구, 교회 신자로부터 부수적인 지원을 받고 있다는 것을 알았다. 10명 중 8명의 응답자는 가까운 친구로부터, 10명 중 6명은 교회 신자로부터 그리고 반 이상의 응답자들이 확장된 가족으로부터 지원을 받는다고 했다. 지원의 유형을 보면 충고와 격려 그리고 병중간호 등이 가장 많이 응답한 지원이었다.

모든 연령대의 성인을 분석한 결과, 신자로부터의 지원은 사회인구적 및 종교적 요인을 보면 예측할 수 있었다. 전체적으로 응답자의 64.2%가 신자들이 일정 수준 자신들을 후원하고 있다고 밝혔다. 교회 참여, 신자 등록, 주관적 신앙심, 종교적 소속 등이 지원 여부와 상당히 깊이 관련된다. 지원받을 때의 결정 요인으로 네트워크 참여 변수가 중요하다는 것은 지원의 수준이 네트워크 참여와 통합의 정도와 관계가 있다는 연구 결과와 일치한다.

3) 흑인 지역사회에서 교회의 역할

전통적으로 흑인 교회는 흑인 가족과 공동체 삶의 발전에 중요한 역할을 해 왔다. 흑인들은 종교적, 영적 안내뿐만 아니라 정서적, 경제적, 사회적 지원을 제공하는 교회에 의존해 왔다. 더구나 교회는 다양한 교육, 시민, 정치 사업을 위한 제도적 기반을 구성해 왔다(Lincoln and Mamiya, 1990). 흑인들이 더 큰 사회에 적극적이고 효과적으로 참여하지 못하도록 배제됨으로써 야기된 경제적 빈곤과 사회적 불평등을 고려할 때, 흑인 교회의 이러한 역할과 기능은 매우 중요한 것이었다(Williams and Williams, 1984). Lincoln과 Mamiya의 흑인 교회에 대한 통찰력 있는 분석에서 흑인의 종교적 전통은 미국 사회에서 흑인의 지위를 특징짓는 고유의 역동적인 사회적, 정치적, 역사적 맥락에서 나왔다고 주장한다. 흑인의 종교적 전통은 흑인에게 적대적인 더 큰 사회의 맥락에서 발생하기 때문에, 종교적 신앙과 표현의 목표는 이 집단에 영향을 미치는 생활환경을 개선하는 독특한 양상을 띠고 출발했고 또 적응해 나갔다.

처음 설립 때부터 흑인 교회는 개인 신자와 광범위한 흑인 공동체에 다양한 형태의 지원과 봉사를 제공했다(Frazier, 1974; Lincoln and Mamiya, 1990; Mays and Nicholson, 1933; Taylor and Chatters, 1986a; Roberts, 1980). 북부 지역의 독립 흑인 교회는 일찍이 1740년부터 부상하기 시작해 1800년에는 흑인 지역사회 제도의 일부분으로 완전히 성장했다. 그러나 흑인 교회가 현재와 같은 지역사회의 확실한 중심으로 발전한 것은 제1차 세계대전의 발발과 남부에서 북부로 흑인이 대규모로 이동한 후 비로소 이루어졌다(Frazier, 1974). 뉴욕의 Adam Clayton Powell이나 필라델피아의 Leon Sullivan과 같은 지도자에 의해 운영되던 북부 지역 도시의 주요 흑인 교회들은 1960년대에 지역사회에서의 봉사 활동이라는 새로운 사명을 시작했다. 1979년에는 지역사회 봉사가 많은 도시에서 흑인 교회의 주요 활동이 되었다(Lincoln and Mamiya, 1990).

지역사회에서 흑인 교회의 기능에 대한 초기 연구 중 하나는 Mays and Nicholson (1993)이 행한, 흑인에게 종교의 중요성과 1920년대 후반 흑인 교회의 지역사회에서의 구제 활동을 조사한 실증적 연구이다. 그 후 연구자들은 당시 흑인 교회가 기여한 것으로 (1) 사회 변화를 위한 정치적 대리인(Harris, 1987), (2) 어린이와 청년을 위한 교육 프로그램의 지원(George 외, 1989; Billingsley and Cladwell, 1991), (3) 가족과 지역사회와 연관된 사회봉사의 제공(Billingsley 외, 1991; Lincioln and Mamiya, 1990) 등을 들었다. 마지막으로 Eng 등(1985)은 교회 기반의 지원 프로그램이 독특한 봉사 기회를 제공하고 수많은 확실한 혜택을 준다고 주장했다. 그들은 지역사회 기반의 서비스 전달 체계의 효과성은 대체로 그 서비스 제공자 조직의 지위에 크게 달려 있다고 결론지었다. 흑인 교회가 많은 흑인에게서 존경과 충성을 받고 있다는 점을 고려할 때, 종교기관은 필요한 서비스를 평가하고 제공하며 더 나아가 폭넓은 공식적 서비스 전달 체계에 참여하도록 장려할 수 있는 이상적 위치에 있다. 비공식적인 사회적 지원이 감소할 가능성을 고려할 때, 이러한 이점은 특히 흑인 노인들에게 중요한 것이다(Chatters 등, 1985, 1986; Taylor and Chatters, 1986b).

4) 흑인 교회와 노인

흑인 노인의 78%는 교회에 소속되어 있다고 추정된다(Taylor, 1986a). 교회 기능의 일반적 개요만 보더라도, 교회가 흑인 노인의 정서적 평안에 기여하는 신자 간의 접촉과 사회적 통합을 증진한다는 것을 알 수 있다(Johnson and Barer, 1990; Taylor 외, 1987; Steinz, 1981). 더 나아가 교회는 구체적인 지원으로 노인을 위한 주간보호센터, 다양한 질병과 환경에 대한 의료 검진 등을 제공한다(Negstad and Arnholt, 1986; Tobin 외, 1986; Eng 외, 1985). 다른 연구에서는 다수의 교회들에 의해 합동 지원되는 봉사 프로그램의 중요성 그리고 노인 서비스를 확대하기 위해 사회봉사기관과의 연계를 확립하는 데 교회 역할의 중요성 등을 강조한다(Taylor 외, 1990; Tobin외, 1986).

교회 및 교회와 흑인 노인과의 관계에 대한 최근의 정보를 배경으로 비추어 보면, 우리는 흑인 노인 인구가 미래에 얼마나 증가할지 추정하고 이로부터 추정되는 사회복지 수요의 정도와 성격을 헤아릴 수 있다. 2025년에는 60세 이상의 인구가 5억 명에 이를 것으로 보인다(Letzig, 1986). 1930년 이후 65세 이상의 흑인 인구는 백인 노인 인구에 비해 상대적으로 빨리 성장해 왔다(Manual, 1988). 이러한 규모의 인구 변화는 노인 시민들의 욕구를 충족시키기 위해 필요한 서비스의 성격, 다양성, 폭 등에 대한 재평가를 요구한다. 오늘날 흑인 노인들이 당면하고 있는 빈곤, 적정주택의 부족, 의료 제한과 같은 많은 도전을 고려한다면, 정신적 신체적 기능뿐 아니라 사회적 평안을 유지하고 향상시키는 지역사회 기반의 지원 서비스에 대한 좀 더 포괄적인 이해가 매우 중요하다.

이전의 연구에서는 흑인 노인들이 공식적인 서비스 전달 체계에 돌입하기 전에 흑인 교회로부터 원조를 받았다고 기록하고 있다(Taylor and Chatters, 1986a; Walls and Zarit, 1991). 그러나 이러한 맥락에서 제공되는 서비스의 유형에 대하여 알려진 것은 거의 없다. 그나마 이 문제를 직접 다룬 소수의 연구들은 교회 기반의 원조에서 정서적 지원, 영적 인도, 사회적 통합, 도구적 지원 등 몇 가지 차원에 초점을 맞추고 있다(Harber, 1984; Steiniz, 1981; Taylor 외, 1987; Taylor and Chatters, 1986a; Walls and Zarit, 1991). 또 이 영역에서의 대부분의 연구는 신자들만 받는 사회적 지원에 오로지 집중되어 있다. 그러나 많은 교회들은 지역사회 전반의 욕구에 응답하기 위하여 교회 신자의 범위를 넘어서 자신들의 사명과 책임을 늘리고 있다. 흑인 교회가 노인을 위한 사회적 봉사에서 하는 역할을 기술하고 이해하려는 노력에서, 우리는 먼저 이러한 사회적 봉사를 교회 신자나 비신자에게 똑같이 제공하는 교회들의 특성을 우선 평가해야만 한다.

이 장의 목적은 현재 흑인 교회가 노인의 요구를 충족시키기 위해 지원하는 봉사 프로그램의 유형을 조사하는 것이다. 우리는 교회 신자가 아닌 노인에게 도구적 및 정서적 지원을 제공하는 프로그램을 교회의 사명으로 후원하는 교회를 구별하는 특성을 강조하고자 한다. 이 장은 대형 연구인 '흑인교회가족사업' 대상의 일부인 미국 북부에 있는 635개의 흑인 교회로부터 얻은 정보에 기초하고 있다. 이 사업의 목적은 도움이 필요한 가족을 지원하기 위해 흑인 교회가 후원하는 봉사 프로그램을 살펴보는 것이다. 이 사업의 방법론은 아래에서 기술한다.

5) 흑인교회가족사업The Black Church Family Project

흑인교회가족사업은 전국의 대표적인 흑인 교회 표본에서 입수할 수 있는 가족 후원 및 지역사회 후원 프로그램을 찾아내고 기술하기 위해 기획되었다. 관심을 가질 만한 구체적인 봉사 프로그램은 다음 요건을 갖춘 것들이다. (1) 프로그램의 목표와 활동이 흑인 가족의 기능을 향상시키고 후원하도록 고안되었다. (2) 교회 신자가 아닌 사람에게도 서비스를 제공하는 뚜렷한 봉사 요소가 있다. 흑인 교회의 분포가 흑인 가구의 분포와 유사하다는 가정에 입각하여, 교회 표본의 추출은 '사회연구원Institute for Social Research'[186]에서 NSBA를 위해 개발한 기본적 표본 전략을 이용하여 이루어졌다. 모든 흑인 가구가 선택될 확률을 동일하게 하기 위해, NSBA 표본은 다단계무작

186) University of Michigan에 설치된 사회과학 조사 및 연구기관으로서 소비자, 의료, 미국인 생활실태, 흑인 관련 통계 등 다양한 사업을 수행하고 있음.

위 절차에 따라 추출되었다. 1970년 인구조사에서의 흑인 인구 분포를 기반으로 하여 전국을 대표할 76개의 1차 표본지역이 선정되었다. 이 지역들은 인종적 구성과 지리적 지역들을 기준으로 '클러스터'로 계층화되었다(Chatters, Taylor, Jackson, 1985).

흑인교회가족사업에 필요한 표본 크기인 1,500개 교회는 각 지역 흑인 가구의 수에 비례하여 전국의 4개 지역—북동, 북중앙, 남부, 서부—에 할당되었다. 그리고 신앙 전통이라는 변수를 흑인 교회 연구를 위한 계층화의 주요 변수로 사용하였다. 흑인 교회의 자격과 응답률에서의 불확실성 때문에 반복 표본추출 절차가 이용되었다. 이렇게 해서 최종 표본으로 북동부에서 315개 교회, 북중앙 지역의 320개 교회가 결정되었다. 이 장에서는 북동 및 북중앙의 데이터를 결합한 635개 북부 흑인 교회로부터 얻은 결과를 보여 준다. 각각의 면접은 담임 목사나 목사가 임명한 정보 제공자를 대상으로 하고 있다. 면접은 전화로 30여 분 정도 이루어졌다. 북부 지역 전체의 응답률은 57%이다.

현재까지 이것은 흑인 교회의 봉사 활동에 초점을 맞춘 가장 방대하고 체계적인 연구이다. 이 연구는 흑인 교회가 흑인 지역사회 내에서 잘 확립된 독립적인 중심 역할을 하고 있다고 보고한 선구적인 연구를 바탕으로 이루어졌다. 더 나아가 흑인 교회는 다음 시대의 사회 개혁을 위한 주요 지도력을 제공할 경제적, 정치적, 사회적 잠재력을 가지고 있다.

6) 흑인교회가족사업의 개념적 모형

흑인교회가족사업의 기본적인 개념 모형은 가족이 1차적 사회 환경을 구성한다는 것이다(〈표 21-1〉 참조). 흑인 가족은 가족과의 근접성 정도가 다른 수많은 사회적 힘과 지역사회의 기관들에 둘러싸여 있다(Billingsley, 1993). 지역사회의 한 기관으로서 흑인 교회는 사회 차원에서 조직된 공식적인 서비스 전달 시스템과 가족의 중간에 위치한다. 따라서 흑인 교회는 가족에게 원조를 제공하고 또한 필요할 때 공식적 사회봉사기관에 의뢰하는 네트워크 역할을 하는 최적의 위치에 있다. 본질적으로 가족과 교회 사이에는 상호관계가 존재하며, 교회는 공식적인 서비스 전달 시스템과 가족의 사이에서 중요한 통로 및 중개 구조를 구성한다(Lincoln and Mamiya, 1990). 이러한 배치는 교회가 가족에 대하여 자율적인 1차 후원 제공자로서뿐 아니라 다른 지역사회 제도, 기관 그리고 더 큰 사회 시스템 등과의 협력적 참여를 통하여 지원하고 양육할 기반과 기회를 제공한다.

〈표 21-1〉 생애 주기에 따라 제공되는 지역사회 프로그램 유형

프로그램 유형	프로그램의 %	프로그램의 수
어린이와 청년 - 어린이 복지 - 스카우트 활동 - 출산/성교육 - 후견인제 - 10대 지원 - 여가 활동 지원 - AIDS 인식 교육 - 약물 중독 - 헤드스타트(Head Start)187) - 기초 교육 - 학업 지원	31.3	566
성인 가족 지원 - 가족 상담 - 아동 보육 - 성인을 위한 읽기와 쓰기 교육 - AIDS 인식 교육과 지원 - 약물 중독 - 음식 배분 - 의류 배분 - 쉼터	51.2	923
노인 - 가사 지원 - 친교/사회적 활동 - 식사 배달 - 주거 지원 - 복합 서비스 - 재정 지원 - 의료 지원	8.5	153
지역사회 개발—모든 집단 - 지역사회 주거 - 경제 개발 - 의료 관련 서비스 - 지역사회 개발단 - 사회운동 활동	9.0	162
합계	100	1,804

187) 헤드스타트Head Start는 빈민구제사업의 일환으로 저소득층 자녀가 충분한 교육을 받지 못해 빈곤의 악순환을 겪는 것을 막기 위해 취학 전 아동을 대상으로 시행하는 미국의 교육 지원 제도를 말함.

이러한 개념화를 사용하면서, 우리는 북부 흑인 교회가 조직적인 봉사 활동을 통해 지역사회의 노인에게 제공하고 있는 구체적인 지원 프로그램에 초점을 맞춘다. 이 장에서는 노인에 대한 교회 기반 서비스의 성격과 그러한 지원 프로그램을 후원하는 교회의 특성에 대한 기초 자료를 제공할 것이다. 특히 우리는 흑인 교회의 서비스 전달 체계로서의 역할에 초점을 둘 것이다. 우리는 연구에서의 관심을 (1) 실제로 흑인 교회가 이러한 방식으로 운영되는지 여부 그리고 그것이 어느 정도인지, (2) 흑인 교회가 지원이 필요한 노인에게 매력적이며 서비스 전달자로서 기능하는 것을 촉진하는 고유한 조직적 특성을 가지고 있는지에 둘 것이다.

7) 표본에 나타난 교회의 현황

표본에 속한 교회의 역사는 1년에서 203년에 이르는 분포를 보이며, 중앙값은 37년이다. 대부분의 교회는 지역사회에서 붙박이이며, 절반은 20년 이상 같은 위치에 그대로 있었고, 74%는 역사상 두 번 이내에서 이사했다. 절대다수(75%)의 교회는 대부분 흑인 또는 완전히 흑인으로 분류되는 인근에 위치한다. 표본에서는 다양한 신앙 전통이 드러난다. 흑인 교회의 대다수가 침례교이듯이, 645개의 교회 중 상당 부분이 침례교로 예상되었다(조사 결과 44%). 두 번째로 큰 교회가 감리교로 13%이며, 그 다음으로 오순절교회[188] 11%, 하나님의교회[189] 7%, 사도교회 4% 순이다. 그 외에는 성공회, 장로교, 제칠일안식일교 등과 같은 다양한 그리스도교 분파를 포함한다. 예배는 이러한 교회들(99%)에서 1주일에 최소 1회 이상 개최되며, 63%는 교회에서 비종교적인 활동을 때때로 후원하는 것으로 나타난다.

교회의 58%는 노동 계층과 중산층으로 구성되어 있다고 응답했다. 31%는 노동 계층만 있다고 했으며, 8%는 중산층만 있다고 했다. 교회의 크기도 매우 다양하여 신자의 수가 6명밖에 안 되는 곳에서 5,000여 명이 되는 곳까지 있다. 교회의 절반은 신자의 수가 162명 이상이다. 대부분의 미국 교회에서 그런 것처럼 표본의 절대다수(88%)는 여성 신자가 50% 이상을 이루고 있다. 흑인 교회 내의 성직자는 남성이 절대적이다. 담임목사의 93%가 남성이며, 단지 7%만이 여성이다. 성직자의 75%는 나이

188) 오순절교회Pentecostal Church는 성령의 능력을 강조하는 개신교의 한 종파. 사도행전 2장에서 보는 것처럼 오순절, 즉 부활절 후 50일 되는 날 성령의 강림을 기리는 성령강림절에 특별한 의미를 두고 있음. 넓은 의미의 은사적 그리스도교Charismatic Christianity에 포함됨.

189) 하나님의교회Church of God in Christ는 1897년 미국 멤피스에서 침례교 목사였던 Charles Mason과 Charles Jones에 의하여 설립된 개신교 종파.

가 35세에서 65세 사이이며 90%가 기혼이다. 북부 교회의 담임목사들은 고학력자이며 68%가 대졸 이상이다. 담임목사의 80%가 신학교 또는 신학대학에서 교육을 받은 것으로 나타난다.

56%의 교회가 한 명의 유급 목사를 두고 있으며, 30%가 무급 목사를, 나머지 14%의 교회는 두 명 이상의 유급 목사를 두고 있다. 흥미롭게도 담임목사의 65%가 교회 외에는 고용되어 있지 않았다. 교회의 51%가 목사 외에 유급 직원을 두고 있다. 마지막으로 교회의 62%가 자신들의 교회 건물을 소유하고 있으며, 28%는 건물을 마련하는 과정 중에 있다. 이 연구에서 8%의 교회만이 교회 건물을 임대하고 있다. 이 표본 교회의 67%(표본수=426)는 한 개 이상의 지역사회 봉사 활동을 후원하고 있으며, 이들 중 28%, 즉 120개의 교회가 노인을 위한 프로그램을 지원하고 있다.

8) 교회 봉사 프로그램의 유형

〈표 21-1〉은 북부 지역 교회가 후원하는 봉사 프로그램의 유형을 제시한다. 총 1,804개의 봉사 프로그램이 426개 교회에 의해 제공되고 있다. 이 프로그램의 51.2%는 가족 상담, 식량이나 의류의 배급 같은 가족 단위로서의 욕구 또는 성인 문맹이나 남성과 여성을 위한 지원 단체 등 성인으로서의 욕구를 다루는 지원 프로그램이다. 아동과 청소년에 대한 실질적인 헌신을 입증하듯이, 교회 프로그램의 31.3%가 아동과 청소년을 특별히 대상으로 하고 있다. 이의 대부분은 기초 교육 및 학습 지원, 여가선용이나 문화 인식 프로그램이다. 지역사회 개발 프로그램은 교회 활동의 9%를 차지하며, 지역사회의 경제 상황을 향상시키거나 건강, 주택, 사회 행동 등과 같은 지역사회 전체에 걸친 서비스를 제공하기 위해 계획된 지역사회 기반의 사업을 포함하고 있다.

노인을 위한 교회 기반 프로그램은 총 1,804개의 프로그램 중에서 8.5%를 차지하고 있다. 전체 흑인 인구 중에서 65세 이상 노인이 12%이며(Taylor, 1986a), 이들이 젊은 층보다 교회 신자일 가능성이 높다는 사실을 감안하면(Chatters and Taylor, 1989), 이 비율은 상당히 부족한 것으로 보인다. 표본 속의 많은 교회가 한 개 이상의 노인 지원 프로그램을 운영하는데, 노인 지원 프로그램을 가지고 있는 120개의 교회가 총 153개의 노인 서비스를 제공하고 있다. 그리고 세 개 이상의 일반적인 가족 지원 프로그램이나 지역사회 개발 프로그램을 운영하는 교회는, 두 개 이하의 프로그램을 운영하는 교회보다 노인 지원 프로그램을 후원할 가능성이 더 높았다[$X^2(4)=298.91$, $p<0.001$, CV=0.69]. 〈표 21-2〉는 노인 지원 프로그램의 구체적 유형의 분포를 보여 준

다. 여기서 제시된 것처럼 가장 자주 지원되는 프로그램은 청소 등과 같은 집안일을 지원하는 가사 지원 서비스(39%)이다. 친교 활동은 교회 기반 프로그램의 18%에 해당하며, 노인층이 지역사회에 참여하는 것을 유지하도록 도우려는 것이다. 그 다음으로 식사 배달(10%), 노인 주거(9%), 다중 서비스(5%) 프로그램 순으로 나타난다. 다중 서비스 프로그램은 노인 시민들이 사회적 서비스, 의료보호, 법률 지원 등 다양한 공식적인 서비스에 의뢰하도록 고안된 것이다. 비록 미미하지만 직접적인 재정 원조(2%), 의료 검진(2%) 프로그램이 제공되기도 한다.

〈표 21-2〉 교회에 의해 제공되는 노인 지원 프로그램의 유형

프로그램 유형	%	N
가사 지원	39	60
친교/사회적 활동	18	27
식사 배달	10	16
주거 지원	9	14
복합 서비스	5	7
재정 지원	2	3
의료 지원	2	3
기타	15	23
합계	100	153

가사 지원과 식사 제공 서비스는 공식적인 지원 프로그램의 중요한 유형이다. 왜냐하면 이러한 프로그램은 노인들이 양로원이나 장기 요양시설에 들어가야 할 가능성을 줄일 수 있기 때문이다. 요리, 쇼핑, 청소와 같은 일상생활 분야의 지원을 약간 제공할 경우 보호시설 입소를 미루거나 피할 수 있다는 것을 과거의 노력이 입증하고 있다. 기존 연구에 의하면, 보호시설에 거주하는 건강이 안 좋은 노인들 총 숫자의 두 배에 달하는 건강이 안 좋은 노인이 지역사회에 여전히 거주하고 있다(George and Maddox, 1989). 따라서 안 좋은 건강 그 자체는 보호시설 입소를 예측하게 하는 배타적인 인자가 아니다.

양로원에 입소할 가능성을 예측하게 하는 가장 중요한 요인은 아마 부양자caregiver의 부재일 것이다(George and Maddox, 1989). 부양자의 부재는 부양책임을 떠맡거나 지속할 가족의 능력과 의지가 없다는 것으로 정의된다(George and Maddox, 1989). 결과적으로 교회에서 제공되는 공식적인 서비스는 약한 노인들이 독립적으로

살 수 있도록 돕거나, 가족 부양자에게 부양부담과 스트레스를 줄여 줌으로써 필요한 원조를 제공하는 것이다. 노인을 위한 공식적인 서비스는 이 집단의 노인이 양로원에 가게 될 가능성을 줄이는 것이 된다.

9) 노인 지원 프로그램을 운영하는 교회의 특성

이러한 예비적인 정보를 보면 소수 교회만이 노인을 위한 봉사 프로그램을 후원한다는 것을 알 수 있다. 따라서 우리는 이러한 프로그램을 제공하는 교회의 특성을 조사해서, 앞으로 이 노력을 시작하거나 확장하는 데 반응을 보일 수 있는 다른 교회들을 찾아내는 방법으로 삼아야 한다. 가족 지원 프로그램을 지원하는 교회뿐 아니라 지역사회 봉사 프로그램을 제공하는 교회의 특성에 대한 과거의 분석에 기초하여, 우리는 이러한 교회의 독특한 특성을 알아낼 수 있었다. 현재의 분석 결과, 노인 지원 프로그램의 제공과 상관관계가 있는 교회 속성들이 드러났다.

(1) 교회의 인구학적 특성

우리의 분석 결과는 노인 지원 프로그램을 후원하는 교회들이 몇 가지 뚜렷한 특성을 가지고 있다는 것을 보여 준다(〈표 21-3〉 참조). 이러한 교회들은 교회 자체가 오래된 경향이 있으며, 75년 이상 오래된 교회들이 노인 지원 프로그램을 운영할 가능성이 가장 높았다. 400명 이상의 신자가 있는 교회가 이보다 규모가 작은 교회보다 그러한 프로그램을 운영할 개연성이 더 높으며, 70명 이하의 회원을 가진 교회는 노인 프로그램이 거의 없는 것으로 드러났다. 또한 중산층 교회라고 인식하거나 노동계층과 중산층이 혼재하는 교회 집단으로 인식하는 교회가 노동 계층이 대부분인 교회보다 노인 지원 프로그램을 운영할 가능성이 더 높았다.

(2) 교회의 직원 채용 유형

교회의 직원 채용 유형은 노인 지원 프로그램의 제공 여부에 주요 결정 요인으로 부상하고 있다. 직원 채용 유형은 교회의 경제적 상태를 대략적 근사치로 보여 주는 것 같다. 적절한 재정 자원이 있는 교회는 담임목사에게 급여, 주택, 자동차, 복지 등을 제공하고 있다. 보조 목사는 종종 보상을 받지는 못하는 경우가 있지만, 경제적으로 안정된 교회라면 교회의 비서, 연주자, 관리인 등에게는 통상 급여를 지급한다. 담임목사 등 성직자에게 급여를 지급하지 못하거나 담임목사 이외의 유급 직원이 없는 교회에서는 노인 프로그램이 거의 없다.

(3) 교회의 활동

과거의 연구는 교회의 역할을 지역사회 활동의 중심으로 강조하였다(Mays and Nicholson, 1993; Frazier, 1974). 최근 연구에서는 민권운동에 따라 흑인들이 더 큰 사회의 자원에 접근할 수 있게 되었기 때문에, 이러한 역할은 현재 흑인 교회에서 어느 정도 축소된 것으로 보인다(Lincoln and Mamiya, 1990). 그럼에도 불구하고 많은 교회들은 필요한 경우 지역사회 집단들에게 문을 열어 두고 있다. 본 연구의 결과, 비종교 활동을 자주 후원하고 지역사회 집단의 회의 장소로 교회를 사용토록 하는 교회들이 그렇지 않은 교회보다는 노인 지원 프로그램을 제공할 가능성이 더 크다는 것을 보여 준다.

또한 지역사회의 사회복지기관과 업무관계를 맺고 일하는 교회는 그렇지 않은 교회보다 노인 프로그램을 더 제공하는 경향이 있다. 그러나 그 인과관계의 성격은 명확하지 않다. 즉, 이미 사회복지기관과 업무관계를 맺고 일하는 교회가 노인 프로그램을 새로 시작하는 경향이 있는 것인지, 아니면 노인 프로그램이나 지역사회 복지기관과의 접촉이 교회 내 노인들이 표출하는 욕구를 인식하여 시작되는 것인지 여부는 알 수 없다. 그러나 사회복지기관은 프로그램 개발 역량을 갖추고 있어서, 이는 노인과 함께 일하는 교회에 도움이 된다는 점을 인식하는 것이 중요하다. 사회적 성격이 있는 친교 프로그램과 활동조차도 지역교통과나 여행과 등 사회복지기관들로부터 도움이 필요할 수도 있다.

(4) 교회의 재정 및 교파

흑인 교회의 경제적 자생 및 독립을 보는 가장 좋은 지표는 교회 건물을 살 수 있는 능력이다. 우리의 연구에서는 건물을 임대하는 교회와 건물을 소유하거나 구매중인 교회 사이에는 상당한 차이가 있다는 것을 보여 준다. 건물을 임대한 교회는 노인 프로그램을 제공할 가능성이 낮으며, 소유하거나 구매중인 교회는 노인 프로그램을 더 운영하는 것으로 보인다. 본 연구에 포함된 교회의 신앙 전통은 다양하지만, 노인 프로그램이나 다른 봉사 프로그램을 후원하는 것에 교파의 차이는 없는 것으로 나타난다. 이러한 결과는 교파와 상관없이 대부분의 교회가 지역사회와 신자의 삶에서 영적 안내와 실질적인 원조 모두를 포함하는 사명과 지향성을 반영하는 견해를 뒷받침하고 있다.

〈표 21-3〉 노인 지원 프로그램이 있는 교회의 특성

		'예' (%)	'아니오' (%)	표본수	X^2 [190]	Cramer's V/Phi[191]
인구학적 특성	교회 연수					
	40년 이하	14.5	85.5	339	16.93***	0.16
	41-75년	19.2	80.8	156		
	76년 이상	31.1	68.9	132		
	구성원 크기					
	1-70명	5.5	94.5	146	51.93***	0.29
	71-175명	13.0	87.0	185		
	176-400명	22.3	77.7	157		
	400명 이상	36.6	63.4	145		
	교회의 사회 계층					
	노동 계층	12.4	87.6	194	13.82**	0.15
	노동 계층과 중산층	21.6	78.4	370		
	중산층	30.6	69.4	49		
	기타	5.3	94.7	19		
직원충원	유급 성직자 수					
	없음	9.6	90.4	188	27.08***	0.21
	한 명	19.6	80.4	352		
	두 명 이상	35.6	64.4	90		
	다른 유급 직원					
	없음	10.5	89.5	305	27.82***	0.21
	있음	27.0	73.0	322		
	비종교 활동 지원 빈도					
	거의 없음	11.6	88.4	233	32.16***	0.23
	때때로	15.2	84.8	217		
	자주	32.4	67.6	185		
	건물이 모임장소로 사용					
	아니오	22.4	77.6	156	4.28*	0.10
	예	31.8	68.2	267		
	사회기관과의 연계					
	아니오	20.8	79.2	120	5.01*	0.11
	예	31.8	68.2	299		
재정 상태	건물 소유 상태					
	임대	1.9	98.1	52	11.23**	0.13
	구매	18.9	81.1	180		
	소유	21.3	78.7	394		

(주) * $p<0.05$, ** $p<0.01$, *** $p<0.001$

---

190) 카이스퀘어(X^2)는 'Pearson's chi-square test'를 말하며 통계적 가설을 검증하는 방법으로 두 불연속변수 간의 상관관계를 측정함. 귀무가설을 기초로 기대 빈도를 계산하여 두 개 이상의 데이터 세트의 관찰 빈도가 통계적으로 유의미한지를 측정하며, 테스트 결과에서 확률값(P value)이 유의수준보다 낮으면 귀무가설은 기각되며, 반대인 경우 귀무가설은 채택됨.

191) Cramer's Phi 또는 Cramer's V는 카이스퀘어(X^2) 모델의 적합성을 판단하기 위한 검증 방법.

10) 담임 목사의 특성

흑인 지역사회의 변화에 영향을 미치는 공동체 지도자로서 담임 목사의 영향력은 흑인 교회의 역사에 기록되어 왔다(Lincoln and Mamiya, 1990; Harris, 1987; Sullivan, 1978). 교회 리더십의 역사적 중요성을 감안하여, 우리는 노인 지원 프로그램을 후원하는 담임 목사의 인구학적 특성과 교회 외의 활동을 조사하였다(〈표 21-4〉 참조). 노인 프로그램을 운영하는 교회의 담임목사는, 그렇지 않은 경우보다 공식적 교육은 물론 신학교나 신학대학에서 훈련을 더 많이 받은 경향이 있다. 또한 노인 프로그램이 있는 교회의 담임 목사는 외부 지역사회 활동에 더 많이 참여하는 것으로 보인다. 이들이 활동하는 지역사회 조직에는 '유색인 발전을 위한 전국연합The National Association for the Advancement of Colored People', '전국도시연맹The National Urban League' 그리고 지역성직자연합 등이 있다.

〈표 21-4〉 노인 지원 프로그램이 있는 교회의 담임 목사들의 특성

		네 %	아니오 %	표본수	X^2	Cramer's V/Phi
성직자의 특성	신학교/신학대학					
	아니오	6.4	93.6	109	13.40***	0.15
	예	21.6	78.4	501		
	교육					
	고등학교 미만	8.8	91.2	57	34.28***	0.24
	고등학교 졸업	9.2	90.8	109		
	대학 중퇴	11.8	88.2	93		
	대졸 이상	18.1	81.9	127		
	석사 이상	31.9	68.1	188		
성직자의 외부 활동	지역사회 활동 참여					
	아니오	12.2	87.8	221	10.09**	0.13
	예	22.7	77.3	383		

(주) * $p<0.05$, ** $p<0.01$, *** $p<0.001$

2. 요약 및 결론

본 연구의 결과는 흑인 교회가 흑인 공동체에서 지금까지 계속 핵심적인 제도였다는 것을 뒷받침하고 있다. 그러나 여러 시대와 다양한 환경에 걸쳐서 증명되었던 것처럼, 흑인 교회는 영적 문제만으로 좁게 정의되는 종교기관이라기보다 그 이상의 것으로 나타난다. 흑인 교회는 신자들과 더 넓은 지역사회를 위한 포괄적이고 독자생존적인 지원 시스템으로서 작용한다. 참가자들의 영적, 정서적, 도구적 욕구의 차원을 포함하여 여러 차원의 지원이 교회에서 제공되고 있다. 본 연구에서는 교회에서 조직화된 봉사 활동을 통하여 인근 지역사회에 제공하는 원조의 유형을 집중적으로 살펴보았다. '흑인교회가족사업'의 표본인 635개의 북부 교회 중에서 67%가 한 개 이상의 봉사 프로그램을 후원하고 있다. 흑인 교회의 대부분이 어린이, 청년, 가족을 위한 봉사 프로그램을 적극 후원하고 있다는 것을 발견하였으나, 노인을 핵심 수혜집단으로 하는 것은 별로 없었다. 표본에 속한 교회에 의하여 제공된 1,804개 프로그램 중에서 단지 153개(8%)만이 노인을 위한 것이었다. 가족, 어린이, 청년을 위한 프로그램이 노인 프로그램보다 우선시되었다. 흑인 청년이 직면하고 있는 문제와 도전 그리고 아이들이 우리의 미래라는 공공적 강조를 감안한다면, 제한된 자원을 가진 교회가 노인보다는 청소년과 가족의 문제를 더 중대하게 다루는 경향이 있다는 것은 그리 놀랄 일이 아니다.

흑인 교회의 이러한 일반적 경향에도 불구하고 지역사회에서 노인사목의 책임을 부담하려는 교회들을 구별 짓는 교회의 특성을 찾아낼 수 있다. 즉, 이런 교회들은 최소 75년 정도 되었고, 400명 이상의 신자를 가진 큰 교회이며, 대부분 중산층으로 구성되었다고 인식되는 비교적 뿌리를 잘 내린 교회이다. 이에 비하여 Caldwell과 Greene(1992)은 가족 지원 프로그램을 제공하는 교회는 이보다 훨씬 젊고 작은 설립 후 평균 41년, 평균 신자 170명 정도의 경향이 있다는 것을 발견했다.

노인 지원 프로그램을 가진 교회들은 재정적으로 더 안정되어, 건물을 소유하고 있을 뿐 아니라 담임목사나 다른 교회 직원들에게 급여를 지불할 능력이 있었다. 또한 봉사 프로그램에 참여하는 교회들은 지역사회의 중심으로 인식되며, 비종교적 활동을 자주 후원하고 지역사회 집단의 비종교적 활동을 위해 교회 건물을 사용하도록 허락한다. 마지막으로 이러한 교회들은 노인을 위한 여러 프로그램과 활동을 운영함에 있어서 사회봉사기관들과 협력하였다. 미래의 연구에서는 이러한 종류의 협력이 흑인 노인을 위한 서비스를 어떻게 더 용이하게 하는가를 알아내기 위하여 기관 간 본질적 관계에 대하여 다루어야 한다.

본 연구의 결과, 교회 기반의 노인 지원 프로그램에서 가장 흔한 서비스의 유형이 재택노인에 대한 가사 지원이라는 것을 보여 준다. 노인이 지역사회의 삶에 계속 적극적으로 참여하도록 겨냥한 활동들이 또한 이러한 서비스의 중요한 특성이다. Chatters and Taylor(1990)는 흑인 노인을 위한 교회의 사회적 통합 역할이 중요함을 논하였다. 이 연구는 노인의 도구적 및 정서적 욕구를 다루는 교회 기반 프로그램이 사회 참여를 유지하는 것을 효과적으로 돕는다는 것을 증명하고 있다. 교회는 종종 노인에게 식사, 집안일, 의료 검진 등의 직접적 서비스를 제공하고 있으나, 어떤 때는 서비스를 전달하는 공식 시스템에 의뢰하는 역할을 하기도 한다. 이러한 연구 결과는 흑인 가족과 지역사회, 더 큰 사회 사이의 상호관계를 나타내는 개념적 모형을 지지하고 있다. 특히 흑인 교회는 가족 또는 서비스를 전달하는 공식 시스템에 대한 접근성이 용이하기 때문에 직접적인 서비스를 제공하거나 필요할 경우 적절한 전문가에게 의뢰할 수 있는 최적의 위치에 있다.

일반적으로 지역사회에서 봉사 프로그램을 수립한 교회가 첫 번째로 선택한 것은 노인 지원 프로그램이 아니었다. 음식과 의복의 분배가 교회의 역사, 크기, 재정 상태와 관계없이 가장 흔히 제공된 프로그램이었다. 음식 분배 프로그램의 유형에는 주기적인 음식 분배, 매일의 식사, 식품창고food pantry[192] 등이 있다. 의류 분배는 벼룩시장과 중고가게를 통해 제공된다. 한 교회가 지역사회를 위하여 유일하게 후원하는 것이 음식과 의류 분배 프로그램인 경우가 대부분이었다. 그러나 노인 지원 프로그램의 경우는 교회가 다른 프로그램을 최소 3개 이상 운영하고 있을 때에나 이루어질 가능성이 있었다. 노인 프로그램에만 전념하는 교회는 거의 없었다. 이 전의 프로그램 개발 노력인 Harber의 1984년 노인 부양자 의식화 사업 등에서 나타난 것처럼, 담임목사의 지원은 교회 기반 서비스의 생존에 결정적으로 작용한다. 이러한 점을 고려하여, 우리는 노인 지원 프로그램을 제공하는 교회의 담임목사의 특성을 살펴보았다. 이런 목사들은 고학력자로 신학교 자격증은 물론이고 최소한 대학 수준 이상의 교육을 받았으며, 지역사회와 활발히 관계하는 것으로 밝혀졌다.

대략 추정해 보아도 75,000여 개의 흑인 교회와 2,400만 명 이상의 신자를 보

---

192) 식품창고food pantry 또는 식품은행food bank은 식품의 제조나 유통 과정에서의 잉여물자 등 기증된 식품을 통합하여 보관하고 각종 사회복지기관을 통하여 분배하는 것을 목표로 하는 비영리기관임.

유한 흑인 교회는 노인을 위한 서비스 전달 체계로서 자연스러운 인프라를 구축할 수 있다(Lincoln and Mamiya, 1990). 대부분의 교회 기반 프로그램들은 자원봉사자에 의해 운영되며, 이들이 정기적, 지속적으로 노인과 접촉할 가능성은 사회봉사기관이나 의료기관 전문가들보다 훨씬 더 크다. 교회 기반 노인 지원 프로그램은 서비스 전달에서 비용 효과면의 대안 전략으로 좀 더 연구되어야 한다. 교회 기반 노인 프로그램을 확장할 때 직면하게 되는 과제 중 하나가 흑인 노인을 위한 사회봉사기관, 의료기관, 정책결정자, 고위 성직자 등이 협력하여 교회 안팎에서 흑인 노인의 욕구를 곧바로 찾아내어 다룰 수 있다는 점을 확신하게 만드는 것이다.

제22장 교회 기반 보건 프로그램

Anne Marie Djupe
Granger Westberg

지난 반세기에 걸쳐 미묘한 변화가 일어났다. 그리스도 신학은 예수의 삶과 가르침 속에서 예수님이 전체성을 가진 인간에 대하여, 즉 영혼뿐 아니라 육체에도 관심을 가졌음을 재발견하였다. 신학자들이 어떻게 이런 '새로운' 통찰력을 갖게 되었을까? 이는 적어도 부분적이지만 정신과 육체의 관계에 대한 이해에서 큰 변화가 있었다는 것과 관련된다. 1930년대에 의학에 심신증psychosomatic illness[193)]이라는 용어가 도입되기 시작했다. 이전까지 기술 중심의 의료계는 정신과 육체가 통합적으로 연관된다는 생각에 반대해 왔다.

다행스럽게도 이러한 초기 개척자적인 글에서 그리스도교 복음과 일치하는 원리를 발견한 진보적인 그리스도교 평신도와 성직자 집단이 있었다. 이들은 육체, 정신, 영혼 사이의 상호 관계에 초점을 두었다. 그리스도교 학자들은 예수의 치유 사목의 의미와 씨름하기 시작했다. 일부 학자들은 교회가 건강과 전체성의 개념을 더 심각하게 받아들여야 한다고 주장하였다.

193) 역주 7) 참조.

이러한 "전체성을 가진 인간" 철학의 영적 차원을 깨달은 최초의 평신도 중 한 명이 남아프리카공화국 수상이었던 Jan Christiaan Smuts[194]이다. 그는 일시적으로 정치적인 직책에서 물러나 있던 1926년에 이르러 그의 통찰력이 돋보이는 〈전체론과 진화*Holism and Evolution*〉를 발간했다.

Smuts 수상은 "이러한 전체성의 특성은 모든 곳에서 우리와 마주치며 우주에서 근본적인 그 무엇인가를 지칭한다"라고 기술한다. 그는 "부분은 전체를 향해 가고, 전체는 그 부분들의 합보다 더 큰 것"이라고 믿었다. 부분들이 전체가 될 때, "통합은 부분에 영향을 주어 부분이 전체를 위해 기능할 수 있도록 한다. 따라서 전체와 부분은 상호적으로 서로에게 영향을 미치고 결정하며 각 특성이 대체로 융합된다"고 말했다(Smuts, *Holism and Evolution* 1961년, xi쪽).

Smuts의 직관력은 건강과 전체성을 동시에 말하는 것이 무엇을 의미하는가를 사람들이 이해하는 데 도움이 된다. 이것은 "모든 것은 다른 모든 것과 상호 연결되어 있음"을 이해하는 것이며, 이는 또한 그리스도교 복음의 메시지 및 전체성을 갖춘 인간을 보살펴야 한다는 예수의 주장과 놀랄 만한 유사성이 있다는 점에 사람들이 주목하게 만든다. 이러한 것이 오늘날 노인사목에 주는 의미는 과연 무엇인가?

1. 교회는 건강의 장소

신자들의 신체적, 정신적, 영적 건강에 대해 관심을 가지는 성직자와 교회가 점차 더 많아지고 있다. 건강 보건health care에서 성직자와 교회의 역할과 관련된 중요한 질문들이 나타나고 있다. "당신의 지역사회에서 건강기관이 어디인가"라는 질문을 받았을 때, 대부분은 지역 병원이나 유명한 의원을 이야기한다. 그러나 사실 이들은 '건강' 관련 기관이 아니라, '질병' 관련 기관이다. 병원과 의원은 중요하지만, 이는 통상 개인이 병이 난 '이후'의 일이다. 즉, 병이 난 이후에, 다시 건강을 되돌리려는 것이다. 기본적으로 병원과 의원은 어떻게 건강해질 수 있는지, 건강을 유지할 수 있는지를 가르치지는 않는다. 최근에야 비로소 병원에서 스트레스, 슬픔 등을 다루는 세미나를 제공하고 있으며, 몇몇 의원들은 건강을 유지하는 방법을 환자에게 가르치고 있다.

194) Jan Christiaan Smuts(1870~1950). 남아공 및 영연방의 정치인이자 군인이며 학자. 1919~24년 및 1939~48년 남아공 수상 역임. 제1차 및 2차 세계대전에 참전. 학자로서는 holism의 선구자이며, 남아공 식물학자로서도 평가받고 있음.

그렇다면 지역사회에서 건강기관은 어디인가? 미국 문화에서 사람들을 건강하게 하는 제도는 어떤 것이며, 그 자체가 건강하지 않을 경우 사람을 병들게 하는 제도는 어떤 것인가? 가정, 학교, 교회, 직장 등 네 가지가 생각난다. 만일 이 네 개의 제도 중 하나라도 건강하지 못하다면 장기적으로는 부정적인 결과가 오게 된다. 가정이 파괴되는 경우, 병이 뒤따르는 경우가 많다. 학교가 자신의 목적의식을 상실한다면, 각종 인간관계나 신체상의 병이 생길 것이다. 교회가 '병든' 교리를 가르치고 설교한다면, 그 결과는 소름끼치는 것이 될 수 있다. 직장이 직원의 인간적 욕구를 전혀 보살피지 않는다면 분명히 '질병'이 뒤따를 것이다.

가정과 교회는 태어나서 죽을 때까지 건강과 관련되는 두 제도이다. 또한 교회는 사회경제적 집단과 인종 집단 등과 상호작용 한다. 학교는 학교에 다니는 기간에만, 직장은 사람이 생산에 종사하는 기간에만 그 사람에게 관심을 둔다. 그러나 교회와 가정은 평생 동안 사람들에 대해 지속적으로 관심을 둔다. 이 두 기관은 건강한 삶을 영위하도록 영향을 미치고 동기를 부여하는 가장 중요한 위치에 있는 것이다.

미국의 교회들이 '건강'이라는 용어에 좀 더 넓고 깊은 의미를 부여하는 작업을 어떻게 시작해야 하는가? '건강'이라는 용어에 대해 많은 혼란이 있으며, 건강 보호는 보통 병든 사람들에게 보호care를 전달하는 시스템을 가리킨다. 그러나 건강health이라는 단어가 그 중심에 'heal(구원, 전체성)'을 포함한다는 사실은 종교적 차원에 관심을 촉구하는 것이다. 과학적 의료가 시작되기 이전 수백 년간 치유healing는 주로 교회의 영역이었다.

1940년대에는 전체론holism이 교회 내외에서 평신도와 목사들의 관심을 끌었다. Jan Christiaan Smuts가 만들어 낸 전체론이라는 용어가 관심을 얻기 시작했다. 이 단어는 '전체whole'를 의미하는 'holos'에서 유래했기 때문에 쉽게 이해되었다. 사람들은 이 단어를 쉽게 받아들였다. 이것은 모든 존재가 상호 연결된다는 것을 표현한 것이었다. 그것은 종교가 과학의 기술적 솜씨를 필요로 하는 것처럼 과학도 종교의 확장적인 차원을 필요로 함을 의미했다.

마침내 이 전체성wholeness의 개념을 간단명료하게 전달하는 단어가 나타났다. 몇몇 의과학생들은 holism이란 단어에 'w' 철자를 덧붙이는 것을 제안하였는데, 이는 사람들이 더 빨리 '전체성wholeness'을 알도록 도와주기 때문이다. 그 결과 철자로는 양쪽 다 쓰이게 되어 약간 혼란스럽지만, 장기적으로는 이 개념에 대한 굉장한 관심을 일으키게 된다. 이는 전인적wholistic 건강, 전인적 의료, 전인적 심리학, 전인적 신학, 전인적 건축 등을 나타내는 여러 책과 논문에서 지속적으로 사용되고 있다. 이 개념은 모두에게 속한다. 건강은 다차원적이며 개인 존재의 신체적, 심리적, 영적, 사회적인 모든 면에 영향을 미친다.

그렇다면 교회가 신자들과 지역사회의 건강을 증진시키는 데 어떻게 참여할 수 있는가? 이 장에서는 세 가지의 교회 기반 건강 프로그램을 기술한다. 각각은 그 중점 분야와 구조에서 조금씩 차이를 보이지만, 모두가 교회 환경에 기반을 둔 '전인 접근법whole-person approach'을 시도하고 있다. 여기에는 전인적 건강센터, 본당 간호 프로그램, 교회 건강 서비스가 포함된다. 이 세 프로그램은 대학, 의과대학, 건강 보건(헬스케어)기관과 연계하여 개발되었으며, 지역사회의 예방적 서비스에 이러한 기관들이 참여하는 기회를 제공하고 있다. 교회는 보호의 연속선상에서 핵심적 연결고리이며, 사람들이 병원이나 의원으로부터 되돌아올 수 있는 보호와 지원적 환경을 제공한다.

대부분의 노인 질병이 만성적인 점을 고려하면, 전인적 건강 보건을 제공하도록 고안된 본당 간호 프로그램과 교회 건강 서비스는 특히 노인들에게 적절하다. Harber는 교회와 회사 고용의 환경에서 폭넓은 보호 및 일반 의료 서비스를 제공한다면 현재 미국에서 제공하는 것보다 아마 훨씬 더 경제적으로 제공할 수 있을 것이라고 주장한다(1989, 57쪽 이하).

2. 전인적 건강센터

이 장을 집필한 두 저자는 지역 본당의 교회가 좀 더 명시적으로 전인적 보호에 참여해야 한다는 명제를 검증할 기회를 가졌다. 1960년대 초반에 Westberg는 오하이오 Springfield에서 저소득층 인근 교회에 완전무료인 전인적 건강센터를 열었다. 이것은 곧바로 성공하였는데, 중산층과 상류층에서는 과연 이러한 전인적 건강 보건을 유료로 받으려고 할지 여부가 궁금해졌다. 1970년대 초반에 목사, 두 저자, 시카고 지역의 의사 한 명이 참여하여 '일리노이의과대학'의 후원 아래 일리노이 Hinsdale 교외의 고소득층 지역에 전인적 건강센터를 열었다. 이후 10년에 걸쳐 다수의 클리닉들이 미국 전역에서 소득 수준을 망라하고 인근지역의 교회 안에 설립되었다.

각각의 경우에 가정의원이 인근 교회에 설립되었는데, 이러한 환경에서는 유능한 의료보호도 제공하면서 하느님, 기도, 사랑에 대해 이야기하는 것이 가능하였다. 각 센터에는 세 사람의 핵심 전문가, 즉 의사, 간호사 그리고 의학적으로 훈련된 사목 상담자가 있다. 교회는 의원에 갈 때와 같은 자연스럽고 친근한 환경과 더불어 설명하고 들어주고 인간적 상호작용을 하는 시간적 여유 등을 제공한다.

교회가 기능한다면 최상으로 사람들의 건강을 유지하도록 도울 것이다. 의사, 간호사, 목회자 이 세 전문가가 팀으로서 협력해야 하며 본당의 환경이 이를 뒷받침하여야 된다는 점을 입증하려는 것이 그 설립 의도였다.

최초의 환자들 중에는 신앙과 건강의 관계를 어렵잖게 이해한 노인들이 있었다. 그렇게 부르지만 않았을 뿐, 그들 중 많은 사람에게 교회는 이미 '건강의 장소'였다. 그들은 이전에도 예배, 성경 교육, 인간관계를 위해 매주 또는 더 자주 교회에 왔다. 교회에 전인적 의료클리닉을 설립한 것이 이미 지금까지 최대한 전인적인 사목을 해왔던 교회의 성격에서 벗어나는 것은 아니었다.

전인적 센터의 일원으로 일하는 의사들은 상담자를 두어 환자의 병력illness history에서 인간적 차원을 들어주도록 하는 것에 대하여 처음부터 수용적이었다. 그 의도는 다른 의사들에게 하나의 모형을 제공해서, 의사들이 환자 삶의 영적 측면을 다루는 데 더 많은 시간을 할애하는 것이 가치 있다는 것을 알게 하려는 것이었다. 이 전인적 접근법의 한 측면은 '건강기획회의Health Planning Conference'를 통해 새로운 환자와 30분 정도 시간을 보내면서, 직원들이 환자의 건강 이력과 함께 이들의 생활양식, 인간관계, 신앙 등의 문제를 다루는 것이다. 의사, 간호사, 목회자는 환자와 함께 서로를 알기 위해서 의료목적이 아닌 환경에서 함께 앉아 이야기 한다. 이 대화에서 직원들은 환자 저마다의 독특한 성격을 알게 된다. 환자들은 그들의 삶이 '실제로' 어떠했는지 얘기하도록 격려를 받는다. 노인들은 전인적인 관심사를 표현할 시간이 주어진다는 사실과 세 사람의 전문가들이 모두 그들에게 관심을 갖는다는 사실에 몇 번씩 놀라움을 표시한다.

여기에서 매우 중요한 교훈을 얻었다. 전인적인 건강 보호는 지역교회가 현재의 문화 속에서 치료 구조의 일부가 될 수 있다는 운동이었다. 이 경험은 교회가 건강 보호의 보급에 중요한 역할을 할 수 있다는 믿음을 확인시켜 주었다. 환자들은 자신의 이야기를 들어주고 자신의 전체적인 평안에 대해 관심을 갖는 클리닉 직원에게 긍정적으로 반응한다. 이것은 직원이 환자의 육체적 건강뿐 아니라 하느님, 자아, 가족 등에도 관심을 가지고 있다는 것을 나타낸다. 환자들은 건강, 질병, 치료에 대해 가르침을 받고 치료 과정에서 동료로 여겨지는 것에 대해 감사한다. 환자들은 마음이 내킬 때 의사, 간호사, 상담자를 만나러 다시 올 수 있었다.

위에 기술한 것은 교회 환경에 기반을 둔 건강 보호 보급의 한 모형이다. 한 가지 한계는 이러한 건강센터들이 교회에서 제공되는 장소와 자원을 사용하지만, 지역교회의 생활과 사명으로 완전히 통합되지 못하는 경우가 빈번하다는 것이다. 그래도 이는 교회가 건강사목을 교회의 가르침, 설교, 활동 등에 좀 더 의도적으로 통합하기 위해 한 걸음 더 나아간 것이었다.

3. 본당 간호사

전인적 건강센터가 사목의 패턴을 바꾸어 가는 과정에서 "어떻게 하면 건강 보호 제공자와의 독특한 관계를 계속 유지할 수 있는가?"라는 질문이 생긴다. 모든 센터에서 간호사들이 중요한 역할을 한다는 것이 점점 명확히 드러남에 따라 새로운 모형이 나타났다. 간호사들은 과학과 인문학을 교육받았기 때문에 의료적 문제뿐 아니라 심리사회적, 영적 문제에 대응할 수 있었다. 간호사들은 전문교육을 받았기 때문에 의료정보를 환자들에게 해석해서 전달할 수 있었다. 이들은 지역사회에서 다른 건강 보호 전문가들과 강하게 연계되어 있으므로, 간호사가 교회의 직원으로 있는 것이 합리적으로 보였다.

본당 간호사의 역할은 통상 다섯 가지로 구성된다. 건강 상담, 건강 교육, 교회나 지역사회로의 의뢰자 역할, 지원집단과 자원봉사자의 조정자, 신앙과 건강의 밀접한 관계의 해석자 등(Westberg, 1990, 45-49쪽; Djupe, 1991, 5-7쪽)이다. 본당 간호사는 수업, 주보나 소식지에 기고, 병원 가정 양로원 방문, 의료와 치료에 대한 교육 등 교회 내의 다양한 활동을 통해서, 교회와 지역사회 구성원의 건강 인식을 증진시키려 노력한다.

Judith Ryan은 다음과 같이 본당 간호를 정의한다. "본당 간호란 질병에 대한 인간의 반응에 대한 진단과 치료라는 의미보다는 건강을 얻고 유지할 수 있는 생리적 · 심리적 · 영적 · 사회문화적인 환경을 만드는 것에 초점을 두는 비외과적인 보살핌의 역할로 이해되고 있다"(Ryan, 1990, 4쪽).

본당 간호사는 다양한 창의적 방법으로 건강을 증진시키고 질병을 예방하는 데 초점을 두고 있다. 예를 들어, 최근 의회에서는 '자기결정법Self Determination Act'[195]이 제정되어, 의료기관에 들어가는 18세 이상의 성인들은 '사전의료지시서'에 대해 질문을 받게 된다. 이 법이 제정되기 전에도, 교회 프로그램을 통해 사람들이 이 법에 준

195) 1991년 발효되었으며 병원, 양로원, 호스피스, HMO 등 건강 보호기관에서 성인 환자의 입원을 받을 때 '사전의료지시서'에 관한 정보를 제공하도록 하고 있는데, 다만 개인 의사에게는 적용되지 않음.

비할 기회가 있었다. 교육 포럼이 열렸고, 소식지가 제작되었으며, 게시판이 만들어졌다. 본당 주민은 개인적으로 상담을 받았다. 교회는 신앙과 가치의 맥락에서 이 문제를 논의하는 독특한 환경을 제공했다. 개인이 이러한 서류 중 하나를 실행하도록 선택하든 하지 않든, 많은 사람들에게 관심 어린, 강압적이 아닌 분위기에서 정보가 제공되었다.

교회 신자인 평신도와 건강 전문가들로 구성된 보건위원회가 발달하면서 교회 내의 욕구를 평가하고 건강사목의 방향과 지원을 제공하는 데 적극적이다(Westberg and Mcmara, 1981, 8쪽). 대개 이러한 위원회가 먼저 조직되어 그 다음 본당 간호사 프로그램의 개발에 참여하게 된다. 본당 간호사 프로그램이 없는 교회에서는 보건위원회가 교회를 위한 건강사목을 개발하고 시행한다.

본당 간호는 본당의 직원으로 건강 전문가가 존재하다는 것 이상의 의미를 가진다. 이는 교회 생활의 모든 측면에 전인적 접근법이 포함된다는 것을 의미한다. 또한 본당 간호사는 교회의 영적 생활에도 참여한다. 이들은 전례와 장례에 출석하고 기획하고 참여하며, 치유 서비스에 참여하고, 자원봉사자들을 훈련하고 조정하는 등 다양한 방법으로 관여함을 보여 주고 있다. 본당 주민에 대한 가정방문에 본당 간호사는 영성체, 성경 묵상, 음악, 기도 등을 포함시킬 수도 있다.

Kimble은 노화 과정에 직면한 개인을 돕는 종교의 역할에 대해 논의하고 있다. "개인이 노화를 경험할 때 세 가지 중대한 도전—의미의 위기, 고통의 위기, 죽음의 위기—이 있다"(Kimble, 1990, 70쪽). 노인들은 이러한 어려운 도전에 직면할 때, 노화의 경험을 바탕으로 신앙의 역할을 이해하려 시도한다(Kimble, 본서 제9장 참조). 이러한 도전을 다룰 때, 본당 간호사는 교회 직원과 함께 교구민을 도와줄 기회를 갖는다. 예를 들면 목회자는 다음 시나리오를 공유했다. 한 가족이 그를 만날 것을 요청했다. 이들은 사랑하는 가족인 노인의 산소 호흡기를 뗄 것인지에 대해 고민하고 있었으며 도움과 지원이 필요했다. 목회자는 가족과 편한 사이였고 그들에게 도움을 주기 원했지만, 그 가족이 첨단 기술의 중환자실이라는 환경에서 직면하고 있는 다른 요소들에 대해서는 어떻게 해야 하는가? 가족은 무슨 질문을 해야 하는가? 사랑하는 가족이 회복될 희망이 있는 것인가? 목회자는 이런 상황의 의료적 측면을 다루는 것이 용이하지 않았다. 이런 불편함 때문에, 목회자는 본당 간호사에게 연락하여 이 면담에 그와 동행해 줄 것을 요청했다. 또한 본당 간호사도 가족을 잘 알고 있었으며 신뢰할 만한 관계를 유지하고 있었다. 간호사는 이 복잡한 의료 상황을 잘 해석해 주고, 가족들이 병원 측에 물어볼 질문을 구성할 수 있도록 도왔다. 목회자는 앞에서 언급한 상황에 구애됨이 없이 사목적이고 지원적인 방식으로 가족과 함께할 수 있었기 때문에 지원과 안도감을 경험하였다. 고통, 의미, 죽음의 질문은 가족의 신앙과 사랑하는 사람에 대한 배려라는 맥락 속에서 다루어졌다.

본당 간호사들은 또한 물리적인 교회 환경 그리고 그 환경이 노인에 미치는 영향을 평가하는 데에서도 중요한 역할을 담당했다. 그들은 변화의 여지가 있는 상황에서는 많은 제안을 했고, 변화를 이루어냈다. 예를 들면 어두운 계단에 전구를 달고, 작은 글씨의 성경과 찬송가를 큰 글씨의 것으로 교체하고, 계단을 경사로로 바꾸고, 예배나 다른 행사에서 보청기를 준비했다. 그들은 노인을 위해 안전 문제를 다루고 예배 환경을 개선하도록 많은 일을 했다. 또 다른 영역으로 노인의 영양 문제를 다루었다. 본당 간호사는 교회가 좋은 영양 습관을 의식하도록 하고 좀 더 영양에 좋은 간식과 식사를 제공하도록 신자들에게 영향을 미쳤다. 교회 생활의 모든 측면에서 신자들의 건강에 기여하는 것이다.

본당 간호의 개념이 전국으로 퍼지면서 다양한 모형과 접근법이 개발되었다. 어떤 간호사는 보건기관에 고용되며, 나머지는 교회에 의해 직접 고용된다. 어떤 본당 간호사는 봉급을 받는 반면, 나머지는 자원봉사자인 경우도 있다(Solari-Twadell 외, 1990, 59쪽). 본당 간호사는 도시, 교외, 시골 등에서 교회의 크기에 관계없이 그리고 다양한 교파에서 일하고 있다. 사실, 많은 교파의 지도자들은 이 개념을 진지하게 받아들이고 있으며 교회를 통한 다양한 건강사목을 장려하고 있다.

본당 간호 서비스가 극적으로 성공한 예는 의료 서비스가 충분하지 못한 서부 아이오와의 27개 군 지역에서 볼 수 있다. 이 지역에서는 30개 이상 본당 간호 서비스에서 60명 이상 간호사들이 지역교회를 통해 일정한 범위의 건강 및 전인적 서비스를 제공한다. 이 프로그램은 '켈로그재단'과 지역 노인기관 및 보건기관으로부터 3년간 후원금을 기초로 시작되었다. 이 지역 인구의 22% 이상이 60세 이상이며, 이들 중 많은 사람들이 새로운 본당 간호 서비스의 고객이 되었다. 1990년 인구 조사에서 아이오와는 노인 인구의 비율이 19% 이상으로 전국에서 제일 높게 나타난다. 노인 인구 밀도가 높은 지역에서 이러한 서비스의 가치는 뚜렷하게 나타난다(Northwest Aging Association, 1991).

'전국본당간호자원센터National Parish Nurse Resources Center'[196)]가 설립되어, 우수

---

196) 1986년 Ann Solari-Twadell 주도로 설립됨. 2002년 명칭이 'International Parish Nurse Resourses Center'로 변경되고 동 사업이 국제적으로 확산됨. 2009년 현재 23개국 참여. 웹사이트 http://www.parishnurses.org/

한 본당 간호 프로그램이 발전하는 데 중점을 두어 정보 교환, 교육, 출판, 상담 등의 기능을 전국적으로 제공한다. 자체 선정한 본당 신자, 보건 관리자 등 약 8,000명에 소식지를 연 4회 제공한다. 계열 단체로는 '건강사목협회Health Ministries Association'[197]가 있으며, 여기에서 본당 건강 프로그램을 위한 정보, 기술적 지원 및 교육 자원 등을 제공한다.

4. 교회의 건강 서비스

1986년에 '미국루터교회'의 수석주교는 '교회보건협력조합Congregational Health Partnership'의 모형을 실험하기 위하여 7개 교회를 초청하여 '루터교 생명분과위원회LAC Divisions for Life Mission in the Congregation'와 '루터교 종합보건 시스템Lutheran General Health Care System'과 연합하여 일하도록 했다. 이 조합은 세 가지 목적을 가지고 있다. 즉, (1) 교회를 건강을 위한 장소로 보는 신앙 공동체 구성원의 사고방식을 증진하고, (2) 교회 구성원들, 건강 관련 기관들, 교회와 지역사회 제도들 사이의 관계를 강화하며, (3) 협력단체의 욕구와 자원을 찾아내서 그러한 욕구에 대한 대응을 발전시키자는 것이다.

이러한 경험을 통해서 협력단체들은 교회가 건강 서비스를 제공하고, 변화된 행동의 지속에 필수적인 기본신앙체계를 수정하고 지원하는 데에 특별한 잠재력을 가지고 있다고 판단하였다. 더 나아가 협력단체들은 예배, 전례, 성사, 상징 등을 통하여 교회가 사람들이 자기 자신의 영적 자원을 이용할 수 있게 할 수 있다고 믿었다.

시범사업인 '교회건강서비스Congregational Health Service'는 1991년에 설립되었다. 여기에 포함된 서비스는 건강위험 평가, 진료 검진, 건강 상담과 그리스도교 보건교육, 본당 간호사의 의뢰 및 관리, 개인의 건강기록 그리고 건강 관련 교육 설교 예배 등이다.

교회 건강 서비스는 사람들의 신체적, 정서적, 영적 상황을 다루기 위해 교회를 통해서 제공되는 진료 서비스 및 교육 서비스가 결합된 것이다. 인간 삶에 대한 전인적 접근법이 다양한 방법과 여러 전문 분야로 이루어진 서비스 전달체계를 통하여 그 모형을 만들어 가고 있다.

---

197) 1989년 Dr. Granger Westberg 주도로 설립되었으며 신앙과 보건이 결합되도록 지역사회 지도자를 지원하고자 하는 목적을 가지고 있음. http://www.hmassoc.org/

5. 요약

교회 신자들에게 예방적인 건강 보호 서비스를 제공하는 데 교회가 어떠한 역할을 하는지를 세 가지 모형에서 제시하고 있다. 우리는 건강 보호와 관련하여 미국에서 중대한 혁명을 목격했다. 비용은 계속 오르고 있으며 아직도 수많은 사람이 보호를 받지 못하고 있다는 점이다. "미국은 다른 어느 국가보다 세 배나 많은 비용을 건강 보호에 지출하고 있으나, 여러 이유로 다른 어느 국가의 최상의 결과보다 못하다"(Shannon, 1991, 5쪽). 소비자들은 점점 더 자신들의 건강 보호에 관심을 보이고 있다. 이제는 전통적 접근법이 통하지 않음이 명백하다. 예를 들면 미국에는 보험에 가입하지 않았거나 보장이 부족한 보험에 가입된 사람들이 상당수이다. 실업률이 증가하면서, 비보험자도 증가하고 있다. 이 중 많은 수는 소수민족 시민들이다.

> 특히 저소득층 소수민족 시민들 중 많은 사람들은 종합건강 보호를 위한 정규적 자원이 부족하다. 현재, 기존 서비스의 고객들도 주로 세분화, 조정의 부족, 부적절한 의뢰 시스템 등으로 장애에 부딪히거나 막다른 지경에 직면하고 있다. 이들은 필요한 예방 서비스를 받지 못하기 때문에 높은 질병률과 사망률을 경험한다(Illinois Dept. of Public Health, 1991).

저소득층 환자 고객뿐만 아니라 다양한 만성질환에 직면한 노인들에 대한 우려도 있다. 그러나 AARP[198]의 〈건강한 사람들 2,000—건강한 노인(1990)〉 같은 몇몇 연구는 좋은 건강, 장수, 향상된 삶의 질 등은 더 건강한 생활유형과 예방적인 건강 보호에서 비롯된다는 것에 관심을 촉구하였다. 그런 혜택은 모든 범주의 노인들에게 적용되어야 한다. 게다가, 건강 증진은 성인에게 매우 중요하지만, 노인에게는 다소 다른 영향을 미친다는 것을 알아야 한다. "질병 예방이 가능하지 않을 때에도, 행동과 생활유형의 변화 그리고 조기 치료는 만성질환의 진행이나 이와 관련된 장애를 늦출 수 있다"(Hickey and Stilwell, 1991, 822쪽).

만성질환은 종종 노인의 기능적 독립성과 자율성을 감소시킨다. 이것은 교회의

---

198) AARP는 1958년 설립된 미국은퇴자협회American Association of Retired Persons의 후신으로 퇴직자 복지를 위한 비영리단체였으나, 노인을 위한 건강보험 등을 판매함. 이 때문에 비영리성에 대한 의회의 조사를 받았음. 1999년 공식적으로 AARP로 개명하고 퇴직자 여부와 상관없이 50세 이상이면 가입할 수 있도록 개방함.

생활과 활동에 참여하는 능력을 감소시켜 고립감과 고독감을 가져온다. 노인 신자들의 비율이나 그들의 종교적 관심이 높다는 것은 종교단체가 자체의 자원봉사 자원이나 재정 자원 등을 통하여 어려운 단계에 처한 노인을 지원할 수 있다는 점을 시사해준다. 많은 노인들은 자신에게 의미가 있는 방법으로 신앙생활을 하는 가운데, 신뢰와 지원의 분위기 속에서 만성질환의 영향을 극복하도록 도움을 받을 수 있다. "종교기관의 확대는 사회적 지원이나 실질적 원조를 통해 노인에게 잠재적 가치가 있는 자원이 되고 있다"(Koenig 외, 1988, 27쪽).

Peterson(1982)은 신앙 공동체의 미래 역할과 그 신자들의 건강과 관련하여 도전적인 진술을 하고 있다. "우리가 건강을 생산할 수는 없지만, 우리는 하느님이 주신바 건강해질 능력을 가지고 있다"(27쪽). 이는 바로 본당 건강 프로그램을 발달시킬 수 있는 독특하고 겸손한 틀이 된다.

오늘날 미국에는, 종교단체들이 위의 모형을 응용하여 노인의 건강 요구를 다루도록 도와줄 수 있는 좋은 기회가 존재한다. 많은 노인들은 신앙 공동체와 연계되어 있고, 신앙 공동체에서 지원과 원조를 기대하고 있다(Seeber, 제17장 참조). 가정을 제외한다면, 성직자와 신자들은 다른 사회제도보다 일상적인 기반 위에서 노인의 삶에 접촉하고 있다. 교회와 공식적인 건강 보호기관 사이의 협력을 위한 새로운 방법이 요구된다. 응급처치에서부터 예방 및 건강 증진까지 아우르는 보호의 연속성이 개발되어야 한다. 궁극적으로는 건강 보호기관과 신앙 공동체가 노인의 건강과 안녕을 다루는 새로운 협력관계로 연계되어야 할 필요가 있다.

제23장 교회 기반 주거 후원

F. Ellen Netting

노인의 주거를 이해하려면 복합적인 문제들에 대한 관심이 필요하다. 첫째, 노인은 저마다 요구가 다른 매우 다양한 인구로 구성되어 있다. 따라서 다양한 사람들 개개의 요구와 희망을 다루는 대안적 주거 유형이 있어야 한다. 둘째, 많은 노인들은 익숙한 환경에 계속 있으면서 나이 들어가기, 즉 "제자리에서 늙기age in place"를 원한다. 그러므로 주거 방안에는 노인이 제자리에서 늙을 수 있도록 수리하고, 개선하고, 도와주고, 원조하기 위한 방안이 반드시 포함되어야 한다. 셋째, 노인 인구를 위한 주거와 장기적 보호의 상호 의존성을 인식하는 것이 중요하다. 이는 우리가 서로 다른 사회적 · 심리적 · 신체적 욕구들을 수용할 수 있는 주거 환경 속에서 노인의 독특하면서도 변화하는 차원을 고려해야 한다는 것을 의미한다. 이 문제들은 개개인이 그가 처한 환경에 잘 맞는지 여부에 우선적으로 초점을 맞추고 있다.

노인의 요구를 세심하게 배려하는 주거 방안을 제공하고자 하는 단체나 조직이 직면하는 몇 가지 거시적 문제가 있다. 이러한 문제들은 주택산업에서의 규제와 표준에 맞추는 것뿐 아니라 주택을 기획하고, 자금을 조달하고, 건설하고, 개발하는 것 등의 실제적 의미와 관련된다. 종교 단체들은 노인 주거를 후원하면서 언제 어디서나 이러한 문제와 부딪혀 왔다.

이 장에서 우리는 노인에게 이용 가능한 주거 유형에 대한 개요로 시작한 후, 종교단체에 의하여 제공되는 주거의 유형에 관하여 알려진 바에 초점을 둘 것이다. 다음으로 우리는 종교적 후원의 의미를 살펴본 후, 어떻게 교회가 자신의 지역사회에서 노인 주거 문제에 접근할 수 있는지에 대한 논의로 마치고자 한다.

1. 노인을 위한 주거의 유형

90% 이상의 노인은 자신의 주택이나 아파트에서 살고 있다. 이 수치는 공동 주택에 거주하는 사람들뿐만 아니라 Sun City 같은 나이를 기준으로 분리된 은퇴 공동체에 사는 사람들을 포함한 것이다(Tilson and Fahey, 1990, xx쪽). 따라서 노인들의 절대 다수는 소위 '독립적인'생활 환경에서 살고 있다.

나머지 10%의 노인은 좀 더 보호적인 주거 환경에서 산다. 어느 시점이건 대략 5%(140만 명) 정도는 양로원 거주자이다. 약 100만 명 정도는 맞춤형 지원 서비스를 제공하는 '전문화된specialized' 주거시설에 거주한다. 여기에는 "교회 주거시설에 있는 30만 명, 주거보호시설 35~70만 명 그리고 '상시보호은퇴 공동체continuing care retirement communities, CCRC'에 거주하는 20만 명 등이 포함된다. 그리고 미상의 인원이 호텔, 하숙집, 공동거주 등 다양한 주거 환경에서 살고 있다"(Tilson and Fahey, 1990, xx-xxi쪽).

노인의 주거를 분류하고 범주를 나누는 데는 많은 방법들이 있다. 실제로 새로운 용어들이 계속 나타나고, 이 중 어떤 것은 제대로 정의되지 않은 것도 있고 어떤 것들은 같은 것을 의미하기도 한다. 주별로 서로 다른 유형의 주거를 규제하며, 주정부 규제에서의 포괄성 면에서 종종 큰 차이가 있다.

이 장에서는 노인의 주거를 크게 (1) 독립적 생활, (2) 지원을 받는 주거, (3) 양로원의 세 가지 범주로 검토할 것이다. 이는 어떤 면에서 잘못된 3분법일지도 모르지만, 독자들은 곧 각각의 범주 내에 얼마나 많은 다양한 유형들이 있는지를 보게 될 것이다. 예를 들어 '독립적 생활'에는 단독가구 주거에서부터 상시보호은퇴 공동체의 상당 부분에 이르기까지 다 포함되며, '지원을 받는 주거'에는 극빈자를 위한 하숙집이나 부유층을 위한 식사 제공 생활환경 등이 포함된다. 간단히 말하자면 주거 환경은 다양하며, 그 다양성은 노인 시장이 확대됨에 따라 더욱 다양해지고 있다.

1) 독립적 생활

독립적 생활이라는 표현은 다양한 사회의 사람들 사이의 상호 의존성을 고려한다면 다소 부적절한 용어일 수도 있다. 그러나 이 용어는 노인이 최소의 원조를 받으며 생활하는 환경을 지칭하기 위해 종종 사용되기 때문에, 여기에서는 은퇴 공동체와 함께 주택 소유를 포괄적으로 논의하는 개념으로 사용된다.

(1) 주택 소유

대부분의 노인들은 자신의 주택을 보유하고 있으며 주택융자를 모두 갚았다. 이들 중의 다수에게 주요자산은 주택을 팔 경우 남는 몫인 주택지분home equity이다. 주별로 정책을 입법화하여 주택지분전환home equity conversion[199], 주택 개보수 프로그램, 재산세 경감과 이연, 임차료 보조, 아파트 전환보호condo conversion protection[200] 등의 제도를 도입하였다(Tiven and Ryther, 1986). 이러한 다양한 조항들의 목적은 가능한 한 자신 소유의 집에 계속 거주하도록 노인을 도와주려는 것이다.

자신의 집에 계속 살고 싶은 욕구로 노인들은 재가 서비스in-home service의 제공에 점점 관심을 두게 되었다. 그 결과 가정은 사회적 서비스와 건강 보호 서비스의 제공을 위한 영역으로서 연구의 초점이 되었다(Gubrium and Sankar, 1990; Ory and Duncker, 1992). 재가 서비스에는 장관/비경구 영양 섭취, 화학요법 등 첨단의료에서부터 내구성 의료기구, 임시보호 서비스 등에 이르기까지 모든 것이 포함된다. 요컨대 가정은 노인 인구를 수용하는 중요한 장소이다.

Hughes는 가정이라는 환경에 제공되는 20개가 넘는 서비스 유형에 대해 목록을 만들면서, "이들 서비스에 자금을 지불하는 사람이 다르며, 서비스의 적격요건이 다르다는" 점에 주목했다(1992, 53쪽).

자신의 집에서 살 수 있느냐는 많은 변수에 달려 있다. 첫째 고려사항은 개인이 혼자 사는지 또는 다른 사람과 함께 사는지 그리고 가정 내에나 인근에 이용할 수 있는

---

199) 주택지분전환Home Equity Conversion Mortgage이란 일정요건을 갖춘 노인 집주인에게 지분가치의 일부를 대출로 전환하여 이의 인출을 허용하는 제도. 역모기지Reverse Mortgage 대출이라고도 함.

200) 소유자가 아파트를 매각하거나 재개발하는 소위 아파트전환condo conversion을 함부로 할 수 없도록 제한하거나, 전환하더라도 세입자의 우선매수나 계속임차를 보호하는 제도를 말함. 1970년대 아파트의 분양전환 등 소유권이전에 따라 세입자가 쫓겨나는 사태가 발생하여 이를 방지하고자 도입된 제도.

자발적 부양자가 있는지, 그 여부에 있다. 쇼핑이나 세탁과 같은 생활에서의 도구적 활동 또는 목욕이나 옷 입기 같은 개인적 활동을 도와줄 부양자가 일시적 또는 지속적으로 필요할 수도 있다. 둘째, 자신의 집에 살 수 있는지는 부양을 대신하는 데 필요한 지원을 구매할 수 있는 재정자원을 갖고 있는지, 그 여부에 있다. 셋째, 필요한 자원을 살고 있는 지역사회 내에서 구할 수 있어야만 한다. 충분한 재정자원이 있다 하더라도, 그 집까지 올 수 있는 공급자가 있어야만 한다(Tilson and Fahey, 1990).

자신의 집에 살더라도 언제부터 더 이상 '독립적 생활'로 간주되지 않을지에 대해서는 의문점이 있다. 예를 들어, 홀로된 할머니 곁에 하루 종일 부양자 역할을 하는 딸이 있다면, 이 노인은 집에서 계속 살 수 있다. 그러나 그녀가 독립적이라고 인정되는 주거형태의 환경에 거주한다 하더라도 그녀는 어떤 실제적 기준으로 보더라도 '독립적'은 아니다. 자신의 집에 살더라도 언제부터 '독립적 생활'이 아니라고 할지 또는 언제부터 '지원을 받는 주거'로 취급할지 등에 대해서는 아직 의견일치가 없는 것 같다.

자연발생적인 은퇴 공동체는 수많은 개인들이 제자리에서 나이가 들어가는 지역들이다. 그들이 공동체로 처음 왔을 때—그것이 아파트건물이었든 단독가구주택 지역이었든—더 젊고 아마도 더 건강했을 것이다. 시간이 지남에 따라, 이 공동체는 노인들이 많이 사는 장소가 된다. 이러한 곳은 종종 '기회이자 도전'으로 여겨진다(Tilson and Fahey, 1990, xxii쪽). 왜냐하면 여기서는 주민들이 도움을 요구할 때 곧바로 문제 해결을 위한 지원체계를 개발할 수 있는 곳이기 때문이다.

(2) 은퇴 공동체

수년간 은퇴 공동체를 분류하고 정의하려는 많은 시도들이 있었다. Hunt 연구팀(1984)은 은퇴 공동체가 폭넓게 정의되어야 하며, 이러한 정의에 따른 몇 가지 유형이 있다고 주장한다. 은퇴 공동체란 "대부분이 건강하고 은퇴한 상태인 사람들을 위해 계획된" 최소한의 이용 가능한 서비스 자원을 가진 '주거 단위의 집합체'라고 정의된다. 은퇴 공동체의 세 가지 구체적 기준은 '주택, 서비스, 주민'이다(4-5쪽).

이렇게 넓은 의미의 정의에 따라 5가지 유형의 은퇴 공동체가 있다. "은퇴 뉴타운, 은퇴 마을, 은퇴 구역, 은퇴 거주시설, 상시보호은퇴센터 등이다"(Hune외, 1984, 12쪽). 분류에서 고려된 속성은 공동체 인구의 크기, 주민의 건강 상태와 나이, 특히 건강 여가 영리 서비스의 수와 유형이라는 측면에서 이용 가능한 서비스의 유형 그리고 영리냐 비영리냐의 후원 형태 등이다.

은퇴 뉴타운은 민영으로 개발되고, 젊고 활동적인 은퇴자들을 끌어들인다. 뉴타운은 자기 영역 내에서 적절한 사업과 서비스를 하려는 은퇴자를 위해 설계된 공동체라는 점에서 자족적인 공동체이다. 은퇴 마을은 뉴타운의 작은 형태로, 사람 수가 적고 가용 영리시설과 건강시설이 적다. 은퇴 구역은 자체 구역 내에는 사업 활동이나 서비스가 없는 거주지이다. 이곳은 모든 연령이 살 수 있지만 은퇴자들을 끌어들이는 경향이 있다. 은퇴 거주시설은 개인 및 단체를 위한 여러 활동을 제공하지만 사람을 타운이나 마을로 끌어당기는 옥외 활동에는 비중이 작다.

상시보호은퇴공동체CCRC에서는 독립적 생활 단위, 피지원적 생활 단위, 요양보호nursing care 등으로 이루어진 아주 다양한 주거 유형을 제공한다(Hunt 외, 1984).

2) 지원 받는 주거

독립적 주거인지 지원을 받는 주거인지의 개념 사이에는 경계가 모호하다. 노인들은 저마다 개성을 지니고 각 개인의 욕구와 자원이 다양하기 때문에, 독립에 대한 정의는 각 사람마다 다를 것이다. 자기 소유의 집에 살지만 하루 종일 요양보호를 받는 사람을 '독립적'으로 간주할 수 있는가? 명백히 아니지만, 이 사람은 '독립적' 주거에서 거주하고 있다. 이것이 장기요양보호의 맥락에서 주거를 보는 것이 중요한 이유이다. 개인이 제자리에서 나이가 들고 변화가 필요할 때는, 그는 제한이 최소화되는 주거환경으로 유지하려고 시도할 수 있다.

(1) 집단주택congregate housing[201)]

집단주택의 개념은 최소한 2,000년 전까지 거슬러 올라가지만(Nachison, 1985, 34쪽), 미국 최초의 노인 전용 공공주택단지는 텍사스 San Antonio의 'Victoria Plaza'이며 1960년에 문을 열었다. 저소득 노인들이 수년 동안 공공주택에 거주하였지만, 젊은 가족들을 위해 설계된 건물들이 고령화되는 노인의 욕구를 수용할 수 없다는 것을 관리자들은 알게 되었다. Victoria Plaza는 미국에서 저소득의 고령화 인구를 수용하기 위해 설계된 공공주택단지의 제1세대였다(Thompson, 1985).

1970년대 미국 주택건설부HUD는 독립적인 집단주택에 보조금을 지급하여 동 세대수가 증가하였다. 1980년대에는 HUD 제202조 프로그램[202)]이 대폭 축소됨에 따

201) 집단주택이란 각 개인이나 세대가 침대, 화장실 등 기본생활공간은 독립적으로 가지나, 식당이나 휴게실 등 다른 시설은 공유하는 주택을 말함.

202) CFR(Code of Federal Regulations) Title 24, Part 891 중 Subpart B—Section 202 Supportive

라, 저렴한 주택 마련의 기회는 수요를 따라가지 못했다.

Streib(1990)는 집단주택을 한마디로 요약 정의할 수는 없다고 강조하면서, 일반적으로는 "모든 주거 단위가 욕실과 부엌이나 간이부엌을 가지고 있고, 관리자가 거주자에게 하루 1회 이상 정규식사를 제공하는 식당, 선택적 서비스로 가사도움, 교통, 24시간 감시 서비스 등과 같은 지원 서비스를 제공해 주는 다세대용 아파트 빌딩"이라고 정의하였다(75쪽).

민간 은퇴 공동체는 연방정부 주택정책 이전부터 설립되었다. 물론 그 수는 정부보조금이 가능해진 이후에 좀 더 빠르게 증가했다(Streib, 1990). 수년 전에 "두 가지 유형의 은퇴 주택, 즉 캘리포니아 Leisure World,[203] 애리조나 Sun City[204] 같은 연령분리형 공동체에 세워지는 '단독주택'이나 '정원이 딸린 아파트'에 대한 개념이 나타났다"(Tilson and Fahey, 1990, xxii쪽). 이 주택들은 독립적이고 유복한 노인들을 끌어들이기 위해 설계되었다. 지원 서비스와 여가선용의 기회는 이 공동체들의 추가적인 매력이었다. 정원 아파트 유형이 좀 더 현대적인 집단주택이 되었는데, 이 안에서 노인은 상대적으로 독립적일 수 있지만 필요한 것이 있다면 몇몇 서비스가 제공된다.

집단주택에 대한 연구를 살펴보면, 사회경제적인 지위가 노인의 주거를 이해하는데 매우 중요하다는 것을 알 수 있다. Streib(1990)는 집단주택에 대한 요구가 제각기 다른 세 부류로 노인을 파악했다. 첫째, 부유층은 민영 개발자에 의해 제공받는다. 둘째, 빈곤층은 정부 보조를 받는 주택에 거주한다. 셋째, 중간소득계층은 민영 노인주택을 구매할 능력은 없지만 공공 노인주택에는 자격요건이 되지 않는다. 이러한 사람들은 전형적으로 자신의 집을 소유하고 있고, 점점 노쇠해지더라도 가능한 오랫동안 그곳에서 머무르려 한다.

(2) 보호주거assisted living

'보호주거'는 1990년대에는 주택사업의 유행어가 되었다. 종종, 보호주거는 독립된 주거나 요양보호로는 정의되지 않으며, 혼자 스스로 사는 것과 하루 종일 보호가 필요한 것의 중간에 있는 모호한 영역이다. Regnier(1991)는 보호주거는 개인이 나이

Housing for the Elderly 참조. http://www.hud.gov/offices/hsg/mfh/progdesc/ eld202.cfm

203) 캘리포니아 Seal Beach, Orange County에서 1962년 완공되어 입주하였으며, 미국에서 최초로 기획된 은퇴자 공동체로서 현재 약 9,000명이 거주하며 면적은 약 2.5평방킬로미터.

204) 1960년대 Del Webb이 건설하였으며, 애리조나 Maricopa County에 위치함. 면적은 37.8평방킬로미터로 약 27,000개의 주거 단위가 있으며 38,000명 거주. 남부 Sun Belt 지역에 같은 이름으로 몇 개 더 건설되었음.

가 들어가며 필요로 하는 특정 서비스를 제공하려는 목적으로 특별히 건립되었다는 점에서 다른 것과 구별된다고 주장한다. 이러한 유형의 거주를 묘사하기 위해 사용된 이름들이 많다. "거주보호시설, 개인보호주택, 식사 제공 주거, 은퇴 가정, 성인 가정, 식사와 보호의 가정, 가정보호시설, 요양소, 공동체 주민 등"(ALFAA[205], 1991) 또한 보호쉼터, 성인집단생활시설, 서비스 강화 주거, 기숙주택 등이 포함된다(Hendrickson, 1988).

미국에 보호주거시설은 대략 30,000∼40,000개로 추산된다(ALFAA, 1991). 더 이상 자신의 집에 머무를 수 없는 사람들을 위해서 독립적 거주와 요양원 사이의 중간 형태를 제공하기 때문에, 이러한 거주 유형이 증가할 것으로 생각된다. 보호주거는 최소한의 몇몇 서비스가 필요한 사람들을 위해 설계되었기 때문에, 통상 거주자는 75세 이상, 홀로 사는 여성이다(ALFAA, 1991).

(3) 식사와 보호 제공 시설Board and Care Homes

"식사와 보호를 제공하는 주거는 친척이 아닌 사람들에 의해 음식, 쉼터, 어느 정도의 보호적 감독이나 비의료적인 개인보호를 제공한다"(Newcomer and Stone, 1985, 38쪽). '식사와 보호를 제공하는 시설'은 미국에서 수년간 노인과 장애인을 위한 주거를 제공해 왔다. 너무 많은 변형들이 있기 때문에, '전형적인' 형태를 묘사하기는 어렵다. 종종 주거보호시설residential care facilities, RCFs이라 불리는데 여러 주에 걸쳐, 35∼70만 명 정도의 허약한 노인들을 수용하고 있다(Tilson and Fahey, 1990, xxiii쪽).

3) 양로원nursing homes

1935년 사회보장법의 제정 이전에는 가난한 노인들은 거의 선택권이 없었다. 만약 이들이 갈 곳이 없고 장기간의 보호가 필요하다면, 이들은 주로 구빈원이나 구호소에 머물렀을 것이다. 사회보장법의 제정에도 불구하고 건강 보호의 비용을 감당할 재원은 여전히 부족했다. 건강보험도 없는 민간 요양소라는 '영세사업'이 발달했다. 이 시설은 종종 고용되지 않은 시간제 간호사들에 의해 운영되었으며, 현대 양로원의 전신이었다(Oktay and Palley, 1988).

---

205) 보호주거시설연합회 ALFAA(Assisted Living Facilities Association of America).

양로원은 종종 건강 보호기관으로 간주되고, 주거시설로만은 간주되지 않는다. 그러나 수개월 또는 몇 년 동안 양로원에 거주하는 전체 노인의 5%에게는 양로원은 '주택'이자 '건강 보호자'이다. 양로원은 어떤 사람들에게 '집'이라고 부를 마지막 장소일 것이다. 따라서 양로원이 건강 보호를 제공하는 것과 마찬가지로 주거도 제공한다는 것으로 인식하는 것이 중요하다.

2. 종교단체와 노인 주거

노인 수용시설과 가난한 불치병 환자를 위한 병원은 1800년대에 미국에 나타났다. 그때는 본당에서 모든 신자를 도울 수는 없었던 시기였다. 이들 자선단체들은 가정에서 제공될 것을 보충하기 위해 설립되었다. 이 시기에 구빈원과 같이 공공 자금을 받는 기관들도 나타났다. 이들 조직체들은 오늘날의 노인 주거의 전신이 되었다(Winklevoss and Powell, 1984).

노인을 수용하는 것은 종교단체들의 오랜 관심사였다. 1929년 '노동통계국'이 노인을 위한 수용시설을 조사했을 때, 80%가 종교 또는 민간 조직에 의해 운영되었다. 운영주인 교단에는 은퇴한 성직자를 위한 연금재원이 얼마 안 되거나 아예 없었으며, 이러한 수용시설은 달리 갈 곳이 없었던 노인 종교지도자, 선교사, 미망인 등을 위한 쉼터 역할을 하였다. 1930년대 사회보장에 대한 공공의 논의가 계속되면서, 종교단체는 오늘날의 상시보호은퇴공동체(CCRC)로 발달하는 주거방식을 개발하였다. 1930년대 중반 이전에 거주자와 상시보호계약을 체결한 초창기 주거시설의 대부분은 감리교, 장로교, 그리스도의교회 그리고 민간 재단 등에서 후원하였다(Winklevoss and Powell, 1984, 7-8쪽).

'전국교회위원회The National Council of Churches, NCC'[206]는 1955년에 개신교가 후원하는 건강과 복지 조직체를 조사했다. 조사대상 2,783개 조직 중에서, 494개(18%)는 노인시설이었다. 이들은 개신교 수용시설을 구성하는 것과 같은 특징적인 전형이 없다는 것을 발견했으며, 그 유형은 놀라울 정도로 다양했다(Cayton and Nishi, 1955).

그 결과, 미국의 노인을 위한 주거에 민간과 공공의 전통이 생겨났다. 독자가 이러한 전통이 상호 배타적이라고 믿지 않도록 하기 위해서 말하지만, 정부의 자금으

---

206) 교파연합단체들이 통합되면서 1950년 결성되었으며, 36개 그리스도교 교파의 약 10만 개 교회(신도 약 4천 5백만 명)가 가입한 세계교회주의 운동의 연합체. http://www.ncccusa.org/

로 보조받은 주거는 민간 비영리 공급자들에 의해 시작되고, 발달되고, 관리되었다. 이들의 다수는 종교단체였다. 요약하자면, 민간과 공공의 전통은 상호작용을 한 것이다. 실제로 정부가 노인주택을 어떻게 육성했는지는 1959년의 '국가주택법National Housing Act' 제231조 프로그램의 예를 보면 입증된다. 연방주택융자보험federal mortgage insurance은 노인을 위한 임대주택의 신축 및 개축을 지원하였다. 1960년대 초기 수많은 비영리의 상시보호은퇴공동체가 연방정부의 제231조 자금에 의해 건설되었다(Winklevoss and Powell, 1984, 10쪽).

마찬가지로 제202조 주택개발도 교회집단, 공제조합 또는 다른 비영리단체에 의해 이루어졌다. 노인과 장애인을 위한 제202조 주택개발에 대한 전국적인 조사에 따르면 종교단체가 전체의 59%를 후원했음을 보여 준다(Special Committee on Aging United States Senate, 1984).

정치와 종교 분리 때문에, 미국 정부는 종교적 기부와 자선 활동에 대한 자료를 수집하지 않는다. 따라서 얼마나 많은 교회의 자금이 노인주택 개발사업에 기부되었는가를 판정할 자료는 없다. 비록 몇몇 교파들은 자선적인 기부에 대한 다양한 자료를 수집하지만, 모든 종교단체를 아우르는 체계적인 자료수집 과정은 없다(Hodgkinson 외, 1988).

1) 교회와 노인 주거

(1) 전국 조사

1988년 '독립부문Independent Sector[207)]'이라는 단체에서 모든 종교단체의 집회 활동과 재정에 대한 최초의 전국조사를 실시하였다. 가톨릭, 개신교, 유대교, 모르몬교, 이슬람, 불교 등이 참여하는 자문그룹이 1986년 구성되었다. 전국의 여러 지역을 대표하는 4,205개 집회 표본이 선택되었고 세부적인 설문조사가 실시되었다(Hodgkinson 외, 1988, 2-3쪽).

'독립부문'에서는 종교집회religious congregation를 "예배를 위하여, 친교를 위하여 그리고 신자들과 또 신자들이 속한 더 큰 지역사회를 대상으로 하는 서비스를 위하여, 함께 모인 사람들의 공동체"라고 정의했다(Hodgkinson 외, 1988, 1쪽). 1986년에는

207) 독립부문Independent Sector은 1980년 설립되어 자선사업, 재단, 기업 기부 프로그램을 위한 지도층 포럼이며 약 600여 개 조직의 연합체임. http://www.independentsector.org/

여러 종교단체들에 연계된 300,000개 이상의 종교집회가 있었으며, 성인 65%는 교회 또는 유대교회당의 신자였다(Hodgkinson 외, 1988, 1쪽). 종교집회의 크기, 구성, 지출, 프로그램, 자원봉사 시간, 기타 활동 등에 대한 여러 가지를 질문하였다. 활동 항목으로서 종교집회가 노인 거주를 제공하는지에 대해 질문했다. 총 54,755개(18.6%)의 종교집회가 긍정적으로 답했다. 대형(23.4%) 종교집회가 소형(12.9%) 또는 중형(17.2%) 종교집회보다 비율이 높았다(Hodgkinson 외, 1988, 18쪽). 종교집회 지원 노인 주거는 도시와 시골에 걸쳐 비교적 고르게 퍼져 있었다. 진보적(27%) 종교집회가 중도적(20%), 보수적(17%), 아주 보수적(13%) 종교집회들보다는 노인 주거에 더 참여하는 것으로 보인다(Hodgkinson 외, 1988, 19쪽).

'독립부문'의 연구는 종교집회에 대한 자료수집의 중요한 시작을 기록하였다. 이 결과에서는 종교집회가 대인 봉사 활동에 적극 참여한다는 사실이 강조되었다. 비록 18.6%만이 노인주택에 참여했다고 보고했지만, 전체의 86.9%는 대인 봉사—취학 전 아동 주간보호, 가족상담, 노숙자 쉼터, 식사 제공, 여가 활동 등—에 참여하였다(Hodgkinson 외, 1988, 18쪽).

(2) 교회와 적정가격 주택affordable housing[208)]

'보금자리교회협의회'라는 Washington, D.C.에 기반을 둔 조직의 활동 때문에, 우리는 교회가 저소득 가족과 노인을 위해 적정가격 주택을 후원하고 있다는 것을 알게 된다. 이 조직은 "가난한 이들은 안전한 적정가격의 주택이 부족해서 너무 오랫동안 부당하게 고통받아왔다고 믿는 교회, 비영리단체, 개인들의 교파초월적인 네트워크"라고 자신을 소개한다(Churches' Conference On Shelter and Housing, 1991, 2쪽).

교회후원 주거사목에서는 6개 모형이 개발되었다. 이는 모험적 시도에 참여한 종교단체의 성공 사례에 근거를 두었으며, 노숙자 또는 노숙자나 다름없는 사람들을 위해 무엇인가 교회 단독으로 하기를 원할 때의 모형이다. (1) 퇴거 방지, (2) 가족 재정착, (3) 임시 교회주거, (4) 보조금지원 재임대사업, (5) 임대주택 개발, (6) 판매주택 개발. 이 모형은 노숙자, 빈곤자, 퇴거자 등을 위한 것이기 때문에, 모든 연령층이 대상 집단에 포함된다(Churches' Conference on Shelter and Housing, 1990).

---

208) 적정가격 주택affordable housing이란 총 주택비용이 중간소득을 가진 사람이 감당할 수 있을 때 적정하다고 간주됨. 미국에서 주택을 소유할 경우에는 상환금, 세금, 보험, 관리비 등 총비용이 개인 총소득의 30% 이내일 때 적정하다고 간주됨. 임차주택의 경우 그 지역의 저소득층이 임차할 수 있을 때 적정하다고 간주됨.

동 협의회의 문헌에는 지역 교회가 후원하여 성공한 주택계획의 사례가 나타난다. 노인을 위한 교파 차원의 영구적 주거대안의 사례로서 '승리의 집Victory Housing, Inc.'[209]을 제시한다. 이는 워싱턴 대교구 Bethesda 본당에서 노인을 위한 시설을 지으면서 1979년 시작되었다. "가장 중요한 점은 독창적인 독립체가 두 개의 자급적 시설에서 20명 이상의 허약한 노인에게 양질의 거주보호를 제공했다는 점이며, 이로써 전국적 호감을 이끌어 낸 민관합작public-private partnership의 모형을 만들었다"(Coates, 1989, 47쪽).

동 협의회가 실시한 적정가격 주택의 공급을 위한 운동은 '한 교회, 한 시설'이라고 부른다. 협의회는 3개의 교파가 이 운동을 지원하기 위한 문서와 결의안을 발행했다고 보고한다. 1991년 3월 118개 교회의 '수도권장로교노회National Capital Presbytery'[210]는 모든 장로교회가 자신의 공동체에서 적정가격 주택의 개발을 위해 노력할 것을 촉구하는 종합주거강령을 채택했다. 성공회 워싱턴 교구는 1989년 집회에서 성공회 교회가 주거사목에 참여하도록 하는 실무방안을 작성하기 위한 특별조직을 만들었다. 교파차원에서 연합감리교의 성직자총위원회는 1992년 총회에서 결의안을 제안하였다(Kinkannon, 1991, 1쪽). 요약하자면, 지역적 혹은 전국적 차원에서 적정가격 주택의 공급 촉구를 지원하기 위한 종교 공동체의 운동이 있다는 것이다.

2) 상시보호은퇴공동체CCRC에 대한 종교적 후원

'미국노인주거시설협회American Association of Homes for the Aged, AAHA'는 비영리 노인 주거시설을 위한 전국 조직으로 "3,400개 이상의 양로원, 기숙은퇴단지, 상시보호은퇴공동체(CCRC), 영세민임대주택, 지역사회 서비스 조직 등"이 회원이다. "회원시설의 75%가 종교단체에 의해 지원된다"(AAHA and Ernst and Young, 1989, 1쪽).

1985년 이후 AAHA는 Ernst and Young 회계법인과 공동작업으로 CCRC의 데이터베이스를 개발했는데, CCRC는 전통적으로 종교단체와 공제조직에 의해 오랜 세월에 걸쳐 확립되었다는 것을 보여 준다. 제2차 세계대전 이전 이미 이들 시설에서는

---

209) 비영리 면세사업자로서 워싱턴지역의 중하위 소득 노약자를 위한 고품질의 적정가격 주거를 제공하는 것을 목적으로 부동산의 개발, 소유, 관리 역할을 담당. 적정가격으로 공급하기 위해서 정부기관이나 자선기관 등과의 협력관계를 구축함.
http://www.victoryhousing.org/aboutvhi.html

210) 메릴랜드, 버지니아, 워싱턴DC 소속 교회를 관할하는 장로교 노회.
http://www.nationalcapitalpresbytery.org/

노인들에게 좀 더 조직적인 환경에서 서비스를 제공했으며 "시설의 거주자, 즉 '손님'을 종교적 후원자의 부양가족으로" 보았다(7쪽).

1970년대 말~80년대 초에는 CCRC산업의 내부 문제로 종교적 제휴가 심각하게 주목을 받았다. 1978년 연합감리교 제휴의 CCRC가 파산을 신청한 것이다. 이 회사에 대한 집단소송이 제기되어, 2,000만 달러에 이르는 당사자 간 합의에 이르게 되었다(Gaffney and Sorensen, 1984). 이 상황을 계기로 모회사격인 종교단체들은 종교적 후원이나 제휴관계의 본질에 대하여 의문을 품게 되었다. 다른 교파들도 이러한 유형의 노인 주거를 후원하는 의미를 연구하기 시작했다. 1984년 10월 미국 침례교 '요양원 병원연합회'와 '전국성직자위원회'는 "교회와 그의 제휴기관: 후원자의 책임 문제The Church and Its Affiliate Agencies: Sponsorship Liability"를 주제로 회의를 개최했다(Rasmussen, 1984).

후원자의 책임 문제가 제기된 이후 큰 동요가 발생하였기 때문에, 노인 주거의 제공자에 대한 종교적 제휴의 의미를 조사하기 위하여, Netting(1987)은 9개 CCRC에 대하여 연구하였다. 후원 모형이 놀랄 만큼 다양하여, 단지 9개의 조직을 조사했는데, 종교적 제휴 모형은 7개나 되었다. (1) 종교교단과의 제휴, (2) 단일 교회와의 제휴, (3) 동일교파의 다수 교회와의 제휴, (4) 복수 교파 소속 복수 교회와의 제휴, (5) 종교지도자들에 의해 시작되었으나 공식적 제휴는 없는 경우, (6) 교파의 후원, (7) 법인 중개회사와의 제휴 등으로 나타났다. 명백히, 제휴를 둘러싼 구조 관계는 다양했다.

후속연구로 Netting(1991)은 42개 주에서 종교적으로 제휴한 284개의 CCRC를 조사했다. 그녀는 공동체와 종교적 후원자 사이의 구조적 관계가 분류하기 어렵고, 뚜렷한 유형들이 나타나지 않는다는 것을 발견했다. 169개(60%) 응답자는 종교단체와의 제휴가 결코 그 집단의 재정적 책임을 뜻하는 것은 아니라고 했다. 다른 38개는(34%) 교단이 과거에는 그랬지만 이제는 더 이상 부채에 책임이 없다고 답했다. 49개는(17%) 자기 교파는 더 많은 은퇴 공동체를 짓고 있다고 보고했고, 182개(64%)는 자기 교파가 노인을 매우 우선시한다고 보았다. 종교적 제휴의 이점들은 지역사회에서의 소비자 신뢰로 인식되며, 또한 교회의 사명을 수행하거나 거주자들과의 접근 및 노인 시장 확보 등의 기회를 갖게 된다는 점이다.

3. 노인 주거를 후원하는 교회에 대한 의미

노인 주거와 종교적 후원에 대해 배워야 할 교훈이 있다면, 그것은 변형과 다양성이 예상되고 복잡성이 지배한다는 것이다. 이는 노인 주거를 교회가 후원하는 것은 창의적 사고의 기회뿐 아니라 도전을 감행하게 하는 것이다.

변형과 다양성은 노인 주거를 기획하고 설계함에 있어 '유일한 정도'는 없다는 것을 의미한다. 지역교회의 열망과 지역사회의 욕구가 있는 한, 다양한 모형들이 모두 효과가 있을 것이다. 우리는 노인 주거에 관해 종교집회가 무엇을 하고 있는지 볼 수 있는 전체 그림을 가지고 있지 않다. 우리는 '독립부문'의 연구로부터 미국의 19%에 달하는 종교집회들이 노인 주거에 대해 무엇인가 하고 있다는 것은 알고 있으나, 정확히 이들이 무엇을 하는지는 알 수 없다. '보금자리교회협의회'의 노력을 통해, 우리는 점점 더 많은 교회가 빈곤자과 노숙자—이 중 일부는 노인—를 위한 적정가격의 대안적 주거를 만들고자 한다는 것을 알고 있다. 동 협의회는 다양한 모형에 따라 어떻게 진행되어야 하는지에 대해 교회들에게 지침을 제공하고 있다. 우리는 몇 개의 교회가 실제로 적정가격의 노인 주거를 제공하고 있는지 모른다.

종교집회가 쉼터에 대해 처음에는 간단한 문제로 보이던 것을 둘러싸고 수많은 문제점이 있다는 것을 알게 되었을 때, 그 상황의 복잡성이 강조되었다. 여기에는 다음과 같은 것이 포함된다. (1) 대상 집단의 선택, (2) 제자리에서 늙기aging in place, (3) 적응과 재배치, (4) 규정과 표준. 이하에서 각 영역을 간단히 설명하고자 한다.

첫째, 교회는 누구를 대상으로 봉사를 제공하고자 하는지 결정해야 할 것이다. 전통적으로 종교적 지원을 받았던 상시보호은퇴공동체CCRC는 오늘날 종종 중간소득층 은퇴자를 대상으로 한다. 영리산업에서 CCRC 개념을 수용하고 점점 더 '노인 시장'에 참여하면서, 이러한 공동체들은 종종 부유한 노인을 끌어들이기 위해 설계된다. 역설적이지만, CCRC가 종종 부유층만을 위한 것으로 비칠 때가 있는데, 자기 집을 팔아서 공동체 주거시설을 사는 중간소득층 노인에게 봉사하는 교회 관련 주거시설들이 실제로 많기 때문이다.

만일 교회가 저소득층 노인에 봉사하는 것이 최우선 순위라고 결정하였다면, '보금자리교회협의회'는 중요한 기술적 지원을 제공하는 자원이 될 것이다. 그러나 오늘날의 저소득층 가정은 내일의 저소득층 노인이 될 수 있다는 것을 기억하는 것이 중요하다. 나이가 드는 것은 일생의 과정이기 때문에, 가족을 위해 주거시설을 후원하는 교회는, 바로 그 가족이 나이가 들어가면서 더 건강하고 더 성공할 수 있도록 교회가 기회를 제공했다는 것을 알게 될 것이다. 오늘날 미국에는 적절한 쉼터가 없는 다양한 인구가 있다. "저소득층 주거시설의 부족이 확대되면서 크게 영향을 받아"이들 중 노인의 수가 증가하고 있다(Keigher and Pratt, 1991, 2쪽). 따라서 각 교회는 저마다 제공하려는 것이 노인주택인지, 가족주택인지, 또는 그 둘 다인지 고려해야만 할 것이다. 그리고 대상을 정한다는 것은 사회경제적 지위, 허약한 정도, 기능적 능력, 사회적 지원(독거노인), 영적 욕구, 건강 상태 등과 같은 요소들을 고려하는 것을 의미한다.

둘째, '제자리에서 늙기'는 노년학 문헌의 도처에서 나타나는 문구가 되었다. 이 의미는 사람들이 늙어감에 따라 종종 익숙한 환경인 즉, '집home'이라 부르는 장소에 남기를 원한다는 것이다. 이것은 교회 신자들이 노인의 자율성과, 노인들에게 도움을 주고, 좀 더 안정적인 주거환경을 제공하려는 자신들의 욕구 사이에 균형을 잡을 필요가 있다는 것을 의미한다. 그러므로 교회는 집안일 및 시설관리의 서비스를 개발하여 현재의 주거지에 노인들이 있도록 지원하는 방법을 선호할 수 있다. 이러한 재가 서비스는 노인이 자신의 현재의 집에서 좀 더 오랫동안 머무를 수 있게 하기 때문에, 대체 주거시설을 개발하는 것과 마찬가지로 중요할 수 있다. 아마 교회는 집에 있는 노인의 영적 욕구를 다루고자 할 것이며, 여기에는 특수사목의 봉사 프로그램이 적절할 것이다.

셋째, 교회가 노인 주거의 제공을 고려할 때에는 적응과 재배치 문제가 나타난다. 사람은 나이가 들면서 발생하는 변화에 적응한다. 그러나 노인 주거의 목표는 노인의 욕구에 적응하는 유연한 환경을 제공하는 데 있다. 만일 적응이 불가능할 때는 재배치를 고려해야 한다. 재배치의 결정에는 현실적 관심사뿐만 아니라 정서적 문제가 연결되어 있다.

Hofland(1990)는 노인의 생활환경과 관련된 네 가지 모형을 제안한다. 그는 제1모형을 '거부 모형'이라 했다. 이는 독립적 주거환경이 노화에 따른 요구에 적응하지 못할 경우 이용된다. 각 개인이 독립적인 한 남아 있을 수 있다. 그러나 독립적일 수 없게 되면, 재배치될 수밖에 없다. 제2모형은 '사회 서비스 모형'이다. 필요가 있건 없건 관계없이 모든 사람에게 서비스를 제공하기 때문에, 이 방법은 의존성을 늘리게 된다. 따라서 제2모형은 노인의 개별적 욕구는 배려하지 않는다. 제3모형은 '참여 모형'이다. 노인은 다르다는 것을 인식하고, 어떤 지원적 서비스가 필요한지를 결정하는 데 노인을 끌어들이려 시도한다. 제4모형은 '자아실현을 위한 이상형'이다. 노인이 거주하는 지역사회의 완전한 잠재력을 이해하도록 노인에 대한 우리의 관점이 변화되어야 한다는 점에서, 이 모형에서는 사회적 개혁이 필요하다.

Hofland는 노인 주거가 의미하는 바에 대한 사고에서 의식의 정도를 높였다. 노인 주거란 허약해지면 재배치될 두려움을 가지고 사는 장소인가? 아니면 허약해지면 개개인의 욕구에 응답해 주는 보살핌을 받는 환경에서 사는 기회인가? 교회가 노인 거주자의 자아실현에 기여하려고 주거를 후원할 필요는 없다. 지역교회는 자기 지역사회에 이미 있는 공공 및 민간 주택단지의 거주자를 지원하는 서비스를 개발할 수 있다. 지역교회는 또한 적정가격의 거주지 개발을 옹호할 수 있다.

넷째, 규정과 표준은 노인 주거 산업의 일부이다. 각 지역사회에는 고유의 건축규정과 도시구역zoning 요건이 있을 것이다. 각 주에는 고유의 법과 규정이 있다. 몇몇 주들은 CCRC를 제한하는 반면, 다른 주들은 그렇지 않다. 몇몇 주들은 '보호주거' 또는 '식사와 보호의 가정'을 규제하는 반면, 다른 주들은 규정을 검토하고 있다(Netting, Wilson, and Coleman, 1991). 만일 종교단체가 노인 주거를 후원하기로 결정한다면, 노인 주거가 민관합작사업이라는 인식을 가질 필요가 있다. 연방 및 주의 자금이 시설건설에 사용되지 않는 경우라 해도 주거시설의 개발은 지역, 주, 연방 정부의 잠재적 감독에 따라야만 할 것이다.

다양한 유형의 주거와 장기보호시설에 대한 공공의 감독뿐만 아니라, 자체 감독을 위한 표준이 개발되고 있다. 예를 들면 "1985년 '미국노인주택협회AAHA'는 전국적인 인가 프로그램을 제정하고 관리할 '상시보호인가위원회Continuing Care Accreditation Commission'의 설립을 지원했다. 강제규정과는 달리, 이 과정은 품질보증을 위한 자원봉사의 자율규제 시스템이며, 위원회에서 임명한 자체 검토peer-review팀에서 종합적인 자체 조사 및 현장방문을 하게 된다"(Somers and Spears, 1992, 26쪽). 다양한 유형의 주거에 대한 표준의 개발은 제공되는 보호의 질을 개선하려는 것이며, 다양한 주거 모형들을 포괄하려는 교회들이 이해해야만 한다.

4. 요약

교회 후원 노인 주거는 다양한 선택을 제공하는 다면적인 도전이다. 제공되는 거주의 유형이 다양할 뿐 아니라, 노인 인구 안에 여러 하위집단들이 있다. 어떤 대상집단을 선택할 것인지 그리고 그 집단의 어떤 거주 욕구를 충족시킬 것인지를 결정하는 데에는 세심한 기획이 필요하다.

미국 전역에서 교회는 노인 주거 계획에 참여하고 있다. 이 계획은 노인 소유 주택에 대한 개량 프로그램부터 범교파적인 후원을 받는 CCRC까지 다양하다. 주거 환경에는 독립적 생활시설, 지원을 받는 주거, 양로원 등이 포함된다.

적정가격의 주택이 중요한 전국적 과제인 지금, 종교단체가 주거 문제에 대한 인식을 높이고, 다양한 노인 인구의 욕구에 응답할 현실적 기회들이 있다.

제24장 영적 보호 공동체로서의 교회

Jane M. Thibault

철저하게 준비하지 못한 채, 우리는 인생의 후반부로 가게 된다. … 우리의 진실과 이상이 지금까지와 마찬가지로 우리를 도와줄 것이라는 잘못된 전제를 가진 채. 그러나 우리는 인생의 아침 계획에 따라 인생의 오후를 살 수는 없다. 왜냐하면 아침에 진실이었던 것이 … 저녁에는 거짓이 될 것이기 때문이다(Jung, 1933, 124-25쪽).

1. 연구의 목적

우리 인생의 후반부와 말년을 판단하는 데 필요한 '다른 것'이 무엇인가? 그것은 활동의 변화를 요구하는가? 아니면 전체 가치 체계의 변화를 요구하는가? 최근 수년 동안 이러한 질문에 답하기 위한 여러 시도가 있었고, 해답은 다양한 곳에서 나왔다. 건강 보호 공급자에서부터 부동산 개발업자에 걸친 광범위한 이해관계 집단들은 신체 건강 단련에 집중하는 것부터 휴양지와 유사한 더욱 정교한 은퇴 공동체의 개발까지 다양한 해결책을 발전시켜 왔다. 이런 해결책들은 대부분 활동의 변화만을 필요로 한다. 여기에 제시하는 것은 또 다른 특수한 이해관계 집단인 제도적 종교에 대한 가치 체계를 변화시키기 위한 도전이다.

이 장에서는 인생의 후반부를 연구하고 측정할 다른 모형을 제시한다. 이 장은 노인들이 영적 영역에서 서로를 지원하고, 보살피고, 격려하고, 도전할 수 있는 교회에 기반을 둔, 일련의 소규모 영적 보호 공동체들의 개발을 제안한다. 이러한 공동체들은 참된 공동체 안에서 서로에게 긴밀한 영적 동반자가 될 것이다. 활동적 가치보다 묵상적 가치에 기초하여, 이러한 공동체들은 '행함doing'보다는 '존재being' 속에서의 성장을 통하여 인생 후반부의 의미를 발전시키는 데 기여할 것이다(Maslow, 1954, 291-99쪽).

2. 용어의 정의

이러한 공동체의 필요성과 제안된 모형에 대한 기술을 논의하기에 앞서 우선 용어—'공동체community', '영적spiritual', '묵상적contemplative' 그리고 '존재being' 등—를 정의하는 일이 필요하다. 첫째, 무엇이 참된 공동체인가? 우리는 무언가 공통점을 지니고 막연하게 연결된 사람들이 모인 것을 설명하기 위해 공동체라는 용어를 사용한다. Scott Peck(1987)은 다음과 같이 말한다.

> 우리의 까칠한 개인주의 문화에서—보통 우리 자신이 교회 옆자리에 앉은 사람에게조차 정직하지 못하다고 느끼는—우리는 '공동체'라는 단어를 주고받는다. 우리는 거의 모든 사람의 집합 도시, 교회, 유대교회당, 공제조직, 아파트 단지, 전문가협회 등에 대해 그 구성원들이 얼마나 형편없이 의사소통을 하고 있는지에 상관없이 공동체'라는 용어를 사용한다. 이것은 이 단어를 제대로 인식하지 못한 것이다. … 만일 우리가 이 용어를 의미 있게 사용하고자 한다면, 그 소속된 사람들이 서로 정직하게 의사소통하는 것을 배우고, 서로의 관계가 체면보다 더 깊고, "함께 기뻐하고 슬퍼하며, 서로 즐거워하고 남의 상황을 자신의 것으로 받아들이는" 약속으로 발전시키는 집단에 한해서 공동체라는 용어를 사용해야 한다(59-61쪽).

이와 유사하게 정신장애인과 이들의 부양자를 위한 '라르시 공동체L'Arche'[211] 설립자인 Jean Vanier(1989, 13-35쪽)는 공동체를 "대인관계, 소속감 그리고 공통의 목표와 증언을 향한 삶의 지향성"이 있는 독립체라고 정의했다.

따라서 이 논문에서 공동체를 실질적으로 정의하면, 일단의 개인들이 의도적으로 함께하고, 공통의 목적을 공유하고, 서로가 목적을 성취할 수 있도록 정직하게 도우며, 개인의 목적이 집단의 노력을 통해 성취될 수 있다고 믿는 집단을 가리킨다. 위의 공동체 개념을 이 장에 제시된 모형에 연결시킨다면 영적 보호 공동체란, 영적으로 성장하기 위한 욕구로부터 함께할 것을 선택하고, 이것을 집단이라는 관계를 통하여 이루고자 선택한 나이든 사람들의 모임이라고 정의된다. 왜냐하면 상호간 신뢰, 보호, 관심, 사랑의 분위기 속에서 서로 깊이 공유함으로써 배우는 교훈에 가치가 있다고 보기 때문이다.

여기에 연관된 영spirit, 영적spiritual, 영성spirituality 등 단어는 무엇을 의미하는가? 다양한 종교 집단과 종파는 이 용어들에 대해 나름의 독특한 정의를 하고 있다. 1971년 '백악관 노화학술회의'는 이 용어들을 일반화하고자 시도했고, "종교단체를 이용하지 않거나, 개인적 신앙심을 갖지 않는다 할지라도, 모든 사람들은 영적이다"라고 하였다(Moberg, 1971). 회의 참석자들은 '영적'이라는 용어를 다음과 같이 명확하게 정의하였다. (1) 개인의 내적 자원 특히 개인의 궁극적 관심사에 속하며, (2) 다른 모든 가치들의 초점이 되는 가장 기본적인 가치이며, (3) 삶의 중심 철학으로—종교적, 비종교적, 또는 반종교적—행위를 인도하고, (4) 인간 본성의 초자연적 및 비물질적인 차원이다.

다음으로, 비종교적 용어인 포괄적 의미의 '영spirit'은 개인의 삶을 고양시키는 기본적인 것을—가치, 윤리, 궁극적 관심, 혹은 뭐라 정의하든—포용할 수 있게 하는 에너지이다. '영성spirituality'이라는 용어는 이러한 정의로부터 나오며, 특정한 영적 '방식style'을, 즉 개인이 전체 우주의 맥락에서 개인적 의미를 추구하고, 찾거나 만들고, 사용하고, 확장하는 방법을 가리킨다(Thibault 외, 1991). 엄격히 종교적 의미에서는, '영적spiritual'이란 용어는 개인이 하느님을 추구하며 하느님과의 성장하는 관계와 이러한 관계에 수반되는 가치와 활동을 가리킨다.

---

211) 라르시 공동체L'Arche는 1964년 설립된 지적장애인 생활 공동체이며, 현재 39개국에서 146개 공동체가 운영되고 있음. 보통 몇 개의 보호 주택(혹은 아파트), 주간보호 프로그램으로 구성되며 비영리단체로서 독특한 공동체 모형임. 영적 힘과 스스로 성숙되어 간다는 믿음 등을 바탕으로 하고 있어 고객 지향, 의료 제공, 사회 서비스 등을 중심으로 하는 다른 사회봉사기관의 모형과는 전혀 다름.

'묵상적contemplative'과 '존재being'라는 단어는 서로 밀접하게 관련된다. '묵상적'은 더 철학적인 정의뿐만 아니라 매우 특별한 신학적인 정의를 가지고 있다. 신학적으로는 기도의 특정한 방법인 '묵상contemplation'과 관계된 사람을 가리킨다. Thomas Merton(1978, 36쪽)은 묵상을 "하느님과의 직접적이고 경험적인 접촉을 통해, 영혼의 정점에 하느님이 불어넣는 단순하고 모호한, 하느님에 대한 초자연적인 사랑과 지식"이라고 정의한다. 웹스터사전(1956)은 묵상을 "영적인 것에 대한 명상; 집중, 사색, 탐구를 수반한 심사숙고와 같은 행위"로 정의한다. '묵상적'이라는 용어는 "기도와 명상에 헌신하는" 것을 의미한다.

'존재being'와 '존재가치being values'는 Abraham Maslow(1954, 291-99)에 의하여 연구되었다. '존재가치'란 그것을 알려면 끊임없이 대처하고 바꾸고 일하고 행동하는 것이 아니라 멈추고 묵상하고 여가를 즐기는, 존재to be의 기술이 요구되는 가치이다. 따라서 '존재'하는 것을 배우려면, 일반적 의미에서 묵상적인 것을 배워야 한다. Jung이 인생의 아침 계획은 후반부 인생에는 부적절하다고 말할 때에는, 그가 행동적 생활에서 좀 더 묵상적인 생활로 이전됨을 확인하는 것이다. 묵상적인 생활은 후반부 인생을 실현시키는 한 방법이다.

3. 배경: 지혜의 발달

종교의 내적 · 경험적 · 묵상적인 측면은 개인이 이전의 역할과 책임을 버리고 죽음에 다가갈 때 그 중요성이 커진다는 점이 중년 및 노년 인구에 대한 수많은 연구에서 지적되고 있다(Moberg, 1968; Kivett, 1979; Bianchi, 1985).

노년학 학자인 Bernice Neugarten(1968a)의 연구에서, 사람이 나이가 들면 자아의 기능은 점차 내부를 향하게 되며, 자신의 환경을 지배하는 방식에 변화를 일으키는 원인이 된다고 결론을 내렸다. 노인은 점점 수동적이 되고, 외부 세계보다 내부 세계를 지향하게 된다. Neugarten은 이러한 변화를 가리켜 성격의 '내면성interiority' 경향이라 한다. 이것은 새로운 의견이 아니다. 동양의 문화는 많은 시대에 걸쳐 이러한 내면성의 경향을 인식해 왔다. Robert Bellah(1978)는 그의 에세이에서, Erikson이 생애주기에 대한 힌두 이론을 논의한 것을 인용하고 있다. Erikson은 힌두 문화에서는 젊은 성인인 가장으로서 재생산, 가족관계, 권력, 생산성 등에 관심을 두는 단계와 인생의 마지막 두 단계인 "자기본위의 모든 육체속박의 끈을 분리하고 금욕과 소멸로 가기 위한 노력으로 대체되는" 단계가 명확하게 구별되어 있음을 제시한다.

Erik Erikson은 인생의 마지막 단계는 지혜에 몰두하는 것으로, 개인적 통합성을 성취하거나 아니면 절망에 빠져드는 단계라고 말한다. 묵상적인 삶은 육체적 쾌락이나 부에 대한 집착에서 신중히 분리되어 지혜를 얻으며, 숙고와 명상을 통해 성취를 이루려는 삶이다. 그래서 삶의 묵상적인 방식은 인생의 마지막 단계에 자연스러운 것으로 보인다(Negarten, 1968).

Erikson의 생각을 확장하여, Robert Peck(1968, 88-92쪽)은 인성personality이 완전히 발달하기 전에 노인이 성취해야 할 세 가지 과업이 있다고 주장한다. 이들은 (1) 자아분화 대 직업역할 집착, (2) 육체초월 대 육체집착, (3) 자아초월 대 자아집착. 그는 만년의 삶의 방식이 다음과 같을 것이라고 서술한다.

> 너무 관대하고 이타적으로 살았기 때문에, 개인적 자아의 밤이라고도 부를 수 있을 죽음의 측면은 그 어떤 자아가 이룰 수 있는 가장 폭넓고 긴 장래를 위해 개인이 쌓아온 확실한 지식보다는 중요해 보이지 않는다. … 비록 좁은 의미에서 이것이 사람에 초점을 맞추고, 즉각적인 자기희열(self-gratification)을 훌쩍 뛰어넘는 문제에 초점을 맞춘다 하더라도, 이는 가장 완벽한 자아실현ego-realization으로 보일 수도 있을 것이다.

Carl Jung(1933, 95-114쪽)의 연구는 인생 후반부의 발달 과업에 대한 Erikson과 Peck의 연구와 상통한다. Jung은 인생 후반부에는 개인의 관심이 내면으로 향하게 되고, 개인의 내면 탐험에서 자기 삶의 의미와 전체성을 찾을 수 있게 하며, 이 의미와 전체성은 죽음을 받아들일 수 있게 한다고 주장하였다. 또한 Jung은 대부분의 원시사회에서 노인이 지혜의 원천이었으며 부족의 문화적 유산을 나타내는 신비와 법의 수호자였다고 지적한다. Else Frenkel-Brunswik(1968) 또한 발달의 마지막 제5단계로 묵상적인 삶의 유형을 묘사하고 있다. 이는 사회화의 감소, 취미의 증가, 동식물에 대한 관심 증가 그리고 도시의 삶보다 전원에 대한 선호 등의 특징을 가진다. 그녀는 또한 이 마지막 단계의 개인들은 자주 종교적 관심에 몰두한다고 말한다.

위의 모든 발달이론에 공통적인 요소는 내면성이 증가한다는 것이다. 이는 많은 개인에게서 종교적인 동기부여 또는 영성spirituality의 증가를 수반하며, 이것은 개인이 자기 몰입되거나, 고립되거나, 심기증hypochondria[212]에 걸리는 것을 예방할 수 있다.

212) 심기증hypochondria은 환자가 자기 자신의 심신 상태에 끊임없이 비정상적일 정도로 주의를

상당히 많은 연구들이 중년과 노년의 삶에서의 종교와 영성에 대한 문제를 다루었다. David Moberg(1968, 497-508쪽)는 신앙심의 다섯 차원—경험적, 관념적ideological, 의례적ritualistic, 지성적 그리고 결과론적consequential 차원—을 구체화하고 있다. Moberg는 종교적인 경험, 신념, 활동 등이 노년기의 사회적-개인적 적응에 긍정적으로 상관관계가 있다고 주장한다. 또한 "모든 조사연구에서는 나이가 들면서 심지어는 아주 늙어서조차도, 교회 출석에 관련된 것만 빼고는 종교에 대한 흥미와 관심이 증가하는 경향을 보여 준다." 노인이 예배나 교회 활동에 계속 참여하지 못할 경우라 할지라도, 이들의 종교적인 믿음과 감정은 지속되며 심지어 더 강렬해질 수 있는 것으로 보인다.

따라서 종교를 인생의 핵심적 측면으로 여기는 노인들은 전례 봉사, 집단 학습, 자선 사업, 기타 교회 관련 활동 등에 참여할 때, 의미감과 목적의식 그리고 같은 관심과 약속을 가진 사람들과의 참된 공동체 의식을 경험한다(Gray and Moberg, 1977). 그러나 노인이 교회에 공식 참여하는 것은 나이가 들면서 신체적 한계로 종종 본의 아니게 감소하는 것으로 나타난다(Heenan, 1972; Bahr, 1970). 이러한 노인들은 "조직적으로 이탈되지만, 비조직적으로 연관되는" 반면(Mindel and Vaughan, 1985, 210-15), 활발한 교회 생활로부터의 은퇴는 더 큰 수준의 사회적 분리, 삶의 목적의식과 의미감의 감소, 궁극적으로 우울과 장애로 이어질 수 있다.

Koenig, Kvale, Ferrel(1988, 18-28쪽)에 의한 최근의 연구에서는 개인의 조직적 및 비조직적 종교 활동의 의욕과 수준의 정도와 내재적 신앙심과의 사이에는 강한 상관관계가 있다는 것을 발견했으며, "종교적인 태도와 활동은 인생의 후반부에서 … 건강의 복잡한 상호작용에 영향을 미칠 수 있다"고 결론을 내렸다.

4. 모형: 일련의 영적 보호 공동체

여기에서, 교회에 기반을 둔 영적 보살핌과 성장을 위한 일련의 소규모집단을 개발할 것을 제안한다. 이들 집단의 목적은 작은 영적 공동체의 성장과 발전을 위해 필요한 다섯 가지 구성 요소—상호 지원, 학습, 신앙 공유, 봉사, 기도와 명상—를 통합

기울이고, 기능이상을 병적으로 의심하는 것을 말함. 신경증, 신경분열증, 조울증 등 증상이 나타날 수 있음.

하여, 노인의 전인적 영성 발달을 증진시키는 것이다(Archdiocese of Louisville, Office of Small Christian Communities, 1989). 다음에서는 일련의 집단이 발달하는 것을 설명하고 있는데, 대인적 상호 관계와 참여의 강도 수준에 따라 네 단계로 나누어진다.

'제1단계'는 영적 보살핌, 성장, 발달을 위한 잠재력에 관한 정보를 기존의 교회 하위집단—예: 연합감리교 여성회, 제대회Altar Society[213], 주일학교 수업 등—에 통합시킨다. 노화에 대한 정보는 단일 프로그램의 내용으로 제공된다. 교육을 목적으로 하며, 노화가 나름의 생물적 · 심리적 · 사회적 · 영적 욕구와 특징이 있으며, 그 모든 것이 교회 전체에 의해 충족될 수는 없다는 사실을 기존 교회집단의 구성원들이 더한층 의식하도록 하는 것에 목표를 두고 있다.

'제2단계'는 제1단계에서 또는 다른 원천에서 확인된 욕구에 대한 응답으로 발달하며, 그 성격은 주로 교육적이고 지원적인 것이다. 이 집단은 제한된 기간 동안—보통 6주 이내—매주 만나는 8~12명의 작은 모임이다. 목적은 인생의 후반부에 영적 보호, 성장, 발전을 위한 개인과 집단의 잠재력을 탐구하는 것이다. 노인이 마음 맞는 사람들의 집단과 친밀성은 경험하지만, 시간이 제한되어 있기 때문에 지속적인 공동체 관계에 헌신하려는 욕구로 발전하지는 못한다.

'제3단계'는 제2단계 공동체의 짧은 경험에 의해 활기를 갖게 되고 나아가 더 깊은 수준에서 확대된 대인적 유대를 지속하려는 사람들로부터 발전되었으며, 안정적이고 장기적인 영적 보호집단이다. 시간이 지나 상호작용의 수가 증가하면서, 참된 공동체가 이 집단 안에서 나타난다. 그리고 친밀성이 진전됨에 따라 이러한 개인들은 나눔, 지지와 격려, 학습, 기도 그리고 사회와 서로에 대한 봉사를 위해 더 자주 만나게 된다.

'제4단계'는 제3단계 공동체에서 훨씬 더 급진적으로 진화한 것이다. 이것은 집단 구성원들이 신앙 여정에 좀 더 완전히 헌신하기를 바라고, 참된 공동체의 맥락에서 상호간 영적 보호와 성장을 위해 서로에게 계약하기를 원할 때 발생한다. 이 단계에서, 공동체 구성원들은 하나의 큰 주택이나, 공동의 공간을 갖도록 설계된 건물의 인접한 아파트에서 함께 살기 위해 자신의 집을 떠난다.

213) 제대회Altar Society는 본당에서 제대와 그 장식을 돌보는 일을 맡고 있는 신자들의 단체.

1) 일련의 영적 보호의 선례

이러한 일련의 연속체 모형은 새로운 것이 아니다. 이는 거의 모든 종교에 선례가 있다. 제4단계는 모든 수도원과 수녀원의 생활 그리고 관념적 목적을 위해 함께 사는 성인집단의 공동생활 형태 등이 대표적이다. 이는 미국에서는 로마가톨릭 공동체에 널리 퍼져 있으며, 또한 불교나 다른 동양의 종파에서도 자주 발견된다.

제3단계는 오랫동안 고정된 구성원을 갖는 주일학교 수업에서 자주 발견된다. 꾸르실료Cursillo[214] 또는 엠마오운동Emmaus Walk[215] 지원단체 등이 이러한 범주에 속하며, 연합감리교 여성회, 이스턴 스타Eastern Star[216], 성빈첸시오바오로회St. Vincent de Paul Societies[217], 브나이브리스B'nai B'rith[218], 하닷사자매회Hadassah Sisterhoods[219] 등도 여기에 속한다고 할 수 있다. 특징적인 변수는 어떤 수준에선가 앞에서 언급된 공동체 발전에 필요한 다섯 가지 구성 요소의 하나 또는 그 이상을 통하여 구성원들이 의도적으로 더 깊은 인생 경험을 공유하기로 약속했다는 것이다. 장기적인 소집단은 네 가지 형태—소교회mini-church, 친화집단affinity groups, 도제 또는 성장 집단, 회복집단—에 속하는 것으로 보인다. 소교회는 더 큰 교회에 속한 공동체이며, 이질적인 구성원들이 예배, 학습, 나눔, 보호 등을 위해 함께 모인다. 친화집단의 구성은 동질적이며, 독신자, 젊은 기혼자, 다양한 범주의 전문가들, 10대들, 은퇴자 등 공통 관심을 갖는 범주의 개인들을 끌어들인다. 상부상조가 필요하고 그 범주에 계속 남아

---

214) 스페인어 꾸르실료Cursillo는 워크숍의 의미이며, 'Cursillos de Cristaindad' 를 줄인 말. 1944년 스페인의 Majorca에 의하여 시작된 평신도운동. 초기에는 순례 지도자의 연수를 위한 단기 과정으로 로마가톨릭에서 시작됨. 주말을 낀 3박 4일 프로그램으로 운영됨. 이후 더욱 발전하여 다른 교파에도 전파됨.

215) 개신교에서 꾸르실료와 유사한 방식으로 전개한 프로그램. Walk to Emmaus 또는 Emmaus Walk. 엠마오는 예수께서 부활 직후 예수를 알아보지 못한 두 제자가 함께 걸어가면서 성경 전체에 대하여 이야기한 것으로 유명한 예루살렘에 가까운 마을의 이름(참조 루가 24,13-35).

216) Order of Eastern Star. 1850년 미국에서 설립된 상부상조단체. 설립 목적은 자선, 교육, 상조, 과학 등에 두고 있음. http://www.easternstar.org/about_oes.html

217) 1833년 프랑스의 법률가이며 교수인 Ozanam이 20세 때 설립한 가톨릭 계통의 빈민구제 자원봉사단체임. 132개국에서 활동중. http://www.svdpusa.org/Home.aspx

218) 1843년 미국 뉴욕에서 Henry Jones 등에 의해 설립된 유대교 서비스 단체. 히브리어 브나이브리스는 '계약의 자녀'를 의미함. 50개국 약 10만 명이 활동하며 유대인의 권리 신장, 의료기관 지원, 재해구난 등 광범위한 공동체 봉사에 참여하고 있음. http://www.bnaibrith.org/

219) 1912년 Henrietta Szold에 의하여 미국 뉴욕에서 설립된 여성 시온주의 조직이며 약 27만 명이 가입. 교육, 공공의료 등을 통하여 유대교의 이상을 실현하는 데 목적을 두고 있음. http://www.hadassah.org/

있기를 원하는 충분한 구성원이 있는 한 이 조직은 지속된다. 도제 또는 성장 집단은 구성원이 이질적이며 어떤 문제나 활동—사회적 행동, 영적 삶의 성장, 성서학습, 기도 등—을 중심으로 모이게 된다. 그리고 술, 과식, 도박 등의 중독자를 위한 회복집단[220]도 제3단계에 속한다.

잘 조직된 제3단계의 예로 가톨릭교회의 '회복Renew'[221] 프로그램을 들 수 있다. 영적 회복을 위한 가톨릭교회의 전국적 프로그램이며, 각 교구는 구체적인 주제에 관해 함께 학습하고, 공유하고, 기도하기 위해 주말마다 만나는 10~12명의 소규모 집단으로 구성된다. 기간은 2년이며, 회기는 5회, 각 회기는 6주로 구성된다. 여러 교회의 '회복'집단들은 공식 프로그램이 끝난 후에도 공동체를 이루어 지속적으로 만나기도 한다. 이처럼 제3단계는 교회 내의 참된 공동체의 발전을 위한 토대가 되어왔다.

제2단계 집단은 많으며 거의 모든 교회에서 볼 수 있다. 이들은 일반적으로 이슈에 초점을 두고, 그 이슈와 관련된 구성원들의 교육에 주목적이 있다. 참된 공동체는 이렇게 짧은 시간에 발전하기는 충분치 않지만, 제2단계의 상호작용에서는 더 오랫동안 지속되는 집단에 참여하려는 열망을 만들어 낼 수 있다. 주보에 나타나는 특별한 행사들은 제2단계의 가장 일반적인 예들이다. 노인을 위한 제2단계 집단을 위해 이용 가능한 최근 문헌으로, Cutler(1990)의 〈노후: 절정에 오르다*Golden Years: Riding the Crest*〉 그리고 Mulhall and Rowe(1988)의 〈노인과의 소집단 토의 6회기 과정 *A Time for: A Six Session Small Group Discussion Process with Older Adults*〉 등이 있다.

제1단계 활동은 대부분의 교회에서 흔히 볼 수 있다. 이는 나이 들면서 가지게 되는 영적 성장의 잠재력을 노인이 인지하는 수단이 될 수 있고, 잠재적인 공동체 구성원을 교회로 초대하는 것일 수도 있다. 특별연사, 설교 주제, 또는 주말학교 과제 등도 제1단계 접촉의 예이다.

2) 제4단계에 대한 욕구: 함께 거주하는 영적 보호 공동체

최근 미국에는 교회 관련 은퇴 '공동체들'이 점점 늘어나고 있다. 이들 시설의 주요 목적은 안전하고 적절한 수준의 주거, 식사, 일상 활동에 대한 지원, 사회화 기회

---

220) 각종 중독자를 위한 Alcoholics Anonymous(1935년 설립), Overeaters Anonymous(1960년 설립), Gamblers Anonymous(1957년 설립) 등은 치유를 위한 12단계 등을 사용함.

221) 1976년 미국 뉴어크Newark에서 몬시뇰 Tom Kleissler 및 Tom Ivory에 의하여 시작된 가톨릭 영성회복운동. http://www.renewintl.org/

를 많은 수의 거주자들에게 제공하는 것이다. 이러한 공동체의 주요 매력은 노인에게 제공되는 안전성과 교회 후원자의 철학적 · 신학적 가치기반 같은 조직의 '사명'에 의해 보증되는 높은 수준의 보호care이다.

이런 기관이 제공하는 서비스를 Abraham Maslow 인간 욕구의 단계에 비추어 분석해 보면, 이는 인간욕구의 기본 단계에 속하는 생리적 생존 및 안전에 대한 욕구를 아주 잘 제공한다는 것을 알 수 있다. 그러나 최상이라 하더라도, 대부분의 이러한 주거 상황은 소속감, 자존심, 자기실현, 자기초월 등에 대한 욕구를 거의 충족시키지 못한다. 이들은 좀처럼 밀접하고 만족스러운 대인적 관계가 발전하고 번성할 수 있는 참된 '공동체'가 되지 못한다. 영적 성장을 보살피는 것은 더더욱 드물다. 때때로 거주자들 사이의 그리고 거주자와 직원 사이의 우정이 발달하기는 하나, 시설내 거주자끼리 참된 보호 공동체로의 발전을 이루려는 노력은 거의 없다.

영적 보호 공동체 모형의 제4단계는 공동생활 여건의 발전을 제안한다. 공동체 주거 모형을 이용하면(Brody, 1978), 함께 또는 친밀하게 생활함으로써 그리고 영적 성장이라는 공동목표를 공유함으로써 노인은 점차 쇠약해져도 조직에서 분리되지 않고, 오히려 상호간의 관계나 교회와의 관계를 강화하게 될 것이다. 게다가 그 공동체의 구성원들은 봉사나 자선 활동뿐 아니라 묵상적인 삶에 참여함으로써 사회의 안녕에 기여할 기회를 계속 누릴 것이다. 이런 유형의 공동체에서 충족되는 인간 욕구는 기본적 안전에서 자존심, 자아실현을 거쳐 자아초월에 이르기까지 Maslow 욕구 단계의 모든 수준을 포함한다. 이런 공동체에서의 삶은 특히 인생 후반부에 영적 통합으로 발전하는 데 적합할 것이다(McFadden and Gerl, 1990).

현재 미국에는 노인의 영적 욕구를 우선적으로 충족시키기 위해 기획된 교회 후원의 은퇴 공동체는 없다. 특별히 노인을 위해 만든 종교 공동체도 없다. 로마가톨릭교회에서 종신서약을 하는 남녀들의 심각한 고령화는 수도회의 적극적인 봉사의 사명에 비추어 볼 때는 전반적으로 부정적 사건으로 간주된다. 어떤 수도회나 신학교는 '늦은 소명'을 기꺼이 받아들이려고 하지만, 매우 신중하게 하고 있다. 노령으로 개인이 수도회에서 적극적인 봉사를 오랫동안 할 수 없고 노년에 재정적 부담을 지울 수 있다는 생각 때문이다. 그러나 소명 담당자들은 지난 십년간에는 55세가 넘어 가톨릭 종교 공동체에 들어오려는 사람들이 크게 증가하였다고 보고한다.

종교적 공동체에 합류하는 데 관심이 있는 대부분의 노인들은 결혼, 부모 역할, 독신생활의 소명을 받았으며 이를 통하여 성인기에는 다양한 강도의 영적 삶을 살 수 있었다. 이 중 많은 사람은 자신들의 교회에서 적극적인 지도자들이었다. 후반부 인생에서 이들은 영적 삶에 특히 영성의 경험적이며 묵상적인 측면에 점점 더 관심을 두는 반면 교회 내의 활발한 지도력을 지속하려는 욕망은 종종 쇠퇴한다.

어떤 개인들은 영성 상담자의 안내를 받거나 수도회와 관련된 평신도 집단에 참여한다. 대부분 인생 후반부의 영적 탐구는 혼자만의, 격려가 따르지 않는 외로운 경험이다. 노인에게는 깊게 영적으로 지향하거나, '신앙적인' 탐구를 격려하는 친구나 가족은 거의 없다. 젊은이 위주의 교회 공동체에서도 목회자가 종종 이들의 깊은 욕구를 알아채지 못한다(Longino and Kitson, 1985). 노인들이 교육과 봉사를 통해 활발하게 교회 활동을 하는 동안에는 교회의 일체로 간주되지만, 그들이 신앙 경험의 명상적이고 혼자만의 측면을 추구하고자 할 때 그들을 지지하는 '공동체'는 거의 없다. 때로는 그들도 자신이 갈망하는 것이 무엇인지 모를 수 있다. 왜냐하면 내면성의 지향을 설명하는 단어가 거의 없기 때문이며, 특히 신학적으로 그리고 심리학적으로 무딘 사람들은 더욱 그러하다.

노인을 위한 교회 기반의 영적 보호 공동체는 네 가지 중요한 목표를 달성하기 위해 노력한다. 첫째 목표는, 깊이 느껴지는 영적 욕구와 열망을 가장 효과적이고 효율적으로 인생 후반부에 충족하는 수단을 제공하는 것이다. 이처럼 목표 지향적이고, 의미 기반적이고, '의도적인' 거주 공동체는 가치, 이상, 경험, 관심, 헌신 등을 깊이 공유하기 위해 일상에서 지속적 기회를 제공함으로써 구성원들의 삶을 증진시킬 수 있다. 풍요로운 내면의 영적 삶을 갈구하고 또 이것을 성취할 상조집단을 원하는 사람들을 위하여 특별히 개발된 생활환경에 참여하면, 고립과 고독의 문제를 완화하는데 도움이 될 것이다. 이러한 유형의 주거는 Peck과 Vanier가 정의한 참된 공동체에 대한 인식을 증진시킬 수 있다.

둘째 목표는 자격이 있는 영적 상담자의 안내를 통해 진지한 방법으로 내면의 삶과 영적 차원을 탐구할 기회를 각 구성원에게 제공하는 것이다.

셋째 목표는 각 구성원이 사회의 요구에 부응하도록 그들이 할 수 있는 방법으로 계속 기여하는 것이다. 자원봉사 활동을 하거나, 건강·능력·관심 등에 맞는 제한적인 시간제 일을 할 수도 있다. 더 큰 공동체와의 이러한 접촉을 통해서 노인의 새로운 이미지—노인은 죽을 때를 기다리며 빙고게임이나 하는 사람이 아니라 새로운 방향에서 성장과 발달을 계속한다는—를 젊은이나 노인 모두에게 제공할 수 있다.

넷째 목표는 하느님과 살아 있는 모든 것과의 유대와 관심을 느끼는 것이다. 그리스도교, 유대교, 불교 등에서 행하는 묵상 '행위'의 가치와 변화적인 기능을 이해하는 사람들은 명상과 묵상 생활을 증진하는 공동체에 참여함으로써 노인들이 사회와 세계의 안녕 전체에 기여할 수 있는 독특한 방법을 제공하고, 그리하여 공동체에 참여한 개인에게는 의미와 목적의 강렬한 인식 그리고 사회적 책임에 대한 참여 증대를 일깨운다.

많은 독실한 신앙인은 교회 출석이나 제3단계의 집단 활동을 어쩔 수 없이 포기하는 그날을 두려워한다. 함께 거주하는 영적 보호 공동체인 제4단계는 고립 및 제도적 지원의 부족이라는 문제점에 하나의 해결책이 될 것으로 보인다.

3) 제4단계: 설계

이전에 언급되었듯이, 문헌에서는 특별히 노인을 위해 고안된 종교적 또는 영적 지향성을 가진 거주 공동체는 나타나지 않는다. '함께 거주하는 영적 보호 공동체'의 요구에 부합할 수 있는 생활환경은 우리가 흔히 볼 수 있는 노인을 위한 공동체 주거이다. '집단적 생활 장소'라고 불리는, 공동체 주거의 개념은 공동체적 측면을 가지기는 하나, 기본적으로는 독립적인 생활이다. 대부분 거주자들은 각자의 침실 겸 거실, 욕실, 작은 부엌을 가지고 공동의 거실과 식당을 공유한다. 아니면 각자 침실만 소유하고 욕실과 부엌은 2인이 공유하고 대식당과 거실은 전체 거주자가 공유한다. 많은 공동체 주택은 공동의 공간을 제공하면서 원룸아파트efficiency apartments[222]를 갖춘 재건축된 타운하우스[223]이다. 핵심 개념은 최대한의 사생활을 제공하되 식사와 사교를 포함하는 상호 관계의 기회를 최대화한다는 점이다. 거주자들은 보행할 수 있어야 하고, 꼭 필요한 경우에는 최소한의 도움으로라도 일상생활의 기본적인 활동을 수행할 수 있어야 한다.

초기의 검토 논문에서 Bernard Liebowits(1976)는 공동체 주거의 일반적인 특징으로 비영리 후원자, 부가적 수수료에 의한 재정 보충, 시설 관리, 가사 · 식사 서비스의 제공, 관리자 · 간호사 · 사회복지사 등 보호직원의 상주 다섯 가지를 꼽았다. Liebowits는 젊은 사람들이 생태학적 이유로 거주하기를 선택하는 진정한 공유 공동체commune는 노인에게는 그 실현성이 낮다고 주장하였다. 공유 공동체는 자생적이며, 자발적이고,

222) 능률형 아파트efficiency apartment란 사실상 최소의 비용으로 필수 기능을 집약한 주택을 의미하며 이러한 주택을 studio apartment, studio flat(영국), bachelor apartment, bedsit(영국) 등으로 부름. 침실, 거실, 작은 부엌 등이 포함되나 대부분 욕실은 제외됨. 이러한 주택은 25~60제곱미터 크기로 인근지역에서 가장 저렴한 비용으로 살 수 있는 경우가 대부분임.

223) 원래 타운하우스란 시골에 저택country house를 가진 귀족이 도시에 머무를 때 하인과 함께 머물던 집을 의미하였으므로 여러 세대가 생활하는 공간의 성격을 가짐.

자립적이어야 한다는 점에서 노인들에게 너무 많은 에너지를 요구한다는 문제점 등이 나타난다. 오히려 노인은 질서를 외부에서 유지해 주는 공동체 환경에서 더 잘 지낸다.

5. 요약

노인을 위한 교회 기반의 일련의 영적 보호 공동체의 개발에 대하여 설명했다. 그 목적은 쉼터, 안전, 사회화에 대한 노인들의 신체적인 욕구에 단지 관심을 기울이는 것을 뛰어넘는 의도적이고 영적인 공동체를 제공하는 데 있다. 제4단계는 집단생활의 개념을 노인들의 관념적 교회, 즉 노인을 위한 개인적 발전과 공동체 발전의 다음 단계로 확장시킨다.

그러한 공동체의 창시를 위한 시기가 왔다. 한 예로 교회에 기반을 둔 일련의 영적 보호 공동체는 교회가 노년기의 영적 성장 욕구를 아우르는 기준을 개정할 수 있는 방법이다. 이러한 공동체는 21세기 이전에 얼마든지 나타날 수 있다!

제25장 양로원 생활의 영적 도전

Dayle A. Friedman

1. 양로원 생활의 영적 도전

양로원에 살게 된 노인들은 상실, 변화, 단절 등을 통해 고통스러운 삶의 여정을 겪게 된다. 이들이 직면하는 영적 도전들은 두 가지 요인인 쇠약함과 보호시설 입소 institutionalization에 의해 형성된다.

노인들은 신체적 그리고 인지적 건강이 쇠약해지면서 장기보호시설에 들어오게 된다. 거주자들은 종종 여러 가지 만성 질병으로 고통스러워하며, 이로 인해 일상생활의 일들을 독립적으로 수행하는 것이 불가능해진다. 양로원 입주자의 45% 이상이 치매와 같은 정신과적 장애를 가지고 있다(National Center for Health Statistics, 1993). 이러한 건강상의 문제는 결과적으로 독립성과 행위 능력의 상실을 초래하며, 이는 장기요양 보호기관 입소를 결정하도록 유발한다.

기관에 입소하면, 자신의 집과 개인적인 환경을 포기하고, 커다란 조직이 설정한 일상과 구조 속에서 생활하는 변화가 수반된다. Erving Gaffman(1961)이 잘 지적하였듯이, 기관에서의 삶은 종종 소외와 아노미anomie[224]를 동반한다. 양로원 입주자들은 공허하고 짐스러운 시간, 무의미, 단절 등과 같은 심각한 영적인 도전에 직면하게 되는 것이다.

1) 판에 박힌 공허한 시간

(1) 판에 박힌 시간의 횡포

시설에 수용된 노인들은 엄격히 판에 박힌 일상의 환경에서 살아간다. 장기 보호시설에 근무하는 직원들에게 시간이란 교대근무시간, 근무일 그리고 근무일과 주말로 구성된 일주일 단위 등으로 뚜렷하게 구획된다. 하루가 식사, 투약, 침대정리, 목욕, 용변 처리 등과 같이 양로원 '거주자들에게' 처리해 주어야 하는 일들로 구성된다. 정해진 시간의 틀 안에서 이런 벅찬 일을 수행하려 애쓰는 직원들에게 시간은 결코 충분해 보이지 않는다.

직원들과 마찬가지로, 양로원 입주자들의 생활도 보호시설의 일상 과정에 따라 이루어진다. 이들의 시간은 자신들의 욕구 · 욕망 리듬이 아니라, 직원의 일과표, 때로는 직원의 일시적 변덕에 따라 구성된다. 언제 일어나고, 식사하고, 목욕하고, 잠자리에 드는가는 그 자신의 개인적인 리듬이나 과거의 습관과는 아무런 관련이 없을 수도 있다. '머레이 양로원'에 관한 Gubrium의 연구(1975, 166쪽)에서 어느 입주자가 "한 끼 먹고 나면 또 다음 식사로 가는 거지요. 대충 그 정도가 전부죠"라고 말한 것처럼 하루는 식사에 의해 구획될 수도 있다. 하루 일과를 구획하는 또 다른 표식은 텔레비전 시청과 오락시간이다. 불행하게도, 오락시간은 종종 예고 없이 찾아온다. 갑작스레 누군가가 급습하듯 입주자들을 빙고게임, 음악회, 기타 프로그램으로 데리고 간다. 그러나 입주자들은 이 순간을 준비할 기회가 없으니 그들에게는 시간을 잘못 짚은 것처럼 보인다. Gubrium의 연구에서 다른 입주자들은 "이곳에서 시간은 중요치 않아요. 왜냐하면 이곳에 빙고게임을 하러 나가는 것 말고는 어디에도 가지 않고 직원들이 나를 항상 이곳으로 데려오기 때문이지요"라고 말했다(1975, 171쪽).

(2) 공허한 시간의 짐

Florida Scott Maxwell(1979, 41쪽)은 노년을 '시간의 사막'이라고 말했다. 시간을

224) 아노미anomie란 사회적 규범의 동요, 이완, 붕괴 등에 의하여 일어나는 혼돈 상태 또는 구성원의 욕구나 행위의 무규제 상태를 말하는 사회학적 용어임.

충실하게 잘 짜는 정도에 상관없이, 입주자들에게는 시간이 공허하며 짐스럽게 보인다. Kathy Calkins가 관찰한 것처럼(1990), 장기보호시설에서 보내는 시간은 러닝머신treadmill과 흡사해 보여 움직이기는 하지만, 아무 일도 일어나지 않는다. 보호시설에서의 일상은 모든 날들이 함께 흘러가는 단조로움을 만들어 낸다. 월요일, 화요일, 토요일이 구별되지 않는다. Gubrium(1975, 162쪽)의 조사대상 한 사람은 "먹고, 자고 그리고 빈둥거리며 지낸다"고 말했다.

보호시설의 노인들은 많은 시간을 '기다리면서' 보낸다. 입주자들이 자신의 다양한 욕구를 충족하려면 직원에게 의존해야 하고, 자신이 행해야 할 일에 대한 인식이 거의 없는 점을 본다면, 그들은 판에 박힌 일상을 깨는 활동, 즉 투약, 식사, 용변, 취침, 오락 등을… '기다려야' 한다. "우린 항상 기다려요"라고 '머레이 양로원'의 한 입주자는 말한다(Gubrium, 1975, 164쪽). 기다릴 때는 시간이 무한해 보인다. 활동을 마치고 방으로 돌아가기 위해 10분간 도움을 기다리던 한 입주자는 "난 한없이 기다렸다"고 말한다. 정신착란증의 여성이 근심스럽게 서성거리다다 직원에게 다가가서 "이제 난 무얼 해야 하죠?"라고 묻는다. 낮잠을 자거나, 텔레비전을 시청하거나, 혹은 저녁식사를 기다려도 좋다는 말을 듣고는, "오늘이 결코 끝나지 않을 거야!"라며 매우 격분해서 소리치기도 한다. 시간은 어떠한 의미 있는 구분이나 계기도 없는 채, 그들을 향해 무겁게 내리누른다. Renee Rose Shield가 지적한 것처럼(1988, 185쪽), 시간은 이처럼 "채워질 수 없으며 위험투성이이다."

(3) 현재만이 전부일 뿐

이상하게 들리지만 양로원 입주자에게는 현재만이 존재하는 유일한 시간이다. 과거는 존재하지 않는다. 주변에는 그의 이력을 공유할 사람도 그 이력을 불러일으키는 것도 전혀 없다. 입주자가 절망적으로 직원에게 "내가 누구인지 당신은 알기나 해?"라고 소리칠 수도 있다. 왜냐하면 Jones 여사가 그 동네에서 최고의 이름난 요리사였다는 사실이나, Green 씨는 위급한 고비에 많은 사람들이 도움을 청하던 약사였다는 것을 직원들은 정말 알지 못하기 때문이다. 양로원 직원은 자신 앞에 있는 건강치 못한 노인과 관계할 뿐이며, 따라서 노인은 자신의 과거를 상실하는 경험을 하게 된다.

입주자들에게 미래는 어떤 의미에서 명명백백하다. 양로원에 입소하는 거의 모든 사람들은 이곳이 자신들의 마지막 집이라는 것을 알고 있다. 따라서 입주자들을 기다리고 있는 미래란 무력함과 죽음뿐이다. 모두가 미래를 알고 있지만, 이를 별로 인식하지 못한다. 누군가 사망하게 되면, 종종 조용히 비밀리에 처리된다. 다른 입주자들에게 알려지지 않으며, 주변에서 있었던 죽음에 반응할 수 있는 기회조차 주지 않는다. 따라서 판에 박힌 일상화와 공허함에다가, 마치 현재의 순간이 시간 속에 정지된 것 같은 시간의 단절감이 더해진다(Friedman and Muncie, 1990).

2) 의미의 상실

(1) 내가 더 이상 무슨 소용이 있을까

노인 입주자들은 사회로부터의 부정적 메시지를 강하게 내면화하며, 낮은 자존감으로 고통스러워한다. 우리 사회는 사람의 가치에 대해 도구적인 관점을 지니는 경향이 있기 때문에, 인간성(who they are)에 내재한 가치에 의해서가 아니라, 그가 무엇을 할 수 있는지 또는 줄 수 있는지에 따라 판단한다(Heschel, 1966, 81쪽). 더 이상 일하지 않는 노인은 스스로 쓸모없고 거부되었다고 느낄 수 있다. 왜냐하면 그가 "능력 없고, 다수에게 짐"으로 인식되기 때문이다(MacDonald, 1973, 279-94쪽). 이러한 부정적인 느낌은 입주자 특히 생산적인 역할도 못할 뿐 아니라 의존적인 역할에 처한 이들에게 더욱 강렬해진다. 미국 사회는 자립을 이상화하고 의존을 혐오하기 때문에, Wendy Lustbader가 서술하듯이(1991), 자신이 "남의 친절에 의존하고" 있는 사람들은 자신들이 실패했거나 결함이 있다고 생각하게 된다.

아마도 보호시설에 있는 노인들의 자기인식 가운데 가장 슬픈 측면은 개인적으로 하찮고 무능하다고 느끼는 것이다(Lieberman, 1969, 330-40쪽). 공동체에서 더 이상 행할 역할이 없는 개인으로서, 그들은 사회적 지위나 자존감을 이룰 방도가 없다. 그들에 대한 어떠한 기대도 없으며, 자신이 진지하게 취급되지 않는다는 것을 분명하게 느낀다(Shield, 1988, 207; 197쪽).

> 동유럽에서 태어난 신앙심 깊은 양로원 입주자인 Esther가 말한다. "평생을 항상 자선하며 살아왔어요. 금요일 밤이면 자선함에 돈을 넣곤 했지요. 난 언제나 유대교 회당이나 신학교에 돈을 기부하곤 했어요. 이제 난 이곳에 있고, 남을 위해 어떠한 일도 할 수 없어요. 내가 더 이상 어떤 소용이 있을까요?"

자신의 환경에 영향을 미칠 수 없다는 느낌, 즉 "통제 불가능에 대한 인식"이 '학습된 무기력'으로 이어지는 것이 드물지 않으며(Hastings, 1985, 1-2쪽), 또한 이는 수동성, 불안 그리고 반사회적인 행동을 초래한다.

노화 및 의존성과 관련된 사회적 낙인, 의미 있는 역할의 부족 등을 감안한다면, 시설에 거주하지 않는 동년배보다 보호시설의 노인들이 더 부정적인 자존감을 가지게 되는 것은 놀랄 일도 아니다(Manson, 1954, 324-37쪽). 열등감과 낮은 자존감으로 노인 입주자들은 극도로 우울해진다(MacDonald, 1973, 281쪽).

3) 단절과 분리

장기보호시설에서의 생활에서 나타나는 근본적인 특징은 분리이다. 입주자는 과거로부터, 친숙했던 주변 환경으로부터, 이전의 생활에서 행하던 역할과 가정 그리고 사회라는 안식처로부터 분리된다. 종종 입주자들은 죽음, 장애, 이사 등의 이유로, 소중한 사람들을 잃게 된다. 보호시설 입소가 노인들을 일정한 사회적 환경 속으로 넣는다 하더라도, 그 안에서는 고립이 지속될 뿐이다. Shield(1988, 207쪽)가 장기보호시설을 관찰한 연구에서 기록한 것처럼, 시설에 함께 던져진 노인들에게는 소위 공동체 의식은 쉽게 나타나지 않을 것이다.

> 공동일체감communitas[225] 대신에 홀로 입주자들은 그곳에 머무르며, "훌륭한" 환자가 되고자 노력한다. 입주자들은 그들 자신들을 하나로 묶어줄 유사성을 찾기보다는 차이점을 강조하고 유지하고자 한다. 공동일체감에서 나오는 충만함을 만들어 내기는커녕, 입주자들은 서로를 믿지 않으며, 서로 경쟁하고, 서로 폄하하며 … 입주자들은 서로 뭉칠 이유도 없어 보이며, 서로 도울 이유도, 서로 화답할 이유도 없어 보인다.

이처럼 고립과 단절의 경험은 노인 장기보호시설 거주자들에게 훨씬 심각한 영적 도전을 초래하는 것이다.

225) Communitas는 라틴어를 차용한 인류학 용어, 강력한 사회적 평등, 연대, 친교 등을 포함하는 공동체정신을 의미. 함께 거친 통과의례를 거치면서 다져지는 사회적 관계를 바탕으로 한다는 특징을 가짐.

2. 장기보호시설에서 종교생활이 주는 영향

종교생활은 양로원 거주자들에게 시간, 개인적 의미, 유대 등에 대해 전혀 다른 경험을 하게 한다. 종교생활이 보호시설 입소와 쇠약함에서 오는 상실과 곤경을 결코 없애지는 못할지라도, 소중한 위로가 될 수 있다. 이러한 경험에 관한 묘사는 주로 현상학적 관찰을 근거로 하고 있는데, 이는 종교생활이 양로원에 사는 쇠약한 노인들의 안녕에 미치는 영향을 다룬 실증적 연구가 지금껏 거의 없기 때문이다.[226)]

1) 축복받은 삶: 의미 있는 시간

(1) 의미 있는 순간들의 순환

장기보호시설에서 갖게 되는 판에 박힌 지루한 시간의 감각과는 대조적으로, 종교생활은 의미 있는 시간의 감각을 준다. 종교생활은 Heschel[227)]이 말하는 '시간의 성역sanctuary in time'[228)]을 제공한다. 의례의 시간은 의미 있는 순간들 속에서 살아가게 해 주기 때문에, 시간에 리듬과 감촉을 부여한다. 종교생활에서 시간은 주의 순환(안식일에서 안식일까지), 달의 순환(유대교 전통에서는 초승달에서 초승달까지), 연도의 순환(축일의 순환)으로 나누어진다. 각각의 순간들은 시간상의 '위치'를 차지한다. 즉, 오늘 화요일은 단지 월요일이나 수요일 따위로 그저 그런 하루가 아니라, 유대교 맥락에서 보면 안식일 이후 세 번째 날이며, 월삭New Moon[229)] 이후의 여덟 번째 날이며, 오순절의 다음날이다. 오늘은 중요한 순간들과의 "관계 속에서" 존재한다. 언제나 기다려지는 그 무엇이 있으며, 풍미가 있는 그 무엇이 있는 법이다. 그래서 Fred Davis가 말했던 '아코디언 효과accordion effect'를 통해서 의미 있는 순간들이 실제로 펼쳐지는 것이다(Calkins에서 인용, 1990, 493쪽).

---

226) 이 분야에 관한 연구가 거의 없었지만, 하나의 예외가 있다. '필라델피아 노인병 센터'에서 '국립노화연구소'의 '치매환자들을 위한 특별보호시설에 대한 협동연구'의 일부로 진행되고 있다.

227) 1907-1972 Rabbi Abraham Joshua Heschel, 유대교 신학자.

228) 시간의 성역(sanctuary in time)이란 유대교에서 시간의 신성함을 추구하는 점을 강조한 표현. 이는 공간을 중시하는 세속과 대비되는 개념임. 유대교의 의례는 각종 시간을 기념하는 것으로 가득 차 있음.
웹사이트. http://www.myjewishlearning.com/index.shtml "Shabbat as a Sanctuary in Time".

229) 월삭New Moon은 그리스도교에서 초승달의 출현으로 표시되는 매달의 첫날이며, 종교적인 축제일로 지냄. 안식일처럼 형식을 갖춘 음식을 먹으며 일로부터 휴식, 희락, 특별한 희생제사 등의 특징이 있음.

(2) 연속성

전례ritual의 시간은 대부분의 양로원 생활에서 극히 결여된 연속성의 감각을 만들어 낸다. 이러한 연속성은 개인적 수준이나 집단적 수준 모두에서 나타난다. 양로원 입주자는 과거에 자신이 참여했던 종교 전례를 다시 행함으로써 현재 속에서 과거를 다시 체험할 수 있다. 예를 들면 양로원 입주자는 안식일의 촛불을 밝히면서 "오, 내 어머니께서 이렇게 하신 기억이 나네!"라고 소리칠 수도 있다. 과거는 상실되지 않으며, Myerhoff(1984, 325, 322쪽)가 말한 "사라지지 않는 삶의 지속적 요인들"에 중점을 두게 되면 변화나 불연속성은 그 의미가 약해진다. 시간은 '흘러가는 기간'으로 경험되는 것이다. 가장 중요한 것은 양로원 입주자는 시간 속에서 '자신'을 동일하게 경험한다는 것이다. 이러한 의례적 순간들이 연결되면서, 그의 인생은 하나의 연속체, 즉 "하나의 현상학적 현실"이 된다(Myerhoff, 1984, 306쪽). 다시 말하면, 종교생활은 이 낯선 장소와 시간 속에 있는 입주자의 삶을 그의 과거 전체와 연결하는 연속성의 끈을 제공해 준다는 것이다.

의례적인 순간들은 또한 미래를 향한 개인적 희망과 입주자를 연결한다. 매주 혹은 매년의 주기적 순환에 참여하면서, 입주자는 그 일을 다음에 다시 행할 수 있기를 바란다. 이는 예배를 마치고 떠날 때 "내년에도 다시 이것을 하려면 우리 모두 그저 건강하게 잘 살아야 해!"라고 입주자들이 자주 말하는 것을 보면 알 수 있다.

연속성의 끈은 자신이 지녔던 끈보다 장기보호시설 거주자를 과거와 미래로 더 폭넓게 연결시킨다. 의례는 자기 민족의 또는 신앙 공동체의 과거를 재현하며, 이로써 참여자를 깊은 뿌리와 연결되게 한다. 예를 들면 양로원에서 맞는 유월절을 통해 유대인 입주자는 자신의 민족이 노예 상태로부터 해방되는 순간에 참여할 수 있으며, 부활절을 통해 구세주의 부활을 경험함으로써 자기 민족의 환희를 되살릴 수 있게 한다.

전례는 또한 미래를 향한 연속성을 준다. 입주자들은 종교 예식에 참여 시, "세상 모든 것이 어떻게 바뀌더라도 우린 이곳에 있었고 앞으로도 그럴 것이다"라고 단언한다(Moore and Myerhoff, 1977, 218쪽). 이러한 예식이 그들이 죽은 후에도 계속된다면, 귀중한 그 무엇 또한 오래 지속될 것이다. 언젠가 그들이 더 이상 존재하지 않는다 할지라도 그 가치, 관습, 믿음, 신앙 공동체 등은 여전히 존속될 것이다. 전례예식의 참여로써 개인의 신앙 전통은 '대대로' 앞으로도 지속되는 것이다. 전례가 장기보호시설에서 세대 간에 공유될 때, 이러한 점은 특히 설득력을 가질 것이다.

2) 의미 있는 삶: 중요한 존재라는 생각

보호시설에 입소한 노인에게 종교생활은 의존적이며, 힘없고, 가치 없게 되는 것을 피할 수 있는 대안을 제시한다. 적어도 그리스도교와 유대교에서 종교적 전통으로 전하는 것은 인간의 궁극적 가치이다. 이는 모든 인간은 "하느님의 형상에 따라"(창세 1,27) 만들어진 하느님의 자녀이기 때문이다. 아무리 쓸모없어지고, 쇠약해졌다 할지라도, 입주자는 저마다 자신의 내부에 신성의 불꽃을 가지고 있다.

장기보호시설의 노인 거주자들은 그들의 궁극적인 가치를 가질 뿐만 아니라, 종교의 영역에서 행해야 하는 역할도 있다. 생산적 노동에 참여할 수 없거나 무능력해지면 개인의 사회적 역할은 종결된다고 보는 세속 문화와는 대조적으로, 종교적 전통은 신앙 공동체에서 그리고 신에 대한 봉사에서 개인이 해야 할 바가 있다고 가르친다. 유대교 전통의 예를 보면 '미츠보mitzvot', 즉 유대민족과 하느님 사이의 계약을 이루는 계명을 행하는 것이 성인으로서 저마다 해야 할 역할이다.

공동체는 그 역할을 지속적으로 수행해 나가는 개인의 참여에 의해 좌우되기 때문에, 책임 있는 인간으로서, 성인 유대인은 사회적 존재감을 느낀다(예를 들어 10명 이상의 책임 있는 성인이 출석하여 '민얀minyan', 즉 정족수를 이루지 못하면 특정 주기도문을 암송할 수 없다).

또한 세상의 구원이 유대민족의 계율 완수에 달려 있다고 생각하기 때문에, 개인은 '우주적' 존재로서의 의미감도 갖는다. 13세 때 유대교도로서의 의무가 시작되는 나이인 바르미츠바와 바트미츠바는 분명히 있지만 의무가 종결되는 시점은 없다. 따라서 의무를 지닌 삶으로부터의 은퇴도 없으며, 노인이기 때문에 의무가 줄어드는 것도 아니다. 비록 의무라는 것이 "개인의 능력에 맞게 조절"되기는 하겠지만, 유대교에서는 노인도 여전히 장애나 무능력에 상관없이 윤리적 및 의례적 계율을 수행할 의무를 가지는 것이다(Friedman, 1987).

그래서 양로원에서의 예배는 단축되고 또 신자가 중요한 순간에 일어서지 않고 환자용의자에 앉아서 참여할 수도 있으나 노인이 예배에 참여하고 있는 동안은 노인, 병자, 혹은 피보호자로서가 아니다. 오히려 유대 교인이라면 누구나 해야 할 일을 하는 '민얀'의 일원으로서 하느님을 경배하고, 안식일 혹은 휴일을 지키고, 일련의 전통을 지속하기 위하여 공동체에 참여하고 있는 것이다. 이러한 분석이 유대교적 맥락에서 나온 것이지만, 이는 그리스도교나 다른 종교적 전통에서도 마찬가지일 것이다. 따라서 유대교도이든 그리스도교도이든 그 밖의 다른 신앙을 가지고 있든, 양로원에서 종교생활에 참여하는 사람에게 주는 메시지는 아주 간결하다. 즉, 당신은 해야 할 일이 있고, 중요한 존재라는 것이다.

3) 연결된 삶

(1) 수직적 연결: 시간을 통한 연속성

앞서 논의하였듯이, 종교생활은 양로원 입주자를 자신의 개인적/집단적 과거 및 미래와 연결시킨다. 현재의 순간은 앞서 지나간 순간들과 연결되어 있으며 이후에 올 순간들과도 연결되어 있다. 이러한 방식에 의하여 삶은 응집성과 통합성을 가지게 된다. Myerhoff가 설명한 것처럼, 전례는 "특정 시간에 한정되지 않으며, 변화를 포함하지 않는 초월적 인식을 강조한다"(1984, 322쪽).

(2) 수평적 연결: 공동체

외부 세계로부터 단절되었으며 다른 입주자들에게서도 소외되었다고 느끼는 양로원 입주자들에게, 종교생활은 공동체를 경험할 수 있는 유일무이한 가능성을 제공한다. 종교생활이 아니었다면 완전히 단절된 존재로 자신을 인식했을 양로원 입주자들은 공통의 유대감을 갖게 된다. 친절한 말 한마디 주고받지 않고 하루 종일 앉아만 지냈던 여인들도 예배를 마친 후에는 서로에게 고개를 돌리고 평화를 전하고 서로 "안식일 잘 지내시기를" 빌어 줄 것이다. 주중에는 서로에게 관계되고 싶어 하지 않았던 남자들도 종교모임에 대한 기억을 공유하면서 이야깃거리가 많이 생겨났다는 것을 알게 된다. 예배를 함께하는 것은 장기보호시설 내에서 공동체를 형성하는 것이다.

종교생활은 양로원에 공동체를 만들어 낼 뿐 아니라, 입주자들이 사방에 둘러싼 벽을 넘어 신앙 공동체와 연결될 수 있도록 해 준다. 주기적으로 순환되는 종교 일정에 참여하면, 양로원 입주자들은 같은 시각에 같은 축일을 지키는 도처에 있는 신앙인들과 연결된다. 또한 종교생활은 외부 공동체의 구성원들이 장기보호시설과 연관될 수 있는 중요한 기회를 만들어 낸다. 여러 세대를 망라한 공동체 신자들이 예배와 찬양을 함께하는 것은 양로원 입주자들에게 그들이 육체적으로 떨어져 있다 하더라도 계속 지원해 주는 더 큰 신앙 공동체의 일부라는 점을 상기시켜 준다.

(3) 차원을 초월한 연결: 하느님의 보살핌에 연결

우리는 지금까지 종교생활이 시간을 통해 수직적으로 입주자들을 연결해 주고, 공동체와 수평적으로 연결해 줄 수 있는 역량이 있다는 것에 주목해 왔다. 종교생활과 사목은 연결의 차원을 규정할 수 없는 하느님의 현존Divine Presence과 연결을 부여한다. 종교생활, 특히 사목은 쇠약함과 절망 속에 있는 양로원 입주자들에게 하느님의 지속적 보살핌이 존재함을 확인해 준다. 발작으로 말하지 못하거나 활동을 못하는 사람이 종교 예식이나 활동에 참여할 수 있는 기회가 주어진다면, 그는 하느님이 자신을 사랑한다는 사실을 상기할 수 있을 것이다. 특수사목 성직자가 정신착란증세가 있는 입주자를 방문하여 두서없는 말 속의 정서적이고 영적인 진실에 귀를 기울여 준다면, 입주자는 자신이 세상에서 중요한 존재이며, 하느님이 자신을 잊지 않았다는 사실을 다시 깨닫게 될 것이다.

3. 양로원에 종교생활을 도입할 때의 지침

장기보호시설에서의 종교생활은 다양한 서비스 모형으로 촉진될 수 있다. 보호시설의 직원인 특수사목 성직자가 수행할 수도 있지만, 대부분의 경우 종교생활을 촉진하는 자원은 지역사회로부터 나와야 하며 보호시설 직원과의 협력 속에서 이루어지는 것이 이상적이다. 그 지도력은 지역사회의 성직자로부터 나올 수도 있다. 또는 양로원에서의 종교생활을 원활하게 하는 것을 지역사회의 평신도 자원봉사자나 교회 모임들이 주도할 수도 있다. 그러나 몇몇 신학교에서 노인에 대한 특별프로그램이 개발되고 있기는 하지만, 노인사목을 훈련받은 성직자는 상대적으로 적다는 점에 주목해야 한다(Moberg, 1980). 여기서 제시되는 지침들은 종교 프로그램 기획에 대한 아이디어를 보여 주며 또한 장기보호시설 환경에서 일할 때의 요령을 제시한다.

1) 종교 프로그램 기획을 위한 아이디어

(1) 기념행사celebration

안식일, 축제, 연간 종교 축일 등의 기념행사로 이루어진 종교 달력 상의 주기를 축하함으로써 종교생활은 양로원 입주자들의 마음을 움직일 수 있다. 또한 양로원 입주자들의 생애에서 중요한 순간들을 기념하는 데 의례가 사용될 수도 있다. 죽음이나 사별과 같은 경우 종교 전통에 따라 확립된 전례가 제공될 수 있다. 기관 입소, 룸메이트 맞이하기, 병원 퇴원 등과 같은 경우에도 새로운 예식행위가 만들어질 수 있다

(Kozberg, 1992, 3-4쪽). 의식행사는 입주자들에게 중요한 단계별 변이에서 생겨난 감정들을 분명히 표현할 수 있는 기회를 만들어 주며, 사회로부터의 지지와 인정을 받을 수 있도록 해 준다.

(2) 교육

평생 학습은 다양한 전통에서 드러나는 종교생활의 한 측면이다. 성서, 종교 자료, 전통 등을 학습함으로써 양로원의 노인들은 지속적으로 성장할 수 있는 기회를 가질 수 있으며, 또한 신앙 전통을 전달하고 영구화하는 데 자신들이 참여할 수 있는 존재임을 인식하게 된다.

(3) 사회적 행동

영적 가치가 결실을 맺기 위해서는 행동이 중요하다고 대부분의 종교에서 가르치기 때문에, 양로원 종교생활의 사명 중에는 입주자들이 세상에 기여할 기회를 만들어 주는 것도 있을 수 있다. 전쟁으로 부모를 잃은 아이들에게 편지를 쓰거나, 학교나 집 없는 사람들을 위한 보호소에 기부를 하거나, 특정한 대의명분을 위하여 선출된 공직자를 지지하는 것 등이 사회적 행동에 포함될 수 있다. 어떠한 경우에나 이 같은 활동을 위해서는 자원봉사자나 직원 등 신체가 건강한 다른 사람들로부터의 도움과 지원이 필요하다.

쇠약해진 노인들이 곤경에 처한 사람들과 접촉하여 영향력을 행사하거나 봉사를 경험하기 위해서는, 누군가와 협력해야 한다. 이를테면, 입주자의 기부금 수표를 대신 써서 보내거나, 편지 보내기를 희망하는 입주자를 대신하여 써주는 것 등이 필요하다. 이러한 수고의 결과는 값진 것이다. 왜냐하면 '회색 팬더Gray Panthers'[230]의 창립자인 Maggie Kuhn이 자신의 회고록에서 나타낸 것처럼, 몸과 마음이 모두 허약한 양로원 입주자라는 사실에도 불구하고 그들이 변화를 가져올 수 있다는 점을 알게 되기 때문이다(1991, 212-13쪽).

> 이 진보된 시대까지 살아남아 우리들이 "할 수" 있는 일이 무엇일까? 우리는 생각하고 말하고 또 기억할 수 있다. 우리는 충고를 해 줄 수도 있으며, 어떤 것에 관

230) 회색 팬더Gray Panthers는 1970년 미국의 Maggie Kuhn에 의하여 창립된 노인과 청년을 위한 행동단체. 주요 주제는 의료보호, 사회보장, 전쟁반대 등임.
http://www.graypanthers.org/

한 판단을 내릴 수도 있다. 우리는 전화를 걸 수도 있으며, 편지를 쓸 수도 읽을 수도 있다. 우리가 빵에 버터를 바를 수 없게 될 지라도, 여전히 세상을 바꿀 수 있다.

2) 양로원 종교생활을 위한 실무적 고려사항

(1) 시간 설정

장기보호시설에서의 종교생활을 용이하게 하기 위해서는 그 제도적 리듬과 시간적 틀의 범위 내에서 움직여야 할 필요가 있다. 프로그램 시간을 맞춘다는 것은 식사 시간이나 그 외의 확정된 일정들 그리고 직원들의 일정까지 고려해야 한다는 것을 뜻한다. 이러한 일을 담당하는 사람들이 직면하는 어려움 중에는, 기관의 직원과 같은 중요한 자원을 활용할 수 있을 때에 프로그램을 진행하는 것과, 가능하면 '실제' 시간에 가깝게 맞추어 예배를 거행하고자 하는 욕구 사이의 균형을 맞추는 것이다. 많은 양로원 거주자들이 치매로 고생하며, 이들의 대부분은 밤이 되면서 혼미가 증대되는 일몰 증상을 나타내기 때문에, 낮 시간에 예배나 활동을 하는 것이 더 바람직할 것이다. 마지막으로, 집중 시간이 짧은 환경에서는 간결함이 중요하다. 의식이나 찬양을 30분으로 단축하면, 어떤 기도는 생략될 수도 있지만, 예배 시간의 참여는 더 활발해질 수 있을 것이다.

(2) 접근성

양로원에서 종교생활을 만들어 내는 데 접근성은 아주 중대한 문제이다. 프로그램과 예배를 개발할 때, 입주자가 가진 다양한 장애를 고려해야 한다. 첫째, 휠체어, 보행기, 노인의자 등의 수용이 용이한 공간이 필요하다. 둘째, 입주자들이 자기 방에서 예배장소로 '이동'할 때 도움을 필요로 할 수 있다. 셋째, 행사에 대해 구두나 서면으로 입주자들에게 반복해서 알려주어야 할 필요가 있다. 넷째, 확성기를 사용해 청각 장애가 있는 사람들도 참여할 수 있게 한다. 다섯째, 전례 자료는 글자가 크고 가벼워야 한다. 그래도 책장을 넘기는 데 도움이 필요할 수 있다.

(3) 참여의 극대화

종교 프로그램이나 예배에 참여하는 것은 입주자의 영적 안정감을 끌어 올려줄 수 있다. 더 나아가 적극적인 참여는 자신이 중요하다는 느낌을 준다. 따라서 가능한 곳이라면 어디에서든 예배를 이끌어 나가거나 준비하는 데 입주자가 참여하도록 장려되어야 한다. 요청받은 입주자가 읽고 암송하고 또는 다른 입주자가 참여하도록 도와주는 것은 정말로 유익하다. 또한 입주자들의 경험, 지식, 관점 등에 대해 통솔자의 감사 표시에 따라 그들은 한층 더 존재감을 확인하게 된다.

(4) 가족들 참여시키기

양로원에 있는 사랑하는 사람을 방문하는 것은 힘든 경험일 수 있다. 그들의 일상 현실이 가족과 공동체의 연결망에서 분리되면, 대화 주제를 생각하기도 힘들어진다. 인지적 혹은 신체적 장애로 의사소통이 힘든 경우, 단지 그 자리에 함께 있는 것조차 고통스러워질 수 있다. 소중한 친척들이 심신 기능의 상당한 부분을 상실할 경우, 그들과 함께 시간을 보내는 것은 그들의 과거와 현재 모습에서 드러나는 격차를 떠올려 고통스러울 것이다.

종교생활에 참여하는 것은 입주자와 가족이 함께함을 확인하는 경험이 될 수 있다. 예배를 행하며, 입주자는 자신의 내면에 있는 모든 것과 가장 잘 연결된다. 종종 입주자는 양로원의 다른 어떤 활동보다도 예배에서 자신을 더 풍부하게 표현하며 적극적으로 참여한다. 예배 보고 축하하고 성경공부 하는 행위는 방문한 가족이나 양로원 입주자가 구체적으로 함께 참여하고 즐길 수 있는 일을 제공한다. 결국 가족들은 결혼, 탄생, 견진성사 등과 같은 중요한 인생사를 양로원 종교의식이라는 맥락에서 전례로 기념함으로써, 양로원 내의 종교생활에 참여하도록 고무될 수 있다.

(5) 직원들과 함께 일하기

양로원 종교생활을 지원할 책임을 맡고 있는 특수사목 성직자, 지역사회 성직자, 자원봉사자는 양로원 직원들을 보완하는 다른 분야 팀과 긴밀히 협력할수록 더 큰 효과를 볼 수 있다. 오락치료사, 사회복지사, 간호사와 긴밀히 조정하고 소통하며 일하는 것은 필수적이다. 종교생활 조성과 관련된 담당자들은 종종 입주자의 영적 욕구에 대한 옹호자 역할을 할 것이다. 한편 입주자를 이해하고 봉사하는 데 필수적인 정보는 직원이 담당할 것이다. 특수사목 성직자나 지역사회 자원봉사자들은 입주자를 전인으로서 돌봄으로써 양로원이나 그 직원에게 귀한 인적 자원으로 인식될 것이다.

많은 양로원들이 다문화적 환경이기 때문에, 직원들이 입주자와는 다른 종교적 배경을 가지는 것도 무리가 아니다. 따라서 입주자들의 종교적 성향과 욕구를 이해하고 도움이 되기 위해서는 직원에 대한 교육이 중요하다.

직원들과의 긍정적인 협력관계를 만들어 낼 수 있는 방법은 직원들의 종교적 영적 경향을 인정하고, 그들이 종교생활에 참여할 수 있는 적절한 기회를 만드는 것이다. 양로원 입주자들과 직원들은 추수감사절이나 '킹 목사 탄생일'과 같은 좀 더 일반적인 기념일을 축하함으로써 공통기반을 찾을 수 있다. 직원이 입주자에게 기여한 바는 '전국양로원주간', '간호주간' 그리고 '사회복지의 달' 등 그들의 노고를 기리는 시기의 기념식을 통해 인정받을 수 있다. 그리고 직원들은 정기 혹은 임시 예배에서 임종한 입주자를 애도할 수 있는 기회를 가짐으로써 정신적으로 큰 지지를 얻는다.

4. 결론

종교생활은 양로원에서 삶을 마감할 사람들에게 삶에 대한 기념, 의미, 연결에 대한 희망을 갖게 한다. 종교생활에 참여하는 것은 신앙 공동체의 노인을 위해서도 지극히 중요할 뿐 아니라, 봉사자에게도 본질적으로 만족스러운 것이다. 보호시설에 입소한 노인들의 영적 욕구에 대한 사목은 시편 작가의 다음과 같은 비전을 이루는 데 도움이 될 것이다.

> 의인은 야자나무처럼 돋아나고,
> 레바논의 향백나무처럼 자라리라.
> 주님의 집에 심겨,
> 우리 하느님의 앞뜰에서 돋아나리라.
> 늙어서도 열매 맺으며,
> 수액이 많고 싱싱하리니,
> 주님께서 올곧으심을 알리기 위함이라네.
> 나의 반석이신 그 분께는 불의가 없다네. (시편 92,12-15)

제26장 노인 동성애자

Gary S. Whitford
Jean K. Quam

나이가 들면 대부분 성과 무관한 것으로 생각한다. 그리고 노인을 성에 관심이 있는 존재로서 인식한다 하더라도, 그것은 항상 이성간의 문제일 것이다. 그러나 정확한 통계에는 다소 이견이 있으나, 노인층의 약 10%가 남성 동성애gay 또는 여성 동성애lesbian라는—동성애homosexual라는 의학용어보다 이를 선호함—점에는 대체로 동의하고 있다. 이 집단은 연구하거나 이해하기에 가장 어려운 대상이다. 오늘날 65세 이상의 노인으로서 동성애자인 사람들은 동성애가 불법이고 비윤리적으로 죄악시되고 잘못된 것으로 인식되었던 시대에 자라난 세대이다. 이들 대부분은 자신의 성생활을 비밀로 숨겨 왔고, 아직까지도 그렇게 하고 있다. 만약 그들의 성적 성향이 드러났었다면, 그들은 직장에서 해고되고 가족과 친구들로부터 배척당하고 사생활을 숨겨야 하는 위험을 무릅써야 했다.

1. 동성애자들을 바라보는 종교적 시각

미국에서 기성 종교와 동성애자들 사이의 관계는 아무리 잘 봐주려 해도 간단치 않은 상황이다. 사회의 주류를 이루는 이성애자들이 동성애자들에 대해 부정적 시각을 지니는 것에는 기성 종교의 책임이 크며, 또한 이들이 교회로부터 멀어진 책임도 교회에 있다는 주장이 제기되었다(McNeill, 1976). 반면 몇몇 신학자와 평신도들은 이러한 태도를 검토하고 성스러운 문헌과 전통의 시각에서 재조명하는 작업을 하고 있다. 이에 힘입어 동성애자들은 평신도나 종교 당국과의 대화에 참여할 수 있게 되었다.

그간 미국의 많은 종교기관들은 성에 대한 문제, 특히 동성애에 관한 문제를 놓고 토론과 논쟁을 벌이면서 갈등을 겪어 왔다. 보수적 견해의 사람들은 도덕적 기준이 변질되었다고 한탄하는 한편, 진보적인 성향의 사람들은 새로운 견해의 필요성을 촉구한다. 이런 견해 차이의 결과로 종교기관들은 사람들이 이 문제에 관해 전국사무소에 일임하는 것을 줄이고, 적어도 전국사무소에 편지나 전화통화를 더 자주한다는 것을 알았다.

1994년 여러 주요 교파들이 동성애자들에 대한 견해를 조사하느라 씨름하기 시작했다. 성공회는 3년간에 걸친 성 문제에 대한 조사보고를 총회에서 들었다. '미국 루터교회'는 1993년 내내 인간의 성에 관한 연구를 논의하다 그해 가을에 내용을 발표하였다. 그보다 2년 전에는 '보수 유대교 랍비총회'에서 동성애자를 랍비로 임명하는 문제를 놓고 토론을 벌였다. 이 총회에서도 특별조사반을 구성하여 인간의 성 문제에 관한 보고를 하도록 조치하였다.

유대교와 루터교회는 일부 영역에서 견해가 일치하였다. 양성 간의 장기적 결혼의 성스러움을 강조한 반면, 동성애자들의 생활양식은 선택적으로 인정하도록 여지를 두었다. 여기서 인정이라는 말은 신의fidelity와 사랑하는 계약적 관계의 필요성이라는 관점에서 표현된 것이다. 그러나 교회의 연구보고서가 발표되자 수천 통의 비난전화가 시카고에 있는 루터교회 전국사무소에 쇄도하였다. 반대의견의 대부분은 교회가 동성애를 계속 죄로 간주해야 하며 같은 성끼리의 성 관계는 합법적으로 성립될 수 없다는 점을 밝혀야 한다고 주장했다. 실제로 많은 그리스도교인들은 동성애를 첫 번째 죄악으로 간주하고 있다(Scanzoni and Ramey Mollenkott, 1978). 여러 그리스도교 단체들이 미국 내에서 전개되고 있는 투표에서 반 동성애 정책을 지지하고 있다.

어떤 교회의 신자들은 성 문제에 대한 교회의 확립된 견해가 바뀐다면 교회를 떠나겠다고 위협하는 신자들이 있는 반면, 동성애자들은 이미 이러한 교회에서는 떠나

버렸다. 이들은 교회로부터 거부를 당할 것을 예상하게 된 것이다. 동성애자에 대한 실태조사에서는 교회에 소속되었던 사람들이 꽤 된다. Berger의 연구(1982b)에 따르면 남성 동성애 노인 가운데 37%는 개신교 신자였고, 11% 가톨릭 신자, 14% 유대교, 13% 기타 종교에 속해 있었고, 26%는 무신론이거나 불가지론 또는 무차별로 조사되었다. Bell and Weinberg(1978)는 50%에 달하는 남성 동성애 백인은 전혀 신앙이 없으며, 남성 동성애 흑인은 1/3이 전혀 신앙이 없는 것으로 조사되었다고 보고하였다. 여성 동성애 백인의 대다수와 여성 동성애 흑인의 1/4은 전혀 종교가 없다고 말하였다. 또 다른 연구에서는 남성 동성애 및 여성 동성애 응답자의 34%가 그들의 성적 성향에 우호적인 교회에 다니고 있다고 응답하였다(Quam and Whitford, 1992). 나머지는 교회에 나가지 않거나, 그들의 동성애를 공식적으로 인정하지 않은 주류 교회에 나가고 있었다.

James Nelson(1978)은 교회가 이들을 밀어낸다는 것은 곧바로 이들을 동성애 전용 술집, 목욕탕, 집단거주지 등에서 공동체를 구하도록 밀어내는 것과 같다고 서술하였다. 종종 동성애자들이 동성애임을 밝히고 밀실에서 나오면come out, 교회에서도 쫓겨나오는come out 결과가 되어 버렸다. 그리스도적인 관점에서 말한다면, John Fortunato(1982)는 동성애자 그리스도교인은 교회의 변두리로 밀리고, 추방당하며, 제거되는 점을 주목하였다. 어느 기고자는 *The Other Side*라는 잡지에 다음과 같이 평하였다. "한때는 진심으로 예수님을 주님과 구세주로 모시던 수많은 젊은이가 동성애 전용 술집에 가득 찬 것을 보는 것에 나는 지쳐버렸네. 그들은 양성애자로 변하지도 않고 결국 그리스도의 지체에서 떠나버리고 말뿐이야"(Scanzoni and Ramey Mollenkott, 1978, 7쪽). 그러나 기성 종교에서 동성애자들을 위한 공동체를 제공해 주지 않는 동안, 이들은 스스로의 공동체들을 구성하고 있으며, 그 공동체들은 이 동성애자들이 성공적 노화를 달성할 수 있도록 기여하고 있다.

2. 방법론적 문제점

동성애 노인에 대한 연구가 증가하기는 하였으나, 지금까지의 연구에는 심각한 한계점이 나타난다. 우선 자기의 경험에 대해 선뜻 이야기할 동성애 노인을 찾는 것도 용이한 일이 아니며, 조사 대상이 된 사람들 대부분이 이미 커밍아웃한 사람이나 자신의 성 정체성에 친숙해진 사람들이기 때문이다. 다른 한편으로는 동성애 연구가 성

정체성 상담을 받은 임상 집단에서 얻은 대상으로 이루어졌는데, 이 연구는 전체 집단에 대하여는 왜곡된 모습을 보여 준다.

또한 많은 조사연구가 겉으로는 '노인' 동성애자를 대상으로 한다지만, 사실 정확히 보면 '중년'을 대상으로 이루어졌다고 볼 수 있다. 새로운 연구에서는 다양한 나이 집단별 차이를 인식하고 있으며, 특히 초기 고령층과 후기 고령층을 구분하고 있다.

40세 이상의 모든 대상을 노인 표본으로 일괄 취급해서는 안 된다. Quam and Whitford(1992)는 동성애자라는 것이 노화에 적응하는 것을 방해한다고 느낀다는 점에서 나이는 중요한 요소라는 점을 발견하였다.

초기 연구에서의 또 다른 편향은, 연구가 샌프란시스코나 뉴욕에 거주하는 중산층 백인 남성 동성애자에 국한하여 상대적으로 작은 표본에 의해 이루어졌다는 사실이다(Berger, 1984; Kimmel, 1978). 여기서 나온 연구 결과는 바로 모든 동성애자 노인에게 일반화되었다. 하지만 최근의 연구에서는 여성 동성애 노인의(Kehoe, 1989) 독특한 욕구와 남성 동성애 노인의(Whitford, 1995) 독특한 욕구가 따로 검토되고 있다.

일반적 노화를 다룬 연구의 대다수가 대상들의 성적 성향에 따른 질문은 생략하고 있는데(Berger, 1982), 이는 아마도 조사 대상을 불쾌하게 할까봐 그럴 것이다. 대부분의 노년학 관련 문헌에서 노인층에 존재하는 다양한 성적 성향은 계속 무시하는 반면, 동성애자 노인들의 노화만을 다룬 문헌들이 계속 증가하고 있다. 최근 발간된 동성애자의 노화에 대한 자료안내서는 그 주제에 관한 논문, 서적, 회의 발표 논문 등 40쪽 분량이 넘었다(NALGG, 1993).

3. 남성 동성애 노인Older Gay Men

남성 동성애 노인은 노화 집단 중에서 종종 간과되는 부분이다. 연구나 업무에서 모두 노인은 통상 기혼이거나 독신으로 구별하는데, 이들 중에는 노화 과정에 영향을 끼치게 될 독특한 생활양식을 가진 남성들이 있다는 사실을 고려하지 않고 있다. 남성 동성애자만을 중점적으로 연구하는 경우에도 젊은이 표본만 연구하는 경향이 있다. 그러나 노화 분야의 연구가 이 간과된 부분을 채워줄 수가 있다. 동성애자가 이성애 환경의 보호시설에 입소할 때를 본다면 성적 성향은 노화 연구에서의 정당한 분석 범주가 된다는 의견이 나오고 있다(Kayal, 1984).

다행히 지난 20년간 남성 동성애 노인들의 삶에 대한 관심이 증가하기 시작하였다. 몇몇 연구는 남성 동성애자와 그들의 인생 관심사에 초점을 맞추었다(Bell and Weinberg, 1978; Berger, 1982b; Francher and Henkin, 1973; Gray and Dressel, 1985; Kelly, 1977; Kimmel, 1979; Laner, 1978; Minnigerode, 1976; Quam and Whitford, 1992; Weinberg and Williams, 1975). 그간의 많은 연구는 우리 사회에 만연한 남성 동성애 노인에 대한 부정적인 이미지를 불식하는 데 성공적이었다. 이러한 고정관념은 그들이 우울하고, 외로우며, 성적으로 과도하고, 자아에 대한 인식이 낮고, 나이 먹는 것을 겁낸다는 것이다(Berger, 1982b; Francher and Henkin, 1973; Gray and Dressel, 1985; Kelly, 1977). 연구의 결과로 이제 남성 동성애 노인에 대한 이해도가 높아지고, 이는 이들과 함께 일하고 있는 사회 서비스기관, 종교기관, 기타 기관 등에 유용할 것이다.

1) 노화 과정

오늘날 남성 동성애자에 대한 연구에서는 동성애자라는 것이 노화 과정에서 긍정적인 영향을 줄 수 있는 방법에 주목하고 있다. 예를 들어 이들은 노화 과정에서 역할 상실의 정도가 작을 수 있음을 보여 준다. 이런 현상은 남성 동성애자 하위문화가 남성 동성애자들을 남자라는 역할 정체성에서 격리시키고, 역할 상실에 내재하는 근심을 감소시키기 때문이다(Francher and Henkin, 1973). 또한 많은 남성 동성애자들은 유연한 성 역할을 발달시켰다. 성 역할의 유연성은 독립심의 증가로 이어질 수 있으며(Friend, 1980), 역할 담당을 자유롭게 바꿀 수 있으며(Kimmel, 1978), 역할 상실의 가능성이 감소할수록 역할 유연성이 더 증가하며(Berger, 1982a), 새로운 역할에 적응할 요구가 감소하며, 자기를 누군가가 보살펴야 한다는 기대도 줄어든다(Kimmel, 1978).

밀실에서 나와 동성애자임을 밝히는 과정이 노화 과정을 도울 수 있다. '낙인stigma의 극복'이라는 개념으로 이러한 현상을 해석할 수 있다. 한 젊은 남성 동성애자가 자신이 다른 사람들과 다르기 때문에 엄청난 사회적 비난 속에서 자아수용을 이루기 위한 자원을 개발해야만 한다는 것을 깨닫는다. 노인 동성애자는 예전의 어려움을 반복하게 된다. 왜냐하면 노년이라는 사실이 바로 동성애와 같은 방식으로 낙인찍히는 대상이기 때문이다. 그러므로 노인 동성애자는 인생에서 일찌감치 낙인을 겪었기에 자존심을 유지할 수 있을 것이다(Berger and Kelly, 1986).

다른 한편으로는 오늘날의 동성애 노인 집단은 평생 동안 낙인화에 대응하여 깊이 밀폐된 생활을 하고 있을지도 모른다(Kimmel, 1979). 은폐된 생활은 노화 과정에서 부정적인 영향을 끼칠 수 있다. Kimmel은 친척들과의 소홀한 관계가 동성애 노인이 겪는 가장 큰 어려움일 수도 있다고 지적하고 있다. 동성애 공동체 집단에 속하지 않는 사람은 동성애를 노화 적응의 방해 요소라고 느낄 가능성이 더 높다(Whitford, 1995). 그러나 연구에 의하면 동성애 그 자체는 노화 적응에 부정적 영향을 미치지는 않는다는 것을 보여 준다(Kimmel, 1979; Quam and Whitford, 1992). Berger(1984)의 연구 대상자들도 노화 적응 과정에서 동성애와 양성애 사이에 별 차이가 없다고 믿고 있었다.

남성 동성애자가 겪는 노화 과정은 여성 동성애자가 겪는 것과는 다를 수 있다고 조사되었다(Quam and Whitford, 1992). Friend(1987)는 문헌에서 도출되는 전반적 결론은 남성 동성애자가 여성 동성애자들보다 더 일찍 노령화를 맞이하며 한층 더 스트레스를 받는다고 했다. 노화에 수반되는 신체적 변화는 여성보다 남성 동성애자에게 더 부정적 영향을 미치는 것으로 나타난다(Minnigerode and Adelman, 1979). 그러나 Minnigerode(1976) 연구에 따르면, 동성애자가 일반 사람들보다 노화가 더 빨리 진행된다는 증거는 찾아볼 수 없다고 하였다. 다른 연구에서는 노인 동성애자가 젊음을 되찾기 위해서 젊은 남성에게 접근하지는 않는 것으로 조사되었다(Laner, 1978).

2) 공동체 생활의 장점

동성애자임을 밝히는 과정은 많은 남성 동성애자들의 발달 과정의 일부이며 위기 대응력의 감각을 원활하게 할 수 있는데, 이는 나이 들면서 중요한 것이다(Kimmel, 1978). 동성애 공동체에 소속된 동성애자들은 일반인들보다 더 자아수용적[231]이며, 덜 우울하며, 노화에 대한 두려움도 작다는 것이 조사되었다(Berger, 1982b). 동성애자 하위문화에서 보내는 시간이 많을수록 동성애자 친구가 일반 친구보다 더 많으며, 외로움도 덜 느끼게 된다(Gray and Dressel, 1985; Whitford, 1995). 여러 사람들과 여러 환경에서 노출되면 결과적으로 환경에 더 잘 적응하게 되는데, 특히 동성애자 친구들이 가족들보다 정서적으로 더 따뜻하게 대해 주기 때문이다(Friend, 1980).

노인 동성애자에 관한 근거 없는 말들이 있으나, 노인 동성애자가 동성애자 공동체로부터 스스로 또는 강제로 쫓겨나온다는 증거는 매우 희박하다(Bennett and Thompson, 1980). 오히려 남성 동성애자 공동체 내에서 개방적이고 나이 먹는 것이 장점이 된다는 증거가 있다. 불행하게도 앞서 말한 것처럼, 수많은 노인들은 아직도 동성애임을 감추며 살고 있다. 이러한 동성애 남성들을 그들의 공동체로 결합시켜 주

231) 자아수용self-acceptance이란 자신의 약함이나 부족함에도 불구하고 자아를 인정하고 받아들이며 만족하는 것을 의미함.

는 것이 바로 사회적 서비스기관이나 종교단체가 해야 할 핵심적 역할이다.

3) 지원 네트워크

대부분의 노인 동성애자들이 노화 과정에서 서로 힘이 되어 주고자 협력 네트워크를 구축하였다는 증거가 있다. 이들은 자신들의 동성애자 동아리 모임을 만들어서(Kimmel, 1977), 대리 가족의 역할을 하고 있다(Bell and Weinberg, 1978). 어떤 저자들은 많은 동성애자들은 자신의 원래 가족으로부터 도움을 기대할 수 없기 때문에 아주 일찍부터 자생력 있고 독립적이 되는 방법을 터득하였다고 서술한다(Berger and Kelly, 1986). 그리고 자기 자신을 부양하는 방법을 찾았다고 한다(Kimmel, 1977). Francher and Henkin (1973)에 의하면 많은 노인 동성애자들이 자신이 동성애임을 밝히자, 가족의 부양을 잃게 되었다고 호소했다. 그러나 다른 곳에서는 노인 동성애자들이 가족과의 강한 유대를 유지하고 친구의 지원 네트워크가 강화되어 가족 지원 네트워크를 보완한다는 것을 보여 준다(Friend, 1980; Raphael and Robinson, 1980).

이러한 지원 네트워크는 일반 노인들에게처럼 동성애자들에게도 중요하다. 동성애자 공동체에 가입되면 심리적, 사회적 적응이 훨씬 수월해진다. 동성애자들이 어떤 관계 속에 있는 것이 보다 높은 수준의 만족도와 상관관계가 있음을 보여 준다(Berger, 1980; Whitford, 1995). 사회적 접촉을 통해 일반적 도움뿐만이 아니라 동성애자들이 나이 들어가며 호소하는 잠재적 고립의 문제를 다루기 위한 조직적인 활동까지도 도움을 받게 된다(Whitford, 1995). 다른 동성애자들과의 이러한 관계는 자아수용에도 중요하다. 왜냐하면 이는 부정적인 사회의 시선에 대항할 수 있다는 믿음에 접할 수 있기 때문이다(Berger, 1984). 그러한 동성애자들과 일하는 전문가들은 지원 네트워크의 설립과 보강을 원활하게 함으로써 그리고 고객이 또래집단을 만나도록 도와줌으로써, 도움이 될 수 있다(Berger and Kelly, 1986). 각 기관들도 이들이 노화에 적응하는 데 도움이 되는 사회적 접촉, 지원, 활동 등을 제공함으로써 이들이 기본적인 관계 욕구를 충족하도록 도와줄 수 있다.

4) 경험하는 문제점

동성애 노인들을 연구한 결과는 앞서 추측한 바와 같이 그들이 절망과 자포자기로 가득 차 있지 않음을 보여 준다. 이들은 젊음을 다시 되찾으려 하지도 않고(Laner,

1978), 평균적으로 안정된 자아 개념을 가지고 있으며 만족스러운 사회생활과 성생활을 누리고 있다(Kelly, 1977; Raphael and Robinson, 1980; Weinberg and Williams, 1974). 이들은 젊은 동성애자들에 비하여 더 외롭지도, 덜 행복하지도, 자부심이 위축되지도 않았으며, 노화 과정에 대한 걱정이 더 크지도 않았다(Bell and Weinberg, 1974; Bennett and Thompson, 1980; Berger, 1982b).

그러나 남성 동성애자들은 여러 어려움을 겪는다. 어떤 것은 일반 남성 노인들이 겪는 것과 비슷한 것도 있고, 또 나름대로 독특한 어려움도 있다. 여기에는 나이에 의한 낙인(Kimmel, 1977), 소중한 사람의 상실 그리고 보호시설에 들어가야 한다는 두려움(Kelly, 1977), 외로움(Minnigerode and Adelman, 1978), 압박과 차별대우(Berger, 1984; Kelly, 1977; Kimmel, 1978; Minnigerode and Adelman, 1978), 건강과 몸 및 육체적 활동의 변화(Berger, 1984) 등이 포함된다. 연구에서는 노인 동성애자 응답자들도 다른 일반 노인들이 경험하는 많은 어려움, 즉 건강 악화, 기력 쇠약, 퇴직 후 재정난 등을 호소하였다(Berger, 1984; Whitford, 1995).

남성 노인 동성애자들은 실제로 몇 가지 특이한 문제점도 겪는다. 즉, 이들은 성적 성향과 나이에 의한 차별을 당할 수 있다(Whitford, 1995). 특정 법률, 관습, 규율 등의 차별 효력은 나이와 함께 증가한다(Kimmel, 1977). 남성 노인 동성애자는 동반자가 사망할 때 법률적 차별을 경험한다(Kimmel, 1977). 병원과 양로원에서는 동반자를 가족으로 대하지는 않을 것이며, 생존한 동반자는 재산 소유권 문제에 부딪히게 된다(Berger, 1982). 이와 같은 특이한 문제점들은 역점을 두어 다루어져야 하며, 간과되어서는 안 된다.

5) 프로그램과 서비스

남성 노인 동성애자는 모든 노인 프로그램을 제공받고 있기는 하지만, 그들만의 특이한 욕구는 제대로 다루어지지 않는다. 노인에 대한 많은 연구가 동성애자의 문제를 간과하고 있고, 이에 따라 심지어 지역사회 기관들은 고객이 동성애자일 수도 있다는 점을 인정하려고 하지 않는다(Kimmel, 1978). 그래서 잘 짜인 프로그램에 참여하는 노인 동성애자가 거의 없는 것도 이 같은 이유 때문일 것이다. 한 연구에서는 노인 동성애자의 17% 정도만 노인센터에서 마련한 프로그램에 참여하고 있다고 한다. 그러나 노인 동성애자의 78%는 남성과 여성 동성애자의 요구에 맞게 특별히 조직된 사회기관에 관심을 보였다(Whitford, 1995).

몇몇 노인 동성애자들은 그들만의 욕구에 맞추어 짜인 기관의 프로그램과 서비스에 참여하고 있다. 이런 프로그램들은 종종 자조self-help를 기반으로 한다. 이러한 방식은 고객이 자신과 서로의 욕구를 친밀하게 알 수 있기 때문에 매우 유용하다. 이렇게 하면 자원봉사자들이 다른 어디에서도 볼 수 없는 서비스를 제공할 수 있도록 유용한 역할을 창안하는 데 도움이 된다(Berger, 1982).

4. 여성 동성애 노인Old Lesbians

여성 동성애자에 대한 대부분의 문헌과 연구는 젊은 여성을 중심으로 이루어져 왔다. Macdonand and Rich(1984)는 여성 공동체 안에서 동성애자 노인이 보이지 않는 것에 대해 신랄하게 서술했다. 노인 여성에 대한 자료에서는 동성애의 가능성을 배제하고 있는 것이다. 그러므로 여성 동성애 노인들은 잘 알려지지 않은, 어쩌면 잘못 이해되고 있는 집단이다.

1) 노화 과정

Deevey(1990)는 여성 동성애 노인에 대하여 묘사하기를 늙고, 여성이며, 동성애라는 "삼중의 소수집단 처지"라고 했다. 일반적으로 보면, 여성 동성애자가 무엇인지에 대한 오해가 있을 수도 있다. Kehoe(1989)는 특히 노인 여성 동성애자에 대하여 기술하면서 "여성 동성애자는 원래 성적인 관계를 의미하는 것이 아니라, 단순한 육체적 집착을 초월하여 보다 광범위한 인간적 만족을 수반하는 보다 폭넓은 여성간의 상호의존성"이라고 하였다. 어떤 여성들의 경우 장기간에 걸쳐 정서적, 사회적 및 재정적으로 다른 여성에 강한 애착을 지니는 경우가 있는데, 그렇다고 해서 자신이 동성애자라고 생각하지는 않는다. 다시 말해서, 다른 동성에 정서적 애착을 가진 젊은 여성 집단이 자기들을 동성애자이라고 불러주는 것이 더 편안하고, 사회도 이러한 지위를 더욱 인정하고자 함에 따라, 우리는 동시대집단적인 차이점을 더 이해하기 시작했을 수 있다는 것이다.

대부분의 여성 동성애자 노인들은 다른 모든 여성 노인과 동일한 문제점, 즉 외로움, 건강 악화, 재정적 결핍 등을 우려하고 있다. 외로움은 특히 심각한 문제점으로 지적되고 있다(Quam and Whitford, 1992; Kehoe, 1989). 여기에 덧붙여서 노인 여성 동성애자에게 독특한 문제들이 있다. 여기에는 손자손녀들과 자녀들에게 "동성애임을 밝히는 것", 건강보험에서의 차별대우에 대한 두려움, 나이 들면서 새 파트너를 구하기가 어렵다는 점 등이 포함된다. 한편 Quam and Whitford(1992)의 연구에 의하면, 어떤 노인 여성 동성애자는 오히려 동성애가 노화 과정을 직면하는 데 도움이 되었다고 믿는데, 이는 스스로 자신을 있는 그대로 인정하는 법을 터득하였고 여성 동성애자 공동체에서 도움을 받을 친구들을 찾았기 때문이라고 한다.

2) 지원 네트워크

1970년대의 여성운동 이후, 일반 여성들은 다른 여성들로부터 도움을 받는 법을 배워 나갔다. 많은 노인 여성들과 특히 노인 여성 동성애자들은 나이가 들면서 꼭 필요한 도움을 다른 여성들로부터 찾게 되었다. 자기 가족으로부터 성적 성향 때문에 배척당한 노인 여성 동성애자는, 다른 여성 동성애자 친구나 여성 동성애자 커플들과 함께 대안 가정을 꾸리는 경향이 있었다. Dorrell(1990)은 일곱 명의 여성 동성애자들이 84세의 죽음에 임박한 여성 동성애자를 위한 비공식 지원 네트워크를 감동적으로 묘사하였다.

어떤 노인 여성 동성애자들은 오랜 기간 동안 장기적 서약관계를 계속 유지해 오고 있다. Kehoe(1990)가 연구한 60세 이상의 여성 동성애자 100명 가운데에 35년 이상 동반자로 살아온 커플이 10쌍 이상이나 되었다. 어떤 여성 동성애자 커플은 법률적인 보호를 받을 수 없어 불안해한다. 커플 중 하나가 병들 경우, 치료나 보호시설 입소를 둘러싼 의사결정 과정에서 평생의 동반자라도 인정을 받지 못하기 때문이다. 또한 평생의 동반자가 사망한 경우에도 이성 커플이 배우자를 잃었을 때만큼의 위로를 받지 못한다. 여성 동성애자 동반자를 한 번 잃으면, 어떻게 새로운 관계를 구해야 할지 막막해진다. Kehoe(1989)는 어떤 노인 여성 동성애자 커플은 사회적 차별이 두려워 집안에만 머무르고 결국은 고립된다는 점을 우려한다. 이러한 상황에서 동반자가 신체적 장애가 발생하여 파트너에게 의존하는 경우에는 노인 여성 동성애자는 고립될 위험이 더욱 높아진다.

몇 가지 연구에서는 여성 동성애자 사교그룹이나 종교 집단과 같은 동성애 공동체에서 활발하게 활동하는 여성 동성애자들은 자신에 대한 자존심이 더 강하고 자신의 노화를 받아들이는 가능성이 높은 것으로 조사되었다(Quam and Whitford, 1992; Raphael and Robinson, 1980). 그리고 작은 지역사회나 시골 지역에 거주하는 노인 여성 동성애자는 이용할 수 있는 서비스가 부족하여 불이익을 받을 수 있다.

3) 프로그램과 서비스

대개 노인 여성 동성애자는 그들이 성적 성향 때문에 차별대우를 받지 않으면서 그들의 욕구에 민감한 서비스와 프로그램을 원한다고 말한다. 이런 서비스는 동성애자만을 고객으로 하는 "동성애 맞춤형" 기관에서나 할 수 있다. 이러한 기관에서는 제공할 프로그램이나 고객을 받을 때 물어보는 질문에 신경을 써야 한다. 한 예로 고객의 혼인 여부를 질문하기보다는 "인생에서 누가 가장 중요합니까?" 또는 "누구와 함께 생활합니까?" 하고 질문하는 것이 가능한 것이다. 친교 활동에서도 남녀 짝을 짓는 것보다는 모든 사람이 함께 움직이도록 하는 것이 좋다. 대기실에 비치되는 책들도 동성애자의 노화에 관한 내용이 있는 것이 좋을 것이다.

노인 여성 동성애자들이 가장 두려워하는 상황은 그들의 욕구에는 무감각한 의료문제이다. 의료사업자가 환자들의 다양성을 인정하면, 정보 공개의 가능성이 높아진다(Gentry, 1992). 하지만 정보 공개로 자신의 성적 성향이 의료기록이나 고객관리노트에 기록되고 결국 다른 관련 전문가들도 다 볼 수 있다는 두려움을 가지게 된다. 한 연구에서 어떤 노인 여성 동성애자가 말하기를, "의사가 알게 되면 좋은 진료를 받을 수 없을까봐 두렵다.… 나이 들면서 가장 큰 두려움은 내가 반항할 기운조차 없을 만큼 기력이 떨어졌을 때 내가 학대 받을 것이라는 점이다." 이러한 점 때문에 어떤 여성 동성애자들은 자신들은 여성 동성애자 의료사업자 또는 "여성 동성애자만을 위한" 서비스, 즉 여성 동성애자나 여성 동성애자 후원집단만을 위한 은퇴시설을 원한다고 말한다(Kehoe, 1989).

5. 결론

최근 수십 년 동안 노인 동성애자 인구집단을 위한 전국적, 지역적 기관들이 생겨났다. 초기 조직의 하나로 '동성애환경노인행동Senior Action in a Gay Environment: SAGE'이 1977년 뉴욕에서 조직되었다. 본래의 사명은 재가 동성애 노인들에 대한 보호와 지원이었으나 이제는 그 서비스가 교육, 전문직업 훈련, 사회적 지원, 옹호 등으로 확대되었다. 다른 도시에도 서비스, 지원 네트워크, 자원봉사 기회 등을 제공하는 기관들이 있다. 조사에 응답한 사람들은 이러한 기관들이 매우 유익하며, 또한 은퇴한 사람들에게 자원봉사의 기회를 주고 있다고 대답하였다(Kimmel, 1977; Whitford, 1995). 또한 지난 20년 동안에 남성 동성애자들로 구성된 종교단체도 여럿 생겼다. '메트로공동체교회Metropolitan Community Church'는 특히 동성애자 신자들을 반갑게 환영하였다. 다른 교파들도 그들을 환영하는 지역 교회가 있으며, 동성애자들의 이익에 봉사하는 전국적 조직도 있다. 예를 들면 '존엄Dignity'이나 '관심을 가진 루터교인Lutherans Concerned' 같은 단체들은 각각 로마가톨릭과 루터교회의 남녀 동성애자들을 위해 봉사하고 있다. 앞으로 더 많은 전문가들이 노인 남녀 동성애자들과 일을 하게 될 것이다. 이제는 이들 노인 그룹에 대해 많은 연구가 이루어져야 할 때가 되었다.

제5편

노화에 관한 신학적 관점

제5편: 들어가며

신학적 참여의 특정 방식에 관계없이, 제5편에 나타나는 신학자들은 노화의 경험에서는 불가피하게 종교적 질문이 제기된다는 점에 모두 동의한다. 그들은 서로 다른 신앙 전통의 입장에서 말하기 때문에, 성서 해석이나 신학적 탐구 방법, 노화 신학의 정당성 그리고 노년에서의 창조, 죄, 구원의 체험 등 중대한 사항에 대하여는 의견이 일치하지 않는다. 그럼에도 인간들이 신의 본질과 신이 이 세계에서 행한 바에 대하여 숙고하는 위압적인 과업에 참여하면서 몇 개의 쟁점에 대해서는 의견이 일치되었다. 예를 들면 노화를 묵상하는 사람은 반드시 죽음도 묵상해야 한다고 단호하게 주장한다. 제5편의 몇몇 장에서는 나이에 따른 쇠약 속에 있는 영적 성장의 잠재력을 다룬다. 다루는 방식은 다소 달라도 모두가 노인들의 삶에 매우 깊은 반향을 불러일으킨 존재와 행함의 변증법을 아우르고 있다. 어떤 저자들에게는 이 변증법이 믿음과 일에 대한 고대의 고찰을 의미하지만, 그들 모두에게 존재와 행함의 복합적이고 역동적인 관계가 노화에 대한 신학적 고찰의 기초를 이룬다.

제27장에서는 연대기적 접근법을 취하여, Kerry Olitzky와 Eugene Borwitz는 하느님과 유대민족 간의 계약적 유대가 성서시대, 랍비시대, 현대에 노화의 관점을 어떻게 형성하였는지를 검토한다. 그들은 성서나 랍비의 저술에서 나오는 현실적이며 상식적인 접근법을 주목하며, 노년의 이러한 이미지를 이해하는 핵심은 부모와 자녀의 관계라는 맥락 속에 있다고 주장한다. 그러나 현대에 와서는 노화의 의미와 목적이 물질주의와 젊음 숭배로 세워진 사회적 장벽으로 종종 이해하기 어렵게 되었다. 유대교 관점에서 노화를 생각하는 네 가지 모형을 사용하여, Olitzky와 Borowitz는 현대 문화에 대한 비판이 세대 간의 계약을 가능케 할 새로운 비전을 드러낼 수 있다고 주장한다.

제28장에서 가톨릭 신학자인 Drew Christiansen도 또한 과학기술적 기풍이 인간 삶의 불확실성을 완전히 설명하고 통제할 수 있다는 환상을 이끌어 낸다고 우려한다. Christiansen은 대안적 이미지, 즉 나이에 따른 쇠약은 하느님과 인간성의 신비로 인

도하는 것임을 밝힌다. 삼위일체 하느님에 대한 그리스도적 믿음은 의존성, 가족부양, 세대 간 관계, 노인 보호를 제공하는 사회적 참여의 정의 등 익숙한 노년학적 쟁점들에 새로운 의미를 준다.

노화는 자원을 풍화시킨다는 데 동의하며, 제29장에서 Fred Van Tatenhove는 변화와 상실이 하느님의 인간 실존 계획의 일부임을 밝히고 변화와 상실까지 포함한 생애의 일관성을 묘사하는 수많은 성경구절들을 인용한다. 복음주의 그리스도적 관점에서, Van Tatenhove는 존재와 행함의 변증법과 씨름하다가, 성서는 노년에서의 근본적인 인간적 가치에 관한 수많은 희망적 이미지를 포함하고 있다고 결론짓는다. 그는 Christiansen과 마찬가지로 노화 과정은 노인들을 삶의 신비 속으로 인도할 것으로 믿는다.

그러나 가끔 노인들은 영적 여정 가운데 길을 잃기도 한다. 유한성에 대한 근심으로 괴로워하고, 삶을 향해 열린 상태와 삶을 종결하는 상태 사이에서 긴장을 참아낼 수 없어서 그만 그들은 절망으로 빠져든다. 이는 시간을 통한 자아인식에서 인간적 곤경을 겪으며 비롯된 부정적 결과이다. 더구나 상실감은 축적되어 자유와 자아수용에 나쁜 영향을 미친다. 제30장에서 Omar Otterness에게는 시간 속에서 희망을 찾고 상실 속에서 용기를 찾기 위한 도전이 바로 노화의 중심적 관심사이다. 이러한 도전을 설명하기 위하여, 그는 Erikson의 자아통합성에 대한 통찰을 Tillich의 죄와 죄책감 문제에 대한 신학적 고찰과 비교한다. 또한 Otterness는 Erikson의 노년에서의 생성성과 활기찬 참여를 Tillich의 성화의 원칙과 비교하며, 이 두 군데에서 노년 삶의 목적을 회생시킬 가능성을 찾는다.

Alfred North Whitehead의 연구에서 고무된 과정신학은, 이성과 지성을 인간성에 반영된 하느님의 모습이라고 찬양하는 신학과는 대조적이다. 이러한 신학적 운동은 감성과 육체구현을 강조하여, 개인은 육체로 구현되며 감정이 있고 시간 속에서 자아가 움직이는 것을 평가할 인지적 능력이 있는 것으로, 즉 전체론적 형상으로 보여 준다. 제31장에서 Thomas Au와 John Cobb는 과정 모형에서 노화에 대한 종교적 질문의 핵심으로 생각되는, 인간이 살아가는 시간의 연속선 속에서 어떻게 평화를 찾을 것인가를 모색한다. 노인의 이러한 도전은 비록 노인들에게 기대하는 것이 거의 없고, 존재의 가치는 무시하면서 행함은 줄기차게 인정하는 사회에서 산다고 할지라도, 이러한 평화를 찾으라는 하느님의 부르심에 계속 귀를 열고 있는 것이다.

노화의 의미에 관한 사회적 불확실성 때문에 인간의 삶과 공동체에 관한 새로운 비유와 패러다임의 필요성이 수없이 제기되었다. 인간의 실재와 그들이 공유한 사회적 삶을 이해하는 방식을 근본적으로 재구축할 필요성에 응답하여, 여성신학자들은 종교적 전통과 현대적 사회 상황 사이에서 상호 비판적이며 건설적인 대화의 수립을 주도해 왔다. Mary Knutsen은 노화의 구원적인 이미지는 여성에게서나 남성에게서나 삼위일체와 종말신학의 부활에서 찾을 수 있다고 주장한다. Knutsen은 삼위일체의 본질적 관계성 그리고 시간의 종말신학적인 이해에서 드러나는 미래 · 현재 · 과거의 만남에 기초하여 노화의 여성주의 신학을 구축했다. 제32장에서 독자들은 현역으로 활동하는 신학자를 관찰하게 된다. Knutsen은 오늘날의 노인들 특히 여성들의 구체적 모습을, 인간 체험의 낡은 이미지를 자기이해와 행동의 새로운 가능성으로부터 근본적으로 끊어버리는 상징인 십자가라는 영속적 의미에 비추어 주의 깊게 살펴본다. 그녀는 노화의 변화에 대한 새로운 관점을 창조해 내기 위하여 사람들이 모이는 의례를 촉구하면서 결론을 짓는다. 이러한 의례를 통하여 여성이나 남성이나 늙은이나 젊은이나 인간의 삶과 공동체에 대한 변화된 비전을 향하여 서로 성장할 수 있도록 북돋워 줄 수 있다.

제33장에서 Marc Kolden의 신학과 성서에 대한 접근법은 지금까지의 장들과는 많은 점에서 다르지만, 그도 역시 노년에서 영적 성장의 수많은 기회를 발견한다. 신학적 과제에 대하여 후기 자유주의 신학postliberal의 방법론이라 부를 만한 접근법으로, Kolden은 그리스도교 신학을 구성하는 기준을 정리한다. 이 기준은 전통에 진실해야 하며, 현대적 삶에 응답해야 하고, 도덕적으로 옹호할 수 있어야 한다는 것이다. 노화에 대한 신학적 접근법은, 노인을 노쇠하고 의존적이며 요구만 하는 것으로 보거나, 아니면 다른 면에서 활발하고 자율적이며 성자의 지혜로 충만하다고 고정관념으로 보는 단순한 이분법과는 충돌한다고 Kolden은 주장한다. Kolden에 따르면 노인들도 젊은이나 마찬가지로 구원이 필요하다. 노화를 사회과학적으로 설명하면 죄와 심판의 체험은 설 자리가 없기 때문에 노화의 궁극적 목적을 자아의 평안으로 보고자 하는 현대적 갈망과는 모순됨을 깨달은 진취적 정신의 신학자들이 다루어야만 한다. 평안은 종종 사회과학에서 일종의 완전한 종결조건end-state으로 묘사된다. 그러나 Kolden은 다른 관점을 제시하며, 초점을 자아의 평안에 둘 것이 아니라 그리스도인으로서의 소명에서 드러나는 존재와 행함의 동태적인 관계에 두어야 한다고 주장한다. 노년에는 남은 생애에 인간은 자아가 아닌 하느님에게 봉사하라고 부르심을 받는다. 그저 존재한다는 것은 충분치 않고, 노년이라고 존재가 행함을 대체하는 것도 아니다. 아무리 쇠약하고 무력한 노인이라 할지라도 타인으로부터 보살핌을 끌어낸다는 의미에서 뭔가 하고 있는 것이다.

제5편을 통하여 신학자들은 노인의 삶의 가능성을 분명히 한다. 그들은 노화의 지식을 발견하는 데 있어서 사회과학자와는 다른 접근법을 채택한다. 즉, 실증적이 아닌 해석학적 인식론이다. 성서와 전통이 현대생활에 비추는 빛을 검증하는 그들의 학문적 연구에서, 신학자들은 종종 인간 사업에 대한 현대적이고 임상적인 이해를 부정하는 통찰력을 발견하곤 한다. 비록 사회과학자들이 "그들은 정보data가 없다"고 신학자들의 연구를 부정할지라도, 노화 과정이 종교적 안락과 종교적 도전을 전달하는 방법을 보는 본질적 관점이 제시된다. Olitzky와 Borowitz에서부터 Kolden에 이르는 장들에서는 평안만을 추구하면서 살아온 삶의 도덕적 공허함을 주장한다. 그들은 인간 공동체에서 노인의 역할이 중요함을 강조함으로써 현대 문화의 개인주의적 편향성을 반박한다. 마지막으로 이 장들은 사회과학자들이 노화, 영성, 종교를 연구할 것을 제안하는데, 이는 노인들의 실제적인 믿음과 전통이 노화 과정의 경험을 어떻게 형성하는지에 대하여 좀 더 알게 되는 도전이기 때문이다.

신학자들과 사회과학자들은 좀처럼 대화하는 법이 없다. 왜냐하면 상호 불신이 있고, 그들이 설정하는 가설의 세계는 서로 완전히 다르며, 공통관심사를 함께 연구할 기회가 거의 없기 때문이다. 이 책의 편집자들은 William Clements에게 제34장의 신학과 과학의 긴장관계에 대하여 검토해 줄 것을 요청하였다. 왜냐하면 그는 직업상 양쪽을 모두 경험했기 때문이다. 그는 사목자, 교육자, 행정가로서 의학대학과 신학대학에서 일했기 때문에, 물질주의적 과학의 영역과 신학으로 표현되는 인간체험에 대한 직관과 느낌이라는 영역 사이의 깊은 틈을 직접 관찰한 독특한 경험이 있다.

James Birren은 비유의 통합적 힘에 대한 수많은 사례에 대하여 글을 써 왔는데, Clements의 연구는 그 힘을 드러냈다. 그의 흥미로운 비유는 모든 학문 분야의 사람들을 독자로 초대하여 사람들이 자신의 전공 분야에 따라 실재reality에 대한 가정을 구성하는 방법을 고려하도록 한다. 결과적으로 각 학문 분야는 다른 분야의 정당성에 대해 질문을 제기한다. 사회과학자들은 신학자들이 그들 모형의 예측적 정확성을 검증하지 않는다고 불평하고, 신학자들은 사회과학자들이 노인들의 근본적이며 실존적인 관심사를 무시한다고 비판한다. 그러나 이 책에서 본 바와 같이, 노화 과정에서의 영성과 종교에 대한 연구는 다양한 관점이 수렴될 것을 요구한다.

신학자와 사회과학자, 학자와 실천가들 모두가 각자의 전문성을 이러한 중요한 이슈에 가져와야 한다. Clements는 노화 과정과 인간들에 대한 서로 다른 접근법들이 대화할 수 있는 거대한 방을 제안하며, 그가 비유한 어두운 창고는 그러한 대화를 시작하는 방식을 제공한다. 배경이 저마다 다른 온갖 학문 분야의 독자들이 노화에 대한 연구에서 미지의 영역을 탐구하기 시작할 때 Clements가 그들의 손에 플래시라이트를 쥐어주도록 허용해야 한다. Clements는 이러한 탐험이 가치가 있을 것이라고 약속한다.

제27장 유대교의 관점

Kerry M. Olitzky
Eugene B. Borowitz

유대교 역사에서 이렇다고 획일적으로 말할 수 있는 것은 거의 없다. 특히 유대교 사상의 특성에 관해서 더욱 그러하다. 이 장에서 소개할 내용은 특정 시대 혹은 특정 맥락을 통해 보았을 때 유대교 역사 전반에 걸쳐 노화에 관한 일반적이고 뚜렷한 경향들 중에서 전형적인 것이다(Glicksman, 1990; Rosen, 1990). 따라서 이 장에서 우리는 일반적인 역사적 기준에 따라 (1) 성서시대가 랍비시대로 합쳐지는 시대, 그리고 (2) 현대로 나누고자 한다. 성서가 통찰과 이해를 위한 기초를 형성하는 반면, 랍비시대부터는 활용 가능한 훨씬 많은 문서 자료들이 있다. 그러나 랍비들은 '신학'에 관하여 실제로 새로운 자료로 소개한 것은 거의 없기 때문에 그런 자료를 합치는 것이 필요하다. 유대인이 경험한 역사는 노화에 대해 신학적으로 접근하는 데 없어서는 안 될 요소이다. 신성한 대화에 들어가면서, 각 세대는 유대교 경험의 핵심에 자기 세대의 경험의 층을 더한다. 이러한 역사적 경험은 개인과 역사(그리고 이를 기록한 신성한 문헌)의 지속적인 상호작용을 통하여 개인의 기억 속으로 들어간다.

1. 성서시대와 랍비시대

해를 거듭하면서, 유대 노인의 역사적 기억은 더 깊고 더 넓은 토대를 이루며 신과의 계약적 유대는 잠재적으로 더욱 확고해진다. 그러나 노화와 유대교의 교차가 노년에서 시작되는 것은 아니다. 실제로 그것은 신의 형상을 한 인간의 출생, 성장, 발달 등에서 시작하는 것이다. 성서의 저자는 이것을 아주 명확하게 알았다. 20세기의 관점에서 원문을 읽으면서, Rachel Dulin은 다음과 같이 지적했다.

> 고대 이스라엘 저자들은 노화를 계속 이어지는 발달 과정의 마지막 부분으로 보았다. 생애의 각 단계는 성숙이 이루어지고 노령이 다가옴에 따른 육체적 · 심리적 변화에 의해서 구분된다. … 노화는 인간의 경험에서 피할 수 없는 부분이다. 세포의 복제와 우리 몸의 성장과 성숙과 일치하여, 유전적 프로그램으로 된 생물학적 시계는 우리의 한정된 나이를 세고 있다. 천천히 그러나 멈추지 않고, 건강의 악화와 허약이 지배적인 증상이 된다. 성서시대의 인간은 [원문 그대로임] 노년이란 쇠퇴가 가장 잘 뚜렷한 단계로 관찰되었다(1986, 50-51쪽).

따라서 레위기에서 발견된 노화에 대한 성서적 관점을 나타내는 표준 구절은 다음과 같다. "너희는 백발이 성성한 어른 앞에서 일어서고, 노인을 존경해야 한다. 너희는 하느님을 경외해야 한다. 나는 주님이다"(레위 19,32). 허약해진 노인들이 신의 보호를 받도록 할 필요를 인식하여, 율법에서는 노인들이 다가오면 일어서고, 노인들이 말하기 전에는 말하지 않도록 하고 있다. 예를 들어 탈무드('키두신'[232] 33a)에서, 우리는 랍비 요하난이 오랜 세월 고생을 견뎌온 무식한 노인 앞에서 존경의 표시로 일어섰다는 것을 읽을 수 있다. 정말 그 성구는 노인에 대한 존경과 신에 대한 숭배 사이의 직접적이고 필연적인 관계를 함축한다. 출처가 불분명한 '벤 시라의 지혜'인 집회서[233] 25장 4-6절에서는 이를 더욱 강조하여, 벤 시라가 쓰기를, "백발노인으로서 판단력이

232) 키두신Kiddushin은 유대교의 구전 율법Oral Torah을 처음으로 문서화한 미슈나mishnah에 속하는 문헌 중의 하나임.

233) 집회서Ecclesiasticus는 BC 180년경 히브리어로 시라의 아들(벤 시라) 예수에 의하여 씌었고, BC 130년경 이집트에서 사본을 발견한 원저자의 손자에 의하여 그리스어로 번역되었고, '교회서'라고도 함. 교파에 따라서 정전canon 혹은 외전apocrypha으로 분류됨. 가톨릭과 동방정교에서는 정전으로 인정하나, 개신교에서는 인정치 않음. 유대교에서는 Tanakh(유대교 정전)에는 포함되지 않으나 탈무드나 랍비 문헌에서는 인용하고 있음.

있고 원로들로서 건전한 의견을 줄 수 있다는 것이 얼마나 좋은가! 풍부한 경험은 노인들의 화관이고 그들의 자랑거리는 주님을 경외함이다." 나중에 탈무드('*Berachot*' 8b)에서는 이러한 존경은 심지어 학식, 즉 지혜를 상실한 사람에 대하여도 보이도록 하였다. "계약의 궤Ark of the Covenant 속에 두 개의 완전한 율법 석판뿐 아니라, 사람들이 황금 송아지 앞에서 춤을 추는 것을 보고 모세가 박살낸 석판의 파편조각도 있었다는 것마저 망각한 노인들까지 존경하라." 그러나 성서 자료를 다루면서 '황금시대 증후군'[234]을 과장하고 성서적 사실주의는 소극적으로 다루는 경향이 있음을 많은 사람들이 알게 된다. 좋은 노년에 대한 희망은 항상 성구에 나타나지만, 이는 신학적 사색이라기보다는 오히려 때 이른 죽음과 어려운 생활 현실에 대한 반작용일 수 있다. Shlomo Balter는 다음처럼 지적한다.

> 이러한 구절들로 인해서 유대교가 노화를 침착하게 혹은 기대감으로 보았다고 믿게 되어서는 안 된다. 이러한 구절들과 사고방식은 당시 평균 기대수명이 낮고 유아사망이 매우 높았던 세상이었다는 맥락 속에서 나타난 것이라는 점을 잊어서는 안 될 것이다. 그러한 사회에서 생존하여 노인이 된 사람들은 특별한 지위를 보장받았다는 것은 이해할 만하다(1978, 9쪽).

장수를 올바른 삶에 대한 보상이라고 생각하는 사람들이 많다. 아마 이는 삶의 실상이라기보다는 오히려 신의 특별한 선물이라는 인식에 그 기원이 있을 것이다. Benjamin Blech가 보여 준 것처럼, 노년은 그래서 축복이면서 동시에 저주가 되었다. 살아 있음 자체는 좋다고 여겨지지만, 노년의 병이 예방된다는 보장은 없으며, 노년의 축복을 받은 사람들도 마찬가지이다(1977, 65-78쪽). 비록 비유적이긴 하나 전도서 12장은 이것을 다음과 같이 적고 있다.

> 그러니 좋은 날이 다 지나고 "사는 재미가 하나도 없구나!" 하는 탄식소리가 입에서 새어 나오기 전, 아직 젊었을 때에 너를 지으신 이를 기억하여라. 해와 달과 별이 빛을 잃기 전, 비가 온 다음에 다시 구름이 몰려오기 전에 그를 기억하여라.
> 그날이 오면 두 팔은 다리가 후들거리는 수문장같이 되고,
> 두 다리는 허리가 굽은 군인같이 되고,

234) 황금시대 증후군golden age syndrome이란 과거의 것이 현재보다는 더 좋았다는 과장된 믿음을 말함. 특히 현재의 비참한 상황에 비추어 말함.

이는 맷돌 가는 여인처럼 빠지고,
눈은 일손을 멈추고 창밖을 내다보는 여인들같이 흐려지리라.
거리 쪽으로 난 문이 닫히듯
귀는 먹어 방아소리 멀어져 가고
새소리는 들리지 않고
모든 노랫소리도 들리지 않게 되리라.
그래서 언덕으로 오르는 일이 두려워지고
길에 나서는 일조차 겁이 나리라.
머리는 파뿌리가 되고
양기가 떨어져
보약도 소용없이 되리라.
그러다가 영원한 집으로 돌아가면
사람들이 거리로 쏟아져 나와 애곡하리라.
은사슬이 끊어지면
금그릇이 떨어져 부서진다.
두레박 끈이 끊어지면
물동이가 깨진다.
그렇게 되면 티끌로 된 몸은 땅에서 왔으니
땅으로 돌아가고
숨은 하느님께 받은 것이니
하느님께로 돌아가리라.
설교자는 말한다.
"헛되고 또 헛되다. 모든 것이 헛되다." (전도서 12,1-8, 공동번역본)

이 장에 대한 '미드라시 라바Midrash Rabbah'[235]에서는, 저자는 각각의 비유가 노년에 퇴화하여 제 기능을 하려고 애쓰는 신체의 각 부분을 언급하는 것으로 파악한다.

---

235) 미드라시Midrash는 '연구', '조사'의 뜻인 '드라시'에서 유래한 말로서, 성서의 구절을 개별적인 실제 상황에 적용시켜 해석하려는 유대교의 성서주석 방법 또는 그러한 글의 모음집을 말함. Rabbah는 '위대한'의 의미임. 이는 성서의 글자적인 의미보다 더욱 깊은 의미를 발견하고 연구하려는 방법으로, 탈무드 시대를 전성기로 하여 12~13세기까지 계속되었음. Midrash Rabbah는 창세기, 탈출기, 레위기, 민수기, 신명기, 아가, 룻기, 에스테르기, 예레미야서, 전도서 등의 10개 주석서만을 지칭하고 있음.

오래 산 성서적 인물들이 몇 년을 살았다는 것이 역시 비유라는 것을 알 수 있으며, 저자는 의도적으로 독자가 조상들이 그들의 올바름에 대한 보상으로 장수했다는 것을 이해하도록 한 것은 명백하다. Rachel Dulin은 더 나아가 다음과 같이 지적한다.

> 성서 구절에서 축복받은 노년을 기술하는 4가지 조건—병약하지 않음, 자식이 있음, 경제적 성공 그리고 존경받음—을 묘사하고 있다. 축복받은 노년을 성취한 성서의 영웅들은 장수에 더하여 최소한 이들 특성 중의 하나를 부여받았다. 각 영웅들이 축복의 방식이나 정도의 차이는 있었음에도 불구하고, 각각은 신의 축복의 상징이 되었다(1988, 79-80쪽).

따라서 장수의 축복을 받은 사람은 신성함의 진정한 구현인 것이다. 그렇게 오래 살면서, 유대 노인들은 올바르게 살고 계명을 수행함으로써 하느님과의 계약의 수준을 강화한다.

Rachel Dulin은 다음과 같이 말했다.

> 성서적 인물들이 노화 과정의 쇠약해지는 본성에 관하여 무엇을 알았는지 상관없이, 그들은 여전히 오래 살기를 바랐다. 생명을 유지하려는 열망과 함께, 늙어가는 현실은 바뀌었으며 때때로 노년의 개념에서 의미가 확장되었다. 신학적으로는 더 높은 차원으로 변화되어, 노년의 육체적인 차원인 쇠약해지는 본성은 사라지고 노년은 보상의 상징이 되었다. 시간의 흔적이 남기는 경주라는 측면을 무시하고 노쇠와 고통을 간과함으로써, 성서의 인물들은 의로움에 대한 신의 보답으로서 품위 있는 노년으로 오래 사는 쪽으로 그들의 기원을 모았다. 일단 품위 있는 노년이 인간에 대한 신의 보답이라는 개념이 정립된 이후에는 오래 살지 못하는 것 등은 악행에 대한 신의 응징으로 인식되었다(1986, 77-78쪽).

그러나 죽어감과 죽음에 결부되는 노화는 사실 기쁨이 아니다. 성서 저자들로서는 미리 생각해 낼 수 있는 것이라고는 죽은 자의 귀신이 모이는 지하의 거대한 구덩이, 즉 '저승Sheol'뿐이었다. 죽음과는 심각한 관계가 없는 노화의 신학은 이를 부인하는 것에 불과한 반면, 랍비들은 영원한 영혼과 부활이라는 개념을 도입함으로써 이러한 도전을 궁극적으로 초월한 것이다. 여기서 성서적 견해의 변증법을 기억해 두는 것이 좋겠다. 시편 작가 다윗왕은 다음과 같이 썼다.

> 저를 내던지지 마소서, 다 늙어 버린 이때에. 저의 기운 다한 지금 저를 버리지 마소서. … 저는 주 하느님의 위업을 칭송하며 들어가 오로지 당신의 의로움만을 기리렵니다. 하느님, 당신께서는 제 어릴 때부터 저를 가르쳐 오셨고 저는 이제껏 당신의 기적들을 전하여 왔습니다. 늙어 백발이 될 때까지 하느님, 저를 버리지 마소서. 제가 당신 팔의 능력을, 당신의 위력을 앞으로 올 모든 세대에 전할 때까지(시편 71,9; 16-18절).

시편의 이 글은 고전적인 유대교적 사실주의를 보여 주며, 다른 조류의 사상은 이상과 희망이라고 구별한다. 후자의 가치가 저평가되지 않는 한, 유대교 사고방식을 찬양하는 많은 부분은 결코 없었을지도 모른다. 심지어 '저를 버리지 마소서all tashliheni'라는 구절은 전례에서 반복되며 대중적 유대교의 일부가 되었는데, 이는 존경으로 노인을 대하라는 공동체의 노력에 모두가 다 참여한 것은 아니라는 점을 시사해 준다.

부모를 공경하는 유대의 관념은 노인에게 존경을 표하도록 율법을 강화했다. 이러한 사고방식은 나중에 노인을 보살피는 사회시스템을 수립하는 기초가 확립되는데 도움이 되었다. 비록 노화에 대한 랍비의 관점들이 개인적인 선악의 행위에 의해 죽는 나이가 결정된다는 믿음을 포함하는 등 신학적 도전이 가득함에도 불구하고, 노년까지 살아 있는 사람들에게 경의를 표하는 것은 이후 모든 유대교의 전형이 되었다. 이러한 노인의 지혜에 대한 경의라는 주제는 랍비와 함께 제도화되었다. 랍비적인 방식의 유대교 정체성이 더욱더 수용됨에 따라, 나이가 중시되는 사회적 형태가 도입되었다.

인간이 얼마나 오래 사는가라는 질문은 주요한 신학적 쟁점이다. 랍비들은 자주 이를 토론하였다. 예를 들어 '메길라*Megillah*'[236] 27b-28a에서는, 학교 선생들에게 "당신은 오래 살 자격이 있는가?"라고 묻는다. 실제 결론은 도출되지 않지만, Richard Sarason이 지적한 것처럼, 그러한 표현의 전제에는 "수명은 올바른 행동의 함수라는 점과 신의 계시된 율법을 준수하고 연구하는 인생을 살면 수명은 연장된다는 점이" 함축되어 있는 것이다(Chernick, 1989, 101-6쪽; Bayme, 1989, 107-8쪽; Ben Sorek, 1989, 109-110쪽; Sarason, 1989, 111-12쪽).

사회학자 Allen Glicksman은 노인에 대한 존경이 유대사회에서 권위라는 좀 더 중대한 문제와 연관된 것으로 보는데, 이는 유대인의 역사를 통하여 유대 사회의 발

---

236) 이는 유대교의 구전 율법Oral Torah을 처음으로 문서화한 미슈나mishnah에 속하는 문헌 중 하나임.

전을 형성하는 핵심적인 주제이다. 그러나 탈무드가 학식을 공동체 권위를 위한 필수 조건으로 본 이후, 일종의 타협에 이른 것처럼 보인다. 만일 오래 산 사람이라면 그는 유대 전통에 관하여 많은 학식을 가졌을 것이며 따라서 지혜를 가진 것으로 간주한다는 가설이 만들어졌다(Glicksman, 1990, 5). 물론, 이상적 상태는 지혜와 노년의 결합이라고 말할 수 있다. 이는 다음과 같은 '이디시어Yiddish'[237] 속담이 잘 나타낸다. "배우지 못한 이의 노년은 겨울과도 같다. 그러나 배운 이의 노년은 추수감사절과 같다."

경의를 고무한다는 일반적 관념을 뛰어넘어, 유대 전통에서는 노인들을 젊은이에게 전통적 지혜와 건전한 충고를 전수한다는 특별한 목적을 가진 집단으로 여긴다. 랍비들은 과거란 현재에 대한 지침이라고 여겼다. 성경에서는 "지난날을 기억하라"고 그들을 가르쳤다. "옛날을 기억하고 대대로 지나온 세월을 생각해 보아라. 아버지에게 물어보아라. 알려주리라. 노인들에게 물어보아라. 말해 주리라"(신명 32,7). 랍비에게 노인들에게 귀 기울일 것인가 혹은 젊은이들의 충동적인 목소리를 경청할 것인가에 대한 선택이 주어지면, 거의 변함없이 경험에 따랐고 노인들의 말을 들었다. 유명한 유대교의 성구로 '토세프타 아보다 자라*Tosefta Avodah Zarah*'[238] 1장 19절에서는 로마 하드리아누스 황제 시대의 예루살렘 사원 재건축에 관한 이유를 설명한다. "만약 당신에게 젊은이들은 사원을 짓도록 충고하고 노인들은 사원을 부수라고 말한다면, 후자의 말을 들어라. 젊은이의 건설은 파괴인 반면, 노인들이 헐어버리는 것은 건설이다." 이것은 공동체 갈등의 공식처럼 들리지만, 전통적인 유대의 이상은 실제로는 훨씬 더 조화로웠다. 그 목표는 젊은이와 노인이 함께 공동체의 목적을 위하여 일하는 세계이며, 일찍이 선지자 요엘이 마음속에 그렸던 다음과 같은 내용이다. "그런 다음에 나는 모든 사람에게 내 영을 부어 주리라. 그리하여 너희 아들딸들은 예언을 하고 노인들은 꿈을 꾸며 젊은이들은 환시를 보리라"(요엘 3,1).

인간은 신의 형상으로 만들어졌다. 이는 육체적 표상을 나타내는 것이 아니다. 오히려, 정의에 의해서 신체적인 것을 넘어선다. 인간이라는 종species은 비록 명백히 한계가 있긴 하나, 신처럼 창조적이다. 사실, 누가 봐도 신을 모방한 것이 분명한 모든 경우에도 그 한계점이 또한 분명히 나타난다. 신은 영원하다. 인간은 죽을 수밖에

---

237) 이디시어는 독일 등 중동부 유럽에 사는 유대인들이 사용하던 언어. 10세기경 독일의 라인 지역에서 독일어 방언, 히브리어, 아람어, 슬라브어 등이 혼합되어 발달되었으며 히브리어 알파벳으로 기록됨.

238) 토세프타Tosefta는 '부록 또는 추가'라는 의미를 가지며, 미슈나와 거의 같은 구조 하에서 비슷한 주제의 구전 율법을 보충적으로 정리한 것임. 아보다 자라Avodah Zarah는 이에 속하는 문헌 중 하나.

없는 운명이다. 그럼에도 불구하고 인간은 생식이라는 행위를 통하여 불멸과 창조 능력에 가까워지거나 모방한다. 따라서 젊은이와 노인들의 관계는 필연적으로 인간과 신의 관계와 연계된다. 그리고 노인들에 대한 모든 유대 사고방식은 성인이 된 자식과 그들의 부모 간의 이상적인 관계에 관한 유대 전통 지침이 굴절 반영된 것이다. 그에 비해, 부모와 자식 간의 관계라는 맥락에 놓여 있을 경우를 제외하고는 랍비는 노인 그 자체에 대하여 말한 것이 거의 없다. '말라기'의 입을 통하여, 하느님이 말씀하신다. "보라, 주님의 크고 두려운 날이 오기 전에 내가 너희에게 엘리야 예언자를 보내리라. 그가 부모의 마음을 자녀에게 돌리고 자녀의 마음을 부모에게 돌리리라. 그래야 내가 와서 이 땅을 파멸로 내리치지 않으리라"(말라 3,23-24). 유대 전통은 노인에 대한 존중의 결여는, 생명의 원천이며 우주 법칙인 신에 대한 명백한 거부라고 주장한다.

만약 노년이 인간 삶의 '안식일sabbath'이라는 Robert Katz의 개념이 수용된다면, 그러한 분석은 특히 날카롭다(Katz, 1975; Olitzky, 1988). 만약 우리가 유대 안식일의 많은 기능과 목적들에는 인간이 '창조'로부터 손 떼도록 하는 것 그리고 신의 영원한 창조력과는 반대로 인간은 죽을 운명임을 상기시키는 것이 포함된다고 가정한다면, 이러한 생각은 신학적으로 심오하고 중요한 결과를 가져온다. 노년은 마음과 영혼이 몸과 살에 우선할 수 있는 보다 높은 차원으로 개인을 이동시키는 바로 그 안식일이다. 그리하여 노년은 우리의 활동적 에너지가 육체보다는 영혼을 더 살게 하는 영적 에너지로 변화되는 시기가 된다. 즉 안식일의 초점에서와 마찬가지로 창조성의 초점이 실존existence이라는 더 높은 차원에 있다는 말과 같다. 노년은 경험에서 온 지혜와 그에 따른 지식의 성장 때문에 이처럼 높은 차원으로 개인을 이끌어 간다.

유대 전통은 고상한 용어로 노인을 말하는데 노년에 대한 상식적 접근의 증거가 된다(Reuben, 1976). 성서 및 랍비 문헌에서 표현된 명백한 사실주의는, '창세기 라바 69'의 성구에 요약된다. "장수의 영광이 없는 노년이 있고, 나이의 장식이 없는 장수도 있다. 둘 다 갖춘 노년이 완전하다." 성서의 저자들처럼, 랍비들도 인간 상태의 취약함을 외면하지는 않았다. 일상생활을 위한 지혜를 담은 책 〈피르케아봇*Pirke Avot*〉 4: 20에서, "노년에 학습하는 사람은 무엇과 같은가?"라고 묻는다. 대답은 "지운 종이 위에 잉크로 쓰는 것"이다. 또한 '미슈나'에도 똑같이 적혀 있다. "노인들로부터 배우는 것은 무엇과 같은가?" 이때 대답은 "잘 익은 포도를 먹고 오래된 포도주를 마시는 것"이었다. 이러한 사고방식은 동일한 성구에서 "병을 보지 마라. 오히려 그 안에 있는 것이 무엇인가를 보아라. 새 병에 오래된 포도주를 채울 수 있고, 새 포도주조차도 없는 낡은 병이 있을 수도 있다"라고 후에 제시했던 랍비 메이어Rabbi Meir[239]에 의해 통합된 것으로 생각될 수 있다. 그들은 일생의 삶을 토대로 해서 매우 심오하고 현명한 충고를 제공할 필요를 이해했으나, 그들은 육체적 한계에 직면한 것이 무엇인가도 역시 알았다. 이러한 관점에서는 노년은 세상의 음악이나 소리가 없는 어둡고 따분한 것이다. 그들은 '바빌로니아 탈무드'[240]('*Shabbat*'152a)에서 노인들의 지능이 고갈되어 버린다고 주장했다. 노인은 말을 더듬거린다. 노인의 귀는 신뢰할 수 없다. 심지어 노인에게는 작은 언덕도 가장 큰 산처럼 보인다. 그들은 각자에게 "노년기에는 모든 힘이 떨어져 제 구실을 못하기 때문에, 눈으로 보고 입으로 먹고 그리고 다리로 걸어 다닐 수 있기를" 기도하도록 독려했다(미드라시 '*Tanhuma Miketz*'10).

미슈나의 '*Avodah Zarah*'(17b)에 나오는 다음 성구를 읽게 되면, 우리는 랍비들의 가르침이 항상 지켜지는 것은 아니었음을 알 수 있다. Elazar ben Prata는 최근 그가 왜 학교에 가지 않았는지 질문 받았다. 그는 "나는 너무 나이가 많아서 사람들 발아래 짓밟힐까 봐 두렵다"고 대답한다. 유사한 소감이 미슈나의 '*Bava Kamma*'(92a)에도 나타난다. "우리는 늙었기 때문에, 어린애처럼 다루어진다." 수많은 사람이 인생의 이 마지막 단계를 연민뿐이며 희망이 없는 것으로 기술했다. Tanhuma가 편찬한 미드라시에서 골라낸 다음 글을 보자.

> 원숭이같이, 그의 기질도 변한다. 아이들같이, 모든 것을 달라고, 먹고, 마시고, 아이처럼 놀자고 청한다. 심지어는 그를 조롱하고 무시하고 싫어하는 자식들과 집안 일꾼들과도 함께 앉는다. 그가 말할 때는 "혼자 내버려 두자. 늙고 유치하네"라는 말을 그는 듣는다. 그러나 죽음의 천사가 도착했을 때, 그는 울기 시작하고, 그 소리는 세상 한쪽 끝에서 다른 끝까지 관통할 만하다.

긍정적이든 부정적이든, 노년에 대한 랍비들의 관점은 학문적 확대경을 통하거나 느긋한 신학적 사색을 통하여 걸러진 것은 아니었다. 대신, 그들은 고통뿐만 아니라

239) 랍비 메이어는 1세기경 미슈나 시대의 현인으로, Rabbi Meir Baal Hanes라고도 함. 미슈나가 편집되는 데 지대한 영향을 미친 것으로 알려짐.

240) 탈무드는 유대인 율법학자들이 사회의 모든 사상(事象)에 대한 구전과 해설을 집대성한 책으로 율법, 전통관습, 축제, 민간전승, 성구해설 등을 총망라함. 4세기경 팔레스타인에서 출판된 것을 '팔레스타인 탈무드' 혹은 '예루살렘 탈무드'라 부르며, 6세기경 메소포타미아에서 출판된 것을 '바빌로니아 탈무드'라고 구분함. 바빌론의 유수(BC 597~BC 538) 이후 바빌로니아에는 잡혀온 후 돌아가지 않고 정착한 유대인이 많아 공동체를 형성하고 자체 율법학자들이 이스라엘 본토와 별도로 율법해석을 발전시킴.

기쁨도 함께 나누면서 많은 사람들로부터 배웠다. 예루살렘 탈무드('Beitzah' 1)의 한 성구는 아주 예리하게 그것을 말한다. "우리가 젊었을 때 앉았던 돌들은 늙었을 때 우리와 싸운다." 이 점에서는 별반 달라진 것이 없다. 의학적 진보가 인간의 잠재수명에 근접하도록 기대수명을 증가시켰지만, 랍비적인 사고를 관통하는 인간의 유한성과 의존성에 대한 공포는 인간의 상황을 반영하는 것으로 현대적 사고방식과도 공명한다.

아마 유대교 관점의 균형은 유대교 이상을 인간 현실과 병렬해서 읽어야만 할 것이다. 종종 사람들은 바로 앞에서 언급한 상황에 자신이 처해 있음을 발견하곤 한다. 바로 이 때문에 유대인들이 노인을 존경으로 대하도록 명령받거나 권고받는 것이다. 어떻게든 많은 사람들은 피할 수 없는 죽음의 실재를 직면해야만 하며, 그들 중 진실로 죽기를 원하는 사람은 아무도 없다.

2. 현대

현대의 유대 생활로 돌아오면, 곧바로 역설적 상황이 나타난다. 완전히 현대화되고 세속화된 공동체로서의 유대인들은 삶의 현실적 문제에 대하여, 종교적 가르침이 이를 어떻게 판단할지 직접 고려하면서 접근하는 경우는 거의 없다. 실제로 그들이 옳다고 여기는 자신의 생각에 따라 움직이는 경향이 있다. 일반적으로 그들의 조부모들보다 풍요해졌고, 선대들보다 더 오래 살며, 과거에는 몰랐던 것들이 이제는 그들에게 가능해졌다. 이러한 발전의 많은 긍정적인 측면들은 우리 문화가 특히 노인들에 대하여 만든 장애 요인과 상쇄된다. 이러한 문제에는 다음 것들이 포함된다. 가족으로부터의 격리와 이별, 사회 구조 속에서의 불분명한 위치, 프라이버시를 중시하다 왕따 될 위험 등이 가장 중요한 것들이다. 이러한 모든 문제들은 비유대인 공동체를 괴롭힌 만큼 유대인 공동체도 똑같이 괴롭히고 있다.

그러나 우리는 통계나 일반적 기풍ethos에서 일반사회에서 작동하는 것과는 구별되는 잣대를 볼 수 있다. 후자는 미국의 유대 공동체에서 노인을 위한 특별 주택과 서비스를 만들기 위하여 움직이는 방식에서 극명하게 나타난다. 만약 그것이 전형적 유대 기풍이 지닌 지속적 힘을 의미한다면, 부모에 대한 존경과 보살핌을 인간성의 주력 지표로, 더 나아가 커뮤니티의 노인에 대한 대우로 생각하는 많은 유대인에게 더 큰 영향을 미치게 될 것이다.

신학자나 철학자의 과제는 바로 이렇게 진행 중인 약속commitment의 종교적 기저를 꿰뚫는 인지적 통찰력을 주고, 때로는 그를 강화시키거나 그 방향을 고쳐주는 것이다. 그리고 이 주제를 직접 다룬 것이 거의 없다는 점은 바로 이 문제가 상대적으로 새로운 것임을 나타낸다. 이 주제에 대한 유대 전통이 충분할 것이라는 낙관적 분위기 때문에, 현대의 변화된 상황에서조차 실제로 어떠한 학문적 재검토도 요구되지 않았다. 이것이 어느 정도까지는 추상적 성찰보다 유대교적 행위가 우선함을 강조하는 많은 전통주의자들의 입장을 나타낸다. 아마 노화의 문제들이 심화되었거나, 인적 및 유대교적 자원들이 이제는 종래보다 그 자명함이 줄어든 것으로 보인다. 이러한 의미에서 노화에 대한 유대교적 사고방식에 대한 더 많은 추상적 성찰이 바람직하다. 아마 이러한 성찰을 통하여 현재의 의무를 바라보는 새로운 통찰력도 얻을 수 있을 것이다. 이 장에서는 유대교적 사고에 대한 네 가지 현대적 모형을 탐구하고, 이들이 노화에 대해 의미하는 바를 찾고자 한다(Borowitz, 1983).

가장 오래되었고 여전히 유효한 유대교 모형은 '윤리적 합리주의'이며, 대표적인 것은 Herman Cohen[241]의 신칸트주의neo-Kantianism이다(Borowitz, 1983, 29-52쪽). 신이 인간에게 무엇을 할 것인가를 지시하는 전통종교와의 관계로부터, 근대정신이 스스로 인간의 의무와 열망을 우리에게 가르칠 수 있다는 전형적인 칸트주의적 전환 속에서, Cohen은 행위deeds에 대한 고전적인 유대교적 관심을 유지했다. 그는 이러한 행동주의에 대해, 매우 유대교적인 자기이해에 표하는 특별한 해석을 다음과 같이 내렸다. 즉, 이성적인 사람은 스스로 법을 만들어야 하며, 그 실존의 중심에 보편적이고 윤리적 관심을 둘 필요가 있다. 이 두 주제는 자기주도력personal agency[242]에 선대에서는 보지 못한 강렬함을 부여하였다. 우리가 Cohen의 자유주의적 전환, 즉 이승과 저승을 말하는 믿음(율법적 유대교)으로부터 세상에 홀로 살게 된다는 믿음으로 바뀐 것을 기억한다면, 이 점은 특히 분명해진다.

유대교에 관한 대중적인 생각은 유대교가 진정한 유대인임을 나타내는 징표로서 윤리적 행동을 강조한다는 것이었다. 이는 또한 구체적으로 유대교적 행위에도 영향을 미쳤다. 인간의 삶을 향상하기 위한 다양한 시민운동에 최근 몇 세대에 걸쳐서 놀

---

241) Hermann Cohen. 1842~1918 독일 출생. 신칸트학파 중 마르부르크학파의 창립자 중의 한 사람. 종교는 순수한 사랑의 표현이며, 그 기초는 철학체계의 진리 속에 있음을 표시하려고 노력함.

242) 주도력agency이란 개인이 독립적으로 행동하며 스스로 자유로운 선택을 결정할 수 있는 능력을 말함. 이와 대비되는 구조structure는 주도력을 제한하는 여러 가지 요소를 말함. 주도력은 경험으로 형성된 인지적 믿음의 체계, 사회나 개인이 가진 지각 그리고 구조와 환경 요인 등의 영향을 받음.

랄 만큼 많은 유대인들이 참여한 것은 유대교를 이렇게 재해석해야 한다는 폭넓은 호소를 입증하는 것이다. 결과적으로, 노인에 대한 유대교적 관심은 반드시 이러한 유대인의 신앙이라는 원리적 척도의 맥락에서 나타날 것이다. 학문적 의미에서, 이것은 진일보한 것일 수 있다. 칸트학파가 보편적 영역에서의 합리적 윤리를 강조한 것은 우리가 존엄성dignity을 '모든' 도덕적 행위자moral agent에게 확장해야 한다는 것을 의미하는데, 이는 아직도 우리 사회와 세계가 더욱 인간화되어야 한다는 혁명적 의미를 가진 개념이다. 이것은 노인들이 얼마나 '비생산적이고', 약하고 혹은 골칫거리로 보이는 것과는 상관없이 우리가 노인을 그냥 "내칠 수" 없다는 것을 의미한다. 그들은 도덕적 동인으로서, "목적에 대한 수단"으로가 아니라 최대한 "그들 자체가 목적"으로 대우받아야 한다는 것이다.

이러한 학설의 부정적 측면은, 사회문화적 사업가로서 또는 경제적으로 스스로 준비하는 데에서 가급적이면 "자신의 삶을 스스로 꾸려가는" 개인들이라는 자본주의적 관념과 쉽게 융합된다는 점과 관련된다. 코헨주의적인 자아의 윤리적 행동주의는 물론 한편으로 수정도 했지만 미국의 실용적 경향에 빠르게 동화되었다. 그러나 바로 이처럼 자아의 유용성, 사람이 하는 것과 할 수 있는 것, 재화가 산출된다는 것 등을 강조하는 것 때문에, 미국에서 노인이 된다는 것에 특별한 문제가 생겨나는 것이다. 흔히 인간다움이란 상황을 주도하는 능력이 아니라 상황을 장악하는 데 필요한 것과 동일시된다. 행동으로는 이제 충분치 않으며, 효율성이 중요하다. 온전히 사람이 된다는 것은 어느 누구에게도 의존하지 않는 것, 즉 항상 혼자 힘으로 할 수 있다는 것을 의미한다.

물론 이러한 개념 자체가 기약하는 바가 있다. 사람들이 나이에 상관없이 새로운 것을 시도하고, 그들이 아직 뭔가 될 수 있는 것을 생각하고 그리고 오랫동안 미루었던 꿈을 이젠 합리적으로 실현키 위해 착수할 것을 고무한다. 종종 행동은 큰 즐거움과 만족을 가져온다. 그러나 사람이 지쳤을 때나, 아니면 자신의 인간다움을 여전히 유지한다는 것을 행동으로 입증할 필요도 없이 그저 가만히 있고 싶을 때라면 무슨 일이 일어날까?

생산적 행위란 젊은이들에게조차 소용없는 기준이다. 도대체 몇 명이나 자신의 모든 능력 혹은 주어진 기회를 완전히 활용한다는 말인가? 한때 자신들이 했던 일을 다시 하는 것은 육체적으로나, 정서적으로나, 경제적으로 꿈꾸기 어려운 노인들에게 그저 파괴적 도전일 뿐이다. 수명이 연장될수록 사람들을 우울하게 만드는 것은 자신의 힘으로 확립한 통제 영역을 상실할 위험이다. 사람들이 그저 그냥 있는 것이 불가능한 한 그리고 계속해서 무엇인가 하지 않으면 안 되며 그 행위로서 자신의 인간성을 입증한다고 느끼는 한, 노년은 품위 있는 것이 아니라 오히려 의존하는 것이다.

그들의 가르침이 이렇게 격하되었다 해서, 유대교의 '윤리적 합리주의'가 비난받아서는 안 된다. 그들이 말한 것 중에는 도덕적 행위자가 되기 위해 가져야 할 개인의 능력을 비하한 것은 없다. 세월과 경험이 도덕적 통찰력을 가져다 줄 수 있다고 주장하는 것은 어렵지 않다. 그러나 우리 사회의 생산적인 천재가 이 이론은 끌어들이는 방식으로, 이 이론은 어느새 우리 사회의 명예로운 연령층에게 젊음과 활력을 강조하는 공범이 된 것이다.

현대적인 유대 철학의 둘째 모형은 개인보다는 사회를 강조하였다. Mordecai Kaplan[243]의 자연주의naturalism에서 정교화된 것처럼, 유대교는 유대인들의 진화하는 종교적 문명이다(Borowitz, 1983, 98-120쪽). 칸트학파의 과장된 개인주의에 대해 비판적이며 또한 자신들의 문화에 의해 개인이 형성되는 방식에 감명을 받아, Kaplan은 민주국가들을 지배하는 개신교의 기준으로 현대 유대교를 본떠서 생긴 유대인 생활의 악습을 치유하기 위해서는, 유대인의 완전한 윤리적 실존을 재건해야 한다고 주장하였다. 종교기관을 통하여 만들어지는 유대 정체성Jewishness의 바탕에 개인의 믿음과 윤리를 두기보다는, 유대교회가 아닌 '사회적 전체'가 유대인의 특성을 형성할 것을 Kaplan은 촉구하였다. 그리하여 이스라엘의 땅, 히브리어, 유대달력, 민속 전통과 구전설화, 유대 예술, 음악, 춤 그리고 유대 문명의 다양한 측면을 지원하는 모든 공동체 기관들이 이제는 유대 정체성에 생명력을 불어넣을 것이다. 이러한 문화적 구성 요소들이 특히 민중의 생존을 유대 의무의 주요 기준으로 여기는 유대적 가치를 어떻게 전달하는지 보는 것은 아주 쉽다. 그러나 Kaplan은 Emile Durkheim 사상에 따라서 종교와 개인의 영성은 강건한 민족적 실존의 결과일 뿐 그 원인은 아니라고 주장하였다.

Kaplan은 그의 유대교 철학에서 노인에 관해서는 특별히 언급한 것이 없었지만, 그중 몇 가지 주제에서 노인에 대한 특별한 접근 방법을 제시한다. 민족과 전통을 존중하면서, 개인의 실존이 집단 창의성의 결과라는 강렬한 인식에 충만하여, 아마도 그는 사람이 살아온 햇수가 유대 실존의 중요 부분을 형성하는 것이며 따라서 전통의 전달자인 노인에 대해 감사를 표시해야 한다고 주장했을 것이다. 이러한 뚜렷한 휴머

243) 1881~1983. 리투아니아 출생으로 미국에 이민하여 뉴욕에서 랍비로 활동한 신학자. 그의 자연주의적 신학은 John Dewey의 영향을 받았으며, 그 외에도 Durkheim, Cohen 등의 영향도 받음. 나중에 개혁파 유대교의 창설자로 인정됨.

니즘적 접근 방법의 결과로, 유대인들이 근대 이전 선조로부터 물려받은 인문학적 가치들을 고집함에 따라, 노인을 존중하라는 역사적 가르침이 현대 유대교의 살아 숨쉬는 일부가 될 것이다. 결국, 유대교의 영속성과 개인의 활력에서 중심점은 개인의 주도력이 아니라 집단과 그 집단의 창의성이라고 규정함으로써, 사람들이 집단의 영속적인 삶 속에서 더 수동적이긴 해도 스스로를 존엄하게 여기는 것이 수월해질 것이다. 한마디 덧붙이자면, 이러한 민중 중심의 해석에 따른다면, 공동체가 그 구성원에 대해 지는 책임이 결국 노인에 대한 활발하면서도 존경스런 관심으로 귀결될 것이다.

그러나 이 견해의 강점이 오히려 노화에 대한 새로운 개념화에 있어서는 한정된 효과에 그친다. 인종 집단이 Kaplan이 우주에 내재되었다고 주장하는 도덕법을 제외한 규범의 창안자가 될 때, 개인은 민중이 수용한 기풍에 대하여 민중을 책망할 기반을 거의 가질 수 없다. 그것은 특히, Kaplan이 두 개 문명속의 삶이라고 열심히 주장한 바와 같다. 물론 그는 사람들이 미국 문화와 유대 문화 중에서 인간적으로 가장 좋은 점들만 선택할 것으로 기대했다. 그러나 노인에 관해서는, 유대 사회가 계속 다른 문화에 동화됨에 따라, 종종 미국 사회가 그러했던 것처럼 젊음 지향적 및 행동 지향적으로 변모되기에 이르렀다. 옛날에 유대 전통에서는 신이 그렇게 하도록 지시하였기 때문에 노인을 존중하였다. 과거 또는 축적된 세월에서 비롯된 지혜는 현재 또는 젊은이에게서 나오는 지혜보다 더 낫다고 믿었다. 사람들이 새로운 상황에 반응할 때 변화에 관계하는 철학은, 비록 인종적 근원에 계속 충실하려 함에도 불구하고, 현재의 것, 새로운 것을 더 존중할 가능성이 높고 노인을 중시하는 독립된 기반은 없는 것이다.

Abraham Joshua Heschel[244]은 1961년 '백악관 노화학술회의'에서의 인상적인 연설을 통하여 노화라는 주제를 일관된 유대 신학으로 유일하게 다루었다(Heschel, 1981). 그것은 체계적인 분석은 아니었다. 오히려 틀은 학문적이었으나, 접근법은 추상적이었다. Heschel에 따르면, 노화 같은 인간적 관심에 초연한 것이 적절한 대응방식인 양 하는 현대의 기술적이고 비인격적인 양태에서는 체계적인 진술은 인간의 이성에게 너무 많은 힘을 내주는 것이라고 가정했다. 오히려, 늘 그러했듯이 여기에서도 Heschel의 관심은 우리 사회에 널리 퍼진, 노인에 대한 악의적인 사고방식을 바꿀

244) 1907~1972. 폴란드 태생으로 미국에서 활동한 랍비이며, 20세기 대표적인 유대교 신학자이자 철학자. 정통 보수주의 입장이며, 흑인 민권운동이나 월남전 등에 대한 행동주의적 참여를 하였음.

수 있는 새로운 비전을 전하거나 불러일으키는 것이었다. 그는 밀접하게 연관된 두 가지 방법으로 이것을 실행했다. 첫째 방법은 논쟁이다. 즉, 우리 문화가 노인에 대하여 그리고 늙었다고 생각하는 것에 대하여 가르치고 있는 방식에 대해 집요하고 끊임없이 비판하는 것이다. 둘째 방법은 비전이다. 즉, 우리가 무엇을 해야 할지를 어렴풋하게 보여 주는 것이다. 이 같은 두 방법으로써 그는 자신의 사고를 빼어난 구절, 강력한 경구, 예상을 뒤엎는 깜짝 놀랄 반전 등을 통하여 비범한 재능을 구사하였다. Heschel은 매우 의식적으로 이성뿐만 아니라 감성에 접근하였다. 왜냐하면 전인적으로 영향을 미치지 못한다면 아무리 지성적으로 뛰어나도 그의 목적을 이루지 못할 것임을 알고 있었기 때문이었다(Borowitz, 1983, 165-83쪽).

Heschel은 비범한 통찰력으로써 폭넓은 일반론을 표현했으나, 한편 일련의 특정한 판단 오류를 노출하기도 했다. 대체로, 그의 비범한 지각력은 그가 세속적인 미국 생활과 관련하여 자신 있게 도입한 다른 표준에 기인함이 틀림없어 보였다. 좀 단순하게 본다면 시간보다는 공간을 숙명적으로 더 선호하는 것과 관계가 있었다. 미국인들은 여기 저기 나타난 공간을 정복하기 위한 하나의 수단으로 시간이 쓰이기를 원한다. 그들은 시간을 효율적으로 사용하고자 하며, 그럴 수 없을 때는 즐겁게 보내고자 한다. 그래서 나이는 생산성과 관련된다. 노인들이 더 활기찬 시간사용자와 더 이상 경쟁할 수 없을 때, 그들은 짐으로 간주되고 스스로를 "쓸모없게" 생각한다. 이러한 기준으로는 노인들이 꼭 해야 할 일이 없기 때문에, 사회는 노인에게 그저 놀거나 즐기라고 권한다.

실존existence이라는 음험한 비전의 근원에는 '우상숭배'나 다름없는 사물thing의 격상이 있다. Heschel의 인생관 뒤에 분명히 존재하는 척도는 '성서의 하느님'으로, 어떤 사물이라도 그 하느님을 향해 사람을 일깨울 수도 있음에도 불구하고 어떤 사물로도 표현할 수 없는 일자One[245]이다. 하느님이 실재하며, 인간의 실재에 관한 어떠한 이론이 설명할 수 있는 것보다도 더 실재하며, 각 사람과는 존엄성을 부여하는 관계로 연결되어 어떤 것, 하물며 죄조차도 그 관계를 지워 없앨 수 없다는 것을 알았기 때문에, Heschel은 시간이란 어떤 것과도 비교할 수 없는 인간성에 대한 선물이라고 생각했다. 어떤 의미에서는 사람들도 사물이며, 공간을 차지하고 있다고 확실하게 말할 수 있다. 그러나 양 측면 어디에서도 하느님과의 그들의 관계가 무엇인지 가장 진실로 드러난다고 할 수는 없다.

---

245) 일자一者, One란 이 세상의 모든 것이 비롯하며 궁극적으로 돌아가는 것. 절대자에 대한 이름으로, 로마시대의 철학자인 Plotinos(205-270)의 용어임.

예를 들어 자신의 욕구 또는 타인에게 필요한 존재가 되고자 하는 욕구에 대한 사람들의 절실한 관심을 생각해 보라. 이는 그들 자신과, 그리고 자신의 가치와 중요성의 근원인 사회를 바탕으로 그들의 삶을 형성하게 한다. 인간은 고립된 것이 아니라 사회적 동물이며 이는 필수적인 삶의 방식이 된다고 정당화하는 인식은 부풀려진 휴머니즘이다. 언젠가는 사람들은 더 이상 그들을 필요로 하는 이도 없어지고, 하나 둘씩 어려움이 쌓이다 보면 오랫동안 정당한 욕구로 받아들이던 것을 더 이상 충족시킬 수 없는 나이가 찾아온다. 그러므로 그들의 문제는 본질적으로는 더 나은 기술이나 준비 같은 것이 아니라, 영성이 제 기능을 하느냐의 문제이다. Heschel은 다음과 같은 기억에 남을 마무리 말을 했다. "의미 있는 존재라는 인식을 가지려면 세 가지가 필요하다. '하느님', '영혼' 그리고 '순간'이다. 그 세 가지는 항상 여기에 있다. 존재하는 것만으로도 바로 축복이다. 살아 있는 것만으로도 바로 신성하다"(1968, 75쪽).

Heschel은 거짓된 규범을 사람들에게 준 거짓된 신을 포기하고 개종할 것을 요구한다. 그 대신, 주어진 시간이 얼마이든 그 시간을 신성하게 하도록 명한 살아 있는 하느님 앞에 마주설 것을 촉구하였다.

인간의 가치는 스스로 부여하거나, 사회적 유용성으로 얻는 것이 아니라는 이러한 인식의 일부는 노화에 관한 유대 신학의 넷째 모형으로 이행되었는데 이것이 Eugene B. Borowitz(1991)의 포스트모더니즘[246] 계약신학이다. 그의 관점으로는, 실재하는 독립적 일자One이신 하느님은 신비스럽지만 사랑스럽게도 사람들에게 복종관계이긴 하지만 실질적 수준의 자기결정권을 부여하여 계약의 완전한 당사자가 될 수 있도록 하였다. 하느님의 유일한 규범적 속성 자체를 인간의 자유롭고 자결적인 힘에 결합시키는 한편, 이상적으로 자기숭배나 불가피한 비인간화가 일어나지 않도록 함으로써 여기에서는 위계질서hierarchy가 아닌 관계성relationship이 지시적인 모형이 된다.

관계가 영성의 중심이 되고 인간이 신을 섬기는 가장 뛰어난 양식이 된다면, 노인은 고양된 위엄과 지속되는 힘을 얻게 된다. 자아는 타인과의 관계에서가 아니라면 영원히 자신을, 즉 그의 욕구를 만족시킬 수 없기 때문에, 세대 간의 계약은 명령하는 힘을 가지게 된다. 사람들은 그들을 낳고 그들의 자아를 길러낸다는 믿음을 가졌던

246) 포스트모더니즘Postmodernism은 18세기 계몽주의를 시작으로 이성중심주의의 시대였던 모더니즘의 폐해에 대한 반작용으로서 1960년대 시작된 정치 · 사회 · 경제 · 문화 전반에 걸친 다면적인 변혁운동. 과도한 이성 중심으로 합리주의가 감성이나 소수파의 반대논리를 억압했고 지식이 권력과 동반자적 관계로 전락했다는 비판적 관점이 형성됨. 모더니즘이 정체성, 통일성, 확실성 등에 관심이 있다면 포스트모더니즘은 차이점, 다양성, 회의론 등에 관심을 보임.

선조가 없었다면 결코 현재의 자아로 존재하거나 자아에 이르지 못했을 것이다. 그들 자신의 개성을 이룬 것 중에서 자신들보다 나이든 사람들과의 관계에서 얼마나 많은 신세를 지고 있는가. 그리고 그들 스스로 그들보다 젊은 사람들과의 관계를 위험을 무릅쓰고 맺을 때 얻는 것은 얼마나 더 많은가. 인간이 성취할 수 있는 그러한 영광을 주는 것은 영원한 현재eternal present라는 관점에서 측정한 삶이나 이상적인 활기찬 젊음과 비교하는 삶이 아니라, 오히려 오랜 세월 속에서의 믿음인 신이 인간에 관여하는 모형이다. 그리고 허약해져서 그 관계를 지속하기가 어렵거나 불가능해질 때조차도, 오랜 시간에 걸쳐 이루어진 동반자 관계는 여전히 남아서 타인에게 적절한 요구를 할 수 있도록 해 준다.

극단으로 치달은 개인주의는 점점 더 그 파괴성을 드러낸다. Borowitz는 합리적 자율생활에 내재하는 영적 은혜를 인정하였기 때문에, 당대의 신앙심에 있어서는 개인에게 Heschel보다 좀 더 선택의 여지를 주고자 하였다. 그러나 그는, 신과의 관계에서 신과 계약한 인간성의 일부로서 사람들이 그들의 자율성을 발휘할 것을 강조한다. 그것은 유대사회의 많은 사람들이 받아들일 준비가 된 것보다 훨씬 더 사회적이며 신학적인 실존의 비전이다. 하지만 자신들의 인종적 뿌리를 확인하고, 자기 민족의 신과의 역사적 관계에 새롭게 눈뜨려는 수많은 유대인들의 집요함 속에서, 과거 노인에 대한 유대교적인 존경을 새롭게 하고 드높이려는 새로운 신학적 가능성이 선명히 드러날 것이다.

현대 유대 세계에는 올바른 삶과 그에 대한 신의 축복으로서의 노년에는 필연적인 관계가 성립한다고 여전히 주장하는 주로 보수파 혹은 유대 정통파들이 있는 반면, 대부분의 유대인들은 올바른 삶이 중요하나 그것이 장수하는 노년의 원인은 아니라고 주장한다. 천성과 교육은 필수불가결한 역할을 하며, 인간이라는 종은 수명이나 기대수명에서 한계가 있다(Kushner, 1981, 1986). 랍비시대부터 현대에 이르는 동안 노화에 대한 신학에서 급격한 변화가 생긴 주원인은 엄격한 상벌시스템에 대한 믿음이 상실된 데 있다. 유대인들은 랍비시대에 가르침을 받았던 대로 세상일이 돌아가지 않으며, 그들의 선한 행위가 몇 해의 수명으로 보상되지 않음을 본다. 그리하여 그들은 생의 햇수에 관하여 이해하려고 애쓰기보다는, 오히려 모든 생명의 근원인 하느님과의 관계를 통하여 자신에게 주어진 햇수의 삶에서 그 질을 증진시키려고 힘쓴다.

제28장 가톨릭의 관점

Drew Christiansen, S. J.

내 인생의 정점은 아직 오지 않았다. 이는 하나님의 신비의 심연, 즉 하나님의 사랑과 자비로 영원히 구원된다는 완전한 확신 속으로 스스로 뛰어드는 그런 심연을 의미한다.

신학자 Karl Rahner[247) 〈그의 나이 80세에〉(1990, 38쪽)

종종 기술사회가 현대인을 인생의 우연성contingency으로부터 격리시키는 바람에 이전 세대가 하나님을 찾고 경배하도록 한 경탄wonder의 능력을 상실해 가는 것으로 보인다. 현대인들은 경탄할 만한 일에 이제 익숙해졌다. 불과 수십 년 전만 해도 엄청난 위업이었던 에베레스트 산 등정은 이제 값비싼 관광 행사가 되었다. 많은 사람들에게 출산 자체의 기적은 "신비스러움이 제거되어, 선택의 문제"로 되어버렸다. 관상동맥 우회수술, 장기 이식, 각막 이식, 생체공학 접합 등이 흔해졌고, 노년의 고통을 많이 덜어 주고 있다.

247) 1904~1984. Karl Rahner는 독일의 신학자이자 예수회 수사이며 토마스 아퀴나스의 실존주의적 해석을 시도하였고 제2차 바티칸공의회(1962~65)에 고문 신학자로 참여함.

이러한 과학기술의 세계에서는 궁극적으로 인간이 통제하지 못하는 영역은 거의 없다. 그 결과, 원초적인 종교적 경험에 대한 감각이 무디어졌다. 인간은 극히 사소한 역할만 담당했지만 높이 평가받으며 인간이 만들지 않은 광대하고 복잡한 세계에 참여하고 있다는 직관이 솟아오르는 경우는 해가 갈수록 드물어져 간다. 기술이 인간 삶의 중심에 있는 신비를 모호하게 할 필요는 없다. Gilkey(1970)는 과학적 활동 자체가 종교적 신비를 경험하는 기회가 될 수 있다고 설득력 있게 논증하였다. 또한 Steiner (1989)와 같은 문화 해석자들은 예술적 즐거움에서 '신성한 현존sacred presence'을 보여 준다. 요점은 신비를 경험할 기회를 주는 많은 삶의 경험들이 무척 변형되어서 종교적 방식으로 그것을 이해하기 쉽지 않게 된 것에 반해, 노년은 여전히 그 힘을 지닌 인간 경험의 공유라는 것이다. 그러나 노화의 불만을 많이 줄여주는 기술의 진보에도 불구하고, 여전히 노년은 인간 실존의 우연성과 초월적 신비에 감성을 여는 사람들이 대부분 공유하는 현상으로 남는다.

죽을 수밖에 없는 운명에 노년이 정면으로 맞서는 것은 옳지 않다. 노년의 종교적 실질은 더욱 미묘하고 은밀한 성질의 것이다. 일회적 사건이며 갑자기 덮쳐오는 죽음과는 달리, 노화란 시간이 가면서 궁극적 현실에 주의를 기울이게 하고 노인들의 자기이해를 심오하게 바꾸는 일련의 변화와 위기가 오랜 기간에 걸쳐 일어나는 과정이다. 죽음의 준비를 본질적인 종교 활동으로 간주하는 전통적인 관점에서는 일반적으로 죽음을 노화나 질병의 종결로 여겼다. 현대에서의 노화란 장기간의 활동적 생활에 이어 또 다른 장기간의 건강 약화와 장애가 노인들에게 발생하는 것으로 그 의미가 바뀌었다(Christiansen, 1990).

노화는 이동을 제한하고, 감각을 떨어뜨리며, 말하기와 사고를 손상시킨다. 활발한 사회생활로부터 물러나게 되고, 어떤 때는 기본적인 일상 활동의 대부분을 타인의 도움에 의존하도록 강요한다. 노년의 상실, 고통, 쇠약, 이탈, 소외, 의존 등은 인간 실존의 불안정성, 인간생활의 자애로움 그리고 존재의 초월적 위대함 등을 경험할 기회인 것이다. 몇몇 노년학자들에게 이러한 분석은 병약한 노인의 부정적이고 약화되는 측면을 지나치게 강조하는 것이며, 최종적 쇠퇴에 앞서 오랜 활동적 노화기간이 가능해진 늘어난 기대수명의 인구통계상 변화를 무시하는 것으로 보일 것이다(Neugarten, 1986). 이렇게 부정적 측면을 강조하는 것은 의도적인 것인데, 그 궁극적인 질문을 실존주의적으로 제기할 가능성이 가장 높은 요인은 바로 노년에서의 쇠약과 의존이기 때문이다(Christiansen, 1990).

더구나 노화는 노인을 사랑하고 부양하는 사람들을 인간 실존에 새롭게 더 깊이 참여하도록 이끌어 들인다. 그들은 사랑하는 사람의 쇠퇴를 보면서 자기 자신의 허약함을 경험할 것이며, 그들이 원하는 대로 사랑하는 사람을 보호하기에는 무능력함을 깨달으면서 인간 행위의 한계와 인간애의 무력함을 알게 될 것이다. 따라서 기술문화의 영적 아둔함 속에서이지만 노년은 여전히 "우리는 그분 안에서 살고 움직이며 존재하는(사도 17,28)" 신비에 마음과 정신을 여는 보편적인 경험인 것이다.

1. 노년: 신비의 문턱

20세기의 지도적인 로마가톨릭 신학자인 Karl Rahner는 다음과 같이 기술했다. "[인간의] 대지는 신비의 심연 속에 있다. 신비는 전 생애를 통해 항상 그를 따라다닌다. 오직 문제는 신비를 기꺼이 복종하고 믿으며 받아들이는지, 아니면 사도 바울이 말한 것처럼 그것을 '억눌러', 억제하고 인정하지 않을 것이냐 하는 것이다"(Rahner, 1969, 135쪽). 본인이 늙어가든지 또는 단지 노인의 동반자이든지 관계없이, 노년은 특별한 방식으로 삶의 중심에 있는 신비를 부정하고 싶은 유혹을 극복하고 오히려 신비를 인정하고 포용하며 확인할 기회를 제공한다.

보통 이러한 신비에 붙여진 이름은 '하느님God'이다. '신비'라는 단어의 사용은 '신성한 실존'이 사람들이 부여한 모든 제한을 능가한다는 점을 사람들에게 일깨운다(Rahner, 1969, 135쪽). Rahner는 하느님과의 참된 만남에서 일어나는 경탄과 공포에 마주치는 사람을 격려하기 위해서, '하느님'보다는 '신비'라고 말한다.

첫째, 삶이 얼마나 제 뜻대로 되지 않는가를 가장 생생하게 보여 줌으로써, 노년과 상관된 점진적인 육체적 소모는 신비를 향해 인간의 영spirit을 열게 한다. 이는 실로 그들의 삶이 얼마나 신비롭고, 신비로 싸여 있고, 신비를 깊이 관통하고 있는지 등에 대하여 숙고하도록 한다. 둘째, 노화 과정인 손상의 축적은 때로는 부정, 분노, 자기연민을 거치지만 자신의 내면을 향해 조용히 돌아서게 하며, 이러한 가운데 노인들은 모든 예상을 넘어서는 신비의 하느님에 대한 영적 열망에 자신을 바칠 수 있다. 셋째, 축소, 즉 노년에 경험하는 상실의 내적 경험은 삶의 천부성에 대해 정신을 일깨우고, 은총에 수용적이 되게 한다. 마지막으로, 개인이 한계와 축소를 수용하게 되면 노화의 독특한 덕목을 일깨우는데, 이는 Erik Erikson(1976)이 '지혜'라고, Ronald Blythe(1975)는 '자비benignity'라고 일컬은, 자신의 고통과 죽어야 할 운명에도 불구하고 삶을 축복하려는 의지인 것이다.

2. 신비와 계시[248)]

그러나 앞에서 기술한 바와 같이 노년에서의 신비에 대한 각성은, 자연신학natural theology[249)]의 하느님, 창조의 은총으로서 모두에게 나타나시는 현존presence[250)]의 증거가 된다. 그것은 그리스도교 계시의 하느님, 즉 "끊임없는 신비이면서 중재자 없이 직접 우리들에게 그 자신을 주고, 우리 존재의 가장 깊숙한 곳의 실재가 되는" 분이 아니다(Rahner, 1969, 135쪽). 인간의 마음은 제 스스로는 신의 신비에 위압당하며, 하느님의 초월적인 선함을 넌지시 알릴 때조차도 마치 빛에 눈이 먼 것처럼, 그들의 이해를 넘어 있으나 모든 것을 꿰뚫어 보고 있는 이러한 현존이 그들을 향해 얼굴을 돌리고 그들을 성찬에 초대한 것을 도대체 헤아릴 수 없다. 사람들이 "하느님은 사랑(1요한 4,8)"이시며 "우리의 삶을 멀리 떨어져서 심판하며" 통치하는 모호한 힘이 아님을 이해하는 것은 그리스도 안에서의 신성한 자기고백을 통해서만 가능하다(Rahner, 1969, 136쪽). 노년에 신비를 접하고 이해하는 특권적 과정이 하느님이 신성한 삶을 인간에게 소통하는 역사적 계시를 통하여 긍정적 의미를 받아들이도록 하는 것이다. Rahner가 썼던 대로, 노화 과정에서 인식되는 신비한 하느님은, "절대적인 자기소통을 통하여 스스로의 모든 것을 인간 피조물에 내어 주셔서" 인간 존재의 근거가 되신 하느님이 이제 구원 역사의 하느님이 되는 것이다(1966, 69쪽).

Rahner가 지적한 것처럼, 구원의 역사는 하느님의 인간에 대한 자기희생self-giving의 계시이며, 이는 창조자, 구세주, 은총주Gracegiver[251)]로서 행하는 것이다. 구원의 신비를 통하여, 성부, 성자, 성령인 삼위일체의 하느님은 인간의 실존과 관련하여 역사에서 드러내 보이셨다(Rahner, 1969, 136쪽). 그러므로 그리스도교의 삼위일체 하느님에 대한 믿음에는, 노년을 하느님의 신비로 인도한다는 것으로 이해하는 의미가 함축되어 있다.

---

248) 계시revelation란 신이 인간에게 무엇인가를 드러내 보이는 것을 말함. 어떤 종교도 각기 제나름의 형태로 계시가 있으나, 그리스도교 신학의 엄밀한 의미에서는 천지창조에 의한 계시와, 하느님의 아들로서 육신을 받아 이 지상에 태어난 예수 그리스도의 계시의 둘로 한정됨.

249) 자연신학은 신에 관한 인식을 예수 그리스도에 직접 의존하지 않고, 인간 '이성reason'의 능력만으로 탐구하려고 하는 그리스도교 신학의 한 부문임.

250) 현존presence이란 신학적 개념으로서 divine presence, presence of God, presence로 표현되기도 하며, 신이 인간 존재being에 나타나는 전능omnipotent ability에 관련된 것을 말함.

251) 은총을 주시는 하느님의 의미임. 은총grace이란 절대자가 베푸는 무조건적 사랑을 의미하며, 그리스도교에서는 주로 예수 그리스도의 수난과 희생을 통하여 주신 하느님의 특별한 자비로 해석함.

물론, 인간생활 전체가 이러한 신비로 싸여 있고 채워져 있다. 노년은 인간의 삶이 신비에 잠기는 많은 접점 가운데 단지 하나일 뿐이다. 여기에서 노년에 대하여 검토한 것과 동일한 그리스도교 교리는 인간 삶의 다른 단계에서도 적용될 수 있을지 검토될 수 있을 것이다. 그러나 노년은 그러한 신비에 참여하는 데 쓰이는 특권적 시기이기 때문에, 그리스도교 신앙은 포스트모던 사회가 할 수 없을 것으로 보이는 방식으로 노화에 대한 개인적, 가족적, 사회적 경험을 통합할 기회를 제공한다. 왜냐하면 신앙이 없을 때는 노화 그 자체인 잔인한 축소는 Jean Paul Sartre가 기술했던 것처럼 생생하게 실감할 수도 부정할 수 없는 현상이 되기 때문인데, 사람들은 그 현상의 일부이면서도 지성적으로나 정서적으로나 자기 것이 되는 것을 싫어한다(de Beauvoir, 1973). 그들이 속해 살고 있는 신비가 사랑 그 자체라는 믿음 속에서만 신비를, 즉 자신들의 노화를 비로소 헤아리기 시작할 수 있다.

그리스도교 믿음의 관점에서 노년을 고찰하기 위하여 이 논문은 삼위일체인 성부, 성자, 성령, 즉 창조자, 구세주, 은총의 주의 상징을 중심으로 구성될 것이다. 창조(성부)의 교리에서는 (1) 의존, (2) 자식으로서의 의무, (3) 노인 보호의 정의를 그리고 구원(성자)의 교리에서는 (1) 용서, (2) 겸손, (3) 영적 친교를 그리고 은총(성령)의 교리에서는 (1) 성화, (2) 신비와 인생 종말 등에 대해 고찰하도록 한다.

3. 천지의 창조자

1) 창조와 노년의 의존성

노년에는 공포가 계속 괴롭힌다. 즉, 버림받는 공포 그리고 의존의 공포이다. 이 공포들은 아주 오래된 것이다. 성서 집회서의 저자인 시락Sirach은 그의 제자들에게 "아버지를 욕되게 하여 자신을 영광스럽게 하지 마라"라고 책망하였다. "얘야, 네 아버지가 나이 들었을 때 잘 보살피고… 그가 지각을 잃더라도 인내심을 가지고 그를 업신여기지 않도록 네 힘을 다 하여라"(집회 3,10; 12-13). 시편 작자 다윗왕은 젊은 시절의 하느님이 노년의 그를 버리지 않을 것이라고 울부짖는다. "저를 내던지지 마소서, 다 늙어 버린 이때에. 저의 기운 다한 지금 저를 버리지 마소서"(시편 71,9).

성서시대와 마찬가지로 오늘날 사람들도 버림받음과 무시당함만큼은 아니지만 노년에 수반되는 의존을 싫어한다. 의존에 대한 공포와 버림받음에 대한 공포는 동일한 현실의 양면이다. 육체적 그리고 때로는 정신적 손상이 증가한 결과, 노인들은 점점 연약해지고 다른 사람들의 도움에 의존적이 된다. 버림받음은 더 가혹한 운명이다. 이는 대처할 때 필요한 자원도 없이 병약함과 장애를 견디는 것일 뿐만 아니라, 사랑하는 사람들의 도움이나 친교도 없이 스스로를 적절히 돌볼 수 없는 불명예 속에서 산다는 것을 의미한다.

그러나 의존도 버림받음이나 마찬가지로 바람직하지 않은 듯하다. 오늘날 미국에서 만성적으로 노쇠한 노인들의 90%가 의존, 특히 가족 의존 상태인데, 이는 한편으로 믿을 만한 지원과 동반관계를 보증하지만 반면 친밀하나 불평등한 관계인 독립성의 상실과 학대 위험이 수반된다(Lewis, 1988). 미국인들은 과도한 의존의 공포를 가지고 있다(Clark, 1972). 그래서 한 심리학자는 미국의 문화를 '의존 저항적'이라고 기술한다(Rogers, 1974). 그러나 그리스도교 신학의 관점에서는, 가족에 의존하는 형태이든 친구나 혹은 전문 도우미에 의존하는 형태이든 노년의 의존은 창조된 존재의 중심에 있는 깊은 의존의 사례이다. 사도신경에서 그리스도교인이 '천지의 창조주'에 대한 자신들의 신앙을 고백할 때 하느님의 모든 피조물들이 존재하기 위해서는 '거룩한 선함Divine Goodness'에 의존함을 선포하고 있다(Gustafson, 1977, 1983; Evans, 1979). 모든 피조물들이 존재하는 것은 하느님 덕분이다. 그들의 실존 자체, 그들을 떠받치는 것, 그들을 풍요롭게 만드는 것, 현재 그들의 모든 것, 그들이 될 수 있는 모든 것들은 모두 '거룩한 손'에서 나온다. 노년에 고통을 겪는 상실이 축적되고 노화에 수반하여 취약성이 깊어지면 정신과 마음이 '절대 의존', 즉 실존이 전혀 쓸모없다는 직관으로 열리는데, 이는 하느님의 피조물로서 삶의 신비를 드러내는 것이다. 아무리 능동적이라 해도, 인간은 여전히 신으로부터 받고 만들어진다. 실존이 자신의 수중에 있는 것이 아님을 깨닫게 될 때 인간은 영적 성숙을 이룬다.

자신의 삶이 하느님의 수중에 있다고 진실로 믿는 그리스도교인들의 경우, 도움을 받아들이고, 타인을 믿음으로 대하고, 그들의 친절을 받고, 동료관계에서 만족을 얻을 수 있다. 왜냐하면 그리스도교인들은 그들의 삶 자체가 자신의 통제를 넘어선 근원으로부터 왔고 유지되고 있다는 것을 알기 때문이다. 그들은 하느님에 대한 근본적인 신뢰를 가지고 있기 때문에, 부양자를 신뢰할 수 있다. 이러한 관계에서 그들이 보여 주는 '기본적 신뢰'는 그들이 예수님이 계시한 아버지 하느님의 '섭리적인 보살핌providential care'[252]을 믿는 데에서 나오는 것이다.

252) 섭리providence란 하느님의 무한한 능력과 지식을 통하여 인간을 포함한 모든 피조물에 대한 그의 뜻을 이루는 하느님의 활동(사역)을 의미함. 그 어원은 아브라함이 100세에 약속의

2) 창조질서와 효도

그리스도교인들이 '전능하신 하느님'에 대한 믿음을 고백할 때, 그들이 단순히 하느님이 어떤 다른 힘보다 더 위대하다고 확인하는 것이 아니다. 오히려 그들은 하느님이 삶의 모든 힘을 처분하고 형성하는 삶의 '명령자이며 통치자'라는 믿음을 지닌다. 모든 사물의 통치자라는 뜻의 고대 그리스 용어 '*Pantokrator*'[253]는 영어 "God Almighty"보다 그 의미가 더 적절하다. 하느님은 사물에 신뢰할 만한 질서와 의미 있는 구조를 창조하는 귀감의 근원이다. 하느님이 만든 창조질서의 한 부분이 가족이다. 노년은 인간의 생애주기에서 반복되는 문제들 중의 하나이며, 가족이라는 유대는 노년생활의 쇠약함의 요구를 예견하고 이에 대응하는 중요한 수단을 제공한다.

성서 전통에서 십계명의 제4계명 "너희 부모를 공경하라"는 아이들에게 부모님 말씀을 잘 들으라는 자녀 훈육을 최우선으로 의도한—후일 이렇게 생각하는 경향이 있지만—것이 아니라, 오히려 성인들에게 노년의 부모를 보살피도록 의무를 부과한 것이다(Harrelson, 1980; Collins, 1986a). 그러한 부양은 필연적으로 물질적·재정적 지원을 포함했는데, 이는 예수님이 큰 기부자들에게 자식의 부모공경 의무를 면제해 준 바리새인들을 꾸짖는데서 볼 수 있다(마태 15,1-7). 또한 앞서 인용되었던 시락의 성구에서와 마찬가지로, 여기에는 부모의 사회적 입지를 유지함으로써 존경을 보인다는 것도 포함되었다.

현대의 성서학자들은 제4계명에서 명한 자식의 의무가 사실상 노인들의 인권을 보장하는 것이었다고 주장한다(Harrelson, 1980). 마찬가지로, 윤리학자의 관점에서 볼 때, 로마가톨릭의 사회적 가르침은 다양한 노인 지원시스템을 그들의 인간적 존엄성을 떠받치는 수단으로 여기는 것이다(Curran, 1985). 그리하여 세대 간 가족의 유대는 자연의 규칙 중의 하나가 되며, 이는 창조의 신성한 지배 구조에서 노인이 궁핍한 때를 대비한 것이다.

종래의 지혜로는 '버림받음의 미신'(Shanas, 1981), 즉 제2차 세계대전 이후 노인에 대한 가족부양의 감소와 같은 것을 예상한 데 반하여, 사회학적 연구에 따르면 미국에서는 가족에 의한 직접적 부양의 수준이 1945~1980년 중에는 약 65%로 비교적 일정하게 유지되다가 1980~1990년 중에는 90%로 올랐다는 것은 주목할 가치가 있다

기업으로 얻은 이사악을 바치라는 야훼의 명령을 받고 순종하여 이사악을 번제로 드리려고 할 때 야훼는 이사악 대신에 어린양을 준비해 두었는데, 이로부터 연유한다고 함.

253) 판토크라토르pantokrator는 그리스어 pantos(all)와 kratos(strength)의 결합어.

(Lewis, 1988). 한때 전통적 가족유대로 보였던 것이 포스트모던 이후의 복잡한 시대에서조차 영속될 수 있음을 증명하면서, 어떤 공리주의적utilitarian[254] 기준으로 볼 때 지원을 제공할 이유가 없는 인생의 순간에도 신성한 창조질서가 인생을 계속 다스린다는 방식을 보여 준다.

아퀴나스 같은 전통적 저자들은 부모에 대한 두 종류의 의무를, 즉 원조나 물질적 보호를 포함한 서비스'obsequium'와 존경'reverentia'을 말했는데, 그 중점은 존경에 두었다(Aquinas, 1972, 2a 2ae, 101쪽). 구세대의 도덕주의자와는 대비되어, 현대의 저자들은 노인 보호의 물질적 측면을 강조하는 경향이 있다. 부양의 육체적 · 물질적 측면들이 노인의 존엄에 기여한다는 것은 확실하다. 그러한 서비스는 노인이 방치되지 않도록 보호하며, 사생활의 차단막을 설정하여 쇠약하고 노망이 든 노인을 자칫 독거나 방치의 경우 따르기 쉬운 대중의 조롱거리가 되지 않게 보호한다는 점에서 그러하다. 하지만 부양의 물질적 행위를 강조하면 존경과 애착을 표현하는 중요성 및 노인의 평안과 자존심을 위해 그들의 회상을 경청하고 옛 해석자들이 그 가치를 이해했던 관습을 듣는 것과 같은 행동의 중요성이 흐려진다.

3) 정의와 노인 보호

성서적 전통은 과부를 보살피는 것을 정의의 전형으로 여겼다(Harris, 1987). 예수님은 교회 재정에 기부했을 때에는 부모에 대한 재정 원조를 피할 수 있도록 허락했던 위선적인 판결에 대해 바리새인들을 꾸짖었다(마태 15,1-9). 요한복음은 '사랑하는 제자들'에게 예수님이 어머니를 보살펴 달라고 맡긴 것을 서술한다(요한 19,25-27). 야고보서는 "깨끗하고 흠 없는 신심은… 고아와 과부를 돌봐주는 것"으로 이루어진다고 가르친다(야고 1,27). 이 같은 전통에 따라 초기 예루살렘 공동체는 돌봐줄 성인 자식이 없는 과부들에게 빵을 나누어주도록 감독하는 부제 직을 두었다(사도 6,1-6; Laporte, 1981).

우리 시대에 가톨릭의 사회적 가르침은 노인 보호를 공동선의 한 요소라고 규정하는데, 이는 가족, 지역사회, 공공기관 등 여러 사회 단위들이 '보충성의 원리principle

---

254) 공리주의utilitarianism는 19세기 중반 영국에서 Bentham, Mill 등이 주장한 사회사상으로 가치판단의 기준을 효용과 행복의 증진에 두어 '최대 다수의 최대 행복' 실현을 윤리적 행위의 목적으로 보았음.

of subsidiarity'[255]에 따라 공급해야 한다. 즉, 가족처럼 가장 직접적인 사회 단위가 노인 보호의 책임을 지되, 이를 수행하기에 자원이 불충분하다고 판명되면 더 큰 사회 단위가 원조하거나 책임을 지는 것이다(Curran, 1985).

현대사회에서 노인 보호의 정의justice에 대한 문제를 최우선적으로 고려해야 할 곳은 가족 자체에 있다. 부양에서의 가족적 정의가 적절하다는 것은 지난 10년간 가족이 노인을 부양하는 경우가 엄청나게 증가했다는 점이 뒷받침한다. 은퇴한 남성들의 많은 수가 부양자의 역할을 떠맡지만, 여전히 책임은 주로 여성에게 있다. 그러나 이제는 대다수의 여성들 또한 노동인구라서, 십대나 젊은 성인의 손자손녀는 물론 배우자와 형제자매들도 노쇠한 노인들을 지원하는 일에 동참하는 것이 점점 중요해진다.

그러나 가족에게 자원은 제한되어 있으므로, 만성적 병을 앓는 사랑하는 사람에 대한 계속되는 지원은 무리가 될 수 있다. 보충성의 원리에서는 가장 작은 단위가 효과적으로 노인 보호를 실행할 수 있도록 책임을 할당하는 한편 작은 단위에서, 즉 가족이 더 이상 문제를 짊어질 수 없을 때에는 더 큰 사회 단위 특히 정부가 개입할 것을 마찬가지로 요구한다.

근대복지국가는 노인에 대한 사회적 책임에 대한 수요에 대체로 부응하고 있는데, 사회보장제도를 통한 노인 빈곤의 극복이나 재정 독립에 상당한 진전을 보았으며 최근에는 미국의 메디케어처럼 노인에 대한 의료 제공을 보장하여 가정을 재정적 파산으로부터 보호하고 있다(Wolfe, 1989).

그러나 1980년대에 급등하는 의료비용과 노인 수의 증가가 결합됨에 따라 많은 국가에서는 노인 지원을 제한할지에 대한 논쟁을 가져왔다(Wolfe, 1989). 제안된 내용으로는, (1) 부유한 수령자는 자격을 박탈하거나 중과세하여 연령에 따라서가 아니라 수요 기반의 사회보장제도로 전환(Longman, 1988), (2) 80세 이상의 사람들을 위한 의료를 할당(Callahan, 1987), (3) 일반의료, 예방의료, 만성질환의 임시의료 등 특정 분야에 대한 모든 정부의 의료 지원을 제한(Callahan, 1989), (4) 가족 부양자를 위한 지원 시스템 제공(Kingson 외, 1986; Lewis, 1988) 등이 있다.

'공동선'을 강조하면서, 가톨릭의 사회적 가르침은 유복한 개인이나 계층은 대부분의 사람들이 비슷한 혜택을 누릴 수 있을 때까지는 스스로 그들의 권리를 향유하지

---

255) 보충성의 원리subsidiarity는 조직원리로서 직접적인 최소 단위에서 우선 처리하고 그것이 불가능한 경우에만 차상위 조직에서 다룬다는 원칙. 미합중국의 연방주의나 유럽연합 등에서 채택하고 있음.

말 것을 명한다(Christiansen, 1989; Curran, 1985). 이를 바탕으로 하여 공동선을 환기하여 사회보장을 가난한 수령자로 제한하고, 부자 노인에 과세하여 1988년 폐지된 '중병의료보호법Catastrophic Healthcare Bill'처럼 가난한 사람들을 원조하도록 하며, 공적 비용에서 지원하는 의료보호의 종류를 제한하도록 촉구할 수 있다. 또한 의료개혁의 각종 제안은 사회적 가르침 가운데 '빈자의 선택권option for the poor'의 관점, 즉 가난한 사람에게 미칠 영향에서 검증될 것이다(National Conference of Catholic Bishops, 1986; Catholic Health Association of America, 1991). 그리하여 창조질서 속에서, 세대 간의 여러 의무는 가족 구성원들뿐 아니라 전체 사회에도 속하며 그리고 그 의무에는 부자 노인들도 포함한 부유 계층의 가난한 노인들에 대한 의무가 포함된다.

요컨대 창조의 원칙은 사람들이 그들의 삶에서 의존이라는 현실을 이해하고, 노인들의 존엄을 유지하는 데 가족 구성의 역할을 강조하고, 세대 간 정의의 기본 구조를 확립하도록 도와주는 것이다.

4. 구세주이며 주님이신 예수 그리스도

1) 용서와 다세대 가족

창조질서 속에서는 성인 자식들은 나이든 부모들이 쇠약할 때 그들을 돌볼 준비가 되어 있어야 하며 부모들은 자식들의 성인 역할을 받아들일 준비가 되어 있어야 한다. 그러나 실제로는 부모와 성인 자식들은 자주 사이가 틀어지고, 두 세대가 성숙한 가족 안에서 일어날 역할 전환을 받아들이기 어렵다는 것을 발견한다. 가족관계에서 새로운 국면에 수반되는 조정과 타협은 긴장과 갈등을 가져온다. 이렇게 국면이 바뀌며 일어나는 불확실성은 자연스러운 것이나, 오해나 원한을 일으킬 수도 있으며, 오랫동안 잊혔던 불만을 되살리고 주도권 투쟁이 될 수도 있다.

신학의 관점에서는 후기 인생에서의 가족관계는 여느 시기와 마찬가지로 죄로 나타난다. 노화의 신학은 가족생활에 나타나는 죄뿐만 아니라 가족들이 새 출발하도록 권한을 이양하는 용서와 구원으로도 설명해야 한다. 구원의 교리는 이 두 가지 신비를 그리스도 안에서 포함한다.

버림은 세대 간 관계에서 근본적인 죄악이다. 형식적으로 과시하는 관심, 감정적 무관심, 손수 하기보다 돈으로 사는 부양, 보호기관에 노인 '갖다버리기' 등 다양한 형태로 나타나면서 버림은 깊은 죄와 세대 간에 진정한 사랑의 부재를 드러낸다. 이는 관심을 기울이지 않는다는 의미에서 남녀 할 것 없이 얼마나 비정상적일 수 있는가를 보여 준다. 마찬가지로 노인 학대와 착취 역시, 죄악인 인간관계의 근본적 왜곡을 보여 준다.

버림과 학대는 세대 간의 가장 타락한 죄가 되지만, 아무리 가볍고 경미하다고 표현하더라도 죄는 세대 간 관계에서는 특별한 부담이 된다. 정확히 말하자면, 가족관계는 가깝고 오래 지속되기 때문에 소외, 원한, 틀어진 관계, 간단한 미결문제 등은 극복하기 어려운 가족사history가 될 수도 있다. 허약한 노년은 새로운 친교와 역할 전환을 수반하기 때문에 그리고 부양상황에서는 두 세대가 서로 상처받기 쉽기 때문에, 가족의 죄 많은 과거가 말년의 가족생활에 그늘을 드리울 위험이 매우 큰 것이다. 인간 행동에서 뒤틀림을 연장하려는 경향은 전통신학에서는 '욕정concupiscence', 즉 물려받은 죄의 형태를 반복하고 확대하는 성향이라고 한다. 과거의 무게는 너무 커서 새로운 시작을 불가능하게 하는 것처럼 보인다.

그러나 그리스도교 신앙이라는 관점에서는, 구원적인 예수의 삶 죽음 부활 때문에 심지어 노년에도 새로운 시작이 가능하다. 예수는 인간의 죄 때문에 죽었고, 그분의 죽음과 하나 되는 세례를 통하여 그분과 함께 묻힌 그리스도교인들은 "새로운 삶을 살아가게 되었습니다"(마태 26,28; 로마 6,4). 예수의 구원사업으로부터 초대교회가 찾아낸 의미는 서로 용서하라는 것이다. "골로새 신자들에게 보낸 서간"의 간곡한 권유가 전형적이다. "누가 누구에게 불평할 일이 있더라도 서로 참아 주고 서로 용서해 주십시오. 주님께서 여러분을 용서하신 것처럼 여러분도 서로 용서하십시오"(골로 3,13). 그들의 그리스도 안에서의 새로운 삶에서, 예수의 제자들은 거룩한 용서와 상호 봉사를 되풀이하도록 소명을 받았다(루가 6,36-37; 22,24-27). 삶과 죽음에서 그리스도가 보인 겸손은 제자들의 상호 존중을 보장한다(요한 13,1-15; 필리 2,1-11).

그러므로 죄의 고백, 회개 그리고 상호 용서는 노년에 지고 가야 할 세대 간의 새로운 분담 관계를 해결하기 위한 선결요건이다. 마찬가지로 용서는 두 세대 모두에게 긴장과 실망이 가득한 부양 상황에서 일상생활에 필요한 덕목이다. "제 형제를 몇 번이나 용서해 주어야 합니까?" 하고 베드로가 물었다. "일곱 번까지 해야 합니까?" 예수님은 "일곱 번이 아니라 일흔 일곱 번까지라도 용서해야 한다"라고 그에게 대답하셨다(마태 18,21-22). 그리하여 예수님의 설교를 담은 복음서는 인간 생활의 어느 단계에서와 마찬가지로 후기 인생을 꾸려가는 가족에게 가장 핵심적인 것은 용서라고 선포한다.

2) 노화에서의 겸손

규범적인 관점에서, 가족이나 사회 안에서의 인간관계는 반드시 노인의 존엄성을 지속하도록 하여야 한다. 그러나 진행되는 노화의 자연스런 과정이 자주 수치의 원인이 된다. 허약하고 만성질환인 노인들은 예전만한 힘을 가지지 못하거나, 일상생활을 수행하는 데 도움이 필요하거나 그리고 걷기, 말하기, 몸단장 등 개인적인 또는 자존심에 필수적인 기능조차 수행할 수 없을 수도 있다. 더욱이 사회적 고립과 의존이 증가하면서 육체적 쇠약은 가속화된다. 그리하여 쇠약의 충격에 반하여 노인의 존엄성을 유지하기 위한 규범적 노력에도 불구하고, 노년은 개인적으로 수치스럽게 인식될 것이다. 실제로, 사랑하는 가족이 없거나 사회 프로그램이 결여된 곳에서 노쇠한 노인은 실제 타인의 조롱 대상이 될 수 있다. 어떤 경우에든, 고령은 심각한 종교적 성찰이 필요한 쇠약과 고통의 시기이다(Christiansen, 1993). 그러나 십자가 아래 살고 있는 그리스도교인들에게 노화에서 나타나는 수치는 그리스도를 본받아서 겸손의 덕목을 발전시키는 계기가 된다.

요한복음에서 다음과 같이 베드로의 수난을 예언한 것은 아마 모든 노인들에게도 적용될 수 있을 것이다.

> … 네가 젊었을 때에는
> 스스로 허리띠를 매고
> 원하는 곳으로 다녔다.
> 그러나 늙어서는
> 네가 두 팔을 벌리면
> 다른 이들이 너에게 허리띠를 매어 주고서
> 네가 원하지 않는 곳으로 데려갈 것이다. (요한 21,18)

노년의 쇠약 때문에 그들이 "원하지 않는" 길에 내려놓을 수 있다. 베드로 같은 유형의 사도인 경우에는 노화의 축소를 수용하는 것이 바로 주님을 "따르는" 길이었다(요한 22,19). 예수가 "자신을 비우고" 겸손하게 "죽음, 십자가의 죽음까지도" 받아들인 것처럼, 노인들도 자신의 육체적 쇠퇴와 의존을 수용함으로써 그리스도의 고통을 공유하는 것이다.

그래서 예수회의 철학자이자 과학자인 Pierre Teihard de Chardin은 노년의 상실의 단계에 대하여 다음과 같이 기도했다.

> 오 하느님. 그 모든 어두운 순간들 속에서, … 제 몸의 골수 속으로 들어오셔서 저를 당신의 품안으로 데려가시기 위해 저의 온몸을 고통스럽게 찢고 있는 분이 바로 당신임을 깨닫게 해 주옵소서.(1960, 90쪽)

Teilhard에게 노년은 "복종을 신성으로 바꾸는" 아주 중요한 기회이며 이를 통하여 하느님과의 교감을 이룬다. 노년에 "나의 모든 기력이 소진되었을 때" 축소와 고통을 겸손하게 받아들이는 것이 바로 인간을 신비의 하느님과 만나는 문턱으로 이끄는 것이다. 그러나 그리스도교인에게는 이러한 신비에 동의하는 것은 고통에 파멸된 부서진 몸조차도 변모시키는 기쁨과 평화를 가져온다. 왜냐하면 그리스도 스스로 죽음에서 부활을 거치면서 겸손의 예를 보이셨기 때문이다.

3) 영적 친교

그리스도의 제자가 되는 것은 용서, 겸손, 상호 봉사 등이 뒤따르며, 다른 한편으로는 물론 인생의 다른 단계에서도 볼 수는 있으나 특히 노년에 특별한 방법으로 연관되는 영적 친교라는 또 다른 차원을 함축하고 있다. 요한복음에 나오는 고별 강론에서 예수는 제자들에게 다음과 같이 말한다.

> 나는 너를 더 이상 종이라고 부르지 않는다.
> 종은 주인이 하는 일을 모르기 때문이다.
> 나는 너희를 친구라고 불렀다.
> 내가 내 아버지에게서 들은 것을
> 너희에게 알려 주었기 때문이다. (요한 15,15)

사도행전에서 저자인 루가는 초기 그리스도교 공동체에 대하여 친교의 고전적인 이상, 즉 상호 지원과 기도의 생활 속에서 "한 마음 한 뜻으로(사도 2,42, 46; 4,32)" 하는 '형제애'의 삶이라는 관점에서 기술하였다.

그 후 수세기 동안 이러한 이상은 남녀가 함께 성서 연구, 기도, 묵상 등의 생활을 통하여 지혜를 추구했던 영적 친교의 오랜 전통적 근거가 되었다. 이러한 공유된 종교적 경험에 대한 고전적 전통주제는 '고백론' 제9책에 기록된 Ostia에서의 Monica와 Augustine[256]의 공유된 비전이다(Augustine, 1963, 200-202쪽). 그 후의 중세 전통은 지식과 사랑에서의 이러한 교감을 그리스도교적 관용charity의 본질로 보았다. 이러한 전통에 따르면, 하느님에 대한 그들의 공유된 사랑 속에서 영적 친구들은 서로에 대한 그리고 인류에 대한 사랑 속에서 성장한다(Aquinas, 1975, 2a 2ae, 25쪽).

노년, 특히 후기 노년은 영적 친교, Monica와 Augustine의 경우처럼 세대 간 영적 친교를 위한 특별한 기회를 부여한다. 후기 노년의 '일' 대부분이 도덕적이며 영적 성격의 것으로, 삶의 경험을 통합하고, 이탈과 손상에 대해 대처하고, 축소의 고통을 겪으며, 죽음을 맞이하는 것 등이다. 이러한 것들은 삶의 의미에 대해 질문하고, 신앙을 시험하고, 사람을 기도로 인도하는 경험들이다. 이러한 활동의 많은 부분은 고독 속에서 행해지는데, 고독을 심화하고 풍요하게 하는 것이 영적 생활의 계속되는 과제이다. 노인은 당연히 자신들의 영적 탐구에서 타당성 확인, 동료애, 이끎 등을 추구한다. 이 때문에 노년은 영적 친교를 위한 특별한 기회를 부여하는 것이다.

집에서 꼼짝 못하거나 침대에 누워 있고, 많은 동시대인들이 죽은 후기 노년에 이르면 종종 육체적 보살핌보다는 동료애를 더 원한다. 그러나 가장 깊은 공포와 희망을 기꺼이 나눌 준비가 된 친구들이야말로 진실로 그들의 삶에서 행복한 종말을 맞을 수 있는 가능성을 준다. 가족이나 다른 부양자들은 노인들의 이야기를 듣고, 그들과 감정을 나누고, 그들과 함께 기도함으로써, 약하고 아픈 노인들의 심리적 · 영적 요구에 부응하여 그들의 말년을 풍요롭게 하는 것을 함께 도울 수 있다. 노년에 그들이 만난 하느님의 신비를 함께 접함으로써 노인과 그의 영적 친구들은 인생의 어느 때에도 보기 드물 정도의 친밀함을 얻는다. 그리하여 노인의 경우 구원의 경험은 용서의 실천이 되고, 그리스도교인다운 겸손으로 성장하도록 자극하며, 영적 친교의 기회를 열어 준다.

256) Saint Monica(331~387)는 Augustine of Hippo(354~430)의 어머니이며, 로마령 북아프리카 알제리에서 출생하여 그리스도교인으로 자랐음. 남편과 아들의 방탕을 인내하고 기도하여 그리스도교로 개종케 하였으며 아들은 유명한 그리스도교 철학자이며 주교가 되었음. Augustine은 어머니의 덕목과 어머니와의 삶을 광범위한 이야기로 그의 저서 고백록에 담았음. Ostia는 로마에 인접한 항구도시.

5. 성령: 생명을 주는 하느님

1) 성화Sanctification

구원의 섭리 안에서 성령의 역할은 그리스도 안에서 인간을 위해 얻은 은총의 삶이 실재하도록 하고, 그것을 개인화 · 내면화하는 것이다. 노년은 식역[257]의 경험으로서 하느님의 은총이 실제로 개인의 삶을 변화시키는 경험을 할 수 있는 기회이다. 종종 이것은 하느님에 대한 평생의 신의를 더욱 깊게 하는 것으로 나타난다.

성경 자료는 신앙심이 깊은 개인의 일생에 걸친 신의fidelity에 대한 언급으로 가득 차 있다. 예를 들어, 시편은 다음처럼 선언한다. "하느님, 당신께서는 제 어릴 때부터 저를 가르쳐 오셨고 저는 이제껏 당신의 기적들을 전하여 왔습니다"(시편 71,17). 유대교에서의 음식 금기에 대한 신의에 따른 엘아자르(Eleazar)의 순교는 "그에게 늙은 나이에 맞갖음을 증명한다"(2마카 6,18-31). 루가복음에서의 예수 유년 이야기에 나오는 시메온과 한나는 신의의 모델이며(루가 2,25-38), 베드로의 노년 순교는 주님에 대한 그의 사랑을 증거한다(요한 21,15-23). 끝으로, 초기 교회에서 과부들은 그들이 기도와 선행에서 헌신이 입증된다고 보았기 때문에 도움을 받았다.

그러한 신의에는 희생도 따른다. "성령이 다시 생명을 줄 것이다"라는 다윗의 믿음 때문에 그는 신에게서 버림받는 공포와 싸우게 된다. 엘아자르와 베드로는 자신들의 신앙 때문에 순교한다. 과부들은 가난과 부양가족이 없는 것으로 시험받았다. 노년이 신의를 보증하는 것이 아니다. 노인들은 육체의 쇠약, 사회에서의 고립, 죽음에 대한 공포로부터 오는 위기와 도전에 직면해야 한다. 이러한 맥락에서, 성령은 그리스도를 본받아 덕이 있는 새로운 삶을 지탱해 주는 위로자이다.

신의는 노년에 스스로 드러날 수 있는 많은 덕목 중의 하나일 뿐이다. '성령의 열매(갈라 5,22)'는 다양하나, 이들은 다함께 그리스도에 대한 그리스도교인의 복종의 증가를 나타낸다. 베드로의 경우에서와 같이 "너는 나를 따라라(요한 21,22)"처럼 실제로 소명은 매우 개인적일 수도 있다. 그러나 성령의 선물은 노인들에게 그들이 육체적 쇠약을 경험하면서도 영성은 계속 성장할 수 있다는 보증을 준다.

---

257) 식역limen이란 감각이나 반응을 일으키는 경계에 있는 자극의 크기를 말함.

2) 신비와 인생의 종말

극한에 이르면, 노년은 삶에 의미와 통합을 주는 신심도 뛰어넘는 것 같다. 나이가 들어 쇠약해지고, 혼수 상태가 되어나 복잡한 의료기계로 삶을 연명할 때, 사람들은 다시 한 번 삶을 관통하고 지탱하는 신비와 대면하게 된다. 그 과정에서 자연은 궁극적으로 인간 존재를 좌절시키는 것 같다. 이 시점에서, 아무것도 남지 않으며, 오직 그리스도를 본받아 그들을 둘러싸고 있는 신비는 진실로 사랑의 하느님이라는 믿음만 남게 된다. Rahner의 표현대로, "하나님의 신비의 심연, 즉 하느님의 사랑과 자비로 영원히 구원된다는 완전한 확신 속에서 스스로 뛰어드는 그런 심연"으로 스스로를 넘겨주라는 부름을 받았을 때, 여기에서 믿음, 소망, 사랑은 구별될 수 없는 것이다.

제29장 복음주의의 관점

Fred Van Tatenhove

노화는 삶의 현실이다. '흙의 먼지'로부터 생겨나는 순간부터 '흙'으로 돌아가는 순간까지(창세 2,7; 3,19), 노화 과정은 현재진행형이다. 나이 드는 것은 늦춰질 수 없다. 그러므로 노화는 삶의 모든 측면에 영향을 미치며, 삶의 의미를 이해하려는 어떤 시도에서도 고려되어야 한다.

이 장의 목적은 '복음주의적evangelical' 관점을 대표하여 노화에 대한 신학적 성찰을 제시하는 것이다. 이 관점의 한 측면은, 인간은 하느님에 의해 창조되고 서로 관련되는 신성한 질서의 한 부분이라는 믿음이다. 그러므로 노화에 대한 신학적 성찰들은 인간 실존과 경험이라는 영역으로만 제한될 수 없다. 신학자 Martin Heinecken이 말한 것처럼, "… 독립된 '노화 신학'은, 즉 전체로서의 신학적 방향성으로부터 분리된 것은 있을 수 없다"(1981, 76쪽). 독립된 노화 신학이 없다는 사실이 그리스도 공동체가 의도적으로 신학적 과제에서 인간의 노화 경험을 배제하려는 것을 의미하지는 않는다. 단지 신학적 탐구는 인간 경험의 다른 영역에 초점을 맞추려는 경향이 있어 왔다는 것이다. 최근에 비로소 노화가 특별히 주의를 기울일 가치가 있는 인간 조건의 하나로서 그리고 신학에 비판적 질문들을 제기하는 인간 현상의 하나로서 고찰되어 왔다. 그 의도는 "보다 폭넓은 통상의 신학적 과제에서 노화를 분리시키는 것"이 아니라… "노화를 인식하는 방법에서 노화와 관련된 것이 폭넓은 신학적 탐구의 의도적 구성 요인이 되도록 하는" 것이다(Maldonado, 1985, 1-2쪽).

복음주의 전통에서 노화에 관한 신학적 성찰은 보통의 정서적 경험 혹은 인간 이성에 기초한 것이 아니다(둘 다 신학적 성찰을 수행하는 유효한 근거이기는 하지만). 오히려 신학적 성찰은 성경에 기초하며, 신앙 고백적으로 믿어지고, 삶의 어떤 특정 측면에도 모두 적용된다. 복음주의자들은 성서의 성구를 하느님의 영감을 받아 한 말씀으로서 연구한다는 약속에 주로 신학의 기반을 두고 있다. 성서를 신앙과 실천의 권위의 주요 원천으로 보는 이러한 약속으로부터, 분명한 교리적 입장이 형성된다. 성서는 하느님의 말씀을 영감을 받아 기록한 것으로 받아들이므로, 창세기에서 타락은 세상의 파멸과 죄를 설명하며, 그리스도의 죽음과 부활은 타락한 세상을 구원하기 위한 하느님 계획이 이행된 것이고, 그리스도를 믿는 것은 구원에 절대적으로 필요하며, 천당과 지옥은 실재한다.

그러나 '복음주의'라는 표시는 하나의 넓고 다양한 종교적 표현과 신념을 포괄하는 공동체를 기술한다. 이 장의 목적은 '복음주의 의제'를 기술하는 것이 아니라, 오히려 그러한 공동체 안에 있는 한 사람으로서 노화에 대한 관점을 기술하고자 하는 것이다.

복음주의 신학에서 주된 강조점은 인간은 유일무이하다는 성서의 가르침이다(창세 1,27). 사람은 저마다 하느님과의 관계 속에 존재하도록 창조되었다. 이러한 이해는 사도 바오로에 의하여 특별한 주목을 받았으며, 그의 목표는 그리스도를 '하느님의 아드님'으로 선포하고(사도 9,20), 모든 사람들이 "그리스도 안에서" 삶을 살도록 청하는 것이었다(갈라 2,20[258]; 에페 3,17; 콜로 1,27). 그가 설교했던 메시지는 다음과 같은 것을 포함하였다. 그리스도의 희생적인 죽음은 유대인이든 이방인이든 노예이든 자유인이든 모든 인간에게 바쳐진 것이며, 이들이 그리스도의 몸과 성령 속에서 하나가 되는 기회를 갖도록 하기 위함이다(1코린 12,12-13). 그러므로 노화는 모든 나이의 모든 사람들이 하느님의 구원의 은총에 포함된다는 성서적 입장에서 이해되어야 한다.

성서적 관점에서 노화 과정을 이해하는 데 중요한 몇 가지 고려 요인이 있다. 첫

258) 갈라 2,20 "이제는 내가 사는 것이 아니라 그리스도께서 내 안에 사시는 것입니다. 내가 지금 육신 안에서 사는 것은, 나를 사랑하시고 나를 위하여 당신 자신을 바치신 하느님의 아드님에 대한 믿음으로 사는 것입니다."

째, 삶은 정적이 아니라는 점이다. 발달, 성장, 변화 등은 하느님이 창조한 우주 어디에든 있다. 전도서의 저자는 "모든 일에는 때가 있다. 세상에서 일어나는 일마다 알맞은 때가 있다. 태어날 때가 있고, 죽을 때가 있다(전도 3,1-2)"라 말한다. 우주에는 본래적이고 불가피하게 변화와 노화가 존재하는 것이 바로 피조물이 그 창조주 하느님과 구별되는 특징이다. Browning은 이러한 성서적 이해를 다음과 같이 뒷받침한다. "가능한 가장 폭넓은 관점에서 볼 때, 노화는 삶의 시작부터 삶의 끝까지 움직이는 단순한 과정을 가리킨다"(1975, 154쪽).

둘째, 노화는 인간 실존을 위한 하느님의 의도적인 계획이다. 그것은 인간으로 창조되었음을 의미하는 것의 일부이다. 아담과 이브는 "자식을 많이 낳고 번성하여 땅을 가득 채우고 지배하게" 되었다(창세 1,28). 이것은 수태, 출생, 성장 등 일련의 개념을 함축한다. 그래서 별도로 노화만 쇠락의 부정적 결과로 간주되지는 않는다. 그러나 실제로 쇠락은 노화 과정에 영향을 미친다.

셋째, '연령age', '노화aging', '연령 차별ageism'[259]은 동의어가 아니다. '연령'은 종종 노년과 동일시되는데, 한 개인의 삶의 연대기와 같다고 보는 것이 올바르게 사용하는 것이다. '노화'는 모든 살아 있는 피조물에 영향을 미치는 계속 진행 중인 과정을 가리킨다. '연령 차별'은 어떤 형태이든 연령을 근거로 한 차별을 뜻한다. 그것이 대개 노인들과 관련되기는 하나, "아무도 그대를 젊다고 업신여기지 못하게 하십시오(1티모 4,12)"라고 티모테오에게 한 바오로의 조언에서 보는 것처럼, 젊은이들 또한 그러한 선입견과 편견을 경험할 수도 있다.

이 장은 노화의 의미와 관련된 몇 개의 신학적 고려에 초점을 맞출 것이다. 즉, (1) 인간 본성에 있어서 하느님의 형상, (2) 삶의 단계와 일시성, (3) 그리스도 구원사업에서의 영적 성숙과 신앙으로부터 나오는 희망의 경험 등이다. 첫째, 인간 존재는 하느님의 형상으로 창조되었기 때문에, 노화는 인간 경험의 부분이다. 둘째, 삶의 단계를 통한 변화를 성공적으로 지나기 위해서는 각 개인은 하느님의 창조 질서를 받아들이고 참여해야만 한다. 셋째, 노화 말기의 적응에는 영적 성숙에 바탕을 두고 자신의 최후를 받아들이면서 경험된 희망을 발달시키는 것이 포함되어야 한다.

---

259) 'ageism'은 '노인 차별', '연령 차별(주의)', '연령 불평등주의' 등으로 번역됨.

1. 창조 과정으로서의 노화

이 세상과 세상 속의 모든 것은 정의로운 사랑의 하느님에 의해 모든 면이 창조되었기 때문에 그 목적과 가치를 가진다는 수많은 표현들이 성경에는 포함된다. 창세기에서 창조의 설명은 분명하다. 세상은 중요하다. 왜냐하면 하느님이 이를 창조하셨고 "참 좋았다"라고 선언하셨기 때문이다(창세 1,31).

1) 노화와 '하느님의 형상 Imago Dei'

인간 생명이 하느님의 형상으로 창조되었다는 관점은 성서적 가르침의 핵심이다. 이는 노화가 하느님의 본성이나 체험의 일부가 아니기는 하나, 인간을 위해 하느님의 의도한 계획에는 포함되어 있다는 것을 의미한다. 신학적 관점에서, 노화를 창조질서의 일부로 받아들이는 것은 개인은 연령에 상관없이 가치가 있음을 의미한다. 사람이 중요한 것은 하느님의 특별한 피조물이며 하느님과의 계약관계에 있기 때문이다. 이러한 특권적인 관계는 많은 성서 구절 속에서 확인되었다. 창세기 첫 장은 인간이 하느님 모습에 따라 만들어졌으며 인간에게 나머지 피조물을 지배할 권리가 주어졌음을 기술한다(창세 1,26-28).

성서는 어떻게 인간 본성 속에 하느님을 반영하는 특성들이 전개된 것인지를 완전하고 분명하게는 기술하고 있지 않다. 그러나 성서의 저자들은 인간이 창조주와 특별한 관계를 차지하고 있다는 점에는 만장일치로 동의한다. 하느님의 형상으로 이루어졌다는 것이 인간을 나머지 피조물과 구분시켜 놓았다(시편 8,5-6). 이것은 특히 성서가 나이든 사람들을 가리킬 때 바로 그렇다. 레위기의 저자는 "너희는 백발이 성성한 어른 앞에서 일어서고, 노인을 존경해야 한다"고 우리들에게 말한다(레위 19,32). 욥은 "백발에 지혜가 있고, 장수에 슬기가 있다"고 말했다(욥기 12,12).

'하느님의 형상Imago Dei'에 대한 성서적 이해는 신성한 속성에 부합하는 인간의 특질 혹은 특성을 강조한다. 신학자들은 이러한 속성들이 각 개인에게 어떻게 그리고 어디에 내재하는가에 관해서 모두가 항상 똑같이 동의하는 것은 아니다. 성 이레네오[260]는 '하느님의 형상'을 인간의 합리성과 자유로 이해했다(Roberts and Donaldson, 1896, I : 518쪽). 아우구스티누스는 그 형상을 기억과 지능이 부여된 영혼soul으로 보

260) 130-140(?)~202. 성 이레네오Saint Irenaeus는 로마제국하의 성직자이자 신학자. 교회의 수호자로 불릴 만큼 이단에 맞서 초기교회의 정통신앙 확립에 헌신하다 순교함.

았다(Augustine, 1963: 417-419쪽; 425-428쪽).

캘빈은 덜 제한적인 입장을 취하여, 영혼이 정말로 하느님의 형상의 중심이기는 하지만, 하느님의 형상은 존재의 모든 영역에 반영되었다고 믿었다. "… 인간의 일부는 없었으며, 그 안에서 어떤 번뜩임도 빛나지 않는 육체조차도 일부는 아니었다"(Calvin, 1960, XX: 188쪽). 또한 루터도 아담의 인간성을 하느님의 형상의 일부로 포함시켰지만 인류의 타락은 "… 우리의 지성으로도 파악할 수 없을 만큼" 그 형상을 부패시켜버렸다고 주장했다(Luther, 1955, 1: 65쪽). 인간의 타락으로 그 형상을 잃어버렸다고 믿었지만, 루터는 한편으로 인간이 초기 상태에 가졌던 하느님과의 특별한 관계를 인간의 타락 이후에도 하느님은 잊지 않았다고 확인했다. 따라서 인간의 타락 이후에도 모든 생명은 존경받고 경외되는 것이다(2: 141쪽).

John Wesley는 인간 본성에 내재하는 하느님의 형상에는 이성과 불멸의 차원 그리고 다른 피조물들에 대한 지배가 포함될 뿐만 아니라, "하느님과 하느님 사업에 대한 올바른 상태의 지력과 사랑, 즉 신성함 속에서의 실제적인 지식"도 포함된다(Wesley, 1979, 4: 293쪽). 도덕적 형상은 인류의 타락으로 상실되었음에도 불구하고, 형상의 '정치적'(지배) 및 '자연적'(오성, 자유의지) 측면들은 비록 심각하게 손상되었지만 여전히 남아 있다(6: 223쪽).

Wesley는 또한 인간 체험에서 선행하는 은총의 적극적인 역할을 강조했다. 이것은 인류의 타락 후에도 하느님이 피조물을 버리지 않았음을 의미한다. 분명히, 인간 생명의 가치와 신성함sanctity은 부인될 수 없다. 인간은 저마다 정도는 다르지만, 적어도 잠재적으로, 지성, 의지, 합리성 같은 신적 특성들을 가지는데 이에 의하여 인간은 하느님이나 타인과 관계를 가진다.

게다가 창세기의 저자는 형상(히브리어로 'tselem')을 단순히 어떤 신적 특성의 소유가 아니라, 더 활기차고 역동적인 그 어떤 것으로 이해했다. 구약성서 학자인 Cline은 "… 창세기 1장에 의하면, 인간은 하느님의 형상을 가진 것도 아니고 하느님의 모상으로 만들어지지도 않았지만, 인간 자체가 하느님의 모상이다"라고 적었다(1968, 80쪽). 그는 형상이란 인간이 '가진have' 어떤 것이 아니라, 존재하는 형상이라는 관점을 지지한다. 그리하여 유대인들의 생명 개념은 육체적이나 정신적으로 전체론적인 것이다. 그것은 인간 생명의 활기찬 육체적인 것과 정신적인 것 양자를 포함하였다. 육체와 영혼/정신을 포함하는 완전한 존재이다(89쪽).

인간 본성에서 하느님의 형상에 관한 성서와 신학의 가르침이 중요한 점은 각 개인이 하느님의 피조물로서 인정되고 존중되어야 한다는 것이다. 이것은 하느님의 형상에서 만들어진 사람들이 노화 과정을 거쳐도 가치나 신성을 잃지 않는다는 것을 의미한다. 인간이 되는 것은 하느님을 나타내는 것이다. 그러므로 하느님의 형상은 사람들이 성취하거나 행하는 것이 아니다. 오히려 그것은 사람이 하느님이 의도한 계획 속에서 존재하는 것이다.

2) 존재being 대 행함doing

'존재'와 '행함' 사이의 긴장은 새로운 것이 아니다. 성서 저자들은 하느님이 그의 백성을 어떻게 내적 인격을 형성할 삶의 '질'로 부르려고 했는지 다시 살펴본다. 시편 119장은 삶의 가치가 나이나 업적보다는 더 깊은 토대와 더욱 변치 않는 관계에 달려 있음을 의미한다(시편 119,97-114). 예수의 가르침은 노화 과정에 대한 최선의 응답은 모든 단계에서 삶의 충만함을 구하는 것이라고 알려 준다. 각 단계에서 하느님의 백성이 '되고자' 하는 열망은 예수가 "나는 양들이 생명을 얻고 또 얻어 넘치게 하려고 왔다(요한 10,10)"라고 한 의미를 체험할 수 있도록 해 준다.

'넘치게'란 나이 햇수가 쌓이는 것을 의미하지는 않는다. 햇수만 쌓는 것이 인격의 '질'을 보장하지 않는다. 솔로몬은 이러한 사실을 잘 묘사하고 있다. 사울처럼, 그도 노년보다는 젊은 날에 더 좋은 인격을 보였다. 개인의 삶이 나쁜 방향으로 움직일 때, 쌓인 햇수가 그 '질'을 바꾸지는 못한다. 요구되는 것은 인격의 변화, 즉 그의 삶의 '존재성beingness'을 구성하는 것이 바뀌어야 하는 것이다. 내적 삶의 방향이 운명을 결정한다. 예수는 전통적인 유대 풍습과 의례를 제자들이 지키지 않는다는 바리사이들의 질문에 대한 대답에서 이것을 함축한다. "듣고 깨달아라. 입으로 들어가는 것이 사람을 더럽히지 않는다. 오히려 입에서 나오는 것이 사람을 더럽힌다"(마태 15,10-11). Carlyle Marney의 다음의 말이 옳다. "그리스도교 신앙은 행함이나 소유에 달려 있는 것이 아니다. 신앙에 의한 구원은 은총에 의한 구원이며, 존재를 존재 그대로 확인하는 것이다"(1974, 45쪽).

신약성서 저자들은 내면생활의 질이 "그리스도 안에서 존재하는" 데 핵심이라고 강조했음에도 불구하고, '행함'이 내면의 본성이 자연스럽게 표현된 것이어야 한다는 사실을 간과하지는 않았다. "이와 마찬가지로 믿음에 실천이 없다면 그러한 믿음은 죽은 것입니다(야고 2,17)"라는 야고보의 언급이나 바오로가 우리가 "율법에 따른 행위가 아니라 그리스도에 대한 믿음으로 의롭게 된다는(갈라 2,16)" 언급이든 간에 성서의 맥락을 끌어낸 것은 그리스도인의 체험의 의미에 대한 이해를 왜곡시키는 결과를 가져왔다. 그리스도에의 믿음은 선한 행위를 낳는 동기와 능력을 부여한다.

인간의 궁극적 가치가 인간의 성취에 기반을 두지 않는다는 사실이 성서 성구에 분명한 반면, 행함 노동 그리고 성취 등은 대개 성공 지향의 문화에서 높은 점수를 받는다. Katz가 1970년대에 관찰했던, 즉 "모든 사람들이 가능한 한 오랫동안 일을 해야 하고, 필요하다면 부업도 하고, 성취하고, 분투해야만 한다고 믿는(1975, 146쪽)" 것이, 비록 '조기 은퇴'의 경우 좀 바뀔 수 있지만 오늘날에도 사라지지 않고 있다. 그러나 생산성이 노인들에게 항상 가능한 것은 아니다. 결국 노화는 삶의 자원과 에너지를 감퇴시킨다. 죽을 때까지 활동적이고 생산적인 것이 바람직스럽기는 하지만, 이것이 사람의 가치를 결정하는 기준은 아니다.

인간의 가치는 시장경제와 결부될 때 그의 직업, 소득, 사회적 인정, 생산 등에 의하여 측정된다. 이는 외면적 능력이 크게 제약을 받는 사람들은 본질적인 가치가 없는 것으로 간주하는 공동체를 초래할 수 있다. 이제 그들은 경제에서 지위와 생산성을 차지하지 못하는 무능함을 심판받게 되는 것이다.

이것은 어느 나이에서든 인간 삶의 가치를 어떻게 측정해야 하는지에 대한 성서적 가르침이 아니다. 어느 날 영원한 생명을 받으려면 무엇을 '해야' 하는지를 알고 싶어 하는 부자 젊은이가 예수를 따라왔다. 그는 계명들을 충실하게 지켜왔다고 예수에게 알리면서, 자신이 어떤 점에서 부족한지 궁금했다(마태 19,16-22). 예수는 젊은이에게 그가 '되고자' 하는 것을 받아들이려고 한다면 '가진' 것을 나누어 주라고 말했다. 유대교 지도자인 니코데모가 밤에 예수를 찾아와 영원한 생명을 얻기 위해 무엇을 '해야' 하는가를 물었다(요한 3,1-21). 예수는 '행함'의 수준에서 그에게 설명하는 것이 아니라 태어남, 즉 '존재'를 말하도록 그를 인도하였음을 다시 한 번 주목해야 한다.

'행하는' 능력은 인간 존재의 가치를 결정하는 척도가 아니다. 예수 그리스도의 죽음과 부활로 완수된 하느님의 구원계획은 모든 사람들에게 주어져 있다. 더 나아가 삶의 질조차 '선한 일'로 얻는 것이 아니다. 바오로가 말한다. "여러분은 믿음을 통하여 은총으로 구원을 받았습니다. 이는 여러분에게서 나온 것이 아니라 하느님의 선물입니다. 인간의 행위에서 나오는 것이 아니니 아무도 자기 자랑을 할 수 없습니다"(에페 2,8-9).

하느님은 모든 사람들이 하느님과 구원하는 역동적 관계 안에 존재하기를 요구한다. 이 관계는 삶을 형성하고 모든 다른 관계에 영향을 미친다. 각 개인의 가치와 신성은 본질적으로 하느님의 형상으로 이루어진 존재이다. 노화가 "의로움에 주리고 목마른(마태 5,6)" 사람들에게 주어지는 하느님의 구원의 은총이라는 선물을 줄이지는 못한다. 이러한 믿음이 중심일 때, 노화에 대한 성서적 이해가 가능하다.

2. 노화는 삶의 한 과정

변화와 성장은 노화에 내재하는 과정이다. 가장 폭넓은 정의로 노화란 일련의 변화가 펼쳐지면서 삶의 시작부터 마지막까지 움직여 가는 과정이다. 유아가 나이 드는 과정은 노인들의 경우와 다르지 않다. 각각은 그 과정의 양 극을 대표하고 개별적으로 독특하지만, 단절된 것이 아니다. 이러한 양 시기의 어느 한쪽에 속한 사람이 다른 쪽에 속한 사람보다 도덕적으로나 사회적으로 우월하지 않다. 그들 둘은 동일한 과정의 일부일 뿐이다.

1) 삶의 단계들

삶은 과거로부터 현재 그리고 미래에까지 시간적으로 이행되며 움직인다. 셰익스피어는 유아부터 노년기까지 일곱 단계를 기술한다. 그는 마지막 단계를 '두 번째 유아기'로 특징짓고 다음과 같은 축소되는 이미지들을 묘사한다.

> 세상의 모든 것은 하나의 무대이며,
> 그리고 모든 남자와 여자는 그저 배우들일 뿐이네.
> 그들에겐 퇴장과 입장이 있다.
> 그리고 자신의 차례에 한 남자는 많은 역할을 연기하는데,
> 일곱 개의 나이를 연기한다. 처음에는 유아 연기,
> 가냘프게 울고 유모의 팔에 토하고…
> 마지막 장면은 이런 이상한 파란만장한 역사의 그 끝이며,
> 두 번째 유아기이며, 그저 망각일 뿐,
> 이도 눈도 없고 게다가 맛도 없으며 무엇 하나 있는 것이 없다.
>
> (셰익스피어, 1901, 2막, 7장)

성서 저자들은 삶의 마감이 가까운 사람들에게 더 희망적인 관점을 견지한다. 구

약의 이미지들은 삶을 일생에 걸친 '체류' 또는 '순례'같이 하나의 여행으로 묘사한다(창세 47,9; 시편 39,12; 119,54). 전도서의 저자는 모든 것에는 시기와 때가 있다고 말한다(전도 3,1-8). 레위기에서는 각 연령 집단별로 시장 방식의 값을 할당하면서, 연령별로 다른 집단으로 기술한다(레위 27,1-8). 시편의 저자는 "이방인, 제 조상들처럼 거류민일 따름"으로 자신의 삶을 기술한다(시편 39,12).

인생의 단계들은 서로 다른 나이의 사람들을 기술하는 유대 용어에 반영되어 있는데, 예레미야서 6장 11절 및 51장 22절 등 몇 가지가 나타난다. Richards는 서로 다른 나이를 가리키는 12개 이상의 용어들이 있다고 주장한다(1988, 22-23쪽). 예레미야는 인생의 계절을 3~5단계로 나누어 어린이, 젊은이, 남편과 아내, 노인, 늙은이 등으로 기술한다. 신명기 32장 25절과 시편 148장 12절에서 젖먹이, 처녀, 총각, 백발노인 등 4단계로 제시하는 것으로 보인다. 이러한 구절들은 노화가 성인뿐만 아니라 어린이에게도 체험의 일부라는 것을 시사한다.

일부 뛰어난 현대적 자료들은 개인들이 인생의 다양한 단계들을 어떻게 체험하는지 논의한다. 인생 단계에 대해 가장 잘 알려지고 인용된 기술 중의 하나가 에릭슨(1950)의 '인간의 8 단계Eight Stages of Man'이다. David Levinson(1981)의 책 〈인간의 계절*The Seasons of a Man's Life*〉은 주로 에릭슨의 연구에 기초하였다. James Fowler(1981)는 그의 책 〈신앙의 단계*Stages of Faith*〉에서 에릭슨의 심리사회적 발달을 신앙 발달에 적용시켰다.

인생 단계에 관한 에릭슨의 기본 가정은 후성설epigenesis[261]에 대한 그의 정의이다. 즉, "성장하는 모든 것은 기초계획ground plan을 가지며, 이 기초계획으로부터 부분이 발생하고, 각 부분은 모든 것이 하나로 기능하는 전체를 형성하기 전에는 각각 주도적 지위를 가지는 기간이 있다"(Erikson, 1968, 92쪽). 에릭슨은 심리학적 측면 이외에도 인간 발달의 생물학적, 사회적, 문화적 차원에도 주목했다. 그는 인간의 성장과 체험에 관련된 가치 문제의 중요성에 주의를 기울였다. 그의 8단계는 출생에서 죽음까지의 전체 인생 과정을 포함한다.

그의 모형은 인간 본성과 노화 과정에 대한 각 단계의 중요성이 다를 것이 없다고 보는 전체론적인 관점과 양립된다. 첫째 단계(신뢰 대 불신)부터 마지막 단계(통합성 대 절망감)에 이르기까지, 인간은 여전히 사고하고 감정을 느끼고 행동하면서 산다.

---

261) 후성설epigenesis은 생물의 각 기관은 미분화된 세포에서 분화된 층으로 형성된다는 학설로 1759년 독일의 생물학자 볼프가 아리스토텔레스 등이 제시한 것을 재검토하여 주장함. 이는 전성설preformation과 상반되는 견해임.

자아통합성의 체험은 기본적 신뢰를 획득하는 것과 밀접하게 연결되어 있다. 처음부터 끝까지 인생을 신뢰하고 후회 없이 노화 과정을 받아들이게 되면, 인생의 마지막 단계에 "나는 어찌 될 것인가?"에 대한 질문에 확신을 가지고 대답하는 것이 가능해진다.

에릭슨이 말한 통합성이라는 것을 노인이 경험할 수 있을 때 비로소 그 사람은 가치라는 느낌을 지닌 채 삶의 중심으로부터 나올 준비가 된 것이다. 이것은 종결의 문제, 즉 종종 노화 과정의 마지막에 개인이 직면하는 마무리 되지 않은 일을 해결할 수 있도록 한다(Richter, 1986).

통합성을 가지고 자신의 과거 삶을 돌이켜보는 것은 이스라엘 백성들을 위한 모세의 지도적 노력에서 나타난다. 모세는 하느님의 법과 백성들과의 계약을 살펴본 후, 이스라엘 역사에 관한 노래와 축복을 남겨 결론을 맺었다(신명 32-33장). 바오로는 그의 인생을 돌아보고 더 간단하게 "나는 훌륭히 싸웠고…(2티모 4,7)"라고 말했다. 두 사람 모두 개인적인 통합성을 느끼면서 인생의 마지막 장에 도달하였다.

2) 삶의 일시성

David Tracy는 삶의 '일시성'이란 단지 일련의 연결되지 않은 경험들, 또는 순간만 존재하고 나서 "또 다른 '현재'에게 자리를 내어주고 사라져 버리는 '현재들'"은 아니라고 말한다(1975, 123쪽). 삶의 모든 단계들은 연결되고 관계된다. 노화는 이러한 삶의 일시성과 덧없음의 한 표현일 뿐이다.

삶의 과도기적 속성은 다른 자료에서뿐만 아니라 성서 속에서도 분명히 알 수 있다. 성서는 사람들에게 Ponce de Leon[262]처럼 젊음의 샘을 찾도록 권하는 것이 아니라, 삶이 절정을 향해서 움직이는 것을 인식하도록 권하는 것이다.

구약성서는 햇수가 지나가는 것을 분명하게 기술한다. 종종 '장수'가 갈망되나, 삶의 나날들은 빨리 지나간다. "사람이란 그 세월의 풀과 같아 들의 꽃처럼 피어나지만, 바람이 그를 스치면 이내 사라져 그 있던 자리조차 알아내지 못한다"(시편 103,15-16). 삶은 "지나가는 그림자와 같아" 빨리 움직인다(시편 144,4).

---

262) 1474~1521. 스페인의 탐험가 Juan Ponce de Leon. 콜럼버스의 제2차 신대륙 항해에 동행하였으며, 푸에르토리코의 총독을 지냄. 플로리다를 처음 탐험하였는데, 이는 젊음의 샘 Fountain of Youth을 찾으려고 한 것이었으나, 결국 찾지 못하고 탐험 과정에서 원주민과의 전투에서 얻은 부상으로 사망함.

신약성서는 인간이 이 세상만을 위해서 창조된 것이 아니라는 것을 분명하게 보여 준다. 모든 피조물은 '탄식하며' 속량redemption[263]을 구한다. 속량은 예수 그리스도의 신성한 죽음과 부활을 통하여 구원받은 모든 사람들을 위해 하느님에 의해 준비된 또 다른 생명의 실현이다(갈라 1,4; 티토 2,14).

노화 과정은 육체적 삶이 일시적 실존임을 가장 분명하게 표현하는 것 중 하나이다. 이러한 성서적 진리는 "이 세상은 나의 집이 아니며, 나는 그저 나그네일 뿐이네"라는 복음성가의 가사에도 반영되어 있다. 그리스도교인의 희망은 이 세상에서 닻을 내리는 것이 아니다. 현재의 흘러가는 인생은 우리 모두가 "저희의 날수를 셀 줄 알도록 가르치소서. 저희가 슬기로운 마음을 얻으리이다(시편 90,12)"라고 기도하도록 인도할 것이라고 시편 작가는 말한다. 노화 과정은 거스를 수 없는 것이다. 욥은 그의 노년에 솔직하게 그의 '만년'을 받아들인 예를 보여 준다(욥기 29,1-6).

Browning은 삶의 덧없음은 특히 에릭슨의 모형에서 분명하다고 지적한다. 그의 모형에서 마지막 두 단계인 생성성generativity 대 침체 그리고 통합성 대 절망은 각 사람이 삶의 일시적인 속성과 만나게 한다(Browning, 1975, 157-59쪽).

생성성은 타인에 대한 염려에서 표현된다. 다음 세대를 위한 자원들을 만들고 유지하기 위한 내적 탐색은 성인 단계인 중년기에서 가장 적극적으로 표현되기에 이른다. 중년의 시기에 이런 노력으로 어떤 성공의 척도를 성취하였을 때는 노년기에 통합성을 경험할 수 있게 된다. 통합성을 이루는 것은 후회 없이 생애사와 평화를 이루는 것이다. 통합성은 노인이 쇠퇴하는 활력과 다가오는 죽음에 직면해서도 삶에 대해 적극적인 관심을 갖도록 해 준다. 인생 말년의 통합성은 "자신의 존재 그리고 그가 이 세상에서 성취한 것과 더불어 살아가도록 해 준다. 그리고 이는 그가 죽은 후에도 남을 것"이라고 Browning은 주장한다(159쪽).

3. 노화는 영성을 향한 과정

인간 존재는 생물학적이며 정서적인 존재 그 이상이다. 하느님의 형상으로 만들어져, 각자는 영원히 사는 영적인 차원을 가지고 있다. 수태되는 순간부터 아이는 자라고, 완전한 사람이 되며, 어른이 되도록 창조되었다. 육체적 및 정서적 발달 그리고

263) 속량(贖良)은 원래 돈이나 곡식을 내고 노비 신분에서 벗어나거나, 국가 또는 주인에게 공을 세워 노비 신분에서 벗어나 양인이 되는 신분 해방 제도를 말함. 여기서는 구원의 의미임.

영적 성장 속에서의 성숙과 영성이 목표이다. 성서적 관점에서, 모든 인간을 위한 계획은 하느님과의 구원의 관계 속에 존재하며 영원한 생명을 얻는 것이다. 시편 저자는 이러한 탐구를 다음과 같이 기술한다. "암사슴이 시냇물을 그리워하듯 하느님, 제 영혼이 당신을 이토록 그리워합니다"(시편 42,1). 인간의 영은 하느님 안에서 안식을 찾을 때까지는 쉴 수 없다고 한 아우구스티누스가 옳았다.

노화의 체험에서는 육체적인 활력과 건강의 쇠퇴에도 불구하고, 영적 성숙과 사후의 삶에 대한 준비를 향상할 수 있다. 이것이 성서가 주는 메시지이며 모든 그리스도교인의 희망이다.

1) 영적 성숙을 향한 성장

성서의 가르침은 영적 성숙을 예수 그리스도에 대한 신앙 약속으로 연결시킨다. 개인이 예수 그리스도를 믿는 것이 하느님과 구원의 관계를 가져온다. 영원한 삶에 희망을 둔 이러한 개인적 믿음이 노화 과정에서 궁극적 위안이다. 그리스도 안에서의 영적 여정은 육체적, 사회적, 정서적, 심리적 요구를 포함한 인간 활동의 모든 영역에 영향을 미친다.

영적 성숙이란 궁극적으로 신성한 것이 무엇인가를 찾아내고 확인하며 그리고 그 확인한 바에 끊임없이 순종해 가는 능력이다. 노화처럼 영적 성숙도 오랜 기간에 걸쳐 일어난다. 사도 베드로는 신자들에게 "우리의 주님이시며 구원자이신 예수 그리스도의 은총과 그분에 대한 앎을 키워 나가도록" 권면한다(2베드 3,18). 바오로는 에페소의 신자들에게 보낸 그의 편지 속에서 영적 성장의 중요성을 다음과 같이 선언한다. "우리는 모든 면에서 자라나 그분에게까지 이르러야 합니다. 그분은 머리이신 그리스도이십니다"(에페 4,15). 이는 예수 그리스도의 마음, 정신, 성격, 사업이 개인 안에 재생산되는 그러한 성장이다. 영적 성숙을 체험하는 것은 곧 "그리스도 안에" 존재하는 것이다.

사람이 노년기를 향해 나아가면서, 삶의 종결은 더욱 중심에 놓인다. 노화 과정의 최후에 직면해 가는 이러한 점진적인 움직임은 영적인 의미를 가진다. 사람은 중년 이후 불가피하게 종교적 차원에 대해 인식하게 된다고 Carl Jung은 관찰했다.

노화 과정은 결국 제한적이기는 하나, 이는 노인들이 자신의 궁극적 운명을 형성하는 데 보다 적극적 역할을 자유롭게 하도록 독립성을 허용한다. 나이가 든 많은 사람들은 자신의 개인적 신념에 관해 더욱 공개적으로 쓰고 말한다. 그들은 솔직해지고 거리끼는 바가 줄어든다. 지위, 직업, 정체성에 대하여 재규정함과 더불어 지금까지 발달시켜 왔던 내적 가치와 원리를 표현하는 데 자유로워진다.

성숙 과정이란 삶의 심오한 문제와 실존의 의미를 향해 사람을 이끄는 영적 후견인과 같다. 방어적인 성향이 줄어듦에 따라 자기중심적 성향도 줄어들기 때문에, 에너지를 삶의 심오하고 영원한 문제를 향해 돌릴 수 있게 된다. 심리적 관점에서 이러한 변화를 기술하면서, Pruyser는 다음과 같이 말한다. "삶의 불가피한 모호성에 대한 폭넓고 심오한 지식을 가지며 또한 자신의 감정상 어쩔 수 없는 모순을 인정함으로써, 이제는 불쾌한 현실을 대면하는 거부감이 줄며 부정적 정서나 의심하는 경향들도 더 이상 쉽사리 반응을 불러일으키지 않을 것이다(1975, 114쪽).

2) 희망을 가지고 죽음을 향해 성장

노화는 궁극적으로 죽음을 준비하는 것을 의미한다. 사람의 나이는 죽는 날까지 확정되지 않으며, 죽음은 노화 과정의 어느 시점에서도 올 수 있다. 이 문제의 답변으로 "너희 가운데 누가 걱정한다고 해서 자기 수명을 조금이라도 늘릴 수 있느냐?(루카 12,25)"는 적절한 것이다. 긴장이 없으면 수명은 연장할 수 있겠지만, 죽음은 불가피한 것이다.

인생 여정에는 육체적 발달, 계속되는 체험적 학습 그리고 생명력이 점진적으로 지혜로 바뀌는 등 경계가 뚜렷한 단계가 포함된다. 물론 모든 사람들이 똑같은 방식으로 이러한 노화의 구성 요소들을 겪지는 않는다. 성서적 관점에서, 이러한 일시적인 삶의 종결은 각자를 풀어 주어 영원한 생명에 대한 희망을 경험하도록 한다. 삶의 한 가지 목적은 죽음이 다가왔을 때 영원한 삶에 준비가 되는, 그러한 방식으로 사는 것이다. 각각의 사람들은 자신이 노화라는 자연법칙에 어떻게 반응하고 대응할 것인가를 결정할 책임을 진다. 노화 과정의 불가피한 종결에 직면할 능력과 용기는 예수 그리스도의 구원 행위에 대한 개인적인 신앙에서 발견된다. Marney는 다음과 같이 결론을 내렸다.

> 무엇보다도 그리스도교적 존재는 하나의 '희망'이며, 아직 다다르지 못한 희망이다. 그 희망은 마지막 단어가 "좌절"이 아니며, 모든 페이지 끝에 아직도 "다음에 계속"이라고 쓴다. 이러한 희망은, 나의 복종과 채워지지 않은 공허함 그리고 나의 공포와 이상 등이 아주 중요하며, 이들은 새로운 시작과 내게 중요한 왕국에 반드시

참여한다는 확신인 것이다(1947, 47쪽).

그리스도교 신앙은 신자들이 살아가고, 지치지 않게 하고, 희망을 가지고 죽음에 직면할 수 있도록 한다. 바오로는 그가 죽음을 받아들이든 생명을 받아들이든 준비가 되었다고 기술할 때 주도적이었다. 그가 그의 종말을 묵상하면서, 최고의 표현으로, "사실 나에게는 삶이 곧 그리스도이며, 죽는 것이 이득입니다"(필리 1,21)라고 하였다. 바오로에게 살아가는 과정은 이생에 고착된 것이 아니었고, 그의 노화의 의미와 동떨어지지도 않았다. 그는 삶과 죽음이라는 두 가지 현실에 마음을 열고, 적당한 시기에 각각을 기꺼이 받아들였다.

희망은 성서적 가르침을 관통하는 실마리이다. 일생을 통하여, 각자에게 도전이란 "아무도 닫을 수 없는 열린 문(묵시 3,8)"처럼 앞으로 더 많은 것이 온다는 굳은 확신을 가지고 진행되는 노화 과정을 기꺼이 맞는 것이다. 미래에 대한 이러한 신앙과 희망을 가지고, 개인은 청년지향적인 문화 속에서도 부끄럽지 않게 나이 들어가는 노화를 확신하면서 살 수 있다. 성서적 관점에서, 삶은 정점으로 향하는데 각 시기마다 뭔가 우리에게 줄 것이 있음을 인식한다는 것은 참 희망적이다. 그리스도교적 희망은 사람들이 피할 수 없는 것에 대비할 수 있도록 해 준다(히브 9,28).

1961년 노화에 대한 백악관 회의의 연설에서, 랍비 Abraham Heschel은 다음과 같이 말했다.

> 현존Presence을 인식하고 사는 사람들은 늙어가는 것이 시간을 잃어버리는 것이 아니라 오히려 시간을 얻는 것을 의미함을 안다. 그리고 그들은 또한 그들이 행한 모든 것 안에 인간성의 주요한 과제가 시간을 신성하게 하는 것임을 안다. 시간을 신성하게 만드는 모든 것은 하느님, 영혼 그리고 순간이다. 그리고 그 세 가지는 항상 있다(1981, 41-42쪽).

그리스도교인의 희망은 하느님이 시간, 삶, 노화를 신성하게 하도록 항상 현존한다는 것이다.

제30장 신정통주의의 관점

Omar Otterness

그리스도교 전통에는 노화의 경험에서 제기되는 문제에 대하여 말할 의미 있는 것이 있는가? 우리 문화 탓에 나타난 노화의 현실과 노년에 대한 부정적인 고정관념 때문에 노년을 위한 참된 의미 구조를 주장하는 믿음체계에 도전이 되고 있다. 따라서 삶의 여정에 대한 통찰을 그리스도적인 증언으로 탐구하는 것이 중요하다. 복음의 약속 아래에서 늙어간다는 것은 무엇을 의미하는가? 그 도전은 무엇이고 기회는 또 무엇인가? 노년의 삶이 은총을 찾는 모험이 되게 하는 자원이 그리스도교 전통 속에 있는가?

이 논문의 목적은 개신교Protestant 전통으로 해석된 그리스도교 신앙의 탐구를 통하여 위의 질문들에 대한 해답을 구하는 것이다. 이러한 연구의 범위를 제한하기 위하여, 주된 출처는 '폴 틸리히Paul Tillich'[264]의 신학이다. 비록 그의 신학에서 형이상학적 전제가 개신교 정통주의를 따르지는 않지만, 그는 자신의 신학은 구성원리가 개

264) 1886~1965. 독일 태생의 신학자로 종교적 사회주의의 이론적 지도자. 히틀러에 의하여 추방되어 미국으로 망명하여 뉴욕 유니온신학교 등에서 교수직을 역임. 존재론적 신학을 전개함.

신교의 주제인 "은총에 의한 믿음을 통해 의로움을 인정받음"[265]이라고 주장한다(1963, 223쪽). 그는 개신교 전통에 새로운 표현법을 주려고 시도한 사람으로 이해되기를 원했다.

틸리히는 노화에 대해 명백한 신학적 해석을 기술하지는 않았다. 그래서 연구 절차상 우리는 사회과학자 에릭슨Erik Erikson이 찾아낸 노화의 쟁점들을 정하고, 그 다음 틸리히의 저서에서 그 쟁점들에 대한 신학적 응답을 찾는 순서로 나아간다. 절차상 틸리히의 저서를 취사선택하여 사용하게 된다. 그의 사상에 대한 종합적 또는 비판적 연구를 주장하지 않고, 어떤 맥락에서든 단지 노화의 체험에 대해 통찰하고자 하는 것이 이 장의 목적이다.

에릭슨은 40대에 이르러 처음으로 인간발달 8단계 이론을 전개하였다(Erikson, 1950). 그는 말년에 그것을 다시 숙고했으며, 일부 내용에는 유보적이긴 하였지만 그의 이론을 재확인하였다(Erikson, 1982). 그 이론은 우리의 연구 목적에 도움이 된다. 왜냐하면 노화를 육체적 과정으로서만 파악한 것이 아니라, 노화를 사회적 맥락 안에 두고 종교적 가치가 수행하는 중요한 역할을 인식하였기 때문이다.

노화의 쟁점들이 근본적으로 종교적 차원을 가진다는 것은 놀랄 일은 아니다. 그 쟁점들은 완전한 인간이 되는 데 필수적인 것을 다룬다. 사람들은 그들의 유한한 우연성과 죽을 운명을 어떻게 이해해야 하는가? 인생에서 분출되는 한계와 고통에는 어떻게 대처해야 하는가? 권태와 절망에 직면해서는 어떻게 인생의 의미를 확인해야 하는가? 이러한 질문들은 삶의 모든 단계에 공통적이기는 하나, 시간이 다해가고 삶의 에너지가 쇠퇴할 수밖에 없는 노년기에 더 절박하게 된다.

에릭슨이 찾아내고 다른 노년학자들이 인정한 세 가지 노화의 쟁점들을 고찰하고자 한다. 첫째는 노인들이 인생을 마감하려고 할 때 에릭슨이 통합성이라고 한 것을 구하려는 욕구에 관한 것이다. 둘째는 육체적, 정신적, 사회적 변화 때문에 자유가 점점 더 제한될 때, 자율성을 확인하려는 욕구에 관한 것이다. 셋째 쟁점은 일생을 통한 생성성generativity에 대한 욕구와 관계된 것이다. 세 쟁점들은 삶에 의미를 유지하는 기초라는 점에서 밀접히 관련되어 있다. 이 쟁점들이 종교적으로 중요한 질문들을 제기하고 신학적 해석에 노출된다는 것은 명백해질 것이다.

---

265) 원어로는 'justification by grace through faith'. 의화justification란 그리스도교 신학의 용어로서 하느님에 의하여 의롭다 함을 인정받음을 말하며, 이로써 구원이 이루어짐. 이 개념의 범위나 방법 등에 관하여 교파 간의 해석에서 차이가 많음. 은총에 의하여 믿음이 생기고 이 믿음으로 구원에 이르게 됨.

1. 통합성

에릭슨에 의하면, 인간 발달은 유아기에서 노년까지 8단계로 진행된다. 각 단계에는 상충하는 힘들 사이의 긴장에 따른 위기가 따르는데, 다음 단계로 이동하려면 성공적으로 타협이 이루어져야 한다. 예를 들어, 유아기에는 불신과 신뢰 사이의 긴장이 있는데, 긍정적 발달이 되려면 이로부터 긍정적 신뢰가 생겨야 한다. 이렇게 발달되어야 할 덕목—신뢰, 자율성, 주도성, 근면, 정체감, 친밀감, 생성성, 통합성 등—들은 특정 단계에서 매우 중요하며, 그 이후의 모든 단계에서 필수적인 구성 요소가 된다. 그래서 통합된 자아로서 나이가 들려면, 인생의 각 단계와 성공적으로 타협하고 그리고 그 덕목을 평생토록 쇄신해 나가는 것이 필수적이다.

에릭슨은 노년 단계의 위기를 통합성과 절망 간의 긴장으로 설명한다. 그 위기를 성공적으로 해결한다면, 얻는 것은 지혜이다. 이 단계는 그 다음 단계로의 이행이 없기 때문에, 다음과 같은 질문에 직면하게 된다. 즉, 이제껏 내가 이루어 온 '나'의 의미가 지속될 수 있으며 그 의미가 이 마지막 단계에서의 통합성을 줄 수 있겠는가?

에릭슨은 사람이 과거의 삶을 돌아볼 때의 '일관성과 전체성의 인식'을 통합성이라고 설명한다(1982, 65쪽). 통합성에는 개인 삶의 의미를 확인할 수 있는 본질적인 종교적 과업이 포함된다. 이러한 인생 회고는 삶의 목적들을 찾아내고 확인하려 하며, 그 목적들을 현재의 가치와 관계에 연결시키려 한다. 그는 이것이 "단순히 개인 성격의 희귀한 자질을 의미할 수 없고, 인생의 가장 중요한 맥락에서 주된 상대역이었던 '타인들'을 위한 영원한 사랑"을 포함하는 것이어야만 한다고 설명한다(1982, 65쪽). 삶에 일관성을 주는 데 필요한 의미와 관계의 끈이 있는 것이다.

에릭슨은 노년의 통합성이라는 목표가 근본적인 인생 과정, 예를 들면 육체적 강인함, 정신적 예리함, 사회적 상호작용 등 사이에서 '연계의 상실'이 나타나기 때문에 쉽게 얻어지지 않는다고 주장한다(1982, 65쪽). 이러한 힘들과 만나게 되면, 삶에 대한 절망과 경멸로 갈 수도 있다. 이는 피할 수 없는 갈등이다. 왜냐하면 이는 "인간의 약점에 대한 그리고 치명적으로 반복되는 악행과 속임에 대한 당연하고 필수적인 반작용"이기 때문이다(1982, 64쪽). 에릭슨에 의하면, 이러한 노화 경험의 부정적 차원은 "간접적 파괴나 다소 감춰진 자기경멸의 위험을 무릅쓸 때에나 부정될 수 있다"(1982, 64쪽). 그러나 만일 이러한 힘들이 압도적이라면, 그 결과는 혼란에서 오는 절망과 목적의 상실이다.

인생의 마지막 단계에서 요구되는 것은 신화myth와 의례화ritualization의 '철학적'

해석인데, 이는 "몸과 마음의 해체에서 질서와 의미를 유지하는" 가운데 여전히 "지혜 속의 항구적인 희망을 옹호할" 수 있게 한다(1982, 64쪽). 에릭슨은 이것이 '강압적 정통주의'의 형태로 뿌리내린 독단으로 잘못 도피하는 것이 되어서는 안 된다고 경고한다.

올바르게 얻은 통합성으로부터 나타나는 지혜는 "자신의 유일무이한 생애주기가 필연적으로 존재하며 대체할 수 없는 것으로 인정하는" 것이라고 설명한다(Erikson, 1964, 131쪽). 지혜란 "변화하는 운명에도 불구하고 우리의 동일성과 영속성을 유지할 능력"을 사람들에게 주는 덕목이다(Erikson, 1950, 42쪽).

그 이론을 처음 도입한 데 이어 나온 저서에서, 에릭슨은 인생의 마지막 단계에서 희망이라는 덕목을 더욱 강조했다. 희망은 유아기에 처음 발달시킨 신뢰라는 자질의 결실이다. 성인기에 이는 신앙이 된다. 신앙은 "모든 희망을 잃고 죽은 듯한 유기체로 퇴행해 가는 성인이 살아갈 수 있도록 하기" 때문에 중요하다(Erikson, 1964, 42쪽).

1) 심리사회적 관점에서 신학적 관점으로

에릭슨은 절망을 넘어 통합성을 획득하려는 도전으로 노년에 대한 심리사회적 관점을 도입했다. Freud와는 대조적으로, 그는 성공적인 노화에는 종교적 차원이 있다는 것을 인정한다. 종교에 대한 신경과민적인 표현이 있음에도 불구하고, 에릭슨은 인간이 자신의 경험을 이해하고 그 경험을 자아 발달과 긍정적인 관계를 가질 수 있는 의미 구조에 통합시키려 애쓰는 상징체계를 구축하기 위한 주요 통로로서 종교를 고찰한다(1964, 103쪽). 그는 종교가 소외와 악에 대한 인문학적인 분석보다 더 깊은 통찰력이 있다고 믿는다(1964, 153쪽).

임상의로서 에릭슨은 성공적 노화를 위한 종교적 기반을 정교하게 만들려 하지 않았음에도 불구하고, 그는 주기이론의 덕목을 신학적 덕목인 신앙, 희망, 자선과 연관시켰다(1964, 111-12쪽). 그의 이론은 선한 사람과 이상적인 노년에 대한 하나의 규범적 비전으로 해석될 수 있다(Browning, 1976, 25쪽).

그의 종교에 대한 생각을 누군가가 투사projection[266]라는 형태로 설명했을 때, 에릭슨은 그 분석을 부적절한 것으로 거부했다. 그는 다음과 같이 답했다. "인간은 무언

266) 투사projection란 정신분석 용어로서 다른 사람들도 나의 태도나 감정 등과 똑같은 것을 가졌다고 단정하려 드는 경향. 또 자기 자신이 납득하기 어려운 사고, 감정이나 만족할 수 없는 욕구를 갖고 있는 경우에 그것을 타인에게 돌려 버리는 것과 같은 무의식적인 마음의 움직임을 말함.

가를 무nothing에 투사하지는 않는다. 아마도 무언가를 실제 존재하는 어떤 실재reality에 투사할 것이다. 어쩌면 인간의 투사와 이러한 실재 사이에는 어떤 상호작용이 있을 수도 있다"(Browning, 1976, 26쪽).

에릭슨은 가치와 의미 구조에 대한 관심 때문에 종교 영역까지 들어와 분석하게 된 것이 분명하기 때문에, 그것이 신학적 관점에 반대하는 것으로 간주할 필요는 없다. 그는 사회적 및 심리학적 분석을 뛰어넘는 것이 중요하다는 것을 깨달았지만, 그의 과학적 및 인문학적 접근법으로는 그 이상의 탐구를 감행할 수 없었다. 그러한 문제들에 대한 적절한 응답을 찾기 위해서는 구체적인 종교 전통을 살펴볼 필요가 있다. 종교는 추상적으로 나타나는 것이 아니라, 특정한 종교적 전통과 공동체 안에서 구체화되는 것이다. 따라서 우리의 다음 과제는, 에릭슨이 설명했던 통합성과 절망의 경험을 그리스도교 전통에서는 어떤 방식으로 이해하는가를 탐구하기 위하여, 틸리히의 저술을 살펴보는 것이다.

2) 틸리히의 신학적 응답

틸리히의 신학적 방법론은 인간 상황의 실존주의 및 현상학적 분석에 의해 제기된 질문들과 그리스도교의 계시revelation로부터 나온 대답을 연관시키는 것이다. 틸리히가 인간 상황에 대한 그의 분석은 그리스도교의 계시와 관계없이 독립적인 관찰을 토대로 한다고 주장했기 때문에, 이것이 에릭슨이 사회심리학적 자료를 토대로 분석한 것과 유사하다는 것은 놀랍지 않다. 에릭슨과 틸리히 둘 다 인간 실존의 부정적 및 긍정적 양극성을 기술한다. 두 사람은 절망을 인간 여정의 잠재적인 비극적 결과로 기술하며, 육체적 · 사회적 평안을 넘어서는 통합성 또는 전체성이 필요함을 알고 있다.

틸리히가 인간 상황을 분석하면서 노년에 대해 별도의 언급은 없지만, 그가 분석한 것은 이 연구에 중요성이 있다. 왜냐하면 그가 다룬 종교적 질문들은 노년에야 전면으로 드러날 가능성이 높기 때문이다. 에릭슨이 인식한 것처럼, 활동적인 시기에는 그러한 문제들이 묻힐 가능성이 종종 있지만, 마지막 단계에서 일어나는 인생 회고에서 그 질문들은 전면에 부각된다.

유한성과 불안: 틸리히에 의하면, 통합성을 위협하는 것은 모든 유한한 피조물들에게 공통된 불안anxiety에 가장 깊은 뿌리를 두고 있다. 틸리히는 말했다. "불안이란 그 자신의 유한성으로 체험된 유한성이다." 이는 인간 그 자체로서의 자연스러운 불

안이며, 또 어떤 방식이든 모든 생물에서도 마찬가지이다. 이는 무존재nonbeing에 대한 불안, 즉 자신의 유한성을 유한성으로 자각하는 것이다"(35-36쪽).

틸리히 존재론ontology의 형이상학적 전제들은 이 장의 이해 범위를 넘어서지만, 위의 인용구에서 그가 사용한 '무존재' 같은 용어들을 이해하기 위해서는 그의 기본적인 세계관을 언급할 필요가 있다. 틸리히는 모든 실존은 '존재 그 자체Being itself'—그가 하느님을 지칭하는 비상징계[267] 용어—안에 있다고 주장한다. 그러나 유한한 존재들은 그 실재reality로부터 멀어지고, 이에 따라 '무존재'의 위협 아래 살아간다. 핵심 쟁점은 '존재 그 자체'로부터 멀어진 인간 존재가 어떻게 이를 극복할 수 있느냐 하는 것이다.

틸리히는 인간 실존의 불안은 죄에서 야기되는 것이 아니라, 유한성에 불가피하게 수반되는 것이라고 주장한다. 이러한 불안은 제거될 수 있는 뚜렷한 대상을 가진 공포와 혼동되지 말아야 한다. 불안은 삶의 어느 단계에서라도 완전한 의식으로 부각될 수 있는 모든 삶의 밑바닥에 있는 정체불명의 흐름이다.

유한성을 두려움의 원인으로 만드는 것은 바로 자기초월이라는 인간 능력에 있다. 인간은 그것을 초월하는 방식으로 그들 자신의 유한성을 본다. 틸리히에 의하면, "무한한 자기초월의 힘이란 인간이 '무존재' 너머에 있는 것에, 즉 '존재 그 자체'에 속한다고 표현하는 것을 말한다"(1951, 212쪽).

죽음으로 끝나는 노화 과정은 인간이 자연적인 유한 질서에 묶여 있다는 가장 구체적인 증거이다. 모든 동물의 삶은 죽음을 경험하는 반면, 인간은 유일하게 그 자신의 죽음을 투사하고, 삶 대신 자살을 선택할 수 있는 동물이다. 틸리히는 "인간에게 일시성이란 죽어야 하는 두려움을 의미한다. 이것은 매순간 뇌리를 떠나지 않으며 인간 실존 전체의 특징을 결정한다"고 서술했다(1951, 212쪽). 인간의 유한성에 대한 인식은 자기초월 그리고 무존재의 위협을 보여 주는 징표이다. 불안은 죽음에 수반되는 고통에서 생기는 것이 아니라, 인간 자신의 존재를 보존할 수 없음을 깨달음으로써 야기된다.

---

267) 상징계symbolic란 프랑스 구조주의 철학자 자크 라캉이 인간 언어를 통해 인간의 욕망을 분석하는 이론을 정립하면서 인식의 세 차원을 상상계imaginary, 상징계symbolic, 현실계real로 분류한 것 중의 하나임. 유아기에는 거울에 비친 자기 모습을 보듯이 이미지 차원의 상상계 속에서 살아가다가, 언어를 습득하고 언어체계를 본떠서 만든 구조화된 상징체계 속으로 넘어가 상징계에도 도달함. 현실계는 이보다 한 차원 높아 포착하기 어려운 단계로 철학적 정교함이 요구되며, 언어행위나 언어체계 밖에 존재하는 잔여 영역이라 볼 수도 있음. 여기서 비상징계nonsymbolic는 문맥상 현실계를 의미하는 것으로 보임.

유한성의 또 다른 차원인 공간의 범주도 또한 불안과 관련된다. 인생에 긍정적인 가치가 있는 두 공간, 즉 가정, 국가 등과 같은 물리적 공간과 직업, 사회적 위치 등과 같은 사회적 공간에서 최종적으로 상실되었음을 선고받는다. 나이가 들면서 이러한 상실을 경험하는 것은 최종의 죽음에 앞선 작은 죽음들이다.

불안의 가장 중요한 측면은 유한성과 복합적 관계를 가지는 죄와 죄책감의 경험이다. 죄책감은 죄의 결과이지만, 죄를 가능하게 한 것은 유한성이다. 역설적으로 보이겠지만, 틸리히는 유한성 때문에 죄는 불가피하지만, 죄가 인간의 자유로 행하는 역할과는 상관없는 운명을 의미하는 것은 아니라고 말한다. 기본적인 인간 문제는 유한성과 그것에 수반되는 두려움을 극복하는 것이 아니라, 죄와 그에서 비롯된 죄책감을 극복하는 데 있는 것이다.

죄는 하느님에서 독립하여 존재하려는 시도이다. 즉, 그것은 인간이 자신의 하느님이 되려는 시도이다. 인간은 유한한 자신 안에 삶의 의미의 중심을 두려고 노력한다. 사람은 이렇게 할 수 있다. 왜냐하면 인간은 하느님의 형상을 따라 자기초월과 자유의 능력을 가지도록 창조되었기 때문이다. 이러한 시도는 인간의 유한성을 부정하는 것이기 때문에 성공할 수 없다. 그 결과인 죄책감은 비도덕적 행위로 인한 양심의 가책보다 더 클 것이다. 그것은 바로 인간의 개성이 판단과 자기혐오에 의해 위협받는다는 자각이다. 죄책감은 인간의 능력으로는 극복할 수 없다. 틸리히의 용어로는, '무존재'의 위협을 수반하는 것이다.

틸리히는 인간 곤경의 부정적인 결과를 절망이라고 설명한다. 이러한 절망에는 자기혐오와 자기로부터 도피할 수 없다는 자각의 두 가지 요소가 있다. 절망의 본질은 다음과 같이 기술된다.

> 절망despair은 불가피한 갈등의 상태이다. 그것은 개인의 잠재적인 것과—따라서 반드시 그래야만 하는 것—그리고 또 다른 한편인 운명과 자유의 결합으로 생기는 개인의 실제적인 것 사이의 갈등이다. 절망의 고통은 개인이 실존의 의미를 상실한 것에 대한 책임이 있고, 또 그것을 회복할 수 없다는 고뇌이다. 개인은 자신의 자아 속에 갇히고 자신의 자아와 갈등한다. 개인은 자신의 자아로부터 도피할 수 없기 때문에, 결국 도피할 수 없다(Tillich, 1957, 75쪽).

이러한 기술은 에릭슨이 인생 회고에서 통합성을 얻을 수 없는 비극적인 결과를 절망으로 이해한 것과 참으로 유사하다는 점이 주목할 만하다.

인간의 곤경을 분석할 때 틸리히의 기본전제는 절망에 대한 다음과 같은 기술에서 잘 나타난다. "자신의 영원성으로부터 분리되는 경험이 절망의 상태이다. 이는 일시성의 한계를 지적하는 것이며, 또한 인간적 사랑이라는 중심 행위에서 신성한 삶과 결합되지 못하고 오히려 매여 있는 상황을 지적하는 것이다"(1957, 78쪽). 절망과 소외를 극복하기 위한 탐색이 궁극적인 관심사가 될 때, 하느님의 문제가 제기된다.

인간 곤경에 대한 이러한 분석 후에, 틸리히는 그리스도교의 계시에서 답을 구하려고 한다. 이는 틸리히가 '새로운 창조New Creation'를 가능하게 만드는 '새로운 존재New Being'라고 기술한 예수가 그리스도로서 역사적으로 나타난 것에서 발견된다. 틸리히는 이렇게 말했다. "새로운 창조란 분리되었던 것이 재결합되는 실재reality이다. 새로운 존재는 그리스도 안에 나타난다. 왜냐하면 그리스도 안에서는 결코 분리가 그와 하느님 사이, 그와 인간 사이, 그Him와 그 자신Himself 사이를 넘어서지 못했기 때문이다"(1955, 25쪽). 그는 그리스도의 증언의 핵심을 다음과 같이 기술한다. "우리는 다만 우리가 보았던 것을 당신에게 보여 주며, 우리가 들었던 것을 당신에게 다음과 같이 말하고 싶습니다. 낡은 창조 가운데 '새로운 창조'가 있으며, 이러한 '새로운 창조'는 그리스도라 불리는 예수 안에서 나타납니다"(1955, 25쪽). 역사의 상황 하에서, 당신은 그리스도인 예수 안에서 인간의 삶을 가지는데, 그 삶에는 모든 형태의 불안이 있었으나 그 삶으로부터 모든 형태의 절망은 극복되었다. 예수는 그리스도이다. 왜냐하면 예수 안에서 소외된 실존과 본질적 존재 사이의 틈을 극복했기 때문이다. 예수는 보편적 존재인 하느님에 대한 자아의 복종을 자아의 상실 없이 이루었다.

그리스도로서 예수의 의미를 해석하면서, 틸리히는 '은총에 의한 믿음을 통해 의로움을 인정받음'이라는 종교개혁의 중심교리에 대해 현대적으로 진술하고자 모색하며, 그리하여 어떻게 새로운 창조에 참가하는가를 보여 준다. 이러한 교리의 중심은, 사람은 혼자 힘으로 자신의 통합성이나 전체성을 이루는 것이 아니라, 예수 그리스도 안에서 용서로써 사람을 맞아들이는 은총의 하느님이 대가 없이 주시는 선물에 의하여 삶이 건강하게 회복된다는 것을 확인하는 것이다. 개신교적 '은총의 형태Gestalt of Grace'의 신학자로서, 틸리히는 자아수용의 원천으로서 '신성한 사랑'을 지적한다.

자아수용의 기반으로 노년의 통합성을 주장한 에릭슨에 답하여, 틸리히는 자신의 삶을 전체로 완전하게 받아들이는 능력은 하느님의 은총과 분리되어서는 얻을 수 없다고 주장할 것이다. 그는 다음과 같이 썼다.

궁극적으로 받아들여지는 사람은 또한 그 자신을 받아들일 수 있다. 용서받는다는 것과 자신을 받아들이는 것은 동일한 것이다. 자신이나, 자신의 친구나 상담가나 심리적 조력자들보다 더 큰 수용력에 의해 받아들여진다고 느끼지 못하는 사람은 결코 스스로를 받아들일 수 없다(1955, 12쪽).

그러나 틸리히가 강조한 것처럼, 자기중심적인 인간이 "자신이 받아들여짐을 받아들이는" 것은 어렵다. 인간은 독립적이고 자족적이기를 원한다. 즉, '하느님의 형상'으로 만들어진 유한한 존재보다는, 스스로가 자신의 하느님이기를 원하는 것이다. 신앙이 이러한 자만의 죄를 헤쳐 나갈 때에만, 사람은 삶의 불안에도 불구하고 유한한 피조물로서 살아가겠다는 용기를 깨달을 수 있다.

용기는 자생적인 덕목이 아니라 신앙으로부터 나오는 것이다. 틸리히는 다음과 같이 서술한다.

전지전능한 하느님에 대한 신앙이야말로 유한성에 대한 불안을 정복하기에 충분한 용기를 탐색하는 것에 대한 해답이다. 궁극적인 용기는 존재의 궁극적인 힘에 참여하는 것에 기반을 둔다. … 유한성도 불안도 사라지지 않지만, 인간은 무한성과 용기를 가지게 된다(1951, 304쪽).

3) 노화 체험의 의미

이제 에릭슨이 말한 노년에서의 통합성의 욕구에 대하여 틸리히의 신학이 설명하는 방식을 고찰해야 한다. 에릭슨은 그가 제기한 쟁점들의 종교적 차원을 인지하였는데, 노년의 절망이라는 위협에 직면하여 그가 가장 제안해야만 했던 것은 다음과 같은 조심스러운 낙천주의였다. "우리는 좋은 여건 하에서는 다소 활발하게 이전 단계의 통합적인 경험들이 결실, 즉 통합성의 성숙을 맺도록 하는 인간의 잠재적 역량을 감안해야만 한다"(Erikson, 1964, 65쪽).

틸리히는, 인생을 살았던 대로 스스로 받아들이는 것이 창조적인 노년에 가장 중요하다는 점에서 에릭슨에 동의할 것이다. 그러나 그는 이것이 결코 인간이 성취한 바를 가리키는 것은 아니라고 주장할 것이다. 죄와 죄책감이라는 현실은 노년에 인생 회고를 할 때 여전히 강력하다. Robert Butler는 다음과 같이 언급한다.

누구나 그렇듯 노인들도 과거의 죄책감으로부터 고통받고 그들의 잘못된 행위로 새로운 죄책감을 얻게 된다는 사실을 인정하지 않는 사람들이 있다. 그들은 노년이 아동기처럼 죄가 없는 것으로 가정한다. 이것은 전혀 타당하지 않다. 노인들은 그들 자신의 운명을 만들고 계속해서 자신의 운명에 기여한다. 나는 어떤 나이든 그 누구도 죄책감과 함께 어느 정도 죄책감에 대한 정당한 이유를 가지지 않았던 사람을 본 적이 없음을 확신한다(1975, 414쪽).

만일 이러한 분석이 옳다면, 틸리히가 통합성의 추구를 이해하는 데 기여한 점은 죄책감을 핵심 쟁점으로 인식한 것뿐만 아니라 하느님의 은총을 자아수용의 기반으로 지적한 것이다. 틸리히는 다음과 같이 썼다. "인간은 그가 받아들여졌음을 확신하는 경우에만 자아수용의 면에서 스스로를 사랑할 수 있다. 그렇지 않으면 그의 자아수용은 자의적이며 자기위안일 뿐이다. 오직 '위로부터의 사랑'에 의해서만 그는 스스로를 사랑할 수 있다"(1954, 121-22쪽).

틸리히의 사상에서는, 신앙에서 태어난 용기가 에릭슨의 사상에서 통합성과 유사한 역할을 하는 덕목이다. 에릭슨은 생의 마지막 단계에는, 몸과 마음의 분리에 직면하여 '영원한 희망'의 기초로서 '철학적 입장'이 요구된다고 인지했다(1982, 64쪽). 틸리히가 그리스도교 신앙의 영역 안에서 할 수 있는 것은 그러한 희망의 기반을 제공하는 미토스mythos[268]를 명료하게 표현하는 것이다.

2. 노년의 상실과 한계

노년의 두 번째 도전은 상실의 경험과 자유에 대한 새로운 한계가 늘어나는 것이다. 에릭슨은 이들을 인지하여 다음과 같이 말했다. 즉, 노년에는

세 가지 조직 과정에서 연계가 상실된다. 신체Soma에서는 조직, 혈관, 근육기관을 연결하는 상호작용의 전면적인 약화, 정신Psyche에서는 과거와 현재경험에서 연상 일치의 점진적 상실, 기풍Ethos에서는 생식적 상호작용에 책임 있는 기능의 급작스럽고 거의 총체적 손상에 대한 위협이 있다.

268) 미토스mythos란 아리스토텔레스의 '시학'에서 이야기의 순서를 정한 줄거리plot의 의미로 쓰였으며 로고스와 대비되는 말. 통상 어떤 집단이나 문화에 특유한 믿음이나 가치관을 말함.

이 모든 요인들은 통합성의 성취를 어렵게 한다.

에릭슨은 의존이 늘어나고 자유가 결핍됨에 따르는 사회적 낙인을 인식한다. 그는 다음과 같이 기술한다.

> 상호 의존성보다는 오히려 독립심을, 신중한 숙고보다는 오히려 신선한 열정과 열광, 솔직한 단호함보다는 오히려 민첩함과 쾌활함을 자랑스럽게 생각하는 나라에서 지배적인 가치는 당연히 젊음이다. … 따라서 연령차별이 모든 노인들에게 이런 문제를 제기하는 것은 놀랍지 않다(Erikson 외, 1986, 301쪽).

1) 운명과 자유에 관한 틸리히의 견해

유한한 자유가 그 한계에 도달한 지점은 틸리히가 인간존재에 독특한 '한계 상황 boundary situation'이라 불렀던 곳이다. 이곳은 유한한 인간이 초월자와 연결되는 지점이다. 틸리히는 운명과 자유의 주제에 대한 논의를 통하여 제기된 쟁점들에 대답한다(1951, 184-86쪽).

하느님에 대한 인간의 관계에 대한 증거로서 틸리히가 기술했던 자기초월은 또한 자유의 근원이기도 하다. 자기초월은 사람들이 사건들의 자연적 흐름 위에 서게 하고, 작게나마 사건들을 만들어 가는 것을 가능케 해 준다. 틸리히는 "자유는 심사숙고, 결정 그리고 책임으로서 경험된다"라고 말한다(1951, 184쪽).

그러나 이러한 자유는 "운명과는 양극을 이루며 상호 의존적"이다(1951, 185쪽). 운명은 인간의 실존을 형성하는 모든 유전적 유산, 자연적 · 사회적 힘 그리고 삶에서 인간의 현재 위치에 영향을 주는 모든 과거의 결정들을 포함한다. 틸리히는 운명은 "나에게 일어날 것을 결정하는 이상한 힘이 아니다. 운명은 주어진 나 자신이며, 자연과 역사와 나 자신에 의하여 형성되는 것이다. 나의 운명은 내 자유의 토대이다. 나의 자유는 나의 운명을 형성하는 데 참여한다"라고 말한다(1951, 185쪽).

틸리히는 초월적 자아의 자유는 과거 역사에서 현재를 형성하는 힘을 어느 정도 지녀왔다고 주장한다. 현재 서 있는 위치는 인간의 유전적 · 사회적 유산과 과거에 내린 결정이라는 양자의 산물이다. 인간의 현 상황은 맹목적인 숙명의 결과가 아니다. 따라서 인간 미래의 운명은 비록 우리의 과거에 의해 한계가 있음에도 불구하고 우리의 자유와 책임 밖에 있는 것이 아니라는 것이다. 틸리히는 이렇게 말한다. "우리의 운명은 그로부터 우리의 결정이 생겨나는 것이며, 중심 자아의 무한한 토대이며,

모든 우리의 결정을 참으로 우리의 결정이도록 하는 우리 존재의 구체성이다"(1951, 184쪽).

틸리히는 인간의 운명에 대한 개인의 책임을 강조함에도 불구하고, 인간의 통제를 넘어선 상황에서 살아가는 모호성을 인식한다. 자연 질서와 사회 질서 속에는 유한한 존재를 무력하게 만들어 버리는 강력한 힘이 작동하고 있다. 유한성은 자신의 숙명을 전체적으로 통제하지 못한다는 것을 의미하며, 이는 인간이 인간 삶에 내재하는 두려움을 일으킨다. 틸리히는 다음과 같이 기술한다.

> 누구나 그가 내던져진 실존에 적개심을 가지며, 그와 우주의 삶을 결정하는 숨은 힘에 대하여 적개심을 가지며, 그에게 죄의식을 느끼게 만들고 지은 죄로 인하여 파멸을 위협하는 것에 대하여 적개심을 가진다. … 이 적개심보다 더 깊은 곳에는 자기부정, 혐오 그리고 자기 자신에 대한 증오가 있다(1955, 21쪽).

이러한 '한계 상황'에서 인간은 숙명적인 절망에 항복할 수 있다. 그 결과는 의미 있는 운명을 상실하고 또한 자유를 상실하는 것이다(1951, 223쪽). 틸리히에 의하면, "우리의 현재 상황은 깊고 절망적인 무의미함의 감정으로 규정된다. … '무엇 때문에?'라는 질문은 냉소적으로 묵살된다. 자신의 운명이 상실될지도 모른다는 인간의 본질적 두려움은 그러한 운명에 대한 실존적인 절망으로 변형되었다"(1951, 223쪽).

틸리히 신학의 중심은 신앙에서 생겨난 용기가 무의미의 위협을 극복하는 데 필수적이라는 것이다. 신앙의 중심은 그리스도인 예수를 통해 알게 된 은총을 확인하는 데 있다. "은총은 숙명(fate)을 의미 있는 운명destiny[269)]으로 변형시키며, 죄책감을 확신과 용기로 변화시킨다"(1948, 156쪽). 그러한 용기는 삶의 상실과 모호함에 직면하는 책임감 있는 자아를 지원한다. 이는 의미 있는 운명을 가능케 하며, 외부의 힘에 의한 한계에서나마 계속 자유를 발휘하도록 한다. 다음의 과제는 이러한 분석이 노화 경험에 관한 문제들에 대하여 가지는 의미를 찾아보는 것이다.

269) 숙명fate과 운명destiny은 인간 통제 밖의 힘에 의하여 정해진 일들이 발생하는 불가피성이란 측면에서는 동일하나, 숙명은 선택의 여지가 없고, 운명은 인간의 선택과 참여의 여지가 있다는 점에서 약간의 차이가 있음. http://en.wikipedia.org/wiki/Destiny

2) 노화 경험에 대한 의미

노년에 수반되는 자유의 상실과 한계에 대한 이해에 관하여 의미하는 바가 세 가지 있다. 첫째는 인생의 모든 단계에는 유한한 인간 조건의 일부인 자유를 발휘하는 데 한계가 있음을 인식하는 것이다. 이는 노년에만 특별한 것은 아니다. 삶의 도전은 삶이 주는 한계 내에서 자유를 발휘하는 것이다. 이러한 인식은 인간이 노화에 따른 상실과 한계를 거부하거나, 감추거나, 위장하지 않도록 용기를 준다. 젊음의 샘을 추구하는 것은 진리가 될 수 없다. 양로원을 방문하거나 양로원에서 일해 본 사람은 누구라도 상실과 한계가 실제적인 것이며, 아무리 낙천주의자라도 떨쳐 버릴 수 없다는 것을 알 수 있다. 상실과 한계에 어떻게 대응하는가 하는 문제가 남는다.

노화 경험에 대한 둘째 의미는 독립적인 존재로서가 아니라 상호 의존적 존재로서 우리가 창조되었다는 인식이다. 한계를 솔직하게 인식함으로써 인간이 자신의 운명을 완전히 통제하거나 자급자족으로 살아갈 수 없다는 것을 깨닫게 된다. 어떤 대가를 치르더라도 의존성을 피하려는 독립성에 대한 미국인들의 이상은 거짓된 이상이다. 틸리히는 유한한 피조물인 인간은 하느님 그리고 인간 상호간에 의존한다고 주장한다. 신앙 공동체 내에서는 타인의 존엄성을 파괴하지 않으면서 서로 도움을 주고받을 수 있어야 한다.

셋째 의미는 틸리히가 삶의 상실과 한계에 직면하여 자유와 함께 의미 있는 운명을 유지하는 방법으로 그리스도교 신앙을 지목한 점을 주목하는 것이다. 틸리히는 인간이 상실을 축하하거나 찾아 없애라는 것이 아니라, 인간이 용기를 가지고 부딪칠 때 상실은 개인적인 성장을 위한 계기가 될 수 있다고 주장하는 것이다. 이러한 용기는 “그 창조적 근원으로서 하느님을 믿는 것에 뿌리를 두고 있다”(1951, 300쪽). 틸리히는 하느님은 “생물적 삶의 소극성에조차 존재와 의미의 근원으로서” 참여하신다고 주장한다(1951, 300쪽).

틸리히에 의하면, 섭리를 믿는 것이 인간 상황을 변화시키는 신성한 개입을 기대하는 것은 아니다. 이는 오히려 “어떤 상황의 조건들이 신자를 파괴할 때, 신성한 조건은 그 파괴를 초월하는 확실성을 그에게 준다는” 믿음이다(1951, 300쪽). 인생의 우여곡절에도 불구하고 초월적인 안도감이 있는 것이다. “신앙이란 ‘그럼에도 불구하고’ 받아들이는 것이며, 이 같은 ‘그럼에도 불구하고’의 신앙에서 ‘그럼에도 불구하고’의 용기가 생겨난다”(1952, 172쪽).

틸리히는 자신의 운명에 대한 통제력을 완전히 상실하게 되는 때는 인생에 없다고 주장한다. 인간은 삶의 모든 것에 만연하는 통제의 모호성과 결핍을 인정하지만, 그래도 자신의 운명에 대한 책임을 주장할 용기를 가질 수 있다. 오직 자유만이 인간 통제 밖의 환경에 대응하는 태도를 결정하게 될 것이다. 하느님의 계시에서, 틸리히는 절망을 극복하고 자유의 수단을 회복하는 희망의 토대를 발견한다.

3. 생성성의 연장

처음의 두 가지 쟁점은 노화 경험의 부정적인 차원을 다루었다. 그것들은 인생의 마지막에 직면하는 쟁점들이다. 만년에 이르러서야 비로소 에릭슨은 크게 증가한 기대수명으로 보너스 나이를 어떻게 살 것인가에 대해 숙고할 필요가 있음을 인정한다. 그는 "엄청난 수의, 빠르게 증가하고 그리고 나이에 비해 상당히 젊어 보이는 단순한 '연장자elderlies'의 집단을 노년이라고 할 때"에도 그의 초기 분석이 여전히 유지되는가를 묻는다(1982, 62쪽). 그는 65세의 은퇴 연령과 85세 이상의 연령 집단 간의 엄청난 차이를 인식하고, 그의 이론에 제9단계를 추가할 것을 제시한다. 보다 젊은 나이에 은퇴한 사람들이 아직도 4분의 1 여생이 남은 상황에서는 인생의 종결에 크게 관심을 두지 않는다. 그러나 많은 사람들은 이 단계의 삶에서 사회가 권장하는 여가가 인생에는 충만한 의미를 제공하지 않음을 알게 된다.

이러한 새로운 유형의 은퇴자들 때문에 에릭슨은 이전 단계에서 규정된 생성성generativity이 지속될 필요가 있다는 점을 강조할 필요가 있다고 주장한다(1982, 63쪽). 그는 "… 노인들은 '원대한grand' 생성 기능을 유지할 필요가 있다"라고 적는다(1982, 63쪽). 노인에게는 인생에 계속 참여할 잠재적 세월이 있다. 그는 이를 이루지 못한 실패 사례를 지적한다. 그의 임상경험으로부터 그는 "정말 살아 있게 하는 데 필수적인 최소한의 활기찬 참여가 노년에 부족한" 많은 경우를 관찰했다(1982, 63쪽). 그들은 '자율성의 약화, 주도성의 상실, 친밀감의 결핍, 생성성의 무시 그리고 흘러가버린 잠재적인 정체성의 경시는 말할 것도 없고 현재의 극히 제한적인 정체성 등에 대한 비탄'으로 침체의 절망에 굴복하였다(1982, 63쪽).

에릭슨에 따르면 생성성은 자기몰입self-absorption과 충돌한다. 긴장이 성공적으로 극복될 때, 보살핌care이라는 덕목이 나타난다. 생성적인 사람은 자기집착에서 벗어나 타인에 대한 적극적 관심을 가질 수 있는 사람이다. 생성적인 사람은 세계에 대한 신뢰와 미래에 대한 희망으로 그 특징이 드러난다. 의미 있는 일, 친밀함, 사랑 등의 능력이 있다(Browning, 1973, 181-92쪽).

1) 성화에 대한 틸리히의 견해

성화sanctification에 대한 틸리히의 교리에서 우리는 에릭슨의 생성성에 대한 이해와 유사한 그리스도교적인 삶에 대한 이해를 발견한다(Tillich, 1963, 228-37쪽). 성화는 그리스도교적인 삶에서의 성장 과정이다. 틸리히 사상은 초기에는 '하느님에 의하여 의로움을 인정받음justification'을 설명하는 데 초점이 맞추어짐에도 불구하고, 그 목적은 그리스도교적 삶에 대한 더 적극적인 이해의 토대를 제공하는 것이었다. 은총이라는 선물에서 통합성과 자아수용의 토대를 발견한 사람은 이기심에서 벗어나 타인을 위한 창조적인 사랑을 지향하게 된다. "우리 자신을 가치 있게 만들려는 부질없는 시도 속에서, 이러한 시도들의 불가피한 실패에서 나오는 절망에서, 우리는 문득 우리가 용서받았다는 확신을 완전히 이해하게 되며 사랑의 불길이 타오르기 시작한다"(Tillich, 1955, 13쪽).

성화의 교리는 영의 내적 삶이 육체적 몸을 다스리는 법에 순응할 필요가 없다는 것을 주장한다. 바오로는 이렇게 썼다. "그러므로 우리는 낙심하지 않습니다. 우리의 외적 인간은 쇠퇴해 가더라도, 우리의 내적 인간은 나날이 새로워집니다"(2코린 4,16). 틸리히는 이러한 갱생을 성령Spiritual Presence의 덕으로 본다. 틸리히에 의하면 성화 과정에는 네 가지 측면이 있다(1963, 228-37쪽).

(1) 자각의 증진

틸리히에 의해 기술된 '자각의 증진'은 에릭슨이 통합성의 결과로 이해하는 지혜와 유사하다. 그것은 삶의 모호함을 인지하지만, 절망에 항복하지는 않는 것이다. "인간은 점점 더 자신의 실제 상황과 자신 및 자신의 인간성을 둘러싸고 싸우는 힘들을 자각하게 되고, 또한 이러한 상황에 함축된 해답도 자각하게 된다"(틸리히, 1963: 231). 그리하여 우선순위가 바뀌어 물질의 축적보다는 관계가 더 중요하다는 깨달음에 이른다. 이는 자신의 정체성과 운명이 은총의 약속 아래에서 확고해진 사람들이 인간 실존의 실패와 허약함을 솔직하게 인정하도록 해 준다.

(2) 자유의 증진

성화의 둘째 측면은 자유의 증진이다. 틸리히는 이를 양심을 법의 구속력에서 벗어나게 하는 자유로 해석한다. 더 이상 과거로부터의 규칙에 의해 인생을 살 필요가 없다. 틸리히에 의하면, 법 아래 살면 위협과 요구에 직면하게 된다. 그리스도 교인들이 결코 법 바깥에 있지 않지만, 그리스도 교인들은 "성령의 빛으로 주어진 상황을 판단하고, 때로는 법에 상충되는 것처럼 보이더라도 적절한 행동을 결정하기 위한" 자유를 갖는다(1963, 233쪽).

이러한 자유는 위험을 무릅쓸 용기를 생기게 한다. 더 이상 사회 규범에 순응하라는 압력은 없다. David Maitland에 의하면, 노인들은 대항문화의 일부로 간주된다(1991, 13-23쪽).

(3) 관계성의 증진

성화의 셋째 특징은 "자기 은둔의 벽을 허물고" 새롭고 더 나은 타인과의 관계를 확립하는 힘이다. 이것은 에릭슨이 생성성과 관련시킨 보살핌이라는 덕목과 밀접하게 상응한다. 틸리히는 모든 인간관계가 완전해진다고 주장하지 않는다. 인간관계는 여전히 소외와 적대감의 제약 아래에 있다. 그러나 '수직적 관계' 그리고 용서에 수반된 화해가 수평적 관계를 복원한다.

틸리히에 의하면, 성화의 과정을 거치면 겸손 그리고 "자아수용이 자기높임과 자기경멸을 이겨내는 성숙한 자기 관계성"의 결과가 나타난다(1963, 234쪽). 이는 인간이 실존의 모호함 속에서도 자신과 화해하며 그리고 타인과의 열린 관계 속에서 살아가는 것을 가능토록 해 준다.

틸리히는 성화에 대한 루터 사상의 중심인 그리스도교 소명vocation의 개념을 언급하지 않지만, 그는 루터 사상의 본질적인 진실을 확인한다(1963, 274쪽). 이는 사랑할 수 있는 자유가 하느님의 사랑을 경험하는 것에서 비롯된다고 주장한다. 하느님을 영접한 모든 그리스도 교인들에게 소명을 요구하는 것은 은총의 선물에 감사하는 마음으로 자신의 삶을 이웃에 쓸모 있도록 하라는 것이다. 소명에 대한 이러한 요구는 직업에서 은퇴했다고 끝나지 않는다. 이는 노년에 목적과 의미를 부여한다.

(4) 자기초월의 원리

성화의 넷째 측면은 자각, 자유, 관계성 등을 증진한다는 목적은 자아가 존재의 신성한 근원과의 관계를 유지할 때에만 가능하다는 인식이다. 틸리히는 "성화는 궁극을 향한 지속적인 자기초월이 없이는, 즉 신성에 참여하지 않고서는 가능하지 않다"고 말한다(1963, 235쪽).

그것이 어떤 형태가 되어야 한다고는 말하지 않지만, 틸리히는 경건한 생활의 중요성을 강조한다. 그는 다음과 같이 말한다.

> 성화에 속한 자기초월은 성령을 체험하는 모든 행동 안에 실재한다. 이것은 혼자만의 기도나 명상에서, 타인과의 영적 경험의 교환에서, 세속 기준의 의사소통에서, 창의적인 정신작업에서, 노동이나 휴식에서, 개인 상담에서, 교회 봉사 등에서도 가능하다. 그것은 마치 다른 공기를 숨 쉬는 것, 보통의 실존 위로 높아진 것과 같다. 그것은 영적 성숙의 과정에서 가장 중요한 것이다(1963, 236쪽).

2) 노화 경험에 대해 가지는 의미

인생의 종결과 관련된 처음의 두 쟁점과는 달리, 에릭슨과 틸리히는 모두 삶에 계속 관여하여 현재를 확인할 필요가 있다고 본다. 두 사람 모두가 지속적인 성장과 성숙을 향한 움직임의 예상을 견지했다. 노화를 십자가의 체험으로 해석한 사람들과는 반대로(Sapp, 1987, 141쪽), 틸리히는 어떤 나이에서든 똑같이 성장, 봉사, 기쁨, 감사에 대한 긍정적 경험이 있을 수 있다고 주장한다. 이는 그 길에 많은 고난들이 있으리라는 것을 부정하는 것이 아니라, 고난만이 결정적인 것은 아니라는 점을 확인하는 것이다.

틸리히에게 성화의 목적이란 완전함을 이루는 것에 있지 않다는 점에 주목하는 것이 중요하다. 인간은 '은총에 의한 믿음을 통해 의로움을 인정받음'이라는 약속 아래 계속해서 살 필요가 있다. 그럼에도 불구하고, 실질적 성장도 있다. "그리스도교적인 삶은 항상 기복이 있는 행로일 뿐 결코 완전함이라는 상태에 도달하지 못하지만 그 변덕스러운 특성에도 불구하고, 비록 단편적일지라도 성숙을 향한 움직임을 포함한다"(Tillich, 1963, 237쪽).

사회가 노화에 대한 부정적인 고정관념을 취하고 노인들을 위한 창조적인 역할을 찾지 못하는 이 시대에, 그리스도교적 성화와 소명의 개념은 노년의 목적을 되살리는 수단이 될 수 있다. 그러한 변화를 위한 동기부여는 사회 가치의 변화를 기다릴 필요가 없으며, 복음의 약속 아래 살고 있는 노인들에게 이미 활용 가능한 것이다. 품위 있고 긍정적인 노화를 위한 은총이 존재한다.

4. 결론

장의 각 단락의 끝에서 노화에 대해 가지는 의미를 기술한 것에 덧붙여서, 이 연구에 따른 세 가지 추가적인 결론을 말하고자 한다. 첫째, 노화에 대한 총체적인 연구라면 반드시 종교의 역할이 포함되어야 함을 확인하는 것이다. 에릭슨의 사회심리학적 분석과 틸리히의 현상학적 실존적 분석 모두가 종교는 인간 실존에서 피할 수 없는 차원이라는 것을 확인한다. 그것은 우연히 흥미를 느낀 사람을 위한 선택적인 관심사가 아니다. 따라서 종교적 차원을 무시하는 어떠한 노화 연구에도 환원주의의 결점이 따른다.

둘째, 틸리히는 어떻게 신학이 의미의 구조를 만들어 내는 데 기여할 수 있는가를 설명했다. 신학은 주요한 인간 경험들에 대해 일관된 설명과 해석을 주려는 이차적 규율second-order discipline로 이해될 수 있다. Langdon Gilkey는 다음과 같이 신학의 기능을 기술한다.

> 경험을 이해할 수 있도록 주제로 묶음으로써 그래서 삶을 제약하는 공포를 일부 극복함으로써, 인간 실존에 기쁨으로 찬양되는 신성한 요소들을 자각하도록 하며, 행위에 대한 창조적 지침을 주고, 미래의 희망을 위한 이해할 수 있고 믿을 수 있는 기반을 제공한다(1975, 11쪽).

만일 Robert Butler가 의미의 문제를 노인들의 주요 쟁점으로 규명한 것이 옳았다면(1975, 14쪽), 신학은 중요한 역할을 할 수 있다. 그러나 만약 신학이 하느님의 약속으로 살아가는 신앙 공동체 안에서 그 표현을 찾아내지 못한다면, 신학은 무력해진다는 점을 아는 것이 중요하다.

틸리히는 노화의 문제를 다루는 그리스도교 전통 속의 자원들을 지적한다. 그리스도교 공동체가 그 메시지를 구현하고 명료하게 표현하는 한, 그것은 의미의 탐색을 충족시키는 것을 도울 수 있다. 평신도의 언어로 이야기하기 위해서는 철학적 언어의 장벽들을 극복할 필요는 있지만 틸리히의 신학은 통합성의 문제, 자유의 한계, 생성성의 욕구 등에 응답한다. 노화 과정을 부정하고 두려워하는 문화에 대해, 신앙 공동체는 우리가 살아가는 용기를 주는 은총의 하느님에 대한 증거가 될 필요성이 있다.

셋째, 이 연구는 어떻게 의미의 문제들이 구체적인 역사적 종교 전통과 신앙 공동체라는 자원의 탐구를 통하여 가장 잘 해결되는지 설명해 준다. 틸리히의 신학만 유일하게 실행 가능한 의미 구조를 제공한다고 주장하는 것은 아니며, 실은 틸리히의 신학이 개신교의 그리스도교 전통을 가진 자원들을 빠짐없이 철저히 규명한 것도 아니다. 그러나 그의 신학은 종교가 종교 일반의 추상관념 속에 살아 있는 것이 아니라는 점을 보여 주었다. 따라서 어떤 주어진 환경에서 노인들을 사목하더라도, 그들의 구체적인 역사적 전통의 관점에서 해야 한다는 것이다. 또한 모든 신앙 공동체는 노화의 문제에 답하는 그들의 전통을 면밀히 조사해야 한다는 결론에 도달한다. 이것은 노화에 대한 전체론적인 이해에 있어서 종교 공동체가 기여해야 할 부분이다. 이는 노화의 경험에서 종교적 질문들은 피할 수 없기 때문에 기여하는 바가 클 것이다.

제31장 과정신학의 관점

Thomas Au
John B. Cobb, Jr.

1. 과정 모형의 적절성

과정신학Process theology[270]에는 종종 젊음의 언어가 드리운다. 그것은 하나님을 생명과 성장에 이바지하는 것에 연관시킨다. 그것은 기대의 역할과 미래를 위하여 매 순간 우리의 삶을 구성하는 역할을 강조한다. 그것은 미국적 사상의 활동적, 실용적 기질과 관련된다. 그것은 모험, 열정, 변화 등을 강조한다. 그러한 신학이 노화에 대해 말할 수 있는 것은 무엇일까?

물론, 건강한 노화에서도 이러한 개념 모두가 계속 적절성을 지닌다고 할 수는 있다. 그러나 그것만 말하다가는 요점을 놓칠 수 있다. 젊음의 이러한 특성들은 생애

270) 1960년대 미국에서 발생한 사조이며, 인간과 세계의 진화론적 성격을 강조하여, 신도 변화해 가는 세계와의 영적 교류를 통하여 발전하는 과정에 있다고 주장함. 영국의 철학자 Alfred Whitehead, Charles Hastshorme, John Cobb Jr., 등이 중심인물. 과정철학은 형이상학적으로 '존재'가 '과정becoming'보다 우위에 있다는 것을 부정하며, 만물의 근본 질서 곧 실재reality의 근본성질은 존재가 아니라 과정이라 하며, 불변하는 실체보다는 사건, 형성 그리고 유기적 관계성이 실제로는 더욱 근본적이라고 주장함.

를 통해 계속되지만, 노화에서 두드러지는 특성을 이루지는 않는다. 노인들이 여전히 젊어질 수 있는 방법들을 강조하다 보면, 정작 노화의 핵심사항에 대한 관심을 막아버리게 된다. 만약 과정신학이 이러한 주제들에 한정된다면, 이는 노화에 대해서도 매우 한정적으로만 관련될 것이다.

화이트헤드Alfred North Whitehead가 과정신학자들에게 가장 영감을 불러일으킨 책을 썼을 때는 이미 노년이었다. 그는 68세에 〈과정과 실재*Process and Reality*〉를, 그리고 77세에 〈사고의 방식*Modes of Thought*〉을 출판했다(1978). Hartshorne은 90세에도 계속 책을 펴냈다(1991). 만약 그들이 젊음의 가치에 대해서만 언급했다면 놀라운 일일 것이다.

화이트헤드는 대상이 무엇이든 모든 것에 적용되는 일반적 구조, 즉 유형들을 식별하는 것을 그의 과제로 이해했다. 그에게 모든 '사물'은 사건event이며 그리고 단위 사건은 체험 행위이다. 따라서 화이트헤드는 모든 사건의 특수성을 통해 그의 보편적 특성을 식별하려 했다고 할 수 있다. 이것은 "술에 취한 체험과 술 취하지 않은 체험, 잠자는 체험과 깨어 있는 체험, 졸리는 체험과 활짝 깨어난 체험…" 등에서 똑같이 예증되어야만 한다(Whitehead, 1933, 290-91쪽). 이 논문의 목적에 비추어 보면, 보편적 구조는 어린아이의 체험과 노인의 체험에서 똑같이 나타나야 할 것이다.

모든 체험에 보편적인 것이 무엇인지에 대한 설명은 특별한 유형의 체험에 대한 연구에 전혀 부적절한 것은 아니다. 화이트헤드는 모든 체험이란—인간의 체험이든 인간 외의 체험이든 무엇이든지—하나one가 되려고 하는 다자many가 하나씩 증가하며 발생하는 것으로 이해한다. 이것은 정신적 실체가 사고하는 것이라거나 혹은 감각 자료를 인식해서 조직화하는 것으로 보는 것과는 매우 다르다. 과정신학자들이 화이트헤드의 모형을 채택하면 그들은 어떻게 해서 인간의 체험이 인간 육체로부터, 그것의 과거로부터, 더 넓은 세계인 인간 및 비인간적 세상과의 관계로부터 그리고 신으로부터 자라나는 것인가에 초점을 둔다. 사고뿐만 아니라 시청각 체험은 어떤 체험에 속하게 되는 것의 중요한 일부로 간주된다. 그러나 이들이 결코 모든 체험의 기반은 아니다.

화이트헤드는 다자 가운데 각자가 새로운 '하나'를 구성하는 데 참여하는 방식을 '포착prehension' 혹은 '느낌feeling'이라고 했다. 체험은 이러한 포착들로 구성된다. 각 포착은 객관적 자료, 즉 몸 안에서 발생한 것처럼 '무엇'을 느끼는가 하는 것과, 주관적 형태, 즉 주로 감성적으로 '어떻게' 느끼는가 하는 것으로 구성된다. 모든 체험은 어떤 것에 대한 체험이며, 또한 모든 체험은 감성적이다. 체험의 이러한 감성적 측면은 정서라고 보면 가장 잘 맞는다. 그리고 '어떻게' 느끼는 측면은 그것이 주관적인 한에서는 체험의 토대가 된다. 이 모형을 따르는 사람들에게, 체험의 실재는, 육체와 육체의 모든 물리적 · 사회적 환경을 포함하여, '무엇'을 느꼈는가에 의해 아주 많이 결정된다. 그러나 체험의 가치는 결국 그것의 감성적 음조, 즉 그것의 정서 속에서 발견된다. 다자가 하나가 되는데, 그 하나가 다자로부터 추출될 수는 없다. 그러나 그 하나가 새로운 것은 그것이 감성적 음조로 다자를 표현하는clothe 독특한 방법에 있다.

다시 말해서 신체적 조건과 직접적 환경은 체험이 내용을 형성하는 데는 매우 중요하다. 그들은 체험의 기본적인 내용을 제공한다. 그러나 체험은 결코 이것만으로 모두 결정되지는 않는다. 어떻게 이것을 느끼고 어떻게 해석하는가는 언제나 자기결정의 어떤 행위가 따른다.

이러한 자기결정의 행위에 의해서, 체험은 '다자'에 대한 반응으로서 새로운 '하나'가 된다. 체험은 일어나는 순간에 특별한 확실성을 획득하게 된다. 화이트헤드는 그것이 확실한 즉시적 만족을 목표로 한다고 말한다. 그러나 만족을 목표로 하되, 이러한 만족이 미래에 어떻게 영향을 미칠 것인가를 고려한다는 의견을 그는 내놓았다. 인간의 경우, 각자는 미래에 좋은 결과를 가져오는 방식으로 순간순간 스스로를 구성한다. 그러한 미래의 일부는 매우 요원할 수도 있으나, 모든 경우 그중 어떤 것은 매우 즉시적일 수 있다. 일례로, 사람들은 말을 끝내려는 의도 없이는 결코 한 마디도 시작하지 않으려 할 것이다.

이 모형을 극단적으로 일반화해도, 즉 술 취한 체험과 취하지 않은 체험, 유아의 체험과 노화 체험에 모두 적용해도 보다 구체적인 분석에 부적합해지는 것은 아니다. 과정신학자들은 이것이 설명에 단서가 되고 도움이 됨을 알았다. 그러나 단순히 하나의 특별한 체험이 그 모형을 예증하는 방식을 보는 것으로는 알고자 하는 모든 것을 알 수 없다. 그것은 하나의 체험이 어떻게 그 밖의 다른 모든 것과 같으며, 게다가 모든 체험이 저마다 독특하다는 것을 말해 준다. 그러나 그것은 각각의 체험이 다른 모든 체험과 '어떻게' 다른가는 말해 주지 않는다.

그것은 쥐의 몸에서 쥐의 체험이 생긴 것처럼, 인간의 몸에서 인간의 체험이 생겨났음을 말해 준다. 그러나 인간의 몸에서 생겨난 것이 가능하다고 해서 쥐의 몸에서 생겨난 것이 가능치 않다고 말해 주는 것은 아니다. 그것은 노화된 몸으로부터 생겨나는 체험과 아이들의 몸으로부터 생겨나는 체험 사이에 차이가 있다는 것을 알려 주지만, 그 차이가 무엇인지는 알려 주지 않는다. 요컨대, 우리가 알아야 할 대부분은 개별 항목의 체험적 연구에 의해서만 알 수 있다는 것이다.

하나의 모형, 특히 형이상학적 모형에서 시작하면, 개별 항목에 대한 연역적 접근을 수반하지 않는다. 모형은 질문을 선택하고 형식화하고 자료를 해석하는 데 영향을 미친다. 그러나 모형 자체는 증거에 개방적일 것을 요구한다. 실제로, 모형을 사용하는 것이 증거를 다루는 데 그릇된 선택이나 왜곡된 해석으로 귀결됨을 발견한다면, 그 모형은 바뀌어야 할 것이다. 모형이 그곳에 있는 것을 드러내고 아무런 제약 없이 증거를 다루도록 허용할 때에만, 그 모형은 유지되어야 할 것이다.

모형은 사람에게 몸의 조건이 체험에 중요한 영향을 미칠 것이라고 예상하도록 이끈다. 모형은 몸의 물리적 환경이 중요하며, 바로 그 환경 안에서 사람들의 행위뿐만 아니라 정서들도 중요할 것이라고 예상하도록 이끈다. 이는 사람의 과거가 중요함을 시사하고, 이러한 모든 요소들은 복잡하고 일부 예상 불가능한 방식의 상호작용이 있을 것을 시사한다. 그리고 개인은 단지 모든 이러한 영향력의 산물이 아니며, 어떤 작은 요소들에서 자유를 가지고 모든 순간, 이러한 영향력에 반응한다는 것을 시사한다.

만약 실제 진행되는 것이 이러한 예상으로 모호해진다고 생각할 이유가 있거나, 혹은 그러한 영향들이 실제는 없다고 판명된다면, 다자의 발생은 하나가 되고 또 하나에 의해 늘어난 그 모형은 수정되어야 할 것이다. 그러나 만약 그 모형이 구체적 분석과 설명 과정에서 지침이 되어준다면, 그것은 유지되고 사용되어야 한다. 과정신학자들의 주장은, 모형이 일어나고 있는 상황을 이해하는 데 도움이 되고, 자신들이 증거를 볼 수 있게 하고, 그 증거들을 해석하는 데 도움이 된다는 것이다. 이 장을 쓰도록 요청받은 것은 모형의 유효성을 검증하는 또 다른 맥락, 또 다른 계기가 된다.

과정신학과 노화에 대한 논문은 모형과 증거가 상호작용한 결과물일 것이다. 그것은 모형에 의해 제시되었던 증거에 관한 어떤 일반화들을 공식화하는 것을 목표로 삼는다. 그러나 어떠한 일반화도 결코 노화에 대한 과정신학적인 '유일한' 견해는 될 수 없다. 모형의 관점에서 볼 때, 이러한 일반화는 단지 향후의 검증을 위한 가설 체제를 구성할 수 있을 뿐이다.

2. 실증적 증거

과정 모형은 몸에서의 변화가 체험에서의 변화로 이어질 것이라고 예상하도록 이끈다. 모형에서는 그 변화가 무엇이 될 것인가는 확인되지 않는다. 관찰에 의해서만 그것을 알 수 있다. 그러한 관찰에 따르면, 사고나 질병으로 인하여 죽음으로 중단되지 않는다면 노화는 5단계로 구분될 수 있으니, 바로 활동적인 노년, 둔화되는 노년, 허약한 노년, 도움을 받는 노년, 움직일 수 없는 노년이다. 시간의 경과에 따른 노화 과정의 생리학은 감소되는 기동성에 의해 그 특징을 나타낸다.

또한 과정 모형은 정서가 존재의 가치에 근본적으로 중요하다고 말해 준다. 그것은 정서적 생활이 기동성과 더불어 쇠락하는지 여부는 말해 주지 않는다. 관찰에 따르면 반드시 그런 것은 아니다. 정서는 신체적 기능 혹은 정신적 기민함에 비례해서 감소되지 않는다. 온정, 분노, 접촉, 학대 등에 대한 정서적 반응의 능력은 전 생애에 걸쳐 그대로 유지된다.

의사소통 능력을 잃어버린 사람들조차 정서적 반응을 나타낸다는 것이 저자 중 한 사람이 가졌던 최근의 체험을 예로 설명된다. 그가 병동에 있는 사람들 중 한 사람을 제외한 모두에게 그들이 어떻게 느끼고 있는지 물었다. 그 제외한 사람은 2년간 말한 적이 없는 여성이었다. 저자가 그녀 옆을 지나치자 그녀는 "나 역시 좋아!"라고 말했다. 그녀는 결코 다시 말하지 않았지만, 그 순간에는 그녀 역시 남이 인식해 주기를 바라는 정서를 아직 가지고 있다는 것을 가슴 아프게 나타낸 것이다.

과정 모형은 수년간 축적된 체험이 새로운 체험의 성격에 영향을 미칠 것이라고 예상하도록 이끈다. 그러나 모형은 그 결과가 무엇인가를 말하지는 않는다. 모형은 사람들이 축적된 체험과 신체적인 변화들 간의 상호작용이 있을 것이라는 기대를 하도록 이끈다. 그러나 모형은 그 결과로서 생기는 체험을 형성하는 데 무엇이 더 중요할 것인가는 말하지 않는다.

다시 말하여, 모형에서는 노인들의 체험은 개인적 체험의 역사가 길고 또한 신체적 변화가 있기 때문에 젊은 사람들의 체험과는 다를 것임을 시사한다. 모형은 신체적 조건이 개인 역사에 의해 영향을 받게 될 것이며, 개인 역사의 현 상태는 신체적 조건에 의해 영향을 받게 될 것으로 기대하도록 이끈다. 그러나 신체 건강의 어떤 특성이 개인역사에 의해 가장 영향을 받을 것이며, 어떤 신체 변화가 누적적 체험의 연속성에 어떤 영향을 미칠 것인가 하는 것은 단지 실증적인 조사를 통해서만 알 수 있다.

과정 모형은 개인 체험에서 지속적 변화가 있을 것이며, 이러한 변화는 점진적이며 누적적일 것이고 더불어 시종일관 상당한 연속성을 지닐 것임을 예상하도록 인도한다. 모형은 뇌 손상이나 격렬한 환경변화에서 비롯되는 극적인 변동을 배제하는 것이 아니지만, 이것들이 없다면 지속적 변화 속에서의 연속성을 예상한다. 모형은 모든 사람에게 동시에 일어나고 생애주기를 매끈하게 주기율표에 맞추어 구분하는 식으로 명백한 발달 변동이 나타난다는 것에는 회의를 갖게 한다. 그러나 모형은 어떤 공통의 유형이 발견될 수 있음을 시사한다. 20~30대에는 똑같이 적용될 수 없고 70~80대에만 적용되는 몇몇 일반화는 가능할 것이다. 여기에서 거론되는 일반화는 바로 이런 것들이다.

3. 노화에 대한 종교적 질문

이 글은 신학자들이 집필하기 때문에, 선택된 주요 질문들은 다음과 같다. 즉, 노화에 대한 기본적인 종교적 쟁점 혹은 도전은 무엇인가? 이것은 젊은 사람들에게도 마찬가지인가, 아니면 차이가 있는가?

과정 모형은 그러한 질문들을 소개한다. 항상 모든 사람에게 동일한 영적 욕구가, 예컨대 죄의 사함 같이 하나만 있다고 가정하는 견해에 대하여, 과정사상은 폭넓은 시야에서 차이를 본다. 틸리히는 역사를 통하여 그리스도교인을 위한 종교적 질문과 대답이 어떻게 변화되었는지를 기술했다(1990). Mattew Fox는 종교적 욕구를 이해하기 위한 '타락과 구원'의 패러다임과 함께, 또한 '창조와 실현creation-fulfillment' 패러다임도 있음을 보여 주었다(1991). Rita Brock은 우리가 인간의 가장 심오한 문제를 죄보다는 손상으로 보아야 하며 그리고 구원은 용서보다는 치유로서 볼 것을 주장하였다(1988). 과정의 관점에서는, 언제든지 모든 인간의 가장 시급한 요구를 꼭 하나의 모형으로 나타낸다고 가정할 이유가 없다. 이렇게 개방적인 사고가 궁극적으로 어떤 통일성이 필히 있어야 한다는 가능성을 배제하는 것은 아니다. 그러나 만일 통일성이 정말 있다면, 그것을 드러내도록 해야 하며, 어떤 추정상의 객관적 권위를 바탕으로 선언되어서는 안 된다. 실제로, 그리스도교인에게 가장 주요한 권위인 성경에서는 '구원'이라는 단어를 매우 다양한 의미로 사용한다.

그러면 어떻게 그러한 질문은 조사될 수 있겠는가? 그것은 사실적 질문이라는 의미에서 실증적 질문이다. 하지만 가장 단순한 실증적 조사조차도 약간의 전제 그리고 사고의 배열방식을 포함한 가설의 지도를 받아야 한다. 그리고 노인들의 영적 욕구와 기회에 대한 조사는 단순한 실증적 질문이 아니다. 이 조사는 면담과 설문지 혹은 매우 미묘한 행동 관찰을 통하여 접근해야 한다. 그러나 이러한 조사가 통찰력 있는 가설들에 의해 만들어지고 수행되지 않는다면 어떤 결과도 나올 수 없을 것이다.

이 점에 바로 과정신학이 기여할 수 있는 부분이 있다. 처음 직면한 모형은 검증을 위한 어떤 가설이라도 제시하는가? 저자들은 제시한다고 주장한다. 아마 보다 정확하게 말하자면, 노화의 체험으로부터 당초 제기된 가설을 모형이 정교화하고 명료하게 한다는 것이다.

노화의 과정은 특별한 방식의 '죽음을 향한 존재being-toward-death'[271)]이다. 어떤 사람들은 죽음과 그에 선행되는 축소의 불가피성에 대하여, 사기꾼 같은 신이 사로잡은 인간에게 장난치는 냉소적인 속임수라고 여긴다. 죽음이 다가옴에 따라, 그들은 자신과 주위사람들을 비참하게 할 것이다. 더러는 죽음에 적응하는 것이 마지막 도전임을 알게 될 것이다. 성숙의 다른 단계를 성공적으로 통과하였기 때문에 그들은 이것도 내적 평온으로 다룰 수 있을 것이다. 그러나 이 마지막 단계에서 요구되는 것은 특별하다. 이 장에서는 이 점을 세상 안에 존재being-in-the-world'하는 두 가지 방식, 즉 '행함doing'이라는 방식과 '존재being'라는 방식에 의하여 논의할 것이다.

대부분의 사람들은 무엇을 행함으로써 의미와 만족을 얻는다. 이러한 행함은 매우 미래지향적인데, 사람들은 막상 그 미래가 왔을 때는 즐길 능력도 없이 항상 미래만 준비한다고 종종 말을 듣곤 한다. 이러한 종류의 삶에 관하여 매우 불만족스러운 점이 있으며, 많은 사람들은 현재라는 즉시성 속에 그들 자신을 집중하는 방식으로 명상함으로써, 그저 '존재'하고자, 즉 있는 것을 향후의 사용이나 의미 혹은 유익한 변화 방법 등과는 상관없이 즐기고자 한다. 이것을 가리켜, 세상 안의 존재 방식mode이 윤리적 방식에서 미적 방식으로 바뀌는 것이라고 생각할 수 있다.

이러한 대안들을 가정한다면, 젊은이에게는 '행함'이 세상 안에 존재하는 지배적 방식인 반면, 노인에게는 '존재'가 주된 방식이 된다. '행함' 방식에서 '존재' 방식으로의 변화가 아마 노화에서의 큰 영적 과업이 될 것이다. 많은 노인들은 삶이 무의미하다고 생각한다. 왜냐하면 아이 돌보기, 생활비 벌기, 활발하게 공개적인 지역사회에 봉사하기, 단순한 교회 출석 등 이제는 그조차 할 수 없는 '행함'에서 노인들은 지금까지 삶의 의미를 전적으로 찾으려고 해 왔기 때문이다. 이제 그들의 과제는 이러한 방식의 성취와 봉사를 지향하지 아니 하는 삶에서 만족을 찾는 것이다.

---

271) 독일의 실존철학자 하이데거(1889~1876)가 사용한 용어.

4. 행함과 존재

지금까지는 과정 모형의 도움이 필요 없는 방법으로 가설이 제시되었다. 그러나 검증을 받으려면, 더 정교함이 필요하다. '존재'란 과연 과거나 미래와 관계없이 어느 순간으로의 완전한 몰입을 수반하는가? '행함'은 미래지향성으로 정의되는 것이며, 또는 테니스 시합도 역시 '행함'의 행위인가? 노인이 옮겨가야 할 '존재'란 것이 육체적 · 정신적으로 활발하다는 것과는 상반되는가? 또는 '존재'는 미래의 결과에 관련지어 현재의 의미를 찾는 것과 상반되는가?

이 가설은 정교하게 다듬어져야 한다. 첫째, 사람이 나이가 들고 육체 에너지와 기민함이 쇠퇴함에 따라, 그들은 적어도 육체적으로 그들의 활동 수준을 낮추어야 한다. 이러한 의미에서, '행함'은 쇠퇴한다. 그러나 그들 중 많은 사람들은 에너지와 기민함을 그리 필요로 하지 않는 다른 과제를 찾을 수 있다. 이것은 노화 과정에서 건강하고 바람직한 적응이다.

둘째, 대부분의 노인들이 수행할 수 있고 수행하도록 사회에서 용인되는 갖가지 활동들은 공개적으로 눈에 잘 보이지 않는다. 사회적 인식은 노화 초기에 활동하는 것에는 많은 인센티브를 부여해 온 것 같으나, 곧장 현저히 쇠퇴한다. 노화에 건강하게 적응하는 것은 공개적으로 중요하다고 인정받는 것과는 상관없이, 행함 그 자체에서 만족을 찾는 것이다.

셋째, 노화 과정에서 많은 노인들에게 자신의 눈으로 봐도 더 이상 자신들의 활동에는 중요한 것이 없을 때가 찾아온다. 이것은 더욱더 도전적인 변화이다. 이제는 그들이 타인을 돕는 행위를 할 수 있다는 어떠한 기대도 없이 의미를 찾아야만 한다. 즉, 그 의미는 단지 체험 그 자체에서 찾아야 되는 것이다. 이것이 바로 '행함'에 대비되는 가장 완전한 의미에서의 '존재'이다.

그러나 이러한 방식으로 문제를 묘사하는 것은 이러한 변화가 마지막 궁여지책이라는 점을 시사한다. 사람들이 어떤 형태든 서비스 행위를 수행할 수 있는 한, 사람들은 그것에서 자신의 의미를 적절하게 발견한다. 그것이 불가능할 때만, 사람들은 '존재'에 의지하는 것처럼 보인다.

실제로는 우리가 문헌에서 이와 정반대되는 묘사를 찾을 수도 있다. 예를 들어, 불교는 앞서 논의된 의미에서의 순수한 존재 방식으로 '깨달음'을 선택했다. 그것은 사회적 의무를 수행한다는 것과는 비교가 안 될 정도로 더 의미가 있다. 사람들은 깨달음 이전과 이후 모두 그들의 의무를 수행할 것이지만, 그들에게 의미를 주는 것은 깨달음이라는 순수한 존재이다.

그러나 만약 '존재'가 이렇게 급진적 의미로 이해된다면, '존재'는 역시 노인의 과업이 될 수 없다. 이유 없이 그리고 도달하려고 애쓰는 것과는 상관없이 깨달음에 이른다고 말하기도 하나, 이것은 육체적으로 스트레스가 많은 좌선 혹은 어려운 '공안Koan'[272]과 씨름하는 맥락의 선Zen 수련에서 일어난다. 말년에 이것을 수행해야 한다고 권유하는 것은 아니다. 그렇다고 해서 '존재'의 중요성과 가치가 삶의 초기 단계에는 없으며 모든 '행함'이 불가능하게 될 때에만 나타나는 것은 아니다.

결국 이 시점에서, 과정 모형은 가설을 더욱 분명하게 공식화하는 데 도움이 될 수 있다. 이 모형에서 모든 체험은 스스로 이중 목표를 구성한다. 체험은 그 자체의 즉시적인 만족을 얻고자 한다. 또한 체험은 뒤따라 일어나는 만족에 기여하고자 한다. 더 일상적인 말로 표현하면, 사람들은 항상 다가오는 대로의 삶을 즐기려고 하면서, 또한 그들이 현재 행한 바가 가져올 결과를 걱정한다.

사람이 행한 것의 일부는 즉시적인 향락만을 위한 것이고, 일부는 미래의 이익만을 위한 것이라고 말함으로써, 사람들은 앞의 과정 모형을 논박할 수 있다. 이것이 사실이라면, 모형이 바뀌어야 한다. 그러나 체험을 신중하게 생각하고 주의 깊게 살펴보는 것은 중요하다. 순전히 현재 지향적인 행위의 예로서, 미래의 결과에 대해 전혀 고려함이 없이 오직 즐기는 방식으로 음식이나 술이나 섹스에 빠지는 것을 들 수 있다. 이것을 분석함에 있어서 아마 증거 여부를 떠나, 후일이라는 보다 먼 미래, 또는 심지어 2분 후조차도 현재의 체험에서는 전혀 역할을 하지 않는다고 가정할 수 있다. 어떤 사람은 단순히 음식이나 술이나 섹스라는 즉시적인 향락에 몰두한다. 모형은 그것을 극단적 사례로 용인한다. 그러나 모형은 순간순간 일어나는 것을 분석하는 데 초점을 둔다. 테이블에서 유리잔을 들어올리는 순간에는, 유리잔을 입으로 가지고 가려는 의도는 없는가? 유리잔을 기울일 때는, 입에 액체가 들어가게 하려는 의도는 없는가? 삼킬 때는, 그 결과를 즐기려는 의도는 없는가? 분명히 바로 앞의 즉시적인 미래는 각 단계에서 큰 역할을 한다.

아마 더 믿음직한 예로는 피아노 연주 같은 활동에 몰두한 사람의 체험이 될 것이다. 신체 움직임에 대한 의식적인 통제가 없는 경우를 생각해 보자. 의식적인 목적의 개입이 없는 상태에서 손, 팔, 다리 등 모두가 완전한 조화를 이루며 행동한다. 그 순

---

272) 공안(公案)은 화두(話頭), 고칙(古則) 등으로도 칭하며, 불가의 수행자가 깨달음을 얻기 위해 깊이 탐구하는 문제를 말함. 불가에서 공안이란 선대로부터 내려오는 설(說), 언구(言句), 문답 등을 수록한 것.

간들에는 깊은 향락, 심지어 황홀경이 있다. 어떤 사람이 연속되는 황홀한 체험의 순간들을 분석한다면, 그것들은 서로와는 무관하게 단절된 것으로 나타나지는 않는다. 순간의 향락은 과거 순간들의 즉시적인 기억과 현재 순간이 끝이 아닐 것이라는 기대감 때문에 더 고양된다. 그 상태는 거의 노력하지 않아도 유지될 수 있지만, 그것이 지속되었으면 하는 바람이 있다는 것은 부인할 수 없다. 현재의 체험은 그러한 지속성을 고려하여 스스로의 형태를 정한다.

미래의 결과만을 위하도록 자신에게 명령하는 체험도 있을 수 있다는 주장 역시 마찬가지로 과장된 것이다. 사람들은 즐겁지 않은 많은 일도 미래에 곤란을 피하기 위하여 한다. 치과에 가고, 수술을 받고, 맛없는 약을 먹고, 다가올 시험을 위해 피곤해도 스스로 공부하는 것들에서 볼 수 있다. 그들이 스스로를 어떻게 구성할지 결정하는 데 미래의 결과들이 가진 역할은 막대할 수 있다. 그렇다고 해서 그것이 현재에도 역시 가능한 만족을 선호하는 역할까지 과연 배제할 수 있겠는가? 사람들은 치과 치료를 받더라도 스스로를 더없이 편안하게 할 수 있으며, 약의 나쁜 맛을 최소화하는 방법을 찾으며 그리고 공부하는 동안 기분이 나아지도록 커피를 마실 수도 있다. 이러한 모든 것은 너무 분명해서 정교하게 생각할 필요조차 없다.

모든 체험에서 두 요소가 서로 얽혀 있음을 지적하는 것이 더 중요하다. 현재 만족에서의 주 요소는 대부분의 경우 그것이 가져올 미래 결과들에 대한 예상이다. 사람들이 더 나은 미래를 위하여 고통스러운 행위를 하는 극단적 예에서, 그들은 의무를 다하거나 혹은 극복할 수 있다는 느낌으로부터 만족을 얻을 수 있다. 보다 일상적인 예에서, 이 두 요소는 분리되지 않는다. 사람들은 친구와 이야기하는 것을 즐기는 한편, 동시에 우정을 깊게 지속시킬 확률을 높이는 방식으로 대화한다는 인식도 즐긴다. 그들은 즐기는 음식을 먹을 때, 직접적인 맛을 즐기면서 또한 최소한 몇 초 동안 더 그 맛이 지속된다는 예상도 즐기는 것이다.

이 모형이 함축하는 것을 '행함'과 '존재'의 구분에 어떻게 관련시킬 수 있을까? 첫째, 이들은 좀 더 정교하게 이해되고 정의될 수 있다. 행함의 요소는 즉시적 현재에 일어나는 것의 결과에 주의를 기울이는 체험의 측면이다. 존재의 요소는 즉시적 만족을 지향하는 체험의 측면이다. 양자는 모든 체험에 있는 것이며, 미래에 대한 예상은 항상 현재의 만족에 영향을 미친다. 순수한 행함이나 순수한 존재는 없으나, 한쪽이 현저하게 압도적인 경우는 있다.

행함과 존재의 변증법은 삶의 모든 단계에서 사람들에게 영향을 미친다. 언제 과연 존재를 희생하여 행함에 전적으로 집착하는 것이 건강한지, 또는 존재에 전적으로 몰두하는 것이 바람직한 시점이 언제인지는 저자들은 생각해 낼 수 없다. 그럼에도 불구하고, 이러한 사실들이 탐구되고 다듬어지고 있는 가설을 무력화시키지는 못한다. 젊은이들이 매순간 삶에서 커다란 즐거움을 찾는다는 사실은 중요하다. 그러나 이러한 즐거움의 많은 부분은 그들이 어떻게 성숙의 과제에 스스로 준비하고 있는가라는 인식에서 나온다는 것 또한 중요하다. 즉시적 황홀을 위하여 미래에 대한 기대를 차단하는 많은 젊은이의 행동은 분명히 건강하지 못하다.

노인들의 경우에는 상황이 다르다. 노인들은 아직 준비되지 않은 해야 할 무언가를 미래에 '하기' 위해서 스스로 준비하고 있지 않다. 그들은 그것으로부터 현재의 만족을 끌어낼 수 없다. 그들은 한때 그들이 행했던 인정받고 즉시적 성취감을 가져왔던 것들의 일부를 이제는 '할' 수 없다. 그들은 다른 사람들에게 기여한다고 생각하고 행했던 것을 '할' 수 없게 될 것이므로, 순간의 즉시적인 만족은 그러한 기대로 고양될 수 없다. 심지어 그들이 현재 체험하는 만족이 미래에 계속될 것조차 기대할 수 없을 것이다. 이러한 종류의 기대로 풍부해진 현재의 만족을 과거에서 찾아냈던 만큼, 이제는 변화가 불가피하다. 그 같은 기대가 없어진다는 것은 현재의 만족에 문제를 일으키고 흐트러지는 것을 의미하거나, 아니면 그러한 만족의 즉시성immediacy이 흐트러지지 않게 즐기며 심지어 더 순수하고 더 완전해지는 것을 의미하는, 둘 중 하나일 것이다. 노화의 도전이란 존재하면서도 이렇게 흐트러지지 않는 만족을 발견하는 것임을 시사한다.

개인적 미래가 중요성을 잃어 가면, 종종 과거가 부상한다. 이것은 과거에 사는 것을 의미할 수 있는데, 건강치 못한 것이다. 이는 과거의 실패에 대한 죄책감이나 그를 거부했던 삶에 대한 원한을 의미할 수 있으며, 노화의 체험에 독이 될 수 있다. 반면 이는 모든 실수와 한계에도 불구하고 있었던 그대로 똑같이 수용함을 의미할 수도 있다. 비록 더 많이 성취할 수 없을지라도, 과거의 성취들에서 만족을 얻는다. 죄와 결점 그리고 체험했던 고통과 손실을 하찮게 여기지 않으면서 그 모든 것에서 존재의 가치를 확인한다. 그것이 과거임에도 불구하고, 실재reality와 중요성을 상실하지 않음을 인식한다. 그것은 살아 있는 생생한 과거이다.

만일 존재가 으뜸임을 수용하고 즐긴다면, 그 결과는 많은 책임과 의무의 부담을 지고 살아가는 사람들에게 거의 불가능했던 만족과 평화가 될 것이다. 또한 존재로의 이러한 변화가 타인에게도 큰 축복이 될 수 있다는 점은 역설적이다. 즉, 노인이 타인에게 도움이 되는 행동을 더 이상 할 수 없다는 사실을 받아들일 때, 이러한 수용이 사실은 타인에게 이익이 된다.

대략적으로 보더라도, 노인이 더 이상 할 수 없는 일을 하려고 하면서 겪는 좌절에서 벗어나고 만족하게 될 때, 자녀들이나 부양자는 크게 안도하게 된다. 그러나 여기에는 그 이상의 의미가 있다. 마침내 평화를 찾은 사람과 함께 있다는 것은, 단지 그가 느낀 요구를 충족시키려고 더욱 애쓸 의무에서 벗어난 안도감만은 아니다. 그것은 또한 즉시적인 축복이다. 과정 모형에 따르면, 사람들은 서로의 감정을 느낀다. 진실로 평화로운 사람과 함께 있는 것은 평화를 소통하는 것이다. 그런 사람을 만난 성직자가 자신이 준 것보다 더 많이 받았다고 말할 때, 이것이야말로 말 그대로 진실일 것이다. 비록 노인들이 거의 말하지 않는다 해도 그들의 영혼은 느껴진다.

우리들 대부분은 이러한 방식으로 타인을 축복한 노인들을 안다. 86세에 은퇴 공동체에 입소하고 2년 후에 죽은 어떤 여성의 예를 들어보자. 그녀는 입소했을 때 이미 유방암에 걸려 있었지만, 기력이 쇠퇴하는 것을 병 탓으로 돌리지 않기로 선택했다. 그녀의 이러한 선택은 그녀가 주변 사람들에게 계속 즐거움을 주고 베풀 수 있도록 하였다. 그녀는 치료실에 들어간 지 한 달이 되지 않아 죽음을 맞이했으나, 그녀의 죽음은 진정한 의미의 상실감을 불러일으켰다. 그녀를 돌보았던 모든 이들은 그들이 그녀에게 줄 수 있었던 것보다 훨씬 더 많은 것을 그녀가 늘 주었다고 느꼈다.

5. 평화를 얻음

이 가설에 의하면, 노화의 주요한 과제는 평화를 찾는 것이다. 그 과제는 과정 모형에 의하여 설명되었다. 이것은 분명히 종교적 과제이다. 또한 과정 모형은 어떻게 성공과 실패가 일어나는가에 대해 하나의 신학적 요소를 제시한다.

과정 모형에는 개인의 과거, 육체, 더 넓은 환경 등과 함께, 체험 속에 포함된 또 다른 실재가 있다. 이것은 신이다. 신이 포함됨으로써 체험은 다른 요소들로 순수하게 결정된 산물 그 이상의 무엇이 될 수 있는 것이다. 신은 체험의 주관적 자기설정 self-constitution에 대한 대안적 가능성의 원천이다. 신은 자유와 지시direction 모두의 원천이다. 신은 매순간마다 사람들을 부르고, 그들에게 가장 창의적인 방식으로 바로 그 상황에 대응할 수 있는 가능성을 제공하며, 그들이 어느 정도까지 이러한 가능성을—얼마나 그들이 표적에 가까이 다가갈 것인지—실현할지 결정하도록 권한 이양을 한다. 그 표적은 체험의 어떤 순간에도 결코 완전히 똑같지 않으며, 더 오랜 기간에 걸쳐서는 극단적으로 바뀐다. 이 장에서는 젊은이에 대한 신의 부르심은 미래의 책임에 대비하는 가운데 현재의 만족을 발견하라는 것이고, 노인들에 대한 신의 부르심은 현재 일어나는 그대로 즐기는 가운데 평화를 발견하는 것이라는 점을 제시하였다.

왜 어떤 독실한 그리스도교인은 이러한 평화에 들어가고, 다른 사람들은 그렇지 못하는지를 이제는 물을 수 있다. 신학적인 설명이 가능할까? 과정 모형에 따르면 항상 많은 요소들이 결과에 관여하고 있지만, 저자들은 그중에서 사람이 그간 신과 신의 부르심을 이해해 왔던 방법이 중요하다고 믿는다.

과정 모형에 의하면, 신의 부르심은 모든 순간에 특별하다. 신자의 이상적 모습은 그러한 부르심에 열려 있고 마음에서 우러나는 응답을 하는 것이다. 그럼에도 불구하고, 그들이 신앙으로 사회화되는 과정에서 신의 부르심의 일반적 구조에 관한 지침을 받는 것은 불가피하다. 그들은 예감과 혼동된 감정으로 삶을 다스려서는 안 된다. 성령을 식별하기는 쉽지 않으며, 교회는 계율과 모범을 통하여 도덕적 지침을 줄 필요를 느꼈다. 대부분의 교회는 개인 스스로가 희생하더라도 타인에게 봉사할 것을 강조하였다. 또한 그러한 봉사를 훼손시키면서 즉시적인 즐거움에서 만족을 찾는 것은 하지 않도록 권고한다.

이렇게 계율에서 제시된 삶의 패턴은 많은 그리스도교인에게서 신의 부르심으로 내면화되고 확인되었다. 신의 직접적이며 즉시적인 부르심에 주의를 한층 기울이기보다는 제시된 삶의 패턴이 빈번하게 이를 대신한다. 어떤 그리스도교인들은 행하고 존재하라는 신의 부르심을 이해할 다른 효과적인 방법이 없다. 그 결과, 타인에 대한 적극적 봉사로 이해된 부르심에 대한 복종이 불가능해질 때, 그들은 쓸모없다고 느끼며, 존엄성과 자존심을 가지고 살아갈 대안을 찾을 수 없을 것이다. 젊었을 때는 그런대로 적합했던 신학적 가르침이, 노년에는 가장 중대한 욕구를 충족하고 그들의 최상의 가능성을 실현하는 데는 오히려 걸림돌이 된다.

다행스럽게 이것이 모든 그리스도교인에게 해당되는 것은 아니다. 어떤 사람들은 교회의 모든 계율이 단지 그리스도교인의 삶을 안내하는 지침에 지나지 않는다는 사실을 안다. 삶이란 신과 다른 피조물을 사랑하며 사는 것이다. 사랑은 계율을 초월하며, 규칙과 일반화로는 결코 포착할 수 없는 타인의 요구에 민감하게 움직인다. 사랑은 봉사의 행위로 그 자체를 표현할 수 있으나, 그 표현에만 국한되는 것이 아니다. 사랑은 그 자체에 가치가 있으며, 사랑이 일으키는 행위에 가치가 있는 것이 아니다. 사랑은 타인이 느끼는 것에 민감해지도록 한다. 그리고 신에 대한 사랑처럼, 항상 변화하는 신성한 부르심에 마음을 열게 한다. 이러한 방법으로 자신을 이해하는 그리스도교인들에게는 신앙이 자연스럽게 평화로 옮겨 간다.

6. 지혜가 기여하는 것

이 장의 시작이 존재에서 행함으로 옮겨간 이유는, 이 문화가 노인에게 기대하는 것이 거의 없기 때문이다. 이것이 바로 전통문화들로부터 이 문화를 구별 짓는다. 그러한 전통문화들에서는 노인들의 축적된 체험이 전체 사회에서 지식의 주요원천이었다. 젊은이들은 노인을 공경하였는데, 이는 의무감이나 동정에서가 아니라 그들에게 부족한 지식을 노인들이 갖고 있기 때문이었다. 이것은 노인에게 행함에서의 역할을 주었다. 다른 한편으로 이 문화에서는, 변화가 워낙 빨라서 노인의 축적된 체험이 젊은이들이 배우기에 적절치 못하다고 일반적으로 말한다. 젊은이들은 서로에게서 배우거나 조금 연상의 사람에게서 배워야만 한다.

정보에 초점이 맞추어질 때, 많은 분야에서 대부분의 노인들이 공헌할 바가 거의 없을 가능성이 있다. 그들 중 소수만이 많은 분야에서 급속한 변화에 뒤떨어지지 않는다. 그들의 정보는 곧 구식이 된다.

만일 지식이 단순히 정보의 소유뿐만 아니라 정보를 처리하는 축적된 체험까지 의미하는 것이라면, 상황은 좀 달라진다. 노인들이 가장 최근의 모든 정보에 정통할 수 없다 할지라도, 그들은 일이 어떻게 돌아가는지 이해할 수 있으며, 이로써 뚜렷하고 중요한 기여를 계속할 수도 있다. 오랜 체험에서 나온 통찰은 새로운 데이터로 신속히 교체되지 않는다.

많은 분야에서 이러한 종류의 지식이 급속하게 변하는 정보의 유통보다 더 중요하다. 많은 노인들은 정신을 바짝 차려서 자신의 오랜 체험에 아주 적절한 방법으로 집중할 수 있다. 연로한 상원의원들이나 대법원 판사들 모두가 젊은 동료들만 못하지 않다. 심오하게 독창적이고 영향력 있는 책들이 80대의 사람들에 의해 쓰였다. 만일 사회적 기대치가 달랐더라면, 많은 노인들이 그들의 오랜 체험과 색다른 지식으로 많은 기여를 할 수 있었을 것이다. 행함에서 존재로의 변화는 뒤로 미루어질 수도 있었을 것이다.

지식과 관련된 문제이기는 하지만, '지혜'라는 단어가 시사하는 색다른 것, 즉 좀 더 종교적 색채가 있는 것이 있다. 모든 노인들이 지혜로운 것은 아니지만, 노인들 가운데 지혜에 대한 독특한 가능성을 가진 이들이 있다. 여기에 또한 노인들을 위한 도전과 기회가 있다.

청년과 중년의 기간을 통하여, 대부분의 사고는 야망과 책임감의 지시를 따른다. 개인은 어떻게 그들의 목표에 가장 잘 이르고 그들의 책임을 완수할 수 있을지 알고자 애쓴다. 이러한 야망들은 칭찬받을 만하며, 그들의 책임감도 잘 선택될 수 있다. 그러나 야망과 책임의 각 조합은 개인의 사고를 다른 것과 다른 일방통행 방식으로 지시한다. 다른 목표를 가진 사람들은 사물을 다르게 볼 것이다. 개인들은 서로에게서 배우고, 서로 받아들이고 타협을 할 수도 있겠지만, 그들은 사고방식의 관성 때문에 서로 분리될 것이다. 그리스도교 신앙은 갈등을 학습의 기회로 바꾸거나, 그들의 시야를 넓히도록 돕는 등 긴장 속에서 어떻게 살아야 하는가에 관한 지침을 그들에게 줄 것이다. 그러나 타인에 대한 체험은 '타인의' 재능, 사고방식, 이해관계를 '자신의' 계획과 어떻게 관련시키는가에 따라서 깊게 영향 받을 것이다.

건강한 노년에서는, 야망과 책임이 줄어든다. 사람이 행함에서 존재로 변화되면서, 경쟁성의 요소도 줄어든다. 그는 타인을 체험함에 있어서 자신의 계획과 어떻게 관련되는가의 관점이 아니라, 이제는 타인 자체를 그대로 체험할 수 있다. 한때 그토록 중요하게 보였던 그 많은 것들이 덜 중요해 보인다. 종전에는 이해관계 때문에 중요치 않게 보였던 다른 일들이 이제 크게 부각된다. 중요성의 척도가 이제는 자신의 요구나 희망으로 정해지는 것이 덜하게 된다.

축적된 지식이 저평가될 때조차, 건강한 노화에 동반하는 지혜란 사물이 자신이나 자신의 계획에 어떻게 관련되느냐가 아니라, 그 자체로서 어떻게 존재하는가의 관점에서 인식하는 것이다. 많은 부분의 실재reality는 별 판단이 없이도 인정될 수 있다. 따라서 지혜란 무관심하지 않으면서도 사심 없이 중요성을 판단하는 것이다. 지혜는 성취지향의 사람들이 버릴 수밖에 없는 많은 것을 받아들인다. 지혜는 또한 그러한 지향성까지도, 최후통첩으로서가 아니라 이해심 있게 받아들인다.

자녀들은 종종 자신의 부모들이 그들에게 해줄 수 없는 것을 얻기 위해 다른 노인들에게 도움을 청한다고 한다. 이것이 꼭 더 좋은 것도 아니다. 그저 다를 뿐이다. 부모들은 세상의 기대에 부합하도록 자신의 아이들을 준비시키는 일에서 사랑을 분리해 낼 수 없으며, 또 분리해서도 안 된다. 건강한 노화에는 그러한 기대가 더 이상 크게 부각되지 않는다. 자녀는 있는 그대로 그저 고마울 따름이다. 자녀도 마찬가지로 이런 생각이 필요하다. 이는 행함에서 존재로 변화함으로써 생겨나는 또 하나의 선물인 것이다.

나이를 먹는다고 그러한 지혜가 저절로 생기는 것은 아니다. 행함에서 자존심을 분리할 수 없는 사람은, 스스로가 더 이상 할 수 없을 때 타인이 그 목표를 이루도록 요구하며 자신의 목표를 타인에게 투사할 가능성이 있다. 그러면 그들은 있는 그대로 받아들이며 부모로서의 사랑을 보완하지 않고, 오히려 불평하고, 비판하고, 참견하여 자녀를 혼란스럽고 어렵게 할 것이다. 노인들이 그들의 특별한 소명을 성취하고 그들의 특별한 잠재력을 실현할지 여부는 그들뿐 아니라 그들과 관계를 맺는 모든 사람에게 중요하다.

7. 죽어감

노화는 죽어감dying 자체를 고려하지 않고는 논의할 수 없다. 과정 모형에서는 죽어감이 전체 삶의 일부이다. 순간적인 체험은 존재하자마자 사라져 버린다. 생성의 행위는 그 소멸과 구별될 수는 있겠지만, 양자가 분리될 수 있는 것은 아니다. 과정 사고에 있어서는, 마지막 숨이나 마지막 심장소리보다는 이 반복되는 죽어감이 종교적으로 더 중요하다. 따라서 죽어감에 대한 논의는 마지막 단계뿐만 아니라 삶의 모든 단계에 관계된다.

그럼에도 불구하고, 중요한 차이점이 있다. 어린이의 경우에는, 어느 한 순간의 죽어감이 더 깊고 완전한 것을 희망할 수 있는 다른 순간의 생성으로 이어진다. 달리 말하면, 어린이가 자라난다고 기대되는 것이다. 한 체험의 죽음이란 또 다른 체험이 탄생하는 모판seedbed이다. 나중 체험들의 성격에 의하여 이전 체험의 죽음이 정당화된다는 점에 중요한 의미가 있다.

노인의 경우에는 사정이 좀 달라진다. 여러 척도로 보더라도, 흔히 나중의 체험들은 이전의 체험들보다 저하된다. 기억의 상실, 시력의 상실, 청력의 상실, 돌아가는 상황에 대한 기민함이라는 전반적인 쇠퇴가 있을 것이다. 이것은 죽어감의 둘째 단계이다.

노화의 영성적 과업의 일부는 이러한 죽어감을 한탄하기보다는 새로운 체험을 있는 그대로 수용하는 것이다. 만약 질적 쇠퇴를 한탄한다면, 아직도 발생하고 있는 삶의 질은 더 악화될 것이다. 다른 한편으로는 이러한 맥락 속에서도 성장의 가능성, 즉 수용과 평화 속에서의 성장 가능성이 있다. 그것은 노화 과정에서 불가피한 부분이나, 노화에서 가능한 영적 승리의 부분이다.

죽어감의 셋째 단계는 예전의 체험에 이어지는 새로운 체험이 없을 때 일어난다. 삶 체험의 한 순간이 소멸하고, 더 이상은 없다. 만약 누군가가 전체 삶의 일부이며 체험의 감소를 뜻하는 죽어감을 수용하지 않았다면, 그 사람은 이 마지막 순간의 죽어감도 은총으로 받아들일 것 같지 않다. 그러나 만일 다른 부분들을 이미 수용했다면, 삶의 종말도 역시 수용할 수 있을 것이다. 심지어 환영하며 받아들일 수도 있다.

죽어감의 과정에서 평화를 찾은 사람들이 사후의 삶에 대한 질문에 몰두한다는 것은 사실이 아니다. 사실, 그러한 몰두는 미래지향적 사고방식에 속하는 것인데, 그들은 이미 여기에서 벗어나 자유롭다. 그렇다고 해서 그들이 그러한 삶을 믿지 않는다거나, 사후에 일어나는 것을 질문하는 것이 중요치 않다는 것은 아니다. 많은 사람들은 사랑했던 사람들과 재결합하게 될 것이라는 강한 확신을 가지고 있으며, 이러한 확신이 그들이 느끼는 평화의 일부이다. 다른 사람들은 이승에서 가능했던 것보다 더 깊이 신과의 결합을 향해 나아간다고 생각한다. 앞서 예를 든 여성의 영spirit이 주위의 사람들을 축복하였던 경우, 그녀는 내세의 삶에 대한 확신이 있었기 때문에, 적어도 부분적으로는 마음의 평온을 얻고 사랑을 계속 표현할 수 있었던 것이다.

8. 과정신학과 죽어감

과정 사고는 여러 방식으로 여러 단계의 죽어감을 다룬다. 과정 사고에서 가장 근본적인 것은, 존재하게 될 모든 것의 한 속성인 소멸perishing이다. 사려 깊은 사람들에게는 이것이 깊은 슬픔이나 심지어 무의미의 원천이 된다. 만일 과거가 더 이상 아무것도 아니라면 그리고 과거에 존재한 모든 기억들이 스러지는 우연한 것이라면, 모든 노력이 무슨 가치가 있단 말인가? 이렇게 덧없는 죽어가는 순간이 한때 존재했고 이제는 없는 모든 것을 정당화할 수 있을까? 과거의 노력들이 그토록 미래지향적이고자 했던 앞서의 덧없는 순간들을 정당화할 수 있었을까?

물론, 대부분의 사람들은 의식적으로 이것을 걱정하지 않는다. 한때 존재했으나 이제 없는 것을 숙고하는 것은 때로는 우울함을 일으키나, 대부분의 경우에는 이런 감상적 생각을 한쪽으로 치우고 기운을 찾아 앞으로 나간다. 현재는 과거로부터가 아니라 예견된 미래로부터 그 의미를 얻으려고 느끼는 것이다.

또 다른 사람들은, 목표를 성취하고 이러한 성취가 영속될 거라 믿으려는 사람들의 광적인 노력들을 보면서, 모든 것은 죽는다는 기저인식이 이러한 절망적인 탐구의 밑바닥에 있지 않을까 의심한다. 사르트르(1956)는 우리 모두가 존재론적으로 불가능한 현재성과 내구성의 결합을 갈망하며, 이것은 상호 관계에서 파괴적인 것으로 이끌게 된다고 생각했다.

노인들이 평화를 얻는 데 무엇이 관여되는지를 기술하는 어떤 경우에도, 여기에는 그 모든 한계와 실망에도 불구하고 과거를 실재대로 수용하는 과거에 대한 만족이 포함된다고 주장한다. 만약 이것이 옳다면, 특히 이러한 노인들에게 의미감이란 다음과 같은 두루뭉술한 가정, 즉 소멸이 마지막이 아니라는 것, 단지 과거의 일이며 거의 기억하는 사람이 없다는 이유로 일어났던 것의 중요성이 없어지지는 않는다는 가정에 의존하게 된다.

과정 모형에서는 과거는 현재 속에 단편적인 방식으로뿐만 아니라, 하느님 안에서 완전하고 전체적으로 계속 살아 있다고 주장한다. 하느님은 세상 밖에 존재하는 것이 아니라, 세상을 포함한다. 사람들이 행하는 모든 것은 하느님을 위한, 하느님을 향한 것이다. 그들이 삶의 완성에 이를 때 그들에게 만족을 주는 과거의 실재성reality이나 이의 내재적 중요성에 대한 인식이 정당화되는 것이다.

통념적 의미의 사후의 삶에 대하여 과정 모형은 개방적이다. 이는 모형으로부터 추론되는 것이 아니라, 오직 증거를 토대로 답할 수 있는 사실적 질문이다. 저자들의 판단으로는, 예수의 부활에서부터 소위 임사체험에 이르는 증거가 하느님의 사랑에 대한 깊은 확신과 결합됨으로써, 사랑했던 죽은 사람과 재회한다는 기대 속에서 그리고 하느님께 새롭게 다가간다는 기대 속에서 평화롭게 죽어가는 사람들을 지탱해 준다고 본다. 평화 속에 죽는 사람들에게는 이것으로 충분하다.

그러나 평화 속에 있지 못한 사람들에게 이것으로는 충분치 않다. 예를 들어서 어떤 사람들은 벌을 주는 하느님이 두렵기 때문에 죽음을 받아들일 수가 없는 것이다. 이것이 오늘날에는 예전처럼 일반적이지는 않고, 교회가 명시적 가르침으로 그러한 두려움을 자극하지 않는다고 하더라도, 죄책감이 여전히 존재하고 또 심판의 하느님을 상상하기 때문에 두려움이 생길 수 있다. 이는 어떠한 확신을 솔직하게 줄 수 있겠는가 하는 것에 대한 고찰에 도움이 될 수도 있다. 내세에 어떤 존재양식이 있든지 간에, 지금 이 생에서의 차이들이 그 양식들과 단지 무관하다고 입증되지는 않을 것이다.

과정신학자들을 포함한 대부분의 그리스도교 신학자들의 관점에서는, 일단 죽으면 모든 것이 완전해진다고 모든 사람들에게 확신시킬 수는 없다. 그것은 이러한 전통의 일부가 아니다. 심판 또한 유산으로 내려온 가르침의 일부이다. 내세에서의 존재양식이 무엇이든, 이승에서의 차이가 그와는 단지 무관함을 증명하는 것은 아니다. 평화를 얻은 사람들에게, 심판의 문제는 일어나지 않는다. 그들의 평화를 앗아갈 거라고 생각할 이유가 없다. 그러나 평화롭지 않은 사람들에게 그 문제는 심각한 것이다.

한편으로는, 오늘날 대부분의 그리스도교 신학자들은 심판의 하느님이라는 고전적 이미지는 예수 그리스도 안에서 알고 있는 하느님과는 공존할 수 없다는 것을 알게 된다. 이러한 이미지는 본래 그들 자신의 죄에서 비롯되지 않은 벌을 준다는 것, 즉 하느님이 불필요한 고통을 준다는 것을 암시한다. 반대로, 심판은 뜨거운 난로를 만진 어린아이의 화상 입은 손과 같다고 비유되었다. 하느님의 심판은 어린아이를 때려서 화상 위에 고통을 더하는 부모의 심판과는 다르다. 이것이 심판을 하찮아 보이게 만드는 것은 아니다. 난로에서 입은 화상은 정말로 고통스러울 것이다.

심판에 관한 이러한 종류의 이미지들은 제시될 수 있다. 예를 들어, 죽음에서는 하느님께 변명했던 것이 모두 없어지고 사람들은 신성한 존재 앞에 발가벗겨져 서게 된다고 생각할 수 있다. 어떤 사람들에게 이것은 그들이 갈망했던 지복지관beatific vision[273)]이고, 또 다른 사람들에게는 자기기만과 타인을 기만하려는 노력이 모두 끝나는 굴욕과 수치의 순간이다.

문학작품에서 가장 잘 그려진 이미지는 C. S. Lewis의 〈천국과 지옥의 이혼*The Great Divorce*(1946)〉에 나온다. Lewis는 모두에게 열려 있는 천국을 설득력 있는 방식으로 기술하지만, 또한 거기에 있으면서 어떤 사람이 느낄 불편도 기술한다. 지옥을 선호하는 것은 거기가 행복해서가 아니라, 사랑이 없이는 행복도 없는 그러한 사랑을 그들은 감당할 수 없기 때문이다.

또한 많은 신학자들은 Francis Thompson의 시에 나와 있는 〈하늘의 사냥개*Hound of Heaven*〉의 이미지를 좋아한다(Hopkins, 1949). 여기서의 요점은 하느님의 인간구원에 대한 열망은 결코 끝나지 않으며, 얼마동안 개인들이 저항하는가는 문제가 되지 않는다. 궁극적으로 지옥이 텅 빌 것이라 보장할 수는 없겠지만, 사람들이 거기에 남아 있다면 이는 그들이 세상에서 지었던 죄 때문만이 아니라 영원히 하느님의 사랑을 거부하였기 때문이다.

이것이 꼭 위안을 주는 이미지라고 할 수는 없다. 어떤 사람들은 자신이 하느님의 비전에 의해 비참하게 되거나 천국의 행복을 즐길 수 없다고 생각할 수 있다. 그러나 보복하는 하느님의 잔혹한 처분에 대한 두려움은 힘차게 그리고 확신을 갖고 물리쳐야 한다. 이것은 평생 교회 과업의 일부가 되어야 하지만, 평화롭지 않은 사람들에게는 죽음에 다가올수록 특히 중요할 것이다.

---

273) 지복지관beatific vision이란 하느님을 직접적으로 알게 되는 것으로 천사의 영이나 의인의 영혼이 천국에서 누리는 것을 말함(Catholic Encyclopedia: The immediate knowledge of God which the angelic spirits and the souls of the just enjoy in Heaven).

9. 신학의 역할

이 논문에서는 노화와 죽음에 대하여 신학적으로 말하는 것뿐만 아니라, 신학의 역할, 구체적으로는 과정신학process theology의 역할을 명확하게 하고자 하였다. 저자들은 그들의 통찰과 확인이 과정사고의 관점에서 어떤 방식으로 형성되었는지를 보여 주고자 했다. 과정사고가 사람들에게 알려주는 중요한 방식이 그들을 체험적 관찰에 개방시키도록 하는 것이기 때문에, 과정사고의 도움 없이도 많은 사람들이 유사한 결론에 이를 수 있음은 분명하다. 실로, 이러한 결론들이 과정신학에 구애됨이 없이 인정받기를 기대한다. 한 관점으로부터 가장 분명하게 식별되는 실재의 특징들은 일단 나타나기만 한다면 다른 관점에서도 보일 게 틀림없다.

그럼에도 불구하고, 이 논문은 신학, 특히 과정신학이 인간의 삶을 바라보는 방식을 사람들에게 알려줄 수 있기를 희망한다. 즉, 사람들이 적절한 질문들을 하고 유용한 식별방식을 도입하도록 도울 것이다. 그것은 관찰에 의해 사람들에게 제시하는 공식화에 더욱 엄격성을 부여할 수 있다. 그것은 그러한 관점이 결여된 사람들이 흔히 인식하지 못했던 차원의 상황에 눈뜨게 할 수 있다. 그리고 그것은 위안과 확신이 담긴 책임 있는 말을 할 수 있다.

또한 저자들은, 신학적 관점의 도입이 증거에 의해 정당화되지 않은 사상을 고압적으로 강요한다고 생각하는 사람들의 두려움을 덜어주는 데 이 논문이 도움이 되기를 바란다. 신학은 독단적인 접근법과 관련되었다 하여 오명을 갖게 되었다. 저자들의 견해로는, 그리스도교 신앙이 증거와는 무관하게 주장하는 권위에 의해서가 아니라, 상황을 조명하는 실제 능력에 의해서, 모든 면에서 그 자신의 정당성을 보여야 한다. 그리스도교 신앙이 그렇게 할 수 있다는 것이 바로 그들의 신념이다. 그것이 바로 그리스도교인인 이유이다.

제32장 여성주의 신학의 관점

Mary M. Knutsen

노화에 대한 여성주의 신학은 다음과 같은 세 갈래의 서로 다른 학문 영역과 사회운동이 교차하며 나타난다. 즉, (1) 현대 미국 사회의 사회정치적 운동으로서 여성학과 여성주의, (2) 인간 노화와 노화하는 미국 사회의 폭넓은 현실에 대한 학문적 연구, (3) 학문 영역으로서의 신학—하느님, 인간 상호간, 창조 등과 함께하는 공동체 삶의 향상을 위하여, 고전적 성구와 종교의 전통적 관습 그리고 현대생활의 뚜렷한 특징 사이에서 서로 비판하고, 조명하고, 생기를 불어넣어 주는 대화에 헌신하는—등이 그것이다.

여성주의란 무엇인가? 여성주의의 학문적 원리와 여성운동이 워낙 다양하지만, 여성주의와 여성학은, 여성은 완전하게 인간이라는 심오하지만 하나의 단순한 확신에 뿌리가 있다고 말할 수 있다. 여성의 인간성이란 불완전하거나 또는 남자나 아이들과의 관계에서 유래된 것이 아니라, 인간존재로서 마땅한 완전성을 구현하는 것이다(Farley, 1985, 44-47쪽). 따라서 여성주의 신학을 포함하는 여성학은, 우리의 제도와 이념이 여성의 인간성을 무시하고, 왜곡하고, 폄하시키는 방식을 드러낼 비판적 과제를 가진 한편 인간성, 사회, 우주, 하느님에 대한 새롭고 더 완전한 비전을 산출할 건설적 과제도 떠맡아 왔다.

여성주의와 여성학에는 인간이란 무엇인가에 대한 다양한 모형이 있으며, 따라서 학문적 혹은 사회정치적인 활동에 대한 판이하게 다른 접근법도 몇 가지 있다. 스탠퍼드 대학의 법학 교수 Deborah Rhode는 현대 여성학 평론집 권두논문에서 1960년 이후 여성주의와 여성학은 인간의 성별 관계에 대한 세 가지 모형으로 이해할 수 있다고 지적한다(Rhode, 1990).

최초의 초기 모형인 '동등권리' 모형은 "영원히 변치 않는 여성"이라는 신비적 관념을 반대하며, 남녀의 본질적인 차이를 부인하는 것이다. 여성은 본질적으로 인간의 적성과 능력에서 남성과 같으며, 동등한 일에 대한 동등한 보상뿐만 아니라 교육 및 고용의 기회에서도 동등한 접근이 주어져야만 한다. 이 모델이 크게 기여한 점에 주목하면서, Rhode는 그 한계 또한 주목한다. 즉, 그것은 현대 미국 사회에서 남성의 규범성을 강화시키고 남녀의 권력과 지위에서 실질적 불평등을 모호하게 할 위험을 초래한다는 것이다.

'차이 재평가' 모형으로 불리는 둘째 모형은 남녀 사이의 대조적인 차이를 강조한다. 이 모델은 여성의 가치와 경험 특히 역사적으로 여성과 연관된 대인관계에서의 양육과 부양의 특징들을 구체화하고 사회적으로 재평가하는 작업을 수행한다(Chodorow, 1978; Gilligan, 1982). 이 모델의 긍정적인 공헌에 주목하면서, Rhode는 그 한계에도 주목한다. 즉, "성별 차이에 너무 많은 관심을 가졌으며, 성별 불이익에는 너무 관심이 적었다"(Rhode, 1990, 197쪽). '차이'에 초점을 두는 것, 특히 여성의 본질적인 '양육' 특성에 초점을 두는 것은 여성의 예속을 미묘하게 정당화시킬 위험을 가질 뿐만 아니라, 주로 백인 중산층의 가치를 고양시키며 그리하여 불리한 권력 구조라는 현실 및 이 현실이 다양한 여성에게 인종, 계급, 가족 상황 그리고 연령별로 미치는 차별적 영향을 모호하게 한다. 아마 이것이 다음과 같은 이상한 사실에 대한 설명이 될 것이다. "실제로 여성운동을 일으킨 것은 인간의 수명이 늘어나서 여성들에게 새로운 소명이 열렸기 때문임에도 불구하고(Friedan, 1993, 16쪽), 최근까지 여성운동은 여성 노인이나 연령차별의 문제에 거의 관심을 갖지 않았다(Lewis and Butler, 1984; Saiving, 1988, 117쪽; Friedan, 1993).

셋째, 가장 최근의 모형은 '공동선' 모형이라 부를 수 있는데, 지배체제가 다양한 여성들—그리고 아이들과 남성들—의 상황과 경험에 차별적으로 영향을 미치기 때문에, 지배 구조에 대한 이러한 재인식부터 정밀하게 시작한다. 이 모델은 남성적 규범에서 보이는 동일성과 차이를 넘어서는 변화를 요구하며, 더 넓게는 남성적 규범에 뿌리를 둔 로크적인 개인주의와 개인의 권리라는 전체적 틀을 넘어서는 변화를 요구한다. 오히려 그 목적은 미국 사회에 작동하는 지배와 착취라는 다수의 교차적 힘을 정확하게 드러냄과 더불어, 기부를 이끌어내고 여성, 아이, 남성 등 다양한 인구의 요구에 봉사하는 공동선을 위한 충분히 조화로운 비전을 명료하게 표현하기 시작하는 것이다(Rhode, 1990; Fox-Genovese, 1991; Sapp, 1992).

노화에 대한 최근 연구들 또한 인간이란 무엇인가의 근원적 질문 그리고 사회 속에서 인간생활의 좀 더 완전한 비전을 개발할 필요성을 다루고 있다. 이들 저자들은 노화에 대한 '의학적 모델'을 넘어서 시간 속에서 인간의 삶에 대한 새로운 비유를 향해 나아갈 필요성을 강조하며(Birren, 1985-6; Kimble, 1990; Kenyon, Birren, and Schroots, 1991; Simmons, 1990), 여기에는 노화 경험이라는 심오한 영적 차원의 회복이 포함된다(Bianchi, 1983; Birren, 1990; Kimble, 1989, 1990, 1991; Lefevre and Lefevre, 1981; Maitland, 1991; Nouwen and Gaffney, 1976; Seeber, 1990; Sittler, 1986). 이러한 지혜롭고 깊은 감동을 주는 저술이 제시하는 것은 단지 지배적인 의학적 모델에 '영성'부분을 덧붙이는 데 그치는 것이 아니라, 인간의 삶을 이해하는 데 있어서 패러다임의 전환이다. 즉, 첫째 노화 경험 그 자체를 새롭게 바꾸고, 둘째 교회(Becker, 1986; Tilberg, 1984) 및 사회(Bianchi, 1993, 175-224쪽; Maitland, 1991, 117-146쪽)에서의 일반인의 노인 인식과 노인의 역할을 또한 바꾸자는 것이다. 그러나 지금까지 이들 대다수의 저자들이나 대다수의 사례 연구 및 예시들은 남성이며, 이러한 한계점을 그들 중 몇몇은 명백히 인정했다. 여성 노인들에 대한 연구와 여성 노인들 스스로의 발언이 나타나기 시작했으나(Alexander 외, 1991; Brody, 1990; Buchanan, 1987; Finger, 1991; Friedan, 1993; Martz, 1991; Saiving, 1988), 시간 속에서 인간의 삶에 대해 새롭게 공유되는 패러다임을 위한 창조적 가능성이 어렴풋이나마 보이려면 아직도 해야 할 연구들이 무척 많다.

구체적 종교 전통과 구체적 현대 상황 사이의 상호 비판적이고 건설적인 대화에 관련된 학문 영역으로서, 신학은 이중적 특수성의 영향을 받는다. 즉, 여성, 노화, 현대 미국 사회에서 규범적 인간의 개념 등 신학이 개입하고자 하는 현대 상황이라는 특수성 그리고 대화 내용으로 들어오게 될 구체적인 종교 텍스트와 전통이라는 특수성이다. 신학이 처한 이러한 이중적 특수성이나 깊은 '국지적local'성격에 대한 인식이 현대 신학에 점차 나타나고 있으며, 전에는 사용하지 않던 여성주의 신학, 흑인 여성주의womanist 신학, 뮤헤리스타mujerista[274] 신학, 아시아 신학, 아프리카 신학 등

274) 스페인어로 여성주의. 통칭으로 혹은 백인 중산층 여성의 여성주의는 feminism, 흑인 여성주의는 womanism, 히스패닉이나 라틴아메리카의 여성주의에는 mujerista 등으로 구별함.

에서의 활발한 표현으로 특히 뚜렷해졌다(Thistlethwiate and Engel, 1990). 이러한 새롭고 흥미로운 신학에는 명백히 그 문화와 사회적 세계의 특수성이 포함될 뿐만 아니라, 그들의 종교적 전통의 특수성(예: 그리스도교, 유대교, 인디언 종교), 그 전통 내부의 특별한 운동(예: 로마가톨릭, 루터교, 전국 침례교, 칼빈교, 오순절교회) 그리고 그들이 참여한 특별한 신학적 접근(예: 해방신학[275]), 과정신학, 희망의 신학[276])) 등도 나타나고 있다.

추상적 보편타당성에 대한 대용품적인 주장이 거부당한다 하더라도, 그러한 신학들이 순수한 상대주의[277])에 굴복할 필요는 없다(Bernstein, 1983). 오히려 그러한 신학들이 사람들에게 모든 삶의 궁극적인 맥락, 바로 모든 것을 망라하는 하느님의 실재를 풍부하게 인식하도록 가능성을 열어주는 것은, 바로 그들이 처한 상황의 특수성과 종교 전통의 특수성 사이에 서로 비판하고, 조명하고, 생기를 넣어주는 대화가 일어나게 하기 때문이다.

신학자로서의 필자는 현대 여성주의와 노화의 연구에서 인간의 삶과 인간 공동체에 대한 새로운 패러다임을 추구하려면, 반드시 우리의 가장 깊은 궁극적 실재인 하느님에 대한 '원천비유root metaphor'[278])와 비판적이며 건설적으로 관계를 맺어야 한다고 믿는다. 왜냐하면 이러한 원천비유들이 실재에 대한 우리의 인식과 사회적 상호작용의 패턴을 심오하게 형성하기 때문이다(Lakoff and Johnson, 1980). 나는 그리스도교인, 특히 루터교신자로서, 나아가 삼위일체 신학자로서 다음과 같이 믿는다. 삼위일체 공동체로서 역사 전체를 높이고 결국 변화시켰던 하느님 자신의 삶의 실재는 모든 생명을 위한 궁극적 맥락을 보여 주며, 시간과 공동체 속에서 인간 삶의 이해와 경험을 풍부하게 고양시킬 수 있게 한다. 그러나 그러한 주장에 대한 검증은 세부사항을 조명할 수 있는 능력에 달려 있다. 그래서 우리는 다음과 같이 현대 미국 사회에서 여성들의 삶과 노화에 대한 다음 네 가지 특수성과 신학적 대화에 착수하려고 한다. (1) 경제적 사회적 상황, (2) 심리사회적 발달, (3) 육체구현embodiment의 경험 그리고

275) 해방신학liberation theology이란 영혼과 빈곤의 구제는 정의롭지 못한 사회정치 구조에서 해방됨으로써 이루어진다는 신학운동으로 1950년대 이후 라틴아메리카에서 출발하여 제3세계로 널리 퍼짐. 처음 이 용어를 사용한 사람은 페루의 성직자 구스타포 구티에레스.

276) 희망의 신학theology of hope은 1964년 독일의 몰트만이 제기한 연구 방법. 신앙은 과거의 일이 아니라 미래에 희망을 두고, 과거를 고수하고 집착하기보다는 미래에 대한 희망을 가지고 하나씩 이루어가는 것으로, 특히 가난한 자, 억압받는 자 등에게도 실현되어야 함.

277) 상대주의relativism는 절대적 진리, 즉 지식이나 가치의 보편타당성을 인정하지 않으며 진리란 그것을 정하는 기준에 의해 정해지는 것이라는 입장. 예를 들면 "인간은 만물의 척도다"가 대표적임. 따라서 신학이나 형이상학에 대하여 비판적임.

278) 원천비유root metaphor란 개인에게서 상황 인식을 형성케 하는 기초적인 세계관을 말함.

(4) 시간의 경험 등이다. 그리고 우리가 시간 속에서 공유하는 인간적 삶의 형태를 실제로 변화시킴으로써, 의례가 어떻게 노화와 종교에 대한 창조적 대화를 일어나게 할 수 있는지에 대하여 논의함으로써 이 장을 마무리할 것이다.

1. 여성 노인들의 경제적 사회적 상황: 정의의 문제

몇 가지 기본적 사실에서부터 시작하는 것이 도움이 되겠다. 첫째, 미국 사회는 노화하고 있다. 1790년에 65세 이상은 미국 인구의 2%를 구성하는 데 불과하였으나, 1990년에는 12.6%를 차지하였고, 2030년에는 20~23%로 거의 1/4을 차지할 것으로 전망되고 있다(Famighetti, 1993). 미국에서는 65세 이상의 인구집단이 가장 빠르게 증가하고 있다. 더구나 오늘날 75세 이상의 사람은 1,000만 이상으로, '노인들의 노화'까지 겪고 있다. 입원하거나 양로원에 있는 사람이 65세 이상 인구의 5%에 불과하지만, 노년을 쇠퇴의 시기로 보는 관점이 널리 퍼져 있다(Lyon, 1985, 제2장).

둘째, 여성들의 수명이 남성보다 대략 7~8년 더 길기 때문에, 노인의 절대다수는 여성이며, 많은 사람들이 혼자 산다. Kimble이 보고한 것처럼, 미국에서 여성이 남편을 여의고 홀로된 나이의 평균치는 56세이다(Kimble, 1985). 혼자 남은 배우자의 85%는 여성이다. 따라서 65세 이상 남성의 3/4은 결혼을 유지하지만, 여성의 3/5은 그렇지 못하다. 65세 이상으로 홀로된 여성의 2/3는 혼자 산다. 모든 요양원 입소자의 3/4이 여성이다.

셋째, 미국 사회에서 65세 이상의 여성 집단은 가장 빨리 증가하며, 논란의 여지는 있으나 가장 고립되어 있다. 그리고 가장 빈곤한 집단이기도 하다. 여성 노인들의 빈곤율이 남성 노인들의 빈곤율의 거의 2배이다. 개인연금은 은퇴 연령 여성들의 80% 이상에게는 적용되지 않으며, 겨우 2%의 홀로된 여성만이 남편 연금으로부터 혜택을 받는다. 실제 모든 홀로된 여성의 1/3은 공식적인 빈곤선 이하로 살고 있다(Kimble, 1985). 유색인종 여성의 자료를 별도로 뽑아 본다면 상황은 더욱 악화된다. 1989년 가족과 함께 살지 않는 흑인과 히스패닉 여성 노인의 절반 이상은 빈곤선 이하에서 살고 있었다(Carstensen and Pasupathi, 1993, 75쪽).

마지막으로, 2010년에 65세가 될 '베이비 붐' 세대 여성들의 경우, 그들이 일자리에 많이 참여했음에도 불구하고 상황이 더 좋지는 않은 것 같다. 광고매체들이 보수가 좋은 '직장 여성'이라는 이미지를 높였지만, 오늘날 전일제 근로여성의 80%는 연

20,000달러 이하를 받으며, 연금이 전혀 없는 경우가 남성의 2배이며, 건강보험이 없는 경우도 남성보다 훨씬 더 많은 것이 현실이다(Faludi, 1991, xiii). 더욱이 전일제로 일하는 경우에도 여성들은 여전히 육아와 노인부양의 주책임을 지고 있기 때문에, 고소득 직장을 얻거나 지키기가 어렵다. 실제로 부양할 자녀를 가진 독신녀, 이혼녀, 미망인들은 미국 사회에서 가장 빠르게 증가하는 빈곤집단이며, 이 현상을 학자들이 '빈곤의 여성화'라고 이름 붙였다(Sidel, 1992, 15-26쪽). 오늘날 젊은 여성의 25%는 노년에는 빈곤선 근처에서 살 것이라고 예측된다(Carstensen and Pasupathi, 1993).

이러한 통계에서 드러난 불공평을 완화시키고 궁극적으로 미국 사회에서 노화에 상응하는 정치적 · 도덕적 경제 공동체를 재편하기 위해 필요한 일부 공공정책에서 변화가 요구된다는 의견들이 많이 나오기 시작했고(Minkler and Estes, 1984; 1991) 다음 사례 등이 지적되었다. 요양원 서비스를 받으려면 부부 재산의 상당한 감소를 요건으로 하는 현재의 메디케어 정책 때문에, 그리고 생존한 배우자—항상 대부분이 여성임—에게는 종종 그들의 노년을 유지하기에 충분치 않은 재산 때문에 여성 노인들에서 이례적으로 높은 빈곤 수준이 나타나는 것이다(England 외, 1991; Carstensen and Pasupathi, 1993). 그러나 이러한 요구에도 불구하고 개혁 이상의 것이 필요하다. 이는 의료보장의 장기요양 규정을 수정하기 위한 몇 가지 제안들이 좌절되고, 심지어 미국에서 가장 가난하며 가장 큰 여성 인구라는 두 인구집단—홀로된 여성 노인과 편모가정의 자녀—의 욕구들 사이에 갈등을 부추기는 정치가의 비참한 모습을 보면 알 수 있는 것이다.

Sapp은 노화에 대한 미국의 공공정책에 대한 분석에서(Sapp, 1992), 제한된 지정자원의 분배를 둘러싼 세대 간의 이해다툼—'제로섬 게임'—으로 그려졌던 정치사회를 넘어서는 것이 필요하며, 앞으로의 정치사회는 타인에 대한 사랑, 공동체, 자비와 정의, 영성, 우리의 의존성과 유한생명의 인식, 신의 은총 등에 뿌리를 내리는 방향으로 움직여야 한다고 주장하였다. Sapp이 지적한 것은 바로 사회와 정의에 대한 '원천비유'에서 근본적 변화가 필요하다는 것이다. 성서적 비전의 정의로운 사회란 "저울을 들고 눈을 가린 모습"[279]으로서 경쟁하는 주장에 눈감고 저울에 올리는 그러한 사회가 아니라, 엄밀히 말하면 상호 경쟁 관계인 과부나 고아를 보살피는(창세 22,22-24) 그러한 특징을 갖는 공동체이다. 사회의 폭넓은 비전과 공동선에 관하여는, 노화정책의 분석가들, 성서학자 그리고 제3의 물결인 여성주의 모두가 수렴한다. 여기서 필요

279) 법의 정의를 상징하는 표현. 정의의 여신이 오른손에 칼을 왼손에 저울을 들고 있거나, 또는 눈이 먼 맹인으로 묘사되는데 이는 사사로움을 떠나 공평성을 유지해야 한다는 뜻임.

한 것은 기본적인 도덕적, 정치적, 경제적 가치와 실천을 형성하는 '원천비유'에서의 근본적인 변화이다.

미국의 정치적 및 사회적 상상력을 오랫동안 형성해 온 원천비유는 계몽주의에 그 기원이 있다. 특히, 뉴턴 과학의 기계학적 영향으로 우주를 힘들이 상호작용하는 거대한 기계로서 상상하게 하는 한편, 로크가 정부에 대해 쓴 논문은 이러한 기계학적 비유를 정치생활에 확장시킨 것이었다. 신학자 Robert Jenson이 관찰한 것처럼 미국 헌법은 정치생활 자체를 하나의 기계, 즉 상호 경쟁하는 힘들 사이에서의 '견제와 균형' 장치로 보았다. 이는 "정부의 톱니와 지렛대인 각 개인의 자유와 정의에 대한 개인적 헌신과는 상관없이 그저 기계적으로 자유와 정의를 생산해 내는 것이다"(Jenson, 1988, 8쪽). 실제로 Michael Kammen은 미국 헌법에 관한 그의 저서의 이름을 헌법을 제정한 사람들이 희망했던 것을 빗대어서 〈스스로 돌아가는 기계*A Machine that Would Go of Itself*〉라고 했다(Kammen, 1986). 정치란 공동선에 대한 공유된 비전을 창출해 내는 대중적인 담론이 아니라, 그저 '힘의 정치'—견제와 균형이라는 기계 속에서 경쟁하는 힘과 이해가 충돌하는 것—의 문제라는 생각이 정치와 정책결정의 참여에 대한 우리의 인식에 뿌리 깊이 배어 있다.

그러나 계몽주의는 독특한, 더불어 문제의 소지가 많은 우주와 국가의 이미지를 생성시킬 뿐만 아니라, 또한 궁극적인 실재인 하느님에 대한 독특한 이해를 만들어 냈으니 바로 '이신deist god'[280]이다. 기계가 돌아가도록 해 놓고 나서는, 우리가 그 아래서 싸우고 가장 약하고 가난한 사람들이 계속 패배할 때에도 에미상을 수상한 Bette Midler의 가사처럼 "멀리서 지켜보는" 하느님이다.

교회와 문화가 좀 더 생명을 주는 우주, 공동체, 공동선 등의 원천비유를 향해 움직여서 공공적 토론과 정책의 새로운 접근법을 형성할 수 있기 위해서는, 반드시 인간 삶의 궁극적인 맥락과 지평을 재구성해야만 한다. 이러한 궁극적인 맥락과 지평이 하느님의 실재reality이다. 여기서 그리스도 신학은 다음과 같은 강력한 제안을 한다. 즉, 궁극적인 실재란 기계 같은 것이거나 멀리 떨어져 있는 관찰자가 아니라 인격적 삼위일체인—신성한 삶의 공동체에서 세 가지 인격 정체성을 가진—것이다. 궁극적인 실재, 즉 하느님 자신의 생명은 그 자체로서 관계적이며 신성한 생명을 주고받는데, 이 신성한 생명 안에서 모든 피조물은 자신의 궁극적인 기반과 지평을 가지게 된다.

---

280) 이신론理神論, deism은 우주, 세계는 일단 창조된 다음에는 그 자체의 법칙에 의해 작용하며, 자기전개의 힘을 가지고 있다고 하여, 종교에서 기적 등의 초자연적 요소를 배제하고, 신앙을 오직 이성으로만 인정하는 범위 내에 한정시키려는 사고방식을 말함.

지난 30년간 그리스도교 신학에서 가장 흥미로운 전개 중의 하나는 성서 이야기와 교부신학patristic theology[281]에 바탕을 둔 삼위일체 하느님에 대한 이해가 폭넓게 회복되었다는 점이다(Peters, 1987; Moltmann, 1981). 성서와 그리스도교의 하느님은 멀리 있는 불변의 단수체singularity가 아니라, 예수 그리스도와 성령 속에서 하느님은 공유된 역사적 삶과 인간적 삶에 깊이 관여하신다. 성부, 성자, 성령으로 구성된 신성한 생명의 공동체는 그 자체 속으로 수용되며, 마침내 그리스도와 그 영 안에서 개시된 부활 속에서 전체의 역사와 창조를 변화시킬 것이다. 인간성을 가진 하느님의 삶은 심오하게 역사적이며, 사회적이고, 종말론적이다.

이런 삼위일체 하느님에 대한 이해가 회복됨으로써 교회와 문화에 약속한 것은 인간의 시간 속에서 삶과 공동체를 하느님의 생명 안에서 강력하게 재구성하고 그리하여 우리의 도덕적 · 정치적 경제학을 위한 새롭고도 강력한 틀을 재구성하는 것이다.

Meeks는 삼위일체 하느님에 대한 이해가 경제, 재산, 일, 정의 등에 대한 접근법을 어떻게 변화시킬 수 있었는가에 대한 연구에서, 사람들이 경제를 일종의 기계로 상상하여 개인은 그 속에서 톱니이면서 소비자로 생각해 왔던, 이른바 '소유적인 개인주의'의 인간관을 지적했다. 그러나 궁극적 실재인 하느님의 삶은 자기를 내어 주는 사랑 속에서 결합된 공통체임을 이해하게 되면, 정치적 · 경제적 삶에 대한 전혀 다른 비전이 열린다.

> 고대 카파도키아[282]의 페리코레시스perichoresis,[283] 즉 삼위일체이신 세 위격person의 '상호 내재mutual coinherence' 교리는 가정 구성원들 상호간의 관계로서 하느님이 의도했던 모델이다. 삼위일체 공동체의 모든 위격은 그들 자신의 성격과 과업을 갖고 있다. 그러나 위격들은 정확하게는 공동체의 다른 위격들과의 관계에 의

281) 교부신학은 2~8세기에 걸쳐 고대 그리스도교의 체계를 세운 교부church fathers의 가르침을 말함. 그리스도교의 교리는 이성으로 설명할 수 없는 신비이기도 하나, 이성으로 파악될 수 있는 범위 내에서는 체계를 갖춰 세계관을 형성하게 되었으며, 이 위에 중세 그리스도교의 신학체계가 세워짐.

282) 카파도키아Cappadocia는 터기 중동부 소아시아 반도를 일컫는 고대지명. BC 6세기에는 페르시아의 지배를 받았으며, BC 2세기경부터 로마의 재배를 받게 됨. 11세기까지는 동로마제국의 거점지역.

283) 페리코레시스perichoresis는 그리스도교 신학 용어로서 삼위일체인 성부, 성자, 성령 사이의 상호침투와 상호 내재를 가리킴. 글자의 뜻은 함께 춤춘다는 '윤무'이며, 삼위로 구성되나 전체로는 하나의 춤으로 나타난다는 의미임. 성서에 기록된 "그들이 모두 하나가 되게 해 주십시오. 아버지, 아버지께서 제 안에 계시고 제가 아버지 안에 있듯이, 그들도 우리 안에 있게 해 주십시오(요한 17,21)" 부분이 삼위일체의 내부 관계에 근거로 인용됨.

해 설정되는 것이다(Meeks, 1989, 11-12쪽).

"이와 똑같은 말이 인간의 경제 공동체에도 적용된다"라고 Meeks는 다음과 같이 계속 말한다.

> 실재에서는 극히 개별적이고 고립된 인간 같은 것은 없다. 우리는 우리가 살고 있는 공동체의 다른 구성원들과의 관계에 의하여 설정된 존재의 결과일 뿐이다. 모든 사회적 상품은 공동체적으로 우리에게 주어진다. 그러한 공동체적인 상호내재는 분배적 정의의 전제가 되어야 한다(Meeks, 1989, 12쪽).

나는 Meeks의 주장에서 한 가지 중요한 점을 바꾸고자 한다. 삼위일체 하느님의 신성한 삶의 공동체는 사람들이 모방할 '모형'이 아니라, 바로 창조와 공동체에서의 삶의 기반 자체인 것이다. 즉, 하느님의 공동체적 삶은 모든 역사와 창조를 그 자체 속으로 포섭하는 것이다. Catherine LaCugna는 삼위일체에 대한 그녀의 최근 저서에서 이 점을 잘 말해 주고 있다. "하나는 신성한 위격의 공동체요, 또 하나는 인간 사이의 공동체가 있는—그리고 후자는 전자를 모사할 것이라는—것처럼 두 개의 공동체가 있는 것이 아니다. 오히려 하나의 페리코레시스, 하나의 신비의 공동체가 공동체 삶의 춤 속에 하느님과 함께 사랑하는 파트너로 인간을 포함하는 것이다"(LaCugna, 1991, 274쪽).

2. 정체성과 관계성: 성역할 및 심리사회적 발달

노화에서 인간 발달에 대한 공통적이며 영향력 있는 이미지는, 일과 경제적 생산성의 관점에서 볼 때 상승하다가 하강하는 곡선인데, 하강을 시작할 때 소위 '중년의 위기'라는 특징을 보인다. 그리고 은퇴에서 마지막 대단원을 이룬다. 그러나 이제는 삶의 패턴에 대한 이러한 해석은 노인에게 우울하고 치명적인 영향을 줄 수도 있다는 증거가 점차 늘어나고 있다. 노인의 자살률이 가장 높은 것을 보면 알 수 있다(Miller, 1979, 11-12쪽; Kimble, 1991, 71쪽). 무엇보다 절실히 요구되는 것은 이러한 하강곡선에 대한 영적 해석뿐 아니라(Bianchi, 1993), 바람직한 인간상에 대한 새롭고 더욱 생명을 주는 모형이다. 경제 상황의 변화로 갈수록 평생직장의 보장성이 과거와 같지 않게 되고, 지독하게 높은 자살률로 입증되는 것처럼 과거에 자율성, 일, '밥벌이' 등의 역할에 뿌리를 둔 남성상manhood은 많은 사람들에게서 점점 더 치명적인 이미지가 되어버렸다. 이렇듯 남성상을 다시 그리려는 필수 과제를 위한 중요한 자원은 1970년대 이후에 나타났던 새로운 남성 연구들에서 발견될 수 있다(Brod, 1987 참조). 이들 중 가장 뛰어난 연구는 미국 역사에서 남성상의 패러다임의 변천을 추적하여 조사하여 과거 남성상에 대한 다양한 모델들에 더 풍부한 의미를 부여하며, 새로운 남성상을 창의적으로 개발하여 남성들이 자유롭게 그들의 정체성, 소명, 가치에 대한 보다 풍부한 관계적 경험들을 할 수 있는 방법을 지향하고 있다(Gerzon, 1982; Pleck and Pleck, 1980; Osherson, 1992; 특히 Rotundo, 1993).

또한 이러한 일 중심의 상승/하강 곡선은 많은 여성들에게 그대로 적용되는 것이 아니라는 증거도 늘어나고 있다. 한때 남성의 중년 및 은퇴 위기와 비슷하다고 상정했던 여성들의 이른바 '빈 둥지 증후군'[284]이 많은 여성들에게는 없다는 것을 사회학자 Lillian Rubin은 이미 10년 이상 전에 발견했다. "나와 이야기했던 거의 모든 여성들은 분명한 안도감을 가지고 자녀들의 떠남—현실이든 임박한 것이든—에 대응"한다고 그녀는 밝힌다(Rubin, 1979, 15쪽). 중년이란 죽을 운명과 하강에 직면하는 시간이기보다는, 오히려 많은 여성들의 경우 오랫동안 미뤄 왔던 개인적 목표와 새로운 소명을 탐구하고 발달시킬 수 있는 시기인 것이다(Block, Davidson, and Grambs, 1981). 따라서 많은 여성들의 경우, "노화는 자녀양육과 가사의 구속에서 해방되는 새로운 자유, 새로운 기회 그리고 전통적으로 제한했던 성역할 행동의 해방감조차도 어느 정도 제공한다"(Buchanan, 1987, 182쪽). 남녀 모두에게 이제는 시간 속에서 삶의 형태 그리고 성 역할이 부여된 인간존재란 무엇인가에 대한 새로운 이미지가 필요하다.

최근 20년 동안에 여성의 독특한 심리사회적 경험과 발달에 대한 연구에 관심이 집중되면서, 인간 발달에 대한 심리학적 모델들이 여성들의 독특한 발달 여정과 가치들을 가리는 경향이 있음을 알려주는 연구들이 계속 나오고 있다. 이러한 여성들의 독특한 심리학적 정체성과 발달에 대한 연구 중 가장 영향력 있는 것은 Nancy Chodorow(1978)의 〈모성의 재생산*The Reproduction of Mothering*〉이다. Chodorow는 육아가 주로 여성들에 의해 이루어진다는 관찰에서부터 연구를 시작한다. 남성과 여

284) 빈 둥지 증후군empty nest syndrome은 중년의 주부가 정체성 상실을 느끼는 심리현상을 말함. 남편은 바깥일에 몰두하고 대화에 무관심하며 자식들 또한 커갈수록 독립의 길을 밟아 세대차이 등 이유로 상대해 주지 않을 때 주부가 빈 둥지에 남겨진 신세라고 생각하는 현상.

성의 심리 및 가치에서의 차이는, 남녀 아이들 모두 육아를 담당한 어머니와의 일차적 관계로부터 기본적인 자기인식, 성별 정체성 그리고 타인과의 관계 유형들을 발달시켜간다는 점에 기인함을 그녀는 주장한다. 남자 아이는 남성 정체성을 성취하기 위하여 어머니를 거슬러 넘어서는 분리와 개별화의 과정을 밟는 반면, 여자 아이는 어머니와의 동일시 그리고 어머니와의 관계 보존을 통하여 그녀의 성별 정체성과 가치관을 얻는다. 이러한 행렬 모형matrix으로부터 매우 차이가 나는 자아정체성, 가치관 그리고 타인과의 관계가 나타난다. 즉, 소년의 경우 독립심과 자율성, 소녀의 경우 양육과 관계 보존이라는 특성이 나타나는 것이다. 또한 이러한 모형으로부터 각각의 독특한 병리도 나타난다. 즉, 남성들이 너무 부정적이고 분리에 지나치게 사로잡혀 관계를 형성하거나 지지하는 데 어려움을 겪는 반면, 여성들은 지나친 동일시와 심지어는 지나친 타인과의 융합으로 별도의 자아를 형성하는 데 실패할 수 있다.

더 큰 영향을 미친 Carol Gilligan(1982)의 연구는 남성의 정체성과 가치는 분리를 전제로 하며, 여성의 정체성과 가치는 관계 보존에 근거한다는 아이디어를 도덕적 발달과 윤리의 영역으로까지 확대시킨다. Gilligan는 특히 점점 자율성이 강화되는 자아정체성과 상황에 적절한 도덕 가치들을 추출하고 그 가치들의 상대적인 중요성을 평가하는 능력이 증가한다는 Kholberg의 6단계 도덕발달이론을 다룬다. Kohlberg의 도식에서, 여성들은 종종 세 번째 단계에 놓여 있다. 곧, 여성들은 추상적인 선을 자율적으로 평가하기보다는 관계 공동체를 유지하는 데 관련된 사람들을 모두 끌고 갈 절충안을 찾는 경향이 있다.

Kholberg의 도식과 대비하여 또 자율적 인간을 이상화한 계몽주의(Benhabib, 1987)에 암묵적으로 대비하여, Gilligan은 많은 소녀와 여성들의 삶에서 예시된 독특한 '돌봄의 윤리'에 대한 재평가를 주장한다. 즉, 삶 그 자체는 개인 및 사회관계를 지속적으로 돌봄에 의하여 유지된다는 확신이다. Susan Moller Okin은 대부분의 여성들이 위치한다고 하는 Kholberg의 제3단계는, 도덕적 행동이란 남을 즐겁게 하거나 남이 인정한 것이라는 어린이 사고방식에서 특징적인 개념을 타인을 돕는 것이라는 개념과 혼동하고 있으며, 그리하여 '돌봄의 윤리'에 대한 도덕적 중요성을 인식하는 데 실패할 뿐이라고 지적한다(Okin, 1990). 실제로 일군의 학자들은 지나친 개인주의의 유해성에서 비롯된 곤경을 넘어, 사회 및 정치 생활 전체를 새로 형상화하는 중요한 자원이 바로 그러한 관계성과 돌봄의 윤리에 있다고 주장한다(Cole and McQuin, 1992; Noddings, 1984; Tronto, 1993).

Wellesley College 스톤센터의 연구는(Jordan 외, 1991) 더 조심스럽고 충분하게 많은 심리학에서 강조하는 Erik Erikson의 발달심리학에 대한 비판을 포함한 자율성에 대한 비판과 함께 건설적 대안을 개발한다. 그들은 패러다임으로 볼 때 인간발달 과정은 분리와 개체화의 과정이 아니라, 오히려 타인과의 성숙하고 복잡한 상호 관계에 필요한 능력을 점점 더 발달시키는 과정으로 이해되어야 한다고 주장한다. 모든 발달 단계에서 인간은 근본적으로 '관계 속의 자아self-in-relation'이며, 심리적 성숙과 건강의 평가는 점점 더 성숙하고 복잡한 관계를 감당하는 능력으로 규정되어야 한다. 그러한 패러다임은 남성에게는 보다 풍요한 것이 되며, 여성에게는 자아정체성과 자기가치에 대한 경험을 재인식, 재평가할 수 있게 한다고 주장한다(Jordan 외, 1991, 7쪽). 여성들의 자아와 자기가치의 핵심적인 인식은 감정이입으로 타인과 관계하고 타인을 돌보며, 또한 타인으로부터 호혜적으로 감정이입에 의한 반응과 돌봄을 받는 그들의 능력—부적절한 개체화 혹은 심지어 '상호 의존성'으로 모욕되는—에 바탕을 둔다고 그들은 주장한다. 그리고 그들은 여성과의 관계를 상담하고, 여성의 우울증, 교육, 일터 등을 이해하고 다루기 위해 이러한 의미를 탐구한다.

노화에 대한 여성주의 신학에서 이 모든 것이 갖는 중요성은 무엇인가? 첫째, 새로운 남성 연구들과 여성 발달 및 가치들에 대한 이러한 연구들이 함께 노화의 심리학적 이론에 내포된 바람직한 인간상이라는 규범 모델에 비판적인 관점을 제공하도록 돕는다. Victor Frankl의 '로고테라피logotheraphy'[285]를 예로 든다면, 중요하고 도움이 되는 것이 많지만, '관계 속의 자아' 또는 '공동체 및 돌봄의 윤리' 등의 패러다임과는 차이를 보이는 '자율적 자기정의' 또는 '영웅적 투쟁'에 대한 강조를 식별하는 것은 어렵지 않다. Frankl의 연구와 그 연구가 노화에 미친 중요성 분석에서, Kimble은, 세 가지 중요한 가치를 다음과 같이 지적한다(Kimble, 1990). 즉, (1) "남자는 궁극적으로 '자기 결정적'이며 '항상 앞으로 그가 될 실존, 다음 순간에 되어야 할 것'을 결정한다"는 확신(Kimble, 1990, 118쪽), (2) 통합성의 인식은 과거는 지워질 수 없다는 즉, 기억 속의 '과거의 영구화' 위에서 이루어짐(121쪽), (3) 하느님의 형상을 반영하여 각 개인 안에 있는 '인간 영의 불굴의 능력'(123-4쪽) 등이 그것이다. 적어도 '관계 속의 자아' 또는 '돌봄의 윤리' 같은 모형은 다음 몇 가지 질문을 제기한다. 인간 삶에 대한 그러한 관점은 여성들의 삶을 다룰 수는 있지 않은가? 이것이 결국에는 남성들에게조차 잠재적으로 유용한 자원이 될 수 있지 않은가? 이것은 공동체와 사회의 더 큰 비전에 어떤 의미가 될 것인가?

---

285) logotherapy는 실존분석적 정신요법을 말하며, 프로이드는 즐거움에의 의지를, 아들러는 권력에의 의지를 중요한 요인으로 보았으나, 프랭클은 의미에의 의지를 중시하였음.

성서적 관점 및 신학적 관점들이 이러한 대화에 도입된다면 도움이 될 것이다(Dulin, 1988; Harris, 1987; Knierim, 1981; Sapp, 1987; Stagg, 1981). 확실히 성서 속에는 생생하게 만들어진 여러 가지 인간 특성들, 그리하여 인간 삶의 여러 가지 풍부한 묘사들 예를 들어, 욥은 확실히 '불굴의 영'이 있는 반면, 풍부한 공동체적인 관계의 부활은 성서—"욥기"에서조차—의 중요한 가치로 보인다. 분명히 스스로를 그의 '친구들'이나 하느님보다 더 의로운 인간이라고 생각하는 욥이 가진 불굴의 영과 고집스런 자기정의self-definition는 중요하며 심지어 창조적이기도 하였으며, 결국 하느님이 매우 폭넓은 피조물과(욥기 38-41) 공동체를(욥기 42) 속박에서 푸시는 데 기여한다. 욥의 불굴의 영과 고집스런 자기정의는, 욥처럼 공동체에서 이전의 역할, 지위, 권력을 부당하게 상실당한 위기에 처한 사람 혹은 특히 은퇴 후의 사람들에게는 특유의 매력으로 흥미를 끄는 것은 당연하다. 그러나 불굴의 자기정의만이 전체 이야기는 아니다. 욥은 도대체 어디에서 가장 완전하게 하느님의 '형상'을 드러냈을까? 단지 그의 개인적 반항 행위에서일까? 아니면 그의 이전의 '친구들'과 이름이 없던 딸들을 거대하게 불어난 가축들과 공동체로 데려오는 마지막 역할에서일까?(욥기 42,7-17)

노화와 종교에 대한 다른 연구들은 Piaget, Kholberg, Erikson 등의 발달 연구와 대화하면서 James Fowler에 의해 발전된 '신앙의 발달' 단계에 의존해 왔다. 어른의 신앙발달 보고서인 〈성인생애주기의 신앙발달*Faith Development in the Adult Life Cycle*〉 서문에서(Stokes, 1982), Bruning과 Stokes는 대부분의 연구자와 연구 대상이 남자라는 것과 Gilligan이 연구에서 주장한 것처럼 남성 기준에 의해 판단하여 여성에 관한 결론을 도출하는 데 조심할 필요가 있음을 명시적으로 밝히고 있다(Stokes, 1982, 26-27쪽). 그러나 아직 규범적인 '발전 단계들'에 대한 비판적 재구성은 이루어지지 않고 있으며, Stokes는 그의 1990년 자료집에서 대부분의 여성들은 신앙을 '하느님과의 관계'로 규정하며 상대적으로 낮은 제3단계, 즉 사회화와 의존성으로 특징되는 단계에 머물고 있고, 남성이 더 높은 단계에 있는 '일련의 믿음'으로서 신앙을 규정하며 더욱 "내재화되고 독립적" 경향이 있는 단계와 대조된다고 보고하였다(Stokes, 1990, 175-6쪽). 적어도 다음과 같은 질문은 재차 제기될 수 있겠다. 하느님이나 타인과의 관계성은 도대체 왜 독립성보다 "덜 발달되었다는", 즉 발달 단계가 낮다는 것일까?

사회사업 훈련과 실행에 지대한 영향을 미치고, 따라서 많은 노인들에게도 영향을 미치는, 많은 '가족요법family theraphy'[286] 학파들은 인간 존재와 가치에 내재하는 규

286) 가족요법family therapy이란 환자의 가족을 포함하여 심리치료를 실시하여야 정신병리 현상이 해결될 수 있다는 인식이 높아지면서, 정신병 치료를 위해 가족 구성 내부에 있는 문제를

범에 관한 질문에는 역시 개방적이다. Murray Bowen, Salvador Minuchin 그리고 Carl Whitaker 등을 포함한 8개의 가족치료 학파에 대하여, Deborah Luenpitz는 지적이며 신중한 비판적 분석에서 이들에게는 '자율적 인간'이라는 계몽주의 모형이 존재하는 한편 여성들의 관계적 자아정체성과 가치를 과소평가하고, 품위를 떨어뜨리고, 심지어 공격하는 치료 전략에 많은 방식들이 존재함을 지적한다(Luepnitz, 1988). 그녀는 이러한 심리학에서와 더 광범위한 사회에서 어머니들에 대한 비난과 몰개인화depersonalization의 경향이 만연해 있다고 주장한다. 즉, 어머니란 자신의 고유한 개인상personhood이 인식되고 확립되어야 할 존재가 아니라, 적당한 분리와 개인화가 일어나게 하도록 부정되고 통제되는 환경적 존재로서만 나타나는 경향이 있다. 실제로 그녀는 "가족요법이라는 제도는 가족이라는 제도에서와 마찬가지로 모성 주체성maternal subjectivity[287]에 대한 강력한 부정에 깊이 뿌리박고 있다"고 적고 있다(Luepnitz, 1988, 154쪽). D. W. Winnicott 등의 대상관계이론object relations theory[288]이 더 좋은 자원을 제공한다고 그녀와 동료들은 주장한다. 왜냐하면 이는 인간의 가장 기본적 요구는 상호적인 감정이입의 반응과 인지 관계에 대한 것이라는 점을 인지하기 때문이다. 어머니와 아이 모두에게 참된 정체성이란, Winnicott의 견해로는 모성의 부정을 전제로 하는 것이 아니라, 놀이의 '상호 주체적 공간'에서 서로 독특한 개성을 상호 인지하고 공감하며 발달함으로써 구성되는 것이다. 재차 말하지만, 보살핌을 맡은 모성의 부정과 몰개인화라는 숨은 의미를 가진 '자율적 인간'의 모형을 넘어서, 생명을 주는 '관계 속의 자아'의 모형을 향해 나아가는 것이 중요하다.

한편 여성을 너무 배타적으로 보살핌과 관계성으로만 정체성을 규정할 위험, 인종과 계급의 실재를 모호하게 하는 과잉일반화의 위험(Spelman, 1988) 그리고 착취를 정당화시킬 위험 등이 있다. 사회학자 Rosabeth Moss Kanter는 여성에 대한 관찰에서 즉, 성취지향보다는 관계지향이며, 일 자체보다는 직장에서 발달시킨 우정에 더 관심이 있다는 공통점은 사실 남성이든 여성이든 기회가 좌절되거나 권력과 책임이 제한될 경우 모두 해당된다는 점을 지적하였다. 막다른 상황에서는 사람들이 자존심의 근원과 실행을 다른 어떤 곳, 수행과 성취 과제보다는 일터의 관계와 사회적 상황에 초

치유하려는 요법.

287) 모성 주체성이란 아이의 정체성 형성 과정에서 모성의 영향을 많이 받는 것을 말함.

288) 대상관계이론object relations theory이란 1952년 Ronald Fairbrairn이 처음 주장한 것으로, 대상(즉, 실제 세상의 대상이거나 내면화된 관념적 대상)에 대한 관계는 최초의 주력 부양자에게서 영향을 받아 형성되며, 이처럼 형성된 관계는 경험을 통하여 수정되더라도 평생 동안 강한 영향을 미친다고 함.

점을 맞추어, 즉 남이 나를 좋아해 주는 것 자체가 성공의 형태가 되는 것이다. 실제로 Kanter의 연구에서는 대인관계에서 여성이 더 뛰어난 능력을 가졌다는 발상은 자연적 성향의 결과라기보다는 좌절된 기회에서 비롯된 것이라고 주장한다(Kanter, 1977). 너무 오랫동안, 관계적 돌봄은 여성에게, 일에서의 성취는 남성에게 따로 배정되어 왔으며, 결국 남녀 모두의 삶을 해쳤다. 모든 인간은 모든 나이에서 상호간 감정이입의 관계 그리고 사회적 · 경제적으로 포부와 성취를 지원할 필요가 있다.

이러한 모든 것들이 노화에 대한 여성주의 신학에 어떤 차이를 가져오는가? 남성과 여성에 대한 연구에서의 새로운 인간 삶의 모형은, 종교와 노화 연구에 차용된 심리학적 모형에 대한 비판적 관점을 부여하고 신학적 인류학에 자원이 될 뿐만 아니라, 또한 하느님 안에서 함께하는 생명의 역학관계를 신학적으로 설명하기 위한 비판적이고 건설적인 자원을 제공하도록 돕는다.

예를 들어 죄와 은총의 신학을 생각해 보자. 현대 그리스도교 여성주의 신학의 개시를 알린 것으로 오늘날 널리 인식되어 있는 1960년의 "인간 상황: 여성적 관점"이라는 제목의 논문에서, Valerie Saiving은 여성의 목소리와 경험을 신학에서 배제했기 때문에 인간 상황, 죄, 은총 등에 대하여 결과적으로 편중된 설명을 하게 되었다고 주장한다(Saiving, 1960). Reinhold Niebuhr와 틸리히 같은 신학자들은 죄는 과잉 분리되고 자기 폐쇄적인 자아, 즉 자만심에 뿌리를 두고 있다고 이해하며, 한편 은총은 타인과 하느님과 함께하는 새로운 공동체에 문을 열면서 자아를 부수는 것이라는, 근본적인 이해를 가지고 있다. 그러나 Saiving은 많은 여성들의 경우, 다른 사람들의 감정과 요구에 끝없이 손을 내밀어 지나치게 베푸는 존재가 문제라고 주장한다. 또한 죄는 자아정체성을 평가하고 실현하지 못하는 것으로 이해할 필요가 있으며, 은총이란 중심도 못 잡은 기존의 자아를 부수는 것이 아니라 진짜 자아상의 권능을 부여하는 것으로 설명할 필요가 있다. 인간의 상황과 죄와 은총의 역학관계를 보다 충분히 설명하기 위해서는 남녀 모두의 경험이 필요하다고 그녀는 결론짓는다.

또한 하느님의 실재를 생각해 보자. '자율적 남성'이라는 계몽주의 모형과 멀리 있는 자기폐쇄적인 '일자one'로서 하느님의 이신론적 개념은 분명히 서로 병행하는 것이며, 이중으로 잘못된 것이다. 성서적 자원과 교부신학 자원들로부터 하느님 생명에 대한 '역사적' 이해가 회복됨에 따라, 첫째 하느님과 인간성이 서로 병행하는 이미지가 아니라, 하느님의 생명이 예수 그리스도와 성령 안에서 발현되어 하느님 자체 속에는 인간 역사와 창조의 전체를 포함하게 된 것이라는 인식이 가능해진다. 즉, 삼위일체 하느님은 멀리서 거울에 비친 인간성의 형상이 아니라, 모든 역사와 창조의 근거와 범위를 포함하는 것이다. 둘째, 성서적 자원과 교부신학 자원들로부터 삼위일체 하느님 안의 관계성에 대한 사회적 이해가 회복됨에 따라, 실재의 구성에서는 관계성의 근본원리가 강조된다. 삼위일체 하느님의 생명 안에서 그리고 하느님에서 창조된 모든 생명들 가운데에서, 관계성은 각 개인의 정체성을 발생시키며, 그리하여 개인의 정체성은 이제는 그들의 관계성의 역학관계를 구성하고 변화시키게 된다. 요컨대 John Zizioulas(1985)가 삼위일체에 대한 그의 책 제목에서 나타냈던 것처럼, '공동체인 존재Being as Communion'를 이해하는 것이 필수적이다. 게다가 우리가 다음 두 절에서 살펴볼 것이지만, 하느님의 삼위일체 생명은 그 핵심이 강생incarnation[289]에 있는 한편, 그 목적은 매우 포괄적이다.

3. 육체 구현과 수치: "육신 속에 깊이 계신"하느님

미국 문화에서는 흔히 인간이 육체를 지녔다는 현실과 노화에 따른 신체적 변화는 두려움과 억제의 대상이기 때문에 인간 경험 중에서 가장 메마른 원천 중 하나이다. 즉, 우리 개개인이 삶에 참여하도록 저마다 고유한 수단을 주는 바로 그 육체에 대해 깊은 수치심을 가지게 되었다. 몸을 제 뜻대로 움직이기가 점점 어려워지는 것을 경험하는 노인들과 일해 본 사람이라면 이러한 경험이 얼마나 처절한 수치심으로 채워져 있는지, 또 그러한 상실들을 통하여 존엄과 고결함을 유지하는 것이 얼마나 중요한지 알고 있다. 그러나 노인들만 이러한 노출과 수치에 대한 공포를 겪는 것은 아니다. 점차 늘어나는 대중서적이나 학술서적이 보여 주듯이, 노출과 수치에 대한 공포가 늘어나면서 전국적으로 심리학자나 목회자들이 제시하는 문제인 죄책감과 자존심 문제를 대체하는 것으로 보인다(Kaufman, 1980; Nathanson, 1987; Smedes, 1993). 근저에 깔린 문제는 내면화된 규범을 어겼다는 인식, 즉 죄책감이 아니라, 오히려 자아의 핵심을 찢어버리고 새로운 치유의 사목을 요청하게 하는 노출의 공포와 수치심인 것이다(Albers, 1985).

육체성에 관련된 수치심은 특히 여성들에 강력한데, 여자의 육체에 대한 대중매체의 표현과 수세기에 걸친 종교적 · 문화적인 여성혐오증misogynism에 의해 악화된 것

---

289) 강생incarnation이란 인류를 구속(救贖)하고자 하느님의 아들 성자 예수 그리스도께서 인간의 영혼뿐만 아니라 육신을 취하시고 사람이 되시어 하느님이 인간세계에 직접 내려오신 것을 말함.

이다. Margaret Miles가 그리스도교 예술의 역사에서 나타난 여성 육체에 대한 연구에서 지적한 것처럼(Miles, 1989), 여성의 육체는 수세기 동안 독특하고 종종 연약한 인간 생명이나 개인적 주체성의 장소가 아니라, 오히려 올가미인 양 위험스러우며, 혐오스럽고, 기괴한 대상으로서 대중적인 종교적 상상력으로 표현되었다. 아마도 수백만의 노인 여성을 마녀라고 박해하고, 고문하고, 처형했던 수백 년은 우리의 역사와 의식 속에 깊숙이 감추어져 있다. 노인 여성을 포함한 여성의 육체는 단순한 대상으로 그려지는 것이 아니라, 오히려 예술이나 대중매체에서는 인간의 주체성을 가진, 즉 특별한 인간적 목소리를 가진 것으로 대중적으로 표현될 필요가 있다고 Miles는 주장한다. 그녀는 이렇게 해야만 "남성적 공포와 동경의 투사projection를 제한하고, 이에 따라 남성에게 'Calypso의 표현처럼 내 속의 심장은 강철이 아니며 당신의 심장처럼 갈망한다고' 궁극적으로 재확인시키는"것이 가능하다고 주장한다(Miles, 1989, 168쪽).

비록 "금발소녀Golden Girls"[290]나 "그녀가 쓴 살인이야기Murder She Wrote"[291] 같은 연속극, 영화 "초록색 토마토 튀김Fried Green Tomatoes" 그리고 Martz(1991)의 대중서적 〈내가 노파가 되면 보라색 옷을 입어야지*When I Am An Old Woman, I Shall Wear Purple*〉처럼 대중적으로 필요한 여성 노인의 이미지를 표현하는 것이 필요하다는 증거는 있지만, Miles와 같은 그리스도교 여성주의자는 육체 구현embodiment과 노화의 경험을 이해함에 있어서는 더 깊은 변화까지도 필요하다고 지적한다. Valerie Saiving은 현대 그리스도교 여성주의 신학에서 기념비적인 논문을 쓴 이래 사반세기가 넘도록 그에 못지않은 세기적 중요성을 가지는 저술로서, 인간의 육체성과 노화에 대한 신학적 고찰을 펴냈다(Saiving, 1988). 그녀는 "여성 노인으로서 나는 가끔 여성운동이 16~45세 여성만의 전유물인가 하고 되묻곤 한다. 여성운동이 노년의 인간 모습에 대하여는 말한 것이 거의 없기 때문이다"(Saiving, 1988, 117쪽).

여성운동에서 노인여성이나 노화에 대한 무관심은 단지 서양 종교 역사에서 대체적인 현상의 일부, 즉 육체나 형태가 없는 영이 육체적 특수성을 계속 억압하는 것이라고 Saiving은 주장한다. 이의 핵심에는 독특한 서구적인 허무주의, 즉 현실적인 것에 대한 혐오가 있다고 주장한다.

---

290) 네 명의 노인 여성이 마이애미에 별장을 공유한 상황에서 출연하는 시트콤으로 1985~92년 NBC에서 방영된 프로그램. 높은 인기로 골든글로브상 등 많은 상을 받음.

291) 은퇴한 영어교사이며 미망인이자 미스터리 작가인 주인공을 중심으로 살인사건에 휘말리는 드라마로 1984~96년 미국 CBS에서 방영됨. 골든글로브상, 에미상 등 수상.

존재한다는 것, 즉 완전한 의미로 있다는 것은 구체적이며, 확실하고, 한정된 그 무엇이라는 의미이다. 즉, 유한하다는 것… 잠재성이 현실이 될 때, 즉 유한하게 될 때에만 잠재성이 황홀감이 된다. 육체를 혐오하고, 불가능한 육체 없는 영을 이상화했던 오랜 역사를 최종 분석해 보면 결국 인간 피조물의 유한성, 즉 모든 현실적인 것의 유한성에 대한 인간의 반역으로 보인다(Saiving, 1988, 120쪽).

현실체actuality로 성장한다는 것은 나이 들면서 육체의 특수성이 증가한다는 것을 의미하며, 육체는 신, 타인, 지구와 공동체를 이루는 매체이며, 따라서 모든 환희의 매체이다. Saiving은 그녀가 젊은 시절 이후 지금까지 그녀 자아와 육체가 본질적으로 하나임을 경험하였으며 그렇다는 것이 참 기쁜 일이었다. "모든 황홀한 순간, 모든 내가 알았던 아름다움이나 사랑 그리고 평화의 경험은 나의 인간적 육체를 통하여 나에게 다가왔다"(Saiving, 1988, 119쪽). 수년간 천식, 심장병, 우울증 등과 싸우고 난 지금에도 그녀는 이런 것조차도 "우리의 육체성과 환희의 필수적인 기반인 동일한 유한성의 극단적 표현일 뿐으로 인식할 필요성을 확인한다"(122쪽).

Saiving의 설득력 있고 감동적인 글은 명시적으로 그리스도교적 주제를 전개하지 않고도 모든 피조물에서 구체적 현실체와 육체적 다양성에 대한 인식을 풍요롭게 한다. 그러나 그녀의 관찰과 일치하는 것은 그리스도교 신앙의 핵심이며 하느님의 삼위일체 삶의 중심인 하느님의 예수 그리스도 강생, 즉 육체적이며 유한한 십자가의 인간적 삶의 "육신 속에 깊이 계신" 하느님 안에 담겨 있는 "절반은 어림짐작의 암시, 절반은 이해된 축복"이었다. 나이 들면서 특정의 유한한 현실체로 성장함은 그리스도교인에게는 예수 그리스도의 "육신 속에 깊이 계신" 하느님 속으로 더욱 깊어지는 여정이며, 또한 우리의 세례가 그리스도의 물질적 · 공동체적인 육체로 더욱 깊게 현실화되는 것이다. 따라서 노화와 죽음은 인간 삶의 '하향 곡선'으로만 볼 것이 아니라 그리스도 부활의 신비라는 관점에서 볼 필요가 있다(Curran, 1981). 이러한 관점에서, 죽음은 (1) Saiving이 유한적 특수성과 현실체가 완결되는 순간이라고 말한 자연스러운 육체적 사건이며 (2) 사망의 골짜기에서도 하느님의 생명 안으로 거두어들여진 그리스도 안에서 일어난다. (3) 또한 그리스도를 십자가에 못 박히게 하고 서로의 생명, 하느님의 생명을 찢어버린 죄와 밀접히 관련되었으며 (4) 그리스도의 부활로 죄와 죽음을 이기고 승리한 관점에서, 모든 지구상 존재의 육체적 변화를 약속하는 것이다.

Saiving은 노화에 대한 접근법 세 가지를 제안함으로써 그녀의 논문을 결론짓는다. 첫째, 그녀는 서구 문명은 육체성과 유한한 현실체를 부정하는 "복잡하고, 왜곡되고, 부분적으로는 무의식적인 일련의 노력"으로서 고문이나 전쟁 그리고 지구의 착취를 포함하여 "역설적으로 더욱 무서운 노화와 죽음의 형태를 고안해 낸" 노력이라고 주장한다. 우리는 "살아 있는 육체에 대한 부정에서 비롯된 사회 질서를 원 상태로 되돌리고, 이의 긍정에서 비롯되는 새로운 질서를 창조할" 필요가 있다(123-124쪽). 둘째, 육체적인 실존의 긍정은 또한 노년, 질병, 죽음을 현실체의 속으로 가는 여행의 일부로서 긍정적으로 수용하는 능력을 수반한다. 실상은, 이 사회에 노인이 설 곳은 없는 것처럼 보이며, 만성 환자, 불구자 그리고 죽어가는 사람들은 "자신을 포함한 모든 사람들에게 골칫거리"처럼 보이며, 그리하여 노화라는 육체적인 고통은 수치심과 고립이라는 더 큰 고통과 함께 배가되는 것처럼 보인다. 우리는 질병, 상실, 죽음 등 우리 경험 속에서 "타인이 진실로 우리와 함께"하도록 "우리가 사회의 전체성 속에서 삶을 긍정할 수 있는 이러한 인류 공동체의 상상적 비전"이 필요한 것이다(124쪽). 셋째, 우리는 자아가 참여하고 그 속에서 자신을 긍정할 수 있는 공동체, 우주, 하느님의 생명이라는 "보다 큰 전체성 안에서 자신의 위치를 찾아야 할" 필요가 있다고 그녀는 결론짓는다(124쪽).

4. 미래의 선물: 시간 속에서 우리 삶의 형성과 목적

노화 경험은 시간 속에서 삶의 형성과 목적의 인식을 발전시키려는 인간의 노력과 필수적으로 관련된다. 예를 들면 많은 사람들이 시간 속에서 삶의 형태, 일관성, 의미에 대한 인식을 일으키기 위한 이야기 형태의 창조적인 치유작업인 '인생 회고'의 중요성을 지적해 왔다. 그러나 이러한 인생 회고의 과정은 인간으로서 시간 속에서 공유된 삶의 형태에 대한 더 큰 사회적, 문화적, 종교적 해석과 분리될 수 없다. 불행하게도 오늘날 미국의 사회와 문화는 이러한 점에서 생명을 주는 어떤 것도 거의 제공하지 않는다. 노인뿐만 아니라 늘어나는 젊은이들에게도 미래에 대하여 기대저하, 쇠퇴, 죽음의 시간이라는 것 외에는 보여 줄 것이 없는 것으로 보인다.

오래전 마틴 루터는 모든 사람은 곤경에 처했을 때 궁극적 도움의 원천으로 의지할 사물이나 사람 같은 어떤 종류이든 '신'을 가지고 있다고 지적했다. 최근에 루터교 신학자인 Robert Jenson은 모든 사람들이 궁극적으로 의지하고 있는 것에는 시간 속에서 삶의 형성과 목적을 인식하도록 하는 것을 포함한다고 주장했다(Jenson, 1982, 1-5쪽). 세계의 여러 종교에 표현된 다른 신들—시간의 다른 정형화 방식들—이 있다는 것을 그는 진술한다(Sokolovsky, 1990). 일부 종교의 전통에서는, 성스러운 의식을 과거 속에, 즉 조상 속에 두고, 시간이란 그러한 신성한 과거의 반복—'항상 그래 왔던 방식'의 반복—이 계속되는 것으로 이해되었다. 또 다른 종교적 전통에서는 과거와 미래가 모두 시간을 초월한 열반timeless nirvana 속으로 사라지며, 서양의 실존주의에서는 모든 과거와 미래가 실존적 결정이라는 '현재'로 인하여 빛을 잃게 된다. 그러나 그리스도교 신앙에서는, 모든 죽은 자의 일반적 부활을 알리는 첫 열매로서 예수 그리스도의 부활이 결정적으로 시간의 궁극적인 형성을 변화시킨다고 Jenson은 주장한다. 왜냐하면 예수는 살아 있고, 죽음에 대한 승리자이며, 예수 부활의 성령 안에서 삶은 이제 모든 인간을 위한 예수의 궁극적 미래를 약속 받고 맛보도록 계획되었기 때문이다. 인간은 끝없이 뒤로 미루어진 미래를 향하여 노력할 필요가 없으며, 오히려 놀라울 정도로 은혜가 넘치는 미래가 부활한 예수 안에서 인간을 향하여 다가온다. 요컨대 그리스도교 신앙에 있어서는, 시간 속에서 공유된 인간 삶의 무게중심이 영속화된 과거나 시간을 초월한 현재가 아니라, 이미 인간과 모든 피조물에게 다가온 부활한 예수 안에서의 놀랍도록 은혜로운 새로운 미래에 대한 약속과 권능이다.

나는 다만 그리스도의 십자가와 부활 모두가 결정적으로 시간을 변화시켰다는 것을 강조한 점에서 Jenson의 주장을 수정하고자 한다. 십자가와 부활의 결과로 시간 속에서 인간의 삶, 바로 그 핵심에서 급진적 불연속점이 발생한 것이다. 바오로는 이렇게 선언한다. 십자가에 못 박힌 하느님의 아들은 과거의 창조와 그 구조와 권력을 종말론적으로 부수는 것이며, 그리스도의 부활은 근본적으로 새로운 창조의 첫 열매이며, 죽음을 뚫고 화산처럼 용솟음치는 생명이 넘쳐나서 과거의 생명을 변화시키고 죽은 자를 일으켜 세운다. 따라서 십자가는 시간과 노화에 대해 엄청난 중요성을 가진다. 하느님은 예수 그리스도 안에서 인간과 함께 계신다. 고통, 죄, 죽음 등의 깊은 곳까지 와 계신다. 그 어떤 것도 예수 그리스도 안에 있는 하느님의 사랑을 사람들로부터 떼어놓지 못한다. 그러나 그리스도 안의 하느님이 죄, 죽음, 악마 등의 깊숙한 곳에 관여한다는 것이 단지 사람들을 모두 그곳에 그대로 둔다는 것이 아니라, 그 무서운 싸움에 참여시키도록 그러한 권력에 노출시키고, 판단하고, 터뜨리는 것이다. 십자가는 죄와 죽음이 세상에 만들어 놓은 고통을 정당화하거나 승인하기는커녕, 오히려 그 고통을 드러내고 저주하며, 부활한 예수께서 약속하신 승리의 확신으로 싸움에 참여할 것을 요구한다. 세상의 빈곤, 고립, 수치심, 고통, 죽음 등은 노인들, 대부분 여성 노인들이 경험한 것을 포함하여 십자가에 의해 승인된 것이 아니라 오히려 드러난 것이며, 이 역시 신앙인들이 싸움에 나서서 낡은 창조와 새로운 창조 사이에 근본적인 불연속점을 만들어야 할 대상인 것이다.

이러한 새로운 창조는 이미 미래로부터 우리에게 다가오고 있다. 종말신학eschatology의 회복은 삼위일체와 함께 현대 그리스도 신학에서의 가장 중요한 발전 두 가지 중 하나이다. 여기서 종말신학은 멀리 떨어져 있는 마지막 일들이거나 그리스도 신앙과 신학의 마지막 부록이 아니라, 부활한 예수 안에서 이미 시작되었고 그 안에서 인간에게 다가오는 근본적으로 새로운 미래의 실재와 관련되는 것이다. 미래는 인간에게 다가오고, 그것은 선물이다.

노화 경험에서 그러한 시간 형성의 인식이 가지는 중요성은 무엇인가? 아마 첫째로는, 끝없는 쇠퇴로서 시간의 의미를 인식하는 대신에 개개의 새로운 미래에서 가능성을 인식하도록 도우며, 현재에 삶을 경험하고 과거를 이해하고 이야기하는 방식 등을 바꾸도록 도울 수 있다. 역사학자 Arthur Danto가 지적했던 것처럼, '30년 전쟁'을 경험했던 사람들은 자신이 '30년 전쟁' 속에 있었다는 것을 모르듯이, 미래는 과거에 대한 이해를 재형성한다. 나아가 시간 속에서 삶의 경험은 비탄과 상실을 포함하지만, 또한 사람들이 동트는 미래의 관점에서 과거 사건의 의미를 재해석하도록 눈뜨게 하며, 그리하여 현재 속에서 이해와 행위를 위한 새로운 가능성을 부여한다. 인생 회고는 인생의 종결이나 해방의 사건에 그치는 것이 아니라, 삶의 이야기를 새로 이해하고 말하는 지속적인 과정일 수도 있으며, 이로써 비록 제한적일지라도 사람들에게 현재 속에서 자기이해와 행동의 새로운 가능성을 열어준다. 개인적으로도 집단적으로도 사람은 영속화된 과거에 최종적으로 매달릴 필요가 없으며, 오히려 새로운 미래에 의해서 또 새로운 미래를 향해서 열려 있는 것이다.

둘째, 시간 속에서의 삶에 대한 이러한 해석이 세대 사이의 연관성을 크게 육성하는 것은 당연하다. 유대교와 그리스도교의 종말론적 상징들은 시간이란 "젊은이를 골라 쓰고, 장년을 구속하며, 노년을 잊어버리려는 경향이 있는 일련의 원자적 순간들"이 아니며, 삶은 끊임없이 미래, 과거, 현재 사이의 창조적인 상호작용이라는 것을 드러낸다(Tracy, 1975, 132쪽). 흔히 노인은 아득하고 무관한 과거가 할당되고, 젊은이는 형태가 없고, 모양이 확실치 않고, 지루한 미래를 향해서 떠밀린다. 만일 젊은이와 노인이 함께 풍요로운 인간적 모습의 미래가 다가오는 것을 보도록 하고, 젊은이와 노인 모두가 힘을 합하여 시간 속에서 삶의 위험과 약속의 의미를 재형성할 수 있다면, 엄청난 변화가 생길 것이다.

마지막으로, 시간 속에서 삶의 기본적 의미를 이처럼 재형성하게 되면, 더 큰 전체가 얼마나 험난한 환경에 둘러싸여 있는지에 대해 강력한 인식을 형성하도록 도움이 될 것이다. 하느님은 그리스도의 부활 속에서 역사의 모든 무덤을 열고, 마침내 모든 죽은 자들을 일으키시고 모든 피조물에게 새로운 생명을 주실 말씀을 기다리도록 하셨다. 이 새로운 창조의 공동체는 인간의 무한한 긴 시간에 걸쳐서 그리고 우주의 가장 먼 곳까지 확대된다.

5. 은총과 의례

이제까지 이 논문은 다음에 대한 신학적 논의를 제시하였다. (1) 정의로운 사회의 특성, (2) '관계 속의 자아'로서의 인간, (3) 인간의 육체성, (4) 시간 속에서의 인간 삶의 형성. 저자는 내내 삼위일체 공동체—그 속에서 역사 전체가 아우러지며 궁극적으로 변형되는—로서의 하느님 삶의 실재는 인간 노화의 이러한 네 가지 차원을 비판적으로 조명하며 또한 조명된다는 의견을 제시하였다.

그러나 신학적 논의만으로는 충분치 않다. 육체적이며 공동체적인 의례를 통하여 하느님의 은총이 실제로 소통되고 개인들 속에 그리고 개인들 사이에 실행되어 그들이 관계적, 육체적, 시간적 삶 속에 새로운 공공적 실재를 함께 형성하는 것이 필요하다. 그리스도교 교회에서 은총의 강력한 의례 수단으로는 하느님 말씀의 선포, 세례, 고해와 사죄absolution[292], 영성체 등 하느님이 사람들을 자신의 삼위일체의 삶으로 받아들이는 수단이 포함된다. 이러한 의례는 그리스도교 공동체의 기초이며 생명의 피와 같다.

그러나 의례는 교회 안에서만 실행되는 것이 아니다. 의례는 일상생활에서, 즉 루터파가 '하느님의 왼손'[293]이라 부른 영역 속에서도 일어난다. 믿음직하고 의미 있는 방법으로 시간에 질서를 부여하고 사람들 서로를 그리고 세계와 연결해 준다. 예를 들면 잠들 때 들려주는 이야기, 생일 파티, 만남과 이별의 의례, 심지어 엘리베이터에서 마주보는 관습 등도 있다. 하느님은 이러한 의식들에서도 왼손을 통하여 조용히 작용하시는데, 이를 통하여 창조된 생명을 끊임없이 정돈시키고, 공동체에서 생명을 형성하며, 혼돈과 악을 제지하신다.

---

292) 사죄absolution란 고해성사에서 하느님께 죄의 용서를 받고 교회와 화해하는 것을 말함.

293) 루터파의 '하느님의 왼손left hand of God'은 세속 영역을 가리키는 신학적 용어. 세속법에 의하여 운영되는 영역이기는 하나 여전히 하느님의 구원이 미치는 곳이라고 보며, 오른손 왕국은 하느님이 다스리는 영적 영역.
http://lutheranwiktionary.org/tiki-index.php?page=Left-Right-Hand+Kingdom

미국 사회에서 노화에 대한 인간의 경험에서 나타나는 많은 고립, 고독, 빈곤, 수치심 등은 인생의 전환점에서 사람들이 함께 실행하고 축복하는 의례가 사실상 없으며 우리 노인들의 실재와 현존을 축하하는 의식도 없다는 사실과 관계가 있다. 오히려, 노화의 과정은 개인화되고, 숨겨지고, 심지어 수치스럽게 만들며, 모두에게서 자신의 미래가 풍요로운 인간적 모습을 띨 것이라는 인식조차 박탈하는 것이다.

많은 노인들에게 비탄의 충격을 주는 인생의 전환점인 집에서 양로원으로 옮기는 것을 예로 생각해 보자. 이 전환점에 그 노인의 가족과 이웃, 교회, 직장 등의 친구들이 성직자나 지도자의 주관으로 모여서 근사한 의례를 베푼다면, 얼마나 다른 모습이겠는가? 즉, 집의 각 방을 걸어 다니며 거기서 일어났던 가족생활에서의 특별한 사건들의 이야기를 재정리하고, 그 방과 그 기억을 하느님에게 바치고, 이어서 이러한 이야기들을 나중에 떠올릴 만한 물건들을 양로원으로 옮기고, 새로운 입주를 축하하는 것이다. 또 그러한 행사에 참여한 모든 이들의 삶이 얼마나 더 풍요로워지겠는가?

인생의 전환점을 위한 더 많은 예식들이 있을 수 있다. 가령 은퇴를 위한 공동체 의식(Simmons, 1990, 162-164쪽) 또는 마지막 자녀가 집을 떠날 때 어머니의 앞날과 부모와 가족을 위한 새로운 관계를 축하하기 위한 예식도 생각해 볼 수 있다. 또한 꼭 전환점을 위한 의례만 생각할 것도 아니다. 예를 들어 젊은이와 노인이 함께 참여하는 공동체 생활의 새로운 실재를 축하하고 실행하는 의례도 개발되어야 한다. 공유되는 정치사회적 생활 또한 의례적 차원을 가지며, 이러한 예식이 이해 다툼이 아닌 시민적 담론을 위한 공적 공간이 되도록 주의 깊고 완전하게 활성화된다면 큰 혜택을 줄 수 있을 것이다. Keifert가 의식과 공적 공간의 창조에 대한 그의 책에서 논의한 것처럼, '친교의 이념'은 노출과 수치심에 대한 공포를 악화시킨다. 예식은 개인의 정체성과 통합성이라는 불가침 영역을 존중함과 동시에 사람들을 새로운 공적 공간, 즉 새로운 창조 속에서 결합시킨다(Keifert, 1992).

그러한 의식을 개발하는 손쉬운 공식은 없다. 중요한 점은 성직자 혹은 다른 지도자들이 개인, 가족, 공동체 등과 함께하면서 이미 그 상황에서 처음 작동하고 있는 의례 유형을 식별하여 적절하고 효과적인 의식으로 발전시키도록 창의적으로 의례적 상상력을 발휘해야 한다는 것이다. 이제는 더욱 창의적인 의례적 상상력을 촉발할 수 있도록 도와주는 책들이 증가하고 있다(Imber-Black and Roberts, 1988, 1992; Myerhoff, 1992; Nelson, 1986; Ramshaw, 1987).

세심한 보살핌이 필요하다. Barbara Myerhoff가 관찰한 것처럼, 잘못 행해진 예식은 차라리 전혀 의식이 없는 것보다 더 나쁘다. 왜냐하면 모든 것이 다 거짓된 꾸밈이라고 드러낼 위험이 있기 때문이다. 그러나 잘 행해진 의례는 공유된 인간 삶의 형상을 변화시킬 뿐 아니라, 심지어 살아계신 하느님의 현존 안으로 사람들을 예기치 않게 인도하기도 한다(Myerhoff, 1992, 159-190쪽). 이는 지금까지 어느 신학도 할 수 없었던 일이다.

제33장 구성주의 신학의 관점

Marc Kolden

1. 서

성서와 교회의 권위가 더 이상 당연한 것으로 여겨질 수 없는 현대에는, 신학의 정의 자체가 신학의 중심 주제가 되어 버렸다(Gilkey, 1979, 7-20쪽). '구성주의' 신학을 언급하는 것 자체가 이미 전통적 권위의 상실을 인정하는 것이다. 오늘날의 모든 신학은 구성주의 신학constructive theology이다. 구성주의 신학을 간단히 말하자면, 신학은 이해할 수 있는 기준을 사용한 결론을 공개적 논의에서 호소한다는 관점에서 자신의 공식화formulation를 구성하는 데 책임을 져야만 한다는 것이다(Hodgson and King, 1985, 1-27쪽).

이 장에서는 노화에 관한 구성주의 그리스도교 신학을 시도하고자 한다. 즉, 하느님에 대한 믿음과, 인간과 하느님의 관계에 대한 이해는 삼위일체의 하느님과 관련되며, 그리스도교인이 주장하기로는 삼위일체이신 하느님은 나사렛 예수로 인간이 되시어 세상의 죄를 대신하여 십자가에 못 박히셨다는 것이다. 그리스도교 교회의 다양성이 말해 주듯이, 노화나 다른 어떤 것에 관하여도 단일한 그리스도교 신학은 없다.

모든 그리스도교 신학은 바로 '유일한(the)' 신학을 뜻하는 것이 아니라 '하나의(a)' 신학인 것이다. 그러므로 그리스도교 신학의 '그리스도교적' 성격 또한 어느 정도 신학의 구성적 과제이다.

세 가지 관심사 혹은 세 가지 기준이 오늘날 신학적 과제의 접근법으로 흔히 나타나는 듯하다. 첫째, 신학은 '충실하게' 성서에 관한 증거와 교회적인 증거를 다루기를 요구한다. 둘째, 신학은 반드시 현 상황에서, 즉 전통을 수집하는 관점과 다른 학문의 통찰력이라는 관계에서 '이해할 수 있는' 것이어야 함을 요구한다. 셋째, 신학은 '도덕적으로 책임 있는' 사고와 행동의 방법으로 인도할 것을 요구한다(Tracy, 1975, 43-87쪽; Miguez Bonino, 1975, 86-105쪽). 이러한 세 가지 관심사는 그리스도교 전통에 대한 충실성, 현대적인 이해 가능성, 도덕적 책임감 등 노화에 관한 그리스도교 신학을 구성하는 데 길잡이가 될 것이다. 이 길잡이는 나이든 사람의 경험을 존중하고, 노화를 연구하는 사람들에 의해 얻어진 경험과 자료를 고려할 것이며 그리고 주제를 밝혀주고 신앙과 성직자를 육성하는 방식으로 그리스도교 전통의 통찰력을 이끌어 낼 것이다.

신학과 방법론에 관한 이러한 입문적인 고찰에서는 아직 노화에 관하여 명시적으로 말한 것은 거의 없다. 노화의 신학이 다양한 원천의 사상과 자료를 어떻게 사용하는지 인식하면서, 비판적 방식으로 이루어진다는 것이 핵심이다. 즉, 노화에 관한 신학적 과제는 "전통이 경험의 현대적 해석과 상호 비판적으로 대화하며 주장하는 바와 현대의 신학적 원칙이 주장하는 바를 통해 사고할" 것을 요구하는 것이다(Lyon, 1985, 14쪽). 노화에 관한 신학적 사고의 유일한 정답은 있을 수 없겠지만, 다소간 결실을 맺고 책임감 있는 사고방식은 있을 수 있다. 다음의 글은 실질적이며 얼마든지 수정과 대화가 가능한 하나의 제안이다. 즉 분명하고, 솔직하고, 적절히 검증된 사고의 접근법을 찾고자 하는 것이다.

2. 성서적 전통에 대한 신학적 고찰

1) 그리스도교적 제안

우리 가운데는 자신을 위하여 사는 사람도 없고 자신을 위하여 죽는 사람도 없습니다. 우리는 살아도 주님을 위하여 살고 죽어도 주님을 위하여 죽습니다. 그러므로 우리는 살든지 죽든지 주님의 것입니다. 그리스도께서 돌아가셨다가 살아나신 것은,

바로 죽은 이들과 산 이들의 주님이 되시기 위해서입니다(로마 14,7-9).

그리스도교적 순명에 관한 긴 구절에 숨겨져 있는 사도 바오로의 이 말씀은 그리스도교적 삶을 이해하기 위한 지평을 제공한다(Käsemann, 1980, 371-72쪽). 그러한 삶의 초점인 어디서 와서 어디로 가는가의 원천이자 목표는 예수 그리스도이신 하느님에 있다. 삶이든 죽음이든 궁극적인 것이 못 되며, 궁극적인 것은 "우리는 주님의 사람"이라는 것이다. 비록 일반적 통념과는 다르겠지만, 그리스도인은 자신을 위해 살거나, 자신을 위해 죽지 않는다. 진실로 그리스도인은 주님을 위해 살고 주님을 위해 죽으며, 이것이 모든 것을 재설정한다. 이 구절들이 평범하고 심지어 경솔하게 들릴 수 있으나, 그 요점은 오히려 그리스도에 대한 믿음이 주는 '자유', 특히 노인들에게조차 허락되는 자유를 강조하는 것이다. 왜냐하면 모든 점에서 그들은 하느님의 사람이기 때문이다.

2) 그리스도교적 인생관에 대한 분석

성서적 전통에서 인간의 삶을 다루는 것은 철저하게 하느님 중심이며, 어느 정도는 노화와 관련이 있기 때문에, 간략하게나마 이해하려고 시도하는 것이 중요하다. 특정한 문제와 자료를 이해하기 위해서는 어떤 틀이 필요하다(Lyon, 1985). 단순히 노인을 대하는 계명이나 옛 삶의 모범 사례를 가려내서, 이를 하느님이 창조하고 규정하고 다스리고 심판하고 속죄하시는 것과 관련된 성서적 중요 주제와는 관련짓지 않고 보여 주는 것만으로는 충분치 않다. 마치 고대와 현대의 여러 가정들에 차이가 없는 것처럼, 현대적 의미에서 인간이란 무엇인가를 성서 속에서 다시 읽어 내는 것만으로는 족하지 않다.

요약하면 인간에 관한 성서적 전통이 담긴 그리스도교적 견해는 다음의 세 가지로 표현될 수 있다. 인간에 관해 처음 언급되었고 또 가장 중요한 것은 인간은 하느님의 '피조물'이라는 것이다. 이것은 무엇보다 인간이 "참 좋았다"는 것을 뜻한다(창세 1,31). 이러한 피조물성creatureliness이 설명하듯이, 인간은 먼저 '하느님의 모습'대로 지어진 존재로 표현된다(창세 1,26-27; 1코린 11,7). 그리스도교적 전통에서는 이 표현을 들어 인간의 자유와 자아초월 능력—즉, 인간이 다른 피조물과는 구별되는 특성—을 가리킨다. 인간이 피조물인 것은 또한 '흙의 먼지(창세 2,7; 3,19)'로 만들어졌고, "참 좋았다" 하더라도 유한하며 죽을 수밖에 없으며, 의존적이라는 것을 의미한다. 왜냐하면 이것은 하느님 질서의 일부로서 인간의 자유는 한정된 자유이기 때문이다. 즉, 성장과 상실을 함께 가졌고, 전진과 후퇴를 함께 가진 것이라는 것이다(죄에 대한 언급은 별도로 하더라도 삶에는 모호성이 있다). 동시에 자유롭고 또 유한하다는 두 가지 특성에다가, 인간의 삶은 하느님과 타인과의 공동체에서 이루는 삶이라는 것과 연결된다. 하느님에게서 독립된 사람이 없듯이, 성서에는 자율적인 사람은 아무도 없다. 하느님의 창조 사업은 계속된다. 숨 쉬는 곳에는 항상 성령이 작용하시고(시편 104,29-30), 사람이 있는 곳에는 항상 "공동체에 존재하는 인간"이 있는 것이다. H. R. Neibuhr는 인간 존재의 '삼각'형식에 관해 언급하였는데, 이 구도 안에서 각 개인은 항상 하느님과 타인에 연관되어 있다(1963, 79-84쪽; Wingren, 1981, 18-25, 37-43쪽). 인간이란 무엇인가에 대한 이러한 해석은 삶에 어떤 도덕적 형태를 제시하고, 개인의 목표와 그것을 성취하기 위한 수단을 판단하는 규범을 제공한다는 점에 주목해야 한다. 이러한 점들은 나이가 들어도 해당된다.

성서에서 인간을 묘사하는 패턴이나 틀의 둘째 부분은 '죄'의 교리이다. 창세기에서 창조 이야기 다음 장에 죄가 나오는데, 죄에 대한 완벽한 그리스도교적 해석은 그리스도 시대 이후, 즉 바오로가 시작하고 4세기 후 아우구스티누스에서 완성되어 비로소 명확히 표현되었다. 몇 가지 주목해야 할 점이 있다. 창조의 개념과 죄의 개념을 구분해서 말한다면, 죄는 하느님에게서 비롯된 것이 아니라는 점이다. 즉, 인간이고 유한하며 죽을 운명이라는 것이 아직은 죄와 동일시되지는 않는다. 죄는 하느님의 창조 사업에는 관계없는 요인이다(Neibuhr, 1941, 178-207쪽). 죄는 먼저 불순종으로 묘사되지만, 더 깊이 생각해 보면 죄는 곧 '불신앙unbelief'이 된다. 즉, 피조물이 되는 것은 좋은 것이며 또한 자유로우면서 유한하고 자기초월적이면서 제한적인 것이 하느님이 인간에게 예정하신 길이라는 하느님의 본래 말씀original word에 대한 불신앙이다. 죄는 하느님이 주신 피조물성에서 벗어나려는 것이다. 즉, 이를 뛰어넘으려거나 창세기 3장에서 뱀이 약속한 "하느님처럼 되어서" 아니면 그 아래로 빠져 짐승처럼 되고 모든 책임을 포기하는 것이 죄이다(창세 3,12-13; Bonhoefer, 1959, 64-82쪽).

이 시점에서 알아야 할 것이 있다. 그리스도교 교회에서 18세기 후반 개신교도들이 성서를 비판적으로 읽기 시작한 이후로 창조와 죄의 근원에 관한 성서 이야기는 과거의 사건에 대한 글자 그대로의 보고가 아니라, 상징적으로 모든 세대에게 진리가 되는 것을 전하려는 우화나 신화로 해석되어 왔다. 바로 성서 안에서 이러한 이해의 예—아담의 죄는 모든 사람의 죄를 대표하는 유형이며(로마 5,12-22), "아담 안에서 모든 사람이 죽는다"(1고린 15,21-22)—를 볼 수 있다. 그리고 현대의 성서 해석자들은 대체로 성서의 상징적인 부분은 "글자 그대로가 아니라 심오하게" 받아들여야 한다는 Reinhold Niebuhr의 의견에 동의해 왔다(1943, 50쪽). 무엇보다도 이는 창조된 선함과 죄짓는 결함은 모든 사람에게 계속 적용되는 것으로 이해되어야 함을 의미한다. 비록 죄가 그러한 선함을 한정하더라도 죄에 '떨어진' 것이 모든 순간의 삶이 하느님이 주신 선물이라는 사실을 취소하지는 않는다. 죄에 관한 교리는 인간의 삶을 모호하게 보는 관점을 강화하고 더욱 복잡하게 만든다. 예를 들어 많은 노인에게서 인간의 지혜나 판단력이 더 풍부해질 수 있는 반면, 죽음에 대한 두려움이나 경제적 평안에 대한 불안도 나이가 들면서 증가할 수 있다. 노화를 단순히 전진인가 후퇴인가로 보는 어떤 견해도 적절하지 않다.

그리스도교적 전통에 인간을 해석하는 패턴의 셋째 부분은 구세주 예수와 관련된다. 예수님은 하느님이 보내신 유일한 분으로, 아버지와 함께 계시고, 인간과 세상을 하느님께 화해시키려 오신 분으로 해석된다. 예수님은 신약에서 '새로운 아담'이라고(로마 5,12-21; 1코린 15,45-49) 그리고 모든 이를 위한 '하느님의 모상'으로 묘사된다(골로 1,15; 3,10). 예수님은 그분 자신이 모든 이의 죄를 대신하여 벌을 받으심으로써(로마 3,21; 6,11), 아담의 죄의 패턴을 재현하시고 바꾸셨다(필리 2,5-11). 예수님의 부활은 죽음을 이긴 그분의 승리를 드러내며(1코린 15,26) 그리고 모든 이의 살아 있는 주님으로 세워진다. 이로 인하여, 사람들은 하느님과 '올바르게' 관계가 설정된다. 즉, 사람들의 죄는 용서받고, 그들에게 성령이 내려와서, '새로운 피조물'로서 새로운 공동체 '그리스도의 몸'의 구성원이 된다(로마 5,1-11; 8,1-17; 사도 2,1; 1코린 12-14; 2코린 5,14-21). 이 모든 것은 순수한 약속으로 주어지고 믿음 안에서 받게 되는, 하느님이 거저 주시는 선물이며, 하느님의 말씀과 동떨어져 살려하기보다는 말씀을 신뢰하는 실질적으로 인간을 다시 피조물로 태어나게 한다(Wingren, 1981). 이들은 살든 죽든 자신들이 하느님의 사람임을 알고 있다. 그들은 부활하신 그리스도와 결합하며, 그리스도 안에 참여하며, 그들은—이미 예수님의 죽음에서 함께 죽었고, 비록 아직 보지는 못했지만 믿음과 희망으로 지금 예수님과 함께 영원히 산다는 의미에서—그분의 죽음과 부활을 함께 나눈다(로마 6; 갈라 2,20; 히브 11,1-3; Sittler, 1972, 23-50쪽). 신성하게 약속된 미래에 대한 이러한 강조는 분명히 그리스도인들이 삶과 죽음의 의미를 어떻게 이해하는가에 영향을 미칠 것이며, 세속적인 관점과는 다를 것이다.

3) 성서적 패턴을 노화 이해에 패러다임으로 활용

거의 모든 그리스도교적 전통에서는 인간의 삶을 해석함에 있어 패러다임이 되는 신의 창조, 죄에 구속된 인간, 신의 구원 등 삼각의 성서적 패턴을 택하여 세상에서 인간의 삶을 이해하려고 하였다. 이러한 형태의 패러다임을 사용하여, 그리스도인들은 현재 삶의 모호함과 하느님과의 진정한 삶의 실재—현세에는 말씀과 성사를 통한 믿음으로 가능하며, 내세에는 완전성이 약속된—를 설명하고자 하였다.

현대 그리스도교의 예배에서는 이러한 패러다임의 근본적인 의미가 종종 모호하여 종교와 노화에 관해 생각하는 사람들에게 파악되지 않을 수도 있지만 그 의미를 이해하기 위해서는, 예수 그리스도를 통한 구원의 초점이 내세의 영생뿐만 아니라, 이제 충실한 피조물로서 살 수 있도록 현생에서 죽음의 공포 그리고 하느님과 영원히 분리되는 공포로부터 자유로워짐에 있음을 아는 것이 결정적이다. 강생을 통한 하느님의 구원은 창조를 확인하고, 또 인간은 창조의 '일꾼'이며 세상일에 책임이 있고 하느님의 '부르심calling'[294]을 받은 존재라는 관념에 도달한다(Wingren, 1957). 이 패러다임은 창조의 선함에 대한 성서의 주장 그리고 죄의 광범위한 영향력에 입각하는데, 이는 그리스도교인은 그리스도에 대한 믿음을 통해서 완전히 의롭게 되지만 동시에 아직도 죄의 영향을 받는 존재라는 역설적 이해를 초래한다. 그러한 관점은 인간의 창의성과 진짜 악을 범할 수 있는 인간의 능력을 뜻하며, 그렇기 때문에 희망적인 동시에 현실적인 것이다. 물론 Karl Barth, Hans Küng, Jürgen, Moltmann, Reinhold Niebuhr, Paul Tillich, Gustaf Wingren 등과 같은 다양한 신학자들과 John Updike와 같은 소설가들도 삶의 다양한 영역에 관하여 상당한 영향력을 가지고 이러한 문제를 다루었으나, 이러한 관점이 어느 정도 이해될 수 있는지가 이 장에서 계속 다루는 과제 중 하나이다.

---

294) 부르심calling은 하느님께서 그의 백성을 불러 특별한 목적의 도구가 되게 하시고, 그들로 하여금 하느님 자신이 베푸는 은혜와 구원을 풍성히 받게 한다는 성서상의 가르침. 소명이라고 번역되기도 함.

3. 그리스도교 신학과 노화

노화와 신학에 관한 일부 문헌의 문제점은 생물학적, 심리학적, 사회학적, 경제적 현상 등 노화의 다양한 측면에 많은 관심을 기울이고 있으면서도 신학적인 관심사에는 그저 피상적으로만 관련된다는 점이다. 그 결과로 신학은 논의를 돕거나 밝히기보다는, 다른 근거로 얻어진 결론을 추인하는 데 사용된 것이다. 또한 이러한 경우가 발생하면 신학적으로 중요할 수 있는 많은 것이 생략되는데, 이는 다른 학문에서 받아들이지 않기 때문이다. 죽음과 인간의 한계는 이와 같이 다루는 과정에서 나타나지만 죄와 심판은 그렇지 않다. 마찬가지로 인간적 평안과 의미의 원천이 다루어진다 하더라도, 이것들이 하느님의 창조나 하느님과 함께하는 영원한 삶의 희망과 갖는 관계는 다루어지지 않을 것이다. 특히 권리, 안전, 성취, 개인적 안락 등을 중시하는 북대서양 지역의 소비사회에서는 인간의 죄지음과 하찮음에 대한 솔직한 인식, 회개의 필요성, 각 개인에 대한 하느님의 주권, 이웃에 대한 서로의 책임 등은 쉽게 무시될 것이다. 사회가 당연시하는 것과는 약간 반대되는 입장을 취하겠지만, 하느님을 위해 살고 죽는 것과 그리스도적인 부르심과 책무에 초점을 둔 신학적 관점으로 시작함으로써, 노화에 대해 더욱 풍요롭고 신학적으로 더욱 완전한 이해를 도모하고자 하는 것이다.

1) 죽음과 심판

아마 신학이 가장 극명하게 기여한 바는, 인간은 선하게 창조되었으나 죄짓는 인간으로서, 심판을 거치고 부활과 변화의 형태로 완성되는 구원을 필요로 한다는 그리스도적 관념(1코린 15,35-58)을 주장한 점일 것이다. 이러한 시각으로 노화를 바라보면 노화를 주로 완성이나 진정한 존재로 나아가는 여정으로 보기보다는 삶에서 일어나는 상황을 다르게 평가할 뿐 아니라 매우 다른 결론에 다다르게 된다. 신의 심판이라는 개념은 삶의 목표로 보이는 자신의 '운명'을 성취하는 것이 아니라, 오히려 영원한 운명으로는 곧장 나아갈 수 없다는 것을 의미한다. 즉, 영원한 운명에 이른다는 것은 예수 그리스도 안에서 하느님의 선물로 다가오는 것이다. 게다가 만일 삶을 어딘가를 향한 순례가 아니라 충실한 책무나 부르심이라는 개념 하에서 본다면 부활과 변화 둘 다 하느님의 활동에 대한 희망으로 사람들은 에너지와 사랑을 현재의 삶에 쏟게 될 것이다(Fowler, 1984, 107-126쪽; Kolden, 1990, 202-5쪽).

논의의 주된 측면은 그리스도교 신학이 죽음을 이해하는 고유한 특성 때문에 삶과 노화를 다루는 방식이 다를 수 있다는 점에 있다. 그리스도 교인에게는 죽음에 대한 몇 가지 차원이 있다. 먼저 두 가지를 생각해 보자. 역사적 삶의 종결로서의 죽음 그리고 죄의 선고라는 의미 또는 하느님과의 영원한 결별로서의 죽음이 그것이다. (1) 그리스도교 신학은 모든 사람에게 일어나는 '자연적' 죽음을 생각한다. 물론 죽음을 생물학적 측면보다는 하느님의 창조질서의 일부로서 생각한다. 그러므로 죽음을 거부하거나 모욕적으로 다루어서는 안 된다. (2) 그리스도교인도 또한 죽음을 죄의 선고나 하느님과의 영원한 결별과 관련하여 생각한다(로마 6,23 '죄가 주는 품삯은 죽음'). 모든 사람들이 죽음의 첫 번째 차원을 알고 있지만, 교인이 아닌 사람들도 두 번째 차원에 대해 어렴풋이 알고 있다는 점을 신학에서 제시하곤 한다. 즉, 사람들이 제대로 "죽음의 공포 속에서는 심판의 공포가 핵심임을 식별하는" 것을 관찰하고는 Reinhold Niebuhr는 이를 현명하게 경고한 것이다(1943, 294쪽; Lyon, 1985, 19-20쪽). 이 같은 식별이 없이는 삶도 죽음도 충분히 이해되지 않는다. 삶이란 어떤 대가를 치르더라도 보존되어야 하는가? 만일 죽음이 하느님의 창조질서의 정상적인 일부라면, 그 대답은 '필요 없다'이다. 삶의 목표가 단순히 오래 사는 것인가? 만일 우리 모두가 심판을 받는다고 한다면, 그 대답은 '아니다'이다. 그러나 대부분은 삶 그 자체가 최고의 선인 것처럼 살고 있다. 이러한 관점은 세 가지 기준, 즉, 전통에 적합한가, 지금 이해할 수 있는가, 도덕적 책임이 있는가라는 비판에 노출된다.

삶이 최고의 선이 아니라 하느님이 최고의 선이며, 하느님은 십자가에 못 박히신 예수로 드러나실 뿐만 아니라 강생하셨다는 기독교적 주장은 새로운 차원을 추가한다. 죽음이 삶의 자연적 과정이며 '죄가 주는 품삯'일 뿐 아니라, 예수님을 따르며 죽음에 순종하고 그와 함께 죽게 될 의로운 사람들의 갈 길이기도 하다. 적어도 두 가지 의미에서 그렇다. 세례와 믿음으로써 그들은 이미 현재의 삶에서 예수님의 죽음에 함께하게 된다(로마 6,3-6).[295] 그리고 이것은 '옛날의 자신', 즉 죄 많은 자신의 죽음을 의미하는 것으로, 자신을 위해서 사는 것이 아니며, 더 이상 죄의 종노릇을 하지 않으며, 이제는 삶의 새로움으로 들어가는 것이다. 신약에서는 이러한 죽음이 종말론적 또는 예언적 실재로서 단지 믿음 안에서만 알려져 있으며, 그들 안에서 계속 나타나는 죄보다 더 실재적이고 진실한 것으로 간주된다. 죽음은 이미 그들에게는 지나간

295) 로마 3,3,5 "그리스도 예수님과 하나 되는 세례를 받은 우리가 모두 그분의 죽음과 하나 되는 세례를 받았다는 사실을 여러분은 모릅니까? … 사실 우리가 그분처럼 죽어 그분과 결합되었다면, 부활 때에도 분명히 그리될 것입니다."

확정판결이며, 이제는 예수님의 이름으로 말하는 죄의 용서가 앞으로 다가올 최후의 판결이며, 여기서 죄인으로 선언되면 죽을 것이요, 용서를 받으면 영원히 살 것이다. 이것이야말로 인간이 죽을 때뿐 아니라 매일 들어야 할 복음이다(Thielicke, 1970, 105-14, 150-61, 189-202쪽; Forde, 1984, 463-66쪽).

그리스도인에게 죽음의 마지막 차원은 종처럼 순종했던 그리스도를 따라서, 이웃을 사랑하며 삶을 보내는 것이다. 중세 교회의 참회적인 신앙심 안에서 "자신의 십자가를 지는 것"은 구원을 얻는 길로서 육욕을 억제하기 위해 고안된 병적인 자기 수양의 형태가 되었다. 그러나 신약성서에서 예수님은 십자가 지는 것을 예수님의 사명에서 그를 따르라는 의미로 말씀하신다(루카 14,26-27). 종교개혁에서 마틴 루터는 자신만의 보상을 구하고자 하는 종교적인 '십자가'를 거부하였다. 왜냐하면 그가 일works과 유리된 믿음에 의해 의로움을 인정받음justification은, 일을 구원과는 상관없고 단지 이 세상의 도움이 필요한 이웃에나 관계되는 것으로 보기 때문이었다. 그래서 마틴 루터는 사람들에게 속세의 부르심에 순종하고 현세에서 삶을 살도록 이끌었다. 독실한 신앙인들이 "자신들의 십자가를 지고" 있지 않다고 걱정할 때, 루터는 항상 속세의 부르심에는 십자가가 있다고 확신시켰다. 즉, 각자가 여러 곳에서 맡은 책임에 걸맞은 사랑을 베푸는 섬김을 실행함으로써, 현세에 남아 있는 죄 많은 낡은 자아는 타인에게 유용한 일을 하는 동안 성숙되고 '극복되는'(죽음에 이르는) 것이다. 이는 고난을 미화하는 루터의 충고가 아니라, 각자가 속세의 부르심에 따라 충실한 행위를 통하여 자신의 성화와 이웃의 평안을 이루도록 하느님께서 돌보고 계심을 재확인하려는 방법일 뿐이었다(Wingren, 1957, 50-63쪽). 그리스도 교인들은 그리스도를 섬기는 데 삶, 즉 '완전한 자유'로 일컬어져 온 삶에서 그리스도와 함께 죽기 때문에, 그들의 죄 많은 낡은 자아도 또한 죽음에 이르게 된다.

이러한 여러 차원은 인간의 삶에 많은 의미를 주는데, 특히 노화와 관련된 것에도 그렇다. 일생 동안에 참회, 용서, 개심 등이 필요하므로 사목과 예배에 참여하도록 도울 필요가 있을 것이다. 죽음과 심판에 대한 합당한 두려움은 직면할 필요가 있고, 축소되거나 복음보다 못한 것으로 다루어질 필요도 없다. "살았거나 죽었거나 우리는 주님의 것입니다"라는 진리는 한편으로는 사람들이 죽음을 삶의 일부분으로 받아들이고, 한편으로는 죽음을 이겨낸 그리스도의 승리하심을 죽음의 심판을 이기신 것으로 간주하는 데 도움이 될 것이다. 세례를 받아 그리스도에 속함으로써 이미 자신은 죽었다고 이해함으로써 그리고 그리스도를 믿음으로써 그들은 자유로워져 삶을 선하고 가치 있으며 또 그들을 위한 하느님의 뜻의 일부로 여기게 될 것이다. 왜냐하면 그들은 그저 상실과 결별뿐인 죽음보다는 하느님과 함께하는 영원한 삶을 기대하기 때문이다.

또한 죽음의 차원에 관한 이 모든 언급들은 부르심과 선한 일꾼 되기 등 보다 보편적인 영역과 관련된다. 그러나 여기서 신학이 주의해야 할 점이 있는데, 그리스도의 부르심을 오로지 직업과 관련시켜 잘못 이해할 경우에는, 은퇴 후에는 더 이상 하느님을 섬기도록 부르심을 받지 않고 자신만을 섬긴다는 암시처럼 보이기 때문이다. 그러나 16세기 종교개혁론자들이 부르심에 대한 자신들의 견해를 밝힌 것처럼, 사람들이 어떤 상황에 있더라도 부르심이 적용되는 것은 분명하였다. 즉, 온 세상은 하느님의 것이고 도움이 필요한 이웃이야말로 섬겨야 할 대상이기 때문에 사람들은 어디 있든 하느님을 섬길 수 있었다. 이러한 섬김에는 당연히 고용되어 있는 직장이 포함되는 것은 물론이고, 이보다도 더 포괄적으로 가족, 공동체, 교육, 시민으로서의 의무 등까지도 포함된다(Kolden, 1983). 이러한 후자의 포괄적인 역할과 의무는 은퇴와 함께 끝나지 않으며, 어떤 경우에는 더욱 중요해질 수도 있고, 특히 자신들에게 주어진 모든 것을 현명하게 사용하는 것이 일꾼의 역할이라고 이해할 때는 더욱 그럴 것이다. 생명이 하느님에게서 오고 그들이 주님의 것이라면, 실로 극도로 쇠약하거나 병든 삶의 마지막 단계에서조차 인간은 다른 사람을 위한 기도에서 혹은 가족과 간병인이 주는 사랑의 수혜자로서 여전히 부르심을 발견할 것이다. 그같이 이해한다면, 사회에 만연된 안전한 은퇴 심지어는 호화로운 은퇴를 맞을 권리에 관한 태도에 의문을 가질 것이다. 분명히 돈이나 자아 등 인간 사회의 '신'들은 모든 사람을 이러한 방향으로 이끈다. 요점은 노인의 적절한 생활수준이 중요하다는 것을 부정하는 것이 아니라, 많은 사람이 과도한 향락을 은퇴의 중심으로 추구하는 것에 신학적 · 도덕적 근거를 바탕으로 이의를 제기하는 것이다. 은퇴의 중심을 그렇게 파악하는 것은 "만약에 우리가 산다면 우리는 주님을 위하여 사는 것이며, 이는 우리가 주님의 사람이기 때문이다"라는 것을 잊고 있다.

2) 완성인가, 부르심인가

인간이 나이가 들면서 '행함'보다는 '존재'를 강조해야 한다는 점이 노화에 관한 문헌에서 자주 제시된다. 왜냐하면 인생의 초기를 지배하는 행함, 즉 성취, 성공, 스스로 무엇인가 되기를 계속 강조하다 보면 행함의 능력이 약화되거나 아주 상실돼 버릴 때는 인간의 존엄성이 손상되기 때문이다. 이러한 사실은 한편으로 명백하고 중요하겠지만, 아마도 신학적 관점에서 존재와 행함의 관계에 대한 더욱 철저한 검토로 이어져야 할 것이다. 고전적 신학 논증법의 관점에서는 이는 신앙과 일에 관한 논쟁과 관련된 것처럼 보일 수 있다.

신앙과 일 가운데 어느 것이 더 중요한가? 전통에서의 경향은 "신앙이 중요하지만, 일을 희생시키지 않으면서"라고 대답해 왔는데, 이는 둘 중 하나를 선택하려는 반복되는 경향이 있었음을 의미한다. 만약에 '행함'이 일과 연결되고 '존재'가 신앙과 연결된다면, 마치 생의 처음 50~60년은 대부분 일과 관련되고 그러다가 믿음과 관련된 은퇴시기가 이어지는 것처럼 보일 수도 있다. 이런 식으로 언급된다면, 확실히 문제가 있다. 제시된 행함과 존재의 관계는 신학적으로 또한 심리학적으로 아주 단순하다. 즉, 사람이 65년간 자신의 행함으로 자기가치를 만들어 가는 동안, 그 사람이 갑자기 단순히 존재함에 더 비중을 옮기고 여기에 만족할 수 있다고 생각하는 것은 논리적으로 설득력이 없다.

그리스도교 신학은 신앙과 일을 언급할 때에는 '현세'와 '후세'를, 또는 이승에 관계되는 것과 영원한 하느님과 관계되는 것을 반드시 구별해야 한다고 주장한다(Wingren, 1957). 정확하게는 신앙이란 언제나 '하느님'을 믿는 것이다(Tillich, 1957). 이는 성서적 의미에서 믿음belief이라기보다 '신뢰trust'라고 이해하는 것이 더 좋겠다. 이런 의미에서 이것은 존재의 상태, 즉 신뢰의 하느님에 의해 창조되고 육성된 '신뢰하는 관계'인 것이다. 비록 신앙이 '현세'의 한가운데 존재하고 있지만, 신앙은 필연적으로 영원한 것과 관련되고 '후세'에 초점을 맞춘다. 반면, 일이란 현세에 적합한 행동, 즉 사람이 하는 것으로 "그가 누구인지를 결정하는" 행위이다. 그러나 이 후자의 의미는 문제점을 드러낸다.

일이 자신이 누구인지를 결정한다는 점은 현세에서는 어느 정도 진실인 한편, 만약에 사람들이 이 사실로 그들 자신에 관한 진실의 전부로 이해한다면, 지속적으로 쇠약해져 죽음의 순간에는 자신이 누구인지를 상실하게 될 운명인 것이다. 설상가상으로, 만약에 사람들이 일로써 '하느님'에 대한 자신의 가치를 확립하려 한다면, 그들은 결코 하느님이 기대하시는 것처럼 선하거나 순수하거나 훌륭하게 될 수 없기 때문에 저주를 받을 것이다(이 주제는 1세기에 바오로가 로마와 갈라티아 신자들에게 보낸 서간에서, 4세기에는 펠라기우스와 아우구스티누스 사이의 논쟁에서, 특히 16세기 종교개혁에서는 루터와 캘빈 그리고 그들의 반대론자들의 글에서 깊이 연구된 바 있다).

노인과 관계된 행함과 존재라는 문제에 관해서라면, 그 해답은 다음과 같다. 일과 신앙 그리고 현세와 후세는 구별되어야 하고, 그리하여 각각의 고유한 역할을 찾아야 하며 각각의 중요성이 상실되거나 오용되어서는 안 된다. 현세에서의 일(행함)이 중요한 것은 명백하다. 자라나는 어린아이가 어른이 되는 데 필요한 걷고 말하고 성숙하기를 배우는 '일'이라는 점에서 그렇다. 또한 사회가 모든 사람에게 기대하고 있는 필요한 일과 활동이라는 점에서도 그렇다(특별한 욕구를 지닌 사람들은 적절히 처우해야 한다는 점은 인정한다). 현 사회에서는, 놀랍게도 루터가 말한 것처럼, 개인은 하는 일에 의하여 의로움을 인정받는, 즉 의화justify되는 것이다(1963, 117쪽). 선을 행하는 사람은 선하고 악을 행하는 사람은 악하다고들 하는데, 이러한 구별은 현세와 현 사회에서는 매우 중요하다.

그러나 사람들이 이런 판단을 하면서도, 가장 훌륭한 사람조차도 진실로 선하지 않다는 것을 실감한다. 즉, 위대한 정치적 지도자들도 성적, 금전적인 죄를 짓고, 대단한 집안에도 약물 중독이나 부부 문제 등이 있다. 아마도 테레사 수녀조차도 완벽하지는 않을 것이다. 이 문제에 관해서 그리스도교 전통에서는, 사람들이 무엇을 행하는가에 의하여 자신을 만들어 간다는 것 이외의 다른 판단기준, 즉 실재reality라는 기준이 있다고 말해 왔다. 일부 그리스도교 신학과 신앙심에서 그렇게 말하고 암시하여, 사람들은 자신의 몫을 마치고 나면 하느님이 개입하셔서 부족한 것을 보충하시는 것으로 생각할 수도 있겠으나, 그렇지 않다. 오히려 궁극적 가치, 즉 하느님의 사람이 되는 것에 관한 한 하느님께서 모든 것을 하신다. 이것이 바로 그리스도의 구원사업이 의미하는 모든 것이다. 이것이 바로 "오직 신앙에 의한" 구원이 의미하는 것이다(Forde, 1984, 406-12쪽). 하느님은 "사람을 올바르게 만드신다." 사람이 의롭다고 선언하시고 용서하심으로써, 사람이 의로움을 받도록 하신다.

여기서 '용서pardon'라는 표현이 참 적절하다. 왜냐하면 이는 사람 자체는 죄를 짓지만, 그럼에도 불구하고 포드 대통령이 유죄라고 추정되는 닉슨 전 대통령을 사면했던 것처럼 저주받지 않고 방면되는 것을 인정하기 때문이다. 어떤 사람들은 이는 닉슨에 관해서나 그리스도 교인에 관해서나 '법률적 허구'에 지나지 않는다고 주장했다. 그러나 이것은 진정한 '실재real'가 무엇인가, 즉 우리의 행함과 비행함undoing인가 아니면 하느님의 선언인가에 달려 있다. 그리스도교 전통에서는, 하느님이 개인을 의롭다고 선언하심으로써 "실제 의롭게 되는" 것은, 마치 포드 대통령이 법률적으로 사면한 것처럼, '현세'의 저마다에게 선악이 모호하게 뒤섞여 있다는 것보다는 "훨씬 더 실재적" 방법으로 행하신 것이라고 한다.

이 모든 것의 목적은 후세의 심판이 현세의 삶에 영향을 주도록 하는 것이다. 즉, 그들이 행하는 것으로 자신을 무언가로 만들어 가려는 계획으로부터 해방시키고자 하는 것이다. 그리하여 사람들이 행하는 것이 그 대신 이웃과 사회에 선한 쪽으로 향할 수 있게 하고, 또한 사람들이 자신이 누구인지, 바로 하느님이 사랑하시는 피조물임을 이해함으로써 일생동안 평안해질 수 있게 한다. 그들이 주님의 것임을 노년이 되어서야 깨닫는다면 그때까지의 모든 삶은 왜소해질 수밖에 없다. 존재는 노인들에게 대안으로 추천될 때 생각되어지듯 그저 행함을 대체하는 것에 그치지는 않는다. 하느님에 대한 신앙의 관점에서, 존재는 행함을 앞서거나 동반하고 종결지으며 그 과정에서 존재는 행함에 방향, 자유, 가치, 용서 등을 부여한다. 노년기에 사람들에게 존재의 존엄과 안전이 있어야 한다면, 이는 모든 존재의 근원으로부터 와야 할 것이며 가능한 인생에서 일찍 시작할수록 더 일어나기 쉽다. 대부분의 교회는 그 사실을 인정하여 신생아에게 세례를 베풀어 왔으며, 그리스도 교인이 거의 보편적으로 정규 예배의 중심을 인간의 활동뿐 아니라 하느님의 활동에 두도록 강조하는 것은 "우리는 주님의 것"이라는 것을 아는 것이 가장 중요하다는 증거가 되는 것이다.

3) 예배와 선교

만일 신학의 과제가 비판적이지만 결국 종교적 전통을 전하는 것이라면, 이는 성직자의 임무에 거의 가깝다. 전통이 전파되는 주된 장소는 공동 예배이며 성서 읽기, 기도, 성가, 전례, 설교, 성사, 신자들의 모임 등을 통하여 공동체의 믿음이 표현될 뿐만 아니라 전승된다. 영국 성공회, 로마가톨릭, 루터교, 그리스 정교 등의 전통에서는 하느님이 '외부적 수단'인 복음과 성사를 통하여 인간에게 구원 신앙을 일으키도록 일하신다고 주장해 왔다. 그들의 요점은 창조주와 피조물, 신뢰의 하느님과 믿지 않는 인간, 거룩하고 의로우신 주님과 뉘우치지 못하는 죄인 사이에는 구분이 있기 때문에 인간은 자신의 외부로부터 새로운 삶을 받아들일 필요가 있다는 것이다. 선포된 말씀과 물질적 성사는 인간의 애매하고 믿을 수 없는 주관subjectivity과는 대조적인 하느님이 주시는 '객관적objective' 선물이다. 그리고 낭독된 복음, 세례, 성찬식 등은 사람들이 혼란스러운 내적 자아의 외부에 계신 하느님과 만나는 현실의 방법이다. 요점은 신앙이 내적이고 주관적이지 않다는 것이 아니라, 신앙은 인간의 내적 자아에서 혹은 인간의 주관에 의해 일어나지 않는다는 것이다. 신뢰로서의 신앙은 하느님을 신뢰함으로써 사람들 안에서 생겨나거나 일깨워지는 것이다. 이 같은 방식의 사고를 위해서는, 공동 예배 환경에서의 외부적인 복음과 성사가 전체 교회뿐만 아니라 각 개인에게 필수적이다.

예전에 랍비 Abraham Heschel은 한 젊은이가 자신이 의미한 바를 전통적 전례가 말하지 않았기 때문에 부적절하다고 불평할 때, 그 대답으로 전례에 참여하는 목적은 우리가 의미하는 바를 전례가 말하는 데 있는 것이 아니라, 전례가 말하는 바를 우리가 의미하게 될 것이라는 점을 지적하였다(Neuhaus, 1979, 127쪽 인용). "우리가 살더라도 주님을 위하여 사는 것이며, 우리가 죽더라도 주님을 위하여 죽는다는" 깨달음이 시작되려면 시간이 걸린다. 예배는 주님을 위해 살아가는 데 핵심이다. 무엇보다도 이는 마치 매일 아침 새롭게 자비를 주시고 늘 새로운 것을 하시는 하느님과의 만남인 것처럼 예배가 익숙해지고 반복되어야 함을 의미한다. 이는 하느님의 구원사업을 말씀, 노래, 상징, 몸짓, 물, 빵, 포도주, 자세 등에 의하여 우리가 이해할 수 있는 방법, 즉 영, 진리, 생명, 빛, 사랑, 무엇보다도 살이 되는 말씀으로 하느님이 우리를 만날 수 있다는 것을 거듭 말하고 기억하는 것이다. 만일 하느님의 패러다임적인 활동이 창조와 강생이라면, Urban Holmes가 좋은 예배란 일반 대중이 '세속적'으로 생각하는 의미에서 서민적이어야만 한다고 제안한 것은, 인간 체험의 전체와 관련하여, 바로 정곡을 찌르는 것이다(1981, 94쪽).

모든 세대를 위한, 특히 노인이나 쇠약한 마지막 단계의 사람을 위한 예배는 듣고 보는 양 측면에서 상징이 풍부해야 하고, 하느님으로부터 사람들에게로 온다는 예배의 '방향성'을 강조하는 추상적 의미에서 그리고 성사들을 축하하는 구체적인 의미에서 성사적sacramental이어야 한다. 청력이 떨어지고 정신이 산만해지기 시작할 때에는 설교, 독서, 새로운 형태의 기도 등으로 충분치 않을 것이며, 오히려 익숙한 형태의 기도와 성가가 오랜 경험으로 이미 생긴 예배자 내면의 반향을 불러일으키므로 효과적일 것이다.

상징, 제의, 제단, 십자가, 몸짓(성호 긋기, 두 손 모으기, '평화의 인사') 등은 부분적으로만 보고 듣는 사람들에게까지 하느님에 대한 현존과 확신을 전할 것이다. 통상적인 예배의 일부로서 영성체를 하거나, 아마 부활절 성야처럼 물을 붓는 세례의 재확인조차 모든 세대의 신자들에게 중요하며, 특히 노인들에게는 더욱 중요하다. 이와는 대조적으로, 개신교 양로원의 전형적 예배에는 상징도 거의 없고, 전례도 거의 없으며, 성사도 없고, 따분한 성가와 지루한 설교, 대부분 평상복 차림의 예배 인도자에 의해 이루어지므로 당연히 입주자들의 욕구가 채워지지 않는다.

결국, 오랜 세월에 걸쳐 삶의 모호성과 그리스도 복음의 약속에 익숙해지는 것이, 통상적으로 "우리는 주님의 것"이라는 확신 속에서 살다가 죽음을 맞이하는 것의 일부라면, 공동체의 노인이야말로 그리스도의 진리를 증언할 최상의 적임자가 아니겠는가? 신앙 속에서 기쁨과 슬픔, 의미와 무의미, 자기희생과 과분한 축복, 사랑하는 사람들의 죽음과 새로운 가족의 탄생 등을 알고 있고 또한 이것들을 하느님의 착한 피조물 일꾼으로서 신성한 부르심을 받아 기도하고 배우며 깊이 생각해 온 그러한 사람들은 성실하고 효과적으로 전통을 전할 것이다. 교회는 노인을 대상으로 하는 사목뿐만 아니라, 점차 노인들에 의한 그리고 노인들과 함께하는 사목에 집중할 필요가 있다.

삶이 성장과 동일하다고 가정할 수는 없다. 그러나 위에서 기술한 것 속에는 그리스도적인 삶은 은총 속에서의 성장일 것이라는 믿음이 있다. 예수 그리스도이신 하느님의 전적으로 의지할 수 있는 과분한 은총을 신뢰하는 삶을 살 때, 이 자비로우신 하느님의 위대함은 특히 삶의 굴곡에서 더욱 분명히 나타날 것이다. 로마 신자들에게 보낸 서간인 우리가 "살든지 죽든지"(로마 14,8)에서 이 굴곡은 분명하다. 그러나 어쨌든 우리는 하느님의 것이라는, 조건 없는 확신은 더욱더 명확하다. 이 구절은 삶의 모든 상황에서, 특히 죽음에서도 그리스도 교인을 지탱해 줄 수 있는 것이다. "그리스도께서 돌아가셨다가 살아나신 것은, 바로 죽은 이들과 산 이들의 주님이 되시기 위해서입니다"(로마 14,9). 신학의 중요한 과제 중 하나는 이 말의 의미를 탐구하고, 이 말이 인간의 다양한 체험, 특히 노화의 모든 체험과 관련해서 진리가 되는 방법을 연구하는 것이다.

4) 진리를 주장함

만일 구성주의 신학이 노화에 관해서 그리스도교 전통에 다소 우선권을 주는 것을 인정한다면, 먼저 노화 그 자체의 현상을 연구하는 데 중점을 둔 연후에 '타당한' 종교적 믿음을 덧붙이도록 함으로써, 실제보다 훨씬 더 많은 지적인 상호협력이 가능할 것이다. 다른 학문 분야의 일부 학자나 임상의는 이 제안을 신학에서의 제국주의 사례, 즉 신학의 범주를 실증적 현상학적 접근법으로 밀어 넣는 사례로 볼 수도 있다. 더구나 만일 노인들 자신이 그리스도교 신자라면, 그 신자라는 사실은, 충분한 신학적 고려 없이 그들의 실재를 연구한다는 것 자체가 충분히 실증적이지 못하거나 현상에 대하여 진실하지 못할 수 있음을 뜻한다.

자신이 봉직하는 교회의 신앙이 그 신앙에 우연히 동참한 사람들뿐만 아니라 '모든' 실재에 대하여 진리임을 주장하는 일은, 노인집단의 사람들과 일하려고 생각하는 신학자, 성직자, 특수사목 성직자 등에서도 마찬가지로 일어날 수 있다. 이런 점에 관하여 사목이 결코 단순히 사람들이 원하는 것, 즉 누구에게는 신앙심을, 다른 이에게는 인간적인 격려를 줄 수는 없다. 그리스도교의 메시지는(다른 종교적인 메시지도 마찬가지지만) 이를 믿든 믿지 않든 상관없이 진리임을 주장한다. 모든 사람, 특히 신앙 문제를 숙고하는 데 보다 많은 능력과 경험을 지닌 노인에게 그 메시지를 진리이며 궁극적으로 중요한 것으로 정확하게 표현해서, 그것을 삶을 이해하는 다른 방법에 비추어 검증할 수 있도록 하는 것이 중요하다.

여기에서 Paul Ricoeur(1967, 347-57쪽)가 종교적 상징들은 인간과 실재에 대하여 다른 대안보다 더 나은 이해를 제공한다는 '내기wager'에 가깝다고 말한 점이 시사적이다. "그러면 그 내기는 나의 내기를 검증하고 이것을 소위 이해 가능성intelligibility으로 흠뻑 적시는—그 영역의 인간 체험을 육성하고, 밝히고, 질서를 주는 힘에 의하여—과업이 되는 것이다"(355쪽). 달리 말하자면 신학이 삶과 노화를 이해하는 과정에서 적극적 역할을 수행해야 하지만, 한편으로 신학은 당연히 부동의의 가능성도 인정하면서 '사색적인' 동의를 이끌어 내야 하기 때문에, 영토 확장적이거나 독재적이어서는 안 된다. 이는 학문적 사색의 수준에서나, 일상생활에서나 모두 해당된다. 그리고 각 경우에 이 모든 의미들은 세 가지 기준, 즉 그리스도교 전통에의 적합성, 현대적인 이해 가능성, 도덕적 책임감에 의하여 검토될 필요가 있다. 그리스도교적인 삶에서와 마찬가지로, 신학 또한 이러한 굴곡에 견디며 살 수 있어야 한다. 왜냐하면 그것이 "우리는 살든지 죽든지, 주님의 것입니다"라는 것을 믿는다는 의미를 함축하고 있기 때문이다.

제34장 과학과 종교의 대화

William M. Clements

노년학의 범위가 확대되면서, 과학과 종교가 서로 연관되고 상호 소통하여 더 큰 학문과 담론으로 들어가는 방법이 노년학에서 중요하게 되었다. 종교와 인문학이 노년학 안에서 완전한 파트너가 된 이후, 노화의 경험을 더욱 포괄한 새로운 통합의 출현에는 대화가 결정적 요인이 되었다. 과학과 종교의 학문 분야들은 제자리걸음을 한 것이 아니라, 시간 속에서 계속 변화해 왔다. 따라서 이 장에서는 노년학 안에서 과학과 종교가 대화를 시작하는 첫 단계를 보여 주고자 한다. 두 개의 학문 영역인 과학과 종교, 이를테면 의학 교육과 신학 교육 사이의 대화 가능성을 다루기 위해서 은유의 방법을 사용할 것이다.

신학이건 의학이건, 두 영역은 모두 멀리서 바라보면 한 덩어리처럼 보인다. 여기에 다른 학문이나 직업에 기반을 둔 이방인은 실재에 대해서 그 학문의 내부에 있는 사람과는 근본적으로 다른 가정을 할 것이다. 외부에서 '과학'이나 '의학'에 대하여 말하는 것은 비교적 쉽다. 그 학문의 입구entry gate에서만 바라본다면, 이방인은 특성이나 경향의 희미한 개요를 보게 되기 십상이다. 계속 희미하게 보이는 동안에, 희미한 개요가 일반론이 되기도 하고 슬로건까지도 될 수 있다. 성급하게도 이방인은 그 특정 분야에서 발견되는 내부의 복잡성을 제대로 고려하지도 않은 채 그 희미한 개요를 크게 내세우려 한다.

내부자에게는 새로 도착한 이방인이 어두운 창고 속으로 전등을 들고 처음 들어오는 길 잃은 사람처럼 보일 것이다. 어두운 창고의 입구에 서서 이방인은 창고 안에 무엇이 중요한지 모른 채 전등불을 낯선 공간에 닥치는 대로 여기저기 비춰 보고, 형태를 하나씩 밝혀낸다. 이러한 형태들은 실제로는 이방인의 직접 관찰로는 그 내용물이 보이지 않는 상자와 용기들이다. 각 용기 속에 들어 있는 것은 외부에서 파악할 수 있는 것들이 아니다. 이 시나리오에서는 '사소한' 형태와 개요가 그 창고의 내부자에 의해 정의된 '핵심 문제'의 결정 요인이라고 초점이 모아진다.

내부의 복잡성은 보통 사람이 그 모형 안에서 실행할 때에만 명백히 나타나며, 많은 모순 및 미묘한 차이를 내포한다. 보통 내부자에게만 보이는 이러한 미묘함은 내부자가 전체적인 개요를 짜고 일반적인 관찰과 결론에 도달하는 것에 걸림돌이 된다. 이미 모형 속에 존재하는 사람, 아마 모형 밖으로 나가 본 적이 없는 사람에게는 모두가 다 그렇지는 않지만 내부적 제약이 무슨 역할을 하는지 이해하는 것이 쉬울 수 있다. 그러나 동시에 내부자는 명백한 관계나 맹점을 간과할 수도 있다. 특정 학문 수단의 내재적 한계를 인식하지 못하는 내부자들의 입장에서만 본다면, 맹점과 배타주의가 흔한 일이 될 수 있다. 이렇듯 내부자에게는 감춰진 경향이 이방인에게는 너무나 명백하게 보일 수 있다.

따라서 다른 학문 분야를 기술할 경우, 자신의 전등이 무작위로 비추는 몇 개의 형태를 상자 속은 들어가 보지 못한 채 기술하는 데 그칠 위험을 가지게 되는 것이다. 달리 말하자면, 자신의 주력 학문 분야에서 기술하는 수단이 다른 학문 영역을 기술할 때 나타나는 문제는 첫째 어느 때는 중요한 특성과 속성이 보이지 않거나, 둘째 보이긴 했으나 중요하지 않다고 가정했기 때문이다. 셋째 가능성도 항상 존재하는데, 관찰된 것이 이방인의 주력 학문 분야의 언어로 기술된 바를 부정하는 경우이다. 어두운 창고로부터 형태를 기술하면서 비록 적절하고 충분하게 했다 하더라도, 이방인은 기술 대상이 되는 학문 분야의 내부자들에게 대부분 익숙하지 않은 용어를 사용하기 쉽다. 이 모든 것은 엄청나게 복잡하고, 심지어 좌절감을 주는 것처럼 들리는데 이는 '이방인'이나 '원주민' 모두에게 깜짝 놀랄 성장을 약속한다.

의학 교육이나 신학 교육은 각각 과학과 종교 분야에서 서로 캄캄한 창고의 기능을 하며 어쩌다가 한 번쯤 이방인이 이쪽 창고에서 저쪽 창고로 오갈 뿐이다. 이러한 사정은, 의학과 종교가 노인들의 삶에서는 지극히 중요하다고 알려져 있지만, 무한정 계속될 것으로 보인다.

1. 유사점: 이론과 실제의 분리

그러나 모든 것이 두 개의 캄캄한 창고로 요약되는 것은 아니다. 예상하는 대로, 의학 교육과 신학 교육 사이에는 많은 유사점이 있다. 하나의 유사점으로 이론과 실제를 분리하는 경향을 들 수 있다. 의학 교육에서 '기초과학자'와 '임상의'를 비교해 보면 이 점이 가장 잘 나타난다. '기초과학자'는 주로 연구에 전념하며 가끔 1년차 의대생에게 강의할 뿐인 생화학자나 해부학자들이다. 이러한 기초과학자는 의사가 아니며, M.D. 학위도 가지지 않으며, 결코 환자를 돌보거나 환자치료의 결정을 하지 않는다. 반면에 교육자이자 과학자인 의사는 주로 환자치료에 기반을 두면서 교육하고 연구하는 '임상의'이다. 의학 교육에서는 이처럼 학문적인 것과 응용적인 것의 구분이 매우 실제적이며 관찰가능하고 임상의의 권력은 압도적으로 우세하다. 이러한 의사는 주로 환자가 겪는 구체적 문제를 다루기 위해 실험실에서 그리고 컴퓨터 출력물을 보면서 긴 시간을 보낼 것이다. 반면에, 기초과학자는 완료된 연구의 응용에는 보통 관심이 없으며, 설사 응용이 된다 하더라도 다른 사람이 연구하도록 남겨 둔다. 기초과학자의 연구 방식은 거의 지적으로 움직이며, 지능퍼즐에 해답을 찾듯이 한 문제가 끝나면 다음 문제로 이어지는 방식이다.

이론적인 것과 응용적인 것의 구분은 신학 교육에서도 마찬가지로 뚜렷하다. 신학이나 역사 같은 고전신학을 가르치는 교수는 보통 개인이나 공동체의 일상생활에 구체적으로 응용하는 것보다는 지적 대화에 더 관심이 있다.

큰 예외는 해방신학자이며, 이들은 기회가 닿을 때마다 이론과 실제의 격차를 연결하려고 노력한다.[296] 의학 교육에서의 기초과학자와 마찬가지로 신학자는 "곤궁에 처한 교회나 개인을 어떻게 도울 수 있나?" 같은 실천적 질문을 생각해 내는 것이 아니라, "신정통주의, 과정신학 등 신학적 도전에 대한 나의 또 다른 입장은 인간 이해의 지적 문제에 대해 어떻게 말할 것인가?" 같은 이론적 질문을 한다. 이에 대한 응답이 구체적 인간 상황에 응용되는 방식이 있다 하더라도 이는 다른 사람의 몫이다. 고전신

296) [저자 각주] 이 점을 지적해 주시고 다른 많은 도움을 주신 클레어몽신학대학의 사목상담학 조교수이신 Kathlen Greider 박사님께 특별한 감사를 드린다.

학 교수는 임명된 성직자가 아닐 수도 있으며, 신학교 교육을 받지 않을 수도 있다. 이는 의학 교육에서의 기초과학자와 마찬가지로 고전신학자는 '인간의 생활기록'을 직접 다루지 않을 수도 있다. 신학자나 기초과학자는 모두 추상의 세계에 살고 있다. 신학 교육에 있어서 의사와 유사한 역할은 실천적 신학자라고 볼 수 있으며, 이들의 직업적 신분은 사목 상담자, 설교사, 종교 교육자, 전례전문가 등이다. 이러한 실천적 신학자들이 제기하는 지적 질문은 인간의 경험을 둘러싼 사목적인 관심에서 나오게 될 것이다. 지적 질문도 종종 아주 구체적인 경우가 있으며, 대개 삶의 환경과 문화적 의미 그리고 가정들이 결합된 독특한 조합에 뿌리를 두곤 한다. 특별한 연구에 착수하게 되는 동기는 특정의 사람들을 돕거나 이와 유사한 문제나 곤경에 처한 이들을 돕고자 하는 욕망에 기초한다. 비록 과정상으로 매우 중요한 지적 대화가 있지만, 그렇다고 해서 의사나 실천적 신학자의 일에서 고통을 줄이고 삶을 개선하려는 욕망을 결코 경시할 수 없다.

2. 상호 자기기만

이러한 논의를 진행하는 데는 수많은 방법이 있다. 그중 하나는 과학적 모형과 종교적 모형의 진행을 보여 주고 분석하는 것이다. 이 접근법에서는 각 모형의 자기개념화에 의존하게 될 것이며, 서로 대화중인 실재에 대한 두 개의 '내부자' 진술representation이 생성될 것이다. 또 다른 접근법은 일련의 독백monologue을 가지는 것인데, 예를 들어 '종교'는 '과학'이 스스로의 특징이라고 말한 것을 토론하고 접근하되 실질적 대화는 없는 상태에서 기술하는 것이다. 반대 방향의 독백도 마찬가지다. 각 학문 분야에서 실제로 관찰된 것에 대한 언급에 덧붙여 의미가 상호 연결된 것이 훨씬 더 풍요로운 짜임새가 있다. 이러한 접근법은 점차적으로 각 학문 분야에 대한 '가상적as-if' 가설에 접근하도록 한다.

1) 의학(과학)

임상의학에서 하나의 '가상적' 결론은 자신이 효과적으로 개입할 것으로 기대되는 사항들에 대해서만 관심을 가진다는 것이다. 이 경우에 '효과적 개입'이란 특정 과정의 진행방향을 좀 더 바람직한 결과가 나오도록 바꾼다는 것을 의미한다. 심각한 질병을 막으려면, 보이는 것이나 기록된 것은 대부분이 단지 효과적 처치, 예를 들어 약리학적 처치가 있는 경우의 조건들에 불과하다. 그 외의 대부분은 관련성이 없다고 그저 무시될 뿐이다. 왜냐하면 약리학에 편향된 의사는 결과를 바꿀 다른 수단이 없기 때문이다.

측정되거나 계량화되는 것만이 오직 '실질적real'이라는 것도 의학에서는 '가상적 as if'으로 보인다. 의학 방정식에서 인간적 차원이 측정이나 계량화 방식에 맞는 것은 매우 드물다. 그 결과로, 인간적 차원은 다른 측정 가능한 부분을 위협하지 않는 한 대부분은 무시된다. 이러한 점에 관심을 가져야 한다. 인간적 차원이 내재적으로 중요하다고 이해되기 때문이 아니라, 오히려 무시된 인간적 차원이 치유의 '실질적' 개선을 가져올지도 모르는 과학적 힘을 가지기 때문이다.

정신의학은 유형성과 구체성에 대한 이러한 취향 때문에 어려움을 겪었다. 예를 들면 대부분의 정신의학적 상황에서는 신뢰할 만한 실험적 검증이 존재하지 않는다. 그 결과 정신의학적 진단이나 치료는 의사에게는 주관적으로 보인다. 왜냐하면 고통이나 회복비율을 계량화할 측정법이 없기 때문이다. 정신의학은 '연성soft' 측정이어서 '경성hard' 측정에 완전하게 맞출 수 없으므로, 정신의학은 '부두교'나 '머리 치료 head-shrinking'[297]와 같은 취급을 받는다. 정신의학이 다룰 수 있는 상황도 흔히 비정신의학자로부터 무시되다가, 경성의 과학적 진단과 처치라는 정규 과정에 개입하는 지점에 이르러서야 인정받곤 한다. 이러한 위기의 순간이 되어야 정신의학자를 불러들이는데, 종전에는 거의 그렇게 하지도 않았다.

'혁신적인' 의료기관들은 과학적 절차를 수반하는 인간적 요인을 연구하는 보조원을 두고 있다. 사회복지사, 심리학자, 자원봉사자, 지도신부 등이 여기에 해당된다. 위계질서의 피라미드를 형성하며, 맨 위에는 의사가 있고 그 밑으로 모두가 적절히 자리를 잡는다. 기초과학자가 지향하는 바와 비교할 때 의사가 환자를 돌보겠다고 지향함에도 불구하고, 각각의 과학적 발전은 의사를 환자와의 정서적인 접촉에서 점점 더 멀어지게 하는 것으로 보인다. 한때는 의사가 열을 재기 위해서 환자의 이마나 등을 짚어 본 적이 있다. 온도계가 발명된 이후로는 의사가 환자를 접촉하는 대신 이 도구를 사용하였다. 의심할 나위 없이 좀 더 정확한 온도는 알아냈지만, 인간적 접촉 같

297) 정신이상자를 비유적으로 머리가 부풀어 오른 사람으로 묘사한 데서 유래하는데, 이 부푼 머리를 제자리로 줄이는 것head-shrinking을 정신치료로 비유함. 정신과의사를 속어로 head-shrinker(또는 shrink)라고 함. 다른 의미로는 사람의 자른 머리를 보존하는 야만족의 의미도 있으므로 경멸적 의미를 담고 있음.

은 것은 잃었다. 이제는 의사가 좀처럼 환자의 체온을 직접 재는 경우는 없으며, 아마 온도 측정 기구를 사용설명서 없이는 사용할 줄도 모를 것이다. 그 대신, 병실마다 옮겨 다니면서 체온을 재고 그 결과를 기록하는 직원이 있다. 많은 병원에서는 몇 시간마다 규칙적으로 재는 체온은 간호원이 재지 않기도 한다. 오늘날, 환자는 알지 못하지만 그의 체온을 의사는 다른 방에서 의료기록으로 본다. 거의 모든 과학적 진보의 결과, 의사와 환자 간의 인간적 접촉은 줄어들었다. 이렇게 측정 가능한 것과 인간적인 것이라는 두 갈래로 나눠지는 과정은 의학에서의 사례를 넘어서서 우리 사회 전반에 널리 퍼졌다.

계량화(과학)와 느낌(예술, 문학, 종교 등) 사이의 격차는 과학적 모형의 결실이 이루어지고 활용됨에 따라 더욱 확대되고 있다. 과학(기계론적 물질주의)과 느낌(정서적, 예술적, 직관적 영역) 사이에서 이러한 격차의 확대는 의학 영역에만 국한되는 것이 아니라 서구사회에 널리 적용되고 있다. 과학적 패러다임이 매우 강력하고 널리 퍼졌기 때문에, 실재에 접근하는 방법이 기계론적 물질주의와는 다르게 나타날 경우, 이분론적 사고주의자들은 과학적 패러다임에 반대하는 것으로 간주한다. 과학적인 것, 즉 물질적이고 계량화할 수 있는 것이 아니라면, 그것은 시시한 것, 즉 연성이고 '사실'에 근거를 두지 않은 것일 뿐이다.

2) 신학(종교)

다른 나라와는 달리, 미국은 수많은 인종과 종교로 이루어진 다문화 사회이다. 문화는 가족, 종교, 예술 등을 통하여 대대로 이어졌다. 미국은 여러 문화가 모여 이루어진 문화이며, 문화적 의미와 정체성이라는 수많은 섬들이 수평선의 모든 방향으로 퍼져 있다. 따라서 '미국의 아르메니아인'이라는 것은 부분적으로는 아르메니아 공동체에 참여하는 것으로 정의되는데, 이는 보통 흩어져 있는 공동체가 모이는 아르메니아 정통교회의 축제와 예배에 참여하는 것을 의미한다. 과학은 이러한 종류의 문화적 정체성과 의미를 전하거나 육성하지는 못한다.

'종교'에 대하여 말할 때는, 미국에 존재하는 300여 개의 종파와 이들 종파 간의 경계를 이루는 종교 접근법인 자유주의, 근본주의[298], 정통주의, 신정통주의, 교황지상

298) 근본주의fundamentalism는 제1차 세계대전 뒤, 자유주의 신학 및 세속화한 생활에 대항하여 일어난 미국 프로테스탄트 교회의 보수주의 운동을 말함.

주의[299] 등을 의식해야 한다. 종교들 사이에는 문화적, 역사적, 인종적 기반을 둔 수많은 근본적 차이가 있으며, 신학적 차이란 단지 이러한 변형들이 나타난 것에 불과한 것이다. 최상의 신학이란 대중들과 소통할 때 단지 무엇은 하지 말라는 금지적인 용어로서가 아니라 서술적 용어로 '무슨 일'인지에 대해 말할 수 있어야 한다. 모든 종교적 서술은 저마다 처한 입장이 있고, 실재에 대한 다른 접근법에 대해 상대적이다(과학적 서술도 마찬가지지만). 교회가 실제로 나타나고 역사가 기록되기 시작하면서 다양한 지역의 종교 공동체가 서로 대화를 시작함에 따라, 그리스도교 성서에는 이러한 온갖 종류의 논의가 충만하다.

이 글의 앞에서 이미 과학적 모형의 예로 들었던 의학 교육은 기계론적이고 물질적이라고 서술하였다. 종교적 모형의 예로 들었던 신학 교육은 이와는 대조적인 패러다임이 되는 경향이 있다. 실재에 대한 이상과 인식을 체계화하고 분류하는 실재의 추상적 분류가, 그 분류나 인식이 어느 단계에서든 결국 지칭하게 될 구체적인 대상물보다 더 중요하다. 해방신학을 제외하고 신학은 '마치' 지금 논의하고 있는 패러다임과 다른 구체적인 실재는 없는 것처럼 움직이는 경향이 있다.

과학적 모형이 실존적 의미, 미학적 즐거움, 윤리적 이상 등에 대한 인간적 요구를 적절히 다루지 않는 것과 마찬가지로, 신학적 모형도 측정 가능한 구체적인 것을 다루지 못한다. 두 모형은 모두가 부분적이며 불완전하나, 한편으로는 패권적인 충동을 품고 있다. 이러한 전능적인 경향이나 충동은 완성의 요구를 무시한다. 따라서 과학은 종교를 무시하며, 종교는 과학을 무시한다.

3. 창고에서 바라본 의학과 신학의 모습

다시 캄캄한 창고의 이미지로 잠시 돌아가서, 의학과 신학 양자가 모두 각자의 창고 안에 있는 내용물에 손상이 있다는 보고를 받았다고 상상해 보자. 의학계 사람은 그것을 고쳐야 한다는 생각에 사로잡혀 현장으로 급히 가서 손상되었다고 생각되는 첫째 상자를 즉시 열려고 할 것이다. 그들은 바로 그 자리에서 손상된 상자의 모든 것을 꺼내 놓고 손상된 것을 어떻게 고칠 것인가를 생각할 것이다. 그들은, 원래 손상이

---

299) 교황지상주의ultramontanism는 가톨릭교회에서 국가교회나 지방교구의 독립성을 반대하고 권력의 집중과 교황청의 영향력을 지지하는 입장을 말함.

발생한 상황이 바뀌지 않는다면 상자가 또다시 손상될 수 있을지, 창고의 잊혀진 구석에는 얼마나 더 손상된 상자가 있는 것인지 등의 질문을 하는 것은 생각조차 하지 않을 것이다.

반면에 신학자들은 실제 손상된 것을 직접 보아야 할 필요를 거의 느끼지 않으며, 자기들끼리 창고를 설계하고 정리하는 데 쓰일 초기계획을 정하는 데 가장 좋은 방법이 무엇일지를 논쟁할 것이다. 그들은 '창고론'의 본질을 이해하려는 데 그리고 원래 상자를 쌓고 정리한 사람들의 마음속에 중요했던 알려지지 않은 많은 가정들에 대하여 몰두할 것이다. 의학은 전체는 보지 않고 하나의 상자 속에 있는 손상된 내용물을 수선하는 데 집중한다. 신학은 선행 사건이나 패턴에 몰두하면서 전체 문제를 생각하면서 혼자 바쁘겠지만, 결코 상자를 열지는 않는다. 두 창고 모두에는 여전히 검사되지도 않고 쓸 수도 없는 상자들이 가득 차 있다. 의학(과학)과 신학(종교) 두 학문 분야가 실제로 서로 소통하고 서로를 약간씩 참조하면서 각각의 영역에서 궁극적 결과에 영향을 미치기 시작한다면 상황이 훨씬 좋아질 것이다.

대중적 수준에서 종교는 예술적이며, 직관적이고, 감성적이며, 가치지향적인 경향이 있는 한편, 신학 교육의 수준에서는 종교가 인지적이며, 이성적이고, 패러다임이 되려는 경향이 있다. 흔히들 신학 교육을 받는 모든 학생은 특정의 전통을 가진 사상과 이상의 역사적 발전에 뿌리를 둘 것이라고 기대한다. 신학 교육의 맥락에서 보자면, 500년 전의 문제나 쟁점에 누가 어떻게 접근했느냐 하는 것이, 언론에 회자되는 최신 이론이나 접근법보다 더 가치 있고 중요할 수도 있다.

그러나 의학 교육, 즉 오직 앞으로만 움직이는 패러다임에서는 10년 전이라도 오래 된 역사가 될 수 있다. 의학 교육에서는 의학의 역사를 배우지 않는다는 점에서 반역사적이며, 마찬가지로 신학 교육에서는 측정하거나 계량화하지 않는다는 점에서 대체로 반물질주의이다. 따라서 교육적 전통은 학생들에게 실재에 대하여 "이것이냐 저것이냐"의 패러다임 속으로 강제로 밀어 넣는 것이다. 다시 말하여 실재란 과학적인, 즉 물질주의이며 계량화가 가능하지만 실존적 의미가 없고 과학적 패러다임에 맞지 않는 개인적 문화적 가치를 전할 수 없는 것이거나, 아니면 실재란 종교적인, 즉 이성적이며 미학적, 감성적 그리고 패러다임적이지만 계량화나 사실에 기반을 두는 것은 가능하지 않는 것이다. 도대체 학생들은 무엇을 선택하란 말인가!

4. 노년학

대부분의 노년학은 과학적 패러다임에 확고하게 기반을 두고 있다. 그러나 자주 좌절감을 맛볼 것이다. 왜냐하면 수많은 쟁점들의 핵심은 감성적이고 미학적이거나 이성적이며 가치문제와 결부되기 때문이다. 과학적인 노년학 모형이 안락사, 윤리적 자살, 세대 간 갈등 등을 기계론적 인과관계의 물질주의적 관점에서 어떻게 다룬단 말인가? 측정과 계량화가 어떻게 성숙되고 분별 있게 결정하는 지혜에 공헌한다는 말인가? 어떤 철학적 또는 신학적 바탕 위에서 노년학자가 가치적 권고를 하는가? 가치적 결정을 밝혀 주었던 패러다임과 역사적 발전을 과학자에게서 기대되는 정확성으로 기술할 수 있겠는가? 종교적 관점을 채택한 노년학자들이 그들의 한계를 인정하듯이, 과학적 관점에서 움직이는 노년학자들은 자신들의 전문성의 한계를 인식할 필요가 있다.

예를 들면 감기약, 치질약 등 가정의약품 TV광고나 어린 시절 몇 차례 의사 치료를 받으러 간 것 정도에서 실용적 의학 지식을 가지고 있다고 가정하는 것은 곤란하다. 마찬가지로, TV 부흥사의 설교를 본 것, 어린 시절에 몇 학기 주일학교에 다닌 것, 불만족스러운 종교적 신앙을 버린 것 등에 기초하여 모든 종교는 불만족스럽고 이미 버린 종교와 거의 같다고 가정하는, 그러한 수준의 소양을 가지고 종교의 영역을 말하는 것 역시 곤란하다.

학문 분야 내에서 효과적으로 소통하기 위해서는 그 분야의 특징을 잘 살리는 상징적 패러다임을 사용해야만 한다. 지금까지 노년학의 발전에서는 과학적 계량화와 측정에 너무들 깊이 심취해 있다. 그 덕분에 노년학은 과학적 모험의 발판을 대학원 과정에 마련했다. 그러나 이 정도의 성공도 대부분 인식되지도 인정되지도 않은 채 흘려 보낸 대가를 치러야 했다. 과학적 논의에 그럭저럭 동등한 자격으로 참여한 대가는, 노년학이 사람의 삶에서 미학적, 감성적, 종교적 영역을 적절하게 또는 효과적으로 다루지 않는다는 것이었다. 그런데 이것은 노년학이 개인적이며 문화적인 의미로 해석되는 데 핵심이다. 단일 패러다임에 따라 작동하도록 한 문화적 홍정의 결과로, 노년학은 실존적 의미의 해석을 다루거나 종교의 언어를 풍부하게 사용하는 연구 문헌에서는 상대적으로 할 말이 거의 없게 되었다. 노년학이 종교적 영역에 들어왔을 때는, 소통의 수단으로 신학적 도구를 사용하지 않았으며, 오히려 종교적인 사람들을 연구 대상으로 바라보고 계량화와 측정의 도구를 가지고 연구하는 경향이 있었다. 그리하여 결과적으로는 노년학이 신학 교육이나 연구 대상의 경험적 삶에 대하여 거의 영향이 없다고 말할 수밖에 없다.

신학 교육 쪽에서도 패러다임으로서의 인간 노화는 거의 무시했다. 왜냐하면 그 전통에서는 역사적으로 노화가 고전적 학문 분야에서 주목받고 사색되는 쟁점이 된 적이 없었기 때문이다. '과학적' 노년학을 신학 교과 과정에 소개하려는 전략이라면 두 개의 모형을 섞도록, 특히 남의 눈을 신경 쓰지 말고 시도해야 한다. 만일 그 성공 여부가 신학 교육에 미친 영향의 정도에 따라 측정된다면, 불행하게도 이러한 접근법은 실패할 수밖에 없는 운명이다. 수십 년 동안 실재를 연구하는 인문학적 접근법을 익힌 신학 교수가 손쉽게 이 모든 것을 다 버리고 신학계의 동료 교수들과의 의미 있는 대화를 단절시키는 새로운 언어인 '노년학 언어gerontospeak'를 받아들일 수는 없다. 그렇다고 교환교수로 '타 영역에 첩자처럼' 들어간다 한들 신학 교육에 영향을 미치는 데 대단한 성공을 할 것 같지도 않다.

'첩자'나 '노년학 언어' 대신 필요한 것은, 한편으로는 노년학이 신학 교육에 자문 역할로 깊숙이 참여하고 다른 한편으로는 노년학에서 '종교적' 연구를 할 때 실천적인 신학 자문역을 적절하게 활용하는 전략이다. 이러한 전략을 구사함으로써 두 학문 분야는 각자의 독자적 학문적 통합성을 유지하면서, 상호 영역에 거름이 되고 그 결과 발달하는 새로운 단계로 나아간다. 노인에 대한 이해 없이는 과학과 종교 간의 간극을 메울 수 없다. 관심의 초점이 학문 분야 내부의 대화로 쏠릴 경우에는 노화의 실재는 대수롭지 않게 여겨질 것이기 때문이다. 전등을 들고 창고에 들어가서 쌓여 있는 상자에 대하여 내부자와 이야기를 시작하려는 이방인의 비전은 흥분되는 것이며, 내부자나 이방인 모두에 대한 약속, 즉 노년학에 대한 미래를 담고 있다.

응용 학문 분야로서 노년학은 독특하게도 실재에 대한 과학적 접근법과 종교적 접근법의 중간에서 가교 역할을 하기에 안성맞춤이다. 인간 존재의 본질적인 일치성은 나이가 들어가면서 신학자나 과학자 모두에게 점점 분명해진다는 것이다.

이러한 점을 인식하여, 노년학은 좀 더 포괄적인 연구와 성찰, 즉 더 전체론적이며 노화에 수반되는 인간의 경험과 모순 그리고 기회를 정확하게 더 잘 기술할 수 있는 모형 방향으로 나아갈 필요가 있다. 만일 노년학이 노화 경험을 전체론적인 의미에서 연구하고 틀을 갖출 잠재력을 완전히 실현하게 된다면, 이는 분명히 학문적 다원주의를 향한 움직임을 가속화할 것이 틀림없다. 노년학은 인문학인 역사, 문학, 철학, 윤리학, 신학 등으로부터 가져온 연구 도구를 더 폭넓게 활용함에 따라, 연구가 더욱 다양해질 것이다. 노년학의 충격이 학계에 더 널리 퍼질 것이며, 따라서 '노년학자'는 그들이 지금은 사회과학자나 심리과학자인 것과 마찬가지로 역사가나 신학자처럼 될 것이다.

만일 노년학이 앞으로 수십 년간 이러한 방향으로 나아간다면, 실재reality에 대한 과학적 모형이나 종교적 모형에서 쓰는 배타적인 "이것이냐 저것이냐either/or-ness" 방식을 진지하게 추궁하는 강력한 위치에 있게 될 것이다. 이러한 의미에서 노년학은 그를 낳아주고 구성하는 학문 분야에 진 빚을 갚기 시작하는 셈이며, 학문계의 지적 대화에 온전히 참여하게 되는 것이다.[300]

300) [저자 각주] 이 장의 초고를 읽고 클레어몽신학대학의 신학과 교수이신 Marjorie Suchocki 박사가 이 제안을 비롯한 많은 조언을 주셨음.

제6편

노화에 관한 사회과학적 관점

제6편: 들어가며

노년학에서 길잡이 역할을 하는 인식론적 가정들은 종교, 영성, 노화에 대한 연구를 제약하였다. 오랫동안 실증적 세계관에 결부되어, 노화를 연구한 행동과학과 사회과학은 대개 노인들의 다면적 영성의 표현과 그들이 이해한 신비와 신성경험의 결과에 주목하지 못했다. 게다가 노년학 연구에서는 노인들의 종교기관 참여에 대한 통찰이 거의 없으며, 그들의 믿음, 희망, 신뢰, 의심까지도 나타내는 사적인 기도의 표현을 인정하지 않는다. 노년학자들이 제시하는 수많은 설문지 속의 질문들에 답한다 하더라도, 무엇이 과연 긴 인생에 궁극적 의미를 부여하는가에 대한 믿음의 핵심은 거의 드러나지 않는다. 그러나 이제는 이렇게 고착된 결함이 노년학의 지평에 나타나고 있는 새로운 이론과 방법론으로 대체되어 가고 있다. 제6편의 장들에서는 현재의 이론적 및 방법론적 소용돌이가 영성과 종교에 대한 연구를 더욱 수용하는 결과를 낳고 있다. 몇몇 장에서는 역사적 관점을 추가함으로써 이러한 연구가 완전히 새로운 것이라고 주장하려는 유혹을 비판하고 있다. 아울러, 이러한 장들에서는 노인들이 중대한 생물학적 · 심리학적 · 사회적 변화에 적응하는 한편 자아, 타인, 세계, 하느님 등에 대한 의미 있는 인식을 위해 노력하는 것을 탐구함에 있어서 행동과학과 사회과학이 엄청난 잠재력이 있음을 입증한다.

먼저 제35장에서 Jackie Lanum과 James Birren은 생물학적 결정론이 장수에 미친 영향과 사회학적 결정론이 노화하는 개인과 사회적 세계의 상호작용의 형태를 결정하는 방식을 살펴본다. 그들은 변화하는 생물학적 자원, 사회적 조건, 행동통제와 자기규율의 심리학적 반응 등 호혜적인 상호작용에 대한 상세한 논의를 보여 준다. Birren의 역작용이론을 활용하여, 그들은 시간에 따라 자아를 상징적으로 표현하는 힘을 가진 신경계가 어떻게 생물학적 · 사회적 조건의 상이한 변화율을 보이며 자기규율을 유지하는가를 설명한다. 영성, 종교, 노화를 연구하는 사람은 역작용이론 속에서 노화의 전체론적인 설명을 찾을 수 있다. 이 이론은 생물학적 통찰을 진화론적 · 생리학적 수준에서 구체화하며, 노화가 구현되는 자아와 변화되는 사회적 조건의 상호성을 입증하며, 지적 · 감성적 자원 모두가 노화 과정에서 심리적 적응에 기여한다고 주장한다. 역작용이론은 영성과 종교가 어떻게 노인의 자기조절적인 반응을 지원하는지를 설명할 잠재력을 갖추고 있으며, 또한 노인의 영적 · 종교적 성장이 젊은이가 인생의 절박한 상황에 적응하는 데 긍정적으로 영향을 미치는 방식을 강조한다.

그 다음의 세 장은 영성, 종교, 노화의 연구에서 선구적 역할을 해 온 학자들이 집필하였다. Earl Brewer, David Moberg, Barbara Payne 등은 어느 노년학자도 이 연구의 중요성을 인식하지 못했을 시점에 노인들의 공적 · 사적 종교생활에 대한 연구를 행하고 저술하였다. 그들은 동료 사회과학자들에 의한 논문심사를 위해 실증적 관찰을 꾸준히 제시하고, 종교단체의 노인문제에 대한 관심을 지지하였으며, 노화의 영적 · 종교적 측면을 연구할 필요가 있다고 그간 그들이 느낀 절박함을 전문기관들에서 인식할 것을 주장하였다. 이들 장에서 독자는 영성과 종교에 대한 노년학적 연구의 역사를, 바로 노년학적 연구의 역사를 대부분 창시한 당사자들로부터 배우게 될 것이다.

Earl Brewer는 제36장에서 노화의 연구에 중요한 의미를 가지는 종교의 사회학에 대한 세 가지 이론적 관점을 개괄한다. 제5편의 신학자들처럼, Brewer는 종종 노인의 명예훼손을 초래하는 사회변화 속에서 사는 노인들에게 종교가 어떻게 연속성, 정체성, 확인 등의 인식을 제공할 수 있는지 보여 준다.

노인들의 삶에서 종교가 담당하는 역할에 대한 연구에서는 종교의 심리학적 · 육체적 평안에 대한 효과는 이미 앞의 장들에서 보여 준 바 있는데, David Moberg는 제37장에서 그러한 연구 결과를 1940년대까지 되돌아가 살펴보았다. 그는 사용되었던 다양한 연구 방법을 묘사하였고, 종교 영성 노화에 대한 실증주의적 접근법의 성취와 한계를 함께 열거하였다.

노년학은 Barbara Payne이 제38장에서 주장한 것처럼 이러한 연구의 정통성을 제때 인정하지 못했다. 처음 종교사회학자로 인식된 사람들에 의한 연구 노력의 역사를 살펴본 다음, Payne은 이제는 노년학이 종교와 영성의 연구를 수용할 준비가 된 것이라는 희망을 표명하며, 이 분야에서의 미래 발전이 크게 기대된다고 주장한다.

Brewer, Moberg, Payne 등이 노인 삶의 의미와 목적의 원천에 관한 제1세대 노년학자들을 표현했다면, 제6편 후반부의 두 저자는 제2세대를 보여 준다고 말할 수 있다. Gary Reker와 Steven Weiland는 제1세대가 처했던 것과는 다른 상황에서 연구를 수행하고 집필하였다. 노년학은 그 영역을 확장하여 종교와 영성의 연구를 거부하기보다는 기꺼이 받아들이는 이론과 연구 방법을 포함하기 시작하였다.

Gary Reker는 제39장에서 그 어떤 자격으로든 노인을 연구하는 모든 사람들은 연구 정보들의 정보소비자가 될 필요가 있다고 주장하며, 탐구에서의 실증적 · 현상학적 모형을 간략하게 설명해 보여 준다. 그는 실증주의와 조작주의에 기반을 둔 연구 접근법과 해석적 사회과학에 기반을 둔 것을 검토한다. 그는 정보의 취득 및 분석의 지시 방법, 정보 제공자를 보는 관점, 연구자의 해석적 역할에 관한 가정 등을 비교한다. Reker는 아주 알기 쉽게 비전문적 용어를 사용하면서 질적 분석과 정량분석을 규정하는 특징을 펼쳐 보여 준다. 그는 두 가지 분석 방법 중 한쪽이 낫다고 장점을 주장하며 소모하는 엄청난 에너지에 주목하면서, 노년학자들은 두 가지 접근법을 상호 보완적으로 볼 것을 주장한다.

제40장에서 Steven Weiland는 다양한 연구 방법에 점차 관용적으로 바뀔 경우의 노년학의 미래에 주목한다. 그도 Reker처럼 이론과 방법론의 다원주의를 요구한다. 만일 노년학자들이 노화의 새로운 의미를—이 중 일부는 영적 경험이나 종교적 믿음과 예배에서 발견되는데—추구한다면 그들은 전통적 과학적 패러다임의 한계를 인정해야만 할 것이다. 해석적 사회과학은 많은 노년학적 연구에 근원적인 가정들에 대하여 질문을 던진다. 문화를 분석하고, 묘사를 중시하며, 의미의 행위를 해석함 등을 통하여 새로 떠오르는 해석적 사회과학 모형은 노년의 영적 · 종교적 · 도덕적 차원의 회복에 관심을 보이는 노년학자들에게는 많은 희망을 준다.

제6편에서는 노년학이 그의 과학적 유산을 지속할 것이냐 아니면 한편으로는 동시에 현상학적 관점의 지지를 받는 변화에 문을 열 것이냐의 사이에서 몸부림치고 있는 모습을 드러낸다. 만일 노년학에서 다른 접근법들이 적대적이 아니라 보완적임을 성공적으로 인정한다면, 영성과 종교에 대한 지속적 연구의 미래는 밝아진다. 제2편에서 저자들은 의미를 추구하는 영적 동기와 이를 필요로 하는 많은 노인들의 종교적 반응, 양자가 모두 중요함을 분명히 보여 주었다. 제5편의 신학자들은 노화를 연구하는 사람들에게 노년의 평안에 관한 20세기 후반의 가설들을 다시 구성하도록 질문을 던지고 있다. 이제 노년학은 행동과학자 및 사회과학자들이 인문학에서 훈련받은 노년학자들과 협력하여 그들의 자원을 활용하여 노화의 영적 · 종교적 여정을 밝혀줄 것을 기다리고 있다. 아마 이러한 이해를 위한 지침과 통찰력은, 모호함과 역설을 감수함으로써 그것이 진실한 노화에 기여하도록 하는 노인들로부터 나올 것이다. 영성과 종교에 대한 연구를 지속하고 확장함으로써 노년학은 성숙되어, 생물학적 상태와 공동체적 삶에 얽매인 인간이 삶과 시간의 신비에 어떻게 응답할지를 이해하는 새로운 방법을 찾을 것이다.

제35장 성인발달의 이론과 개념

Jackie C. Lanum
James E. Birren

1. 노화심리학의 역사적 개요

노화는 역사가 쓰인 이래 줄곧 관심의 대상이었다(Woodruff-Pak, 1988). 자연과학이 인간 노화를 연구하기 훨씬 이전부터 노화나 장수에 대한 의문점은 신화나 종교적 믿음을 통하여 언급되어 왔다. Gruman(1966)은 역사적 신화에 나타나며 현대적 사고에는 뚜렷이 드러나지는 않지만 잠재해 있는 세 가지 테마를 밝혀냈다.

첫째는 노아의 홍수 이전인 '태고시대antediluvian' 테마인데, 사람들은 옛날에는 더 오래 살았는데 죄지음이나 은총의 상실 때문에 그 힘을 잃어버렸다는 것이다. 아담과 이브의 이야기는 바로 서양 종교에서 이 주제의 사례가 되는데, 이 신화는 거의 모든 문화에 어떤 형태로든 나타나 있다. 성경을 글자 그대로 해석하는 현대의 그리스도교인은 아담 930세, 셋 912세, 노아 950세, 므투셀라 969세 등 수명을 지적한다.

둘째는 그리스인들이 상상한 '상춘국 사람hyperborean'[301] 테마인데, 이 세상 어딘

301) 상춘국常春國이란 그리스 신화에서 북풍Boreas보다 더 북쪽 멀리에 있다고(hyper-borea) 상상한 신비의 사람 또는 그 땅을 Hyperborea라고 부른 것임.

가에 신의 호의를 입어 영생 혹은 청춘장수의 비결을 갖고 있는 사람들이 있다는 것이다. 현대의 상춘국 신봉자들은 히말라야, 안데스, 러시아 그루지야 지역 등 외진 곳에 장수하는 사람들이 있다고 주장한다.

셋째는 '회춘rejuvenation' 테마인데, 젊음이나 활기를 회복하는 특별한 물, 물질, 활동 등이 있다는 것이다. 다윗왕은 처녀와 함께 잤으며(1열왕 1,1-3), Ponce de Leon은 젊음의 샘을 찾으려고 플로리다를 탐험했다. 세 가지 신화 중에서 회춘 신화는 오늘날에도 가장 많이 남아서 다양한 비타민, 효소, 호르몬 등을 적어도 노화에는 부분적인 '치료제'라고 내세우고 있다. Comfort(1964)는 73세의 프랑스 생리학자 Charles Brown-Sequard가 했던 회춘 실험을 최초의 실험적 노년학이라고 인용한다. 즉, Brown-Sequard는 1889년 대중강연에서 원숭이 고환에서 추출한 것을 자신에게 주사했다고 보고했던 것이다.

벨기에인 M. A. Quetelet가 더 흔하게 최초의 노년학자로 간주되기도 한다(Birren, 1961). 그는 1835년 〈인간의 본성과 능력의 발달*On the Nature of Man and the Development of His Faculties*〉이라는 저서를 출간했는데, 그 책에서 그는 통계적 기법을 사용하여 인간 특성들에 대한 평균과 분포를 측정하였다. 이 가운데 그는 출생률 및 사망률에서의 편차 그리고 영국과 프랑스 극작가의 작품생산성 분포를 나이별로 살펴보았다. Quetelet(1835/1969)는 노화의 법칙성에 대하여 분명하게 기술한 최초의 인물이었다. "사람은 분명한 법칙에 따라 태어나서 성장하고 죽는데, 그 법칙은 전체적으로든 그들의 상호작용 형태로든 적절하게 규명된 적이 없다"(5쪽).

Darwin(1859)은 인간 발달을 자연세계의 일부로서 연구해야 할 또 다른 이유를 제시하였다. 즉, 자연도태natural selection[302]는 종species 사이의 연속성뿐만 아니라 변이와 개인차를 강조한다. Darwin의 사촌인 Galton(1883)으로 하여금 5세부터 80세까지의 9,337명의 남녀를 대상으로 200가지 특성을 측정해서 편차와 생애 변화를 파악하도록 한 것은 자연도태에 대한 그의 믿음 때문이었다. 서서히 자연적 결정론이 장수에 대한 기존의 설명이었던 운명예정설이나 신비의 힘을 대체해 나갔다.

1835년 Quetelet 출간 이후, 1922년에야 비로소 책 한 권 분량의 논문이 나왔다. 청년기adolescence라는 용어를 만들었고 발달심리학의 아버지로 간주되는 G. Stanley Hall은 그의 말년에 〈노쇠, 삶의 후반부*Senescence, the Last Half of Life*〉를 저술하였다.

---

302) 자연선택이라고도 함. 동종의 생물 개체 사이에 일어나는 생존경쟁에서 환경에 적응한 것이 생존하여 자손을 남기게 되는 것으로, 생물은 다산하며 또 개체마다 약간 다르다는 변이성을 가지는 데 기인한다는 것임.

Hall은 노년기는 아동기 단계를 거쳐 퇴행하는 것이라는 그 당시의 생각에 이의를 제기하였다. 또한 그는 설문지에 의하여 종교적 믿음과 죽음의 공포를 연구하였으며, 사람들이 나이 든다고 해서 반드시 종교적 관심이 증가하거나 죽음을 더 두려워하는 것은 아니라고 결론지었다(Hall, 1922). 비록 Hall이 현대 심리학 창시자의 한 사람이라는 위상에 있었음에도, 그의 노화 연구는 대부분 무시되었다. 1970년대까지는 심리학의 역사, 체계, 일반교과서, 편람 등에서도 노화를 주제로 언급하지도 않았으며, 이는 1959년에 출간된 〈노화와 개인 편람*Handbook of Aging and the Individual*〉에서도 마찬가지였다(Birren, 1959; Birren and Birren, 1990).

Birren과 Lanum(1991)은 노화를 심리학의 마지막 코끼리—코끼리를 한 부분씩 만지고 전체를 말하려던 눈먼 인디언들의 우화—라고 비유적으로 기술하였다. 이런 비유에는 몇 가지 암시가 있다. 첫째, 현재 노화심리학은 통합된 이론이 없이 부분적인 정보들이 쌓여 있는 몇 개의 섬island이라는 특징을 갖고 있다. 심리학자들은 학습, 성격, 인지 등과 같은 개별적인 하위주제들을 전공으로 하여, 이들을 다른 연령층의 사람들을 대상으로 연구해 왔다. 둘째, 노화는 금기시되는 본질이 있다. 노화는 죽음과 부담스런 관련성이 있고, 또한 삶의 의미에 관한 실존적 질문에도 부담스런 관계가 있으며, 노인의 적절한 역할이 무엇인가라는 도덕적 관점의 부담도 느낀다. 또한 노화 연구는 코끼리처럼 거대하고 복잡한 특성을 가지고 있다. 일반심리학의 과제는 행동이 조직되는 방법을 기술하는 데 그치는 반면, 노화심리학은 행동이 어째서 조직되기에 이르렀는지, 시간에 따라 어떻게 변화하고 어떤 조건 하에서 해체되는지 설명하는 역동적 체계를 다루어야 한다(Birren and Lanum, 1991).

심리학자들은 개인의 행동을 그들의 영역으로 생각해 왔으며, 개인은 내적인 생리적 영향에도 외적인 환경적 영향에도 반응한다고 오랫동안 인식해 왔다. 사회적 · 문화적 요인은 인간 행동에 대해 환경적 영향으로서 독특하고 심오한 영향을 미친다. 넓게 본다면 인지, 성격, 정서, 경험을 가진 개인이 생물적 세계와 사회적 세계 사이에 놓여 있는 것이다. 매 순간의 행동은 이 세 가지 세계의 독특한 상호작용에 의하여 결정된다. 노화에서는 심리학자들이 사람의 생물적, 행동적, 사회적인 측면의 시간 속에서의 상호작용을 동시에 고려해야 한다는 사실 때문에, 이 분야는 심리학과 생명과학 내의 다른 분야들에도 영향을 미칠 수 있는 특별한 이론적 잠재력을 가지게 된다.

2. 생물학적 및 사회적 결정론

생물학적 및 사회적 요인들은 노화심리학에 매우 중요하나, 지면상의 제한 때문에 자세하게 기술할 수 없어 아쉽다. 그러나 우리는 독자들이 참고할 수 있도록 주요 이론들을 요약하였다.[303]

노화에 수반되는 수많은 실질적 변화 중에서 가장 오래되고 가장 탁월한 노화이론이 생물학적 요인들에 관한 것이라는 점은 그리 놀랍지 않다. 생물학적 이론들은 궁극적으로 장수에 관심을 가지며, 다른 종species 사이의 수명 차이, 인간 기대수명에서의 개인차, 병에 걸리는 나이와 감수성, 나이에 따른 기능적 능력의 변화 등을 다룬다(〈표 35-1〉). 나이에 따른 질병의 증가는 의학계에 대한 높은 관심과 함께 노화의 생물의학을 탄생시켰다(Estes and Binny, 1989). 그러나 노화와 질병의 관계 또한 노화와 사망의 관계처럼 여전히 불분명하다. 나이가 들어감에 따라 그 가능성이 증가하지만 질병과 죽음은 나이와는 상관없을 수도 있다(Cristofalo, 1988). 생물학적 노화의 메커니즘이 아직 밝혀지지 않았으며, 설혹 밝혀졌다 하더라도 노화 과정에의 기술적 개입 가능성은 윤리적·도덕적 문제를 불러일으킬 것이다. 이 문제에는 아직 직면할 준비가 되지 않았으며, 아마도 종교와 윤리가 크게 공헌할 수 있는 영역이다.

사회적 이론에서 다루는 중심적 문제는 역할, 규범, 사회화 등이 개인간 또는 개인과 사회 간의 상호작용을 처방하는 방식에 관심을 가지는 것이다(〈표 35-2〉). 나이는 다양한 사회적 위치에 대한 자격이나 적절성을 결정하는 개인별 속성 가운데 하나이다. 또한 나이는 특정 위치에 있는 개인의 행동을 한정시키기도 한다(Atchley, 1991).

노화의 사회적 결정 요인을 설명하는 데 있어서 주된 어려움은 노화에 대한 사회의 영향과 개인의 노화 경험을 동시에 고려해야 한다는 점인데, 사실 둘 다 사회적 기원을 가지고 있다. 연구자들은 대체로 양자의 관계나 서로 변화되는 메커니즘은 고려하지 않는 거시적 혹은 미시적 분석에만 빠지는 경향이 있다. 게다가, 독립변수와 종속변수를 구분하기 어렵게 하는 상호작용이 있다. 예를 들면 개인이 만족과 평안을 느끼는 것은 활동이나 이탈(경우에 따라서)에 의해서 발생하는데, 평안의 느낌은 또한 활동을 결정하기도 한다. 사회학자는 일반적으로 집단의 사회적 구조를 결정변수로 선택하지만, 심리학자는 개인의 구성 요소에 주안점을 두고 그것이 어떻게 행위에 관계되는지 살핀다.

---

303) 저자는 이러한 자료를 〈표 35-1〉 및 〈표 35-2〉로 요약해 주신 Susan McFadden께 감사드린다.

〈표 35-1〉 생물학적 결정론에 근거한 노화이론

<table>
<tr><th colspan="2">이론</th><th>주요 문제</th><th>주요 가정</th><th>이론가</th></tr>
<tr><td colspan="2">진화론</td><td>탈생식기 단계에서 차별화와 적응이 계속되는가?

장수는 유전적으로 결정되는가?</td><td>자연도태의 힘은 나이가 들어감에 따라 감소하고, 노쇠에는 직접적이고 선택적인 영향이 있을 것이다.
1) 부모가 장수하면 자녀도 장수함
2) 보편적인 성차는 여성이 우세함
3) 수명은 종에 관련이 있음
4) 일란성 쌍생아의 사망 시기는 비슷함</td><td>Darwin (1872)
Rose (1991)
Rockstein (1974)</td></tr>
<tr><td colspan="2">게놈설</td><td>노화는 유전적으로 프로그램이 되어있는가?</td><td>1) 특정 유전인자가 노후에 죽음으로 이끄는 생리 기능을 할 것임
2) 세포는 재생산될 수 있는 횟수가 결정된 프로그램을 가지고 있음</td><td>Hayflick (1977)</td></tr>
<tr><td colspan="2">노쇠 및 소모설</td><td>대사비율이 장수에 영향을 미치는가?</td><td>에너지소비 대사비율이 수명에 영향을 미친다.</td><td>Rubner (1908)</td></tr>
<tr><td colspan="2">프로그램 진행설</td><td>생의 초기 단계에 긍정적 결과를 가져온 유전자가 생의 후기에는 부정적 영향을 미치는가?</td><td>유전자는 더 이상 문제를 고칠 수 없거나 신체의 노쇠를 감소시킬 수 없을 것이다.</td><td>Enesco and Kruk (1981)
Masaro (1984)</td></tr>
<tr><td rowspan="4">하위이론</td><td>유전자변이설</td><td>유전자 변이는 축적되는가?</td><td>유전자 변이는 세포의 기능 상실, 즉 암과 같은 질병에 대한 저항력을 낮추는 원인이 된다.</td><td>Sinex (1974)</td></tr>
<tr><td>오류축적설</td><td>신체의 단백질 변화는 노화에 영향을 미치는가?</td><td>단백질 합성과 관련된 문제가 발생하면 세포 손상을 유발한다.</td><td>Cutler (1982)
Bjorksten (1974)</td></tr>
<tr><td>신경내분비설</td><td>시상하부와 뇌하수체는 노화에 어떤 역할을 하는가?</td><td>신경내분비물질은 신체의 종합적인 시간계시원 역할을 한다. 이것들의 변화는 항상성 기능을 감소시킨다.</td><td>Finch and Landfield (1985)
Dillman (1981)</td></tr>
<tr><td>자가면역설</td><td>면역체계는 변화하는가?</td><td>1) 면역체계는 신체의 단백질에 대한 항원을 증진시킬 것임
2) 이질 단백질을 인식하거나 파괴하는 능률이 떨어질 것임</td><td>Walford (1969)
Adler (1974)</td></tr>
</table>

〈표 35-2〉 사회적 결정론에 근거한 노화이론

이론	주요 문제	주요 가정	이론가
이탈이론	노인들의 역할은 자신들이 원해서 사회적 힘이 부여하는 역할에서 제외되는가?	개인과 사회적 세계에서 서로 상호적인 이탈 과정은 규범적이다.	Cumming and Henry (1961)
활동이론	다양한 유형의 활동은 노인들의 적응에 어떤 기여를 하는가?	1) 의미 있는 활동은 개인과 사회의 상호작용에 의하여 정해짐 2) 비공식적 활동은 평안에 공헌하고, 매우 구조화된 활동은 평안을 방해하고, 혼자만의 활동은 거의 영향이 없음	Caven 외 (1949) Burgess(1960) Longino and Lipman (1982)
지속성 이론	사회적 역할의 안정성이 가져오는 결과는 무엇인가?	1) 안정된 역할을 유지하는 사람들은 노화에 매우 잘 적응함 2) 성격의 안정성은 역할의 지속성과 평안을 증진함	Atchley (1971) Neugarten et al(1977)
사회적 능력/와해이론	개인적 상황과 사회적 기대는 어떻게 동태적으로 상호작용을 하는가?	1) 사회적으로 개인적 역기능이 강화될 때 부정적 피드백이 일어남 2) 비규범적 행동은 부정적 꼬리표가 붙는데, 개인이 이 부정적 역할을 수용하면 이 행동은 계속됨	Kuypers and Bengtson (1973) Matras (1990)
연령층화이론	동시대집단(cohort)은 노화에 영향을 미치는가?	1) 노인의 특성은 집단에 따라 다를 것임 2) 노인은 건강, 직업, 지위 등에 대한 주된 가정을 재설정하는 하위문화를 발달시킴	Foner (1974, 1986) Rose (1965)
의존이론	정치적/경제적 힘의 분배는 노인에게 어떤 영향을 미치는가?	1) 정치 경제 지위는 노화의 결과를 결정하며, 특히 여성에 영향을 미침 2) 정부의 노인 프로그램은 서비스업의 직장을 제공하나, 생활 상태를 크게 변화시키지는 않음	Wallerstein (1979) O'Rand and Henretta (1982) Estes(1979)
사회적 교환론	나이가 다른 집단들 간의 사회적 상호작용을 유지시키는 것은 무엇인가?	1) 서로에게 이익이 된다고 생각하면 상호작용은 발생하고 유지됨 2) 노인은 교환관계에서 제공할 수 있는 사회적으로 가치 있는 특성이 없으므로 상호작용이 적음	Blau(1964) Emerson (1976) Dowd (1975, 1978, 1980)
사회적 현상론	나이와 노화의 의미는 사회적으로 어떻게 해석되는가?	매일의 사회생활은 사람들이 그들의 생활환경을 주관적으로 평가하는 방법에 영향을 미침	Gubrium and Lynott (1983)

3. 심리학적 결정론

심리학에서의 연구는 매우 다른 두 가지 관점에서 시작되었다. 첫째, 심리학자들이 철학자로부터 넘겨받은 문제를 과학적 연구기법으로 다루는 고전적인 학문적 관점이 있다. 주로 인식론적 문제인 인지, 학습, 기억, 주의, 문제 해결 등을 다룬다. 이들은 심리학의 주요 연구 영역이 되었으며, 개인의 기능 수행에 영향을 미치는 특정 요소의 과정에 관심을 가진 실험자들이 지배하고 있다. 이러한 연구자들에게 있어서 나이는 다룰 필요가 있는 변이 요인이다. 이 분야의 많은 실험자들은 그들의 연구를 확장하여 노인을 실험 대상으로 포함하였는데, 많은 실험적 노화 연구문헌에서는 노인과 젊은이를 비교하여 성과의 차이를 설명하려고 한다. 이 관점에서는 발달의 문제는 부차적일 뿐이다.

둘째 관점은 임상적 관심에서 유래한 것이며 그 근원은 의학에 있다. 여기에서는 무엇이 정상인지 비정상인지에 대한 연구에 집중하고, 발달이 좀 더 중심적인 관심사이다. 개인별 차이는 변이 요인일 뿐만 아니라, 주요 관심 주제이다.

노화심리학에 관련된 모든 연구와 이론을 요약한다는 것은 불가능하다. 따라서 첫 번째 관점의 대표로는 인지이론의 선택된 영역을 살펴보고, 둘째 관점의 대표로는 성격이론을 살펴보기로 한다.

1) 인지이론Cognitive Theories

이론이 인지심리학의 내용에서 강조되지는 않지만, 자료의 수집에 있어서는 특정 주제와 관련된 축소이론miniature theories에서 추론된 가설에 의하여 지시를 받는다. 이러한 축소이론은 심리학의 더 넓은 전통에서 유래한다. 가장 잘 알려진 개념적 틀은 관념연합associationism[304]이나 정보처리information processing에서 나온 것이다.

관념연합은 역사적으로 볼 때 세계를 기계로 보는 뉴턴적인 개념에서 비롯되었다. 이 관점에서 보면 인간은 자발적으로 행동하지 않으며, 외부의 힘에 반응하고, 행동의 목록은 새로운 기구가 추가되면 증가하고 구성 요소 부품이 소모되면 감소한다. 모든 행동적 현상—반사작용과 타고난 연상으로 결정되는 소수를 제외하곤—은 학습

304) 연합주의 또는 연상(聯想)이라고도 하며, 우리가 마음속으로 다양한 아이디어들을 연결지음으로써 생각을 하고 학습을 한다는 학설을 말함. 영국의 존 로크 '오성론'에서 처음 사용된 개념임.

현상으로 환원될 수 있다고 생각한다. 자극(S)은 환경을 의미하고, 반응(R)은 행동을 의미한다. 학습이란 경험을 통한 S-R관계의 축적이고, 학습은 유기체(O) 내에 존재한다고 추론된다. 학습은, 추론된 중심적 구성개념이기는 하지만, 이전에 관계가 없었던 S들과 R들이 근접하여 발생하므로 나타난 것이다. 연습은 관념연합을 활용하는 능력을 증가시킨다. 관념연합을 촉진하기 위하여, 이미지나 다른 단서들도 S-R을 연결하는 매개체로 이용될 수 있다. 인지, 주의, 기억 등의 변화는 관념연합의 능력에 영향을 미치며, 관념연합을 일으키는 데 필요한 자극의 정도에도 영향을 미친다. 예를 들면 노화로 인한 감각의 변화로 인하여 관념연합을 활성화시키는 데 필요한 자극의 강도가 부족해질 수 있다.

1960년대까지는 매우 일반적인 접근법이었으나, 최근에는 관념연합에서 직접 유래하는 노화 연구는 거의 없다. 노인에게는 S-R 연합 학습에서 결손이 나타나는데, 이는 주로 노인들에게서 R의 반복연습이 동일한 시간 단위에서 더 적게 나타나기 때문이다(Korchin and Basowitz, 1957; Canestrari, 1963; Witte and Freund, 1976). 노인 대상자들은 S-R 학습을 위한 반복연습 과정에서 이미지를 매개체로 사용하거나 자발적으로 발견한 매개체를 사용할 가능성이 더 낮다(Hulicka, 1965; Hulicka and Grossman, 1967). 후자의 연구 결과가 나온 것은 아마 노인들이 더 이상 교육적 환경에 있지 않기 때문일 것이다. Treat 등(1978)은 노인은 연습한 후에는 매개체를 자발적으로 사용하기 시작한다고 하였다. 물론 노인의 매개체 사용 능력이 실제로 상실될 수도 있다(Kausler, 1991).

정보처리의 지적인 선조는 커뮤니케이션 이론과 컴퓨터 과학이다. 커뮤니케이션 이론에서는 불확실성을 줄이는 어떠한 것도 정보로 간주하며, 모든 정보처리 통로의 전달력은 한정되어 있다고 가정한다.

정보처리에서 두 가지 형태의 구조가 있다. 작동 구조operative structure는 제한된 저장 능력을 가진 채 처리 과정을 수행하며, 대용량의 저장 구조storage structure는 정보를 영구히 보존한다. 정신 작용은 에너지, 공간, 시간이라는 자원을 사용하는 일련의 단계들로 볼 수 있다. 왜냐하면 각 단계의 작동은 이를 수행하기 위해 시간이 소요되기 때문에, 반응시간은 정신적 시간으로 측정이 된다.

일반자원 모형에서는 인지 능력에서의 연령 차이를 다룬 이론을 사용한다(Salthouse 등, 1988). 여기에서는 노년에는 처리 능력이나 저장 능력이 감소되며, 하나의 자원창고에 모든 인지 활동의 요청이 집중된다고 가정한다. 자원이론에는 두 가지의 일반적 형태—공간 모델과 시간 모델—가 있다. 활동성 기억, 주의, 문제 해결 등의 모형에 관심이 있는 연구자는 제한된 공간 능력을 가정하는 경우가 종종 있는데, 저장 능력에 대하여는 모두가 동의하는 측정 방법이 아직 없으며, 측정 방법이 다른 추정치들 사이에는 상관관계가 높지 않다.

노화에 대한 과학적 연구 중 가장 잘 알려지고 잘 문서화된 결과는 나이가 들어감에 따라 수많은 과업에 있어서 처리속도가 일반적으로 느려진다는 것이다. 나이가 들면서 늦어지는 것은 많은 연구에서 반응시간이 길어지는 결과를 가져온 주변적 변화에 의해서는 설명될 수 없다는 점을 보여 주었다(Birren and Fisher, 1992). 나이와 관계된 지연현상이 모든 과업에서 심지어 모든 종에서 나타나는 일반성은 중추신경계의 근본적 특성이 관여된다는 것을 시사한다.

일반화된 지연가설은 처리 능력의 결손을 설명하기 위하여 Cerella 등(1980), Cerella(1985), Salthouse(1982, 1985a, 1985b)에 의하여 더욱 정교해졌다. 시간은 공간적 자원과 전략적 효율성에 대한 간접적 측정치로 간주된다. 속도의 수량적 변화는 질적 변화를 가져올 것이다. 이는 작동의 지연은 어떤 전략이 더 이상 효과적이지 않다는 것을 의미하기 때문이다.

지연은 간단한 과업보다는 복잡한 과업에서 더 많이 나타난다. 지연은 각성의 수준이 낮아지거나(Birren, 1970), 잡음 대비 신호비율signal-to-noise ratio이 낮아진 데 기인한다고 할 수 있다(Salthouse, 1985a). Salthouse는 주기시간이 증가하는 데 대하여 컴퓨터 아날로그를 예로 들어 설명했다.

신경망가설은 몇 가지 간단한 가정을 하였다(Cerella, 1991; Greene, 1983). 뇌는 신호가 투입과 산출 사이를 왕복하는 고리links와 마디nodes로 구성되어 있다. 반응 잠복latency은 왕복하는 고리 개수의 함수이다. 만일 하나의 고리가 끊어진다면, 우회가 발생하여 투입과 산출 사이의 고리 개수가 증가하기 때문에 시간이 더 걸린다. 고리를 상실할 위험률은 일생을 통하여 일정하더라도 축적되기 때문에 나이가 들면 효율성이 크게 감소하는 것이다. 이 과정을 모형화한 방정식으로 넓은 범위의 정보처리 상황에 걸쳐서 연령별 결과를 예측한다(Cerella, 1991). 중추신경계의 퇴화에 대한 몇 가지 개념은 수많은 과업별 효과들을 설명하면서 오용, 신중, 주의력 결핍 등과 같은 것에 의존할 필요성을 없애는 것처럼 보인다.

일반화된 지연가설과 신경망가설의 주요 강점은 나이에 의한 결손은 특정 처리 단계에 국한되는 것이 아니라 신경계를 통하여 전파될 수 있다는 인식이다. 그러나 일반화를 제한하는 몇 가지 약점도 있다. 첫째, 지연의 일반화에는 명백한 예외가 있다. 읽기와 말하기의 반응시간은 영향을 덜 받는 것 같고(Waugh, 1980; Neges and

Andrews-Kulis, 1976; Nebes, 1980), 고도로 연습되어 자동처리 수준까지 올라간 과제는 지연되지 않는다(Kausler, 1991). 둘째, 대부분의 인지심리학자들은 과업별 분석을 포기하지 않으려 한다. 이러한 일반모델은 개인별 변동성과 서로 다른 문제 해결 전략들의 효과는 다루지 않는다.

개인별 변동성과 성과 향상 방법에 대한 높은 관심을 보이는 것이 지능과 노화에 대한 최근 연구의 특징이다. 일반적으로 말하면, 연습된 정신 활동은 발달이 계속되는 반면, 연습되지 않은 정신 활동은 악화되는 경향이 있다(Denney, 1982; Cornelius, 1984). 교육과 작업 환경은 지적 기능의 유지에 중요하다고 강조되었다. Kohn과 Schooler(1983)는 폭넓은 다양성을 가진 일을 하거나 스스로 자신의 우선순위를 결정한 사람들이 유리하다는 것을 밝혔다.

지적 기능의 측정에 사용된 도구는 교육받고 있는 젊은이를 위하여 개발되었으며 노인에게는 생태학적으로 타당하지 않다. 생태학적으로 타당한 검증이란 성인의 기능이라는 맥락에서 볼 때 중요한 것을 측정한다는 의미이다. Schaie 등은 무엇이 적절한가를 결정하는 사회 구조라는 맥락에서 노화를 조사하였다(Schaie, 1977-78; Schaie and Schooler, 1989). 지식의 획득은 젊은이에게 강조된다. 직장과 가족이라는 맥락에서 젊은 성인은 이전에 습득한 인지기술을 적용할 것이 요구된다. 성인 초기에는 지식의 습득과 융통성이 강조되지만, 중기와 후기에는 안정성, 책임성, 약속 등이 강조된다. 노인은 신체와 맥락의 상실로 인한 추가적인 요구를 스스로 보완해야 하는 현실에 직면한다.

실제로 성인의 사고는 질적으로 다를 것이다. 왜냐하면 주어진 과업의 구체적 차원만이 아니라 자신과 타인에 대한 지식을 포함한 사회적 차원의 통합성이 요구되기 때문이다(Labouvie-Vief and Blanchard-Fields, 1982). 여러 연구에서 지능의 부분검사들 사이에는 높은 상관관계가 있음이 밝혀졌는데, 이는 '탈분화dedifferentiation'[305] 또는 '신통합neointegration' 등으로 해석되었다(Baltes 외, 1980; Cunningham and Birren, 1980). 노인들에 대한 좀 더 통합적인 층화 전략의 실증적 증거가 존재한다(Kramer and Woodruff, 1984). '지혜'라는 더 좋은 개념의 발전에 따라서, 노인의 지적 기능을 이해하기 위한 더욱 타당한 검증을 창안할 수도 있을 것이다.

---

305) 탈분화를 역분화라고도 함. 부분적으로 혹은 완전하게 분화한 세포가 그 특성을 상실하고 이전의 발달 단계로 되돌아가는 것을 말함.

2) 성격이론Personality Theories

대부분의 심리학자들은 한정된 행동 영역에 대하여 축소이론으로 연구하는 전문가이지만, 성격이론가들은 통합적이다. 그들은 다양한 심리적 과정이 기능적인 전체로서 어떻게 함께 작용하는가에 관심을 갖는다. 성격이론가들은 두 가지의 주요 발달 문제에 관심을 가져왔다. 평생 동안 성격이 어느 정도로 안정되는가? 발달 단계의 결과에 의하여 어느 정도로 변화하는가? 그것이 자연적 결과인가 아니면 무작위적인 경험, 환경적 사건, 건강과 같은 다른 변수들의 영향을 받아 나타나는가?

초기의 발달이론은 변화하는 신체적 능력과 환경적 요구에 따라 성격이 계단형태로 발달한다는 단계이론이 지배적이었다. Freud는 단계이론의 최고 이론가였으나, 성인 발달에는 공헌하지 않았다. 왜냐하면 그는 대부분의 주요한 변화는 5세 이전에 이루어지며, 발달은 필연적으로 사춘기에 완성된다고 믿었기 때문이다. 정신분석은 아동기의 해결되지 않은 잔여 갈등을 가진 성인을 대상으로 대리부모 환경에서 진행되는 회고적인 분석이었다. Freud(1924)는 정신분석은 50세 이후 개인에게는 유용하지 않다고 하였다. 왜냐하면 축적된 자료들이 너무 많아서 검토하거나 해결할 수 없었으며, 지적 능력 감소로 더 이상 학습할 수 없게 되었기 때문이다.

반대로 Jung은 중년이나 노년기 환자 다루기를 좋아했다. 왜냐하면 그들은 삶의 복잡성을 이해하기 시작했기 때문이었다(Butler and Lewis, 1977). Jung은 엄격한 단계이론가는 아니었지만, 인생의 계절에는 각각의 특별한 특성, 가치, 과업 등이 있다고 말했다(Staude, 1981). 그는 사람이 새로운 가치와 존재 방식을 찾을 때, 즉 이전의 것들이 불만스러워질 때, 각 계절 사이의 이행이 있다고 했다. Jung은 개인적으로 매우 힘든 중년기 이행을 겪었고 이에 대하여 상세히 기록하였는데, 그는 또한 노년기 이행은 영적 가치의 탐구가 특징일 것이라고 상정하였다.

Jung의 성격 체계에는 네 가지 기본적 기능인 감각, 감정, 사고, 직관이 있다. 각 기능에는 개인을 특징짓는 내향성introversion/외향성extroversion의 차원이 있다. 그리고 정신psyche의 다른 양극성으로는 남성/여성, 빛/어둠, 개인적/집단적 등이 있다. 생의 초기에는 어느 성격 기능은 다른 기능들보다 더 많이 발달될 수 있다. 그러나 인생 후반에는 여러 과업을 거치면서 덜 발달된 기능을 발달시켜 균형과 전체성을 이루는 것이다. 외향성은 인생 초기에 선호되는데, 주요 과업이 외부세계에 적응하는 때이기 때문이다. 후기에는 내향성을 선호하는데, 영적 중심의 발견을 포함한 개인화가 계속되기 때문이다. 또한 내적 조화와 균형을 달성하기 위하여 남자는 소홀히 했던 여성성을 발달시키려 하고, 여자는 남성성을 발달시키고자 한다.

Erikson(1959)은 정신분석이론의 단계 개념을 아동기에서 성인기까지 확대시킨 첫 번째 사람이다. 그러나 Erikson은 Freud보다 사회적 힘을 더 중요시 하였고, 각 단계에서 해결해야 할 심리사회적 위기에 따라 단계의 특성을 기술하였다. 한 단계의 성공은 이전 단계의 성공적인 해결을 바탕으로 쌓아가며, 그 해결이 영구적이지는 않다. 발달은 나이가 들어감에 따라 더 복잡해지고, 후기의 위기가 심각해지면 초기의 위기는 되살아날 가능성이 있다. 특히 청소년기의 정체성 위기는 여러 가지 형태로 재발할 수 있으나 최초 해결이 완료되고 나면 아마 더 쉽게 해결될 것이다.

Erikson 이론에서 노년기는 자아통합성 대 절망이 중심인데, 일생을 회고하여 의미 있는 전체성을 발견하거나 아니면 후회하면서 실패를 뒤돌아보는 때가 된다. 성공적 해결은 삶을 수용하게 하고 지혜를 최고조에 달하게 한다. 절망은 과거에 일어났을 수도 있었을 일이나 불투명한 미래의 전망에 중심을 둔다. Erikson의 이 개념에 대해 지금까지 체계적으로 연구가 이루어진 바는 없다.

단계의 개념을 적용하지 않고 평생의 변화를 설명하는 다른 이론들도 많이 있다. Robert Havighurst는 생물학적 발달과 사회적 기대에 근거하여 나이에 맞는 다른 발달과업이 나타난다고 주장하였다. 발달과업이란 이전의 성공적인 성취는 행복과 이후 과업에서의 성공을 이끌지만, 이전의 실패는 불행과 사회적 불인정 그리고 이후 과업의 어려움 등을 초래하는 것을 말한다(Havighurst, 1972). 60세 이상 성숙기의 과업은 건강변화에 적응하고, 은퇴에 적응하고, 배우자와 친구의 죽음에 적응하고, 같은 나이 집단과 연계하고, 자신의 죽음을 받아들이는 것이다.

Loevinger(1976)는 나이와 대체로 상관관계가 있는 성격 특성을 순응적, 양심적, 자율적, 통합적으로 규정했다. '통합적'은 가장 높은 수준으로서 노년기에 더 잘 나타난다. 유사한 방식으로, Vaillant(1977)는 대처와 적응의 모형을 사용했는데, 나이가 들어감에 따라 좀 더 성숙된 방어기제가 있음을 발견하였다.

Neugarten은 단계이론이 아닌 생애이론가로서 가장 유명한데, 생애 과정의 관점을 인정받았으며, 이로부터 많은 연구들이 나왔다. 그녀와 Havighurst 등은 캔자스시의 주민을 대상으로 대규모의 횡단면적 연구를 하였다(Neugarten and Associates, 1964). 그들은 Cumming과 Henry(1961)의 이탈가설을 검증하였는데, 그 결과는 수많은 다른 활동유형이 삶의 만족을 가져올 수 있다는 것이었다. 성격 요인들은 나이가 들어도 상당한 안정성을 유지한다. 생애는 하나의 발달적 전체라고 볼 수 있는데, 나이라는 규범이 성인 역할(예: 결혼, 직업, 은퇴)로 이행하는 시기에 영향을 미치고 자기에 대한 인식(예: 중년, 노년)에 영향을 미치는 것이다(Hagestad and Neugarten, 1985). 사람들은 자신의 행동이 자기 나이집단에서 인지하는 규범에서 어긋나는지를 점검한다. 그들의 행동과 자기개념은 그들 자신이 "때에 맞는지" 아닌지 생각하느냐에 따라 영향을 받는다.

Fiske(1980)는 '몰입commitments'을 분류하고, 그들이 예측 가능한 방법으로 변화하는지를 판단하고자 하였다. 그녀는 몰입의 주요 유형으로 대인적, 이타적, 통달mastery, 자기보호를 찾아냈다. 이것들은 시간이 지남에 따라서 약간 특이한 방법으로 변화하는데, '통달'에서 '대인적'으로 변화하는 특징이 남성에게 더 많으며, '대인적'에서 성취(즉, '통달')로 변화하는 특징은 여성에게 더 많다. 그녀는 이것을 '균형 맞추기'라고 하였다. 또 다른 연구에서 Fiske와 Chiriboga(1990)는 남녀 노인들은 평화, 고요, 지루함 간의 균형을 찾는다고 하였다. 지루함은 강력한 스트레스 요인이며, 남자나 여자나 틀어박히는 것을 원하지 않는 것으로 보인다.

다양한 성격 특성에서의 변화에 대한 많은 실증적 연구는 거대한 이론적 노력의 일부는 아니었다. 이들은 단지 평생 동안 성격이 변화하는지 아니면 안정되는지를 밝히는 것에 불과하다. 구체적으로는 내향성/외향성, 경직성, 조심성, 우울, 심기증hypochondria 등이 검토된다.

외향성 대 내향성을 검증한 최초의 횡단면적 연구의 결과는 노인은 젊은이보다 내향성이 더 높다는 것이었다(Brozek, 1955). Slater와 Scarr(1964)는 종단면적 연구에서 비슷한 결과를 발견하였는데, 다만 그 이유를 외향성인 사람이 죽으면서 탈락비율이 높기 때문이라고 하였다. 내향성이 장수와 관계있는지 여부에 대해 검증하는 연구는 더는 없었다. Schaie와 Parham(1976)은 내향성이 높은 이유가 동시대집단 효과 때문이라고 하였다. 즉, 현재 노인인 사람들은 현대의 젊은 세대와는 달리 개인적 표현성을 격려하지 않았던 시대에 성장하였다. 그러나 Neugarten(1977)은 사람들은 나이가 들어감에 따라 더 내성적으로 된다는 것을 일관성 있게 밝혔다. 내향성으로 보이는 것이 오히려 사색적임을 나타낼 수 있다.

Heglin(1956)은 나이가 들면서 경직성이 증가한다고 보고했다. Schaie(1958)는 경직성의 다른 유형들을 관찰함으로써 이러한 결과에 단서를 달았으며, 이들을 지능검사 결과와 연관시켰다. Chown(1961, 1972)이 지능의 차이를 통계학적으로 통제했을 경우에는, 나이에 따른 경직성의 차이가 사라졌다. 나이에 따른 경직성 차이와 지능검사의 결과는 노화에 기본적으로 나타나는 중추신경계의 둔화와 관련성이 있을 수도 있다(Birren, 1964). 경직성도 또한 동시대집단 효과에 민감한 요인이기도 하다. 미래의 노인들은 덜 경직될 것이다. 왜냐하면 지적 능력이 성장할 수 있는 기회가 계속 되는 복합적 환경에 계속 노출되기 때문이다(Botwinick, 1978).

조심성이란 중추신경계의 둔화에 대한 자연스러운 반응일 수도 있는 또 하나의 특성이다(Birren, 1964). 노인 대상자들은 일반적으로 그릇된 반응을 보이기보다는 반응을 보류하는 경향이 있다. 젊은 대상자들은 아주 즉각적으로 추측하고 저지르는 실수를 할 것이다. 달리 말하자면, 무엇을 깜빡 잊고 빠뜨리는 실수는 노인 집단이 채택한 상이한 성과기준이거나 아니면 감각의 둔화 때문일 것이다.

우울은 노인들에게 가장 흔한 정신질환이며, 여러 가지 상실 체험의 부산물이다. 그러나 역학조사 결과에서는 노인이 다른 세대의 사람들보다 우울증 발병률이 더 높지는 않다고 한다(Blazer, 1982; Boyd and Weissman, 1982; Craig and Van Nata, 1979; Hirschfield and Cross, 1982).

심기증은 신체적인 증상과 질병에 대한 비정상적 집착으로, 노인에게 종종 나타나는 특성이다. Costa와 McCrae(1985)는 10년간의 종단면적 연구를 통하여 노인들이 건강을 염려하는 것에는 차이가 없다고 하였다. 그러나 횡단면적 연구에서는 MMPI 척도의 점수가 노인에게서 더 높게 나타났다(Calden and Hokanson, 1959; Swenson, 1961). 육체적 평안에 대한 과도한 걱정은 건강 변화의 한 결과이기도 하지만, 이 집단이 심리적 곤경을 직접 표현하는 것을 회피하는 결과일 수도 있다. 즉, 미국의 현재 노인세대에서는 심리적 문제가 성격 결함과 동일시되고 사회적으로 수용되지 않기 때문에, 심리적 문제가 과도한 건강 염려로 나타날 수 있는 것이다.

성격 변화와 나이에 대하여는 무엇이라고 결론내릴 수 있을까? 주요 결론으로는 일관성과 변화 둘 다 있지만, 실제 일어나는 변화는 개인 안에서 뚜렷한 지속성을 보이며 발생한다는 것이다(Neugarten, 1977). 사람들은 측정치가 가리키는 것보다 더 많이 변화되었다는 주관적인 견해를 가진다(Woodruff and Birren, 1972). 총체적인 삶은 좋아지지도 나빠지지도 않고, 심리적 평안은 증가되지도 감소되지도 않는다(McCrae and Costa, 1984; Costa외, 1987).

안정성에 대한 이러한 배경에도 불구하고, 몇 가지 변화는 정상적으로 일어난다. 남자노인은 일반적으로 '남성적' 활동이 줄어들고 더 친화적이고 정서적으로 되며, 여자노인은 젊을 때보다 더 적극적이고, 자기중심적으로 된다. 나이가 들면서 더 사색적이거나 내면적이 되지만, 이것이 사회적 퇴장을 의미하지는 않는다.

성격이나 노화의 발달적 단계에 대하여 어떤 결론을 내릴 수 있을까? 이 질문에 대하여 횡단면적 방법에 의한 많은 연구들의 평균점수로 대답할 수는 없다. 오히려 개인이 어떻게 변화하는지를 검사하는 광범위한 종단면적 연구가 필요하다. 불행하게도, 종단면적 연구는 꽤 짧은 기간을 대상으로 한다거나, 제한적인 모집단을 대상으로 하려는 경향이 있다. 심층면접을 수행한 연구들만이 단계이론에서 의미하는 질적 변화를 나타냈는데, 이것도 또한 연구자의 주관적 해석에 따라 달라질 수 있다. 이제 잠정적 결론을 내리면 다음과 같다. 성gender 관련 변수와 동시대집단cohort 관련 변수가 발달 단계보다는 더 나은 예측 변수라고 생각한다(Rossi, 1985; Lowenthal, 1975; Schaie and Geiwitz, 1982). 또한 대부분의 사람들에게는 노화란 익숙한 환경에서 익숙한 활동을 계속하는 것을 의미한다. 건강, 재정, 결혼 상태의 변화는 성격의 변화보다는 적응에 있어서 더 중요한 영향을 미친다.

4. 생태학적 노화이론: 역작용이론counterpart theory[306)]

개인에 초점을 맞추어 보면, 전략적으로 심리학은 세포와 기관을 연구하는 생물학과 집단과 문화적 상호작용을 연구하는 사회학의 중간에 놓인다. 이에 Bronfenbrenner (1977)는 유기체의 행동 경향은 유기체의 생물학적 배경과 이의 특정 환경과의 상호작용에서 도출된다고 보는 생태학적 관점을 제안하였다. 또한 노화이론에는 일생을 통한 행동의 시간적 경로, 변화, 변화조직 등을 포함할 필요가 있다.

노화의 통합이론global theory이 부딪히는 첫 번째 문제는 생물학적, 사회적, 심리적 과정이 같은 속도로 노화되지 않는다는 점이다(Birren and Achroots, 1984). 개인의 생물학적 나이란 잠재수명에 대한 상대적 위치를 말하는 것이며, 기능적으로는 죽음의 확률을 높이는 필수적 능력과 생리적 조절 과정의 손상으로 정의된다. 사회적 나이는 그가 소속된 특정 문화 속에서 다른 사람과 비교한 상대적인 역할과 습관을 가리킨다. 심리적 나이는 상황이나 환경의 요구에 행동적으로 적응할 수 있는 능력을 가리킨다. "분명히 심리적 나이는 생물학적, 사회적 요인에 의하여 영향을 받는다. 그러나 그 개념은 행동 통제나 자기조절을 위한 기억, 학습, 지능, 기술, 감정, 동기, 정서 등 적응 능력의 사용을 포함한다는 점에서 한발 더 나가는 것이다"(Birren and Cunningham, 1985, 8쪽).

---

306) Birren에 의하여 제안된 노화의 역작용이론counterpart theory of aging은 젊은 시절에는 생존과 성장을 위해 도움이 되었던 특징이 노년기에 이르면 오히려 역작용을 일으켜 부정적으로 작용하므로 노화 및 퇴화가 나타난다고 보는 것임.

노화는 초년기 발달의 거울상 이미지mirror image가 아니라 변화transformation이다. 서로 다른 시스템들은 서로 다른 속도로 노화되고 관계들도 똑같이 유지되지 않기 때문에, 노인은 현상학적으로는 젊은 시절의 자아와는 다를 수 있다. Birren과 Renner(1977)는 생애를 통하여 공존하는, 증가하는 기능 및 쇠퇴하는 기능들을 인식하는 노화의 정의를 구하고자 하였다.

Birren(1964)은 노화의 역작용이론에서 생태학적 접근법을 사용하여, 노화의 여러 측면에서 시간적 경로가 서로 달라서 생기는 어려움을 해결코자 애썼다. 역작용이론에서는 능동적 유기체를 가정하는데, 이 유기체의 노년 상태는 직접 프로그램 입력이 되지 않으며, 이전에 프로그램된 것과 현재의 환경적 체험—새로운 행동 적응이 요구되는—에서 나온 간접적 결과이다.

역작용이론의 출발점으로서 생물학적 노화는 무작위적인 소모 과정 그 이상의 것임을 지적한다. 예를 들면 특정 종에는 특유의 수명이 있다. 또한 개인의 수명과 그 부모나 조부모의 수명 간에는 관련성이 있다. 비록 유전적 프로그램에 대한 증거가 있다 할지라도, 사람이 재생산기가 지나면 유전적 프로그램이 잘 짜이지 않을 것이다. 왜냐하면 노년에서 재생산기 이후의 특성들은 도태압력selective pressure을 직접적으로 당하지 않기 때문이다. 비록 노화의 유전 프로그램이 초기발달의 프로그램보다는 잘 조정되지 않는다 하더라도, 재생산의 성공에 적합한 유기체를 만들어 내도록 잘 조정된 유전자들은 유기체의 노후 상태에도 영향을 계속 미친다. 이것이 발생할 수 있는 방법은 꽤 많다. 아주 간단한 것이라고 해도 비교적 직접적이며, 노년의 결과는 초기의 결과와는 다르다. Smith(1957)는 혈압을 예로 들었다. 어린 시절에 동맥 혈압을 최적의 평균치에 도달시키려고 하면, 노년기에는 고혈압이라는 해로운 결과가 나타날 가능성이 높아진다. 프로그램된 것이 노년에 나타날 수 있는 다른 방법은 다면발현pleiotropism[307]인데, 이는 복수의 결과를 가져오는 유전자가 초기 발달의 특징과는 다른 노후의 특징을 부호화하는 것이다. 그 결과로 노년기 유전병의 수와 종류가 늘어난다. 즉, 발달 프로그램은 해로운 화학물질 노출이나 영양실조와 같은 환경적 영향에 의하여 좌절되거나 타협되는 것이다.

생물 종별 수명이 뇌의 크기와 상관관계가 있다는 사실은 중요한 관찰이다. 특히 뇌중량지수—체중과 뇌 무게의 비율—는 수명의 핵심 요인이다(Sacher, 1977). 뇌는 개인의 적응에서 핵심 기관일 뿐만 아니라, 높아진 생존성은 장수한 노인의 후손에게

307) 다면발현pleiotropism은 1개의 유전자가 2개 이상의 유전현상에 관여하여 형질에 영향을 미치는 것을 말함.

도 나타날 것이다. 수렵사회에서 노인은 문화를 전수하는 중요한 중개인으로, 특정 환경에서 살아남고 기능하는 방법을 젊은이에게 전하는 정보의 조상이었다. 여기서 핵심은 장수를 위한 자연도태가 유리한 행동 특성과 연결될 수 있다는 점이다. 역작용이론에서는 나이가 들면서 증가하는 심리적 및 생물학적 '지혜'의 잠재력을 노화로 인한 변화의 일부로서 포괄한다.

생리적 하위시스템은 생명의 위계에 따라 정렬되는데, 하나의 실패는 위계의 아래 부분에 있는 시스템에 폭포 효과를 줄 수 있다. 위계의 최상층 시스템은 경험이나 '정보'를 기능 속에 넣어주는 것들이다. 즉, 신경계와 면역계이다. 둘 중에서 뇌가 가장 중요하다. 왜냐하면 뇌는 어미시계master clock[308]를 포함하고 있어서 뉴런(신경 단위)을 통해서 신체의 모든 부분에 전달되는 호르몬의 흐름과 정보를 통제하는 기능을 가지고 있기 때문이다. "신경계는 정보의 저장창고일 뿐만 아니라 신체의 통합시스템으로서, 다른 기관에 영향을 전파하는 핵심적인 위치에 있다"(Birren, 1988, 167쪽).

Birren(1988)은 시간 속의 방향성 인식을 갖는 심리적 존재로서 인간이 가지는 자아인식은 과거의 저장창고에서 유래한다고 주장한다. 유기체가 전략적으로 대응할 수 있는 것은 바로 이러한 축적된 경험 때문이다. 사람들은 새로운 사건에 적응할 뿐 아니라, 사건 흐름 속에서 자신의 위치에 대한 목표와 자기의식을 갖는다. 뇌에서 세포분열이 끝난 후 장수하는 뉴런은 일생 동안 유지되며, 그 안에 정보시스템을 가지고 있다. 이는 경험과 경험 과정을 축적해서, 일생 동안 새로운 상황들을 인지하고 다른 방법으로 행동하는 것을 가능케 한다.

사회적 경험은 신경시스템의 프로그래머이다. 그래서 믿음과 행동은 개인의 경험뿐 아니라 문화적 환경의 경험을 반영한다. 어떻게 노화하는가는 심리학만이 아니라 사회의 나이 규범을 반영하는 것이다. 행동과 신체대사의 과정을 조절하는 이중의 역할을 하기 때문에, 복합 신경시스템은 행동적으로나 생리적으로나 적응력의 최고 기관이다. 노화의 사회적, 심리학적, 생물학적 영역 간의 관계를 이해하려는 이론가들이 구하고자 했던 그 연결고리가 바로 뇌이다.

유기체는 마치 목적을 가진 것처럼 움직이며, 그 목적은 '자기조절'이다. 탄생 후의 생존 가능성은 유기체의 '생물학적' 자기조절에 따라 증가한다. 또한 생존 가능성은 유기체가 환경을 통제하는 행동적 적응에 따라 증가한다. 노화되는 개인이 신체적 능력이 감소함에도 불구하고 기능을 계속하는 것이 바로 '행동적' 자기조절 때문이다.

---

308) 새끼시계slave clocks에 시간적 신호를 제공하여 전체 시스템의 신호를 일치시키는 역할을 담당.

지혜는 메타 전략metastrategy[309)]을 포함할 수도 있다. 메타 전략은 현재 상황을 고려하고, 이전의 경험으로 통합하며, 정보를 처리하여 자기조절의 능력을 예전의 한계를 넘어 확장시킨다. Birren과 Lanum(1991)은 항해를 성공적으로 계속하는 노화되는 배의 선장을 비유로 들었다. 낡은 배의 불리한 점에도 불구하고, 선장은 자기 배의 성능, 가야 할 길, 바다와 날씨의 상태를 잘 알고, 항구에 도달하기 위한 새로운 전략을 개발할 수 있다.

역작용이론의 관점에서 보면, 발달은 평생 계속된다. 뇌중량지수는 장수와 정(+)의 상관관계가 있으며, 뇌는 노화의 생물학적, 심리학적, 사회적 영역을 통합하는 기관으로 변화하는 환경에 직면하여 새로운 전략을 가능하게 한다. 보다 노쇠한 유기체는 젊은 유기체의 변환이다. 이 변화는 유전 프로그램에 있는 진화적인 힘의 간접적 결과이면서 동시에 적극적이고 목적지향적인 유기체에 의하여 개발된 전략의 결과이다. 역작용이론은 유기체를 생태학적 맥락에 놓는데, 그 안에서는 시간의 경과로 유기체 능력의 구성에 영향을 주는 긍정적 · 부정적 결과 모두가 나타날 수 있다.

관심사의 분리

Dannefer(1988)는 노화 연구에 대한 가치 있는 평론에서, 나이 들면 인간의 이질성이 증가한다는 것이 인정되었음에도 불구하고 연구되지 않은 채로 그냥 있는 경우가 잦다고 지적했다. 첫째, 과학은 차이점이 아니라 보편성을 중시하는 규범적 세계관을 탐구하려 한다는 가정이 있다. 이러한 가정의 기저에는 자신의 이론이 실제적인 상황과 또 그렇게 되어야만 할 상황을 가장 잘 설명한다는 각 연구자의 신념이 있을 것이다. 이것은 규범성normativity과 정상 상태normality를 동일시하는 바람직하지 않은 경향이다. 둘째로 중요한 영향은 발달의 개념 자체에 있는데 연속성, 단방향성, 불가역성, 질적 구조적 변화, 보편성 등을 강조한다. 이러한 개념은 하등 생물체의 성장을 설명하는 데는 적절하지만, 인간의 노화를 설명하기에는 적절치 못하다. 인간의 노화는 생물학적 유기체의 노화에 인간의 활동이 여러 가지 방법으로 영향을 행사하는 변증법적 과정이다.

심리학자가 아닌 사람들은 노화에 대한 질문을 만들 때 행동 능력의 관점보다는 삶의 경험, 유형, 결과 등의 관점을 주로 하는 경향이 있다. 심리학에서의 연구는 삶

---

309) 주어진 상황에서 무슨 하위 전략들을 사용할 것인지를 결정하는 최상위에 있는 전략을 말함.

의 경험에 관한 질문을 다루지는 않는다. 행동을 과정이나 내용에 따라 구분하여 다루는 것은 연구의 효율성은 증가시키지만, 삶의 질과 대안적 목표에 대해 개인이 인식하고 느끼는 방식을 설명하지는 않는다. 노화되는 사람의 역학관계—삶의 목표, 동기, 의사결정, 만족 등—를 묻고자 한다면, 노인들의 내면적 생각을 알아볼 필요가 있다. 정서, 감정, 삶의 만족 경험 등을 측정하는 것은 더욱 어렵지만, 사람들은 인지 능력에 대한 계속적인 연구뿐만 아니라 삶에 대한 연구 또한 더 많아지기를 기대할 수도 있다.

우리가 다룰 행동양식이 삶의 경로에 중요성을 지니는가에 대해 의문이 있다. 어린 시절의 행동양식이 노후의 결과에 어떤 차이를 가져오는가? 이 의문은 심리학자들로 하여금 방법론 문제의 집착에서 벗어나고, 인류에게 더 큰 의미가 있는 광범위한 문제에 직면하도록 해 준다.

초기의 발달이 성인이나 노년 때보다 더 조직화될 수는 있지만, 노년생활이 단지 엔트로피entropy[310)]이거나 최적의 재생산 시기가 지난 후의 떠들썩한 해체 과정에 불과한 것은 결코 아니다. 다음 세기에는 성장하고 늙는 방법에서 차이를 가져오는 것이 무엇인지 심리학자들이 더 강력한 질문을 제기하고 답할 수 있기를 기대해 본다. 이와 같은 질문에 대한 답이 나온다면, 생산적이고 만족스러운 삶을 최대화하고, 고통스럽고 파괴적인 삶을 최소화하는 데 도움이 될 것이다.

---

310) 엔트로피는 무질서의 척도를 말함. 물에 잉크를 떨어뜨리면 잉크 분자가 물에 골고루 퍼지는데 (즉, 무질서한 상태), 이후에 잉크 분자가 다시 모이는 일은 (즉, 질서 있는 상태) 불가능하다. 이처럼 자연계에는 무질서한 상태로 되려는 경향이 있다고 하며 이를 엔트로피 증가의 법칙이라고 함.

제36장 사회학적 이론들

Earl D. C. Brewer

1. 서

인문과학에서 사회학은 비교적 새로운 분야이다. 현대 사회학의 뿌리는 18세기 및 19세기 계몽주의 사회철학자의 사상에 있다. 프랑스의 에밀 뒤르켕(1947)과 독일의 막스 베버(1963)가 최초로 사람들의 종교적 행동을 신학적 활동으로서가 아니라 사회 문화적 활동으로 탐구한 학자들이었다. 뒤르켕과 베버를 따랐던 초기의 사회학자들은 종교가 개인의 정체성과 사회적 연대성에 대한 인식을 제공하는 데 중요하다는 사실을 인식하였다.

사회학에는 인간 행동을 설명해 줄 수 있는 하나의 지배적 이론이 없다. 그러나 사회학적 사상의 초기부터 거슬러 살펴보면, 커다란 영향력을 미쳐온 세 가지 중요한 이론적 패러다임이 나타났다. 이들은 '구조적 기능주의', '갈등이론', '상징적 상호작용론' 등이다.

사회학은 20세기 노화의 연구에 큰 영향을 미쳤지만, 새로 등장한 종교, 영성, 노화 등의 분야는 어느 인문과학에서도 주의 깊게 다루지 않았다. 이 논문에서는 주요 사회학적 이론들의 중심 내용을 살펴보고, 특히 이들을 종교와 노화에 적용할 수 있는지를 검토할 것이다. 구체적으로는 사회학적 연구의 두 가지 중요한 영역—인구통계학적 연구와 사회변동[311]—을 고찰할 것이다.

2. 이론적 시각

구조적 기능주의structural-functionalism는 가장 중요한 해석 방식으로서 인간 사회는 거대한 유기체와 같으며 그 안에서 개별 행위자는 사회 내에서 확립된 지위, 역할, 규범을 표현하는 것이라는 생각을 전제로 한다. 그것은 시간이 지나도 계속되는 행동은 사회에서 어떤 가치나 기능을 수행한다고 간주한다. 그렇지 않다면 그 행동은 존속할 수 없을 것이다(Parsons, 1951). 노인들의 역할 상실에 대한 초기의 연구는 인간생활에 대한 기능주의적 이해에 기반을 두었다. 이는 삶이 주로 사회에서 할당된 역할과 기대에 의해 형성된다고 가정하였다. 많은 학자들은 역할 상실이 주로 후반기에서 발생하는 데 주목하였고, 이 상실을 사회적 위신과 권력의 상실과 동일시하였다. 학자들은 노인들이 축소되는 지위와 역할 기반을 대가로 종종 안전을 취하고 그 대신 위신과 권력을 내주는 교환을 한다고 주장한다(Dowd, 1980).

종교적 그룹 역시 중요한 역할과 위치에 있는 사람들이 바라는 행동에 따라 구성된다. 관습이나 역할 행동의 구조화된 틀은 그것이 사회 또는 개인을 위하여 어떤 유용한 목적에 봉사한다고 믿어지기 때문에 유지되는 것이다. 또한 기능주의는 사회가 변화나 혁신보다는 안정을 추구하는 경향이 있기를 기대한다. 종종 과거의 사건이나 사람들을 되새기는 것을 수반한 종교적 관습은 사회를 안정시키고 변화를 억제하는 데 도움이 되는 것으로 간주된다. 종교기관은 사회 유지에 필요한 공통적 기본 가치를 주입시키는 데 도움이 되는 것으로 본다(Weber, 1963). 사회 시스템 이론을 찾으려는 이론적 노력은 일반 시스템 이론의 등장으로 다시 활기를 띠게 되었다(von Bertalanffy, 1968; Buckley, 1967).

갈등이론conflict theory은 이와 대조되며 종종 권력이론이라고도 지칭되는데, 이는 사회에서 일어나는 갈등과 변화가 모두 필연적이며 정상적인 것이라는 가정을 전제

311) 사회변동social change이란 사회의 정치 경제 체제나 가치 체계 등이 부분적으로 또는 전체적으로 변화하는 과정을 말하며, 대표적 예는 사회 발전 단계, 현대사회의 공업화, 도시화 등에 관련된 것임.

로 한다. 어떤 사회에서나 크게 두 부류의 사람들이 나타난다. 즉, 중대한 권력을 가진 부류와 그러한 권력이 없는 부류이다(Coser, 1956). 이러한 두 집단 사이의 갈등은 지속적이다. 이러한 생각은 칼 마르크스(1904)로부터 비롯되었는데, 그는 생산수단을 소유한 사람들과 본래 노동자인 사람들—즉, 자본이 아니라 손의 노동으로 돈을 벌어야 하는 사람들—사이의 권력 분립을 분석하였다. 마르크스는 이 세상에는 항상 가치 있는 것이 상대적으로 부족하며 상품, 서비스, 기타 재화를 차지하기 위한 경쟁 때문에 갈등이 계속된다고 가정하였다. 권력을 가진 지배계급 사람들이 사회의 중요한 제도를 장악하고, 그 제도를 활용하여 권력을 덜 가진 자들을 종속적인 자리에 계속 붙잡아 두려고 한다. 종교조차도 지배계급의 볼모로 또한 대중의 아편—사람들이 사회 질서에 도전하지 못하도록 하는—으로 보았다. 종교는 다음 세상에서 더 나은 삶의 약속 같은 것으로 가난한 사람들과 노인들에게 위안을 줄지도 모른다.

미국의 노인들은 1960년대에 그 문화로 인해 가난하고 권력을 박탈당한 그룹으로 인식되었으며, 이러한 '처지의 노인들을' 돕기 위해 미국노인법과 Medicare제도가 도입되었다. 이것은 가난한 노인들을 위한 공약이 제정된 이후에야 노인들을 위한 암묵적인 정치권력 기반이 존재했음을 시사한다. 확실히 1970년대 후반 미국은퇴자협회(AARP) 등 이익단체들이 워싱턴에 나타나면서 정치가들은 노인을 투표에 잠재적인 영향을 미칠 수 있는 집단으로 보았다. 그러나 AARP 회원의 급성장에도 불구하고, 1990년대에도 그러한 기대는 구체화되지 않았다. 그러나 이미 1960년대에 증가하는 양로원 비용과 노인 시민의 급증으로 인해 노인들은 조심스럽게 돌보아야 할 집단으로 여겨졌다.

상징적 상호작용론symbolic-interactionalism은 미국 문화 고유의 이론이다. 이는 시카고 대학의 사회철학자 George Herbert Mead(1934)가 처음으로 가르쳤던 이론이다. Mead와 동료 학자 John Dewey와 Albion Small은 다방면으로 미국 실용주의—법, 도덕, 사상보다는 행동을 중시하는 사상적 전통—를 반영하는 인간 행동의 이론을 가르쳤다. Mead는 사람은 삶 속에서 중요한 사람들과의 상호작용을 통해서 자기 정체성의 인식을 발전시킨다고 주장했다. 사람들의 자신에 대한 판단은 자기 삶에서 몇몇 중요한 타인들이 자신에게 내릴 것이라고 상상하는 판단의 산물이라고 보았다. 사회적 기반의 자기 인식으로부터 각 사람이 경험하는 역할과 관계의 상호성reciprocal nature에 대한 인식이 생겨난다. 그리고 이러한 패턴은 사람들이 서로 상호작용을 하면서 계속 조정된다. 이러한 상호작용의 의미와 상호작용을 이해하는 데 따른 재귀적 사회 과정은 사람의 행동 선택에 영향을 미칠 것이다(Payne, 1990, 30쪽). 사회는 사람들이 상호작용하는 과정 가운데에 자신들 사이에서 발달시킨 공통의 의미와 중요한 상징들에 의해서 주로 형성된다.

Chappell과 Orbach(1986)는 아직 연구가 미미하지만, 현재뿐만 아니라 과거의 의미도 우리의 의미 인식과 행동에 영향을 미친다고 지적한다. 사람들이 사회 안에서 공유하는 상징화된 의미를 형성하고 표현하도록 해 주는 집단들은 분명히 사회를 형성해 나가는 데 중요하다. 종교집단은 그러한 의미의 강력한 원천이다. 노인들이 종교집단에 정기적으로 참여하는 것은 사회의 진화하는 의미 체계에 참여자가 되도록 해 주는 것이다. 노인에게 그런 집단에의 접근을 차단하거나 제약할 경우 그들은 의미 인식을 상실하게 될 것이다(Mead, 1934).

위에서 말한 이론들은 모두 노인들의 삶에서 종교의 중요성을 조사하는 데 사용될 수 있다. 사회학적 연구의 두 가지 중요한 내용 영역으로 들어가면, 그 이론적 시각이 노인들의 행동에 대해 많은 것을 설명해 줄 것이다.

3. 인구통계학 및 인구집단 연구

> 널리 통용되는 인구통계학의 정의는 인구집단의 크기, 지역적 분포, 구성 그리고 이 요소들의 변화 및 출생률, 사망률, 지역적 이동(이주)과 사회적 이동(지위변동) 등에서 기인하는 구성과 변화에 대한 연구이다(Hauser and Duncan, 1959, 2쪽).

인구통계학은 학계에서는 몇 가지 학문 분야와 관련이 있다. 인구집단 연구는 중요한 사회학적 측면을 지니고 있다. 특히 한 사회의 사람들을 집단으로 나누고, 분석하고, 범주별로 비교 설명하는 데 도움을 준다. 인구통계학은 나이, 교육, 성별, 수입 등 사회적 특성에 따라 분리 비교할 수 있도록 해 준다. 인구 연구에는 사회의 나이 구조 변화를 포함하기 때문에, 인구통계학 관련 이론은 노년학에 아주 중요하다. 따라서 인구통계학은 노령 집단과 그들의 사회적 특성을 정의하며 이런 것이 바로 노년학의 중심을 이룬다. 인구통계학 이론은 또한 인구집단의 반복 패턴을 밝혀내고 그 집단들의 변화를 연구하고, 그런 변화와 함께 인구의 구성, 역학, 관계 등에 미친 결과를 다루는 일반화를 규정하는 것을 목적으로 한다(Matras, 1973).

인구통계학 연구는 20세기 후반기의 가장 극적인 변화 중 하나가 노인, 특히 초고령 노인 인구의 빠른 증가라는 것을 밝혔다. 1900년에 4%였던 65세 이상의 노인 인구가

1960년에 9%까지 증가하였고, 2020년까지 그 인구는 18%까지 증가할 것으로 예상된다. 한편 85세 이상 인구는 60년의 동기간 동안 7배 증가하였고 다음 60년간 7배 더 증가할 것이다(미국 상원 노인특별위원회, 1986).

아마도 가장 극적인 증가는 100세라는 말로 나타나고 있다. 미국에서 1980년에 불과 15,000명이던 것과 비교하여 2000년 100,000명, 2025년경 250,000명, 2080년에는 베이비붐 시대에 태어난 사람들이 100세가 되면서 거의 1,000,000명이 될 것이다(NIA 및 센서스국, 1987). 이러한 노인 인구의 급속한 증가에도 불구하고 많은 노인 인구의 요구를 상당히 충족시킬 수 있는 개인적, 사회적, 문화적 구조 변화는 부족하다. 이는 20세기 사회 변화에 의하여 초래된 분명한 도전이다.

많은 인구집단 연구는 미국의 노인과 젊은이를 비교하는 데 중점을 두었다. 수년 전에 〈노화와 사회*Aging and Society*〉에 연구 결과가 훌륭하게 요약되어 발간되었다(Riley and Foner, 1968). 그 저자들은 노인과 젊은이의 관계 그리고 인구 구조나 인구 역학의 다른 측면을 강조하였다. 그들이 사회적 역할의 연구를 검토한 것 중에는 노인 인구와 종교와 관련된 자료의 검토가 있다.

몇 가지 일반적으로 발견된 종교와 노화에 관한 것은 다음과 같이 요약될 수 있다. 〈노화와 사회〉가 이 분야의 연구문헌을 충분히 요약해 보여 주지만, 많은 연구는 횡단면적 접근법뿐이거나 국지적, 제한적인 표본에 근거하기 때문에 불충분하다는 점을 주목해야 한다. 이에 따라 그 연구 결과를 연구 대상 그룹 이외에 다른 그룹에까지 일반화시키는 데에는 문제가 있다. 초기 연구에 이은 후속조치로서 이론을 보다 적절히 사용하고, 종단면적 및 횡단면적 접근법을 모두 활용하는 연구 방법의 개선이 꼭 필요하다. Riley와 Foner의 자료에 따르면, 여성은 남성보다 조직적 종교생활에 더 적극적으로 참여하는 경향이 있다. 종교단체 참여는 나이에 비례하여 늘어나는 경향이 있다. 조직적인 종교 활동에의 참여는 인지된 건강 상태를 제외한 다른 어떠한 변수보다 여러 가지 삶의 만족도 척도와 더 일관성 있는 상관관계를 보인다. 많은 노인들의 삶에서 종교단체 참여는 다른 자발적 활동보다 더 오래도록 지속된다. 종교집단에는 여성 노인들이 더 활발하게 참여하지만, 종교 조직의 지도는 남성이 압도적이다(Riley and Foner, 1968, 484쪽).

종교집단과 노화에 대한 다양한 통계가 존재한다. 그중 하나가 〈미국 및 캐나다 교회 연감*The Yearbook of American and Canadian Churches*〉이다(Bedell, 1993). 보다 더 정확한 자료는 갤럽 등이 수행한 다양한 설문조사와 여론조사이다. 예를 들면 〈사람들의 종교*The People's Religion*〉에서는 종교적 관습에 대한 요약 정보를 담고 있으며,

그 일부를 아래에 소개한다(Gallup and Castelli, 1989).

다른 나이 그룹보다는 노인들이 더욱 종교가 과거(성장기)에나 현재에나 매우 중요하다고 믿는다. 60세 이상의 사람들은 연령별 그룹 중에서 가장 높은 비율로 하느님의 존재에 대해 결코 의심하지 않는다고 주장했다. 50세 이상의 72%가 사후의 삶을 믿었다. 노인들은 성령쇄신 예배에는 다른 집단보다 더 정기적으로 참석한다. 그들은 또한 가장 높은 비율(48%)로 종교 TV 시청을 한다고 하였다. 65세 이상의 거의 절반이 낙태를 금지하는 법 개정에 찬성하였다. 60%가 공교육에서 가치관에 관한 과목을 개발하는 것이 가능하다고 생각했다. 50세 이상 인구집단의 최소 26%는 교회가 개인적 및 가족적 필요를 충족시키는 데 훌륭하다고 응답하였고, 43%는 좋다고 응답하였고, 보통이나 나쁘다고 대답한 사람은 매우 적었다.

종교에 호의적인 시각은 '현재' 노인 집단의 견해일 뿐이다. 이것이 삶의 변화 때문인지 아니면 기간 효과 때문인지는 증거가 아직 없다. 따라서 종단면적 연구가 필요할 것이다(Brewer, 1986).

4. 사회 변동

노화 경험을 이해하는 데 도움이 되는 사회학의 중요한 또 하나의 내용 영역은 사회 변동 과정의 영역이다. 초기 그리스의 철학자 헤라클레이토스가 볼 때 변치 않는 유일한 것은 변화한다는 사실이었다(Wheelwright, 1959, 29쪽). 20세기는 끊임없는 변화의 시대이다. 그러나 헤라클레이토스가 주장했던 것처럼, 안식은 바로 그러한 변화를 통하여 온다. 그 사상을 이해하려면, 변화는 안정성과 연속성 사이의 긴장으로 보아야만 한다. 따라서 변화와 변화에 대한 저항은 서로를 맞춰 가는 쌍둥이 과정이다. 더 많이 변할수록 제 자리에 더 오래 머물 수 있다는 격언의 역reverse도 또한 성립한다. 즉, 제 자리에 더 오래 머물수록 더 많이 변한다.

사회학 이론의 거시적 수준에서 진화론적으로 이해되는 넓은 단계의 변동이론이 있다. 예를 들면 퇴니스Toennies는 공동체(게마인샤프트)와 사회(게젤샤프트)의 개념을 발전시켰다. 전자는 공동체적이고 전통적인 데 반하여, 후자는 조직적이고 현대적이다(Toennies, 1963). 퇴니스는 시골에서 도시로 그리고 전통에서 현대로 변화 또는 이동하는 것을 보편적이라고 상정하였다. 이와 유사하게 뒤르켕도 사회가 현대화하면서 기계적 연대mechanical solidarity에서 유기체적 연대organic solidarity로 변화한다고 설명하였다(Durkheim, 1964). 최근의 사회 변동 이론에서는 전통적 사회가 서구의 산업사회로 나아가는 소위 근대화의 변화 과정에 관심을 집중하고 있다(Moore, 1963). 그런 시기에 종종 주목을 받는 변화는 영적이거나 종교적인 관습에서 세속적 관습으로 이동하는 변화이다. Cowgill은 근대화 상황에 놓인 노인들은 지위와 특권의 심각한 상실을 경험한다고 주장한다(1972).

미시적 수준의 변동 이론에서는 개인과 소집단에 영향을 미치는 변화 과정을 조사한다. 각 개인은 역할, 상호작용 패턴, 가족 및 집단 관계 등 출생에서 죽음까지 인생경로의 변화를 경험한다(Brewer, 1979). 현재의 노년 집단은 한정된 변화가 일어나던 사회에서 삶을 시작해서 급속한 사회 변동의 시기를 살아오고 있다.

Atchley가 노화의 연속성과 영적 경험을 주장한 이론은 위에서 말한 인간 경험의 변화에 대한 강조와는 대조적이다(제4장 참조). 그의 이론은 노인들이 비록 변화의 시대에서 살고는 있지만, 자신들의 삶 속에서 내적인 연속성과 외적인 연속성을 유지하는 법을 배운다고 주장한다. 개인의 변화와 사회 또는 사회관습의 변화는 많은 노인들의 역기능적 역할과 행동을 영속화시키는 원인이 된다. “노인의 역할 없는 역할”이라는 꼬리표와 나이가 들면 정신적, 육체적으로 쇠퇴한다는 고정관념이 그러한 역할들을 반영하며, 노인들은 그것들을 받아들이고 따르게 된다.

종교생활과 신앙은 많은 노인들의 삶에서 중요한 대처기제이고, 사실상 사회 변동의 바다에서 많은 노인들을 위한 구명선이다(제3장 참조). Payne(1990)은 종교가 사회변동의 세계 속에서 노인 여성에게 정체성의 연속과 희망의 기반을 부여한 한 사례를 말하고 있다.

Patty는 중년 후반기에 버지니아에서 워싱턴으로 이사 와서 새로운 삶을 시작했는데, 버지니아는 그녀가 몇 년간 대학에서 교수 생활을 했던 곳이다. 그녀는 새로운 환경에서 생활하기 시작했고 그녀를 활기차게 할 것으로 믿었던 역동적인 에큐메니컬 교회를 포함하여 수많은 삶의 새로운 관심사를 선택했다. 그러나 이 새로운 세계에서 많은 사람들은 그녀를 진보적인 Patty가 아니라 그저 노인 여성으로 보았고, 그녀는 그에 따라 행동하였다. 그녀는 많은 새로운 관계를 시험해 보면서 그녀의 삶에 대한 긍정적 확인이 절실히 필요했기 때문에, 곧 과거에 다녔던 종파와 가까운 교회로 옮겼다. 교회 공동체는 그녀를 환영했지만, 그 교회의 사람들도 역시 그녀를 창의적이고 유능한 Patty가 아닌 노인 여성으로 보았다. 완전한 환멸감의 시간이 이어졌다. 격려를 받으리라 기대했던 세상인 그곳도 그녀를 이방인으로 대우하였고, 그녀는 무력감과 배신감을 느꼈다. 상징적 상호작용주의 용어로 말하자면 그 다음의 복원 과정은 그녀의 '상황 정의' 속에서 자아와 의미의 '일반화된 타자'312) 이미지가 변동된 것에 해당된다(Thomas, 1928, 572쪽). 그녀는 누군가가 그녀에 대해서 붙여준 어울리지 않는 이미지를 받아들였지만, 한편 그러한 타자의 이미지를 계속 바꾸어 나갔다. 지역 내의 평생교육 강좌를 통하여, 그녀는 학습에 꽤 능력이 있으며 학생으로서 성공하였다는 것을 드러내 보였다. 그녀는 남의 말을 잘 듣고 다른 이들에 대해 관심을 기울임으로써 교회에서 친구들을 사귀었다. 늙어 가는 사촌을 부양하면서, 그녀는 그녀가 필요로 했던 바로 그 사랑을 받고 있다는 것을 깨닫게 되었고, 누군가 필요한 사람에게 그 사랑을 기꺼이 베풀고 싶어 하였다.

Payne은 Patty가 새로운 정체성을 개발하는 데 몇 가지 변화의 단계를 거쳤으며, 그 과정에서 종교적 역할과 종교 사회적 맥락이 특히 중요했다는 사실을 지적했다(Payne, 1990, 32-34쪽). 사실 그 역할과 맥락은 그녀의 '일반화된 타자'의 큰 부분을 구성했으며, 이들은 그녀가 새로운 정체성을 개발하는 과정에서 변화했다. Patty의 경험을 이해하는 데는 상징적 상호작용주의 학자들이 사용한 상호작용 과정 모델이 가장 좋은 방법이라고 Payne은 믿었다.

> 전문가와 다른 회원의 관점에서 보자면, Patty의 사례는 노년에서조차도 자아의 역동적 유연성에 대한 더 깊은 이해와 인식이 필요함을 시사해 준다. 자아 발달과 변화가 실제 일어나는 것이다. 또한 가족 같은 교회가 가지는 상징적 의미—신앙, 의식, 관습 등—가 노인들에 대해 가지는 중요성을 이해하고 올바로 인식해야 한다. 그런 이해가 있어야 노인을 상담할 때, 그들의 개성을 확언해 줄 때, 그리고 노인들이 교회에서 새롭고 적절하며 기여하는 역할을 찾도록 도와줄 때 방향을 제시해 줄 수 있을 것이다(Payne, 1990, 37쪽).

312) 일반화된 타자generalized other란 타인이 보는 나의 이미지를 말함. 타인이란 특정 사람이 아니라 자신이 속한 사회의 규범이나 기준을 가진 가상의 타인을 말함.

제37장 조사 방법의 응용

David O. Moberg

이 장에서는 종교와 노화 등의 연구에 사용되는 주된 조사 방법 및 결과를 잘 보여주는 주로 사회과학과 행동과학의 사례들을 소개한다. 여기에는 종교적인 행위, 믿음, 태도를 기술하고 그것들이 인간 삶의 다른 측면과의 관계를 분석하며 또한 평안함에 미치는 결과를 결정짓는 다양한 방법이 포함된다. 여기 보고한 연구 결과는 이미 이루어진 조사의 일부 사례이며, 더 자세한 것은 다른 장에서 다루도록 한다.

1. 초기의 선구적 노력

종교, 영성, 노화에 대한 현대적 조사는 상대적으로 최근에 들어서 고대와 중세의 성서적, 문학적, 철학적, 영감적인 원천에서 나타났다. 학제적 과목인 노년학은 그를 구성하는 모든 학문 분야의 방법론과 연구 결과에 의지한다.

심리학자 스탠리 홀Stanley Hall의 '후반부의 삶'인 노쇠에 관하여 쓴 혁신적인 반semi자전적 글은 노화에 대한 최초의 설문조사를 포함하였다. 그는 "교양 있는 미국인으로서 저명한 … 노인 수십 명"에게 설문지를 보냈다(321쪽). 그들의 긴 인생, 경험, 감정에 대하여 자유답변을 하도록 질문을 던졌다. 그는 그 응답을 자신의 관점과 결합한다. 교회와 성직자, 죽음과 내세에 관한 질문을 제외하고는 종교에 대하여 명시적으로 주목한 것은 없다. 숫자 미상의 응답자들이 보낸 언급을 보면, 그들의 부모가 지나치게 엄격한 종교적, 도덕적 섭생을 강조하거나(330쪽), 시간이 지날수록 종교적 믿음과 교회에 더욱 회의적으로 되었다거나(354쪽), 여성 노인이 남성 노인보다 더 종교적이라는(350쪽) 내용들이 포함되었다고 그는 보고했다.

비록 Hall이 그의 응답자의 사회계층이 편중되었으며 표본의 수가 너무 적기 때문에 그 비율은 생략한다고 언급하였지만, 그의 개인적 편견, 종교적 회의주의, 종교를 심리변수로 환원하려는 노력 등은 그의 저서에서 여기저기 종교에 대한 논평에서 뚜렷이 나타난다. 예를 들어 그는 그리스도교 신앙을 "삶에의 의지 중 잔여 추진력에서 나온 희망일 뿐"으로 해석하고 있다(364쪽). "찬송가는 서구인들에게 과학적인 죽음의 묘사는 거짓이라는 생각을 심어 주었다"(144쪽). 그리스도교는 "노인들을 위한 종교가 아니며, 노인에게서 종종 보게 되는 그런 태도의 부활은 노쇠의 특징으로 나타나야 할 진보가 아니라 정지와 역전의 현상이다"(83쪽)라고 했다.

이와 유사한 반종교적인 편견은 Covalt(Covalt, 1960)가 25년간의 임상 연구를 근거로 종교가 노년층에 중요하지 않다고 한 주장에도 반영되어 있다. 그녀가 제시한 증거란 환자들이 종교에 대하여 그들의 의사와 토론하지도 않았으며, 죽을 때 소리 내서 하느님을 찾거나 기도하지도 않았다는 점이다.

2. 종교에 대한 연구에서의 도전과 문제점

노년학자들 사이에는 종교와 노화에 대한 객관적 묘사와 해석을 개인의 편견으로 색칠하려는 유혹이 계속되어 왔다(Moberg, 1983). 그러나 종교를 무시하는 노년학의 경향에도 불구하고, 다른 주제에 초점을 둔 연구에서 "아! 그거"라는 부수적 발견으로 이에 대한 우연적 연구 결과가 나타나곤 한다. 예를 들어 랜디스(Landis, 1942)는 65~98세의 노인 450명을 무작위 표본으로 과거와 현재의 행복에 관해 질문했는데, 교회 참석이 행복과 관련 있음을 발견했다. 젊은 시절의 만족도와 비교한 삶의 만족도를 판단하기 위하여 로톤(Lawton, 1943)이 평균 60세 노인 '약 50명'을 면접했는데, 노후 삶의 만족에 중요한 요인으로는 육체적 건강만이 유일하게 영적 건강과 신에 대한 믿음에 우선하였다.

다른 주제를 중심으로 하는 연구에서는 간혹 종교를 2차적 관심 주제로 포함하고 있다. 예를 들면 '이탈이론'을 개발한 커밍과 헨리(Cumming and Henry, 1961)의 선구적 연구인 〈캔자스시티 성인생활 연구*Kansas City Study of Adult Life*〉에서는 70~80세 노인들에게 '종교적 신앙심'의 척도로서 사후의 삶에 대한 믿음을 묻는 단 하나의 질문이 들어 있을 뿐이었다. 그들은 이것을 80세 이상 노인에게 삶의 의미에 대한 네 가지 질문을 한 것과 똑같이 다룬다(254-56쪽). 종교 활동의 점수는 교회 출석 횟수와 '보조원 봉사, 위원회 활동, 주일학교 교사 등'의 참여도에 따라 주었다.

Orbach(1961)는 1952~1957년 동안 5차례의 '디트로이트 지역 연구' 확률 조사에서 21세 이상 성인 6,911명의 통계를 분석했다. 이 횡단면적 자료에서는 교회 참석률에 의해 측정되는 신앙심의 증가가 노인에 대한 일반적 경향인지는 밝히지 못했다. 21~39세, 40~59세, 60~74세, 75세 이상 등 4개 나이집단의 참석률은 꾸준히 증가했다. 다만 최고령층에서 결석률이 증가한다. 이러한 연구 결과는 때로는 후반기에는 '덜 종교적'이라는 주장을 뒷받침하는 데 잘못 쓰이기도 한다. Orbach는 이런 횡단면 자료의 논리적 한계를 잘 경고하고 있다. 이 자료로는 특정한 개인들이나 집단의 종교 참석률이 평생 동안 실제 변화가 있는지, 또 노인의 사회적 차이가 시간적 나이 하나와 비교해서 더 중요한지 덜 중요한지 여부를 입증할 수는 없다.

대중 여론조사에서 정기적으로 나타나는 종교 관련 특성에서의 연령별 차이는 조사 시점에서의 횡단면 자료만을 제공할 뿐이다. 비록 장기간에 걸쳐 반복적으로 유사한 차이점을 연구 결과로 얻어서 그러한 경향을 시사한다고 할 수는 있겠지만, 평생 동안 나이에 따른 변화의 증거가 되는 종단면 자료를 제공할 수는 없다. 이런 비교에서는 지속적으로 노년층은 적어도 50년 이상 가장 종교적 나이집단이었으며, 이것이 그저 동시대집단 효과, 즉 기간 효과가 아님을 보여 준다. 이것은 아마도 노화 과정과 덜 종교적인 사람이 더 종교적인 사람보다 평균적으로 일찍 사망이라는 차별적 생존의 상관관계일 가능성이 높다(Morberg, 1990a, 179-87쪽).

종단면적 연구는 종교에서의 생애주기 변동 여부를 판정하는 데 필수적이다. 그러나 212개의 종합적인 '종단면적 사회과학 연구목록(Young, Savola, and Phelps, 1991)'에 종교에 대한 것은 없으며, 그 주제어 색인에도 종교, 신앙, 교회, 영성 등의 개념은 없다. 과거로 소급하는 인생 회고의 분석은 비록 결점, 불완전, 왜곡, 선택적 등의 문제점은 있겠으나 그러한 차이를 메우는 데 도움이 될 수 있다. 예를 들어 '더햄 재향군인병원 정신 건강조사'에서 대상자의 절대다수가 나이가 들수록 종교의 중요성이 증가했다고 답한다. 겨우 5%만이 감소했다고 답한다(Koeing, 1994, 168쪽).

종교에 대한 다양한 잠재적인 측정 척도들을 구별하는 것이 중요하다는 점은 Mindel과 Vaughan(1978)에 의해 실시된 미주리 중부 지역 노인 연구에서 직접적으로 강하게 나타났다. 그들은 55%가량이 정기적 종교예배에 참석하지 않았으며, 따라서 '조직적 신앙심'은 전국 평균보다는 높은 참석률인데도 낮은 수준이지만 그들의 '비조직적 신앙심'은 높았다. 그들은 라디오나 TV로 종교예배를 보며, 기도하고, 종교음악을 감상하며, 그들의 종교를 통해 배운 사상으로 삶을 이해하는 데 도움을 얻는다. 그래서 종교는 그들에게 여전히 핵심적이다.

현재의 노년학 연구와 교육은 특히 종교에 관련된 경우에는 '피상적 묘사와 해석'에 의존한다. 이러한 '관찰자 중심etic 접근법'은 조사 대상자와 주제에 대하여 외부 조사자의 시각을 적용한다. 이는 행동, 사고, 느낌 등에 대한 조사 대상자 자신의 해석을 이해하고 평가하려는 '행위자 중심emic 접근법'을 기반으로 하는 '심층적 묘사'와는 대조된다(Denzin, 1989, 34, 159-62, 200쪽).

어떤 연구든 그 결과를 응용하고 조사할 때마다, 그 연구의 개념을 찾는 데 사용된 명시적인 구성 요소를 주목하는 것이 중요하다. '종교'는 다양한 차원을 지니는데, 각 차원은 다양한 방식으로 분명해질 수 있다(Glock, 1962; Moberg, 1967). 그리고 이는 전부는 아니지만 대부분의 다른 변수에도 마찬가지이다. 따라서 한두 개만 가지고 종교의 지표로 사용하는 것은 불완전한 결과일 뿐만 아니라 잘못된 결과를 낳을 수 있다. 조사되는 사람들의 표본에도 주의가 필요한데, 이는 종종 종교 행위에서의 차이가 나이, 성, 사회계급, 인종, 종교적 정체성, 지역 및 기타 변수에 따라 명백하기 때문이다.

3. 개인적 적응 및 삶의 만족에 대한 연구

많은 노년학자들의 주요 관심사는 사람들이 '성공적 노화'를 하는지, 환경에 잘 적응하는지, 만족감을 느끼는지, 삶의 질을 경험하는지 또는 평안과 행복의 인식을 가지는지 등에 영향을 미치는 환경과 특성이다. 종교가 포함되면 그것은 긍정적 영향을 준다. Oles(1949)의 논문은 38명의 정통 유대인에 대한 면접과 설문조사에서 나온 연구 결과를 보고한다. 아주 잘 적응한 사람은 100% 매우 또는 상당히 종교적인 데 비하여, 그런 대로 적응한 사람은 75%, 잘못 적응한 사람은 35% 정도만 종교적이다.

Pressey and Simcoe(1950)의 553개 사례 조사에서는 '문제 노인'보다는 '성공적 노인'이 교회에 참석하는 확률이 높게 나타났다.

일련의 연구들이 시카고 대학의 Cavan 연구팀으로부터 나왔다. 그들의 〈시카고 활동 및 태도 조사*Chicago Activities and Attitudes Inventory*〉는 노년의 '개인적 적응adjustment'[313]을 분석하는 데 폭넓게 이용되었다. 그리하여 J. H. Britton(1944)이 실시한 444명의 퇴직 교사에 대한 연구에서는 교회에 나가기, 성경이나 기도서 읽기의 빈도 그리고 사후세계의 믿음 등이 남성이나 여성 모두에게 좋은 적응과 상관관계가 있다고 밝혀졌다. J. O. Britton(1949)은 161명의 YMCA 퇴직 비서에 대한 연구에서 교회 참석률과 성경 읽기가 적응과 관련 있는 것으로 밝히고 있다. Albrecht(1951)도 65세 이상의 노인 100명을 연구하였는데 잘 적응하기 위해서는 8개의 특성 조합이 필요하였으며, 이 중에서도 정기적인 교회 참석이 가장 중요한 것으로 나타났다.

또한 Pan(1951), Schmidt(1951), Shanas(1949) 등의 연구도 교회 참석이 행복이나 개인적 적응과 관계가 있음을 보여 주었다. Schmidt나 Shanas의 연구에서는 성경과 다른 종교서적을 읽거나 교회 예배를 라디오로 듣는 것도 적응과 관련된다고 언급한다. 또한 사후세계에 대한 믿음이 적응과 관련된다는 점은 Shanas와 위의 J. H. Britton 연구 및 J. O. Britton 연구와 같았다. 종교 요인은 이러한 연구나 다른 연구에서도 주된 관심 대상은 아니었다. 주된 관심 대상이었다면 많은 연구보고서에서 언급되었을 것이다.

교회 신자가 이런 초기 연구에서 변수 가운데 포함된 경우에는, 적응에 긍정적으로 관련된 것으로 나타나지만 몇 가지 소소한 예외적인 경우도 있었다. 68명의 노인에 대한 Moberg(1950)의 탐색적 연구에서 9개 통제변수[314](유사한 특성들)를 사용하여 신자집단과 비신자집단을 대응비교해 보면, 두 집단 간 개인 적응의 평균 점수—비록 신자가 높은 점수를 보이지만—에서 그 격차가 '줄어든다.' 이 점은 만일 노년의 개인 적응에 영향을 주는 모든 요인을 통제한다면 두 집단의 격차를 없앨 수도 있다는 점을 시사한다. 같은 연구에서 정의하기를 그리스도교 근본주의자는 성서를 오류 없이 완벽한 신앙과 실천의 최종 권위로 믿으며, 예수가 진짜 하느님이시며 우리의

313) 사회학적 용어로서 적응adjustment은 개체가 환경에 대하여 적합한 행동이나 태도를 취하는 것이며, 이에 비하여 순응adaptation은 개체가 환경 조건에 점차 익숙해져 가는 것을 의미함.

314) 통제변수control variable란 독립변수와 종속변수의 인과관계를 측정할 때 양측에 해당되지 않는 변수를 말하며, 통제변수가 독립변수나 종속변수에 영향을 줄 수 있으므로 인과관계의 결과에 영향을 미치지 않도록 가능하면 같은 수준으로 맞추도록 통제함. 그러나 모든 통제변수의 통제는 불가능할 것임.

죄를 대신해 피를 흘리신 구원자로 믿는 사람이라 하였다. 그 결과 근본주의자의 적응점수는 비근본주의자보다 높게 나타나는데, 11개 통제변수를 사용하여 비교한 경우에는 그 점수 격차가 오히려 커지는 것으로 나타났다.

1) 다차원적 연구

이와 같은 결과로 인하여 종교에 명시적으로 초점을 맞추는 Moberg(1951)의 연구 프로젝트로 이어졌다. 이런 주제에 대한 실험은 불가능하기 때문에, 그는 준실험적 quasi-experimental 설계들을 이용했다(Reker, 제38장). 이 설계에서는 사람들을 조작하거나 강압하지 않는 통제 아래에서 관찰함으로써 변수 사이의 관계를 시스템적으로 연구한다. 즉, 사람이 처한 환경 속에서 어떤 방식이든지 치료, 사회적 프로그램, 자연력 등—여기에서는 종교—에 노출된 실험집단을 선정해서, 지금까지 그런 요인에 전혀 노출된 적이 없거나 적게 노출된 통제집단과 비교하는 것이다(Chaplin, 1947).

장기간의 면접을 통하여 5개의 노인공동생활주택, 재향군인 복지주택, 지역 복지주택 등에 거주하는 65세 이상 노인 219명의 데이터를 수집했다. 이 시설의 모든 거주자를 대표하는 표본은 불가능했다. 어떤 이는 찾을 수 없으며, 노망들었거나 아프고, 정신적 이상 등이 있기 때문이다. 그러나 주요 관심은 변수 간의 관계이지 커다란 모집단에서 표본을 추출하는 것은 아니다.

자료 분석에 사용되는 주요 방법은 실험집단에 속한 개개 신자를 통제집단에 속한 덜 종교적이거나 비신자와 대응비교를 하는 것이다(Greenwood, 1945, 81-120쪽). 이 비교에서 사용된 통제변수들은 이전의 연구에서 적절성이 밝혀진 다음과 같은 것이었다. 성, 교육, 결혼 상태, 가족 상태, 사회 조직, 건강에 대한 자기평가, 고용, 나이의 정확성 등. 비교 대상인 사람을 선택할 때 의심의 여지가 있을 때마다 2차적인 통제변수—출생지, 거주지 및 거주기간, 직업, 지원 수단, 아버지의 직업 등(Moberg, 1954)—를 사용하여 비교된 사람들의 유사성을 증가시킨다. '시카고 태도 조사Chicago Attitudes Inventory'(E. W. Burhess 외, 1948) 자료가 개인 적응을 측정하는 데 이용되었다.

132명의 교회 신자들은 평균 개인 적응점수가 28.4점으로 87명의 비신자의 평균점수 23.3점과 비교되는데, 이는 통계적으로 유의성이 있는 차이이다. 7개의 통제변수를 사용했을 때에는 53쌍을 비교할 수 있었다. 이 경우에는 신자들의 점수가 26.8점으로 줄었으며, 비신자들의 점수는 24.9점으로 높아졌다. 통제변수를 2개 더 추가할 경우 남게 되는 9쌍에서 그 점수는 각각 24.1점, 24.2점으로 각각 바뀌었다.

사례 연구에서 종교가 비신자에게도 많은 영향을 미친다는 것이 명백해졌다. 87명의 비신자 중 23명만이 과거에 신자였던 적이 없었는데, 이들의 평균 적응점수는 21.5점이었던 반면, 이전에 신자였던 사람은 24.0점이었다. 7개의 통제변수를 가할 때 나머지 11쌍을 비교해 보면, 신자 25.5점 및 비신자 21.5점으로 상당한 차이를 보인다.

초기의 100개 보고서를 분석해 보면, 종교적 믿음과 활동이 의미 있는 준거의 틀로서 유일한 것은 아님이 드러난다. 그래서 그것들은 별도로 분석되었다. '종교적 활동점수'는 각 응답자에 대하여 다음 여러 가지 요소를 고려하여 산출하였다. 그 요소에는 현재와 과거의 교회 신자 여부, 현재 종교 예배 출석 여부, 55세 이후 출석 변동 여부, 12세 출석 여부, 과거와 현재의 교회 직위, 성서를 읽는 횟수, 개인적 기도, 가족 예배와 기도, 성인기에서의 식사기도 등이었다. 이 점수들은 개인의 적응점수와 상당한 상관관계가 있다($r = 0.593$).

'종교적 활동점수'가 상위 7단계 점수인 사람 86명의 평균 적응점수는 31.1점인 반면, 활동점수가 하위 7단계 점수인 사람 41명의 평균은 18.3점이었다. 7개의 통제변수로 비교한 결과로 19쌍이 나왔는데, 이들의 적응점수는 각각 28.7점과 16.3점으로 나타났으며 이는 매우 유의성이 있는 차이이다. 좀 더 깊은 분석을 해 보면, 교회에서 공식 지도자였던 사람이 지도자가 아니었던 사람보다 적응점수가 높으며, 그 차이는 비교된 쌍에서와 같다.

'종교적 신앙점수'는 미래에 대하여 신성한 태도냐 세속적 태도냐 하는 점과 기도, 죄와 용서, 성서, 예수 등에 대한 믿음에 근거하여 산출되었다. 이 점수는 '종교적 활동점수'와는 상관계수가 0.660, 개인적 적응점수와는 상관계수 0.462였다. 155명의 '신자'(상위 4단계 신앙점수 보유)의 평균 적응점수는 28.0점이었으며, 35명의 '비신자'(하위 5단계 신앙점수 보유)는 19.9점이었다. 7개 통제 변수로 비교한 결과 22쌍이 나왔는데, 적응점수는 각각 27.2점과 19.9점으로 나타나, 통계적으로 유의성이 있는 차이였다.

이 연구는 교회 다니기와 좋은 적응 사이의 관계가 거짓임을 보여 준다. 교회 다니기 그 자체만으로는 좋은 적응의 이유가 안 된다. 오히려 좋은 적응은 근본적으로 교회 다니기와 연계된 종교적 활동과 믿음을 반영하는 것이다. 그러나 이 연구에서는 인과관계의 결정적 확립—종교가 좋은 적응에 미치는 방향이건, 적응이 종교성에 미치는 방향이건—은 없었다. 또한 낮은 적응을 보이는 사람이 종교 활동에 막 참여하기 시작하고 종교 신앙을 받아들일 때 과연 더 잘 적응하는지의 여부를 보여 주지는 않는다.

57명의 보호시설 입소자(A. Burgess 외, 1960) 그리고 중산층 도시 공동체에서 독립적으로 살고 있는 55명의 노인(Renfrew 외, 1961)에 대한 Moberg(1951)의 재연구에서도 유사한 결론에 도달하였다.

2) 삶의 만족에 관한 최근 연구

1988년 Moberg(1990b)는 컴퓨터 분석을 위한 데이터를, 사전부호를 부여하고 기록하는 종래 방식에 맞추도록 면접계획을 적용함으로써 1951년 연구를 실증적 및 개념적으로 반복하고자 하였다. '시카고 태도 조사'(E. W. Burgess 외)의 3개항 선택지 "동의함 _, 반대함 _, 모름 _" 응답 양식을 6개항 선택지 "강한 동의, 동의, 동의하는 편, 반대하는 편, 반대, 강한 반대"로 수정하였다. 면접은 위스콘신 주의 밀워키 대도시 지역의 집단주택이나 공공주택에 거주하는 유동인구 노인 100명을 대상으로 이루어졌다.

그 결과는 1951년의 연구와 유사하다. 교회 신자였던 적이 없는 사람들은 개인 적응점수가 가장 낮은 18.0점을 보였으며, 전에 신자였던 적이 있는 사람은 26.2점, 현재 신자인 사람은 33.4점을 보였다. 적응과 '종교적 활동점수' 사이의 상관계수는 0.403(유의수준 0.000)이며, 적응과 '종교적 신앙점수'와의 상관관계는 0.224(유의수준 0.025)로 나타났다.

그리고 실험집단(교회 신자)과 통제집단(비신자) 사이를 비교하는 대신에, 다중회귀분석[315]이 사용되었다. 방정식에서 사용된 8개의 독립변수 중에서는 '종교적 활동점수'와 '건강에 대한 자기평가'가 개인 적응점수 편차의 대부분을 설명해 주는 변수였다. '종교적 신앙점수'는 개인 적응점수와 상관계수가 0.536으로 높은 데도 불구하고 혹은 그 이유 때문에, 신앙점수가 적응의 편차를 별로 설명하지 못했다. 이것은 천장 효과[316] 문제에 일부 기인하는데, 왜냐하면 응답자가 매우 종교적이기 때문이다. 그리스도교인이 압도적이며, 최소한 1주일에 3~4회 기도하는 사람이 84%, 죄의 개념을 믿는 사람이 92%, 단지 4%만이 자신들의 죄가 용서받았다는 것을 믿지 않았으며, 76%는 예수가 우리의 죄를 대신해 피 흘린 구세주라고 믿으며, 63%는 성서가 완

---

315) 다중회귀분석multiple regression이란 하나의 종속변수를 설명하기 위하여 두 개 이상의 독립변수를 사용하는 회귀분석을 말함.

316) 천장 효과ceiling effect란 더 이상 높은 수준으로 올라가기 힘든 정도의 수치를 보이는 자료들이 모여 있는 상태에서는 한 독립변수가 종속변수에 정확하게 반영되는 것을 막는 것을 말함.

전한 '하느님의 말씀'이라고 믿었다. '무종교'는 단지 2%인데, 상대적으로 '낮은' 신앙 점수를 가진 사람조차도 신앙심은 높은 수준이었다. 믿음의 측정 척도가 보통 신앙심과 높은 신앙심을 차별화하지 못한 것이다. 또한 1951년 실험계획에서는 신앙과 활동이 중간 범주에 드는 사람들을 제외함으로써 차이를 강조한 반면, 다중 회귀분석에서는 모든 응답을 포함했다.

그러나 추가적인 증거를 보면, 종교 활동은 그 뿌리로 여겨지는 신앙과 태도보다는 오히려 개인 적응이나 이와 유사한 개념―사기 혹은 삶의 만족―에 더욱 관계가 있음을 보여 준다. 156명의 은퇴한 전문종사자에 대한 Alexander와 Duff의 연구(1991)에서는 사회적 종교 활동이 삶의 만족과 중요하게 관련 있음이 밝혀졌으나, 개인의 종교 행위와 종교적 몰입의 강도는 평안과는 직접 관계되지 않음이 밝혀졌다. 그들은 "개인적 평안을 느끼도록 촉진하는 종교의 일차적 기능은 개인을 도덕 공동체로 통합시키는 것"이라고 결론을 내렸다.

166명의 흑인 노인을 조사한 Coke(1991)도 교회 참여 시간보다는 가족의 역할이 삶의 만족에서 나타나는 편차를 오히려 더 많이 설명한다고 말한다. 또한 Ortega 연구팀(1983)도 4,522명의 앨라배마 주민을 상대로 한 연구에서 흑인 노인들이 백인 노인들보다 만족도와 행복도가 더 높이 나타난다는 점을 유사하게 찾아냈다. 교회 친구와의 관계는 친척이나 교회 외 관계의 친구보다 훨씬 중요하며, '신앙 공동체'는 공동체 활동과 유사 확대가족의 핵심이었다.

Witter 연구팀(1985), Cox와 Hammonds(1988) 등에서 수행한 몇몇 연구에 대한 비평에서도 종교적 믿음보다 활동이 삶의 만족에 더 중요하다고 유사한 결론을 내렸다. 한편 Strinnitz(1985)는 '국립여론조사센터'에서 실시한 1,493명 노인의 설문조사에 대한 2차적 분석의 결과, 교회 출석 횟수보다는 사후에 대한 믿음이 오히려 사람의 평안과 세계관에 있어 더 강하고 더 차별적인 예측인자임을 보여 주었다. 그러므로 표본이 되는 사람 유형뿐 아니라 분석되는 특정 믿음과 활동은 종교적 변수와 삶의 만족 사이의 관계에 영향을 미친다.

〈듀크대 노화 종단면분석*Duke Longitudinal Study of Aging*〉은 종교적 활동은 노년 후반에 감소하는 반면, 종교적 태도는 변하지 않음을 보여 준다. 나이가 들수록 교회 참석이 감소함에도 불구하고 종교는 노인들의 적응에서 더욱더 중요한 요소가 된다. 종교적 행동이 종교적 태도보다 적응의 다양한 척도와 더 상관관계가 높다(Blazer and Palmore, 1976).

4. 임상적 건강 연구

성직자나 종교 지도자는 물론 종교적으로 조율된 지원전문가[317]들은 종종 환자의 질병, 사고, 장애 등의 외상을 다루는 데 도움이 되는 자신의 중요한 종교적 계율뿐 아니라 기도, 신앙, 각종 치료에서의 영성 지원이 하는 역할에 대한 일화와 경험을 공유한다(Fish and Shelly, 1988; Carson, 1988). 대부분의 보고서는 순전히 묘사적이며, 다양한 정신 치료를 옹호하는 주장은 과장된 경향이 있으나, 시스템적 연구는 건강과 치유에 있어서 종교가 담당하는 역할의 일반화를 위한 좀 더 공고한 기반을 놓기 시작했다(Koenig 외, 1988; Koenig, 1993).

의료 이용에 대한 30개 이상의 연구에서 종교변수 효과를 연구했다(Schiller and Levin, 1988). 종교 척도를 가장 단순히 개신교, 가톨릭, 유대교에 소속된 것으로 한정해도, 3/4 이상에서 이용률의 현격한 차이가 보고된다.

주요 4대 정신의학 잡지에서 종교 관련 논문을 조사해 보니, 1978~82년 작성된 계량분석 논문 2,348편 가운데 59편에서만 종교변수가 포함되었음을 보여 주었다(Larson, Pattison 외, 1986). 이 중 49편(83%)에서는 다수의 동태적 척도가 아닌 단 하나의 정태적 척도, 통상적으로 종파를 사용했으며, 종교적 연구보고서가 인용된 적은 거의 없다. 종교를 평가하는 데 필요한 학문적 지식과 기법이 정신의학 연구에는 흡수되지 않았다고 이 연구는 결론을 내렸다. 또한 대부분의 연구에서는 표본 구성에 유대인이나 기타 및 무종교의 비중이 너무 높고 개신교의 비중은 너무 낮아 왜곡되었다(Larson, Donahue 외, 1989). 비록 "가정의학은 일반적으로 치유 과정에서 동반되는 신앙과 신뢰의 중요한 역할을 인식하고 있는" 사실에도 불구하고(Foglio and Brody, 1988, 473), 가정의학의 임상적 실행과 연구에 관련된 연구에서도 비슷한 유형의 종교 경시와 왜곡이 나타난다(Craigie 외, 1988; Craigie 외, 1990).

Larson, Koenig 등(1989)은 고혈압이나 심장병이 없는 407명의 시골 거주자에 대하여 혈압, 종교의 중요성에 대한 자기인식, 교회 참석률 사이의 관계를 조사하였다. 종교가 중요하며 주 1회 이상 교회에 참석하는 사람의 확장혈압이 그렇지 않은 사람—종교 척도 중 하나만 낮거나 혹은 둘 다 낮거나—보다 낮았다. 이러한 격차는 55세 이상에서도 지속되었는데 이는 나이, 사회 경제적 지위, 흡연, 체중과 키의 비율인 케틀레지수 등을 조정했을 때조차 그러했다.

---

317) 지원전문가helping profession란 개인의 신체적, 심리적, 지적, 감성적, 영적 평안을 도모해 주는 전문가로서 의학, 정신치료, 심리상담, 사회복지, 교육, 사목 등의 영역에서 활동함.

중서부 지역 대형 대학병원의 정형외과에 엉덩이 골절과 수술로 등록된 환자 중에서 정신 병력이 없고 현재 인지장애가 없는 65세 이상의 여성 노인 30명을 골라서, Pressman 연구팀(1990)은 이들의 노인 우울증, 보행 상태, 신앙심—예배 참여, 종교성에 대한 자기의식, 힘과 위안의 원천인 종교나 신—등에 대하여 조사하였다. 종교성 점수는 입원 당시 우울증 점수와는 상관관계가 없지만, 퇴원 당시 점수와는 부정적 상관관계를 보이며 또한 보행 상태와는 유의적 수준의 상관관계를 보인다. 질병의 정도를 통제하게 되면 이 두 관계는 더욱 상관관계가 높아지나, 우울증을 통제하면 종교성은 더 이상 보행 상태와는 유의적인 상관관계를 보이지 않는다. 이는 아마 표본의 수가 적기 때문으로 보인다. 그러나 보행과 낮은 우울증 비율은 교회 참석률과 상당한 관계가 있다. 유사하게 Pargament 연구팀(1992)이 보고한 연구의 자료, 이론, 해석적으로 내린 연구의 결론 등에서도 종교가 정신질환의 예방에 긍정적 역할을 하고 있음을 지적하였다.

Koenig(1990)가 공동체 거주 노인들과 의학적 질병에 관심을 가진 사람들 사이의 종교적 행동과 태도 및 대처 행동 등에 관한 폭넓은 연구를 검토한 결과, 노인에게 있어 "종교는 결코 부적응, 불안정이나 정신질환을 전하고 반영하는 것은 아니다"라는 점을 발견하였다(50쪽). 또한 그 어떤 연구에서도 종교와 평안 사이에 부정적 상관관계가 크다는 점을 입증하지는 못했다고 밝혔다. 그는 "종교 문제는 노인의 정신 과정에 널리 행해지고 깊숙이 스며들어 있기 때문에, 치료사나 상담사가 다루어야 한다"라고 결론지었다(50쪽). 이런 중요한 연구 결과에도 불구하고, 사목 관련 잡지에 보고하는 노인병학이나 정신분석학적 연구는 종종 방법론상으로 부족한 점이 있다. 즉 가설과 표본 추출에 대하여 기술하지도 통제집단을 사용하지도 않으며, 응답률을 밝히지도 적시에 여러 요점에서 검토하지도 않고, 연구 결과의 한계를 논하지도 않았다 (Gartner 외, 1990).

사람에 대한 실험이 어려움에도 불구하고, 종교와 노화에 딱 들어맞는 아주 중요한 실험이 '샌프란시스코종합병원'에서 실시되었다(Byrd, 1988). 9개월에 걸쳐 관상동맥 치료를 받은 모든 환자들에게 중보기도[318]의 치료 효과를 평가하는 이중 무작위 방식에 참여하도록 요청하였다. 프로젝트를 설명하고 정보 제공 동의를 받은 393명이 협조했다(57명은 거절하였는데 그 사유는 개인적 이유, 종교적 신념, 기타 동의서명 거부

318) 중보기도intercessory prayer란 전체 교회나 국가 또는 남을 위한 기도를 말함. 이의 성서적 근거로는 야고 5,16 "그러므로 서로 죄를 고백하고 서로 남을 위하여 기도하십시오. 그러면 여러분의 병이 낫게 될 것입니다. 의인의 간절한 기도는 큰 힘을 냅니다" 등이 있다고 함.

등이었다). 컴퓨터가 무작위로 중보기도를 받거나 받지 않을 환자를 배정한다. 환자 자신, 직원, 의사, 프로젝트 담당자도 그 그룹에 누가 속하는지 알지 못한다. 실험집단의 평균 연령은 58.2 ± 14.8이며 통제집단의 평균 연령은 60.1± 15.0이다. 초반에 두 그룹의 초기 진단에서는 큰 차이가 없었다.

중보자는 지역교회에서 헌신적 기도와 그리스도 친교에 참여하는 '거듭난' 가톨릭 및 개신교 그리스도 신자들이다. 실험집단의 각 환자는 3~7명의 중보자들에게 배정되고, 중보자들에게는 환자의 이름, 진단, 일반 상태, 적절한 최신 정보 등이 제공된다. 퇴원할 때까지 중보자들은 신속한 회복, 병의 악화나 사망 예방, 환자에게 이익이 되는 것 등을 위해 신에게 기도하였다. 어떤 개인적 접촉도 이루어지지 않으며, 중보자들의 기도는 병원 바깥에서 이루어진다.

입원 기간 중 기도를 받은 집단에서는 통제집단보다 충혈성의 심부전, 심폐 정지, 폐렴, 삽관/인공호흡, 이뇨제나 항생제 투여 등의 경우가 훨씬 적었다. 입원 이후 상대적인 병원 경과를 세부기준을 근거로 평가하면 다음과 같으며, 이는 1% 신뢰 수준에서 유의성이 있다.

	실험집단	통제집단
양호 중간 불량	85% 1% 14%	73% 5% 22%

이 결과는 중보기도가 측정 가능한 효과가 있음을 보여 준다. 이 연구에서 통제 범위를 벗어난 조건—연구와 무관한 사람들의 두 집단을 위한 기도, 환자들의 종교적 신념, 스스로를 위하여 기도하는지 여부 등—들은 설명할 필요조차 없는 것이다.

캘리포니아의 카마리오주립병원에서 Gonzales-Singh(1977)은 과거에 왕성하게 종교 활동을 해 왔던 노인 중에서 정신질환자나 정신장애자인 유대인과 가톨릭 신자들로 치료집단을 구성하였다. 그는 익숙한 종교적 의례, 상징 그리고 예배 양식을 사용하면 종래의 종교를 포함시키지 않았던 치료법보다 더 나은 치료적 효과를 보인다는 것을 알아냈다(Ellor 외, 1987).

사람들에 대한 실험적 연구는 민족적 가치, 특히 그들의 자치와 시민자유를 보호할 필요에 의하여 제한된다(Kimmel, 1988). 이런 제약은 다른 어떤 주제보다 종교를 연구할 때 더욱 커진다. 종교적 약속과 관련한 실험적 조건을 연구 주제에 부과하면 본질적이고 '진정한' 종교성의 중심인 신앙 계율의 자발적 성격이 없어지거나 줄어들게 된다. 그러나 예배, 종교교육, 상담, 가치선언 등에 대한 여러 가지 프로그램이나 스타일, 유형을 보여 주는 활동에 대한 실험은 종종 가능하며, 연구자의 개입이 없이 발생하는 사례들을 비교하거나 대조하는 '자연적 실험'은 거의 반대할 수 없다.

5. 사후세계 연구

미국 등 '선진국'에서 대부분의 죽음은 노인에게서 발생한다. 심폐소생술이나 다른 방법으로 의학적 죽음에서 되살아난 사람들의 임사체험near-death experience(NDE)[319]에 관한 보고에서는 유쾌한 경험—어두운 터널 끝에 밝은 빛을 보거나, 사랑하는 죽은 사람을 만나거나, 유체이탈체험out-of-body experience(OBE)[320]으로 자신을 멀리서 보는 등—을 강조했다. Moody(1976, 184쪽)가 연구를 통해서 "현생의 너머에 무엇이 있는지 어렴풋이 보기 전에는 현생을 완전히 이해할 수는 없다"고 결론지음에 따라, 그의 보고 및 다른 유사한 보고(예: Kübla-Ross, 1969)에서 죽음의 경험을 묘사한 것에 확신을 더해 주었다.

임상적으로 죽은 사람을 소생시키는 많은 경험을 한 의대 심폐소생술 교수인 Rawlings(1978, 1980)는 그 경험의 결과로 소생된 사람들의 보고를 지나치게 의존하지 말 것을 경고한다. 그는 회복 직후 환자들이 "죽었던" 기간에 축복받은 행복한 경험과 무서운 지옥 같은 경험을 한 경우가 거의 동등하게 나타나는 것을 보고 놀랐다. 소생된 환자의 20%만이 '사후세계life after life'에 대해 보고한다. 그러나 회복 직후 무서운 경험을 보고한 사람들은 자신들을 완전히 억제하는 경향이 있다. 20여 분 후에는 그들의 설명을 이미 들은 의사와도 기억을 공유하지 않으려고 한다. 그들은 자신의 실패를 인정하지 않으려 하며, 특히 죽은 동안 "지옥에 갔었다"는 것을 더욱 인정하고 싶지 않아 한다(Rawlings, 1994).

이런 주제를 연구해 온 대부분의 정신분석가나 정신치료사는 아무도 소생시켜 본 적이 없다. 그들은 그들의 '좋은' 경험을 보고하려는 지원자에게는 물어보지만, '나쁜'

---

319) 임사체험near-death experience(NDE)은 죽음에 임박하여 경험할 수 있는 다양한 경험을 말함. 유체이탈, 공중 부양, 극한의 공포, 완전한 평화, 빛의 실재 등에 대한 느낌 등을 들 수 있음.
320) 유체이탈체험out-of-body experience(OBE)은 자신을 몸을 이탈하여 바깥쪽에서 자신을 바라보는 심령 현상을 말함. 종종 임사체험의 일부로 간주됨.

경험을 한 사람에게는 상관하지 않는다. 그리고 그들은 임상적 사망으로부터 수일, 수주, 수개월 후도 조사를 한다(Rawlings, 1980, 21, 187쪽). 이처럼 편향된 표본을 가지고 일반화하는 것은 잘못된 것이며, 나머지 불쾌한 절반을 무시하는 것은 더더욱 옳지 않다. 게다가 임사체험 후에 소생한 사람들은 그렇지 못하고 사망한 사람들에 비해 극히 소수이다. 비록 무서운 경험을 한 절반을 포함한다고 하더라도, 그들이 모든 사망자를 대표하는 유효한 표본이라고 가정하는 것은 통계뿐 아니라 실체적으로도 오류이다.

6. 미래의 연구 방향

종교와 노화에 대한 연구에서 데이터 수집의 주된 기법은 설문과 면접이다. 다른 방법에서와 마찬가지로, 설문과 면접에는 항상 연구의 구체적 목적과 특별한 이해관계 그리고 연구자의 편견이 반영된다.

사회과학 및 행동과학의 모든 기법과 방법은 종교와 노화의 연구에서 효과적으로 이용될 수 있다. 우리는 면접조사, 실험 및 실험 설계, 종단면적 연구, 측정 도구와 측정기법 등에 대하여 살펴보았다. 이것들은 사례 연구, 참여자 관찰, 민속 방법론 ethnomethodology[321)], 근거이론grounded theory[322)], 역사 분석, 개인 서류의 이용, 이상적 유형의 분류학, 게임이론game theory[323)], 컴퓨터과학 등 다른 방법론과 함께 각각의 강점과 단점을 가지고 있다. 각자의 결점은 추가적 또는 상이한 접근법을 보완적으로 사용하면 부분적으로는 수정될 수 있다. 계량적 통계 기반의 연구이든 깊은 정성분석이든 어떤 하나만으로는 노인들의 삶에서 종교가 차지하는 폭넓고 중요한 범위, 의미, 결과 등 그리고 종교가 지역, 지방, 국가, 세계 사회에서 차지하는 중요한 역할에 대하여 완전하고 충분한 설명을 제시하지 못한다.

본질적인 종교, 외형적인 종교, 영적 성숙, 그리스도적 생활양식 등을 측정하려는

---

321) 민속 방법론ethnomethodology은 사람들의 일상적 경험을 기술하는 방식으로 사회적 질서를 이해하고자 하는 사회과학적 방법론을 말함. 설명이나 평가를 하지 않고 기술에 중점을 둠.

322) 근거이론grounded theory은 자료로부터 이론을 생성하는 것을 강조하는 방법론. 이론과 가설을 구성한 후에 자료를 수집하는 방법과 반대. 자료의 특성을 발견하여 분류code로 구분하고, 유사한 분류를 모아 개념concept을 구성하며, 이로부터 범주category를 형성하고, 이로부터 이론을 만들어 나감.

323) 게임이론game theory은 경쟁 주체가 상대편의 대처 행동을 고려하면서 자기의 이익을 효과적으로 달성하기 위해 수단을 합리적으로 선택하는 행동을 수학적으로 분석하는 이론.

많은 수단들이 여러 단계에서 발달하고 검증받고 있다(Bassett 외, 1991; Benner, 1991; Kirkpatrick, 1989; Moberg, 1984, 1986). 그리고 인생 회고(Hateley, 1985), 회상법(Georgemiller and Getsinger, 1987), 영적 생명선(Gross, 1985) 등의 기법들이 노인 치료에 폭넓게 사용된다. 임상적 응용에 연구를 보완하게 되면, 종교와 영성이 개인의 평안이나 집단의 평안에 가지는 연관성을 이해하는 데 도움이 된다. 예를 들면 폭넓게 사용되고 확실하게 검증된 '영적 평안 척도(Palouzian and Ellison, 1982; Ellison, 1983)'에서는 종교적 평안은 성격 통합과 긍정적으로 상관관계가 있음을 보여 준다(Ellison and Smith, 1991; Ledbetter 외, 1991). 동 척도의 천장 효과 문제로 높은 영성에서 정도 차이의 구분이 불가능하게 됨에 따라 집단의 점수가 하향 조정되지만, 단지 나이 때문에 중대한 차이가 드러나는 것은 거의 없다(Bufford, Palouzian and Ellison, 1991).

이미 이루어진 것을 확인하거나 수정하기 위한 과거 연구의 재현도 매우 중요하다. 종교심리학에서 측정 도구를 개발하는 데 많은 연구가 이루어졌으나, 아직 사용하기에는 매우 부족하다. 그 결과 종교 현상과 종교와 다른 변수들과의 관계를 과학적으로 이해하는 것은 더디게 진행되고 있다(Gorsuch, 1990). 종교와 노화에 관련된 다른 학문 분야나 연구 영역에서도 마찬가지이다.

종교의 노년학적 연구에서는 삼각측량—즉, (1) 다양한 환경 속에 있는 다변화된 유형의 사람들에 대하여, (2) 다양한 세계관과 다양한 가치를 가진 많은 학문 분야와 전문 분야에 속한 연구자에 의하여, (3) 많은 이론 모형과 측정수단, 분석도구 및 개념적 접근법을 사용하는—이 필요하다(Denzin, 1989). 연구 방법론 책자, 노년학 연구에서 직면하는 고유한 문제들에 대한 편람(Lawton and Herzog, 1989; Schaie, 1988; Fry and Keith, 1986) 그리고 종교와 노화에 대한 근거가 확실한 해석 등은 이러한 연구를 위한 매우 소중한 자원들이다. 지금까지의 모든 증거들로 볼 때 종교와 영성이 노인의 평안에 중요하게 기여한다는 것을 그러한 연구들이 밝혀줄 것으로 보인다.

제38장 노년학의 학제적 연구

Barbara Pittard Payne

노년학은 노화 경험 속에서 종교를 연구하기에 적절한 틀을 제공한다. 왜냐하면 노년학과 종교는 모두가 학제적interdisciplinary이며 다중학문적인 연구 분야이기 때문이다. 대부분의 노년학 연구자들은 사회학, 심리학, 생물학 등의 학문 분야에 전공을 가지고 있다. 이와 비슷하게 종교에 관한 과학적 연구자들의 경우에도 종교사회학, 종교심리학, 종교철학과 같은 학문 분야 내 전공을 가지고 있다. 이러한 노화와 종교에 관한 각각의 학문적 접근은 학제적이며 다중학문적인 맥락에서 존재한다. 어느 한 학문 분야도 노화 과정이나 종교 행동을 설명할 수는 없다.

이 장에서는 노년학의 역사와 노년학이 종교와 노화의 연구에 기여한 바를 간략히 검토하는 것으로 시작한다. 그리고 종교에 대한 노인들의 믿음, 관습, 체험에 대한 사회 노년학적인 관점에 초점을 맞춘다. 여기에는 종교와 노화의 연구에 있어 이론적 다양성이 의미하는 바에 대한 간략한 기술을 포함한다. 마지막으로는 노년학과 종교 연구 간의 연계를 위한 향후 지침을 제안하고자 한다.

1. 노년학의 짧은 역사

장수에 대한 관심과 호기심은 새로운 것이 아니지만, 노화에 관한 과학적 연구는 20세기의 산물이다. Birren과 Clayton(1975)은 역사상 장수가 알려지지 않은 것이 아니라 그저 드문 현상이었을 뿐이라고 하였다. 더구나 장수에 관한 고찰은 종교적 저작이나 신학의 영역에 속했으며, 과학적 연구의 주제로 간주되지 않았다. 20세기에는 수명의 증가와 의학기술의 진보로 노화 과정에 대한 과학적 연구가 활발해졌다.

20세기 중반에 이르러서야 노년학이 과학적 영역으로 확립되고 학술적 학문 분야에 포함되었다. 1920년대에 노화 과정에 관한 중요한 저작들—특히 심리학자 Stanley Hall(1922)—이 다수 존재했지만, 노년학의 기초 작업은 1930년대에 두 가지 별개의 사건에 의해 시작되었다. 의학의 발달과 대공황이 그것이다. 의학의 발달로 연구의 관심이 전염병에서 노년의 삶에서 흔히 겪는 만성적인 퇴행성 질환으로 옮겨갔다. 동시에 진료의 개선으로 65세 이상의 노인 수가 증가하였다.

대공황 시기인 1935년에 사회보장법이 통과됨에 따라 최초의 공적 노인 지원 프로그램이 실행되었다. 이로써 계획된 은퇴가 사회적으로 당연시되고 공인된 삶의 시기로 받아들여지는 단초가 되었다. Hendricks and Hendricks(1986)에 따르면 미국에 일자리보다 노동자가 넘치고, 산업에는 자본과 안정된 노동력이 시급했던 이 시기에 이보다 더 나은 해결책은 없었다. 사회보장제도는 또한 가족들의 노년 부모들에 대한 주된 경제적 책임을 덜어 주었다.

1940년대에 이르러 퇴행성 만성질환에 대한 관심이 증가했고 노화 문제에 관한 학제적 간행물이 출간되는가 하면(Macy Foundation, 1937), 노화에 관한 전문 학술회의가 개최되기 시작했다. 이러한 학술회의들 중 하나는 1941년 '국립보건원National Institute of Health'의 지원으로 지속적인 관심사들—공공적 보건 문제인 노화의 중요성, 노년의 지능 변화, 노인 노동력의 관리—을 다루었다. 노년학은 하나의 독립적이고 중요한 분야가 되기 시작했으나, 이러한 추동력은 제2차 세계대전으로 중단되고 말았다(Birren and Clayton, 1975; Payne, 1990).

전쟁이 끝난 후 국립보건원의 '노년학과'에 직원이 충원되었고, 1945년 '미국노년학회Gerontological Society of America'가 설립되었으며, 1950년 '노년학 남부학술회의Southern Conference on Gerontology'가 열렸다. 이러한 조직들은 노화를 연구하는 모든 학문 분야의 전문가들 사이의 토론을 촉진했다.

노년학 남부학술회의 1958년 연차총회는 종교와 노화에 초점을 맞춘 최초의 전국적 학술회의였다. 학술회의 주제—종교조직과 노인—에 대한 Scudder의 보고서는 학술적, 이론적, 신학적인 관점에서 본 종교와 노화에 관한 최초의 논문모음집이었다(Payne, 1990).

1961년에 열린 제1차 '백악관 노화학술회의' 이후, 연방정부가 지원한 다음 주요 프로그램인 '1965년 미국노인법'이 제정되었다. 이 법의 제4장은 노화에 대한 연구와 교육을 위한 재정 지원을 통하여 학술적 프로그램, 연구, 출판, 조직 등의 확산을 촉진하도록 했다. 대학에서의 노년학 프로그램의 확산은 '대학노년학협회Association for Gerontology in Higher Education'를 출범시켰다.

1970년대에는 인문학이 노년학의 영역에 합류했다. Achenbaum은 최근 저서(1992)에서 인문학이 노년학에 대한 연구, 훈련, 실천 등에 통합되는 역사를 추적한다. 그는 그 분수령으로 '국립예술기금National Endowment for the Arts'이 1974~78년 몇 가지 사업을 재정 지원한 것을 꼽았다. 인문학이 노년학에서 더 모습을 나타내면서 종교와 노화의 연구는 보다 많은 주목을 받기 시작했다.

1976년 인문학 특별위원회의 구성이 미국노년학회에서 제안되었다. 1980년대 초에 예술과 인문학 초청오찬이 미국노년학회의 연례행사가 되었고 〈노년학자*The Gerontologist*〉의 편집진에는 역사가, 철학자, 문학비평가가 포함되었다. 1990년에는 처음으로 역사학자가 〈노년학 저널*Journal of Gerontology*〉의 이사회에 참여했다. 노화과정에서의 종교 역할에 대한 연구에 가시성과 실체성이 추가됨으로 인해 이러한 발전은 특히 종교와 영성이 노년학에 통합되는 데 중요한 계기가 되었다.

2. 사회노년학의 흐름과 주제

1940년대 시카고대학에서 도입했던 연구 주제는 이 후 수십 년간 지속되었다. 〈캔자스시티 성인생활 연구〉(Cumming and Henry, 1961)와 Cavan 연구팀(1949)의 성공적 노화에 관한 연구에서는 이탈과 활동을 노화와 은퇴에 적응하는 지표로 강조했다. 이들은 1935년 사회보장법의 도입 이후 새로운 은퇴생활 방식을 처음 조사한 주요 연구였다. 많은 관심이 역할의 상실—은퇴는 역할 없는 역할—과 일 역할의 대체에 집중되었다(Burgess, 1960b).

이러한 쟁점과 주제는 듀크대학이 정상적 노화에 관한 연구에 초점을 맞추도록 영향을 주었다(Busse and Maddox, 1985; Palmore, 1970, 1974). 연구자들은 대부분의 노인들이 속해 있는 공동체의 노인을 연구하기로 하였다. 특히 인지 기능의 연구에서 횡단면적 분석의 한계가 곧 드러났으며, 이에 따라 듀크대학 연구자들은 정상적 노화에 관한 연구에서 종단면적 설계를 채택하게 되었다. 정상적 노화에 관한 듀크대학 연구의 일부로 이루어진 면담에는 종교에 관한 질문이 포함되었으므로, 이는 노인들에게 미치는 종교의 역할을 보여 주는 몇 안 되는 종단면적 자료의 하나로 꼽힌다.

이 시기에는 노화나 장수가 사회 및 개인 모두에게 사회적 문제로 비춰졌다. 특히 65세 이상 노인들의 빈곤 비율(17%)이 높기 때문이었다. Atchley(1972)는 1960년대의 빈곤비율을 다음과 같이 보고했다.

> '백악관노화학술회의'는 풍요 속에 빈곤을 겪고 있는 대다수의 노인들에게로 관심을 이끌어 냈다. … 1965년 노인의 60% 이상은 빈곤선에 근접하거나 그 이하의 소득을 보였으며, 80%는 사회보장을 빼고는 전혀 소득이 없었다(139쪽).

개인연금이나 다른 지원 방안의 도입으로 1980년대에 이르러서는 빈곤 문제가 줄어들게 되었다. 실제로 이 문제를 타개하는 데 성공하자 노년학의 연구 초점이 종래의 빈곤에서 이제는 "욕심쟁이 영감"324)이라는 1988년 3월 28일자 잡지 〈새로운 공화국*The New Republic*〉에서 처음 보도된 주제를 비판하는 쪽으로 바뀌었다. 노인들이 이기적이고 젊은이의 경제 안정을 위협한다는 주장을 반박하는 연구를 노년학자들이 보고하여 대응하였다(Atchley, 1988; Binstock, 1983; Pollak, 1988). 점점 더 노년학은 공공 정책의 쟁점을 세대 간 관계의 관점에서 연구하게 되었다. 미국의 최대 압력단체인 미국은퇴자협회(AARP)는 세대 간의 이해관계 역설에 맞추어 큰 노력을 기울이고 있다.

현재의 사회적 및 개인적 쟁점들은 의료보장 비용, 장기요양, 부양, 부양 부담 등을 중심으로 형성되어 있다. 85세 이상의 노인 수가 증가하면서 이런 문제들은 더욱 긴급해졌다. 노년학 연구와 공공정책 논쟁에서 다룬 주요 주제로는 평안, 질병 예방, 최대수명 및 의료범위의 확장 등이 있다.

특히 여성 노인 등 소수계층과 성에 관련된 쟁점들이 1970년대에 연구되기 시작했다. 민권운동과 여성운동이 활발했던 이 기간에 Susan Sontag(1972)은 노령이면서 여성인 사람들에 대한 노화의 이중적 잣대를 지적하였다. Lewis와 Butler(1972)는 노

---

324) 원어는 'greedy geezer'이며, 유사한 용어로 generation greed, generation theft 등도 있음. 노인에 대한 복지지출이 과다하여 다음 세대의 부담이 커진다는 갈등을 담고 있음.

화 문제에 대해 여성운동가들이 관심을 가지지 않는다고 지적했으며, Payne과 Whittington(1976)은 여성 노인에 대한 대중적인 고정관념을 살펴보았다. Lopata (1973, 1979)는 여성의 평균수명이 길어서 미망인이 될 확률이 높다는 점에 관심을 가졌다. 성차별에 대한 연구는 일 역할(Belgrave, 1988; O'Rand and Henrietta, 1982), 은퇴(Atchley, 1982) 그리고 종교(Alston and Alston, 1980; Payne and Whittington, 1977; Payne, 1993) 등에 관해서도 계속되고 있다. Alston과 Alston(1980)은 여성 노인이 남성이나 젊은 여성보다 교회에 다닐 가능성이 훨씬 더 높다고 보고했다. 게다가 그들의 데이터는 다음과 같은 점을 보여 준다.

> 여성들은 전 연령대에서 종교적으로 더 활동적이며, 여성들의 더 높은 참여도는 그들이 종교적 소속에 대한 더 높은 공감도와 상관관계가 있다(276쪽).

노화 과정에서 소수파의 차이에 관한 최근 지식이 '미국노화연구소', '미국은퇴자협회', '소수인종건강청' 등에서 후원하는 1986년 워크숍의 핵심이었다. 주로 다룬 분야는 (1) 인구통계학, (2) 유행병학, (3) 생물의학 연구, (4) 사회과학 및 행동과학 등 네 가지였다. 미국 흑인들에 대한 최근의 지식을 검토하는 데에 교회 및 종교적 믿음이 하는 역할이 포함되었다.

3. 노년학과 종교—흐름과 쟁점

제2차 세계대전 이후 노년학이 빠르게 성장했음에도 불구하고, 종교적 주제와 쟁점은 다른 분야에 비해 뒤떨어진다. 어떤 사람들은 정부연구기금의 부족으로 이런 현상이 초래되었다고 주장하는 반면, 다른 사람들은 과학과 종교 사이의 역사적 긴장에 주목한다. 이유가 무엇이든 그것은 복잡하고 역사적으로 뿌리가 깊으며, 노화 연구를 전담하는 편람이나 교과서 및 전문잡지에서는 종교에 거의 관심을 두지 않았다. 그러나 1980년 중반부터 전문적인 노년학계에서 종교적 이슈에 관심을 두기 시작했으며, 노화와 종교에 대한 연구는 20세기 종반에 들어 관심이 증가하고 있다.

종교와 노화에 대한 초기 연구는 나이가 들면 종교적 신앙이 중요해지는가의 여부를 판단하려는 노력이었다(Starbuck, 1903). 일반적인 가정은 그렇다는 것이었다. Alston과 Wingrove(1974)의 연구에서 도출된 종교성은 연령별로 차이가 없다는 결과와 Blazer와 Palmore(1976)의 연구에서 도출된 나이가 들수록 교회 참석이 감소하지만 사적인 종교 행위는 그렇지 않다는 결과에 의해서 이 문제는 해결되는 것처럼 보였다.

다른 연구자들도 계속 신앙과 나이의 관계를 좀 더 명쾌하게 설명하고자 하였다(Ainley and Smith, 1984; Mindel and Vaughn, 1978; Young and Dowling, 1987). 이들 후기의 연구자들은 초기 연구에서 노인들의 신앙을 측정하기 위해 이용된 척도들에 의문을 품었으며, 그들의 비판은 결국 다차원 척도의 개발로 이어졌다. 예를 들어 Mindel과 Vaughn(1978)은 종교 행동의 설문지에 종교적 사상의 유용성에 대한 태도를 묻는 질문을 추가하였으며, 비조직적 종교 활동과 조직적 종교 활동을 함께 조사했다. 조직적 참여의 수준과는 관계없이 노인 응답자 스스로가 종교적이라고 여기는 경우가 종종 있다고 보고되었다.

Ainley와 Smith(1984)는 별도의 조치로 노인들이 교회 생활에 참여하려는 욕망을 종교성의 부가적 특성으로 확립했다. 종교의 조직적 참여는 인생 후반부에도 멈추는 것이 아니라 줄어들 뿐이며, 비조직적 종교 활동과 참여로 상쇄된다는 점을 발견했다.

Young과 Dowling(1987)은 Mindel과 Vaughn에 의해 개발된 수정본의 척도를 이용하여 미국은퇴자협회 5개 지회의 회원들을 조사했다. 그들은 진보적 교회의 신자인가 보수적 교회의 신자인가에 따라 차이가 있음을 발견했다. 또한 노인들은 활동적일수록 조직적 종교 활동에 더 많이 참여했다. 상대적으로 초반기의 노인들은 조직적 종교 활동에 더 많이 참여하며, 후반기의 노인들은 비조직적 종교 활동에 더 많이 참여한다. 종교적 신념이 강할수록 조직적 참여나 비조직적 참여 모두의 참여가 높아진다는 것은 그리 놀랄 일은 아니다. 지속적인 비조직적 종교 참여에서 가족과 친구들과의 상호작용이 중요함은 예상치 못한 결과이다. 이에 대하여 이러한 네트워크가 개인의 영적 평안에 기여하고 비조직적 참여를 후원한다는 해석이 나왔다.

Markides(1983)의 종교성과 적응에 대한 4년간의 종단면적 연구에서는 교회 참석률과 사적 기도의 관습은 계속 안정적이며, 자기가 평가한 종교성은 나이가 들수록 증가한다는 것을 보여 주었다. 그러나 노인들이 압도적으로 종교에 의지한다는 증거는 없다.

최고령 노인들에 있어서 종교성과 적응의 관계는 〈조지아 100세인 종단면적 연구 *Georgia Centenarian Longitudnal Study*〉에 참여한 연구자들에 의해 조사되었다(Courtenay 외, 1992) 1980년 후반에 시작된 예비조사의 결과에서는 종교성은 나이가 들어도 크게 변하지 않는다는 것을 보여 준다. 저자들은 종교와 신체 건강 사이에는 밀접한 관계가 있지만, 종교성과 정신 건강 및 삶의 만족 사이의 관계는 그렇지 않다고 보고하였다. 종교는 건강과 가족 문제를 극복하는 데 강하게 연관되어 있는 것으로 밝혀졌다. 최고령 노인들은 기도와 믿음에 의지한다고 보고한다. 이런 연구에서 비롯된 미래의 연구에서는 대처메커니즘으로 종교를 이용한다는 가설을 확인하거나 비판할 증거를 제공할 것이다. "나는 미래에 대해 걱정하지 않아요. 그것은 신의 손에 달렸습니다"라고 어느 101세 실험 대상자가 한 말에 상당히 많은 100세 노인들이 동의한다고 Courtenay 연구팀은 밝히고 있다.

종교와 건강 그리고 의료보장에 대한 Koenig 연구팀의 연구(제1장)는 이러한 주제에 대한 새로운 관심을 불러일으켰다. 그들은 노인들이 특히 그들이 통제하지 못하는 사건이 일어나는 동안에는 대처 행동으로서 종교에 의존한다는 것을 밝혔다(Koenig 외, 1988). 가장 빈번히 보고하는 대처 행동은 다음과 같다. 즉, 하느님에 대한 신뢰와 믿음, 기도, 하느님으로부터의 도움과 힘, 교회 친구들, 교회 활동, 성직자의 도움, 성서 읽기 등이다. Koenig는 이런 데이터가 종교적 계율이 높은 남부 지역에 살고 있는 노인들로부터 수집되었음에 주의를 주면서, 연구자들이 여러 다른 지역의 자료를 수집할 필요가 있다고 언급했다. Taylor(1988)는 흑인들 사이에서 유사한 결과를 보고했는데, 그는 정체성과 후원을 위한 사회 조직체로서 교회에 더욱 의존하는 것에 주목했다. 흑인 노인들은 하느님이 건강을 지켜주고 좋은 건강을 주는 것으로 여기고 있으나, 질병을 하느님의 책임이라고 여기지는 않는다고 밝혔다.

노인의 종교 참여와 건강에 대한 연구에서 Idler(1987)는 종교성이 클수록 기능장애나 우울증 증세의 수준이 더 낮아진다고 밝히고 있다. Idler는 건강 상태와 종교 참여의 유형에서 차이가 있다고 보고했다. 여성들에게서는 교회 예배에 더 많이 참여할수록 더 많은 교회 신자들을 알게 되며, 신체적 장애나 우울증 증세도 줄어든다고 밝힌다. 남성들의 경우는 사적인 종교 예배에 더 많이 참여할수록 장애와 우울증을 덜 경험하였다.

종교와 노화에 대한 연구에서 탐구되는 많은 주제가 대중적 관심과 역사적 사건에 의해 생겨났다는 것은 주목할 만하다. 예를 들어 1971년 백악관노화학술회의 종교분과는 '영적 평안'이라는 표제를 붙여 국가와 교회의 이슈가 되는 것을 빗겨 갔다. 그리하여 초점이 종교성에서 영적 평안으로 또 노년학자들에 의해 연구되는 영성과 노화라는 최근의 주제로 옮겨 가는 데 촉매제가 되었다. 이런 변화는 전 연령 집단에서 삶의 의미를 강렬히 찾으려는 열망과 여러 연령층 집단에서 삶의 영적 차원에 대한 관심이 늘어나는 것과 일치한다(Gallup, 1991; Payne, 1990).

4. 이론적 다원성

몇몇 연구자들은 노화에 대한 다중학문적인 단일이론을 개발하는 것이 바람직하다고 주장하지만, 그 장애물은 각 학문 분야의 이론적 관점에 통일성이 없다는 점이다(Passuth and Bengston, 1988). 오늘날까지 복잡하고 역동적으로 상호작용하는 노화를 완전히 설명하는 사회학, 심리학, 생물학 등의 단일이론은 없다.

종교에 관한 연구도 마찬가지로 학문 분야의 다양성을 지니며, 종교 행동을 설명할 통일된 이론은 결여되어 있다. 이것은 사회학, 심리학, 철학 등의 다양한 학문 분야 이론들을 사용하여 규정된 영역에서 종교 행동의 노화를 설명할 수 없다는 것을 의미하는 것은 아니다. 무리해서 하나의 통일된 노년학 이론을 만들어 내기보다는, 종교 행동을 포함하는 노화 행동의 사회적, 심리적, 신체적 문맥을 분석하는 여러 학문 분야에서의 이론들을 불러내는 것이 더 적절하다.

예를 들어 사회학에서 도출된 노년학이론은 다양한 방법으로 노후의 종교성에 응용될 수 있다. 이탈과 행동의 개념들은 '구조적 기능주의'의 사회학적 이론에 연결될 수 있다. 이 이론 구조를 이용해서 노인들이 어떻게 과거 역할에서 이탈되며, 종교 공동체에서 새로운 자원봉사나 서비스 역할을 발달시키는지를 이해할 수 있다. 내부성과 이탈 개념은 종교적 고독의 의미를 분명히 표현하고 창의적 고독과 명상적 삶을 개발하기 위한 틀을 제공한다. '활동이론'은 사회적 정체성, 의미 있는 사회적 역할, 사회적 네트워크의 발달을 제공하는 종교 조직 내에서 새로운 역할의 가치를 설명하는 데 이용될 수 있다.

'교환이론'[325](Dowd, 1973)은 '구조적 기능주의'의 사회학적 이론에서 유래된 것이다. 그것은 역할 상실과 노인과 다른 연령층 간의 부정적 의미를 강조한다. 그것은 노인들이 신앙 공동체를 위하여 할 수 있고 하고 있는 긍정적 기여, 자원, 기술, 봉사 등을 강조하는 데 이용될 수 있다.

이론적 통찰력의 또 다른 풍부한 원천은 사회 화합에 관한 뒤르켕(1897, 1951)과 베버(1922, 1964)의 작업에서 유래된다. 이러한 위대한 사회사상가에게 종교란 문화의 한 요소로서, 개인적 또는 사회적 삶을 구조화하는 상징, 의례, 믿음 등의 시스템에 접근하게 해 준다. 이 작업은 종교와 노화 연구에 적절한 이론적 틀을 구성하는 고

---

325) 교환이론exchange theory은 노인집단은 권력자원이 감소하면서 다른 집단과의 균형적 교환이 점차 불가능해지므로, 결국 생존과 순종을 교환하게 되는, 즉 은퇴를 선택하게 되므로 노화도 교환 과정이라는 것임.

무적인 아이디어로 가득하다.

노년학의 이론적 다원성이 연구자들에게 절망을 일으켜서는 안 된다. 오히려 다원성은 사회학의 예에서 보는 것처럼 종교와 노화에 관심을 가진 사람들이 다양한 시각으로 주제를 관찰하는 풍부함을 제공한다. 결국 이론이 진실을 주장하는 것은 아니다. 이론은 다만 인간 경험의 관찰과 사회의 상호작용에 대하여 해석하고 조직화하는 데 상대적으로 유용한 방법을 제공할 따름이다.

5. 노년학과 종교의 미래에 대한 예측

노화, 종교, 영성 등의 연구에서 그 관심과 추동력은 계속 상승할 것으로 예상된다. 즉, 새로운 질문을 던지고 깊이를 탐색하며 그리고 다양한 방법론을 활용하는 연구로 바뀌어 갈 것이다. 질적qualitative 방법을 과학적으로 선호하는 쪽으로 되돌아가는 것은 이러한 추세를 나타내고 있다(제39, 40장 참조). 이러한 방법은 삶의 의미와 종교적/영적 경험 연구에 매우 적절하다. 신자의 노화에 부응하여 그리고 공동체 노인에게 사회적 지원을 제공하기 위한 종교 공동체와 서비스 공동체 사이의 협동에 대한 범사회적 필요성에 부응하여, 종교 조직에 대한 질적 분석 및 정량분석 모두가 증가할 것으로 예상할 수 있다.

신학을 포함해 인문학은 노화의 경험과 장수의 의미를 이해하고 해석하는 데 기여할 것이다. 노화 과정에 대한 지식과 문제를 종교 행동, 영성, 종교기관 등과 연결시키기 위하여 크게 노력할 것이다. 영성 연구는 남녀 노인들의 신앙 개발에 초점을 맞추어 확대될 것이다.

노인들의 조직적 및 비조직적 예배에 대한 최근의 연구가 더욱 확대되어, 변화하는 종교적 욕구와 늘어가는 노인 신자들의 예배에 대하여 조직들이 보이는 반응을 포함하게 될 것이다. 연구자들이 순차적 연구 계획을 이용하여 측정 효과에서 시간과 집단을 통제할 수 있는 것이 매우 중요하다. 오늘날 종교와 노화에 대하여 쓸 수 있는 자료가 베이비붐 집단이 노년이 됐을 때의 삶의 경험을 잘 반영할 것 같지는 않다.

요컨대 노년학과 종교를 통합하려는 노력은 계속될 것이다. 해야 할 일은 많다. 다행스럽게도 이런 질문에 답을 찾으려 하는 새로운 분위기는 종교와 노화 사이의 연결점을 탐구하고자 하는 연구자들을 기다리고 있다.

제39장 질적 분석과 정량분석의 방법

Gary T. Reker

이 책의 독자들은 종교와 노화에 관한 내용이 거의 대부분인 이 편람에서 질적 분석과 정량분석 방법을 포함시키는 것이 왜 중요한지 의문을 가질 수 있다. 두 가지 중요한 이유가 생각난다. 첫째는 종교, 영성, 노화 등을 종합적으로 이해하기 위해서는 사회과학에서의 연구 수행 방법을 인식해야만 가능하다는 점이다. 이는 행동과학과 사회과학 외에 다른 분야의 학자들로 하여금 자신의 연구를 수행할 수 있도록 하고, 그렇게 함으로써 그들 학문 분야의 지식 기반에 기여한다. 둘째, 연구에 참여하지 않는 학자들에게도 과학적 방법에 대한 기본적인 이해를 가지도록 함으로써 학술지나 대중매체에 보고된 연구의 질을 비판적으로 분석하고 검토하고 평가하는 역량을 제공한다.

이 장에서는 행동과학이나 사회과학에서 사용된 질적 및 정량적 분석방법론에 대해 살펴보고자 한다. 서두에서는 두 가지 주요 이론적 접근법을 간단히 소개하고, 이것이 연구 방법 선택에 어떻게 영향을 미치는지 제시할 것이다. 제1절에서는 발달론 연구를 이해하는 데 관련되는 주제들을 논의할 것이다. 제2절과 3절에서는 인간 발달에 대한 주요 묘사형 및 설명형 연구 모형을 기술하고 평가할 것이다. 제4절에서는 현대의 중요한 질적 분석 방법을 소개하고 평가하면서 실증적 문헌에서의 사례를 인용할 것이다. 제5절에서는 질적 분석 및 정량분석에서 제기되는 공통 문제들을 논의하고 각 방법론이 인간 행동의 이해를 진전시키는 데 기여하는 바를 강조할 것이다.

방법론이란 문제에 접근하고 해답을 찾는 일련의 절차에 관한 것이다. 행동과학과 사회과학에서 이 용어는 어떻게 연구가 수행되는가를 가리킨다. 다양한 연구 방법이 가능하다. 선택된 방법은 연구자의 이론적 관점, 가정, 관심, 목적 등에 의하여 강한 영향을 받는다. 따라서 연구 방법은 수집된 데이터의 종류, 데이터가 수집된 방법, 분석 수단 등의 관점에서 달라지는 것이다.

두 가지 주요 이론적 관점—실증주의/조작주의operationism[326] 및 현상학/해석학적 사회과학—이 행동과학과 사회과학을 지배하고 있다. 실증주의란, 지식은 개인의 주관적 상태는 전혀 고려치 않고 경험과 관찰된 사실에 제한된다고 주장하는 철학적 입장이다(Comte, 1896). 심리학에서 실증주의는 조작주의, 환원주의, 통계적 분석 그리고 유심론적mentalism[327] 구성 개념construct의 배제 등과 관련된다.

반면 현상학/해석적 사회과학은 인간의 행동을 개인의 준거 틀로 이해하는 것과 관계가 있다(Rabinow and Sullivan, 1979). 이는 주로 묘사적이며, 비수학적인 분석 절차를 활용한다. 이 절차에는 연구자 측의 이론적 민감성, 사회적 민감성, 날카로운 관찰기법, 상호작용 능력 등이 요구된다(Strauss and Corbin, 1990).

실증주의/조작주의와 현상학/해석학적 사회과학에 대한 지지자들은 제기하는 문제와 구하고자 하는 해답에서 의견이 다르다. 실증주의자들은 설문지, 일람표, 행동관찰 등의 다양한 방법을 통하여 '사실'을 찾고 이들을 관심 변수들을 조작화하는 데 쓰고자 한다. 조작화를 통하여 변수들 사이의 관계를 증명하기 위하여 통계적으로 분석될 수 있는 '정량적' 데이터를 만들어 낸다. 인간 행동의 중요한 요인은 분리되고 독립적으로 연구될 수 있다는 가정이 저변에 깔려 있다(Hesse, 1980). 반면 현상학자들은 개인이 어떻게 세계를 경험하는가와 개인이 그러한 경험에 부여하는 의미에 관한 묘사적 데이터를 만들어 내는 자서전, 개인 문서, 개인사, 심층 면접 등의 방법을 통하여 이해하고자 한다. 묘사는 '질적' 데이터를 만들어 내고, 이들은 내용이 분석되고 주제화되고 분류되며, 반복 패턴이 조사되고 다른 관련 변수들과 연결될 수 있다. 인

---

326) 조작주의operationism란 모든 개념이나 용어는 물리적 또는 정신적 조작에 의해 정의되어야 하며, 과학에서는 이러한 조작적 정의만이 사용될 수 있다는 주장임.

327) 유심론mentalism이란 텔레파시, 염력, 영매, 암산, 최면술, 심령술 등 고도의 정신력이나 직관력을 보여 주는 행위를 의미함.

간 행동은 자연적인 맥락에서 연구되어야만 하는 복합적이고 상호 의존적인 요인들의 산물이라고 가정한다.

사회과학과 행동과학의 전통적 연구에서는 그 연구 방법을 연속선상의 한쪽 끝에는 정량적 분석을, 다른 한쪽 끝에는 질적 분석을 고정해 놓는 방식으로 개념화하였다. 그러한 단차원적 관점은 정량적, 질적 분석이 서로 정반대라고 암시한다. 해가 가면서 두 방법의 장점에 대한 논쟁이 나타났고, 양극화가 최고점에 달하면서 정량적 접근 방법이 선호되었다. 최근에는 전인적인 '내적' 발달에 관한 심리학적 연구에 대한 새로운 관심이 나타나, 질적 분석이 정당한 형태의 과학적 연구라고 널리 인정되고 있다(예: Kaufman, 1986; Reker and Wong, 1988; Rennie 외, 1988). 이 장에서는 정량분석과 질적 분석 방법들이 결합적으로, 보완적으로 작동한다고 보는, 즉 번갈아 사용되고 똑같이 타당하다는 관점이 종교성이나 영성 같은 현상의 주관적 이해를 풍요롭게 해 줄 수 있다는 점을 보여 주고자 한다. 정량분석에 대한 전통적 선호를 고려하여, 먼저 우리는 생애발달 연구에서 정량분석의 활동에 대하여 살펴보고자 한다.

1. 발달 연구에서의 문제

1) 주요 효과

생애발달 관점은 본 장의 연구 방법에 관한 논의에 틀을 제공한다(Baltes 외, 1977). 이러한 틀 안에서 연구의 기본적 질문은 '무엇이' 일어났는가(즉, 묘사), '왜' 그것이 일어났는가(즉, 설명), '어떻게' 그것이 변하는가(즉, 최적화)라는 관점에서 이루어진다. 성인 발달과 노화에 관한 연구에서, 각 개인의 차이 및 개인 간의 차이를 설명하는 세 가지 중요한 효과로는 나이, 동시대집단cohort, 측정 시기 등이 있다(Schaie, 1984; Schaie and Hertzog, 1985).

(1) 나이 효과

대부분 사람들은 나이를 출생 이후의 시간적 길이인 시간적 나이로 생각한다. 시간적 나이는 달력 시간을 기반으로 데이터와 사건을 구성하기 위한 편리하고 간단한 색인이다. 특정 연령 집단에 속한 개인들에 관하여 기술하고자 하는 발달 연구자들에게는 특히 유용하다. 또한 시간적 나이는 조사 연구 중인 과정이 생물학적 성장같이 시간에 의존적일 때에도 유용하다. 실제로 나이는 시간에 따라 사람에게 영향을 미치는 생물학적, 심리학적, 사회적 측면 등 복합적인 기저의 과정을 나타내는 하나의 대용변수나 대리변수로 간주된다(Birren and Cunningham, 1985). 나이가 직접 어떤 것의 원인이 되지는 않으며, 단지 많은 일이 발생했다는 표시일 뿐이다. 더 자세히 말하자면, 발달 연구자는 나이와 '연관된' 현상을 연구하는 것이다. 그래서 엄밀히 말하자면 나이와 연관된 효과에 관하여 이야기한다고 하는 것이 더 적절하다. 특정 과정을 기준으로 나이를 대안적으로 개념화하자는 제안이 있었지만—생물학적 나이, 심리적 나이, 사회적 나이 등(Birren and Cunningham, 1985)—대부분의 발달 연구자는 변수로는 시간적 나이를 주로 선호한다.

(2) 동시대집단 효과

동시대집단 효과는 특정 세대의 독특한 경험에 기인하는 차이들이다. 동시대집단은 독특할 수도 있고 일반적일 수도 있다. 예를 들면 특정한 해에 출생하는 모든 사람은 '출생 코호트'를 구성하는데 1946~1962년 사이에 태어난 모든 사람은 '베이비 붐 코호트'에 속한다. 각 세대는 서로 다른 종류의 역사적 및 사회적 사건들—교육 기회, 전쟁, 대공황, 히피운동, 에이즈 전염 등—의 영향을 받는다. 이러한 독특한 경험은 동시대집단의 태도, 가치, 행동 등의 형성에 깊이 영향을 주며, 이 점을 고려해야 한다.

(3) 측정 시기 효과

측정 시기 효과는 데이터의 수집 시점이나 수집 기간에 발생한 사회적, 환경적, 역사적 그리고 기타 사건들을 반영한다. 이러한 사건들은 나이나 동시대집단에 관계없이 전체 사회에 영향을 끼친다. 예를 들면 "신은 죽었다"는 논쟁과 뒤이은 "예수 그리스도 운동Jesus Movement"[328]이 전국적 매체에서 두드러지게 다루어졌던 1960~1970년대에 종교성에 대하여 수집된 데이터는 측정 시기의 특별한 사건에 의해 형성되었을 수도 있다. '연습 효과practice effect'[329]는 측정 시기 효과의 특별한 유형이다. 성과

---

328) 예수 그리스도 운동Jesus Movement이란 1960~70년대에 미국 서부 지역을 중심으로 시작된 히피문화 등 반문화counterculture 성격의 종교운동으로 평가됨. 주요 주장은 초기 그리스도교의 모습으로 돌아가자는 것이었으며, 이후 개신교는 보수, 진보 등 다양한 종파로 나누어지는 계기로도 작용하였음.

329) 연습 효과practice effect란 피험자가 참여하는 실험조건들이 서로 유사할 때, 처음 참여한 조건에서의 경험으로 인해 나중에 참여한 조건에서 더 나은 행동을 보이는 것을 말함.

가 주 변수인 상황에서, 둘 이상 기간 사이에 성과가 조금이라도 증가했다면 그 과제에 이전에 노출되었던 이점이 반영될 수 있다는 것이다.

(4) 혼동

불행하게도 나이 효과, 동시대집단 효과, 측정 시기 효과 등은 상호 연관되어 있다. 이는 명료한 설명을 구하고자 하는 발달 연구자에게는 진정한 도전거리가 된다. 예를 들면 만일 연구자가 60세 노인의 종교 활동 범위를 연구하는 데 관심이 있다면, 60년 전에 태어난 동시대집단을 선정하는 것이 필수적이다. 그러나 보고된 종교 활동이 60세라는 나이 때문인지 아니면 특정 시기에 태어난 결과로 얻어진 특정 경험 때문인지, 연구자는 알 수가 없다. 혼동의 또 다른 원인으로는 나이와 측정 시기, 동시대집단과 측정 시기 등이 있다. 다음 절에서는 이러한 혼동이 내포된 발달 연구의 설계와 혼동이 주는 영향을 어떻게 최소화할 것인가에 관하여 논의할 것이다.

2) 연령별 변화와 연령별 차이

발달 연구자들은 주로 사람이 나이가 들면 무엇이 일어나는가라는 일반적인 질문에 관심이 있다. 이 질문을 꺼내는 방식에는 두 가지가 있다. 하나는 동일한 개인에 대하여 시간 경과에 따라 연구해서 '연령별 변화age changes'를 기록하는 것이고, 또 하나는 다른 연령의 개인들을 비교하여 '연령별 차이age differences'를 기록하는 것이다. 전자는 개인 내의intra-individual 변화에 초점을 두고, 후자는 개인 간의inter-individual 차이에 초점을 둔다. 예를 들면 70대 노인의 개인적 종교 참여를 그들의 50년 전인 20세 시절의 종교 참여와 비교하는 연구는 '연령별 변화'를 반영하는 것이고, 20세 사람들의 종교 참여를 70세 사람의 종교 참여와 비교하는 것은 '연령별 차이'를 반영하는 것이다.

'연령별 변화'와 '연령별 차이'는 분명히 다른 사실을 의미하기 때문에 분명하게 구별하는 것이 중요하다. 많은 연구자들이 '연령별 차이'에 관한 정보를 얻는 방법을 사용하면서, 그러한 '연령적 차이'가 '연령별 변화'의 유효한 추정치라는 가정을 한다. 이 가정이 언제나 무비판적으로 지지되는 것은 아니다. 특히 극단적으로 나이 차이가 나는 청년 대 노인 집단의 경우를 비교할 때, 그 결과는 잘못된 해석에 노출될 수 있다. 즉, 실제로는 동시대집단 효과인데 이를 나이 효과라고 주장할 수도 있는 것이다.

'연령별 변화'나 '연령별 차이'를 측정하고자 할 때 발달 연구자가 다루어야 할 최소 세 가지의 연관된 문제가 있다. 첫째, 구성 개념construct의 의미나 개인적 중요성은 시간이 흐르면 수정될 수도 있다. 그러한 경우에 관찰된 변화는 단순히 변화된 의미만을 반영하는 것에 불과하다. 그러한 변화를 통제하는 한 가지 방법은, 측정된 구성 개념의 구조적인 요소들이 모든 연령에서 차이가 없이 유지되는 것을 실증적으로 증명하는 것이다. 둘째, 자기평가의 기준이 변할 수 있는 가능성이다. 예를 들어 건강에 대한 자기보고 측정치가 젊을 때는 절대기준, 즉 '개인적' 기준이었다가, 노년기에는 상대기준, 즉 '타인과의 비교'로 바뀔 수 있다. 기준의 변동은 진정한 발달적 변화를 혼동시키기 때문에 이를 고려할 필요가 있다. 셋째, 소장층과 노장층에 적용할 경우, 측정도구 내의 몇몇 항목을 차별적으로 적용하는 문제이다. 노장층의 동시대집단에는 적절하지 않은 항목들을 포함시키면 발달의 모습을 왜곡하는 결과를 초래할 수도 있다. 폭넓은 연령층에 동일하게 적용할 수 있는 항목을 포함하는 척도는 신중하게 선택해야 그러한 왜곡에 대처할 수 있다.

2. 발달 연구의 방법

발달 연구의 두 가지 주요 방법인 묘사법과 설명법을 구분하는 것이 도움이 된다. 묘사법은 나이, 동시대집단, 측정 시기 등 시간에 관련된 변수들과 다른 관심 있는 변수들 사이의 상관관계에 초점을 둔다. 과제는 '연령별 변화'와 '연령별 차이'의 본질을 식별하고 묘사하는 것이다. 묘사법의 본질적인 특징은 인과관계는 추론될 수 없다는 점인데, 이는 결점으로 간주되어서는 안 된다. 왜냐하면 묘사법의 목적이 조건을 시스템적으로 조작하고 고립시키는 것이 아니라 '자연스럽게' 일어나는 것을 시스템적으로 관찰하는 것이기 때문이다.

설명법은 '개인 내의 변화'와 '개인 간의 차이'의 원인 또는 선행조건을 구체화하는 것을 포함한다. 설명법은 통제된 인위적 조건 아래에서 발달 과정의 모의실험을 시도한다(Baltes 외, 1977). 변수들은 조작되고, 조사 대상은 무작위로 여러 집단이나 조건에 할당된다. 따라서 인과관계가 추론될 수 있는 것이다.

1) 묘사형 연구 모형

발달학자들이 '연령별 변화'와 '연령별 차이'에 관한 정보를 모을 때 주로 쓰는 방법에는 횡단면 모형, 종단면 모형, 순차적 모형 등이 포함된다.

[그림 39-1]은 나이 효과, 동시대집단 효과, 측정 시기 효과 등의 행렬을 보여 준다. 왼쪽 종축 열에는 출생 집단이 나타나며, 횡축 하단에는 측정 시기가 연도별로 나타난다. 나이는 종축과 횡축의 교차점인 행렬 속에 있는 각각의 숫자로 나타난다. 또한 [그림 39-1]에는 행렬의 삼각형 내에서 구성할 수 있는 종단면 모형과 횡단면 모형 두 가지 모형을 보여 준다. 또한 제3의 모형, 소위 시차 모형time-lag design도 어떤 대각선으로나 가능하다. 그러나 시차 모형에서는 나이를 고정시킨다. 따라서 나이와 관련된 결과는 측정될 수 없다. 이러한 비발달적인 특성 때문에 시차 모형은 더 이상 이 장에서는 논의되지 않을 것이다.

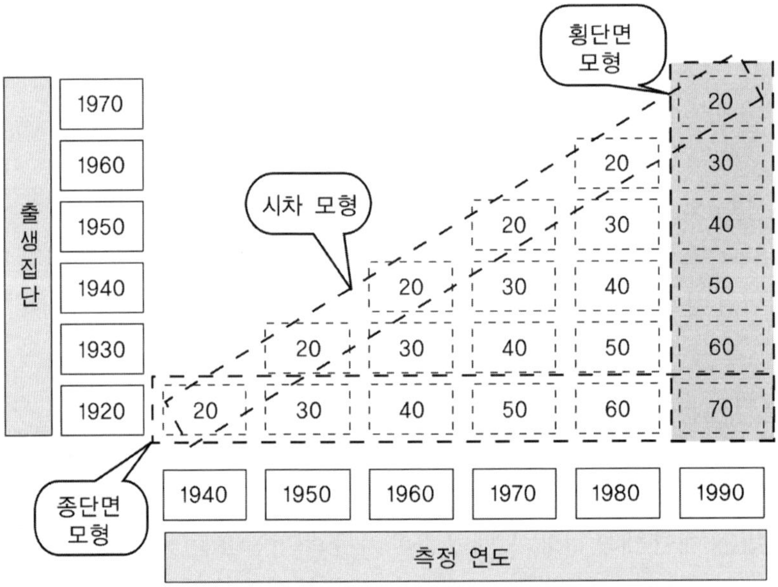

[그림 39-1] 발달적 연구 모형에서의 나이, 동시대집단, 측정 시기 효과

(1) 단순 횡단면 모형

횡단면 모형에서는 다른 나이의 대상들이 어느 한 시점에서 검증되고 비교된다. [그림 39-1]에서 세로줄은 횡단면 모형을 나타낸다. 횡단면 모형에서는 '연령별 차이'를 기록할 수 있도록 해 준다. 측정 시기를 고정시키기 때문에, 집단별 차이는 나이 차이이거나 아니면 동시대집단 차이이다. 이러한 나이와 동시대집단의 혼동이 횡단면적 연구의 가장 큰 문제점이다.

예로 어느 연구원이 나이와 종교 신념의 관계에 관심을 가지고 있다고 가정해 보자. 20, 30, 40, 50, 60, 70세 사람들로 구성된 횡단면에 대하여 그들의 종교적 신념과 예배의 참여 정도를 답하도록 하였다. 가상 데이터에서 나이가 증가하면 종교 활동에 참여하는 비율이 높아진다고 해 보자. 그러면 과연 이 결과에 대해 어떠한 해석을 할 수 있겠는가? 두 가지 가능성이 있다. 하나는 사람들이 나이가 들수록 종교적이 되거나 아니면 종교 활동의 증가는 동시대집단의 차이를 나타내는 것일 수 있다. 즉, 오늘의 노인들이 젊은 세대였을 때 더 강한 종교적 신념을 이미 가졌을 수 있는 것이다. 단순 횡단면 모형에서는 두 가지 해석이 구분될 수 없다. 연구 결과가 동시대집단 효과인지 아니면 나이 효과인지를 밝히려면 더 강력한 모형들이 필요하다.

위의 예는 가정적이긴 하지만, 혼동의 딜레마는 실제 과학의 세계에 존재한다. 평생 동안의 지능 발달에 대한 과거의 횡단면적 연구에서 지능이 나이의 함수로 급격한 감소를 보였던 것은 잘못된 해석의 결과였다. 나이 효과라고 해석되었던 것은 실제는 동시대집단 효과였다. 즉, 연구에서 동시대집단이 나이가 많을수록 교육의 기회가 적었기 때문이다(Schaie and Strother, 1968).

횡단면 모형은 혼동의 문제뿐 아니라 다수의 잠재적 한계를 제기한다. 횡단면 모형에서의 발달적 변화의 주요 지표는 여러 동시대집단에 대하여 얻은 변수 값의 평균치이다. 만일 연구 대상인 표본이 전체 모집단을 제대로 대표하지 않는다면, 집단 평균은 개인적 경우를 적절히 표현하지 못할 수 있다. 마찬가지로 개인적 차이가 증가하면, 발달적 모습의 왜곡이 발생할 수 있다. 이것은 특히 나이가 들면서 다수의 변수로 이질성heterogeneity이 증가하는 노인에게서 문제의 소지가 많다(Dannefer, 1988).

문제점과 한계에도 불구하고, 횡단면 모형을 가장 흔히 볼 수 있다. 데이터 수집이 빠르고 효과적이며, 저렴하기 때문이다. 재분석이 요구되지 않는 한, 대상자들은 단 한 번만 관찰된다. 그 결과 값은 다른 대상자들과 비교할 때 표준으로 사용될 수 있다. 연구 결과를 검증하는 것은 새로운 표본을 뽑아서 즉시 할 수도 있다.

(2) 단순 종단면 모형

종단면 모형에서는 동일인을 두 번 이상 다른 시점에서 관찰한다. [그림 39-1]에서 하나의 수평선인 행은 하나의 종단면 모형을 나타낸다. 종단면 모형은 '연령별 변화'

를 기록할 수 있도록 해 준다. 이 경우에는 단 하나의 동시대집단을 조사했기 때문에 동시대집단 효과는 실제적으로 제거되었다. 그러나 종단면 모형에서는 나이와 측정 시기 사이의 혼동이 발생한다.

예를 들어 연구자가 1920년 동시대집단이 종교 지도자들에 대하여 가진 태도—신뢰하는지 불신하는지—를 그들이 각각 20, 30, 40, 50, 60, 70세 때인 1940, 1950, 1960, 1970, 1980, 1990년에 여섯 번 측정하여 도표를 만들 수 있다고 상상해 보자. 그러한 가상적 탐구의 결과가 시간을 함수로 불신이 늘어나는 태도 변화를 보여 줄 수 있다. 역시 두 가지 해석이 가능하다. 즉, 종교 지도자들에 대한 진짜 발달적 변화는 시간에 따라 일어났거나, 아니면 그 변화는 TV 전도사의 비리나 성직자의 성적 학대에 대한 집중보도 등 역사 사회적 사건에 기인하는 것이다. 종단면 연구에서는 이러한 해석 중에서 어느 것이 가장 적절한지 말할 수가 없다.

종단면 모형에는 이 외에도 더 많은 문제점들이 있다. 단일 동시대집단 측정, 대상자의 감소, 연습 효과, 시간 요인, 비용 요인, 구식 측정 방법 등이다. 종단면 모형에서는 단 한 개의 동시대집단을 연구한다. 한 집단에서 관찰된 발달 패턴은 다른 집단에서는 유효하지 않을 수도 있다. 따라서 그 결과를 다른 집단에 일반화하는 것은 주의해야 한다. 종단면 연구는 대상자 감소나 중도 탈락의 위험을 감수해야 한다. 대상자 탈락은 흥미의 상실, 이주, 질병, 사망 등 다양한 이유로 발생한다. 시스템적 감소는 더 유능하고, 더 교육받고, 더 건강한 집단을 표본 선택하는 쪽으로 이끌 수 있다. 이들은 연구 시작 당시에는 대표적이지 않았었다. 결과적으로 '생존자'의 발달 유형은 긍정적 편향을 드러낼 가능성이 있다. 종단면 모형은 본질적으로 같은 측정 방법을 사용하여 같은 개인들을 반복 측정할 필요가 있다. 이러한 조건에서는 측정 결과가 갈수록 잘 나올 수 있다. 왜냐하면 대상자들이 측정에 익숙해지는, 즉 '연습' 기회를 가지기 때문이다. 끝으로 장기간에 걸친 종단면 연구는 시간과 비용의 지출이 크며, 연구자가 시대에 뒤떨어진 절차와 측정수단을 계속 사용할 것을 요구한다.

그러한 한계점에도 불구하고, 종단면 연구는 노년학 문헌에서 갈수록 자주 나타나고 있는데, 아마도 '개인 내의 변화'를 직접 관찰할 필요성을 인식했기 때문으로 보인다.

요컨대 단순 횡단면 모형은 여러 개의 다른 동시대집단에 대한 1회성 평가를 포함하며, '연령별 차이'를 측정한다. 나이 효과와 동시대집단 효과가 혼동된다. 단순 종단면 모형은 한 개의 동시대집단에 대한 반복적 평가를 포함하며, '연령별 변화'를 측정한다. 나이 효과와 측정 시기 효과가 혼동된다. 이러한 혼동은 개인 간의 혹은 개인 내의 변화를 해석함에 있어서 문제를 야기한다.

다행스럽게도 단순 모형의 좀 더 복합적 확장, 즉 '순차 모형sequential design'을 활용하여 발달 연구에서의 세 가지 주요 편차를 분리할 수 있다. 그러나 이러한 복합 모형에 관한 자세한 논의는 이 장의 범위를 벗어난 것이다[Baltes 외(1977) 및 Schaie and Hertzog(1985)를 참조]. 그러나 순차 모형이 매우 강력하다 해도, 비용과 시간 소모가 크고 평생에 걸친 노력이 요구된다는 점을 알아야 한다. 그것은 대다수의 발달 연구자들이 선호하는 방법은 아니다. 이러한 현실을 감안한다면 방법론에서도 단계적 접근이 더 적절할 수 있다. 즉, 우선 가능한 한 많은 외생변수들을 통제하면서 단순 횡단면 연구를 실행한다. 일단 관심을 가진 현상에서 믿을 만한 '연령별 차이'가 분리되고 나면, 종단면 모형이나 순차 모형 그리고 실험적 연구 등을 수행하여 관찰된 차이를 일으키는 원인이 되었던 구체적인 기초 작동원리를 찾아낼 수 있다.

2) 설명형 연구 모형

세 가지의 익숙한 설명적 연구 전략은 실험, 준실험, 비실험 모형이다. 발달 연구에서 핵심은 아니라도, 설명적 모형은 발달 연구에서 밝혀진 나이 관련 효과들을 설명하는 여러 경쟁적 설명들의 간극을 좁혀 주는 데 도움이 될 수 있다.

(1) 실험 모형

진짜 실험에서는 연구자가 하나 이상의 독립변수를 조작하고 하나 이상의 종속변수에 미치는 효과를 관찰한다. 대상자는 무작위로 집단이나 조건에 할당되는데, 그리하여 대상자와 환경적 특성을 통제하게 된다.

실험적 방법이 나이 효과를 설명하는 데 어떻게 도움이 되는가를 실증하기 위하여, 종종 인용되는 예로 나이의 함수로서 기억력 감소를 보도록 하자. 여기에서는 몇 가지 설명이 가능하다. 즉, 중추신경계의 변화를 반영하는 것이라든가, 기억 과제 수행에서의 차이를 반영하는 것이라든가, 교육 기회에서 기인하는 동시대집단의 차이를 반영하는 것이라든가 또는 기억되는 자극이 인간에게 그렇게 유의미한 것은 아니기 때문에 동기부여의 차이를 반영할 수 있는가 등이다. 설명으로서 동기부여라는 요인을 제거하기 위하여, 연구자는 청년, 중년, 노년 집단을 선정하고 각 집단의 절반에게 유의미한 자극을 가진 기억 과제—이를테면 영화배우 이름—를 무작위로 할당한다. 그리고 각 집단의 나머지 대상자에게는 무의미한 자극을 가진 기억 과제—이를테면 뜻 없는 철자—를 준다. 그리고 모든 대상자의 기억 유지를 평가한다. 대상자 노인들이 유의미한 자극에서는 기억 유지 점수가 떨어지지 않고 무의미한 자극에서만 점수가 떨어진다면, 이는 '동기의 결여'라는 설명을 뒷받침하는 것이다.

(2) 준실험 모형

준실험quasi-experimental 모형에서는 대상자가 종종 윤리적 이유로 집단이나 처리 조건에 무작위로 할당되지 않는다. 그러므로 이미 존재하는 집단이 연구 대상이 된다. 예를 들면 두 개의 신축된 양로원의 관리자들이 조기 발생 치매환자의 기억 손상을 치료하기 위해 피소스티그민physostigmine이라는 약물 사용을 계획하고 있다고 가정해 보자. 무작위로 한 양로원(A)은 통제집단 또 다른 양로원(B)은 실험집단으로 선택된다. A양로원에서는 15명의 치매환자 집단이 추출되었고, B양로원에서는 20명이 추출됐다. 35명의 환자들은 기억력 검사를 받았다. B양로원 환자들은 피소스티그민을 3개월간 매일 복용했다. A양로원 환자들은 어떠한 약이나 위약placebo도 복용하지 않았다. 3개월 후 두 양로원의 환자들은 다시 기억력 검사를 받았다. A양로원 환자들과 비교하여 B양로원 환자들의 현저한 기억력 증가는 피소스티그민이 조기 발생 치매환자의 기억력을 향상시킨다는 가설을 지지해 준다.

준실험 모형의 한 가지 약점은 대안적 설명이 가능하다는 것이다. 예를 들면 B양로원 환자들과의 잦은 상호작용을 포함한 요양원에서 해 주는 보살핌의 차이가 약물 효과와 관계없이 기억력에 향상을 가져오는 것이라고 설명할 수도 있는 것이다. 그러므로 준실험 모형을 사용할 때에는 결과의 해석에 매우 신중할 필요가 있다. 아무튼 변수의 조작이 가능치 않은 상황에서는 그러한 모형이 유용한 정보를 제공한다.

(3) 비실험 모형

비실험 모형에서는 대상자가 집단이나 조건에 무작위로 할당되지 않으며 종속변수와 독립변수—종종 기준변수와 예측변수라고 칭하지만—를 구분하지 않는다. 집단들을 있는 그대로 두고 비교가 이루어지며, 종종 유기체적(성별, 인종) 또는 경험적(건강수준, 교육수준) 변수를 기준으로 집단을 나누기도 한다. 이러한 모형들은 변수들 사이의 상관관계를 측정하기 때문에, 종종 '상관관계 모형'이라고도 불린다.

예를 들어 연구자들이 표본 노인집단의 평안을 예측하는 데 종교적 믿음과 실천이 어떤 역할을 하는지에 관한 연구에 관심이 있다고 가정하자. 그들은 상당히 많은, 100명 이상의 노인 표본을 구하여, 종교적 믿음과 실천(예: 교회 출석, 개인기도, 성경 공부 등), 사기, 삶의 만족도, 우울, 행복 등의 강도를 측정할 것이다. 그들은 단지 종교적 믿음/실천과 평안의 척도 사이의 상관계수를 산출할 수 있겠지만, 더욱 강력한 방법은 회귀분석을 사용하는 것이다. 회귀분석에서는 긍정적이든 부정적이든 평안의 결과를 예측함에 있어서, 종교적 믿음의 개별 요소 혹은 전체 요소들이 어느 정도 기여하는지를 측정할 수 있다.

엄격히 말하자면 비실험 모형은 인과관계를 다룬다는 의미에서는 설명력이 없다. 그러나 그것들이 더 강력한 통계 절차—즉, 다중회귀분석, 인과 모형, LISREL[330] 등—와 함께 사용될 때에는 어느 정도의 설명력을 갖게 된다. 최소한 비실험 모형은 묘사적 정보에 유용하며 연구가설을 만들어 내는 도입부를 제공한다.

3. 질적 연구 방법

정량적 분석 방법이 자료를 수집하고 분석하는 전통적인 과학적 연구에서 주로 쓰이지만, 한편으로는 주관적 경험이나 개인들 사이에 자연적으로 발생하는 사회적 상호작용에 초점을 맞춘 질문들에 대한 관심이 높아지고 있었다. 포괄적으로 질적 분석 방법이라고 알려진 다수의 비계량 접근법들은 그러한 문제에 더욱 적합한 것으로 여겨지며, 점점 자주 사회과학과 행동과학에서 언급되고 있다. 질적 분석은 묘사적이고 발견지향적이며, 언어 중심적이며, 인간의 경험에서 오는 의미를 다루고 있다. 의미는 원문text 속에서 나타나거나 원문으로부터 해독되며, 해석 행위를 통하여 도출된다. 질적 분석은 심리치료 과정의 연구(Rennie 외, 1988), 학생생활의 연구(Kuh and Andreas, 1991; Patton, 1991), 건강 심리학(Pennington, 1988), 상담(Koziey and Andrerson, 1990), 간호(Knafl and Howard, 1984; Knafl and Webster, 1988), 부양(Farran 외, 1991) 연구 등에서 효과적으로 사용되었다. 심리학과 노년학에서는 질적 분석이 삶에서 개인적, 경험적, 사회적, 문화적인 다양한 유형의 의미를 조사하는 데 그리고 영성과 종교성을 중심으로 한 존재론적 주제를 조사하는 데 가장 민감하다.

1) 체계적인 틀

질적 연구는 나름대로의 과학적 엄격성 기준을 갖춘 독자적이며 별개의 접근법으

---

330) LISREL은 LInear Structural RELations의 약어이며, 1970년대 개발된 통계분석용 소프트 패키지로서 최신 버전으로는 2009년판 v8.8이 있음.

로 볼 필요가 있다. 정량적 연구의 연역적 초점과는 대조적으로 질적 연구는 더욱 분석적이고 포괄적이며, 범주category를 세우고 유도하는 데 초점을 둔다.

질적 분석은 그 묘사적 특성 때문에 내용 집약적이고 노동 집약적이다. 질적 분석은 분석의 정확성과 엄격성 정도에 따라 다양하다. 데이터를 범주에 맞춰 부호를 부여하는 단순작업부터, 각각 독립적으로 작동하는 몇몇 평가자를 포함하는 다중의 반복 단계를 거치는 것까지 다양하다.

진공 상태에서 자신의 주제에 접근하는 연구자는 없다. 질적 연구자들이 가진 개념적 틀, 이론적 관심, 구체적 초점 등은 구성 개념의 체계—즉, 개인으로부터 수집된 방대한 데이터를 부호화하는 시스템—를 선택하는 데 영향을 미친다. 삶의 역사와 개방면접의 부호화에 가장 흔히 인용되는 체계화 시스템에는 비유의 사용(Thomas 외, 1990), 원형prototype(Wong, 1991), 현상의 유형화(Koziey and Anderson, 1990), 주제(Allen and Chin-Sang, 1990; Kaufman, 1986) 등이 포함된다.

질적 연구에 남아 있는 문제는 데이터의 관리와 분석에서 체계적인 절차가 부족하다는 것이다. 질적 연구자를 안내하는 지침이 실제로 거의 존재하지 않는다. 이러한 필요성에 역점을 두면서 Knafl과 Webster(1988)는 질적 연구를 수행하기 위한 유용한 체계적 틀을 제공한다. 그들은 다음과 같이 질적 연구의 네 가지 목적을 규명했다. 즉, 예증, 도구화, 감작(感作, 묘사), 개념화(이론 정립)이다. 각각의 목적은 데이터 수집, 데이터 관리, 데이터 분석을 위한 특별한 기법과 연결되어 있다. 데이터 수집은 데이터를 어떻게 얻는가에 관한 것이다. 질적 연구자는 현장노트, 개방면접, 녹음과 녹화, 녹취록 등에 의하여 자연스럽게 발생하는 사회적 상호작용으로부터 수집된 자료를 사용한다. 데이터 관리는 묘사적 데이터를 추후의 검색과 소통을 위하여 세분화하는 색인화를 포함한다. Knafl과 Webster(1988)는 이러한 목적을 위하여 여러 가지 '꼬리표'와 '부호화' 기법—이를테면 컬러 표식, 컬러 클립, 컬러 색인카드 등—을 제안한다. 데이터 분석은 부호화된 데이터에서 의미를 추출하여, 주제나 분류 또는 개념상 적절한 범주를 구성하는 것을 포함한다. 데이터 분석의 또 다른 양상은 부호화된 데이터의 요약을 구성하고, 빈도수를 계산하며, 새로 떠오르는 주제들을 다른 질적 및 정량적 변수와 연계하는 것을 포함한다.

질적 연구 방법을 발전시키는 데 유용한 전략은 Knafl과 Webster(1988)가 정리한 네 가지 연구 목적의 예를 기존의 문헌으로부터 추출하는 것이다. 이는 독자들로 하여금 질적 연구가 어떻게 수행되는가를 포괄적으로 이해하고 인식하도록 도와준다. 질적 연구를 수행하는 단계적 절차에 관한 상세한 설명은 본 장의 목적이 아니므로 이러한 세부사항에 관심이 있는 독자는 Glaser and Strauss(1967), Corbin(1990), Taylor and Bogdan(1984) 등을 참조하면 된다.

2) 예증Illustration

(1) 연구 사례

Wong(1991)은 회상의 적응적 역할을 연구하였는데, Stewart Alsop의 생애사와 말기 암 투병에 관한 구술(Alsop, 1973)을 질적 분석하였다. Wong(1991)은 질적 연구에 원형 접근 방식을 도입하였고 Alsop의 자서전에서 나온 많은 예증을 통하여 '성취 지향적mastery-oriented' 원형을 설명하였다.

(2) 데이터 수집 기술

Wong은 Alsop(1973)의 책 〈집행정지*Stay of Execution*〉에 소개된 생애사와 구술에 의존했다.

(3) 데이터 관리 과제

Wong은 생애사를 분류하기 위한 원형 접근법을 의도했다. 원형이란 개념적 범주의 이상적 모범이다. 이상적 모범은 그 범주를 가장 잘 나타내 주고 전형적이다. Wong의 연구에서 원형 분석은 생애에 걸친 적응과 대처의 유형에 초점을 둔다. 원형 분석의 첫째 단계에서는 되풀이되는 주제와 두드러진 인상이 탐색되고 부호화된다. 둘째 단계에서는 주제 묶음cluster of themes이 적응 유형의 원형인지 여부를 결정해야 한다. 주제 묶음 속의 지배적이며 보편적인 속성이 그 원형의 표식을 결정한다. 대처의 통상적 유형에 대한 이전의 지식과 관찰에 근거하여, Wong은 그가 성취 지향적 원형이라고 한 것이 무엇인지를 밝혀냈다. 문제를 직접 다루려는 경향, 자신의 능력에 대한 확신, 역경 속의 용기 등이 포함된다. Alsop의 인생에서 규정된 반복되는 주제들은 극기self-mastery, 인지적 통제, 용기, 윈스턴 처칠을 우상으로 생각, 생식을 통한 죽음의 극복, 수용 등이 그 지배적인 속성이다. Wong에 따르면 이러한 주제들은 성취와 자기성과에 대한 방대한 지식과 일치하며, Alsop이 성취의 원형이라는 실증적 증거를 제공한다.

(4) 데이터 분석 과제

질적 데이터 수집이 단지 예증의 목적이라면 더 이상의 데이터 분석은 필요 없다.

(5) 기여

Wong의 연구는 질적 연구에서 원형 접근 방식의 장점을 보여 준다. 성취 지향적 원형은 질적 분석에 과학적 신뢰—검증성과 일반성—를 주는 방법에 의해 효과적으로 예증된다. 성취 원형이 불행한 삶의 환경에 적응하는 효과적인 대처기제라는 가설을 지지하는 증거가 제시된다. 연구 결과는 자전적 데이터의 풍부한 성격을 강조하며, 전통적인 데이터 수집 방법에서는 드러나지 않는 성격의 독특함을 파악한다.

3) 도구화 Instrumentation

(1) 연구사례

Farren 외(1991)는 부양 경험에 관련된 실존적 주제를 찾아내기 위한 실존적 패러다임 내에서 연구를 했다. 연구 목적 중의 하나는 찾아낸 주제의 여러 측면을 측정하기 위한 정량적 도구를 개발하는 것이었다.

(2) 데이터 수집 기술

94명의 치매환자 가족 부양자로부터 데이터를 얻었다. 그들은 가정에서 수행된 부양에 관하여 두 시간 동안 면접에 참여했다. 7개의 개방질문을 통하여 질적 분석에 필요한 데이터를 얻었다. 반응은 글자 그대로 기록되었다. 또한 정량적 데이터도 수집되었다.

(3) 데이터 관리 과제

연구팀의 한 사람은 독자적으로 일곱 개 문항 각각에 대한 반응에 기초하여 범주를 찾아내 정의했다. 다른 두 사람은 독자적으로 부양자들의 반응을 범주에 할당했다. 그리고 세 사람이 함께 할당된 반응을 비교하고 합의점을 찾아 나갔다.

(4) 데이터 분석 과제

7개 문항의 반응 범주는 다음 네 개의 주요 주제로 분류되었다. (1) 상실과 무력감, (2) 가치, 선택, 잠정적 또는 궁극적 의미, (3) 부양의 자원, (4) 부양의 책임. 각 주제는 하위범주와 구체적 반응을 포함한다. 각 주제와 하위범주에 대한 반응비율을 산출했다. 주제와 하위범주에 대하여 복수 반응이 허용되었다. 주제들은 부양한 햇수, 부양자의 노력, 부양자 지원, 부담의 정도 등 정량적 측정과 관련이 있었다.

(5) 기여

연구자들은 부양자의 경험에서 실존적 주제를 찾아냈으며, 이는 부양을 통한 의미 발견이라는 상호작용 모델의 개발로, 그리고 찾아낸 주제의 여러 측면을 측정하는 정량적 도구의 개발로 연결되었다(Farren and Keane-Hagerty, 1992; Farren, 1992).

4) 감작Sensitization

(1) 연구사례

Thomas, Kraus, Chambers(1990)는 해석적 사회과학 패러다임 안에서 남성 노인의 삶에서 의미와 목적에 관한 비교문화적 연구를 수행하였다. 그들의 체계적 구성개념은 비유metaphor인데, 비유는 스스로를 뛰어넘는 '상징적 언어'라고 정의된다. 그들의 최우선 목적은 노인들이 삶에 대하여 가지는 믿음—의미와 목적의 인식을 생성해 주는—속에서 뉘앙스와 내포connotation를 알아내는 것이었다.

(2) 데이터 수집 기술

70세 이상 남성으로 인도인 50명과 영국인 50명이 연구에 참여했다. 그들은 자신들에 대한 그리고 과거 및 현재의 상황에 대한 개방형 질문에 응답하도록 고무되었다. 반응은 녹화되었고 녹취록으로 옮겨졌다. 그러나 보고 결과는 무작위로 선정된 인도인 10명과 영국인 10명의 원본 자료를 심층적으로 질적 분석한 것에 근거하였다.

(3) 데이터 관리 과제

3명으로 구성된 연구팀은 독립적으로 면접 원본 자료에서 비유를 내용 분석하였다. 개인별 데이터는 보다 큰 집단이해의 관점에서 검토되고, 집단이해는 개인별 원본 분석의 관점에서 수정되는 '집단해석 과정'을 통하여 합의점에 도달했다. 이 과정은 새로운 비유 주제를 더 이상 찾을 수 없을 때, 즉 포화 상태까지 계속되었다.

(4) 데이터 분석 과제

명시적 비유들은 각 응답자별로 적절한 범주—가족, 경력, 건강 등—로 집단화했다. 응답자들에게서 드러난 주제들은 기록해 두었으며, 각 사례별로 일반화된 묘사가 제시되었다. 둘째 단계의 비유 분석은 근원적인 혹은 함축된 비유를 규명하려는 것이다. 이 단계에서는 초점이 개인별 원본 자료가 아니라 면접 집단이다. 데이터 분석의 모든 단계에서 평가자 편견을 극복하도록 주의를 기울였다. 영국 남성과 인도 남성의 심리적 세계에서 뚜렷한 차이가 발견되었다. 영국 남성은 보다 개인적이고 금욕주의적이었으며, 근저에는 자연 비유를 가졌다. 인도 남성은 강한 성취욕과 가정과 사회에 대한 관심을 표현하였으며, 근저에는 발전과 가족, 사회, 신에 대한 의무를 내세우고 완수하려는 비유를 갖고 있다. 드러나는 비유의 특징을 평가하기 위하여 각 사례 안에서 주요 주제의 빈도수를 산출하였다.

(5) 기여

이 연구에서는 비유가 심리적 상태와 근저의 가정을 바라보는 독특한 방법을 제공한다고 주장했다. 면접에서 규명된 비유는 확고한 경향이 있으며, 폭넓은 다양한 문화에서 살아온 남성의 경험에 대한 통찰력을 준다. 저자들은 비유를 경험의 수준을 드러나게 해 주는, 사람마다의 믿을 만한 '독특한 어조'로 생각할 수 있다고 주장한다.

5) 개념화Conceptualization

예증, 도구화, 감작의 이전 사례에서 데이터의 수집, 관리, 분석의 과제는 순차적으로 진행된다. 연구 목적이 개념화나 이론 정립을 포함할 때에는 이러한 과제들이 동시에 수행된다(Knafl and Webster, 1988). 따라서 데이터 관리와 신생 개념에 대한 분석 사이에는 즉시적인 상호작용이 있다. 이 결과로 부호화의 범주들—개념화의 수준이 어느 것은 묘사적이고 어느 것은 추상적으로 차이가 나는—이 나타난다. 개념화 과정에서 묘사적 데이터는 개념적 적절성이 지속적으로 검토된다. 최종 결과는 모델의 근원이었던 데이터에 여전히 "근거를 두는" 개념적 모델이다. 다양한 질적 분석 중—이의 종합목록은 Patton(1990) 참조—에서 '근거이론'이 가장 주목을 받았다(Glasser and Strauss, 1967). 근거이론은 질적 분석의 원형으로 여겨지며, 이론 정립 목적에는 최상의 사례로 자리 잡았다.

(1) 연구 사례

Rennie 외(1988)와 Rennie(1992)는 정신치료학적 맥락에서 연구하면서, 환자의 주관적인 치료 경험을 조사하기 위하여 근거이론 방법을 적용하였다. 이 접근법은 심리치료사의 관점에서 수행된 심리치료 과정의 전통적 개념화와는 뚜렷한 대조를 이룬다. 그 상호작용적인 성격 때문에 심리치료적인 맥락은 데이터 관리와 데이터 분석 사이의 상호작용을 설명하는 데는 이상적인 것으로 여겨진다.

(2) 데이터 수집 과제

Rennie(1992)는 환자의 한 시간짜리 녹음기록을 얻어서 치료 직후 환자에게 그 경험을 다시 들려주었다. 환자를 격려하여 치료 경험의 어떠한 측면에 대해서든 자유롭게 자발적으로 이야기하도록 하였다. 환자의 응답은 녹음되었고, 16개의 조사에 각각 40~80쪽 분량의 녹취록이 작성되었다.

(3) 데이터 처리 과제

Rennie 연구팀은 분석 단위로 '의미 단위'를 선택했다. 의미 단위는 주요 개념을 전하거나 "두드러지게 나타나는" 녹취록의 한 구절로 정의되었다. 의미 단위의 길이는 한 줄에서부터 반쪽 정도까지 다양하다. 의미 단위는 항목에 들어 있는 의미를 기초로 하여 묶음cluster으로 분류되었다. 묶음은 묘사적 범주로 상징화되었으며, 묘사적 범주는 주요 범주로 묶어지고, 주요 범주는 개념화된 '핵심 범주'로 묶어진다.

(4) 데이터 분석 과제

3,000개 이상의 의미 단위를 51개의 묶음, 11개의 묘사적 범주, 4개의 주요 범주, 1개의 핵심 범주로 분류했다. 4개의 주요 범주는, (1) 개인적 의미에 대한 환자의 관계, (2) 치료자와의 관계에 대한 환자의 인식, (3) 치료자의 시술에 대한 환자의 경험, (4) 결과에 대한 환자의 경험 등이다. 4개의 주요 범주의 상호 관계를 조사했을 때, 자기인식과 자기통제라는 특성이 핵심 범주의 속성으로 나타났다. 핵심 범주는 자기인식과 주도력agency을 포괄하는 넓은 개념인 '환자의 재귀성reflexivity[331)]'으로 개념화된다(Rennie, 1992).

---

331) 재귀성reflexivity이란 원인과 결과의 순환적 관계를 의미함. 즉, 양자가 양 방향으로 영향을 주고받는 관계이며 상호간에 원인과 결과가 중첩되는 것을 말함.

(5) 기여

Rennie(1992)는 새로운 구성 개념인 환자의 재귀성을 심리치료 과정에서 핵심으로서 밝혔다. 그 과정에서 환자는 환자인 동시에 대리인이다. 치료의 내적 경험에 대한 질적 분석에서는 종종 환자가 표현하지 못하고 남은 것을 드러나게 하는데, 이로써 환자가 생각하는 것과 치료에서 말하는 것이 더욱 일치하도록 유도한다. 귀납적으로 도출된 구성 개념과 그의 하위 범주와의 상관관계는 치료적 관점을 위한 체계적 틀을 제공한다. 여기서 "치료가 과감히 하려는 것은 환자가 통제하지 못하는 것을 민감하게 통제하고, 환자가 통제를 맡는 방식과는 생산적으로 협동하려는 것이다"(Rennie, 1992, 230-231쪽).

요컨대 전통적인 정량적 연구가 제공하는 그 이상으로 질적 분석이 현상의 탐구에 실제적으로 기여하는 점은 네 가지 연구 목적을 보면 분명해진다. 질적 분석은 정량적 연구 결과를 명확하게 하거나 예증하고, 연구 도구를 구축하고, 기본 지식을 발전시키고, 새로운 이론을 창안하는 데 쓰일 수 있다. 질적 분석이 주로 기여한 점은 주관적인 현상을 보다 명확하게 하고, 그럼으로써 현상학적 경험에 실증적 사실의 지위를 부여하는 과정에 있다(Reker and Wong, 1988, 216-20쪽). 나아가서 연구 사례는 현대의 질적 분석이 '좋은' 과학을 실행하는 데 널리 인정되는 규범인 정확성, 엄격성, 재생 가능성, 이론과 데이터의 양립성, 일반화, 검증 등에도 부합하는 절차를 활용한다는 것을 분명히 보여 준다(Strauss and Corbin, 1990).

4. 정량적 분석과 질적 분석: 공통분모를 위하여

이 장의 목표는 정량적 분석과 질적 분석의 상호 보완적 성격을 강조하는 것이지, 두 접근법의 상대적 장점을 강조하는 것이 아니다. 궁극의 목표는 이론 정립과 이론 검증이라는 두 관점 모두에서 좋은 과학을 실행하려는 것이다. 정량적 분석과 질적 분석 둘 다 이러한 공통의 목표를 성취하는 데 필요하다. 각각의 방법은 상대의 발견을 풍부하게 하고 또 증가시킨다. 정량적 분석과 질적 분석을 함께 사용하는 것은 연구 질문에 보다 완벽한 해답을 그리고 인간 발달에 대한 새롭고 심오한 통찰력과 이해를 제공한다.

1) 공통의 목표, 상호 보완적 방법

질적 연구 방법은 전통적인 정량적 접근법과는 몇 가지 중요한 면에서 다르다. 특히 질적 분석은 '귀납적' 양식의 과학적 탐구에 의존한다. 기존의 이론을 검증하기 위해 데이터를 쓰는, 즉 가설-연역적hypothetico-deductive이 아니라, 오히려 질적 연구자들은 데이터에 기초하여 이론을 창출한다. 실제로 정량 지향이나 질적 지향의 연구자들은 유사한 데이터 수집 기법, 즉 면접, 관찰 등을 사용하나, 그 기법을 구성하고 채용하는 방법에 차이가 있다. 정량적 연구자는 미리 정해진 개념화와 도구화를 기반으로, 즉 기존의 설문지, 부호화 등으로 고도로 구조화되어 응답자로부터 데이터를 끌어내는 기법을 사용한다. 질적 연구자들은 연구하고 있는 현상에 관한 선입견을 피하고자 시도하며, 데이터가 "스스로 말하도록" 한다. 이리하여 현상의 '참' 본질이 드러나고, 그것이 묘사적 자료의 체계적 부호화를 통하여 나타나도록 해 준다.

따라서 질적 분석과 양적 분석의 중요한 차이는 데이터가 도출되고 분석되는 '방식'에 있다. 질적 분석은 이미 계량화된 데이터—예를 들면 센서스 조사—에도 사용될 수 있는데, 그래도 여전히 질적 분석이다. 게다가 질적 분석으로 도출된 데이터도 빈도 조사, 응답비율, 중심 경향, 편차 등의 수단으로 정량적으로 요약될 수 있다. 정량적 측면이 추가되었다 하더라도, 여전히 질적 분석의 정체성은 유지된다.

둘째 차이는 질문 '초점'의 성격에 있다. 귀납적 질문은 대상자의 관점, 즉 세계관에 중점을 두는 것이며, 연구자의 관점이 아니다. 따라서 대상자는 응답자가 아니라 정보 제공자가 된다. 대상자는 심리적 상태와 경험의 개인적인 인식에 대하여는 최상의 특권적 지위에 있다고 가정된다. 그들의 입력 데이터는 현상 속으로 의미를 전달하고 밝혀 주고 주입하는 것이다. 그러한 맥락에서 질적 접근법은 재귀성의 특징을 가진다. 즉, 정보 제공자가 "자신에게 되돌아가는" 과정 속에서 연구의 주체이며 객체가 된다는 것이다(Lawson, 1985).

셋째 차이는 모든 사실은 해석적 사실이며 '사실'을 발견하기 위해 사용되는 방법론과는 독립적이라는, 질적 연구자들의 묵시적 인정에서 비롯된다. 아무리 정교한 정량적 연구자일지라도 결국에는 데이터로부터 '해석해야make sense' 한다.

2) 공통의 관심사

문서화된 기여에도 불구하고 질적 분석은 여전히 비판을 받고 있다. 대부분의 신랄한 비판은 연구자와 연구 대상의 상호 관계와 이것이 데이터 수집에 어떤 영향을 미치는가에 초점이 맞춰져 있다. 가장 두드러진 비판 중 몇 가지는 아래에 요약되어 있다.

첫째, "질적 연구자는 대표성 없는 데이터를 선택적으로 골라 분석한다." 이 문제는 모든 형태의 연구에 본질적으로 있는 것이다. 질적 연구자는 데이터의 수집과 분석에서의 잠재적인 편견을 인식하며, 이것을 최소화하기 위해 특별한 기법을 사용한다. 정량적 연구에서는 연구자가 중요하다고 여기는 설문들이 선정된다. 그러므로 실재를 미리 정해진 구조 속으로 들어가도록 강요하며, 경험의 진술이 동떨어지고 반사적이 된다. 정량적 연구자는 응답 설정과 양식에서의 편향—사회적으로 바람직한 쪽으로 응답하는 경향 등—을 그 영향의 정도를 측정함으로써 통제한다.

둘째, "질적 연구자는 연구 환경에 연구자 자신이 개입되어 혼동된 데이터를 끌어낸다." 그러한 연구자와 연구 대상자의 상호작용은 피할 수 없으나, 그러한 영향을 최소화할 수 있는 견제와 균형이 있다. 질적 연구자들은 연구 대상에 미치는 그들의 잠재적인 영향을 관찰하고 측정하며, 독립적인 검증에 충분할 정도로 세부적으로 그 영향을 보고한다. 정량적 도구도 문제점이 있기는 마찬가지로, 불특정 방식으로 데이터 수집에 영향을 미친다. 예를 들면 질문지에서 처음 나오는 항목들은 응답자로 하여금 다음에 나오는 항목에 시스템적 (불특정이긴 하나) 방식으로 반응하도록 유도할 수도 있다.

셋째, "질적 연구의 결과는 다른 연구 대상이나 환경에 일반화될 수 없다." 일반화 가능성이란 연구의 대상자나 설정이 모집단의 대표성을 지니는가의 질문에 관련된다. 다양하고 광범위한 대상자 표본을 연구해야 하는 것이 이상적이지만 질적 연구의 집중적이고 시간 소모적인 본질 때문에, 가용 자원은 소수에 대한 연구로 국한된다. 극한의 경우에는 표본수가 하나뿐일 수도 있다. 이것이 정말 문제가 되는 것인가? 실제 그렇지 않더라도 겉보기에는 문제로 보일 수 있다. 정량적 연구자는 일반법칙을 탐구하기 때문에 인간에게도 일반화 가능성을 적용하려 한다. 그래서 수많은 개인의 '평균'을 연구 대상인 현상의 전형적 또는 대표적인 것으로 여긴다. 결과적으로 단일 대상자의 모형은 과학에는 거의 적합하지 않은 것으로 간주한다. 그러나 일반법칙을 발견하기 위해서는 단일 대상자의 연구가 그 논리적 전제조건이라는 주장이 가능하다. 즉, 일반법칙은 수많은 개체의 각각에게도 유효한 것이어야만 한다(Hooker, 1991).

질적 연구에 대한 비판도 나름의 장점을 지니지만, 모든 연구 방법에는 편견과 왜곡이 내포됨을 인식해야만 한다. 요점은 모든 계파의 연구자들은 그들의 방법에 내재하는 잠재적인 편견과 왜곡을 인식하고, 그들 자신의 영향력을 최소화할 수 있는 목표를 가져야 한다는 것이다.

행동과학과 사회과학에서 질적 연구에 대한 인식이 확대되고 있다는 것은 점점 분명해지고 있다. 〈노년학〉 잡지의 최근 사설에서, Gubrium(1992)은 질적 연구가 노년학에서 성년에 달했다고, 다음과 같이 밝히고 있다.

> 질적 연구는 지식의 한 방법이며, 노화의 경험을 문서화하는 한 방법으로, 이 분야에 뚜렷한 기여를 하고 있다. 인문학에 종사하는 동료들이 그들의 방식으로 노화의 경험을 밝힌 것처럼 노년학을 수행하기 위해 마찬가지로 받아들일 수 있는 과학적 방법들이 많이 있다. 넓게 보면 질적 연구도 우리 모두가 이루고자 하는 것을 하고 있다. 즉, 성장하고 노화하는 것이 의미하는 바가 무엇이며, 시대와 장소에 따라 그것이 어떻게 달라지는지, 그 과정에서 일반적인 것과 특수한 것이 무엇인지를 이해하려는 것이다(582쪽).

5. 요약

종교, 영성, 노화의 문제를 종합적으로 이해하기 위해서는 과학적 연구의 수행에 쓰이는 방법론에 대한 이해가 필요하다. 본 장의 목적은 인간 발달에 관한 우리의 지식을 발전시킨 두 방법—전통적인 정량적 분석 방법과 현대의 질적 분석 접근법—이 행한 중요한 공헌을 밝히는 것이었다. 본 장의 중심은 정량적 및 질적 분석방법론이 좋은 과학의 목표를—즉, 이론을 만들고 검증하는—성취하는 데 필요하다는 확신이다. 종교와 영성 분야에서는, 고도의 주관적 경험을 객관화할 수 있도록 하는 방법론이 인간 발달의 복합성을 이해하는 데 더욱 적합할 수 있다. 최종 분석에서는 정량적 및 질적 분석 모두에 의존하는 것이 우리의 과학적 발견을 더욱 풍요롭게 하고 증대시킬 것이다.

제40장 해석적 사회과학과 영성[332)]

Steven Weiland

노화 연구가 늙는 것이란 무엇인가에 대한 지식을 항상 가져오는가? 노년학의 성장으로 탐구의 우선순위와 관점에 관한 문제들이 제기되었다. 본 장에서는 먼저 전통적 과학으로서의 위상에 관해 의구심을 낳고 있는 노년학의 방법상 문제를 요약한다. 이어서 '해석적 사회과학'으로 알려진 관점을 검토하는데, 이는 성인 발달과 노화에 관한 지도적인 이론가가 그 장점을 인식하는 것으로부터 시작한다. 다음 절에서는 여러 학문 분야에 걸쳐 영향을 미쳤던 몇몇 사람들의 관점을 토대로 하여, 해석적 입장에 대해 매우 선별적인 설명을 할 것이다. 마지막으로는 노년학에서의 영성과 종교의 중요성을 강조하는 노화에 관한 표본적인 탐구—아래에서 정의된 '조우encounter'—를 논의한다.

'영성'과 '종교'라는 용어는 다음과 같은 분명한 이유로 본 장에서 종종 함께 나타난다. 즉, 두 용어는 일반 용법이나 전문 용법에서, 언어의 모호성 속에서, 역사 속에

332) [저자 주] 노년학 초보인 필자 Steven Weiland에게 해석적 사회과학의 폭넓은 주제를 쓰게 해 주신 Melvin Kimble의 격려에 감사드린다. Susan McFaden은 통찰력 있는 독자로서 이 글이 더욱 일관성 있게 표현되게 이끌어 주었다. 잘못된 점이 있다면 이는 전적으로 필자의 책임임을 밝혀 둔다.

서 함께 사용되고 있다. 종교에는 하느님에 대한 믿음 및 인간 삶의 궁극적 문제와 의문들에 관한 관심 등에 대한 공식적 또는 제도적 관용구가 반영되어 있다. 영성은 '본질적' 신앙심religiosity으로 이해될 수 있을 것이며(Bianchi, 1982, 176쪽), 전통적인 종교 관습의 일부로 경험되며 표현될 수도, 표현되지 않을 수도 있다. 그러나 종교는 그 용어를 아주 축소 해석해도 전형적으로 영성적 의미를 띤다. 이러한 두 용어와 노화에 관심을 가진 학자들은, '영성'이란 시간을 초월하고 보편적인 인간의 '의미' 탐구 그리고 전체성wholeness—신성한 존재가 있는 데서 생각하고 느끼고 행동하는 통합된 자아—의 갈구를 지칭하는 쪽을 선호하였다(Seeber, 1990). 종교와 영성에서 하나를 선택하라고 주장하는 학자는 없다. 그러나 영성은 종종 더 포괄적인 인간 관습을 나타낼 때 사용된다. "[영성은] 초점이 없는 것이 아니라, 오히려 영성의 선들은 더 넓은 배경을 표시한다"(Bianchi, 1982, 177쪽).

1. 노년학의 교차로

학문적 및 과학적으로 전문화가 증가하는 환경에서는, 인접 학문이나 동떨어진 학문 분야는 말할 것도 없이, 동일한 분야에서도 연구자들이 서로를 이해하는 데 어려움을 겪는다. 그럼에도 불구하고, 사회과학과 행동과학에서의 전통적인 과학적 패러다임의 불확실한 위상이라는 주제에는 현재 널리 합의점이 형성되어 있다. 소위 〈패러다임 대화*Paradigm Dialog*〉는(Guba, 1990) 학문 분야의 기반, 특히 최근 부각된 자연과학에 기초한 탐구 모형들에 관한 질문들을 함께 모아놓은 것이다. 널리 인용되는 최신판 노화 편람에서 보듯, 실증적, 실험적 측정에 바탕을 둔 방법들을 택한 주요 탐구사업들이 계속해서 유익한 결과들을 내놓고 있는 것이 분명하다(Achenbaum, 1991). 새로운 실증적 연구들은 이론적 및 분석적 접근법과 마찬가지로 환영받는다. 왜냐하면 계량 분석의 새롭고 세련된 기법을 활용하였기 때문이다(Streib and Binstock, 1990). 그러나 이제 노년학 학자들은 패러다임의 통제에 회의론을 드러내며, 엄격한 과학적 방법에 적합하지 않은 영성과 종교 같은 주제들에 더 큰 관심을 두고 노화 연구를 재편할 것을 제안했다(Birren and Bengtson, 1988; Cole and Gadow, 1986; Cole, Van Tassel, and Kastenbaum, 1992; Reinharz and Rowles, 1987). 이러한 회의론 및 비판론자 중의 일부는 주류의 접근법과 연계되며, 또 다른 사람들은 다른 영역에서 노년학으로 와서 그 분야의 다중학문적인 특성을 활성화시킨 이들이었다. "노년학의 세대들", 또는 동시대집단 학자들 사이의 관계에 대한 자의식이 있다는 사실이 '해석적 사회과학'과 같은 새로운 접근법에 대한 관심에 기여하고 있다는 점은 너무나 당연하다(Seltzer, 1992).

해석적 사회과학에서는 학문 분야별 탐구의 사회적 관습이 과학과 학문의 작용—학자와 과학자의 사회적 · 제도적 역할을 포함하여—에 핵심이라고 생각한다. 해석적 사회과학은 많은 학문 분야별 미사여구에 주목한다. 해석적 사회과학이란 객관성과 주관성에 대한 학문적 규범, 이상과 믿음의 사회적 해석 그리고 학문적, 과학적, 그 밖의 관습들을 형성하는 이념 등에 대하여 학자들이 가지는 의문을 제기하는 탐구에 대한 입장이다. 독립된 학문 분야라고 불릴 수 없고 다른 이전의 학문 형식을 차용하는 탐구와 관습의 분야들은 이러한 문제들을 반영하고 때론 심사숙고하는 경향이 있다. 질적 분석과 정량분석 사이의 끝날 것 같지 않은 논쟁에 몰두하고 있는 교육이 이와 비슷한 분야이다. 그럼에도 불구하고, 이러한 종류의 논쟁은 학자들이 자신의 방법에 관하여 비판적으로 반성하도록 하며, 새로운 탐구 주제를 열어 갈 수 있도록 해 준다.

노년학에서는 이제 그러한 논쟁이 제도화될 조짐을 보이고 있으며 인생의 중년과 노년에 영성과 종교의 역할을 이해하는 데에 노인학이 함축하는 바가 크다. 노화 사학자인 Andrew Achenbaum이 "노년학이 과학이 될 수 있는가?"라고 물었을 때, 그는 자신의 물음에서 시의적절한 회의론을 내비친 것이다. 최소한 우리가 이해하는 전통적 과학이 작동하는 조건—증거, 측정, 논리적 추론 등의 엄격한 기준이 지배하며 그러한 조건으로 탐구될 수 있는 것에만 관심을 가지는—이라는 의미에서 그는 또 "노년학은 과학이 되어야 하는가?"라고 묻는 것이었다.

> 이상적으로는 과학으로서의 노년학은 우리로 하여금 외견상 혼돈된 정보의 단편처럼 보이는 것들을 다루는 상호작용 과정에 내재하는 유형을 기술하고 의도를 설명하게끔 적절한 원리와 방법을 제공해야 한다. 전형적으로, 과학자들은 패러다임에 의존하여 실증적 정보를 수집하고 주어진 명제가 왜곡될 수 있음을 검증하는 데 필요한 독립변수와 종속변수들 간을 구별하는 연구 모형을 고안하게 된다. 그러나 노년학자들은 지금까지 그러한 틀을 체계적으로 만들 수 없었다. 우리가 가정한 현상이 노쇠의 본성과 역학에 영향을 준다는 것은 종종 우리가 해결하고자 하는 휴리스틱heuristic[333] 문제의 일부임을 입증한다(Achenbaum, 1987, 7-8쪽).

333) 발견적 문제 해결heuristic approach이란 복잡한 문제를 푸는 데 시행착오를 반복 평가하여 자기 발견적으로 문제를 해결하는 방법을 말함. 시간과 정보의 제약을 고려하여 모든 변수를

다시 말해서 노년학 탐구의 대상은 실증과학의 확신을 가지고 연구 결과를 표현하는 데 필요한 형태로 있는 것이 아니다. 오히려 편협한 실증 연구는 노년학자들의 관심을 흐트러뜨려, 특별한 사회적 가치의 회복에서 노년학이 맡아야 할 역할이 있는 사회적 · 개인적 긴급성을 가진 노화의 요소 등에서 멀어질 수 있다(Achenbaum, 1985). 또한 성인기와 노화의 문제에 특별한 관심을 불러일으킨 인구학적 변화는, 이 방면의 전문가들로 하여금 인지 및 성격 발달 이론에는 공헌했지만 자체 방식에만 편협한 아동심리학 같은 방법으로 연령 구분적인 연구에 초점을 두도록 부추겨 왔다.

검증 가능한 명제에 대한 과학으로서의 책임이 있기도 하지만, 노년학은 그 과제의 특성상 인간 체험의 측정 불가능한 주제에도 관심을 가져야 한다. 노화를 연구한다는 것—물론 노인들이 새로운 종류의 성장과 개인적 변화도 경험하지만—은 상실, 고통, 죽음 등에 대해 면밀히 살핀다는 것을 의미한다. 노화는 삶의 의미와 개인적 운명에 관해 생각하도록 촉구한다. 다른 노년학자들에게 대놓고 말하는 가운데 Achenbaum은 이 새로운 소명의 문제에 대하여 다음과 같이 말했다.

> 노쇠에 내재하는 모든 복잡성과 모순 등을 인정하게 되면, 이는 어떤 이론도 실증적으로 허위임을 입증할 수 없게 되는 위험이 있다. 동료에 의해 이루어진 최신의 연구에 기초하였기 때문에 매우 제한적인 방법으로만 수수께끼를 풀도록 우리의 초점을 제한한다면, 우리는 더 큰 힘이나 지금까지 충분히 이해되지 않았던 변칙들을 놓칠 수도, 누적될 경우에는 연구를 전부 가공적으로 만들 수도 있는 것이다. 노년학에서 정의, 범위, 적절한 분석 수준, 데이터 측정과 해석의 적합한 방식에 대한 합의점 등 기본적인 질문을 파악하기 전까지는, 노년학은 종합과학이 될 수 없다(1987, 11쪽).

'종합과학'이 되려는 야망에는 타협의 여지가 있으며, 그중 한 가지 옵션은 여러 노년학내 전공 분야가 동시에 발달하는, 그러나 아마 표준 과학 방법의 정통성이 인정되지 않는 분야에서도 유사한 결과가 있어야 할 것이다.

지난 2~3년간 노년학적 과학의 전망에 대하여 다른 비평가들은 Achenbaum보다 덜 호의적이었다. 그들은 성인 및 노년의 삶을 이해하는 분야의 중심 목적—의도적으로 비과학적 관점까지도—은 '비판적'이어야만 한다고 주장한다(Baars, 1992; Estes 외,

---

다루는 완벽한 의사결정이 아니더라도 현실적으로 만족할 만한 해답을 찾아가는 과정으로 볼 수 있음.

1992; Moody, 1988; Tornstam, 1992). 그러나 그러한 비평가들 사이에서는 학문 분야와 접근 방식의 갈등을 겪는 분야에 오히려 더 다원적인 방법이 필요하다는 점에 공감대를 이룬다. Achenbaum은 이해를 증가시킬 뿐만 아니라 협동을 촉발시킬 수 있도록 노년학자들이 '융통성 있는 어휘'를 구사할 것을 제안한다. Nancy Datan(1987)도 그녀가 사회과학이나 행동과학 그리고 문학과 신화의 연구 사이에는 그 주제의 연속성이 있다고 증명했을 때 그렇게 말했다. 그녀는 어른들이 스스로 자신의 경험을 해석하거나 의미를 부여하는 방식으로 우리를 인도할 수 있는 '방법론적 이단'의 육성을 촉구했다. 그녀는 그런 목적을 위한 이야기가 풍성해질 것을 예견했으며, 신화에 초점을 맞추어 고대적 의미와 영적 의미의 지속성을 현대의 삶 속에 전달했다.

사회과학에서 몇 가지 예외(예: Payne, 1990)가 있으나 영성, 종교, 노화 등에 대한 관심은 인문학에 노년학에서의 더 큰 역할을 부여하려는 노력의 일부였다(Cole and Gadow, 1986; Cole, Van Tassel, and Kastenbaum, 1992; Moody, 1988). 그러나 이 주제들로 인문학적 탐구 영역을 제한하면 사회노년학이 너무 편협하게 규정되었다는 인식을 줄 수도 있다. 영성, 종교, 노화 사이의 관계를 탐구하는 "융통성 있는" 어휘는 여러 학문 분야에 통용되어서, 특히 인문학 연구와는 거리가 먼 사회적 정책과 관습의 핵심 영역에 새로운 이론적 통합을 반영하게 될 것이다.

노년학이 본래 제2차 세계대전 이후의 산물임에도 불구하고, 기성의 학문적, 과학적 제도의 특징을 많이 갖고 있다. 따라서 Achenbaum은 "노년학자들은 이미 지적 성숙 단계에 도달하여, 우리의 지식과 그 토대를 이해하기 위해서는 우리가 하는 것에 관해 좀 더 자기성찰을 해야 한다"는 점에 주목했다(1987, 14쪽). 영향력 있는 일군의 노년학자들이 그러한 프로젝트에 참가했을 때, 그들은 과거 20~30년간 노년학의 발달 과정에서 맥락의 중요성에 대한 다원적 의도와 인식이 어떻게 해서 과학적 전문화와 경쟁하게 되었는지를 보여 주었다(Estes 외, 1992; Hendricks, 1992; Hickey, 1992; Schaie, 1992; Seltzer, 1992). 따라서 점점 더 작은 문제들에 관심을 기울이는 경향이 있고(Hickey, 1992), 동시에 "동시대집단과 측정 시기가 나이보다 더 흥미로운 설명적 특성을 가질 수 있다"는 인식이 있다(Schaie, 1992). 역설적으로 사회과학에서 커다란 이론적 동요가 있었음에도 불구하고, '노년학적 상상력'의 지지자들은 전문적 관심 영역을 노년학의 연구 영역에 대한 비판적 관점에서 나온 영성, 종교 등의 주제로 확장하는 것에 그리 낙관적인 것만은 아니다. "현재 여건은 과거 수십 년보다는 사회과학에 분명히 덜 우호적이며, 현재 지배적 패러다임에 도전하는 비판적 관점이나 경쟁적 패러다임에는 명백히 적대적이다. 고르지 못한 발달과 지적인 정체는 사회과학과 그 위에 세워진 사회노년학을 위협한다"(Estes 외, 1992, 60쪽).

인문학적 함축을 가진 새롭고 시의적절한 과학이 되려는 노년학적 열망과 노년학자들이 전통적 학문 분야의 자원에서 주장할 수 있는 것 사이의 격차를 인정하는 것이 중요하지만, 또한 그것을 과장하지 않는 것도 중요하다. 오늘날 여러 학문 분야에 동요가 있다는 점을 고려한다면, 사회과학의 연구 결과를 중요한 공공정책에 적용하기 어렵게 만드는 역사적, 인식론적, 정치적 주제들에 대한 불일치가 누적된 탓으로 돌리지 않는 한, 학문 분야들이 어떻게 정체되는가를 이해하기 어렵다. 사회과학적 탐구 그 자체가 변화된 것처럼 노년학의 역사적 발달도 일어났다. 따라서 인구학적 변화 그리고 노년학 내부의 진로와 목적에 대한 불일치에서 유발되는 긴급성은, 이 다중학문적인 분야를 구성하는 많은 분야에서 학문적 추구가 변화된 강력함과 맞먹는 것이다(Diesing, 1991; Rosenau, 1992).

가장 오래된 학문 분야들—최소한 연구와 교습을 위한 '학과'—조차도 겨우 19세기 말로 거슬러 올라간다. 학문 분야들은 일상생활을 세속화하고 사람들이 그 구조와 의미에 관하여 사고하고 추측하는 방식도 세속화하는 일종의 '체험의 근대화'를 나타낸다. 고대, 중세, 근대 초기에만 하더라도 성년adulthood과 노화를 인간 체험의 독특한 부분으로 논의하는 주된 토론광장은 종교였다(Cole, 1992; Erikson, 1978). 종교가 다른 새로운 형태의 학문 분야 연구와 경쟁하게 되면서, 발달에 관한 이해의 토론광장이었던 종교는 과학에 의하여 그리고 또 사회과학에 의하여 차례로 대체되었다. 과학과 사회과학은, 노인들이 자신의 삶에 의미를 부여하는 전통 방식을 전반적으로 무시했음에도 불구하고, 영향력을 늘려나갔다. 이제는, 사회과학이 지적 포스트모더니즘[334)]—과학의 인식론에 관한 의심을 가진 '반근본주의anti-foundationalism[335)]'의 강한 중압감을 포함해서—을 반영하게 됨에 따라, 인간 경험 속의 근본적 의미를 설명할 수 있는 능력에 대한 믿음에 위기가 왔다(Rosenau, 1992).

노년학은 교차로 역할을 하거나 교차로에 있다고 이해될 수 있다. 즉, 노년학은 그 발전을 위하여 여러 학문 분야가 만나고, 협동하고, 갈등하는 곳이다. 사회과학에서 해석적 운동이 보여 주듯이, '다중학문적인' 개념은 협동의 잠재력만큼이나 갈등의 잠재력을 수반한다. 게다가 노년학의 둘째 교차로가 있다. 노년학은 보완과 경쟁의 가능성을 가진 분야이다. 여기서는 자기의식의 증가를 주제로 하여 특히 영적 및 종교

334) 이성 중심의 모더니즘의 폐해에 대한 반작용이었던 1960년대 다면적인 변혁운동(주 246 참조).
335) 반근본주의anti-foundationalism는 탐구나 지식에서 근본적 믿음이나 원칙을 부정하는 철학을 가리킴. 형이상학적 방법에 반대하며, 니체나 헤겔 등이 대표적으로 이에 해당된다고 봄.

적 주제의 지속성이 노화 과학의 성취와 약속과는 어떻게 양립할 수 있는가를 탐구한다. 교차로는 선택을 주기도 하고 배제하기도 한다. 많은 형태의 노년학적 탐구와 관습은 약속과 중압감의 신호를 보여 준다. 한편으로는 중대한 탐구사업들이 노년에 의미를 부여함에 있어서는 양립할 수 없는 것처럼 보이게 할지라도, 영적 및 종교적 주제라는 특징이야말로 노년학의 효용성, 심지어 그 긴급성까지 강조하는 것이다.

2. 중범위이론

노년학을 영성과 종교의 역할에 우호적인 방식으로 이론화하자는 문제는 대부분 간접적으로 표현되어 왔다. 예를 들어 짧지만 중요한 논문에서 Bernice Neugarten (1985)은 사회과학 방법의 원천인 실증주의, 즉 '합리적 경험주의'를 거부하는 것을 환영했다. 그렇게 함으로써 그녀가 새로 고안하는 데 일조했던 탐구의 영역에서 잠재적 변화를 기대했다. 그녀의 1960년대 개척적인 연구에서는 많은 과학적 및 지적인 습관—후에 그녀는 다소 회의론을 표현하였던—에 대하여 고찰하였다. 그녀는 인류학자 Paul Rabinow와 정치과학자 William Sullivan이 편찬한 논문모음집 〈해석적 사회과학*Interpretive Social Science*, 1979〉에 의거하여, 이제는 주류 사상에 가깝다고 인정되는 다음과 같은 일련의 비판적 사상에 동참하였다. (1) 사회과학은 세계는 인식할 수 있으며 그 세계를 탐구하기 위한 완전히 분리된 혹은 객관적인 관점이 가능하다는 가정 하에 자연과학을 모방하려는 헛수고로 시련을 겪었다. (2) 인간 체험의 세계를 탐구할 때는 항상 주관성과 맥락을 반영한다. (3) 행동과학 및 사회과학의 연구 결과는 확실하게 검증될 수 없다. 그 대신 우리가 해석하는 것이다.

> 이러한 틀에서는 불변의 법칙이 없다. 논리적 자기증명에 확고하게 기초한 환원주의 모형은 없다. "그냥 받아들여지는" 진리도 없다. 물론 사회과학도 가치중립적이지 않다. 변화는 근본적이다. 변화는 변증법적이다. 의미는 복합적이고 끝이 없다. 목표는 우리의 문화적, 역사적 현재의 범위 내에서 이해하는 것이다. 목적은 보편을 발견하는 것도 아니며, 오랫동안 유효할 것을 예언하는 것도 아니며, 통제하려는 것도 확실히 아니다. 그 대신 맥락을 확실하게 설명하고 그리하여 새로운 통찰과 새로운 이해를 얻으려는 것이다(Neugarten, 1985, 292쪽).

그 결과는 모호성과 불확정성뿐이지만 이들은 방법론상으로는 큰 장점이 된다. 이제는 "사회과학자를 위한 더 열린 세계"가 됨에 따라 더 다양한 형태의 탐구를 실천하고, 다른 분야에서 빌려오고 주제를 자유롭게 선정하고, 연구에서 자신들의 역할을 보다 의식적으로 드러낼 수 있는 것이다.

그렇지만 해석적 접근의 채택이 과학적, 이지적 상대주의—주장과 연구 결과는 스스로 입증해야 하며, 스스로 정한 목적과 기준에 의해서만 정당화되는—의 승리를 의미하는 것은 아니라고 Neugarten은 주장한다. 새로 열린 탐구세계의 정신으로 연구하는 사람들조차도 증거의 기준을 고수하고 싶고, 탐구의 적절한 표현과 일치하기를 원할 것이다. "비록 이론 그 자체가 해석이라 할지라도, 우리는 중범위이론theory of middle range[336)]을 세우고자 시도한다. … 우리에게 알려질 수 있는 세계—비록 '참된' 세계가 아닐지라도—를 우리는 표현하고자 시도할 수 있다"(Neugarten, 1985, 293쪽). 중범위를 찾아내는 것이 얼마나 어려운지는 정량적 분석의 양면성 그리고 그 방법을 사용해도 연구자가 '해석학적 순환'[337)]을 벗어나도록 도울 수 없는 한계를 표현한 Neugarten에서 단적으로 나타난다. 그녀는 그러한 방법이 실제 세계를 반영하지 않으며, 환원주의의 위험이 있고 명료성으로 오도하는 유혹이 있다고 말한다. 설상가상으로 그 방법들은 피상적일 수 있으며 인간 체험에 관한 가장 중요한 질문에 소홀할 수 있다. 노년학에서의 이런 문제는 횡단면적 분석의 만연에서 뚜렷이 나타난다. 횡단면적 분석에서는 동시대집단의 내적 경험에 대한 탐구에서 보듯 종종 연구를 시작해야 할 곳에서 바로 멈춘다. Neugarten은 인류학자 Clifford Geertz의 '심층 묘사thick description'[338)] 모형의 목표를 노화 연구에 추가할 것을 주장했다[노년학에서의 인류학 활용에 대한 일반적 설명은 Climo(1992) 참조]. 이는 다음 절에서 논의될 것인바 분명 현대의 사회과학에서는 익숙한 학문적 조언이지만 노년학에서는 그 방법이 편협하기 때문에 꼭 필요하다. 이 분야의 기존의 경험주의는 노화에서 새로운 의미를 찾으려는 노년학의 잠재력에 제약조건이 되고 있다.

---

336) 중범위이론theory of middle range이란 특정 문제 영역에 초점을 맞추고 각 영역에서의 연구 결과를 전체적인 형태로 나타내는 이론을 말함. 일반법칙을 지향하는 거대이론grand theory과 경험주의의 검증 중심 분석의 중간에 위치하여 이론과 실증 연구를 결합하는 형태를 '중범위'라고 볼 수 있음.

337) 텍스트를 해석함에 있어서 전체에 대한 이해가 없이 개별을 이해할 수 없고, 개별을 이해하지 않고 전체를 이해할 수 없는 전체와 개별의 상호 의존적 순환관계를 말함.

338) 심층 묘사thick description는 인류학 등의 용어로, 인간 행동의 묘사에서 행위 그 자체뿐만 아니라 그의 맥락까지 설명하는 것을 말함. 그래야만 내부자가 아닌 이방인에게도 의미를 줄 수 있다는 것임.

Neugarten이 '중범위'를 추구하는 것은 실증적 탐구에 의존하는 사회과학의 전통이 지속될 것이며, 사회 문제를 다룰 때 지식의 주장을 포기하지 않으면서도 상대주의적이며 적응적인 개념적 틀이 필요하다는 것을 의미한다. 그러나 '패러다임'과 학문의 변화에 대한 Thomas Kuhn의 유명한 연구를 반영하는 과학사회학sociology of science[339]에서 과학과 학문에게 일반적으로 증명해 보인 것처럼, 노화 연구 그 자체는 하나의 사회적 활동이다. 노화 연구에는 개별 학문 분야들이 참여하여 더욱 포괄적인 탐구사업이 되는 한편, 각자의 발달역학을 제시하는데, 영성과 종교가 탐구에 중요한 (심지어 적법한) 영역인가에 대하여 각 학문 분야는 우호성에서 차이를 보인다. 이런 점에서 중범위이론은 학문 분야들이 연구 및 실천 과제를 인정하고 재구성함에 있어서, 다시 Kuhn 공식에 따라 인정하고, 합의한 것을 반영하는 것이다.

정치과학자인 Paul Diesing은 사회과학에서의 실천 과제에 대한 설명에서 다음과 같이 말한다.

> 우리는 가설이나 예측을 관찰 가능한 정보로 검증하여 지식을 만들지는 않는다. 이러한 검증은 이론이나 가정을 확인할 수도 부정할 수도 없다. 즉각적인 진실이나 허위는 없다. 오히려 지식은 어떤 최초 원문initial text, 패러다임, 방법, 개념 등의 가능성을 발달시키는 공동체나 전통에 의해 만들어진다. 공동체들은 다양해지고 분파를 만들고, 결합하거나 섞이며 그리고 사라진다. 공동체 구성원들은 이론을 사용하여 정보를 만들고 그리고 그 정보가 이론을 변화시켜 자신들의 이론을 발달시킨다. 또한 그들은 이론에 대해 다른 해석을 요구하는 새로운 영역으로 옮겨감으로써 자신들의 이론을 발달시키기도 한다(Diesing, 1991, 325쪽).

노년학을 구성하는 학문 분야의 내부역학을 통하여, 노년학 공동체, 예를 들어 '미국노년학회', '미국노화학회', '대학노년학협의회' 등의 다변화를 통하여 그리고 종종 이러한 주제에 학문적 관점들의 각 특색을 반영하는 탐구의 새로운 분과로서 종교와 영성은 노화의 해석에서 그 중요성을 차지하고 있다. 따라서 중범위이론은 노화의 연구에서 주제적, 이론적, 방법론적인 다양성을 증명해야만 한다. 그리고 다음에서 제안될 것처럼, 영성과 종교에 대한 구체적인 관심을 촉발하는 '최초 원문'을 찾아낼 수 있다.

---

339) 과학사회학sociology of science은 과학을 하나의 사회적 활동으로 보고 연구하는 학문으로 주로 과학의 사회적 조건과 영향을 다룸.

3. 동기와 의미

해석적 사회과학은 그 자체로는 인간 행동과 의미 설정의 이론이 아니며, 그것을 연구하는 '하나의 방법'에 그치는 것이 아니다. 노화 연구에서 파생되었기 때문에 간단한 유추analogue로 말하자면 '일군의 방법 혹은 이론 성향'이란 구상인데, 이는 Paul Baltes(1987)가 발달심리학에서 '생애접근법'을 구성하는 것을 지칭한 것과 같다. 실로 Baltes의 모델은 해석적 사회과학이 노년학에 미친 영향의 신호로 받아들여질 수가 있다. 왜냐하면 해석적 사회과학은 전통과 혁신 사이의 변증법적 관계를 강조하는 학문적 실천의 재구성을 촉진하려고 노력하기 때문이다. 그렇게 하면 사회적 탐구의 묘사적 기능은 폐기되는 것이 아니라, 오히려 새로운 인식론적 우려에 의해 문제화된다. 그리고 전통적 사회과학의 표현 능력은 이제 학문적 수사학(역사적 및 개인적)의 불확실성을 인식하는 테두리 안에서 이해된다. 마지막으로, 개체의 일관성 있고 관찰 가능한 정체성인 주관subject에 대한 전통적 관념이 불안정해질 때, 현대적 담론의 자기재귀적인 명령에서 개인주의가 강화되는 것이다.

Pauline Rosenau는 해석적 입장의 갈등을 통합하여 다음과 같이 결론을 내렸다. "포스트모던 사회과학은 아직 걸음마 단계이며, 따라서 많은 신생 패러다임과 마찬가지로 그 전체적 형태와 특성은 모호하고, 그 실질적 공헌은 아직 희미하고 단편적이며, 뒤섞이고 한결같지 않다"(1992, 169쪽). 상대적인 신생 학문 분야일지라도 노년학은 과학과 학문 내에 자신을 위한 항구적 지위를 구축했다고 말할 수 있다. 노년학의 '해석적' 실천자들 덕분에 노년학은 여전히 개방적인 특성, 회의론이나 비판론에 대한 호의적 수용 그리고 이론 구축의 일부로서 과학적 전제조건을 탐구하려는 의지를 인식함으로써 잠재적 효용성을 증대시킨다. 그러나 문제는 그 방법에서 더 큰 유연성이나 다양성이 필요하다는 것이 아니다. 또 필요한 것은 노화 연구의 동기—신체와 정신의 퇴화에 대한 생의학적 정복에서부터 삶의 우연한 미지의 차원을 반영하는 노화 표현의 사용을 인식하는 데 이르기까지—에 있어서의 일반적 변화이다.

인간 체험에 대한 가장 큰 질문들에 관심을 회복하는 것—Achenbaum이 말한 '범위'의 필요성—은 확실히 Rabinow와 Sullivan(1979, 1987)의 연구에서 나타났던 이론적 틀의 한 목표이다. 연구나 이론 구축을 위한 공통 프로그램에 관한 합의는 전혀 없다. 편집자들 이외에는 누구도 정확히 '해석적 사회과학'이라고 어구를 사용하지 않는다. 해석의 활용도 누구를 기준으로, 이를테면 정치철학자 Charles Taylor로 하느냐 혹은 학문적으로 가장 영향을 미쳤던 해석적 사회과학자 Clifford Geertz로 하느냐에 따라서 달라진다.

1970년대 초 〈형이상학 저널*Journal of Metaphysics*〉에 기고하면서, Taylor는 서구의 반역적인 청년문화와 대학문화를 포함한 정치적 환경을 숙고하면서 그는 '무서울 정도'의 문화적 위기를 발견했다. 그것은 세속적이고 과학적이지만 또한 영적이었다. "이미 우리에게는 죽어 버린 그 의미의 그물 속에 우리가 갇힌 곳에서 절대자와의 관계란 없는 것이다"(Taylor, 1987, 73쪽). 상호 주관적인intersubjective[340] 체험의 형태로 그러한 의미를 표현하는 역사적인 프로젝트는, 인간은 '자기정의적인self-defining', 즉 자연과학의 모형에 따라서는 인간 행동을 예측하고 통제하기란 불가능하다는 믿음—Taylor는 인문과학의 어느 연구에서도 필수적이라고 주장하는—에서 나온 것이다.

> 인간의 자기정의 변화와 함께 인간됨이 무엇인가도 변함에 따라, 인간은 여러 가지 다른 용어로 이해되어야만 한다. 그러나 인간 역사에서 개념적 돌연변이는 비교가 불가능한, 즉 용어들이 표현의 공통 지층에 관련하여 정의되지 못하는 개념적 그물들을 만들 수 있으며 또 실제로 만들어 낸다. … 각각의 그물은 각 사회별로 다른 사회에서는 전혀 맞지도 않는 관습, 제도, 사상으로 치장하게 될 것이다(Taylor, 1987, 79쪽).

Geertz 역시 인간 체험의 핵심으로 '자기정의'를 믿으며, 그물의 비유를 좋아한다. 아마 "해석적" 관점을 채택한 학문적 프로젝트에서 가장 폭넓게 인용된 주장은 다음과 같은 Geertz의 선언일 것이다. "인간은 스스로 짜낸 의미의 그물에 매달려 있는 동물이라고 믿으면서… 나는 문화가 그러한 그물이라고 보며, 따라서 문화에 대한 분석은 법칙을 찾는 경험적 과학이 아니라, 의미를 찾는 해석적 과학인 것이다"(Geertz, 1973b, 5쪽).

이러한 일반적 지침을 가지고, Neugarten이 인정한 대로 Geertz는 '심층묘사'의 보완적 원칙에 기반을 둔 일련의 탐구에 영감을 주었고, 문화를 구성하는 복합적인 '의미화의 구조'를 푸는 데도 영감을 불어넣었다. 인류학이 바로 그 모형인데, 인간적 의미를 탐구하는 데에서 인류학이 함축한 바는 전반적으로 Greets의 믿음으로부터 나왔다. 즉, 사회과학의 "데이터란 다른 사람들이 그들과 그 동포들이 무엇인가에 대

340) 상호 주관적intersubjective이란 주관적 상태를 두 사람 이상이 공유하는 것임. 특정 의미에 대하여 동의가 이루어지거나, 상식으로 통하거나, 의미의 불일치를 공유할 때 상호 주관적이라 할 수 있음.

해 내린 해석을 우리 자신이 다시 해석한 것"이라는 Geertz의 신념에서 나온다(1973b, 9쪽). 사람이 자신과 공동체를 위하여 의미를 만드는 방식을 깊이 간파하는 것은 핵심 과제이다(1973b, 9쪽). 왜냐하면 "우리가 어떤 특정의 사건, 의례, 관습, 사상 등을 이해하기 위해 필요한 것의 대부분은 그 사물을 직접 조사하기 전에 배경 정보로 암시되기 때문이다"(1973b, 9쪽). 인간 발달에서 종교의 역할과 같이 우리가 가장 알 만한 가치가 있는 것은, Geertz가 말한 "규모만 키워서 해결하는" 사회과학을 가지고는 도달할 수 없다. 인간 행동의 '복합적 구체성'에 초점을 맞춤으로써, 그것에 대해 알면 알수록 그것을 완전하게 이해하기 어렵다는 회의론을 낳는다. "의미를 추측하고, 추측을 평가하고, 더 나은 추측에서 설명적 결론을 끌어내는" 해석만이 유일한 해결책인 것이다(1973b, 20쪽).

종교에 대하여 Geertz 자신이 직접 수행한 해석적 연구에서, 그는 영성이나 종교성의 문제가 노년학 연구의 통상적 절차를 어떻게 방해하는가를 보여 준다.

> 종교적 관점은… 과학적 관점과는 다르다. 즉, 세상에 주어진 것을 확률적 가설의 소용돌이 속으로 분해하는 제도화된 회의주의의 관점이 아니라, 보다 폭넓은 것, 즉 비가설적 진리의 관점에서 일상생활의 현실에 질문하는 것이다. 그 표어는 분리가 아니라 '약속'이며, 분석이 아니라 '조우encounter'[341]이다(Geertz, 1973c, 112쪽).

Geertz는 자신의 연구에서는 통상적으로 상당히 자제하였지만, 그가 마침내 유명한 선배 연구자 집단에 대한 연구에서 표현한 것처럼(1988) 그의 특유한 산문 스타일과 그의 형태format 실험은 해석적 탐구의 '삶'과 '일'은 '조우'라는 형식 속에서 함께 움직인다는 그의 신념을 반영하는 것이다. 아래 Thomas Cole의 〈삶의 여정*The Journey of Life*〉에 대한 토론에서 제시된 것처럼, 그러한 조우들은 영성, 종교, 노화의 연구를 통합하는 데 필수적이다.

해석적 입장은 학문적 연구의 변화를 위한 잠재력의 일부로서, 더 큰 재귀성reflexivity을 위한 그리고 개인적 및 공적(또는 과학적) 의미를 함께 끌어내기 위한 공간을 열어 준다. Neugarten이 성인 발달 연구에서 더 큰 주관성을 촉구할 때조차도, 경험론자와 이론가인 학자들은 자기 세대와 차세대 사이에는 과학적 체험—주관성이 과학적 객관성에 침투하고, 인간 체험의 이야기가 예측과 통제의 과학에 침투하는—에서

341) 조우encounter란 실존적 인간주의의 맥락에서 개인들 사이의 진솔하고 조화로운 만남을 의미함.

불일치함을 드러냈다. 이것들은 Jerome Bruner가 개인 정체성에 대한 우리의 탐구 형식을 바꿔야 할 필요가 있을 때 행동과학 및 사회과학의 지속성이 어떻게 드러나는지를 설명한 '의미의 행위Actions of Meaning'[342]를 제시, 설명할 수 있는 인간 발달에 대한 해석적 과학을 나타내는 것이다.

> 자아는, 인간 본성의 다른 어느 측면과 마찬가지로, 영속성의 보호자이면서 동시에 지역의 문화적 기후에 응답하는 기압계로서 존재한다. 문화 또한 우리에게 안정과 변화 사이의 틈새를 발견하도록 지침과 방법을 제공한다. 문화는 자아가 약속하는 것에 대하여 권고하고 금지하고, 유인하고 부정하고 보상하는 것이다. 그리고 자아는 그의 사고력과 대안 상상력을 활용하여 문화가 제공하려는 것을 회피하거나 받아들이거나 재평가하거나 재구성한다. 따라서 자아의 본질과 기원을 이해하려는 어떠한 노력도 '시대'나 '사람'을 이해하려고 노력하는 역사가나 인류학자들에 의해 사용된 것과 유사한 해석적 노력인 것이다(Bruner, 1990, 110쪽).

이제 Bruner(1991)는 인지적 탐구의 본질에 묘사narrative를 추가했다. 인간 의미의 주요한 요소로 자서전을 사용하는 것에 대한 그의 신념은 부분적으로는 그 자신의 삶과 경력을 설명하려는 노력에서 나온다(1983).

4. 인간적 전체성과 생애주기 관점

Birren과 Bengston 등(1988)이 제안했던 것처럼, 이제 성인 발달과 노화에 대한 몇 가지 '신흥 이론들'이 있는데, 그중 몇몇은 '해석적' 접근법의 요소들을 반영하고 있다. 해석적 사회과학 그 자체—Rabinow와 Sullivan이 그들의 영향력 있는 저서 제2판에서 인정한 대로—는 진화해 왔다. 인문과학에서 '해석적 선회'의 성공과 해석학 방법의 인기가 증가하는 것은 새로운 문제를 제기했다. 예를 들어 Ricoeur(1981b)의 영향을 받아 모든 인간 체험을 '원문화textualizing'하는 것은 실제로는 많은 학문적 관습을 해석주의로 개종시키는 결과를 초래하였는데, 이는 절차상의 세련됨을 과시하지만 새로운 지식이 중요한 개인이나 공동체에게 충분한 범위의 맥락과 응용을 전달할

---

342) 의미의 행위Actions of Meaning는 J. Bruner 저서의 명칭이기도 하며, 심리학이 인간의 관심사를 밝힐 때는 사고를 형성하는 문화라는 맥락 속에서 이루어져야 함을 강조하고 있음.

수 없었음을 뜻한다.

실제로 Rabinow와 Sullivan은 이제 해석적 또는 해석학적 접근법이 단지 사회과학과 행동과학의 도구모음toolkit 중 한 방법에 불과하도록 흡수되는 것에는 불안감을 표명한다. "해석학이 지식에 대한 기술적 절차와 형식적 체계라는 우리 사회의 강박관념의 희생양으로 전락하더라도 전혀 놀랍지 않다"(1987, 2쪽). 따라서 그들은 앎knowing에 대한 우리의 관습에 도전하는 과학과 학문에서 개혁이 중요함을 거듭 주장한다.

> 해석적 사회과학은, 모든 인간적 탐구는 반드시 어떤 특정한 상황으로부터 인간 세계를 이해하는 데 관여한다는 인식을 바탕으로, 묘사적 학문 분야로서의 사회과학과 규범적 연구로서의 인문학을 가르는 기존의 구분을 대체하고자 한다. 이러한 상황은 항상 그리고 동시에 역사적, 도덕적, 정치적이다. 해석적 사회과학은 탐구의 출발점을 제공할 뿐만 아니라, 이해 자체라는 과업을 위한 요점과 목적을 제공한다. 그러나 만일 이런 상황이라면, 해석은 단순히 과학의 한 차원에 머무르는 것이 아니다. 오히려 이는 과학이 인간의 모든 노력과 같이 의미의 맥락에 그 뿌리를 두고 있는 것이며, 의미는 그 자체로 사회적 실재reality, 즉 도덕적이며 실천적인 세계를 정의하는 인간의 행위의 특별한 체계인 것이다(20-21쪽).

Rabinow와 Sullivan은 포스트모던 담론과 이론화의 복잡한 지적 역학관계 속에서 '중범위'를 찾으려고 분투한다. 그래서 이렇게 말했다. "우리의 목적은 정당하게 이성의 주장이라고 말할 수 있는 것을 구체화할 필요 없이 비판적 탐구와 논쟁을 하도록 옹호하고자 하며, 전통이란 의미 있는 행위를 가능케 하는 유한한 자원으로 이해를 넓히고자 하는 해석적 입장을 주장하는 것이다"(21쪽).

비록 노화 문제가 전혀 상술되지 않았더라도, 해석적 사회과학을 노년학에 적용하는 프로그램은 Rabinow와 Sullivan의 연구에 분명히 나타난다. 그들은 대학 교과 과정과 연구 실행에서 인지적 분석과 규범적 판단이 분리된 것을 한탄한다. 그 결과는 자연과학자나 행동과학자들이 그들의 관점에서는 '실천적' 요소들인 연구의 역사적, 도덕적, 정치적 의미로부터 독립되었다고 추정되는 것일 뿐이다. 그리고 그들은 유감스럽게 다음과 같이 말한다. "정치가와 학술 전문가들은 우리 사회가 무엇을 목적으로 하여 살아야 하는가보다는, 생활수준에 대하여 말하는 것이 훨씬 쉽다는 걸 안다. 과학주의 같은 사회적 과학 통치 체제에서는, 분석적 이성은 그의 형식적 조작에 어떤 의미를 줄 수도 있는 '인간적 전체성'과의 관계를 스스로 차단해 버렸다"(Rabinow와 Sullivan, 1987, 16쪽). 바로 여기에 노년학적 탐구의 객체를 표현하는 이미지와 그 안에서 영성과 종교의 잠재적 위상 속에서 전달되는 해석적인 표준이라는 의미의 핵심적 이상이 있다. 그것은 Rabinow와 Sullivan이 과학과 학문의 일부로 만들고자 했던 도덕적인 논조를 부여했으며 그리고 '전국초교파노화연맹'에 의해 1975년에 상술되었던 발달적 목표를 다음과 같이 부여하였다. 즉 "영적 평안이란 하느님, 자아, 공동체, 환경 등과의 관계가 전체성을 육성하고 축하하는 상황 속에서의 삶을 긍정하는 것이다"(Payne, 1990, 13쪽).

학술적 사회과학에서 '전체성'에 대한 관심이 세속적 어휘로 표현된 것은 그리 놀랄 일이 아니다. 그러한 표명들이 인간 발달에서의 영성과 종교의 역할을 이해하는 데 많은 의미를 포함할지라도 말이다. 그리 성인 발달 및 노화의 연구에서 '전체성'의 추구는 '생애 관점lifespan perspective'에서 볼 수 있는데, 이는 사회과학 및 행동과학에서의 권위 있는 작업을 규정하게 되었다(Baltes, 1982). 해석적 입장은 결국 Baltes(1982)가 인문학 등 다른 영역으로부터의 압력을 인식하고 과학만으로는 충분히 설명할 수 없는 창의성과 지혜 같은 주제의 두드러짐을 인식함에 있어서, 발달심리학이 '유연성'을 나타낸다고 밝혀낸 '일군family'의 방법들에 반영되어 있다. 성년기와 노년기의 의미는 사람들이 스스로 고안하고 채택하고, 개조한 그리고 행동과학자들과 사회과학자들이 설명하는 해석적 형태 안에서의 주관성에 더 많은 관심을 기울여서 규명될 수밖에 없다. 예를 들어 심리학자 Bertram Cohler(1982)와 Carol Ryff(1986)는 각각 어떻게 의미의 개인적 해석이 결국 생애 과정, 특히 생애 과정에 전체성을 부여하려는 노력, 즉 자신의 체험에 대한 개인적 해석을 나타내는 전반적 형식을 구성하는가를 보여 준다.

주로 심리 분석에 의존한 Cohler보다는 보다 실증적이고 실험적인 전통에 따라서 연구한 Riff는, 성인들이 생애 변천을 인식하는 방법에 대한 그녀 연구의 일부였던 단계적 접근법에 대한 찬반 논쟁에 맞서 싸웠다. "단계 모형을 계속 지지했던 사람들은 순진하다고 취급되었고, 극도로 단정하고 깔끔한 이론을 옹호하는 데 당혹감을 경험하였다"(Ryff, 1985, 99쪽). 그러나 그녀는 Erik Erikson의 유명한 이론 같은 단계적 관점에 대하여 그녀가 계속 지지함을 밝히고, 그녀와 동료들에게 질서정연함(과학적 방법)이 가장 중요하다고 주문하는 것을 거부하였다. Ryff는 노년학이 과학의 과학적 규범 너머에 있는 동기를 드러낸 것이다.

> 그 매력은 [단계이론들이] 개인의 향상이 나선형적으로 진행됨을 공식화한 점에 있다. 각 이론가는 개인이 지속적으로 발전하고, 더 차별화되고, 보다 높은 수준에서 기능할 수 있는 방식을 공식화했다. 나의 관심을 사로잡고 지속시킨 것은 바로 이 특성, 즉 나선형의 향상 진행이었다. 인정하건대 개인의 향상에 대한 그러한 구상에는 개인차, 동시대집단 효과, 문화적 변이성 등이 섞여 있을 가능성이 있지만, 그렇다고 해도 그 효과들은 사람들이 무엇이 되며 그들이 어떻게 발달하는가에 영향을 미치는 지도이념으로서 이 모델이 가진 영향력을 감소시킬 수는 없을 것이다. 인간의 성취에 대한 그러한 인상들은 우리가 생애 발달을 어떻게 상상하는가를 이해하는 데 중심이 된다(1985, 99쪽).

성인 발달과 노화의 과학이 행동과학과 사회과학의 전통적 데이터보다는, 오히려 종교적 및 영적 이미지를 포함한 '이미지'에 대한 연구를 기반으로 세워질 수 있겠는가? Ryff는 그렇다고 믿으며, 나름의 목소리로 직설적으로 말한다. 이 자체가 노년학 연구에서 중요한 몸짓이다. 그러나 그녀의 이론적 현실 참여는 실증적 프로젝트로 단련되어 간다. 한편으로는 사람들이 주요 단계적 발달이론에서 제시한 방식대로 자신들이 변하는 것으로 여긴다는 결과가 제시된 반면, 동시대집단 특성과 개성 특이체질은 항상 인식될 필요가 있을 것이다. 단계이론이 정당하다고 입증할 수도 논박할 수도 없다. Ryff는 이론 모형이나 연구를 성인기에는 개성과 인지의 기초가 되는 발달구조가 없다는 관점과 질서정연함이라는 거짓 이상형의 사이에 둘 것을 요청한다. 비슷한 방식으로 또 다른 역학이 노년학에서의 해석적 탐구를 정의하는데 이것은 내면, 즉 현상학적인 영역과 외면, 즉 사회학적인 영역의 만남이다(Ryff, 1986).

중범위에 대한 이러한 견해들은, 특히 탐구 대상이 인간적 '성취'처럼 외견상 모호한 것일 경우에는 충족하기 어려운 이상형을 정의하는 것이다. James Fowler의 유명한 신앙 발달 모형과 이 모델이 Erikson 이론에 진 빚은 종교적 믿음에 있어서 질서정연함과 신비의 사이에 긴장감을 드러내는 적절한 사례에서 볼 수 있다. 그러나 생애에 걸쳐 신앙을 고무하고 지탱하는 것이 무엇인가를 설명할 수 있거나, 그게 아니라면 최소한 사회과학자들과 행동과학자들에게 종교가 그들의 이론 속에서 한 자리를 차지할 만하다고 설득시킬 수 있는 발달이론은 없는 것으로 보인다(Reich, 1992).

불가피하게도, 생애이론가들은 단계적 결정론의 수정에 이르는 방안을 창의성이나 지혜 같은 능력의 성장에 대한 연구에서 찾았다. 특히 지혜는, 최근 설명에서 묘사된 것처럼(Birren and Fisher, 1990) 종교적 혹은 영적 삶의 많은 특징들을 공유하는 것으로 보인다. 빠르게 성장하는 탐구 영역에서 영향력 있는 인물로 꼽히는 Cohler와 Balters의 설명과 같이, 노화 심리학에 대한 Ryff의 견해는, 지혜를 주력 변수로 구체화하지 않고도 노화, 영성, 종교 등의 경계선에 도달한다. '평안'을 조사할 때조차도 그렇다(Ryff, 1991). 그럼에도 불구하고 심리과학의 어휘들—그 대안으로 종래의 분리된 방법을 사용하면 개별적 틈새가 드러나 Ryff에게는 제약 요인이었음—로는 이들 영역이 중첩되는 것을 지울 수가 없다.

5. 해석적 노년학에서 조우, 현실 참여, 묘사

이제 노년학은 노화 체험에서의 영적 및 종교적 의미에 대한 명시적 탐색을 수용할 만큼 충분히 유연하다. 전형적인 포스트모던적 역설 속에서 사회노년학이 탐구 분야로서 또 사회적 실천으로서 가진 의미들을 회복한 것은, 학문 활동, 그 자신의 전통에 대한 저항, 노화의 과학적 패러다임 연구, 자신의 역할 주장 등에서 관찰될 수 있다.

해석적 사회과학의 혁신적 프로젝트의 결과들은 그의 기원과 목표에 관한 이론적 논쟁을 대체하게 될 것이다. 해석적 사회과학은 Rabinow와 Sullivan이 우려하는 것처럼 그저 하나의 기법에 불과한 것이 아니라 Geertz가 종교적 관점과 과학적 관점을 구별하기 위해 이 용어를 쓴 것처럼 '조우'라고 볼 수 있다. 그러나 이분법적 접근법으로는 어떻게 과학적 및 학문적 프로젝트가 Geertz의 용어를 빌린다면 '더 폭넓은 진리들'에 의해 틀이 짜인 '조우'로서 이해될 수 있는지 제대로 보여 줄 수 없다. 더 폭넓은 진리들이 반드시 '초연함detachment'과 타협한다는 것을 의미하는 것은 아니며, 오히려 초연함과 학자의 '현실 참여commitment'와의 관계를 나타내는 것이다.

생물학, 행동과학, 사회과학, 인문학 등의 경계에 있는 분야인 노년학은 탐구의 사명을 정의함에 있어서 복합적 선택을 취한다. 그것은 제2차 세계대전 이후 학문적 연구를 사회정책과 개인적 의미라는 긴급질문들에 관한 공적인 담론과는 거리를 두는, 학문적 생활이 전개된 것과 관련된다(Jacoby, 1987). 그러나 노년학 탐구의 범위는 그의 다중학문적인 부담의 이점이기도 한데, 노화의 의미를 규명하는 프로젝트의 일부로서 탐구 자체의 의미에 대한 신선한 접근법의 기회를 제공한다.

해석적 입장이 학문적 담론의 형식적 요건을 맞추더라도 노화의 영적·종교적 의미를 어떻게 다시 불러일으키는가를 우리는 모범적 연구인 Thomas Cole의 〈삶의 여정〉(1992)에서 볼 수 있다. Cole에게는 우선 노화의 해석이 역사적 연구 과제이다. 그는 19세기까지는 성인 발달 및 노화에 대한 태도가 종교적 신념에 의해 형성되었음을 보여 준다. 사람들은 노화와 죽음을 삶의 영원한 혹은 우주적 질서의 일부로서, 그리고 설명할 수 없는 신비로서 받아들였다. 근대의 세속적 · 과학적 · 기술적 · 개인주의적 경향들이 이러한 고대와 중세의 관점을 대체했다. 19세기 후반 당시로는 현대적인 빅토리아시대의 정복mastery에 대한 야망들은 수 세기 동안 신비mystery로 수용했던 것을 압도해 버렸다.

Cole의 관점에서 노화는 영적 의미와 분리해서는 이해될 수 없다. 즉, "병이나 죽음처럼 노화는 인간 조건의 가장 근본적 갈등을 드러내는데, 한편에는 무한한 야망, 꿈, 욕망들이 있고 다른 한편에는 상처받기 쉽고, 유한하고, 퇴화하는 육체적 존재가 있어 이 둘 사이의 긴장, 즉 정신과 육체 사이의 비극적이고 근절할 수 없는 갈등이 발생하는 것이다"(Cole, 1992, 239쪽). 이것을 이해하고자 한다면, 여러 가지 영역에서 노화를 해석해야 한다. 그 갈등은 미국에서 일련의 역사적 · 사회적 조건 하에서 최근에야 드러났다. 왜냐하면 갈등도 또한 오이디푸스 이야기[343]에서처럼 극적이고 서사적인 전통을 형성하기 때문이다. "노화는 도덕적이며 영적인 경계지역이다. 왜냐하면 노화의 미지, 공포, 신비 등은 겸손과 자각, 사랑과 연민이 없거나 육체적 쇠퇴와 죽을 운명에 대한 수용과 신

성의 의미 없이는 성공적으로 넘어설 수 없기 때문이다"(243쪽).

사람들이 어떻게 노화를 경험하고 이해했는가의 기록인 의미에 집중함으로써, Cole은 그의 탐구를 아주 신중하게 해석적 사회과학의 철학적인 방법론적 틀 안으로 끌어들였다. 해석적 입장은, 이미지와 태도가 과학적으로 이해된 노화라는 사실로부터 '분리'되는 것을 극복하도록 도와준다. Cole은 의미를 규정함에서의 어려움을 인정하지만, 그는 탐구 형식들의 결정적인 차이는 노화 연구가 조직화되는 방법들을 반영한다는 것을 인식한다. "의미에 관한 과학적 질문은 논리적이고, 신뢰할 만하며, 해석할 수 있고, 시스템적으로 예측하는 이론을 발달시키려는 인간 노력의 일부이다.

343) 테베의 왕자로 태어났으나, "아비를 죽이고 어미를 범한다"는 신탁을 받아 버림받고, 이웃나라 목동이 주워 길러서 코린토스의 왕자로 자란다. 청년이 되어 자기 뿌리를 알고자 신탁을 받았는데, 그것이 앞의 내용과 같았다. 이를 피하려고 방랑하다가 한 노인을 만나 사소한 시비 끝에 그를 죽였는데 그는 자기 부친이었다. 테베에는 스핑크스라는 괴물이 나타나 수수께끼를 내어 풀지 못하는 사람을 잡아먹어, 여왕이 이 괴물을 죽이는 자에게 왕위는 물론, 자기 자신까지 바치겠다고 약속한다. 그때 오이디푸스가 수수께끼를 풀어 스핑크스를 죽인 후 왕위에 올랐고, 모친인 줄도 모르고 왕비를 아내로 삼았는데, 왕가의 불륜이 사단이 되어 테베에 나쁜 병이 나돈다. 오이디푸스는 그 원인이 자기 자신임을 알자 두 눈을 뽑아내고 방랑의 길을 떠나 죽었다. 여왕도 자살하고 자녀들도 왕위를 둘러싼 골육상쟁으로 모두 죽는다.

의미에 관한 '실존적' 질문은 인간 체험이 이해되는 비전을 위한 인간적 탐색의 일부이다"(xviii쪽). C. P. Snow의 유명한 (혹은 악명 높은) '두 문화'[344]라는 표현처럼 이러한 질문들이 깔끔하게 별개의 탐구 프로젝트로 분리될 수 없는 것과 마찬가지로, 이 질문들은 인간적 역설 속에서 결합된다. Cole은 노화 연구에 생의학적 접근이 주도권을 잡는 것에 대해서는 회의를 표방하면서도, 과학과 의학의 혜택을 환영한다. 그러나 실존적 질문들을 대체함으로써 노화에 대한 이해를 빈약하게 만든 것은 바로 사회적 탐구의 과학주의이다. 특히 종교 문제에서는, 세속적 학문들이 '학문적 거리'의 원칙에 따라 종교적 주제에 소홀히 하거나 심지어 이를 거부하였다(Gorsuch, 1988).

Cole은 질적 또는 인문적 열망을 갖춘 형식이라고 해도 노화에 대한 전통적 탐구 형식으로는 영적, 종교적, 도덕적 주제들이 회복되도록 촉진시킬 수 없음을 알고 있다. 따라서 그는 그의 해석적 사회과학의 방법론, 즉 해석적 노년학 또는 비판적 노년학을 문화적 환경에서 노화의 의미를 "서사적으로 탐구하는" 방식이 되도록 하였다. Ronald Manheimer(1989)가 주장한 것처럼, 어떠한 노화의 탐구도 결국은 삶의 목적에 관한 '피할 수 없는 질문', 즉 죽을 운명의 의미를 인식하는 접근법이 되는 것이다. 묘사는 (문학작품과 영화에서) 나이 들어가는 사람을 표현하고 또한 삶의 과정에 대하여 생각하도록 안내했다. 노화란 삶의 의미에 대한 일종의 묘사적 이해로 볼 수 있다. 즉, 문화적 제도로서의 묘사는 인간 발달의 의미가 어떻게 이해되었는가를 성찰하는 것이다(Cohler, 1992). 묘사는 포괄적인 인지 기능을 가질 수 있다. 즉, 체험을 '의미의 행위'로 체계화하는 것이다(Bruner, 1990, 1991). 그러한 묘사의 책임은 당연히 역사의 몫이며, Cole은 그 책임을 해석적 입장에 의해 촉진되는 다면적 역할 속에서 수용한다. 즉, 그는 노화에 대한 사고와 이상이 변해 온 일련의 역사적 상황인 문화적 맥락 속에 뿌리를 둔 노화를 묘사하는 것이다. 특히 Cole 자신의 체험에서 정의된 것처럼 이러한 역사적 묘사에는 현재가 포함된다. 실제로 Cole이 학문적 · 과학적 정통성을 추구하는 신흥 분야에서의 대담한 혁신으로 그 자신을 학문적 묘사에 넣은 것은 그의 해석적 입장에 가장 핵심적인 것이며 그리고 해석적 입장이 '분리'를 극복하려는 노력에 묘사 형식이 중요한 역할을 한다고 주장한다.

344) 1959년 발간된 강연집 〈두 문화와 과학혁명*Two Cultures and the Scientific Revolution*〉에서는 과학과 인문학 간의 소통 부재가 세계의 문제 해결에 최대 장애라고 주장하여 세계적 이목을 집중시킴.

1) 깨어진 주기

Cole은 성인 발달과 노화에 관한 사상의 역사를 설명하면서, "공동체적 이상인 초월로부터, 사회적 이상인 도덕성 그리고 개인적 이상인 건강으로 역사적 진화를 나타낸" 유럽과 미국 중산층의 본질적 변천에 초점을 맞춘다(xxx쪽). 그는, 영적 여행으로서의 노화 개념이 점차적으로 삶의 나이와 단계라는 틀로 대체된다는 점을 발견한다. 그러한 변화는 생애주기라는 널리 알려진 도상학iconography[345)]에서 나타나는데, Cole이 이를 보여 주고 해석한다. Ryff식 표현으로는 문자 그대로의 이미지인, 이러한 잊혔던 이미지들은 문화적 표현들이 어떻게 개인의 체험을 반영하고 또 지시하는가를 보여 준다. 400년에 걸친 이미지들의 변화는 어떻게 세속적 시간에서의 장수에 대한 믿음이 영원한 시간에 대한 믿음을 대체했는가를 보여 준다. "삶을 여정으로 보는 오랜 개신교적 비전, 즉 자기성찰, 체험의 적극적 형성과 수용, 과거와 미래를 현재와 조화, 창조주에 대해 자기 삶의 복종 등을 강조하는 것 등은 내적으로 실행 가능한 연속성과 의미라는 이상을 부여했다"(158쪽). 신중하게 합리화되고, 예측 가능하며, 개입과 통제의 기회를 제공하는 단계들이 목적지가 모호한 여정의 이미지를 대체해 버렸다.

19세기 미국인들은 사회적, 경제적으로 얻은 힘 덕분에 예를 들어 장수 같은 것도 자신의 삶을 적절한 행위를 통하여 가치를 제고할 수 있는 '재산property'으로 여기게 되었다. 빅토리아시대의 영적 지도자들은 그것을 묵인함으로써 부지불식간에 그들 자신의 전통을 세속화하였다. "인간의 불완전함과 신의 전능함에 대한 전통적 개념을 뒤로한 채, 그들은 노년의 우여곡절이나 신의 영광 등이 들어설 여지가 조금도 없는 위생학적 공리주의를 채택했다"(78쪽). 새롭게 "문명화된" 도덕성은 독립심, 건강, 세속적인 성공이라는 상호 보강적인 덕목들을 중심으로 체계화되었다. 노화된 육체는 실패와 죄를 담은 그릇으로만 보였다. "연령차별의 파괴적인 의미는 부정적인 이미지에서만 있는 것이 아니라, 고결한 개인은 긍정적인 면은 취하고 다른 면은 피할 수 있다는 믿음에 따라 노화의 긍정적 측면과 부정적 측면을 분리한 데 있었다"(91쪽).

불가피한 상실은 구원의 희망에 통합된다는 노화의 관점을 포기함에 따라, 미국 중산층은 노화에 대한 새로운 심리 구조를 확립했다.

---

345) 도상학iconography은 종교나 신화적 주제를 표현한 미술작품 등에서 상징성, 우의성 등 의미를 가지는 도상을 비교 분석하는 미술사 연구의 방법을 말하며, 이 외에도 기호학 등 학계에서도 사용됨.

위계질서, 의존성, 상호적인 의무 등의 원리로 규제되는 가족, 교회, 공동체에서 남자와 여자가 살고 있는 한, 나이에 대한 어쩔 수 없는 슬픔과 허약함을 인정하는 것이 문화적으로 수용될 수 있었다. 그러나 자기밖에 기댈 곳이 없다는 생각과 심리가 어떻게 육체적 쇠퇴를 상쇄시킬 수 있겠는가? 육체적 쇠퇴의 불가피성을 부정하고, 그것은 실패라고 딱지 붙이는 방법뿐이다(104쪽).

노화의 이야기는, 생애 과정에 대한 상징으로서의 여행이라는 노화의 이미지가 더욱 위축되고 성인 발달에 대한 나이나 단계의 구조적 관점이 제도화된 채로, 우리 시대에 모습을 드러낸다. Cole이 노화의 이미지는 더러 강한 종교적·영적 구성 요소를 포함한다고 했지만—가장 현저한 경우는 Erikson(1982)에서 보이는데—그들이 제시한 '인간 성취의 이미지'는 확실히 세속적이다. 전문 분야 형태로서 노년학과 노인병학이 출현되면서, 성인 발달과 노화의 연구는 과학 이전 시대의 전통으로부터 더욱 고립되었다.

2) "딸과 할머니 사이에 서 있는 신세"

Cole은 성인 발달의 새로운 규범을 결정하는 데 핵심적 역할을 한 성직자, 과학자, 기타 인물들의 삶과 연구의 이야기를 통하여, 노화에 관한 미국인들의 생각이 변천된 것을 이야기한다. 예를 들어 20세기 초 노년에 대해 새로운 의미를 부여하려 했던 선구적 심리학자 Stanley Hall(1922)의 노력에 대한 Cole의 연구에서는, 어떻게 그의 노력이 과학을 종교로부터 밀봉시켰으며 노년의 결실에 대한 저자의 실망을 반영했는지를 보여 준다. 그는 노화가 '인류를 안내하는 전망대'를 제공할 필요가 있다고 보았던 반면, 실제로는 정복과 세속적, 실천적 판단의 모형을 넘어서 볼 수가 없었다. Hall의 개인적 투쟁은 노년학이라는 과학이 출범하는 데 도움이 되었다. 새로운 연구 분야의 핵심적 의미가 그러한 탐구의 현대적 체계와 어떻게 양립할 수 없는지를 확인하지 않은 채 Cole은 Hall의 비전인 현명한 노년이란, 그 기능적인 편향 때문에 "공허하고 설득력 없는" 것이라 말했음에도 불구하고, 그의 선구적 노년학자에 대한 설명은 어쩔 수 없는 인간적 역설로 끝맺는다. 즉, "노화와 죽음을 되살리려는 그들의 노력과 이미 타협한 종교적 믿음의 시스템을 공격함으로써, Hall은 무의식적으로 삶의 종말을 둘러싼 문화적 공백을 심화시켰다. 그러나 자신은 모르겠지만 Hall은 설명과 통제의 과학적 탐구가 그의 의미에 대한 인간적 탐구를 억압하도록 허락하지 않은 것이었다"(226쪽).

전기적biographical 접근법은 Cole의 해석적 입장에 접근하는 실마리이다. '삶의 여정'에는 저자에 대한 묘사라고 불릴 수 있는 두 번째 묘사가 있다. 노화에 대한 그리고 과학과 노년학이란 사회과학의 발달에 대한 종래의 묘사들이 Cole 자신의 가족 경험과 그 직업적 책임에 의하여 소명이 된 이력에 대한 묵시적 및 명시적 설명 속에 도입되었다. 다른 몇 권의 학술 서적에서도 Cole의 책처럼 그 자신의 가족에서 노화와 죽음을 설명하면서 시작한다. "노년의 바위는 더 이상 안전해 보이지 않는다. … 하지만 만약 현재 노년이 더 무섭게 보인다면, 이는 어릴 적부터 나를 매료시켰던 영적 통합성과 지혜를 여전히 상징화하는 것이다. … 나는 이의 전인성과 자기초월 가능성을 느낀다"(xvii쪽). Cole은 자기 이력의 사건에는 진솔하다. 자기과시를 위한 목적이 아니라, 노화의 역사에 대한 그의 해석의 성패가 달려 있는 것을 분명히 하려는 것이다. 역사적 아이러니로, 그의 연구는 그가 묘사하는 변화의 시대를 살면서도 강력한 개인적 목소리가 분석적이며 비판적인 성향과 결합될 필요가 있다고 인식했던 빅토리아 시대의 유명한 '현자들'의 연구와 비슷하다(Holloway, 1953). 또한 그들은 모더니즘의 반대 측면에서 Cole이 인간 정신에 정반대라고 규정한 경향에 항의했다. "우리는 포스트모던 문화에 적합한 이상을 탐구하면서 살아간다. 그 문화에서는 우주적이고 집합적인 의미의 원천이 회복되어 우리로 하여금 개인 발달을 평가절하하지 않으면서 노화의 영적 및 도덕적 측면을 이해할 수 있도록 할 것이다"(xxx쪽).

Cole은 역사적 체험에 대한 해석과 오늘날 학자들의 연구를 복합적인 이론적 환경에 두도록 하는 압력을 보여 주는 그 자신의 텍스트를 활용할 때의 해석을 제공한다. 그러나 해석적 사회과학의 사용에 대한 그의 해석은 그가 가장 잘 아는 그 자신의 개인 사례를 포함하도록 촉구한다. 아들로서, 부모로서, 학자로서, 시민으로서의 자신의 이야기는 노년학의 역사적 발전의 일부이다. Bruner(1990)는 "모든 묘사 환경들은 문화적 요구에 맞추어 전문화되었으며, 모든 것은 화자narrator를 '자아' 형식으로 양식화하였다"고 주장했다(84쪽). 사회과학적 탐구를 위한 묘사 환경을 노화에 확대시킴으로써, Cole은 학자와 과학자들이 문화적 요구에 어떻게 순응적 형식의 논의—학문 전통에서는 인식 가능하나, 의미를 확대하는 수사학적 표현적 영역에서는 곡해하는—로 응답할 수 있는지를 보여 주었다. 따라서 '삶의 여정'에서 드러났던 '자아 형식'은 '피할 수 없는 질문'을 주제로 가진 그의 소명을 변증법으로 양식화시킨 화자인 것이다.

Geertz는 문화적 해석에 대한 '일반이론'에는 종교와 영성의 역할을 설명하는 것은 물론이고 반대의 경고를 했다. "이론 구축의 본질적인 과제는… 추상적인 규칙성을 성문화하는 것이 아니라 최대한 심층묘사를 하는 것이며, 사례를 넘나드는 일반화가 아니라 사례 안에서의 일반화이다"(1973b, 26쪽). 최소한 Cole의 해석에서 말하는 바와 같이 Hall 자신의 삶과 경력이 그 시대에 의미 있는 것처럼, 실제로 Cole의 삶과 경력도 우리 시대에 의미 있는 사례가 되었다. 그의 텍스트는 Neugarten 등—Hendricks(1992)나 Seltzer(1992) 포함—이 제기하는 비판, 즉 노년학자들이 자신의 경험을 연구의 일부를 가져오고 여기에 새로운 형식의 자의식적 권위를 부여한다는 도전을 충족시킨다. 그것은 또한 Neugarten이 노화 연구를 사회과학의 변화와 조화시키기 위하여 '중범위이론'에서 보인 전략적 관심에도 응답한다. Cole 자신의 비전은 그의 특정 관심에 한정되어 있다. 즉, "모든 사회는 사람들이 스스로 다루기 어려운 인간 체험의 한계로 향하는 것을 돕는 의미 체계를 확립한다. 과거에는 종교가 그러한 사회적 의미 체계를 지배했으며, 오늘날에는 과학과 의학이 지배한다. 미래에는 고대의 지혜와 현대의 과학 간의 화해, 신비와 정복 간의 화해가 우리에게 필요할 것이다"(xxii쪽).

6. 결론: 경계 조건과 존재의 문제

다른 해석적 사회과학자들은 Cole과는 매우 다르게 종교와 노화 사이의 관계를 다룬다. 인류학자 Sharon Kaufman(1986)이 중산층 캘리포니아 주민들을 연구했을 때, 그들은 자신을 유대교나 그리스도교라고 생각했지만 그들의 종교적 정체성은 약했다. "이제 그들이 자신의 이야기를 할 때 그들 신앙의 조직화된 실천 혹은 철학들은 특별한 의미를 갖지 않는다. … 이 집단에 의해 공유된 유대 그리스도교의 유산이 그들의 문화적 맥락의 중요한 일부임에도 불구하고, 종교는 의미의 직접적인 원천은 아니다"(102쪽). 따라서 Kaufman은 현대의 딜레마—"세속적인 기준과 야망에 의해 규정된 세계 안에서 종교적 원리에 따른 생활이 중요하다는"—를 역사적 인공물로 본다. 비록 그녀의 주제는 여전히 '종교적 가르침'과 '더 높은 진리'를 지침으로서 찾고자 하는 것이라고 보고했음에도 불구하고, 그녀는 "종교적 생활양식과 세속적 생활양식 사이의 갈등 또는 종교적 진리에 따라 살려는 욕구 등은 더 이상 미국인의 삶에 강력한 현실은 아니며, 그것들은 생명의 길로서의 의미를 상실했다"고 주장했다(107쪽).

이러한 관점이 Cole의 관점과 조화될 수 있을까? 확실히 Cole은 이제 종교가 개인의 노년 체험을 형성하는 데 예전처럼 강력한 힘은 아니라는 점에 동의한다. 그러나 그는 노년기의 영적 및 도덕적 차원의 우위를 재정립하자는 주창자로서, 노년학적 탐구에서 자신의 역할을 달리 이해한다. 의미란 해석적 사회과학자들이 의미를 만든 것과 그들이 텍스트 속으로 가져온 것으로 이해될 수 있다. 이론적 입장과 학문적 실천이 제약조건과 기회를 함께 제공한다. 즉, 그것들은 저자의 본능이나 의도를 정제할 수도 있으며, 관습에는 즉각적 저항을 촉발할 수도 있을 것이다. 정신병 의사이자 역사가인 Robert Jay Lifton(1976)이 주장했던 것처럼, '패러다임 속에 인격the Person in the Paradigm'의 여지가 있는 것이다.

노화 연구에서 방법론적 혁신은 새로운 '경계 조건'[346]에 대한 관심에서 유래한다(Schaie, 1992). Ryff(1986)가 주장한 것처럼 이 조건에는 학문 영역에서의 내부 및 외부 영역의 만남이 포함될 수 있다. 즉, 실제로 '포스트모던' 학문 탐구의 초석인 학문적 주관성에 대한 논증에서 바로 지금 나타나고 있는 것과 같다(Heller, 1992). Ryff는 다른 경계에서의 활동들이 '인간 성취의 이미지'를 제공하는 데 없어서는 안 된다고 말한다. "사회과학자로서 우리는 우리 자신의 변수에서 일어나는 변화를 이해하기 위하여 우리 학문 분야의 바깥을 바라보아야 하는데, 이는 보는 관점에 따라서 괴로운 일이거나 축복받은 일이다. 내부 및 외부 영역에 대한 우리의 지식은 이러한 상호 의존을 인정함을 통해 진보한다"(1986, 69쪽).

이해는 Diesing(1991)이 새로운 분야의 '최초 텍스트'라고 부른 기존의 어떤 해석된 것을 새로운 형식의 사고와 실천으로 정의하는 것으로 해석함으로써 이루어진다. 과학적 노년학과 해석적 노년학 사이의 갈등은 해석적 노년학 '안에서' 의견 일치가 있다고 해서 이루어지는 것이 아니다. Kaufman은 종교의식에 독립적인 노인들에게서 개인의 '통합성integrity'을 발견한다. Cole은 영성의 전통적 습관이 회복된 가운데에서 비로소 '완전함wholeness'이 가능하다고 본다. 역설적으로 해석적 관점은 두 견해 모두의 기저를 이룬다. 그러나 Cole의 '조우' 개념이 입증한 것처럼 '경계 조건'의 확장은 노년학에 관련된 과학자, 학자, 개업의 등이 전문적 및 개인적 딜레마 가운데 가장 중요한 것에 어떻게 직면하는가를 다시 정의할 것이다.

인간 체험을 이해함에 있어서 그것을 묘사하기 위해 사용되는 바로 그 용어들에 의하여 종종 오히려 제약된다는 것을 노년학자들은 입증할 수 있다. 그것은 Erikson

346) 경계 조건boundary conditions이란 미분방정식 등에서 일반해가 적용되는 영역의 경계선에 부과되는 조건을 말함. 따라서 경계조건의 해와 미분방정식의 해를 동시에 만족하는 경우에만 진정한 해가 됨.

이 우리가 '염려', '죄', '정체성' 등에 대한 우리의 이론으로 "간파할 수 없는" 것에 대한 주의를 촉구했을 때 이미 제안했던 것이다. 왜냐하면 "이러한 것들은 모두가 '존재 Being'의 문제로서 노인에게 매일 개입하는 공개된 혹은 가장된 현존으로, 그 식별 방법을 우리가 배워야 하기 때문이다"(1984, 163쪽). Erikson 자신은 영성과 종교를 자신의 연구 중심으로 점진적으로 도입했다. '해석적 사회과학'의 입장을 채택함으로써, 노년학도 이젠 과거 Erikson이 '완전성integality'의 의미를 혹은 노년기에 "모든 것을 통합할" 필요성을 표현하는 데 도움이 되었던 어린 소년의 관점에서 인간 체험을 연구할 수 있게 된다. 그 소년이 자신이 죽으면 어떤 일이 일어나는가를 어머니에게 물은 적이 있었다. "어머니가 '너의 영혼은 하늘로 올라갈 것이고, 너의 몸은 땅에 묻힐 것이다'라고 어머니가 말하자, 소년은 '엄마만 괜찮으시다면, 제 물건들을 가지고 갔으면 좋겠어요'라고 말했다"(164쪽).

참고문헌

제1편 종교, 영성, 노화되는 인간

제1장

Acklin, M. W., E. C. Brown, and P. A. Mauger (1983) "The Role of Religious Values in Coping with Cancer." *Journal of Religion and Health* 22:322-33.

Allport, G. W., and J. M. Ross (1967) "Personal Religious Orientation and Prejudice." *Journal of Personality and Social Psychology* 5:432-43.

Americana Healthcare Corporation (1980-81) *Aging in America: Trials and Triumphs.* Westport, Conn.: U.S. Research and Forecasts Survey Sampling Corp.

Arling, G. (1987) "Strain, Social Support, and Distress in Old Age." *Journal of Gerontology* 42:107-13.

Barron, M. L. (1961) *The Aging American.* New York: Thomas Crowell Co.

Beckman, L. J. and B. B. Houser (1982) "The Consequences of Childlessness on the Social-Psychological Well-Being of Older Women." *Journal of Gerontology* 37:243-50.

Benson, H., J. B. Kotch, K. D. Crassweller, and M. M. Greenwood (1977) "Historical and Clinical Considerations of the Relaxation Response." *American Scientist* 65:441-45.

Berkman, L., and S. L. Syme (1979) "Social Networks, Host Resistance and Mortality." *American Journal of Epidemiology* 109:186-204.

Blazer, D. G., and E. Palmore (1976) "Religion and Aging in a Longitudinal Panel." *The Gerontologist* 16 (1):82-85.

Blazer, D. G., D. C. Hughes, and L. K. George (1987) "The Epidemiology of Depression in an Elderly Community Population." *The Gerontologist* 27:281-87.

Cahalan, D., I. H. Cisin, and H. M. Crossley (1969) *American Drinking Practices, A National Study of Drinking Behaviors and Attitudes.* New Brunswick, N.J.: Rutgers Center of Alcohol Studies.

Catanzaro, R. F., ed. (1968) *Alcoholism: The Total Treatment Approach.* Springfield, Ill.: C. Thomas.

Comstock, G. W., and K. B. Partridge (1972) "Church Attendance and Health." *Journal of Chronic Disease* 25:665-72.

Cutler, S. J. (1976) "Membership in Different Types of Voluntary Associations and Psychological Well-being." *The Gerontologist* 16:335-39.

Dwyer, J. W., L. L. Clarke, and M. K. Miller (1990) "The Effect of Religious Concentration and Affiliation on Country Cancer Mortality Rates." *Journal of*

Health and Social Behavior 31:185-202.

Ellis, A. (1980) "Psychotherapy and Atheistic Values: A Response to A. E. Bergin's 'Psychotherapy and Religious Values'." *Journal of Consulting and Clinical Psychology* 48:642-45.

Ellor, J. W., J. Stettner, and H. Spath (1987) "Ministry with the Confused Elderly." *Journal of Religion and Aging* 4 (2):21-33.

Feifel, H., and V. T. Nagy (1981) "Another Look at Fear of Death." *Journal of Consulting and Clinical Psychology* 49:278-86.

Freud, S. (1953-74) *The Standard Edition of the Complete Psychological Works of Sigmund Freud.* 24 vols. Translated and edited by J. Strachey. London: Hogarth Press.

______ (1962) "The Future of an Illusion." In Freud 1953-74, 21:3-56.

Gaitz, C. M., and P. E. Baer (1971) "Characteristics of Elderly Patients with Alcoholism." *Archives of General Psychiatry* 24:372-78.

Gardner, J. W., and J. L. Lyon (1982) "Cancer in Utah Mormon Men by Lay Priesthood Level." *American Journal of Epidemiology* 116:243-57.

George, L. K., D. G. Blazer, D. C. Hughes, and N. Fowler (1989) "Social Support and the Outcome of Major Depression." *British Journal of Psychiatry* 154:478-85.

Graham, T. W. et al. (1978) "Frequency of Church Attendance and Blood Pressure Elevation." *Journal of Behavioral Medicine* 1 (1):37-43.

Guy, R. F. (1982) "Religion, Physical Disabilities and Life Satisfaction in Older Age Cohorts." *International Journal of Aging and Human Development* 15:225-32.

Haug, M. R., N. Breslau, and S. J. Folmar (1989) "Coping Resources and Selective Survival in Mental Health of the Elderly." *Research on Aging* 11:468-91.

Hinton, J. (1967) *Dying.* Baltimore: Penguin.

Hogstel, M. O., and M. Kashka (1989) "Staying Healthy after 85." *Geriatric Nursing* January/February: 16-18.

Hunsberger, B. (1985) "Religion, Age, Life Satisfaction, and Perceived Sources of Religiousness: A Study of Older Persons." *Journal of Gerontology* 40:615-20.

Idler, E. L. (1987) "Religious Involvement and the Health of the Elderly: Some Hypotheses and an Initial Test." *Social Forces* 66:226-38.

Idler, E. L., and S. V. Kasl (1992) "Religion, Disability, Depression, and the Timing of Death." *American Journal of Sociology* 97 (4):1052-79.

Kaplan, B. H. (1976) "A Note on Religious Belief and Coronary Heart Disease." *Journal of South Carolina Medical Association* 72 (suppl):60-64.

Koenig, H. G. (1986) "Shepherds' Centers: Elderly People Helping Themselves." *Journal of the American Geriatrics Society* 34:73.

______ (1988) "Religion and Death Anxiety in Later Life." *Hospice Journal* 4 (1):3-24.

______ (1994) *Aging and God: Spiritual Pathways to Mental Health in Mid-Life and the Later Years.* New York: Haworth Press.

______ (1995) "Health Care Utilization and Survival of Religious and Non-religious Copers Hospitalized with Medical Illness." *Journal of Religious Gerontology.* In press.

Koenig, H. G., L. K. George, D. G. Blazer, and J. Pritchett (1993) "The Relationship Between Religion and Anxiety in a Sample of Community-dwelling Older Adults." *Journal of Geriatric Psychiatry* 26:65-93.

Koenig, H. G., L. K. George, and I. Siegler (1988a) "The Use of Religion and Other Emotion-Regulating Coping Strategies among Older Adults." *The Gerontologist* 28:303-10.

Koenig, H. G., J. N. Kvale, and C. Ferrel (1988b) "Religion and Well-Being in Later Life." *The Gerontologist* 28:18-28.

Koenig, H. G., K. G. Meador, H. J. Cohen, and D. G. Blazer (1988c) "Depression in Elderly Hospitalized Patients with Medical Illness." *Archives of Internal Medicine* 148:1929-36.

Koenig, H. G., and K. G. Meador et al. (1991) "Major Depressive Disorder in Hospitalized Medically Ill Patients: An Examination of Young and Elderly Patients." *Journal of the American Geriatrics Society* 39:881-90.

Koenig, H. G., K. G. Meador, and F. Shelp et al. (1992b) "Religious Coping and Depression in Hospitalized Elderly Medically Ill Men." *American Journal of Psychiatry* 149:1693-1700.

Koenig, H. G., D. O. Moberg, and J. N. Kvale (1988d) "Religious Activities and Attitudes of Older Adults in a Geriatric Assessment Clinic." *Journal of the American Geriatrics Society* 36:362-74.

Koenig, H. G., M. Smiley, and J. P. Gonzales (1988e) *Religion, Health, and Aging: A Review and Theoretical Integration*. Westport, Conn.: Greenwood Press.

Krause, N., and T. Van Tran (1989) "Stress and Religious Involvement among Older Blacks." *Journal of Gerontology* 44:S4-13.

Lamere, F. (1953) "What Happens to Alcoholics?" *American Journal of Psychiatry* 109:673.

Larson, D. B. et al. (1989) "The Impact of Religion on Blood Pressure Status in Men." *Journal of Religion and Health* 28 (4):265-78.

Leming, M. R. (1979-80) "Religion and Death: A Test of Homans' Thesis." *Omega Journal of Death and Dying* 10:347-64.

Levin, J. S., and K. S. Markides (1985) "Religion and Health in Mexican Americans." *Journal of Religion and Health* 24 (1):60-69.

______ (1986) "Religious Attendance and Subjective Health." *Journal for the Scientific Study of Religion* 25:31-40.

Levin, J. S., and H. Y. Vanderpool (1987) "Is Frequent Religious Attendance Really Conductive to Better Health?: Towards an Epidemiology of Religion and Health." *Social Sciences in Medicine* 24:589-600.

Lewis, C. S. (1943) *Mere Christianity*. New York: Macmillan.

Markides, K. S., J. S. Levin, and L. A. Ray (1987) "Religion, Aging, and Life Satisfaction: An Eight-year, Three-wave Longitudinal Study." *The Gerontologist* 27:660-65.

Markovitz, J. H. (1991) "Anger, Anxiety Found to Raise BP in Women over 40." *Clinical Psychiatry News* 19 (6):27.

Mayberry, J. F. (1982) "Epidemiological Studies of Gastrointestinal Cancer in Christian Sects." *Journal of Clinical Gastroenterology* 4:115-121.

Morse, C. K., and P. A. Wisocki (1987) "Importance of Religiosity to Elderly Adjustment." *Journal of Religion and Aging* 4 (1):15-28.

Nelson, F. L. (1977) "Religiosity and Self-destructive Crises in the Institutionalized Elderly." *Suicide and Life Threatening Behavior* 7:67-73.

Nelson, P. B. (1990) "Religious Orientation of the Elderly." *Journal of Gerontological Nursing* 16 (2):29-35.

Nuckolls, K., J. C. Cassel, and B. H. Kaplan (1972) "Psychosocial Assets, Life Crises and the Prognosis of Pregnancy." *American Journal of Epidemiology* 95:431-41.

Parfrey, P. S. (1976) "The Effect of Religious Factors on Intoxicant Use." *Scandinavian Journal of Sociological Medicine* 3:135-40.

Pressman, P., J. S. Lyons, D. B. Larson, and J. J. Strain (1990) "Religious Belief, Depression, and Ambulation Status in Elderly Women with Broken Hips." *American Journal of Psychiatry* 147:758-60.

Princeton Religion Research Center (1982) *Religion in America 1982.* Princeton, N.J.: Gallup Organization and Princeton Research Center.

______ (1987) *Religion in America.* Gallup Report, no. 259. Princeton, N.J.: Gallup Organization.

______ (1990) *The Role of the Bible in American Society.* Princeton, N.J.: Princeton Religion Research Center.

Revicki, D. A., and J. P. Mitchell (1990) "Strain, Social Support, and Mental Health in Rural Elderly Individuals." *Journal of Gerontology* 45:S267-74.

Richards, M. (1990) "Meeting the Spiritual Needs of the Cognitively Impaired." *Generations* 14 (4):63-64.

Rokeach, M. (1960) *The Open and Closed Mind.* New York: Basic Books.

Rosen, C. (1982) "Ethnic Differences among Impoverished Rural Elderly in the Use of Religion as a Coping Mechanism." *Journal of Rural Community Psychology* 3:27-34.

Schonfled, L., and L. W. Dupree (1990) "Older Problem Drinkers—Long-term and Late-life Onset Abusers: What Triggers Their Drinking?" *Aging* 361:5-11.

Scotch, N. A. (1963) "Sociocultural Factors in the Epidemiology of Zulu Hypertension." *American Journal of Public Health* 53:1205-13.

Smith, D. K., A. M. Nehemkis, and R. A. Charter (1983-84) "Fear of Death, Death Attitudes and Religious Conviction in the Terminally Ill." *International Journal of Psychiatry in Medicine* 13:221-32.

Spaulding, J. A., and G. Simpson (1951) *Suicide* (authors' translation of Emile Durkheim, 1897.) New York: Free Press.

Timio, M. (1985) "Study of Nun Supports Stress Factor in Blood Pressure Increase with Age." *Family Practice News* 15 (9):87.

Toseland, R., and J. Rasch (1979-80) "Correlates of Life Satisfaction: An AID Analysis." *International Journal of Aging and Human Development* 10:203-11.

Vaillant, G. E., and E. S. Milofsky (1982) "Natural History of Male Alcoholism." *Archives of General Psychiatry* 39:127-33.

Walsh, A. (1980) "The Prophylactic Effect of Religion on Blood Pressure Levels among a

Sample of Immigrants." *Social Science in Medicine* 148:59-63.

Wheaton, B. (1985) "Models of the Stress-buffering Functions of Coping Resources." *Journal of Health and Social Behavior* 26:352-64.

Williams, R. (1989) *The Trusting Heart: Great News About Type A Behavior*. New York: Times Books.

Wilson, B. (1968) "The Fellowship of Alcoholics Anonymous." In Catanzaro, 116-24.

Wolff, K. (1959) "Group Psychotherapy with Geriatric Patients in a State Hospital Setting: Results of a Three Year Study." *Group Psychotherapy* 12:218-22.

Zuckerman, D. M. et al. (1984) "Psychosocial Predictors of Mortality among the Elderly Poor." *American Journal of Epidemiology* 119:410-23.

제2장

Academy of Religion and Mental Health (1961) *Religion, Culture, and Mental Health*. New York: New York University Press.

Ainlay, S. C., and D. R. Smith (1984) "Aging and Religious Participation." *Journal of Gerontology* 39:357-63.

Alwin, D. F. (1988) "Structural Equation Models in Research on Human Development and Aging." In Schaie et al., 71-170.

Anson, O., A. Levenson, B. Maoz, and D. Y. Bonneh (1991) "Religious Community, Individual Religiosity, and Health: A Tale of Two Kibbutzim." *Sociology* 25:119-32.

Bearon, L. B., and H. G. Koenig (1990) "Religious Cognitions and Use of Prayer in Health and Illness." *The Gerontologist* 30:249-53.

Bradburn, N. M. (1969) *The Structure of Psychological Well-Being*. Chicago: Aldine.

Capps, D. (1985) "Religion and Psychological Well-Being." In Hammond, 237-56.

Chatters, L. M. (1988a) "Subjective Well-Being among Older Black Adults: Past Trends and Current Perspectives." In Jackson, 237-58.

______ (1988b) "Subjective Well-Being Evaluations among Older Black Americans." *Psychology and Aging* 3:184-90.

Chatters, L. M., and J. S. Jackson (1989) "Quality of Life and Subjective Well-Being among Black Americans." In Jones, 191-213.

Clements, W. M., ed. (1989) *Religion, Aging and Health: A Global Perspective*. New York: Haworth Press.

Comstock, G. W., and J. A. Tonascia (1977) "Education and Mortality in Washington County, Maryland." *Journal of Health and Social Behavior* 18:54-61.

Diener, E. (1984) "Subjective Well-Being." *Psychological Bulletin* 95:542-75.

Eisdorfer, C., ed. (1981) *Annual Review of Gerontology and Geriatrics*. Vol. 2. New York: Springer.

Ellison, C. G. (1991) "Religious Involvement and Subjective Well-Being." *Journal of Health and Social Behavior* 32:80-99.

Ellison, C. G., and D. A. Gay (1990) "Region, Religious Commitment, and Life Satisfaction among Black Americans." *The Sociological Quarterly* 31:123-47.

Ellison, C. G., D. A. Gay, and T. A. Glass (1989) "Does Religious Commitment Contribute to Individual Life Satisfaction?" *Social Forces* 68:100-23.

Erikson, E. H. (1982) *The Life Cycle Completed: A Review*. New York: Norton.

Fava, G. A. (1990) "Methodological and Conceptual Issues in Research on Quality of Life." *Psychotherapy and Psychosomatics* 54:70-76.

Fecher, V. J. (1982) *Religion and Aging: An Annotated Bibliography*. San Antonio, Tex.: Trinity University Press.

Ferraro, K. F., ed. (1990) *Gerontology: Perspectives and Issues*. New York: Springer.

Gallup, G., Jr., and J. Castelli (1989) *The People's Religion: American Faith in the 90's*. New York: Macmillan.

Gelfand, D. E., and C. M. Barresi, eds. (1987) *Ethnic Dimensions of Aging*. New York: Springer.

George, L. K. (1981) "Subjective Well-Being: Conceptual and Methodological Issues." In Eisdorfer, 345-82.

George, L. K., and R. Landerman (1984) "Health and Subjective Well-Being: A Replicated Secondary Data Analysis." *International Journal of Aging and Human Development* 19:133-56.

Gorsuch, R. L. (1984) "Measurement: The Boon and Bane of Investigating Religion." *American Psychologist* 39:228-36.

Hammond, P. E., ed. (1985) *The Sacred in a Secular Age: Toward Revision in the Scientific Study of Religion*. Berkeley, CA: University of California Press.

Jackson, J. S., ed. (1988) *The Black American Elderly: Research on Physical and Psychosocial Health*. New York: Springer.

Jarvis, G. K., and H. C. Northcott (1987) "Religion and Differences in Morbidity and Mortality." *Social Science and Medicine* 25:813-24.

Johnson, D. R., and R. L. Meile (1981) "Does Dimensionality Bias in Langner's 22-Item Index Affect the Validity of Social Status Comparisons?: An Empirical Investigation." *Journal of Health and Social Behavior* 22:415-33.

Jones, R. L., ed. (1989) *Black Adult Development and Aging*. Richmond, Calif.: Cobb and Henry.

Kane, R. A., and R. L. Kane (1981) *Assessing the Elderly: A Practical Guide to Measurement*. Lexington, Mass.: Lexington Books.

Kart, C. S. (1987) "Age and Religious Commitment in the American-Jewish Community." In Gelfand and Barresi, 96-105.

Kent, D., R. Kastenbaum, and S. Sherwood, eds. (1972) *Research Planning and Action for the Elderly*. New York: Behavioral Publications.

Koenig, H. G. (1990) "Research on Religion and Mental Health in Later Life: A Review and Commentary." *Journal of Geriatric Psychiatry* 23 (1):23-53.

Koenig, H. G., D. O. Moberg, and J. N. Kvale (1988a) "Religious Activities and Attitudes of Older Adults in a Geriatric Assessment Clinic." *Journal of the American Geriatrics Society* 36:362-74.

Koenig, H. G., M. Smiley, and J. A. P. Gonzales (1988b) *Religion, Health, and Aging: A Review and Theoretical Integration*. Westport, Conn.: Greenwood Press.

Krause, N., and T. Van Tran (1989) "Stress and Religious Involvement among Older Blacks." *Journal of Gerontology: Social Sciences* 44:S4-13.

Larson, R. (1978) "Thirty Years of Research on the Subjective Well-Being of Older Americans." *Journal of Gerontology* 33:109-25.

Lawton, M. P. (1972) "Dimensions of Morale." In Kent, Kastenbaum, and Sherwood, 144-65.

______ (1975) "The Philadelphia Geriatric Morale Scale: A Revision." *Journal of Gerontology* 30:85-89.

Levin, J. S., ed. (1989) "Religious Factors in Aging, Adjustment, and Health: A Theoretical Overview." In Clements, 133-46.

______ (1994a) "Dimensions and Correlates of General Well-Being among Older Adults." *Journal of Aging and Health* 6:489-506.

______ (1994b) *Religion in Aging and Health: Theoretical Foundations and Methodological Frontiers*. Thousand Oaks, Calif.: Sage.

Levin, J. S., L. M. Chatters, and R. J. Taylor (forthcoming) "Religious Effects on Health Status and Life Satisfaction among Black Americans." *Journal of Gerontology: Social Sciences*.

Levin, J. S., and J. Liang (1991) "A Measurement Model of the General Well-Being (GWB) Scale." Paper presented at the 44th Annual Scientific Meeting of the Gerontological Society of America, San Francisco, November 24.

Levin, J. S., and H. Y. Vanderpool (1987) "Is Frequent Religious Attendance *Really* Conducive to Better Health?: Toward an Epidemiology of Religion." *Social Science and Medicine* 24:589-600.

______ (1989) "Is Religion Therapeutically Significant for Hypertension?" *Social Science and Medicine* 29:69-78.

______ (1991) "Religious Factors in Physical Health and the Prevention of Illness." *Prevention in Human Services* 9:41-64.

Liang, J. (1985) "A Structural Integration of the Affect Balance Scale and the Life Satisfaction Index A." *Journal of Gerontology* 40:552-61.

Liang, J., J. S. Levin, and N. M. Krause (1989a) "Dimensions of the OARS Mental Health Measures." *Journal of Gerontology: Psychological Sciences* 44:P127-138.

Liang. J., T. Van Tran, N. Krause, and K. S. Markides (1989b) "Generational Differences in the Structure of the CES-D Scale in Mexican Americans." *Journal of Gerontology: Social Sciences* 44:S110-20.

Maddox, G. L., ed. (1987) *The Encyclopedia of Aging*. New York: Springer.

Mangen, D. J., and W. A. Peterson, eds. (1982) *Social Roles and Social Participation: Research Instruments in Social Gerontology*. Vol. 2. Minneapolis, Minn.: University of Minnesota Press.

Markides, K. S. (1987) "Religion." In Maddox, 559-61.

Markides, K. S., and H. W. Martin (1979) "A Causal Model of Life Satisfaction among the Elderly." *Journal of Gerontology* 34:86-93.

McNeil, J. K., M. J. Stones, and A. Kozma (1986) "Subjective Well-Being in Later Life: Issues Concerning Measurement and Prediction." *Social Indicators Research* 18:35-70.

Miller, W. R., and J. E. Martin, eds. (1988) *Behavior Therapy and Religion: Integrating Spiritual and Behavioral Approaches to Change.* Newbury Park, Calif.: Sage.

Mindel, C. H., and C. E. Vaughan (1978) "A Multidimensional Approach to Religiosity and Disengagement." *Journal of Gerontology* 33:103-8.

Moberg, D. O. (1990) "Religion and Aging." In Ferraro, 179-205.

Neugarten, B. L., R. J. Havighurst, and S. S. Tobin (1961) "The Measure of Life Satisfaction." *Journal of Gerontology* 16:134-43.

Okun, M. A., W. A. Stock, M. J. Haring, and R. A. Witter (1984) "Health and Subjective Well-Being: A Meta-Analysis." *International Journal of Aging and Human Development* 19 (2):111-32.

Palmore, E. (1987) "Religious Organizations." In Maddox, 561-63.

Parsons, T. (1961) "A Sociological Approach." In Academy of Religion and Mental Health, 9.

Pattison, E. M. (1988) "Behavioral Psychology and Religion: A Cosmological Analysis." In Miller and Martin, 171-86.

Payne, B. P. (1982) "Religiosity." In Mangen and Peterson, 343-87.

Schaie, K. W., R. T. Campbell, W. Meredith, and S. C. Rawlings, eds. (1988) *Methodological Issues in Aging Research.* New York: Springer.

Schiller, P. L., and J. S. Levin (1988) "Is There a Religious Factor in Health Care Utilization?: A Review." *Social Science and Medicine* 27:1369-79.

Steinitz, L. Y. (1980) "Religiosity, Well-Being, and Weltanschauung among the Elderly." *Journal for the Scientific Study of Religion* 19:60-67.

Stock, W. A., M. A. Okun, and M. Benin (1986) "Structure of Subjective Well-Being among the Elderly." *Psychology and Aging* 1:91-102.

Thomas, L. E. (1991) "Dialogues with Three Religious Renunciates and Reflections on Wisdom and Maturity." *International Journal of Aging and Human Development* 32 (3):221-27.

Thomas, L. E., and K. O. Chambers (1989) "Phenomenology of Life Satisfaction among Elderly Men: Quantitative and Qualitative Views." *Psychology and Aging* 4:284-89.

Tobin, S. S. (1991) *Personhood in Advanced Old Age: Implications for Practice.* New York: Springer.

Whitelaw, N. A., and J. Liang (1991) "The Structure of the OARS Physical Health Measures." *Medical Care* 29:332-47.

Williams, D. R., D. B. Larson, R. E. Buckler, R. C. Heckmann, and C. M. Pyle (1991) "Religion and Psychological Distress in a Community Sample." *Social Science and Medicine* 32:1257-62.

Witter, R. A., W. A. Stock, M. A. Okun, and M. J. Haring (1985) "Religion and Subjective Well-Being in Adulthood: A Quantitative Synthesis." *Review of Religious Research* 26:332-42.

Zuckerman, D. M., S. V. Kasl, and A. M. Ostfeld (1984) "Psychosocial Predictors of Mortality among the Elderly Poor." *American Journal of Epidemiology* 119:410-23.

제3장

Ainlay, S. C., and D. R. Smith (1984) "Aging and Religious Participation." *Journal of Gerontology* 39:357-63.

Allport, G. W. (1950) *The Individual and His Religion: A Psychological Interpretation.* New York: MacMillan.

Baugh, J. R. (1988) "Gaining Control by Giving Up Control: Strategies for Coping with Powerlessness." In Miller and Martin, 125-38.

Berman, A. L. (1974) "Belief in Afterlife, Religion, Religiosity, and Life- Threatening Experiences." *Omega Journal of Death and Dying* 5:127-35.

Bianchi, E. (1987) *Aging as a Spiritual Journey.* New York: Crossroad.

Brooke, V. (1987) "The Spiritual Well-Being of the Elderly." *Geriatric Nursing* July/August: 194-95.

Butler, R. (1963) "The Life Review: An Interpretation of Reminiscence in the Aged." *Psychiatry* 26:65-76.

Cain, B. (1988) "Divorce Among Elderly Women: A Growing Social Phenomenon." *Social Casework* 69:563-68.

Christ, A. E. (1961) "Attitudes toward Death among a Group of Acute Geriatric Psychiatric Patients." *Journal of Gerontology* 16:56-59.

Clarke, J. (1989) "Does Religion Help a Person to Cope with a Life-Threatening Illness in the Spouse?" Paper presented at Society for the Scientific Study of Religion, Salt Lake City, Utah.

Clements, W. M. (1990) *Spiritual Development in the Fourth Quarter of Life.* In Seeber, 55-69.

Cluff, C. B., and L. E. Cluff (1983) "Informal Support for Disabled Persons: A Role for Religious and Community Organizations." *Journal of Chronic Disease* 36:815-20.

Cobble, J. F., Jr. (1985) *Faith and Crisis in the Stages of Life.* Peabody, Mass.: Hendrickson.

Conway, K. (1985-86) "Coping with the Stress of Medical Problems among Black and White Elderly." *International Journal of Aging and Human Development* 21:39-48.

Conwill, W. L. (1986) "Chronic Pain Conceptualization and Religious Interpretation." *Journal of Religion and Health* 26:46-50.

Donahue, M. J. (1985) "Intrinsic and Extrinsic Religiousness: Review and Meta-Analysis." *Journal of Personality and Social Psychology* 48:400-19.

Ensing, D. S. (1991) "The Role of Religion as a Stress Buffer: Cross-Sectional and Longitudinal Studies." Unpublished doctoral dissertation, Bowling Green State Univ.

Erikson, E. H. (1950) *Childhood and Society.* New York: Norton.

Fry, P. (1990) "A Factor Analytic Investigation of Home-Bound Elderly Individuals' Concerns about Death and Dying, and Their Coping Responses." *Journal of Clinical Psychology* 46 (6):737-48.

Gass, K. A. (1987) "The Health of Conjugally Bereaved Older Widows: The Role of Appraisal, Coping, and Resources." *Research in Nursing and Health* 10:39-47.

Glicksman, A. (1990) "The Psychological Well-Being of Elderly Jews: A Comparative Analysis." Unpublished doctoral dissertation, Univ. of Pennsylvania, Philadelphia.

Gurin, G., J. Veroff, and S. Feld (1960) *Americans View Their Mental Health: A Nationwide Interview Survey.* New York: Basic Books.

Hall, G. S. (1915) "Thanatophobia and Immortality." *American Journal of Psychology* 26:550-613.

Hammond, P. E. (1988) "Religion and the Persistence of Identity." *Journal for the Scientific Study of Religion* 27:1-11.

Hansson, R. O. (1986) "Relational Competence, Relationships and Adjustment in Old Age." *Journal of Personality and Social Psychology* 50:1050-58.

Havens, J. (1968) *Psychology and Religion: A Contemporary Dialogue.* Princeton, N.J.: D. Van Nost.

Idler, E. L. (1987) "Religious Involvement and the Health of the Elderly: Some Hypotheses and an Initial Test." *Social Forces* 66:226-37.

James, W. (1902) *The Varieties of Religious Experience: A Study in Human Nature.* New York: Modern Library.

Jeffers, F. C., C. R. Nichols, and C. Eisdorfer (1961) "Attitudes of Older Persons toward Death: A Preliminary Study." *Journal of Gerontology* 16:53-56.

Johnson, D. P., and L. C. Mullins (1989) "Religiosity and Loneliness among the Elderly." *The Journal of Applied Gerontology* 8:110-31.

Koenig, H. G. (1986) "Shepherd's Centers: Elderly People Helping Themselves." *Journal of the American Geriatrics Society* 34:73.

______ (1988) "Religious Behaviors and Death Anxiety in Later Life." *The Hospice Journal* 4 (1):3-23.

Koenig, H. G., L. K. George, and I. C. Siegler (1988) "The Use of Religion and Other Emotion-Regulation Coping Strategies among Older Adults." *Gerontologist* 28 (3):303-10.

Krause, N. (1987) "Life Stress, Social Support, and Self-Esteem in an Elderly Population." *Psychology and Aging* 2 (4):349-56.

Krause, N., and T. Van Tran (1989) "Stress and Religious Involvement among Older Blacks." *Journal of Gerontology* 44 (1):S4-13.

Kurlychek, R. T. (1976) "Level of Belief in Afterlife and Four Categories of Fear of Death in a Sample of 60+ Year Olds." *Psychological Reports* 38:22.

Kushner, H. S. (1981) *When Bad Things Happen to Good People.* New York: Schocken.

Lazarus, R. S., and S. Folkman (1984) *Stress, Appraisal, and Coping.* New York: Springer.

Letzig, B. J. (1986) "The Church as Advocate in Aging." *Journal of Religion and Aging* 2 (4):1-11.

Maclay, E. (1990) *Green Winter: Celebrations of Later Life.* New York: Holt and Co.

Manfredi, C., and M. Pickett (1987) "Perceived Stressful Situations and Coping Strategies Utilized by the Elderly." *Journal of Community Health Nursing* 4 (2):99-100.

Markides, K., J. Levin, and L. Ray (1987) "Religion, Aging and Life Satisfaction: An Eight-Year, Three-Wave Longitudinal Study." *The Gerontologist* 27:660-65.

McCrae, R. R. (1984) "Situational Determinants of Coping Response: Loss, Threat, and Challenge." *Journal of Personality and Social Psychology* 46:919-28.

McGloshen, T. H., and S. L. O'Bryant (1986) "The Psychological Well-Being of Older Recent Widows." *Psychology of Women Quarterly* 12:99-116.

Meeks, S., et al. (1989) "Age Differences in Coping: Does Less Mean Worse?" *International Journal of Aging and Human Development* 28:127-40.

Miller, W. R., and J. E. Martin, eds. (1988) *Behavior Therapy and Religion: Integrating Spiritual and Behavioral Approaches to Change*. Newbury Park, Calif.: Sage.

Morris, P. A. (1982) "The Effect of Pilgrimage on Anxiety, Depression, and Religious Attitudes." *Psychological Medicine* 12:291-94.

Nelson, F. L. (1977) "Religiosity and Self-Destructive Crises in the Institutionalized Elderly." *Suicide and Life Threatening Behavior* 7:67-74.

Neugarten, B. L. (1979) "Time, Age, and the Life Cycle." *American Journal of Psychiatry* 136:887-94.

Norris, F. H., and S. A. Murrell (1988) "Prior Experience as a Moderator of Disaster Impact on Anxiety Symptoms in Older Adults." *American Journal of Community Psychology* 16 (5):665-84.

O'Connor, B. P., and R. J. Vallerand (1989) "Religious Motivation in the Elderly: A French-Canadian Replication and an Extension." *Journal of Social Psychology* 130:53-59.

Pargament, K. I. (1990) "God Help Me: Toward a Theoretical Framework of Coping for the Psychology of Religion." *Research in the Social Scientific Study of Religion* 2:195-224.

______ (1992) "Of Means and Ends: Religion and the Search for Significance." *International Journal for the Psychology of Religion* 2:201-29.

Pargament, K. I., D. S. Ensing, K. Falgout, H. Olsen, B. Reilly, K. Van Haitsma, and R. Warren (1990a) "God Help Me (I): Religious Coping Efforts as Predictors of the Outcomes to Significant Negative Life Events." *American Journal of Community Psychology* 18:793-824.

Pargament, K. I., J. Kennell, W. Hathoway, N. Gravengoed, J. Newanan, and W. Jones (1988) "Religion and the Problem Solving Process: Three Styles of Coping." *Journal for the Scientific Study of Religion* 27:90-104.

Pargament, K. I., H. Olsen, B. Reilly, K. Falgout, D. Ensing, and K. Van Haitsma (1991) "Studies of the Ecology of Religious Coping." Unpublished manuscript.

______ (1992) "God Help Me (II): The Relationship of Religious Orientations to Religious Coping with Negative Life Events." *Journal for the Scientific Study of Religion* 31:504-13.

Pargament, K. I., B. J. T. Royster, M. Albert, P. Crowe, R. Holley, R. Schaefer, E. P. Cullman, M. Sytniak, and M. Wood (1990b) "A Qualitative Approach to the Study of Religion and Coping: Four Tentative Conclusions." Paper presented at the American Psychological Association, Boston, Mass.

Payne, R., A. E. Bergen, K. A. Bielema, and P. H. Jenkins (1991b) "Review of Religion and Mental Health: Prevention and the Enhancement of Psychosocial Functioning."

Prevention in Human Services 9:11-40.

Pieper, H. G. (1981) "Church Membership and Participation in Church Activities among the Elderly." *Activities, Adaptation, and Aging* 1:23-29.

Pollner, M. (1989) "Divine Relations, Social Relations, and Well-Being." *Journal of Health and Social Behavior* 30:92-104.

Rabkin, J. G., and E. L. Streuning (1976) "Life Events, Stress, and Illness," *Science* 194:1013-20.

Rosen, C. E. (1982) "Ethnic Differences among Impoverished Rural Elderly in Use of Religion as a Coping Mechanism." *Journal of Rural Community Psychology* 3:27-34.

Rosik, C. H. (1989) "The Impact of Religious Orientation in Conjugal Bereavement among Older Adults." *International Journal of Aging and Human Development* 28 (4):251-60.

Seeber, J. J. (1990) *Spiritual Maturity in the Later Years.* New York: Haworth Press.

Sheehan, N. W., R. Wilson, and L. M. Marella (1988) "The Role of the Church in Providing Services for the Aging." *Journal of Applied Gerontology* 7:231-41.

Siegel, J., and D. Kuykendall (1990) "Loss, Widowhood, and Psychological Distress among the Elderly." *Journal of Consulting and Clinical Psychology* 58:519-24.

Simons, R., and G. West (1985) "Life Changes, Coping Resources and Health among the Elderly." *International Journal of Aging and Human Development* 20:173-89.

Spilka, B., R. Hood, and R. Gorsuch (1985) *The Psychology of Religion: An Empirical Approach.* Englewood Cliffs, N.J.: Prentice-Hall.

Steinitz, L. Y. (1981) "The Local Church as Support for the Elderly." *Journal of Gerontological Social Work* 4:43-53.

Stroebe, W., and M. S. Stroebe (1987) *Bereavement and Health: The Psychological and Physical Consequences of Partner Loss.* Cambridge: Cambridge University Press.

Swenson, W. M. (1961) "Attitudes toward Death in an Aged Population." *Journal of Gerontology* 16:49-52.

Thibault, J. M., J. W. Ellor, and F. E. Netting (1991) "A Conceptual Framework for Assessing the Spiritual Functioning and Fulfillment of Older Adults in Long-Term Care Settings." *Journal of Religious Gerontology* 7 (4):29-43.

Thorson, J. A., and F. C. Powell (1989) "Death Anxiety and Religion in an Older Male Sample." *Psychological Reports* 64:361-62.

______ (1990) "Meanings of Death and Intrinsic Religiosity." *Journal of Clinical Psychology* 46 (4):379-91.

Tobin, S., J. W. Ellor, and S. M. Anderson-Ray (1986) *Enabling the Elderly: Religious Institutions within the Service System.* Albany, N.Y.: State University of New York Press.

Vachon, J. L. S., R. Rogers, W. A. Lyall, W. J. Lancee, A. R. Sheldon, and S. J. J. Freeman (1982) "Predictors and Correlates of Adaptation to Conjugal Bereavement." *American Journal of Psychiatry* 139 (8):998-1002.

Weber, M. (1958) *The Protestant Ethic and the Spirit of Capitalism.* New York: Scribner.

Whitehead, E. E., and J. D. Whitehead (1979) *Christian Life Patterns: The Psychological Challenges and Religious Invitations of Adult Life.* New York: Doubleday.

제4장

Atchley, R. C. (1971) "Retirement and Leisure Participation: Continuity or Crisis?" *The Gerontologist* 11:13-17.

______ (1989) "A Continuity Theory of Normal Aging." *The Gerontologist* 29:183-90.

______ (1991a) "The Influence of Aging or Frailty on Perceptions and Expressions of the Self: Theoretical and Methodological Issues." In Birren et al., 1991, 207-25.

______ (1991b) "Detachment and Disengagement: Vedantic Perspectives on Spiritual Development and Wisdom." Paper presented at the annual meeting of the Gerontological Society of America. San Francisco, November 24.

______ (1993) "Community Theory and the Evolution of Activity in Later Adulthood." In Kelly.

Atchley, R. C., L. Pignatiello, and E. C. Shaw (1979) "Interaction with Family and Friends: Marital Status and Occupational Differences among Women." *Research on Aging* 1:83-94.

Birren, J. E., J. E. Lubben, J. C. Rowe, and D. E. Deutchman, eds. (1991) *The Concept and Measurement of Quality of Life in the Frail Elderly*. New York: Academic Press.

Birren, J. E., and K. W. Schaie, eds. (1977) *Handbook of the Psychology of Aging*. New York: Van Nostrand Reinhold.

Cole, T. R. (1992) *The Journey of Life: A Cultural History of Aging in America*. New York: Cambridge University Press.

Erikson, E. H., J. M. Erikson, and H. Q. Kivnick (1986) *Vital Involvement in Old Age: The Experience of Old Age in Our Time*. New York: Norton.

Kelly, G. A. (1955) *The Psychology of Personal Constructs*. New York: Norton.

Kelly, J. R., ed. (1993) *Activity and Aging*. Newbury Park, CA: Sage.

Markus, H., and P. Nurius (1986) "Possible Selves." *American Psychologist* 41:954-69.

Neugarten, B. L. (1977) "Personality and Aging." In Birren and Schaie, 626-49.

제5장

Allport, G. W. (1950) *The Individual and His Religion: A Psychological Interpretation*. New York: Macmillan.

Ashbrook, J. B. (1989) "Making Sense of Soul and Sabbath: Brain Processes and the Making of Meaning." The First Annual Leroy G. Kerney Lectureship in Chaplaincy and Pastoral Care, The Department of Spiritual Ministry, National Institutes of Health.

Becker, A. H. (1986) *Ministry with Older Persons: A Guide for Clergy and Congregations*. Minneapolis, Minn.: Augsburg.

Belenky, M. F., B. M. Clinchy, N. R. Goldberger, and J. M. Tarule (1986) *Women's Ways of Knowing: The Development of Self, Voice, and Mind*. New York: Basic Books.

Bennett, J. C. (1981) "Ethical Aspects of Aging in America." In Clements, 137-52.

Benson, P. L. (1991) "Patterns of Religious Development in Adolescence and Adulthood." *Psychologists Interested in Religious Issues Newsletter* 17:2-9.

Boyle, S. P. (1983) *The Desert Blooms: A Personal Adventure in Growing Old Creatively*. Nashville: Abingdon.

Bushnell, H. (1988) *Christian Nurture*. New Haven, Conn.: Yale University Press.

Carrigan, R. L. (1976) "Where Has Hope Gone? Toward an Understanding of Hope in Pastoral Care." *Pastoral Psychology* 25:1.

Clark, W. H. (1958) *The Psychology of Religion*. New York: Macmillan.

Clements, W. M., ed. (1982) *Ministry with the Aging*. San Francisco: Harper & Row.

Culbertson, P. (1992) *New Adam: The Future of Male Spirituality*. Minneapolis, Minn.: Fortress.

Daloz, L. A. (1986) *Effective Teaching and Mentoring: Realizing the Transformational Power of Adult Learning Experiences*. San Francisco: Jossey-Bass.

Erikson, E. H. (1950) *Childhood and Society*. New York: Norton.

Evans, A. F., R. A. Evans, and W. B. Kennedy (1987) *Pedagogies for the Non-poor*. Maryknoll, N.Y.: Orbis Books.

Fitzgibbons, J. (1987) "Developmental Approaches to the Psychology of Religion." *Psychoanalytic Review* 74 (1):125-34.

Fowler, J. W. (1981) *Stages of Faith: The Psychology of Human Development and the Quest for Meaning*. San Francisco: Harper & Row.

______ (1984) *Becoming Adult, Becoming Christian: Adult Development and Christian Faith*. San Francisco: Harper & Row.

______ (1991) *Weaving the New Creation: States of Faith and the Public Church*. San Francisco: Harper & Row.

Fox, M. (1988) *The Coming of the Cosmic Christ: The Healing of Mother Earth and the Birth of a Global Renaissance*. San Francisco: Harper & Row.

Gilligan, C. (1982) *In a Different Voice: Psychological Theory and Women's Development*. Cambridge, Mass.: Harvard University Press.

Giltner, F. M., ed. (1985) *Women's Issues in Religious Education*. Birmingham. Ala.: Religious Education Press.

Hammerskjöld, D. (1964) *Markings*. New York: Knopf.

Harris, M. (1988) *Women and Teaching*. New York: Paulist Press.

______ (1989a) *Dance of the Spirit: The Seven Steps of Women's Spirituality*. New York: Bantam Books.

______ (1989b) *Fashion Me a People: Curriculum in the Church*. Louisville, Ky.: Westminster John Knox Press.

Jones, A. W. (1985) *Soul Making: The Desert Way of Spirituality*. San Francisco: Harper & Row.

Knowles, M. (1980) *The Modern Practice of Adult Education: Andragogy Versus Pedagogy*. New York: Association Press.

Levinson, D. J. (1978) *The Seasons of a Man's Life*. New York: Random.

Little, S. (1983) *To Set One's Heart: Belief and Teaching in the Church*. Atlanta: John

Knox Press.

Loder, J. E. (1989) *The Transforming Moment.* 2d ed. Colorado Springs. Colo.: Helmers and Howard.

Maitland, D. J. (1987) *Aging: A Time for New Learning.* Atlanta: John Knox Press.

Maslow, A. H. (1970) *Motivation and Personality.* 2d ed. New York: Harper & Row.

Maves, P. B. (1986) *Faith for the Older Years: Making the Most of Life's Second Half.* Minneapolis, Minn.: Augsburg.

McFadden, S. H. (1985) "Attributes of Religious Maturity in Aging People." *Journal of Religion and Aging* 1:39-48.

McFague, S. (1982) *Metaphorical Theology: Models of God in Religious Language.* Philadelphia: Fortress.

Miller, H. (1985) "Human Development: Making Webs or Pyramids." In Giltner, 149-72.

Nelson, J. B. (1988) *The Intimate Connection: Male Sexuality, Masculine Spirituality.* Philadelphia: Westminster Press.

Neugarten, B. L., ed. (1968) *Middle Age and Aging.* Chicago: University of Chicago Press.

Palmer, P. (1983) *To Know as We Are Known: A Spirituality of Education.* San Francisco: Harper & Row.

Peck, R. C. (1968) "Psychological Developments in the Second Half of Life." In Neugarten, 88-92.

Perry, W. (1968) *Forms of Intellectual and Ethical Development in the College Years.* New York: Holt, Rinehart and Winston.

Strunk, O. (1965) *Mature Religion: A Psychological Study.* New York: Abingdon.

Vogel, L. J. (1984) *The Religious Education of Older Adults.* Birmingham, Ala.: Religious Education Press.

______ (1991) *Teaching and Learning in Communities of Faith: Empowering Adults through Religious Education.* San Francisco: Jossey-Bass.

제6장

Augustine (1963) *The Confessions of St. Augustine.* Translated by Rex Warner. New York: New American Library.

Baltes, P. B., J. Smith, U. M. Staudinger, and D. Sowarka (1990) "Wisdom: One Facet of Successful Aging?" In Perlmutter, 63-81.

Bucke, R. M. (1931) *Cosmic Consciousness: A Study in the Evolution of The Human Mind.* 7th Ed. New York: E. P. Dutton.

Bunyan, J. (1987) *The Pilgrim's Progress.* London: Penguin Books.

Butler, R. N. (1963) "The Life Review: An Interpretation of Reminiscence in the Aged." *Psychiatry* 26:65-76.

Campbell, J., ed. (1971) *The Portable Jung.* New York: Viking.

Chinen, A. B. (1989) *In the Ever After: Fairy Tales and the Second Half of Life.* Wilmette, Ill.: Chiron.

Cole, T. R. (1992) *The Journey of Life: A Cultural History of Aging in America.* New York: Cambridge University Press.

Cole, T. R., David D. Van Tassel, and Robert Kastenbaum (1992) *Handbook of the Humanities and Aging.* New York: Springer.

Connolly, J. L. (1928) *Jean Gerson: Reformer and Mystic.* Louvain: Librairie Universitaire, Uystpruyst.

de Beauvoir, S. (1972) *The Coming of Age.* Translated by Patrick O'Brian. New York: Putnam.

Eckhart, M. (1924) *Meister Eckhart.* Vol. 1. Translated by B. Evans. London: Watkins.

______ (1981) *Meister Eckhart: The Essential Sermons, Commentaries, Treatises and Defense.* Translated by E. Colledge and B. McGinn. New York: Paulist Press.

Eliot, T. S. (1952) *T. S. Eliot: The Complete Poems and Plays.* New York: Harcourt, Brace and Company.

Erikson, E. H. (1963) *Childhood and Society.* 2nd rev. ed. New York: Norton.

Fremantle, A., ed. (1964) *The Protestant Mystics.* New York: New American Library.

Freud, S. (1989) *The Future of an Illusion.* Edited by J. Strachey. New York: Norton.

Hume, R. E., trans. (1949) *The Thirteen Principal Upanishads.* 2nd ed. Madras: Oxford University Press.

Huxley, A. (1945) *The Perennial Philosophy.* New York: Harper and Bros.

Inge, D. W. R. (1899) *Christian Mysticism.* Bampton Lectures. London: Methuen.

James, W. (1958) *The Varieties of Religious Experience. A Study in Human Nature.* New York: New American Library.

Jung, C. G. (1971) "The Stages of Life." In Campbell, 3-22.

Kakar, S. (1986) "The Human Life Cycle: The Traditional Hindu View and the Psychology of Erik Erikson." *Philosophy East and West* 18:127-36.

Katz, S. T., ed. (1978) *Mysticism and Philosophical Analysis.* New York: Oxford University Press.

Lasch, C. (1991) *The True and Only Heaven: Progress and Its Critics.* New York: Norton.

Loy, D. (1988) *Nonduality: A Study in Comparative Philosophy.* New Haven, Conn.: Yale University Press.

Maslow, A. H. (1971) *The Farther Reaches of Human Nature.* New York: Viking.

Moody, H. R. (1990) "The Islamic Vision of Aging and Death." *Generations* 14 (4):15-18.

Nouwen, H. J. (1986) *Reaching Out.* New York: Doubleday.

Peck, M. S. (1978) *The Road Less Traveled.* New York: Simon and Schuster.

Perlmutter, M., ed. (1990) *Late Life Potential.* Washington, D. C.: Gerontological Society of America.

Ramana Maharshi (1955) *Talks with Sri Ramana Magarshi.* 3 Vols. Edited by T. N. Venkataraman. Tiruvannamali. S. India.

Riegel, K. (1976) *The Psychology of Development and History.* New York: Plenum Press.

Rosenmayr, L. (1983) *Die Späte Freiheit: Das Alter, ein Stuck Bewusst Gelebten.* Berlin: Severin und Siedler.

St. John of the Cross (1958) *Ascent of Mount Carmel.* Translated and edited by E.

Allison Peers. 3rd rev. ed. Garden City, N.Y.: Doubleday.

Scholem, G. (1961) *Major Trends in Jewish Mysticism*. New York: Schocken Books.

Scott-Maxwell, F. (1979) *The Measure of My Days*. New York: Penguin.

Sears, E. (1986) *The Ages of Man: Medieval Interpretations of the Life Cycle*. Princeton, N.J.: Princeton University Press.

Suzuki, D. T. (1971) *What Is Zen?* New York: Harper & Row.

Thomas, L. E. (1991) "Dialogues with Three Religious Renunciates." *International Journal of Aging and Human Development* 32 (3):211-27.

Thomas, L. E., J. S. Brewer, P. A. Kraus, and B. L. Rosen (1991) "Two Patterns of Transcendence: An Empirical Examination of Wilbur and Washburn's Theories." Paper presented at the Annual Meeting of the American Psychological Association, San Francisco.

Thursby, G. R. (1992) "Islamic, Hindu and Buddhist Conceptions of Aging and Death." In Cole, Van Tassel, and Kastenbaum, 175-96.

Washburn, M. (1988) *The Ego and the Dynamic Ground: A Transpersonal Theory of Human Development*. Albany N.Y.: State University of New York Press.

______ (1990) "Two Patterns of Transcendence." *Journal of Humanistic Psychology* 30 (3): 84-112.

Watt, W. M. (1953) *The Faith and Practice of al-Ghazali*. London: Allen and Unwin.

Watts, A. (1953) *Myth and Ritual in Christianity*. New York: Vanguard Press.

Whitehead, A. N. (1960) *Religion in the Making*. New York: Meridian.

Wilbur, K., J. Engler, and D. P. Brown (1986) *Transformations of Consciousness: Conventional and Contemplative Perspectives on Development*. Boston: Shambhala.

Winnicott, D. W. (1986) *Home Is Where We Start From: Essays in Psychoanalysis*. New York: Norton.

Wittgenstein, L. (1947) *Tractatus Logico-Philosophicus*. London: K. Paul, Trench, Tubner.

Zaehner, R. C. (1957) *Mysticism, Sacred and Profane: An Inquiry into some Varieties of Praeter-natural Experience*. Oxford: Clarendon Press.

제7장

American Psychiatric Association Staff (1987) *Diagnostic and Statistical Manual of Mental Disorders*. (3rd ed., rev.). Washington, D.C.: American Psychiatric Association.

Arlin, P. K. (1990) "Wisdom: The Art of Problem Finding." In Sternberg, 230-43.

Baltes, P. B., and O. G. Brim, Jr., eds. (1984) *Life-Span Development and Behavior*. New York: Academic Press.

Baltes, P. B., F. Dittmann-Kohli, and R. A. Dixon (1984) "New Perspectives on the Development of Intelligence in Adulthood: Toward a Dual-Process Conception and a Model of Selective Optimization with Compensation." In Baltes and Brim, 6:33-76.

Baltes, P. B., and J. Smith (1990) "Toward a Psychology of Wisdom and Its Ontogenesis." In Sternberg, 87-120.

Baltes, P. B., J. Smith, U. M. Staudinger, and D. Sowarka (1990) "Wisdom: One Facet of Successful Aging?" In Perlmutter, 63-81.

Birren, J. E., and L. M. Fisher (1990) "The Elements of Wisdom: Overview and Integration." In Sternberg, 317-32.

Blanchard-Fields, F. (1986) "Reasoning on Social Dilemmas Varying in Emotional Saliency: An Adult Developmental Perspective." *Psychology and Aging* 1:325-33.

______ (1994) "Age Differences in Causal Attributions from an Adult Developmental Perspective." *Journal of Gerontology: Psychological Sciences* 49:43-51.

Blanchard-Fields, F., J. R. Brannan, and C. J. Camp (1987) "Alternative Conceptions of Wisdom: An Onion-Peeling Exercise." *Educational Gerontology* 13:497-503.

Blanchard-Fields, F., and C. Camp (1990) "Affect, Individual Differences, and Real World Problem Solving Across the Adult Life Span." In Hess, 462-97.

Blanchard-Fields, F., and J. C. Irion (1988) "Coping Strategies from the Perspective of Two Developmental Markers: Age and Social Reasoning." *Journal of Genetic Psychology* 149:141-51.

Blanchard-Fields, F., and L. Norris (1994) "Causal Attributions from Adolescence through Adulthood: Age Differences, Ego Level, and Generalized Response Style." *Aging and Cognition* 1:67-86.

Buck, R. (1985) "Prime Theory: An Integrated View of Motivation and Emotion." *Psychological Review* 92:389-413.

Chinen, A. B. (1989) *In the Ever After: Fairy Tales and the Second Half of Life*. Wilmette, Ill.: Chiron.

Clayton, V. P. (1975) "The Meaning of Wisdom to Young and Old in Contemporary Society." Paper presented at the meetings of the Gerontological Society, Louisville, Ky.

______ (1982) "Wisdom and Intelligence: The Nature and Function of Knowledge in the Later Years." *International Journal of Aging and Human Development* 2:315-21.

Clayton, V. P., and J. W. Birren (1980) "The Development of Wisdom Across the Life Span: A Reexamination of an Ancient Topic." In Baltes and Brim, 3:103-35.

Diener, E., E. Sandvik, and R. J. Larsen (1985) "Age and Sex Effects for Emotional Intensity." *Developmental Psychology* 21:542-46.

Erikson, E., ed. (1978a) *Adulthood*. New York: Norton.

Erikson, E. H. (1978b) "Reflections on Dr. Borg's Life Cycle." In Erikson, 1-32.

Fox, M. (1990) "Toward a Spiritual Renaissance." *Common Boundary* July/August: 14-20.

Harris, D. B., ed. (1957) *The Concept of Development*. Minneapolis, Minn.: University of Minnesota Press.

Hess, T. M. (1990) *Aging and Cognition: Knowledge Organization and Utilization*. New York: North-Holland.

Hesse, H. (1951) *Siddhartha*. New York: Bantam.

Jung, C. G. (1933) *Modern Man in Search of a Soul*. New York: Harcourt, Brace and World.

Keen, S. (1991) *Fire in the Belly*. New York: Bantam.

Kitchener, K. S., and H. G. Brenner (1990) "Wisdom and Reflective Judgement." In Sternberg, 212-29.

Kramer, D. A. (1990) "Conceptualizing Wisdom: The Primacy of Affect-Cognition Relations." In Sternberg, 279-313.

Kramer, D. A., R. B. Goldston, and P. E. Kahlbaugh (1989) "Age, Affect Intensity, and Dialectical Beliefs." Unpublished manuscript.

Kuhn, D., and J. A. Meacham, eds. (1983) *On the Development of Developmental Psychology*. Basel, Switzerland: Karger.

Labouvie-Vief, G. (1990) "Wisdom as Integrated Thought: Historical and Developmental Perspectives." In Sternberg, 52-83.

Labouvie-Vief, G., M. DeVoe, and D. Bulka (1989a) "Speaking about Feelings: Conceptions of Emotion Across the Life Span." *Human Development* 32:279-99.

Labouvie-Vief, G., J. Hakim-Larson, M. DeVoe, and S. Schoeberlein (1989b) "Emotions and Self-Regulation: A Life Span View." *Psychology and Aging* 2:286-93.

Lawton, M. P., and S. Albert (1990) "Affective Self-Management Across the Lifespan." Paper presented at the *American Psychological Association Convention*, Boston, August.

Lazarus. R. S. (1984) "On the Primacy of Cognition." *American Psychologist* 39:124-29.

Loevinger, J. (1976) *Ego Development: Conceptions and Theories*. San Francisco: Jossey-Bass.

Maciel, A., U. Staudinger, J. Smith, and P. Baltes (1991) "Which Factors Contribute to Wisdom: Age, Intelligence, or Personality?" Paper presented at the *American Psychological Association Convention,* San Francisco. August.

Meacham, J. A. (1983) "Wisdom and the Context of Knowledge: Knowing That One Doesn't Know." In Kuhn and Meacham, 111-34.

Meacham, J. A. (1990) "The Loss of Wisdom." In Sternberg, 181-211.

Murdock, M. (1990) *Heroine's Journey*. Boston: Shambhala.

Neugarten, B. L. (1968) "The Awareness of Middle Age." In Neugarten, 93-98.

Neugarten, B. L., ed. (1968) *Middle Age and Aging*. Chicago: University of Chicago Press.

Orwoll, L., and M. Perlmutter (1990) "The Study of Wise Persons: Integrating a Personality Perspective." In Sternberg, 160-80.

Pascual-Leone, J. (1990) "Wisdom: Toward Organismic Processes." In Sternberg, 244-78.

Perlmutter, M., ed. (1990) *Late Life Potential*. Washington, D.C.: Gerontological Society.

Perry, W. (1970) *Forms of Intellectual and Ethical Development in the College Years*. New York: Holt, Rinehart, and Winston.

Rilke, R. M. (1984) *Letters to a Young Poet*. Translated by S. Mitchell. New York: Vintage Books.

Schaie, K. W., and M. P. Lawton (1991) *Annual Review of Gerontology and Geriatrics*. Vol. 11. New York: Springer.

Singer, J. (1989) "A Silence of the Soul: The Sadness of the Successful Woman." *The Quest* 3.

Smith, J., and P. B. Baltes (1990) "Wisdom-Related Knowledge: Age/Cohort Differences in Response to Life Planning Problems." *Developmental Psychology* 26:494-505.

Staudinger, U., J. Smith, and P. B. Baltes (1992) "Wisdom-Related Knowledge in a Life-Review Task: Age Differences and the Role of Professional Specialization." *Psychology and Aging* 7:271-81.

Steinem, G. (1992) *Revolution from Within: A Book of Self Esteem.* Boston: Little.

Sternberg, R. J., ed. (1990) *Wisdom: Its Nature, Origins, and Development.* Cambridge: Cambridge University Press.

Werner, H. (1957) "The Concept of Development from a Comparative and Organismic Point of View." In Harris, 125-48.

Zajonc, R. B. (1984) "On the Primacy of Affect." *American Psychologist* 39:117-23.

제8장

Andrews, J. (1989) *Poverty and Poor Health among Elderly Hispanic Americans.* New York: Commonwealth Fund Commission on Elderly People Living Alone.

Arden, H., and S. Wall (1990) *Wisdomkeepers: Meetings with Native American Spiritual Elders.* Hillsboro, Ore.: Beyond Words.

Carrasco, D. (1990) *Religions of Mesoamerica.* San Francisco: Harper San Francisco.

Carter, A. C. (1982) "Religion and the Black Elderly: The Historical Basis of Social and Psychological Concerns." In Manuel, 103-9.

Frazier, E. F. (1974) *The Negro Church in America.* New York: Schocken.

Gallego, D. T. (1988) "Religiosity as a Coping Mechanism among Hispanic Elderly." In Sotomayor and Curiel, 117-35.

Hultkrantz, A. (1987) *Native Religions of North America.* San Francisco: Harper & Row.

King, M. L. (1986) *Stride Toward Freedom.* San Francisco: Harper & Row.

Lacayo, C. A. (1980) *A National Study to Assess the Service Needs of The Hispanic Elderly.* Los Angeles: Asociacion Nacional pro Personas Mayores.

Maldonado, D. J. (1989) "A Framework for Understanding the Minority Elderly." In Schuster, 8-29.

______ (1990) "The Minority Church: Its Roles and Significance for the Minority Elderly." In Stanford, 25-31.

______ (1991) "Hispanic Protestants: Historical Reflections." *Apuntes* 11:3-16.

Manuel, R. C., ed. (1982) *Minority Aging: Sociological and Social Psychological Issues.* Westport, Conn.: Greenwood Press.

Markides, K., and H. W. Martin (1983) *Older Mexican Americans.* Austin, Tex.: Center for Mexican American Studies.

Schuster, E., ed. (1989) *Low Income, Minority and Rural Adult Population: Issues for the Future.* Ypsilanti, Mich.: Geriatric Education Center of Michigan.

Sotomayor, M., and H. Curiel, eds. (1988) *Hispanic Elderly: A Cultural Signature.* Edinburg, Tex.: Univ. of Texas-Pan American Press.

Stanford, E. P., et al., eds. (1990) *Ethnicity and Aging: Mental Health Issues.* San Diego: San Diego State University Center on Aging.

Taylor, R. J., and L. M. Chatters (1986a) "Religious Participation among Elderly Blacks." *The Gerontologist* 26:630-36.

______ (1986b) "Church Based Informal Support among Elderly Blacks." *Gerontologist* 26:637-42.

_____ (1991) "Nonorganizational Religious Participation among Elderly Black Adults." *Journal of Gerontology* 46:S103-11.

제2편 고령화 사회에서의 사목

제9장

Atchley, R. C. (1983) *Aging: Continuity and Change.* Belmont, Calif.: Wadsworth.

Becker, A. H. (1986) *Ministry with Older Persons.* Minneapolis, Minn.: Augsburg.

Bianchi, E. (1984) *Aging as a Spiritual Journey.* New York: Crossroad.

Birren, J. E. (1984) "Gerontology: A Scientific and Value-laden Field of Inquiry." Lecture delivered at Luther Northwestern Theological Seminary, St. Paul, Minn., May 4.

_____ (1991) "Preface." in Kenyon, ix-x.

Birren, J. E., and D. Deutchman (1991) *Guiding Autobiography Groups for Older Adults: Exploring the Fabric of Life.* Baltimore: Johns Hopkins University Press.

Burnside, I. (1984) *Working with the Elderly.* 2nd ed. Monterey, Calif.: Wadsworth.

Butler, R. N. (1963) "Life Review: An Interpretation of Reminiscence in the Aged." *Psychiatry* 24:65-76.

Butler, R. N., and H. P. Gleason, eds. (1985) *Productive Aging.* New York: Springer.

Buxbaum, R. E. (1987) "Coming Issues in the Pastoral Care of the Aged." In Oliver, 33-45.

Camus, A. (1955) *The Myth of Sisyphus.* New York: Vintage Books.

Capps, D. (1987) *Deadly Sins and Saving Virtues.* Philadelphia: Fortress Press.

Clements, W. M. (1979) *Care and Counseling of the Aging.* Philadelphia: Fortress Press.

Clements, W. M., ed. (1981) *Ministry with the Aging.* San Francisco: Harper & Row.

Clinebell, H., Jr. (1966) *Basic Types of Pastoral Counseling.* New York: Abingdon.

Cole, T. R. (1984) "Aging, Meaning and Well-Being: Musings of a Cultural Historian." *International Journal of Aging and Human Development* 19:329-36.

Cole, T. R., and S. Gadow, eds. (1986) *What Does It Mean to Grow Old: Reflections from the Humanities.* Durham, N.C.: Duke University Press.

Coleman, P. G. (1986) *Aging and Reminiscence Processes: Social and Clinical Implications.* New York: Wiley.

Cook, T. C. (1980) "Gerontology in Seminary Training: Introduction and Overview." *Theological Education* 16 (3):275-79.

Davidson, W. A. S. (1991) "Metaphors of Health and Aging: Geriatrics as Metaphor." In Kenyon et al., 173-84.

Erikson, E. H. (1959) *Identity and the Life Cycle.* New York: Norton.

_____ (1963) *Childhood and Society.* 2d rev. ed. New York: Norton.

_____ (1982) *Life Cycle Completed: A Review.* New York: Norton.

Fischer, K. (1985) *Winter Grace, Spirituality for the Later Years.* New York: Paulist Press.

Frankl, V. (1967) *Psychotherapy and Existentialism: Selected Papers on Logotherapy.* New York: Washington Square Press.

______ (1978) *The Unheard Cry for Meaning.* New York: Simon and Schuster.

Gray, R. M., and D. O. Moberg (1962) *The Church and the Older Person.* Grand Rapids, Mich.: Eerdmans.

Haight, B. (1989) "Life Review: A Report of the Effectiveness of a Structured Life Review Process: Part II." *Journal of Religion and Aging* 5 (3):31-41.

Hiltner, S., ed. (1975) *Toward a Theology of Aging.* New York: Human Sciences Press.

John Paul II (1984) *Apostolic Letter: On the Christian Meaning of Human Suffering* (Salvifici Doloris). Washington, D.C.: U. S. Catholic Conference.

Kalish, R. (1982) *Late Adulthood: Perspectives on Human Development.* 2d ed. Monterey, Calif.: Brooks-Cole.

Kastenbaum, R. (1979) *Growing Old: Years of Fulfillment.* San Francisco: Harper & Row.

Kenyon, G., J. E. Birren, and J. J. F. Schroots, eds. (1991) *Metaphors of Aging in Science and the Humanities.* New York: Springer.

Kimble, M. A. (1981) "Education for Ministry with the Aging." In Clements, 209-19.

______ (1985) "The Surviving Majority: Differential Impact of Aging and Implications for Ministry." *Word & World* 5 (4):395-404.

______ (1987) "Pastoral Care of the Elderly." *The Journal of Pastoral Care* 16 (3):270-79.

______ (1988) "Pastoral Theology." In Powers, 43-50.

______ (1990a) "Aging and the Search for Meaning." In Seeber, 111-29.

______ (1990b) "Religion: Friend or Foe of the Aging?" *Second Opinion* 15:70-81.

Laporte, J. (1981) "The Elderly in the Life and Thought of the Early Church." In Clements, 37-55.

Lapsley, J. N. (1985) "Pastoral Care and Counseling of the Aged." In Wicks, 245-66.

LeFevre, C., and P. LeFevre, eds. (1981) *Aging and the Human Spirit.* Chicago: Exploration Press.

LeFevre, P., ed. (1984) *The Meaning of Health.* Chicago: Exploration Press.

Lyon, K. B. (1985) *Toward a Practical Theology of Aging.* Philadelphia: Fortress Press.

Markson, E. W., ed. (1984) *Older Women: Issues and Prospects.* New York: Free Press.

Maves, P. B. (1966) *Faith for the Older Years.* Minneapolis, Minn.: Augsburg.

Maves, P. B., ed. (1954) *Pastoral Psychology* 5 (46).

Maves, P. B., and J. L. Cedarleaf (1949) *Older People and the Church.* New York: Abingdon-Cokesbury Press.

McLeish, J. A. B. (1983) *The Challenge of Aging: Ulyssean Paths to Creative Living.* Vancouver, B.C.: Douglas and McIntyre.

Miller, M. (1979) *Suicide after Sixty.* New York: Springer.

Moberg, D. O. (1980) "Aging and Theological Education." *Theological Education* 16 (3)(Special Issue):283-93.

Moody, H. R., and T. R. Cole (1986) "Aging and Meaning: A Bibliographic Essay." In Cole, 247-54.

Oliver, D. (1987) *New Directions in Religion and Aging*. New York: Haworth.

Payne, B., and E. Brewer, eds. (1989) *Gerontology in Theological Education*. New York: Haworth.

Powers, E., ed. (1988) *Aging Society: A Challenge to Theological Education*. Washington, D.C.: American Association of Retired Persons.

Ramshaw, E. (1987) *Ritual and Pastoral Care*. Philadelphia: Fortress Press.

Robb, T. (1991) *Growing Up: Pastoral Nurture for the Later Years*. New York: Haworth.

Seeber, J. J., ed. (1990) *Spiritual Maturity in the Later Years*. New York: Haworth.

Shute, J. C. (1986) "Life Review: A Cautionary Note." *Clinical Gerontologist* 6 (1):57-58.

Snyder, R. (1983) "Meaning Formation and Significant Survival." Handout at a workshop on Meaning and Senior Adults, San Francisco Theological Seminary. San Anselmo, Calif.

Spangler, J. (1988) "Retired Care." In Powers, 29-36.

Taeuber, C. M. (1992) "Sixty-Five Plus in America." Washington, D.C.: U.S. Department of Commerce, Economics and Statistics Admin., Bureau of the Census.

Thornton, S., and J. Brotchie (1987) "Reminiscence: A Critical Review of the Empirical Literature." *British Journal of Clinical Psychology* 25:93-111.

Tillich, P. (1984) "The Theology of Pastoral Care." in LeFevre, 125-30.

Tobin, S., J. W. Ellor, and S. Anderson-Ray (1986) *Enabling the Elderly: Religious Institutions within the Community Service System*. Albany, N.Y.: State Univ. of New York Press.

U.S. Congress. House Select Committee on Aging (1980) "Future Directions for Aging Policy: A Human Service Model." 96th Congress. Washington, D.C.: U.S. Government Printing Office.

Whitehead, E. E., and J. D. Whitehead (1979) *Christian Life Patterns: The Psychological Challenges and Religious Invitations of Adult Life*. New York: Doubleday.

Wicks, R. J., R. D. Parson, and D. P. Brown, eds. (1985) *Clinical Handbook of Pastoral Counseling*. New York: Paulist Press.

제10장

Alston, J. P., C. W. Peek, and C. R. Windgrove (1972) "Religiosity and Black Militants: A Reappraisal." *Journal for the Scientific Study of Religion* 11:252-69.

Birren, J. E., and K. W. Schaie (1990) *Handbook of the Psychology of Aging*. 3d ed. New York: Academic Press.

Blazer, D., and E. Palmore (1976) "Religion and Aging in a Longitudinal Panel." *The Gerontologist* 16 (1):82-85.

Bracki, M. A., J. M. Thibault, F. E. Netting, and J. W. Ellor (1990) "Principles of Integrating Spiritual Assessment into Counseling with Older Adults." *Generations* 14 (4):55-58.

Busse, E., and D. Blazer, eds. (1980) *Handbook of Geriatric Psychiatry*. New York: Van Nostrand Reinhold.

Cavan, R. S., E. W. Burgess, R. J. Havighurst, and H. Goldhamer (1949) *Personal Adjustment in Old Age*. Chicago: Science Research Associates.

Cook, J. (1971) "An Application of the Disengagement Theory of Aging to Older Persons in the Church." Ph.D. dissertation, University of Michigan.

Elkins, D., L. Hedstrom, L. Hughes, J. Leaf, and C. Saunders (1988) "Toward a Humanistic Phenomenological Spirituality: Definition, Description and Measurement." *Journal of Humanistic Psychology* 28 (4):5-18.

Ellison, C. W. (1983) "Spiritual Well-Being: Conceptualization and Measurement." *Journal of Psychology and Theology* 11 (4):330-40.

Ellison, C. W., and J. Smith (1991) "Toward an Integrative Measure of Health and Well-Being." *Journal of Psychology and Theology* 19 (1):35-48.

Feifel, H. (1974) "Religious Conviction and Fear of Death among the Healthy and the Terminally Ill." *Journal of the Scientific Study of Religion* 13:353-60.

Fitchett, G., and J. R. Burck (1990) "A Multi-Dimensional, Functional Model for Spiritual Assessment." *The Care Giver Journal* 7 (1):43-61.

Gleason, J. J. (1990) "Spiritual Assessment and Pastoral Response: A Schema Revised and Updated." *Journal of Pastoral Care* 44 (1):66-75.

Glock, C. Y. (1962) "On the Study of Religious Commitment." *Religious Education* 57 (Research Supplement): S98-110.

Hall, G. S. (1922) *Senescence, the Second Half of Life*. New York: Appleton.

Hunt, R. A., J. E. Hinkle, Jr., and H. N. Malony (1990) "Overview of Dimensions and Issues." In *Clergy Assessment and Career Development*. Edited by R. A. Hunt, J. E. Hinkle Jr., and H. N. Malony, 13-18. Nashville: Abingdon Press.

Kane, R., and R. L. Kane (1981) *Assessing the Elderly: A Practical Guide to Measurement*. Lexington, Mass.: Lexington Books.

Lazerwitz, B. (1961) "Some Factors Associated with Variation in Church Attendance." *Social Forces* 39:301-9.

Magan, G. G., and E. L. Haught, eds. (1986) *Well-Being and the Elderly: An Holistic View*. Washington, D.C.: American Assn. Homes for the Aging.

Mangen, D. J., and W. A. Peterson, eds. (1982) *Social Roles and Social Participation*. Vol. 2 of *Research Instruments in Social Gerontology*. Minneapolis, Minn.: University of Minneapolis Press.

Moberg, D. O. (1971) *Spiritual Well-Being*. Washington, D.C.: White House Conference on Aging.

______ (1979) *Spiritual Well-Being Sociological Perspectives*. Washington D.C.: University Press of America, Inc.

______ (1984) "Subjective Measures of Spiritual Well-Being." *Review of Religious Research* 25 (4):351-64.

______ (1986) "Spirituality, Aging, and Spiritual Care." In Magan and Haught, 11-22.

Moberg, D. O., and P. M. Brusek (1978) "Spiritual Well-Being: A Neglected Subject in Quality of Life Research." *Social Indicators Research* 5:303-23.

National Interfaith Coalition on Aging (1975) *Spiritual Well-Being: A Definition*. Athens, Ga.: National Interfaith Coalition on Aging.

Orbach, H. L. (1961) "Aging and Religion." *Geriatrics* 16:530-40.

Palmore, E. (1980) "The Social Factors in Aging." In Busse and Blazer, 222-48.

Paloutzian, R. F., and C. W. Ellison (1982) "Loneliness, Spiritual Well-Being, and Quality of Life." In Peplau and Pelman, 224-37.

Payne, B. P. (1982) "Religiosity." In Mangen and Peterson, 343-87.

Peplau, L. A., and D. Perlman, eds. (1982) *Loneliness: A Sources Book of Current Theory, Research and Theory*. New York: Wiley Interscience.

Posavac, E. J., and B. M. Hartung (1977) "Exploration into the Reasons People Choose a Pastoral Counselor instead of Another Type of Psychotherapist." *Journal of Pastoral Care* 31:23-31.

Princeton Religion Research Center (1987) *Religion in America*. Princeton: Princeton Religion Center.

Pruyser, P. W. (1976) *The Minister as Diagnostician*. Philadelphia: Westminster Press.

Renetzky, L. (1979) "The Fourth Dimension: Applications to the Social Services." In Moberg 1979, 215-28.

Starbuck, E. D. (1911) *The Psychology of Religion: An Empirical Study of the Growth of Religious Consciousness*. 3d ed. New York: Charles Scribner's Sons.

Stark, R., and C. Y. Glock (1966) *American Piety*. Los Angeles: Univ. of California Press.

Thibault, J. M., J. W. Ellor, and F. E. Netting (1991) "A Conceptual Framework for Assessing the Spiritual Functioning and Fulfillment of Older Adults in Long-Term Care Settings." *Journal of Religious Gerontology* 7 (4):29-45.

Thorson, J. A., and T. C. Cook, Jr., eds. (1980) *Spiritual Well-Being of the Elderly*. Springfield, Ill.: Charles C. Thomas Publisher.

Tobin, S. S., S. M. Anderson-Ray, J. W. Ellor, and T. Ehrenpreis (1985) "Enhancing CMHC and Church Collaboration for the Elderly." *Community Mental Health Journal* 21 (1):58-61.

Trent, D. D., J. Mouriz, C. Helberg, and J. H. Garner (1991) "Contemporary Spiritual Inventory." Unpublished Paper. Department of Counseling Psychology, Univ. of Kansas, Lawrence, Kansas.

Veroff, J., R. A. Kulka, and E. Douvan (1981) *Mental Health in America: Patterns of Help-Seeking from 1957 to 1976*. New York: Basic Books.

Wright, P. G. (1984) "The Counseling Activities and Referral Practices of Canadian Clergy in British Columbia." *Journal of Psychology and Theology* 12:294-304.

제11장

Bengtson, V. (1979) "Ethnicity and Aging: Problems and Issues in Current Social Science Inquiry." In Gelfand and Kutzik, 9-31.

Bianchi, E. (1982) *Aging as a Spiritual Journey*. New York: Crossroad.

Binstock, R. H., and E. Shanas, eds. (1976) *Handbook of Aging and the Social Sciences*. New York: Van Nostrand Reinhold.

Chatters, L. (1988) "Subjective Well-Being among Older Black Adults: Past Trends and Current Perspectives." In Jackson, 237-58.

Chatters, L. M., and R. J. Taylor (1989) "Life Problems and Coping Strategies of Older Black Adults." *Social Work* 6:313-19.

Erikson, E. H. (1985) *Childhood and Society*. New York: Norton.

Flaherty, M. J., L. Facteau, and P. Garber (1991) "Grandmother Functions in Multi-generational Families." In Staples 1991b, 192-200.

Gelfand, D., and A. Kutzik, eds. (1979) *Ethnicity and Aging: Theory, Research and Policy*. New York: Springer.

George, L. K. (1988) "Social Participation in Later Life: Black-White Differences." In Jackson et al., 99-126.

Gibson, R. (1988) "The Work, Retirement, and Disability of Older Black Americans." In Jackson et al., 304-24.

Gordon, C. et al. (1976) "Leisure and Lives: Personal Expressivity across the Life Span." In Binstock and Shanas, 310-41.

Hunter, R., gen. ed. (1990) *Dictionary of Pastoral Care and Counseling*. Nashville: Abingdon.

Jackson, J. S., ed. (1988) *The Black American Elderly: Research on Physical and Psychosocial Health*. New York: Springer.

Lincoln, C., and L. Mamiya (1990) *The Black Church in the African American Experience*. Durham, N.C.: Duke University Press.

Manuel, R. C. (1988) "The Demography of Older Blacks in the United States." In Jackson et al., 25-49.

Moseley, R. (1991) *Becoming a Self Before God: Critical Transformations*. Nashville: Abingdon.

Staples, R. (1991a) "Changes in Black Family Structures: The Conflict between Family Ideology and Structural Conditions." In 1991 ed., 28-36.

Staples, R., ed. (1991b) *The Black Family: Essays and Studies*. 4th ed. Belmont, Calif.: Wadsworth.

Taylor, R. J. (1986) "Religious Participation among Elderly Blacks." *The Gerontologist* 26:630-36.

U.S. Department of Health and Human Services (1990) *Minority Aging*. Washington, D.C.: U.S. Department of Health and Human Services.

Wimberly, A. (1981) "A Conceptual Model for Older Adult Curriculum Planning Process." Atlanta: Ph.D. Dissertation, Georgia State University.

Wimberly, E. (1982) *Pastoral Counseling and Spiritual Values*. Nashville: Abingdon.

______ (1983) "Contributions of Black Christians to the Discipline of Pastoral Care." *Reflection* 80:4-8.

______ (1990) "Black Issues in Psychology." In Hunter, 96-98.

Wimberly, E., and A. Wimberly (1986) *Liberation and Human Wholeness: The Experiences of Black People in Slavery and Freedom*. Nashville: Abingdon.

제13장

Bianchi, E. (1982) *Aging as a Spiritual Journey*. New York: Crossroad.

Binstock, R. H., and S. G. Post, eds. (1991) *Too Old for Health Care? Controversies in Medicine, Law, Economics, and Ethics*. Baltimore: Johns Hopkins.

Binstock, R. H., and E. Shanas, eds. (1985) *Handbook of Aging and the Social Sciences*. 2d. ed. New York: Van Nostrand Reinhold.

Blidstein, G. (1975) *Honor Thy Father and Mother*. New York: Ktav.

Butler, R. N. (1975) *Why Survive? Being Old in America*. New York: Harper & Row.

Callahan, D. (1987) *Setting Limits: Medical Goals in an Aging Society*. New York: Touchstone Books.

______ (1990) "Can Old Age Be Given a Public Meaning?" *Second Opinion* 15:12-23.

______ (1991) *What Kind of Life? The Limits of Medical Progress*. New York: Simon & Schuster.

Clements, W. M., ed. (1989) *Religion, Aging and Health: A Global Perspective*. New York: Haworth.

Daniels, N. (1988) *Am I My Parents' Keeper? An Essay on Justice between the Young and the Old*. New York: Oxford.

Longman, P. (1987) *Born to Pay: The New Politics of Aging in America*. Boston: Houghton Mifflin.

Marmor, T. R., J. L. Mashaw, and P. L. Harvey (1990) *America's Misunderstood Welfare State: Persistent Myths, Enduring Realities*. New York: Basic Books.

Moody, H. R. (1992) *Ethics in an Aging Society*. Baltimore: Johns Hopkins.

Nakasone, R. Y. (1990) *Ethics of Enlightenment: Essays and Sermons in Search of a Buddhist Ethic*. Fremont, Calif.: Dharma Cloud.

Nouwen, H. J. M., and W. J. Gaffney (1976) *Aging: The Fulfillment of Life*. Garden City, N.Y.: Doubleday Image.

Rosow, I. (1985) "Status and Role Change through the Life Cycle." In Binstock and Shanas, 62-93.

Sapp, S. (1987) *Full of Years: Aging and the Elderly in the Bible and Today*. Nashville: Abingdon.

______ (1992) *Light on a Gray Area: American Public Policy on Aging*. Nashville: Abingdon.

Tilak, S. (1989) *Religion and Aging in the Indian Tradition*. Albany, N.Y.: State University of New York Press.

Turnage, M., and A. Turnage (1984) *Graceful Aging: Biblical Perspectives*. Atlanta: Presbyterian Office on Aging.

제14장

Achenbaum, W. A. (forthcoming) "Lost Traditions/Horizons Reclaimed." In Bass et al.

______ (1991) " 'Time is the Messenger of the Gods': A Gerontologic Metaphor." In Kenyon, Birren, and Schroots, 83-102.

______ (1985) "Societal Perceptions of Aging and the Aged." In Binstock and Shanas, 129-48.

Ahlstrom, S. (1972) *A Religious History of the American People.* New Haven, Conn.: Yale University Press.

Anglican Board of Social Responsibility, Social Policy Committee (1986) Social policy statement. London: Church House.

Arrington, L., and D. Bitton (1979) *The Mormon Experience.* New York: Vintage Books.

Bass, S. B. et al., eds. (forthcoming) *Productive Aging.* New York: Springer.

Ben-Sasson, H. H. (1971) "Care for the Aged." In *Encyclopedia Judaica* Vol. 2:346-67.

Berger, P. L. (1967) *The Sacred Canopy: Elements of a Sociological Theory of Religion.* Garden City, N.Y.: Doubleday Anchor.

Binstock, R. H., and E. Shanas, eds. (1985) *Handbook of Aging and the Social Sciences.* 2d ed. New York: Van Nostrand Reinhold.

Birnbaum, P. (1979) *Encyclopedia of Jewish Concepts.* New York: Sanhedrin Press.

Birren, J. E., and W. Cunningham (1985) "Research on the Psychology of Aging: Principles, Concepts, and Theory." In Birren and Schaie, 3-34.

Birren, J. E., and K. W. Schaie, eds. (1985) *Handbook of the Psychology of Aging.* 2d ed. New York: Van Nostrand Reinhold.

Bode, C. (1968) *The American Lyceum.* Carbondale, Ill: Southern Illinois University Press.

Clements, W. M. (1990) "Spiritual Development in the Fourth Quarter of Life." In Seeber, 55-69.

Cook, T. C., Jr. (1977) *The Religious Sector Explores Its Mission in Aging.* Athens, Ga.: National Interfaith Coalition on Aging.

Cox, H. (1969) *The Feast of Fools.* Cambridge, Mass.: Harvard University Press.

Cremin, L. A. (1970-88) *American Education.* 3 Vols. New York: Harper Torchbooks.

Dolan, J. P. (1985) *The American Catholic Experience.* New York: Doubleday.

Donin, H. H. (1972) *To Be a Jew.* New York: Basic Books.

Dorff, E. N. (1987) "Honoring Aged Fathers and Mothers." *Reconstructionist* 53:14-18.

Eliot, T. S. (1952) "Four Quartets." In *The Complete Poems and Plays, 1909-1950,* 115-45. New York: Harcourt, Brace and World.

Ellor, J. W. (1990) "Wholistic Theology as a Conceptual Foundation for Services for the Oldest-Old." In Seeber, 99-110.

Encyclopedia Britannica (1987) *Encyclopedia Britannica.* 15th Edition. 32 vols. Edited by P. W. Goetz et al. Chicago: Encyclopedia Britannica.

Encyclopedia Judaica (1971-72) *Encyclopedia Judaica.* 16 vols. Edited by G. Wigoder et al. Westport, Conn.: Ktav.

Episcopal Church (1977) *Book of Common Prayer.* New York: Seabury Press.

Ferraro, K., ed. (1990) *Gerontology: Perspectives and Issues.* New York: Springer.

Gallup, G. (1984) *Religion in America, 1984.* Princeton, N.J.: Princeton Religion Research Center.

Gold, J. G., and S. M. Kaufman (1970) "Development of Care of Elderly." *Gerontologist* 10:264.

Green, E. (1987) *Time's Covenant: The Essays and Sermons of William Clancy.* Pittsburgh: Univ. of Pittsburgh Press.

Haber, C. (1983) *Beyond Sixty-Five.* New York: Cambridge University Press.

Herr, M. D. (1963) "Old Age." *Encyclopedia Judaica.* Vol. 2:343-46.

Jewish Encyclopedia, The (1901) *The Jewish Encyclopedia.* 12 vols. Edited by Isidore Singer et al. New York: Funk and Wagnalls Company.

Kenyon, G. M., J. E. Birren, and J. J. F. Schroots, eds. (1991) *Metaphors of Aging in Science and the Humanities.* New York: Springer.

LeFevre, C., and P. LeFevre, eds. (1981) *Aging and the Human Spirit.* Chicago: Exploration Press.

Maves, P. B. (1960) "Aging, Religion and the Church." In Tibbetts, 698-749.

Maves, P. B., and J. L. Cedarleaf (1949) *Older People and the Church.* New York: Abingdon-Cokesbury Press.

McBrien, R. P. (1981) *Catholicism.* San Francisco: Harper & Row.

Moberg, D. O. (1990) "Religion and Aging." In Ferraro, 179-205.

Morrison, T. (1974) *Chautauqua.* Chicago: Univ. of Chicago Press.

New York Times (1992) "Bat Mitzvah Pioneer Looks to her 2d." *New York Times.* March 19:A-16.

Philipson, D. (1901) "Old Age." In *The Jewish Encyclopedia.* Vol. 1:230-31.

Pullan, B. (1989) *Orphans and Foundlings in Early Modern Europe.* Stenton Lecture. University of Reading, Reading, Pa.

Reuben, S. C. (1987) "Old Age: Appearance and Reality." *The Journal of Aging and Judaism* 2:117-22.

Richards, M., and S. Seicol (1991) "The Challenge of Maintaining Spiritual Connectedness for Persons Institutionalized with Dementia." *Journal of Religious Gerontology* 7 (3):30-31.

Rothman, D. (1971) *The Discovery of the Asylum.* Boston: Little.

Schauss, H. (1950) *The Lifetime of a Jew.* Cincinnati: Union of American Hebrew Congregations.

Seeber, J. J. (1990a) "Postscript." In 1990b, 195-96.

Seeber, J. J., ed. (1990b) *Spiritual Maturity in the Later Years.* New York: Haworth.

Simmons, H. C. (1990) "Countering Cultural Metaphors of Aging." In Seeber, 153-65.

Thurston, B. B. (1989) *The Widows.* Minneapolis, Minn.: Fortress Press.

Tibbetts, C., ed. (1960) *Handbook of Social Gerontology.* Chicago: Univ. of Chicago Press.

Trattner, W. I. (1984) *From Poor Law to Welfare State.* 3d ed. New York: Free Press.

Winter, M. T. (1990) *Woman Word: A Feminist Lectionary and Psalter on Women of the New Testament.* New York: Crossroad.

______ (1991) *Woman Wisdom: A Feminist Lectionary and Psalter on Women of the Hebrew Scriptures, Part 1.* New York: Crossroad.

______ (1992) *Woman Witness: A Feminist Lectionary and Psalter on Women of the Hebrew Scriptures, Part 2.* New York: Crossroad.

Zimmer, H. (1964) *Philosophies of India.* New York: Meridian Books.

제15장

Achenbaum, W. A. (1978) *Old Age in the New Land: The American Experience since 1790.* Baltimore: Johns Hopkins University Press.

Apostolos-Cappadona, D., ed. (1984) *Art, Creativity, and the Sacred.* New York: Crossroad.

Armstrong, J., and F. R. Johnson (N.d.) *Study Guide for Affirmative Aging.* Bethlehem, Pa.: Episcopal Society for Ministry on Aging Office.

Butler, R. N. (1975) *Why Survive? Being Old in America.* San Francisco: Harper & Row.

Chinen, A. B. (1989) *In the Ever After: Fairy Tales and the Second Half of Life.* Wilmette, Ill.: Chiron.

Cole, T., and S. Gadow, eds. (1986) *What Does It Mean To Grow Old?* Durham, N.C.: Duke University Press.

Cole, T. R. (1986) "The 'Enlightened' View of Aging: Victorian Morality in a New Key." In Cole and Gadow, 115-30.

Coupland, S. (1985) *Beginning to Pray in Old Age.* Cambridge, Mass.: Cowley.

Dobbins, G. (1959) *The Years Ahead.* Nashville: Convention.

Durka, G., and J. Smith, eds. (1979) *Aesthetic Dimensions of Religious Education.* New York: Paulist Press.

Dychtwald, K., and J. Flower (1989) *Age Wave: The Challenges and Opportunities of an Aging America.* Los Angeles: J. P. Tarcher.

Episcopal Society for Ministry on Aging, ed. (1985) *Affirmative Aging: A Resource for Ministry.* Minneapolis, Minn.: Winston Press.

Erikson, E. H. (1963) *Childhood and Society.* 2d rev. ed. New York: Norton.

Fine, I. (1987) *Midlife: A Rite of Passage and The Wise Woman: A Celebration.* San Diego, Calif.: Woman's Institute for Continuing Jewish Education.

Fischer, D. H. (1978) *Growing Old in America.* New York: Oxford University Press.

Fischer, K. (1985) *Winter Grace: Spirituality for the Later Years.* New York/Mahwah, NJ: Paulist Press.

Folliet, J. (1983) *The Evening Sun: Growing Old Beautifully.* Chicago: Franciscan Herald Press.

Gilkey, L. (1984) "Can Art Fill the Vacuum?" In Apostolos-Cappadona, 187-92.

Havighurst, R. J. (1972) *Developmental Tasks and Education.* 3d ed. New York: McKay.

Johnson, C. (1981) *The Second Half.* Chicago, IL: Convention Press.

Jones, M. (1988) *Growing Older: The Ultimate Freedom.* New York: Human Sciences Press.

Kaminsky, M., ed. (1984) *The Uses of Reminiscence: New Ways of Working with Older Adults.* New York: Haworth.

Kertzer, D. L., and J. Keith (1984) *Age and Anthropological Theory.* Ithaca, N.Y.: Cornell University Press.

Kugelmass, J. (1986) *The Miracle of Intervale Avenue.* New York: Schocken.

Lerner, M. (1980) *The Belief in a Just World: A Fundamental Delusion.* New York: Plenum Press.

Maitland, D. J. (1991) *Aging as Counterculture: A Vocation for the Later Years.* New York: Pilgrim Press.

Marsh, C. J. (1991) "Interactive Inquiry: The Research Synthesis." In Short, 271-74.

Maslow, A. H. (1954) *Motivation and Personality.* New York: Harper.

Maves, P., and J. L. Cedarleaf (1949) *Older People and the Church.* New York: Abingdon-Cokesbury Press.

Miller, W. (1990) *Promised Land.* Nashville: Winston-Derek.

Moody, H. R. (1986) "The Meaning of Life and the Meaning of Old Age." In Cole and Gadow, 9-40.

Mulhall, D., and K. Rowe (1988) *A Time for ....* Los Angeles, CA: Franciscan Communications, 83.

Myerhoff, B. (1978a) "A Symbol Perfected in Death: Continuity and Ritual in the Life and Death of an Elderly Jew." In Myerhoff and Simic, 163-206.

______ (1978b) *Number Our Days.* New York: Simon and Schuster.

______ (1984) "Rites and Signs of Ripening: The Intertwining of Ritual, Time, and Growing Older." In Kertzer and Keith, 305-30.

Myerhoff, B., and A. Simic, eds. (1978) *Life's Career-Aging: Cultural Variations on Growing Old.* Beverly Hills, Calif.: Sage.

Nouwen, H., and W. Gaffney (1974) *Aging: The Fulfillment of Life.* New York: Doubleday.

Olson, L. K. (1982) *The Political Economy of Aging.* New York: Columbia University Press.

Perlstein, S. (1984) "A Stage for Memory: Living History Plays by Older Adults." In Kaminsky, 37-52.

Pierskalla, C. (1992) *Rehearsal for Retirement: My Journey into the Future.* Valley Forge, PA: National Ministries, American Baptist Churches.

Reichert, S., and R. Reichert (1976) *In Wisdom and the Spirit: A Religious Education Program for Those over Sixty-five.* New York: Paulist Press.

Robb, T. B. (1991) *Growing Up: Pastoral Nurture for the Later Years.* New York: Haworth Press.

Rosel, N. (1986) "Growing Old Together: Neighborhood Communality among the Elderly." In Cole and Gadow, 199-234.

Short, E., ed. (1991) *Forms of Curriculum Inquiry.* Albany, N.Y.: State University of New

York Press.

Simmons, H. C. (1988) "Religious Education of Older Adults: A Present and Future Perspective." *Educational Gerontologist* 14:279-90.

______ (1989) "Ministry with Older Adults: Freedom in Old Age." *Professional Approaches for Christian Education* 19:45-53.

______ (1990) "Ministry with Older Adults: Rites and Signs of Ripening." *Professional Approaches for Christian Education* 19:83-86.

______ (1992) *In the Footsteps of the Mystics*. Mahwah, N.J.: Paulist Press.

______ (1993a) "Discovering the Public/Private World: A Research Note." *Journal of Psychology and Theology* 21 (4):319-22.

______ (1993b) "Review Essay: When You Can't Find a Copy of *Blasting the Rock of Ages* Is There Any Guidance for a Devout Old Age?" *Religious Education* 88 (1):149-153.

Simmons, H. C., and V. Pierce (1992) *Pastoral Responses to Older Adults and Their Families: An Annotated Bibliography*. New York: Greenwood Press.

Sirotnik, K. (1991) "Critical Inquiry: A Paradigm for Praxis." In Short, 243-58.

Slusser, G. (1979) "Language and Symbols in the Human Psyche." In Durka and Smith, 202-18.

Troll, L., ed. (1988) "Rituals and Reunions." *American Behavioral Scientist* 31:619-720.

Vallance, E. (1991) "Aesthetic Inquiry: Art Criticism." In Short, 155-172.

Wear, D., and L. Nixon (1991) "Try Thinking about It This Way: Redescribing Women and Aging." *Journal of Women and Aging* 3:117-25.

제16장

Buxbaum, W. (1990) *Jewish Spiritual Practices*. Northvale, NJ: Aronson Press.

Carlsen, M. B. (1991) *A Meaning-Making Perspective*. New York: Norton.

Carlson, D., and S. Seicol (1990) "Adapting Worship to Changing Needs." *Generations* 14 (4):65-66.

Champlin, J. M. (1984) *An Important Office of Immense Love: A Handbook for Eucharistic Ministers*. New York: Paulist Press.

Clements, W. M., ed. (1981) *Ministry with the Aging*. San Francisco: Harper & Row.

Collins, P. W. (1983) *More Than Meets the Eye: Ritual and Parish Liturgy*. New York: Paulist Press.

Fischer, E. (1987) *Life in the Afternoon*. New York: Paulist Press.

Holmes, U. T. (1981) "Worship and Aging: Memory and Repentance." In Clements, 91-106.

Hulme, W. E. (1986) *Vintage Years: Growing Older with Meaning and Hope*. Philadelphia: Westminster.

Knobel, P. S., ed. (1983) *Gates of the Seasons: A Guide to the Jewish Year*. New York: Central Conference of American Rabbis.

Macquarrie, J. (1972) *Paths in Spirituality*. New York: Harper & Row.

McGee, J. (1967) *Religion and Modern Man: A Study of the Religious Meaning of Being Human.* San Francisco: Harper & Row.

Millgram, A. E. (1971) "Private and Home Worship." In *Jewish Worship*, 289-319. Philadelphia: The Jewish Publication Society.

Missinne, L. E. (1990) *Reflections on Aging: A Spiritual Guide.* Liguori, MO: Liguori.

Ramshaw, E. (1987) *Ritual and Pastoral Care.* Philadelphia: Fortress.

Richards, M. (1990) "Meeting the Spiritual Needs of the Cognitively Impaired." *Generations* 14 (4):63-64.

Simmons, H. C. (1991) "Countering Cultural Metaphors of Aging." *Journal of Religious Gerontology* 7 (1-2):153-65.

Thibault, J. M., J. W. Ellor, and F. E. Netting (1991) "A Conceptual Framework for Assessing the Spiritual Functioning and Fulfillment of Older Adults in Long-term Care Settings." *Journal of Religious Gerontology* 7 (4):29-43.

White, J. F. (1980) *Introduction to Christian Worship.* Nashville: Abingdon.

Willimon, W. H. (1983) *The Service of God: How Worship and Ethics Are Related.* Nashville: Abingdon.

제17장

Barresi, C. M. (1990) "Ethnogerontology: Social Aging in National, Racial, and Cultural Groups." In K. F. Ferraro ed. *Gerontology: Perspectives and Issues.* New York: Springer.

Bartky, S. L. (1990) *Femininity and Domination: Studies in the Phenomenology of Oppression.* New York: Routledge.

Bordo, S. (1993) *Unbearable Weights: Feminism, Western Culture and the Body.* Los Angeles: University of California.

Brock, R. N. (1988) *Journeys by Heart: A Christology of Erotic Power.* New York: Crossroad.

Jaggar, A. M. (1988) *Feminist Politics and Human Nature.* Totowa, N.J.: Lowman & Littlefield.

MacKinnon, C. A. (1989) *Toward a Feminist Theory of the State.* Cambridge, Mass.: Harvard.

Mollenkott, V. R. (1990) *The Divine Feminine: The Biblical Imagery of God as Female.* New York: Crossroad.

Ruether, R. R. (1975) *New Woman/New Earth: Sexist Ideologies and Human Liberation.* San Francisco: Harper & Row.

______ (1983) *Sexism and God-talk: Toward a Feminist Theology.* Boston: Beacon.

______ (1986) *Women-Church: Theology and Practice.* San Francisco: Harper & Row.

______ (1993) *God & Gaia: An Ecofeminist Theology of Earth Healing.* San Francisco: Harper.

Sontag, S. (1979) "The Double Standard of Aging." In J. S. Williams ed., *Psychology of Women: Selected Readings.* New York: W. W. Norton.

Thurston, B. B. (1989) *The Widows: A Women's Ministry in the Early Church.* Philadelphia: Fortress Press.

Trible, P. (1978) *God and the Rhetoric of Sexuality*. Philadelphia: Fortress Press.

Turner, B. F. (1994) "Introduction." In B. S. Turner and L. E. Troll eds., *Women Growing Older: Psychological Perspectives*. Thousand Oaks, Calif.: Sage.

Wren, B. (1989) *What Language Shall I Borrow?: God-Talk in Worship: A Male Response to Feminist Theology*. New York: Crossroad.

제18장

Akins, T. E. (1989) "Shepherd's Centers Promote Meaning in Life." *Aging Network News* July, 13.

Clements, W. M., ed. (1981) *Ministry with the Aging*. San Francisco: Harper & Row.

______ (1992) "Issues from the Fourth Quarter of Life." Unpublished address.

Cole, E. C. (1981) "Lay Ministries with Older Adults." In Clements, 250-65.

Ellor, J. W. (1990) "Wholistic Theology as a Conceptual Foundation for Services for the Oldest Old." In Seeber, 99-110.

Freed, A. O. (1990) "How Japanese Families Cope with Fragile Elderly." *Journal of Gerontological Social Work* 15 (1-2):39-56.

Gray, R. M., and D. O. Moberg (1977) *The Church and the Older Person*. Grand Rapids, Mich.: Eerdmans.

Hatch, R., and L. Hatch (1991) "Informal Support Patterns of Older African-Americans and White Women: Examining Effect of Family, Paid Work and Religious Participation." *Research on Aging* 13:144-70.

Huber, L. (1985) "Connections: A Study of the Church in the Personal Networks of the Aging." Ph.D. dissertation, Case Western Reserve University, Cleveland, Ohio.

Keyser, A. W. (1986) "Legal Guardianship for the Elderly: A Volunteer Model." *Journal of Religion and Aging* 2:41-46.

Lewis, M. A. (1989) *Religious Congregations and the Informal Supports of the Frail Elderly*. New York: Third Age Center, Fordham University.

Lubben, J., F. DeYoung, and J. J. Seeber (1992) Unpublished research.

Murphy, P. (1979) *Healing with Time and Love*. Los Angeles: Andrus Gerontology Center, Univ. of Southern California.

Negstad, J., and R. Arnholt (1986) "Day Centers for Older Adults: Parish and Agency Partnership." *Journal of Religion and Aging* 2 (4):25-32.

Neugarten, B. L. (1974) "Age Groups in American Society and the Risk of the Young-Olds." In F. Eis, ed. *Political Consequences of Aging*. Philadelphia: American Academy of Political and Social Sciences.

Oliver, D. (1986) "Reflections on the Role of the Church, Synagogue, or Parish in Developing Effective Ministries with Older Persons." *Quarterly Papers on Religion and Aging* 2 (4):1-7.

Retirement Research Foundation (1989) "St. James Church." *ENCORE: Encouraging Community Response to the Elderly,* 6-7. Park Ridge, Ill.: Retirement Research Foundation.

______ (1990) "Fourth Presbyterian Church." *ENCORE: Encouraging Community Response to the Elderly,* 7-8. Park Ridge, Ill.: Retirement Research Foundation.

Schwanke, E. R. (1986) "Providing Pastoral Care for the Elderly in Long Term Facilities without a Chaplain Utilizing Coordinated Congregational Resources." *Journal of Religion and Aging* 2:57-64.

Seeber, J. J., ed. (1990) *Spiritual Maturity in Later Life.* New York: Haworth.

Sherwood, S., and E. Bernstein (1985-86) "Informal Care for Vulnerable Elderly: Suggestions for Church Involvement." *Journal of Religion and Aging* 2 (1-2):55-68.

Sotomayer, M., and H. Curiel, eds. (1988) *Hispanic Elderly: A Cultural Signature.* Edinberg, Tex.: Univ. of Texas, Pan American Press.

Steinitz, L. Y. (1981) "The Local Church as a Support for the Elderly." *Journal of Gerontological Social Work* 4 (2):44-53.

Stensen, J., and G. Gibson Hunt (1992) *Linking Your Congregation with Services for Older Adults.* Alexandria, Va.: Catholic Charities.

Tobin, S., J. W. Ellor, and S. M. Anderson-Ray (1986) *Enabling the Elderly: Religious Institutions within the Community Service System.* New York: State Univ. of New York.

제19장

Adizes, I. (1988) *Corporate Life Cycles: How and Why Corporations Grow and Die and What to Do about It.* Englewood Cliffs, N.J.: Prentice Hall.

Butler, R. N. (1961) "Re-awakening Interest." *Nursing Homes* 10:8-19.

Dudley, C. S., J. W. Carroll, and J. P. Wind, eds. (1991) *Carriers of Faith: Lessons from Congregational Studies.* Louisville, Ky.: Westminster/John Knox.

Gustafson, J. M. (1961) *Treasure in Earthen Vessels: The Church as a Human Community.* New York: Harper & Row.

Maves, P. B. (1981) *Older Volunteers in Church and Community: A Manual for Ministry.* Valley Forge, Pa.: Judson.

Payne, B. P. (1990) "Spiritual Maturity and Meaning-Filled Relationships: A Sociological Perspective." In Seeber, 25-39.

Schaller, L. E. (1984) *Growing Pains: Strategies to Increase Your Church's Membership.* Nashville: Abingdon.

Seeber, J. J., ed. (1990) *Spiritual Maturity in the Later Years.* New York: Haworth.

Tilberg, C. W. (1984) *Revolution Underway: An Aging Church in an Aging Society.* Philadelphia: Fortress Press.

Tillapaugh, F. R. (1982) *Unleashing the Church: Getting People out of the Fortress and into Ministry.* Ventura, CA: Regal Books.

Tobins, S. S., J. W. Ellor, and S. M. Anderson-Ray (1986) *Enabling the Elderly: Religious Institutions within the Community Service System.* Albany, N.Y.: State University of New York Press.

Wagner, P. C. (1979) *Your Spiritual Gifts Can Help Your Church Grow.* Ventura, CA: Regal Publishers.

Wind, J. P., and J. W. Lewis (1991) "Memory, Amnesia, and History." In Dudley, Carroll, and Wind, 15-17.

Worley, R. C. (1978) *Dry Bones Breath!* Chicago: The Center for the Study of Church Organizational Behavior.

제4편 고령화 사회에서의 지역사회 봉사

제20장

Adams, R. G., and B. J. Stark (1988) "Church Conservation and Services for the Elderly." *Journal of Religion and Aging*, 69-85.

Andron, S. (1982) "Synagogue-federation Relations: An Empirical Assessment." *Journal of Jewish Communal Service* 58 (3):199-207.

Bachmann, T. (1955-56) *The Churches and Social Welfare: Proceedings of the First Conference on the Church and Social Welfare.* Vol. 3. New York: National Council of Churches in the U.S.

Berger, P. L., and R. J. Neuhaus (1977) *To Empower People: The Role of Mediating Structures in Public Policy.* Washington, D.C.: American Enterprise Institute for Public Policy Research.

Berry, J. (N.d.) *In Touch with Commissioner Berry.* Undated pamphlet. Washington, D.C.: U.S. Administration on Aging.

Biegel, D. E., and A. J. Naparstek (1981) "The Neighborhood and Family Services Project: An Empowerment Model Linking Clergy, Agency Professionals and Community Residents." In Jeger and Slotnick, 303-18.

Bonnyman, G. (1992) Speech, "The Role of the Church in the Health Care Crisis." A conference of the Office of Affirmative Aging, Episcopal Diocese of Tennessee; Nashville, May 2.

Cantor, M. H. (1991) "Family and Community: Changing Roles in an Aging Society." *The Gerontologist* 31:337-46.

Cayton, H. R., and S. M. Nishi (1955) *The Churches and Social Welfare.* Vol. 2: *The Changing Scene, Current Trends and Issues.* New York: National Council of the Churches of Christ in the U.S.A.

Cole, E. (1991) "Church and Community, Partners in Service." Workshop at McKendree Village, Nashville, September 6.

Cole, E. (1992) Personal communication.

Cook, T. C., Jr. (1977) *The Religious Sector Explores Its Mission in Aging.* Athens, Ga.: National Interfaith Coalition on Aging.

Eastman, P., and A. Kane (N.d.) *Respite: Helping Caregivers Keep Elderly Relatives at Home.* Washington, D.C.: National Council of Catholic Women.

Ellor, J. W. (1983) "Bridging Churches and Social Service Agencies: Value Conflicts and Program Potential." *Social Work and Christianity* 10 (1):21-39.

Ellor, J. W., and R. B. Coates (1985-86) "Examining the Role of the Church in the Aging Network." *Journal of Religion and Aging* 2:99-116.

Ellor, J. W., and S. S. Tobin (1990) "Serving the Older Person: The Church's Role." In Garland and Pancost, 184-93.

Felton, R. A. (1920) *Serving the Neighborhood.* New York: Inter-church World Movement of North America.

Garland, D. R., and D. Pancost, eds. (1990) *Marriage and the Family.* Granada Hills, Calif.: Baker.

Generations United (1992) Generations United. Brochure.

Haber, D. (1984) "Church-based Mutual Help Groups for Caregivers of Non-institutionalized Elders." *Journal of Religion and Aging* 1 (1):63-69.

Hendrickson, M. (1985-86) "The Role of the Church in Aging: Implications for Policy and Action." *Journal of Religion and Aging* 2 (1-2):5-16.

______ (1986a) *The Role of the Church in Aging.* Vol. 2: *Implications for Practice and Service.* New York: Haworth.

______ (1986b) *The Role of the Church in Aging.* Vol. 3: *Programs and Services for Seniors.* New York: Haworth.

Hendrickson, S. L. (1986) "Churches as Geriatric Health Clinics for Community Based Elderly." *Journal of Religion and Aging* 2:13-24.

Holmes, W. A. (1968) *Tomorrow's Church: A Cosmopolitan Community.* Nashville: Abingdon.

Huber, L. W. (1985) "Connections: A Study of the Place of the Church in the Personal Networks of the Aged." Ph.D. dissertation, School of Applied Social Sciences, Case Western Reserve University, Cleveland. Ohio.

______ (1987) "Connections: Congregational Differences in the Place of the Church of the Personal Networks of Elderly Members." *Journal of Religion and Aging* 4 (2):59-73.

Jeger, A., and R. Slotnick, eds. (1981) *Community Mental Health: A Behavioral Ecological Perspective.* New York, Plenum Press.

Joseph, M. V., and A. P. Conrad (1980) "A Parish Neighborhood Model for Social Work Practice." *Social Casework* 61:423-32.

Kemp, C. F. (1960) *The Pastor and Community Resources.* St. Louis Bethany.

Lewis, M. A. (1989) *Religious Congregations and the Informal Supports of the Frail Elderly.* New York: Third Age Center, Fordham University.

Litwak, E., and I. Szelenyi (1969) "Primary Group Structures and Their Functions: Kin, Neighbors and Friends." *American Sociological Review* 34 (4):465-81.

Marty, M. E. (1980) "Social Service: Godly and Godless." *Social Service Review* 54:463-81.

Maves, P. B. (1981) *Older Volunteers in Church and Community: A Manual for Ministry.* Valley Forge: Judson Press.

Moberg, D. O. (1962) *The Church as a Social Institution: The Sociology of American Religion.* Englewood Cliffs, N.J.: Prentice Hall.

______ (1972) "Religion and the Aging Family." *Family Coordinator* 21 (1):47-60.

Morris, J. N. (1986) "Issues in Publicly Subsidized Long Term Care Systems and Implications for the Religious Sector." *Journal of Religion and Aging* 2 (1-2):151-63.

National Federation of Interfaith Volunteer Caregivers, Inc. (1992) *Annual Report.*

National Interfaith Coalition on Aging (1976) *Survey of Programs for Aging under Religious Auspices.* National Interfaith Coalition on Aging, Inc., Grant Report AOA #93-HD-57390/4-03.

Negstad, J., and R. Arnholt (1986) "Day Centers for Older Adults: Parish and Agency Partnership." *Journal of Religion and Aging* 2 (4):25-31.

Netting, F. E. (1987) "Spinning Off: A Case Study of the Secularization of Church-related Social Services for the Elderly." *Journal of Religion and Aging* 3 (3-4):115-25.

Payne, B. P. (1988) "Religious Patterns and Participation of Older Adults: A Sociological Perspective." *Educational Gerontology* 14:255-67.

Piedmont, E. B. (1968) "Referrals and Reciprocity: Psychiatrists, General Practitioners, and Clergymen." *Journal of Health and Social Behavior* 9 (1):29-41.

Presbyterian Publishing House (1987) *Older Adult Ministry: A Resource for Program Development.* Atlanta, Ga.: Presbyterian Publishing House.

Robert Wood Johnson Foundation (1990) "Service Credit Banking." Project Site Summaries. University of Maryland Center on Aging.

Schneider, V. et al. (1992) "CRANECE — Church in Rural Aging Networks: Education and Collaborative Efforts." Unpublished manuscript, West Virginia University Gerontology Center, Morgantown, W. Va.

Schoenberg, S., and P. Rosenbaum (1980) *Neighborhoods That Work: Sources for Viability in the Inner City.* New Brunswick, N.J.: Rutgers University Press.

Schwanke, E. R. (1986) "Providing Pastoral Care for the Elderly in Long Term Care Facilities without a Chaplain Utilizing Coordinated Congregational Resources." In Hendrickson 1986a, 57-64.

Sheehan, N. W., R. Wilson, and L. M. Marella (1988) "The Role of the Church in Providing Services for the Aging." *Journal of Applied Gerontology* 7:231-41.

Shepherd's Centers of America (N.d.) In-house brochure.

Sherwood, S., and E. Bernstein (1985-86) "Informal Care for the Vulnerable Elderly: Suggestions for Church Involvement." *Journal of Religion and Aging* 2 (1-2):55-67.

Steinitz, L. Y. (1980) "The Church within the Network of Social Services to the Elderly: Case Study of Laketown." Dissertation, School of Social Service Administration, University of Chicago.

______ (1981) "The Local Church as Support for the Elderly." *Journal of Gerontological Social Work* 4:44-53.

Synagogue Council of America (1975) *That Thy Days May Be Long in the Good Land: A Guide to Aging Programs for Synagogues.* New York: Synagogue Council of America.

Tobin, S., J. Ellor, and S. Anderson-Ray (1986) *Enabling the Elderly: Religious Institutions within the Community Service System.* Albany, N.Y.: State University of New York Press.

United Presbyterian Church (1967) *The Church and Aging.* New York: United Presbyterian Church in the U.S.

Webb, D. (1992) Personal interview with the director of FOCUS, Nashville.

Wilson, V., and F. E. Netting (1988) "Exploring the Interface of Local Churches with the Aging Network: A Comparison of Anglo and Black Congregation." *Journal of Aging and Religion* 5 (1-2):51-60.

Wood, J. R. (1981) *Leadership in Voluntary Organizations: The Controversy over Social Action in Protestant Churches.* New Brunswick, N.J.: Rutgers University Press.

Young, K. R. (1954) "Social Services Provided by the Congregations of the Lutheran Church — Missouri Synod, in Saint Louis During 1953 to Their Aged Members." Ph.D. dissertation, George Warren Brown School of Social Work, Washington University, St. Louis.

제21장

Billingsley, A. (1993) *Climbing Jacob's Ladder: The Enduring Legacy of African-American Families.* New York: Simon and Schuster.

Billingsley, A., and C. H. Caldwell (1991) "The Church, the Family, and the School in the African American Community." *Journal of Negro Education* 60:427-40.

Billingsley, A., C. H. Caldwell, R. Hill, and W. V. Rouse (1991) *Black Churches and Family-Oriented Community Outreach Programs in the Northeastern United States.* Final report submitted to the Ford Foundation and Lilly Endowment, June.

______ (1992) *Black Churches and Family-Oriented Community Outreach Programs in the Northeastern and North Central Regions of the United States.* Final report submitted to the Ford Foundation and Lilly Endowment, April.

Caldwell, C. H., and A. D. Greene (1992) "The Black Church as a Family Support System." In Billingsley et al., 1-24.

Chatters, L. M., and R. J. Taylor (1989) "Age Differences in Religious Participation among Black Adults." *Journal of Gerontology* 44:S183-89.

______ (1990) "Social Integration among Aging Blacks." In Harel et al., 82-99.

Chatters, L. M., R. J. Taylor, and J. S. Jackson (1985) "Size and Composition of the Informal Helper Networks of Elderly Blacks." *Journal of Gerontology* 40:50-61.

______ (1986) "Aged Blacks' Choices for an Informal Helper Network." *Journal of Gerontology* 41:94-100.

Eng, E., J. Hatch, and A. Callan (1985) "Institutionalizing Social Support through the Church and into the Community." *Health Education Quarterly* 12:81-92.

Frazier, E. F. (1974) *The Negro Church in America.* New York: Schocken Books.

Garland, D., and D. Pancost, eds. (1990) *The Churches' Ministry with Families: A Practical Guide.* Irving, Tex.: Word.

George, L. K., and G. L. Maddox (1989) "Social and Behavioral Aspects of Institutional Care." In Ory and Bond, 116-41.

George, Y., V. Richardson, M. Lakes-Matyas, and F. Blake (1989) *Saving Black Minds: Black Churches and Education.* Washington, D.C.: American Association for the

Advancement of Science.

Haber, D. (1984) "Church-based Programs for Black Care-givers of Non-institutionalized Elders." *Journal of Religion and Aging* 1 (1):63-70.

Harel, Z., E. McKinney, and M. Williams, eds. (1990) *Understanding and Serving the Black Aged.* Newbury Park, Calif.: Sage.

Harris, J. H. (1987) *Black Ministers and Laity in the Urban Church: An Analysis of Political and Social Expectations.* New York City: University Press of America.

Jackson, J. S., ed. (1988) *The Black American Elderly: Research on Physical and Psychosocial Health.* New York: Springer.

Jackson, J. S., L. M. Chatters, and R. J. Taylor, eds. (1993) *Aging in Black America.* Newbury Park, Calif.: Sage.

Jacquet, C. H., ed. (1989) *Yearbook of American and Canadian Churches: 1989.* Nashville, Tenn.: Abingdon.

Johnson, C. L., and B. M. Barer (1990) "Families and Networks among Older Inner-City Blacks." *The Gerontologist* 30:726-33.

Letzig, B. (1986) "The Church as Advocate in Aging." *Journal of Religion and Aging* 2:1-11.

Lincoln, C. E. (1973) *The Black Church since Frazier.* New York: Schocken.

Lincoln, C. E., and L. Mamiya (1990) *The Black Church in the African American Experience.* Durham, N.C.: Duke.

Manuel, R. C. (1988) "The Demography of Older Blacks in the United States." In Jackson et al., 25-49.

Mays, B. E., and J. W. Nicholson (1933) *The Negro's Church.* New York: Russell and Russell.

Negstad, J., and R. Arnholt (1986) "Day Centers for Older Adults: Parish and Agency Partnership." *Journal of Religion and Aging* 2 (4):25-31.

Ory, M. G., and K. Bond, eds. (1989) *Aging and Health Care: Social Science and Policy Perspectives.* New York: Routledge.

Payne, W. (1991) *Directory of African American Religious Bodies.* Washington, D.C.: Howard University Press.

Roberts, J. D. (1980) *Roots of a Black Future: Family and Church.* Philadelphia: Westminister.

Smith, E. D. (1988) *Climbing Jacob's Ladder: The Rise of Black Churches in Eastern American Cities, 1740-1877.* Washington, D.C.: The Smithsonian.

Steinitz, L. Y. (1981) "The Local Church as a Support for the Elderly." *Journal of Gerontological Social Work* 4:44-53.

Sullivan, L. H. (1978) *The Church in the Life of the Black Family.* Valley Forge, Pa: Judson.

Taylor, R. J. (1986a) "Religious Participation among Elderly Blacks." *The Gerontologist* 28:630-66.

______ (1986b) "Receipt of Support from Family among Black Americans: Demographic and Familial Differences." *Journal of Marriage and the Family* 48:67-77.

______ (1988a) "Correlates of Religious Non-involvement among Black Americans." *Review of Religious Research* 30:126-39.

______ (1988b) "Structural Determinants of Religious Participation among Black Americans." *Review of Religious Research* 30:114-25.

______ (1993) "Religion and Religious Observances among Older Black Adults." In Jackson, Chatters, and Taylor, 103-123.

Taylor, R. J., and L. M. Chatters (1986a) "Church-based Informal Support among Elderly Blacks." *The Gerontologist* 26:637-42.

______ (1986b) "Patterns of Informal Support to Elderly Black Adults: Family, Friends, and Church Members." *Social Work* 31:432-38.

______ (1988a) "Church Members as a Source of Informal Social Support." *Review of Religious Research* 30:193-203.

______ (1988b) "Correlates of Education, Income, and Poverty among Aged Blacks." *The Gerontologist* 28:435-41.

______ (1991) "Non-organizational Religious Participation among Elderly Blacks." *Journal of Gerontology: Social Sciences* 46:S103-11.

Taylor, R. J., I. Luckey, and J. M. Smith (1990) "Delivering Service in Black Churches." In Garland and Pancost, 194-209.

Taylor, R. J., M. C. Thornton, and L. M. Chatters (1987) "Black Americans' Perceptions of the Socio-historical Role of the Church." *Journal of Black Studies* 18:123-38.

Tobin, S., J. W. Ellor, and S. M. Anderson-Ray (1986) *Enabling the Elderly: Religious Institutions within the Community Service System.* Albany, N.Y.: State University of New York Press.

Walls, C. T., and S. H. Zarit (1991) "Informal Support from Black Churches and the Well-Being of Elderly Blacks." *The Gerontologist* 31:490-95.

Williams, C., and H. Williams (1984) "Contemporary Voluntary Associations in the Urban Black Church: The Development and Growth of Mutual Aid Societies." *Journal of Voluntary Action Research* 13:19-30.

제22장

American Association of Retired Persons (1990) *Healthy People 2000—Healthy Older Adults.* Washington, D.C.: AARP.

Djupe, A. M., H. Olson, J. A. Ryan, and J. C. Lantz (1991) *Reaching Out: Parish Nursing Services.* Park Ridge, Ill.: Parish Nurse Resource Center.

Haber, D. (1989) *Health Care for an Aging Society.* Hemisphere Publishing Corporation.

Hickery, T., and D. L. Stilwell (1991) "Health Promotion for Older People: All Is Not Well." *The Gerontologist* 31 (6):822-28.

Illinois Department of Public Health (1991) "Recommendations and Priorities for Minority Health in Illinois." Report of the Year 2000 Work Group on Minority Health. Springfield, Ill.

Kimble, M. A. (1990) "Religion: Friend or Foe of Aging?" In *Second Opinion* 15:70-79.

Koenig, H. G., J. N. Kvale, and C. Ferrel (1988) "Religion and Well-Being in Later Life." *The Gerontologist* 28 (1):18-28.

Northwest Aging Association (1991) "Parish Nurses: Linking Health, Social, and Religious Institutions, Project Description Booklet." Spencer, Iowa: Northwest Aging Association.

Peterson, R. E. (1982) *A Study of the Healing Church and Its Ministry.* New York: Lutheran Church in America.

Ryan, J. A. (1990) "Liability for Parish Nursing Practice." Paper presented at the Fourth Annual Granger Westberg Symposium. Northbrook, Ill.

Shannon, I. R. (1991) "Healthy People 2000: Challenges and Opportunities." *Journal of Nursing Administration* 21 (12):5, 25.

Smuts, J. C. (1961) *Holism and Evolution.* Compass Books edition. New York: Viking Press.

Solari-Twadell, P. A., A. M. Djupe, and M. A. McDermott, eds. (1990) *Parish Nursing: The Developing Practice.* Park Ridge, Ill.: Parish Nurse Resource Center.

Westberg, G. E., and J. W. McNamara (1981) *The Health Cabinet.* Park Ridge, Ill.: Parish Nurse Resource Center.

______ (1990) *The Parish Nurse.* Minneapolis, Minn.: Augsburg.

제23장

American Association of Homes for the Aged and Ernst and Young (1989) *Continuing Care Retirement Communities: An Industry in Action.* Washington, D.C.: AAHA.

American Baptist Homes and Hospitals Association (1984) *The Proceedings of the Church and Its Affiliated Agencies: Symposium on Sponsorship Liability.* Philadelphia, Pa.: American Baptist Homes and Hospitals Association (ABHHA) and the Board of National Ministries, October 11-13.

Assisted Living Facilities Association of America (ALFAA) (1991) Fact Sheet: Assisted Living.

Cayton, H. R., and S. M. Nishi (1955) *Churches and Social Welfare.* Vol. 2. *The Changing Scene.* New York: National Council of Churches of Christ in the U.S.A.

The Churches' Conference on Shelter and Housing (1990) *One Church: One Home — Six Models of Congregation-sponsored Housing Ministries.* Information from the Conference 1830 Connecticut Avenue, N.W., Washington DC 20009.

The Churches' Conference on Shelter and Housing (1991) Information pamphlet available from the Conference at 1830 Connecticut Avenue, N.W., Washington DC 20009.

Coates, R. (1989) *Building on Faith: Models of Church-sponsored Affordable Housing Programs in the Washington, D.C. Area.* Washington, D.C.: The Churches' Conference on Shelter and Housing.

Gaffney, E. M., and P. C. Sorensen (1984) *Ascending Liability in Religious and Other Nonprofit Organizations.* Macon, Ga.: Mercer University Press.

Gubrium, J. F., and A. Sankar, eds. (1990) *The Home Care Experience: Ethnography and Policy.* Newbury Park, Calif.: Sage.

Hendrickson, M. C. (1988) "Assisted Living: An Emerging Focus on an Expanding Market: Assisted Living Represents a Strategic Interaction of the LTC and Retirement

Housing Industries." *Contemporary Long-Term Care* 11:20-23.

Hodgkinson, V. A., M. S. Weitzman, S. Murray, and A. D. Kirsch (1988) *From Belief to Commitment: The Activities and Finances of Religious Congregations in the United States: Findings from a National Survey.* Washington, D.C.: Independent Sector.

Hofland, B. (1990) "Value and Ethical Issues in Residential Environments for the Elderly." In Tilson, 241-71.

Hughes, S. (1992) "Home Care: Where We Are and Where We Need to Go." In Ory and Duncker, 53-74.

Hunt, M. et al. (1984) *Retirement Communities: An American Original.* New York: Haworth.

Keigher, S. M., and F. Pratt (1991) "Growing Housing Hardship among the Elderly." *Journal of Housing for the Elderly* 8:1-18.

Kinkannon, K. C. (1991) "Denominational Support for One-Church-One-Home is Developing." *Faith and Action: Newsletter of the Churches Conference on Shelter and Housing* 5 (3):1-6.

Nachison, J. S. (1985) "Who Pays? The Congregate Housing Question." *Generations* 9:34-36.

Netting, F. E. (1987) "Religiously Affiliated Continuum of Care Retirement Communities." *Journal of Religion and Aging* 4:51-66.

______ (1991) "The Meaning of Church Affiliation for Continuum of Care Retirement Communities." *Journal of Religious Gerontology* 8:79-99.

Netting, F. E., and C. C. Wilson (1991) "Accommodation and Relocation Decision Making in Continuing Care Retirement Communities." *Health and Social Work* 16:266-73.

Netting, F. E., C. C. Wilson, and N. Coleman (1991) "Assisted Living: New Term, Old Concept." Unpublished paper presented at the Gerontological Society of America's Annual Scientific Program, San Francisco, November 16.

Newcomer, R. A., and R. Stone (1985) "Board and Care Housing: Expansion and Improvement Needed." *Generations* 9:38-39.

Oktay, J., and H. A. Palley (1988) "The Frail Elderly and the Promise of Foster Care." *Adult Foster Home Journal* 2:8-25.

Ory, M. G., and A. P. Duncker, eds. (1992) *In-Home Care for Older People, Health and Supportive Services.* Newbury Park, Calif.: Sage.

Rasmussen, R. D. (1984) "Autonomy and Independence." In ABHHA, 5-11.

Regnier, V. (1991) "Assisted Living: An Evolving Industry." *Seniors Housing News* (pamphlet):1-5.

Somers, A. R., and N. L. Spears (1992) *The Continuing Care Retirement Community.* New York: Springer.

Special Committee on Aging United States Senate (1984) *Section 202 Housing for the Elderly and Handicapped: A National Survey.* Washington, D.C.: U.S. Government Printing Office.

Streib, G. F. (1990) "Congregate Housing: People, Places, Policies." In Tilson, 75-100.

Thompson, M. M. (1985) "The First Public Housing for the Elderly." *Generations* 9:11-15.

Tilson, D., ed. (1990) *Aging in Place: Supporting the Frail Elderly in Residential*

Environments. Glenview, Ill.: Scott, Foresman and Co.

Tilson, D., and C. Fahey (1990) "Introduction." In Tilson, xv-xxxiii.

Tiven, M., and B. Ryther (1986) *State Initiatives in Elderly Housing: What's New, What's Tried, and True.* Washington, D.C.: Council of State Housing Agencies and National Association of State Units on Aging.

Winklevoss, H. E., and A. V. Powell (1984) *Continuing Care Retirement Communities: An Empirical, Financial, and Legal Analysis.* Homewood, Ill.: Irwin.

제24장

Archdiocese of Louisville (1989) Archdiocese of Louisville, Ky.: Office of Small Christian Communities.

Bahr, H. (1970) "Aging and Religious Disaffiliation." *Social Forces* 49:59-71.

Bellah, R. N. (1978) "To Kill and Survive or to Die and Become: The Active Life and the Contemplative Life as Ways of Being Adult." In Erikson, 61-80.

Bianchi, E. (1985) *Aging as a Spiritual Journey.* New York: Crossroad.

Brody, E. M. (1978) "Community Housing for the Elderly: The Program, the People, the Decision-making Process, and the Research." *The Gerontologist* 18:121-28.

Cutler, W. (1990) *Golden Years: Riding The Crest.* Colorado: Serendipity House.

Erikson, E. H. (1968) "Generativity and Ego Integrity." In Neugarten, 85-87.

Erikson, E. H., ed. (1978) *Adulthood.* New York: Norton.

Frenkel-Brunswik, E. (1968) "Adjustments and Reorientation in the Course of the Life Span." In Neugarten, 77-84.

Gray, R. M., and D. O. Moberg (1977) *The Church and the Older Person.* Grand Rapids, Mich.: Eerdmans.

Heenan, E. (1972) "Sociology of Religion and the Aged: The Empirical Lacunae." *Journal for the Scientific Study of Religion* 40:171-76.

Hofland, B. (1990) "Value and Ethical Issues in Residential Environments for the Elderly." In Tilson, 241-71.

Jung, C. G. (1933) *Modern Man in Search of a Soul.* New York: Harcourt, Brace and World.

Kivett, V. R. (1979) "Religious Motivation in Middle Age: Correlates and Implications." *Journal of Gerontology* 34:106-15.

Koenig, H. G., J. N. Kvale, and C. Ferrel (1988) "Religion and Well-Being in Later Life." *The Gerontologist* 28 (1):18-28.

Kuhlen, R. G. (1968) "Developmental Changes in Motivation during the Adult Years." In Neugarten, 115-36.

Lawton, M. P., E. Brody, and P. Turner-Massey (1978) "The Relationship of Environmental Factors to Changes in Well-Being." *The Gerontologist* 18:133-37.

LeFevre, C., and P. LeFevre, eds. (1985) *Aging and the Human Spirit.* Chicago: Exploration.

Liebowitz, B. (1976) "Implications of Community Housing for Planning and Policy." *The Gerontologist* 18:138-43.

Longino, C. F., and G. C. Kitson (1985) "Parish Clergy and the Aged: Examining Stereotypes." In LeFevre and LeFevre, 200-205.

Maslow, A. H. (1954) "Unmotivated and Purposeless Reactions." In *Motivation and Personality,* 291-99. New York: Harper & Row.

McFadden, S. H. and R. R. Gerl (1990) "Approaches to Understanding Spirituality in the Second Half of Life." *Generations* 14 (4):35-38.

Merton, T. (1978) *What Is Contemplations.* Springfield, Ill.: Templegate.

Mindel, C. H., and C. E. Vaughan (1985) "A Multidimensional Approach to Religiosity and Disengagement." In LeFevre and LeFevre, 210-15.

Moberg, D. O. (1968) "Religiosity in Old Age." In Neugarten, 497-508.

______ (1971) *Spiritual Well-Being.* Washington, D.C.: White House Conference on Aging.

Mulhall, D., and K. Rowe (1988) *A Time For: A Six Session, Small Group Discussion Process with Older Adults.* Los Angeles: Franciscan Communications.

Neugraten, B. L. (1968) "Adult Personality: Toward a Psychology of the Life Cycle." In Neugarten, 137-47.

Neugraten, B. L., ed. (1968a) *Middle Age and Aging.* Chicago: University of Chicago Press.

Peck, M. S. (1987) *The Different Drum: Community Making and Peace.* New York: Simon and Schuster.

Peck, R. C. (1968) "Psychological Developments in the Second Half of Life." In Neugarten, 88-92.

Teasdale, W. (1982) "The Mystical Dimension of Aging." In Tiso, 221-48.

Thibault, J. M., J. W. Ellor, and F. E. Netting (1991) "A Conceptual Framework for Assessing the Spiritual Functioning and Fulfillment of Older Adults in Long-Term Care Setting." *Journal of Religious Gerontology* 7 (4):29-45.

Tiso, F., ed. (1982) *Aging: Spiritual Perspectives.* Lake Worth, Fla.: Sunday Publications.

Vanier, J. (1989) *Community and Growth: Our Pilgrimage Together.* Mahwah, N.J.: Paulist Press.

Webster's New Collegiate Dictionary (1956) Springsfield, Mass.: G. and C. Merriam.

제25장

Calkins, K. (1990) "Time Perspective, Marking and Styles of Usage." *Social Problems* 17:487-501.

Friedman, D. A. (1987) "The Mitzvah Model: A Therapeutic Resource for the Institutionalized Aged." *Journal of Aging and Judaism* 1 (2):96-108

Friedman, D. A., and M. Muncie (1990) "Freeing the Captives of the Clock: Time and Ritual in Long-Term Care." Presented at American Society on Aging Conference, San Francisco.

Goffman, E. (1961) *Asylums.* Garden City, N.Y.: Doubleday.

Gubrium, J. (1975) *Living and Dying at Murray Manor.* New York: St. Martin.

Hastings, R. (1985) "Learned Helplessness." *Geriatric Care* 17 (10):1-2.

Heschel, A. J. (1966) "To Grow in Wisdom." In *The Insecurity of Freedom: Essays on Human Freedom,* 70-84. Philadelphia: Jewish Publication Society.

______ (1975) *The Sabbarh.* New York :Farrar, Straus and Giroux.

Kertzer, D. L. and J. Keich, eds. (1984) *Age and Anthropological Theory.* Ithaca, N.Y.: Cornell University Press.

Kozberg, C. (1992) "Let Your Heart Take Courage: A Ceremony for Entering a Nursing Home." *Passages,* Spring: 3-5. Newsletter of the Aging Committee of the Central Conference of American Rabbis.

Kuhn, M., C. Long, and L. Quinn (1991) *No Stone Unturned.* New York: Ballantine Books.

Lieberman, M. (1969) "Institutionalization of the Aged: Effects on Behavior." *Journal of Gerontology* 24:330-40.

Lustbader, W. (1991) *Counting on Kindness: An Explanation of Dependency.* New York: Free Press.

MacDonald, M. L. (1973) "The Forgotten Americans: A Sociopsychological Analysis of Aging and Nursing Homes." *American Journal of Community Psychology* 1 (3):272-94.

Mason, E. (1954) "Some Correlates of Self-Judgment of the Aged." *Journal of Gerontology* 9:324-37.

Maxwell, F. S. (1979) *The Measure of My Days.* New York: Penguin Books.

______ (1984) "Ritual and Signs of Ripening." In Kertzer and Keith, 305-30.

Moberg, D. O. (1980) "Gerontology in Seminary Training." *Theological Education* 16 (3) (Special issue): 283-93.

Moore, S. F., and B. Myerhoff, eds. (1977) *Secular Ritual.* Assen. The Netherlands: Van Gorcum.

Myerhoff, B. (1984) "We Don't Wrap Herring in a Printed Page." In Moore and Myerhoff, 199-224.

National Center for Health Statistics (1983) "Changing Mortality Patterns, Health Services Utilization and Health Care Expenditures: United States, 1978-2003." *Vital and Health Statistics,* Series 3, no. 23.

Shield, R. R. (1988) *Uneasy Endings.* Ithaca, N.Y., and London: Cornell University Press.

제26장

Bell, A. P., and M. A. Weinberg (1978) *Homosexualities: A Study of Diversity among Men and Women.* New York: Simon and Schuster.

Bennett, K. C., and N. L. Thompson (1980) "Social and Psychological Functioning of the Aging Male Homosexual." *British Journal of Psychiatry,* 137, 361-370.

Berger, R. M. (1980) "Psychological Adaptation of the Older Homosexual Male." *Journal of Homosexuality* 5 (3):161-175.

______ (1982a) "The Unseen Minority: Older Gays and Lesbians." *Social Work* 27 (3):236-242.

______ (1982b) *Gay and Gray: The Older Homosexual Man.* Champaign, Ill.: University of Illinois Press.

______ (1984) "Realities of Gay and Lesbian Aging." *Social Work* 29 (1):57-62.

Berger, R. M., and J. J. Kelly (1986) "Working with Homosexuals of the Older Population." *Social Casework* April: 203-210.

Cain, R. (1991) "Stigma Management and Gay Identity Development." *Social Work* 36 (1):67-73.

Deevey, S. (1990) "Older Lesbian Women: An Invisible Minority." *Journal of Gerontogical Nursing* 16 (5):35-39.

Dorrell, B. (1990) "Being There: A Support Network of Lesbian Women." *Journal of Homosexuality* 20 (3-4):89-98.

Fortunato, J. E. (1982) *Embracing the Exile: Healing Journeys of Gay Christians.* Minneapolis: Winston Press.

Francher, J. S., and J. Henkin (1973) "The Menopausal Queen: Adjustment to Aging and the Male Homosexual." *American Journal of Orthopsychiatry* 43 (4):670-674.

Friend, R. A. (1980) "Graying: Adjustment and the Older Gay Male." *Alternative Lifestyle* 3 (2):231-248.

______ (1987) "The Individual and Social Psychology of Aging: Clinical Implications for lesbians and Gay Men." *The Journal of Homosexuality* 4 (1/2):307-331.

______ (1989) "Older Lesbian and Gay People: Responding to Homophobia." *Marriage and Family Review* 14 (3/4):241-263.

Gentry, S. E. (1992) "Caring for Lesbians in a Homophobic Society." *Health Care for Women International* 13 (2):173-180.

Gray, H., and P. Dressel (1985) "Alternative Interpretations of Aging among Gay Males." *The Gerontologist* 25 (1):83-87.

Johnson, M. T., and J. J. Kelly (1979) "Deviate Sex Behavior in Aging: Social Definition and the Lives of Older Gay People." In O. J. Kaplan, ed., *Psychopathology of Aging*, pp. 243-258. New York: Academic Press.

Kayal, P. M. (1984) "Understanding Gay and Lesbian Aging." *Journal of Sociology and Social Welfare* 11 (2):409-431.

Kehoe, M. (1990) *Lesbians over 60 Speak for Themselves.* New York: The Haworth Press.

Kelly, J. (1977) "The Aging Male Homosexual: Myth and Reality." *The Gerontologist* 17 (4):328-332.

Kimmel, D. C. (1977) "Psychotherapy and the Older Gay Man." *Psychotherapy: Theory, Research and Practice* 14 (4):386-393.

______ (1978) "Adult Development and Aging: A Gay Perspective." *Journal of Social Issues* 34 (3):113-130.

______ (1979) "Adjustments to Aging among Gay Men." In B. Berzon, ed. *Positively Gay.* Milbrae, Calif.: Celestial Arts, pp. 146-170.

______ (1979) "Life-history Interviews of Aging Gay Men." *International Journal of Aging and Human Development* 10 (3):239-248.

Laner, M. R. (1978) "Growing Older Male: Heterosexual and Homosexual." *The Gerontologist* 18 (5):496-501.

Lee, J. A. (1987) "What Can Homosexual Aging Studies Contribute to Theories of Aging?" *Journal of Homosexuality* 13 (4):43-71.

Lipman, A. (1986) "Homosexual Relationships." *Generations,* Summer, 51-54.

MacDonald, B., and C. Rich (1984) *Look Me in the Eye: Old Women, Aging and Ageism.* San Francisco: Spinster's Ink.

McNeill, J. J. (1976) *The Church and the Homosexual.* Kansas City: Sheed Andrews & McMeel.

Minnigerode, F. (1976) "Age Status Labeling in Homosexual Men." *Journal of Homosexuality* 1 (3):273-275.

Minnigerode, F. A., and M. R. Adelman (1978) "Elderly Homosexual Women and Men: Report on a Pilot Study." *The Family Coordinator* 27 (4):451-456.

National Association for Lesbian and Gay Gerontology (1993) *Lesbian and Gay Aging Resource Guide.* San Francisco: NALGG.

Nelson, J. B. (1978) *Embodiment: An Approach to Sexuality and Christian Theology.* Minneapolis: Augsburg.

Quam, J. K., and G. S. Whitford (1992) "Adaptation and Age-Related Expectations of Older Gay and Lesbian Adults." *The Gerontologist* 32 (3).

Raphael, S. M., and M. K. Robinson (1980) "The Older Lesbian: Love Relationships and Friendship Patterns." *Alternative Lifestyles* 3 (2):207-229.

Scanzoni, L., and V. Ramey Mollenkott (1978) *Is the Homosexual My Neighbor?* San Francisco: Harper & Row.

Weinberg, M. S. (1970) "The Male Homosexual: Age-related Variations in Social and Psychological Characteristics." *Social Problems* 17 (Spring): 527-537.

Weinberg, M. S., and C. J. Williams (1974) *Male Homosexuals: Their Problems and Adaptations.* New York: Penguin Books.

Whitford, G. S. (1995) "Gay Men View Growing Older." *Journal of Gay and Lesbian Social Services* forthcoming.

제5편 노화에 관한 신학적 관점

제27장

Balter, S. (1978) *Helping Aging to Come of Age.* New York: United Synagogue of America Commission on Jewish Education.

Bayme, S. (1989) "Longevity." *Journal of Aging and Judaism* 4 (2):107-8.

Ben Sorek, E. (1989) "Reflections on the Text." *Journal of Aging and Judaism* 4 (2):109-10.

Blech, B. (1977) "Judaism and Gerontology." *Tradition* 16:65-78.

Borowitz, E. B. (1983) *Choices in Modern Jewish Thought: A Partisan Guide.* New York: Behrman.

______ (1991) *Renewing the Covenant, a Theology for Postmodern Jews*. Philadelphia: Jewish Publications Society.

Chernick, M. (1989) "Megillah 27b-28a." *Journal of Aging and Judaism* 4 (2):101-6.

Dulin, R. Z. (1986) "The Elderly in Biblical Society." *Journal of Aging and Judaism* 1 (1):50-51.

______ (1988) *A Crown of Glory*. New York: Paulist Press.

Ginberg, H. L., ed. in chief (1982) *The Writings....Kethubim*. Translation of the Holy Scriptures. Philadelphia: Jewish Publications Society.

Glicksman, A. (1990) "The New Jewish Elderly: A Literature Review." *The Journal of Aging and Judaism* 5 (1):7-21.

Heschel, A. J. (1981) "The Older Person and the Family in the Perspective of Jewish Tradition." In LeFevre and LeFevre, 35-44.

Hiltner, S., ed. (1975) *Toward a Theology of Aging*. New York: Human Sciences Press.

Katz, R. L. (1975) "Jewish Values and Sociopsychological Perspectives on Aging." In Hiltner, 135-50.

Kushner, H. S. (1981) *When Bad Things Happen to Good People*. New York: Schocken Books.

______ (1986) *When All You Ever Wanted Wasn't Enough*. New York: Summit Books.

LeFevre, C., and P. LeFevre (1981) *Aging and the Human Spirit: A Reader in Religion and Gerontology*. Chicago: Exploration Press.

Olitzky, K. M. (1988) "Old Age as a Sabbatical Transformation of Life: A Model for All Faiths." *Journal of Aging and Judaism* 2 (4):210-20.

Reuben, S. C. (1976) "Old Age: Appearance and Reality." Rabbinic Thesis. Hebrew Union College — Jewish Institute of Religion, New York.

Rosen, S. (1990) "The New Jewish Elderly: A Symposium." *Journal of Aging and Judaism* 5 (1):7-21.

Sarason, R. (1989) "Rabbinic and Contemporary Reflections on Old Age." *Journal of Aging and Judaism* 4 (2):111-12.

제28장

Aquinas (1972) *Virtues of Justice in the Human Community*. Summa Theologiae, Vol. 41 (2a2ae. 101-22). Edited by T. C. O'Brien. New York: McGraw-Hill.

______ (1975) *Charity*. Summa Theologiae, Vol. 34 (2a2ae. 29-33). Edited by R. J. Batten. New York: McGraw-Hill.

Augustine (1963) *The Confessions of St. Augustine*. Translated by Rex Warner, Introduction by Bernon J. Bourke, IX.10, 200-202. New York: New American Libary/Penguin.

Blythe, R. (1979) *The View in Winter: Reflectionㄴ on Old Age*. New York: Harcourt, Brace, Jovanovich, 235-46.

Callahan, D. (1987) *Setting Limits: Medical Goals in an Aging Society*. New York: Touchstone Books.

_____ (1989) *What Kind of Life?: The Limits of Medical Progress.* New York: Simon and Schuster.

Catholic Health Association of America (1991) *With Justice for All? The Ethics of Healthcare Rationing.* Catholic Health Association.

Christiansen, D. (1990) "And Your Elders Will Dream Dreams: Aging, Liminality and the Church's Ministry." In Coleman and Sanks, 123-35.

_____ (1993) "The Common Good and the Politics of Self-Interest." In Gelpi, 54-86.

Clark, M. (1972) "Cultural Values and Dependency in Later Life." In Cowgill and Holmes, 263-74.

Clements, W. M., ed. (1981) *Ministry with the Aging.* San Francisco: Harper & Row.

Coleman, J. A., and T. H. Sanks, eds. (1993) *Reading the Signs of the Times.* New York: Paulist Press.

Collins, R. (1986a) "The Fourth Commandment: For Children or Adults?" In 1986b, 82-97.

_____ (1986b) *Christian Morality: Biblical Foundations.* Notre Dame, Ind.: Univ. of Notre Dame Press.

Cowgill, D. O., and L. D. Holmes, eds. (1972) *Aging and Modernization.* New York: Appleton-Century-Crofts.

Curran, C. E. (1985) "Filial Responsibility for an Elderly Parent." *Social Thought* 11 (2):40-52.

de Beauvoir, S. (1973) *Coming of Age.* Translated by Patrick O'Brien. New York: Warner.

Erikson, E. H. (1976) "Dr. Borg's Life Cycle." *Daedalus* 15 (2):1-28.

Evans, D. (1979) *Struggle and Fulfillment: The Inner Dynamic of Religion and Morality* Philadelphia: Fortress.

Gelpi, D., ed. (1989) *Beyond Individualism: Toward a Retrieval of Moral Discourse in America.* Notre Dame, Ind.: Univ. of Notre Dame Press.

Gilkey, L. (1970) *Religion and the Scientific Future.* New York: Harper & Row.

Gustafson, J. M. (1977) *Can Ethics Be Christian?* Chicago: Univ. of Chicago press.

_____ (1983) *Ethics from a Theocentric Perspective.* Vol. 1. Chicago: Univ. of Chicago Press.

Harrelson, W. J. (1980) *The Ten Commandments and Human Rights.* Philadelphia: Fortress.

Harris, J. G. (1987) *Biblical Perspectives in Aging: God and the Elderly.* Philadelphia: Fortress.

Kingson, E. A., B. A. Hirshorn, and J. M. Cornman (1986) *Ties That Bind: The Interdependence of Generations.* Cabin John, Md.: Seven Locks.

Laporte, J. (1981) "The Elderly in the Life and Thought of the Early Church." In Clements, 37-55.

LeFevre, C., and P. LeFevre, eds. (1981) *Aging and the Human Spirit.* Chicago: Exploration.

Lewis, M. A. (1988) "The Parish and the Elderly." *Church* 4 (2):18-22.

Longman, P. (1988) *Born to Pay: The New Politics of Aging in America.* New York: Simon and Schuster.

National Conference of Catholic Bishops (1986) *Economic Justice for All.* U.S. Catholic Conference.

Neugarten, B. L., and D. A. Neugarten (1986) "Age in the Aging Society." *Daedalus* 115 (1):31-50.

Rahner, K. (1966) "The Concept of Mystery in Catholic Theology." *Theological Investigations.* Vol. IV. Translated by Kevin Smyth, 36-73. Baltimore: Helicon Press.

______ (1969) "Mystery." *Sacramentum Mundi: An Encyclopedia of Theology.* General editor Adolf Darlap; vol. 4, Edited by Karl Rahner et al., 133-36. New York: Herder.

______ (1990) *Faith in a Wintry Season: Conversations and Interviews with Karl Rahner in the Last Years of His Life.* Edited by Paul Imhof and Hubert Bullowans. Translated and edited by Harvey D. Egan. New York: Crossroad.

Rogers, W. R. (1974) "Dependency and Counterdependency in Psychoanalysis and Religious Faith." *Zygon* 9 (3):190-201.

Shanas, E. (1981) "Social Myth as Hypothesis: The Case of the Family Relations of Old People." In Lefevre and Lefevre, 128-36.

Steiner, G. (1989) *Real Presences.* Chicago: Univ. of Chicago Press.

Teilhard de Chardin, P. (1960) *The Divine Milieu.* New York: Harper.

Wolfe, A. (1989) *Whose Keeper? Social Science and Moral Obligation.* Berkeley, Calif.: Univ. of California Press.

제29장

Augustine (1963) *The Trinity.* Translated by Stephen McKenna. Washington, D.C.: Catholic University of America Press.

Browning, D. S. (1975) "Preface to a Practical Theology of Aging." In Hiltner, 154.

Calvin, J. (1960) *Institutes of the Christian Religion.* Edited by J. T. McNeill. Translated by F. L. Battles. Philadelphia: Westminster.

Chadwick, O. (1964) *The Reformation.* Baltimore: Penguin Books.

Clements, W. M., ed. (1981) *Ministry with the Aging.* San Francisco: Harper & Row.

Cline, D. J. A. (1968) "The Image of God in Man." *Tyndale Bulletin* 19:53-103.

Erikson, E. H. (1950) *Childhood and Society.* New York: Norton.

______ (1968) *Identity: Youth and Crisis.* New York: Norton.

Fowler, J. W. (1981) *Stages of Faith: The Psychology of Human Development and the Quest for Meaning.* San Francisco: Harper & Row.

Heinecken, M. J. (1981) "Christian Theology and Aging: Basic Affirmations." In Clements, 77-90.

Hendrickson, M. C. (1986) *The Role of the Church in Aging.* New York: Haworth.

Heschel, A. J. (1981) "The Older Person and the Family in the Perspective of Jewish Tradition." In LeFevre and LeFevre, 35-44.

Hiltner, S., ed. (1975) *Toward a Theology of Aging.* New York: Human Sciences Press.

Katz, R. L. (1975) "Jewish Values and Sociopsychological Perspectives on Aging." In Hiltner, 135-150.

LeFevre, C., and P. LeFevre (1981) *Aging and the Human Spirit: A Reader in Religion and Gerontology.* 2nd ed. Chicago: Exploration.

Levinson, D. J. (1981) *Seasons of a Man's Life.* New York: Knopf.

Luther, M. (1955) "Lectures in Genesis," *Luther's Works.* Jaroslav Pelikan ed. St. Louis: Concordia.

Maldonado, D., Jr. (1985) "Towards a Theology of Aging." *National Interfaith Coalition on Aging* vol. XI, No. 4, Winter.

Marney, C. (1974) *Priests to Each Other.* Valley Forge: Judson.

Powers, E. A., ed. (1988) *The Aging Society: A Challenge th Theological Education.* Washington, D.C.: AARP Publications.

Pruyser, P. (1975) "Aging: Downward, Upward, or Forward?" In Hiltner, 102-18.

Richard, K. H. (1988) "Biblical Studies: Old Testament." In Powers, 21-27.

Richter, R. L. (1986) "Attaining Ego Integrity through Life Review." In Hendrickson, 1-12.

Roberts, A., and J. Donaldson, eds. (1896) *Ante-Nicene Fathers.* Vol. I, Buffalo: The Christian Literature.

Shakespeare, W. (1901) *As You Like It.* New York: The University Press.

Skaggs, F. (1981) *The Bible Speaks in Aging.* Nashville: Broadman.

Tracy, D. (1975) "Eschatological Perspectives in Aging." in Hiltner, 119-34.

Wesley, J. (1979) "The Doctrine of Original Sin." In *The Works of John Wesley,* 3rd ed. Letters and Essays. Grand Rapids: Baker Book House.

제30장

Browning, D. (1973) *Generative Man.* New York: Dell.

______ (1976) "Conference on Erikson and Religion." *Criterion* 15 (2):25-26.

Butler, R. N. (1975) *Why Survive? Being Old in America.* New York: Harper & Row.

Erikson, E. H. (1950) *Childhood and Society.* New York: Norton.

______ (1964) *Insight and Responsibility.* New York: Norton.

______ (1978) "Introduction: Reflections on Aging." In Spicker, Woodward, and Van Tassel, 1-8.

______ (1982) *The Life Cycle Completed: A Review.* New York: Norton.

Erikson, E., J. Erikson, and H. Kivnick (1986) *Vital Involvement in Old Age: The Experience of Old Age in Our Time.* New York: Norton.

Gilkey, L. (1975) *Catholicism Confronts Modernity, A Protestant View.* New York: Seabury.

Maitland, D. J. (1991) *Aging as Counterculture: A Vocation for the Later Years.* New York: Pilgrim Press.

Sapp, S. (1987) *Full of Years, Aging and the Elderly in the Bible and Today.* Nashville: Abingdon.

Spicker, S. F., K. M. Woodward, and D. D. Van Tassel, eds. (1978) *Aging and the*

Elderly, Humanistic Perspectives in Gerontology. Atlantic Highlands, N.J.: Humanities Press.

Tillich, P. (1948) *The Shaking of the Foundations.* New York: Charles Scribner's Sons.

______ (1951) *Systematic Theology.* Vol. 1. Chicago: University of Chicago press.

______ (1952) *The Courage to Be.* New Haven: Yale University Press.

______ (1954) *Love, Power, and Justice.* London: Oxford University Press.

______ (1955) *The New Being.* New York: Charles Scribner's Sons.

______ (1957) *Systematic Theology.* Vol. 2. Chicago: University of Chicago press.

______ (1963) *Systematic Theology.* Vol. 3. Chicago: University of Chicago press.

제31장

Brock, R. N. (1988) *Journeys by Heart: A Christology of Erotic Power.* New York: Crossroad.

Fox, M. (1991) *Creation Spirituality: Liberating Gifts for the Peoples of the Earth.* San Francisco: HarperSan Francisco

Hartshorne, C. (1991) *The Philosophy of Charles Hartshorne.* Edited by L. E. Hahn. La Salle, Ill.: Open Court.

Hopkins, G. M. (1949) *Poems.* Mount Vernon, NY: Peter Pauper.

Lewis, C. S. (1946) *The Great Divorce.* New York: Macmillan.

Sartre, J. P. (1956) *Being and Nothingness: An Essay on Phenomenological Ontology.* Translated by Hazel E. Barnes. New York: Philosophical Library.

Tillich, P. (1990) *The Encounter of Religions and Quasi-religions.* Edited by T. Thomas. Lewiston, N.Y.: E. Mellen.

Whitehead, A. N. (1933) *Adventures of Ideas.* New York: Macmillan.

______ (1938) *Modes of Thought.* New York: Free Press.

______ (1978) *Process and Reality: An Essay in Cosmology.* New York: Free Press.

제32장

Albers, R. H. (1995) *Shame: A Faith Perspective.* New York: Haworth.

Alexander, B. B. et al. (1991) "Generativity in Cultural Context: The Self, Death and Immortality as Experienced by Older American Women." *Aging and Society* 11:417-42.

Atkinson, C. W., C. H. Buchanan, and M. R. Miles (1987) *Shaping New Vision: Gender and Values in American Culture.* Ann Arbor, Mich.: UMI Research Press.

Becker, A. H. (1986) *Ministry with Older Persons: A Guide for Clergy and Congregations.* Minneapolis, Minn.: Augsburg.

Benhabib, S. (1987) "The Generalized and the Concrete Other: The Kohlberg-Gilligan Controversy and Feminist Theory." In Benhabib and Cornell, 77-95.

Benhabib, S., and D. Cornell, eds. (1987) *Feminism as Critique.* Minneapolis, Minn.: University of Minnesota.

Bernstein, R. J. (1983) *Beyond Objectivism and Relativism: Science, Hermeneutics, and Praxis.* Philadelphia: University of Pennsylvania.

Bianchi, E. C. (1993) *Aging as a Spiritual Journey.* 2d ed. New York: Crossroad.

Birren, J. E. (1985) "Aging as a Scientific and Value-Laden Field of Inquiry." *Journal of Religion and Aging* 2:29-39.

______ (1990) "Spiritual Maturity in Psychological Development." *Journal of Religious Gerontology* 7:41-54.

Block, M. R., J. L. Davidson, and J. D. Grambs (1989) *Women over Forty: Visions and Realities.* Rev. ed. New York: Springer.

Brod, H. (1987) *The Making of Masculinities: The New Men's Studies.* Boston: Allen and Unwin.

Brody, C. M. (1990) "Women in a Nursing Home: Living with Hope and Meaning." *Psychology of Women Quarterly* 14:579-92.

Buchanan, C. H. (1987) "The Fall of Icarus: Gender, Religion, and the Aging Society." In Atkinson, Buchanan, and Miles, 169-90.

Carstensen, L. L., and M. Pasupathi (1993) "Women of a Certain Age." In Matteo, 66-77.

Chodorow, N. (1978) *The Reproduction of Mothering: Psychoanalysis and the Sociology of Gender.* Berkeley: University of California Press.

Clements, W. M.., ed. (1981) *Ministry with the Aging.* San Francisco: Harper and Row.

Cole, E. B., and S. C. McQuin, eds. (1992) *Explorations in Feminist Ethics: Theory and Practice.* Indianapolis: Indiana University.

Curran, C. E. (1981) "Aging: A Theological Perspective." In LeFevre and LeFevre, 68-82.

Dulin, R. Z. (1988) *A Crown of Glory: A Biblical View of Aging.* New York: Paulist.

England, S. E. et al. (1991) "Community Care Policies and Gender Justice." In Minkler and Estes, 227-44.

Faludi, S. (1991) *Backlash: The Undeclared War against American Women.* New York: Crown.

Famighetti, R., ed. (1993) *The World Almanac and Book of Facts, 1994,* p. 363, from U.S. Bureau of the Census; 1990 Census. Funk & Wagnalls: Mahwah, NJ.

Farley, M. A. (1985) "Feminist Consciousness and the Interpretation of Scripture." In Russell, 41-51.

Finger, R. H. (1991) "A New Wrinkle on Time: Women and Aging." *Daughters of Sarah* 17:2-21.

Fowler, J. (1981) *Stages of Faith: The Psychology of Human Development and the Quest for Meaning.* New York: Harper and Row.

Fox-Genovese, E. (1991) *Feminism without Illusions: A Critique of Individualism.* Chapel Hill: University of North Carolina.

Friedan, B. (1993) *The Fountain of Age.* New York: Simon and Schuster.

Gerzon, M. (1982) *A Choice of Heroes: The Changing Face of American Manhood.* Boston: Houghton Mifflin.

Gilligan, C. (1982) *In a Different Voice: Psychological Theory and Women's Development.* Cambridge, Mass.: Harvard University Press.

Hall, D. J. (1986) *Imaging God: Dominion as Stewardship.* New York: Friendship.

Harris, J. G. (1987) *Biblical Perspectives on Aging: God and the Elderly.* Philadelphia: Fortress.

Hiltner, S., ed. (1975) *Toward a Theology of Aging.* New York: Human Sciences Press.

Imber-Black, E., J. Roberts, and R. Whiting, eds. (1988) *Rituals in Families and Family Therapy.* New York: Norton.

______ (1992) *Rituals for Our Times: Celebrating, Healing, and Changing Our Lives and Our Relationships.* New York: HarperCollins.

Jenson, R. W. (1982) *The Triune Identity: God According to the Gospel.* Philadelphia: Fortress.

______ (1988) *America's Theologian: A Recommendation of Jonathan Edwards.* New York: Oxford University.

Jordan, J. V. et al. (1991) *Women's Growth in Connection: Writings from the Stone Center.* New York: Guilford.

Kammen, M. (1986) *A Machine That Would Go of Itself: The Constitution in American Culture.* New York: Alfred A. Knopf.

Kanter, R. M. (1977) *Men and Women of the Corporation.* New York: Basic.

Kaufman, G. (1985) *Shame: The Power of Caring.* Cambridge, Mass.: Schenkman.

Keifert, P. R. (1992) *Welcoming the Stranger: A Public Theology of Worship and Evangelism.* Minneapolis, Minn.: Fortress.

Kenyon, G. M., J. E. Birren, and J. F. Schroots, eds. (1993) *Metaphors of Aging in Science and the Humanities.* New York: Springer.

Kimble, M. A. (1985) "The Surviving Majority: Differential Impact of Aging and Implications for Ministry." *Word and World* 5:395-404.

______ (1989) "The Nurture of the Elderly: Aging and the Crisis of Meaning." *Word and World* 9:154-65.

______ (1990) "Aging and the Search for Meaning." In Seeber, 111-29.

______ (1991) "Religion: Friend or Foe of the Aging?" *Second Opinion* 15:70-81.

Knierim, R. (1981) "Age and Aging in the Old Testament." In Clements, 21-36.

LaCugna, C. (1991) *God for Us: The Trinity and Christian Life.* San Francisco: Harper.

Lakoff, G., and M. Johnson (1980) *Metaphors We Live by.* Chicago: University of Chicago.

LeFevre, C., and P. LeFevre, eds. (1981) *Aging and the Human Spirit: A Reader in Religion and Gerontology.* Chicago: Exploration Press.

Lewis, M. I., and R. N. Butler (1984) "Why Is Women's Lib Ignoring Old Women?" In Minkler and Estes, 199-08.

Luepnitz, D. A. (1988) *The Family Interpreted: Psychoanalysis, Feminism, and Family Therapy.* New York: Basic.

Lyon, K. B. (1985) *Toward a Practical Theology of Aging.* Philadelphia: Fortress.

Mackinnon, C. A. (1990) "Legal Perspectives on Sexual Difference." In Rhode, 213-25.

Maitland, D. J. (1991) *Aging as Counterculture: A Vocation for the Later Years.* New York: Pilgrim.

Martz, S. (1991) *When I Am an Old Woman I Shall Wear Purple.* Watsonbille, Calif.: Papier-Mache.

Matteo, S., ed. (1993) *American Women in the Nineties: Today's Critical Issues.* Boston: Northeastern University.

Meeks, M. D. (1989) *God the Economist: The Doctrine of God and Political Economy.* Minneapolis, Minn.: Fortress.

Miles, M. R. (1989) *Carnal Knowing: Female Nakedness and Religious Meaning in the Christian West.* New York: Beacon.

Miller, M. (1979) *Suicide after Sixty.* New York: Springer.

Minkler, M., and C. L. Estes, eds. (1984) *Readings in the Political Economy of Aging.* Farmingdale, NY: Baywood.

______ (1991) *Critical Perspectives on Aging: The Political and Moral Economy of Growing Old.* Amityville, NY: Baywood.

Moltmann, J. (1981) *The Trinity and the Kingdom.* New York: Harper and Row.

Myerhoff, B. (1992) *Remembered Lives: The Work of Ritual, Storytelling, and Growing Older.* Ann Arbor, Mich.: University of Michigan.

Nathanson, D., ed. (1987) *The Many Faces of Shame.* New York: Guilford.

Nelson, G. M. (1986) *To Dance with God: Family Ritual and Community Celebration.* New York: Paulist.

Noddings, N. (1984) *Caring: A Feminine Approach to Ethics and Moral Education.* Berkeley, Calif.: University of California Press.

______ (1990) "Ethics from the Standpoint of Women." In Rhode, 160-73.

Nouwen, H. J. M., and W. J. Gaffney (1976) *Aging: The Fulfillment of Life.* New York: Doubleday.

Okin, S. M. (1989) *Justice, Gender, and the Family.* New York: Basic.

______ (1990) "Thinking Like a Woman." In Rhode, 145-59.

Osherson, S. (1992) *Wrestling with Love: How Men Struggle with Intimacy.* New York: Fawcett Columbine.

Peters, T. (1987a) "Trinity Talk: Part 1." Dialog 26:44-48.

______ (1987b) "Trinity Talk: part 2." Dialog 26:133-38.

Pleck, E. H., and J. H. Pleck, eds. (1980) *The American Man.* New Jersey: Prentice-Hall.

Ramshaw, E. (1987) *Ritual and Pastoral Care.* Philadelphia: Fortress.

Rhode, D. L., ed. (1990) *Theoretical Perspectives on Sexual Difference.* New Haven, Conn.: Yale University.

Rotundo, E. A. (1993) *American Manhood: Transformations in Masculinity from the Revolution to the Modern Era.* New York: Basic.

Rubin, L. B. (1979) *Women of a Certain Age: The Midlife Search for Self.* New York: Harper and Row.

Russell, L. M. ed. (1985) *Feminist Interpretation of the Bible.* Philadelphia: Westminster.

Saiving, V. (1960) "The Human Situation: A Feminine View." *Journal of Religion* 20:151-70.

______ (1988) "Our Bodies/Our Selves: Reflections on Sickness, Aging, and Death." *Journal of Feminist Studies in Religion* 4:117-25, Fall.

Sapp, S. (1987) *Full of Years: Aging and the Elderly in the Bible and Today.* Nashville: Abingdon.

______ (1992) *Light on a Gray Area: American Public Policy on Aging.* Nashville: Abingdon.

Seeber, J. J., ed. (1990) *Spiritual Maturity in the Later Year.* New York: Haworth.

Sidel, R. (1992) *Women and Children Last: The Plight of Poor Women in Affluent America.* New York: Viking Penguin.

Simmons, H. C. (1990) "Countering Cultural Metaphors of Aging." In Seeber, 153-66.

Sittler, J. (1986) *Gravity and Grace: Reflections and Provocations.* Minneapolis, Minn.: Augsburg.

______ (1986) "Aging: A Summing Up and a Letting Go." In Sittler, 119-27.

Smedes, L. B. (1993) *Shame and Grace: Healing the Shame We Don't Deserve.* San Francisco: Harper.

Sokolovsky, J., ed. (1990) *The Cultural Context of Aging: Worldwide Perspectives.* New York: Bergin and Garvey.

Spelman, E. V. (1988) *Inessential Woman: Problems of Exclusion in Feminist Thought.* Boston: Beacon.

Stagg, F. (1981) *The Bible Speaks on Aging.* Nashville: Broadmen.

Stokes, K., ed. (1982) *Faith Development in the Adult Life Cycle.* New York: W. H. Sadlier.

______ (1990) "Faith Development in the Adult Life Cycle." In Seeber, 167-84.

Thistlethwaite, S. B., and M. P. Engel, eds. (1990) *Lift Every Voice: Constructing Christian Theologies from the Underside.* San Francisco: Harper and Row.

Tilberg, C. W. (1984) *Revolution Underway: An Aging Church in an Aging Society.* Philadelphia: Fortress.

Tracy, D. (1975) "Eschatological Perspectives on Aging." In Hiltner, 119-34.

Tronto, J. C. (1993) *Moral Boundaries: A Political Argument for an Ethic of Care.* New York: Routledge.

Zizioulas, J. D. (1985) *Being as Communion.* New York: St. Vladimir's Seminary.

제33장

American Association of Retired Persons (1988) *Aging Society: A Challenge to Theological Education.* Washington, D.C., AARP.

Bonhoeffer, D. (1995) *Ethics.* New York: Macmillan.

______ (1959) *Creation and Fall.* New York: Macmillan.

Braaten, C., and R. Jenson, eds. (1984) *Christian Dogmatics.* Philadelphia: Fortress.

Clements, W. M., ed. (1981) *Ministry with the Aging.* San Francisco: Harper & Row.

Forde, G. (1984) "Christian Life." In Braaten and Jenson, 2:391-469.

Fowler, J. W. (1984) *Becoming Adult, Becoming Christian: Adult Development and Christian Faith.* San Francisco: Harper & Row.

Gilkey, L. (1979) *Message and Existence.* New York: Seabury Press.

Hodgson, P., and R. King, eds. (1985) *Christian Theology.* 2d ed. Philadelphia: Fortress Press.

Holmes, U. T. (1981) "Worship and Aging: Memory and Repentance." In Clements, 91-106.

Käsemann, E. (1980) *Commentary on Romans.* Grand Rapids, Mich.: Eerdmans.

Kolden, M. (1983) "Luther on Vocation." *Word & World* 3:382-90

______ (1990) "Ministry and Vocation for Clergy and Laity." In Nichol and Kolden, 195-207.

Kort, W. (1970) "John Updike's Fiction: Cross and Grace in Beruf." *Anglican Theological Review* 52:151-67.

Luther, M. (1963) "Lectures on Galatians." 1535. In *Luther's Works.* Edited by J. Pelikan and H. T. Lehmann. Vols. 26-27a. St. Louis: Concordia.

Lyon, K. B. (1985) *Toward a Practical Theology of Aging.* Philadelphia: Fortress Press.

Miguez Bonino, J. (1975) *Doing Theology in a Revolutionary Situation.* Philadelphia: Fortress Press.

Moltmann, J. (1967) *Theology of Hope.* New York: Harper & Row.

Neuhaus, R. (1979) *Freedom for Ministry.* San Francisco: Harper & Row.

Nichol, T., and M. Kolden, eds. (1990) *Called and Ordained.* Minneapolis, Minn.: Fortress Press.

Nibuhr, H. R. (1963) *The Responsible Self.* New York: Harper & Row.

Niebuhr, R. (1941) *The Nature and Destiny of Man.* Vol. 1. New York: Scribner's.

______ (1943) *The Nature and Destiny of Man.* Vol. 2. New York: Scribner's.

Pannenberg, W. (1991) *Systematic Theology.* Grand Rapids, Mich.: Eerdmans.

Ricoeur, P. (1967) *The Symbolism of Evil.* Boston: Beacon Press.

Sittler, J. (1972) *Essays on Nature and Grace.* Philadelphia: Fortress Press.

Thielicke, H. (1970) *Death and Life.* Philadelphia: Fortress Press.

Tillich, P. (1951) *Systematic Theology.* Vol. 1. University of Chicago Press.

______ (1957) *Dynamics of Faith.* New York: Harper.

Tracy, D. (1975) *Blessed Rage for Order.* New York: Seabury Press.

______ (1987) *Plurality and Ambiguity.* San Francisco: Harper & Row.

Westermann, C. (1974) *Creation.* Philadelphia: Fortress Press.

Wingren, G. (1957) *Luther on Vocation.* Philadelphia: Muhlenberg.

______ (1981) *Credo.* Minneapolis, Minn.: Fortress Press.

제35장

Adler, W. H. (1974) "An 'Autoimmune' Theory of Aging." In Rockstein, Sussman and Chesky, 33-42.

Atchley, R. C. (1971) "Retirement and Work Orientation." *The Gerontologist* 11:29-32.

______ (1991) *Social Forces and Aging.* 6th ed. Belmont, Calif.: Wadsworth.

Baltes, P. B., S. W. Cornelius, A. Spiro, J. R. Nesselroade, and S. L. Willis (1980) "Integration versus Differentiation in Fluid/Crystallized Intelligence in Old Age." *Developmental Psychology* 16:625-35.

Binstock, R., and E. Shanas, eds. (1985) *Handbook of Aging and the Social Sciences.* 2d ed. New York: Van Nostrand Reinhold.

Birren, J. E. (1959) *Handbook of Aging and the Individual.* Chicago: University of Chicago Press.

______ (1961) "A Brief History of the Psychology of Aging." *Gerontologist* 1:67-77.

______ (1964) *The Psychology of Aging.* Englewood Cliffs, N.J.: Prentice-Hall.

______ (1970) "Toward an Experimental Psychology of Aging." *American Psychologist* 25:124-35.

______ (1988) "A Contribution to the Theory of the Psychology of Aging: As Counterpart of Development." In Birren and Bengtson, 153-76.

Birren, J. E., and V. L. Bengton, eds. (1988) *Emergent Theories of Aging.* New York: Springer.

Birren, J. E., and B. A. Birren (1990) "The Concepts, Models, and History of the Psychology of Aging." In Birren and Schaie, 3-20.

Birren, J. E., and W. R. Cunningham (1985) "Research on the Psychology of Aging." In Birren and Schaie, 3-34.

Birren, J. E., and L. M. Fisher (1992) "Speed of Behavior as a Reflection of Health and Aging." ERGO. Amsterdam, The Netherlands.

Birren, J. E., and J. C. Lanum (1991) "The Metaphors of Psychology and Aging." In Kenyon, Birren, and Schroots, 103-29.

Birren, J. E., and V. J. Renner (1980) "Concepts and Issues of Mental Health and Aging." In Birren and Sloane, 3-34.

Birren, J. E., and K. W. Schaie, eds. (1977) *Handbook of the Psychology of Aging.* New York: Van Nostrand Reinhold.

______ (1985) *Handbook of the Psychology of Aging.* 2d ed. New York: Van Nostrand Reinhold.

______ (1990) *Handbook of the Psychology of Aging.* 3d ed. New York: Academic Press.

Birren, J. E., and J. F. Schroots (1984) "Steps to and Ontogenetic Psychology." *Academic Psychology Bulletin* 6:177-90.

Birren, J. E., and R. B. Sloane, eds. (1980) *Handbook of Mental Health and Aging.*

Englewood Cliffs, N.J.: Prentice-Hall.

Bjorksten, J. (1974) "Crosslinkage and the Aging Process." In Rockstein, Sussman, and Chesky, 43-59.

Blau, P. M. (1964) *Exchange and Power in Social Life.* New York: Wiley.

Blazer, D. G. (1982) "The Epidemiology of Late Life Depression." *Journal of the American Geriatrics Society* 30:581-92.

Botwinick, J. (1978) *Aging and Behavior.* 2nd ed. New York: Springer.

Boyd, J. H., and M. M. Weissman (1982) "Epidemiology." In Paykel, 109-25.

Bronfenbrenner, U. (1977) "Towards an Experimental Ecology of Human Development." *American Psychologist* 32:513-31.

Brozek, J. (1955) "Personality Changes with Age: An Item Analysis of the MMPI." *Journal of Gerontology* 10:194-95.

Burgess, E. W. (1960) "Aging in Western Culture." In Burgess ed., 3-28.

Burgess, E. W., ed. (1960) *Aging in Western Societies.* Chicago: University of Chicago Press.

Butler, R. N., and M. I. Lewis (1977) *Aging and Mental Health.* 2d ed. St. Louis: C. V. Mosby.

Calden, G., and J. E. Hokanson (1959) "The Influence of Age on MMPI Responses." *Journal of Clinical Psychology* 15:194-95.

Canestrari, R. E., Jr. (1963) "Paced and Self-Paced Learning in Young and Elderly Adults." *Journal of Gerontology* 18:165-68.

Cavan, R. S., W. Burgess, R. J. Havighurst, and H. Goldhammer (1949) *Personal Adjustment in Old Age.* Chicago: Science Research Associates.

Cerella, J. (1985) "Information Processing Rates in the Elderly." *Psychological Bulletin* 98:67-83.

______ (1991) "Aging and Information-Processing Rate." In Birren and Schaie, 201-21.

Cerella, J., L. W. Poon, and D. M. Williams (1980) "A Quantitative Theory of Mental Processing Time and Age." In Poon, 332-40.

Chown, S. M. (1961) "Age and the Rigidities." *Journal of Gerontology* 30:216-24.

______ (1972) "The Effect of Flexibility-Rigidity and Age on Adaptability in Job Performance." *Industrial Gerontology* 13:105-21.

Comfort, A. (1964) *Ageing: The Biology of Senescence.* San Francisco: Holt, Reinhart and Winston.

Cornelius, S. W. (1984) "Classic Pattern of Intellectual Aging: Test Familiarity, Difficulty, and Performance." *Journal of Gerontology* 39:201-6.

Costa, P. T., and R. R. McCrae (1985) "Hypochrondriasis, Neuroticism, and Aging: When Are Somatic Complaints Unfounded?" *American Psychologist* 40:19-28.

Costa, P. T., Jr., A. B. Zonderman, R. R. McCrae, J. Cornoni-Huntley, B. Z. Locke, and H. E. Barbano (1987) "Longitudinal Analyses of Psychological Well-Being in a National Sample: Stability and Mean Levels." *Journal of Gerontology* 42:50-55.

Craig, T. J., and P. A. Van Nata (1979) "Influence of Demographic Characteristics on Two Measures of Depressive Symptoms: The Relation of Prevalence and

Persistence of Symptoms with Sex, Age, Education, and Marital Status." *Archives of General Psychiatry* 36:149-54.

Cristofalo, V. J. (1988) "An Overview of the Theories of Biological Aging." In Birren and Bengtson, 118-27.

Cumming, E., and W. E. Henry (1961) *Growing Old: The Process of Disengagement.* New York: Basic Books.

Cunningham, W. R., and J. E. Birren (1980) "Age Changes in the Factor Structure of Intellectual Abilities in Adulthood and Old Age." *Educational and Psychological Measurement* 40:271-90.

Cutler, R. G. (1982) "The Dysdifferentiative Hypothesis of Mammalian Aging and Longevity." In Giacobini et al., 1-19.

Dannefer, D. (1988) "What's in a Name? An Account of the Neglect of Variability in the Study of Aging." In Birren and Bengtson, 356-84.

Darwin, C. (1859) *On the Origin of the Species by Natural Selection.* London: John Murray.

Denney, N. W. (1982) "Aging and Cognitive Changes." In Wolman, 37-66.

Dillman, V. M. (1981) *The Law of Deviation of Homeostasis and Diseases of Aging.* Boston: J. Wright/PSG.

Dowd, J. J. (1975) "Aging as Exchange: A Preface to Theory." *Journal of Gerontology* 30:584-94.

______ (1978) "Aging as Exchange: A Test of the Distributive Justice Proposition." *Pacific Sociological Review* 21:351-75.

______ (1980) *Stratification among the Aged.* Monterey, Calif.: Brooks-Cole.

Emerson, R. M. (1976) "Social Exchange Theory." *Annual Review of Sociology* 2:335-62.

Enesco, H. F., and P. Kruk (1981) "Dietary Restriction Reduces Age Pigment Accumulation in Mice." *Experimental Gerontology* 16:357-61.

Erikson, E. H. (1959) "Identity and the Life Cycle." *Psychological Issues* 1:18-164.

Estes, C. L. (1979) *The Aging Enterprise.* San Francisco: Jossey-Bass.

Estes, C. L., and E. A. Binney (1989) "The Biomedicalization of Aging: Dangers and Dilemmas." *The Gerontologist* 29 (5):587-96.

Finch, C. E., and Hayflick, eds. (1977) *Handbook of the Biology of Aging.* New York: Van Nostrand Reinhold.

Finch, C. E., and P. W. Landfield (1985) "Neuroendocrine and Automatic Functions in Aging Mammals." In Finch and Schneider, 567-94.

Finch, C. E., and E. L. Schneiders, eds. (1985) *Handbook of the Biology of Aging.* New York: Van Nostrand Reinhold.

Fiske, M. (1980) "Changing Hierarchies of Commitment in Adulthood." In Smelser and Erikson, 238-64.

Fiske, M., and D. A. Chiriboga (1990) *Change and Continuity in Adult Life.* San Francisco: Jossey-Bass.

Foner, A. (1974) "Age Stratification and Age Conflict in Political Life." *American Sociological Review* 39:1081-1104.

______ (1986) *Aging and Old Age: New Perspectives.* Englewood Cliff, N.J.: Prentice-Hall.

Freud, S. (1924) *Collected Papers.* Vol. 1. London: Hogarth Press.

______ (1924) "Sexuality in the Aetiology of the Neuroses." In Freud, 220-48.

Galton, F. (1883) *Inquiries into Human Faculty and Its Development.* London: Macmillian.

Giacobini, E. et al., eds. (1982) *The Aging Brain: Cellular and Molecular Mechanisms of Aging in the Nervous System.* New York: Raven.

Greene, V. L. (1983) "Age Dynamic Models of Information-Processing Task Latency: A Theoretical Note." *Journal of Gerontology* 38:46-50.

Gruman, G. J. (1966) "A History of Ideas about the Prolongation of Life: The Evolution of the Prolongevity Hypothesis to 1800." *The American Philosophical Society Transactions* 56: Part 9.

Gubrium, J. F., and R. J. Lynott (1983) "Rethinking Life Satisfaction." *Human Organization* 42:30-38.

Hagestad, G. O., and B. L. Neugarten (1985) "Age and the Life Course." In Binstock and Shanas, 35-61.

Hall, G. S. (1922) *Senescence, the Second Half of Life.* New York: Appleton.

Havighurst, R. J. (1972) *Developmental Tasks and Education.* 3d ed. New York: McKay.

Hayflick, L. (1977) "The Cellular Basis for Biological Aging." In Finch and Hayflick, 159-86.

Heglin, H. J. (1956) "Problem Solving Set in Different Age Groups." *Journal of Gerontolgy* 11:310-17.

Hirschfield, R. M. A., and C. K. Cross (1982) "Epidemiology of Affective Disorders: Psychosocial Risk Factors." *Archives of General Psychiatry* 39:35-46.

Hulicka, I. M. (1965) *Age Group Comparisons for the Use of Mediators.* Paper presented at the Annual Meeting of the Southwestern Psychological Association, Oklahoma City, Okla.

Hulicka, I. M., and J. L. Grossman (1967) "Age-Group Comparisons for the Use of Mediators in Paired Associate Learning." *Journal of Gerontology* 22:46-51.

Kausler, D. H. (1991) *Experimental Psychology, Cognition, and Human Aging.* 2d ed. New York: Springer.

Kenyon, G. M., J. E. Birren, and J. J. F. Schroots, eds. (1991) *Metaphors of Aging in Science and the Humanities.* New York: Springer.

Kohn, M. L., and C. Schooler (1983) *Word and Personality: An Inquiry into the Impact of Social Stratification.* Norwood, N.J.: Ablex.

Korchin, S. J., and H. Basowitz (1957) "Age Differences in Verbal Learning." *Journal of Abnormal and Social Psychology* 54:64-69.

Kramer, D. A., and D. S. Woodruff (1984) "Breadth of Categorization and Metaphoric Processing: A Study of Young and Older Adults." *Research on Aging* 6:271-86.

Kuypers, J. A., and V. L. Bengtson (1973) "Social Breakdown and Competence: A Model of Normal Aging." *Human Development* 16:181-201.

Labouvie-Vief, G., and F. Blanchard-Fields (1982) "Cognitive Aging and Psychological Growth." *Aging and Society* 2:183-209.

Loevinger, J. (1976) *Ego Development: Conception and Theories.* San Francisco: Jossey-Bass.

Longino, C. F., and A. Lipman (1982) "The Married, the Formerly Married and the Never Married: Support System Differentials in Planned Retirement Communities." *The International Journal of Aging and Human Development* 15:285-97.

Lowenthal, M. F. (1975) "Psychosocial Variations across the Adult Life Course: Frontiers for Research and Policy." *The Gerontologist* 15 (1):6-12.

Masaro, E. J. (1984) "Food Restrictions and the Aging Process." *Journal of the American Geriatric Society* 32:296-302.

Matras, J. (1990) *Dependency, Obligations, and Entitlements: A New Sociology of Aging, the Life Course, and the Elderly,* Englewood Cliffs, N.J.: Prentice-Hall.

McCrae, R. R., and P. R. Costa, Jr. (1984) *Emerging Lives, Enduring Dispositions: Personality in Adulthood.* Boston: Little.

Nebes, R. D. (1980) "Vocal versus Manual Responses as a Determinant of Age Differences in Simple Reaction Time." *Journal of Gerontology* 33:884-89.

Nebes, R. D., and M. E. Andrews-Kulis (1976) "The Effect of Age on the Speed of Sentence Formation and Incidental-Learning." *Experimental Aging Research* 2:315-31.

Neugarten, B. L. (1977) "Personality and Aging." In Birren and Schaie, 626-49.

Neugarten, B. L., & Associates (1974) *Personality in Middle and Late Life.* New York: Atherton.

O'Rand, A. M., and J. C. Henretta (1984) "Delayed Career Entry, Industrial Pension Structure, and Early Retirement in a Cohort of Unmarried Women." *American Sociologist* 47:365-73.

Paykel, E. S., ed. (1982) *Handbook of Affective Disoders.* New York: Guilford Press.

Poon, L. W., ed. (1980) *Aging in the 80's: Selected Contemporary Issues in the Psychology of Aging.* Washington, D.C.: American Psychological Association.

Quetelet, A. (1969) *A Treatise on Man.* (1835) New York: Franklin.

Renner, V. J. (1977) "Research on the Psychology of Aging: Principles and Experimentation." In Birren and Schaie, 3-38.

Rockstein, M. (1974) "The Genetic Basis of Longevity." In Rockstein, Sussman, and Chesky, 1-10.

Rockstein, M., M. L. Sussman, and J. Chesky, eds. (1974) *Theoretical Aspects of Aging.* New York: Academic Press.

Rose, A. M. (1965) "The Subculture of Aging: A Framework for Research in Social Gerontology." In Rose and Peterson, 3-16.

Rose, A. M., and W. A. Peterson, eds. (1965) *Older People and Their Social World.* Philadelphia: Davis.

Rose, M. R. (1991) *Evolutionary Biology of Aging.* New York: Oxford University Press.

Rossi, A. S., ed. (1985) *Gender and the Life Course.* New York: Aldine de Gruyter.

Rubner, M. (1908) "Probleme des Wachstums und der Lebensdauer." *Gesellschaft Für Innere Medizin und Kinderheilkunde* 7:58-81.

Sacher, G. E. (1977) "Life Table Modification and Life Prolongation." In Finch and Hayflick, 582-638.

Salthouse, T. A. (1982) *Adult Cognition: An Experimental Psychology of Human Aging.* New York: Springer.

______ (1985a) *A Theory of Cognitive Aging.* Amsterdam: Elsevier.

______ (1985b) "Speed of Behavior and Its Implications for Cognition." In Birren and Schaie, 400-26.

Salthouse, T. A., D. H. Kausler, and J. S. Saults (1988) "Utilization of Path-Analytic Procedures to Investigate the Role of Processing Resources in Cognitive Aging." *Psychology and Aging* 3:29-37.

Schaie, K. W. (1958) "Rigidity-Flexibility and Intelligence: A Cross-Sectional Study of the Adult Life Span from 20 to 70 Years." *Psychological Monographs: General and Applied.* 72, no. 9.

______ (1977-78) "Toward a Stage Theory of Adult Cognitive Development." *International Journal of Aging and Human Development* 8:129-36.

Schaie, K. W., and J. Geiwitz (1982) *Adult Development and Aging.* Boston: Little.

Schaie, K. W., and J. A. Parham (1976) "Stability of Adult Personality: Fact or Fable?" *Journal of Personality and Social Psychology* 9:151-66.

Schaie, K. W., and C. Schooler, eds. (1989) *Social Structure and Aging: Psychological Processes.* Hillsdale, N.J.: Erlbaum Associates.

Sinex, F. M. (1974) "The Mutation Theory of Aging." In Rockstein, Sussman, and Chesky, 1-10.

Slater, P. E., and H. A. Scarr (1964) "Personality in Old Age." *Genetic Psychology Monographs* 70:229-69.

Smelser, N. J., and E. H. Erikson, eds. (1980) *Themes of Work and Love in Adulthood.* Cambridge, Mass.: Harvard University Press.

Smith, J. M. (1957) "Genetic Variations in Ageing." In Yapp and Bourne, 115-22.

Staude, J. R. (1981) *The Adult Development of C. G. Jung.* Boston: Routledge and Kegan Paul.

Swenson, W. M. (1961) "Attitudes toward Death in an Aged Population." *Journal of Gerontology* 16:49-52.

Treat, N. J., L. W. Poon, J. L. Fozard, and S. J. Popkin (1978) "Toward Applying Cognitive Skill Training to Memory Problems." *Experimental Aging Research* 4:305-19.

Vaillant, G. E. (1977) *Adaptation to Life.* Boston: Little.

Walford, R. L. (1969) *The Immunologic Theory of Aging.* Copenhagen: Munksgaard.

Wallerstein, E. (1979) *The Capitalist World-Economy.* New York: Cambridge University Press.

Waugh, N. C. (1980) "Age-related Differences in Acquisition of a Verbal Habit." *Perception and Motor Skills* 50:435-38.

Witte, K. L. and J. S. Freund (1976) "Paired-Associate Learning in Young and Old Adults as Related to Stimulus Concreteness and Presentation Method." *Journal of Gerontology* 31:186-92.

Wolman, B. B., ed. (1982) *Handbook of Developmental Psychology.* Englewood Cliffs, N.J.: Prentice-Hall.

Woodruff, D. S., and J. E. Birren (1972) "Age Changes and Cohort Differences in Personality." *Developmental Psychology* 6:252-59.

Woodruff-Pak, D. S. (1988) *Psychology and Aging.* Englewood Cliffs, N.J.: Prentice-Hall.

Yapp, W. B., and G. H. Bourne, eds. (1957) *The Biology of Ageing.* London: Institute of Biology.

제36장

Bedell, K., ed (1993) *Yearbook of American and Canadian Churches.* Nashville: Abington Press.

Birren, J. E., and V. L. Bengston (1988) *Emergent Theories of Aging.* New York: Springer.

Boyle, S. P. (1983) *The Desert Blooms: A Personal Adventure in Growing Old Creatively.* Nashville: Abingdon.

Brewer, E. D. C. (1979) "Life Stages and Spiritual Well-Being." In Moberg, 99-111.

______ (1986) "Research in Religion: An Unlikely Scenario." *Journal of Religion and Aging* 3:91-102.

Buckley, W. (1967) *Sociology and Modern Systems Theory.* Englewood Cliffs, N.J.: Prentice-Hall.

Chappell, N. L. and H. L. Orbach (1986) "Socialization in Old Age: A Median Perspective." In Marshall, 75-106.

Coser, L. A. (1956) *The Functions of Social Conflict.* New York: Free Press.

Cowgill, D. O., and L. D. Holmes, eds. (1972) *Aging and Modernization.* New York: Appleton-Century-Crofts.

Dowd, J. J. (1980) *Stratification among the Aged.* Monterey, Calif.: Brooks-Cole.

Durkheim, E. (1947) *The Elementary Forms of Religious Life.* Glencoe, Ill.: Free Press.

______ (1964) *The Division of Labor in Society.* New York: Free Press.

Gallup, G., Jr., and J. Castelli (1989) *The People's Religion: American Faith in the 90's.* New York: Macmillan.

Hauser, P. M., and D. Duncan (1959) *The Study of Population.* Chicago: University of Chicago Press.

Marshall, V. W. (1986) *Laterlife: The Social Psychology of Aging.* Beverly Hills: Sage.

Marx, K. (1904) *A Contribution to the Critique of Political Economy.* New York: International Library.

Matras, J. (1973) *Populations and Societies.* Englewood Cliffs, N.J.: Prentice-Hall.

Mead, G. H. (1934) *Mind, Self and Society.* Chicago: University of Chicago Press.

Moberg, D. (1979) *Spiritual Well-Being: Sociological Perspectives.* Washington, D.C.: University Press of America.

Moore, W. E. (1963) *Social Change.* Englewood Cliffs, N.J.: Prentice-Hall.

National Institute on Aging, and Bureau of the Census (1987) *America's Centenarians: Data from the 1980 Census.* U.S. Dept. of Commerce, Bureau of the Census. Washington, D.C.: U.S. Government Printing Office.

Parsons, T. (1951) *The Social System.* Glencoe, Ill.: Free Press.

Payne, B. P. (1990) "Spiritual Maturity and Meaning-Filled Relationships: A Sociological Perspective." In Seeber, 25-39.

Riley, M., and A. Foner (1968) *Aging and Society.* New York: Russell Sage.

Seeber, J. J., ed. (1990) *Spiritual Maturity in Later Life.* New York: Haworth.

Thomas, W. I., and D. S. Thomas (1928) *The Child in America.* New York: Knopf.

Toennies, F. (1963) *Community and Society.* New York: Harper & Row.

Turner, J. H. (1978) *The Structure of Sociological Theory.* Rev. ed. Homewood, Ill.: Dorsey.

U.S. Senate Special Committee on Aging. AARP, FCA, and AoA (1986) *Aging America: Trends and Projections,* 1985-86 ed. Washington, D.C.: U.S. Government Printing Office.

von Bertalanffy, L. (1968) *General System Theory.* New York: George Braziller.

Weber, M. (1963) *The Sociology of Religion.* Boston: Beacon Press.

Wheelwright, P. (1959) *Heraclitus.* Princeton, N.J.: Princeton University Press.

제37장

Albrecht, R. (1951) "The Social Roles of Old People." *Journal of Gerontology* 6:138-45.

Alexander, F., and R. W. Duff (1991) "Influence of Religiosity and Alcohol Use on Personal Well-Being." *Journal of Religious Gerontology* 8 (2):11-25.

Bassett, R. L., W. Camplin, D. Humphrey, C. Dorr, S. Biggs, R. Distaffen, I. Doxtator, M. Flaherty, P. J. Hunsberger, R. Poage, and H. Thompson (1991) "Measuring Christian Maturity: A Comparison of Several Scales." *Journal of Psychology and Theology* 19 (1):84-93.

Benner, D. G., ed. (1991) "Special Issue — Spirituality: Perspectives in Theory and Research." *Journal of Psychology and Theology* 19 (1):1-177.

Blazer, D. B., and E. Palmore (1976) "Religion and Aging in a Longitudinal Panel." *The Gerontologist* 16 (1):82-85.

Britton, J. H. (1949) "A Study of the Adjustment of Retired School Teachers." Dissertation, University of Chicago.

Britton, J. O. (1949) "A Study of the Adjustment of Retired YMCA Secretaries." Dissertation, University of Chicago.

Bufford, R. K., R. F. Paloutzian, and C. W. Ellison (1991) "Norms for the Spiritual Well-Being Scale." *Journal of Psychology and Theology* 19:56-70.

Burgess, A., K. Jessup, and C. Tenove (1960) "The Relationship between Religion and Personal Adjustment in Old Age." Bethel College, St. Paul, Minn.: (unpublished paper).

Burgess, E. W., R. S. Cavan, and R. J. Havighurst (1948) *Your Activities and Attitudes.* Chicago: Science Research Associates.

Byrd, R. C. (1988) "Positive Therapeutic Effects of Intercessory Prayer in a Coronary Care Unit Population." *Southern Medical Journal* 81 (7):826-29.

Carson, V. B. (1988) *Spiritual Dimensions of Nursing Practice.* Orlando, Fla.: Saunders.

Cavan, R. S., E. W. Burgess, R. J. Havighurstm, and H. Goldhamer (1949) *Personal Adjustment in Old Age.* Chicago: Science Research Associates.

Chapin, F. S. (1947) *Experimental Designs in Sociological Research.* New York: Harper and Bros.

Coke, M. M. (1991) *Correlates of Life Satisfaction among the African-American Elderly.* New York: Garland.

Covalt, N. K. (1960) "The Meaning of Religion to Older People." *Geriatrics* 15:658-64.

Cox, H., and A. Hammonds (1988) "Religiosity, Aging, and Life Satisfaction." *Journal of Religion and Aging* 5 (1-2):1-21.

Craigie, F. C., Jr., D. B. Larson, and I. Y. Liu (1990) "References to Religion in *The Journal of Family Practice.*" *Journal of Family Practice* 30 (4):477-80.

Craigie, F. C., Jr,. I. Y. Liu, D. B. Larson, and J. S. Lyons (1988) "A Systematic Analysis of Religious Variables in *The Journal of Family Practice,* 1976-1986." *Journal of Family Practice* 27 (5):509-13.

Cumming, E., and W. E. Henry (1961) *Growing Old: The Process of Disengagement.* New York: Basic Books.

Denzin, N. K. (1989) *The Research Act: A Theoretical Introduction to Sociological Methods.* 3d ed. Englewood Cliffs, N.J.: Prentice-Hall.

Ellison, C. W. (1983) "Spiritual Well Being: Conceptualization and Measurement." *Journal of Psychology and Theology* 11 (4):330-39.

Ellison, C. W., and J. Smith (1991) "Toward an Integrative Measure of Health and Well-Being." *Journal of Psychology and Theology* 19 (1):35-48.

Ellor, J. W., J. Stettner, and H. Spath (1987) "Ministry with the Confused Elderly." *Journal of Religion and Aging* 4 (2):21-33.

Ferraro, K. F., ed. (1990) *Gerontology: Perspectives and Issues.* New York: Springer.

Fish, S., and J. A. Shelly (1988) *Spiritual Care: The Nurse's Role.* 3d ed. Downers Grove, Ill.: InterVarsity Press.

Foglio, J. P., and H. Brody (1988) "Religion, Faith, and Family Medicine." *Journal of Family Practice* 27 (5):473-74.

Fry, C., and J. Keith (1986) *New Methods for Old-Age Research.* Westport, Conn.: Bergin and Garvey.

Gartner, J., D. B. Larson, and C. D. Vachar-Mayberry (1990) "A Systematic Review of the Quantity and Quality of Empirical Research Published in Four Pastoral Counseling Journals: 1975-1984." *Journal of Pastoral Care* 44 (2):115-23.

Georgemiller, R. J., and S. H. Getsinger (1987) "Reminiscence Therapy: Effects on More and Less Religious Elderly." *Journal of Religion and Aging* 4 (2):47-58.

Glock, C. Y. (1962) "On the Study of Religious Commitment." *Religious Education* 57

(Research Supplement): S98-110.

Gonzales-Singh, E. E. (1977) "The Comfort of the Known in the Unknown World of the Elderly's Mental Illness." Paper presented at the National Intra-Decade Conference on Spiritual Well-Being of the Elderly, Atlanta, Ga. (April).

Gorsuch, R. L. (1990) "Measurement in Psychology of Religion Revisited." *Journal of Psychology and Christianity* 9 (2):82-92.

Greenwood, E. (1945) *Experimental Sociology: A Study in Method.* New York: King's Crown.

Gross, G. D. (1985) "The Spiritual Lifeline: An Experiential Exercise." *Journal of Religion and Aging* 1 (3):31-37.

Hall, G. S. (1922) *Senescence: The Last Half of Life.* New York: Appleton.

Hateley, B. J. (1985) *Telling Your Story, Exploring Your Faith.* St. Louis, Mo.: Chalice.

Kimmel, A. J. (1988) *Ethics and Values in Applied Social Research.* Newbury Park, Calif.: Sage.

Kirkpatrick, L. A. (1989) "A Psychometric Analysis of the Allport-Ross and Feagin Measures of Intrinsic-Extrinsic Religious Orientation." In M. L. Lynn and D. O. Moberg, eds., *Research in the Social Scientific Study of Religion.* Greenwich, Conn.: JAI Press, 1-31.

Koenig, H. G. (1990) "Research on Religion and Mental Health in Later Life: A Review and Commentary." *Journal of Geriatric Psychiatry* 23 (1):23-53.

______ (1994) *Aging and God: Spiritual Pathways to Mental Health in Midlife and Later Years.* New York: Haworth.

Koenig, H. G., M. Smiley, and J. A. P. Gonzales (1988) *Religion, Health, and Aging: A Review and Theoretical Integration.* Westport, Conn.: Greenwood.

Kübler-Ross, E. (1969) *On Death and Dying.* New York: Macmillan.

Landis, J. T. (1942) "Hobbies and Happiness in Old Age." *Recreation* 35:607, 641-42.

Larson, D. B., M. J. Donahue, J. S. Lyons, P. L. Benson, M. Pattison, E. L. Worthington, Jr., and D. G. Blazer (1989) "Religious Affiliations in Mental Health Research Samples as Compared with National Samples." *Journal of Nervous and Mental Disease* 177 (2):109-11.

Larson, D. B., H. G. Koenig, B. H. Kaplan, R. S. Greenberg, E. Logue, and H. A. Tyroler (1989) "The Impact of Religion on Men's Blood Pressure." *Journal of Religion and Health* 28 (4):265-78.

Larson, D. B., E. M. Pattison, D. G. Blazer, A. R. Omran, and B. H. Kaplan (1986) "Systematic Analysis of Research on Religious Variables in Four Major Psychiatric Journals, 1978-1982." *American Journal of Psychiatry* 143 (3):329-34.

Lawton, G. (1943) "Happiness in Old Age." *Mental Hygiene* 27:231-37.

Lawton, M. P., and A. R. Herzog (1989) *Special Research Methods for Gerontology.* Amityville, N.Y.: Baywood.

Ledbetter, M. F., L. A. Smith, J. D. Fischer, W. L. Vosler-Hunter, and G. P. Chew (1991) "An Evaluation of the Construct Validity of the Spiritual Well-Being Scale." *Journal of Psychology and Theology* 19 (1):94-102.

Mindel, C .H., and C. E. Vaughan (1978) "A Multidimensional Approach to Religiosity and Disengagement." *Journal of Gerontology* 33:103-8.

Moberg, D. O. (1950) "The Influence of Religion on Personal Adjustment in Old Age." Unpublished manuscript.

______ (1951) "Religion and Personal Adjustment in Old Age." Dissertation, Univ. of Minnesota.

______ (1954) "Two Problems of Experimental Designs." *The Midwest Sociologist* 16 (1):10-12.

______ (1967) "The Encounter of Scientific and Religious Values Pertinent to Man's Spiritual Nature." *Sociological Analysis* 28:22-33.

______ (1983) "The Ecological Fallacy." *Generations* 8 (1):12-14.

______ (1984) "Subjective Measures of Spiritual Well-Being." *Review of Religious Research* 25:351-64.

______ (1986) "Spirituality and Science: The Progress, Problems, and Promise of Scientific Research on Spiritual Well-Being." *Journal of the American Scientific Affiliation* 38:186-94.

______ (1990a) "Religion and Aging." In Ferraro, 179-205.

______ (1990b) "Religion and Personal Adjustment in Old Age: Replication and Explication." *RIE: Resources in Education* No. ED320062 RIENOV90. Ann Arbor, Mich.: ERIC/CAPS Clearinghouse, Univ. of Michigan.

Moody, R. A. (1976) *Life after Life: The Investigation of a Phenomenon—Survival of Bodily Death.* New York: Bantam Books.

Oles, E. S. (1949) "Religion and Old Age: A Study of the Possible Influence of Religious Adherence on Adjustment." Thesis, Bucknell Univ. Dept. of Psychology.

Orbach, H. L. (1961) "Aging and Religion: Church Attendance in the Detroit Metropolitan Area." *Geriatrics* 16:530-40.

Ortega, S. T., R. D. Crutchfield, and W. A. Rushing (1983) "Race Differences in Elderly Personal Well-Being: Friendship, Family, and Church." *Research on Aging* 5 (1):101-18.

Palouzian, R. F., and C. W. Ellison (1982) "Loneliness, Spiritual Well-Being and Quality of Life." In Peplau and Perlman, 224-37.

Pan, J. S. (1951) "Factors in the Personal Adjustment of Old People in Protestant Homes for the Aged." *American Sociological Review* 16:379-81.

Pargament, K. I., K. I. Maton, and R. Hess, eds. (1992) *Religion as a Resource for Preventive Action: Conceptual and Empirical Foundations.* New York: Haworth.

Peplau, L. A., and D. Perlman, eds. (1982) *Loneliness: A Sourcebook of Current Theory, Research and Therapy.* New York: Wiley Interscience.

Pressey, S. L., and E. Simcoe (1950) "Case Study Comparisons of Successful and Problem Old People." *Journal of Gerontology* 5:68-175.

Pressman, P., J. S. Lyons, D. B. Larson, and J. J. Strain (1990) "Religious Belief, Depression, and Ambulation Status in Elderly Women with Broken Hips." *American Journal of Psychiatry* 147 (6):758-60.

Rawlings, M. (1978) *Beyond Death's Door.* Nashville: Nelson.

______ (1980) *Before Death Comes.* Nashville: Nelson.

______ (1994) *To Hell and Back.* Nashville: Nelson.

Renfrew, K., J. R. Svendsen, M. Valdas, and J. E. Williams (1961) "Religion and Personal Adjustment in Old Age." Unpublished paper, Bethel College, St. Paul, Minn.

Schaie, K. W., R. T. Campbell, W. Meredith, and S. O. Rawlings, eds. (1988) *Methodological Issues in Aging Research.* New York: Springer.

Schiller, P. L., and J. S. Levin (1988) "Is There a Religious Factor in Health Care Utilization?: A Review." *Social Science and Medicine* 27 (12):1369-79.

Schmidt, J. F. (1951) "Patterns of Poor Adjustment in Old Age." *American Journal of Sociology* 57:33-42.

Shanas, E. (1949) *The Personal Adjustment of Recipients of Old Age Assistance.* Dissertation, Univ. of Chicago.

Steinitz, L. Y. (1980) "Religiosity, Well-Being, and Weltanschauung among the Elderly." *Journal for the Scientific Study of Religion* 19:60-67.

Witter, R. A., W. A. Stock, M. A. Okun, and M. J. Haring (1985) "Religion and Subjective Well-Being in Adulthood: A Quantitative Synthesis." *Review of Religious Research* 26:332-42.

Young, C. H., K. L. Savola, and E. Phelps (1991) *Inventory of Longitudinal Studies in the Social Sciences.* Newbury Park, Calif.: Sage.

제38장

Achenbaum, W. A. (1992) "Afterword: Integrating the Humanities into Gerontologic Research, Training, and Practice." In Cole, Van Tassel, and Kastenbaum, 458-72.

Ainlay, S. C., and D. R. Smith (1984) "Aging and Religion Participation." *Journal of Gerontology* 39 (3):357-63.

Alston, J., and L. Alston (1980) "Religion and the Older Woman." In Fuller and Martin, 262-78.

Alston, J. P., and C. R. Wingrove (1974) "Cohort Analysis of Church Attendance." *Social Forces* 53 (2):324.

Atchley, R. C. (1972) *Social Forces and Aging: An Introduction to Social Gerontology.* Belmont, Calif.: Wadsworth.

______ (1982) "The Process of Retirement: Comparing Women and Men." In Szinovacz, 153-56.

______ (1988) "Retiree Bashing: No Good Deed Goes Unpunished." *Generations* 13 (2):21-22.

______ (1991) *Social Forces in Late Life.* Belmont, Calif.: Wadsworth.

Belgrave, L. L. (1988) "The Effects of Race Differences in Work History, Work Attitudes, Economic Resources, and Health in Women's Retirement." *Research on Aging* 10 (3):383-98.

Binstock, R. H. (1983) "The Aged as Scapegoat." *The Gerontologist* 23 (2):136-43.

Birren, J. E., and V. L. Bengtson, eds. (1988) *Emerging Theories of Aging.* New York: Springer.

Birren, J. E., and V. Clayton (1975) "History of Gerontology." In Woodruff and Birren, 15-27.

Blazer, D. G., and E. Palmore (1976) "Religion and Aging in a Longitudinal Panel." *The Gerontologist* 16 (1):82-85.

Burgess, E. W. (1960) "Aging in Western Culture." In Burgess, 3-28.

Burgess, E. W., ed. (1960b) *Aging in Western Societies.* Chicago: Univ. of Chicago Press.

Busse, E. W., and G. L. Maddox (1985) *The Duke Longitudinal Studies of Normal Aging: 1955-1980.* New York: Springer.

Cavan, R. S., E. W. Burgess, R. J. Habighurst, and H. Goldhammer (1949) *Personal Adaptation to Old Age.* Chicago: Science Research Associates.

Cole, T. R., D. D. Van Tassel, and R. Kastenbaum, eds. (1992) *Handbook of the Humanities and Aging.* New York: Springer.

Courtenay, B. C. et al. (1992) "Religiosity and Adaptation in the Oldest-Old." *The International Journal of Aging and Human Development* 34 (1):47-56.

Cowdry, E. V., ed. (1939) *Problems of Aging.* Baltimore: Walhams and Wilkins.

Cumming, E., and W. Henry (1961) *Growing Old.* New York: Basic Books.

Dowd, J. J. (1973) "Aging as Exchange: A Preface to Theory." *Journal of Gerontology* 30:534-94.

Durkheim, E. (1951) *Suicide: A Study in Sociology.* (1897) Translated by J. A. Spaulding and G. Simpson. Glencoe, Ill.: Free Press.

Fuller, M. M., and C. A. Martin (1980) *The Older Woman: Lavender Rose or Gray Panther.* Springfield, Ill.: C. Thomas.

Gallup, G., Jr. (1991) "What Every Pastor Should Know about the Average American." *Emerging Trends* 13 (2):4-5.

Hall, G. S. (1922) *Senescence, the Second Half of Life.* New York: Appelton.

Hendricks, J., and C. D. Hendricks (1986) *Aging in Mass Society: Myths and Realities.* Boston: Little, Brown and Co.

Idler, E. L. (1987) "Religious Involvement and the Health of the Elderly: Some Hypotheses and an Initial Test." *Social Forces* 66:226-37.

Jackson, J. S., ed. (1988) *The Black American Elderly: Research on Physical and Psychological Health.* New York: Springer.

Koenig, H., M. Smiley, and J. A. P. Gonzales (1988) *Religion, Health and Aging: A Review, and Theoretical Integration.* Westport, Conn: Greenwood.

Lewis, M., and R. Butler (1972) "Why Is Women's Lib Ignoring Old Women?" *International Journal of Aging and Human Development* 3:223-31.

Lopata, H. (1973) *Widowhood in an American City.* Cambridge, Mass.: Schenkman.

______ (1979) *Women as Widow, Support Systems.* New York: Elsevier.

Markides, K. S. (1983) "Aging, Religiosity, and Adjustment: A Longitudinal Analysis." *Journal of Gerontology* 38 (5):621-825.

Mindel, C. H., and C. E. Vaughn (1978) "A Multidimensional Approach to Religiosity and Disengagement." *Journal of Gerontology* 33:103-8.

O'Rand, A., and J. C. Henretta (1982) "Midlife Work History and Retirement Income." In Szinovacz, 25-44.

Palmore, E., ed. (1970) *Normal Aging: Report from the Duke Longitudinal Study, 1955-1969.* Durham, N.C.: Duke University Press.

______ (1974) *Normal Aging II: Reports from the Duke Longitudinal Studies, 1970-1973.* Durham, N.C.: Duke University Press.

Passuth, P. M., and V. Bengtson (1988) "Sociological Theories of Aging: Current Perspectives and Future Directions." In Birren and Bengtson, 333-55.

Payne, B. P. (1990) "Spirituality and Aging: Research and Theoretical Approaches." *Generations* 14 (4):11-14.

Payne, B. P., and F. J. Whittington (1976) "Older Women: An Examination of Popular Stereotypes and Research Evidence." *Social Problems* 23:488-504.

Pollack, R. F. (1988) "Serving Intergenerational Needs: Not Intergenerational Conflict." *Generations* 12 (3):14-18.

Sontag, S. (1972) "The Double Standard of Aging." *Saturday Review of Society.* September 23, 29-38.

Starbuck, E. D. (1903) *The Psychology of Religion: An Empirical Study of the Growth of Religious Consciousness.* 3d ed. New York: Charles Scribner's Sons.

Szinovacz, M., ed. (1982) *Women's Retirement.* Beverly Hills, Calif.: Sage.

Taylor, R. J. (1988a) "Correlates of Religious Non-involvement among Black Americans." *Review of Religious Research* 30:126-39.

______ (1988b) "Structural Determinants of Religious Participation among Black Americans." *Review of Religious Research* 30:114-25.

Weber, M. (1964) *The Sociology of Religion.* (1922) Boston: Beacon Press.

Woodruff, D. S., and J. E. Birren, eds. (1975) *Aging: Scientific Perspectives and Social Issues.* New York: Van Nostrand Reinhold.

Young, G., and W. Dowling (1987) "Dimensions of Religiosity in Old Age: Accounting for Variations in Types of Participation." *Journal of Gerontology* 42 (4):176-80.

제39장

Allen, K. R., and V. Chin-Sang (1990) "A Lifetime of Work: The Context and Meanings of Leisure for Aging Black Women." *The Gerontologist* 30:734-40.

Alsop, S. (1973) *Stay of Execution: A Sort of Memoir.* Philadelphia: Lippincott.

Baltes, P. B., H. W. Reese, and J. R. Nesselroade (1977) *Life-Span Developmental Psychology: Introduction to Research Methods.* Pacific Grove, Calif.: Brooks-Cole.

Birren, J. E., and V. L. Bengtson, eds. (1988) *Emergent Theories of Aging.* New York: Springer.

Birren, J. E., and W. Cunningham (1985) "Research on the Psychology of Aging: Principles, Concepts, and Theory." In Birren and Schaie, 3-34.

Birren, J. E., and K. W. Schaie, eds. (1985) *Handbook of the Psychology of Aging.* 2d ed. New York: Van Nostrand Reinhold.

Chinn, P. L., ed. (1992) *An Anthology of Caring.* New York: National League for Nursing.

Comte, A. (1896) *The Positive Philosophy.* Translated by Harriet Martineau. London: George Bell and Sons.

Dannefer, D. (1988) "What's in a Name? An Account of the Neglect of Variability in the Study of Aging." In Birren and Bengtson, 356-84.

Farran, C. J. (1992) "Finding Meaning through Caregiving: Pilot Test of an Instrument for Family Caregivers of Persons with Alzheimer's Disease." Provisional Procedures Manual, Rush University, Chicago.

Farran, C. J., and E. Keane-Hagerty (1992) "An Interactive Model for Finding Meaning through Caregiving." In Chinn, 225-37.

Farran, C. J., E. Keane-Hagerty, S. Salloway, S. Kupferer, and C. S. Wilken (1991) "Finding Meaning: An Alternative Paradigm for Alzheimer's Disease Family Caregivers." *The Gerontologist* 31:483-89.

Glaser, B. G., and A. Strauss (1967) *The Discovery of Grounded Theory: Strategies for Qualitative Research.* Chicago: Aldine.

Gubrium, J. F. (1992) "Qualitative Research Comes of Age in Gerontology." *The Gerontologist* 32:581-82.

Hesse, M. (1980) *Revolutions and Reconstructions in the Philosophy of Science.* Bloomington, Ind.: Indiana University Press.

Hooker, K. (1991) "Change and Stability in Self during the Transition to Retirement: An Intraindividual Study Using P-technique Factor Analysis." *International Journal of Behavioral Development* 14:209-33.

Kaufman, S. R. (1986) *The Ageless Self: Sources of Meaning in Late Life.* New York: Meridian.

Knafl, K. A., and M. J. Howard (1984) "Interpreting and Reporting Qualitative Research." *Research in Nursing and Health* 7:17-24.

Knafl, K. A., and D. C. Webster (1988) "Managing and Analyzing Qualitative Data: A Description of Tasks, Techniques, and Materials." *Western Journal of Nursing Research* 10:195-218.

Koziey, P. W., and T. Anderson (1990) "Phenomenal Patterning and Guided Imagery in Counseling: A Methodological Pilot." *Journal of Counseling and Development* 68:664-67.

Kuh, G. D., and R. E. Andreas (1991) "It's about Time: Using Qualitative Methods in Student Life Studies." *Journal of College Student Development* 32:387-405.

Lawson, H. (1985) *Reflexivity: A Post-Modern Predicament.* LaSalle, Ill.: Open Court.

McClusky, K. A., and H. W. Reese, eds. (1984) *Life-Span Developmental Psychology: Historical and Generational Effects.* New York: Academic Press.

Patton, M. J. (1990) *Qualitative Evaluation and Research Methods.* Newbury Park, Calif.: Sage.

______ (1991) "Qualitative Research on College Students: Philosophical and Methodological

Comparisons with the Quantitative Approach." *Journal of College Student Development* 32:389-96.

Pennington, S. (1988) *Healing Yourself: Understanding How Your Mind Can Heal Your Body.* Toronto: McGraw-Hill Ryerson.

Rabinow, P., and W. M. Sullivan, eds. (1979) *Interpretive Social Science: A Reader.* Berkeley, Calif.: University of California Press.

Reker, G. T., and P. T. P. Wong (1988) "Aging as an Individual Process: Toward a Theory of Personal Meaning." In Birren and Bengtson, 214-46.

Rennie, D. L. (1992) "Qualitative Analysis of the Client's Experiences of Psychotherapy: The Unfolding of Reflexivity." In Toukmanian and Rennie, 211-33.

Rennie, D. L., and L. Brewer (1987) "A Grounded Theory of Thesis Blocking." *Teaching of Psychology* 14:10-16.

Rennie, D. L., J. R. Phillips, and G. K. Quartaro (1988) "Grounded Theory: A Promising Approach to Conceptualization in Psychology?" *Canadian Psychology* 29:139-50.

Schaie, K. W. (1984) "Historical and Cohort Effects." In McClusky and Reese, 1-45.

Schaie, K. W., and C. Hertzog (1985) "Measurement in the Psychology of Adulthood and Aging." In Birren and Schaie, 61-92.

Schaie, K. W., and C. R. Strother (1968) "A Cross-sequential Study of Age Changes in Cognitive Behavior." *Psychological Bulletin* 70:671-80.

Strauss, A., and J. Corbin (1990) *Basics of Qualitative Research.* Newbury Park, Calif.: Sage.

Taylor, S. J., and R. Bogdan (1984) *Introduction to Qualitative Research Methods.* 2nd ed. New York: Wiley.

Thomas, L. E., P. A. Kraus, and K. O. Chambers (1990) "Metaphoric Analysis of Meaning in the Lives of Elderly Men: A Cross-Cultural Investigation." *Journal of Aging Studies* 4:1-15.

Toukmanian, S. G., and D. L. Rennie, eds. (1992) *Psychotherapy Process Research: Paradigmatic and Narrative Approaches.* Newbury Park, Calif.: Sage.

Wong, P. T. P. (1991) "Aging, Dying and Reminiscence: The 'Mastery' Prototype and Resilience." Unpublished manuscript, Trent University, Peterborough, Ontario.

제40장

Achenbaum, W. A. (1985) "Religion in the Lives of the Elderly: Contemporary and Historical Perspectives." In Lesnoff-Caravaglia, 98-116.

______ (1987) "Can Gerontology Be a Science?" *Journal of Aging Studies* 1:3-18.

______ (1991) "The State of the Handbooks on Aging in 1990." *The Gerontologist* 31:132-34.

Baars, J. (1992) "The Challenge of Critical Gerontology: The Problem of Social Constitution." *Journal of Aging Studies* 5:219-43.

Baltes, P. (1982) "Life-Span Developmental Psychology: Observations on History and Theory Revisited." In Lerner, 79-111.

______ (1987) "Theoretical Propositions of Life-Span Developmental Psychology: On the Dynamics between Growth and Decline." *Developmental Psychology* 23:611-26.

Baltes, P. B., and O. G. Brim, Jr., eds. (1982) *Life-Span Development and Behavior.* Vol. 4. New York: Academic Press.

Bianchi, E. (1982) *Ageing as a Spiritual Journey.* New York: Crossroad.

Binstock, R. H., and L. K. George, eds. (1990) *Handbook of Aging and the Social Sciences.* 3d ed. San Diego: Academic Press.

Birren, J. E., and V. L. Bengtson, eds. (1988) *Emergent Theories of Aging.* New York: Springer.

Birren, J. E., and L. M. Fisher (1990) "The Elements of Wisdom: Overview and Intergration." In Sternberg, 317-32.

Bruner, J. (1983) *In Search of Mind.* New York: Basic Books.

______ (1990) *Acts of Meaning.* Cambridge: Harvard University Press.

______ (1991) "The Narrative Construction of Reality." *Critical Inquiry* 18:1-21.

Climo, J. J. (1992) "The Role of Anthropology in Gerontology: Theory." *Journal of Aging Studies* 6:41-55.

Cohler, B. J. (1982) "Personal Narrative and Life Course." In Baltes and Brim, 206-43.

______ (1992) "Aging, Morale, and Meaning: The Nexus of Narrative." In Cole, Achenbaum, Jacobi, and Kastenbaum, 107-33.

Cole, T. R. (1992) *The Journey of Life: A Cultural History of Aging in America.* New York: Cambridge University Press.

Cole, T. R., W. A. Achenbaum, P. Jacobi, and R. Kastenbaum, eds. (1992) *Voices and Visions of Aging: Toward a Critical Gerontology.* New York: Springer.

Cole, T. R., and S. Gadow, eds. (1986) *What Does It Mean to Grow Old? Reflections from the Humanities.* Durham, N.C.: Duke University Press.

Cole, T. R., D. D. Van Tassel, and R. Kastenbaum, eds. (1992) *Handbook of Aging and the Humanities.* New York: Springer.

Datan, N., D. Rodeheaver, and F. Hughes (1987) "Adult Development and Aging." *Annual Review of Psychology* 38:153-80.

Diesing, P. (1991) *How Does Social Science Work? Reflections on Practice.* Pittsburgh: University of Pittsburgh Press.

Erikson, E. H. (1982) *The Life Cycle Completed: A Review.* New York: Norton.

______ (1984) "Reflections on the Last Stage — and the First." *Psychoanalytic Study of the Child* 39:155-65.

Erikson, E. H., ed. (1978) *Adulthood.* New York: Norton.

Estes, C. L., E. A. Binney, and R. A. Culbertson (1992) "The Gerontological Imagination: Social Influences on the Development of Gerontology, 1945-Present." *International Journal of Aging and Human Development* 35:29-65.

Featherman, D. L., R. M. Lerner, and M. Perlmutter, eds. (1992) *Life-Span Development and Behavior.* Vol. 11. Hillsdale, N.J.: Erlbaum Associates.

Geertz, C. (1973a) *The Interpretation of Cultures.* New York: Basic Books.

______ (1973b) "Thick Description: Toward an Interpretive Theory of Culture." In Geertz

1973a, 3-30.
______ (1973c) "Religion as a Cultural System." In Geertz 1973a, 87-125.
______ (1981) *Negara: The Theater State in Nineteenth Century Bali.* Princeton, N.J.: Princeton University Press.
______ (1988) *Lives and Works: The Anthropologist as Author.* Stanford, Calif.: Stanford University Press.
Gorsuch, R. L. (1988) "Psychology of Religion." *Annual Review of Psychology* 39:201-21.
Guba, E. (1990) *The Paradigm Dialog.* Newberry Park, Calif.: Sage.
Heller, S. (1992) "Experience and Expertise Meet in New Brand of Scholarship." *Chronicle of Higher Education* May 6:A7-9.
Hendricks, J. (1992) "Generations and the Generation of Gerontology." *International Journal of Aging and Human Development* 35:31-47.
Hickey, T. (1992) "The Continuity of Gerontological Themes." *International Journal of Aging and Human Development* 35:7-17.
Holloway, J. (1953) *The Victorian Sage.* London: Macmillan.
Jacoby, R. (1987) *The Last Intellectuals: American Culture in the Age of Academe.* New York: Basic Books.
Kaufman, S. R. (1986) *The Ageless Self: Sources of Meaning in Late Life.* Madison: University of Wisconsin Press.
Lerner, R. M., ed. (1982) *Developmental Psychology: Historical and Philosophical Perspectives.* Hillsdale, N.J.: Erlbaum Associates.
Lesnoff-Caravaglia, G., ed. (1985) *Values, Ethics, and Aging.* New York: Human Sciences Press.
Lifton, R. J. (1976) *The Life of the Self: Toward a New Psychology.* New York: Simon and Schuster.
Manheimer, R. J. (1989) "The Narrative Quest in Qualitative Gerontology." *Journal of Aging Studies* 3:231-52.
Marshall, V., ed. (1986) *Later Life: The Social Psychology of Aging.* London: Sage.
Moody, H. R. (1988) "Toward a Critical Gerontology: The Contribution of the Humanities to Theories of Aging." In Birren and Bengtson, 19-40.
Neugarten, B. (1985) "Interpretive Social Science and Research on Aging." In Rossi, 291-300.
Neugarten, B. L., ed. (1968) *Middle Age and Aging.* Chicago: University of Chicago Press.
Payne, B. P. (1990) "Research and Theoretical Approaches to Spirituality and Aging." *Generations* 14 (4):11-14.
Rabinow, P., and W. M. Sullivan, eds. (1979) *Interpretive Social Science.* Berkeley, Calif.: University of California Press.
______ (1987) *Interpretive Social Science: A Second Look.* Berkeley, Calif.: University of California Press.
Reich, K. H. (1992) "Religious Development Across the Life Span: Conventional and Cognitive Developmental Approaches." In Featherman et al., 145-88.

Reinharz, S., and G. Rowles (1987) *Qualitative Gerontology.* New York: Springer.

Ricoeur, P. (1981a) *Hermeneutics and the Human Sciences: Essays in Language, Action, and Interpretation.* Cambridge, Mass.: Cambridge University Press.

______ (1981b) "The Model of the Text: Meaningful Action Considered as a Text." In Ricoeur 1981a, 197-221.

Rosenau, P. M. (1992) *Post-Modernism and the Social Sciences: Insights, Inroads, and Intrusions.* Princeton, N.J.: Princeton University Press.

Rossi, A. S., ed. (1985) *Gender and the Life Course.* New York: Aldine de Gruyter.

Ryff, C. (1985) "The Subjective Experience of Life-Span Transitions." In Rossi, 97-114.

______ (1986) "The Subjective Construction of Self and Society: An Agenda for Life-Span Research." In Marshall, 32-74.

______ (1991) "Possible Selves in Adulthood and Old Age: A Tale of Shifting Horizons." *Psychology and Aging* 6:286-95.

Schaie, K. W. (1992) "The Impact of Methodological Changes in Gerontology." *International Journal of Aging and Human Development* 35:19-29.

Seeber, J. J., ed. (1990) *Spiritual Maturity in the Later Years.* New York: Haworth.

Seltzer, M. M. (1992) "Continuity and Change Revisited." *International Journal of Aging and Human Development* 35:67-82.

Sternberg, R. J., ed. (1990) *Wisdom: Its Nature, Origins, and Development*, Cambridge, Mass.: Cambridge University Press.

Streib, G. F., and R. H. Binstock (1990) "Aging and the Social Sciences: Changes in the Field." In Binstock and George, 1-16.

Taylor, C. (1987) "Interpretation and the Sciences of Man." In Rabinow and Sullivan, 33-81.

Tornstam, L. (1992) "The Quo Vadis of Gerontology: On the Scientific Paradigm of Gerontology." *The Gerontologist* 32:318-26.

찾아보기

[ㄴ]

[ㄷ]

[ㅂ]

[ㅇ]

[ㅈ]

집필자 소개

W. A. Achenbaum
Professor of History and Deputy Director of the Institute of Gerontology
University of Michigan
Ann Arbor

Robert C. Atchley
Professor of Social Gerontology
Director, Scripps Gerontology Center
University of Miami, Ohio
Oxford, Ohio

Thomas Au
Executive Director
United Methodist Homes
Roanoke, Virginia

Andrew Billingsley
Professor and Chair of the Department of Family Studies
University of Maryland
College Park, Maryland

James E. Birren
Founder and Emeritus Director of the Ethel Percy Andrus Gerontology Center
University of Southern California
and Associate Director
Center of Aging, UCLA
Los Angeles

Fredda Blanchard-Fields
Associate Professor of Psychology
School of Psychology
Georgia Institute of Technology
Atlanta

Eugene B. Borowitz
Sigmund L. Falk Distinguished Professor of Education and Jewish Religious Thought
Hebrew Union College—Jewish Institute of Religion
New York

Marie A. Bracki
Associate Professor of Human Services and Psychology
National-Louis University
Wheaton, Illinois

The late Earl D. C. Brewer
Professor Emeritus of Sociology and Religion
Candler School of Theology
Emory University
Atlanta

Cleopatra Howard Caldwell
Research Investigator, Program for Research on Black Americans
Institute for Social Research
University of Michigan
Ann Arbor

Dosia Carlson
Founder of Beatitudes Center for Developing Older Adult Resources
Pastor for Caring Ministries
Church of the Beatitudes
Phoenix

Linda Chatters
Associate Professor, Department of Health Behavior and Health Education
School of Public Health
University of Michigan
and Faculty Associate with the Program for Research on Black Americans
Institute for Social Research
University of Michigan
Ann Arbor

Drew Christiansen
Director, Department of Social Development and World Peace
Office of International Justice and Peace
United States Catholic Conference
Washington, D. C.

William M. Clements
Edna and Lowell Craig Professor of Pastoral Care and Counseling
The School of Theology at Claremont
Claremont, California

John B. Cobb, Jr.
Professor Emeritus of Theology
the School of Theology at Claremont
and Co-Director of the Center for Process Studies
Claremont, California

Nancy Coleman
Director, Commission on Legal Problems of the Elderly
American Bar Association
Washington, D. C.

Anne Marie Djupe
Director of Parish Nursing Services
Lutheran General Health System
Park Ridge, Illinois

James W. Ellor
Professor of Human Services and Coordinator of Gerontology Programs
National-Louis University
Wheaton, Illinois

David S. Ensing
Assistant Professor of Psychology
University of Toledo
Toledo, Ohio

Dayle A. Friedman
Chaplain
Philadelphia Geriatric Center
Philadelphia, Pennsylvania
and Coordinator of the Rabbinic Program on Aging
Reconstructionist Rabbinical College
Wyncote, Pennsylvania

Lynn W. Huber
Church Consultant and Educator
Little Rock, Arkansas
and former Director of the Office of Affirmative Aging for the Episcopal Diocese
of Tennessee

Melvin A. Kimble
Professor of Pastoral Theology and Director of the Center for Aging, Religion, and Spirituality
Luther Seminary
Saint Paul

Harold G. Koenig
Assistant Professor of Psychiatry and Internal Medicine
and Director of the Program on Religion, Aging and Health of the Center for Aging
Duke University Medical Center
Durham, North Carolina

Marc Kolden
Professor of Systematic Theology and Luther Seminary
Saint Paul

Mary M. Knutsen
Associate Professor of Systematic Theology
Luther Seminary
Saint Paul

Jackie C. Lanum
Professor of Behavioral Science
Santa Monica College
santa Monica, California

Martha Klein Larsen
Doctoral Candidate in Feminist Studies and Theology
Chicago Theological Seminary
and adjunct faculty member
Hartford Seminary
Hartford Connecticut

Jeffrey S. Levin
Associate Professor of Family and Community Medicine
Eastern Virginia Medical School
Norfolk, Virginia

David Maldonado, Jr.
Professor of Church and Society and Associate Dean for Academic Affairs at Perkins School of Theology
Southern Methodist University
Dallas

Susan H. McFadden
Associate Professor of Psychology at the University of Wisconsin Oshkosh
Oshkosh, Wisconsin

David O. Moberg
Professor Emeritus of Sociology
Marquette University
Milwaukee

Harry R. Moody
Deputy Director
Brookdale Center on Aging
Hunter College
New York

F. Ellen Netting
Professor of Social Work
Virginia Common Wealth University
Richmond, Virginia

Lisa Norris
Ph. D. student in the Department of Psychology
Louisiana State University
Baton Rouge, Louisiana

Rabbi Kerry M. Olitzky
Director of the School of Education and Director of Graduate Studies Program
at Hebrew Union College—Jewish Institute of Religion
New York

Omar Otterness
Professor Emeritus of Religion
St. Olaf College
Northfield, Minnesota

Kenneth I. Pargament
Professor of Psychology
Bowling Green State University
Bowling Green, Ohio

Barbara Pittard Payne
Emerita Professor of Sociology and Director of the Gerontology Center
Georgia State University
Atlanta

Jean K. Quam
Director and Associate Professor
School of Social Work
University of Minnesota
Minneapolis

Gary T. Reker
Professor of Psychology
Trent University
Peterborough, Ontario

Stephen Sapp
Professor of Religious Studies
University of Miami
Miami

James J. Seeber
Associate Professor of Sociology at California Baptist College
Riverside, California
and former administrator of the Institute for Religion and Wholeness at the School of Theology
Claremont, California

Henry C. Simmons
Professor of Religion and Aging and Director of the Center on Aging
Presbyterian School of Christian Education
Richmond, Virginia

Lori A. Stiegel
Associate Staff Director of the Commission on Legal Problems of the Elderly
the American Bar Association
Washington, D. C.

Robert Joseph Taylor
Associate Professor of Social Work and Faculty Associate for Research on Black Americans
Institute for Social Work
University of Michigan
Ann Arbor

Jane M. Thibault
Assistant Professor of Family Practice
University of Louisville Medical School
Louisville

Sheldon S. Tobin
Professor in the School of Social Welfare and Research Associate of the Ringel Institute of Gerontology
State University of New York at Albany
New York

Kimberly S. Van Haitsma
Project Director of the Special Care Study
Philadelphia Geriatric Center
Philadelphia

Frederick C. Van Tatenhove
Frank Bateman Stanger Professor of Pastoral Counseling and Chair of the Department of Pastoral Ministry
Asbury Theological Seminary
Wilmore, Kentucky

Linda J. Vogel
Professor of Christian Education
Garrett Evangelical Theological Seminary
Evanston, Illinois

Steven Weiland
Professor, Department of Educational Administration
College of Education
Michigan State University
East Lansing, Michigan

Granger Westberg
Consultant sto Parish Nursing Program
Lutheran General Health System
Park Ridge, Illinois

Gary S. Whitford
Assistant Professor of Social Work
Augsburg College
Minneapolis

Anne E. Streaty Wimberly
Associate Professor of Christian Education and Church Music
Interdenominational Theological Center
Atlanta

Edward Powell Wimberly
Jarena Lee Professor of Pastoral Care
Psychology and Counseling
Interdenominational Theological Center
Atlanta

옮긴이 소개

천주교 서울대교구 노인사목연구위원회

2005년 11월 발족된 노인사목연구위원회는 노인 교육, 노인복지 등 노인 관련 평신도 전문가 11명과 사제 1명으로 구성되었다. 본당 시니어아카데미 봉사자 양성 교재 개발과 노인욕구조사, 노인사목 정책 수립 제언 등의 역할을 수행하고 있다.
그간 노인사목 실태 및 욕구조사 실시, 2010년「세대 차이와 갈등을 넘어」라는 주제로 노인 인식 개선 심포지엄 실시 등을 해 왔다. 또한『고령화 사회와 가톨릭교회 노인사목의 방향』, 『우리, 노년의 삶을 이해합시다』, 『노인 교육, 어떻게 할 것인가』등의 교재 발간에도 힘써 왔다.

김열중 金說中

서울대학교(경영학학사) 및 서울대학교 대학원(경영학석사)을 졸업한 후 한국산업은행 조사부, 비서실, 국제금융실 등에서 근무했다. 한국산업은행 경영전략부장, 산은금융지주 기획관리실장을 거쳐 현재 한국산업은행 종합기획부장으로 재직하고 있다.
The Korea Associated Securities Inc.(미국), 한국산업은행 뉴욕지점 등에 근무하여 평소 영어 번역에 관심이 많다.

이순주 李淳柱

이화여자대학교 영어영문학과(문학학사) 및 한국외국어대학교 동시통역대학원(영일국제회의동시통역사, 문학석사)을 졸업했고 이화여자대학교 국제대학원에서 박사과정을 이수했다. 서울특별시공무원교육원과 고려대학교 출강을 시작으로 이화여자대학교에 출강하며 활발한 통역 및 번역 활동, 현재 서울국제친선협회 회장으로 활동하고 있다.

노화, 영성, 종교

초판 발행 2011년 8월 25일

편저자 Melvin A. Kimble, Susan H. McFadden,
James W. Ellor, James J. Seeber
옮긴이 천주교 서울대교구 노인사목연구위원회, 김열중, 이순주
펴낸이 고화숙
펴낸곳 도서출판 소화
등록 제13-412호
주소 서울시 영등포구 영등포동 7가 94-97
전화 02-2677-5890
팩스 02-2636-6393
홈페이지 www.sowha.com

ISBN 978-898410-416-7 93300

값 38,000원

잘못된 책은 언제나 바꾸어 드립니다.